# 中国贵州茅

茅台酒是世界三大名酒之一，以酱香突出、幽雅细腻、酒体醇厚、回味悠长、空杯留香持久的完美风格而冠盖群芳。1996年7月，贵州省人民政府正式批准茅台酒厂改制为国有独资公司，更名为中国贵州茅台酒厂集团、中国贵州茅台酒厂（集团）有限责任公司，中国贵州茅台酒厂集团是以中国贵州茅台酒厂（集团）有限责任公司（原中国贵州茅台酒厂）为核心企业组建的大型企业集团。集团首批成员单位包括全资子公司2个：茅台酒厂进出口公司、茅台贸易（香港）有限公司；控股

# 台酒厂集团

子公司3个：贵州茅台大厦、贵州茅台威士忌有限公司、深圳茅台大酒家；参股单位4个：贵州久远物业有限公司、珠海龙狮瓶盖有限公司、茅台酒厂技术开发公司、茅台酒厂附属酒厂。中国贵州茅台酒厂（集团）有限责任公司位于黔北风景秀丽的赤水河畔茅台镇，总面积68万平方米，建筑面积40多万平方米，现有职工3 300多人，年生产茅台酒4 000多吨，拥有总资产15亿元，固定资产11亿元，年销售收入5亿多元，年创利税近3亿元，年出口创汇达1 000多万美元，是国家特大型企业，全国白酒行业唯一的国家一级企业，全国优秀企业（金马奖），是全国知名度最高的企业之一。

国务院国发(1996)47号文件公布
瀘州老窖
全国重点保护文物
全国重点文物保护单位
泸州大曲老窖池

**泸州老窖**股份有限公司系具有400多年酿酒历史的公众上市公司。其始建于明代万历年间（公元1573)的老窖池群为我国建造最早，连续生产发酵时间最长，保存最完整的酿酒窖池群。该窖池群被国务院国发(1996)47号文件确定为国宝，受国家法律的保护。所产泸州老窖特曲酒为中国浓香型白酒的典范和代表。独具“醇香浓郁、清洌甘爽，饮后尤香，回味悠长”的独特风格。自1915年获美国旧金山巴拿马太平洋万国博览会金奖以来，屡获重大国际金奖，建国以来，蝉联历届国家评酒会质量金奖和“中国名酒”称号。“泸州”牌商标为“中国十大驰名商标”之一。

公司占地70公顷，总资产13亿元，1997年实现销售收入12.2亿元，实现利税6.4亿元，公司连续多年名列“全国500家最佳综合经济效益企业”和“中国100家知名企业”。1994年、1995年连续两次被评为“中国明星企业”，同时获“全国质量效益型先进企业”和“中国最佳企业形象AAA级”称号。在’96全国首次上市公司经营业绩综合评价排序中，以优秀业绩排序第二，被评为“深圳十佳上市公司”，公司的“泸州老窖”股票成为沪深股市绩优龙头股。

目前，公司正在以酒业为主，充分发挥“国宝窖池”和泸州老窖名牌的优势，进一步开拓市场，行成规模经济，加大科技开发力度，开展跨行业经营，使企业向多种产业并存的跨国集团公司发展。


地址：四川泸州桂花街46号

电话：(0830)2392338

传真：(0830)2392338

邮编：646000

公司总经理、党委书记：叶宗岚

# 五 粮 液

五粮液酒厂坐落于万里长江第一城——宜宾。得天独厚的地理环境，三千年的时光酿得“神州琼浆”五粮液香飘万里，名扬四海。宜宾五粮液酒厂自建厂以来，经历了复苏、起步、发展、腾飞四个阶段，今天已成为国家大型酿酒骨干企业，占地5平方千米，职工10 000余人，年产五粮液系列酒10万多吨。1997年创税利11.5亿人民币。从1994年开始，经济效益跃居全国同行业榜首，1995年在第五十届国际统计大会上被评为“中国酒业大王”，税利为全国食品行业之冠。

中国 四川
宜宾五粮液酒厂

# 酒　　厂

今天的五粮液酒厂，有着“花园工厂”的美名，悠久的酒文化在这里被赋予了新的内涵。精心规划的厂区、独具匠心的雕塑、现代气魄的建筑、四季常青的花木……构筑起极富特色的五粮液企业文化。这里有全国最高的企业形象雕塑——奋进塔，全国规模最大的酒文化博览馆——五粮液酒文化博览馆。先进的技术设备，一流的职工队伍，使酿酒这一古老的传统行业焕发出青春和活力。

再尝公爵酒
降度二八困惑多
公爵名酒是陳醝
色香味俱均調協
南北西東有贊歌
秦含章
公爵
中国 公爵 名牌

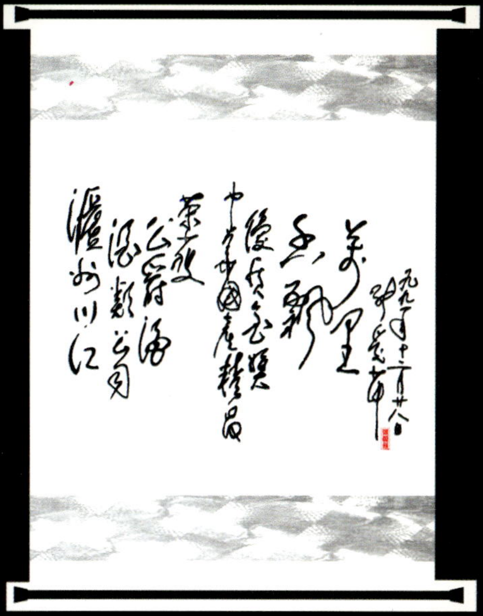

地址：四川泸州新马路135号
电话：(0830)2394078、2293613
传真：(0830)2392090
邮编：646000
公司董事长、总经理：林志源

# 中国食品工业年鉴

1997

（总第11部）

改革出版社

**图书在版编目(CIP)数据**

中国食品工业年鉴/中国食品工业协会主编．—北京：改革出版社，1998.5
ISBN 7-80143-076-X

Ⅰ．中… Ⅱ．中… Ⅲ．食品工业-中国-年鉴 Ⅳ．TS 2-54

中国版本图书馆 CIP 数据核字(98)第 04696 号

**中国食品工业年鉴**

中国食品工业协会编著

改革出版社出版发行

社址：北京市东城区安德里北街 23 号

邮政编码：100011

中国铁道出版社印刷厂印刷

新华书店经销

1998 年 5 月 第 1 版 1998 年 5 月 第 1 次印刷

787×1092 1/16 印张 34.5 千字 1200

印数：10000 册

ISBN7—80143—076—X

定价：160.00 元

## 《中国食品工业年鉴 1997》编辑委员会



## 《中国食品工业年鉴 1997》董事会



## 《中国食品工业年鉴 1997》编辑部

# 中国食品工业年鉴　1997

## 主　　编

黄　圣　明

## 副主编

钟冠华　谢文侠

### 特约撰稿人

| | | | | | |
|---|---|---|---|---|---|
| 王开文 | 周世勇 | 连学智 | 邓　民 | 刘松江 | 杨海涛 |
| 宋昆冈 | 梁仲康 | 于景之 | 王家勤 | 尤　新 | 张毓琦 |
| 王贵荣 | 史其禄 | 赵亚利 | 吴锡端 | 杜　郁 | 奚　英 |
| 何维实 | 高　武 | 赵　静 | 杨　帆 | 宣　湘 | 包大跃 |
| 余汉新 | 曲　英 | 寇建平 | 孙法军 | 孙　奇 | 郝　煜 |
| 刘无畏 | 林美娇 | 李小芳 | 焦念民 | 贾志忍 | 王延才 |
| 高景炎 | 齐志道 | 刘连馥 | 朱　勉 | 田宗相 | 孙淑萍 |
| 吕爱平 | 鲁士琳 | 路文玉 | 范淑霞 | 夏荣华 | 郭建国 |
| 许智超 | 王　革 | 陈欣茹 | 孙德昌 | 吴宗爵 | 徐　斌 |
| 孙国庆 | 林勇毅 | 吴　贞 | 池秀美 | 郝其刚 | 罗　亚 |
| 余金德 | 邓莲君 | 王德强 | 陈振杰 | 徐　强 | 冯伟祯 |
| 何敦礼 | 林尤平 | 顾培冀 | 李容太 | 时艳玲 | 林小龙 |
| 郑子国 | 柳晓霞 | 张昌祺 | 汪元智 | 殷存毅 | 朱　磊 |

# 加快结构调整，提高经济效益，促进食品工业持续、快速、健康发展①

## （代　序）

中国食品工业协会会长　王文哲

**一、1996年工作情况**

1996年是“九五”计划执行的第一年，食品工业同整个国民经济一样，保持了持续、快速、健康发展的态势。预计食品工业总产值比上年增长10%左右，各项综合指标比上年均有不同程度的增长，食品工业产品丰富、花色多样，为满足城乡居民食品消费，繁荣市场，供应出口，回笼货币，维护社会安定起到了积极的作用，实现了“九五”第一年开好头、起好步的要求。

1996年食品工业的发展，可以归纳为：

中央有关部门和各级党委、政府更加重视食品工业的发展，对食品工业在国民经济发展中的重要作用以及农业与食品工业互为促进、互为制约的内在关系有了更深刻的认识，各省市为加快食品工业的发展都提出了新的举措，这是1996年食品工业保持了持续、快速、健康发展的重要保证。

坚持改革开放，努力实现两个转变，认真加强企业管理，以科技进步为先导，以提高经济效益为中心，这是1996年食品工业健康发展的关键，从而实现食品工业生产水平和经济效益水平的同步提高。据预测，1996年食品工业利税增长率高出食品工业产值增长率5个百分点（其中烟草利税所占比重较大），企业亏损面下降到20%。

坚持产业、产品和企业组织结构的调整，这是1996年食品工业工作的重点。经过1996年的努力，各行业新产品、新花色不断涌现，行业内的产品结构向合理方向发展；调整企业组织结构向规模化、集团化发展的步伐较大，发展趋势较好。

1996年食品工业多渠道投入完成固定资产投资约220亿元，引进和利用外资有新的进展。在实行技术改造的食品企业中，注重新技术、新工艺、新装备的应用，不同程度地改变食品工业落后面貌，使食品工业整体水平和实力得到进一步的提高和加强。

上述几个方面是食品工业1996年发展的基本情况，在食品市场上，也体现出食品工业的发展是可喜的。

随着社会主义市场经济发展，一方面，广大食品企业重视市场机制的作用，根据消费市场自行调节行为加强；另一方面，人民生活水平不断提高，食品消费十分活跃。面临市场经济新情况、新特点，食品消费者自我保护意识、营养卫生意识、名牌意识、方便化意识等普遍加强。1996年，食品工业生产在保证城乡居民基本需要的大众化食品，即粮、油、肉、禽、蛋、奶、糖等制品的同时，基本满足不同层次消费群体的消费需要。随着食品消费的发展变化，食品工业生产也有了新的调整。高度白酒的生产和消费量进一步下降，黄酒产量明显上升，在南方出现了干红葡萄酒热销而进口洋酒相对冷落的情况；饮料消费向追求营养、保健、天然方向发展，根据北京、上海、天津、西安、武汉、无锡等大中城市饮料市场情况反映，果汁、蔬菜汁、植物蛋白、乳制品、茶等饮料以及天然矿泉水备受青睐，这也反映出1996年饮料行业的发展趋势。在适应方便化消费意识方面，食品工业生产也发生了明显的变化。我们不难看出在北京、上海、天津等大中城市，各种方便食品市场已初具规模，在各类连锁商店中，方便食品以及半成品占的比重逐渐加大。方便食品、半成品几乎包括了粮、油、肉、禽、蛋、奶、蔬菜等的全部制品，有散装零售的熟食制品形式、有小包装的名目繁多的速冻食品形式、有真空包装以及瓶装形式等等，以往一提方便食品就想到方便面的观念已经过时了。由于食品工业基础原料行业的发展，专用油、专用面粉、专用糖以及各种食品添加剂品种增加、质量提高，在食品制造中应用广泛，保证了包括方便面在内的各种面制品、糕点、面包、饼干以及饮料、各种冷饮等产品质量，改善了这些产品的风味，同时由此也开发出更多的新产品，满足消费。中低档食品进入农村市场有明显的增加，也有比较富裕的乡镇，如广东的一些乡镇，已经具有与城市同等的食品消费水平。总之，1996

① 本文为1997年1月10日王文哲会长在中国食品工业协会三届五次理事会上的报告。有删节。

年全国食品消费市场发生了较大的变化，而食品工业基本适应了这些变化。

回顾1996年食品工业的发展是好的，食品市场有了新的发展。但是，我们应当清醒地注意到，食品企业改革的步伐不快，企业管理水平落后，人员素质不高，一些行业和企业经济效益不理想，相当一部分食品企业尚未从困境中走出来；食品工业产业结构、产品结构还不尽合理，有待进一步改进；食品工业新技术推广不快等，这些问题仍在困扰着我们。我们必须认真加以研究、总结，着眼全局，因势利导，逐步加以解决。

1996年中国食品工业协会在各地食协的积极配合和共同组织下，做了以下主要工作：

1. 在认真总结食品工业"八五"发展情况，分析国民经济和农业未来发展趋势以及预测人民生活水平提高的状况，充分听取有关部门、部分地区以及在京食品工业专家的意见的基础上，经过反复论证研讨后，编制出《全国食品工业"九五"计划和2010年远景目标的建议》，并在中国食品工业协会三届四次理事会上讨论通过，报送国家计委、经贸委，并发往各地参照执行。之后还组织起草了《"九五"全国食品工业科技发展纲要建议》，编制了"九五"食品专项技改规划。提出了包括：(1)推广高新技术、合理利用和开发食物资源；(2)继续大力发展方便食品；(3)择优扶强，努力建立名牌企业、名牌产品三大技术改造重点。这一规划已得到国家经贸委技改司同意，并在1996年食品工业技术改造会议上作了安排。

2. 着眼于促进农业产业化，推广食品企业支农的新经验。食品工业的发展，离不开农业的发展；而农业发展到现阶段，要推进产业化，更离不开食品工业的发展。这也是食品企业支农的方向。去年7月，在中食协环渤海地区联谊会上，山东龙大集团介绍了促进农业产业化的经验。会后，我专程去山东莱阳对龙大集团进行了调查，很受启发，经验的确很好，值得在全国推广。10月我们在江苏张家港市召开的全国食品工业企业集团发展战略研讨会上，请龙大集团和江苏如意集团介绍了以食品企业为龙头，促进农业产业化的经验。

3. 开展了科技成果与新技术的推广工作。在宣传推广应用新技术、新产品方面，我们召开了新型国产食品添加剂应用研讨会，超临界萃取、膜分离、微胶囊等高新技术在食品工业中的应用研讨会。发布了1996年全国食品工业优秀科技成果推广项目，包括大豆蛋白分子降解改性技术、产酯酵母的选育及应用、冷冻真空微波脱水技术及设备等优秀成果13项。其中一些项目引起许多企业的极大兴趣，起到了良好的推广效果，为科技兴食、科技成果转化为生产力起到了积极的促进作用。召开了儿童食品发展战略研讨会，提出了《儿童食品发展纲要建议》，建议的提出，得到儿童食品界与新闻界的广泛关注与大量报道。召开了植物蛋白专业委员会成立大会，并就行业的现状、发展趋势、技术进步、产品质量的提高展开了研讨，提出了《植物蛋白发展纲要》(草案)。召开了全国方便食品研讨暨展示会，就方便食品的产品档次、质量品种的发展、技术装备的进步、工艺的改善、优质调味料的选配以及包装设备和包装材料的改良，进行了广泛的研讨与交流。1996年，上报国家经贸委的技改计划共安排项目45个，食品专项贷款指标1.5亿元，主要用于提高质量、增加品种、改进生产工艺方面。由于组织实施缓慢，项目落实不够理想。为了帮助企业专业技术人员提高业务、技术素质，去年举办各类短期技术培训班16期，累计培训500人。

4. 对速冻食品进行了专题调研。根据速冻食品发展状况以及存在的一些问题，提出了今后适当控制发展速度，并迅速建立行业标准等建议，供政府决策参考。

5. 积极推动食品工业组建企业集团。近两年，各地都十分注意发展食品工业企业集团，这对带动食品工业和行业的整体发展具有重要的战略意义。为了及时总结交流经验，引导健康发展，去年10月上旬中食协在江苏张家港市组织了"全国食品工业企业集团发展战略研讨会"，出席会议的有13个省市自治区的80多个企业集团代表。会议围绕企业集团的融资、运作、管理、实施名牌战略等问题，进行了研讨和交流。我们看到，很多企业在国家的"抓大放小"精神指引下进入了规模化、集团化的经营，在食品行业中发挥了龙头作用。会议还就今后企业集团如何步入规范化，再迈一个新台阶，进行了有益的探讨。

6. 开展食品质量管理与监制工作。为了培育并保持一批名牌产品，参与国际竞争，我们举办了全国葡果酒评委培训班，按照国际评酒标准、方法进行了培训，使原国家葡果酒评委这支队伍在年龄结构上、知识更新上、品评技能上都有了明显的变化，为今后我国葡果酒在评选方法上向国际标准靠拢创造了条件。为了提高我国葡萄酒的质量赶超国际水平，还举办了中美葡萄酒质量研讨及演示会，推广了橡木素新技术。为配合国家技术监督局在工业企业大力推行ISO9000《质量管理与保证》系列标准，去年9月在京举办了首期全国食品行业质量体系内审员培训班。继续开展了食品质量及行业名优葡果酒、肉制品、黄酒、粮、油及乳制品的质量检评和先进企业质量管理经验交流活动，促进了食品企业加强质量管理，不断提高食品质量，为食品企业全面贯彻实施国家质量保证体系标准奠定了基础。在巩固几年来食品质量监制工作的基础上，去年重点对监制企业的产品质量进行监督检查。从检查结果看，监制企业的产品质量是稳定的，信誉是比较高的。

7. 中国食品工业协会承担日常工作的全国食品工业标准化技术委员会，完成的主要工作有：

(1)组织制定了4项国家标准，即《食品中葡萄糖的测定方法》、《食品中蔗糖的测定方法》、《食品中淀粉的测定方法》、《橙、柑、桔汁及其饮料中果汁含量的测定方法》。前3项标准采用酶技术，达到了国际水平，为食品分析技术与国际标准接轨奠定了基础。第4项标准为饮料行业做出了开创性的贡献。运用这个标准可以鉴别真假柑、桔汁饮料，考核柑、桔汁饮料中原果汁的真实含量，是具有国际先进水平的重要标准。

(2)为方便有关管理部门和食品企业检索食品国家标准和行业标准，开发、研制了《中国食品工业标准文本数据库》。该数据库收录了1995年底前发布的食品国家标准和行业标准共1 553项。

(3)1996年，协助国家技术监督局审查了进口包装食品标签共10 645个。通过审查，使进口包装食品的标签达到了国家标准的要求。

(4)全年共审议并协助起草单位修改17项食品国家标准和行业标准草案。

8. 加强国际联络，积极开展对外交往活动。1996年中国食品工业协会接待了香港亚洲咨询公司组织的华南考察团、贸促会邀请的荷兰从第三世界国家进口促进委员会的专家、意大利伊派克-伊马访华团、法国工商会派出的代表、美国食品推广协会派的食品市场考察团，并向其介绍了有关情况，加强了对外合作。我们还分别组团对法国烘焙食品、乳品工业、食品质量管理、美国肉类加工及酒类企业等等进行考察。协助徐州市食协派出了访欧团，洽谈了合作项目。与日本贸易振兴会共同组织了“中国食品如何打进日本市场”研讨会。去年还成功地举办了上海国际食品加工与包装机械展览会、天津国际冷冻行业交易博览会，为企业开拓了对外合作的渠道。

9. 加强咨询服务工作。为了及时了解掌握食品行业的一些情况，中国食品工业协会加强了有关食品市场、食品重点行业等方面的信息统计咨询工作，并于去年10月在山东威海市组织召开了1996年食品工业信息工作交流会；接受有关单位和企业委托办理咨询业务近百件。为适应发展需要，我们正在进行完善行业数据库的工作，以便使信息咨询工作形成规模，更好地为企业和行业服务。

10. 深化食协自身改革，增强行业管理服务意识。在党的十四届五中全会精神指导下，中国食品工业协会加强自身建设，进一步明确了为政府和企业双向服务的目的，积极拓宽服务领域，创造服务手段。出版了“食品行业简讯”共试刊8期，反映较好。成立了“植物蛋白专业委员会”，从组织上来推动和加强植物蛋白食品的发展。在协会组成方面，主要做了协会会员结构、比例方面的调整，吸收了国内大型企业集团和企业为协会会员，以增强协会的实力，提高凝聚力。

**二、1997年工作要点**

1997年是我国历史上一个重要的年份。这一年，国家政治生活中有两件举世瞩目的大事：一是我国将恢复对香港行使主权；二是召开党的第十五次全国代表大会。去年11月下旬，中央召开了经济工作会议，全面、正确地估计了我国当前经济和社会发展的形势，提出了今年面临的重大历史任务，确定了1997年经济工作的总体要求。会议强调今年总的宏观经济政策要保持连续性、稳定性和必要的灵活性，做到稳中求进。要在新的形势下，进一步处理好改革、发展和稳定的关系。把改革开放和社会主义现代化事业更好地推向前进。为此，我们应从国家大局出发，结合食品工业的实际，深刻领会并认真贯彻这个方针，切实体现到今年的各项工作中去。

食品工业是国计民生不可缺少的一个大行业。适应国民经济和社会的发展以及本世纪末人民生活达到小康水平的要求，国家和各地党委、政府十分重视食品工业的发展，不少省市提出要把食品工业作为“支柱产业”来发展。同时，建设龙头食品企业，是实现农业产业化、集约化的必由之路。这个发展趋势越来越为大家所认识。我们要抓住这个有利时机，使食品工业跨上一个新台阶。

根据国民经济总体形势和1996年各地食品工业发展状况以及本世纪末预测的目标，1997年食品工业发展总的方针和任务是：着眼于提高经济效益，加大结构调整力度，继续抓好两个转变，加快技术改造，积极发展规模经济，保持食品工业持续、快速、健康发展。我们预测1997年全国食品工业总产值达到5 000亿元，比上年预计完成增长10%；实现税利1 226亿元，比上年增长12%；商品出口值比上年增长20%；企业亏损面力争降到15%左右。

从当前实际情况出发，中国食品工业协会1997年要着重抓好以下几方面的工作：

(一)认真搞好支农兴食，促进食品工业与农业协调发展。把农业放在发展国民经济的首位，是一个必须长期坚持的方针，是一个全局性的方针。中央经济工作会议强调，去年农业获得较好收成，但加强农业基础地位的思想丝毫不能放松。食品工业与农业关系十分密切。实践证明，由于食品工业的发展，建设“龙头”食品企业，对农产资源的合理利用，促进农业资源的开拓、开发和农业产业的升级，带动地区和县乡经济的发展，安置城乡劳动就业，帮助当地农民脱贫致富等方面都起到了积极作用。农业实现集约化、产业化，必须有现代食品加工业相伴随；食品工业的规模化、持续性发展，必须有农业大生产为依托，两者相辅相成、互相促进。我们要认真总结这方面的工作经验，进一步引导搞好支农兴食的工作，因地制宜地进一步做好食品工业与农业协调发展这篇大文章，在推动行业发展的同时，对全局工作的顺利发展做出我们的贡献。

（二）继续推动食品行业企业集团的发展。近年来，全国各地陆续出现了一批食品企业集团，组建形式呈多样化格局。他们在提高经济综合实力，实现规模经营，抵御市场风险，提高经济效益，带动相关行业和企业发展方面起了积极的作用。鉴于组建食品企业集团对发展我国食品工业具有重要的战略意义，今年还应该根据不同情况，订出目标，大力组建并把它作为今后一项重要工作来抓。就目前食品企业集团发展过程中存在的一些问题，如规模较小，组织较散，有的效益较差，发挥不出集团的优势，我们要很好去研究、总结、改进、提高，要使已经组建起来的食品企业集团逐步规范化，再上一个新台阶，真正体现集团优势。对于将要组建和准备组建的要为他们创造条件，使其尽快组成，从而带动食品行业迅速发展。建议省、市、自治区食品工业协会，都能直接联系一个或几个点，及时指导、帮助，总结和交流经验，促进企业集团健康迅速发展。

（三）依靠科技进步，推广先进适用技术。《“九五”全国食品工业科技发展纲要建议》初稿，经多次讨论、修改，目前已完成，提交这次理事会讨论。《纲要建议》规定了“九五”期间食品科技发展方针、重点以及实施科技规划的措施要求。就今年来说，要重点抓紧3项工程：一是要为改善膳食营养结构，增加食物营养素，适应群众对大众食品的需要，着重抓好各类植物优质蛋白源的提取，组织推广植物蛋白生产先进技术，在各类食品中添加优质植物蛋白。要积极促进吉林试点工作的开展，取得经验逐步推广。二是对传统食品要采用先进技术，改进落后的生产工艺，并通过技术改造，巩固和提高传统食品的口味、质量和档次，逐步形成传统食品现代化生产。三是大力发展方便食品。我们要根据社会消费需求，采用新技术增加新品种，加快发展，使其成为食品工业新的增长点。各省市还应根据不同情况，有重点的拟定各自的科技开发计划。为了提高企业管理人员的素质，协会培训中心今年计划组织培训班10期。

（四）加强对技术改造的组织指导。近几年在各地政府的重视下，各地食协做了很好的工作，加快了步伐，改变了一些行业和企业技术水平低、装备差的落后面貌。主要表现在有计划、有重点地引进国外先进技术和设备，同国内组织消化吸收和开发研制结合起来；企业技术改造同调整企业结构、实行规模经济结合起来。由于较好地坚持了择优和技术起点要高的原则，企业生产技术面貌发生了较大变化。国家今年安排给我们的食品专项技术改造贷款指标1.5亿元，不包括各地、企业多方面自筹资金。从整个食品工业来说，这笔投入不算多，但只要我们运筹得当，就会回报较好的投资效益。现在的问题是，要集中用好资金，择优选项要搞好。同时，切实组织好资金落实、项目落实、工程验收落实。把每年有限的资金办成几件事。希望我们各地食协要很好总结一下这几年食品行业在技改方面所取得的成果和经验，找些典型做些有说服力的分析，以便我们更好地指导今后工作。

（五）坚持对外开放，增强国际交流。改革开放的逐步深入和我国食品工业发展总体水平的提高，需要我们加强国际交流，引进国外先进的技术装备与管理经验，以推进食品工业的科技进步和技术改造。今年协会对外联络主要做好两方面的工作：一是在去年巴黎法中乳品工业技术研讨会的基础上，与法国农业部、工业经济发展署共同举办北京中法乳品技术研讨会；与意大利外贸协会共同举办饮料技术研讨会；与日本贸易振兴会共同举办方便食品质量管理研讨会。二是根据企业需要，组织几个专业性考察团赴欧、美考察。

（六）继续抓好产品质量，提高市场竞争力。质量是企业的生命。企业要发展，就必须以高质量的产品来赢得消费者的信赖，在市场竞争中立于不败之地。根据国家《质量振兴纲要》的精神，要抓紧制订《食品行业“九五”和2010年质量振兴规划》，推动食品企业进一步提高产品质量，增强质量意识，强化质量管理，建立、健全质量保证体系；组织“质量效益型先进企业”交流经验，把食品企业推上质量效益型轨道；帮助有条件的食品企业，积极实施ISO9000《质量管理与保证》国际标准；实施名牌战略，积极开展食品行业的创名牌、保名牌的活动；继续开展行业性的名优食品质量检评和名优食品的推荐活动；加强培育和发展行业名牌工作；继续抓好食品质量监制工作，加强对监制企业的产品质量检查和技术服务工作。

（七）全国食品工业标准化技术委员会，今年的重点工作有3项：一是为贯彻和实施《食品中葡萄糖的测定方法》、《食品中蔗糖的测定方法》、《食品中淀粉的测定方法》和《橙、柑、桔汁及其饮料中果汁含量的测定方法》，按行业分期举办培训班。二是抓紧完成《保健（功能）食品通则》，为整顿保健食品立法。三是组织翻译世界法典委员会（CAC）的220项食品产品标准，与我国相应的食品标准对照，找差距，为与国际标准接轨摸清底数。

（八）加强信息服务和基础设施建设。去年在威海信息工作交流会上，与会代表经过讨论，认为在当前社会主义市场经济体制下，强化信息意识，重视开展这方面的工作，对促进食品工业的加速发展具有十分重要的意义。加强信息工作，组织交流与咨询，是中食协为食品行业和企业服务的一项重要内容。把信息库建设起来，加强信息基础设施和应用系统的开发使用，与各省市和企业密切联系，交换情报资料，逐步形成全国行业信息网络。请各省、市、自治区食品工业协会对这项工作大力配合与支持。同时从今年元月起办好内部刊物《中国食品行业通讯》，提供信息咨询服务，希望各地积极协助及时交换材料。

《中国食品工业年鉴》在各省、市、自治区食协的积极配合下，将恢复出版。《年鉴》是一部行业工具书，也是一部大容量信息出版物。今后每年一定要正常出版，请各地食协和广大食品企业积极征订，并切实地做好宣传、发行的组织工作。继续办好《中国食品工业》杂志、《中国食品报》和《中国食品质量报》。

（九）加强食品市场调研工作。中食协市场有限公司，经过去年的筹备，今年将开始运营。在这次理事会期间将成立中食协市场工作委员会，组织力量对食品市场进行调研，为企业做好服务。

（十）继续加强中国食品工业协会自身建设。随着社会主义市场机制的发展与完善，要求中介组织更好地发挥作用。为此国家有关部门在总结各类协会开展工作的基础上，提出了试点方案，有的省市已开始试行。从形势发展来看，试点方案中提出的任务是可行的，我们应参照其精神加强中国食品工业协会的改革与建设，创造服务手段，增强服务能力，扎扎实实开创新的局面。在自身建设中要坚持两个文明一起抓，大力加强社会主义精神文明建设，培养一支思想境界高、业务能力强、道德风尚好的职工队伍。

今年要发展一批大型企业或集团企业为会员单位，加强与食品企业的联系，增选一些知名企业家为理事会的领导成员，加强领导力量，把它办成食品企业之家，为明年进行换届做好各项准备工作。

# 编 辑 说 明

一、《中国食品工业年鉴》是中国食品工业纪年性、资料性的大型工具书，每年出版一部，各部分内容更新并保持连续性。1993 年因故停版。1996 年起恢复出版。1997 年为总第 11 部。

二、《中国食品工业年鉴 1997》的结构体例与以前大体一致，有部分更新和调整。

在第 2 部分行业分述中新增了“行业数据报告”，提供了相关行业的详尽数据。

三、根据国家统计局编印的《国家统计调查制度 1994》，食品工业的分类又有所调整，原“食品添加剂制造业(中类、代码 146)”和“饲料添加剂制造业(小类，代码 1316)”取消。这部分统计内容已归入“化学原料及化学制品制造业”的“添加剂制造业(小类，代码 2677)”。

《中国食品工业年鉴 1997》中的统计数字，以国家统计局有关部门提供的数据为准。

“综述”部分的全国性统计数据，均未包括台湾省、香港特别行政区及澳门地区。

四、文中所汇集的政策法规、专论等，原文照登，不再作技术性处理。

五、《中国食品工业年鉴 1997》撰稿人署名一律在条目文后。连续条目为同一撰写者时，则在最后一条目文后。辑录的资料，一般不署名。

六、《中国食品工业年鉴 1997》的编辑、出版、发行等工作，得到了中央和地方各有关部门、中国食品工业协会、各地食品工业协会以及改革出版社大力支持和帮助，谨此表示衷心的谢意！

七、诚请读者对本书提出批评意见，并告诉我们您想了解什么样的信息，以便更好地为读者服务。来信请寄：100073 北京太平桥东里 5 号 中国食品工业年鉴编辑部

一九九八年四月

# 目　录

## 第1部分　综　　述

## 第2部分　行业分述

## 第3部分　地区分述

## 第4部分　企业及产品介绍

# 第1部分

# 综　　述

# 1.1 1996年食品工业大事记

1月4日，全国碘与碘酸钾产销联合体成立大会举行。卫生部和国家医药管理局将对碘酸钾的产销审批程序作出明确规定。这意味着全国碘盐质量将有保障。

1月5日，《中国食品报》报道：近日中国轻工总会组织召开了全国食品工业工作会议。会议提出“九五”期间食品工业要实现两个转变：即由传统的计划经济体制向社会主义市场经济体制转变，由粗放型的经济增长方式向集约型的经济增长方式转变。

1月8日，《中国食品报》报道：1995年12月25日，中国轻工总会盐业管理办公室、中国盐业总公司主持召开了全国食盐专营工作会议，研究建立规范的食盐生产及流通秩序的措施。

1月23～25日，中国食品工业协会第三届四次理事会在京召开。大会的主要议题是讨论《全国食品工业“九五”计划和2010年远景目标的建议》，审议中国食品工业协会1995年工作总结和1996年工作计划。

1月24日，《中国食品报》报道：国家决定在广西、云南、新疆、湛江市建立4个糖业生产基地。国家已安排了贷款，并给予税前还贷政策，使之成为稳定全国糖业生产、保证全国商业糖供应的重要基地。

1月28日，《中国食品报》报道：北京绿谷畜禽养殖有限公司采用最新育肥技术试养高档肉牛，近日获得成功。有关专家鉴定后认为，该公司生产的高档肉牛肉质达到了国外同类品质高档肉牛的水平。

1月31日，《中国食品报》报道：中国渔业1996年工作重点在提高产业素质和发展质量。

2月8日，IDF(国际乳品联合会)中国国家委员会在京成立。IDF中国国家委员会主席为潘蓓蕾，副主席为耿兆林、杜义。

2月9日，《中国食品报》报道：中日合资的北京京日食品有限公司，成为世界最大规模的红豆沙生产企业。

2月11日，《中国食品报》报道：由于酒类管理体制不合理，产销政策不统一，管理措施不得力，造成国内酒类市场十分混乱。主要表现在：生产盲目发展，流通秩序混乱，假酒充斥市场，洋酒走私严重，酒税流失严重。

2月12日，《中国食品报》报道：中国有机(天然)食品将使用证明标志。此标志为一绿色圆形图案。经由国家环保局质量检测后合格的食品，方可使用证明标志。

2月23日，《中国食品报》报道：瑞士罗氏公司不久前投资上亿美元，在上海浦东兴建国内最大的维生素生产基地，现已鉴订了2个合资合约，其中1个项目已破土动工。

3月1日，《中国食品报》报道：国家技术监督局日前颁布1项抽查结果：城区大商场名酒真品率较高，而郊区及饭店的信誉相对较低。注水肉泛滥的状况还未得到根本扭转。

北京市技术监督局发布的“北京市饮用纯净水地方标准”今日实施。这将使北京市生产纯净水的厂家有法可依。

3月4日，《中国食品报》报道：北京市新近出台了食品工业科技“九五”和2010年规划。规划显示21世纪人类食物将更加卫生、营养、快速。专用、野生食品大量出现，仿生食品将大量占有市场份额。规划包括在北京建立跨世纪食品生物培训检测中心，并提出食品工业科研的方向。研制新型保健品包括功能食品、老年专用食品、儿童智力食品、妇女和孕妇专用食品。规划还提出了仿生食品和新型卫生饮料的研制和开发方向。

3月8日，《中国食品报》报道：截至“八五”期末，全国菜园子种植面积增长迅速，同“八五”初期相比，新增种植面积258万公顷，平均每年增加51万多公顷。

3月10日，《中国食品报》报道：中国水产品生产“八五”期间平均增长率高达13%，年均增产222万吨，使中国人均水产品占有量达到世界平均水平。

3月15日，卫生部颁布《保健食品卫生管理办法》，并自1996年6月1日起实施。该办法共分总则、保健食品的审批、保健食品的生产经营、保健食品标签、说明书及广告宣传、保健食品的监督管理、罚则、附则8章。卫生部同时颁布的另1项法规是《儿童营养午餐管理办法》。

3月18日,《中国食品报》报道:由福建省轻工研究所承担的"八五"国家重点科技攻关项目"蘑菇保鲜技术研究"取得突破性进展。蘑菇的保鲜时间可达15～20天,其色泽、质量均达到预期效果,3批中试产品已出口日本,受到日本市场欢迎。

3月13～19日,中国绿色食品发展中心在北京举办了首届绿色食品标志专职管理人员培训班,来自全国29个省、自治区、直辖市的各级"绿办"和部分绿色食品企业的学员88人参加了培训。

3月25日,《中国食品报》报道:保障海南等省蔬菜瓜果畅通北运的"绿色通道"即将开通。南菜北运的"绿色通道"有往北方至京津、往东北至上海和经广西去西南3个方向。有关省市的交通部门都表示,要全力建设好"绿色通道"。

3月29日,《中国食品报》报道:主题为"畜牧业和畜产品加工业"的首届中国国际农业科技年会,近日在京举行。中国畜牧业和畜产品加工业已连续17年保持快速、健康发展。畜牧业产值增长速度超过了农业的发展速度。中国已跻身于世界畜牧业大国之列,初级产品产值达到5 000亿元。

3月28～29日,中国食品工业协会营养指导委员会组织召开了"中国儿童食品发展战略研讨会"。领导、专家及企业代表100人出席了会议。会议议题包括儿童食品行业的管理及政策,发展规划,儿童食品的生产和消费现状、存在问题及儿童营养的科学摄取,高科技在儿童营养食品中的应用等。营养指导委员会对儿童食品提出了发展目标与措施。

3月31日,《中国食品报》报道:由联合国粮农组织援建的中国第1座猕猴桃低乙烯气调冷库,在河南郑州建成并投入使用。这座低乙烯气调冷库的容量为200吨,第一批贮藏的猕猴桃贮藏半年,好果率达98.03%,腐烂率仅为0.77%。

4月3日,《中国食品报》报道:在刚结束的全国人大八届四次会议上,人大代表提交了16项涉及食品业的议案,其中90%的中心议题是通过立法规范行业行为。主要议案有:尽快制定酿酒法;制定酒类专卖法或专卖条例;尽快制定屠宰法;制定全国性食糖法规;补充修改《烟草专卖法》;建议制定公共场所禁止吸烟的法规。

由天津市工业微生物研究所承担的"八五"国家重点科技攻关项目"微胶囊食用天然色素开发及应用研究"通过鉴定。

4月8日,卫生部向社会公布了春季食品卫生抽检结果。对瓶装天然矿泉水、奶粉和裱花蛋糕的抽查反映出4个主要问题:细菌总数超标、营养含量不够、滥用添加剂和食品标签不规范。

4月12日,《中国食品报》报道:由广东轻工机械集团公司引进国外关键设备制造技术,自行开发设计生产的3.6万瓶/小时大型高速啤酒灌装生产线,于4月2日在青岛崂山啤酒厂通过鉴定并投入使用。该生产线主要技术和性能指标达到国际90年代初水平,填补了国内空白。

4月15日,《中国食品报》报道:国家技术监督局近日抽查了61种果汁饮品,合格率只有55.7%。存在的主要问题是,有三分之二以上的企业将"果汁饮料"标为"果汁";有些产品使用了合成色素和添加剂,却未在标签中标示出来;个别企业计量不足。

4月29日,《中国食品报》报道:国家工商行政管理局近日发布了酒类广告的管理办法。

5月1日,《中国食品报》报道:由郑州粮食学院承担的"八五"国家重点科技攻关项目"大豆油磷脂精制及质构化食品研究"日前通过鉴定。

5月5日,《中国食品报》报道:中国脂质专业委员会日前在京成立。此举意在深入研究DHA、EPA等多不饱和脂肪酸对优生优育、促进大脑发育和在防病治病等方面的作用。著名营养学专家于若木出任名誉会长。

5月8～10日,成都、广州、长春、哈尔滨、武汉、大连、西安和重庆市食品工业行业交流会在重庆市召开。各地代表交流了各自城市"八五"期间食品工业生产取得的成绩和经验以及"九五"食品工业发展规划。

5月8日,《中国食品报》报道:中国茶协拟定"九五"期间的工作目标,即努力发展和完善茶叶市场体系,初步建立起适应市场经济体制要求的行业管理体系;争取在行业政策(主要是税收政策)上有所突破;支持企业集团化经营,加快新产品开发;建立批发市场体系;扩大协会组织,增强经济实力等。

5月14日,由环渤海食协联谊会主办的"环渤海七省市食品工业企业集团经验交流会"在山东曲阜举行。来自北京、天津、山东、河北、辽宁、山西、内蒙古等食协的负责同志和企业领导就如何加快发展企业集团,促进环渤海地区经济合作与联合,进行了交流研讨。

5月20日,《中国食品报》报道:在近日举行的五粮酒系列新产品质量鉴定会上,几十名专家对五粮酒系列新产品五粮春、五粮神、五粮醇的评价是:香气、味道的协调,舒适感很符合"五粮液"的传统风格。一些用户代表品尝后也认为,该系列产品价值相符,是白酒中同类档次的佼佼者。

5月22日,《中国食品报》报道:年营业额已达30多亿元的著名的上海梅林食品(集团)公司与国有大中型企业中的新兴综合实体四川明日企业(集团),共同投资1亿元在成都建立“明日梅林工业园区”。这一经济合作是上海和四川经济发展的战略所需,也是响应党中央、国务院要求发达地区向中西部辐射的一大举措。

5月22日,《中国食品报》报道:全国米质监测中心已在杭州建成,设在中国水稻研究所内的该中心已经开始工作。作为国家授权的法定专职机构,该中心对即将实施生产许可证、推广许可证、质量许可证的产品进行检验,对新品种、新产品和科研成果进行鉴定检验。

5月27日,李鹏总理签署国务院第197号令,发布《食盐专营办法》。盐业管理办公室设在中国轻工总会内。该办公室由国务院授权行使全国盐业行政管理职能。

6月1日,由卫生部颁布的《保健食品管理办法》自今日起开始实施。

6月7日,《中国食品报》报道:中国绿色食品协会日前在京成立。该协会由食品科研、生产、储运、销售、监测、咨询各领域500多名(团体及个人)会员参与。

6月8～11日,中国名白酒厂发展战略研讨会在南京召开。会议就全国白酒行业面临的形势和应采取的措施以及今后发展方向等问题进行了深入研讨。大家一致认为应把贯彻有关节约酿酒用粮的精神做为今后工作重点,同时要努力实现“四个转化”,落实控制总量、调整结构、降低粮耗、提高质量、增加效益的方针。呼吁有关部门整顿设备简陋、劣质、高耗的白酒厂,发挥新工艺白酒和低度白酒的优势,搞好酒精深加工,组建以名优白酒厂为龙头的企业集团,向质量、效益型方向发展。

6月16日,《中国食品报》报道:据农业部有关人士介绍,中国已跃居世界第2大水果生产国。其中苹果、梨产量已居世界首位,柑桔产量占第3位。随着水果生产水平的大幅提高,水果市场供应明显改善,人均水果占有量达30千克。

6月21日,《中国食品报》报道:为实现新增千万吨肉类生产能力的目标,农业部强调,要进一步调整肉类生产结构,扩大肉类区域性综合开发,重点发展猪、牛、羊基地和禽兔肉基地。

6月24日,《中国食品报》报道:目前全国最大的黄酒生产企业和出口基地 绍兴黄酒集团公司的10万吨黄酒工程项目,近日通过了专家评审。

7月1日,从今天起,铁路全线各站将采用易降解和回收价值较大的快餐盒,以取代现在使用的塑料快餐盒,这是铁路部门为解决铁路沿线的“白色污染”而采取的1项重大举措。

7月9日,建设部、卫生部颁发《生活饮用水卫生监督管理办法》。该办法于1997年1月1日起施行。

7月12日,国家技术监督局公布1996年第2季度产品质量抽查结果。食品产品有加碘盐。从广东、江西等12个省、直辖市103个盐业经销部门所销售的产品中抽出106个样品,合格99个,合格率93.4%。

7月17日,《中国食品报》报道:在“百城万店无假货”的活动中,国有肉类食品企业在全国范围内开展“我屠宰卖肉你放心”活动,以提高肉类卫生质量,让消费者吃上“放心肉”。

7月19日,《中国食品报》报道:卫生部日前颁布了《保健食品功能学检验机构认定与管理办法》,并由1个认定专家组负责有关的技术评审工作。

8月4日,《中国食品报》报道:有关专家在近日召开的中国膳食指南与食物金字塔研讨会上指出,制订膳食指南及食物金字塔,以引导群众合理进食,至关重要。

8月5～7日,国家大豆行动计划试点工作会议在京召开。大豆行动计划是对经济欠发达地区的中小学生,用大豆来解决膳食中优质蛋白质供应不足问题。这项计划是贯彻国务院颁布的《90年代中国食物结构改革与发展纲要》的1个重要举措。

8月25日,《中国食品报》报道:1项名为“利用外源DNA直接导入技术进行分子育种”的研究,被国家科委正式列为“九五”重点科技攻关计划。由黑龙江省农科院生物技术研究中心承担的此项研究,通过生物技术,可获得具有蛋白含量高、抗病强、产量高等特性的“转基因大豆”新品系,并已进入生产试验阶段。

8月27日,卫生部部长陈敏章签署颁布《学生集体用餐卫生监督办法》。《办法》对管辖范围、分类定义、主管部门、生产经营者的行为规范、学校的义务以及营养要求做出了详细规定。

9月8日,《中国食品报》报道:卫生部就云南省曲靖地区发生的假白酒导致恶性甲醇中毒,造成35人死亡事件,发出紧急通知,要求整顿白酒生产经营市场。

9月9日,卫生部公布第1批保健食品功能检验机构,共12个,他们是:四川省、广东省、湖北省、福建省、广西壮族自治区、江苏省、上海市和北京市的卫生防疫站,中国预防医学科学院营养与食品卫生研究所保健食品功能检验中心,北京医科大学、南京医科大学营养与食品科学技术研究所,哈尔滨医科大学。

9月16日,《中国食品报》报道:海峡两岸保健食品研讨会近日召开。100多位来自海峡两岸的专家、学者进行了广泛、深入的研讨。海峡两岸对营养保健食品进行学术交流,这是第1次。

9月23日,《中国食品报》报道:近日国家技术监督局公布了1996年对瓶装饮用天然矿泉水产品质量统一监督检查结果。结果表明，全国矿泉水产品质量总体水平有较大幅度提高，合格矿泉水的市场占有率比较高。在29个省、自治区、直辖市的833家矿泉水生产企业的833批次的产品中，合格640批次，平均抽样合格率76.8%，比上年提高3.8个百分点。

10月7日，4年一度的中国营养学术会议暨第四届委员会代表大会在成都召开。来自国内外的400余位营养专家和学者出席了会议。大会共收到483篇学术论文。这次会议围绕“中国膳食指南与食物金字塔”展开了热烈讨论。会议期间，中国营养学会进行了换届选举，新一届理事长由中国预防医学科学院营养与食品卫生研究所所长葛可佑担任。

10月8～10日，中国食品工业协会在张家港市召开了“全国食品工业企业集团发展战略研讨会”。各省市食协及企业集团的200名代表与会。

10月16～18日，’96中国食品添加剂博览会在京举行。

10月22～25日，首届亚洲面食产业发展研讨会在京召开。8个国家和地区的代表介绍了各自面食制品的发展状况。会议介绍及展示了亚洲面制品最新技术、工艺设备和产品，分析了今后亚洲面食制品的市场和发展方向。

10月22日，中国进出口食品检验研究中心在北京落成。

10月27日，《中国食品报》报道：全国食品用化学品行业联合会(筹)在京成立。成员来自食品添加剂、净水剂、食品用橡胶制品、食品包装材料等相关企业，目前共有会员单位158家。

10月30日，全国轻工业系统精神文明建设暨劳模表彰大会召开。食品工业行业65名劳模、23个集体受表彰。

11月6日，《中国食品报》报道：卫生部夏秋季对全国食品市场卫生质量的抽检表明，现在市场上销售量很大的果汁饮料、月饼、矿泉水和定型包装熟肉制品，其卫生状况基本让人放心，而散装熟肉、冷食和街头冷食摊点的卫生质量仍不尽人意。

11月8日，中央电视台“97黄金段位广告招标”揭晓，山东秦池酒厂以3.2亿元的竞价，保住了“标王”的称号。

11月11日，卫生部向社会公布了首批获得保健食品证书的59种保健食品。

11月12日，中国食品工业协会与江苏省食品工业协会在无锡轻工大学举办全国食品行业高新技术应用研讨会，意在帮助企业了解现代企业管理知识和最新技术动向，协助企业开拓市场。

11月15日，《中国食品报》报道：可口可乐公司将“天与地”果汁饮料商标产权无偿转让给天津津美饮料有限公司。

11月18～20日，农业部召开全国水果生产工作会议，重点研究中国水果产业化发展思路，即全面提高果品质量，大力发展贮藏加工。

12月3日，国家技术监督局、国家工商局、卫生部、化工部等单位在京召开新闻发布会，发出《关于加强甲醇及非食用酒精产品管理的通知》。

12月4日，《中国食品报》报道：农业部最近制定《“九五菜篮子工程”全国鲜活农产品批发市场建设规划》。

12月16日，中国农学会农产品贮藏加工分会在北京成立。

12月22日，《中国食品报》报道：经国家科委、农业部批准，由河南、河北、山东3省承担的国家“九五”重点研究开发课题——“肉牛项目”，近日在河南启动。该项目将主要研究规模化肉牛生产的有关问题。

12月30日，国家工商行政管理局发布《食品广告发布暂行规定》。该《规定》共16条。自1997年2月1日起施行。

（邢　兵）

# 1.2 食品工业政策法规文件

## 中华人民共和国国务院令

第197号

现发布《食盐专营办法》,自发布之日起施行。

总理 李 鹏

一九九六年五月二十七日

## 食盐专营办法

### 第一章 总 则

第一条 为了加强对食盐的管理,保障食盐加碘工作的有效实施,保护公民的身体健康,制定本办法。

第二条 国家对食盐实行专营管理。

本办法所称食盐,是指直接食用和制作食品所用的盐。

第三条 本办法适用于中华人民共和国境内的食盐生产、储运和销售活动。

第四条 国务院授权的盐业主管机构(以下简称国务院盐业主管机构)负责管理全国食盐专营工作。

县级以上地方各级人民政府授权的盐业主管机构(以下简称县级以上地方各级人民政府盐业主管机构),负责管理本行政区域内的食盐专营工作。

### 第二章 食盐生产

第五条 国家对食盐实行定点生产制度。非食盐定点生产企业不得生产食盐。

食盐定点生产企业由省、自治区、直辖市人民政府盐业主管机构提出,报国务院盐业主管机构审批。

第六条 国务院盐业主管机构根据食盐资源状况和国家核定的食盐产量,按照合理布局、保证质量的要求,确定食盐定点生产企业。

第七条 国家对食盐生产实行指令性计划管理。

食盐年度生产计划由国务院计划行政主管部门下达,国务院盐业主管机构组织实施。

第八条 严禁利用井矿盐卤水晒制、熬制食盐。

### 第三章 食盐销售

第九条 国家对食盐的分配调拨实行指令性计划管理。

食盐年度分配调拨计划,由国务院计划行政主管部门下达,国务院盐业主管机构组织实施。

第十条 国家对食盐批发实行批发许可证制度。

经营食盐批发业务,必须依法申请领取食盐批发许可证。未取得食盐批发许可证的,不得经营食盐批发业务。

第十一条 经营食盐批发业务的企业,由省、自治区、直辖市人民政府盐业主管机构审查批准,颁发食盐批发许可证,并报国务院盐业主管机构备案。

食盐批发许可证由国务院盐业主管机构统一制作。

第十二条 取得食盐批发许可证,应当具备下列条件:

(一)有与其经营规模相适应的注册资本;

(二)有固定的经营场所;

(三)有符合国家规定的仓储设施;

(四)符合本地区食盐批发企业合理布局的要求。

第十三条　食盐批发企业应当按照国家计划购进食盐,并按照规定的销售范围销售食盐。

第十四条　食盐零售单位和受委托代销食盐的个体工商户、代购代销店以及食品加工用盐的单位,应当从当地取得食盐批发许可证的企业购进食盐。

第十五条　食盐定点生产企业、食盐批发企业、食盐零售单位和受委托代销食盐的个体工商户、代购代销店,应当执行国家规定的食盐价格。

第十六条　严禁将下列产品作为食盐销售:

(一)液体盐(含天然卤水);

(二)工业用盐、农业用盐;

(三)利用井矿盐卤水晒制、熬制的盐产品;

(四)不符合国家食盐标准或者行业标准的盐产品;

(五)其他非食用盐产品。

## 第四章　食盐的储存和运输

第十七条　省、自治区、直辖市人民政府盐业主管机构应当根据实际情况,确定本地区食盐定点生产企业、食盐批发企业的合理库存量,并报国务院盐业主管机构备案。

食盐定点生产企业和食盐批发企业应当按照省、自治区、直辖市人民政府盐业主管机构的要求,保持食盐的合理库存。

第十八条　托运或者自运食盐的单位和个人,应当持有国务院盐业主管机构或者其授权的省、自治区、直辖市人民政府盐业主管机构核发的食盐准运证。

食盐作为国家重点运输物资,运输企业应当保障运输。

## 第五章　罚　　则

第十九条　违反本办法第五条的规定,非食盐定点生产企业生产食盐的,由盐业主管机构责令停止生产,没收违法生产的食盐和违法所得,可以并处违法生产的食盐价值3倍以下的罚款。

第二十条　违反本办法第八条的规定,利用井矿盐卤水晒制、熬制食盐的,由盐业主管机构责令停止生产,没收违法生产的盐产品、违法所得和生产工具,可以并处违法生产的盐产品价值3倍以下的罚款。

第二十一条　违反本办法第十条的规定,未取得食盐批发许可证经营食盐批发业务的,由盐业主管机构责令停止批发活动,没收违法经营的食盐和违法所得,可以并处违法经营的食盐价值3倍以下的罚款。

第二十二条　违反本办法第十四条的规定,食盐零售单位和受委托代销食盐的个体工商户、代购代销店以及食品加工用盐的单位,从未取得食盐批发许可证的企业、单位或者个人购进食盐的,由盐业主管机构责令改正,没收违法购进的食盐,可以并处违法购进的食盐价值3倍以下的罚款。

第二十三条　违反本办法第十六条第(一)、(二)、(三)、(五)项的规定,将非食用盐作为食盐销售的,由盐业主管机构责令停止销售,没收违法所得,可以并处违法所得5倍以下的罚款;构成犯罪的,依法追究刑事责任。

第二十四条　违反本办法第十六条第(四)项的规定,将不符合食盐标准的盐产品当作食盐销售的,依照《中华人民共和国产品质量法》、《中华人民共和国标准化法》的有关规定处罚。

第二十五条　违反本办法第十八条的规定,无食盐准运证托运或者自运食盐的,由盐业主管机构没收违法运输的食盐,对货主处以违法运输的食盐价值3倍以下的罚款,对承运人处以违法所得3倍以下的罚款。

第二十六条　盐业主管机构的工作人员玩忽职守、徇私舞弊,构成犯罪的,依法追究刑事责任;尚不构成犯罪的,依法给予行政处分。

## 第六章　附　　则

第二十七条　本办法施行前已经从事食盐批发业务的企业,具备本办法第十二条规定的条件的,由省、自治区、直辖市人民政府盐业主管机构审核颁发食盐批发许可证。

第二十八条　渔业、畜牧用盐适用本办法。

第二十九条　本办法自发布之日起施行。

# 国务院办公厅关于生猪屠宰检疫管理体制有关问题的通知

国办发〔1996〕40号

各省、自治区、直辖市人民政府,国务院各部委、各直属机构:

为了加强生猪屠宰检疫管理，在总结实践经验的基础上，按照国务院关于上市生猪实行“定点屠宰、集中检疫、统一纳税、分散经营”的规定，进一步划清政府有关部门主要是农牧、内贸两个部门的职责，做到职责明确，权责一致，各负其责，密切配合，共同做好这项工作，让老百姓吃上“放心肉”，经国务院领导同志同意，现就生猪屠宰检疫管理体制的有关问题通知如下：

一、加强生猪屠宰检疫管理，保证肉品品质，防止生猪疫病传播，是关系人民群众身体健康、促进生猪生产的一件大事，各级人民政府要根据党中央、国务院的指示，切实抓好这项工作。

二、关于生猪定点屠宰问题。定点要按照《国务院办公厅关于进一步加强生猪等畜禽屠宰检疫管理工作的紧急通知》(国办发明电〔1995〕38号)确定的“统一规划、合理布局、有利流通、促进生产、方便群众、便于检疫和管理”的原则，由省、自治区、直辖市人民政府结合本地实际情况作出设置屠宰场(厂、点)的规划和布局，屠宰场(厂、点)的具体定点由市(包括直辖市、省辖市、县级市)、县人民政府组织内贸、农牧以及其他有关部门确定。

三、关于生猪检疫问题。生猪检疫是政府行为，生猪屠宰检疫是生猪检疫的重要组成部分，由农牧部门主管生猪检疫工作的监督管理，农牧部门的畜禽防疫监督机构实施对生猪的检疫。考虑到历史及现实情况，对农业部、国内贸易部协商确定范围内的屠宰厂、肉联厂，市、县人民政府在定点时经审查认定符合下列条件并依法取得动物防疫合格证的，由各该屠宰厂或者肉联厂对其屠宰的生猪自行负责检疫，并加盖畜禽防疫监督机构统一使用的和本厂的验讫印章：

(一)有取得农牧部门核发的兽医资格证书并与检疫工作量相适应的检疫人员；

(二)有必要的检疫设施、仪器和设备；

(三)有符合规定的无害化处理设施；

(四)有相应的检疫工作制度、管理制度及其保障措施；

(五)国家规定的其他条件。

畜禽防疫监督机构对上述自行负责检疫的屠宰厂、肉联厂，不得以任何形式收取检疫费用，但应加强对其监督检查，必要时可以派动物防疫员驻厂监督，发现其未按规定实施检疫的，有权责令其停止自检、限期改正并依法予以处罚，逾期不改正的，撤销其自检资格。

除上述自行负责检疫的屠宰厂、肉联厂外，市、县人民政府确定的其他屠宰场(厂、点)不得自检，一律由畜禽防疫监督机构实施检疫，加盖畜禽防疫监督机构统一使用的验讫印章，并按照国家规定的标准收取检疫费用。

四、关于生猪屠宰加工冷藏业的行业管理问题。国内贸易部主管全国的生猪屠宰加工冷藏业的行业管理，负责制订行业发展规划、操作规程、技术要求等，进行宏观指导，并会同农牧、卫生、工商、环保、劳动安全等部门按照职责分工进行监督检查。根据现实情况，县及县以上屠宰厂、肉联厂的屠宰加工冷藏业的行业管理由内贸部门具体负责；县以下乡镇屠宰厂、肉联厂及其他屠宰场(厂、点)的行业管理由农牧部门具体负责，并接受内贸部门依法进行的监督检查。对达不到规定条件的屠宰场(厂、点)，要限期整顿；需要取消其经营资格的，要报经确定该屠宰场(厂、点)的市、县人民政府批准。

五、需要明确的几个问题：

(一)要区分屠宰检疫与食品卫生检验。生猪屠宰检疫工作由农牧部门主管，猪肉食品卫生检验工作由卫生部门主管。

(二)要区分屠宰检疫与肉品品质检验。生猪屠宰检疫是政府行为，由畜禽防疫监督机构实施(包括由屠宰厂、肉联厂按照规定实施自检)；肉品品质检验是企业行为，由屠宰厂、肉联厂按照国家有关规定自行实施，并依法接受政府有关部门的监督。

(三)为保证法规、政令的统一，国务院过去发布的有关文件和农业部、国内贸易部下发的有关文件，凡与本通知不一致的，以本通知为准。今后，有关生猪屠宰检疫管理体制问题，一律由国务院法制局负责提出解释意见，报国务院审批同意后下发执行。

国务院办公厅

一九九六年九月二十八日

## 中国人民银行、财政部关于印发《粮棉油政策性收购资金供应和管理规定》的通知

银发［1996］392号

中国人民银行各省、自治区、直辖市分行，各省、自治区、直辖市财政厅(局)：

《国务院批转中国人民银行等六部门关于加强粮棉油政策性收购资金管理意见的通知》(国发〔1995〕12号)下发以来,由于各级银行、财政、粮食等部门共同努力,保证了粮棉油政策性收购资金的需要,基本杜绝了粮棉油收购“打白条”的现象,对调动广大农民的生产积极性,促进农业和农村经济的发展起到了积极的作用。但是,在粮棉油政策性收购资金的供应和管理中还存在一些不容忽视的问题,突出表现在有的地方、部门或单位收购资金仍不能及时、足额到位,挤占挪用收购资金的问题仍很突出,收购资金流失严重。为继续贯彻国务院(国发〔1995〕12号)文件精神,进一步加强粮棉油政策性收购资金的供应和管理,经国务院同意,现将《粮棉油政策性收购资金供应和管理规定》印发给你们,请认真执行。

中国人民银行

财政部

一九九六年十月二十日

## 粮棉油政策性收购资金供应和管理规定

### 第一章 总 则

第一条 为加强粮棉油政策性收购资金的供应和管理,防止政策性收购资金流失,保证粮棉油政策性收购业务顺利进行,制定本规定。

第二条 本规定所称粮棉油政策性收购资金是指用于国家和地方专项储备的粮食、棉花、油料的收购、储备、调销资金和国家定购粮食、棉花收购资金,包括各级财政开支的直接用于粮棉油收购环节的价格补贴款、银行粮棉油政策性收购贷款和粮棉油政策性收购企业的粮棉油调销回笼款。

第三条 本规定所称粮棉油政策性收购企业是指承担粮棉油收购、调拨、储备等政策性业务的企业。

第四条 本规定所称代理行是指代理中国农业发展银行粮棉油政策性收购贷款业务的中国农业银行及其分支机构。

第五条 本规定适用于粮棉油政策性收购企业、各级财政部门、各银行和其他金融机构。

### 第二章 粮棉油政策性收购资金的供应

第六条 粮棉油政策性收购资金由各级财政、中国农业发展银行、粮棉油政策性收购企业供应。

第七条 各级财政部门必须根据规定和预算,将国家储备粮棉油补贴、地方储备粮油补贴、定购粮价外补贴等粮棉油政策性补贴款足额拨补到位,不得欠拨。

第八条 各级财政部门安排的各项粮棉油拨补款要逐步通过在中国农业发展银行或其代理行开设财政拨补款专户的办法拨补到粮棉油政策性收购企业。

第九条 财政部门不得截留上级财政部门拨补的粮棉油政策性补贴款。

第十条 中国农业发展银行应当会同财政和粮棉油业务主管部门提前测算粮棉油政策性收购资金的需求,按收购进度和库存值,分配和调度收购贷款规模和资金,保证收购资金的供应。

第十一条 粮棉油政策性收购企业应当及时向中国农业发展银行和财政部门提供粮棉油收购、调销、库存的数量、价格和总值以及银行存、贷款等有关数据。

第十二条 粮棉油政策性收购企业的粮棉油调销回笼款必须及时归位,用于粮棉油政策性收购。

### 第三章 粮棉油政策性收购资金的管理

第十三条 粮棉油政策性收购资金由中国农业发展银行及其代理行会同财政部门管理。

第十四条 中国农业发展银行及其代理行应当会同财政部门对粮棉油政策性资金实行专户管理,并对专户资金实施监督。专户要全额反映银行贷款、企业调销回笼款和财政拨补款的收支情况,各级财政粮棉油政策性拨补款、粮棉油调销回笼款和银行粮棉油政策性收购贷款应当及时进入专户,专户资金不得用于粮棉油收购及相关费用以外的其他支出。

第十五条 中国农业发展银行及其代理行原则上不得用银行贷款垫付财政欠拨款。财政拨补款因周转或政策性原因暂需中国农业发展银行垫付的,财政部门必须向中国农业发展银行提出申请,经批准后予以垫付。

第十六条 中国农业发展银行及其代理行不得挤占挪用粮棉油政策性收购资金用于发放其他贷款。

第十七条 粮棉油政策性收购企业只能在中国农业发展银行或其代理行一家开立帐户。因业务需要确需在中国农业发展银行或其代理行以外的银行或金融机构开户的,必须经中国农业发展银行当地分行审核,并报中国人民银行当地分行批准。

第十八条 未经中国人民银行批准,中国农业发展银行及其代理行以外的任何银行和金融机构不得受理粮棉油政策性收购企业开户。

第十九条 粮棉油政策性收购企业不得将粮棉油调销回笼资金转移到在中国农业发展银行或其代理行以外

的其他银行或金融机构开立的帐户。

第二十条 粮棉油政策性收购企业不得以任何形式挤占挪用收购资金用于粮棉油政策性收购及其相关费用以外的支出。挤占挪用包括下列情形：

(一)用于固定资产投资。包括购买土地、投资于房地产、购买汽车、建宾馆酒店、建集贸市场、建办公楼和职工宿舍、购置设备、修建车间等；

(二)用于附营业务。包括从事多种经营业务、附属经济实体占用、自办厂矿、合资建厂、对外单位投资等；

(三)用于垫补企业自身亏损；

(四)用于长期垫付财政应拨、应补款；

(五)用于其他占用。包括从事股票、债券、期货等短期投资、职工个人借款、其他单位借款等。

## 第四章 罚 则

第二十一条 财政部门违反第七条规定，没有将粮棉油政策性补贴款拨补到位的，由上一级财政部门按现行有关规定给予处罚。

第二十二条 已在中国农业发展银行或其代理行开设财政拨补款专户的财政部门违反第八条规定，拨补资金没有通过财政拨补款专户下拨的，由上一级财政部门给予通报批评。

第二十三条 财政部门违反第九条规定截留上级财政部门拨补的粮棉油政策性补贴款的，由其上一级财政部门责令限期退还，并予以警告。

第二十四条 中国农业发展银行违反第十条规定，没有提前测算粮棉油政策性收购资金的需求，按收购进度和库存值，分配和调度收购贷款规模和资金，造成收购企业拖欠农民货款的，由中国人民银行给予通报批评或予以警告。

第二十五条 粮棉油政策性收购企业违反第十一条规定，没有及时向中国农业发展银行和财政部门提供有关数据的，中国农业发展银行不给予贷款。

第二十六条 粮棉油政策性收购企业违反第十二条规定，没有将粮棉油调销回笼款及时进入专户用于粮棉油政策性收购的，中国农业发展银行停止对其发放贷款。

第二十七条 中国农业发展银行及其代理行违反第十四条规定，没有对专户资金实施有效监督，致使粮棉油调销回笼款、收购贷款没有按规定进入专户，或专户资金被用于粮棉油收购及其相关费用以外支出的，由中国人民银行当地分支机构给予通报批评。

第二十八条 中国农业发展银行及其代理行违反第十五条规定，未按有关程序擅自用银行贷款垫付财政欠拨补资金的，由中国人民银行当地分支机构给予通报批评。

第二十九条 中国农业发展银行及其代理行违反第十六条规定，挤占挪用粮棉油收购专户资金发放商业性贷款的，由其上一级行责令限期收回，同时由中国人民银行按挤占挪用额对挤占挪用银行处以日万分之七的罚息，并没收违规所得。

第三十条 中国农业发展银行及其代理行以外的其他银行和金融机构违反第十八条规定，擅自为粮棉油政策性收购企业开立帐户的，由中国人民银行责令其自检查之日起5日内撤销，并在所辖区内给予通报批评，同时对接受开户的银行或金融机构处以每户5 000元至10 000元罚款。

第三十一条 粮棉油政策性收购企业违反第十七条规定，未在中国农业发展银行或其代理行开立收购专户的，中国农业发展银行不给予贷款；未经中国人民银行批准，擅自在中国农业发展银行或其代理行以外的银行和金融机构开立帐户的，由中国人民银行责令其限期撤销，并处以5 000元至10 000元罚款。

第三十二条 粮棉油政策性收购企业违反第十九条规定，将粮棉油调销回笼资金转移到中国农业发展银行及其代理行以外的其他银行和金融机构帐户的，以挤占挪用政策性收购资金论处。

第三十三条 粮棉油政策性收购企业违反第二十条规定，挪用收购资金用于粮棉油政策性收购及其相关费用以外支出的，由中国人民银行责令其限期收回，同时按挪用金额对其处以日万分之七的罚息，并没收违规所得。

第三十四条 对违反本规定的有关责任人员，应按有关规定给予行政处分；构成犯罪的，依法追究有关人员的刑事责任。

第三十五条 被处以罚款和罚息的银行、企业在接到行政处罚决定书15日内，应当主动到指定银行缴纳罚金。不主动缴纳的，由作出处罚决定的单位申请人民法院强制执行。

第三十六条 被处罚单位对中国人民银行、财政部门的处罚决定如有异议，可在接到处罚通知15日内向作出处罚决定单位的上级单位申请行政复议，或向人民法院提起诉讼。复议期间，原处罚决定不停止执行。

## 第五章 附 则

第三十七条 本规定自发布之日起施行。

# 中华人民共和国国家工商行政管理局令

第 39 号

《酒类广告管理办法》已经国家工商行政管理局局务会议审议通过，现予发布，自 1996 年 1 月 1 日起施行。

局长　王众孚

一九九五年十一月十七日

## 酒类广告管理办法

第一条　为了加强对酒类广告的管理，保护消费者的合法权益，维护社会良好风尚，根据《中华人民共和国广告法》(以下简称《广告法》)、《广告管理条例》及《广告管理条例施行细则》，制定本办法。

第二条　本办法所称酒类广告，是指含有酒类商品名称、商标、包装、制酒企业名称等内容的广告。

第三条　发布酒类广告，应当遵守《广告法》和其他有关法律、行政法规的规定。

第四条　广告主自行或者委托他人设计、制作、发布酒类广告，应当具有或者提供真实、合法、有效的下列证明文件：

(一)营业执照以及其他生产、经营资格的证明文件；

(二)经国家规定或者认可的省辖市以上食品质量检验机构出具的该酒符合质量标准的检验证明；

(三)发布境外生产的酒类商品广告，应当有进口食品卫生监督检验机构批准核发的卫生证书；

(四)确认广告内容真实性的其他证明文件。

任何单位和个人不得伪造、变造上述文件发布广告。

第五条　对内容不实或者证明文件不全的酒类广告，广告经营者不得经营，广告发布者不得发布。

第六条　酒类广告应当符合卫生许可的事项，并不得使用医疗用语或者易与药品相混淆的用语。

经卫生行政部门批准的有医疗作用的酒类商品，其广告依照《药品广告审查办法》和《药品广告审查标准》进行管理。

第七条　酒类广告中不得出现以下内容：

(一)鼓动、倡导、引诱人们饮酒或者宣传无节制饮酒；

(二)饮酒的动作；

(三)未成年人的形象；

(四)表现驾驶车、船、飞机等具有潜在危险的活动；

(五)诸如可以"消除紧张和焦虑"、"增加体力"等不科学的明示或者暗示；

(六)把个人、商业、社会、体育、性生活或者其他方面的成功归因于饮酒的明示或者暗示；

(七)关于酒类商品的各种评优、评奖、评名牌、推荐等评比结果；

(八)不符合社会主义精神文明建设的要求，违背社会良好风尚和不科学、不真实的其他内容。

第八条　在各类临时性广告活动中，以及含有附带赠送礼品的广告中，不得将酒类商品作为奖品或者礼品出现。

第九条　大众传播媒介发布酒类广告，不得违反下列规定：

(一)电视：每套节目每日发布的酒类广告，在特殊时段(19：00～21：00)不超过二条，普通时段每日不超过十条；

(二)广播：每套节目每小时发布的酒类广告，不得超过二条；

(三)报纸、期刊：每期发布的酒类广告，不得超过二条，并不得在报纸第一版、期刊封面发布。

第十条　违反本办法第四条第二款规定的，依照《广告法》第三十七条规定处罚。

第十一条　违反本办法第五条规定的，依照《广告管理施行细则》第二十七条规定处罚。

第十二条　违反本办法第六条规定的，依照《广告法》第四十一条、第四十三条规定处罚。

第十三条　违反本办法第七条、第八条、第九条规定的，依照《广告法》第三十九条规定处罚。

第十四条　本办法由国家工商行政管理局负责解释。

第十五条　本办法自 1996 年 1 月 1 日起施行。

# 中华人民共和国国家工商行政管理局令

第46号

《烟草广告管理暂行办法》已经国家工商行政管理局局务会议审议通过，现予发布，自1996年1月1日起施行。

局长 王众孚

一九九五年十二月二十日

## 烟草广告管理暂行办法

第一条 为了加强对烟草广告的监督管理，维护人民身体健康，根据《中华人民共和国广告法》（以下简称《广告法》）及国家有关规定，制定本办法。

第二条 本办法所称烟草广告，是指烟草制品生产者或者经销者（以下简称烟草经营者）发布的，含有烟草企业名称、标识，烟草制品名称、商标、包装、装潢等内容的广告。

第三条 禁止利用广播、电影、电视、报纸、期刊发布烟草广告。

禁止在各类等候室、影剧院、会议厅堂、体育比赛场馆等公共场所设置烟草广告。

第四条 禁止利用广播、电视、电影节目以及报纸、期刊的文章，变相发布烟草广告。

第五条 在国家禁止范围以外的媒介或者场所发布烟草广告，必须经省级以上广告监督管理机关或者其授权的省辖市广告监督管理机关批准。

烟草经营者或者其被委托人直接向商业、服务业的销售点和居民住所发送广告品，须经所在地县级以上广告监督管理机关批准。

第六条 烟草广告中不得有下列情形：

（一）吸烟形象；

（二）未成年人形象；

（三）鼓励、怂恿吸烟的；

（四）表示吸烟有利人体健康、解除疲劳、缓解精神紧张的；

（五）其他违反国家广告管理规定的。

第七条 其他商品、服务的商标名称及服务项目名称与烟草制品商标名称相同的，该商品、服务的广告，必须以易于辨认的方式，明确表示商品名称、服务种类，并不得含有该商品、服务与烟草制品有关的表示。

广告主发布前款规定的广告，应当提供下列证明文件：

（一）由政府有关部门出具的该企业生产或者经营该商品、服务的资格证明文件；

（二）该商品或者服务在我国取得的商标注册证；

（三）该企业在我国境内实际从事该商品、服务的生产或者经营活动的证明；

（四）广告管理法律、法规规定的其他证明文件。

第八条 在各类临时性广告经营活动中，凡利用烟草经营者名称、烟草制品商标为活动冠名、冠杯的，不得通过广播、电视、电影、报纸、期刊发布带有冠名、冠杯内容的赛事、演出等广告。

第九条 烟草经营者利用广播、电视、电影、报纸、期刊发布下列广告时，不得出现烟草制品名称、商标、包装、装潢。出现的企业名称与烟草商标名称相同时，不得以特殊设计的办法突出企业名称。

（一）社会公益广告；

（二）迁址、换房、更名等启事广告；

（三）招工、招聘、寻求合作、寻求服务等企业经营广告；

（四）广播、电影、电视节目首尾处出现的鸣谢单位或者赞助单位名称；

（五）报纸、期刊报花、栏头上标明的协办单位名称。

第十条 烟草广告中必须标明“吸烟有害健康”的忠告语。忠告语必须清晰、易于辨认，所占面积不得少于全部广告面积的10%。

第十一条 违反本办法第三条、第四条、第七条、第八条、第九条规定的，依据《广告法》第四十二条的规定，由广告监督管理机关责令负有责任的广告主、广告经营者、广告发布者停止发布，没收广告费用，可以并处广告费用一倍以上五倍以下的罚款。

第十二条 违反本办法第五条、第六条、第十条规定的，由广告监督管理机关责令广告主、广告经营者、广告发布者停止发布，没收广告费用，并处以一万元以下的罚款。

第十三条 本办法由国家工商行政管理局负责解释。

第十四条 本办法自1996年1月1日起施行。

## 农业部关于印发《全国食用菌菌种暂行管理办法》的通知

各省、自治区、直辖市及计划单列市农业(农牧渔业、农林、农牧、蔬菜)厅(局、办):

80年代初期以来,我国食用菌生产获得迅猛、持续的发展。1995年与1980年相比较,食用菌总量由15万吨发展到250多万吨(均为鲜重,1995年为预计数),总产值由4亿元增加到近百亿元,15年分别增长16倍和24倍。我国食用菌总产量已占全世界的一半以上,成为食用菌生产大国。同时,食用菌菌种生产也获得了长足进步。但是,由于对菌种质量和产销管理薄弱,往往造成生产上的损失。严重损害了菇农利益。为了加强对菌种生产和经销的管理,尽快改变菌种多乱杂状况,促进食用菌产业健康发展,现将我部《全国食用菌菌种暂行管理办法》印发给你们,请结合本地情况,认真贯彻落实。

农业部

一九九六年五月二十八日

## 《全国食用菌菌种暂行管理办法》

第一条　为加强食用菌菌种(以下简称菌种)管理,确保菌种质量,有计划、安全健康地发展食用菌生产,特制定本管理办法。

第二条　本办法所指的菌种包括双孢蘑菇、香菇、侧耳、猴头菌、金针菇、草菇、黑木耳、银耳等人工栽培的食用菌的菌丝体(包括孢子)及其生长基质组成的繁殖材料。

第三条　菌种分一级、二级、三级;菌种场分为一级菌种场、二级菌种场、三级菌种场。

第四条　农业部主管全国菌种工作。各级农业(含食用菌,下同)行政部门负责本行政区域内的菌种管理工作。

第五条　生产、经销各类各级菌种的单位或个人,必须遵守本办法。

第六条　生产菌种必须具备以下基本条件:

(一)具有与所生产的菌种级别相适应的技术人员。其中一级菌种场主要技术人员须有大专以上的文化程度,掌握菌种生产的基本知识和基本技能,并有五年以上的二级菌种生产或菌种选育的实践经验;二级、三级菌种场主要技术人员须有高中或相当于高中以上的文化程度,掌握菌种生产的基本知识和基本技能,并有三年以上的实践经验。

(二)有与菌种生产要求相适应的消毒灭菌和接种设备、菌种培养室、栽培房(场)等。其中一级菌种场还必须有分离培养、提纯复壮、保藏及质量检测等仪器设备。

(三)菌种场周围五十米以内无畜舍、垃圾、污水和其他污染源。

(四)有一年以上的菌种试生产成功的经验。

(五)菌种生产需要的其他办场条件。

第七条　凡从事菌种生产的单位或个人,应向其所在地的县级及其以上农业行政主管部门申请《菌种生产许可证》。

申请建立一级菌种场的,由省级农业行政主管部门审查批准,报农业部备案;申请建立二级菌种场的,由地级农业行政主管部门审查批准,省级农业行政主管部门备案;申请建立三级菌种场的,由县级农业行政主管部门审查批准,报地级农业行政主管部门备案。

凡符合开办条件的,由审批单位核准后,发给有效期为三年的《菌种生产许可证》。

第八条　《菌种生产许可证》有效期满,或调整菌种级别,以及停产一年以上的菌种场,须重新办理审批领证手续。

第九条　菌种生产单位或个人可以生产《菌种生产许可证》规定级别及其以下的各级菌种。

第十条　各级菌种由菌种生产单位直接经销为主,非菌种生产单位或个人可以经销、代销部分菌种。

第十一条　经销菌种必须具备以下条件:

(一)主要经销人员具有菌种保藏、质量鉴别的基本知识。

(二)具有与菌种经销相适应的场地、设备及仓库。

第十二条　凡从事菌种经销的单位或个人,应向其所在地的县级以上农业行政主管部门申请《菌种经销许可证》,有效期为三年。《菌种经销许可证》有效期满或停业一年以上的,须重新办理审批领证手续。

第十三条　新育成或引进的品种(包括菌株,下同)须经省级农业行政主管部门主持的区域试验(包括菌菇生产和加工),并经同级农作物品种审定专业组织审(认)定后,方能用于生产。经品种审定专业组织审定后的品种名称及编号,各地应统一使用,不得任意更改。

第十四条　经审(认)定的新品种,其选育(或引进)单位或个人具有该品种的繁育、保藏、转让等权利。

第十五条　从外省引进或购买本省已审(认)定的品

种，来自选育单位的可直接应用于生产，来自非选育单位的须经出菇(耳)试验，并报当地农业行政主管部门备案。

第十六条　从国外引入或向国外提供品种资源，须向所在省(自治区、直辖市)农业行政主管部门申请登记，报农业部批准。引入的菌种由本省(自治区、直辖市)农业行政主管部门指定有条件的单位试种、保藏和繁殖。

第十七条　商品菌种质量必须符合国家标准或行业标准(部颁标准)，或地方标准。

第十八条　菌种质量由菌种生产单位负责检验，并对所售菌种出具合格证，标明生产日期和有效期限。菌种在有效期限内的质量问题由菌种单位负责，超过有效期的质量问题由经销单位负责。

第十九条　各级农业行政主管部门对菌种质量加强管理，对生产、经营的菌种应抽样检查，发现问题及时通报、处理。

第二十条　农业部和各省(自治区、直辖市)农业行政主管部门所属的食用菌或菌种质量监督检测机构负责菌种质量的检测、检验。

第二十一条　对违反本办法规定生产、销售菌种的单位或个人，农业行政主管部门可根据情节轻重给予警告或1 000元以下罚款。造成经济损失的，由违章单位或个人负责赔偿，触犯刑律的，提请司法部门依法追究刑事责任。

第二十二条　本办法自1996年7月1日起施行。

## 中国轻工总会、国家计划委员会、国内贸易部、对外贸易经济合作部、中国人民银行、国家工商行政管理局、海关总署关于加强进口食糖管理打击食糖走私违法活动的通知

轻总食纸［1996］9号

各省、自治区、直辖市及计划单列市计委(计经委)、商业(贸易)厅(局、集团公司)、外经贸厅(委)、轻工业厅(局、总会、总公司)、人民银行分行、工商行政管理局，各专业银行总行、分行，广东海关分署，各直属海关：

自1994年以来，一些不法分子以加工贸易(指来料加工与进料加工，下同)为名，大量进口食糖非法内销，不仅偷逃进口税收，而且还对我国糖业生产的恢复与发展造成巨大冲击。为了加强进口食糖管理，严厉打击食糖走私违法活动，经国务院同意，现将有关管理办法通知如下：

一、严格控制食糖一般贸易进口

1. 各地区、各部门要严格按照国家计划和分配的指标组织食糖进口，并交由国家指定的有食糖进出口经营权的企业统一对外成交。

2. 对食糖进口严格实行配额和许可证管理，一般贸易进口凭国家计委授权的部门所发放的有效配额证明，向外经贸部授权的许可证发放机构申领进口许可证。外商投资企业为生产内销产品进口，凭外经贸部或其授权的部门发放的有效配额证明，向外经贸部授权的许可证发放机构申领进口许可证。对越权发证和买卖配额、许可证的行为，要依照《中华人民共和国对外贸易法》严肃处理。

3. 以捐赠名义进口的食糖，要按规定报批并申请领取配额许可证，依法交纳进口税费。

二、加强对食糖加工贸易的管理

1. 从事食糖加工贸易的经营单位必须经外经贸部核定。开展食糖加工贸易的合同由外经贸部负责审批，审批前征求糖业主管部门中国轻工总会的意见，审批总量应不超过本地区的加工能力。审批单位要随时了解国际市场的行情、食糖的国际标准以及加工企业的能力及水平，以保证审批的合理性。

2. 开展食糖加工贸易的经营单位，必须如实向海关申报加工食糖进出口情况，按规定建立专门帐册、仓库，自觉接受海关监管。未经主管部门和海关同意，不得将进口食糖转让给其它单位经营，更不得将加工手册转让、出售给其它单位。

3. 人民银行分行应加强对食糖加工贸易付汇的监督管理，各专业银行要严格按外汇管理法规和国家有关进口法规开证付汇。

4. 海关对食糖加工贸易，依照国家有关进口加工贸易的法律、法规、规章，严格管理。

5. 生产企业承接进口原糖加工任务时，应向委托加工单位明确加工性质、用途。对加工后须返销出口，而合同规定的质量与包装不符合外销要求的应拒绝加工。

三、加强对进口食糖购销渠道的监督与管理

1. 从事进口食糖境内经销活动的单位，必须从有食糖进出口经营权的企业及国营、集体商贸企业和工业企业进货。在同等条件下，上述供货单位应优先向国有企业

和供销合作社供货。

2. 私营企业和个体工商户不得从事食糖批发业务，对违犯者，工商行政管理部门依法予以严肃处理。

3. 外商投资企业应严格按《外商投资产业指导目录》设立，并按照核定的经营范围开展经营活动，不得擅自从事糖的批发零售经营活动。

4. 严格禁止直接用于民用消费的原糖零售业务。工商行政管理部门在发现此类情况时，将原糖一律予以没收。

四、严厉打击食糖走私违法活动

1. 海关、工商行政管理等执法部门要积极查缉食糖走私、贩私违法活动，严厉打击以加工贸易为名的食糖走私违法行为。

2. 执法部门对查获的走私食糖依法没收，对构成走私罪的当事人，必须移送司法机关追究刑事责任，不得以罚代刑。

3. 对伪造、变造、买卖加工手册及复出口报关单的责任人，应移送司法机关追究刑事责任。

4. 银行和铁路、交通等运输部门要积极配合执法部门，防止走私食糖流入国内市场。

本通知望各地区、各部门认真贯彻执行。

一九九六年五月十八日

## 中国轻工总会关于再次重申加强酒类生产管理防止发生假酒中毒的紧急通知(特急)

轻总食纸〔1996〕16号

各省、自治区、直辖市轻工(一轻、二轻)厅、局、总会(总公司)：

最近，云南省会泽县发生了用甲醇兑制假白酒，致使一百多人中毒、三十多人死亡的新中国成立以来最为严重的甲醇中毒事件。这是广大消费者和饮料酒生产企业、酒精生产企业不能容忍的。这一事件引起了有关方面的高度重视。为了今后杜绝类似事件的发生，特紧急通知如下：

一、近年来，国家多次重申1987年卫生部、公安部、原轻工业部、化工部、原商业部、原农牧渔业部、司法部、国家工商行政管理局等八个部门联合颁发的《关于非法配制酒类造成甲醇严重中毒死亡事故的通报》(〔87〕卫防字第34号)一文。现就此再次请各地严格按照这一文件精神，进一步加强对酒精、酒类生产的管理和监督，进一步重申甲醇是对人体有害的物质，绝对不能用来兑制饮料酒。

二、各地轻工主管部门接此通知后，要立即对所辖区域内的酒精、酒类的生产，尤其是散装酒的生产企业进行一次全面检查和清理，并将结果及时报中国轻工总会食品造纸部。

三、酒类生产企业必须严格执行《食品卫生法》，并按GB2757—81“蒸馏酒及配制酒卫生标准”、GB2758—81“发酵酒卫生标准”等规定生产酒类产品。

四、食用酒精生产企业必须严格按照GB10343—89“食用酒精国家标准”的规定进行生产。严格执行食用酒精生产许可证制度，没有生产许可证的企业不得生产食用酒精产品。

五、酒精生产企业应严格实行标志管理。所有取得食用酒精生产许可证的企业，按国家标准生产的食用酒精，必须在包装上标明许可证标记和“食用酒精”字样，同时标明质量等级。所生产的工业酒精等非食用产品，除如实标明其品名、等级和成份外，均应明显标出“禁止食用”字样，以防混淆。

六、积极做好职业道德的宣传和教育，广泛深入地宣传《食品卫生法》和国家的有关规定。使广大生产者和消费者进一步加强对假酒的识别，自觉遵守国家法律，不制假不贩假。坚决杜绝假酒中毒事件的发生。

七、各地轻工主管部门要与工商行政管理等部门密切配合，严格执行食用酒精生产许可证制度，坚决取缔无证生产经营。对违反国家法律者，要配合司法机关，依法严惩。

特此通知。

中国轻工总会

一九九六年九月九日

# 国内贸易部关于印发《“九五”粮办工业发展规划提纲》的通知

〔1996〕内贸函工字第624号

各省、自治区、直辖市、计划单列市粮食厅(局)、内蒙古商业厅、青海贸易厅、新疆生产建设兵团工交局：

现将《“九五”粮办工业发展规划提纲》印发给你们，请根据本地实际情况，认真贯彻落实。

国内贸易部

一九九六年十一月六日

附件：

## “九五”粮办工业发展规划提纲

### 第一部分　粮油工业

#### 一、“八五”粮油工业发展回顾

“八五”期间，粮油工业系统以保障军需民食、稳定市场、提供有效供给为根本目标，在国家宏观政策的指导下，经过全系统70万干部职工的共同努力，采用新技术、新工艺、新设备，积极进行产品、产业结构调整，取得了明显的效果。

“八五”期末，国有粮食系统的米、面、油及其制品的加工企业以及粮油机械制造企业共有11 000余家，其中独立核算企业6 100多家，拥有固定资产原值428亿元，比“七五”期末的125亿元增加了2倍多。

“八五”期间，粮油工业系统实现工业总产值2 838亿元(年均567亿元)，比“七五”期间的2 443亿元增加了16.2%；利税总额86亿元(年均17.2亿元)，比“七五”期间的138亿元降低了37.7%。

“八五”期间，粮油工业系统共加工大米8 257万吨(年均1 651.4万吨)，比“七五”期间的10 609万吨降低了22.2%；加工面粉11 869万吨(年均2 373.8万吨)，比“七五”期间的13 914万吨降低了14.7%；加工食用植物油1 434万吨(年均286.8万吨)，比“七五”期间的1 389万吨增加了3.2%；加工粮油食品1 358万吨(年均271.6万吨)，比“七五”期间的1 327万吨增加了2.3%。

“八五”期间，粮油工业在产品结构调整方面取得了重大进展。大米标一米以上的精米产量比重由“七五”期末的80%增加到1995年的86%；面粉特二粉以上的精粉产量比重由“七五”末的40%增加到1995年的69%。

食品专用粉、高级烹调油、色拉油、速冻食品等在“八五”期间得到了发展。专用粉产量由“七五”期间的24.8万吨增加到“八五”期间170多万吨，增长了6倍；高级烹调油、色拉油“八五”期间的产量为63万吨，比“七五”期间的2万多吨增长了31.3倍；速冻食品的产量达到了1.2万吨。

“八五”期间，国家安排专项技改贷款11.5亿元，约有200个企业得到了改造，从而使粮油工业在工艺、技术、装备上有了长足进步，缩短了与发达国家的距离；在发展方向上，改变了只生产食品基础原料的状况，开始向食品生产、油脂化工和植物蛋白方向发展。“八五”期间，大米加工的生产技术主要向生产精制米、免淘米的方向发展，“多机轻碾”的先进工艺及技术设备在碾米工序中得到了推广与应用，同时采用国外先进的后路白米整理工序，提高了优质米的出品率，有效地提高了产品的质量，增加了优质米的产量。

面粉加工行业，注重面粉加工专用设备的生产，PLC控制、微机管理在行业内逐渐得到推广。在品种结构上，重点是扩大了特制一等粉、特制二等粉的生产，并注重开发各种食品专用粉。

油脂加工行业，以采用先进的浸出法工艺和“七五”消化吸收技术成果，提高了出油率和油料资源的利用率，用连续式全精炼工艺和设备改造旧式间歇大锅炼油，以色拉油、高级烹调油产品替代二级油，使产品质量和档次上了一个大台阶。

粮油食品重点开发了速冻食品的生产，大力发展了方便食品的开发生产工作。

“八五”期间，粮油及饲料机械以为粮食加工行业提供优良设备为指导思想，积极适应粮油、饲料产品的结构调整，基本满足了加工行业的需要。

“七五”期间消化吸收国外的一系列单机，在“八五”期间根据工艺要求，在系列化、成套性和互换性方面均有所提高。追踪国外粮机市场，相继开发了一批新产品，采用了一些新结构、新部件，使我国的粮食加工机械在“八五”期间也取得了一定发展。但是，这种发展是不平衡的，由于粮机行业的技术装备水平和科技开发能力所限，一些技术含量较高、结构原理较复杂的先进产品无人问津。

**二、“九五”粮油工业发展规划**

（一）指导思想

“九五”期间，粮油工业要根据社会主义市场经济体制的要求，按照实行“两个转变”的精神，进一步深化改革，在调整、巩固的基础上促使粮油工业持续、稳定、协调发展，这个时期，粮油工业发展的总的指导思想是：要适应人民生活由温饱型向小康型过渡的需要，以保障军需民食、稳定市场、提高有效供给能力为根本目标。以经济效益为中心，市场为导向，依靠科技进步，在充分利用粮油资源和注重营养的前提下，积极稳妥地发展粮油工业的两个延伸，即粮食加工向食品方向延伸，油脂加工向油脂化工和植物蛋白方向延伸；积极支持以产业结构、产品结构的调整为中心的增量调整，支持引进技术的消化吸收和积极采用新技术、新工艺，特别是利用高科技，生产高附加值产品的技改项目；在存量调整上，鼓励和发展行业内和行业间的专业化分工与联合，充分发挥整体优势，形成规模经营能力；坚持企业内部挖潜，不断提高企业整体素质和管理水平。

（二）主要发展目标

1. 经济总量指标：

工业总产值：按1990年不变价格计算，粮油工业总产值2000年达到750亿元，比“八五”期间年平均567亿元增加183亿元，年均递增率5.7%。

固定资产以1995年末的429亿元为基础，按年递增5%计，到2000年达到547亿元，比1995年的429亿元增加118亿元。

2. 经济效益指标：

利税总额：2000年达到30亿元，比“八五”的年平均利税17亿元增加13亿元，年均增长12%。

3. 加工总量指标：“九五”期末，成品粮食（米、面、杂粮）年加工量要达到5 100万吨，食用植物油350万吨，粮油食品产量达到500万吨。“九五”期间，粮油加工的生产能力不能再扩大，要在存量调整上下功夫；成品粮油的产量要在巩固现有产量的基础上稳步发展，充分体现国有粮油工业的主渠道地位。

（三）主要行业发展重点和目标

1. 大米加工行业

（1）概况：1995年末，国有粮食系统共有大米加工企业6 078家（附营5 475家），年加工大米1 500万吨左右，其中各种标一米以上的精制米1 300万吨，占总产量的86%左右。

（2）存在问题：企业规模偏小、产品科技含量不高、大多数企业副产品未能得到有效综合利用。

（3）发展重点：“九五”期间，要巩固现有精制米生产，适当增加免淘米、珠光清洁米的生产，大力发展配制米、营养米和小包装米的生产。在工艺上主要完善后路白米整理和配米工序，推广米质调理技术。在规模上要提高生产的集约化程度，推动副产品的综合利用，生产高附加值产品。“九五”期末，标一米以上精米的产量比重保持在85%以上。

2. 面粉加工行业

（1）概况：1995年末，国有粮食系统共有面粉加工企业2 671家，年生产面粉2 300万吨左右，其中特二粉以上的精粉产量占面粉产量的69%。

（2）存在问题：与国外先进国家相比，面粉加工的粉路偏短、大多数企业配粉系统不完善、设备的制造质量与工艺性能偏低、生产的质量检测及控制手段落后、产品品种少、包装形式落后。

（3）发展重点：“九五”期间，面粉加工要巩固等级粉生产，进一步开发生产多种食品专用粉和小包装面粉，要稳妥地发展谷朊粉生产，大力提倡对小麦胚芽、嗒皮的综合利用和深度开发。要在借鉴国外先进工艺和设备的基础上，大力提倡应用国内经过消化吸收的先进制粉工艺和装备；增加和完善配粉系统；改进和完善质量检测及控制手段；改进面粉包装形式与包装材料；面粉的散装、散运和散存要开始起步。“九五”期末，特二粉以上精度的精粉产量要占面粉总产量的75%，食品专用粉的比例要占面粉总产量的8%～10%左右，小包装面粉的产量约占面粉总量的10%～15%。要结合企业改革，向集约型和集团化方向发展，适度发展规模经济，提高企业的经济效益。

3. 油脂加工行业

（1）概况：国有粮食系统现有植物油加工企业1 400多家，年加工油料能力2 000多万吨，精炼能力500多万吨，其中全精炼能力80万吨。年产食用油300万吨，其中高级烹调油产量23万吨，植物蛋白加工企业投产的不足5家，在建5～6家，生产大豆分离蛋白总能力约3～4万吨。

（2）存在问题：规模较小、技术相对落后、自动化控制程度低、能源等物料消耗较大、内在品质较低、综合利用及蛋白产品和油脂制品等品种较少、质量有待提高。

(3)发展重点："九五"期间，要努力改变我国城乡居民食用植物油品质偏低的现象，在保持精炼油产量稳步增长的前提下，扩大高级烹调油、色拉油、调和油的生产，力争到"九五"期末，高级烹调油、色拉油的产量占食用植物油总产量的30%以上。在生产技术方面，支持浸出油厂进行以节能降耗、采用先进工艺和自动化为内容的技术改造；综合利用产品要改进工艺，增加得率、提高质量、扩大品种；要重视蛋白资源的开发利用，稳妥地发展大豆分离蛋白的生产，争取到"九五"期末，大豆蛋白的年产量达到5万吨。

4. 粮油食品加工行业

目前，国有粮食系统的粮油食品加工厂1 800多家，生产各类粮油食品300万吨左右，其中挂面150万吨、方便面40万吨。"九五"期间，要以发展方便食品、速冻食品为重点，大力发展营养保健食品、绿色食品和功能食品。在生产技术方面，重点开展新一代方便面的技术研究，特别是汤料的研究；重点开发速冻食品品种、工艺技术与装备。要充分利用国外食品生产的挤压、膨化技术，开发符合中国饮食习惯的小食品和早餐食品；探索微波技术、超临界萃取技术、高压利用技术、食品生物技术等高新技术在粮油食品加工领域中的应用；探索中国传统食品向工业化生产的技术、工艺和装备。"九五"期末，各类粮油食品的产量要达到500万吨，要以方便食品、速冻食品为主来改变目前以挂面为主的产品结构。

5. 淀粉加工行业

"九五"期间，粮油工业要把发展淀粉工业作为一个新的经济增长点。探索适于粮食系统特点的淀粉加工企业的适度规模与产品结构。要根据粮源和市场情况，积极稳妥地发展薯类淀粉、玉米淀粉及其深度产品，适度发展小麦淀粉的生产。尤其要运用高新技术，努力开发生产市场急需的以变性淀粉为代表的淀粉深加工产品；要搞好淀粉生产中副产品的综合利用。

6. 重视食品添加剂的发展

"九五"期间，粮油工业生产的米、面、油、制成品和粮油食品要大力提倡回归自然的绿色食品。要重视以天然动植物为原料的食品添加剂的开发、应用；逐步开发、推广以天然动植物为原料的食品调味剂、食品品质改良剂、营养添加剂和抗氧化剂的应用。不提倡使用、并逐步限制以化工合成方法制成的食品添加剂，如面粉增白剂等。要严格按照国家关于食品添加剂的有关规定，安全、稳妥地使用食品添加剂。

7. 粮机制造行业

"九五"期间，粮机制造行业要结合粮油加工业产业结构和产品结构的调整，生产开发相应的装备；要注意机械制造自身工艺、装备、手段的完善与改进；要使粮机产品在外型设计、外观质量、整机质量、节能降耗、经济寿命上有个大的突破，缩短与国外先进水平的差距；要把发展粮油机械的系列化、成套性、配套互换性和大型化作为"九五"期间的主攻方向；注重基础零部件、关键单机和成套设备生产的协调发展。

**三、主要措施**

(一)以实施"两个转变"为契机，以建立现代企业制度为目标，奠定粮油工业新的发展起点。

"九五"期间，粮油工业系统要加快经营机制的转换，打破计划经济下的经营模式，按照现代企业制度的要求，转换经营机制，建立起适应社会化大生产和市场经济要求的领导和组织管理体制，除按照"两线运行"完成政策性生产必需的保市场粮油产品外，粮油工业企业要把开发适销对路的产品、繁荣市场作为一项主要工作。粮油工业企业要利用自己的优势，在竞争中发挥主渠道作用，积极开拓市场，推动、引导消费。

(二)以科技为先导，发展科技含量较高、附加值较高的产品，开发新的经济增长点。

"九五"期间，粮油工业企业要充分发挥在农副产品加工领域中的技术、人才、设备优势，以科技为主导，加快由初加工、粗加工向深加工、精加工和综合利用的发展速度，实现粮油资源的合理配置和有效利用，努力开发科技含量较高、附加值较高的产品；在搞好本业的同时，粮油工业企业要大力开展"多种经营"，鼓励有条件的企业积极开拓和发展跨部门、跨行业的产业、产品，开发新的经济增长点。

粮油工业企业除了要巩固、发展现有的城市市场外，还要通过"二代一兑换"等多种途径，努力拓宽农村市场；沿海经济发达地区的粮油工业企业，要努力发展外向型经济，开拓国际市场。

(三)粮油工业企业要向集约化生产、规模经营方向发展。

"九五"期间，要按照中央实行"两个转变"的精神，努力改变目前粮油工业的小型、粗放、分散、集约化程度低、规模效益差的状况，向集约化生产、规模经营方向发展。粮油工业系统要继续推进以实力雄厚的大型企业为核心，以高新技术和拳头产品为龙头，以产权联结为纽带，组织不同类型的企业集团，工商联手，厂店结合，优势互补。

(四)坚持走以内涵为主扩大再生产的道路，加大技术改造力度。

"九五"期间，粮油工业的技术改造一定要坚持择优扶强的原则，充分发挥现有企业的基础设施和技术条件，走内涵式扩大再生产的技改之路。通过技改投入，发挥存量资产的效益。要选择一批基础条件好、有原料优势、产品有市场、有发展前景的企业，集中资金、加大投资力度、加快改造步伐、使其尽快形成规模。通过技改，争取到本世纪末有一批骨干企业的生产工艺和技术装备接近或达到国际先进水平，具备国际市场的竞争力。“九五”期间，计划争取国家安排的用于粮油工业企业技改的专项贷款近20亿元。国家安排的专项技改项目主要用于大、中型骨干企业，要充分发挥导向和示范作用，进而带动全行业的发展。

(五)强化管理，提高企业素质和行业整体水平。

“九五”期间，粮油工业要加强企业的基础管理，进一步健全、完善质量标准、工艺规程、资金管理、成本管理、质量管理等基础性工作。要围绕抓管理、上等级，加强企业管理体系，严格实行责任制度，搞好班组建设和业务技术培训，全面提高企业素质；要积极推行现代管理方法，继续深入开展“转机制、抓管理、练内功、增效益”活动，向管理要质量，向管理要市场，向管理要效益。

(六)争创名牌，扩大市场占有率。

“九五”期间，粮油工业要充分发挥现有生产技术优势、管理优势和长期以来在消费者中形成的良好形象，增强名牌意识，以优质、诚信的服务，积极利用报刊、电视等广告媒体，宣传推销自己的名牌产品，使粮油工业的优质产品能迅速在市场上扬名，继而跨出地区，走向全国。

## 第二部分　饲料工业

### 一、“八五”饲料工业发展情况

(一)经济总量

1995年全系统饲料产量1 931万吨，比1990年下降7%，其中配合饲料产量为1 309万吨，占配混合饲料总产量的80%，比1990年提高8.3个百分点。生产预混合饲料13.2万吨，浓缩饲料53.3万吨，分别比1990年增加了2.8倍和4.1倍。工业总产值按1990年不变价格计算为192亿元，比1990年上升35.2%。实现利税3.82亿元，比1990年下降13.6%。1995年末全系统饲料工业固定资产原值为74.7亿元，比1990年上升142%。全系统现有饲料加工企业2 400个，其中独立核算企业1 923个；年末职工人数为14.1万人，其中工程技术人员占职工总数的6.9%。

(二)技术改造

“八五”期间，内贸部共安排饲料工业国家技改专贷项目83个，项目总额7.37亿元，其中国家专项贷款总额2.19亿元。各省、区、市也安排了一批地方性技改项目。

(三)产品质量、品种

产品结构得到改善，配合饲料在配混合饲料总产量中所占比重由“七五”期末的71.7%上升到“八五”期末的80%，颗粒饲料由10%上升到30%，科技含量高，附加值高的预混合饲料、浓缩饲料、乳猪饲料及水产饲料等生产都有了很大的发展。

产品质量的监督与管理工作得到加强，国家饲料质量监督检测中心(武汉)于1995年通过国家复查，同年又组建了上海、哈尔滨两个部级饲料质量监督检测中心。

(四)科研和技术开发

部和省、市属一批饲料科研单位承担了国家“八五”饲料科技攻关项目，在资源开发和利用、配方研究、国产化大型设备的研制等方面都取得了成果，按计划完成了国家“八五”攻关计划。一批科研成果已用于生产，形成了生产力。饲料配方水平、设备制造水平和工艺设计水平都有很大的提高。

### 二、“九五”饲料工业发展规划

(一)指导思想

饲料工业是“菜篮子”工程的重要组成部分，按照发展社会主义市场经济的要求，以建立现代企业制度为目标，进一步深化改革，调整结构，加强管理，转变经济增长方式，重质量、重效益、合理投入，由粗放经营转向集约经营，推动科技与经济的紧密结合，依靠科技振兴饲料工业。加强饲料资源的开发与利用，调整产品结构，提高产品质量。促进联合、兼并，优化企业组织结构，发展壮大企业集团，充分发挥国有饲料企业整体优势。坚持企业内部挖潜改造，提高劳动生产率，提高企业整体素质和管理水平。按照国家有关产业政策，坚持稳定发展，积极提高的方针，搞好行业管理，促进饲料工业健康发展。

(二)主要目标

1. 经济总量目标

工业总产值：按1990年不变价格计算，2000年达到450亿元人民币，比1995年增加258亿元，年平均增长18.6%。

饲料产品产量：2000年配合饲料达到4 000万吨，比1995年增加2 691万吨，年均增长25%；预混合饲料达到60万吨，比1995年增加46.8万吨，年均增长35%；浓缩饲料达到200万吨，比1995年增加147万吨，年均增长30%。

配合饲料生产能力(双班)：到2000年末达到5 000万吨，“九五”期间增长1 000万吨，平均每年增加200万吨，年增4.6%。

固定资产原值：2000年末达到95亿元，比1995年增加20.3亿元，年均增长5%。

2. 经济效益目标

利税总额：2000年达到5亿元，比1995年增加1.18

亿元，年均增长 5.5%。

3. 科研与科技进步目标

到 2000 年，猪饲料效率达到 3.0∶1；肉鸡 1.9∶1；蛋鸡饲料 2.2∶1；鱼饲料 1.55∶1。

配合饲料产量占配混合饲料总量的比例，由“八五”期末的 80%上升到 90%以上。颗粒饲料占饲料总产量的比例，由“八五”期末的 30%增加到 60%以上。

饲料加工机械专业主机达到国际 90 年代初水平。一批骨干企业的生产、管理技术和工艺设备接近或达到国际先进水平。

（三）主要政策与措施

1. 加快饲料企业经济机制的转换，建立起适应社会化大生产和市场经济要求的组织和管理体制，按照市场需求组织生产经营的现代企业制度。优选一批管理基础扎实，领导班子素质高，产品有竞争能力，发展有后劲、有潜力，经济效益好的大中型国有饲料骨干企业，支持他们发展规模化经营，鼓励和促进以经济区域为依托，在饲料加工企业、科研单位、养殖单位、原料生产基地之间，通过联营、参股等形式开展横向联合，逐步形成跨地区、跨行业的企业集团，实现优势互补，存优劣汰，以带动国有饲料工业提高整体水平和市场竞争能力，达到资源的优化配置和社会与企业整体效益提高，使国有饲料工业企业真正能在市场上起到主体和主渠道作用，使这一涉及到国计民生的重要行业真正能够掌握在国家手中。

为此，“九五”期间争取列入国家基本建设计划贷款 5.3 亿元，外汇 2 000 万美元。技改专项贷款 5.2 亿元。

支持产品结构调整，增加产品的技术含量，促进国有饲料工业产品结构由目前的粉状饲料为主转向颗粒饲料为主，以猪饲料为主向猪、禽、水产养殖、牛羊饲料等均衡发展。要向两头延伸，一是向饲料原料生产，特别是向蛋白饲料生产延伸；二是向饲养、加工等相关行业延伸。加速发展预混饲料、浓缩饲料，积极开发乳猪料、水产饲料和经济动物饲料等科技含量高、附加值高的产品。

支持饲料蛋白资源与二次资源的开发利用，节约饲料用粮，提高饲料报酬。

支持与促进企业技术进步，提高劳动生产率，降低生产成本，提高饲料产品质量，增加企业经济效益。

2. 健全体制，加强行业管理。内贸系统的饲料工业是我国饲料工业的主体，是商品饲料生产和供应的主渠道，各级主管部门应进一步健全体制、机构，并赋予相应的管理职责和手段，以保证在发展内贸系统国有饲料工业中，发挥更大的作用。

3. 进一步增强依靠科技振兴饲料工业的意识，建立和完善科研和新产品开发计划，调动和发挥现有科技人员的积极性。鼓励科研单位同企业发展合作，联合开展科技攻关、科技开发、成果推广和技术改造。通过应用新工艺、新技术、新材料、新设备，增加产品技术含量和附加值，加快产品更新换代，提高经济效益。

4. 要重视人才，开发人才，注重人才的培养，树立尊重知识，尊重人才的良好风尚。要广开渠道，多方面发现人才。同时要采取种种有力措施，搞好职工的岗位培训，提高企业职工队伍的整体素质。

5. 以科学管理促进步，提高企业素质和行业整体水平，健全和完善饲料工业的管理标准、质量标准、核算办法等规章制度，强化管理基础工作。

6. 以经济为杠杆，健全投资机制，逐步建立由宏观调控部门、金融机构、专业评估机构按照国家产业政策提出的行业发展重点和具体投资项目，通过招标、投标，建立择优的投资体制。

7. 根据《国务院全国饲料工业发展纲要》提出的原则，抓紧申办对饲料工业的原料、价格、税收、银行信贷以及资源开发、科研推广等有关具体优惠政策的制定。已有的政策应予落实。

# 国内贸易部关于印发《“九五”粮食科技发展规划》的通知

内贸科字〔1996〕第 107 号

各省、自治区、直辖市、计划单列市粮食厅（局），有关部直属企事业单位：

现将《“九五”粮食科技发展规划》印发给你们，请认真贯彻落实，并根据该规划制订本地区、本单位的“九五”粮食科技发展规划，把科技工作落到实处。

国内贸易部

一九九六年九月十六日

附件：

# “九五”粮食科技发展规划

粮食部门是管理粮食这一特殊商品流通的职能部门，肩负着促进生产、保证供给、稳定和繁荣市场的重任。粮食科技是粮食工作的重要内容和组成部分。随着实施“科教兴国”和“可持续发展”战略及粮食工作由计划经济体制向社会主义市场经济体制的转变，粮食科技的发展对推进粮食行业以新的姿态跨入21世纪，提高科技在粮食经济增长中的份额，加速实现粮食行业现代化将起到重大作用。

## 一、粮食行业科技发展的现状

### (一)“八五”粮食科技发展的成就

“八五”粮食科技工作随着粮食行业科技体制改革的逐步深化，得到了长足的发展。“八五”粮食科技计划是建国以来执行得较好的五年计划之一，取得了可喜的成绩。

1. 进一步明确了粮食行业科技发展的方针政策

在“科学技术是第一生产力”思想的指导下，按照“经济建设必须依靠科学技术，科学技术工作必须面向经济建设”的方针，“八五”粮食科技的发展经历了一个由计划经济体制向社会主义市场经济体制转变的过程，粮食行业科技发展的方针、政策在“八五”期间得到了进一步明确，提出了粮食行业应用开发型研究院所发展的几种模式，指明了研究院、所改革发展的方向。科技发展加快了传统粮油工业的改造，向规模化、现代化发展，粮食加工向精加工、深加工、食品加工方向延伸；科技研究和开发从传统加工领域向流通领域延伸，有了良好的开端。

2. 科学技术研究取得了一批重大成果

“八五”期间，国家、部门科技投入的拨款约3 000万元。粮食行业在承担国家攻关项目的同时，自身还安排了部门、省、地方、企业自选等各级科研项目1 000多项。这些项目大多数是为解决行业的技术关键而开发的，其中60%都是科研院所、高等院校直接与企业相结合组织开发并得到了较好的应用，共取得了各种部级科技成果600多项，行业成果30%得到推广。其中获部科技进步奖242项，一等奖10项、二等奖36项、三等奖97项、四等奖99项，获奖单位500多个，获奖人员1 200多人次。其中“小麦分离技术的研究中间试验”、“筒仓防爆技术的研究”、“粮食储藏保鲜技术”、“猪、鸡饲料预混合技术研究”、“日产50吨、100吨碾米成套设备”、“时产2吨、2.5吨、5吨、10吨饲料加工成套设备”等6项获国家科技进步奖，国标项目获国家技术监督局科技进步奖8项。完成“国家级科技成果重点推广计划”6项，有力地促进了粮食经济的发展和行业技术水平的提高。

“八五”期间粮食行业承担了3项国家科技攻关项目，共21个专题，已全面完成了预期的攻关任务。“85—017饲料资源开发和深度利用技术”共17个专题，组织近400名科技人员经五年攻关，针对饲料资源开发与加工装备中一些关键技术，瞄准发达国家饲料工业技术发展趋势，开发新产品52个、新工艺新技术31项、新材料1种、新型成套装备37台(套)。“85—610食品营养质构工程重组技术”项目粮食行业承担3个专题，近50名科技人员参与攻关，针对我国粮油食品工艺落后、深加工比例低的现状，应用最新营养质构工程重组技术，对粮油深加工的新工艺、新设备、新产品等进行了研究，共开发了10种新产品、10项新工艺、2种新材料、新型成套设备6台(套)，申请专利2项，取得了显著的经济效益和社会效益。“85—31A国家粮食储备信息系统”是粮食行业首次承担国家信息高新技术方面的研究课题，共开发了粮食管理部门应用的计划统计管理、国家储备粮管理、储运业务管理、财务管理、流通设施建设管理、粮食预警预报及粮食市场信息管理等七个子系统应用技术，各子系统的软硬件已在部分示范点投入使用。这些攻关项目的完成，对推进粮油食品加工、粮食流通和饲料工业的发展作出了贡献。

“八五”期间，有关管理现代化和决策科学化的软科学研究及应用基础研究课题的质量有明显提高。如“郑州粮油期货、批发市场课题研究”、“利用世行贷款改善中国粮食流通项目可行性研究”、“玉米品种及纯度鉴定方法的研究”等，已在实践中发挥了较好的指导作用。

“八五”期末，共制订、修订各种粮油、饲料及机械产品、管理操作、检试验方法等标准359个，其中国标186个，行业标准173个；批准发布标准147个，其中国标50个，行业标准97个。这些标准的范围基本覆盖了原粮、油料、成品粮油及配合、混合饲料等约40个大类品种，在行业内外得到了推广应用，对指导生产、引导消费、监督产品质量起到了重要的作用。

3. 加速了科技成果转化和产业化发展

“八五”粮食科技成果转化的特点是研究院所在向企业提供技术成果的同时，组织自身的成果向产业化发展。据不完全统计，从部属院所、院校到省属研究所和应用开发型研究院所都不同程度地建立了自己的中试基地或开发实体，部分研究院所的产业化年产值已达千万元以上。15%以上的大中型企业在流通和加工过程中在计量质量控制、安全控制等环节均应用了计算机技术，计算机技术在粮食行业的普遍应用，是粮食行业走向现代化的重要标志。

科技成果促进了粮油深加工发展，粮油食品新产品已达数百种。面粉加工新技术在“八五”得到了全面开发，国产专用粉、等级粉已大量供应国内市场；“四脱油”正在逐步取代一级油、二级油；优质米和免淘洗米在市场上的比例越来越大；饲料加工技术在“八五”期间初步形成了饲料新型装备产业化，饲料添加剂原料的产业化开发正在逐步发展；一批高新技术如膜分离、超临界、微胶囊、挤压技术等在粮油食品工业中开始得到应用。到“八五”末，科技开发已使粮油工业产值增加4%，粮油工业总产值达720亿元，年创利16亿元，其中饲料工业总产值达100多亿元，比“七五”末增加60%，年递增9%。

4. 科技队伍的建设得到加强

贯彻“稳住一头、放开一片”的科技体制改革方针，坚持改革为经济建设服务和促进科研自身发展，有力地推进了科研机构的调整和人员分流，建立了一支具有实力的科研队伍和成果推广转化服务队伍。大批中青年科技人才在“八五”期间得到锻炼与培养。到1995年底，粮食行业共有科技人员4 400多名，其中中高级工程技术人员占31%，这些中高级科技人员60%都是在“八五”得到晋升的。

“八五”期间，粮食系统共有地、市级所属科研机构95个。省、地属研究所在改革中坚持以市场为导向，绝大多数在“八五”期间都有不同程度的发展。部属高等院校和一些大中型企业也相继成立了研究所和开发中心，占整个粮食科研机构的30%。9个部直属院所中，有4个单位获得国家甲级设计资质。粮食行业拥有2个国家级质检中心，15个部级质检中心。全行业基本上形成了一个阶梯型的研究开发体系。科技开发实力在“八五”期间得到大幅度提高，科研机构横向收入超过1亿元，约占总收入的44%，有的科研院所人均年收入达到6万元，最高达到10万元。这说明科研院所在利用自身优势，进行技术开发、技术转让、技术咨询服务及科技与生产相结合方面已有了长足的发展。

(二)粮食行业科技发展存在的主要问题

“八五”粮食科技工作取得了一定的成绩，但也存在着一些问题，在体制、机制及思想观念等方面还存在阻碍科技与经济相结合的不利因素：

1. 基础设施差，行业技术水平仍较低

一些高新技术在粮油食品中的应用还只处在试验阶段，没有解决推广应用的技术难度和生产成本问题，粮油加工中机电一体化水平低，生产工艺和设备还较落后，产品品种少、质量差。造成这一原因主要是因为工艺设备技术与发达国家先进水平仍有较大差距。流通领域粮仓不足，机械化、自动化水平低，流通过程中产品质量控制、检测技术也较差。

2. 在体制改革中，粮食行业科技管理工作受到不同程度的影响

在机构改革和向市场经济体制转变的过程中，由于思想认识和观念上存在误区，科技队伍建设受到影响，部分科研所面临着生存的问题。行业科技意识淡薄，科技管理工作被削弱，一些地方管理部门缺乏科技管理机构及专职人员，未能如期开展工作。

3. 科技经费不足

全社会多元化的科技投入体系还未形成，科技投入重视产前，忽视产后，投入过低的状况还未改观。经多方努力，“八五”期间粮食科技投入与实际需求仍有较大距离，“八五”计划因经费不足未能得到全面展开，成果的转化和产业化也因贷款经费不落实在很大程度上受阻，对行业的发展和推动作用尚未达到预期效果。经费不足还造成科研单位设备陈旧、落后，制约了科研水平的提高。

4. 科研成果推广转化存在脱节现象

大量的科技成果由于缺乏资金、技术不配套、未进行工业性试验、无接产单位等没有得到应用，而许多企业没有采用新技术，新产品开发周期长，资源优化利用和开发能力低。粮食科技成果转化的比例低、产业化的规模小、数量少、效益低。科研中重视成果数量、水平、鉴定和奖励，忽视产出、经济效益和市场占有量的现象仍未解决。

5. 研究力量薄弱，人才不足

基础研究和软科学研究水平不高，成果数量和质量都有待提高。科研单位为了创收生存，使本来就比较薄弱的科研力量更加缺乏。粮食行业缺少高学历的年青一代科技人员、中青年的学科带头人和工程技术带头人，人才断层与人才流失状况较严重。

**二、粮食行业“九五”科技发展的发展趋势、指导思想和总体目标**

(一)发展趋势

食物是人类21世纪面临的主要问题之一，粮油食品作为主要食物，面临着21世纪国际科技和经济竞争日益严峻的挑战，发展粮食科技，仍应跟踪世界先进技术，以适应市场需要。

1. 利用先进的工程技术对传统加工业进行改造，是粮食科技发展的主要趋势

以市场需求为导向，以满足人民生活需要和发展粮食行业本身为目标，粮食食品精加工、深加工技术，综合利用资源等新工艺、新设备，功能保健食品和方便食品、食品材料新技术等都必须在“九五”及今后有一个大的发展。必须继续引进国外先进技术，坚持消化吸收与研究创新相结合，不断开发先进的工程技术以适应行业技术改造的需要。

2. 高新技术在粮油食品中将得到全面应用

高新技术的应用，能使生产效率成倍、几十倍地提高，甚至使整个生产过程发生质的变化。现代科技是食品重组质构化、功能化的关键。“八五”以来，粮油食品工业在开发工程食品方面，已开始试验性应用了膜分离技术、挤压重组技术、微胶囊技术、反渗透技术、微波技术、超临界技术、冷冻干燥技术和生物工程等一系列高新技术。“九五”及以后，随着粮油食品业向工程食品的发展，这些技术将通过单一或多重组合广泛应用于粮油食品工业，成为最有效的新型加工方法。

3. 发展流通科技，加速粮食流通现代化势在必行

“四散”流通技术是粮食发展史上的一次革命，发达国家已全部采用这一方式。粮食在收获后进入流通领域的储运、保藏、加工等环节的质量监控，减少损失技术仍是我们的一个薄弱环节。改善粮食流通设施技术、流通加工领域内的质量控制和监测技术、计算机在流通领域内的应用技术以及流通和加工领域内产品质量标准、技术条件、规范标准体系等都是粮食科技发展的主要任务。

4. 促进科技经济一体化，推动粮食科技成果转化

科技发展日新月异，科技成果转化周期愈来愈短，世界科技成果转化从总体上已形成“科研、生产、销售一体化”模式。技术进步和技术创新制度将逐步建立，以市场为导向，企业愈来愈成为技术开发和技术投入的主体、成果转化的载体。

5. 全面实施《中国21世纪议程》，走粮食资源可持续利用发展道路

《中国21世纪议程》提出了可持续发展的总体目标，这是实现我国社会经济与环境发展的行动纲领。通过调整不合理的工业布局，优化资源配置，大力发展科技先导型、质量效益型、资源节约型产业，合理开发和综合利用资源，使可持续发展建立在资源的可持续利用和良好的生态环境基础上，加强国际合作，实行可持续发展能力建设和示范。

6. 积极推动宣传和贯彻GB/T19000—ISO9000《质量管理和质量保证》系列标准

生产企业提高质量意识，树立以消费者和用户为中心的思想，强化“质量是企业的生命线”的信念，企业质量管理工作和质量体系逐步向国际标准和国际惯例靠拢。

（二）指导思想

1. 坚定不移地贯彻“科学技术是第一生产力”的战略思想，实施“科教兴国”和“可持续发展”战略，执行“经济建设必须依靠科学技术、科学技术工作必须面向经济建设”的方针，贯彻粮食行业产业政策，围绕粮食行业实现“两个根本性转变”及传统粮食行业向现代化粮食流通转变，提高行业质量管理工作水平，坚持改革和发展相结合，以发展为目标，以改革为动力，既考虑科技自身的发展，又要考虑行业现代化发展的需要，从战略、规划及政策、体制、机制等方面，促进粮食科技持续、稳定、协调发展。

2. 对粮食行业科技发展的一些普遍性、基础性的关键技术和迫切需要解决的技术关键，统筹规划，坚持近期和长远相结合，按轻重缓急、不同层次、不同地域地组织实施，充分发挥科技的先导功能和后劲作用，为粮食流通及流通领域的加工规模化、基地化、产业化、现代化提供成果，不断提高产品品种、质量，提高经济效益，满足经济建设、社会发展和人民生活改善的需要。

（三）总体目标

通过科学技术的研究开发和新技术推广，结合流通设施的建设和加工产业的改造，到2000年，我国粮食流通及流通加工、深加工产业技术装备现代化程度和管理水平争取接近或达到发达国家90年代初期水平，科技进步贡献率提高到50%左右，在流通及加工科技上确定以下目标：

1. 加速粮食加工及流通技术的发展，组织推广对行业技术进步有导向作用的重大科技成果及新技术，加快科技成果转化进程，因地制宜建立一批科技成果推广示范点，提高粮食资源综合利用率。

2. 加强对粮油等农产品加工技术的研究，发展精加工、深加工产品，粮油加工向食品及高附加值产品延伸，使粮油产品加工产值与粮油原值的比，从现在的1.3∶1提高到1.5∶1，接近发达国家水平。

3. 进行粮油等农产品加工与流通的成套装备和机电一体化产业开发，提高国产设备的自动化水平并实现标准化、系列化，使粮油加工成套设备基本立足国内并走向世界。

4. 通过粮食储藏配套技术的研究与推广，减少粮食产后损失，使农村储粮损失由现在的6%～9%减少损失1%～2%，形成“无形粮田”。随着粮食流通设施的建设和改善，“四散”储运技术的研究应用，“九五”末，粮食的散运量由现在不到10%的基础上提高到20%左右。

5. 大力发展应用基础研究和软科学研究，开发一批

高效快速的质检技术，建立起比较健全的行业产品质量标准体系、产品质量监测体系。

6. 加快国家粮食储备信息系统建设，建立国家粮食储备库、省级、中央三级计算机网络系统，实现国家粮食储备计算机动态宏观管理。

**三、粮食行业“九五”科技发展整体布局和重点任务**

（一）整体布局

通过部门宏观指导和协调、政策引导和资金支持等逐步建立合理的全国粮食科技发展体系，形成国家、部门、行业、地方、企业科技发展的格局。

1. 建立国家、部门或行业、地方、企业科技计划管理体系

国家科技计划支持粮食行业起关键和支撑作用的重大项目，包括对行业产业发展起根本性变化的高新技术；部门或行业科技计划为解决粮食行业发展中的一些通用关键技术，推进传统产业的技术进步。地方科技计划重点是根据地方粮食工作的实际，发挥区域优势，推动地方粮食行业科技进步，促进地方粮食经济发展。企业科技计划以适应市场变化，提高技术创新能力和产品的竞争力为目标。

2. 确立应用基础研究、应用研究、试验发展及产业化开发等四个层次的科研体系

应用基础研究主要探索粮食流通及加工领域中为未来应用做前期准备；应用研究是面向粮食行业进行创造性研究，增强系统集成能力，以解决行业中一些综合性关键技术问题；试验发展是在基础研究和应用研究的基础上进行应用示范，同时开辟新的应用领域，为产业化创造条件；产业化开发是以市场为导向，以形成新的产业增长为目标的重大成果工程化项目，促进“科工贸一体化”发展。

（二）粮食科技发展的重点任务

1. 减少粮食产后损失技术

研究粮食产后收购、储藏保鲜、害虫防治等系统工程技术，初步建立农村储粮技术服务体系。开发“无形粮田”，实现“九五”期末粮食产后损失减少1%～2%。

（1）储粮害虫防治及质量保证技术

● 研究粮食收获后质量变化的机理和储粮害虫及微生物消长规律、抗药机理；

● 开发害虫综合防治技术、生物防治技术和新型杀虫剂，完善害虫防治专家系统；

● 研究疫麦处理技术，研究储粮防虫、防病、防霉、除尘新技术，开展储粮害虫虫种调查、推广新型储藏保鲜技术与设备；

● 粮食产品质量控制技术，重点开展糙米储藏保鲜系统工程技术试验。

（2）粮食品质快速检测技术及农村储粮技术开发

● 开发研究粮食收购快速质量检测仪器及方法，并制订、修订粮食产品质量、储粮技术、检测技术、粮油调拨销售等标准，建立环境模拟试验模型；

● 研究适应农户储粮的新仓型和储粮器具；

● 进行农村粮食产后清理、运输、干燥、贮藏、检验、结算等成套技术体系设计，并建立示范，组织推广，使得农村储粮到“九五”期末减少损失1%～2%。

2. 粮食加工及资源综合利用增值技术

以实现现代化粮食加工、深加工及资源综合利用为目的，研究开发一批具有推进行业进步的关键技术，组织攻关，使粮食加工向粮油食品工程化方向延伸，实现粮食经深加工和综合开发后增值50%以上的目标。

（1）粮食加工新工艺技术研究

● 研究稻谷谷糙分离、多级轻碾、调质、营养添加新工艺及优质米、特种米（8～10种）系列生产技术，重点攻克大米色选光控技术；

● 不断完善小麦分级制粉工艺和专用粉配粉技术，开发专用粉新品种8个；

● 研究玉米半湿法分级利用技术，主要解决玉米脱胚、提胚技术难点，开发专用玉米粉和精制玉米粉生产工艺；

● 进行区域粮食作物生产工艺技术研究，即杂粮功能性应用技术开发，改进地方作物土特产品传统生产方式，增加品种5～8种。

（2）粮食加工装备产业化开发

● 开发新型粮食加工装备机电一体化产品并形成产业规模，包括稻谷加工、小麦加工、淀粉加工、杂粮加工及粮食副产物综合利用装备等；

● 开发中小型专用粉、等级粉高效成套加工装备并形成产业化开发，取代某些农村使用的出率低、能耗高、寿命短的小型制粉机组；

● 研制新型精加工碾米装备并填补部分设备空白；

● 提供5万吨级以上国产化淀粉加工装备技术并填补空白；

● 开发小麦分层碾磨制粉新型配套设备6种；

● 研究开发粮食、粮油食品小包装技术装备。

（3）粮食资源多级利用增值技术

● 开发粮食深加工新产品和转化产品，研制出小麦麸皮、米糠及杂粮食品15个新品种；

● 完善稻壳发电技术和稻壳灰生产化工产品技术，重点研究解决稻壳发电煤气净化除焦油技术和发电机改装技术，提供65～280千瓦成套机组，建立稻壳发电示范工程；

● 进一步开发米糠制油、糠粕制取肌醇及系列精细化工产品新技术，使得肌醇得率在现有基础上显著提高；

● 重点研究颗粒淀粉α化修饰应用技术，开发变性淀粉新品种8～10种，并提出系列应用技术。

3. 现代化粮食储运技术

粮食"四散"流通建设是个系统工程。通过研究开发和应用推广，规划出适合我国国情的散粮调运总体布局与模式，为我国散粮调运提供成熟的技术和装备，随着"世行项目"实施和一批骨干化粮库陆续建成，逐步实现粮食流通从包装为主转为散装为主，使我国散粮调运量在"九五"期末翻一番，减少调运中的粮食损失18亿公斤左右，车船装载率提高30%，作业效率提高1～2倍。

(1)散粮装卸关键技术装备的研究

● 研究散粮运输专用火车车厢、汽车、轮船等运输工具的设计技术标准，开发车站、码头、粮库散粮装卸关键设备；

● 研究散粮输送设备在线工况监控及数据传送技术；

● 制定粮食粉尘防爆方法，完善国家有关标准、开发散粮调运中的通风除尘技术装备、散粮粉尘防爆技术装备；

● 使散粮调运技术与装备成龙配套，安全运行，使作业费用与包装相比每吨粮节省30～50元，减少粮食损失1%。

(2)散粮监控技术装备的研究开发

● 按散粮储前、储后及虫霉防治三个层次，研究粮食自动化取样及监控技术、散粮温度监测技术；

● 研究散粮干燥技术，提供1 000吨/日大型自动化粮食烘干成套装备；

● 研究设计适应散粮调运的仓储设施。

(3)散粮调运模拟系统及示范工程

● 根据粮食市场需求，研究全国散粮最佳调运路线数学模拟技术，建立计算机模拟系统；

● 开发散粮调运设施布点合理布局数学模型，建立专家咨询决策系统，为全国散粮调运总体规划服务；

● 选择具有代表性的南、北方粮库，建立散粮调运示范点。

4. 应用高新技术改造传统粮食产业

通过计算机技术、信息技术的应用，建立全国粮食流通宏观调控信息系统；在传统的粮油工业建立起从工程设计到工业生产计算机应用示范工程；通过食品营养质构工程重组技术集成，开发工程化粮油食品；运用系统论、控制论及模糊数学理论研究，规划粮油食品集约化生产、配送、连锁营销服务体系，构筑21世纪粮食产业新体系。

(1)粮食流通宏观调控信息系统开发

● 研究建立国家粮食储备信息系统，为已建立的国家粮食储备体系提供现代化的信息处理技术，开发储备粮优化动态调度、计算机信息管理、安全储粮专家决策、粮食预警预报等系统工程技术；

● 研究建立全国粮油市场监测与宏观调控信息系统，建立全国粮油商贸和储备调拨EDI技术、粮油商品EDI编码和行业标准，研究粮油市场监测操作的计算机处理技术；

● 开展粮油销售信息处理技术与装备研究；

● 建立全国粮油工业产业化管理信息系统及全国粮食质量管理信息系统。

(2)计算机技术在粮油工业中的应用开发

● 加强计算机控制技术应用，研究粮油加工设备PLC控制技术，开发粮油生产过程控制技术——DCS系统；

● 广泛开展CAD技术在粮油工程设计中的应用，编制粮油工程图集和粮机专用标准图库，到"九五"期末，计算机出图率达到100%；

● 粮油工业在线智能控制应用技术开发。

(3)工程化食品技术开发

● 通过工程化食品营养质构重组关键技术的应用研究，使我国挤压重组技术、分离技术、微胶囊技术、生物技术、微波技术、超高压技术、超临界萃取技术、自动控制技术、蛋白工程技术、油脂工程技术等工程化食品技术研究水平提高到国际90年代中期的先进水平，逐步改变我国食品加工业传统的生产方式；

● 选择典型的原料，开发新颖的工程化食品形成产业化规模；

● 开发不同功能、系列化特性的工程食品新材料；

● 研究开发系列化食品挤压机，提高机电一体化水平；

● 研究开发冷冻干燥加工技术和装备；

● 探索超高压食品加工技术。

(4)粮油食品集约化生产、配送、连锁营销技术

● 研究粮油食品向方便、经济、营养方向延伸和社会化方向发展的一系列关键技术，重点解决大众主食的工业化、社会化及成品化的技术问题；

● 开发以粮食为原料的方便食品、保健食品、风味食品、速冻调理食品及功能性食品50种；

● 研究开发天然食品添加剂8～10种；

● 研究大众主食的工业化生产工艺和设备；

● 研究大中城市、沿海开放城市粮油食品集约化生产、配送、连锁营销示范技术；研究乡镇粮油食品供销体系模式并进行示范。

5. 植物油和植物蛋白开发利用技术

研究高附加值的植物油脂和植物蛋白新产品，重点解决植物蛋白功能特性所需要的特殊工艺、油脂化工产品开发技术。

(1)油脂制取新技术研究

● 研究油脂稳定性技术，探索油脂品质劣变机制及提

高油脂货架寿命技术；

● 开发食品专用油系列产品5种；

● 研究高含油料直接浸出提油新工艺与设备；大型连续化油脂精炼国产化设备研制，主要攻克油碱连续计量仪器和高真空发生装置、物理精炼控制技术，提供国产化150吨/日 植物油连续精炼成套装备技术；

● 开发超临界萃取制油工艺技术，由50升规模扩大到200升，替代进口；

● 进行油料膨化制油工艺与设备产业化开发，研制混合溶剂浸出成套装置；

● 建立高含油料挤压提油示范工程和棉籽混合溶剂浸出示范工程，以及超临界浸出制取名贵植物香精油等特殊油料示范工程。

(2)植物蛋白开发利用技术

● 研究不同工艺条件下油脂饼粕质量对植物蛋白质量的影响，探讨为植物蛋白开发提供优质原料的最佳制油工艺条件和参数；

● 研究植物蛋白生产技术，开发大豆、花生功能性植物蛋白产品，在巩固完善饲用棉籽、菜籽蛋白应用基础上，进行食用棉籽蛋白新工艺试验；

● 研究蛋白生产中的超滤、低温干燥等技术，如大豆、花生脱皮、蛋白分离、低温冷冻真空干燥技术、超滤及反渗透系统装置技术、新型造粒喷雾干燥技术与设备等；

● 进行组织蛋白、分离蛋白生产成套装置产业化开发，选择新材料，提高制造工艺装置水平，配套自动控制，实现产品国产化。

(3)油脂精细化工产品开发

● 研究油脂加工副产物或馏出物提取分离化工产品和食品添加剂产品技术，研究高效分离提纯和高真空工艺技术；

● 制取高纯度脂肪酸及其衍生物工艺技术；

● 油脂磷脂改性技术及应用技术开发；

● 提高维生素E和甾醇的分离技术；

● 植物蛋白分解产物制取技术；

● 研究油脂精细化工产品的高效提取工艺，建立成套试验装置，提供新一代产品，推广应用，使其降低成本20%以上。

6. 新型饲料产业化开发

跟踪世界先进水平，提高我国饲料加工工艺设备技术水平，大力加强饲料添加剂研究，深入开发新型饲料资源，加大饲料产业化技术开发力度，使得“九五”期末，在添加剂新品种的开发，饲料加工工艺和设备制造、饲料资源深度开发利用以及配合饲料的质量上接近国际上发达国家的水平。

(1)饲料添加剂开发应用技术

● 饲料添加剂生物学效价评定及应用特性研究，添加剂间互作关系研究；

● 新型饲料添加剂生产工艺设备研制，开发8～10个新品种；

● 饲料添加剂高效利用技术研究，提出使用技术10～12套，使现有饲料添加剂资源利用率提高10%左右，生物学效价提高5%～10%；

● 饲料添加剂的原料、产品标准及检测技术研究。

(2)饲料资源深度开发利用

● 重点进行蛋白质饲料资源利用技术研究，使现有蛋白质饲料资源利用率提高10%左右，生物学效价提高5%～10%；

● 粗饲料资源利用技术研究，重点是解决有效利用的工艺和设备；

● 农业副产物用作饲料的加工工艺与设备研制；

● 工业副产物用作饲料的加工工艺与设备研制。

(3)饲料加工新技术及关键装备研制

● 饲料工业生物技术应用研究；

● 高效优质全价配合饲料综合生产技术研究，饲料耗用比达到肉鸡1.9∶1，蛋鸡2.2∶1，猪3.0∶1；饲料原料产品标准及检测技术研究；

● 特种动物专用饲料生产工艺与设备研制；

● 水产饲料加工工艺与设备研制；

● 提高饲料工程设计水平，进行CAD应用技术研究，达到计算机出图100%。

(4)饲料产业化技术开发

● 新型蛋白质饲料、专用饲料原料产业化开发；

● 新型饲料添加剂原料和添加剂产业化开发，使得饲料添加剂达到规模化生产，生产成本降低20%～30%，效果达到进口同类产品；

● 饲料预混料、浓缩料产业化开发；

● 新型和大型饲料加工装备产业化技术开发。

7. 促进科技成果产业化

“九五”期间，有计划地组织实施“六五”、“七五”、“八五”期间先进、成熟、适用的新技术、新工艺、新产品和配套设备，以及“短、平、快”项目，以合理开发利用资源，节约能源和材料，降低消耗，防止环境污染，提高产品质量和市场竞争力，及企业经济效益和劳动生产率，形成规模经济效益，投资回收周期短等为宗旨，重点推广对行业技术进步有导向作用的科技成果及新技术。

● 编制并组织实施“粮食行业科技成果重点推广计划指南项目”，抓好现有先进技术组装配套并建立产业化示范点，进一步优化、精选，申报国家“星火”、“火炬”、“科技成果重点推广”、“新产品试制”、“新技术推广”等计划，为企业开辟科技开发贷款渠道；

● 加强行业技术政策导向，提倡和鼓励采用先进技术，在技术改造和基本建设中提高科技含量，优先安排提高产业技术水平和经济效益、形成产业规模具有经济竞争能力的项目，促进企业新技术进步，不断改进、限制使用及淘汰落后技术和装备；

● 在主要省区成立"科技成果推广协作网"、专业推广中心，实现新技术由城市向农村转移及由东部向西部转移，因地制宜采用多种模式，分层次召开专业推广交流会、新技术交易会、企业难题招标会、新产品新成果新闻发布会等；

● 建立"行业科技成果数据库"，定期发布科技成果目录和科技成果转化项目指南；

● 继续推广行业重大技术："三低储粮技术"、"机械通风技术"、"粮食烘干节能干燥技术"、"计算机粮情检测技术"、"储粮害虫防治专家系统"、"农户储粮防护剂"、"小麦分层碾磨制粉新技术"、"稻谷多机轻碾技术"、"大米精加工技术"、"油脂制取节能技术"、"油料膨化技术"、"物理精炼技术"、"4 号溶剂浸出技术"、"磷脂综合利用技术"、"棉籽、菜籽饼粕作饲料蛋白技术"、"优质配合饲料技术"、"断奶仔猪添加剂专用技术"、"变频调速节能技术"、"微波干燥技术"、"面粉厂、米厂、饲料厂、油厂 PLC 自动控制技术"、"食品加工主食厨房"等。

**四、粮食行业"九五"科技发展的措施**

(一)加强粮食行业科技管理工作，建立适应社会主义市场经济体制的宏观科技管理体系

各级粮食行政部门"一把手"要切实加强对科技工作的领导，从政策上、观念上、组织措施上、管理体制上支持粮食科技的发展，健全科技行政管理机构，提高行业科技意识，加强"科技兴粮"宣传，把科技工作提到重要的日程，加强对已有的省级科研力量建设和扶持，切实解决科技工作中的实际问题。对在经济建设和社会发展中的重要决策，要广泛吸取有关专家意见，实现决策科学化和管理现代化。

(二)多渠道多层次增加科技投入

积极争取国家对粮食科技发展实行倾斜政策，争取国家科技开发贷款、各级信贷资金、地方专项贷款等投入，形成由国家拨款、部门匹配、行业自筹、地方自筹、企业贷款、国际援助等多途径的科技投入体系。发挥省级主管部门积极性，在行业掌管的经费范围内如简易建筑费或其它有关经费中对科技开口子。贯彻落实"企业在销售额中提取 1%的科技开发经费"的政策，严格按照国家"科技三项费用管理办法"的规定合理使用拨款经费，提高各项科技经费的使用效益，防止有限经费的浪费和低水平重复立项研究，对重大科技成果推广实行后补助措施，逐步提高基础性研究经费占研究和开发经费的比例。

(三)深化科技体制改革

逐步建立适应市场经济体制和科技自身发展规律的新型科研体制。形成布局合理的科技系统结构，富有活力的科研运行机制和科学的研究院所管理制度。根据"稳住一头，放开一片"的指导方针，理顺关系，调整机构，稳妥地推动粮食科技人员分流，支持兴办实体，促进科研人员投身科技开发和技术推广服务工作，地方省级所加快中试基地建设，增强科技发展的自我生存、良性循环能力。

(四)积极推进企业技术进步

鼓励企业加大技术开发费用的投入，企业研究新产品、新技术、新工艺所发生的各项费用应逐年增长，坚持技术创新与技术扩散相结合，提高技术开发能力，使企业成为科技开发、投入的主体，成果转化的载体。加速企业科技成果的产业化和商品化，充分利用企业进行技术转让所得，享受减免部分所得税的优惠政策，企业进行中试的设备仪器加快折旧，推进企业机器设备的更新。

(五)科研项目试行目标化管理

科研选题应以市场需要为导向，任务要来源于生产实践，成果要服务生产实践，科技自身的发展要依赖于生产实践。引入竞争机制，优胜劣汰，滚动支持。项目内容上既要注重技术上的先进性，又要考虑技术的适用性；在注重引进消化吸收的同时，要加强自主研究创新，既要注重单项技术，又要注重多项技术的集成，重点项目采取联合攻关。

(六)完善科技进步奖励制度

面向整个行业的科技成果，采取科学的评审方法，维护奖励工作的公正性。依据《专利法》、《技术合同法》、《科技进步法》和《科技成果转化法》，保护知识产权，保护科研机构和科技人员的合法权益，加大对有突出贡献科技人员的奖励力度，对作出成绩的科技管理人员进行表彰，进一步促进"尊重知识、尊重人才"的局面形成。

(七)加强对科技人才的培养

培养跨世纪的青年学术带头人和工程技术带头人，要大胆把年青人放在科研项目的主持地位，使他们在工作中委以重任，采取有力措施，形成人财物三方面的合力，留住人才，吸引人才，用好现有的人才。加强对专业理论知识、技能和电子计算机技术知识的培训，进一步推动专业人员的继续教育，提高粮食行业劳动生产者素质、企业管理水平与技术开发水平。

(八)加强软科学和基础科学研究

从粮食行业实际出发，搜集国内外科技信息，结合国情，研究我国粮食科技发展的现状、差距、对策与途径，加强科技信息的交流与传播，探讨 21 世纪粮食行业发展的

模式和前景，提供决策科学化、管理现代化的依据。

（九）加速粮食科技设施的建设

重点是加强实验条件、中试基地和工程技术中心建设。在组建行业工程技术中心的同时，争取1～2个国家工程技术中心或实验室。加强科技信息网络设施建设，重视科技信息的有效利用和传播，并逐步形成“全国粮食科技信息网”，实现科技信息共享。

（十）积极开展多渠道、多层次的国际科技交流合作

重点加强对先进技术和基础性领域的科技合作，积极引进国外先进技术和装备，学习借鉴国外先进管理经验和科学技术，加强国内外培训，拓宽与国外科技组织联系的渠道。

# 国内贸易部关于公布第一批国家储备肉定点生产厂名单的通知

〔1996〕内贸函消费字第86号

各省、自治区、直辖市、计划单列市商业（贸易、商务）厅（局、委员会），上海市财办，广东省贸易委员会，湖南省经贸委：

国家储备猪肉制度的建立，对促进生猪生产、稳定肉类市场发挥了积极作用。1995年在各级流通行政主管部门和食品企业的共同努力下，国家储备肉基本实现了“调动灵活、管理严格、制度健全”的目标。为进一步加强国家储备肉的管理，确保肉品质量，根据《国家储备肉定点生产厂、储存库管理试行办法》（内贸消费字〔1995〕第176号），并结合各地流通主管部门的推荐意见，经研究，确定四川省绵阳市肉类联合加工厂等34个企业为首批国家储备肉定点生产厂（名单见附件），现予以公布。

请定点生产厂所在地区的流通行政主管部门认真做好监督和管理工作，并督促企业严格执行管理办法，信守企业信誉，确保产品质量。对管理不善，加工质量不高，信誉不好的企业，我部将随时取消其资格，被取消者三年内不再予以认定。国家储备肉定点生产厂的具体代加工任务，将视国家储备肉执行情况另行确定下达。

国内贸易部

一九九六年二月十六日

附件：

## 第一批国家储备肉定点生产厂名单

**四川省：**

绵阳市肉类联合加工厂
绵竹县食品公司肉类联合加工厂
遂宁市肉类联合加工厂
乐山市食品公司肉联厂
达川地区肉类联合加工厂
华蓥市望晶食品（集团）有限责任公司
岳池县食品公司肉联厂
双流县食品公司华阳肉类联合加工厂
邛崃市食品公司肉联厂
仁寿县鑫龙肉食品总厂
南充市食品总公司南充市冷冻厂
巴中市肉类联合加工厂
成都南郊肉类联合加工厂
广元肉类联合加工厂

**江苏省：**

淮阴肉联厂
海安县肉类联合加工厂
盐城肉联厂
涟水肉联厂
灌云县食品公司肉联厂

**河南省：**

中国肉类食品河南民权有限公司
河南省食品公司中牟肉联厂
漯河肉联厂
洛阳春都集团伊川肉联厂
郑州肉类联合加工厂

**陕西省：**

陕西省冷冻厂
宴友思集团公司

**山东省：**

武城县肉类联合加工厂

沂水肉联厂

五莲县肉联加工厂

**江西省：**

南昌肉类联合加工厂

**河北省：**

张家口市食品公司肉联厂

保定冷冻厂

石家庄市肉联厂

**大连市：**

大连肉类联合加工厂

# 国内贸易部关于公布第一批国家储备肉定点储存库名单的通知

内贸消费字［1996］第23号

各省、自治区、直辖市、计划单列市商业（贸易、商务）厅（局、委员会），上海市财办，广东省贸易委员会，湖南省经贸委：

根据《国家储备肉定点生产厂、储存库管理试行办法》（内贸消费字［1995］第176号），并结合各地流通主管部门的推荐意见，经研究，确定北京市肉类联合加工厂等37个企业为首批国家储备肉定点储存库（名单见附件），现予以公布。

请定点储存库所在地区的流通行政主管部门认真做好监督管理工作，并督促企业严格执行管理办法，信守企业信誉，搞好国家储备肉的养护保管工作。对管理不善、造成损失和擅自动用国家储备肉的企业，在调查核实后，我部将取消其定点储存库资格，三年内不再认定。国家储备肉定点储存库的具体储备任务，将视国家储备肉的执行情况另行确定下达。

国内贸易部

一九九六年三月十四日

附件：

## 第一批国家储备肉定点储存库

**北京：**

北京市肉类联合加工厂冷库

北京市西南郊食品冷冻厂

北京市食品公司第二肉类联合加工厂冷库

北京市西郊食品冷冻厂

**天津：**

天津市食品公司冷冻厂

天津市肉类联合加工厂冷库

**上海：**

上海吴泾冷藏公司

**太原：**

太原食品集团有限公司冷库

**内蒙古：**

内蒙古食品公司冷库

**呼和浩特：**

呼和浩特市食品公司冷库

**包头：**

包头市食品总公司冷库

**沈阳：**

沈阳市第一冷冻厂

**大连：**

大连台山冷冻厂

大连肉类联合加工厂冷库

**吉林：**

吉林省食品集团冷冻厂

**浙江：**

浙江省食品公司定点冷库（浙江东新食品有限责任公司、杭州市水产食品冷冻冷藏公司）

**福建：**

福州冷冻厂冷藏分厂

漳州冷冻厂

三明市肉联厂冷库

**厦门：**

厦门商业冷冻公司

**河南：**

洛阳肉联厂冷库

漯河肉联厂冷库

郑州肉类联合加工厂冷库

**湖北：**

武汉市万吨冷库

鄂州市肉联厂冷库

**广东：**

广东省食品企业集团公司汇丰食品冷冻公司(原广东省冷冻厂)

**广州：**

广州白云冷冻厂

广州冷冻厂

**深圳：**

深圳市食品总公司仓储分公司

**广西：**

南宁肉类联合加工厂冷库

柳州肉类联合加工厂冷库

**甘肃：**

甘肃省食品冷冻厂

**青海：**

青海省肉食品公司冷库

**新疆：**

新疆维吾尔自治区食品总公司肉联厂冷库

乌鲁木齐市食品公司肉联厂冷库

**河北：**

保定冷冻厂

# 国内贸易部关于公布第二批国家储备肉定点生产厂名单的通知

内贸消费字［1996］第30号

各省、自治区、直辖市、计划单列市商业(贸易、商务)厅(局、委员会),上海市财办,广东省贸易委员会,湖南省经贸委：

根据《国家储备肉定点生产厂、储存库管理试行办法》(内贸消费字〔1995〕第176号),结合各地流通主管部门的推荐意见,经研究确定成都市食品公司驷马桥肉类加工厂等45家企业为第二批国家储备肉定点生产厂(名单见附件),现予以公布。

请定点生产厂所在地区的流通行政主管部门按照有关管理办法,认真做好监督和管理工作。对管理不善、加工质量不高、信誉不好的企业,我部将取消其代加工储备肉的资格,一经取消,三年内不再认定。国家储备肉定点生产厂的具体代加工任务,另行安排。

国内贸易部

一九九六年四月五日

附件：

## 第二批国家储备肉定点生产厂名单

**四川省：**

成都市食品公司驷马桥肉类加工厂

温江县食品公司肉联厂

彭州市肉类联合加工厂

荣县食品公司肉联厂

梓潼县冷冻厂

泸州市肉类联合加工厂

合江县食品公司肉联厂

广汉市食品公司肉联厂

苍溪县食品公司肉类联合加工厂

射洪县肉联厂

内江肉类联合加工厂

南充市食品总公司西充县食品公司肉联厂

南充市食品总公司营山县食品公司肉联厂

万县市食品公司肉联厂

涪陵地区肉类联合加工厂

德阳市食品公司肉类联合加工厂

**山东省：**

德州肉类联合加工厂

日照市肉类联合加工厂

昌邑市肉禽水产冷藏厂

莒南县肉类联合加工厂

平邑县肉类联合加工厂

苍山县肉类联合加工厂

泗水县肉联厂

临沂肉联总厂

商河县食品集团公司肉联厂

**江苏省：**

连云港市肉联厂
江苏省食品公司盐城分公司东台肉联厂
兴化肉联厂
东海肉联厂
阜宁肉联厂

**河南省：**

开封肉类联合加工厂
南阳肉类联合加工厂
信阳肉类联合加工厂
新乡肉类联合加工厂
漯河市食品公司肉类加工厂

**陕西省：**

宝鸡市肉类联合加工厂
汉中地区城固肉类联合加工厂
商洛地区食品集团公司肉联厂

**江西省：**

新余肉类联合加工厂
鹰潭肉类联合加工厂

**甘肃省：**

武威地区肉类联合加工厂

**辽宁省：**

沈阳市肉类联合加工厂

**吉林省：**

吉林省食品集团冷冻厂

**湖北省：**

当阳市肉类联合加工厂

**山西省：**

太原食品集团有限公司肉联厂

## 国内贸易部关于公布国家储备肉第三批定点生产厂和第二批定点储存库名单的通知

内贸消费字［1996］第66号

各省、自治区、直辖市、计划单列市商业（贸易、商务）厅（局、委员会），上海市商委，湖南省经贸委：

根据《国家储备肉定点生产厂、储存库管理试行办法》（内贸消费字〔1995〕第176号），结合各地流通主管部门的推荐意见，经研究，确定四川省乐至县食品公司肉联厂等72家企业为第三批国家储备肉定点生产厂（名单见附件1）、河北省石家庄市太行肉联厂等7家企业为第二批国家储备肉定点储存库（名单见附件2），现予以公布。

请定点生产厂和定点储存库所在地区的流通行政主管部门按照有关管理办法，认真做好监督和管理工作。对发现有违反有关管理办法规定的定点生产厂、定点储存库，经调查核实后，我部将取消其代加工、代储存国家储备肉资格，三年内不再认定并追究有关人员的责任。国家储备肉定点生产厂和定点储存库的具体代加工、代储存任务，将视国家储备肉的执行情况另行安排下达。

国内贸易部
一九九六年六月十九日

附件1：

### 第三批国家储备肉定点生产厂名单

**四川省：**

乐至县食品公司肉类联合加工总厂
什邡肉类联合加工厂
什邡县食品公司肉联厂
岳池冷冻厂
达川市肉联厂
自贡市肉联厂
武胜县食品公司肉联厂
三台县肉类联合加工厂
江油市肉类联合加工总厂
重庆市合川食品厂
江津市肉类联合加工厂
重庆市大足肉联厂
资中县食品公司肉联总厂
泸县食品公司肉联厂
万县市肉类联合加工厂
新都县食品公司肉联厂
峨嵋山市食品公司肉联厂

广元市肉类冷冻厂
蒲江县食品公司肉类联合加工厂
简阳市食品公司肉联厂
郫县食品公司肉联厂
剑阁县食品公司肉类联合加工厂
乐山市商业企业集团公司眉山肉联厂
宜宾肉类联合加工厂
梁平县食品公司肉联厂
南充市食品总公司蓬安县肉类联合加工厂
达县通川肉联厂
重庆市巴南区肉类联合加工厂
邻水县食品公司肉联厂
垫江县肉联厂
成都市金牛区食品公司肉类联合加工厂
泸州市食品总公司肉联厂
潼南县肉类联合加工厂
仪陇县粤川肉联厂
大竹县食品公司肉联厂
崇州市食品公司肉联厂
井研县食品公司肉类联合加工厂
中江肉类联合加工厂

**山东省：**

荣城食品总公司肉联厂
乳山食品集团公司肉联厂
陵县食品公司肉联厂
阳谷县商业集团总公司肉联厂
肥城市肉类联合加工厂
潍坊市食品公司肉联厂
寿光市肉联厂
青州肉类联合加工厂
临朐肉联厂
平原县肉类联合加工厂

**陕西省：**

西乡县肉类联合加工厂
西安市肉类联合加工总厂
安康地区食品公司肉联厂
南郑县肉类联合加工厂
咸阳市冷冻厂

**河南省：**

许昌肉类联合加工厂
安阳肉类联合加工厂

**北京市：**

北京市肉类联合加工厂

**天津市：**

天津食品公司红旗路肉联厂

**辽宁省：**

锦州市食品公司肉联厂

**黑龙江省：**

齐齐哈尔市肉类联合加工厂

**江苏省：**

南京肉联厂
连云港市食品公司肉联厂
泗阳县肉联厂
宿迁市肉类联合加工厂
洪泽县肉联厂
沭阳县肉类食品联合加工有限公司

**浙江省：**

金华肉类联合加工厂

**湖北省：**

黄石市肉联总厂
荆门市肉类联合加工厂

**广东省：**

广州肉类联合加工厂

**青岛市：**

青岛市肉类食品集团公司肉联厂
即墨市食品总公司肉联厂

**云南省：**

昆明市肉类联合加工厂

附件 2：

## 第二批国家储备肉定点储存库名单

**河北省：**

石家庄市太行肉联厂冷库

**云南省：**

昆明市肉类联合加工厂冷库

**内蒙古区：**

牙克石冷冻厂

**海南省：**

海南省商业冷冻厂

**青岛市：**

青岛市肉类食品集团公司冷库

**上海市：**

上海市食品(集团)公司杨思冷冻食品厂
上海市食品(集团)公司运销部冷库

# 国内贸易部关于发布《国家储备肉监查员管理办法》的通知

内贸消费字［1996］第110号

各省、自治区、直辖市、计划单列市商务(贸易)厅(局、委员会),湖南省经贸委,中国食品公司:

为进一步规范国家储备肉管理,我部制定了《国家储备肉监查员管理办法》,现予发布,请认真组织实施。

请各省、自治区、直辖市(计划单列市)商业主管部门根据本办法,认真做好国家储备肉监查员(每个省、自治区、直辖市、计划单列市各一名)的推荐工作,并于1996年10月31日前将国家储备肉监查员名单报我部消费品流通司。

国内贸易部

一九九六年九月二十七日

附件1:

## 国家储备肉监查员管理办法

第一条　为加强国家储备肉的管理,增强对储备肉加工、储存等环节的监督、检查力度,根据《国家储备猪肉财务管理办法》、《国家储备肉操作管理试行办法》和《国家储备肉定点生产厂、储存库管理试行办法》,制定本办法。

第二条　本办法所称国家储备肉监查员,是指由省级流通行政主管部门推荐,国内贸易部聘任,根据国家有关标准和储备肉有关管理办法,定期或不定期对国家储备肉进行监督、检查的人员。

第三条　国家储备肉监查员的条件:

(一)省级商品流通行政主管部门的管理人员或非国家储备肉定点生产厂、代储企业(储存库)人员,身体健康,年龄30～55岁之间;

(二)思想觉悟高,政策性强,作风正派,坚持原则,秉公办事;

(三)熟悉有关法律、法规和国家储备肉各项管理制度;

(四)熟悉肉类及肉制品的各项标准,直接从事食品工作5年以上。

第四条　国家储备肉监查员聘任办法:

(一)监查员主要从生猪主产、销区的商品流通行政主管部门中聘任;

(二)监查员由省级商品流通行政主管部门推荐,国内贸易部消费品流通司审定后聘任;

(三)聘任的监查员,由国内贸易部消费品流通司统一颁发《国家储备肉监查员》证书和证件。

第五条　国家储备肉监查员的职责:

(一)按照国内贸易部的要求,定期或不定期到加工、储存现场,检查国家储备肉加工、代储企业对本办法第一条所述三个办法的执行情况以及国家储备肉在加工、调运、入库、出库、转库、在库过程中的数量、品种、规格、质量等,并形成书面意见报国内贸易部消费品流通司,同时抄报中国食品公司;

(二)对检查中发现的问题及时提出解决意见和建议;

(三)对所辖区域内的国家储备肉操作情况每季度检查并形成书面报告;

(四)根据国家储备肉的操作进展情况,以国内贸易部消费品流通司正式发出的函件为依据,在规定时间内到指定的有关地区进行交叉检查;

(五)积极配合国内贸易部消费品流通司和中国食品公司对国家储备肉的不定期检查。

第六条　国家储备肉监查员的费用:

(一)聘任的监查员在检查期间的工资、奖金及其他福利待遇由其所在单位按正常出差对待;

(二)监查员在检查过程中所发生的费用从国家储备肉管理费中列支。

第七条　对按照有关要求和国家储备肉各项管理办法严格执行的监查员,给予适当表彰和奖励。

第八条　对有以下行为之一者,视情节轻重,给予撤消监查员资格、将其行为通报所在单位或通报全国等处分,直至追究法律责任:

(一)不按照国内贸易部的要求在规定时间内到规定地区检查;

(二)在检查过程中,态度不认真,敷衍了事或不按照国家储备肉各项管理办法执行或不按照国家有关标准进行检查；

（三）有与国家储备肉加工、代储单位联合的欺骗行为；

（四）因工作严重失职，给国家储备肉管理工作造成直接政治、经济损失。

第九条　本办法由国内贸易部消费品流通司负责解释。

第十条　本办法自发布之日起施行。

附件2：国家储备肉监查员推荐表（略）

# 国内贸易部关于发布《国家储备肉操作管理办法》的通知

内贸消费字〔1996〕第131号

各省、自治区、直辖市、计划单列市贸易（商务）厅（局、委员会），湖南省经贸委，中国食品公司：

为加强国家储备肉的管理，促进国家储备肉管理规范化，根据国务院有关规定，我部制定了《国家储备肉操作管理办法》，现予发布，请认真组织实施。在实施过程中有什么情况和问题，请及时函告我部消费品流通司。

国内贸易部

一九九六年十二月九日

附件：

## 国家储备肉操作管理办法

（一九九六年十二月九日国内贸易部发布）

第一条　为加强国家储备肉管理，促进国家储备肉管理规范化，根据国务院有关规定制定本办法。

第二条　本办法适用于国家储备肉的管理部门、具体操作单位和承担国家储备肉任务的代加工和代储存企业。

第三条　国内贸易部负责国家储备肉的计划、调拨和管理事宜。部消费品流通司负责具体操作。

未经批准，任何单位和个人不得擅自动用国家储备肉。

第四条　根据国务院确定的国家储备肉规模、市场供应和商品资源情况，由省级商业主管部门提出书面报告（包括储备地点、储备数量等），由国内贸易部商有关部门编制储备计划后下达中国食品公司和有关省、自治区、直辖市、计划单列市贸易（商务）厅（局）。

第五条　国家储备肉定点生产厂和储存库，由国内贸易部按照交通方便、调度灵活、储存安全和便于出库更新等原则，在生猪主产区和大中城市条件较好的国有食品企业和肉联厂中确定，具体按《国家储备肉定点生产厂、储存库管理试行办法》（内贸消费字〔1995〕第176号）执行。

第六条　国家储备肉储存库的租赁、储备肉的购进、更新销售等业务，由国内贸易部委托中国食品公司具体操作，有关情况定期报告。

第七条　国家储备肉的入库价格由中国食品公司按照市场生猪和肉食价格水平，提出一定时期的入库价格建议，经国内贸易部商财政部核准后下达。中国食品公司据此与代储企业签订国家储备肉入库合同。

第八条　国家储备肉的在库管理由中国食品公司具体负责，并实行国家储备肉的定期检查制度，检查结果要及时报国内贸易部。国内贸易部将对国家储备肉操作情况不定期进行抽查。

第九条　国家储备肉实行定期更新制度，更新计划由国内贸易部编制下达，中国食品公司负责具体执行。中国食品公司要提前一个月将更新建议计划和价格上报，由国内贸易部商财政部确定后下达。更新出库的价格一经确定，代储企业必须严格执行，并在规定时间内偿还全部货款。国家储备肉更新后的补库由国内贸易部批准后实施。

第十条　经国务院批准，国内贸易部根据生猪产销情况和国家对市场宏观调控的需要，向中国食品公司下达的紧急调拨令，有关单位必须立即执行。

第十一条　中国食品公司根据国内贸易部向中国农

业发展银行申请的国家储备肉贷款规模，具体承担国家储备肉的贷款和还款事宜。

第十二条　中国食品公司在每月 15 日前将上月《国家储备肉入库进度情况表》、《国家储备肉回款进度月报表》、《国家储备肉进销存表》报国内贸易部消费品流通司汇集审核后，报有关部门。

第十三条　中国食品公司要在计划执行季度后的 30 天内报告上季度国家储备肉的费用发生和收付情况，经国内贸易部审核后正式函报财政部，并同时申请下季度国家储备肉的储备费用。

国家储备肉的费用执行和拨付情况每年结算一次。

第十四条　有关国家储备肉的计划、统计等文件及报表均属国家机密，未经国内贸易部同意，不得向外提供。

第十五条　国家储备肉计划下达后，有关实施和操作单位不得自行更改。如因特殊原因确需调整的，必须报经计划下达的主管单位批准。

第十六条　要严格执行国家储备肉管理的有关方针、政策、制度、办法。对模范执行的单位和个人，给予表彰和奖励；对违法违纪行为，视情节轻重，分别予以批评、通报、行政处分，直至追究经济责任和法律责任。

第十七条　本办法由国内贸易部消费品流通司负责解释。

第十八条　本办法自发布之日起施行。

## 国内贸易部关于加强食糖收购和储备的通知

〔1996〕内贸函消费字第 84 号

各省（区、市）、计划单列市商委、商业（贸易）厅（局）、上海市财办、广东省贸易委、湖南省经贸委：

当前食糖生产已进入高峰期，但由于受多种因素的影响，糖价下滑，销售不畅，产区库存逐渐增加，资金难以及时回笼，拖欠农民糖料款的现象比较严重。上述问题已引起了国务院领导同志的高度重视。为了支持生产，保护农民生产的积极性，促进食糖市场的健康发展，特紧急通知如下：

一、各地商业部门要坚决克服等待观望、漠不关心的思想，积极行动起来，争取银行等有关部门的支持，切实加强收购，加快调运，以缓解产区压库和资金周转的困难，保护糖农种植糖料的积极性。

二、各地商业部门要积极争取当地政府和有关部门的支持，本着统筹兼顾、顾全大局、相互支持的原则，增加地方储备。地方储备规模，应当不低于当地三个月的消费量。有能力的地区特别是主产区还应当适当扩大储备规模。

国内贸易部

一九九六年二月十六日

## 国内贸易部关于开展国家储备糖定点仓库评定挂牌工作的通知

〔1996〕内贸函消费字第 170 号

有关省市商业（贸易）厅（局）：

为加强国家储备糖规范化管理，切实做好保管养护工作，确保国家储备糖的安全，经研究，决定从 1996 年开始，开展国家储备糖定点仓库的评定挂牌工作。现将有关事项通知如下：

**一、评定办法**

有关省、市商业（贸易）厅（局）要加强对评定挂牌工作的领导和监督。各代储单位要组织储存仓库按《国家储备糖定点仓库标准》（附件 1），开展对照检查工作。对储存条件好、管理规范、讲信誉、符合定点仓库标准的储存仓库，经仓库申请（申请表见附件 2），逐级严格审查，符合国家储备糖定点仓库标准的，发给《国家储备糖定点仓库证书》和标牌。

**二、年度资格审查**

为确保国家储备糖定点仓库的质量，定点仓库不搞终身制，每年将结合国家储备糖的防汛度夏检查，进行一次资格审查。对发生责任事故或检查不符合定点仓库标准的，给予通报，并取消国家储备糖定点仓库资格。

**三、时间安排**

（一）各代储单位于今年5月15日以前，将经省（市）商业（贸易）厅（局）审查同意的《国家储备糖定点仓库申请表》，报中国糖业酒类集团公司。

（二）中国糖业酒类集团公司将在五六月份组织国家储备糖保管养护巡视员结合防汛度夏检查，对提出申请的储存仓库进行核实检查，提出审查意见后报部审批。

（三）有关评定挂牌工作的结果将在今年的国家储备糖工作会议上公布，并对符合国家储备糖定点仓库标准的储存仓库颁发证书和标牌。

国内贸易部

一九九六年四月十五日

附件1：

## 国家储备糖定点仓库标准

一、仓库的储存条件，必须符合《国家储备糖储存保管养护和出入库程序》规定的储备糖储存仓库必备条件。

（一）仓库必须是钢筋混凝土或砖木结构的标准仓库，并配备足够的吸湿排潮防火设备材料，使仓库室内温湿度经常能够控制在规定范围之内。

（二）库内地坪要高于库外地面，并按规定配备有通风垛底，库墙外要有墙裙或防水层，库顶结构不漏雨，库内清洁无污染，库外四周排水畅通。

（三）门窗严紧，开关灵活，密闭、防潮、隔热性能良好。既能密封，又便于通风散潮。

（四）具有熟悉食糖保管养护知识的技术人员和能够按规范堆码的技术工人。

（五）仓库必须有具体严格的管理规章和岗位责任制度。

（六）储备糖的储存规模一般不能低于3万吨。

二、交通便利，有铁路专用线（码头），或距车站（码头）较近，日吞吐量在1 000吨以上。

三、所管理的储备糖未发生过擅自动用、受潮溶化等责任事故，质量完好，数量准确，帐货相符。

四、能严格按《国家储备糖储存保管养护和出入库程序》的要求，认真做好出入库工作。严把入库验收关，及时办理入库手续；坚持出库原则，合理安排出库；积极为提货单位提供方便，按规定合理收费，无乱收费现象。

五、严格按规范化管理的要求，做好储备糖的保管养护工作，并有多年保管养护的经验，库内干净整洁，五距充足，垛形整齐美观，垛卡齐全准确，温湿度适宜，采取的各种保管养护措施及时有效。

六、仓库的安全措施、防火设施和用电设备齐全有效，并且符合有关规定。

七、仓库有完整的管理制度和办事程序，并能严格执行。

八、保管养护专业人员的配备和条件符合《国家储备糖储存保管养护和出入库程序》的规定。

附件2：国家储备糖定点仓库申请表（略）

# 国内贸易部关于进一步加强酒类市场管理的通知

〔1996〕内贸函消费字第574号

各省、自治区、直辖市、计划单列市、副省级城市贸易（商业）厅（局、委），湖南省经贸委、新疆建设兵团贸易局：

近年来，各类伪劣假冒酒流入市场、导致人员中毒的事件时有发生，严重危害了人民的生命安全与身体健康，造成很坏的社会影响，出现这个问题的一个重要原因，是目前我国酒类产销体制不健全、管理不规范，市场法规不完善，给不法分子以可乘之机。为防止此类事件再度发生，进一步加强酒类市场管理，特通知如下：

**一、严格管住酒类批发环节。**各地流通主管部门要会同工商、卫生、技术监督等部门，对酒类批发企业进行一次检查，对不符合酒类质量标准、储运包装设施及卫生条件的，要立即停业整改；对从事伪劣假冒酒批发经营的企业，要视情节轻重给予相应处罚，触犯刑律的要移交司法部门依法处理。已经实行酒类批发许可证制度的地区，要严格按照许可证管理办法对酒类批发企业进行核查,加强管理。

**二、继续做好酒类专卖管理工作**。在已经实行酒类专卖管理的地区,国有酒类批发、零售企业要自觉遵守当地有关酒类专卖管理的规定,认真做好酒类的购销工作,防止各种伪劣假冒酒进入市场。没有实行酒类专卖的地区,要积极宣传酒类专卖管理的重要意义,并结合本地实际,研究新形势下酒类专卖管理的政策和措施,条件成熟的地方要积极争取当地政府及有关部门的支持,适时建立起酒类专卖管理制度。

**三、加大酒类打假力度**。各级流通部门要在当地政府统一领导下,积极配合公安、技术监督等部门,搞好酒类销售环节的自查、联查工作,一经发现制售伪劣假冒酒的事件,立即向有关部门举报。要充分利用各种新闻媒介,加强酒类市场打假工作的宣传报道,增强全社会的打假意识,实行共同监督。

**四、加强酒类市场的立法管理**。各地要坚决贯彻《食品卫生法》和国家及各地已出台的关于酒类管理的各项法规、政策,并向政府和有关部门汇报,加紧制订、颁布和实施酒类管理的地方法规和制度,真正做到酒类产、销管理有法可依,有章可循。

国内贸易部

一九九六年十月十一日

# 中华人民共和国卫生部令

第46号

现发布《保健食品管理办法》,自一九九六年六月一日起施行。

部　长　　陈敏章

一九九六年三月十五日

## 保健食品管理办法

### 第一章　总　　则

第一条　为加强保健食品的监督管理,保证保健食品质量,根据《中华人民共和国食品卫生法》(下称《食品卫生法》)的有关规定,制定本办法。

第二条　本办法所称保健食品系指表明具有特定保健功能的食品。即适宜于特定人群食用,具有调节机体功能,不以治疗疾病为目的的食品。

第三条　国务院卫生行政部门(以下简称卫生部)对保健食品、保健食品说明书实行审批制度。

### 第二章　保健食品的审批

第四条　保健食品必须符合下列要求:

(一)经必要的动物和/或人群功能试验,证明其具有明确、稳定的保健作用;

(二)各种原料及其产品必须符合食品卫生要求,对人体不产生任何急性、亚急性或慢性危害;

(三)配方的组成及用量必须具有科学依据,具有明确的功效成分。如在现有技术条件下不能明确功效成分,应确定与保健功能有关的主要原料名称;

(四)标签、说明书及广告不得宣传疗效作用。

第五条　凡声称具有保健功能的食品必须经卫生部审查确认。研制者应向所在地的省级卫生行政部门提出申请。经初审同意后,报卫生部审批。卫生部对审查合格的保健食品发给《保健食品批准证书》,批准文号为"卫食健字(　)第　　号"。获得《保健食品批准证书》的食品准许使用卫生部规定的保健食品标志(标志图案见附件)。

第六条　申请《保健食品批准证书》时,必须提交下列资料:

(一)保健食品申请表;

(二)保健食品的配方、生产工艺及质量标准;

(三)毒理学安全性评价报告;

(四)保健功能评价报告;

(五)保健食品的功效成分名单,以及功效成分的定性和/或定量检验方法、稳定性试验报告。因在现有技术条件下,不能明确功效成分的,则须提交食品中与保健功能相关的主要原料名单;

(六)产品的样品及其卫生学检验报告;

(七)标签及说明书(送审样);

(八)国内外有关资料;

(九)根据有关规定或产品特性应提交的其它材料。

第七条　卫生部和省级卫生行政部门应分别成立评审委员会承担技术评审工作,委员会应由食品卫生、营养、毒理、医学及其它相关专业的专家组成。

第八条 卫生部评审委员会每年举行四次评审会，一般在每季度的最后一个月召开。经初审合格的全部材料必须在每季度第一个月底前寄到卫生部。卫生部根据评审意见，在评审后的30个工作日内，作出是否批准的决定。

卫生部评审委员会对申报的保健食品认为有必要复验的，由卫生部指定的检验机构进行复验。复验费用由保健食品申请者承担。

第九条 由两个或两个以上合作者共同申请同一保健食品时，《保健食品批准证书》共同署名，但证书只发给所有合作者共同确定的负责者。申请时，除提交本办法所列各项资料外，还应提交由所有合作者签章的负责者推荐书。

第十条 《保健食品批准证书》持有者可凭此证书转让技术或与他方共同合作生产。转让时，应与受让方共同向卫生部申领《保健食品批准证书》副本。申领时，应持《保健食品批准证书》，并提供有效的技术转让合同书。《保健食品批准证书》副本发放给受让方，受让方无权再进行技术转让。

第十一条 已由国家有关部门批准生产经营的药品，不得申请《保健食品批准证书》。

第十二条 进口保健食品时，进口商或代理人必须向卫生部提出申请。申请时，除提供第六条所需的材料外，还要提供出产国（地区）或国际组织的有关标准，以及生产、销售国（地区）有关卫生机构出具的允许生产或销售的证明。

第十三条 卫生部对审查合格的进口保健食品发放《进口保健食品批准证书》，取得《进口保健食品批准证书》的产品必须在包装上标注批准文号和卫生部规定的保健食品标志。

口岸进口食品卫生监督检验机构凭《进口保健食品批准证书》进行检验，合格后放行。

## 第三章 保健食品的生产经营

第十四条 在生产保健食品前，食品生产企业必须向所在地的省级卫生行政部门提出申请，经省级卫生行政部门审查同意并在申请者的卫生许可证上加注“××保健食品”的许可项目后方可进行生产。

第十五条 申请生产保健食品时，必须提交下列资料：

（一）有直接管辖权的卫生行政部门发放的有效食品生产经营卫生许可证；

（二）《保健食品批准证书》正本或副本；

（三）生产企业制订的保健食品企业标准、生产企业卫生规范及制订说明；

（四）技术转让或合作生产的，应提交与《保健食品批准证书》的持有者签定的技术转让或合作生产的有效合同书；

（五）生产条件、生产技术人员、质量保证体系的情况介绍；

（六）三批产品的质量与卫生检验报告。

第十六条 未经卫生部审查批准的食品，不得以保健食品名义生产经营；未经省级卫生行政部门审查批准的企业，不得生产保健食品。

第十七条 保健食品生产者必须按照批准的内容组织生产，不得改变产品的配方、生产工艺、企业产品质量标准以及产品名称、标签、说明书等。

第十八条 保健食品的生产过程、生产条件必须符合相应的食品生产企业卫生规范或其它有关卫生要求。选用的工艺应能保持产品的功效成分的稳定性。加工过程中功效成分不损失，不破坏，不转化和不产生有害的中间体。

第十九条 应采用定型包装。直接与保健食品接触的包装材料或容器必须符合有关卫生标准或卫生要求。包装材料或容器及其包装方式应有利于保持保健食品功效成分的稳定。

第二十条 保健食品经营者采购保健食品时，必须索取卫生部发放的《保健食品批准证书》复印件和产品检验合格证。

采购进口保健食品应索取《进口保健食品批准证书》复印件及口岸进口食品卫生监督检验机构的检验合格证。

## 第四章 保健食品标签、说明书及广告宣传

第二十一条 保健食品标签和说明书必须符合国家有关标准和要求，并标明下列内容：

（一）保健作用和适宜人群；

（二）食用方法和适宜的食用量；

（三）贮藏方法；

（四）功效成分的名称及含量。因在现有技术条件下，不能明确功效成分的，则须标明与保健功能有关的原料名称；

（五）保健食品批准文号；

（六）保健食品标志；

（七）有关标准或要求所规定的其它标签内容。

第二十二条 保健食品的名称应当准确、科学，不得使用人名、地名、代号及夸大或容易误解的名称，不得使用产品中非主要功效成分的名称。

第二十三条　保健食品的标签、说明书和广告内容必须真实，符合其产品质量要求。不得有暗示可使疾病痊愈的宣传。

第二十四条　严禁利用封建迷信进行保健食品的宣传。

第二十五条　未经卫生部按本办法审查批准的食品，不得以保健食品名义进行宣传。

## 第五章　保健食品的监督管理

第二十六条　根据《食品卫生法》以及卫生部有关规章和标准，各级卫生行政部门应加强对保健食品的监督、监测及管理。卫生部对已经批准生产的保健食品可以组织监督抽查，并向社会公布抽查结果。

第二十七条　卫生部可根据以下情况确定对已经批准的保健食品进行重新审查：

(一)科学发展后，对原来审批的保健食品的功能有认识上的改变；

(二)产品的配方、生产工艺、以及保健功能受到可能有改变的质疑；

(三)保健食品监督监测工作需要。

经审查不合格者或不接受重新审查者，由卫生部撤销其《保健食品批准证书》。合格者，原证书仍然有效。

第二十八条　保健食品生产经营者的一般卫生监督管理，按照《食品卫生法》及有关规定执行。

## 第六章　罚　　则

第二十九条　凡有下列情形之一者，由县级以上地方人民政府卫生行政部门按《食品卫生法》第四十五条进行处罚。

(一)未经卫生部按本办法审查批准，而以保健食品名义生产、经营的；

(二)未按保健食品批准进口，而以保健食品名义进行经营的；

(三)保健食品的名称、标签、说明书未按照核准内容使用的。

第三十条　保健食品广告中宣传疗效或利用封建迷信进行保健食品宣传的，按照国家工商行政管理局和卫生部《食品广告管理办法》的有关规定进行处罚。

第三十一条　违反《食品卫生法》或其它有关卫生要求的，依照相应规定进行处罚。

## 第七章　附　　则

第三十二条　保健食品标准和功能评价方法由卫生部制订并批准颁布。

第三十三条　保健食品的功能评价和检测、安全性毒理学评价由卫生部认定的检验机构承担。

第三十四条　本办法由卫生部解释。

第三十五条　本办法自 1996 年 6 月 1 日起实施，其它卫生管理办法与本办法不一致的，以本办法为准。

附件：

　保健食品标志

保健食品

说明：颜色为天蓝色

　卫生部制定

# 中华人民共和国卫生部令

第 47 号

《辐照食品卫生管理办法》已经卫生部部务会议通过，现予发布，自发布之日起施行。

部　长　陈敏章

一九九六年四月五日

# 辐照食品卫生管理办法

## 第一章　总　则

第一条　为保证辐照食品卫生安全，保障消费者的健康，根据《中华人民共和国食品卫生法》（以下简称《食品卫生法》）和《中华人民共和国放射性同位素与射线装置放射防护条例》（以下简称《放射防护条例》）的有关规定，制定本办法。

第二条　国家对食品辐照加工实行许可制度。

第三条　本办法适用于中华人民共和国境内所有从事辐照食品生产经营的单位和个人。

## 第二章　食品辐照加工单位和人员的管理

第四条　从事食品辐照加工的单位和个人，必须按所在省、自治区、直辖市卫生行政部门制定的卫生许可证发放管理办法，取得食品卫生许可证和放射工作许可证后方可开展工作。

第五条　申请从事食品辐照加工的单位和个人，必须具备以下条件：

（一）辐照室有良好的通风设施，辐照室内臭氧和氮氧化合物的浓度低于国家《工业企业设计卫生标准》中的限值；

（二）辐照室有多重安全联锁装置和剂量监测装置，对γ辐照装置还应备有迫降装置，并保证各种装置安全有效可靠；

（三）有专业剂量测试人员、操作人员和防护人员以及卫生检验实验室和常规剂量计；

（四）有辐照食品生产管理细则，工艺操作规程、安全守则，各类人员的岗位责任制等规章制度；

（五）省级以上卫生行政部门要求的其他条件。

第六条　食品辐照加工单位必须按国家有关规定向放射工作人员提供合格的卫生防护用品，指导其正确使用，并建立个人剂量档案。

从事辐照加工的放射工作人员必须遵守有关的规章制度和操作规程，并按要求配戴个人剂量计和报警仪。

第七条　从事辐照加工的放射工作人员必须进行就业（上岗）前健康体检，就业（上岗）后的定期健康体检，并建立健康档案。

放射工作人员健康体检由省级卫生行政部门指定的卫生医疗机构负责。

第八条　从事辐照加工的放射工作人员必须进行放射防护知识培训，经考试或考核合格的，由省级卫生行政部门发给《放射工作人员证》。未取得《放射工作人员证》者不得上岗从事放射工作。

放射工作人员放射防护知识培训工作由省级卫生行政部门指定的专业机构负责。

第九条　辐照设施的建造必须符合安全、卫生要求。其竣工后，必须经省级以上卫生行政部门验收，验收合格的，发给《建设项目竣工验收认可书》。未取得《建设项目竣工验收认可书》的，不得投入运行。

第十条　辐照装置必须能准确调整运行速度，以满足不同剂量范围的要求。

对辐照的食品应按良好的辐照工艺进行辐照。

第十一条　对辐照设施卫生防护的监督检查，卫生行政部门依照《γ辐照加工装置卫生防护管理规定》进行。

## 第三章　辐照食品管理

第十二条　辐照新研制的辐照食品品种，由辐照加工单位或个人向卫生部提出申请，经卫生部审核批准后发给辐照食品品种批准文号，批准文号为“卫食辐字（　）第　　号”。

第十三条　研制10κGy以下的辐照食品新品种，研制单位应向所在省、自治区、直辖市卫生行政部门申请初审，初审合格后由研制单位报卫生部审批。研制单位应当向卫生行政部门提供下列卫生安全性评价资料：感官性状，营养及微生物等指标。

第十四条　研制10κGy以上的辐照食品新品种，研制单位应向卫生部直接提出申请，并提供下列卫生安全性评价资料：感官性状、营养、毒理及辐解产物、微生物等指标。

第十五条　卫生部聘请有关专家组成辐照食品卫生安全评价专家组，负责新研制的辐照食品的卫生安全性评价工作。

第十六条　食品（包括食品原料）的辐照加工必须按照规定的生产工艺进行，并按照辐照食品卫生标准实施检验，凡不符合卫生标准的辐照食品，不得出厂或者销售。

严禁用辐照加工手段处理劣质不合格的食品。

第十七条　食品不得进行重复照射，但对下列食品可进行重复照射，其总的累积吸收剂量不得大于10κGy：

(一)为控制病虫害而进行辐照的含水份低的食品，如谷类、豆类、脱水食品及类似产品；

(二)用低剂量(小于 1κGy)辐照过的原料制成的食品；

(三)为达到预期效果，可将所需的全部吸收剂量分多次进行照射的食品；

(四)含 5%以下辐照配料的食品。

第十八条　待辐照加工的食品与已辐照加工的食品应当分别放置，防止交叉污染。

第十九条　辐照食品在包装上必须贴有卫生部统一制定的辐照食品标识(见附录)。

第二十条　定型包装的辐照食品的包装标识或者产品说明书必须符合《食品卫生法》第二十一条的规定。

第二十一条　进口可能有霉变、生虫或含有致病性寄生虫、微生物侵染的食物、食品原料等，鼓励在口岸地进行辐照检疫处理，以保障人体健康及防止食物的损失。

第二十二条　卫生部设立的辐照食品检测中心是全国辐照食品检测的最高技术仲裁机构，是全国辐照食品技术指导中心。

第二十三条　辐照食品的监督检查由县级以上卫生行政部门负责。省级卫生行政部门每年进行一次抽检，抽检结果于同年十月报卫生部，并由卫生部统一公布。

## 第四章　罚　　则

第二十四条　未取得放射工作许可证而擅自从事食品辐照加工的，按照《放射防护条例》第三十一条的规定处罚。

未取得食品卫生许可证而擅自从事食品辐照加工的，按照《食品卫生法》第四十条规定处罚。

既未取得放射工作许可证，也未取得食品卫生许可证而擅自从事食品辐照加工的，按照前两款规定合并处罚。

第二十五条　对未经过健康体检或未经过放射防护知识培训的人员从事食品辐照加工的，按照《食品卫生法》第四十七条或《放射防护条例》第三十一条的规定处罚。

第二十六条　辐照食品的包装标识或者产品说明书违反本办法第十九条、第二十条规定的，按照《食品卫生法》第四十六条规定处罚。

第二十七条　违反本办法其它规定的，按照《食品卫生法》和《放射防护条例》的有关规定处罚。

本办法规定的行政处罚由县级以上地方人民政府卫生行政部门决定。

第二十八条　当事人对行政处罚决定不服的，可以按照《食品卫生法》第五十条或《放射防护条例》第三十二条的规定申请行政复议或提起行政诉讼。

作出行政处罚决定的卫生行政部门对当事人逾期不申请行政复议也不向人民法院起诉，又不履行处罚决定的，可以申请人民法院强制执行。

第二十九条　对违反本办法造成严重后果、构成犯罪的，由司法机关依法追究其刑事责任。

## 第五章　附　　则

第三十条　本规定的下列用语的含义是：

辐照食品：用钴—60、铯—137 产生的 γ 射线或电子加速器产生的低于 10MeV 电子束辐照加工处理的食品，包括辐照处理的食品原料、半成品。

新研制的辐照食品品种：国家辐照食品卫生标准中未列入的食品品种。

第三十一条　本办法由卫生部负责解释。

第三十二条　本办法自发布之日起施行，原《辐照食品暂行管理规定》同时废止。

附录：

中国辐照食品标识

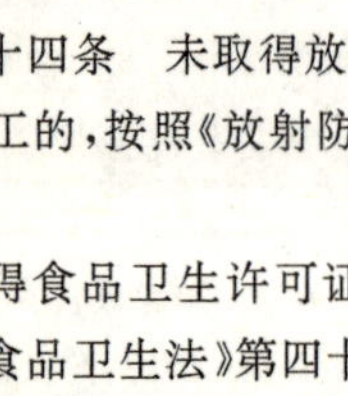


说明：为标识国界自选绿色

直径为 1.5cm 和 9cm 两种。

# 中华人民共和国卫生部令

第48号

现发布《学生集体用餐卫生监督办法》，请各地遵照执行。

部 长 陈敏章

一九九六年八月二十七日

## 学生集体用餐卫生监督办法

第一条 为加强对学生集体用餐的管理，保证饮食卫生，改善学生营养状况，保障学生的健康成长，根据《中华人民共和国食品卫生法》，制定本办法。

第二条 学生集体用餐系指集中供应中小学校、中等专科学校、技工学校（以下统称中小学校）学生，以供学生用餐为目的而配制的膳食和食品。

学生集体用餐包括学生普通餐、学生营养餐和学生课间餐。

学生普通餐：符合食品卫生要求，适合学生需要量的膳食。

学生营养餐：以保证学生生长发育为目的，根据营养要求而配制的膳食。

学生课间餐：为补充学生课间需要而制作的食品。

第三条 凡集中供应中小学校学生集体用餐的生产经营者和组织供应学生集体用餐的中小学校，均适用本办法。

第四条 国务院卫生行政部门主管全国学生集体用餐的卫生监督管理工作。

县级以上地方人民政府卫生行政部门负责本辖区内中小学校学生集体用餐的监督管理工作。

学生集体用餐的生产经营者及其主管部门负责企业或本部门的卫生管理工作。

参加学生集体用餐的学校负责学校内的组织供应中的卫生管理工作。

第五条 学生普通餐、学生营养餐、学生课间餐生产经营者应向所在地县级以上卫生行政部门领取卫生许可证。学生营养餐的生产经营者，其卫生许可证中必须有获准“学生营养餐”的许可项目。未领取卫生许可证者不得生产经营学生普通餐、学生营养餐和学生课间餐。

第六条 学生集体用餐生产经营单位的生产经营场所、内外环境、卫生设施、工艺流程、生产用水、个人卫生、生产用具以及贮存、消毒、运输等必须符合《食品卫生法》第八条有关规定。运送路程较远的膳食要有保温设备。

第七条 学生集体用餐生产经营人员应按规定经体检合格取得健康证后方可上岗。

学生营养餐生产经营单位除应符合上款要求外，还应配备专（兼）职营养师（士），或经培训合格的营养配餐员。厨师须经食品卫生和营养知识培训，取得合格证后方可上岗。

第八条 学生集体用餐必须采用新鲜洁净的原料制作，严禁使用《食品卫生法》第九条规定禁用的食品制售学生普通餐、学生营养餐和学生课间餐。食品、包装材料或容器必须符合卫生标准和规定。膳食要保持一定的温度。

学生集体用餐不得直接供应未经加热的食品，制售凉拌生食菜肴要保证卫生质量。

学生营养餐每份所含的热能和营养素应达到营养要求。学生营养餐的烹调应注意减少营养素的损失。

学生课间餐的食品每份应当单独包装。

第九条 实行学生集体用餐的中小学校应设专（兼）职人员负责学生集体用餐管理工作。管理人员应掌握必要的食品卫生和营养知识，应重视学生对饭菜质量的要求，发生食物中毒时应及时向卫生行政部门报告并积极采取控制措施。

学校订购集体用餐时，应当确认生产经营者有效的食品卫生许可证。订购学生营养餐时，应确认卫生许可证注有“学生营养餐”的许可项目，不得订购无卫生许可证生产经营的学生普通餐、学生营养餐和学生课间餐。

学校应当设有学生洗手、餐具清洗设备和符合卫生标准的饭菜暂存场所。

负责分发学生集体用餐食品的人员每年要进行体检。凡患有痢疾、伤寒、病毒性肝炎等消化道传染病（包括病原携带者），活动性肺结核、化脓性或者渗出性皮肤病以及其他有碍食品卫生的疾病的人员，不得进行学生集体用餐的分装、发放工作。

第十条 以简单加工学生自带粮油、蔬菜或以为学生热饭为主的规模较小的农村学校，暂不作为实行学生集体用餐的单位对待。但是，按本办法应体检的人员必须经体检合格取得合格证后方可上岗。当地卫生部门应加强对该类食堂的指导，学校应努力改善食堂卫生条件，加强食堂卫生管理，保障学生健康。

第十一条　违反本办法规定的，根据《中华人民共和国食品卫生法》及有关法规追究法律责任。

第十二条　本办法由国务院卫生行政部门负责解释。

第十三条　本办法自发布之日起实施。

## 附：学生集体用餐营养要求

一、学生营养餐营养素摄入

**每人每餐**

| 营养素 | 中小学生<br>6～8岁平均体重21.9kg | 9～11岁平均体重29.1kg | 12岁平均体重40.6kg |
|---|---|---|---|
| 热量(千卡/MJ) | 700(2.92) | 820(3.34) | 930(3.89) |
| 蛋白质(克) | 24 | 28 | 32 |
| 来自动物及大豆的蛋白质 | 8～13 | 10～14 | 11～16 |
| 脂肪(克) | ≤总热量30% | ≤总热量30% | ≤总热量25% |
| 钙(毫克) | 320 | 400 | 480 |
| 铁(毫克) | 4 | 4.8 | 7.2 |
| 锌(毫克) | 4 | 6 | 6 |
| 维生素A(RE) | 300 | 300 | 320 |
| 维生素B1(毫克) | 0.5 | 0.6 | 0.7 |
| 维生素B2(毫克) | 0.5 | 0.6 | 0.7 |
| 维生素C(毫克) | 18 | 20 | 24 |

二、学生营养餐各类食物的供给量

(模式一)　　单位：克/每人每餐

| 食物分类 | 中小学生<br>6～8岁平均体重21.9kg | 9～11岁平均体重29.1kg | 12岁平均体重40.6kg |
|---|---|---|---|
| 粮食类(包括谷类、除大豆以外的干豆类、薯类) | 100 | 150 | 200 |
| 动物性食品(包括畜肉、禽、鱼、虾、蛋、动物内脏) | 50 | 65 | 75 |
| 牛奶 | 100 | 125 | 125 |
| 大豆及其制品 | 20 | 25 | 30 |
| 蔬菜 | 120 | 150 | 200 |
| 植物油 | 5 | 6 | 7 |

(模式二)　　单位：克/每人每餐

| 食物分类 | 中小学生<br>6～8岁平均体重21.9kg | 9～11岁平均体重29.1kg | 12岁平均体重40.6kg |
|---|---|---|---|
| 粮食类(包括谷类、除大豆以外的干豆类、薯类) | 120 | 170 | 220 |
| 动物性食品(包括畜肉、禽、鱼、虾、蛋、动物内脏) | 25 | 30 | 35 |
| 牛奶 | 40 | 50 | 50 |
| 大豆及其制品 | 40 | 50 | 60 |
| 蔬菜 | 120 | 170 | 220 |
| 植物油 | 6 | 7 | 8 |

# 卫生部关于整顿白酒生产经营市场的紧急通知

卫监发[1996]第49号

各省、自治区、直辖市卫生厅(局),计划单列市、新疆生产建设兵团卫生局,国务院各部、委、办、直属机构,各新闻单位,卫生部各直属机构:

今年6月至7月,云南省曲靖地区发生了建国以来最严重的制售假散装白酒导致恶性甲醇中毒的事件。中毒人数高达192人,其中死亡35人,给人民群众健康和生命财产造成了巨大损失。目前该案已作为刑事案件立案查处。这次事件本身又是一起违反食品卫生法,用非食品原料加工食品,造成恶性食物中毒的案件。云南省卫生厅及案发地各级卫生行政部门积极参与了案件的调查处理和病人救治工作。会泽县卫生局首先查明了中毒原因为甲醇中毒并紧急向当地政府汇报,及时控制了危害的进一步蔓延。

通过这次事件,全国各地卫生行政部门要认真吸取教训。为此,我部紧急动员各级卫生行政部门迅速行动起来,对全国白酒生产经营市场进行一次突击性卫生监督检查。现依据《食品卫生法》的有关规定紧急通知如下:

一、生产经营各类白酒,除按国家有关规定办理有关批准手续外,必须取得食品生产经营卫生许可证。未取得卫生许可证从事白酒生产经营者,依据《食品卫生法》第四十条的规定,坚决予以取缔,没收违法所得,并视情节处以违法所得一倍以上五倍以下的罚款;没有违法所得的,处以五百元以上三万元以下的罚款。

二、结合"全国夏秋季食品卫生大检查"紧急开展对现有各类白酒生产企业的卫生监督检查。依据《食品卫生法》第八条规定和《白酒厂卫生规范》(GB8951-88),在今年下半年内,有计划地对各类白酒生产企业进行检查。不合格者,按照《食品卫生法》第四十一条的规定予以处罚;对拒不改正或者有其他严重情节的,吊销卫生许可证。

三、各类白酒生产者必须按照卫生标准和有关卫生管理办法的规定,对其产品进行检验,经检验合格后方可出厂或者销售。未经检验或检验不合格的产品一经在市场上查获,将依法作为禁止生产经营食品处理。没有检验能力的白酒生产企业,可由当地卫生行政部门指定技术机构为其进行产品卫生质量检验。

四、白酒经销者在进货时,必须按照《食品卫生法》和各地省级卫生行政部门制定的有关规定索取所购进白酒的检验合格证或者化验单。不能提供合格证明或经检验不合格的白酒一律禁止上市销售。

五、酿制或勾兑白酒的原料及其添加剂必须符合《食品卫生法》及国家有关卫生标准的规定。一经发现用非食品原料或工业酒精勾兑白酒的违法行为,必须按照《食品卫生法》第四十二条的规定从重处罚。要坚决打击非法制售假酒黑窝点和团伙的违法活动。发现已触犯刑律的,卫生行政部门在按《食品卫生法》有关规定严肃查处的同时,应及时将案件移送公安司法部门进一步查处。

六、在这次检查活动中,各级卫生行政部门要积极会同有关行政执法部门开展联合执法行动。在当地人民政府的统一协调下,进一步提高执法威摄力,加大整顿的力度。对于拒不履行行政处罚决定的违法白酒生产经营者,要按照《食品卫生法》的规定,申请人民法院强制执行。

七、进一步强化食物中毒报告制度。及时发现和报告食物中毒病例,是有效控制危害蔓延的关键环节。各级卫生行政部门要有专人负责报告工作,按照我部有关规定,做好食物中毒及其他食源性疾病的应急报告和年报工作。对于报告义务人知情不报、瞒报、谎报或者延报者要严肃查处。

八、努力提高消费者自我保护意识和辨别真伪的能力。通过广泛深入地宣传使广大消费者逐渐改变传统的不健康饮食习惯和食品消费模式,注重"吃的科学"和"吃的卫生"。宣传少饮高度酒,饮白酒应当尽可能购买有定型包装(瓶装)和正规生产厂家的产品,少买散装白酒。各级卫生行政部门要把这次云南甲醇中毒事件作为反面教材,广泛开展食品卫生知识和食品卫生法规宣传教育,使广大人民群众学会必要的自我保护手段,增强依法护权的意识。只有政府的监督管理与广大人民群众的社会监督紧密结合起来,才能有效地遏制各种食品卫生违法行为,逐渐杜绝恶性食物中毒事件的发生。

各级卫生行政部门要尽快落实上述各项要求,本通知精神要广泛地向社会宣传。我部将于年底对各地贯彻本通知的情况进行检查。

卫生部

一九九六年九月三日

# 国家计委关于调整食盐价格的通知

计价管［1996］3号

各省、自治区、直辖市及计划单列市物价局(委员会)：

调整食盐价格的方案已经国务院批准。现将有关问题通知如下：

**一、改进食盐零售价格管理办法。**

食盐的出场(厂)价格、产区批发价格和省、自治区首府所在地城市、直辖市、计划单列市的批发价格及零售价的作价办法仍由国家计委统一制定，具体零售价格由省级物价部门根据国家计委统一制定的作价办法确定。

**二、适当调整食盐价格。**

(一)调整后加碘食盐的出场(厂)价格见附件一。不加碘的食用海湖粉洗盐、粉洗精盐、精制盐、井矿盐及南方日晒细盐的出场(厂)价格暂由省级物价部门参照附件一规定的同种碘盐出场(厂)价格扣除加碘费用确定；不加碘的食用原盐的出场(厂)价格执行国家计委计价格[1994]2068号文规定的工业盐(原盐)中准出场(厂)价格。

(二)加碘食盐的产区港站批发价格见附件二。不加碘的食用海湖粉洗盐、粉洗精盐、精制盐、井矿盐及南方日晒细盐的产区港站批发价格暂由省级物价部门参照附件二规定的同种碘盐产区港站批发价格扣除加碘费用确定；不加碘的食用原盐产区港站批发价按国家计委计价格[1994]2068号文规定的工业盐(原盐)产区港站中准批发价加国家碘盐价格基金执行。食盐的近场放销价，由省级物价部门按规定的产区港站批发价扣除由盐场至港站所发生的运杂费用确定。在食盐的产区批发价格中设立每吨29.25元的国家碘盐价格基金，扣除税后净额为每吨25元，由销区盐业公司与产区盐业公司结算盐款时代扣、由销区省级盐业公司集中按季统一上缴中国盐业总公司，由国家统一安排使用。国家碘盐价格基金是经国务院批准的国家食盐加碘项目专项基金，任何单位不得拖欠、截留、挪用、拒交。《国家碘盐价格基金的使用管理暂行办法》将在近期内由我委下达。

(三)省、自治区首府所在地城市、直辖市及计划单列市加碘食盐的批发价格见附件三；非碘盐的批发价格由省级物价部门按附件三规定的同种碘盐批发价格扣除加碘费用确定。

(四)通过商业供应的制革、肥皂、冶金、染料、炸药、制冰冷藏、陶瓷玻璃、医药等小工业用盐的价格，按适当低于当地不加碘食盐批发价的原则，由省级物价部门核定。

(五)各种加碘盐的出场(厂)价和产区港站批发价的计价地点分别为盐场(厂)的碘盐仓库和产区发运车站、港口码头的车上、船上。非碘盐的出场(厂)价和产区批发价的计价地点按国家计委计价格[1994]2068号文的规定执行。

(六)中国盐业总公司的管理费(原调拨服务费)，改定额收取为按率收取，产、销区分别按产区批发价的0.25%提缴。

(七)食盐零售价格作价办法。

1. 食盐的批零差率，顺加最高不超过20%。

2. 食盐的地区差价和城乡差价，由省级物价部门按合理流向，并注意与毗邻地区的零售价格水平衔接的原则适当安排。

3. 对少数民族及交通不便、运输困难、贫穷落后地区的食盐零售价格，仍由省级物价部门制定零售最高限价，由此发生的经营亏损由省级盐业公司统筹解决。

4. 食盐小包装物和防伪合格碘盐标志的价格由省级物价部门制定，并上报国家计委价格管理司和中国盐业总公司备案。

5. 碘盐零售的小包装物要有明确的盐种、重量等标志。盐种之间的零售价要保持合理差价。

6. 省际间食盐零售价格及食盐小包装物价格的衔接，由国家计委协调平衡。

**三、加强对食盐价格的管理。**

食盐是关系国计民生的重要商品。各地必须严格执行国家规定的价格，不得越权调整食盐价格，不得以任何名义、任何理由压低或抬高食盐价格。各级物价部门要加强对食盐价格情况的监督检查，对违价行为要依据有关规定严肃查处。

**四、本通知从1996年1月20日起执行。**

请各地接通知后立即贯彻执行，并将执行情况及时报国家计委价格管理司。

本《通知》不宣传、不广播。

附件：

一、碘盐出场(厂)价格表

二、碘盐产区港站批发价格表

三、省会、首府城市及计划单列市碘盐批发价格表

国家计委

一九九六年一月二日

# 食品企业通用卫生规范

（GB 14881-94）

## 1　主题内容与适用范围

本规范规定了食品企业的食品加工过程、原料采购、运输、贮存、工厂设计与设施的基本卫生要求及管理准则。

本规范适用于食品生产、经营的企业、工厂，并作为制定各类食品厂的专业卫生规范的依据。

## 2　引用标准

GB 3841　锅炉烟尘排放标准

GB 5749　生活饮用水卫生标准

GB 7718　食品标签通用标准

## 3　原材料采购、运输的卫生要求

3.1　采购

3.1.1　采购原材料应按该种原材料质量卫生标准或卫生要求进行。

3.1.2　购入的原料，应具有一定的新鲜度，具有该品种应有的色、香、味和组织形态特征，不含有毒有害物，也不应受其污染。

3.1.3　某些农、副产品原料在采收后，为便于加工、运输和贮存而采取的简易加工应符合卫生要求，不应造成对食品的污染和潜在危害，否则不得购入。

3.1.4　采购人员应具有简易鉴别原材料质量、卫生的知识和技能。

3.1.5　盛装原材料的包装物或容器，其材质应无毒无害，不受污染，符合卫生要求。

3.1.6　重复使用的包装物或容器，其结构应便于清洗、消毒。要加强检验，有污染者不得使用。

3.2　运输

3.2.1　运输工具(车厢、船仓)等应符合卫生要求，应备有防雨防尘设施，根据原料特点和卫生需要，还应具备保温、冷藏、保鲜等设施。

3.2.2　运输作业应防止污染，操作要轻拿轻放，不使原料受损伤，不得与有毒、有害物品同时装运。

3.2.3　建立卫生制度，定期清洗、消毒、保持洁净卫生。

3.3　贮存

3.3.1　应设置与生产能力相适应的原材料场地和仓库。

3.3.1.1　新鲜果、蔬原料应贮存于遮阳、通风良好的场地，地面平整，有一定坡度，便于清洗、排水，及时剔出腐败、霉烂原料，将其集中到指定地点，按规定方法处理，防止污染食品和其他原料。

3.3.1.2　各类冷库，应根据不同要求，按规定的温、湿度贮存。

3.3.1.3　其他原材料场地和仓库，应地面平整，便于通风换气，有防鼠、防虫设施。

3.3.2　原料场地和仓库应设专人管理，建立管理制度，定期检查质量和卫生情况，按时清扫、消毒、通风换气。

3.3.2.1　各种原材料应按品种分类分批贮存，每批原材料均有明显标志，同一库内不得贮存相互影响风味的原材料。

3.3.2.2　原材料应离地、离墙并与屋顶保持一定距离，垛与垛之间也应有适当间隔。

3.3.2.3　先进先出，及时剔出不符合质量和卫生标准的原料，防止污染。

## 4　工厂设计与设施的卫生要求

4.1　设计

4.1.1　凡新建、扩建改建的工程项目有关食品卫生部分均应按本规范和各该类食品厂的卫生规范的有关规定，进行设计和施工。

4.1.2　各类食品厂应将本厂的总平面布置图，原材

料、半成品、成品的质量和卫生标准,生产工艺规程以及其他有关资料,报当地食品卫生监督机构备查。

4.2 选址

4.2.1 要选择地势干燥、交通方便、有充足的水源的地区。厂区不应设于受污染河流的下游。

4.2.2 厂区周围不得有粉尘、有害气体、放射性物质和其他扩散性污染源;不得有昆虫大量孳生的潜在场所,避免危及产品卫生。

4.2.3 厂区要远离有害场所。生产区建筑物与外缘公路或道路应有防护地带。其距离可根据各类食品厂的特点由各类食品厂卫生规范另行规定。

4.3 总平面布置(布局)

4.3.1 各类食品厂应根据本厂特点制订整体规划。

4.3.2 要合理布局,划分生产区和生活区;生产区应在生活区的下风向。

4.3.3 建筑物、设备布局与工艺流程三者衔接合理,建筑结构完善,并能满足生产工艺和质量卫生要求;原料与半成品和成品、生原料与熟食品均应杜绝交叉污染。

4.3.4 建筑物和设备布置还应考虑生产工艺对温、湿度和其他工艺参数的要求,防止毗邻车间受到干扰。

4.3.5 道路

4.3.5.1 厂区道路应通畅,便于机动车通行,有条件的应修环行路且便于消防车辆到达各车间。

4.3.5.2 厂区道路应采用便于清洗的混凝土,沥青及其他硬质材料辅设,防止积水及尘土飞扬。

4.3.6 绿化

4.3.6.1 厂房之间,厂房与外缘公路或道路应保持一定距离,中间设绿化带。

4.3.6.2 厂区内各车间的裸露地面应进行绿化。

4.3.7 给排水

4.3.7.1 给排水系统应能适应生产需要,设施应合理有效,经常保持畅通,有防止污染水源和鼠类、昆虫通过排水管道潜入车间的有效措施。

4.3.7.2 生产用水必须符合GB 5749之规定。

4.3.7.3 污水排放必须符合国家规定的标准,必要时应采取净化设施达标后才可排放。净化和排放设施不得位于生产车间主风向的上方。

4.3.8 污物

4.3.8.1 污物(加工后的废弃物)存放应远离生产车间,且不得位于生产车间上风向。

4.3.8.2 存放设施应密闭或带盖,要便于清洗、消毒。

4.3.9 烟尘

4.3.9.1 锅炉烟筒高度和排放粉尘量应符合GB 3841的规定,烟道出口与引风机之间须设置除尘装置。

4.3.9.2 其他排烟、除尘装置也应达标准后再排放,防止污染环境。

4.3.9.3 排烟除尘装置应设置在主导风向的下风向。季节性生产厂应设置在季节风向的下风向。

4.3.10 实验动物待加工禽畜饲养区应与生产车间保持一定距离,且不得位于主导风向的上风向。

4.4 设备、工具、管道

4.4.1 材质

凡接触食品物料的设备、工具、管道,必须用无毒、无味、抗腐蚀、不吸水、不变形的材料制做。

4.4.2 结构

设备、工具、管道表面要清洁,边角圆滑,无死角,不易积垢,不漏隙,便于拆卸、清洗和消毒。

4.4.3 设置

4.4.3.1 设备设置应根据工艺要求,布局合理。上、下工序衔接要紧凑。

4.4.3.2 各种管道、管线尽可能集中走向。冷水管不宜在生产线和设备包装台上方通过,防止冷凝水滴入食品。其他管线和阀门也不应设置在暴露原料和成品的上方。

4.4.4 安装

4.4.4.1 安装应符合工艺卫生要求,与屋顶(天花板)、墙壁等应有足够的距离,设备一般应用脚架固定,与地面应有一定的距离。传动部分应有防水、防尘罩,以便于清洗和消毒。

4.4.4.2 各类料液输送管道应避免死角或盲端,设排污阀或排污口,便于清洗、消毒,防止堵塞。

4.5 建筑物和施工

4.5.1 高度

生产厂房的高度应能满足工艺、卫生要求,以及设备安装、维护、保养的需要。

4.5.2 占地面积

生产车间人均占地面积(不包括设备占位)不能少于1.50 $m^2$,高度不低于3 m。

4.5.3 地面

4.5.3.1 生产车间地面应使用不渗水、不吸水、无毒、防滑材料(如耐酸砖、水磨石、混凝土等)铺砌,应有适当坡度,在地面最低点设置地漏,以保证不积水。其他厂房也要根据卫生要求进行。

4.5.3.2 地面应平整、无裂隙、略高于道路路面,便于清扫和消毒。

4.5.4 屋顶

4.5.4.1 屋顶或天花板应选用吸水、表面光洁、耐腐蚀、耐温、浅色材料覆涂或装修，要有适当的坡度，在结构上减少凝结水滴落，防止虫害和霉菌孳生，以便于洗刷、消毒。

4.5.5 墙壁

4.5.5.1 生产车间墙壁要用浅色、不吸水、不渗水、无毒材料覆涂，并用白瓷砖或其他防腐蚀材料装修高度不低于1.50 m的墙裙。

4.5.5.2 墙壁表面应平整光滑，其四壁和地面交界面要呈漫弯形，防止污垢积存，并便于清洗。

4.5.6 门窗

4.5.6.1 门、窗、天窗要严密不变形，防护门要能两面开，设置位置适当，并便于卫生防护设施的设置。

4.5.6.2 窗台要设于地面1m以上，内侧要下斜45°。

4.5.6.3 非全年使用空调的车间、门窗应有防蚊蝇、防尘设施，纱门应便于拆下洗刷。

4.5.7 通道

4.5.7.1 通道要宽畅，便于运输和卫生防护设计的设置。

4.5.7.2 楼梯、电梯传送设备等处要便于维护和清扫、洗刷和消毒。

4.5.8 通风

4.5.8.1 生产车间、仓库应有良好通风，采用自然通风时通风面积与地面积之比不应小于1∶16；采用机械通风时换气量不应小于每小时换气三次。

4.5.8.2 机械通风管道进风口要距地面2 m以上，并远离污染源和排风口，开口处应设防护罩。

4.5.8.3 饮料、熟食、成品包装等生产车间或工序必要时应增设水幕、风幕或空调设备。

4.5.9 采光、照明

4.5.9.1 车间或工作地应有充足的自然采光或人工照明。车间采光系数不应低于标准Ⅳ级；检验场所工作面混合照度不应低于540 lx；加工场所工作面不应低于220 lx；其他场所一般不应低于110 lx。

4.5.9.2 位于工作台、食品和原料上方的照明设备应加防护罩。

4.5.10 防鼠、防蚊蝇、防尘设施

建筑物及各项设施应根据生产工艺卫生要求和原材料贮存等特点，相应设置有效的防鼠、防蚊蝇、防尘、防飞鸟、防昆虫的侵入、隐藏和孳生的设施，防止受其危害和污染。

4.6 卫生设施

4.6.1 洗手、消毒

4.6.1.1 洗手设施应分别设置在车间进口处和车间内适当的地点。

4.6.1.2 要配备冷热水混合器，其开关应采用非手动式，龙头设置以每班人数在200人以内者，按每10人1个，200人以上者每增加20人增设1个。

4.6.1.3 洗手设施还应包括干手设备(热风、消毒干毛巾、消毒纸巾等)；根据生产需要，有的车间、部门还应配备消毒手套，同时还应配备足够数量的指甲刀、指甲刷和洗涤剂、消毒液等。

4.6.1.4 生产车间进口，必要时还应设有工作靴鞋消毒池(卫生监督部门认为无需穿靴鞋消毒的车间可免设)。

4.6.1.5 消毒池壁内侧与墙体呈45°坡形，其规格尺寸应根据情况务使工作人员必须通过消毒池才能进入为目的。

4.6.2 更衣室

4.6.2.1 更衣室应设储衣柜或衣架、鞋箱(架)，衣柜之间要保持一定距离，离地面20 cm以上，如采用衣架应另设个人物品存放柜。

4.6.2.2 更衣室还应备有穿衣镜，供工作人员自检用。

4.6.3 淋浴室

4.6.3.1 淋浴室可分散或集中设置，淋浴器按每班工作人员计每20～25人设置1个。

4.6.3.2 淋浴室应设置天窗或通风排气孔和采暖设备。

4.6.4 厕所

4.6.4.1 厕所设置应有利生产和卫生，其数量和便池坑位应根据生产需要和人员情况适当设置。

4.6.4.2 生产车间的厕所应设置在车间外侧，并一律为水冲式，备有洗手设施和排臭装置，其出入口不得正对车间门，要避开通道；其排污管道应与车间排水管道分设。

4.6.4.3 设置坑式厕所时，应距生产车间25 m以上，并应便于清扫、保洁，还应设置防蚊、防蝇设施。

**5 工厂的卫生管理**

5.1 机构

5.1.1 食品厂必须建立相应的卫生管理机构，对本单位的食品卫生工作进行全面管理。

5.1.2 管理机构应配备经专业培训的专职或兼职的食品卫生管理人员。

5.2 职责(任务)

5.2.1 宣传和贯彻食品卫生法规和有关规章制度、监督、检查在本单位的执行情况，定期向食品卫生监督部门报告。

5.2.2 制定和修改本单位的各项卫生管理制度和规划。

5.2.3 组织卫生宣传教育工作,培训食品从业人员。

5.2.4 定期进行本单位从业人员的健康检查,并作好善后处理工作。

5.3 维修、保养工作

5.3.1 建筑物和各种机械设备、装置、设施、给排水系统等均应保持良好状态,确保正常运行和整齐洁净,不污染食品。

5.3.2 建立健全维修保养制度,定期检查、维修、杜绝隐患,防止污染食品。

5.4 清洗和消毒工作

5.4.1 应制订有效的清洗及消毒方法和制度,以确保所有场所清洁卫生,防止污染食品。

5.4.2 使用清洗剂和消毒剂时,应采取适当措施,防止人身、食品受到污染。

5.5 除虫、灭害的管理

5.5.1 厂区应定期或在必要时进行除虫灭害工作,要采取有效措施防止鼠类、蚊、绳、昆虫等的聚集和孳生。对已经发生的场所,应采取紧急措施加以控制和消灭,防止蔓延和对食品的污染。

5.5.2 使用各类杀虫剂或其他药剂前,应做好对人身、食品、设备工具的污染和中毒的预防措施,用药后将所有设备、工具彻底清洗,消除污染。

5.6 有毒有害物管理

5.6.1 清洗剂、消毒剂、杀虫剂以及其他有毒有害物品,均应有固定包装,并在明显处标示“有毒品”字样,贮存于专门库房或柜橱内,加锁并由专人负责保管,建立管理制度。

5.6.2 使用时应由经过培训的人员按照使用方法进行,防止污染和人身中毒。

5.6.3 除卫生和工艺需要,均不得在生产车间使用和存放可能污染食品的任何种类的药剂。

5.6.4 各种药剂的使用品种和范围,须经省(自治区、直辖市)卫生监督部门同意。

5.7 饲养动物的管理

5.7.1 厂内除供实验动物和待加工禽畜外,一律不得饲养家禽、家畜。

5.7.2 应加强对实验动物和待加工禽畜的管理,防止污染食品。

5.8 污水、污物的管理

5.8.1 污水排放应符合国家规定标准,不符合标准者应采取净化措施,达标后排放。

5.8.2 厂区设置的污物收集设施,应为密闭式或带盖,要定期清洗、消毒,污物不得外溢,应于24小时之内运出厂区处理。做到日产日清,防止有害动物集聚孳生。

5.9 副产品的管理

5.9.1 副产品(加工后的下料和废弃物)应及时从生产车间运出,按照卫生要求,贮存于副产品仓库,废弃物则收集于污物设施内,及时运出厂区处理。

5.9.2 使用的运输工具和容器应经常清洗、消毒,保持清洁卫生。

5.10 卫生设施的管理

5.10.1 洗手、消毒池,靴、鞋消毒池,更衣室、淋浴室、厕所等卫生设施,应有专人管理,建立管理制度,责任到人,应经常保持良好状态。

5.11 工作服的管理

5.11.1 工作服包括淡色工作衣、裤、发帽、鞋靴等,某些工序(种)还应配备口罩、围裙、套袖等卫生防护用品。

5.11.2 工作服应有清洗保洁制度。凡直接接触食品的工作人员必须每日更换。其他人员也应定期更换,保持清洁。

5.12 健康管理

5.12.1 食品厂全体工作人员,每年至少进行一次体格检查,没有取得卫生监督机构颁发的体检合格证者,一律不得从事食品生产工作。

5.12.2 对直接接触入口食品的人员还须进行粪便培养和病毒性肝炎带毒试验。

5.12.3 凡体检确认患有:(1)肝炎(病毒性肝炎和带毒者);(2)活动性肺结核;(3)肠伤寒和肠伤寒带菌者;(4)细菌性痢疾和痢疾带菌者;(5)化脓性或渗出性脱悄性皮肤病;(6)其他有碍食品卫生的疾病或疾患的人员均不得从事食品生产工作。

**6 生产过程的卫生要求**

6.1 管理制度

6.1.1 应按产品品种分别建立生产工艺和卫生管理制度,明确各车间、工序、个人的岗位职责,并定期检查、考核。具体办法在各类食品厂的卫生规范中分别制定。

6.1.2 各车间和有关部门应配备专职或兼职的工艺卫生管理人员,按照管理范围,做好监督、检查、考核等工作。

6.2 原材料的卫生要求

6.2.1 进厂的原材料应符合3.1条规定。

6.2.2 原材料必须经过检查、化验,合格者方可使用;不符合质量卫生标准和要求的,不得投产使用,要与合格品严格区分开，防止混淆和污染食品。

6.3 生产过程的卫生要求

6.3.1 按生产工艺的先后次序和产品特点，应将原料处理、半成品处理和加工、包装材料和容器的清洗、消毒、成品包装和检验、成品贮存等工序分开设置，防止前后工序相互交叉污染。

6.3.2 各项工艺操作应在良好的情况下进行。防止变质和受到腐败微生物及有毒有害物的污染。

6.3.3 生产设备、工具、容器、场地等在使用前后均应彻底清洗、消毒。维修、检查设备时，不得污染食品。

6.3.4 成品应有固定包装，经检验合格后方可包装；包装应在良好的状态下进行，防止异物带入食品。

6.3.4.1 使用的包装容器和材料，应完好无损，符合国家卫生标准。

6.3.4.2 包装上的标签应按GB 7718的有关规定执行。

6.3.5 成品包装完毕，按批次入库、贮存，防止差错。

6.3.6 生产过程的各项原始记录（包括工艺规程中各个关键因素的检查结果）应妥为保存，保存期应较该产品的商品保存期延长六个月。

**7 卫生和质量检验的管理**

7.1 食品厂应设立与生产能力相适应的卫生和质量检验室，并配备经专业培训、考核合格的检验人员，从事卫生、质量的检验工作。

7.2 卫生和质量检验室应具备所需的仪器、设备，并有健全的检验制度和检验方法。原始记录应齐全，并应妥善保存，以备查核。

7.3 应按国家规定的卫生标准和检验方法进行检验，要逐批次对投产前的原材料、半成品和出厂前的成品进行检验，并签发检验结果单。

7.4 对检验结果如有争议，应由卫生监督机构仲裁。

7.5 检验用的仪器、设备，应按期检定，及时维修，使经常处于良好状态，以保证检验数据的准确。

**8 成品贮存、运输的卫生要求**

8.1 经检验合格包装的成品应贮存于成品库，其容量应与生产能力相适应。按品种、批次分类存放，防止相互混杂。成品库不得贮存有毒、有害物品或其他易腐、易燃品。

8.1.1 成品码放时，与地面、墙壁应有一定距离，便于通风。要留出通道，便于人员、车辆通行；要设有温、湿度监测装置，定期检查和记录。

8.1.2 要有防鼠、防虫等设施，定期清扫、消毒，保持卫生。

8.2 运输工具（包括车厢、船仓和各种容器等）应符合卫生要求。要根据产品特点配备防雨、防尘、冷藏、保温等设施。

8.2.1 运输作业应避免强烈震荡、撞击，轻拿轻放，防止损伤成品外形；且不得与有毒有害物品混装、混运，作业终了，搬运人员应撤离工作地，防止污染食品。

8.2.2 生鲜食品的运输，应根据产品的质量和卫生要求，另行制定办法，由专门的运输工具进行。

**9 个人卫生与健康的要求**

9.1 食品厂的从业人员（包括临时工）应接受健康检查，并取得体检合格证者，方可参加食品生产。

9.2 从业人员上岗前，要先经过卫生培训教育，方可上岗。

9.3 上岗时，要做好个人卫生，防止污染食品。

9.3.1 进车间前，必须穿戴整洁统一的工作服、帽、靴、鞋，工作服应盖住外衣，头发不得露于帽外，并要把双手洗净。

9.3.2 直接与原料、半成品和成品接触的人员不准戴耳环、戒指、手镯、项链、手表，不准浓艳化妆、染指甲、喷洒香水进入车间。

9.3.3 手接触脏物、进厕所、吸烟、用餐后，都必须把双手洗净才能进行工作。

9.3.4 上班前不许酗酒，工作时不准吸烟、饮酒、吃食物及做其他有碍食品卫生的活动。

9.3.5 操作人员手部受到外伤，不得接触食品或原料，经过包扎治疗戴上防护手套后，方可参加不直接接触食品的工作。

9.3.6 不准穿工作服、鞋进厕所或离开生产加工场所。

9.3.7 生产车间不得带入或存放个人生活用品，如衣物、食品、烟酒、药品、化妆品等。

9.3.8 进入生产加工车间的其他人员（包括参观人员）均应遵守本规范的规定。

---

附加说明：

本规范由卫生部卫生监督司提出。

本规范由天津食品卫生监督检验所负责起草。

本规范主要起草人郑鹏然、曹长锐。

本规范由卫生部委托技术归口单位卫生部食品卫生监督检验所负责解释。

本规范参照采用联合国粮农组织/世界卫生组织（FAO/WHO）食品法典委员会CAC/RCP Pev. 2-1985《食品卫生基本原则》

# 卫生部关于认真贯彻《保健食品管理办法》的通知

卫监发［1996］第 24 号

各省、自治区、直辖市卫生厅(局)：

为贯彻《保健食品管理办法》(以下简称"《办法》")，全面加强保健食品审批和生产经营管理，现将有关事宜通知如下：

一、积极、稳妥地开展保健食品审批和市场整顿工作。今年 6 月 1 日《办法》正式生效。凡是新研制开发的保健食品，要严格按照《办法》的规定进行管理。对于市场上现有保健食品，为使有关生产开发和经营者有充分的时间按照《办法》要求进行自律和做好申报准备工作，我部决定分两个阶段有计划地全面清理整顿保健食品市场。

第一阶段：自今年 6 月 1 日至 12 月 31 日，为企业自我整顿和申报阶段。要求有关企业按照《中华人民共和国食品卫生法》(以下简称"《食品卫生法》")和《办法》规定，对生产经营的有保健功能的食品进行自我清理。符合申报条件的产品，生产开发者必须按《办法》第六条规定填写《保健食品申请表》(见附件)，积极准备有关申报资料，于 6 月 1 日至 12 月 31 日向当地省级卫生行政部门申请初审，卫生部将及时组织评审和办理审批手续；对不符合申报保健食品条件，但符合《食品卫生法》对一般食品的要求的，必须更改说明书、标签和广告中有关功能的宣传，更改后可以普通食品继续生产销售；凡属假冒伪劣食品，应立即停止生产经营，并自行公告收回和销毁已生产和售出的食品。

第二阶段：自 1997 年 1 月 1 日至 3 月 31 日，我部将组织开展对保健食品市场的全面监督检查。凡未经我部审查批准或尚未向卫生行政部门申请审批仍以保健食品名义生产经营的，将依据《食品卫生法》的有关规定从重处罚。

二、各省级卫生行政主管部门要尽快做好受理保健食品产品初审和生产审查的各项准备工作。首先要对本地的保健食品市场进行调查摸底，掌握保健食品的生产经营情况，同时积极帮助和指导有关企业熟悉国家保健食品管理制度和有关规定。

第二，健全省级食品卫生评审委员会和初审制度。为提高省、部两级审查的工作效率，现将初审和终审的任务明确如下：初审的任务是：1、根据《办法》第六条规定，全面审查申请者提供的资料是否完整，有无缺、漏项；2、各种评价、检验报告的出具者的资格是否符合《办法》及有关规定的要求；3、重点做好产品的毒理学安全性审查。卫生部在省级初审的基础上，对申报的保健食品进行终审，并重点审查保健功能以及说明书、标签内容的真实性等。

第三，建立健全保健食品生产审查制度。生产审查应尽可能与保健食品产品审批工作同步进行。对已取得《保健食品批准证书》的产品，要及时进行生产企业的审查，使这些产品能早日投放市场，满足广大消费者的需要。要求各省级卫生行政部门 1997 年 3 月 31 日前完成对现有保健食品生产企业的审查工作并将保健食品生产企业清理整顿报告报我部卫生监督司。

三、指定卫生部食品卫生监督检验所为保健食品功能评价、检测和安全性毒理学评价技术中心。同时，我部将于近日根据《办法》有关规定，有计划地开展保健功能评价与检测机构的认定工作。今年 6 月 1 日前，首先在有条件的国家级技术机构中开展认定试点，摸索经验，以后逐渐扩大认定的范围(有关要求随后下发)。在卫生部未公布其他认定机构前，需要进行保健功能评价和检验的产品，可先与卫生部食品卫生监督检验所联系。考虑到目前有些保健食品已经进行过产品保健功能的评价和检验，为了与现有工作衔接，节约企业开支，对今年 6 月 1 日前已委托国家级有关技术机构进行保健功能评价和检测，并已获得具有特定保健功能作用的评价报告的现有产品可视为已取得《办法》第六条第(四)项资料，可以申报审批；其中，需要补做有关实验或需进行复验的，由我部指定技术机构进行。除以上情况外，都必须补做产品的功能学评价和检测工作。保健食品的毒理学安全性评价，在我部未有新规定之前，暂按现行有关规定执行。

四、健全保健食品管理制度，加快标准化步伐，加强宏观管理。根据《食品卫生法》和《办法》有关规定，我部正在组织起草并将于近期陆续发布以下规范性文件：

(一)保健食品评审技术规程；

(二)保健食品功能学评价程序和检验方法；

(三)保健食品通用标准；

(四)保健食品标签标准；

(五)保健食品通用生产技术规范。

附件：保健食品申请表(样表)(由卫生部统一印制)

卫 生 部

一九九六年四月十七日

# 卫生部关于下发《保健食品功能学评价程序和检验方法》等4个文件的通知

卫监发[1996]第38号

各省、自治区、直辖市卫生厅(局)、卫生部有关直属单位,有关技术机构:

现将《保健食品功能学评价程序和检验方法》等4个文件发给你们,请遵照执行。

附件:1.《保健食品功能学评价程序和检验方法》

2.《保健食品评审技术规程》

3.《保健食品通用卫生要求》

4.《保健食品标识规定》

卫　生　部

一九九六年七月十八日

附件1:

## 保健食品功能学评价程序和检验方法(略)

附件2:

## 保健食品评审技术规程

### 第一章　总　　则

第一条　根据《保健食品管理办法》(以下简称《办法》)的有关要求,为使保健食品的评审工作科学化、规范化、标准化,特制定技术规程。

第二条　本技术规程旨在规范保健食品的申报和评审工作,并使保健食品的研制、申报和评审有章可循。有关"安全性毒理学评价"和"保健食品功能学评价"技术要求,须依据《食品安全性毒理学评价程序和检验方法》、《保健食品功能学评价程序和检验方法》执行。

### 第二章　保健食品审批工作程序

第三条　国内保健食品审批工作程序

(　)国内保健食品申请者,必须向其所在省、自治区、直辖市卫生厅(局)提出申请,填写《保健食品申请表》,并报送《办法》第六条所规定的申报资料及样品。

(二)受理申请的省、自治区、直辖市卫生厅(局),负责组织省级食品卫生评审委员会初审,初审通过后上报卫生部。

(三)申报资料及样品必须在每季度第一个月底前寄送至卫生部卫生监督司,逾期上报的产品将列入下一季度评审。

(四)卫生部卫生监督司负责受理上报的申报资料,并组织召开卫生部食品卫生评审委员会会议,对申报产品进行评审。

第四条　进口保健食品审批工作程序

(一)进口保健食品申请者,必须向卫生部提出申请,填写《进口保健食品申请表》,除提交《办法》第六条所规定的有关资料外,还应提供出产国(地区)官方卫生机构出具的允许生产或销售的证明文件等资料,代理商还应提交生产企业提供的委托书。

(二)卫生部卫生监督司负责受理进口保健食品的申请并组织召开卫生部食品卫生评审委员会会议,对申报产品进行评审。

(三)受理申请截止日期为每季度第一个月底前,逾期申请的产品将列入下一季度评审。

第五条　通过卫生部食品卫生评审委员会评审的产品,报经卫生部批准后,由卫生部颁发《保健食品批准证书》或《进口保健食品批准证书》。

### 第三章　评审委员会工作任务及制度

第六条　省级评审委员会对申报的保健食品进行初审。

(一)根据《办法》第六条规定,全面审查申请者提供的资料是否完整，有无缺、漏项，各种评价、检验报告的出具单位的资格是否符合《办法》及有关规定的要求。

（二）重点对产品的安全性进行审查。

（三）省级评审委员会必须对初审的产品提出具体的初审意见，上报卫生部。

第七条　卫生部评审委员会负责对进口保健食品及省级卫生行政部门初审上报的产品进行终审，重点审查保健功能及说明书、标签内容的真实性，为卫生部审批保健食品提供技术评审意见。

第八条　卫生部评审委员会每年召开四次会议，会议时间在每季度最后一个月。

第九条　评审会议由主任委员或副主任委员主持，无特殊原因，评审委员应出席评审会议。

第十条　评审会议必须在有 2/3 以上委员出席时方可召开，并必须有全体委员的 2/3 以上委员同意方可认为评审通过。

第十一条　被评审产品如涉及某评审委员，评审时若需要回避的，该委员应该回避。

第十二条　评审会议结束时，评审委员应将全部评审资料交评审委员会秘书处，并必须对被评审产品的配方和工艺保密。

## 第四章　保健食品的评审

第十三条　保健食品名称的审查

产品命名应符合《办法》第二十二条和《保健食品标识规定》的要求。申报资料中应包括命名说明。

第十四条　保健食品申请表的审查

申报者应采用卫生部统一印发的《保健食品申请表》或《进口保健食品申请表》，按“填表说明”填写，不得将需填写的内容复印后粘贴到表上。

第十五条　保健食品配方的审查

（一）产品所用原料应满足《办法》第四条第（二）款的要求。

（二）产品配方应满足《办法》第四条第（三）款的要求。

（三）配方含量必须真实，并提供配方依据。

（四）以菌类经人工发酵制得的菌丝体或菌丝体与发酵产物的混合物为原料的，必须提供所用菌株的鉴定报告及稳定性资料。

（五）以微生态类为原料的，必须提供菌株鉴定报告及菌株的稳定性试验报告，同时应提供菌株是否含有耐药因子等有关问题的资料。

（六）以藻类、动物及动物材料等为原料的，必须提供品种鉴定报告。

（七）以从动植物中提取的单一有效物质或生物、化学合成物为原料的，需提供该物质的理化性质、毒理学试验报告及在产品中的稳定性试验报告等资料，并尽可能地提供该物质的化学结构式。

（八）产品所用加工助剂及食品添加剂必须符合国家食品卫生标准。

（九）对具有抗疲劳作用、改善性功能作用、促进生长发育等作用的产品，需提交有关兴奋剂和激素水平的检测报告。

第十六条　生产工艺审查

（一）生产工艺应合理，必须符合《办法》第十八条的规定。

（二）生产工艺应包括各组份的制备、成品加工过程及主要技术条件。

第十七条　质量标准审查

（一）产品质量标准应符合国家有关标准制订原则。

（二）所有能反映产品内在质量的指标均应列入标准。

（三）质量标准应对产品的原料、原料来源、品质等作出规定。

（四）质量指标中属于国家强制性标准的，应符合国家有关食品卫生标准。

（五）原则上应制订特异功效成分指标，并附定性、定量检测方法。

（六）制订编制说明，说明质量标准中各项指标制订的意义及依据。

第十八条　安全性毒理学评价报告的审查

（一）产品必须完成安全性毒理学评价试验，这是评审产品安全性的必要条件。

（二）安全性毒理学评价试验必须严格按照《食品安全性毒理学评价程序和方法》(GB 15193.1～15193.19-94)的规定执行。

（三）保健食品原则上必须完成《食品安全性毒理学评价程序和方法》规定的第一、二阶段的毒理学试验，必要时仍需进行进一步的毒理学试验。

（四）对以单一营养素为原料的产品，在理化测定的基础上，若用量在安全剂量范围内，一般不要求做毒理学试验。但对以多种单一营养素为原料加工生产的产品，仍需进行安全性评价。

（五）对以生物提取物及化学合成物为原料的产品，若国内外已有大量的安全性评价资料证明该物质是安全的，在证明产品所用该物质的理化性质和纯度与文献报道一致的前提下，一般不要求做毒理学试验。

（六）以普通食品原料和/或药食两用名单之列的物

质为原料的产品，一般不要求做毒理学试验。

（七）卫生部已批准生产和试生产的新资源食品，在申报保健食品时，一般不再要求做毒理学试验。

第十九条　保健食品功能学评价报告的审查

（一）审查产品的动物和/或人群功能性评价试验，以评价产品是否具有明确、稳定的保健作用。

（二）产品的功能学评价试验必须在卫生部认定的机构进行，并应严格按照《保健食品功能学评价程序和检验方法》进行。

（三）进口保健食品的功能学评价试验或验证工作，须在卫生部指定的保健食品功能评价、检测和安全性毒理学评价技术中心卫生部食品卫生监督检验所进行。

（四）对以单一营养素为原料的产品，在理化测定的基础上，若用量在安全剂量范围内，且达到有效剂量，一般不要求做功能学评价试验。但对以多种单一营养素为原料加工生产的产品，仍需进行功能学评价试验。

（五）对营养强化食品，若宣传其功能，应按保健食品申报。

（六）未列入《保健食品功能学评价程序和检验方法》的功能学评价项目，在申请者提供方法的基础上，经卫生部食品卫生监督检验所或卫生部认定的其它功能学检验机构进行功能学评价试验，如试验结果肯定，该产品可申报保健食品，但必须提交具体试验方法及有关参考文献。评价方法的科学性和结果的可靠性，由卫生部食品卫生评审委员会会同有关专家评定。

第二十条　功效成分资料的审查

（一）原则上申报资料应提供产品功效成分含量测定报告。

（二）单一功效成分的应提供该成分含量测定报告。

（三）多组分产品，原则上应提供主要功效成分含量测定报告。

（四）因在现有技术条件下，不能明确功效成分的，则须提交食品中与保健功能相关的原料名单及含量。

第二十一条　产品稳定性资料的审查

（一）产品的稳定性是其质量的重要评价指标之一，是核定产品保质期的主要依据。

（二）申请《保健食品批准证书》或《进口保健食品批准证书》时，申请者须提交产品的稳定性资料。

（三）稳定性试验是将定型包装的产品置于温度37～40℃和相对湿度75%的条件下，选择能代表产品内在质量的指标，每月检测一次，连续3个月，如指标稳定，则相当于样品可保存两年。有条件的申请者，还可选择常温条件下进行稳定性试验，周期一年半，此法较前者更可靠。

（四）产品的稳定性试验，至少应对三批样品进行观察，所有代表产品内在质量的指标均应监测，并应注意直接与产品接触的包装材料对产品稳定性的影响。

（五）有明确功效成分的产品，必须提供功效成分的稳定性资料。

（六）稳定性试验报送的资料，应包括试验方法、数据、结论等有关资料。

第二十二条　产品卫生学检验报告的审查

（一）产品卫生学检验报告须由省级以上卫生行政部门出具。

（二）进口保健食品的卫生学检验报告须由卫生部食品卫生监督检验所出具。

（三）应提供近期三批有代表性样品的检测报告。

（四）所检指标应符合有关国家标准，无国家标准的，应符合产品的质量标准。

第二十三条　标签及说明书（送审样）审查

按《办法》第四章及《保健食品标识规定》要求进行。

第二十四条　国内外有关资料审查

应尽可能地提供国内外同类产品的研究利用情况及有关文献资料。

第二十五条　对申报资料及样品数的要求

（一）经初审合格后上报卫生部的申报资料，至少一式20份。

（二）《保健食品申请表》或《进口保健食品申请表》要求有3份原件，其余可用复印件。

（三）上报卫生部的所有检测报告必须有一份原件，其余可用复印件。

（四）上报卫生部的所有鉴定证书、委托书等必须有一份是原件，其余可用复印件。

（五）上报卫生部的样品需最小包装10件（不包括检验样品）。

附件3：

## 保健食品通用卫生要求

根据《中华人民共和国食品卫生法》、《保健食品管理办法》，特制定本要求。

保健食品应符合以下卫生要求：

**1　技术要求**

1.1　原料要求　原料质量应符合有关标准要求。

1.2　感官要求　具有产品应有的色泽、气味、组织形态，不得有异味、杂质或腐败变质。

1.3 卫生要求

1.3.1 理化指标(见表1)

表1 理化指标(mg/kg)

| | 饮液 | 固体饮料* | 胶囊* |
|---|---|---|---|
| 铅(以Pb计) | ≤0.5 | ≤0.5(≤2.0) | ≤1.5(≤2.0) |
| 砷(以As计) | ≤0.3 | ≤0.3(≤1.0) | ≤1.0 |
| 汞(以Hg计) | — | —(≤0.3) | —(≤0.3) |
| 食品添加剂 | 按GB 2760—86执行 | | |
| 其他污染物 | 以原料或产品按有关食品卫生标准执行 | | |

*1. 括号内是以藻类、茶类为原料的固体饮料和胶囊卫生指标。

2. 供儿童、孕产妇类食品不得检出激素类物质。

1.3.2 微生物指标(见表2)

1.4 保健功能要求

1.4.1 产品的保健功能应与卫生部指定实验室的功能评价结果相一致。

1.4.2 已确定功能成分及其含量的保健食品，产品的功能成分及其含量应与其评价结果相一致。

**2 标识要求：应符合《保健食品标识规定》的要求。**

**3 检验方法**

3.1 理化卫生指标

按GB 5009执行

3.2 微生物指标

按GB 4789执行

表2 微生物指标

| 食品种类 | 菌落总数 (Cfu/g·ml) | 大肠菌群 MPN(100g·mL) | 霉菌 (Cfu/g·ml) | 酵母 (Cfu/g·ml) | 致病菌 |
|---|---|---|---|---|---|
| 液态食品 | | | | | |
| 蛋白质含量≥1.0% | ≤1 000 | ≤40 | ≤10 | ≤10 | 不得检出 |
| 蛋白质含量<1.0% | ≤ 100 | ≤6 | ≤10 | ≤10 | 不得检出 |
| 固体或半固体食品 | | | | | |
| 蛋白质含量≥4.0% | ≤30 000 | ≤90 | ≤25 | ≤25 | 不得检出 |
| 蛋白质含量<4.0% | ≤ 1 000 | ≤40 | ≤25 | ≤25 | 不得检出 |
| 罐头食品 | 符合罐头食品商业无菌要求 | | | | |

附件4：

## 保健食品标识规定

第一条 为了加强对保健食品标识和产品说明书的监督管理，根据《中华人民共和国食品卫生法》(以下简称《食品卫生法》)和《保健食品管理办法》的有关要求，特制定本规定。

第二条 本规定适用于在国内销售的一切国产和进口保健食品。

第三条 本规定所用定义如下：

保健食品：系指表明具有特定保健功能的食品。即适宜于特定人群食用，具有调节机体功能，不以治疗疾病为目的的食品。

功效成分：指保健食品中产生保健作用的组分。

食品标识：即通常所说的食品标签，包括食品包装上的文字、图形、符号以及说明物。借以显示或说明食品的特征、作用、保存条件与期限、食用人群与食用方法，以及其它有关信息。

最小销售包装：指销售过程中，以最小交货单元交付给消费者的食品包装。

主要展示版面：指消费者选购商品时，在包装标签上最容易看到或展示面积最大的表面，一般的食品销售包装至少有一个表面可用作主要展示版面。

信息版面：是紧接"主要展示版面"右侧的包装表面。如果因包装设计原因，紧接"主要展示版面"右侧的"信息版面"不能满足标签标示的要求(如折叠的包装袋)时，则"信息版面"可选择右侧版面右侧的下一个版面。

保健食品专用名称：表明保健食品的主要原料、产品物理形态、主要加工工艺等食品属性的名称。

保健食品作用名称：在保健食品名称中，用于表明保健食品主要作用的名称部分。

保健作用声明短语：以短语形式，对保健作用的简单介绍或描述。

第四条 保健食品标识与产品说明书的所有标识内容必须符合以下基本原则：

保健食品名称、保健作用、功效成分、适宜人群和保健食品批准文号必须与卫生部颁发的《保健食品批准证书》所载明的内容相一致。

应科学、通俗易懂，不得利用封建迷信进行保健食品宣传。

应与产品的质量要求相符，不得以误导性的文字、图形、符号描述或暗示某一保健食品或保健食品的某一性质与另一产品的相似或相同。

不得以虚假、夸张或欺骗性的文字、图形、符号描述或暗示保健食品的保健作用，也不得描述或暗示保健食品具有治疗疾病的功用。

第五条　保健食品标识与产品说明书的标示方式必须符合以下基本原则：

保健食品标识不得与包装容器分开。所附的产品说明书应置于产品外包装内。

各项标识内容应按本办法的规定标示于相应的版面内，当有一个"信息版面"不够时，可标于第二个"信息版面"。

保健食品标识和产品说明书的文字、图形、符号必须清晰、醒目、直观、易于辨认和识读。背景和底色应采用对比色。

保健食品标识和产品说明书的文字、图形、符号必须牢固、持久，不得在流通和食用过程中变得模糊甚至脱落。

必须以规范的汉字为主要文字，可以同时使用汉语拼音，少数民族文字或外文，但必须与汉字内容有直接的对应关系，并书写正确。所使用的汉语拼音或外国文字不得大于相应的汉字。

计量单位必须采用国家法定的计量单位。

第六条　保健食品标识与产品说明书必须标示本《办法》附件1所规定的各项内容，其标示方式必须符合本《办法》附件1和附件2所规定的相应要求。

第七条　凡保健食品标识和产品说明书的标示内容或标示方式不符合本《办法》者，依照《食品卫生法》第四十五条、四十六条处罚。

第八条　本规定由卫生部负责解释。

第九条　本规定自颁布之日起实施。

附件1

**保健食品标识与产品说明书**
**的标示内容及其标示要求**

保健食品标识和产品说明书必须标示以下内容，其标示方式应符合下列要求：

**1　保健食品名称**

1.1　必须采用表明保健食品真实属性的专用名称。当以原料或功效成分名称作为专用名称时，该原料或功效成分必须是产生主要保健作用的原料或功效成分之一。

1.2　在采用表明保健食品真实属性的专用名称的同时，可使用能表明该保健食品保健作用的保健食品作用名称。当有多项保健作用时，可同时采用多个保健食品作用名称，也可采用能综合性地表明所有保健作用的保健食品作用名称。

保健食品作用名称应是词组或短语。

1.3　在采用表明保健食品真实属性的专用名称的同时，可使用"新创名称"，"牌号名称"或"商标名称"。还可同时使用按1.2规定所采用的保健食品作用名称。

1.4　当国家标准、行业标准中已规定了某食品的一个或几个名称时，应选用其中的一个。

1.5　不得使用国家已规定使用的药品名称；不得使用人名、地名、代号及夸大或容易误解的名称。

1.6　保健食品名称应标于最小销售包装的"主要展示版面"的明显位置。当同时使用按1.1、1.2和1.3规定所采用的专用名称、保健食品作用名称和其它名称时，这些名称应平行排列，字体可大小有别，但都应以宽大或粗体字书写，应端正、清晰、醒目，并大于其它内容的文字。

**2　保健食品标志与保健食品批准文号**

2.1　当"主要展示版面"的表面积大于100个平方厘米时，保健食品标志最宽处的宽度不得小于2厘米；

2.2　保健食品批准文号分为上下两行，上行为"卫食健字(　　)第　　号"，下行为"中华人民共和国卫生部批准"。

2.3　由卫生部颁发的保健食品标志与保健食品批准文号应并排或上下排列标于"主要展示版面"的左上方；

**3　净含量及固形物含量**

3.1　按以下计量单位标明食品的净含量：

液态食品：用体积，单位为：毫升、升，或ml、L；

固态与半固态食品：用质量，单位为：克、千克，或g、kg；

3.2　销售包装中含有固、液两相物质的食品，除标明净含量外，还必须标明该销售包装中所有固形物的总含量，用质量或百分数表示。

3.3　同一销售包装中的保健食品分装于各容器或以相互独立的形态包装时，应在最小容器的包装上标示该容器中保健食品的净含量。同时，销售包装的保健食品净含量应标示为最小容器的数量乘以(×)最小容器中的保健食品净含量，或独立形态的保健食品数量乘以(×)单一形态的保健食品净含量；

3.4　净含量应标于"主要展示版面"的右下方，应与"主要展示版面"的底线相平行。

**4　配料**

4.1　各种配料必须按其使用量大小依递减顺序排列。食品添加剂列于后。

4.2 如果某种配料是由两种以上的其它配料构成的复合配料，标示该复合配料时，应在其名称后的括号内按使用量依递减顺序列出构成该复合配料的原始配料名称。

4.3 配料、复合配料、原始配料的名称必须使用能表明该配料真实属性的专用名称，或国家、行业标准中的规定名称。食品添加剂名称必须使用GB 2760《食品添加剂使用卫生标准》中的规定名称，营养强化剂名称必须使用GB 14880《食品营养强化剂使用卫生标准》中的规定名称。

4.4 配料应标于“信息版面”的上方或右侧，标题为“配料表”。

**5 功效成分**

5.1 所有功效成分均以每100克或100毫升，或每份食用量的保健食品计算其实际含量，实际含量可以用平均值表示，也可以用含量范围表示。实测值的允许偏差范围参照相应的国家标准、行业标准或企业标准执行。

5.2 能量

5.2.1 凡通过调整食品中的能量产生保健作用的保健食品，必须标示食品中的能量含量。

5.2.2 能量以KJ(Kcal)表示。

5.3 营养素

5.3.1 已列入GB 14880《食品营养强化剂使用卫生标准》的营养素，其名称应使用该标准规定的名称。

5.3.2 各营养素的单位如下所列：

蛋白质、氨基酸及含氮化合物以克为单位；

脂肪及脂类物质以克或毫克为单位；

总碳水化合物以及分类碳水化合物以克为单位，应以百分比标示其中的蔗糖含量；

膳食纤维以克为单位；

维生素以毫克、微克或国际单位为单位；

矿物质以克、毫克、微克为单位。

5.4 其它功效成分

其它功效成分依不同物质以克、毫克、微克或其它单位标示。微生态产品需标示在保质期内所含每种活性生物体的数量。

5.5 功效成分应标于“信息版面”，位于“配料表”之后，标题为“功效成分表”。

5.6 “功效成分表”应以表格形式排列，各功效成分以产生保健作用的大小依递减顺序排列(见附件2)。

**6 保健作用**

6.1 保健作用应与卫生部颁发的《保健食品批准证书》所载明的内容相同。

6.2 不得用“治疗”、“治愈”、“疗效”、“痊愈”、“医治”等词汇描述和介绍产品的保健作用，也不得以图形、符号或其它形式暗示前述意思。

6.3 保健作用应标于“信息版面”，位于“功效成分表”之后，标题为“保健作用”。

6.4 可在“主要展示版面”的保健食品名称附近标示保健作用声明短语，短语的字体不能大于保健食品名称的最大部分。

**7 适宜人群**

7.1 适宜人群的分类与表示应明确。

7.2 当保健食品不适宜于某类人群时，应在“适宜人群”之后，标示不适宜食用的人群，其字体应略大于“适宜人群”的内容。

7.3 适宜人群应标于“信息版面”，位于“保健作用”之后，标题为“适宜人群”。

**8 食用方法**

8.1 应准确标示每日食用量和/或每次食用量。食用量可以质量或体积数表示，如××克，××毫升。也可以每份量表示，如只、瓶、袋、匙……。

8.2 如销售包装中有小包装时，食用量应与小包装的净含量有对应关系。如小包装的净含量为10毫升，食用量可标示为每次10毫升。

8.3 如不同的适宜人群应按不同食用量摄入时，食用量应按适宜人群分类标示。如儿童每日食用量:10克，成人每日食用量:20克。

8.4 应标示保健食品食用前的调制、勾兑、加工等方法，可用图形或符号辅以说明。

8.5 当保健食品的食用量过大会对人体产生不良影响或不适宜于发挥保健作用时，应在食用方法后，标示不适宜的食用量，其字体应略大于“食用量”的内容。

8.6 必要时，应标示食用保健食品时的食物禁忌或其它注意事项。

8.7 食用方法应标于“信息版面”，位于“食用量”之后，标题为“食用方法”。

**9 日期标示**

9.1 保质期的标示可采用下列方式：

A 保质期……个月

B 保质期至……

C 在……之前食(饮)用

C ……之前食(饮)用

9.2 日期的标示为年—月—日，如1996—08—12。

9.3 生产日期和保质期应标于“信息版面”，位于“食用方法”之后，标题为“生产日期”和“保质期”。

**10 贮藏方法**

如保健食品的保质期与贮藏方法有关，应标示其贮藏条件与贮藏方式。

保健食品的贮藏方法应标于"信息版面",标题为"贮藏方法"。

**11　执行标准**

必须标示所执行的标准代号和编号。

执行标准应标于"信息版面",标题为"执行标准"。

**12　保健食品生产企业名称与地址**

12.1　保健食品制造、分装、包装的企业名称和地址,进口保健食品的国内进口商或经销代理商的名称和地址必须与依法登记注册的相一致。

12.2　进口保健食品必须标示原产国、地区(港、澳、台)名称及国内进口商或经销代理商的名称。

12.3　保健食品制造、分装、包装的企业名称,进口保健食品的制造企业及其原产国(地区)的名称可标于"主要展示版面",也可标于"信息版面"。在"主要展示版面"时,应标于"主要展示版面"的下方,并与底线相平行。

保健食品制造、分装、包装企业的地址,进口保健食品的国内进口商或经销代理者的地址应标于"信息版面",位于"执行标准"后。

**13　特殊标识内容**

13.1　经电离辐射处理过的保健食品,必须在"主要展示版面"的保健食品名称附近标明"辐照食品"或"本品经辐照"。

13.2　经电离辐射处理过的任何配料,必须在配料表中的该配料名称后标明"经辐照"。

13.3　应在"主要展示版面"的右下方的明显位置标示卫生部颁发的《保健食品批准证书》中载明的"警示性标识内容"。

附件 2

**功效成分表的标示方式**

示例 1　功效成分表

每 100 克(100 毫升或每份食用量)中:

| | |
|---|---|
| 人参皂甙 | 500 毫克 |
| 香菇多糖 | 40 毫克 |
| 维生素 C | 100 毫克 |
| …… | |

示例 2　功效成分表

每 100 克(100 毫升或每份食用量)中:

| | |
|---|---|
| 人参皂甙 | 500～1 000 毫克 |
| 香姑多糖 | 30～40 毫克 |
| 维生素 C | ≥100 毫克 |
| …… | |

# 中华人民共和国国家工商行政管理局令

第 72 号

《食品广告发布暂行规定 2》已经国家工商行政管理局局务会议审议通过,现予公布,自 1997 年 2 月 1 日起施行。

局长　王众孚

一九九六年十二月三十日

## 食品广告发布暂行规定

第一条　发布食品广告,应当遵守《中华人民共和国广告法》(以下简称《广告法》)、《中华人民共和国食品卫生法》(以下简称《食品卫生法》)等国家有关广告监督管理和食品卫生管理的法律、法规。

第二条　本规定所指食品广告,包括普通食品广告、保健食品广告、新资源食品广告和特殊营养食品广告。

保健食品是指具有特定保健功能,适宜于特定人群,具有调节机体功能,不以治疗疾病为目的的食品。

新资源食品是指以在我国新研制、新发现、新引进的无食用习惯或者仅在个别地区有食用习惯的,符合食品基本要求的物品生产的食品。

特殊营养食品是指通过改变食品的天然营养素的成分和含量比例,以适应某些特殊人群营养需要的食品。

第三条　食品广告必须真实、合法、科学、准确,符合社会主义精神文明建设的要求,不得欺骗和误导消费者。

第四条　《食品卫生法》禁止生产经营的以及违反国家食品卫生有关规定生产经营的食品不得发布广告。

第五条　广告主发布食品广告,应当具有或者提供下列真实、合法、有效的证明文件:

(一)营业执照;

(二)卫生许可证;

(三)保健食品广告,应当具有或者提供国务院卫生行政部门核发的《保健食品批准证书》、《进口保健食品批准证书》;

(四)新资源食品广告,应当具有或者提供国务院卫生行政部门的新资源食品试生产卫生审查批准文件或者新资源食品卫生审查批准文件;

(五)特殊营养食品广告,应当具有或者提供省级卫生行政部门核发的准许生产的批准文件;

(六)进口食品广告,应当具有或者提供输出国(地区)批准生产的证明文件,口岸进口食品卫生监督检验机构签发的卫生证书,中文标签;

(七)关于广告内容真实性的其他证明文件。

第六条　食品广告不得含有“最新科学”、“最新技术”、“最先进加工工艺”等绝对化的语言或者表示。

第七条　食品广告不得出现与药品相混淆的用语,不得直接或者间接地宣传治疗作用,也不得借助宣传某些成份的作用明示或者暗示该食品的治疗作用。

第八条　食品广告不得明示或者暗示可以替代母乳,不得使用哺乳妇女和婴儿的形象。

第九条　食品广告中不得使用医疗机构、医生的名义或者形象。食品广告中涉及特定功效的,不得利用专家、消费者的名义或者形象做证明。

第十条　保健食品的广告内容应当以国务院卫生行政部门批准的说明书和标签为准,不得任意扩大范围。

第十一条　保健食品不得与其他保健食品或者药品进行功效对比。

第十二条　保健食品、新资源食品、特殊营养食品的批准文号应当在其广告中同时发布。

第十三条　普通食品、新资源食品、特殊营养食品广告不得宣传保健功能,也不得借助宣传某些成份的作用明示或者暗示其保健作用。

第十四条　普通食品广告不得宣传该食品含有新资源食品中的成份或者特殊营养成份。

第十五条　违反本规定发布广告,依照《广告法》有关条款处罚。《广告法》无相应处罚条款的,由广告监督管理机关责令停止发布,并可以对违法行为人处以三万元以下罚款。

第十六条　本规定自1997年2月1日起施行。本规定施行前制定的其他有关食品广告管理的行政规章内容与本规定不符的,以本规定为准。

# 1.3 食品工业专论

## “九五”全国食品工业科技发展纲要建议

中国食品工业协会

(1997年1月13日)

### 前　言

全面落实邓小平同志关于科学技术是第一生产力的思想，认真贯彻《中共中央、国务院关于加速科学技术进步的决定》，实施科教兴国战略，积极推进经济体制和经济增长方式根本转变的方针，促进国民经济持续、快速、健康发展，是全党全国人民的共同任务。食品工业进一步大力加强科技工作，推动科技进步，既是党和国家赋予的任务，又是食品工业实现持续发展的关键。

为实现《中共中央关于制定国民经济和社会发展“九五”计划和2010年远景目标的建议》所提出2000年人民生活水平将达到小康水平，到2010年将使小康生活更加宽裕的要求，中国食品工业协会提出了《关于全国食品工业“九五”计划和2010年远景目标的建议》。该建议已把“依靠科技进步，搞好食物资源的合理开发、综合利用和深度加工，搞好传统食品的工业化”列入今后15年发展的指导思想。现相应提出本科技发展纲要建议。

**一、科技进步回顾与现状**

新中国成立以来，特别是改革开放后的十几年，我国食品工业科技工作取得了显著成绩，对促进食品工业的发展做出了重要贡献。主要表现在：

(1)科技开发硕果累累，推广应用成绩显著

“七五”、“八五”期间，食品工业技术开发、主要农作物品种资源与品种选育、畜禽水产品开发、生物技术的国家科技攻关成果共195项，其中达到国际先进水平42项，其余均达到国内先进水平或填补国内空白。尚有13项“八五”攻关专题也将取得成果。1981年～1989年获部级以上科技成果奖共663项，其中国家奖194项。“八五”期间仅粮食行业获部级科技成果奖项目达236项，有6项获国家技术进步奖。全国从1985年到1990年就有253项科研成果获得专利。科技成果的积极推广应用，促进食品工业生产的发展与经济效益的提高。油脂加工行业推广预浸、浸出、精炼一条龙，部分企业生产技术达到国际水平。甘蔗种植推广旱地高产高糖良种，解决了与粮争地的矛盾；推广甜菜纸筒育苗转移栽培技术和综合治理，提高甜菜单产1～2倍，走出长期低产的困境。白酒生产推广微机勾兑；酱油、食醋生产应用了固定化细胞技术，并建立了高浓度醋酸发酵技术体系和酱油隧道发酵新工艺，使传统行业的技术与装备上了一个新台阶。耐高温淀粉酶的开发成功，并在淀粉糖和味精生产上应用，提高淀粉转化率6～8个百分点。高温固定化酵母在酒精工业上使用后，发酵周期缩短一半。具有国际水平的柠檬酸高产菌株已在全国推广。气调保鲜技术的推广，仅以苹果、梨、柑桔、香蕉、菠萝、龙眼6个产品计算，其损耗率由25%降至5%，10年内直接经济效益8 000多万元；同样，蔬菜的保鲜贮藏技术的推广，损耗率由20%～30%降至10%以下，好菜率达90%以上，每年减少损失4.5亿元。从盐藻中提取$\beta$—胡萝卜素的成果，已转化建成年产500 kg的生产基地。无菌包装、膜分离、微胶囊、超临界萃取、辐照、挤压、冷冻干燥等新技术在相关行业推广应用，也取得明显效果。

(2)引进、消化、创新新技术，提高生产水平

先进工艺、设备的引进，加速了我国食品工业的发展和水平的提高。仿真蟹腿、虾仁、牛肉等新工艺和设备的投产，使产品填补国内空白，质量也达到国际先进水平。

明胶行业在引进国外关键设备后，达到国际标准的无菌食品用胶，可替代进口。电阻焊罐生产线的引进，替代了锡焊老工艺，适应了国际市场的需要。人造蛋白肠衣生产工艺和设备的引进，可新增肠衣 4 000 万米。经消化吸收、创新研制出一大批国产设备，其中有的已达到国外 80 年代的技术水平。早在 1987 年国家机械委就公布了 17 种食品机械替代进口产品。粮油加工行业实现了国产设备也能生产"专用面粉"、"四脱油"、"免淘米"。肉与肉制品行业的各种畜禽屠宰生产线和分割、包装、冷藏工艺和设备也已配套，其综合利用水平有很大提高。方便面、豆奶、瓶装汽水、啤酒、电阻焊罐、大袋无菌灌装等国产生产线已被生产采用，发挥良好的效益。

(3)开发新产品，提高技术含量，增强竞争力

为适应市场需要，满足不同消费群体、不同消费层次需求，不断开发新产品，生产出了卫生、营养、方便的各类食品。如各种方便面、方便粥、八宝粥、火腿肠、饼干、面包、速冻食品，不同功能的天然类食品添加剂，强化钙、铁、锌、牛磺酸、维生素类婴儿营养食品或乳制品，不同包装形式的无菌包装饮料，果汁、椰汁、杏仁露等植物蛋白饮料。还开发了专用面粉、油脂、红白干葡萄酒、大豆蛋白、各色调味料，并不断提高新产品的技术含量，从而增强了商品的竞争能力，部分产品还出口创汇。据 1981 年～1990 年 10 年间统计，通过各类评比，有 386 种食品获 454 块国优产品奖牌，其中金牌 72 块，银牌 382 块。还有 102 种食品(包括包装和机械设备)获得各项国际奖。

(4)大力进行技术改造，积极开展综合利用

结合采用新工艺、新技术，大力进行工艺设备的技改，挖掘内部潜力，提高了原有企业的技术和装备水平，部分企业的生产技术水平已达到 80 年代末或 90 年代初水平。北方盐田生产机械化、半机械化水平已达到 60%，井盐已大部采用真空蒸发技术取代原始的平锅熬煮方法。万吨黄酒厂的生产机械化，改善了劳动条件，提高了经济效益。技改同时，积极开展综合利用，并重视环境保护，利用味精废液生产饲料酵母，已有 10 多家企业相继投产，既提供蛋白质含量 60%的饲料原料，又去除污染负荷 60%，采用厌氧—好氧工艺处理薯干酒糟废液或加工成全价干酒糟(DDGS)作饲料。利用畜、禽、鱼骨、虾皮、虾头等废弃物加工处理为动物蛋白饲料。利用菜籽、棉籽、米糠油脚与甲醇经催化成甲酯，作为燃料替代 0 号柴油。从动物脏器中提取肝素钠、胰酶、凝血酶、人工牛黄、猪心细胞色素 C 等 40 余种生化制品，并出口创汇。

(5)食品工业标准化水平显著提高

经过近 10 年的努力，1995 年我国食品工业已有国家标准 963 个，行业标准 1 000 个，已经形成门类齐全、结构合理、配套性较强、比较完整的食品工业标准化体系，覆盖食品工业 18 个行业 70 大类，占全行业及大类的 73%。标准水平有显著提高，在 963 个国家标准中，达到国际标准水平的有 123 个，占 12.8%；136 个产品标准中，达国际水平的 28 个，占 20.6%；428 个检验方法标准中，达国际水平的 63 个，占 14.7%。同时从无到有制定并发布了一批食品工业基础标准和管理标准。标准的贯彻实施，以法规形式保证先进科技的推行，并推动生产技术、质量水平的提高。

尽管取得了上述成绩，但科技进步发展相当不平衡，总的来说是先进与落后并存。企业技术装备除烟草、啤酒、饮料、面粉、油脂等少数行业的部分企业达到 80 年代末 90 年代初水平外，大部分企业规模小，技术装备差，生产方式落后，劳动生产率低，能耗高，产品实际抽查检验合格率不高。出口产品中畅销的仅一半，真正有国际竞争能力的仅 1/4 不到。科技成果的转化率不高，仅 20%左右，远低于发达国家。技术进步对经济增长的贡献率也只有 30%左右，还不到发达国家的一半。从事科技活动的工程技术人员虽逐年有所增加，但仍在职工总数的 5%以下。

影响科技进步和阻碍科技与经济紧密结合的因素有体制、机制和思想观念等方面。科研与设计、生产脱节的现象仍未有根本改善，企业还缺乏依靠科技进步的内在动力，对引进技术的消化与创新也未很好结合，科学技术是第一生产力的思想尚未真正落实。无论是专业科研机构，还是企业科技开发机构，其投入特别是经费严重不足，缺乏后劲。

**二、指导思想与基本原则**

依据《中华人民共和国国民经济和社会发展"九五"计划和 2010 年远景目标纲要》和《全国食品工业"九五"计划和 2010 年远景目标的建议》，依靠科技进步，积极开发和采用新技术、新设备、新产品，充分开发利用食物资源、开展综合利用和深度加工，搞好传统食品生产科学化，提高产品技术含量和附加值，逐步提高企业经济效益，推动我国食品工业持续、健康的发展。

基本原则是：

(一)转变观念，建立以企业为主的科技研究开发体系，鼓励专业研究机构进入企业或集团，或转型为科技企业，加速科技向生产转化。

(二)坚持依靠科技进步，走提高企业科技水平和劳动者素质的内涵效益型发展道路，改变外延型扩大再生产的发展模式。

(三)坚持有限目标发展科技，突出重点，有所为，有所不为。重视技术创新，推广一批实用新技术、新成果。同

时注意基础研究与长远目标新课题的研究与开发。

（四）尊重知识，善用人才，大胆使用年轻科技人员，坚持专业科技队伍与群众性科技活动相结合，科技与教育相结合。

**三、发展目标**

产品质量总体水平达到工业发达国家80年代末或90年代初水平，骨干企业、部分产品达到90年代中后期的国际先进水平。

技术装备总体水平达到发达国家80年代水平，骨干企业达到90年代初国际先进水平或当时水平。

加速科技成果的推广转化，到2000年科技进步贡献率由目前的30%左右提高到50%左右。骨干企业的主要技术经济指标接近90年代国际水平。

严格执行国家标准和行业标准，骨干企业的产品企业标准必须高于国家和行业标准。国家抽检产品合格率平均较目前提高20个百分点，骨干大企业应在90%以上。

继续贯彻国家食品卫生法，进一步提高食品卫生水平，改善环境保护，企业的三废排放必须达到国家标准。

**四、发展重点**

为适应人民生活水平进入小康阶段，满足消费市场不同层次对食品的更高需求，推动食品工业持续、健康发展，充分合理利用现有食物资源，并开发新食物资源，大力发展绿色食品的生产及加工。食品工业必须紧紧依靠科技进步，从行业整体出发，应着重发展生物工程技术（优良品种选育、改性、生理活性物质开发等）、新型保藏技术（辐照、无菌包装、速冻、高压处理等）、综合利用、节粮、节能、环保技术、分离、提纯、包埋、重组技术（超微、低温粉碎、超滤及反渗透、超临界萃取、微胶囊等）、营养功能强化技术（各种营养、功能、生理活性物质开发应用、新资源、海洋食品开发技术、微量物质检测技术等）。各类行业的科技进步发展重点是：

（一）粮油加工行业

继续推广浸出工艺、油脂精炼技术和豆粕低温脱溶技术；开发并应用棉籽、菜籽的脱毒技术；推广固体废弃物资源利用技术成果，使麦麸、稻糠等充分有效利用；开发适于加工各种食品的专用米和专用面粉技术；积极采用挤压膨化技术、微波技术、速冻技术、低温灭菌和保藏技术等；大力发展各类方便食品（米饭、面条、粥、春卷、速冻等食品）、快餐、课间餐、午餐等，形成工业化规模。

（二）肉及肉制品行业

加强检疫，在确保食肉安全的前题下，积极采用速冻、低温杀菌和低温保藏、流通冷藏链等适用的新技术，加快发展冷却肉、配菜或调理肉食、火腿肠等熟肉制品；继续推广屠宰动物的内脏、血液、皮、骨、羽毛和各种腺体等的综合利用技术，并应用分离、提纯新技术进一步开发功能性生理活性物质。

（三）水产品行业

积极推广海产食品工厂化养殖技术、防治病虫害技术、微冻保鲜技术，提高出产率与商品率；应用低值鱼为原料加工鱼糜的科技成果，并进一步推广仿真工程食品的新技术，提高产品技术含量和附加值；进一步开发水产功能食品及食品添加剂制备技术的研究，并采用分离、提纯、包埋等新技术，提高功能性食品素材的品质水平。

（四）果品蔬菜加工行业

继续推广气调保鲜、辐照保鲜、无菌包装等新技术，城市可加工净菜上市，减少资源损耗；搞好资源环境保护，扩大绿色食品生产；开发小包装蔬菜保鲜和配菜、调理食品等技术；积极研究果蔬资源中功能成份的开发、分离和提取新技术；进一步搞好适合加工性能的果蔬优良专用品种的开发研究。

（五）淀粉与淀粉糖行业

积极推广玉米直接法制果糖技术和变性淀粉生产技术；继续推广淀粉生产以废水废渣为主的综合利用技术，搞好环境保护；加强以淀粉为原料，通过生物技术，开发微生物多糖、各类低聚糖、有机酸等功能性食品素材；并相应开发应用功能性组分的检测技术；抓好第三代果糖生产技术的研究和应用。

（六）制糖行业

积极推广高产、耐旱、高糖的优良品种及栽培技术，并继续研究早中晚熟搭配的新品种；改善工艺和设备，切实降低白砂糖的含硫量，采用适用的提纯新技术，提供高档饮料和食品所需精糖；采用生物技术、分离提纯等新技术，大力开展综合利用，开发各类食品添加剂和功能性食品素材；切实进行三废治理，减少环境污染。

（七）食用盐

积极开发国内碘源资源，进一步改善碘盐制备工艺和设备，完善快速、简便的测碘方法；开发增补矿物质及微量营养元素的食用盐新品种；建立海盐生产微机管理；进一步提高机械化水平和综合利用；继续抓好海水养殖，应用生物技术开发更多的保健食品和功能性食品素材。

（八）罐头行业

继续推广无菌包装等先进技术；发挥罐藏商业无菌的特长，积极开发特色风味、特种营养各类食品；推行质量保证体系，逐步取消落后的产品保温工序；积极开展超高压杀菌新技术工艺和设备的研究。

（九）饮料行业

继续推行主剂集中生产分散灌装，以确保产品质量；

积极推广膜超滤、反渗透、酶处理、无菌包装等新技术，促进饮料生产节能、低耗、高质量地健康发展；不断开发和采用安全、卫生、费用低的新型包装材料或容器。

（十）酵母、酶制剂、味精及其他调味品行业

继续推广高产、优质菌株的应用，并应用生物技术等新技术进一步选育新菌株，促进新型发酵工业水平的提高；推广新型节能生物反应器，开发工业用酶制剂种类，提高酶活力；重点推动废水、母液回用或生产饲料酵母等综合利用技术，消除污染，保护环境；发展低盐固态发酵生产酱油、酶法制醋及复合调味料等技术，提高质量、扩大品种。

（十一）酿酒行业

继续采用白酒低度化生产技术，广泛推动啤酒、果酒、黄酒生产采用酶制剂、活性干酵母，以降耗增益；加速黄酒生产机械化，研究黄酒单菌种发酵技术；推广计算机辅助调配勾兑白酒，并开发人工老熟工艺和设备；开发应用高效、性能稳定的颗粒酒花、酒花浸膏等先进技术，提高啤酒质量。

（十二）植物蛋白食品行业

积极利用低温脱溶和脱毒处理后的大豆粕、菜籽粕、棉籽粕的加工技术，充分提取其食用植物蛋白质；并应用挤压、组织化、射频、超微粉碎、生物技术、膜分离技术、无菌包装等技术进一步开发植物蛋白食品或功能性食品素材；继续开展食用菌、单细胞功能性组分（肽类、多糖、微量元素等）分离、提取技术的开发研究。

（十三）乳制品和儿童食品行业

继续推广科学配比的婴儿配方奶粉，补钙、铁、锌等强化奶粉及特种营养儿童食品技术；应用挤压膨化和酶处理技术改善儿童食品质量；积极发展双岐杆菌发酵乳制品的活菌保藏技术；推广超高温瞬时灭菌和无菌包装的保鲜奶技术和微机管理生产技术。

（十四）营养保健食品

继续开发针对不同人群和特殊人群需要，添加各种营养素、无机盐类、维生素类等的特种营养食品；着重采用生物技术、分离、提纯、包埋、现代食品分析检测等新技术，开发具有科学依据并经人体或动物实验证明能调节人体生理功能的食品或食品素材；结合进一步对活性物质和功能因子的化学结构及其稳定性的研究，为开发第三代功能食品作准备；尽快制定保健食品的国家标准或通用技术条件，以规范和推动营养保健食品行业的健康发展。

（十五）食品添加剂行业

继续应用生物技术、微胶囊、超临界萃取、膜超滤、反渗透及分子蒸馏等高新技术，开发多功能天然食品添加剂和研究开发具有生理功能的活性物质；同时开展相应的加工适应性和保藏技术的研究。

（十六）制茶、蛋制品、蜂产品、焙烤食品和糖制品行业

也应采用适用技术和相应的反渗透、破壁冷冻等新技术，推动传统食品不断现代化，开发新产品向卫生、营养、保健、方便化方向发展；并以科技进步带动技改，以适应消费市场发展需要。

（十七）食品机械与包装行业

继续优化“七五”以来研制的技术装备；消化创新无菌包装、挤压、超临界萃取、分子蒸馏等设备；研制超高压处理和冷冻破碎设备；在积极开发采用优质、安全、价廉的一次性食品包装材料或容器的同时，注意开发可多次使用或能回收或降解的包装容器或材料，以减少环境污染。

（十八）烟草行业

加快膨胀烟丝、烟草薄片、打叶复烤、微机自动控制等新工艺、新技术的推广应用，降低卷烟焦油含量，提高吸烟的安全性；应用科学配方解决加香等技术难点；加速消化吸收已引进的42项国际先进烟机设备制造技术，基本实现国产化。

**五、支撑条件与途径**

（一）积极推进科技经济一体化的新型科技体制

加快专业科研所的改革，鼓励整体建制进入大企业或集团企业，或转型为科技企业；促进与引导企业建立技术开发机构，并逐步形成以企业技术开发为主体的新型科技体制；依靠国家政策性支持，多渠道筹集科技开发资金，加大高新技术科研开发的投入，推动食品工业科技进步进入良性循环，并能持续发展。

（二）依靠各行业协会，加强协作交流

在各行业协会组织指导下，交流信息、有偿推广科技成果、宣传贯彻法规与标准以及通过新技术、新产品展示会、行业协会的刊物等渠道，促进行业科技进步，有条件的协会还可成立科技发展基金会，组织协同攻关。

（三）善用人才和培养人才

科技进步的关键是人才，针对食品工业科技人员比例不高的实际情况，更要善用人才，加强激励机制，充分发挥现有人才的作用，稳定科技队伍，通过技术人才市场，鼓励向企业和中西部流动；要积极培养人才，特别是骨干企业和中西部地区更需抓紧；通过各种形式，不断提高企业职工的科技水平。

（四）在骨干企业中，推行质量保证体系，实施工业发达国家行之有效的良好作业规范（GMP）和危害分析关键控制点（HACCP）等质量控制和保证体系。

(五)强化产品质量定期抽检工作,加速制订新门类、新产品的国家或行业标准,并对现行国家标准和行业标准适时进行修订或提升。

(六)重视必要的先进设备引进,并抓好消化吸收、创新的工作。

(七)企业特别是大企业和集团要积极抓好食品原料的良种化、基地化,并抓好辅助材料的品种、质量规范化。

(八)充分发挥企业规模经济与集约化的经济效应,促进食品工业生产科技进步。

# 关于"九五"全国食品工业科技发展纲要建议(讨论稿)的说明

中国食品工业协会副秘书长　黄圣明

(1997年1月13日)

这次提交中国食协三届五次理事会讨论的"九五"全国食品工业科技发展纲要建议《讨论稿》,是根据去年春天在北京前门饭店召开的中食协三届四次理事会的建议起草的。初稿在中国食协办公会议上进行了讨论,根据办公会议的意见进行修改后又在北京召开了有各有关部、委分管食品工业科技的官员和专家参加的会议,进行了专题讨论,尔后又发给了环渤海地区省市食协会议的代表征求意见。根据各方面的意见又进行了认真的修改,这才形成了这次会议上发给大家的讨论稿。虽然此讨论稿还很不完善,但它是经过多次努力修改而成的,是集体智慧的结晶。三届五次会议后,将根据各位理事的意见作进一步修改。

为了实现《国民经济和社会发展"九五"计划和2010年远景目标纲要》,中国食协在去年理事会上提出了《关于全国食品工业"九五"计划和2010年远景目标的建议》,已经理事们讨论通过发布。食品工业"九五"计划的实现,食品工业要持续、快速、健康发展,只有走实施科教兴国战略,依靠科技进步,更加重视和强化技术开发、技术改造、技术引进、技术培训和科学管理之路。据统计,由于技术开发,产品质量提高的企业占87%,劳动生产率提高的企业占76.7%,原材料消耗降低的企业占58%,产品成本降低的企业占56.6%,能源消耗减少的企业占53.2%。由此可见,科技对提高企业竞争力的重要性。

本纲要的制订及今后的施行就是力图为了做到以下四个方面:(1)加速传统产业的改造,特别是用高新技术改造传统产业,大力推广先进适用的成熟技术成果;(2)大力发展高新技术行业;(3)依靠科技进步,促进资源深加工行业的发展,提高产品的技术附加值;(4)结合建立现代企业制度和深化科技体制改革,推动研究院所与企业结合,建立以企业为主体的技术创新机制和体系。

**一、科技发展纲要建议除前言以外一共写了五个问题:(一)科技进步回顾与现状;(二)指导思想与基本原则;(三)发展目标;(四)发展重点;(五)支撑条件与途径。**

在科技进步回顾与现状中,对改革开放以来,食品工业科技工作取得的成绩进行了总结,一共概括了5条:第一条科研、开发硕果累累,推广应用成绩显著,介绍了"七五"、"八五"取得的成果。由于食品工业分部门管理,一些成果还没有统计全,实际上比纲要中写的数还要多。第二条引进、消化、创新新技术,提高了生产水平。这方面的成就是最明显的,如专用粉的生产,色拉油等专用油的生产,屠宰、肉类加工生产线,制罐生产线,啤酒生产线、方便面生产线等都是80年代通过引进技术、设备改变生产面貌的。第三条是开发新产品,提高产品技术含量,增强竞争力。过去的10年,新产品、高技术产品不断涌现,各类方便食品,无论是主食还是副食品,都适应了人们快节奏的需要,强化食品满足了不同人群的需要,婴儿食品和乳制品都面貌一新,UHT灭菌奶、二次灭菌奶、双歧杆菌酸奶、豆奶都达到80年代末的水平。干白、干红葡萄酒,啤酒,调味品都达到新水平。第四条技术改造、综合利用改变了企业面貌。"八五"期间食品工业固定资产投资逐年增加,共达1 000多亿元,其中技改资金约700多亿元。另外,引进技术和设备共用去10多亿美元。第五条主要讲了食品工业的标准化,推动了生产技术和质量水平的提高。

食品工业改革开发以来所取得的技术进步是巨大的,鼓舞人心的。但是,不能不看到一些带根本性的问题并没有得到解决,依靠科技进步转变经济增长方式的观念、组织、制度、体制等还没有真正建立起来,食品工业在高速增长中,同样存在一些深层次的问题:

(1)食品工业的发展同其它经济部门一样,具有"三高"、"三低"的特征。即"高投入、高消耗、高成本","低技术、低质量、低效益"。我国1994年货币发行总量是1978

年的 33.4 倍，年递增 24.7%，而同期经济年增长仅 9.4%。货币对经济增长的贡献率高达 60.6%，而美国为 19.7%，德国为 22%，日本 23%。

(2)经济增长的动力与国外不同。我国是以资金、资源、劳动力为推动力，而发达国家以科学技术为动力。科技在经济增长中的贡献率我国仅 30%左右，日本高达 55%，美国为 47%，德国 55%。

(3)我国农业长期追求产量，为产量型农业，而国外为质量型农业。现在的食品工业是农业有什么原料就加工什么食品，所以食品产品成本高、质量差。国外是根据食品加工需要对农业提出原料要求。

(4)对资源的利用率低，我国科技成果转化率只有 20%～30%，真正形成产业的只有 5%。工业重复利用率仅为 20%，能源利用率只有 20%～30%。能耗比日本高 6 倍，比美国高 3 倍，甚至比印度还高。这样下去，大量消耗资源的经济增长方式已难以为继。

(5)我国食品生产大中型企业亏损面大，产品多为老产品，重复生产，产销率低。不少靠卖资源，靠廉价劳动力，靠钻政策空子，靠不正当竞争，甚至靠假冒产品来获得经济效益。统计资料显示，我国经济结构趋同的现象日益突出。1981 年地区工业结构与全国工业结构相似系数为 0.9 以上的省市区有 18 个，1989 年则上升到 22 个，近年来还在不断增加。而区域经济结构中，中部与东部工业结构相似率为 93.5%，西部与中部工业结构相似率则达 97.9%。重复生产造成了产品积压，经济效益下降，没有特色，经济发展不会有后劲。国外则以高新技术产业为增长点。1971 年～1986 年西欧高新技术产业产值增加了 39 倍，美国增加了 45.5 倍，日本增加了 101 倍。

(6)据国家科委分析，我国机电行业比国际先进水平落后 15 年～20 年。而机械部分析包装与食品机械主要产品的科技水平，从总体上来看，比发达国家落后 20 多年。

以上这些就是我们的差距，就是我们面临的严峻挑战，也是我们制定科技发展纲要，依靠科技进步振兴食品工业的缘由。

**二、关于指导思想与基本原则**

指导思想的根本点是要依靠科技进步，积极采用新技术。主要表达了以下几层意思：依靠科技进步充分开发利用食物资源；依靠科技进步改造传统食品生产；依靠科技进步提高产品技术含量和附加值；依靠科技进步开发新产品；依靠科技进步提高企业的经济效益。最终达到提供丰富的方便、营养、卫生的食品满足消费者的需求。在国内外市场上都有较强的竞争能力。

科技发展的基本原则一共写了 4 条。第一条的核心是要建立以企业为主的科研开发体系。我们的现状是一方面生产企业大量缺乏专业技术人才，另一方面一些科研院所内的科技人员大量积压、重复研究，科技要素浪费严重。全国有 5 800 多个独立的研究所，游离在企业之外。食品领域的研究所也有 100 多个，大都没能在生产中充分发挥作用。企业本身也缺乏市场意识和竞争意识，仍然依赖政府进行科技投入。企业用于科研与开发的经费过少。在国外一般科研开发计划的 65%以上是由企业提出并出资，35%由政府提出并出资。由此可以看出科研和开发立项主要来自市场(用户)。第二条原则讲的是如何实现经济增长方式的转变。就是要把以资本和劳动力为动力的传统的经济增长模式，逐步有序地转到主要依靠科学技术和提高劳动者素质来发展经济的新的增长模式，只有这样，才能走向可持续发展的道路。第三条原则是讲突出重点的问题，就是不要把摊子铺得太大，战线拉得过长，而要集中力量打歼灭战，这也是几十年来经济建设的经验教训的总结。第四条原则讲了人的重要性。

**三、关于发展目标**

这里提了 5 个方面的目标，有质量总体水平，装备总体水平，科技进步贡献率，产品合格率和环境保护等，基本都是参照整个国民经济的发展水平而提出的，没有作更多的调查研究和测算，是否妥当请大家讨论提出意见。目前我国企业的技术装备处于世界 60～70 年代的占 50%以上，设备老化的占 20%左右，超期服役的占 30%左右，达到 90 年代先进水平的只占 5%左右。据统计，国有重点企业关键设备达到和接近国际先进水平的仅占 15%左右，国有大中型企业经过全面技术改造的只有 20%左右。科技纲要中提出的目标还需要付出一番努力。

**四、关于发展重点**

这一部分讲了两层意思：一是从行业的整体出发，提出了需要重点发展的若干项通用技术；二是分别叙述了 22 个行业的技术发展重点，这部分差不多占据了科技发展纲要近一半的文字，相对说叙述得比较详细。发展重点的内容是根据当今国际食品科技发展趋势提出来的。美国食品工业科技学会(*IFT*)1994 年提出 21 世纪食品科技研究的重点领域是：食品安全；膳食、营养和保健；生物技术；环境保护；食品功能的分子基础。即研究确定食物传染病的真实原因，开发快速检测微生物污染及致病因素的方法，设计更有效的食品卫生和病毒控制方法；进一步了解食物及其营养素在促进人体健康及防止疾病方面的作用，确定人生各特殊阶段的营养需要(如婴儿、青年、妇女、怀孕、老年及患病等时期)；设计能促进保存食品质量和外观的调节系统，设计有效的食品加工方法，了解并改进食品的成分(即蛋白质、脂肪和碳水化合物)的性能；

鉴定食品生产加工各个阶段所产生的副产品、废料、废气，设计减少副产品数量及改善副产品品质的方法，开发从原料到成品及副产品的快速分析方法，以确定有益或有害物质的存在；对食品及有关原料加工的物理性能、化学性能和运输性能进行分子基础的定量，增加现有技术的安全性并开发更安全的新技术，设计并使用传感器、监测系统和控制系统。当今世界食品加工技术的发展真可谓是日新月异。去年10月在法国巴黎举行了两大展览会，一为国际食品博览会，一为国际食品加工与技术展览会。来自80多个国家的5 000多家企业参加了国际食品博览会的展出，展台面积高达10万平方米。其最大的特点是充分反映了世界食品的创新趋势，有人估计原料、配料创新的占20%，包装创新的占30%，工艺创新的占30%，品种创新的占20%。其中三点印象给人最为深刻：第一，无论从包装到口感都给人以美好的感受，突出回归自然，食品安全，原料无污染；第二，方便食品消费量大增，直接用于烹调方便，食用方便，开启方便，加热方便，意大利出产的速热咖啡，把杯子倒过来40秒即热。第三，保健食品、冷冻食品、新鲜食品种类繁多，特点是清淡、低热值、低脂肪、高维生素。

科技发展纲要中提到重点发展的新技术有许多项，这里重点谈一下生物技术。生物技术在“八五”国家攻关计划执行中取得丰硕成果，其中已开发医药生物技术产品30种；农作物细胞工程育种已审定小麦、水稻、油菜、甘蔗新品种19个，获得75个优良品系，开发197份新种质。转基因植物研究不仅从实验室走向田间，而且在大面积试种方面居国际领先水平，6个抗病毒转基因烟草新品系试种面积已超过几十万亩；海洋生物技术已取得海藻活性碘等19项成果，其中有7项已实现商品化；在轻化工食品方面开发新产品43种，有20种完成中试，17种产品实现产业化。生物技术作为生命科学的重要组成部分，已为世人所瞩目，有着广阔的开发应用前景。大家知道，生物技术主要包括基因工程、细胞工程、酶工程和发酵工程。

基因工程不仅在农作物品种改良方面有巨大作用，如低棉酚棉花、低芥酸油菜、高赖氨酸玉米、无腥黄豆等。在食品生产中同样可以将动植物、微生物的品种改良，如荷兰吉斯特(Gist)公司将高活性的酶基因转移到面包酵母中，从而提高面包发酵的膨发性和速度，既提高面包质量又缩短生产周期。利用基因技术可以制得具有淀粉酶活性的酵母菌株，使饮料酒生产工艺发生突破性改变。顺便提一下，最近，人体基因研究组织主席范奥曼预计到2002年科学家可完成人体遗传基因破译，基因对疾病的对应关系也会逐步查清，这将对未来诊断遗传基因疾病作出重大贡献。他认为人体基因障碍和环境污染是基因病变的根源，哮喘病和老年痴呆病就是最典型的例子。另外，对动植物基因图谱的研究也正在进行。基因技术的发展最终将给人类生活带来翻天覆地的变化。

细胞工程包括细胞融合技术、细胞固定化技术、细胞培养技术等。即可将遗传性质不同的两个细胞人为地结合在一起，制成具有“双亲”优良性状的新细胞。细胞固定化技术国内已在酒精生产等发酵行业使用，获得了良好的效益。细胞培养如金针菇、冬虫夏草、人参等在发酵罐中生产都已实现。

酶工程是利用生物手段合成、降解或转化某些物质，从而使廉价原料转化成附加值高的食品，如酶法生产糊精、麦芽糖、葡萄糖、果葡糖浆等早已在工业上应用，还有用酶法修饰植物蛋白，改良其营养价值和风味，用在果汁生产中分解果胶提高出汁率等。

发酵工程除了传统的产品外，现在也取得了许多新的成就。如美国Kelco公司采用微生物发酵方法生产的黄原胶被广泛应用后，又以微生物发酵方法生产多糖胶，其性能优于黄原胶。英国斯图杰公司与哈尔滨大学共同利用发酵新工艺，以淀粉为原料生产出一种新的食用油，其中含16碳-α-亚油酸，是世界上第一种发酵法生产的食用油。

科技发展纲要中提到的应着重发展的其它各项新技术，都是已经推广应用的成熟技术，应当采取积极而有效的措施，促使食品企业广泛应用，我国食品工业的整体水平也将因此而上一个新台阶。下边再简略补充几条各行业发展的重点：

1. 粮油加工行业

除了提到的各项先进技术外，还要重视口粮大米、面粉的加工技术水平，提高原料出品率。目前在农村，稻谷、小麦的加工出品率至少要比正常的加工出品率低2%～3%。在城市尚属比较先进的碾米、磨粉生产线的出品率比国际先进水平又要低2%。这部分损失加起来就是几百亿斤粮食，相当可观。

2. 肉及肉制品行业

目前人均肉食消费已达39公斤，超过世界平均水平，但肉制品约100万吨，人均不足1公斤，最大的差距是调理肉食、肠类制品等熟食比例太少。10多年来肉制品总量虽然有所增加，但比例反而下降了。据国内贸易部食品公司预计，目前熟肉制品只占肉类总量的2%，原来2000年食品工业发展纲要提出的10%的目标是难以实现了，而国外发达国家占40%～50%。

3. 水产品行业

据国际农业研究咨询机构预测，今后渔业将向着养殖方式转变，养殖业将为人类提供40%的水产品。水产养殖业正在成为人类食物生产的新领域。我国从1990年开始，水产品总产量已跃居世界第一位。1995年总产量为2 517.18万吨，比上年增长17.27%。其中海洋捕捞约占2/5，海水养殖约为1/5，内陆养殖近2/5。水产品加工的重点是鱼糜及其产品：鱼糕、鱼卷、鱼丸、鱼饼、鱼香肠等。利用鱼糜进一步生产仿生食品如人造蟹肉、人造虾肉、人造牛肉、人造其它风味食品如人造鱼翅、人造鱼子、人造干贝等。

4. 果品蔬菜加工业

要注意采用先进的冷冻技术发展冷冻蔬菜，冷冻蔬菜是冷冻食品的重要组成部分。日本冷冻蔬菜量占冷冻食品总量的1/3，在欧美也占到20%～30%。目前冷冻蔬菜的出口前景看好。仅日本每年就进口50多万吨冷冻蔬菜，我对日出口仅18万多吨，而美国对日出口就超过20万吨。培育优良品种和采用先进的速冻技术至关重要。

5. 淀粉与淀粉糖行业

淀粉是食品、医药、化工、纺织、造纸工业的重要原材料，变性淀粉可用在石油、铸造、陶瓷、建筑、精细化工等行业，美国人均消费商品淀粉50千克左右，我国目前只有1.5千克，合理利用农副产品中的淀粉资源大有潜力。

6. 乳制品和植物蛋白食品

乳制品行业应当大力采用现代灭菌技术、保鲜技术、发酵技术和营养知识，重点发展方便群众消费的各种液体奶如保鲜奶、超高温灭菌奶、二次灭菌奶、各种酸奶和营养强化奶。法国巴黎国际食品博览会上展出的液体奶琳琅满目，适应各类不同消费者的需求，婴儿配方奶瓶上连奶嘴都是现成的。植物蛋白食品除传统豆制品外要首先发展豆奶，这是由它的成熟加工技术和营养保健功能决定的。

**五、关于支撑条件与途径**

这里一共写了八条。

第一条新型科技体制，包括了三个方面的内容，即专业科研院所的改革；企业建立技术开发机构和科技开发经营问题。

为了促进科技人员进入生产建设主战场，国家已有政策出台，并采取多种方式，积极创造条件吸引独立研究院所进入企业或企业集团。对与企业科技进步有直接关系的科研院所，实行产学研联合或机构改组，促使他们变压力为动力，为企业技术进步作贡献，但在实际操作方面还不够坚决。目前我国的科研体制还没有完全脱离计划经济体制，导致科研项目的提出与市场的实际需求脱节。而且我国科研规划只强调研究，对开发和产业化两个环节没有投资计划来保证，科技成果转化率就低。所以原有的一套科研体制必须改革。

深化企业改革，推动国有大中型企业建立、健全技术开发机构和技术进步体制，使企业逐渐成为技术开发的主体这一方针，国家经贸委在1995年就已提出。“九五”期间，要大力推动国有大中型企业尤其是1 000家国家重点联系企业建立、健全技术开发机构和技术进步体系，在数量上和质量上都有明显提高。在抓好已认定的140家企业技术中心的同时，继续鼓励和支持有条件的大型企业和企业集团建立技术中心。通过企业技术中心的建设，建立有效的资金筹措渠道和人才激励机制，使企业的研究与开发条件得到根本改善。当然建设企业技术中心可以探索多种模式和运行机制，充分发挥科技力量的作用，大力发展与研究院所、大学的各种形式的合作。

关于经费，中共中央、国务院关于加速科学技术进步的决定中提出“到2000年全社会科技研究与开发总经费占国内生产总值的比例达1.5%”(目前只有0.5%)。现在的问题是有关部门要制定具体措施与规定，改变科技经费过少的现状。增加科技投入，首先要继续增加财政科技投入。江苏、辽宁、山东等省已提出财政科技投入要占财政总支出的7%，市县达到2%～3%；二是引导、鼓励企业增加科技投入，一些省市提出一般企业科技投入要占全年销售收入的1%～3%，高新技术产业达到3%～5%(国外高达8%～10%)；三是在重点建设项目、技术引进、技术改造项目中，拿出1%～3%的资金用于技术创新工作；四是拓宽科技金融渠道，大幅度增加科技贷款规模；五是对科技活动及高新技术产业发展给予减免税等优惠政策支持。应该强调的是，在增加科技经费的同时，要通过深化改革进一步提高科技投入的使用效率。

第二条是讲行业协会的作用。在座的都有许多经验和体会。今后要进一步完善中介服务体系，除充分发挥协会的职能，促进科技进步外，还要帮助发展企业技术进步所迫切需要的各种社会化服务机构，充分发挥工程技术研究中心、生产力促进中心、技术市场和信息市场等开发和服务机构的作用，为成果转化，为企业发展提供信息咨询、技术诊断等服务。

第三条是人才。1994年全国平均每万名职工中拥有专业技术人员1 258人，即占12.58%。食品工业不足5%，有些行业和小型企业更是缺乏。所以一方面要培养人才，另一方面要善用人才，实现人尽其才。还要大力提高职工的技术素质。企业职工技术素质的偏低，不仅影响企业的技术创新、吸收消化的能力，制约劳动生产率的提高，而且由此造成的生产产品质量、工艺质量、技术质量的低下，严重影响整个经济增长的质量。据国外统计，工人的技术水平每提高一级，劳动生产率就提高10%～

20%。因此，提高企业职工的技术素质和水平，对经济增长方式的转变和提高劳动生产率都具有重要现实意义。

第四条讲的是产品质量保证体系。发达国家均已推行*GMP*（良好作业规范）和*HACCP*（危害分析关键控制点），从原料开始对各个生产环节进行监控，保证质量不合格的产品不出厂，而我国尚未应用和推行，造成产品质量不稳定，质量问题时有发生。考虑到这一体系对保证产品质量的重要性，所以专门提了出来。

《纲要》资料的收集整理、《纲要》的编写与修改以及本说明的参考资料均是由中国食协科教部组织落实的。希望各地食协负责同志及主管科教工作的同志能注意收集并提出当地食品科技发展的新成果、新动态、存在问题以及今后发展建议，及时通报给我们，也希望各地能够积极贯彻落实科技纲要的精神，把我国食品科技的发展推向新高潮。

# “九五”儿童食品发展规划纲要建议

中国食品工业协会营养指导委员会

（1996年）

## 序 言

儿童的健康成长关系到民族的兴衰和国家的长治久安。提高民族素质乃至国民的整体实力，须从儿童抓起。

关心与保护儿童是世界范围内的重要议题。1990年召开的世界问题首脑会议通过了《儿童生存、保护和发展世界宣言》和《执行90年代儿童生存、保护和发展世界宣言行动计划》。李鹏总理代表中国政府签署了这两个文件，向全世界作出了庄严的承诺：“我们将保证履行我们的义务，我们相信在联合国的帮助下，中国儿童一定能够达到文件中所提出的一些要求。”1992年我国政府发布《90年代中国儿童发展规划纲要》，提出了本世纪内我国儿童事业发展的10项奋斗目标。

儿童事业的发展，《纲要》的落实，是一项全社会都要重视与参与的工作。为使儿童能够在德、智、体、美、劳方面全面发展，作为食品工业，努力为儿童提供科学合理、营养丰富的食品是义不容辞的责任。

婴幼儿和儿童时期的生长发育是人体一生的奠基阶段，科学合理的食品与营养是儿童茁壮成长的物质保障。儿童在不同时期具有不同的生理特点，对营养需求也不同于成人，应当根据婴幼儿童不同阶段的营养需求供给相应的食品。否则，就会出现因营养不良而引发的各种疾病，影响其体力和智力的发展。我国目前有16岁以下儿童3.5亿人，占世界同龄儿童的18.5%。因此，我国儿童食品事业的发展在世界上具有举足轻重的作用。我们应该也能够把这项工作搞得更好，为人类的健康和进步作出应有的贡献。

### 一、我国儿童的营养状况和儿童食品生产的现状

（一）儿童的营养状况

1. 儿童营养状况逐步改善，生长发育水平提高

据1992年全国营养调查结果，我国城乡2～5岁儿童摄入的热能达到推荐供给量的90%以上；蛋白质摄入城市儿童达到推荐供给量的85%左右，农村儿童达到75%左右；城市儿童摄入脂肪平均占热能的30%以上，农村在20%左右。1992年与1982年对比，城乡儿童身高明显增高，6岁组城市男童增高4.6厘米，农村男童增高4.0厘米；城乡女童的身高变化规律与男童一致，但分别略低于城乡男童数值。城乡6岁男童的体重分别增长了2.4公斤及1.2公斤，城乡女童的体重变化也与男童趋势相同。

2. 营养不良与不合理状况仍然存在

1990年对6省市8万多名儿童调查结果，儿童营养不良发生率城市最低，县镇和城郊居中，农村最高，农村低体重儿发生率平均为22.5%，生长迟缓发生率平均为42.7%；1992年全国营养调查结果，我国5岁以下儿童生长迟缓发生率平均为32.6%，3岁以下儿童贫血病率城市为11%～12%，农村为16%～29%，学龄儿童分别为13%～26%，14%～26%。另据1987年～1993年有关调查结果，我国3岁以下儿童佝偻病患病率为26.5%，学龄前儿童血清中维生素A低于20mg/dl者占21.4%～39.3%，同时与营养不良有关的传染病与食源性/水源性疾病较为普遍。在儿童生长发育不良、营养素摄入不足、营养缺乏病等方面，农村的问题较城市更为突出。而城市中一方面儿童早、午餐质量不高、营养不足，同时，又存在营养过剩现象，肥胖儿童数量增加。

（二）儿童食品的生产状况

建国以来，特别是改革开放十多年来，我国食品工业取得了巨大进步。儿童食品工业在极为薄弱的基础上，也

有了一定的发展，对促进儿童的健康发育起到了良好的作用。

1. 婴儿主食品的生产不断发展

1954年我国研制出5410乳儿糕配方，先后在上海、北京等地推广，效果显著。1978年黑龙江双城儿童乳品厂率先研制生产婴儿配方乳粉Ⅰ，1983年又推出婴儿配方乳粉Ⅱ，使婴儿主食品的生产不断得以发展。1980年以来，我国先后有83个企业生产婴儿配方乳粉，1990年生产2万吨，占市场需求的20%；1994年增至近5万吨。1993年黑龙江又推出了婴儿配方乳粉Ⅲ。1991年中国预防医学科学院营卫所在5410配方基础上研制出婴儿全价营养食品"第一步"已投入生产。近年来，一些乳品厂相继推出了助长奶粉、各种强化营养素如铁、钙、锌奶粉、孕妇奶粉等。1994年我国乳制品总产量42.45万吨，其中奶粉29.94万吨。除这些专门针对婴儿的主食品以外，消毒鲜牛奶及$V_{AD}$奶仍然是儿童主食品之一，占有较大市场。

2. 婴幼儿断奶食品和婴儿辅助食品生产悄然兴起

由联合国援助的我国第一条婴儿断奶食品生产线于1982年在上海市儿童食品厂建成，之后国家先后投资2亿多元引进了11条儿童断奶食品生产线。但由于多方面原因，至今尚未发挥出这些设备的应有生产能力。在引进设备的同时，我国自行研制生产了一些断奶食品机械设备，如营养米粉生产线、蒸汽辊筒干燥机等。近年来大量合资企业生产的断奶食品如"亨氏"、"雀巢"、"味全"等系列营养米粉、麦粉等在婴幼儿食品市场上占据了相当大的份额。

近年来，各地相继研究试制了一些婴儿辅助食品，如水果糜、果酱、菜泥、果蔬混糜、骨泥、肉泥、禽肉菜糊、肝酱、果蔬汁、果汁等，填补了我国儿童食品生产的空白。

3. 儿童营养强化食品市场活跃

80年代末期开始迅速发展的营养保健食品中，相当部分是儿童营养强化食品，各种常量、微量元素及多种维生素的强化食品、乳酸菌饮品以及脑营养液等不断涌现。如北京生产的$V_{AD}$强化奶，使北京地区婴儿食用后佝偻病的发生率由原来的7.8%下降至2.3%。

4. 学生营养餐事业正在扩展

90年代以来，杭州、上海、北京、沈阳、天津、武汉、苏州等地兴办了学生营养午餐，有些采取专业工厂配制送餐，有些设立在校学生食堂，还有些利用大企业食堂兼办，方便了学生就餐，解决了营养不平衡或学生挑食问题，收到一定的效果。

5. 儿童食品的生产仍然存在较大差距

(1)生产技术设备与发达国家相比有待提高。许多国有儿童食品企业，面临着技术设备落后，流动资金不足，市场竞争激烈，资金不足等重重压力，处境比较困难。

(2)部分儿童食品质量存在问题。1992年，中国预防医学科学院对近200个品种的婴幼儿食品的随机调查，标示的营养成分与实际含量不符的近70%，1993年～1994年上半年北京市卫生防疫站抽检的儿童保健品不合格的占23%，主要问题是营养素指标，特别是钙、维生素A等的含量不符合要求，也有少数卫生指标不合格，为数不少的这类产品的包装宣传名不符实。

(3)儿童食品的品种、数量、方便化程度仍然满足不了需求。90年代初，婴儿辅助食品的产量约4 000吨，按2 000万个婴幼儿计算，平均每人每年只有0.2公斤。大部分婴儿主、辅食品仍是家庭自行制作，绝大多数中小学生并未得到真正的营养餐供应。

## 二、发展儿童食品的指导思想与2000年奋斗目标

(一)指导思想

以党的十四届五中全会及八届全国人大四次会议制定的各项方针政策为指导，坚持从中国的国情出发，以我国儿童食品发展状况为基础，与国家的《国民经济和社会发展"九五"计划和2010年远景目标纲要》的总目标相一致，结合《90年代中国儿童发展规划纲要》的具体要求，面向城市和广大农村，服务儿童，依靠科技进步，不断开拓新技术、新设备、新领域，生产营养、优质、丰富、方便的儿童食品，满足一代又一代的儿童、新世纪的接班人得以健康成长的需要，促使全国儿童食品工业持续、健康发展。

(二)发展目标

1. 各种婴儿主食品、断奶食品、婴儿辅助食品、幼儿不同配方的营养强化食品的产品产量能够满足全国70%婴幼儿消费的需求。

2. 发展强化食品、营养补充食品，适应80%营养缺乏儿童的需要。

3. 大、中城市60%的中、小学生能够得到符合营养要求的学生营养午餐供应。

4. 30%的农村中、小学生能够得到适合当地生活水平的学生营养午餐供应。

5. 儿童食品的产品质量总体水平达到工业发达国家80年代末的水平，部分食品达到90年代中后期的国际先进水平。

6. 儿童食品主要生产企业技术装备水平争取达到发达国家90年代初的水平。

## 三、儿童食品发展重点

1. 大力发展婴幼儿主食品和婴儿断奶食品。目前我国一些著名厂家生产的质量完全适合婴儿营养需求并优

于进口产品，且价格仅有国外品牌的1/2～1/4的婴儿配方乳粉Ⅱ应当优先发展，尽快扩大生产能力，形成规模效益，提高其市场竞争能力。婴儿配方乳粉Ⅰ和配方乳粉Ⅲ和配方代乳粉，价格比较便宜，适合农村市场，可相应发展。婴儿配方液体奶，具有能源消耗少、营养成分损失小、添加矿物质和维生素易混合均匀的特点，可以在有条件的大城市提倡发展。婴儿主食品要按0～12个月婴儿的营养需要生产出系列产品。积极发展乳酸发酵乳制品和冷藏奶类甜食品。生产某些特殊生理需求的特殊功能奶粉，如用于预防低能儿的不含苯丙氨酸的牛奶、奶粉等。

2. 积极发展婴幼儿辅助食品，以各种果、蔬、畜、禽肉、骨、肝、血、豆等为原料加工制成的果汁、蔬菜汁、果酱、果泥、菜泥、果冻、骨泥、肉糊、肝糊、鸡糊及其各种混合制品。根据婴幼儿不同年龄段的生理特点，制定符合其营养需求的不同配方，在此基础上配制多种口味和不同包装方式，方便消费。有条件的罐头食品厂或儿童食品厂可尽快组织生产，以丰富市场供应。

3. 儿童营养强化食品在保证质量的基础上积极发展。针对我国现阶段孕妇、婴儿、幼儿及学龄前儿童营养不足和不良病症，适当发展其营养补充食品，在每日食品中强化其所需蛋白质、维生素、矿物质、牛磺酸等营养素，真正在降低上述营养缺乏症各项措施中发挥饮食调理的作用。

4. 大力发展符合营养要求、安全卫生而又适合各地农村购买力水平的婴幼儿、儿童食品。我国现有3.5亿幼儿和儿童，大部分在农村，努力满足他们的需求是儿童食品企业的光荣任务。

5. 积极推进学生营养午餐的供给工作。采取多种形式，借助多方力量使学生营养午餐工作首先在大城市加快普及速度，然后推向中小城市。并切实保证午餐的营养水平和卫生质量及配送管理工作。同时，积极开拓适合农村当地水平的中小学生营养午餐的供应工作。

**四、发展措施**

1. 优先发展儿童食品基础原料，主要是鲜奶、大豆等蛋白质、优质果蔬和营养强化剂的生产。建议各级政府采取有效措施，发挥当地优势，因地制宜，适当建立一批儿童食品基地，如奶牛饲养较多的地区建立鲜奶供应基地，大豆产区建立豆类原料基地，果蔬产区建立果蔬供应基地等；依靠科学技术提高牛奶与大豆产量与质量；采用经济办法密切原料生产与工业加工的关系，向牧工商一体化方向发展，使这些优质原料，迅速加工处理成各类合格的儿童食品供应市场。

2. 加强科学研究，不断开发新产品。现有科学院所与生产企业相结合，以营养、生理、生化、医学、食品等科学技术理论为基础，进一步研究母乳的成份与功能特点及其在不同哺乳期、不同母体的变化规律，研究婴儿及儿童生长的生理特点及营养需求，不断开发出营养更加合理、口味理想的适应不同年龄段不同身体状况的系列化、专业化配方食品以及成熟生产工艺和设备，并尽快转化为生产力，实现规模生产，采用方便卫生小包装，标示其食用年龄，以丰富市场供应。要积极争取将比较重要的科研课题列入国家和部门的科技项目计划，优先给予安排。

3. 采用先进技术设备，加速儿童食品生产企业的技术进步的步伐，增加儿童食品生产的科技含量。有能力的机械加工企业联合食品生产企业，要不断开发制造先进儿童食品生产设备，将生物工程技术、速冻技术、冷冻升华干燥技术、膜分离技术、微胶囊技术、组织化重组技术、微波技术、远红外干燥、辊筒干燥、挤压膨化技术、无菌包装保鲜技术、微电子技术等先进技术设备运用于儿童食品生产中去，使其实现生产机械化、自动化，为提高产品质量，扩大生产规模提供必要的手段。各有关部门要积极将采用先进技术设备的项目列入行业技术改造计划，安排贷款。

对80年代引进的12条儿童食品生产线各有关方面要积极采取措施，尽快投入儿童食品的生产，并尽可能引进软件，引进新技术，生产新一代儿童食品，发挥其应有的效益。

4. 生产企业要按照城市和广大农村儿童的实际需要组织儿童食品的生产。儿童食品的服务对象是祖国的未来，不同于其他工业食品。企业既要讲经济效益，又要讲社会效益，把两者很好地结合起来。为适应农村的购买力水平，各地政府和有关部门要组织专家指导企业，充分利用当地的豆类、小米、鸡蛋、牛羊奶、核桃及果蔬等资源，按合理营养比例搭配研制符合当地农村需要的儿童食品，为农村儿童特别是贫困地区儿童食品供应做出贡献。

5. 加强儿童食品生产的行业管理，严格质量管理和日常监督与检查。进一步制订有关规章制度，不断完善产品标准，儿童食品生产企业要自觉执行《产品质量法》、《食品标签通用标准》、《食品卫生法》、《食品企业卫生规范》等相关法规制度，切实保证儿童食品的质量，真正做到产品科学、营养、优质、卫生。

建议有关部门对每年国家技术监督局市场抽查结果，各项指标合格的前三名国产儿童食品在通报表彰的基础上，对其生产与销售给予适当优惠、扶植政策。同时，加大国家监督查处力度，对少数不合格产品给予公开批评，停产整顿；对几次抽检不合格产品吊销其企业食品生产许可证。

6. 贯彻党中央“实现两个转变”的总方针，积极组建企业集团，实行技、工、贸，牧、工、商相结合，克服许多国有儿童食品企业生产规模小，资金紧缺，缺乏竞争力的弱点，将众多小企业适当合并，使资金、技术装备统一规划使用，资源综合利用，扩大生产规模，提高技术水平，增强企业的整体实力与市场竞争力，增强经济效益和社会效益。

7. 加大学生营养午餐推广工作的力度。要积极探索推广工作的新路子，打开局面，见到实效。在城市，分区域适当选择具备条件的配餐工厂、快餐店以及学校食堂作为中心厨房，生产营养午餐，供应附近学校，并明确不收营业税，以减轻学生负担。建议教育主管部门作为全面培养学生的工作之一来抓，学生营养促进委员会等有关部门予以协助。同时，组织儿童食品企业生产系列复合营养素，供应农村中小学生，作为调料放入菜饭，为解决吃不到营养午餐提供一种补充。

8. 有条件的大专院校，加速培养营养专业人才。同时通过多种渠道，对孕妇、儿童、学生、家长、教师(包括幼儿教师)、儿童食品企业以及学生食堂、幼儿园食堂的工作人员进行营养知识宣传教育，尤其加强对广大农村人群营养知识的宣传与普及，指导合理进餐，普遍提高营养与平衡膳食的知识水平。对学生食堂的工作人员还要进行必要的上岗培训，提高实际操作水平。

9. 通过广播、电视、发行小册子等方式，加强关于儿童营养、发展儿童食品重要性的宣传，让全社会都来关心、重视儿童食品，特别是学生营养餐的发展。一方面争取国家能够在财政、税收、金融政策上给予扶持，另一方面，社会各界联合起来，发挥各自的优势，为儿童食品事业出资出力，多做好事、实事。

10. 加强国际交流与合作，学习国外发展儿童食品，诸如学生午餐的成功经验，提出符合中国国情的儿童食品发展计划，争取得到国际的支持与援助。

我们相信，在党中央的正确领导下，在全社会的共同努力下，一定能够使儿童食品事业欣欣向荣、不断发展，为子孙后代造福。

# 依靠科技进步提高食品工业增长的质量和效益

王　薇

(中国食品工业协会)

## 一、我国食品工业科技进步简况

我国食品工业科技进步的特点以及由此而产生的效益归纳起来，有以下几点：

1. 引进国外先进技术设备与综合创新国产化相结合，使食品工业生产技术和装备水平有较大提高，食品加工从手工或半机械化逐步走向机械化、连续化，有些甚至达到了自动化、电脑化，从而大大提高了食品工业生产力水平。

2. 新技术的研究与推广，促进了食品工业生产技术含量的提高，改变了落后的生产工艺，减化了操作，缩短了生产周期，降低了成本，提高了资源利用率、产品质量、劳动生产率和经济效益。据不完全统计，十多年来，食品科技成果获部委级以上科技成果奖近 700 项，国家“七五”科技攻关有关食品方面的成果 170 项，其中达到国际先进水平的 109 项，填补国内空白 7 项，食品标准化成果 681 项，食品专利成果 253 项。

3. 新技术、新产品的开发，带动了食品产业结构和产品结构的调整。食品工业基础原料品种质量和专用性能逐步适应现代化食品加工与市场变化的需要，食品工业的制成品水平和方便化程度不断提高，琳琅满目的新产品、好产品丰富了市场供应，改变了过去食品制成品品种单一、质量低下、包装简陋的面貌。

4. 科技进步，加强了企业的活力，促进了经济的发展。一大批食品骨干企业脱颖而出，每年各自创造出数亿元的产值。

5. 采用科学技术，综合利用资源，减少了浪费与污染，增加了价值与效益。

6. 新型保鲜和包装技术以及　系列卫生、质量、检测、标准化管理与技术的推行，使各类食品的质量和卫生状况得到改善，合格率和优质品率逐步上升，出口食品的质量和数量有所提高。

具体到食品各个行业的科学技术，十几年来均有不同程度的进步，为各食品产业的发展变化起到了重要的作用，主要表现在：

粮油加工业作为食品工业基础原料的支柱产业发展迅速。"七五"期间，引进国外先进生产线200余条，使粮油加工生产技术水平普遍提高，其产品一改过去老三样(标准粉、标二粉、二级油)的传统面貌，生产各种规格包装的食品专用粉，如蛋白质和面筋含量档次不同的面包粉、面条粉、饺子粉、馒头粉、饼干粉、蛋糕粉，免淘洗的清洁米、营养米，精炼油、调和油以及色拉油、起酥油、人造奶油、煎炸油、氢化油、代可可脂等多种产品。"八五"期间，在进行技术设备改造的基础上进行综合创新，对国产技术设备予以改进提高，部分设备达到了工业发达国家的同期先进水平，实现了国产化设备生产"专用粉"、"四脱油 "、"免淘米"。广泛推行"多机轻研细磨"、"预榨、浸出、精炼一条龙"、"低温烘干挂面"等工艺技术，提高了产品的得率和质量，如每百斤油料出油率可提高3～4斤。各种动植物蛋白、蔬菜等营养物的添加，使挂面等粮油制品多样化。目前全国有四分之一的粮油加工企业达到国家二级企业和省级先进企业标准。10%的大中型粮油工业企业在生产、计量、质量监控、安全等环节实现了微机控制。科技的进步，使得"八五"期间粮油工业的产值年均增长4%，利税增长6%，"八五"末期，年总产值达35亿元，年创利税40亿元。

肉及肉制品行业"七五"前后，引进国外先进生产线60余条，其中西式火腿生产线20余条(关键设备100多台套)、新增班产能力60余吨，西式灌肠生产线30余条(关键设备300多台套)、新增班产能力140多吨，人造蛋白肠衣生产线1条，新增年产肠衣4 000万米；此外引进日本KAP、ADP火腿生产线300余条、新增班产能力100～500吨；研制生产了国产化的屠宰、灌肠和火腿等生产线近百台套，使肉类行业基本上实现了屠宰、去毛、剥皮、劈半、分割、加工、冷藏等生产的机械化，工艺水平有明显提高，改变了笨重的手工操作，产品出现了从单一到多样、化整为零、变生为熟、由粗到精、变废为宝的结构性变化，生产出各类不同部位品种的、不同风味品质的分割肉以及畜、禽等肉类小包装熟制品百余种，市场面貌大为改观，结束了过去单一生产白条肉的历史。

与此同时，肉类加工行业采用提取、合成、结构修饰、生物工程等技术，再加工或综合利用畜和禽头蹄、内脏、肥膘、血、骨、皮、油等肉类加工下脚料，生产食用动物油脂、蛋白饲料和生化产品，如蛋白质、氨基酸、酶、核酸、糖类、脂类等十几大类200多个品种。仅80年代末期，便已创造产值6亿多元，利税1.4亿元，出口创汇2 000多万美元。

乳制品行业十几年来引进奶粉加工设备和灭菌奶生产技术与设备，并在全行业广泛推行鲜奶收购标准检测、以质论价等技术措施，普遍推广配方奶粉生产技术、采用羊奶脱膻技术；大部分国营大企业采用高于国家标准的企业内控标准组织生产，已提前与国际标准接轨；加之包装机械化和充氮等包装新工艺及复合薄膜、二次灭菌瓶等包装材料的选用，一系列科技的进步，促进了乳品工业的发展。过去我国乳制品仅寥寥几个品种，现在已生产出婴儿配方乳粉、孕妇乳粉、老年乳粉、脱脂或淡乳粉、乳酸菌或双歧杆菌乳粉以及维生素A、D强化奶、酸奶、奶片、豆乳粉等几十个品种，其中婴儿配方奶粉已发展到第三代产品。

水产品行业在大力发展各种鲜鱼养殖与供应的基础上，采用先进的加工和提取技术，发展水产品保鲜加工与贮运、冷冻加工、罐装制品加工、保健食品加工、海藻加工、鱼糜加工、鱼片加工、鱼粉加工、仿生食品加工以及方便制品加工等，提高了水产品的附加值与经济效益。

蛋品加工过去较为薄弱，通过全封闭蛋粉自动化生产线的引进，无铅皮蛋技术和饲料配比技术的开发以及其他技术措施的采用，目前已可生产干、湿蛋品和蛋粉、蛋白酱、无铅皮蛋、保健蛋等产品，方便了某些特殊消费需求。

果品和蔬菜加工行业的的科技进步，重点在贮藏保鲜和加工技术两个方面。在果品贮藏保鲜方面，对苹果、梨、柑桔、香蕉、菠萝、龙眼6种主要水果进行了产地加工技术及流通过程最优技术组合的综合研究，取得了83项研究成果，累计试验量44万吨，直接经济效益8 000万元。此项成果推广后，可使果品收获后的损耗由25%下降至5%左右。在蔬菜贮藏保鲜方面，到90年代初期提出了比较完整的蔬菜流通体系综合保鲜技术，共取得33项重大科技成果。通过首次大规模、大范围的实施，使商品损耗由原来的20%～30%下降到10%以下，好菜率达90%以上，若全面推广，每年可减少4.5亿元的经济损失。果蔬干制品的加工采用低温真空油炸新技术设备，生产出各种果蔬脆片新产品；低温冷冻升华干燥技术设备的应用，生产出几大类多品种保鲜复水性能良好的脱水蔬菜(包括水产、肉、禽制品)。果蔬糖渍加工采用真空冷浸连续浸糖和隧道式烘干房以及低糖蜜饯生产技术，改变了过去缸浸、翻晒和高糖蜜饯不适应市场需求的状况。食用菌有效成分提取应用技术的开发，取得了初步的进展。

罐头行业推行罐藏原料良种选育技术、实罐生产新技术以及电阻制罐代替锡焊罐等新技术，促进了罐头行业的稳步发展，并使罐头封口水平达到国际标准。目前我国出口罐头生产企业有200多家，产品出口到110多个国家和地区，其中我国磨菇罐头出口量居世界首位。

饮料工业十几年来有2 800多个大中型饮料厂得到了不同程度的技术改造，引进或自行更新改进灌装生产线270多条，引进浓缩果汁生产线近50条，同时引进了先进的包装及配套设备，包括易拉罐制罐设备、利乐包包装材料制造设备、皇冠盖制造设备、聚酯和聚氯乙烯制瓶设备、爱卡包自立袋材料生产等；同时国产化的汽水灌装线、豆乳生产线、聚酯瓶生产线、皇冠盖加工等装备的制造和生产性能水平不断提高；加之膜分离、无菌灌装、冷藏等先进技术的采用，使饮料生产从手工或半机械化实现了连续化、自动化，灌装速度由100瓶/分以下提高到800瓶/分和1 500罐/分(易拉罐)；生产方式由过去自制自灌发展到集中生产主剂分散灌装的集约化生产；产品由1980年前瓶装碳酸饮料单一品种，发展到目前包装规格形式多样化的各种果汁、果肉饮料、蔬菜汁、果蔬汁、茶饮料、豆奶、乳酸菌饮料、保健饮料、可乐、可可奶、矿泉水、纯净水、固体饮料和浓缩果汁等多种产品，举不胜举。其中苹果浓缩汁产品质量达到国际标准，出口市场看好。

糕点饼干及糖果行业通过引进及自行研制成套生产技术设备，改进了生产工艺、技术和配方，改变了过去糕点、饼干品种少、质量差、包装简易和糖果生产单锅熬糖、手工包装等落后状态，使产品向低糖、低盐、多品种、多营养、多风味、小包装和多构型(球形、条型、字型、动物形、玩具型等)方向发展，开发出各种韧、酥、曲奇、威化、苏打、蔬菜、蛋卷、千层酥等饼干和各种果汁、菜汁、夹心、果仁、巧克力、保健型等糖果以及多种类风味糕点，市场面貌今非昔比。

制糖行业在原有的基础上，进一步采用了新型浸出器、多辊压榨机、压榨机线速及清净工艺等先进技术设备，再度提高了生产能力和产品质量。采用新技术开发了新糖源，如果葡糖浆、甜菊甙、甜味素等。目前该行业在生产、科研、设计、设备制造、土建安装和人才培养等方面已形成完整的体系，不仅可以独立自主地发展我国制糖工业，而且先后援助第三世界国家新建了50多家糖厂。同时，采用技术措施如蔗渣转向干法制造碎粒板或新型饲料等综合利用蔗渣、废蜜等制糖副产品，产品除上述外还有酒精、味精、柠檬酸、酵母、氨基酸等近60种，既治理了污染，又为社会增加了供给。

食用盐加工中海盐生产机械化水平已超过50%，井矿盐生产80%以上采用真空蒸发工艺代替旧式大锅煎熬，解除了“盐工苦”，提高了生产力。仅“七五”期间便累计完成固定资产投资约22亿元，新增生产能力568万吨，年生产能力达到2 470万吨。目前，我国产盐量仅次于美国、独联体(前苏联)，居世界第三位。产品已发展为加碘盐、低钠盐、调味系列盐、保健系列盐、餐桌盐等等。

发酵工业通过技术进步，发展迅速，成绩斐然。啤酒工业引进与国产同步进行，在全国范围内推广露天大罐发酵、增加糖化数和改进澄清工艺等先进技术，采用自动流水灌装线，改革了传统工艺与设备，提高了生产水平；通过对大麦生理特性研究而改变浸麦方式以及研究啤酒风味成熟因子双乙酰的生长原理而选育优良酵母，分别使发芽时间和发酵周期缩短至4天和15天左右。我国目前已成为仅次于美国而位居世界第二位的啤酒生产大国，我国啤酒厂的国产化设备也已达到国际先进水平。

白酒工业中色谱技术的普遍采用，微机勾兑技术的兴起，使剖析白酒复杂成分的工作变得快速、准确；采用基础酒与质量酒分别酿造，勾兑酒与调味酒分别贮存、以及采用微机与气相色谱和感官品评结合勾兑等技术，大大提高了白酒生产的原料出酒率和名优酒出品率，并使白酒生产趋于快速、稳定，产品质量得到提高，通过对大曲及窖系微生物的剖析及作用机理的研究，采用人工窖泥、防止窖泥老化、特定微生物培养液添加等技术，缩短了新窖出好酒的周期，提高了优质品率。低度酒、降度酒生产技术的采用，引导了白酒产品结构的合理调整。液态法白酒生产技术以及各种增香技术的采用，体现出了出酒率高、成本低、经济效益好并利于实现机械化、自动化的优点，是白酒工业的重大突破。

葡萄酒生产技术的不断改进，促进了葡萄酒酿造技术和产品质量的提高。红葡萄酒生产采用热浸提法、冷浸提法、罐发酵及旋转发酵罐法等新工艺，取代了传统工艺，使产品质量和生产效益大为提高。白葡萄酒酿造由传统工艺改为果汁澄清、人工酵母、控温发酵和隔氧贮存等先进工艺，使产品酒质细腻、香气纯正、滋味幽雅、新鲜、清净、爽干。尤其是干白、干红生产工艺以及大罐发酵香槟酒技术的开发成功，使我国大批量生产优质葡萄酒和起泡葡萄酒成为现实。

黄酒素有“国酒”之称，是中华民族的瑰宝。十几年来该行业完全依靠自己的力量，研制并推广应用黄酒机械化生产线，即万吨级从输米到蒸饭、发酵、压榨、煎酒、灌装全套机械化、连续化的黄酒生产线，并通过对麦曲和小药曲微生物系的研究，改进了制曲和黄酒的酿造工艺，从而使黄酒生产彻底改变了传统手工劳动方式，出品率明显提高。

酶制剂行业近年来采用遗传工程选育和改良微生物菌种；膜分离技术改进酶的提纯工艺；固定化技术提高酶的效能和使用寿命。如糖化酶优良菌种(SP56和UV—11)的选良，酶活力提高到20 000u/ml以上；柠檬酸行业CO827菌种的采用，与原菌种相比，其产酸率、转化率、发酵时间分别提高或缩短10%，且改变了硫酸铵盐析老工艺生产成本高、质量差、设备易腐蚀、废水污染及劳动强度大等问题；耐高温 α—淀粉酶在啤酒、酒精、淀粉糖、饴糖等行业中的应用，具有活力高、用量少、反应速度快、消耗低、操作方便等优点，表现出良好的先进性和经济效益。

活性干酵母生产先进技术设备的引进，结束了该产品依赖进口的历史。将其应用于面包、酵母等食品发酵行业中，具有缩短生产周期、提高产品质量、操作简便等特点，为促进食品制造业的技术进步提供了有利条件。

味精行业采用双酶法制糖工艺、发酵流加补糖工艺、除菌体浓缩等电点提取工艺、计算机控制味精结晶技术以及味精废液制取饲料酵母等新技术新工艺，开发生产出强力味精、复合味精即鸡味味精、虾味味精、牛肉味精等新产品，打破了味精仅限于粉状或结晶状谷氨酸钠的单一局面，使我国味精生产有了新起色。目前我国味精产量居世界第一位。

调味品行业采用固定化细胞酿醋新工艺、机械化酿制酱油、固定化酵母生物反应器速酿优质酱油等新技术，使发酵时间缩短、产量提高，产品香气成分明显增加，风味大为改观。该行业的产品结构趋向于方便化、多样化、营养化、高档化和现代化。

淀粉行业通过科技进步，涌现出一批既有引进国际先进水平的全套设备，也有全部国产化装备的现代化企业，万吨级工厂由 2 家发展到 21 家，10 万吨以上工厂 5 家。采用离心分离代替流槽沉淀法分离工艺，使淀粉收率提高 5%，蛋白得率提高近 1 倍。淀粉原料有玉米、薯类、谷类、豆类不断拓宽，加工产品不断扩大，26 家变性淀粉厂生产 50 余种产品，有白、黄糊精、可溶性淀粉、α—淀粉、环糊精、氧化淀粉、交联淀粉等。全酶法技术、喷射液化技术与设备、酶法无水 α—结晶葡萄糖生产技术与设备、高温 α—淀粉酶、β—淀粉、固定化葡萄糖异构酶等新技术、新工艺、新材料和新设备的应用，推动了淀粉糖的生产，产品由 3 种发展到 7 类 20 多个品种，有葡萄糖、果葡糖、高纯果糖、麦芽糊精、高麦芽糖、麦芽糖醇、低聚糖等，为食品工业开创了更广阔的糖料来源。

近年来业已形成一些新兴食品产业，如方便食品、植物蛋白等。方便食品产业在引进国外先进技术装备的基础上，积极消化、吸收、创新，目前已可自行加工生产方便面、方便粥、方便米粉、速冻食品(饺子、包子、馄饨、春卷、汤圆、馒头)等多系列机械设备，乃至几大类上百种系列产品。方便食品生产设备在满足国内需求的基础上，已出口到海外部分国家。植物蛋白加工产业以引进技术设备与自行研制共同促进发展，产业从无到有不断扩大；脱腥、脱毒技术已不再成为难题。干法加工技术的开创，使产品得率高达 90%；目前技术上正朝着进一步提高其蛋白质特性等方向继续发展。

十几年来的科技进步，有力地推动了食品工业的蓬勃发展。食品工业已经成为我国国民经济和人民生活必不可少的重要组成部分，对繁荣市场保证社会稳定做出了贡献。

**二、国外食品工业科技发展概述**

食品工业对农产品的加工大体历经三个阶段，即粗加工、深加工、社会化加工。国外发达国家大部分进入了第二阶段，少数先进国家进入了第三阶段，其中技术装备的先进是发展的主要动力。国外食品工业技术发展的状况及趋势为：高新技术的实用化、产业化为食品工业的发展带来重大变革；现代机械装备的大规模、高效率在食品加工社会化过程中起着关键的作用；资源合理利用与节能降耗技术成为食品工业增值的重要途径。

1. 广泛应用高新技术

工业发达国家，将一系列现代营养、生物、卫生、食品、电子、光电、电磁、机械、程控、材料等科学领域中的高新技术广泛应用于食品工业的科研与各项加工环节之中，对提高产品得率与质量、改善产品品质与风味、保证营养与卫生安全、提高生产效率与节能降耗所产生的促进作用尤为突出。这些技术主要有：

(1)生物技术

生物技术是综合微生物学、遗传学、生物化学和生化工程的理论和技术，利用天然生物、组织培养的动、植物细胞，采用重组 DNA 技术和细胞融合技术组建的人工细胞以及由天然生物和人工细胞产生的酶和细胞器等，来生产各种有用物质的现代技术。其中包括了遗传工程、细胞工程、酶工程和发酵工程。

遗传工程即基因工程，是采用 DNA 重组技术，将食品原料，包括动植物、微生物品种改良，使之更有利于食品加工，提高食品生产效率和产品质量。荷兰 Gist Brocadec 公司将具有较高活性的酶基因转移至面包酵母中，使改良后的面包酵母麦芽糖透性酶和麦芽糖酶的活性显著提高，进而提高面包发酵的膨发性能和速度，大大提高面包质量并缩短生产周期。英国 ICI 公司采用代谢调节技术，将甲醇单细胞蛋白的谷氨酰胺酶的基因缺失，再以基因工程技术将大肠杆菌的谷氨酸脱氢酶基因转移到谷酰酶缺失的突变株，从而获得利用谷氨酸脱氢酶途径同化氨的甲醇菌的突变菌株。采用高 60 米、重 100 吨、投料体积 150 米$^3$ 空气提升发酵罐连续生产的发酵技术，年产干菌体达 5 000～7 000 吨，研究与生产均成绩卓越。酒发酵方面利用杂交、原生质体融合、诱变选育以及转化等技术，培育出具有淀粉酶活性的酵母菌株，用于饮料酒的生产，成为工艺上的一项突破。

细胞工程也称细胞融合技术，是将遗传性质不同的两个细胞人为地结合在一起，制成具有“双亲”优良性状的新细胞。固定化细胞技术，采用固定培养基快速培养技术，使个体细胞和细胞团可似处理悬浮液那样培养繁殖，即可在好气和震荡条件下生长。目前日本、美国包括我国已能在发酵罐中进行植物细胞培养，如生产人参汁、食用菌菌丝或其它某种功能性食品成分。

酶工程是利用生物手段合成、降解或转化技术，使廉价原料转化成附加值高的食品。酶工程克服了传统化学转化所需要的高温、高压、强酸、强碱等苛刻条件，其反应速度比化学法高 $10^7 \sim 10^{18}$ 倍，并节省能源。利用酶法代替酸法生产淀粉糊精、麦芽糊精、麦芽糖、葡萄糖、果葡糖并采用酶固定化技术，已得到广泛应用；采用葡萄糖异构化酶，在美国、日本等国已能有效地工业化大生产果葡糖第一代、第二代、第三代的高果糖浆(HFCS)作为甜味剂；用细菌异淀粉酶分解淀粉，并用丁醇或缓冷法沉淀直链淀粉，经喷雾干燥，制成粉状直链淀粉，可用作食品包装薄膜、淀粉软糖、果酱增稠剂；利用酶法修饰植物蛋白，改良其营养价值与风味，如以胃蛋白酶对大豆蛋白和芝麻蛋白水解物进行合成类蛋白反应，合成后其分子量增大10倍，其蛋氨酸和赖氨酸分别为原料大豆蛋白和芝麻蛋白相应氨基酸含量的近2倍，大豆蛋白的苦味相应减少，从而使这两种蛋白营养价值与风味得到改善；利用固定化乳糖酶分解牛乳中乳糖以制造无乳糖奶粉，为乳糖不适症人群带来福音；丹麦 Novo 公司的 OHyasp 复合酶应用于果汁加工中，可使果汁出汁率提高到80%～94%。

发酵工程是利用微生物某种特定性能，以新的手段进行工业生产的技术，这项技术的采用，已在发酵产业中取得了许多新成就。美国 Kelco 公司微生物发酵生产的黄原胶，在被广泛应用的基础上，进一步采用微生物发酵生产多糖胶，用于制作食品增稠剂，其性能和稳定性优于黄原胶，已为各国吸收使用；英国斯图杰公司与哈尔滨大学共同利用发酵新工艺，以小麦淀粉为原料，生产出一种新的食用油，其中含16碳-α-亚油酸，是世界上第一种发酵生产的食用油。利用微生物发酵生产γ—亚麻酸，拓宽了保健食品的原料来源。大量食品加工的副产物，施以各种发酵新技术进行转化利用，创造了良好的经济效益和社会效益。

世界各国，尤其是发达国家，均将生物技术列为国家重点科技发展项目。美国生物技术研究与应用处于领先地位，仅美国 ADM 公司至1995年用于生物工程的投资便高达20亿美元。

(2)新型分离技术

新型分离技术具代表性的有膜分离技术和超临界萃取技术。包括过滤、超滤、反渗透技术在内的膜分离技术是利用膜对溶质和溶剂表现出选择透过性，实现对各种体系中同组分的分离，如果蔬汁、干酪乳清、酶制剂的浓缩，调味品、啤酒等的澄清、除菌，蒸馏水的净化等；$CO_2$ 超临界萃取技术根据流体处于临界状态同时具有气体和液体的特性，以超临界流体做溶剂进行萃取，提取某些成分，如啤酒花中苦味酸的萃取、咖啡中去除咖啡因、食用油脂制取与脱臭、脱色，以及香精香料的提取等。这两项分离技术的采用，均具有分离效果好、营养和风味成分保持好、成本低、节约能源、减少污染等特点。

(3)先进加工技术

高压水切割技术，采用细如发丝的高压水流切割食品的装置，其优点是切割面整齐，无切割痕迹和碎屑物，对食品细胞无伤害，产品清洁卫生无污染，免去磨刀工具，有利于提高产品质量和产品得率，主要用来切割肉、禽、鱼、果蔬等制品。

低温粉碎技术，采用自控机械使物料处理温度降至凝聚点的脆化温度(－100℃以下)，使物料弹性降低而出现冷脆现象，在此状态下进行粉碎，可达到100～200目，甚至350目以上的粉碎效果，产品质量好。主要用于某些含水分、油脂、多具弹性、受热易分解、挥发、变性和氧化的食品，以及纤维类食品等。

冷冻干燥，也称升华干燥技术，是将物料中的水分冻结成冰后，在真空下使其不经过液体直接气化的一种干燥方法。它有利于保存食品中热敏性功能成分的生理活性，保持食品原有的色、香、味，产品复水性良好。目前利用这项技术生产的有：各种蔬菜、食用菌、鱼、虾、禽及畜肉等产品。

微胶囊包埋技术，利用可形成胶囊壁或膜的物质，将核心物质包覆、固化、脱水，使之与环境中空气、水分隔绝，达到保护核心物质、保留食品的挥发性成分等目的。其加工方法可分为化学法(界面聚合法、辐射化学法等)、物理化学法(相分离凝聚法、复乳法等)、物理机械法(喷雾干燥法、喷雾冻凝法等)。目前应用此技术生产的产品有固体饮料、调味料、香辛料、风味肉食品添加剂等。

超微粉碎技术，食品经超微粉碎(粒径2微米以下)可完整地保持其有效成分，并可显著提高有效成分的利用率和人体的消化吸收率，如超细珍珠粉及超细花粉和大豆蛋白粉的制造等等。

挤压膨化技术，通过机械作用使谷物胚乳细胞间隙里的水汽突然膨胀并经瞬间减压而突破，以致改变谷物的外形、结构和性质，使一部分淀粉变为糊精和糖、多糖凝胶、蛋白质改性组织化，产品更易消化、口感好。发酵、油料等工业原料经过膨化，可显著提高原料利用率，简化工艺，节约能源，增加效益。目前有挤压式膨化、气流式膨化，后者又分为电阻加热常压膨化、过热蒸汽膨化几种。

真空技术，即在真空状态下操作，已广泛应用于食品的预冷、冷却、油炸、浸渍、浓缩蒸发、冷冻干燥、发酵、发泡、脱气、贮藏和包装等方面，具有提高效率、保持营养、减少损失、提高质量、延长贮藏期等特点，如真空预冷比空气或水预冷提高5倍效率，真空浸渍提高10倍效率，真空油炸营养素提高25%，产品残油率减少10%，真空贮藏可延长货架期1～2周。

微波技术，利用高频电磁场的瞬间穿透性能，加速食品中的分子运动和相互摩擦，而产生大量热能，形成超快加热工艺，用来干燥、热烫、蒸煮、解冻、消毒、杀菌、烹饪食品等，表现出省时快速（比传统方式快10～20倍）、节能高效（80%～90%的微波能可转换为热能，比常规法节电30%～50%）、保持营养与风味（能保留Vc60%～90%，常规加热仅保留Vc45%～50%）、受热均匀（常规加热易外干里湿、外焦里生）、卫生、安全、无三废无污染、操作简便、投资省（节省50%以上）、见效快、经济效益好等明显优势。

电子技术，除去利用计算机、微机直接操作并集中控制工业化大规模生产、发酵、管理及信息网络的建立以外，电子计算机已用于收集、整理、贮存有关实验数据，分析核酸蛋白质的排列顺序，模拟各种生物化学反应过程，制订实验计划和消除实验误差等方面。美国科学家目前正在设想在五年之内建成DNA计算机即生物计算机，根据DNA分子酶催化迅速反应原理设计编码分子序列形成新蛋白过程（瞬间完成），以DNA编码的形式进行运算，照此，在几天内完成的计算将会比迄今世界上所有计算机进行过的全部计算总和还要多，届时，必将会对人类科技进步产生更为重大的影响。

(4)杀菌、检测和保鲜技术

超高压杀菌，对食品施以高压，使细菌的微生物系统遭破坏而致死。这项技术的最大特点是，不破坏食品营养成分，不产生毒性与异味，杀菌彻底，能够保持原有风味与色泽，延长保存期。日本味之素公司采用此技术，在60℃、6 000大气压条件下，将食品中霉菌和芽孢菌减少至十万分之一；在25℃ 、6 000大气压条件下20分钟，将食品（土豆色拉、猪肉等）中的芽孢菌全部杀死，而原料中的Vc等多种营养成分却未受损耗。超高压技术也可用于食品的物性修饰、微生物的高密度培养，还可用于蛋白质的凝胶化、淀粉的糊化和脂质的乳化等生产之中。

静电杀菌，用静电放电所产生的离子雾和臭氧处理食品，达到杀菌的目的。

电子射线杀菌，电子射线源或白炽热丝在真空下加热，阴极产生电子，电子通过真空电场时速度加快，能量高、穿透力强、杀菌效率高、速度快，无需附属设备。

磁场杀菌，主要适用于酒类杀菌，在含酵母的酒液中，加入磁性物体，以600高斯的磁场杀菌，杀菌率达99.8%。

强光脉冲杀菌，用连续的宽带光谱短而强的脉冲抑制微生物。

臭氧杀菌，以臭氧代替氯对水进行消毒杀菌。臭氧的氧化能力比氧强50倍，能杀灭细菌、病毒、寄生虫。杀菌后臭氧全部挥发，水中无残留，没有再污染问题。该技术也适用于粮食、饲料等的杀菌。

生物杀菌，以抗生物酶杀菌保鲜技术，在日、美等国受到重视；脱乙酰壳多糖具有抗微生物作用，其抗真菌作用的利用尤为引人注目。

容器杀菌，用具有消灭细菌和抑制细菌繁殖作用的特殊塑料，制成灭菌和处理饮用水、纯水和超纯水的贮槽和管道，37℃下贮水24小时，可将99.99%的大肠杆菌杀死，以致自行灭菌。日本三得利公司和富士公司曾推出此技术。

光学、影像和光纤检测，目前美国、新加坡及一些先进国家在食品加工中，针对不同情况分别采用可见与彩照、X射线、紫外线、近红外线、镭射光线以及光纤维镜等检查与探测技术，对食品中的各种金属和塑料异物、碎屑、寄生虫、容器的微细裂纹及内部污染、鱼刺、果蔬的成熟与腐败、鱼和肉制品的重量与分级、油炸食品的色泽与弯曲程度、炸（烤）时间与温度、水分和含油量以及食品加工管道的污染程度进行检测，可将结果自动反馈，将不良因素自动剔除，并自动调节控制生产，使之处于最佳工作状态。此外，气相色谱、气液色谱仪、高压液相色谱仪、色质联用仪、红外线分光光度计、原子吸收分光光度计、荧光分光光度计、高分辨率质谱仪、薄层扫描仪、扫描电子显微镜、薄层层析法、薄层电泳法、核磁共振、电子顺磁共振等现代分析检测技术，已在发达国家普遍应用。

辐照技术保鲜，利用钴60和铯137所放出的伽玛射线及能量，对食品进行保鲜处理，已为众人所周知。

冰温技术保鲜，将食品原料控制在结冰点状态下予以贮藏或运输（生鲜蔬菜结冰点约为－0.5℃至－1.7℃之间，鱼、肉则大约在－2℃），冰温状态下鲜物品呼吸活动极为缓慢，能够在较长时间内保持新鲜度。

无冷冻技术保鲜将果实浸于糖液之中，根据果实种类差异，施加500～2 000气压不等的高压，利用果实细胞和糖液浸透压的差异，将果实内水分以不冻性糖液加以取代，避免了冷冻果实解冻后大量汁液流失和颜色、形状劣化等缺点。

无菌包装技术，是将杀菌并冷却后的物料，在无菌条件下装入无菌容器并无菌密封的技术。这一技术的实现，需要借助无菌灌装设备与材料，目前国际上有30家公司提供各种不同的无菌包装技术与设备，按包装容器分主要有：纸盒包装，如瑞典的利乐包(tetrapic)；塑料袋无菌包装，如法国的百利包(prepak)、芬兰的芬包(finpak)；塑料杯无菌包装，如法国的埃卡包(erca，专利已被美国购买)；塑料瓶无菌包装，如波特派克(Bottlepack)；箱中袋无菌包装，如美国的休利(Scholle)，意大利的爱坡(Elpo)，德国的佛兰克(Frankica)等。

2. 采用大规模、高效率食品机械装备

随着发达国家现代化进程的加速，其食品工业企业呈现出由小到大，由分散到专业、到垄断的不断变化。美国1947年～1982年35年间食品企业数减少了48%；日本1965年～1988年23年间食品企业数减少了15%，而食品工业产值却增长了8倍。促使这种变化的关键因素之一是食品机械装备由简单迅速发展为高度系列化、标准化、精密化、机械电子集成化、工艺简单合理化、连续封闭化、数控化、自动化、智能化，以致实现了食品工业大规模、高效率、消费饮食社会化的生产与效益。丹麦的一种先进雪糕成型机，从灌料、配料、插签、冻结、升温脱模、拔签到出成品一机完成，充分体现了机电一体化；美国的蕃茄罐头厂、北欧的大型面包厂，生产从原料到成品均由中央控制室微机控制，全部生产仅需几名工作人员，生产、管理、质检完全自动化。法国制糖业在以遗传工程和机械化播种发展原料的基础上，采用一系列先进技术装备，包括数字控制、相关传感器等自动化手段，使糖产量自1960年～1994年从200万吨提高到430万吨，而这期间制糖厂却从100个减少到46个，每个糖厂劳动生产率平均提高4倍，产量达到8 500吨/天。目前日本各式食品加工机械已达3 000余种(而我国仅1 500多种)。当今，机械装备的技术水平与规模以及其投入产出的效率比值被视为是衡量一个国家科技水平与经济实力的重要标志之一，各国均将其作为重点发展产业。

3. 追求节能、低耗、增值、高效的生产目标

实施采用一系列高新技术与现代化机械装备，在生产大批量高品质食品的同时，提高资源利用率、节能降耗、创造生产高效益是当代科技发展所追求的另一项主要目标。膨化技术使原料的生产得率明显提高；膜分离、$CO_2$超临界萃取技术提高了许多特定或有效成分的提取率；生物技术与新型提取技术的结合，使食品加工的下脚料的综合利用不断向深层次发展，如油脚中提取磷脂、浮油中提取$V_E$、米糠油下脚料提取植酸、提取棉酚制成杀虫剂等；振动排渣过滤机代替板框式过滤机进行过滤，提高产品纯度和提取率，降低了劳动强度；超高压杀菌和微波加热等技术，使食品中营养和风味的保留更进了一步。生产工艺和机械设备的不断改进，降低了食品各项加工(干燥、蒸煮、蒸发、油炸、杀菌)中的热能消耗；法国制糖行业，施以新工艺，反复利用蒸汽，加强隔热保温措施，热能消耗降低50%；美国FMC公司的七效蒸发器，比四效蒸发器降低蒸汽耗量42%，比一效蒸发器降低84%；日本的内藏式流化床三级喷雾干燥机比一级和二级喷雾干燥机可节能30%；热风气流干燥中的正负压结合尾气余热全部利用技术，热效率高达90%，节能40%；罐头杀菌装置以淋水式代替全水式，节能15%，节水25%～30%，杀菌质量也因温度均匀、无冷点而得到提高。

目前，现代化的科学技术、工业装备与科学管理，正在以其巨大的推动力，不断促使各先进国家的食品工业，以理想的发展速度与高水平的增长质量与效益继续向前迈进。

(原载《食品科技》1996年第2期。有删节)

# 新技术与食品工程

李里特

(中国农业大学)

近年，现代科技在机械工程、材料工程、化学工程和电子工程等领域的飞速进步，带动了许多行业的发展。食品工业也不例外。新技术在食品工程上掀起了一场场革命。这些技术主要有：双轴挤压机技术、超高压处理技术、超临界流体萃取技术、膜分离技术、电磁波利用技术、生物反应器技术、真空技术、冻结技术、干燥新技术、微粉碎技术、微胶囊技术、杀菌技术、包装技术等等。对于这些世纪之交的食品工程新技术，认识其原理、现状和问题，对发展我国食品工业很有必要。

**一、膜处理技术**

关于膜处理技术，国内外都作了大量研究。从受人注目开始，至今已有大约20年了。现就国内外研究的差异和新动向谈一点看法。

膜处理技术在国外已经成为食品工业中不可缺少的

技术之一，然而在我国，研究仍处于开始阶段，而且多属于对膜性能评价的试验研究。要使我国的膜处理研究迅速转化为生产力，就要了解膜在应用方面的困难和问题。

膜技术目前主要存在的问题是：使用过程中，膜分离性能降低较快、膜的使用寿命较短、分离浓缩效率低和浓缩极限浓度较低等。在装置上设备和膜的清洗、消毒、卫生管理也是极待改善的问题。如果忽视以上问题，仅作一些果汁过滤澄清的试验，以其试验结果指导工厂化生产是很容易失败的。

食品工业中，膜分离技术主要可分为四大类，即：电渗析（electrodialysis：ED）、精滤（mierofiltration：MF）、超滤（ultrafiltration：UF）和反渗透（reverse osmosis：RO）。膜处理技术在食品工业中应用最多及最成功的还是在乳品工业。其次是用于酒类的除菌和液体食品的浓缩，还有果汁的澄清和废水处理等。为了克服膜利用技术的以上困难，目前国外对膜利用的研究和开发有以下三个方面动向：

1. 开发便于清洗和使用耐久的膜材料。其中以无机膜代替有机膜较为成功的例子有所谓动态膜（Dynamically formed membrane）。这种膜以多孔陶瓷或烧结的不锈钢粉末为支持体（孔径相当于MF膜）。当加压过滤时，食品胶体会附着在孔上或膜上形成RO或UF膜。据锅谷洗志等人的研究，这种膜可广泛用于海水淡化、西红柿汁浓缩、食品废水蛋白回收等方面，且具有易清洗、耐压、耐酸碱等特征。

2. 用于高产值、高效益的食品精细加工。为了发挥膜利用效益，国外把膜用来进行生物工程的生产中。例如，用膜来代替固定化酶的载体，作成膜生物反应器来进行发酵，或有机分解加工；用于高分子量食品物质水解的膜反应工程称为游离酶膜分离方式。如：将淀粉、纤维素向多糖类的转化，蛋白质的水解等。用于低分子量食品物质的异构化处理方法称为细管膜组件内固定化酶方式，例如，高果糖的制造工程。这些利用膜生物反应工程得到的产品多属功能性食品添加剂，经济价值比较高。

3. 膜乳化处理的开发。膜乳化方法是1988年中岛等人利用多孔玻璃"SPG"（Shirasu Porous Glass）作为膜，开发的一种全新的乳化方法。其原理是把分散相加压，使之通过SPG膜，进入连续相液体中分散，形成非常细小的液滴。这种方法的特点是粒子均匀性很高，平均粒子径可以根据设计膜调节，形成的乳化液体非常稳定，更可贵的是，可以形成多重乳浊液，即O/W/O或W/O/W型乳浊液。目前已实用化的膜组件为管状SPG膜组件。膜乳化方法已在日本投入大型实用化生产。较有名的是森永乳业1993年利用膜乳化方法开发了一种称为"Spread"的人造奶油，使其中脂肪含量降至普通人造奶油的1/3，即只有25%的脂肪。利用膜乳化处理法可使"Spread"中的水粒子细微到微生物难以增殖的程度，并可以大量稳定地存在油脂中，确是一种前所未有的成果。这种超低脂肪食品受到消费者欢迎。在调味剂、香料、糕点和医药方面，膜乳化处理法越来越受到青睐。

**二、高压处理技术**

原理：食品领域利用高压处理和加工主要是基于对食品的主成份水的压缩效果，即：高压对液体的压缩作用。它是利用了帕斯卡定律：加在液体上的压力可以瞬时以同样大小传到系统的各个部分，因此对于不适合这一定律的干燥食品、粉状或粒状食品，不能采用高压处理技术。

室温（20℃）下的水，加压达到1 000 MPa时，可以变为固体，所以一般食品领域使用的压力都在1 000 MPa以下的范围。100多年以前，已经有人注意到压力对生物的作用，这主要是对深海生物的研究进行的。当时研究的压力范围主要是100 MPa左右，当超过100 MPa时对生物材料就会发生不可逆变化。然而真正注意到这一点，并且在食品领域开展研究的却是在1986年。由日本的林力丸首先倡导的食品高压处理工程近年发展很快，许多技术已经实用化生产。

食品高压处理加工的原理主要着眼于在100～1000 MPa静水压下，生物材料会发生不可逆变化，即：在这样的压力下，生物物质会产生压力变性，生物物质的高分子立体结构中非共价结合部分（氢键结合、盐型结合、憎水基相互作用等）将在这样的压力下发生变化。这种变化是由于系统全体体积的减少，结合水向增加方向变化引起的。例如，形成蛋白质多级结构的非共价结合会产生自发的水和，引起二级、三级、四级结构的破坏。这种压力下不仅是蛋白质，凡由非共价结合而形成其构造的核酸、脂质、糖质（淀粉）等生物高分子的立体结构都会受到破坏，产生功能和性质的变化。一般不可逆破坏的压力，对于脂蛋白、蛋白的四级结构，200～300 MPa就产生作用，然而对于核酸、淀粉、单体酶则要求更高压力。

应用：近年来，特别是在日本，食品高压处理技术取得了很大发展，归纳起来主要有以下几方面：

1. 控制酶反应的程度，生产有用物质。例如：蛋白酶的分解与合成反应、大豆蛋白的酶分解反应、氧化酶的失活、水解酶的失活等。

2. 蛋白和淀粉的酶分解工程。例如，有限分解、无蒸煮发酵、食品脱臭工程等。

3. 酶的不可逆失活：生酒和天然果汁的制造。

4. 蛋白凝胶化、淀粉糊化：改善食品粘弹性和口感，开发食品新素材。

5. 对脂质与蛋白混合物加压，以改善其乳化性。

6. 抑制细菌生长，延长食品保鲜期。

7. 杀菌、杀虫。这方面研究成果较多，笔者已在其他文详述过。

8. 食品熟化(陈化)处理。主要应用于对发酵食品、腌渍食品。

9. 破坏细胞膜和颗粒膜，促进食品物质的抽提、渗透和消化。

10. 改变水的固液相平衡点，用于食品的冰点下保藏解冻和急速冻结。

特点：高压处理往往被用来代替食品的加热处理，与加热处理相比，它有以下特点：

1. 高压处理的压力范围仅对生物高分子物质立体结构中非共价结合产生影响，因此对食品中维生素等营养成份和风味物质没有任何影响，当然也得不到有些热加工艺所产生的新的香味。

2. 对食品物质进行压力化学修饰，改变其物性，得到一些特有的新食品材料。

3. 压力传递均匀，处理均一性好。

4. 可以实现瞬时处理，并且维持高压不需要能量，压力传递不象热传递需要时间，所以比较节约能量，运转费低。

5. 初期设备成本投资较大，生产效率比热加工差一些。

展望：高压处理技术研究经过近10年的发展，在取得大量成果基础上，目前开发的重点有以下几个方面：

1. 加热和加压的相乘和拮抗效果的利用；

2. 高压在食品化学反应方面的特殊效果利用；

3. 加压装置成本的降低和高效率生产。

需指出的是，加压设备问题也是该技术在我国食品工业应用最大的障碍。不过，相信随着经济的发展，这一技术在我国的应用将为时不远，因为我国在食品加工方面也存在着许多希望以冷加工代替热加工的迫切课题，也许高压处理是唯一解决问题的办法。

**三、双螺杆挤压技术**

食品加工用的螺杆挤压技术很早就有应用，当时主要分两个途径：一个是意大利面条类的制造和以成形为目的，主要在美国发展起来的膨化小吃、膨化谷片类的制造。另一途径则是由意大利的哥仑波为塑料工业开发的无轴型螺杆挤压机械而来。法国在70年代中首先将此设备应用于食品加工，从此双轴挤压加工法引起全世界注目。

与单螺杆挤压机相比，双轴杆挤压机具有较高的剪断性能、混合搅拌性能和挤压推送性能，因此可以一机实现一整套工序的加工，甚至还可以实现烹熟的功能。80年代各国竞相对这一梦幻般的机械进行了研究开发。其中比较成功的就是大豆蛋白的组织化处理和淀粉类食品的膨化处理。80年代后期人们也开始注意到这种机械的缺点和限制。其中有两个方面问题比较突出。

由于轴向压力大，机械与物质间，机械配合件内的磨耗比较快。尤其是加工比较困难的螺杆，往往很短时间就会磨损，引起运转费用的增高。生产效率低，对于效率就是效益的现代化生产来说，这一不足，的确影响其推广。因此人们对双螺杆挤压技术的利用研究逐渐发生了变化。这一变化表现在三个方面：

1. 利用双螺杆挤压机集混合、搅拌、粉碎、溶融、剪断、成形、杀菌、组织化、促进化学反应于一身的功能，加工用其他设备无法实现的新食品或食品新素材，例如：利用它，以米糠、南瓜、骨粉为原料，加工成一种膨化小吃的研究。

2. 食用油的压榨方面，利用双螺杆挤压机取得了很好的结果。五十部等人利用双螺杆压榨机对无脱皮向日葵进行了压榨试验，结果显示：出油率可达93.6%左右，而同样试样用单轴螺杆挤压机，出油率只有19.7%。如此高的出油率便可以省去有机溶剂的脱油处理，这一装置目前在日本一家油脂加工厂已投入生产。

3. 果蔬汁的压榨。果蔬汁的压榨是食品工程中一个重要的课题，果蔬中虽然含有大量汁液，但大多都被包含在细胞壁中，而且由于果胶的存在，用一般机械挤压的方法很难提高出汁率。现有工艺中也有用先破碎，再榨汁的工艺，但这种方法又会引起果菜汁中风味成份的损失和营养成份的化学劣变造成变色、变味的后果。90年代初日本首先利用双轴挤压机兼有破碎、剪断、压榨、分离的功能，将它用于果蔬汁的压榨，取得很大成功。笔者也参加了此项试验研究，对黄瓜、胡萝卜、豆芽、卷心菜等多种蔬菜榨汁结果显示，这种方法不仅出汁率高，而且汁液品质好。目前双轴螺杆压榨机在日本已成为胡萝卜等果蔬汁榨汁的专用机械。在此研究基础上，笔者与五十部等人还利用双轴螺杆挤压机进行了大豆加工的试验，即，利用一种特殊的双螺杆组合和滤筒，使浸渍的大豆直接在机器中磨碎、挤压、固液分离，得到豆乳和含水较低的豆渣。

**四、电磁场利用技术**

电磁场和电磁波在食品上的利用近年来在食品机械的开发方面尤其引人注目。比较成熟的技术有：远红外加热、微波处理、紫外线杀菌等等。90年代以来又出现了一些新的电磁加工领域。这些技术主要有以下几个方面：

1. 通电加热(Ohmic－heating)。这是1988年由英国

的 APV 公司，在解决高粘性食品、固液混合食品连续杀菌设备问题时，首先创立的一种食品加工方法。这种加热杀菌技术很快受到各国重视。它的优点在于加热均匀、迅速、节能。在日本通电加热技术已经实用化应用，成为新食品加工的重要技术。

2. 电渗透固液分离技术。食品物料往往由带电胶体粒子组成，这些固体的胶体粒子与分散介质液体之间存在着ζ电位。当给物料加以静电场时，液相就会在胶粒电位感应下带上相反的电荷，于是固液发生分离的运动，达到低耗能、高效率的脱水目的。据笔者的初步试验，这种方法比普通压榨脱水，不仅速度快，脱水率也有明显提高。

3. 电磁水处理技术。利用电磁场的作用，改变水的分子团结构，开发所谓功能性水(Activated Water)，在日本等国近 1～2 年正在成为食品工程开发的重要课题。这些功能水有磁化水、电子水、共鸣场水、强酸化水、π 化水等等。

在食品工程方面，近年取得重大突破的新技术还有很多。有的已经成熟，得到广泛应用，更多的还处在研究和试验阶段。食品工业在发达国家已是支持国民经济的三大支柱产业之一，食品技术的开发与竞争也非常激烈。一切高科技领域的新成果都会很快渗透到食品工程中去。相信在不久的将来我国食品工业会在这些新技术的推动下取得飞速发展。

（原载《中国食品工业》杂志 1996 年第 1 期）

# 中国人群膳食结构的变化

葛可佑
（中国预防医学科学院营养与食品卫生研究所）

建国以来我国共进行过 3 次全国性的营养调查。第一次是在 1959 年，由于当时情况异常，调查结果未能发表。第二次全国营养调查于 1982 年实施，结果以调查总结和资料汇编的形式公布。80 年代以来我国的社会经济和人民生活情况发生了迅速的变化，城乡居民的膳食结构也出现了明显改变。在 80 年代中期平均粮食消费量出现了平台，而动物性食物和食用油的消费仍呈持续增长的态势。1992 年在卫生部等 4 个部委领导下开展了我国第 3 次全国营养调查，获得了约 10 万居民的个体膳食、体测及家庭收入、教育程度等多方面的材料。这次调查虽在样本的构成、资料收集及处理方法等方面与 1982 年的调查不尽相同，但从人群平均的食物消费、营养素摄入及膳食构成等方面还都是可比的。本文选取两次调查的全国性数据及部分有一定特征的代表性省、市、自治区的数据加以比较，探讨全国人群膳食结构 10 年来的变化趋势和存在的问题。

## 一、结果

1982 年和 1992 年全国平均每标准人日各类主要食物的消费量见表 1。1992 年全国平均每标准人日消费植物性食物 909 克，动物性食物 116 克；10 年来谷类、薯类和豆类的消费量明显下降，1992 年比 1982 年分别减少了 58 克、76 克和 7 克。蔬菜消费量基本持平，但品种上有所变化，深色蔬菜占的比重 1982 年为 23%，1992 年上升为 32%。其他种类的食物均有上升，水果增加了 21 克，畜禽肉 20 克，蛋和乳各 6 克，水产品 16 克，油脂 12 克。食盐摄入量 1992 年比 1982 年增加了 3 克。食物的消费结构，根据 1992 年的调查结果，城市和农村居民间存在明显差别，同时在城市和农村人群中又均与家庭收入水平有一定的关系。

**全国平均每标准人日的主要食物消费量**

**表 1**　　　　单位：克

| 食物 | 1982 年 | 1992 年 |
|---|---|---|
| 谷类 | 498 | 440 |
| 薯类 | 163 | 87 |
| 豆类 | 15 | 8 |
| 蔬菜 | 316 | 320 |
| 水果 | 28 | 49 |
| 畜禽 | 42 | 62 |
| 蛋类 | 10 | 16 |
| 奶类 | 9 | 15 |
| 水产 | 12 | 28 |
| 油脂 | 18 | 30 |
| 食盐 | 11 | 14 |

表 2 分别列出了城、乡平均，城市高、低收入人群及农村高、低收入人群的食物摄入量。每标准人日城市比农村少消费谷类 73 克，薯类 62 克，而多消费水果 48 克，奶类 32 克，其他动物性食物 113 克，油脂 11 克。蔬菜和豆类的消费量城市和农村没有明显差别。这种膳食结构的差异与收入水平成平行关系。如果以城市高收入组、城市平均组、城市低收入组、农村高收入组、农村平均组和农

村低收入组的顺序排列起来，则各类食物的消费量均成很有秩序的连续性变化。城市高收入组与农村低收入组间差别最大，而城市低收入组与农村高收入组间较为接近。城市高收入组与农村低收入组间的差别以动物性食物最为突出，达每日 289 克。此外谷类食物为每天 106 克，薯类 94 克，水果 89 克和油脂 19 克。

**居民收入水平与食物摄入量**

**表 2** 单位：克/标准人

| 膳食 | 城市收入水平 | | | 农村收入水平 | | |
|---|---|---|---|---|---|---|
| | 总 | 低 | 高 | 总 | 低 | 高 |
| 谷类 | 417.0 | 440.4 | 400.5 | 490.0 | 506.6 | 465.3 |
| 薯类 | 46.0 | 57.1 | 36.5 | 108.0 | 130.2 | 84.1 |
| 豆类 | 13.3 | 10.1 | 16.1 | 10.2 | 9.7 | 10.9 |
| 蔬菜 | 326.9 | 317.9 | 335.9 | 307.5 | 304.0 | 328.8 |
| 水果 | 80.1 | 48.6 | 112.6 | 32.0 | 23.2 | 41.1 |
| 奶及奶制品 | 36.1 | 22.6 | 51.6 | 3.6 | 2.4 | 5.6 |
| 肉禽鱼蛋 | 179.3 | 117.5 | 231.8 | 65.6 | 40.2 | 95.6 |
| 油脂 | 36.9 | 31.2 | 40.5 | 25.6 | 21.1 | 30.7 |

表 3 显示两个调查年度膳食能量和蛋白质来源的变化。1992 年全国平均来自谷类和薯类食物的能量下降了 7.6 个百分点，来自动物性食物的能量由 7.9%上升到 9.3%。城市和农村间的差距在两个调查年度相当一致，城市的谷类和薯类能量比农村约低 15 个百分点，而动物性能量约高 8～9 个百分点。1992 年由膳食脂肪提供的能量比 1982 年高 10 个百分点。1992 年动物性蛋白质的比例明显上升，但豆类蛋白所占的比例仅约为 1982 年的一半。

营养素的摄入量与推荐供给量(RDA)比较，1992 年全国平均能量达 97.1%(城市 99.8%，农村 95.7%)，蛋白质达 90.3%(城市 98.7%，农村 85.9%)。维生素中视黄醇当量和核黄素的摄入量偏低，平均分别为 RDA 的 61.7%和 58.4%。矿物质中钙缺乏明显，平均仅为 RDA 的 49.2%，城市为 53.3%，农村为 47.1%。表 4 表明 10 个省、市、自治区 1992 年膳食能量占 RDA 的百分数除青海外均有不同程度的下降，以黑龙江省和山西省为突出。蛋白质有升有降总体上相近。视黄醇当量、核黄素及钙的摄入情况 1992 年多数省区比 1982 年也有所下降。

**表 3** **中国人的膳食结构** 单位：%

| 膳食结构 | 1992 年全国平均 | | | 1982 年全国平均 | | |
|---|---|---|---|---|---|---|
| | 总计 | 城市 | 农村 | 总计 | 城市 | 农村 |
| 能量的食物来源 | | | | | | |
| 谷类 | 66.8 | 57.4 | 71.7 | 71.3 | 65.0 | 74.6 |
| 薯类 | 3.1 | 1.7 | 3.9 | 6.2 | 2.3 | 9.0 |
| 豆类 | 1.8 | 2.1 | 1.7 | 2.9 | 3.2 | 2.6 |
| 动物性 | 9.3 | 15.2 | 6.2 | 7.9 | 12.4 | 4.2 |
| 蛋白质的食物来源 | | | | | | |
| 豆类 | 5.1 | 5.8 | 4.8 | 10.7 | 10.8 | 10.0 |
| 动物性 | 18.9 | 31.5 | 12.4 | 11.4 | 16.9 | 6.3 |
| 脂肪能量 | 22.0 | 28.4 | 18.6 | 18.4 | 25.0 | 14.3 |

**表 4** **营养素摄入量占供给量的百分数** 单位：%

| 地区 | 能量 | | 蛋白质 | | 视黄醇当量 | | 核黄素 | | 钙 | |
|---|---|---|---|---|---|---|---|---|---|---|
| | 1982 年 | 1992 年 | 1982 年 | 1992 年 | 1982 年 | 1992 年 | 1982 年 | 1992 年 | 1982 年 | 1992 年 |
| 北京 | 103 | 103.7 | 93 | 100.3 | 86 | 64.1 | 62 | 69.5 | 77 | 50.9 |
| 上海 | 103 | 98.5 | 99 | 101.2 | 110 | 70.7 | 75 | 75.4 | 98 | 58.3 |
| 黑龙江 | 115 | 90.1 | 105 | 76.2 | 51 | 34.6 | 70 | 52.1 | 89 | 33.6 |
| 内蒙古 | 108 | 92.9 | 105 | 85.5 | 61 | 28.0 | 70 | 51.7 | 80 | 44.0 |
| 山西 | 102 | 87.1 | 102 | 81.7 | 116 | 26.4 | 67 | 49.5 | 69 | 50.2 |
| 河南 | 114 | 93.6 | 102 | 90.0 | 171 | 48.3 | 61 | 57.2 | 79 | 48.9 |
| 广东 | 98 | 93.1 | 84 | 99.8 | 122 | 125.8 | 65 | 62.2 | 76 | 46.5 |
| 甘肃 | 104 | 94.9 | 98 | 90.3 | 62 | 40.7 | 53 | 58.7 | 58 | 45.4 |
| 青海 | 92 | 98.7 | 84 | 95.5 | 25 | 84.3 | 42 | 62.3 | 48 | 46.3 |
| 四川 | 99 | 102.3 | 91 | 80.5 | 208 | 71.9 | 62 | 82.3 | 64 | 39.7 |

各省市居民膳食能量和蛋白质的食物来源见表 5。来自谷类食物的能量 1992 年普遍低于 1982 年，广东、北京最明显约低 18 个百分点，甘肃、四川低约 7 个百分点，其他省区则介于其间。动物性食物来源的能量 10 年间广东由 8.1%增至 20.3%，上海由 6.6%增至 16.4%，四川、甘肃基本上未变，内蒙古还有所减少。膳食脂肪供给

的能量大多数省市均有不同程度的提高，而四川和甘肃基本上维持原水平，只上升0.8和0.2个百分点。动物性蛋白质的比例以广东、上海和北京为高，约占31%～44%，比10年前增加了1倍以上。而山西和甘肃两省仅占膳食蛋白总量的6.6%。豆类蛋白质普遍减少，上海由14.5%减至5.4%，四川由14.9%减至3.3%是突出的例子。

营养素摄入量的城乡差别相当突出(表6)。除山西省城乡居民的营养素摄入均较低外，城市人群的能量摄入达到RDA的90%～104%，农村人群达到86%～103%。蛋白质摄入量城市为82%～108%，农村为68%～98%，农村低于城市。视黄醇当量的摄入农村普遍低于城市，黑龙江、内蒙古等省区农村仅及城市的半数，为RDA的19%和24%。核黄素除山西省城、乡摄入均低外，其他省市区的城市和农村间均有相当的差异。钙的摄入量普遍较低，上海和黑龙江城、乡人群的差别较大，在10个百分点左右。

表5 膳食能量及蛋白质的食物来源 单位：%

| 地区 | 能量 | | | | | | 蛋白质 | | | | 脂肪能量 | |
|---|---|---|---|---|---|---|---|---|---|---|---|---|
| | 谷类 | | 豆类 | | 动物性食物 | | 豆类 | | 动物性食物 | | | |
| | 1982年 | 1992年 | 1982年 | 1992年 | 1982年 | 1992年 | 1982年 | 1992年 | 1982年 | 1992年 | 1982年 | 1992年 |
| 北京 | 72.5 | 54.4 | 2.2 | 1.8 | 10.0 | 16.4 | 6.7 | 5.1 | 12.7 | 30.9 | 21.6 | 30.6 |
| 上海 | 73.9 | 57.3 | 4.2 | 2.1 | 6.6 | 16.4 | 14.5 | 5.4 | 15.5 | 36.0 | 19.6 | 27.9 |
| 黑龙江 | 83.7 | 65.7 | 1.5 | 1.0 | 3.6 | 7.3 | 4.6 | 3.5 | 4.2 | 16.3 | 13.7 | 24.8 |
| 内蒙古 | 79.0 | 67.2 | 1.3 | 1.3 | 9.5 | 7.8 | 4.4 | 3.9 | 12.9 | 14.2 | 19.1 | 22.4 |
| 山西 | 88.7 | 75.3 | 3.7 | 1.3 | 0.3 | 4.4 | 10.0 | 4.0 | 0.4 | 6.6 | 11.6 | 16.9 |
| 河南 | 86.8 | 71.7 | 2.3 | 1.6 | 3.3 | 6.8 | 8.6 | 4.3 | 3.8 | 12.4 | 12.4 | 18.7 |
| 广东 | 76.2 | 57.9 | 3.2 | 1.7 | 8.1 | 20.3 | 10.5 | 4.4 | 17.0 | 43.7 | 17.1 | 28.9 |
| 甘肃 | 84.8 | 77.8 | 1.2 | 0.6 | 3.9 | 3.8 | 3.6 | 1.6 | 4.2 | 6.6 | 13.3 | 13.5 |
| 青海 | 83.3 | 66.3 | 0.6 | 0.8 | 5.2 | 7.2 | 2.3 | 1.8 | 6.8 | 14.9 | 14.8 | 21.3 |
| 四川 | 75.4 | 68.0 | 4.7 | 1.2 | 9.3 | 9.4 | 14.9 | 3.3 | 12.1 | 14.4 | 18.8 | 19.6 |

## 二、讨论

10年来中国人群的膳食结构变化的主要趋势是谷类、薯类消费量减少而动物性食物增加。这种变化城市比农村明显，高收入组比低收入组明显，与经济发展呈一定的关系。摄入最高的广东省、上海市和北京市的城市人群平均每标准人日的谷类食物消费量均在400克以下，动物性食物均在200克以上，由脂肪提供的能量均已超过膳食能量的30%。大量研究工作证明此种膳食发展会增加人群中患慢性非传染性疾病的危险。实际上中国卫生统计的结果表明某些慢性病的死亡率在此时期确有明显上升，如1980到1990年10年间，每10万人口的死亡肿瘤由113.41上升为128.03，心血管病由38.55上升为47.48。随着社会经济的发展，更多人们的膳食结构会自然的向“富裕型”发展。应当大力进行科学用餐的教育，倡导合理的膳食模式以保证人群的健康。与此同时，我们还有大量低收入的农村人口，他们的膳食单调，平均每日消费谷类500克以上而消费动物性食品在50克以下。山西农村是个极端的例子，平均每日动物性食品仅有2.6克，甘肃农村的脂肪能量仅占膳食能量的9.9%。对于这些贫困地区则应努力提高油料和动物性食物的生产和消费，增加食物品种，改善居民的膳食质量。

豆类及豆制品的消费量下降是10年来我国人民膳食的一个普遍的趋势，全国城市平均每标准人日消费13.3克，农村10.2克。由豆类供给的蛋白质仅占膳食蛋白质的5.1%。《90年代中国食物结构改革与发展纲要》中制定的2000年我国人民食物消费目标中提出每人每年消费豆类8千克，相当于每人每天22克。营养学家根据人群的营养需要和生产发展的可能提出了2000年我国人民合理膳食的建议，其中豆类消费量建议为年人均15千克，相当于日人均41克，可提供膳食蛋白质的20%。豆类不仅含有丰富的优质蛋白质和钙，而且可能对某些慢性病的预防起有利的作用。大力促进豆类的生产、加工和消费对改善人群的膳食结构促进健康有重要的意义。视黄醇当量、核黄素和钙的摄入量1992年均低于1982年的结果，除1992年豆类的消费量下降有一定影响外，杂粮和薯类的消费减少也可能是重要的因素。我国人群的钙摄入量普遍的严重不足，这可能与我国儿童佝偻病及老年人骨质疏松症多发有一定关系。近期研究表明在儿童时期膳食钙充足可以有效的增加骨骼中的钙质积累和延缓老年骨质疏松症的发生。因而增加中国人膳食钙摄入量是一项重要的任务。奶类及其制品是钙的良好来源,每百克鲜牛奶含钙104～140mg,每百克全脂奶粉含钙659～676mg,应大力促进奶类的生产和消费。同时合理采用钙强化食品或某些钙制剂以提高钙的摄入量也是可取的。

表6　营养素摄入量占RDA　单位:%

| 地区 | 能量 | 蛋白质 | 视黄醇当量 | 核黄素 | 钙 | 地区 | 能量 | 蛋白质 | 视黄醇当量 | 核黄素 | 钙 |
|---|---|---|---|---|---|---|---|---|---|---|---|
| 北京 | | | | | | 河南 | | | | | |
| 城市 | 104.0 | 104.7 | 75.9 | 74.7 | 53.3 | 城市 | 89.7 | 93.1 | 68.1 | 68.1 | 53.9 |
| 农村 | 103.3 | 93.0 | 44.4 | 60.9 | 46.9 | 农村 | 96.0 | 88.1 | 36.2 | 50.6 | 45.9 |
| 上海 | | | | | | 广东 | | | | | |
| 城市 | 101.1 | 108.2 | 82.7 | 84.3 | 65.4 | 城市 | 100.0 | 114.5 | 148.7 | 79.0 | 50.1 |
| 农村 | 94.1 | 89.6 | 48.9 | 60.6 | 46.6 | 农村 | 88.5 | 90.0 | 110.5 | 51.1 | 44.1 |
| 黑龙江 | | | | | | 甘肃 | | | | | |
| 城市 | 97.7 | 90.2 | 51.9 | 64.4 | 40.5 | 城市 | 99.5 | 91.9 | 51.9 | 67.5 | 49.1 |
| 农村 | 85.6 | 67.8 | 24.3 | 44.7 | 29.5 | 农村 | 93.0 | 89.7 | 36.1 | 55.1 | 43.9 |
| 内蒙古 | | | | | | 青海 | | | | | |
| 城市 | 96.9 | 89.9 | 37.3 | 55.6 | 44.8 | 城市 | 90.3 | 90.3 | 115.8 | 69.4 | 48.0 |
| 农村 | 89.0 | 81.2 | 18.9 | 47.7 | 43.2 | 农村 | 102.9 | 98.2 | 68.8 | 58.5 | 45.4 |
| 山西 | | | | | | 四川 | | | | | |
| 城市 | 84.1 | 82.1 | 30.3 | 49.5 | 46.6 | 城市 | 103.2 | 90.7 | 92.6 | 69.5 | 53.9 |
| 农村 | 88.2 | 81.6 | 25.1 | 49.6 | 51.4 | 农村 | 101.9 | 77.0 | 64.5 | 47.2 | 34.9 |

(原载《卫生研究》1996年第12期)

# 中国的酿酒工业

潘裕仁
(中国食品工业协会)

酿酒工业在中国历史悠久,但得到较大发展是在1949年中华人民共和国建立以后,特别是80年代实行改革开放以后,整个酿酒工业在数量上、质量上、花色品种、产品结构、包装装璜、企业的技术装备水平、企业的组织结构及整体素质上都发生了重大变化。饮料酒的总产量由1949年的16万吨,1980年增加到368.48万吨,1994年达到2 232.6万吨。分别比1949年增加22倍和138倍,其中增加幅度最大的是啤酒,由0.7万吨增加到1 414.2万吨,增加2 020倍,仅次于美国成为世界第二啤酒生产大国。在饮料酒的品种结构上,随着低度化方向的贯彻改变了长期形成的以高度酒(白酒)为主体的格局,建国初白酒占饮料酒总量的70%,到1980年仍占近60%,而且80%以上均为55度以上的高度白酒,到1994年低度酒已占饮料酒总量的70%以上,白酒产量已降到28%左右,而且主要是低度及降度白酒,55度以上的高度酒已降为不到10%,啤酒所占比重则由建国初不到5%增加到60%以上;在产品包装上已基本消灭了散装零卖,包装材料形态已由原来形态单一、质量较差的玻璃瓶装发展为多种材质、多种形态以及组合包装、礼盒包装等适应不同类型消费者需要,形式多样,丰富多彩,符合卫生要求和保存性能的各种酒类包装;在产品质量上结合品种开发及创优活动的开展,各种酒的总体质量水平有了较大提高,到1989年止共进行了五届全国评酒,评选出了一批质量过得硬,在消费者心目中有较高声誉的国家名酒和国家优质酒,1989年后随着社会主义市场经济的确立及企业创新意识和质量意识的进一步提高,又涌现了一大批在消费者心目中信誉高、市场覆盖率高的新创的名牌酒,同时在整个酿酒行业形成了一批以先进的技术装备武装的,企业整体素质高,经济实力强的大型骨干企业和集团化企业。

一、白酒是中国特有的具有悠久历史的传统产品,从古到今在人们的心目中都占有十分重要的位置,“当好县长,办好酒厂”这是酒对地方经济作用的形象化概括,在前些年进行国优评比时,白酒能否评上国优往往会引起地方高层领导的特别关注，这些都客观地反映了白酒工业在人们心目中及国民经济中的重要作用与地位。

建国初白酒产量只有10.8万吨，1994年增加到651.2万吨，增长了60多倍，产品质量除国家名、优酒，部优、省市优的队伍不断壮大外，白酒工业的整体质量水平有了明显提高，国家级名酒由1952年第一届全国评酒会的4种增加到了17种，国家级优质酒增加到了53种，在产品品种上各类香型的酒逐步得到了总结肯定，降度酒、低度酒得到了很大发展，并发展了各类优质的麸曲酒、液态发酵酒，以及以白酒为基酒的各种营养保健酒；在生产工艺、制曲技术、微机、微波等新技术和现代化测试手段的应用，名、优酒生产工艺的总结提高，白酒生产的机械化等方面都取得了重大进展。

回顾建国后白酒工业发展的历程，很重要的一个特点是把技术进步放到了突出的地位，从企业到政府各级业务主管部门都把抓行业的技术进步作为工作的重点，曾多次集中行业的技术骨干，针对各个不同时期白酒生产技术上需要解决的重要课题，通过组织各种类型的试点、技术攻关、培训班、专业会议等不同形式抓突破、抓推广。在50年代围绕节约酿酒用粮提高原料出酒率，推广粗粮及代用料酿酒，重点抓了对普通酒糖化剂培养工艺的改革，由糖化发酵靠天然菌种及原料中的酶发展为纯种培养，由于纯种培养酶及酵母的活力高，大大缩短了生产周期，降低了原料的消耗。从技术上讲开始了对菌种的保存，提纯复壮、人工变异，以测定酶活力指导生产等工作，应该讲是自觉运用生物技术推动行业发展较早的一个行业。以后随着技术的进步在菌种的使用上经历了由黄曲到黑曲(有的也用过白曲)由低活力到高活力的发展阶段；在培养方法上经历了由盒子曲、簇子曲、通风制曲、液体曲、酶制剂、复合酶制剂、耐高温活性干酵母等；在改革糖化发酵剂的同时还组织力量重点抓了酿酒工艺的改革，组织了涿县试点，烟台试点，在此基础上总结出了一整套白酒操作的生产工艺——烟台操作法，对提高白酒行业的生产技术起到了重大的促进推动作用。同时，结合白酒生产工艺的改革，抓了用高产作物——瓜干原料酿酒，组织了野生原料——橡子酿酒试点，对小曲酒组织了永川小曲酒试点，推动了酿酒工业的发展。

在60年代初结合第二届全国评酒会反映的情况，为了进一步提高名酒质量，扶植名酒的发展，除国务院拨专款增加名酒的贮存容器外，由轻工业部组织了茅台酒试点和杏花村汾酒厂试点，开始了对名酒的传统工艺在写实的基础上进行科学的鉴别与总结，进行了名酒芳香成分的剖析，茅台、汾酒，呈香、呈味成份及主体香型的研究探索工作，开创了科学的测试手段在白酒工业生产中应用的先例；随后商业部在四川组织了浓香型白酒的生产工艺与芳香成份、产品质量关系的总结工作，明确了浓香型白酒的主体香型，使白酒行业以提高质量为中心的技术进步工作发生了质的变化。

液态发酵白酒(即酒精改制白酒)具有出酒率高，成本低，劳动条件好，有害物质少等优点，在50年代国家科委列入了《1956年～1967年科学技术发展远景规划纲要》，但由于口味习惯、观念上的障碍及技术上的原因，迟迟没有发展起来，到70年代针对普通瓜干白酒，特别是霉烂瓜干生产的酒邪杂味过重的问题，为了提高瓜干酒的口感质量及进一步节约酿酒用粮，把发展液态白酒放到了重要议事日程，组织企业进行了不同提质措施的对比试验，多次召开了技术研讨会，逐步明确了去杂增香的基本工艺及串香、调香、固液勾兑、头尾增香、添生香酵母、人工培养香醅等一套不同的去杂增香的工艺措施，特别是90年代以来结合基酒全国大流通及勾调技术的提高，不少有一定知名度的工厂都把固液结合作为扩大生产提高经济效益的一项重要措施，使液态白酒的生产及质量水平有了比较明显的提高。

在70年代，结合市场对名优白酒需求增长的形势，及为中断了16年的第三届全国评酒会作准备，重点抓了名优白酒提高质量、扩大产量的问题，于1978年12月在湖南长沙召开了全国名优白酒提高质量的会议，总结交流了茅台、汾酒、泸州试点以来各名优酒厂提高质量的经验，包括传统工艺的科学化制度化、名酒的芳香成份与工艺操作的关系，人工老窖的培养与防止窖泥退化的技术，提高名酒合格率，白酒的人工老熟等；议论了各类酒的香型及其特点；纠正了个别厂在质量掌握上的偏差，强调了酒体的协调性，批次间产品质量的稳定性；提出了发展名酒要学创结合，继承发扬与改进提高相结合，要以能适应不同类型消费者的不同爱好为前提发展新品种，开发新香型，同时研究提出了一批需继续研究的技术课题。在长沙会后1979年3月组织了全国名白酒厂厂长训练班，7月召开了全国酿酒工业会议，8月在大连组织了第三届全国评酒会，本着严格掌握名酒质量，提倡创名牌，不搞终身制的原则，在二届评出的八大名白酒厂中有二个降为优质酒，新评上了剑南春、洋河二个名酒，对白酒行业震动很大，对各名白酒厂既是压力，也增加了动力，有力地促进了名优白酒厂提高质量工作的进展，以后随着市场形势的要求，多次评比的促进以及国务院批准确立了扶植名白酒发展的专项投资，使全国名优白酒的生产有了非常迅猛的发展。

确立白酒的香型，总结各类香型白酒的口味特点，生产工艺及主要成份是对各类白酒的生产和发展具有重大指导意义的技术进步，在50～60年代白酒香型的概念不很明确，全国第一、二届评酒会均没有按香型组织评比，一直到1978年的长沙会议提出了这个课题，1979年在大连召开的第三届全国评酒会首次实施了按香型组织评比的方案，当时定了酱、浓、清、米及其他香型五类，由于其他香型类别很多，各种不同风味特点的酒，在一起混评，相互有些干扰，且尺度不好掌握，因此在第三届评酒会后促使其他香型的各主要厂家在立型问题上做了大量的科学试验和总结工作，到1989年全国第五届评酒会，在其他香型中初步的形成了凤型、药香、豉香、兼香、芝麻香、特型6个类别，对名优白酒的发展，起到了积极的促进作用。

白酒向低度化方向发展是80年代以来白酒行业的重大变革，也是带方向性的重大技术进步，白酒作为传统的蒸馏酒历来以高度为特点，除二广一带有部份米酒（单蒸酒、双蒸酒）度数较低外，一般的均为60度、65度，个别的高达67度，白酒向低度化发展不仅有利于节约粮食，而且也是移风易俗，有利健康的一个重要措施。发展低度白酒始于70年代初，吉林德惠酒厂试产了48度的降度酒，以后河南张弓、江苏双沟纷纷推出了40度以下的低度酒，但量都很少，到1979年第三届全国评酒会，为提倡低度酒的发展特地评出了双沟低度为国家银质奖，首次开创了低度酒进入国优的行列，以后在全国第四届评酒会，轻工部酒类质量大赛奖进一步将低度酒作为一个类别单独编组进行评比，并扩大了低度酒获奖的比例，但由于当时低度酒降度处理的工艺还不十分成熟，后味淡的问题多数厂解决得不十分理想，数量不是很大。1978年为了贯彻中央领导有关控制白酒产量，节约酿酒用粮的指示精神，由轻工、商业、农业三部和国家经委联合召开的全国酿酒工业增产节约会议上，提出了“优质、低度、多品种、低消耗”的发展方针，进一步把发展降度酒、低度酒提到了重要议事日程。到第五届全国评酒会，进一步扩大了低度酒的参评比例，规定了高度酒不得参加国优评比，结合国家名酒系列产品扩牌的工作，一批质量好知名度高的降度酒、低度酒进入了国家名酒的行列，进一步推动了降度酒、低度酒的发展。从目前情况看，随着低度酒生产技术的不断改进提高，广大消费者消费习惯的改变，55度以上的高度酒的产量预计已降到10%以下，40度以下的低度酒已占到白酒总产量的三分之一左右，降度酒已成为白酒的主导产品。

80年代以来结合白酒创优工作的开展，以质量为中心的技术进步工作取得了非常明显的进展，如浓香型白酒人工老窖培养工艺的改进提高，缩短新窖出好酒的周期，防止窖泥退化的技术，白酒勾兑技术的提高与普及推广工作，特别是采用气相色谱与微机勾兑，结合再用调味酒按补缺的办法进行补充调整的技术既可保持每批酒之间质量的均一性，而且可使同样多的基础酒与调味酒勾兑出更多的符合质量要求的优质酒。此外在白酒的人工老熟，改进白酒贮酒容器的试验，生物技术在白酒行业应用的改进提高（如提高酶活力，耐高温α—淀粉酶，耐高温活性干酵母的应用等），液态发酵白酒蒸馏技术的改进，以及酒糟综合利用等方面也都取得了不少新的进展。

二、啤酒工业是中国酿酒工业中最年轻的行业，始于本世纪初1903年德国人在当时青岛的德租界建立了全国第一个啤酒厂，此后在哈尔滨、沈阳、上海、北京等地建立了为数不多的几个中小型啤酒企业，除双合盛啤酒厂外，多为洋人所建，以在华洋人及少数“上层人士”为主要服务对象，到1949年全国啤酒厂共有10个，总产量只有7 000吨。建国后国家对啤酒进行了扶植发展，新建了一批啤酒厂，到文化大革命前的1965年啤酒总产量增加到10万吨，在这期间为了推动全行业啤酒质量的提高，在1964年组织了行业的技术力量对当时啤酒行业唯一的国家名酒——青岛啤酒进行了写实性的总结，编印了《青岛啤酒操作法》，在行业中进行推广，促进了啤酒行业特别是一些新建小啤酒厂产品质量的提高。啤酒花是啤酒生产的主要辅料，解放前主要依靠进口，1956年各地轻工部门开始有计划的扶植酒花的发展，逐步形成了黑龙江一面坡、青岛、北京、新疆四个主要生产基地，以后又在甘肃等地建设了一批酒花生产基地，改变了依靠进口的局面，特别是新疆由于自然条件适合酒花栽培，单产高，质量好，不仅满足了国内啤酒生产的需要，而且还发展成了酒花的出口基地；按工贸结合的原则抓了青岛啤酒扩大出口的宣传，促销工作，为以后青岛啤酒的大规模出口成为国际名牌初步奠定了基础。虽然建国初的十多年啤酒工业取得了不少进展，但由于受当时购买力和消费习惯的限制，啤酒的消费面比较窄，全国多数地区啤酒生产仍为空白，整个广东省只有广东饮料厂的1个年产2 000吨啤酒的车间，福建省只有福州酒厂1个年产500吨的啤酒车间，上海市建国前留下的2个啤酒厂一直开工不足，到冬天以卖热啤酒进行促销，全国啤酒生产的第一大省山东省当时也只有青岛、烟台2个厂，规模也都在万吨以下。

1976年粉碎“四人帮”后啤酒的需求量逐步增加，到1977年～1978年上海、北京啤酒供应紧张，市民呼吁强烈，1978年4月1日，当时担任国务院副总理的李先念同志作了一个重要批示，提出希望啤酒生产增加到50万吨，因为1977年全国啤酒的产量为35万吨。为了贯彻先念同志的批示精神，促进啤酒工业的发展，轻工业部于

1978年4月15日在河北沙城召开了全国啤酒、葡萄酒规划会议，提出了“六五”(1985年末)啤酒产量达到150万吨的奋斗目标，并在生产技术，配套发展及政策上研究提出了一些具体的措施意见，会后向国务院写了发展啤酒的专题报告，拉开了啤酒工业大发展的序幕。为适应啤酒发展的需要，由轻工业部组织行业的专家编写了啤酒工业手册，由轻工业部广州设计院进行了小型啤酒厂的定型设计，此后为适应啤酒快速发展的要求，进一步提高啤酒生产技术，挖掘现有啤酒厂的生产潜力，降低啤酒厂的建设造价，在1981年和1983年结合评酒重点抓了啤酒新技术的推广工作，特别是1983年的哈尔滨会议，对照国际先进水平列出了啤酒行业采用新技术，开发新产品的十大赶超目标，并进行了分工，由各有关单位承担突破的工作。在这期间重点推广的新技术主要有厚层通风制麦芽、麦芽高效干燥炉、酶法糖化、高浓度糖化后稀释、缩短啤酒发酵周期(优质酒的酒龄由原75～90天缩短为一个月以内)、露天大缸发酵、桶装鲜啤酒改进售酒装置提高质量的技术、用微机控制啤酒酿造工艺以及采用回潮粉碎机、硅藻土过滤机、喷射液化等。为了进一步消除设计、制造及啤酒生产企业推广露天大缸发酵的思想顾虑，由轻工业部在济南白马山啤酒厂组织了应用露天大缸发酵的试点，通过典型事例推动了露天大缸发酵的推广；到1985年初国家为了扶植啤酒工业的发展，批准了啤酒专项贷款，由国家拿出8亿元，地方配套30多亿元建设一批(70多个厂)啤酒行业的重点骨干企业，为了结合专项贷款项目的安排，使啤酒行业的整体素质有一个较大的提高，当时确定2条原则，一是规模要在3万吨以上，二是必须采用新技术，使啤酒厂的建设规模和技术装备水平有了较大的提高。为了提高啤酒工业的设计和设备制造水平，当时国家还批准了专用外汇(4千万美元)搞引进技术的消化吸收，同时积极地组织了与国外啤酒技术比较先进的国家合作设计，合作制造设备等多种形式的技术合作活动，使整个行业的技术素质有了较大的提高，为啤酒工业的进一步发展，奠定了非常重要的基础。在啤酒技术取得突破性进展的同时，麦芽生产开始打破原来由啤酒厂自我配套即每个啤酒厂建一个小麦芽车间的格局，商品性麦芽生产得到了一定的发展；在啤酒品种上不同麦汁浓度，不同发酵度以及以小麦芽为原料的白啤酒，全麦啤酒，果味啤酒，具保健功能的啤酒，扎啤等得到了一定的开发与发展，啤酒的总体质量水平有了较大提高；啤酒的包装(包括材质、规格、形态等)也有了一定的改进。从80年代末，特别是90年代初以后啤酒工业进一步向大型化、集团化方向发展，出现了一批年产啤酒达到10万吨、20万吨甚至30万吨的骨干企业和集团化企业，专业麦芽厂也由原来万吨左右发展到3万吨、6万吨，规模最大的广州麦芽集团已在广州、宁波各建成了年产20万吨的大型麦芽厂，总能力达到40万吨，成为亚洲最大，在世界也是名列前茅的特大型的麦芽生产集团。

三、黄酒是我国特有的历史最为悠久的传统酒种，也是世界上最古老的三大酿造酒(黄酒、啤酒、葡萄酒)之一。传统的黄酒主要有以糯米为原料的南方黄酒，以绍兴酒为代表，主要分布在浙江、江苏、江西、福建、上海四省一市，还有少量以黍米为原料的北方黄酒，如山东的即墨老酒，兰陵美酒，山西的汾阳黄酒等，其中以糯米为原料的南方黄酒，约占总量的90%左右，其品种主要有以绍兴状元红为代表的干型酒，以加饭为代表的半干酒，以善酿为代表的半甜酒及以香雪为代表的甜型酒四类。黄酒属于低度酒，而且营养丰富，氨基酸组成全，含量高，属于提倡的方向。解放前主要是手工作坊式酿造，规模小，生产分散，劳动强度高，建国后除了在数量上有了较大的发展，由1949年的2.5万吨，1994年增加到104.8万吨，增长了40余倍外，主要在以下几个方面有了比较明显的进展：

1. 调整原料结构，扩大原料来源，降低生产成本，促进了黄酒事业的发展。糯米是低产作物，随着各地粮食任务的加重，原料供应不足的矛盾日趋突出，且价格高，生产成本高影响黄酒生产的发展，从1957年起江、浙一带的黄酒厂通过工艺上的调整，试验成功了用高产的粳米、籼米为原料生产大路黄酒，解决了制约黄酒发展的一大障碍，到80年代初吉林长春酒厂试验成了用玉米代替稻米、黍米生产黄酒并建成了玉米黄酒车间，山东即墨酒厂以薯干粉为原料以即墨老酒的传统工艺酿造出了特别风格的薯干黄酒，为扩大黄酒酿造原料创出了新路。

2. 推行黄酒生产机械化，改善劳动条件，降低劳动强度，变季节性生产为常年生产，变手工作坊式生产为连续性工厂化生产。建国后在抓黄酒生产机械化方面首先从劳动强度最大的薄弱环节抓起，逐步进行配套成龙的方法，60年代初轻工业部发酵工业科学研究所针对黄酒压榨劳动强度特别大的特点，设计并推广了气膜式黄酒压榨机，此后又改革了传统以土灶直接火煮酒的煎酒工艺，推广了薄板式或列管式热交换器，实现了连续煎酒，提高了杀菌效率，保证了产品的质量；此后到70年代又陆续推出了大缸发酵、连续蒸馏、机械运输、冷冻降温等机械化连续化生产设施并逐步进行了配套成龙，黄酒生产机械化搞得比较早的有苏州东吴、无锡、常熟等酒厂，1985年绍兴酿酒公司建成了年产万吨黄酒的机械化生产车间，成为我国第一个由设计院正规设计建成的机械化黄酒生产车间，在继承发扬优良的传统工艺，确保产品质量的前提下，初步的改变了黄酒落后的生产面貌。

3. 运用生物技术改进传统工艺提高原料的出酒率，在50～60年代，结合调整原料结构，用纯种酒母和优良麦曲代替自然培养的生麦曲和淋饭酒母，到70年代末结合黄酒机械化的推行及酶制剂的发展，在无锡酒厂首先进行了在大缸发酵的江苏老酒中添加酶制剂的试验，并获得了圆满成功，到90年代随着高水平的专用酵母厂的建立及酒用活性干酵母的推出，在江浙一带部分黄酒厂推广了以活性干酵母替代纯粹培养酒母的办法，进一步改善了黄酒的发酵条件，提高了原料的利用率。

4. 在开发品种、改进包装方面取得了一些新进展。改革开放以来黄酒行业为了适应市场形势不断变化的需要，在品种结构上有了一些调整，在传统黄酒中，干型与半干型酒的增长速度高于甜型酒，并开发发展了汽黄酒、低醇黄酒、花香型、果味型黄酒，各种调料黄酒，添加咖啡、可可等特殊风味的黄酒，特别是各种滋补型的黄酒得到了较大的开发发展，还有用玉米、薯干、黑米等不同原料生产的黄酒等，品种繁多，但真正形成批量，在市场上闯出较大声誉的还不多，还处于开发创新阶段，其中陕西的黑米酒，江西的高级糯米酒(桂花香型)开发比较成功，在香港及东南亚已初步开辟了市场。在黄酒的包装方面，随着黄酒生产规模的扩大及人们生活水平的提高，多数厂已结束了缸装，散销的传统生产、销售方式，玻璃瓶装皇冠盖已比较普及，有的还使用了防盗盖，也有部份厂使用了陶瓷瓶、异形瓶等，较50～60年代有了较大改进，相应的卫生条件也有了极大改善。

此外随着生产的发展，黄酒生产及销售的区域性也有了一些变化，为进一步推进我国酒中魁宝——黄酒的发展奠定了良好的基础。

四、葡萄酒：以葡萄酿酒在我国历史悠久，而工业化生产则始于1892年，由张弼士先生在烟台创建了张裕酿酒公司，此后德国天主教会在北京建立了上义葡萄酒厂，德国人在青岛建立了葡萄酒厂，日本人在东北建立了通化、长白山两个以山葡萄为原料的酒厂，厂数不多、产量很少，到1949年全国产量只有200吨。

由于葡萄酒营养丰富，酒度低，又是以水果为原料酿制的发酵酒，符合国家的产业政策，因此建国后一直得到政府有关部门的重视与支持，作为倡导方向，曾经在资金政策上给予了很多优惠。在50年代由国家投资新建了一批葡萄酒厂，如北京东郊葡萄酒厂(由原上义葡萄酒厂移地扩建而成)，烟台张裕和青岛葡萄酒厂的扩建工程等，特别是结合苏、鲁、豫、皖黄河故道地区的改造，变沙荒为良田，改善当地人民生活，大力提倡发展果木生产，在大面积发展葡萄的同时新建了一批葡萄酒厂，如郑州、兰考、民权、肖县、石鸟山等，此外还有黑龙江的一面坡，河北的沙城、昌黎，山西的清徐，江苏的连云港，安徽的宿迁等地也新建及扩建了一批葡萄酒厂。进入70年代后，葡萄酒的发展区域进一步扩大到新疆、上海、湖南、云南等地，工厂的规模也逐步增大，到1994年全国共有葡萄酒厂145个，年产量18.06万吨，比1949年的200吨，增加900多倍，由于原来的基数低，尽管增长倍数不少，实际数量，特别是人均消费量仍是非常低的，而且近年来销量还有所下降(1993年产量为23.61万吨)，和倡导的要求还是很不适应的，这里有一个消费习惯的培养问题，购买力水平问题，也还有个质量、品种对路问题，今后随着人民生活水平的进一步提高及消费观念、消费习惯的改变，葡萄酒生产必将取得比其他酒种更高的增长速度。建国后葡萄酒工业取得的主要成绩是：

1. 抓了良种化原料基地的培育与发展，改善了葡萄酒的基础酒质。葡萄酒质量的好坏基础在原料，酿酒、鲜销果汁加工各有其不同的品质要求，我国的葡萄酒工业尽管在解放前也曾引进过一些国外的良种，但在实际加工中良种化的观念不是很强，有的厂用鲜销品种加工葡萄酒杀菌后带来很大异味，因此从50～60年代开始由工业和农业研究部门结合重点抓了葡萄品种的栽培与酿酒试验，筛选了一些栽培性状好、加工品质优的品种进行推广；同时结合黄酒故道地区葡萄的发展，从保加利亚引进了一批葡萄品种，从80年代开始又从法国引进了一些名种，我国的葡萄栽培科研单位结合我国的情况，也进行了一些优良杂交品种的选育工作，重点抓了葡萄品种更新及优良品种的推广工作。目前我国各主要葡萄酒厂已基本上建立起了良种化的葡萄原料生产基地，为今后的进一步发展奠定了良好的基础。关于葡萄品种区域化的工作在70～80年代正着手进行了研究，有待今后进一步探索推行，以利更好的发挥良种原料的品质优势。

2. 抓改进葡萄酒的生产工艺、推广葡萄酒生产的先进技术经验。如提高葡萄酒稳定性的技术；葡萄酒原料防止氧化；白葡萄快速分离净化技术；红葡萄酒转桶发酵；红葡萄酒热浸技术；缸式发酵制香槟技术；单品种葡萄发酵酿制优质葡萄酒技术等，对改善葡萄酒的品质，开发发展优良葡萄酒新品种都有非常重要的作用。特别是结合优质白葡萄酒需求量迅速增长的客观需要，白葡萄酒酿制新技术的推广包括防止氧化、密闭分离压榨、使用果胶酶提高果汁的质量与数量、皂土澄清过滤、快速离心净化、瞬间灭菌、纯种酵母低温发酵等，对提高白葡萄酒的风味确保白葡萄酒的质量发挥了十分重要的作用，也是沙城、北京、烟台、青岛等主要葡萄酒厂，生产高档白葡萄酒普遍推广使用的生产工艺。

3. 根据市场需要，调整品种结构。在70年代以前，我国的葡萄酒主要以红、甜葡萄酒为主，品种比较单一，不能适应扩大出口和高级宾馆、饭店用酒要求，也不符合改革开放后我国人民生活水平提高及消费习惯改变的需要，因此从70年代末开始重点抓了优质干白、半干白及干红葡萄酒的开发发展，使葡萄酒的品种结构发生了比较大的变化，同时通过试验开发发展了优质发酵香槟，桃红葡萄酒，及以国内外优良品种葡萄如龙眼、贵人香、雷司令、白羽、佳丽酿、白诗南、解百纳、公主红、北醇等单品种酿制的优质葡萄酒。试制及生产了以山葡萄及山葡萄杂交品种生产的干葡萄酒和半干葡萄酒，丰富了葡萄酒的消费市场。

随着葡萄酒良种化基地的发展，加工技术的改进提高，葡萄酒行业的总体质量水平有了较大提高，除了历次国优评比，轻工业部质量大赛奖获奖产品不断增多外，张裕、北京、沙城等厂在国际葡萄酒的正规评比中也得到了高度评价，此外在葡萄酒的包装装璜等方面，近一个时期以来也有了很大的改进。

五、其他酒：包括果酒、配制酒、保健酒、药酒、仿洋酒等，这类酒品种繁多。用水果酿酒在中国已有五、六千年历史，药酒、补酒也有二千多年历史，特别是将传统的中医、中药和酿酒生产相结合是中国的一大创造，在广大老百姓心目中和东南亚华侨中有一定影响，也是中国酒的一大特色，在本草纲目等古藉书中，都有详细的记载。但一直到解放前夕，这类酒的发展比较缓慢，建国后特别是80年代以后得到了很大的发展。果酒除了辽宁、山东的各种苹果酒、山楂酒，河北的梨酒，四川、浙江的柑桔酒，两广、福建的荔枝酒等品种外，还开发发展了一大批以优质野生水果生产的各种水果酒，如内蒙古牙克石的木越桔酒、红豆酒、黑龙江一面坡生产的三梅酒（香梅、紫梅、金梅）、横道河子的黑加仑酒、山西的沙棘酒、陕西、河南的猕猴桃酒、贵州的刺梨酒等，其中不少不仅风味好，而且营养丰富，在历次评酒中很多酒曾多次荣获国家优质产品奖，或部优省市优及其它种类的奖励，有些野生水果如猕猴桃、黑加仑、刺梨等通过对野生资源的鉴别、选育，进行了人工家植，对促进优质果酒多品种的发展发挥了积极的作用。配制酒、保健酒、药酒是其他酒类中的主导品种，特别是各种滋补酒、保健酒近十多年来发展非常迅猛，新开发的品种也特别多。这几类酒虽然功能与特性各不相同，但加工工艺比较接近，都是以蒸馏酒（也有用食用酒精）或各类酿造酒为酒基，以植物的花、茎、叶、根或动物的某些组成部分经浸泡或抽提后配制而成，由于所用材料的不同，配比组合的不同，所产生的效果也大不相同，如有的主要以增加芳香或风味为目的的如桂花酒，玫瑰酒等，这类酒基本上趋于平稳发展的状态；纯粹的药酒即只能在药店销售的酒如虎骨酒，十全大补酒，固本药酒等，这类酒由于审批程序比较复杂，销售上也有一定的局限性，新品种的开发也不是很多，增加量多，发展最快的是在饮料酒与药酒之间的各种滋补酒，保健酒也有一些实质上是带有治病性质的药酒，按保健性功能酒进行了开发发展的，这类酒除传统的竹叶青、美味思、五加皮等品种外，开发了一大批以植物或药材命名的滋补酒，如人参酒、灵芝酒、首乌酒、当归酒、北芪酒、花粉酒、五味子酒、姜酒、陈皮酒、枣花酒等，以动物及其器官命名的滋补酒如三鞭酒、龟蛇酒、玉鳖大补酒、蜂王浆酒、蛤蚧酒、鹿茸酒、乌鸡酒、海马酒等以及以其功能、滋补范畴命名的滋补酒，如驱风酒、补肾酒、长寿长乐、中国养命酒、寿生酒、益寿酒、唐龙轻身酒等，这类酒名目繁多，其品种估计有千种以上，其中除少数品种规模较大，社会效益与经济效益俱佳，有的还有一定数量的出口外，多数品种，数量很小，良莠不齐，应该讲这类酒发展前景很好，但急待加强整顿与管理，使品种的开发更加规范化，建立健全必要的质量保证体系，与监督机制，按名牌战略规模效益的道路健康的发展。洋酒（仿洋酒）在中国数量很少，历史最早、知名度最高、规模最大的是烟台张裕公司的金奖白兰地。在1915年的巴拿马赛会就曾获得过国际金奖，建国后又多次荣获国家名酒称号，是该公司的主要出口创汇产品，建国后，烟台、北京等地又开发发展了用葡萄原酒蒸馏的白兰地新品种，市场反映良好，青岛的俄得克从50年代开始生产主要对苏出口，还有青岛的发酵威士忌金酒、广东的劳姆酒也有小量的生产。改革开放以来，随着对外交往的增多，国内市场（主要是广东和北京、上海等少数城市）洋酒销量逐年增加，除进口外部份地区开始发展了中外合资、合作生产的国外白兰地原酒在国内分装的工厂，但总的数量还很少。

酒是食品工业的重要组成部份，对丰富人民生活，增加国家积累，带动农业及相关行业的发展有着十分重要的作用，预计在今后一定时期内仍将维持一定的发展速度，饮料酒的发展应继续贯彻“优质、低度、多品种、高效益”的方针，及向四个转变（蒸馏酒向酿造酒，高度酒向低度酒，粮食酒向水果酒，普通酒向优质酒、营养酒）的方向发展，同时要积极贯彻中央提出的发展国民经济要由粗放型向集约型、计划经济模式向社会主义市场经济模式转变这二项根本性的方针，立足科技进步，搞活内部机制，转变思想观念，搞好营销和市场开拓工作，正确处理确保质量与搞好营销的辩证关系，正确处理适应市场与引导消费的关系，在正确认识市场的前提下要有超前开发意识，要确立名牌战略，发挥规模效益，使整个饮料酒行业在总的产业政策及市场需求的指导下，健康地进行发展。具体到白酒行业，要结合国情贯彻“控制总量，提高质量，调整结构，增加效益，努力搞好综合利用”的方针。要环绕在确保白酒质量的前提下进一步节约酿酒用粮的总体要求，以提高低度酒的质量，减少低度化处理中的损失为重点，进一步提高低度酒的比重，要进一步研究，开发及推广液态发酵，提高质量，降低消耗的经验，扩大液态发酵白酒的生产比重；要结合对传统工艺的进一步研究探索及对现有成熟技术的推广，达到优质与低耗的相对统一，特别是要进一步搞好酒糟的充分利用与合理利用，提高酒糟利用的经济效益与营养效益，使白酒工业的发展更好的体现国家的政策，为国家作出更大的贡献。

啤酒作为低度酒今后仍将取得稳步发展，要以提高质量为中心，大力加强良种化大麦基地的建设，进一步改良酒花品种，加强管理，降低酒损，积极扶植国有名牌企业的发展，在啤酒设计、设备制造、引进消化一条龙的基础上，不断改进完善，使整个啤酒行业的素质及在国际上的形象和中国作为世界啤酒生产大国地位相适应，在满足国内需要和扩大啤酒出口方面作出更大贡献。

黄酒作为中国特有的具有悠久历史文化和丰富营养的酿造酒应作为中国酒的象征扶植发展，要打破原有的地区界限，扩大生产与销售的范围，并在不断改进提高质量和包装的前提下，努力增加出口，黄酒作为一个古老的传统产业要进一步推行继承发扬与改进提高相结合的方针，要立足科技进步，扩大高新技术在黄酒行业中的应用，加强对老企业的改造与调整，逐步向现代化、大型化的方向发展，在保留发展传统风格酒种的同时，积极开发适应市场不断变化需要的新品种。

葡萄酒、果酒符合酒类发展的产业政策，是今后饮料酒工业的发展重点，要进一步推行原料生产的基地化、良种化、区域化的方针，搞好优质野生水果资源的人工家植，扩大果酒生产品种，要在确保基础原料质量的前提下，广泛推广国际、国内成熟的工艺处理技术，进一步调整葡萄酒、果酒的品种结构，积极探索开发适应市场需要的新品种。

滋补酒、保健酒，这是中国的优势所在，有历代传下来的各种补酒、药酒的配方可以借鉴，还可利用丰富的中医、中药及药膳的经验，进行广泛的探索开发，是扩大国内及国际市场很有发展前途的一类酒种，当前主要是要加强管理，搞好规范性开发取信于消费者，使之得以健康的发展。

总之，中国的酒类有着光辉灿烂的文化历史，建国后得到了各级政府的关怀与支持，以科技进步为先导，取得了重大进步，今后仍将作为国民经济的重要产业部门，沿着国家制定的“九五”计划和 2010 年远景目标的总体要求与思路取得新的更大的发展。

（原载《中国食品博览》1996 年）

# 方便食品的国内外发展趋势

黄圣明

（中国食品工业协会）

方便食品是食品工业中从消费方式上概括的一个很大的范畴，凡是能替代或部分替代厨房劳动的食品，都属方便食品。

美国农业部给“方便食品”一词规定的含意是“将家庭厨房耗费的很大一部分时间，烹饪作业和能量转移到工业化食品加工和流通方面的完全或部分预制食品”。

应该说，方便食品是个发展的概念，它涉及到食品加工的各行各业，快餐也包括在方便食品之列，它将随着科学技术的发展而不断革新，今后，所有可以想象到的食品都有可能制成方便食品。

方便食品能得以迅速发展，主要是具有以下特点：

1. 方便省时。主食方便食品一般都是预先制好，可直接食用或加热几分钟即可食用。与同类食品相比，可节约烹调时间 3/4 以上。

2. 食品质量好。方便食品按照一定的配方，采用现代技术加工，营养合理，安全卫生。

3. 生产效率高。方便食品的加工可以实现机械化、自动化，从而大大提高生产效率。

4. 生产成本低。方便食品大规模集中生产可降低能源消耗，预制加工中去掉不可食部分，节约运费；副产品可以综合利用，因此，生产成本低。

5. 包装出售，便于购买、携带、保存和食用。

方便食品的种类繁多，在此谨主要介绍方便面和冷冻食品发展的一些情况。

**一、方便面国内外发展趋势**

1. 国外情况

从 1958 年 8 月第一批方便面在日本推向市场起，到 38 年后的今天，方便面已经从亚洲走向欧洲、美洲和大洋洲，成为地域覆盖面仅次于面包的世界第二大面食品，1995 年世界方便面产量约为 438.8 亿包。主要国家产量及人均数见表1。从表1所列数字可以看出，年产方便面数量最多的是中国173.3亿包，第2名是印尼100亿包，其余依次是日本52亿包，韩国35.5亿包，美国20亿包。年人均消费最多的是韩国80包，其次是中国台湾59包，印尼54包，中国香港44包，日本42包。

方便面的种类按工艺分有油炸、非油炸和速食湿面三大类，目前总产量的90%左右是油炸方便面，非油炸方便面生产中，已采用速冻干燥、微波干燥和真空干燥等高新技术。90年代以来，国际上方便面品牌的竞争，实质上已演化为方便面调料的竞争，目前世界上500多个品牌的方便面调料，在形态上已由粉状发展到酱状、液状和固体并存、软包装菜肴料也已出现。风味上已由牛肉味发展到鸡肉味、海鲜、沙茶、麻辣和特味兼具的水平。

**表1　1995年世界方便面产量及人均数**

| 序号 | 国家或地区 | 1995年产量 | 年人均数 |
|---|---|---|---|
| 1 | 日　本 | 52.0 | 42 |
| 2 | 韩　国 | 35.5 | 80 |
| 3 | 中　国 | 173.3 | 14.4 |
| 4 | 中国台湾 | 12.5 | 59 |
| 5 | 中国香港 | 2.7 | 44 |
| 6 | 泰　国 | 13.4 | 23 |
| 7 | 新加坡 | 0.7 | 24 |
| 8 | 马来西亚 | 3.3 | 17 |
| 9 | 菲律宾 | 6 | 9 |
| 10 | 印　尼 | 100 | 54 |
| 11 | 尼泊尔 | 0.5 | 6 |
| 12 | 越　南 | 9 | 12 |
| 13 | 英　国 | 1.2 | 2 |
| 14 | 荷　兰 | 0.3 | 2 |
| 15 | 比利时 | 0.1 | 1 |
| 16 | 德　国 | 0.7 | 1 |
| 17 | 美　国 | 20.0 | 7 |
| 18 | 加拿大 | 0.8 | 3 |
| 19 | 巴　西 | 2.9 | 2 |
| 20 | 澳大利亚 | 0.9 | 5 |
| 21 | 新西兰 | 0.1 | 3 |
| 22 | 沙特阿拉伯 | 0.5 | 3 |
| 23 | 瑞　典 | 0.1 | 1 |
| 24 | 其　它 | 2.3 | |
| 25 | 合　计 | 438.8 | |

注：年产量单位为亿包，年人均数为包。

1996年10月在北京召开的亚洲面食产业发展研讨会预测，在未来几年内，世界市场上的方便面销量将以每年10%～15%的速度递增。到2000年，世界方便面的总销量将达到700亿包，超过面包的销量，其中，增幅最大的将是由看得见吃得到的调料组成的碗装佳肴面和冷、热食皆宜的速食湿面。在日本，1989年碗装方便面的产量就已经超过袋装面。

2. 国内情况

方便面生产发展迅速。我国方便面生产始于1970年，首先在上海益民食品四厂试制成功，当时年产量仅200吨。1980年上海益民四厂从日本引进了第一条袋装油炸方便面生产线。1986年北京昌平长城食品厂首先引进了日本富士公司碗装方便面生产线。1987年上海第一面粉厂又引进了日本东京制造的袋装着味面生产线，80年代以来，先后引进了200余条方便面生产线，方便面的规模与档次不断增大、提高。1984年广州人民机器厂研制方便面生产线获得成功。上海、无锡、郑州等地生产的方便面生产线相继投入使用，使方便面生产迅速发展。据不完全统计，我国现有800多个方便面生产厂家，1 700多条生产线，生产能力可达350万吨，实际产量约100多万吨。

消费者购买方便面时考虑的主要因素有口味、保质期、产品知名度、价格、份量与包装等。调查结果表明：55%的消费者注重口味；15.9%的消费者注重保质期；11.4%的消费者注重价格；选择名牌的消费者占5.4%；注重包装、份量的占1%，可见口味是消费者的首先因素。据沈阳市的调查，人们对各种口味的喜好情况是，37.8%的人喜欢牛肉面，26.7%人喜欢炸酱面，12.2%的人喜欢干脆面，6.8%的人喜欢鲜虾面，3.3%的人喜欢排骨面，13.2%的人喜欢辣酱面。口味的喜好与所在地区的饮食习惯等有关。另有调查：43.9%的消费者喜欢牛肉面，其次是海鲜面，占24.5%，肉燥口味的占14%，排骨和鸡味面占12.5%。

省时省事是居民食用方便面的主要原因，据沈阳城市社会经济调查队的调查，消费者中40.8%的人将方便面当做早餐，14%的人当做午餐，晚上以方便面当夜宵的占10%，无人做饭时应急食用的占24.8%，下午当点心的占3.5%，出差旅游用不足10%。

从居民食用方便面的习惯中，我们可以找到方便米饭发展迟缓的原因。似乎还可以发现发展方便粥的端倪。这里不作细说。

食杂店和批发市场是消费者购买方便面的主要途径。食杂店、连锁店、超市及仓储商场、批发市场以其低成本、低价格的策略带动了方便面的销售。百货商场需要分摊的费用较高，其加价率为25%～30%，导致价格偏高。

其它商场加价率一般也在15%～20%之间。调查购买地点发现在星罗棋布的食杂店、仓储商场和批发市场的购买量分别都在40%以上，这与人们的购买习惯有关，每次购买是1～2包的人和成箱购买的人几乎各占一半。

全国方便面市场铺货率、占有率情况分别见表2、表3。

**表2　　全国方便面市场铺货率前十名**

| 碗面 | | | 袋面 | |
|---|---|---|---|---|
| 名次 | 品牌 | 市场铺货率(%) | 品牌 | 市场铺货率(%) |
| 1 | 康师傅 | 84.67 | 康师傅 | 73.52 |
| 2 | 统一 | 6.88 | 华丰 | 34.66 |
| 3 | 美厨 | 3.22 | 统一 | 31.27 |
| 4 | 营多 | 1.6 | 营多 | 20.22 |
| 5 | 味有 | 0.87 | 中萃 | 14.94 |
| 6 | 满家香 | 0.65 | 幸运 | 12.10 |
| 7 | 味全 | 0.58 | 美厨 | 10.10 |
| 8 | 鼎鼎 | 0.54 | 龙丰 | 6.54 |
| 9 | 幸运 | 0.54 | 加州营养面 | 6.07 |
| 10 | 杨夫人 | 0.47 | 北京 | 5.93 |

**表3　　全国方便面市场占有率前十名**

| 碗面 | | | 袋面 | |
|---|---|---|---|---|
| 名次 | 品牌 | 市场占有率(%) | 品牌 | 市场占有率(%) |
| 1 | 康师傅 | 77.23 | 康师傅 | 24.43 |
| 2 | 统一 | 9.03 | 华丰 | 18.77 |
| 3 | 美厨 | 3.54 | 统一 | 12.05 |
| 4 | 营多 | 1.35 | 幸运 | 6.21 |
| 5 | 鼎鼎 | 0.61 | 营多 | 6.08 |
| 6 | 老汤 | 0.64 | 中萃 | 4.81 |
| 7 | 兰州风味 | 0.44 | 美厨 | 3.98 |
| 8 | 满家香 | 0.33 | 北京 | 2.69 |
| 9 | 幸运 | 0.32 | 龙丰 | 2.04 |
| 10 | 味全 | 0.25 | 超力 | 1.8 |

*注：资料来源于首届亚洲面食产业发展研讨会文集*

3. 我国方便面发展的预测与对策

1996年10月在北京召开的首届亚洲面食产业发展研讨会预测，到本世纪末，中国方便面的年销售量将突破150万吨，人均年消费量将达到15包。方便面的质量和品种将有新的提高，碗装佳肴面和速食湿面将成为新的增长点。

这里分析的是一种发展趋势，企业如何综合研究生产和消费的各种要素，恰当地把握时势，抓住机遇是成败的关键。譬如，碗装面在日本是1971年投入生产。到1989年碗装面产量超过袋装面，中间经过了16年时间，1989年日本国民的收入已达到富裕水平。1986年我国引进的第一条碗装面生产线，也受市场购买力所限而被迫停产。印尼也有过类似情况，1991年，方便面厂商认为，随着印尼经济的第三次起飞，消费者对碗面这种高档方便面的消费已经出现，于是投入力量开始了碗面生产，结果市场反应冷淡。直到5年后，当印尼人的生活水平的提高与生活形态的改变日趋明显，碗面销售才摆脱困境，且异军突起，1995年比上年的增幅高达60%，1996年继续保持这高速增长势头。又如，最近国内已有上海陆仕、北京未来、秦皇岛(正大)鹏泰、沈阳东大集团等从日本引进技术和设备，生产各种品牌的新鲜面，无疑这是符合方便面发展方向的。但据北京商业信息咨询中心的调查，鲜湿面仍未在北京市场打开局面，仅占总销售量的1%～2%，鲜湿面的价格为每袋3.5元，是油炸面的2倍。价格偏高减少了顾客购买机率。但主要是如何恰当掌握市场的需求点，当然还有广告宣传力度不够、消费者知之甚少。在销售渠道的开拓方面也不完善，没有在商场全面铺开，也没有抓住仓储商场这个优势渠道等原因。

油炸方便面目前占总产量的90%以上，今后一段时间它仍将是方便面的主导产品。它存在的主要问题是含油率普遍偏高，一般在23%左右；含水量不足，仅3%左右。含油量每增加一个百分点，就使生产成本增加3%，又容易氧化变味，缩短保质期。过高的含油量对人体健康不利。发达国家一般将方便面含油量控制在18%左右。含水量低对面筋网络的形成、淀粉的糊化、出品率、含油量等指标都有影响，国家规定含水量是8%，日本是10%。

生产方便面应使用专用面粉，方便面生产对面团品质有较高要求，而面团的性能除与生产工艺有关外，主要决定于面粉的性质，面粉含蛋白质、灰分等指标的高低，直接影响到方便面的复水性、口感、含油量、保质期和体积大小等。而我国至今还没有方便面专用面粉质量标准，还有调味料也没有制定质量标准。类似此类问题的基础工作，应该进一步得到加强与完善。

从某种意义上说，方便面的竞争，主要是调味料的竞争，消费者最注重的也是口味。所以，应当加快开发新型的高品质调味基料，开发各种专用复合汤粉，复合调味酱料。不仅要注重调味，还要讲究营养，尤其是一些低档袋装面的调味料要加以改进提高，一些工厂设想将猪肉、牛肉、鸡肉等加以副食配料荤素搭配的软包装装入碗面和袋装面中，不失为一种升级换代产品的尝试。同时，可以改变方便面口味比较单调、营养成份不够全面的状况，也可以添加一些膳食纤维素或蔬菜粉，以满足不同层次消费者的需要。

进一步提高方便面生产设备的制造水平。广州、上海、无锡、郑州等地区已有40余家食品机械厂制造方便面生产设备，在产品的性能和质量方面不断进行改进和提高。

——放宽面机宽度，由200 mm增至600 mm，班产能力由3万袋提高到10万袋。

——推出油炸、热风干燥两用型方便面生产线，开始制造着味面生产线和碗装面生产线。

——增加蒸锅长度、延长蒸煮时间，提高面条的α化程度。

——增加喷淋装置，以生产着味面或干吃面等等。

但各厂之间的差距还是较大。要进一步采用先进技术，加以改进和提高。

现在，全国方便面生产企业是有喜有忧。有许多企业的生产线开工不足，甚至闲置待用，要千方百计开拓市场，扩大销售，使现有生产能力尽量发挥作用。同时要努力打破部门所有制和地区所有制的条块分割状况，实行以资产为纽带的联营、合作或兼并，建立集团化企业，从而盘活固定资产存量，增强企业实力。

**二、国内外冷冻食品发展趋势**

冷冻保鲜是迄今为止效果较好、造价较低、保存时间较长的一种保鲜方法。它的最大特点是新鲜、卫生、多样、方便。

新鲜——冷冻食品是选用新鲜的鱼、肉、蔬菜等原料加以迅速的处理后，经急速冻结而成，并在－18℃以下的温度中储存销售，所以，能够长久保持其原有的新鲜风味与营养价值。

卫生——冷冻食品的制作及保存皆在－18℃以下，使得引起腐败或食物中毒的细菌无法滋长，冷冻食品不需使用防腐剂，安全又卫生。

多样——冷冻食品种类繁多，一年四季都可买到，可依生活中不同的需要自由选择，大大丰富了我们的饮食生活。

方便——冷冻食品已经过前处理，有些已经调味煮熟，使用时由包装袋取出即可直接利用，轻松调理又方便。

1. 国外情况

美国是世界上发展速冻食品最早，也是产量最高，花色品种最多，人均速冻食品消费量最高的国家。据美国《国际速冻食品》杂志报道，1991年全美各类速冻食品产量高达1 309.2万吨，产值502.8亿美元，人均消费量为58.98千克，位居世界第一位。(1995年日本冷冻食品统计资料载美国1994年人均冷冻食品消费量为56.2千克，略有出入，但仍是世界第一)。其中产量最大的是冷冻蔬菜和冷冻调理食品，分别占32.5%和23.92%。

欧洲尽管经济不景气的压力与气氛依然到处弥漫，但以英、法、德等13国为主体的欧洲联盟国家的冷冻食品市场并未受到影响，1994年冷冻食品总消费量继续上升，达873万吨(含禽肉类产品，详见表4)，比1993年的832万吨增长4.9%，平均每人每年消费量为24.5千克，即使不计算禽肉类产品的消费量，每人每年平均亦达21.1千克。如果，再加上欧洲联盟以外的希腊、爱尔兰及葡萄牙等3个国家冷冻食品的产量11.12万吨、9.2万吨和5.5万吨，则欧洲16国的冷冻食品产量已达900万吨。

由表4中可见，英国仍然是欧洲最大的冷冻食品市场，尽管1994年畜肉、禽肉和鱼三大品种的销售量减少，但冷冻食品总消费仍增长3.6%，人均年消费量亦高达39.6千克，仅次于丹麦，在欧洲排名第二；各类冷冻食品的消费中，以“调理食品类”的量最大，占总量的25.05%，其次是“蔬菜类”占18.77%，“马铃薯制品”占17.86%，主要是油炸马铃薯条。其它国家的情况就不一一列举了，欲知其详者请查1996年台湾冷冻食品年鉴。

日本1995年冷冻食品总产量为136.4864万吨，销售金额为7 209亿日元，加上54.8429万吨的进口冷冻蔬菜，则总消费量为191.3293万吨，比1994增长5.1%。人均年消费量为15.24千克。另外，官方统计数字对冷冻调理食品的进口量尚不明确，估计在12万吨以上，因此，1995年日本冷冻食品的总消费量实际上已突破200万吨。从类别结构看，非油炸类调理食品占48.9%，油炸类调理食品占31.8%。日本国内自产之业务用和家庭用冷冻食品所占的比例为73.5%和26.5%。在美国家庭用和业务用之冷冻食品几乎各占一半。而在欧洲冷冻食品几乎都是家庭用。1994年、1995年日本各类冷冻食品消费量统计详见表5。日本冷冻食品的品种共有6大类4 735种，其中，水产物226种，农产物154种，畜产物49种，调理食品2 414种，油炸类以外的调理食品1 607种，果子类285种。

2. 国内情况

1995年台湾内销售冷冻食品12.7138万吨，比1994年的12.0277万吨增长5.38%(详见表6)。同年进口冷冻食品17.9082万吨。两项合计，1995年台湾人均年冷冻食品消费量为14.99千克。1992年～1995年台湾每人年消费量见表7。1995年台湾冷冻食品出口量为64.1294万吨。因此，1995年台湾冷冻食品的生产量应为12.7138＋64.1294万吨，等于76.8432万吨。

国内速冻食品开始于70年代初期，当时主要生产速

**表 4**

## 欧洲各国 1994 年冷冻食品消费量统计

单位：吨

| 国别<br>品项别 | 奥地利 | 比利时 | 丹麦 | 芬兰 | 法国 | 德国 | 意大利 | 荷兰 | 挪威 | 西班牙 | 瑞士 | 瑞典 | 英国 | 合计 |
|---|---|---|---|---|---|---|---|---|---|---|---|---|---|---|
| 蔬菜类 | 44 200 | 23 900 | 33 412 | 17 564 | 402 000 | 326 986 | 258 400 | 46 500 | 16 000 | 208 000 | 31 000 | 34 857 | 426 100 | 1 868 919 |
| 马铃薯制品 | 27 900 | 60 600 | 25 290 | 18 558 | 400 000 | 343 500 | 75 950 | 92 050 | 12 100 | 82 300 | 30 000 | 44 920 | 405 500 | 1 618 668 |
| 鱼、水产品软体类 | 14 700 | 11 900<br>2 700 | 22 723<br>10 690 | 9 984<br>454 | 186 000 | 186 370<br>15 780 | 54 780<br>14 850 | 14 000 | 12 350<br>1 450 | 157 200<br>181 200 | 16 900 | 29 342<br>21 974 | 191 100<br>39 100 | 1 155 547 |
| 派饼点心类 | 400 | 36 732 | 7 678 | 260 000 | 175 270 | 10 670 | 2 550 | 13 100 | 73 600 | 15 400 | 13 593 | 21 000 | 629 993 | |
| 调理食品 | 33 000 | 21 555 | 52 577 | 6 739 | 300 000 | 351 990 | 65 370 | 43 700 | 16 250 | 69 000 | 14 700 | 57 620 | 568 900 | 1 601 401 |
| 水果及果汁 | 1 800 | 1 581 | 3 197 | 7 000 | 25 760 | 1 480 | 500 | 6 505 900 | 5 500 | 3 644 | 57 012 | | | |
| 畜肉类 | 9 000 * | 3 325 | 18 910 | 2 342 | 140 000 | 109 470 | 9 150 | 75 500 | 23 000 | 20 300 | 9 200 | 21 661 | 158 000 | 539 789 |
| 禽肉类 | 20 000 * | 1 575 | 50 309 | 3 034 | 218 000 * | 401 000 | 16 350 | 12 000 * | 11 000 | 15 000 * | 35 000 * | 50 053 | 370 600 | 1 203 921 |
| 合计 | | | | | | | | | | | | | | |
| （不含禽肉） | 130 600＋ | 186 580 * | 201 915 | 66 516 | 1 695 000 | 1 495 126 | 490 750 | 274 800 | 94 900 | 797 500 | 122 700 | 242 120 | 1 900 100 | 7 521 338 |
| （含禽肉） | 150 600 * | 168 155≠ | 252 224 | 69 550 | 1 913 000- | 1 895 126 | 507 100 | 295 800 * | 105 900 | 812 500 * | 157 700 | 292 173 | 2 270 700 | 8 725 259 |
| 每人每年平均消费量(千克) | | | | | | | | | | | | | | |
| （不含禽肉） | 16.7 | 18.5 | 38.7 | 13.1 | 29.2 | 18.6 | 8.7 | 17.8 | 22.1 | 20.3 | 17.8 | 27.1 | 33.7 | 21.1 |
| （含禽肉） | 19.3 | 18.8 | 46.4 | 13.7 | 33.0 * | 23.1 | 9.0 | 19.2 * | 24.6 | 20.7 * | 22.9 * | 33.2 | 39.6 | 24.5 |
| 人口数(百万人) | 7.3 | 10.0 | 5.2 | 5.1 | 58.0 | 81.9 | 56.3 | 15.4 | 4.3 | 39.2 | 6.9 | 8.8 | 57.3 | 355.4 |

注：1. 统计资料除了德国、挪威及瑞士 3 国分别由德国冷冻食品协会、挪威冷冻食品协会及 Food for Though 提供外 其余均由 PAPPAS 及 OFF 提供 而有 * 记号者为 OFF 之估计值。

2. 有＋记号者 为 OFF 估计者，若不含畜肉及禽肉类，则奥地利冷冻食品消费量为 121 600 吨。

3. 有≠记号者 为包含业务用 62 200 吨，并不是零售用产品的总和。

冻蔬菜，提供出口。到80年代初，速冻点心、速冻调理食品也开始有出口。同时速冻饺子、馄饨等主食类调理食品，也在几个大城市开始露面。随着家庭冰箱日益普及，各商店设置冷柜，于是速冻肉、禽、水产品和速冻面食产品不断增加。国内速冻食品的品种见表8。但是，由于部门分割、行业管理尚未形成，至今没有完整的统计数字，估计总产量在300万吨左右，人均年销费量约2.3千克，向日本、东南亚、欧洲等地出口冷冻食品百万吨，成为出口食品的后起之秀。

表5　日本1994年～1995年冷冻食品消费量统计表　单位：吨，百万日元

| 食品种类 | | 生产数量 | | 生产金额 | |
|---|---|---|---|---|---|
| | | 1994年 | 1995年 | 1994年 | 1995年 |
| 水产品 | 鱼类 | 30 396 | 31 653 | 25 092 | 25 113 |
| | 虾类 | 18 624 | 18 246 | 16 270 | 15 146 |
| | 蟹类 | 7 684 | 6 043 | 12 241 | 10 011 |
| | 花枝、章鱼类 | 22 070 | 21 216 | 20 082 | 18 863 |
| | 贝类 | 14 899 | 15 098 | 14 705 | 15 062 |
| | 其他 | 7 697 | 5 187 | 7 905 | 6 237 |
| | 小计 | 101 370 | 97 443 | 96 295 | 90 432 |
| 农产品 | 芋头 | 3 560 | 2 996 | 1 390 | 1 104 |
| | 胡萝卜 | 10 516 | 9 926 | 2 216 | 1 875 |
| | 带轴玉米 | 9 608 | 6 205 | 2 044 | 1 458 |
| | 玉米粒 | 6 012 | 6 595 | 1 394 | 1 934 |
| | 南瓜 | 13 814 | 11 343 | 3 356 | 3 714 |
| | 油炸马铃薯条 | 18 141 | 15 701 | 3 374 | 2 901 |
| | 其他马铃薯制品 | 20 598 | 19 624 | 3 129 | 2 893 |
| | 菠菜 | 6 928 | 6 780 | 1 815 | 1 889 |
| | 其他蔬菜 | 20 778 | 22 835 | 6 738 | 8 171 |
| | 水果类 | 2 855 | 2 344 | 1 118 | 981 |
| | 小计 | 112 810 | 104 349 | 26 574 | 25 920 |
| 畜产品 | 禽肉类 | 3 908 | 4 6164 | 3 020 | 2 586 |
| | 畜肉类 | 16 723 | 15 219 | 16 437 | 12 527 |
| | 小计 | 20 631 | 19 835 | 19 457 | 15 113 |
| 油炸类 | 麦面虾 | 11 226 | 12 325 | 16 749 | 18 592 |
| | 裹面花枝 | 7 590 | 6 154 | 5 157 | 4 378 |
| | 裹面牡蛎 | 7 948 | 9 320 | 6 125 | 6 938 |
| | 裹面鱼片 | 28 500 | 33 857 | 15 336 | 17 885 |
| | 其他裹面水产 | 43 585 | 42 413 | 32 493 | 32 765 |
| | 可乐饼 | 155 174 | 155 548 | 47 797 | 49 711 |
| | 炸猪排 | 65 173 | 80 529 | 36 912 | 46 390 |
| | 其他油炸类 | 97 017 | 93 783 | 53 278 | 53 621 |
| | 小计 | 416 213 | 433.929 | 213 847 | 230 280 |

续表

| 食品种类 | | 生产数量 | | 生产金额 | |
|---|---|---|---|---|---|
| | | 1994 年 | 1995 年 | 1994 年 | 1995 年 |
| 油炸类以外之调理食品 | 汉堡 | 62 103 | 68 390 | 35 251 | 35 820 |
| | 猪肉丸 | 32 618 | 33 853 | 16 646 | 16 823 |
| | 烧卖 | 27 868 | 29 659 | 13 024 | 13 807 |
| | 饺子 | 16 113 | 18 808 | 7 903 | 8 642 |
| | 春卷 | 22 518 | 21 752 | 11 431 | 11.359 |
| | 比萨饼 | 16 313 | 17 665 | 16 080 | 15 675 |
| | 中式包子 | 9 909 | 10 009 | 4 189 | 4 213 |
| | 米饭类 | 106 465 | 115 861 | 55 382 | 53 292 |
| | 面类 | 110 598 | 120 287 | 25 872 | 28 904 |
| | 面包、面团 | 19 990 | 23 635 | 10 792 | 11 088 |
| | 水产炼制品 | 9 001 | 7 548 | 5 437 | 4 772 |
| | 蛋制品 | 28 787 | 30 115 | 14 405 | 14 617 |
| | 奶类 | 24 975 | 25 593 | 15 196 | 15 174 |
| | 浓汤类 | 17 704 | 15 218 | 11 006 | 8 672 |
| | 其他调理食品 | 128 807 | 129 047 | 88 737 | 90 947 |
| | 小计 | 633 769 | 667 440 | 331 351 | 334 805 |
| 调理食品合计 | | 1 049 982 | 1 322 996 | 687 524 | 696 550 |
| 糕饼点心类 | | 34 367 | 41 868 | 20 485 | 24 310 |
| 合计 | | 1 319 160 | 1 364 864 | 708 009 | 720 860 |

**表 6　　1995 年台湾岛内销冷冻食品生产统计**

| 产品类别＼项目 | 数量(千克) | 对上年度比(%) | 金额(新台币:元) | 对上年度比(%) |
|---|---|---|---|---|
| 冷冻水产品类 | 1 951 878<br>(1 940 044) | +0.61 | 73 710 000<br>(84 000 000) | −12.25 |
| 冷冻畜禽肉产品类 | 20 917 824<br>(23 991 081) | −12.81 | 1 585 785 000<br>(1 716 590 200) | −7.62 |
| 冷冻蔬果类 | 13 830 882<br>(14 191 343) | −2.54 | 452 643 012)<br>(470 963 492) | −3.89 |
| 冷冻调理食品类 | 88 989 773<br>(79 007 900) | +12.63 | 6 923 117 998<br>(6 326 556 733) | +9.43 |
| 冷冻面团类 | 1 448 004<br>(1 146 775) | +26.27 | 102 210 847<br>(72 757 058) | +40.48 |
| 总　　计 | 127 138 361<br>(120 277 143) | +5.70 | 9 137 466 857<br>(8 670 867 483) | +5.38 |

注:括弧内为 1994 年资料。

**表 7　　1992 年 ~1995 年台湾每人每年冷冻食品消费　　单位:千克**

| 类　别 | 1992 年 | 1993 年 | 1994 年 | 1995 年 |
|---|---|---|---|---|
| 不含冷冻禽畜产类 | 5.72 | 7.95 | 9.57 | 10.30 |
| 含冷冻禽畜产类 | 10.18 | 11.81 | 14.25 | 14.99 |

表8 速冻食品分类与品种举例

| | |
|---|---|
| 水产类 | 虾仁、无头虾、鲜贝、蟹、泥鳅片、海带、银鱼、鱼片、鳗鱼片、鱿鱼花卷、墨斗鱼 |
| 畜禽类 | 猪排、肉糜、肉串、汉堡肉饼、牛排、畜禽小包装分割肉(肉丝、肉片、肉丁)、肉鸽、鹌鹑、鹅肠、猪副产品…… |
| 果蔬菜 | 黄豆、荷兰豆、蚕豆、刀豆、豇豆、毛豆、菜花、蒜苗、胡萝卜、菠菜、蘑菇、松菇、油菜、甜玉米、土豆条、油炸山芋、蒸山芋、大青椒、小辣椒、韭菜、黄瓜、茄子、西红柿、草莓、杨梅、柿子、龙眼、荔枝、藕片、马蹄、桃、杏、苹果、白果、板栗、芦笋、芒果、香蕉 |
| 调理食品类 | 蚝油牛肉、酱爆鸡丁、咖喱鸡块、鱼香肉丝、无锡肉骨头、春卷、肉丸、鱼丸、虾丸、八宝鸡丁、丁蹄发菜蛇羹、罗宋汤、三鲜汤、古老肉、走油蹄膀、鸡丝海参、宫保鸡丁 |
| 点心类 | 馒头(门丁)、花卷、水饺、小笼包、小包、大包、烧麦、锅贴、汤团、春卷、八宝饭、馄饨、米饭、面条、虾条、粽子、宝胜糕、银丝卷、春饼、窝窝头 |

当前我国速冻食品生产存在的主要问题是：

(1)生产企业不少，但真正形成规模并采用先进技术生产的企业却不多。

(2)产品质量不容乐观。速冻食品最大的特点是要求在比较短的时间内，使食品的中心温度降至－18℃，即以较快的速度通过冰结晶区，使细胞间的游离水和细胞内的游离水及结合水能同时冻结成无数微小的晶体。解冻时，冰晶融化的水分能迅速被细胞吸收，而不产生汁液流失。从而最大限度地保持天然食品原有的新鲜度、色泽、风味和营养成分。但当前真正用速冻机的厂家不多，大部分用的是一般的冻结间，冻结时间长达几个小时，成了“慢冻食品”。

(3)产品品种单调。目前市场上的产品主要是速冻饺子、包子、馄饨、春卷等，禽肉、水产品、蔬菜等调理食品发展比较缓慢。

(4)包装简单，使用的包装材料也比较单一。

(5)宏观管理跟不上，行业指导不力，生产规程、产品标准等亟待完善。

3. 我国冷冻食品发展趋势与对策

国际上，速冻食品生产的历史已有50多年，和发达国家相比，我国的速冻食品还处起步阶段。虽然任重道远，但潜力很大，前景美好。现在有了一个很好的基础，又有发达国家发展冷冻食品的经验，今后会发展的更快更好。有人预测，到2000年我国冷冻食品的产量将达到800万吨左右。这个目标，如果加以积极的宣传、引导，经过努力，是有可能实现的。现在冷冻食品的消费主要还是集中在特大城市，今后大城市、省会城市冷冻食品消费跟上来后，就会出现一个高速发展时期。

(1)要加快冷冻食品企业的技术改造，使其生产技术和工艺条件符合冷冻食品生产要求。国内生产的各类速冻设备已有3大类12个品种，如螺旋式、流态床式、网带式、连续式、多层液压推进式和隧道式速冻装置；平板、吹风平板和不锈钢带式接触式速冻装置以及沉浸式速冻装置等都已基本能够满足需要。只有重视速冻技术、装备的改进和提高，才能生产出优良的冷冻食品。

(2)要加强冷冻食品生产的管理。日本在这方面的经验值得我们借鉴学习。日本的冷冻食品生产，除执行食品卫生法规定的微生物、病原菌、杂质、有毒、有害物质、农药残留、添加剂、制造用水和保存方法、标签标示方法、消费期限等标准外，还要推行产品责任法，该法律规定，当证实由于产品缺陷而导致消费者生命、身体或财产蒙受损害时，受害者可以向制造公司索取损失赔偿。这一赔偿费用是相当高的，如损坏一个牙齿，要支付100～300万日元的费用；还有计量法和防止不正当赠品法及不正当表示法，限制夸大表示、虚伪表示。对车间、设备、设施、人员的卫生要求和检验尤其严格。

(3)要大力发展冷冻食品新品种。如前所说，日本供统计的冷冻食品品种就多达4 738种，都有具体名称。台湾的冷冻食品除了水饺、烧麦、汤圆、馄饨、云吞、春卷、包子等以外，还有火锅料(丸子、蟹味棒、鱼卵卷、虾球、蛋饺等)、柳叶鱼、刻花鱿鱼、玉米棒、米糕、蛋炒饭、炒米粉、炒面、芝麻球、珍珠丸子、馒头、面团、葱油派、沙拉、胡椒、牛肉、扣肉、鸡丁、可乐饼、海鲜堡、牛肉堡等等。发挥我国传统名菜、名点、名汤和药膳的优势，大力开发速冻调理食品，无论品种还是风味都可成为世界之最。

最近，日本市场上出现了提供消费者作为正餐的冷冻食品。此新产品采用将主菜与各式副菜一同盛装在耐微波调理的容器里，而预冷加工、运送。以微波系列为名销售各种套餐如什锦鸡肉饭、红鲑鱼肉饭、中华什锦料理、日式什锦料理、酱炒牛肉餐等，每盒都有面点、蔬菜等六七个花样。

冷冻蔬菜出口市场继续看好。最近几年，日本进口冷冻蔬菜连年上升，1992 年为 40 万吨，1993 年为 43 万吨，1994 年为 50 万吨，1995 年为 55 万吨。我国对日出口量也连年上升，1992 年为 7.4 万吨，1993 年为 10.9 万吨，1994 年为 16.1 万吨，1995 年为 18.3 万吨。值得注意的是 1995 年美国对日出口蔬菜 24.6 万吨。关键在于改良蔬菜品种，提高冷冻菜质量。

(4)冷冻食品发展要与餐饮业、单位食堂、学生午餐紧密结合。我国快餐业每年以 20%以上的速度发展。在快餐制作过程中越来越多地采用冷冻食品，大大提高了饮食业的生产和供应能力。我国冷冻食品的销售，应当既对家庭消费者，又对社会团体服务性企业，这样路子就会越走越宽。

(5)注意包装，保证产品质量，激发购买欲望。包装材料本身必须是无毒的，最好不再产生二次污染，在冷热状态下不易产生变形和冷脆的材料，应能满足被包装食品具有阻氧性、印刷性、透明性的要求，复合膜是较好的材料，但往往产生二次污染，所以今后要逐步采用新型材料，如大豆蛋白可食性包装膜、壳聚糖可食性包装膜等等。冷冻食品包装外形的设计，对消费者选购食品能起到一定的促进作用，也应该给予充分重视。

（原载《96′全国方便食品工业研讨会论文集》）

# 浅谈我国甘蔗糖业发展中的若干问题

张　琼

（中国轻工总会甘蔗糖业研究所）

## 引　言

自 1991/92 年榨季国家把食糖生产经营全面放开以来，我国甘蔗糖业由国家统购统销的计划经济生产经营模式发展为市场经济的生产经营模式，完成了一次历史性的转变。在短短的几年间，经历了生产发展的鼎盛时期和生产严重滑坡的阶段，从中暴露了不少问题。其中，产销脱节、销售渠道不畅造成了 1991/92 年榨季全国性的甘蔗糖厂大亏损；食糖进出口管理混乱导致 1995/96 年榨季走私糖泛滥，甘蔗糖厂再次承受灾难性亏损。生产发展不稳定、企业效益差是近年来甘蔗糖业的显著的特点之一，而行业的宏观管理和生产、经营体制不适于形势发展的要求，以及行业法规、管理制度不健全，是造成这一局面的重要原因。我国是个食糖消费大国，同时也具备了发展糖业的良好条件，稳定发展糖业对稳定国内食糖供应和发展地方经济都有重大的意义。

## 从甘蔗糖增产而甘蔗糖厂亏损看我国甘蔗糖业的宏观管理问题

1991/92 年榨季我国甘蔗糖产量比 1990/91 年榨季增产近 150 万吨。但对甘蔗糖厂来说，却是灾难性亏损的一个榨季，全国甘蔗糖厂亏损达 16.76 亿元。对 358 间甘蔗糖厂进行了统计，结果表明，亏损厂达 312 间，亏损厂数占统计厂数的 87.15%。这除当时的价格体系不合理外，更重要的是 1991/92 年榨季国家把食糖生产经营全面放开，而长期在计划经济下运作、没有建立起自己的销售渠道的甘蔗糖厂未能适应市场经济的新形势有关。在这种情况下，整个行业的经营管理体制转变跟不上，食糖流通渠道不畅，加上出现甘蔗糖厂间相互压价抛售而造成糖价暴跌，从而造成严重亏损的局面。这说明了我国甘蔗糖业在经济体制改革措施出台之前，缺乏全面的、统筹的考虑和安排，也说明了我国甘蔗糖业的生产管理体制改革落后于经济体制改革的现实。

1995/96 年榨季是我国甘蔗糖业又一次灾难性亏损的一个榨季，亏损额达 13.54 亿元。对 311 间甘蔗糖厂的统计结果表明，亏损厂达 228 间，占 73.3%，盈利厂仅 83 间，占 26.7%。与 1991/92 年榨季不同的是，1995/96 年榨季亏损的最重要的原因是走私糖的冲击！据报道，1995 年我国净进口的 250 万吨食糖中，大部分是以来料、进料加工为名义进口的；而这些糖加工后绝大部分均未复出口，而是通过非正常的渠道进入了国内市场。结果是给刚从低谷中爬起来的甘蔗糖业（1995/96 年榨季我国甘蔗糖产量比上一榨季增产 46 万多吨）当头一棒。这一沉痛的教训是我国糖业缺乏全国一盘棋的统一管理、没有健全的行业法规对食糖进口加以规范的结果。

1996 年国家大力打击走私糖，同时停止了一般贸易糖的进口，取得了较好的效果。但隐藏未销的走私进口食糖仍曾一度引起 1996/97 年榨季糖价大跌，加上部分甘蔗糖厂为回笼资金支付蔗款而相互压价竞销，从而造成甘蔗糖厂经济损失。

甘蔗糖厂亏损的原因很多，有宏观管理问题，如糖业管理体制、政策问题等，也有企业内部的问题，如生产的组织管理问题和技术问题等等。在正常情况下，部分甘蔗糖厂亏损不足为奇，其主要是由于地区性的问题和企业内部的问题引起的，如原料蔗不足、经营管理不善等等。但出现上述全国性大部分甘蔗糖厂严重亏损的局面，则不能不说行业的宏观管理上存在一些问题了。

**农、工、贸分家的生产经营体制不利于我国甘蔗糖业的稳定发展**

目前我国甘蔗糖业处于多种生产经营体制并存的阶段,既有集农、工、贸于一体的体制,也有农、工、贸分家的体制。前者主要是一些国营农场和近年来成立的一些集团公司,而大多数甘蔗糖产区的生产经营体制是后者。

在计划经济年代,我国的甘蔗糖业是农、工、商分管。当时这种管理方式并不表现出严重的问题。但随着市场经济的发展,这种管理体制已明显不适于实际。原因:由于部门间的利益关系,"商"大多已由"分管"走向"分家";而甘蔗糖业内部又没有一个统一的经营管理体系,行业内的竞争,诸如压价竞销(一般为筹款支付蔗款所为)、高价争购原料蔗等尚难避免,故在部门间竞争中自然无力维护自身的利益了。

原料蔗生产是甘蔗糖厂的第一车间。长期以来,原料蔗生产靠政府抓、农民种。原料蔗收获后由甘蔗糖厂加工。这种方式存在的问题:在计划、种植、管理、砍、运、榨和新品种、新技术推广等多个环节上难于协调,甘蔗糖厂对"第一车间"的管理异常困难;原料蔗价格问题和收购配套服务问题难于妥善解决,同时价格政策出台经常滞后,导致农民不愿种蔗;此外,工农分家的生产经营方式也极不利于技术推广,特别是在当前按重量计价的原料蔗收购方式下,农民重产量不重质量,糖厂也常因蔗源不足而饥不择食。这实质上是工业化大生产与小农经济生产方式之间的矛盾。

实践证明,农、工、贸一体化的发展道路是使甘蔗糖业摆脱困境的有效途径。如在1995/96年榨季多数甘蔗糖厂严重亏损的情况下,广东湛江市34家糖厂中,仅两家农、工、贸一体化的企业——广前糖业发展有限公司和丰收糖业发展有限公司获得盈利,其工业总利润分别达3 000多万元和600多万元,分别居全国甘蔗糖厂的第4位和第29位。广东的平沙糖厂、红旗糖厂和湖南的西洞庭、大通湖、君山等国营农场的自营糖厂也是当年的盈利大户。

协调农、工、贸关系,建立联合企业,是增强本地区甘蔗糖业的竞争力,获得较好的整体效益的有效途径,是今后甘蔗糖业的发展方向。

**改革甘蔗糖业的管理体制,加强宏观调控**

改革开放以来,我国的甘蔗糖业管理体制虽有一些变革,但总的来说,仍没有摆脱多个系统分管的模式,没有形成全国一盘棋的统一管理的体制。在发展规划、生产销售、技术推广等方面往往各自为政,从局部利益、眼前利益考虑为多,更没有形成利用行业法规、管理制度和保护性措施来保证甘蔗糖业相对稳定发展的管理机制。目前的这种与经济体制不相适应的管理体制如不进行改革,甘蔗糖业将难于摆脱困境。因为甘蔗糖业是个比较特殊的行业,不能完全依靠供求关系和市场调节而放手不管,而应通过加强宏观调控使之稳定发展,并获得较好的效益。

甘蔗糖业本身的特殊性决定了必须具有一个相对稳定发展的环境才能获得较好的效益,原因如下:

(1)甘蔗糖业是一个工农依存的行业,糖厂必须有充足的原料蔗糖,才能获得盈利,而蔗农也必须把原料蔗交售糖厂,才有收益。如果政策不到位,拖欠蔗款或糖厂服务不配套,农民将不愿种蔗。农民与糖厂之间的供求关系将破坏,甘蔗糖厂将面临"无米之炊"。

(2)甘蔗作为一种工业原料作物,它与棉花、烟草等又有相当大的差别。甘蔗体积大、运输不便、不能长时间贮存。甘蔗的这些特点决定了它必须就近加工,在收获后尽快加工。所以甘蔗糖业生产具有很强的计划性和时间性,且由于甘蔗是生产周期较长的作物,生产计划必须跨年度提前进行。

(3)甘蔗繁殖速度慢,用种量大(每公顷用种苗达7吨左右),一旦生产大幅度滑坡,其影响将持续3～4年。糖厂面临的将不仅是因面积减少而直接减少原料蔗供应的问题,而且也因重新扩大种植面积需要大量的种苗,当年单位面积提供的原料蔗减少而使原料蔗量进一步减少。

(4)一旦原料蔗供应不足,制糖和糖厂的综合利用工业均受影响。如果没有相应的政策,没有统一的规划和管理,糖厂饥饱难料,设备投资的合理性就难于保证,人员设备闲置的问题也难于解决,同时农民也会因不稳定的外部环境而失去信心。结果,工业和农业效益均无法保证,地方财政也因此受损。

要使甘蔗糖业获得最佳效益,必须有个有利于甘蔗糖业稳定发展的大气候。要创造这个大气候,就必须改革目前与发展不相适应的管理体制,这就是从国家到地方建立甘蔗糖业统一管理的体制,并走农、工、贸一体化的发展道路。

食糖市场价格始终是影响糖厂效益的重要因素,也是影响甘蔗糖业稳定发展的重要因素。我国近年来食糖年消费量维持在800万吨左右,食糖生产向来未能满足国内消费的需要,价格骤变主要是来自进口糖、部门间商业性竞争和化学合成甜味剂的冲击,而不是生产过剩,在这种情况下,国家有必要,也有可能通过宏观调控严格控制食糖进口和化学合成甜味剂的使用来保护自己的糖业。在改革糖业管理体制的同时建立食糖储备调节制度和最低保护价格制度,以平稳国内食糖市场价格,促进糖业的稳定发展。

事实上,世界上主要产糖国家和地区都对本国的糖业实行保护性政策,如实行进口限额、支持价格等措施,以保持供需平衡和国内糖价相对稳定等。

(原载《甘蔗糖业》杂志 1997 年第 3 期。有删节)

# 世界糖业发展趋势与对策

黄惠恩

(中国轻工总会甘蔗糖业研究所)

## 一、国外糖业的发展趋向

### 1. 糖料生产

目前,全世界制糖原料仍以甘蔗和甜菜为主,世界产糖国家(或地区)有 123 个,其中产甘蔗糖的 74 个,产甜菜糖的 39 个,既产甘蔗糖又产甜菜糖的 10 个。

全世界每年甘蔗收获面积约为 1 211 万公顷,单位面积产蔗量 60.2 吨/公顷,单位面积产糖量 6.2 吨/公顷,产糖率 $10.2\times10^{-2}$。植蔗面积和甘蔗产量最多的是巴西,估计分别为 420 万公顷和 2.63 亿吨;单位面积产蔗量最高的是哥伦比亚,1994 年达到 135 吨/公顷;甘蔗产糖率最高的是澳大利亚,为 $14.6\times10^{-2}$。

全世界每年甜菜收获面积约 760 万公顷,单位面积产甜菜 34.4 吨/公顷,单位面积产糖量约 4.47 吨/公顷,甜菜产糖率约 $13\times10^{-2}$。甜菜糖产量和单位面积产糖量最高的是法国,分别为 436.7 万吨和 10.65 吨/公顷。1992/93 年制糖期,单位面积产甜菜最高的是希腊,为 61.2 吨/公顷;甜菜产糖率最高的是日本,达 $19.0\times10^{-2}$。

90 年代以来,随着经济形势的发展,食糖需求量不断上升。因而,糖料生产更加引起世界各国的高度关注。所以在糖料的育种和生产技术方面,都出现了打破常规的变革。最引人注目的是生物工程和基因工程技术应用于甘蔗育种,使甘蔗育种发生了重大变革。

长期以来,甘蔗育种工作者应用传统的有性杂交方法,育成一个优良品种,需要长达 10 年时间。虽然,许多国家和地区已经卓有成效地通过有性杂交育成和开发了不少抗病品种、高糖品种以及适应不同纬度和不同收获期的品种;但是,基于经济因素的要求,甘蔗育种工作者正面临需要改革育种技术,以缩短育种周期和提高育种效益。为此,从 1988 年开始,巴西、夏威夷与美国康乃尔大学就进行合作研究,用分子标记物绘制甘蔗基因图谱;经过几年研究,已弄清了分子标记物能与基因表现的特性相关联,育种工作者可利用那些分子标记物来检验亲本及其后代是否具有某些期望基因。采用这种方法比用传统方法更为准确,而且耗用时间和投入费用都较少。因此,引起育种工作者的兴趣,于是,在 1991 年成立了国际甘蔗生物技术联合会(ICSB)。目前已开展此项工作的有美国、巴西、澳大利亚、南非、法国等。他们进行了甘蔗种质资源多样性的研究和蔗糖基因、抗病基因的分子遗传标记的研究。澳大利亚于 1994 年报道,首先完成了甘蔗的基因转移,将抗病的 npt Ⅱ 细菌基因牢固地掺入甘蔗体内。一些抗除草剂和抗虫的其他细菌基因与植物基因也供转移技术选用。澳大利亚已通过基因工程培育出一个超级甘蔗新品种正在蔗田试验中,美国路州大学用聚合酶链式反应(PCR)技术早期鉴别甘蔗病害,如宿根矮化病和叶灼病,他们通过三年试验,在 42 个品种中已准确地鉴别出三个是感病品种。

在糖料栽培技术方面也进行了重大的改革。为了获得高产、稳产、高糖,采取了以下技术措施:

(1)甜菜种植加大密度,保证实收株数。

(2)测土施肥,平衡用肥。高产国家基本全部实行测土施肥,做到因土、因产施肥。澳大利亚、南非、毛里求斯等国将测得各类土壤的成分以及对甘蔗的推荐肥料用量列表,供各农场主或蔗农参考使用。

(3)加深耕层和土壤剖面覆盖。印度在淋溶的红砂壤土中采用深耕深度 30 厘米,结合施稻谷壳、花生壳粉和农家肥掺入土中,使土壤渗水速率比普耕(15 厘米)增加 1.3 倍,使甘蔗增产 38 吨/公顷。南非在松土时把滤泥(40 吨/公顷)或其他有机物送到板结土剖面,可显著改善甘蔗根部生长和渗透,达到增产蔗量 18.5 吨/公顷。

(4)应用新良种。甘蔗主要培育高产、高糖、抗病虫害和抗逆性强的优良品种。

(5)集约经营。例如,泰国北部蔗区一糖厂供蔗农户 743 户,经营面积 160 公顷以上的有 38 户,80 公顷的有 4 户,16～18 公顷的有 516 户。由于集约经营,实行机械化作业,达到工省效高。

(6)注意病虫草害防治。例如,澳大利亚采用农药深施的方法来防治宿根蔗蛴螬,以达到延长宿根蔗年限二年，并减少杀虫剂的用量，降低了生产成本。该法，用宽约20厘米的带状气压注射器，将粒状药物射入蔗行间土表下约15～20厘米深处，或用高压喷嘴施用药液。

(7)全面实现机械化、标准化作业。例如，美国路州甘蔗整个栽培技术采用规范化栽培措施，根据不同土壤、不同品种分别由农业技术推广部门定出栽培规程图，供各农场主参考使用；栽培上尽量减少耕作次数，蔗种采用全茎苗(不剥叶)、机械下种和覆土，施肥一般二次完成(一次是在苗期，采用施肥、施农药一次完成，然后喷除草剂；第二次是在伸长初期，也是一次性完成施肥、施农药，然后喷除草剂)。

2. 制糖生产技术

(1)糖厂规模不断扩大，设备趋向大型化

国外主产糖国家逐步合并和淘汰中、小型厂，扩建和改造老厂，向大型化方向发展。据统计，目前全世界有开工甘蔗糖厂1 750间，平均每厂的处理能力为3 377吨/日，最大的甘蔗糖厂(榨蔗能力为40 000吨/日)在泰国。而我国甘蔗糖厂平均处理能力为1 550吨/日，最大的糖厂处理能力为10 000吨/日，均为世界12大甘蔗糖产国的最低者。

全世界有甜菜糖厂766间，平均每厂处理能力为3 481吨/日。最大的甜菜糖厂在法国，处理能力为6 2011吨/日。而我国甜菜糖厂平均处理能力为1 248吨/日，最大的处理能力为40 000吨/日，均为12大甜菜糖产国的最低者。

国外随着糖厂生产能力不断扩大，设备趋向大型化。例如，压榨机规范$\phi$1375×2750毫米，单机列处理能力达22 000吨/日，两机列处理能力达40 000吨/日；$\phi$2 150毫米、1 000/分钟锤式撕裂机，200米$^2$真空吸滤机，6 000米$^2$蒸发器，165米$^3$煮糖罐，275吨/小时锅炉等大型糖厂设备，已相继投入运行。

(2)新型清净、煮炼设备不断涌现，煮糖连续化近年又有新发展

国外，半自动和全自动压滤机有新发展；精炼糖厂多采用管式或板式蒸发器；煮糖普遍采用带机械搅拌的强制循环结晶罐，并用先进的微机控制煮糖；高级糖膏应用1～1.2吨大容量全自动节能离心机；国外已有不少糖厂使用白糖流化床干燥器干燥白砂糖；德国研制的塔式四层连续煮糖罐，解决了过去连煮罐不能经常洗罐、糖晶有结块现象和有死角及部分糖膏滞后等主要存在问题；德国首先在生产中使用甲糖膏真空连续助晶机。70年代在甜菜糖厂广泛使用的立式连续助晶机，于80年代也开始转向甘蔗糖厂。国外，已有40多间甜菜糖厂使用自动反冲洗的糖浆过滤器；荷兰研制出连续分蜜机，效果好，晶粒破损率比间歇分蜜机高2%，产量为9～10吨甲糖/小时。国外用于白砂糖和原糖的散装糖仓已达数百座，容量为1～6.5万吨，全机械自控操作，并有空气调节，白糖质量稳定，只需一人操作。

(3)新型脱色剂不断产生，清净工艺不断创新

近10年多来，甜菜制糖和甘蔗精炼糖中，离子交换树脂逐渐代替骨炭脱色。南非Hullet精炼糖厂，自1983年起，用酶促进过滤。我国台湾省已研究出用钙型和氢氧型树脂澄清一碳滤汁的新方法。美国已探索出一种由聚丙烯或聚乙烯制得的微孔聚合物进行食糖脱色新方法。十几年前，Talodura糖浆澄清法已在美国原糖生产中广泛应用，并扩展到远东和中南美国家。80年代后期，日本开发了一种新的精炼糖工艺，它利用氧化镁和离子交换树脂，取代了利用碳酸饱充法、骨炭(或活性碳)和树脂，经过试验车间试验后，这个工艺已在东京一精炼糖厂大规模应用。近年，美国采用离子交换技术使甜菜提糖率得以提高，从约82%提高到92%左右，每年采用这种技术从甜菜糖蜜中多产糖25万吨。

以前，糖液提纯，沿用化学法，但现在为了制造特殊的糖浆产品，已成功地应用了各种新的分离技术和净化方法，例如电渗析、渗滤、反滤透和超滤等等。

(4)计算机在糖业生产中的应用日益广泛，制糖工业向现代化方向发展

70年代开始，国外以集成电路、微处理器、微计算机为核心的微电子技术，在制糖工业中应用已越来越普遍。以微计算机或微处理器为基础的控制系统，在糖业中的应用已遍及糖料的选育种和栽培、企业管理、生产过程在线测量和控制。

(5)化学助剂的使用日益广泛

近年来，各国在大力研制和试验各种新型高效糖用助剂，例如压榨杀菌剂、渗透剂、絮凝剂、糖汁消泡剂、蒸发罐防垢、除垢剂、糖浆和糖汁的脱色剂、煮糖表面活性剂等等。这些化学助剂的应用，对减少糖分损失、改善澄清工艺过程、提高设备效率、节约能源、提高产品质量等方面发挥了巨大作用。

(6)糖产品的质量不断提高，糖品种向多样化发展

国外非常重视糖产品的质量，南非自80年代初至今一直都十分注意提高原糖的转光度，因此，南非原糖的转光度近期居世界之首。近几年为99.34～99.50。近年美国研究出一种非常新颖的工艺，可在糖厂直接生产出极低色值(200～400个国际色值单位，纯度99.7)的高质量糖(简称SVLC)。现在，泰国、夏威夷、美国、澳大利亚等许多国家和地区都在生产极高转光度(或特高纯度)极低色值的原糖。

国外的精炼糖厂或原糖厂附设的精炼糖车间，按照生产流程和市场需要，生产的糖产品种类很多，有白砂糖、细白糖、精糖、粉糖、咖啡糖、方糖、赤砂糖、冰糖、锥形块糖、无定形糖、直接食用原糖、有色糖等。液体糖也有多种不同规格如食用糖浆、高级液体糖、酿造用液体糖、金色糖浆、棕色糖浆、精糖废蜜。

用制糖新技术(例如共结晶和变形过程等)开发具有特殊功能的新糖种。这些糖产品被发展和应用于食品和医药工业。

(7)制糖副产品综合利用向深度、广度、高层次、高产值方向发展。

蔗渣用于制新闻纸，制包装填料、发酵制酒精和单细胞蛋白，蔗糠、蔗渣、废粕制饲料；滤泥制复合肥、制建筑材料；糖蜜发酵生产酒精、酵母和药用麻黄素，制防腐剂和粘合剂等。

目前，甘蔗制糖副产品蔗渣利用的最主要发展趋势是发电。1993年，哥伦比亚、埃及、夏威夷、毛里求斯、美国和留尼汪等组成一个国际甘蔗能源网络，联合提高蔗渣发电能力。古巴已有83间糖厂向国家电网供电，蔗渣发电量占全国总发电量的40%。毛里求斯用蔗渣发电向全国电网供电占全国总发电量的15%左右。

(8)开辟蔗糖的新用途

蔗糖已从用于食品甜味剂为主向工业原料(特别是化工原料)为主逐步转移，这是目前制糖工业的发展趋势。

80年代后期以来，制糖工业的新趋势是开辟蔗糖的非食品用途，特别是作为化学工业的原料。1986年以来，一些欧共体国家已生产出大量以糖为原料的化学产品，包括：有机酸如柠檬酸，氨基酸如赖氨酸、苏氨酸、谷氨酸，塑胶类如汉逊胶(黄原胶)，医药产品如麻黄素，及各种重要的边缘产品如肥皂、蜡、润滑剂等。

美国也用蔗糖制黄原胶，并已有了不少蔗糖化工产品的专利，突破点主要在塑料和抗癌药。其塑料新产品包括建材(挡风板、洗涤槽、浴缸等)、油漆和粘合剂，蔗糖开发用于制抗癌药品。古巴用蔗汁、蔗糖制结晶葡萄糖和结晶果糖，然后进一步开发出山梨醇和一系列很有市场的糖化学制品。

以蔗糖为原料，可生产出系列的糖脂、糖醇、糖醚、糖酸等糖化学制品及其生物制品。

## 二、世界食糖的生产、消费与贸易

1. 世界食糖的生产

当前，全球食糖生产的总趋势是：产量不断增加，甘蔗糖产量的增长快于甜菜糖。

近10年，全球食糖增长了1 662.4万吨，即从1985/86年度的9 939.9万吨增至1994/95年度的11 602.3万吨，增加的糖量几乎都是甘蔗糖，同期甘蔗糖产量从6 253.2万吨增至约8 100万吨，占世界总糖量的比例从62.91%提高到69.81%。甘蔗糖产量的增加中80%来自亚洲，同期亚洲糖产量占世界总糖量的比例从21.42%增至32.53%。近5年，亚洲甘蔗糖产量平均年增长率超过7.5%。

据预测，未来几年，世界食糖产量将逐年增长1.1%，其中85%将来自发展中国家，这些国家在全球食糖市场中所占有的份额将从1990年的58%增至2000年的63%。

2. 世界食糖的消费

随着世界人口的增加和人民生活水平的提高，世界食糖消费的总趋势是：消费量不断增加。全球食糖总消费量从1974年度的7 703.7万吨增至1994/95年度的11 410万吨，估计1995/96年度将增达11 639.6万吨。世界砂糖消费增长率继1993/94年度的1.0%，1994/95年度的1.3%递增，1995/96年度将以2.0%增长。据国外预测，在未来几年中，世界食糖消费量将超过生产量，至2000年，消费将达到1.248亿吨，而产量仅为1.240亿吨。食糖消费增长最快的是亚洲，其次是中、南美洲，欧洲和北美洲的需求量则趋稳定，东欧国家的需求量将减少。

3. 世界食糖的贸易

砂糖是国际性贸易的农产品，也是世界的主要消费品之一，在国际贸易中占有重要的位置。

由于大多数国家努力实行食糖自给，以及食糖输入大国为保护国内制糖工业而大力发展本国糖业生产增加糖产量等原因，世界砂糖贸易的总趋势是贸易量不断减少。

1994/95年度，世界砂糖总输入量为3 361.6万吨，占总产糖量的28.97%，而1983/84年度占35%。

目前，世界砂糖贸易有如下两大特点：

一是贸易重心从发达国家向发展中国家转移。主要原因在于主要输入国美国和日本采取保护本国糖业的政策，努力发展国内糖业生产，增加糖产量，并大力生产淀粉糖和异构糖。二是从原糖向白糖转移。由于欧盟采取共同农业政策的结果，从原糖输入大国变为白糖输出大户；另外，由于前苏联解体后，俄罗斯于1993年5月取消了补助金(占粗糖收入40%)这一规定，白糖在世界砂糖总贸易量所占的比例从27%上升到占50%。

据估计，1995/96年度世界砂糖总库存量将比上年度增加437.8万吨，增至4 283.9万吨，过剩库存糖量将达537.2万吨(其中270万吨在印度)。库存/消费将从上年度的33.7%上升到36.8%，世界食糖总输入量可能减少6%。如若这样，国际糖价可能跌至10年来的最低水平10美分/磅以下。

4. 代替食糖的甜味料生产不断扩大，消费在缓慢增长。

世界上，以玉米和其他谷物的淀粉为原料生产的异构糖是仅次于砂糖的第二位甜味料。目前，全球有30多个国家和地区生产异构糖，主要生产国有美国、日本、加拿大、欧盟和韩国。异构糖的生产在不断扩大，其总产量从1985年的630万吨增至1995年的951万吨左右，美国约占总产的3/4。自1986/87年度以来，全世界异构糖产量增长了47%，而砂糖产量仅增长12%。异构糖的消费在缓慢增长，从70年代末占全球含热量甜味料总量的1%上升至1985年占6.4%，1995年估计占8.3%。据预测，至2000年，异构糖等甜味料仍将占世界砂糖市场的17%(90年代占13%)。

**三、我们的差距与对策**

差距主要表现在以下几方面：

1. 食糖消费水平较低。据国外资料显示，目前世界食糖人均年消费水平为20.3千克，而发达国家为40～50千克，亚洲为12.8千克，印度14.6千克，而我国(未包括台湾省)仅为6.7千克，只达世界平均消费量的1/3，是发达国家平均消费量的12%～15%，与印度相比，还不足其平均消费量的一半。

2. 糖料收购未实行按质论价，吨糖耗原料高。糖料收购，多数国家早已实行按其含糖分计价，而我国基本上仍然按重量计价收购。糖料按质论价能有效地提高其含糖分、质量和新鲜度，有利于良种的推广。我国甘蔗平均含糖分$12.4\times10^{-2}$，而澳大利亚则达$15\times10^{-2}$以上。吨糖耗蔗我国高达9.8吨，而澳大利亚仅7吨。

3. 糖厂规模小，自动化水平和劳动生产率低。目前，我国甘蔗糖厂平均每间处理能力为1 550吨/日，约为澳大利亚平均处理能力9 655吨/日的16%，我国甜菜糖厂平均每间处理能力1 248吨/日，约为荷兰平均处理能力12 267吨/日的10%，由于糖厂规模小，大大限制了大容量先进设备的采用和向现代化方向发展。加上管理落后，劳动生产率比先进国家低10倍以上。澳大利亚的维多利亚糖厂，其处理能力18 000吨/日，由于加强管理与实现糖厂的自动化和现代化，全厂只有240人，而工程和化学方面的技术人员就有60人，占25%；而我国最大的甘蔗糖厂贵港甘化厂(处理能力为10 000吨/日，共有职工5 826人，其中工程技术人只有257人，仅占4.4%。

4. 糖厂生产能力利用率低，原料不足。

1994/95年制糖期，我国甘蔗糖厂生产能力利用率为64.49%，浙江省仅21.45%；福建、四川、江西和湖南等四省都不到40%；海南省和贵州省也不过达40%多些；广东省达50%左右。这充分反映出我国甘蔗原料严重不足，糖厂普遍存在“吃不饱”现象。

5. 食糖生产成本高

1993/94年制糖期，我国甘蔗糖生产成本为1 972元/吨，如果按1美元兑8元人民币计算，相当于11.19美分/磅，而泰国的蔗糖生产成本仅8.8美分/磅。

6. 糖料产糖率低

1992/93年制糖期，我国甜菜产糖率为$12.8\times10^{-2}$，而日本则高达$19\times10^{-2}$；1994/95年制糖期，我国甜菜单位面积产糖量为2.002吨/公顷，而法国高达10.65吨/公顷。我国甘蔗产糖率约$10\times10^{-2}$，而澳大利亚达$14\times10^{-2}$以上。

7. 糖产品档次低，品种少。

我国目前基本以白糖为主，大约相当于国外B级糖的质量。包装多以50千克袋装，不方便家庭使用。

8. 糖厂副产品综合利用规模偏小，多数技术水平较低，环境污染严重。

(原载《甘蔗糖业》1996年第5期。有删节)

# 中国油脂工业的现状和“九五”设想

谢阶平

(国内贸易部工业司)

## 1 中国油脂工业现状

中国现代油脂工业经过46年的建设，特别是改革开放以来的16年间，给中国油脂的发展带来了生机勃勃的大好形势，在全国油脂界的共同努力下，中国油脂工业的面貌发生了根本性的变化，中国油脂工业已经成为一个实力壮大，技术较为先进的产业行业。这些变化，反映在以下方面。

### 1.1 生产能力成倍增长

1980年全国国有植物油厂生产能力1 200万吨，其中浸出210万吨，机榨990万吨，食用植物油143万吨，折算成油料量约为600～700万吨。80年代初国有油厂的产量基本代表了国家商品油的增量。1990年，我做了一次调查，这年底，全社会共有浸出油厂1 383个，日处理能力78 589吨，以250天计年能力将近2 000万吨料，其中粮食部门的浸出油厂是1 010个，年总能力1 544万吨，占全社会的78.5%。当年的机榨能力，粮食部门约在800万吨左右，其他部门及农村约在1 000万吨左右。这样全社会的制油总能力约在3 500万吨左右，粮食部门的制油总能力在2 400万吨左右。1990年全社会浸出油厂实际加工油料1 200万吨，设备利用率为61%，其中粮食部门加工油料920多万吨，占浸出加工总油料量的77%，设备利用率为60%，从上述数字看，在80年代的10年间，油脂工业粮食部门的生产能力翻了一番，其中浸出能力上升了7倍多。“八五”期间，制油生产能力又有较大增长，从一些浸出设备厂了解到，他们每年销售几十套。这五年估计又有五六百个新厂建成，特别是供销、农业、外资三支力量，进入油脂行业来势较猛，建厂规模也趋向大型化，据保守一点的估计，1995年全社会的制油总能力将在4 500万吨到5 000万吨之间。

油脂精炼能力1980年是137万吨左右，1985年是326万吨，1995年估计粮食部门有500万吨左右，全社会约在600万吨，其全精炼装备能力，引进的生产线约50多套，总能力在100万吨以上，再加上近年来以上的国产全精炼生产线，全精炼总生产能力约在120万吨，占社会精炼总能力的1/5。

1.2　工艺与装备技术上了几步台阶

1.3　产品结构的调整和高档化

80年代中期开始的引进国外先进油脂生产技术装备，启动了中国油脂工业向高档化、多品种方向发展的轮子。10多年间，全精炼装备从无到有，从小到大，至今引进加国产装备，全精炼装备能力已达到120万吨，1994年～1995年度色拉油、高级烹调油产量约有40～50万吨之间，满足了食品工业和人民消费的需要。人造奶油、起酥油、冰淇淋油，装备约10～12套，总生产能力6～7万吨之间，产品约在3～4万吨之间，代可可脂5～6套，大豆分离蛋白生产3套，建设中的有4～5套，以油厂副产品为原料的综合利用产品，如脂肪酸、磷脂、谷维素、皮革加脂剂等等，都有所发展。因此油脂工业产品初级单一的格局，已经得到了提高和调整。

1.4　油脂专业机械业得到壮大

随着油脂工业的发展壮大，油脂专业机械也从分散手工制作，走向专业化制造，使油脂机械制造实现了系列化、成套化、标准化，提高了油脂配件的通用性和互换性。一批油脂专业机械厂的成长，为油脂工业提供了可靠的物质基础。据统计，全国成套油脂设备制造厂有30多家，其中较为成名的有8～9家。“七五”期间，通过消化吸收工作，又培育了一批油脂精炼设备制造厂，如宜兴、江阴、如东、绵阳、哈粮机、鄂城等，他们的兴起，填补了我国油脂连续精炼设备的空白。

1.5　建立了一支高素质的油脂科研设计队伍

众所周知，粮食部门有三所理工科高等院校，六所部属科研设计院，还有一批优秀的省级粮油科研所和大型骨干企业。他们是油脂工业技术进步的主要力量，油脂工业的每一个阶段，每一项科技成果和进步，无不与他们智慧劳动相联系。据1991年统计，粮食部门的科研院所与企业界共有工程技术人员8 300多人，其中高级工程师500多人，现在这支高素质队伍人数将超过1万人，油脂工业拥有这支高素质的科技工程队伍，21世纪的中国油脂工业就有了希望。

综上所述，中国油脂工业的现状可以这样来描绘：中国油脂工业是一个强大的专业行业；有1/4的装备达到或接近国际先进水平；产品结构随市场需求得到调整并走向高档化、多品种化；一支高素质的科技队伍和一批专业机械厂，为油脂工业的技术进步和装备质量提供了可靠的保证。

**2　“九五”油脂工业的发展设想**

“九五”期间，油脂工业发展的指导思想是，在国家总目标总方针的指导下，要适应人民生活由温饱型向小康型转变的形势，在数量上和质量、品种上赶上市场的需要，以经济效益为中心，市场为导向，充分利用油料、油脂资源，积极推进产品结构的调整，发展适销对路的产品，稳妥地促进油脂工业向二个方向的延伸。

2.1　生产能力

现在制油生产能力已大大超过国内油料总供给，因此，粗放型的、拼资源、拼能耗的制油能力总量不宜再盲目扩大。

2.2　调整产品结构

重点是扩大一级油、高级食用油的生产能力，使高级食用油产量达到总消费量的30%，同时以市场为导向，适时发展油脂制品、植物蛋白制品，如食品专用油脂制品。专用油脂在我国还是处于初级阶段，在国家经济走向国际化大环境中，专用油脂植物蛋白制品的品种和数量应有所发展。

2.3　大力推进技术进步

“九五”期间，油厂要向节能化、高效化、自动化发展。目前国内油厂能耗比国际先进水平多1倍多，国内先进与落后之间的差距也较大，我们油脂工业节能潜力很大。目前，油厂的节能技术已走向成熟，如混合油负压蒸发，无疏水器蒸汽闭路循环等，“九五”期间要全面推广。使吨料煤耗普遍降到90千克以上。高效化，即要继续改进工艺和设备结构，提高装备的效率和节约能源，使生产操作更方便，如平转浸出器的固定栅板结构，混合油负压蒸发，斜板式汽提塔，列板式冷凝器，齿辊组合剥壳机，液压轧坯机等都是实现高效化的有效手段。自动化，鼓励企业应用微机实现生产过程的监控和管理，自动化可方便生产过程真正在我们所设置的合理条件下运行，有利于提高产品质量，节约能耗，降低工人劳动强度，实现生产的科学管理。国内已有不少成功地应用微机实现自动化生产的事例。

2.4 科研和油脂机械制造，要走在油脂工业技术的前面

把油脂工业实现节能化、高效化、自动化作为己任，主动吸收油脂工业生产中出现的新技术、新要求，改进现有设计，优化设备结构，形成一个有利于自主创新的技术进步机制，为油脂工业提供有力的技术保证。

（原载《中国油脂》1996年第2期，有删节）

# 我国肉类加工业的现状与需求

袁文健

（中国包装和食品机械总公司）

## 一、基本情况

肉类加工是指对畜禽的屠宰和肉分割，副产品加工，冷却，冷冻和冷藏加工及肉制品的加工等。80年代以来，随着经济的发展肉类的总产量正逐年稳步上升。1982年全国肉类产量1 200万吨，1985年是1 926万吨，1992年达到3 430万吨，1994年实际达到4 499.3万吨，1995年全国肉类总产量高达4 966万吨，占世界产量的五分之一。我国肉类人均占有量自1994年已超过世界平均水平，1995年人均达40千克。这个数字相当与美国、加拿大、新西兰、法国、德国、澳大利亚等国家年人均消费的二分之一。

我国是一个产肉大国，但肉类加工能力不太强，加工技术也不够先进，70年代以前，国家先后建立了一批屠宰厂和肉联厂，但大多只限于屠宰，80年代开始，为适应国内市场分割肉的销售又相继建立了许多分割肉车间，在上海、北京等大城市增建冷却小包装和副产品精加工车间。

1985年底，全国共有肉类加工企业1 240家，固定资产36.7亿元，职工28.1万人。生产能力：屠宰生猪51.1万头/班，牛1.6万头/班，羊17万头/班，禽80万只/班。到1994年，全国共有肉类加工企业1 690多家，其中大、中型企业257家，职工37万人，共有冷库2 438座，总容量276万吨，拥有固定资产100多亿元，总加工能力：屠宰猪69万头/班，牛2万头/班，羊20万只/班，家禽100万只/班，加工分割肉900吨/班，肉制品1 000吨/班。

日前，我国肉类加工的产品主要形式仍是以鲜冻白条肉为主，分割肉、冷却肉、小包装肉的供应还限于部分大、中城市，熟肉制品和罐头制品还不十分丰富，肉制品加工总量不足10%，这个数字与国外发达国家肉制品占肉类总量的40%比较，差距是很大的，这也说明，肉制品加工在我国是有很大发展潜力的。

## 二、肉制品加工机械企业的情况

我国肉及肉制品加工机械制造企业分散在属机械部、商业部、轻工部、粮食部、农业部等等部门，据不完全统计1987年全国20个省市约有86个企业生产肉机产品，固定资产2.4亿元，职工总数2.38万人，这些企业多为中、小型企业，兼业或转产生产肉机，只有少数企业专业生产肉机，如：天津食品机械厂、贵阳黔江机械厂、广东韶关食品机械厂、沈阳机油泵厂、河北涿州食品机械厂、北京市食品包装机械研究所、北京南常肉食机械有限公司等等。这些厂生产的肉机多为单机，机组和小型生产线只有少量生产。目前能提供的肉类加工机械主要有：绞肉机、切肉机、斩拌机、香肠灌肠机、远红外烤炉、烟熏炉、香肠加工机组及屠宰设备(包括猪、牛、羊、禽类等)。但这些生产设备还比较落后，产品技术水平不高，品种不全，除少数企业通过研制引进、改造达到部分系列化生产程度外，大多数企业生产的设备仍停留在国外50～60年代水平，生产设备的落后，严重地制约着我国肉类工业的发展。

## 三、肉类加工机械的进口情况

近十年来，随着人们的消费水平的提高，膳食结构的改善，对肉类食品的需要量大大增强，对食品的品种和质量都提出了新的要求，为了适应这一变化，80年代以来，我国进口了大量的肉制品加工设备，据不完全统计，到1991年底，全国21个省市200多个企业引进了国外设备，价值7 000余万美元，1992年、1993年两年，中国进口肉制品机械出现高潮，两年共进口各种设备9 000万美元。这些设备主要来自德国、丹麦、荷兰、法国、奥地利、意大利、瑞士、日本和美国。引进的设备主要有盐水注射机、绞肉机、斩拌机、真空滚揉机、充填机、烟熏炉、真空包装机等，共约200多台(套)，其中引进西式灌肠生产线47条，西式火腿生产线30多条，另外，还有骨泥生产线、血粉生产线、肉制品加工检测仪器设备等等。

国外这些设备的引进，使我国肉制品的结构发生了根本的变化，西式肉制品的产量已超过我国传统肉制品的产量，使我国肉制品生产进入了一个新时期，特别是这两年，用PVDC做肠衣、经高温高压杀菌的火腿肠的生产达到一定的规模，并产生了良好的经济效益。以河南春都集团为例，引进设备前企业的产值为4 000万元，利税400万元，在引进了日本和荷兰等国的生产线以后，其产品迅速占领了国内主要市场，现已达到年产20万吨规模的能力。“八五”五年累计产值49.2亿元，利税4.091亿元，比“七五”增长10倍和22.3倍，该企业已成为拥有16.5亿元总资产的肉制品加工的著名企业，是河南省唯一跻身于全国500家大型企业之列。

**四、国内肉制品加工机械的问题及与国外的差距**

国内肉制品加工机械的生产主要是产品品种少、规格不全、技术水平低、性能差、多数设备结构简单、噪音大、可靠性低、不符合食品卫生法要求，具体差距，就几个主要产品分别叙述如下：

1. 绞肉机

绞肉机国内生产厂家较多，多是立式、台式小型绞肉机，加工能力500～1000千克/小时。国外一般为自动绞肉机，有剔骨、乳化和除筋装置(在绞肉过程中筋可以从中出口排出)，且可绞冻肉(－10℃以下)。

2. 斩拌机

国内生产的斩拌机规格少，斩刀转速2 000/分钟，多数没有采用真空技术，肉浆质量不能保证。国外普遍采用真空斩拌，可充氮、控制温度、整机采用微机控制，容量从20升～500升，最大可到1 200升，斩刀速度高达4 000/分钟，肉浆的乳化好，氧化小，搅拌均匀。

3. 灌肠充填机

国内生产的灌肠充填机多是液压活塞式灌肠机，但功能单一，产品档次低，只相当50年代水平。国外灌肠机多系真空连续灌装，能自动夹持、分量和结扎，速度100～300次/分钟，为80年代水平。

4. 盐水注射机

国内设备多为单管、手工注射，现有40～50针的，生产中有断针现象，且压力不够。国外设备针头240只，注射速度25～30次/分钟，注射压力5～7个大气压，配有盐水回收装置兼有嫩化功能。目前德国采用喷射式注射法腌渍肉块，由于应用0.6毫米孔径的不锈钢针在高速、高压下定量注射入肌肉纤维中，不会破坏肌肉纤维，保证了肉品质量。

5. 香肠的双卡打卡机

该设备国内暂不能生产，国外的双卡打卡机可与真空灌肠机连动，同步运行，每分钟100根以上，电脑控制，可精确调节填料量。

6. 滚揉机

国内滚揉机是在混凝土搅拌机的基础上改进的。国外滚揉机转速、转向、时间可以自动控制，并具有液压提升、翻转卸料机构。

7. 火腿成型机

国外已达到制形、填装、密封、包装一次完成，可以抽真空并注入防护气体。

8. 烟熏炉

国外烟熏炉可蒸、煮、烤多用途，适于多种熏制方式，采用微机自动控制。国内设备，功能单一。

**五、国内肉制品加工发展趋势**

虽然这几年肉类加工业，由于市场混乱，管理没有跟上，使一些加工企业效益滑坡，甚至亏损，但这只是暂时现象，今后肉和肉制品市场必是增长的趋势，其原因为三：

一是肉和肉制品是人们必需的副食品之一，是人类动物蛋白的主要来源，随着饮食习惯和膳食结构的变化，人们现在更注意食品的营养、安全、保健等因素，特别是对熟肉制品的追求变化更大。直接采购成品、半成品已很普遍，熟肉食品淡季销售不淡，现做现卖的酱卤制品，风味烧烤品及一些名牌特色制品，虽然依靠传统加工工艺能够保持产品的风味和特点，被一定范围内的消费者所接受，但由于传统产品沿袭过去的生产工艺，有80年或上百年的历史，因而存在着技术落后，生产量小，难以满足市场需求的现状，急需研制与之相适应的机械设备以改变作坊式生产方式。除此之外，发展90年代新的肉类食品品种更是当务之急。二是随着人们生活水平的提高，旅游事业的发展，需要发展方便、快捷、预包装产品、软罐头制品、真空包装制品。三是中国的人口城镇化发展速度很快，城镇人口的迅速增长，对肉制品的需求量跟着增长，肉制品加工机械的需求将面临一个新的市场。

今后数年内，我国肉类加工将大力发展深加工、精加工的熟肉制品，主要有以下几个方面：

①西式肉制品的产量将会有大幅度的增长；

②西式肉制品的品种将趋于多样化、高档化；

③中国传统风味制品的加工将趋于科学化；

④高蛋白、低脂肪、低热量、低胆固醇和低钠肉制品将被开发；

⑤广泛应用大豆分离蛋白等食品添加剂以增加花色品种；

⑥肉制品保鲜技术将会更加重视，货架期将延长；

⑦冷冻方便，快餐肉制品，在大、中城市将普及。

(原载《包装与食品机械》1996年第5期，有删节)

# 振兴我国奶业

李易方
（农业部牧工商总公司）

## 一、奶是营养价值最高、养分最全、最容易消化的食品

牛奶蛋白质中含有25种氨基酸。在食品蛋白质氨基酸构成比例评分中，人奶、全蛋为100，牛奶为95，高于大豆（70）和花生（65）。这表明牛奶中的氨基酸是最接近人体需要的。

牛奶中含有人体所必需的8种氨基酸，其含量（毫克/升）分别为：异亮氨酸2.10；苯丙氨酸1.70；亮氨酸3.60；苏氨酸1.50；赖氨酸2.60；色氨酸0.50；蛋氨酸及胱氨酸1.20；缬氨酸2.30。

以牛奶和牛肉、猪肉、鸡肉、蛋相比较，8种必需氨基酸的总量，牛奶是最高的。即牛奶为48.9%，牛肉、猪肉、鸡肉、蛋分别为46.6%、33.7%、35.5%和48.5%。

牛奶中含有多种矿物质及微量元素，如钾、钠、钙、镁、铁、锰、锌、铜、磷、硒等。牛奶中钙的含量约为人奶的3倍，含磷约为人奶的6倍。但牛奶中铁的含量很低，因此，以牛奶为主食的婴儿补铁是一个重要问题。1988年，我国营养学会修订的成人钙供给量为每日800毫克，食物部门及药物管理局目前建议的钙摄入量为：1岁以内400～600毫克，1～10岁600毫克，11～24岁1 000毫克，妇女需要量更高。但实际上，我国人群的钙摄入量长期偏低（目前城乡居民实际钙摄入量仅达到或不足应摄入量的一半）。增加牛奶的生产和消费是补充钙质不足的最佳途径之一。牛奶中还含有多种维生素，如维生素A、$B_1$、$B_2$、C和D等。这些维生素是人类生活中不可缺少的营养物质。

牛奶中的胆固醇含量则低于蛋、猪肉、牛肉等。一杯牛奶（244克）中的胆固醇含量为33毫克，一枚鸡蛋（54克）的胆固醇含量为340毫克，100克猪肉、100克牛肉中的胆固醇含量则分别为70～105毫克和125毫克。

所以，为提高全民族的健康水平，增加乳类食品的生产和消费，乃是举世公认的最佳选择。

## 二、奶牛业是“高产、优质、高效、低耗”的产业

奶牛的饲料转化率比较高，可以从下列几种主要当年的能量及蛋白质转化率对比中明显看得出来。

由于奶是饲料报酬率最高的畜产品，因而奶业是公认的节粮、经济、高效的产业。用1千克饲料饲喂奶牛所得的动物蛋白比喂猪所产出的高2倍。生产1千克牛奶只需要0.4～0.5千克的精饲料，其中谷物只占60%，而生产1千克猪肉（活重）则需要4千克精饲料，1千克鸡肉（活重）也要耗粮2.2～2.6千克。奶牛能将猪禽等单胃动物不能直接食用的青粗饲料转化为动物蛋白，还可将非蛋白氮（NPN）转化为蛋白质。同时利用农作物秸秆养牛，过腹还田，可以增加土壤有机质，改善土壤结构，增加产量。所以，大力发展奶牛（羊）饲养业，既是逐步提高人民生活，改善膳食结构的需要，也是合理调整农牧业结构，繁荣农村经济，发展可持续农业的一个重要组成部分。

**表1　当年能量及蛋白质转化率对比表** 单位：%

| 种类 | 能量 | 蛋白质 |
|---|---|---|
| 肉鸡 | 7.1 | 52.4 |
| 蛋鸡 | 8.3 | 25.9 |
| 奶牛 | 17.2 | 37.0 |
| 肉牛 | 2.9 | 9.4 |
| 猪 | 4.6 | 12.7 |
| 羊 | 2.3 | 6.0 |

## 三、奶业生产现状和中长期发展目标

我国奶业生产底子很薄，消费水平比较低。1949年全国仅有良种及改良牛12万头，产奶量20余万吨。几十年来，特别是改革开放以来，奶牛头数及产奶量大幅度增长。1978年～1992年，14年间，全国奶牛从48万头增至294.2万头，牛奶产量从88.3万吨增至503.1万吨，年平均递增率分别为18.3%和17.4%，被称为我国奶业发展的黄金时期。1995年全国奶牛头数达到417.3万头，牛奶总产量为576.4万吨。

奶山羊的发展成果也是显著的。1992年全国有奶山羊300多万只，1995年全国山羊奶产量达到96.4万吨，为1949年的57倍。

我国奶类（牛、羊奶）的消费水平迄今仍然很低。新中国成立初期，10个人平均还不到1千克奶；直到1978年人均占有奶量才1千克；1988年达到人均占有奶量3.9千克。1995年全国人均占有奶量为5.6千克，加上净进口奶制品（折合鲜奶）在内，不到6千克。

目前发达国家人均占有奶量为312千克（1994年）；世界平均人均占有奶量为103千克；发展中国家人均占有奶量为32.9千克。过去被认为不习惯吃奶的许多亚洲

国家自本世纪50～60年代以来，奶的生产和消费量剧增。目前日本和印度人均消费奶量均已超过60千克，韩国年人均消费奶量也达到40多千克。

我国奶的人均占有量低，而市场需求旺盛。巴氏消毒奶尚可维持正常供应，高中档乳品（配方奶粉、超高温灭菌奶等）市场则半数左右为进口货及外商独资或中外合资企业名牌产品所占领。加快发展奶业，特别是振兴民族乳品企业，扩大国产品牌的市场占有率，已经时不我待。

关于我国奶的生产中长期目标，在我们与欧共体专家组于1989年共同研究提出的"中国奶业发展战略研究"报告中，曾经就本世纪末中国人均占有奶量可能达到的目标进行反复论证，结论认为：到本世纪末，"奶的总产量达到1 024万吨，比1988年增长1.4倍；平均年递增速度7.73%，基本上相当于前39年平均增长水平……""全国人均占有奶量达到8千克。""21世纪中叶，随着国家财力的增多，并考虑到科技进步和调整生产结构、潜力的发挥，预计到2030年，中国奶的总产量可达到4 250万吨，42年平均递增率为5%，人均占有奶量可达到25千克。"农业部于1990年3月27日对该报告所作的批语中，认为这项科学论证和研究，对促进中国今后奶业的发展是富有积极指导意义的。并明确指出："该报告可作为'菜篮子工程'奶业发展部分制订实施方案的重要依据，根据各地情况逐步组织实施，农业部将对一些重点开发项目予以支持。"

农业部近日提出的"九五"新一轮"菜篮子工程"目标为：人均占有肉、蛋、奶、水产品、蔬菜分别达到41千克、15千克、8千克、24千克和200千克。我们应当继续为本世纪末和2030年全国人均占有奶量先后达到8千克及25千克而不懈地努力。

在进行区域布局和产品结构的调整中，要搞好城市奶牛圈向远郊区县转移，并加强农村奶源基地建设；在大力发展奶牛生产的同时，要因地制宜，并结合扶贫开发工作，指导中西部地区搞好奶山羊、水牛挤奶及牦牛奶的综合开发事业。

**四、走我国奶业产业化自己的道路**

我国奶业需要发展，而且能够发展。按照促进经济体制和经济增长方式两个根本性转变的要求与逐步实现农业产业化的方针，我们认为，我国奶业完全有必要而且可能走自己的发展道路。

1. 实行综合配套技术推广与开展适度规模经营相结合

要在进行品种改良的同时，普及和提高农作物秸秆青贮、氨化、微贮的技术，利用冬季休闲棉田、水稻田种植牧草，使用犊牛代乳粉，加强乳房炎、子宫炎及其它常见病的防治，以及推广机械挤奶等，不断提高奶的产量和质量。为了提高奶牛饲养业的劳动生产率和比较效益，应当积极创造条件，适当扩大经营规模，发展专业大户、专业村、专业片。这些适度规模经营的奶牛场（户）和适度规模小区必将成为推广综合配套应用技术的载体，相辅相成，相得益彰。我们不可能像欧美国家那样，普遍建立成百上千头的大型奶牛场；但是，根据自身条件，因地制宜，适度扩大经营规模，10头、20头、30头的奶牛场（户）会逐渐多起来的。当然，万万不可赶浪头，一股风，而要因势利导，讲求实效。

2. 实行一体化经营与集团化运营相结合

要以市场为导向，优化资源配置。大力促进纵向和横向联合，开展生产、加工、销售一体化经营和集团化运营。在激烈的市场竞争中，近年来各地涌现出了若干民族乳品企业的佼佼者，如石家庄三鹿乳业集团股份公司、上海市牛奶公司、内蒙古伊利股份有限公司、黑龙江省完达山企业集团、江西省金牛企业集团、广东省燕塘企业总公司、山东省文登鹏程食品有限公司等先进乳品企业，纷纷以各自的优质产品创出了名牌，扩大了市场份额，赢得了广大消费者的青睐。他们的共同经验启示我们：在奶业产业化过程中，国营乳品企业必将而且能够发挥骨干作用。在一体化经营中，龙头企业不仅要向奶牛场（户）提供全方位服务（收奶、配种、防疫、饲料供应、机械修理、技术培训等有偿或无偿服务），并认真实行以质论价，优质优价办法，收购原料奶；而且要让利（最好是按交奶量多少给予适当利润返还），使奶农分享从加工增值与减少流通环节所增加的利润，形成一、二、三产业紧密结合的经济利益共同体。要合理调整乳制品结构，实施名牌战略，提高国货名牌乳制品市场占有率；要积极推动东部与中西部地区联合，优势互补，扶强带弱，使众多乳品加工企业从联合中得到改造，在优胜劣汰中求得生存和发展，并在全国范围内逐步形成若干实力雄厚的、足与跨国公司抗衡，可以战而胜之的集团军。

3. 实施宏观调控与市场调节相结合

从计划经济体制下走过来的我国奶业，正经历着向社会主义市场经济过渡的历史转变过程，在国内国外大市场竞争中，产生波动往往是难免的；但是，要尽可能减少、减小波动；优胜劣汰更是难免的，但要尽可能减轻损失。奶业属于弱质产业，与跨国公司比较，目前，我国的乳品企业就更加处于弱者的不利地位，因此，就更加需要保护和扶持。强调市场竞争，决不意味着放松甚至放弃宏观调控，而是要改进宏观调控的方法和手段，作为发展中国家的我国奶业，对外资的使用要贯彻引进、消化、吸收和创新相结合的方针，并坚持平等互利和重点使用的原则，对项目的审批应适当从严；国营乳品企业应当与外资企业享受同等优惠待遇。在增值税征收方面，建议给加工巴氏消毒奶以免税或“即征即退”的优惠待遇。在价格管理方面，价格可逐步放开，同时实行最低保护价（收购原料奶）、最高限价（巴氏消毒奶零售价）或差率管理及定向补贴办法。在保障机制方面，上海等地建立奶业风险调节基金，“以奶养奶”的办法和经验值得推广。

（原载《中国食物与营养》1997年第3期）

# 中国绿色食品的发展及前景

刘连馥

（中国绿色食品发展中心）

## 一、绿色食品在中国的产生

本世纪60年代，一些发达国家在工业化的基础上先后实现了农业现代化，极大地丰富了食物供给，但同时也产生了一系列的负面效应，如土壤板结、水土流失、生物多样性损失等。更为严重的是随着农用化学物质源源不断地向土地输入，造成一些有害物质在土壤和水体中富积，并通过物质循环进入农作物和牲畜体内，导致食品污染，最终损害人体健康。由于环境和食品污染产生的危害具有隐蔽性、累积性和扩散性的特点，因而长期以来未能引起人们足够的重视。进入80年代，可持续发展得到世界各国的响应，许多国家开始从农业着手，积极探索农业可持续发展的模式，以减缓常规农业给环境、资源以及人体健康造成的压力。农业一直是中国经济和社会发展的基础产业；实现国民经济和社会可持续发展，首先要确保农业可持续发展。鉴于大多数农业产品将最终转化成为食品，而食品是和每个人的生命休戚相关且不可分离的特殊物质。为此，中国决定以开发无污染的、安全、优质、营养的食品（简称“绿色食品”）为突破口，推动可持续农业的发展。

经过80年代的改革和发展，中国人民基本解决了温饱问题。进入90年代，中国人民整体生活水平开始由温饱向小康过渡，对食物的需求量越来越大，对质量要求越来越高。与此同时，中国又是一个资源约束型国家，人均耕地面积、森林面积、草原面积、水资源拥有量分别只有世界平均水平的32.2%、14.3%、32.3%和28.1%，这就决定我们不能沿袭以牺牲环境和损耗资源为代价发展经济的老路，而必须建立和发展确保农业可持续发展的生产方式。开发绿色食品，从改善农业生态环境入手，对食物生产实行产前、产中、产后一体化质量管理，不仅可以全面提高食物的质量，而且有利于保护资源和优化生态环境，提高食物生产过程的可持续技术进步，这是绿色食品产生的国情背景。

## 二、绿色食品生产管理体系的构架与特征

严格地讲，绿色食品是遵循有机生产原则，按照特定的质量标准体系生产、被专门机构认定、获得绿色食品标志使用权的无污染的、安全、优质、营养类食品。绿色食品推出以后，我们遵循市场经济的规律，追求可持续发展的目标，依据系统工程的原理，结合中国国情，设计了一个较为完整的绿色食品生产管理体系，它由严密的质量标准体系、全程质量控制技术措施、规范化的管理方式和高效的网络化系统组成。

1. 严密的质量标准体系。环境质量标准、生产操作规程、产品质量标准以及产品包装标准构成了绿色食品一个完整的质量标准体系。绿色食品生态环境标准要求农业初级产品或加工品的主要原料的产地，其生长区域内没有工业企业的直接污染，大气、土壤、水体等生态因子洁净。绿色食品生产操作规程涵盖种植业、畜牧业、水产养殖业、食品加工业诸领域，总体要求是在生产和加工过程中按照有机栽培和管理的基本原则，禁止使用或严格限制化学肥料、农药以及其它化学合成物质的使用，以确保食品的安全，防止有毒有害物质在环境中富积、残留。绿色食品标准参照有关国家、部门、行业标准制定，普遍高于现行国家食品标准，部分与国际标准化组织推荐的标准直接接轨。绿色食品产品包装标准对包装材料的选择、包装设计等方面作了明确规定。

2. 全程质量控制技术措施。为了保证产品整体质量，绿色食品生产实施“从土地到餐桌”全程质量控制。全程质量控制技术措施的核心是将中国传统农业的优秀农艺技术与现代高新技术有机地结合，制定具体的技术规程，并配套生产资料的供给，如生物肥料、生物农药、饲料添加剂、天然食品添加剂等，指导、推广到从事绿色食品生产的每个企业和农户，落实到绿色食品生产、加工、包装、储藏、运输、销售的每个环节，从而提高整个食物生产过程的技术含量。

3. 规范化的管理方式。中国绿色食品开发的显著特色是实行统一、规范的标志管理，即通过对合乎特定标准的产品进行认证并发放特定的标志，用以证明产品的特定身份以及与一般同类产品的区别。绿色食品标志作为证明商标已在国家工商行政管理局进行了注册。绿色食品标志管理将质量认证与商标管理紧密结合，既使绿色

食品的认定具备产品质量认证的严格性和权威性，又具有商标使用的法律地位，从而将保护环境和资源的意识和行为纳入了有序、规范的轨道。绿色食品标志不仅标识产品的无污染、安全、优质、营养的特征，而且标识农业和食品工业一种可持续生产方式和管理模式。

4．高效的网络化组织系统。如何将分散的农户和企业组织起来纳入绿色食品开发和管理序列，我们构建了3个组织管理系统：一是在全国各地设立绿色食品委托管理机构，主要承担宣传、指导、管理、服务工作；二是委托全国各地农业环保机构负责绿色食品产地环境监测和评价；三是委托区域性的食品监测机构承担绿色食品产品质量监测。绿色食品组织网络建设采取委托授权的方式，并使管理系统与监测系统分离，这样不仅保证了监督工作的公正性，而且也增加了整个绿色食品开发管理体系的科学性。

综上所述，绿色食品生产管理体系的独特之处在于：(1)在发展的目标上，不仅要实现高产、优质、高效的结合，而且要追求经济效益、社会效益和生态效益的统一；(2)在技术路线上，强调谨慎地选择、组合传统技术和现代技术，以适度的技术，配合一体化的管理，合理配置生产要素，获取综合效益；(3)在产品质量控制的方式上，一是强调产品出自最佳生态环境；二是对产品实行“从土地到餐桌”全程质量控制；(4)在管理手段上，绿色食品标志管理实现了质量认证与商标管理的结合，从而使生产主体在市场经济环境下明确了自身和对他人的权益责任，而不是一种自发的民间自我经济行为；(5)在组织系统构建及运作上，采取委托管理授权方式，并保持管理、监测、监督机构相对独立，从而保证了整个体系运转的公正性、权威性和科学性。

**三、绿色食品在国家的发展及成效**

中国绿色食品的开发，1990年首先在生态环境良好、原料供给充足、加工技术先进、管理水平较高的国营农牧场起步，经过短短7年的艰苦努力，取得了突破性进展：

1．组建了管理机构，并形成了网络。目前，中国绿色食品发展中心已在全国30个省、自治区、直辖市组建了绿色食品委托管理机构；在各省市委托设立了绿色食品产地环境监测及环境质量评价机构，在全国分区域委托了9个食品监测机构负责绿色食品产品质量检测，从而形成了绿色食品组织管理、质量管理和技术监督网络。

2．绿色食品开发和管理进入了规范、有序的轨道。1996年，中国绿色食品发展中心在国家工商行政管理局完成了绿色食品标志图形、中英文及图形、文字组合等4种形式在9大类商品上共33件证明商标的注册工作，从而使绿色食品标志商标成为中国农业领域第一个证明商标，也使绿色食品开发和管理初步纳入了法制化的轨道，也标志着绿色食品作为一项拥有自主知识产权的产业在中国的形成，同时也标志着一种新的生产方式和消费观念得到认可。

3．推动了绿色食品科研和技术推广工作。标准建设是绿色食品产品开发和质量监控的技术基础，也是绿色食品基础科研工作。7年来，我们结合中国国情，制定了绿色食品分级标准(A级和AA级)，其中AA级绿色食品标准严格按照有机生产和管理方式而制定；通过中国农业部制定了49个绿色食品产品的标准；在全国7大地理区域制定了72种农作物A级绿色食品生产技术规程；制定了生产绿色食品的肥料、农药、饲料添加剂、食品添加剂、兽药、水产养殖用药等6个生产资料使用准则。与此同时，我们还开展了基础和应用技术研究，先后完成了9项科研课题：如生物矿质食品添加剂研究、绿色食品农产品基地环境条件与生产技术研究、绿色食品(蔬菜和水果)生产中有害化学物质污染的控制措施研究、绿色食品市场培育与开发研究等。上述科研成果已大规模地推广到绿色食品生产企业和基地，转化成了现实生产力。另外，我们还在全国各地对相当一部分农户、企业、管理人员就绿色食品技术和管理开展了系统的培训工作。

4．启动了绿色食品产品开发和市场建设。截止1996年底，中国共开发绿色食品产品712个，产量达360万吨。绿色食品产品分布全国各地，相当一部分是名牌产品。绿色食品进入市场后，以其鲜明的形象、过硬的质量、合理的价格深受消费者的欢迎，市场营销网络正在形成，市场覆盖面正在扩大。另外，部分绿色食品还成功地打入了国际市场，并显示出了在技术、质量、价格、品牌上的明显优势，展示了绿色食品广阔的出口前景。

绿色食品开发在中国取得了显著的经济效益、生态效益和社会效益。部分地区通过开发绿色食品拳头产品，培育龙头企业，促进了农业产业化经营，带动了区域经济全面发展。如黑龙江省庆安县发展绿色食品大米生产，使农业生产成本平均每公顷降低540元，1994年～1996年，全县农民人均增收50元、100元、200元，农村经济步入了“稳农、促牧、兴工、活商、富民”的良性循环。贫困地区开发绿色食品，把环境优势转变成经济优势，走上了脱贫致富新路。1995年中国共有13个省(区)的22个国家级贫困县的28个企业开发了48个绿色食品产品，1995年总产值超过3亿元，实现利税4 000多万元。黑龙江省青冈县，1996年绿色食品原料作物种植面积达4 800公顷，有机肥施用量每公顷增加37.5吨，提高了土地肥力，获得了较好收益。山东省沂水县开发绿色食品花生系列产品，打开了国际市场，1994年以来累计出口花生5.1万吨，创汇3 000万美元，建立花生基地133万公顷，带动16万农户参与基地建设，农户增收5 900万元。贵州省黔南州罗甸县上隆果茶场发展绿色食品生产，不仅使农场获得了经济效益，而且帮助周围1 000多户、5 000多人脱贫致富。开发绿色食品，较好地维护和优化了中国部分地区农业基础生产条件，特别是使耕地资源在数量上得到了保护，在质量上得到提高。1995年，绿色食品开发面积为113.33万公顷，1996年迅速增加到213.33万公顷，其中：绿色食品初级产品种植面积27.73万公顷，加工产品原料种植面积81.33万公顷，饲料种植面积104.27万公顷。通过开发绿色食品，帮助许多企业和农户树立了生态意识、质量意识、科技意识和法律意识；通过消费绿色食品，引导许多消费者树立了持续消费观念，注重食物的安全性、经济性和科学性。

**四、绿色食品在中国的实践：意义与启示**

当今世界，人们已逐渐认识到过度依赖现代投入物的常规农业给环境和资源以及人类自身造成的严重危害，纷纷寻求可持续发展的农业生产方式和模式，即在洁净的土地上，用洁净的生产方式，生产洁净的食品，用以维持自然、经济、技术、社会的和谐发展。在人类与自然关系日益紧张严峻形势下，为了扼制这种不可逆转的态势，中国大规模开创性地启动了绿色食品开发，经过7年的探索和实践，我们认识到了这项工作的意义。

——绿色食品的开发创造了一个事关人类生存和发展的崇高产业。开发绿色食品有两个最基本的目的：一是通过生产绿色食品，保护自然资源和生态环境；二是通过消费绿色食品，增进人们的身体健康。在绿色食品生产过程中，蕴含了对“环境洁净度”和“资源持续利用”的生态健康要求，追求经济效益、生态效益和社会效益的统一，因此，它不是高额利润下产生的产业冲动，而是一项净化人类生存环境、优化经济活动的理性产业。在绿色食品消费过程中，强化了“人与生物圈共生共荣”的持续消费意识，追求食物消费的安全性、科学性和经济性的统一，因此，绿色食品是理性产品。

——绿色食品的开发向世界表明了中国政府对人类前途负责的政治态度。在现代化进程中，中国政府已将保护环境列为一项基本国策，国民经济和社会走可持续发展的道路作为一项基本方针。开发绿色食品把保护环境、发展经济、增进人们健康紧密地结合起来，受到了政府的重视和支持。1991年，国务院指出：“要采取措施，坚持不懈地抓好这项开创性的工作”。1994年，中国政府制定了世界上第一个《21世纪议程》，把发展绿色食品列为其中一项重要行动方案。中国绿色食品的发展也受到国际社会的广泛关注和好评。

——绿色食品的开发维护和优化了中国农业基础生产条件。人类所需食物几乎100%来自生物圈，其中98%靠土地提供，2%靠水体提供，因此，保护资源和环境是食物可持续生产的前提。中国是一个人口众多的发展中国家，“吃饭”、“喝水”是头等大事，更应该维护农业基础生产条件。环境保护方式有主动和被动之分，被动环保是“先污染后治理”；主动环保是将环境保护与经济发展有机结合起来。绿色食品开发将环境作为一种生产要素加以培育和利用，通过产品载体，进入市场，实现其价值，这种生产方式不仅具备可操作性，而且效果显著。

——绿色食品的开发有效地推动了中国可持续农业产业化发展。过去，中国农业长期处于“弱质低效”的状况，一个根本原因是农工商分离、产加销脱节，导致农产品附加值低，必须走产业化发展的道路。社会主义市场经济体制确立以后，如何将我国分散的农户和企业组织起来发展市场经济，共同推动农业和食品工业现代化进程，绿色食品在这方面做了有益的尝试，即通过技术和管理，围绕拳头产品和龙头企业将农工商、产加销有机的衔接起来。实践证明，这种发展市场经济的组织和管理方式是成功的，对推动农业产业化发展也是有效的。

——绿色食品的开发改变了传统的发展观念，推动了饮食文化的进步。长期以来，人类过分强调运用自己的先进技术和生产技能主宰自然、征服自然、获取物质财富的能力，结果深受自然对人类社会经济活动的负向反馈的影响，造成对人类自身文明的损害。严酷的现实使人类不得不重新审视自身与大自然的关系，这就是不仅自然是人类生存和发展的基础，而且人类生存和发展的本身就是自然整体中不可分割的组成部分。绿色食品开发展示了一种新的发展观念：即通过适度的技术，理性的经济行为，生产安全优质食品，保持人类生命力、自然生命力、经济生命力和社会生命力和谐持续发展。农业和食品工业主要是解决食物问题，解决食物问题的方式是饮食文化变革的阶梯。全球饮食文化在发生5次历史性变革后，正在发生新的变革，这就是由过度消费热量食品转向消费更多的安全、卫生、营养、保健食品，更加注重食品的安全性、科学性和经济性，更加注重人与生物圈和谐共处关系。提倡绿色食品，也是提倡一种新的饮食文化，一种新的消费观念，一种新的生活方式，一种新的与环境共处的依存关系。

**五、中国绿色食品发展前景之展望**

中国绿色食品发展的方向是“四个推进”，重点是建立“八大体系”。

一是向与食物生产相关的领域推进，稳步扩大发展规模。我们将围绕绿色食品产业化目标，培育绿色食品主导产品，开展基地建设，形成区域性综合开发格局。在此过程中，将发展绿色食品与生态农业建设、“米袋子”、“菜篮子”工程建设、扶贫脱贫工作、区域农业综合开发、外向型农业发展等紧密结合起来，促进农业和食品工业现代化建设，丰富城乡人民优质食物有效供给。

二是向高科技推进，不断提高水平。具体措施是：进一步完善绿色食品的标准体系；提高监测水平；建设绿色食品生产资料供给体系；有计划地开展绿色食品基础理论、应用技术研究；继续开展人才和技术培训，扩大绿色食品技术覆盖面，提高农民的技术素质。

三是向市场推进，充分实现绿色食品价值。一方面开展绿色食品市场营销网络建设，满足更多消费者对绿色食品的需求，另一方面建设绿色食品出口基地，将更多的绿色食品打入国际市场，扩大绿色食品的出口创汇。

四是向国际推进，与国际接轨。在农产品和食品质量认证活动领域，虽然绿色食品是在我国最早开展这项工作的，并在国际交流与合作上取得了较大的进展，但面临新的国际形势，需要在质量标准、认证管理、贸易准则等方面继续加快接轨工作，以进一步巩固和提高绿色食品在国内外的形象和影响力。

在推动上述工作的过程中，逐步建立和完善绿色食品发展的八大宏观体系：即质量标准体系、认证管理体系、质量监控体系、组织管理体系、产品开发体系、市场流通体系、技术服务体系、人才培训体系，把充满生机和活力的绿色食品事业带入21世纪。

## 采用生物技术开发功能性营养强化剂和调料

尤 新

（中国食品添加剂生产应用工业协会）

随着经济的发展，生活水平的提高，人们对健康就更加关注。食品作为人类生存和发展的物质基础，其质量和成分对于人体健康的影响是勿庸置疑的，特别是合理的食物结构，对儿童的健康成长和全社会人群的身体素质的提高有着极其重要的作用。

当今世界食品科学工作者把食品誉为具有三大功能：一是营养，食物为人体提供蛋白质、脂肪、碳水化合物、维生素、微量元素等各类营养物质；二是享受，食物的色、香、味不仅增进食欲和健康，而且使人们生活丰富多彩；三是食物含有某些生理活性物质，能调节人体功能，提高免疫力，防止衰老等，这就是功能性的营养强化剂或配料。当然合理的膳食结构和平衡的营养成份也能增进健康，提高免疫力，但是社会上存在着不同的人群，例如不同的年龄：婴儿、儿童、青年、壮年、老年；不同的病情：高血脂、糖尿病、孕妇等；不同的工作岗位：脑力、体力、井下特殊工作岗位等等。这些不同的人群，需要不同的营养食品，即便是健康的青年人也需要健美，所以国内外市场上健美食品、健康食品、功能食品、机能食品、保健食品到处都是，可以说是当今食品消费的热点。

在我国，保健食品有几千种，有上千年的食疗、食补和药膳的经验，这在东方国家比较流行。用现代科学来分析，应该说这些食品不同于一般的食品，确实含有某些生理活性物质。日本在这方面研究工作做得较多。

从1988年后，日本成立了功能食品联络委员会，当时只有200多家企业参加，至今已有700多家企业，日本厚生省也批准了具有某些特殊功能的食品，称功能食品。英文全称叫 Functional Health Food，即功能性的健康食品。

目前日本市场作为功能性食品的添加料，大致有食物纤维、低聚糖、糖醇、β-胡萝卜素、维生素、DHA、钙、铁、钙吸收剂、肽类、活菌制剂等，用这些基料生产的食品品种繁多，有液态、固态，年销量估计在5 000亿日元。比较广泛的功能食品，主要是功能性饮料。据统计，年销量上千万瓶到亿瓶的功能饮料有（单位：百万瓶）：

| 商标 | 功能性营养强化剂 | 最高销量 | 年份 |
|---|---|---|---|
| Fibi | 食物纤维 | 300 | 1989 |
| Tekkotso | Ca+Fe | 169 | 1990 |
| Oligo CC | 低聚糖（水苏糖、棉子糖（VC） | 90 | 1990 |
| PF21 | 蛋白质 | 70 | 1990 |
| C1000 | Ca+Fe | 112 | 1993 |
| Vegetabeta | β-胡萝卜素 | 120 | 1992 |
| Nobiva | Ca | 120 | 1993 |
| Caparlour | Ca | 30 | 1994 |
| Bikkle | 双岐菌、低聚糖、食物纤维 | 156 | 1993 |

总的说，功能性食品添加剂和配料范围很广，对改善人类健康有重要作用，作为一种基料，有合成的、天然物提取的和生物合成的，以发酵的方法制取的称特种功能发酵制剂，主要指的是以生物技术合成的功能性因子和添加剂，也包括生物技术合成的防腐剂、抗氧剂等。这也

是近代食品工业中必不可少的配套产品。尤其是在世界回归大自然的影响下，人们对合成防腐剂的疑虑增加，因此生物合成的防腐抗氧剂也有相当的市场潜力。关于天然提取物和生物合成营养强化剂比较，有时天然物提取的性能更好，成本更低。例如：γ-亚麻酸，目前仍以天然提取更便宜，发酵法成本暂时还偏高。

近年来，我国各地对开发功能性的营养强化剂和配料已作过不少工作，有的已开始商品化。从今后发展看，以发酵法制取的功能性营养强化剂和配料，其开发重点应是针对量大而广的，与三大营养(碳水化合物、蛋白质、脂肪)相关的功能营养强化剂和配料，这才有较好的市场前景和较大的生产规模。其次是一些特殊来源和特殊功效的添加剂。

一、碳水化合物

和常规碳水化合物相关的功能食品有特种多糖、食物纤维、糖醇和低聚糖类。多糖主要有免疫、抗衰老、抗癌的菌类多糖。食物纤维中的水溶性纤维，包括果胶、海藻酸等，具有抑制胆固醇的作用。糖醇类主要有山梨醇、木糖醇、麦芽糖醇，最近国外又开发了赤鲜醇，主要是防龋齿、供糖尿病人食用，也用于防止肥胖病、降血脂等方面。

低聚糖类是近年新发展起来的新型功能性甜味料，日本市场有7～8个品种，年销量已达4万吨左右，欧洲有低聚果糖。低聚糖具有难消化性，能促进双岐杆菌增殖，现代科学认为是双岐杆菌的增长因子，能抑制肠内有害物质的生成，并能改善排便，有解决老年人便秘的作用。低聚糖和糖醇均有促进钙的吸收的功能。我国研制的低聚异麦芽糖，不消化性糖能达60%以上，国内对发展功能性低聚糖很积极，已试制成的除低聚异麦芽糖外，还有低聚果糖、低聚甘露糖醇等。“九五”将相继在北方和南方建几个新厂。

二、肽类

一般是蛋白质降解获得，主要是低肽，2～5个肽，是功能食品中研究领域最活跃的品种，至今并不像低聚糖已有较大工业规模生产，但肽类的功能远多于糖类。蛋白质降解最终物是氨基酸，但氨基酸只有20几种，而肽类小肽则由2个、3个氨基酸构成，所以肽可以有几百种上千种。特别引起我们注意的是，一些功能肽并不是必需氨基酸组成，例如谷胱甘肽，它是由谷氨酸、半胱氨酸、甘氨酸组成。在经济发展到一定阶段，消费水平上升，食物结构调整以后，人们在食物中摄入的必需氨基酸，如赖氨酸、缬氨酸并不缺少了，但一些肽确可能缺乏。如果我们能将一些廉价的蛋白资源，经酶法降解得到相应的肽，这样就能大幅度提高产品的价值，并为人类健康作出贡献。

谷胱甘肽具有对肝脏的解毒功能，谷胱甘肽过氧化酶是一种含硒酶，它能消除脂类氢过氧化物，是抗衰老因子，有报道说还能预防动脉硬化；酪蛋白磷酸肽CPP，广州轻工所已有产品能促进钙铁吸收、促进儿童生长发育、改善骨质疏松、使骨折容易康复、预防儿童佝偻病、改善贫血等；降血压的肽，由酪蛋白、鱼肉蛋白、植物蛋白酶解制得，可用于预防高血压及脑血管疾病；还有控制血脂、抑制胆固醇的肽，主要以大豆蛋白制取。近代研究证明，大多数被消化的蛋白质，不是以单氨基酸，而是以低聚肽被吸收，特别是2～3个氨基酸的小肽，向细胞内传递的速度比游离氨基酸的速度还快，小肽能完整的被小肠吸收进入血液循环。因此利用廉价蛋白原料，研究一切肽类食品，具有极其深远的意义。

当然，降血脂的功能因子不仅是肽类，象红曲的Manoclink具有极强的抑制胆固醇合成作用，还有其他一些功能因子，均有降血脂的作用。

还有介于糖和肽之间的糖肽，如菌类多糖，具有抗疲劳、抗缺氧、抗癌、免疫等作用。山东食品发酵研究院等单位这方面作了较深入的工作。

三、多不饱和脂肪酸

主要是DHA、EPA、γ-亚麻酸等。具有降低中性脂、胆固醇、血压、血小板凝聚力、血粘的作用。可用于预防高血脂、动脉硬化及心脑血管疾病，目前主要由鱼油提取。发酵法扩大试验已获成功，主要是一种含油酵母菌。近来从海藻中提取也排上了日程，主要是能解脱鱼的腥味的困扰。此外，在剂型方面要开发粉末状基料，以便组成各类食品，方便食用。

四、关于生物合成防腐剂

欧美、日本投入很大力量，美国占有世界40%生物合成防腐剂的专利，我国除了已商品化的乳链菌肽以外，还有聚赖氨酸、纳他霉素等尚待开发(国际上已商品化)。此外红曲中也有抑菌物质。

五、矿物质类营养强化剂

钙、铁、硒、锌等国内市场有不少品种，今后要把研究开发重点放在吸收率的提高上，使在中性微碱性的小肠中能保持溶解状态，否则大量矿物质在肠部不吸收被排泄掉了。所以具有增进矿物质吸收功能的生物合成制品具有重大意义。广州轻工研究所开发了一种酪蛋白磷酸肽，能促进钙铁的吸收，很有价值。

总之，针对我国12亿人口的不同人群，以天然原料、用生物合成的方法，着力研究开发各类功能性营养强化剂，对提高全民族的健康水平，将发挥重要的作用，具有广阔的市场前景。

(原载《中国食品报》1996年5月3日)

# 酒精工业现状与今后发展设想

石维忱
（中国酿酒工业协会）

酒精工业是基础原料工业，其产品应用于化工、军工、医药、食品等领域，在我国已有近百年的历史。建国以来，特别是80年代以来发展很快，截止到目前，全国有酒精生产厂（车间）1 000余家，年生产能力400万吨，年商品量150万吨，创利税12亿元。为国民经济的发展做出了贡献。

近年来，酒精行业取得了可喜的成绩。

——酒精质量大幅度提高。1981年国家制订颁布GB394—81酒精国家标准，其中规定了优级、一级、二级、三级、四级等五个级别产品标准。1982年轻工业部等五个部门联合发文进一步明确规定“符合GB394—81标准中，二级以上的产品为食用酒精”。然而随着社会的发展，科学技术的进步，这些标准和规定仍然制约着产品质量的提高。因此，轻工业部于1988年至1989年起草、制订颁布了GB10343—89食用酒精国家标准，并于1994年颁布了GB/T394.1—94工业酒精国家标准。全行业为贯彻执行国家标准，改进工艺路线，改造生产设备，改善检测手段和检测方法，使食用酒精的杂醇油、甲醇两项指标分别由原来的每百毫升含量0.01克和0.16克下降为0.0002克和0.01克，两项指标分别提高了500倍和16倍，工业酒精也由原来的没指标限提高为现在的杂醇油含量为每百毫升10克、甲醇含量为每百毫升800克。国家食品检测中心根据新标准，在检测的922个产品中，有880个产品达到了要求，合格率达96.5%。

——加强行业管理，发放食用酒精生产许可证。由于历史原因，酒精生产厂家星罗棋布，遍及全国，隶属十多个部门，规模大小参差不齐，行业管理混乱，特别是80年代中、后期，一些不法分子趁机谋取暴利，发生了诸多用变性酒精、甲醇等勾兑饮料酒毒死人事件。对整个行业影响极坏。为了加强行业管理，保证消费者的利益，提高生产技术水平，1990年轻工业部根据国家的有关规定，组织部署发放食用酒精生产许可证工作。轻工业部组织了多次食用酒精生产许可证质量保证体系审查员培训班。并由具有实践经验和理论水平的行业专家组成10余个审查组，分赴全国29个省区市的企业开展工作。食用酒精产品质量由国家食品检测中心统一检测。经过一年多的工作共发放食用酒精生产许可证963家，不符合要求的限期改进，统一由轻工业部归口管理。

——积极开展科研攻关，新技术成果不断涌现。多年来，为了加速我国酒精工业的发展，轻工业部下达很多科研课题，科研单位、大专院校包括生产企业本身的技术人员也积极自选课题搞攻关，经过艰苦努力，取得了可喜成果，据不完全统计在“七五”、“八五”10年间，酒精行业获国家和轻工业部科技成果奖项目有70余个。其中：耐高温淀粉酶、低温蒸煮技术、高温酵母菌种及技术、露天发酵技术、连续发酵技术、露天蒸馏和强制回流技术等已在全行业普遍应用。全行业还推广了二塔三收新流程设备、新型填料甲醇塔、二塔半新流程设备等。特别是学习国外先进经验，国内自己设计制造设备，辽宁朝阳酒厂、河北栾城酒厂首先采用国际先进的差压蒸馏技术，并掌握了基础数据，取得了生产经验，节约了能源。这些科研成果的应用推广，提高了我国酒精工业生产水平。

——开展综合利用，治理环境污染。随着酒精生产规模的不断扩大和发展，酒精废液排放量逐年增加，已成为食品工业的最大污染源。多年来，科研部门和科技人员为治理环境污染，将酒精糟液变废为宝，积极攻关。在全行业中，已普遍进行了废糟液的沼气发酵。如南阳酒精总厂等将生产的沼气供人们生活之需。轻工业部环境保护研究所在研究利用微生物处理酒精糟液治理环境污染方面做了大量工作，在这方面为酒精行业做了重大贡献。安徽阜阳酿酒总厂废液闭路循环，生产菌丝蛋白等工艺技术路线有效地控制了环境污染。国内若干厂家（如北京酿酒总厂、安徽特级酒精厂等）根据国外成熟经验，引进了全干燥蛋白饲料成套设备。生产情况证明，用固液分离、浓缩干燥技术生产全干燥蛋白饲料能够消除污染，但引进该项目的投资较大。因此，轻工业部于1990年6月对吉林新中国糖厂采用国产化设备和工艺技术，以酒精糟液为原料，生产全干燥蛋白饲料技术组织现场论证会。经过实地考察、论证，专家们认为：该项目是成功的，实现了消除污染和提高效益双同步，值得各地借鉴。此后，轻工业部又组织了对消除污染，联产蛋白饲料一条龙项目的论证，极大地鼓舞了科技人员对生产干燥饲料工艺的完善和改进生产设备的积极性。国内很多机械厂已生产出生产干燥饲料的部分设备并且应用到生产中去，酒精生产企业也积极进行这方面的技术改造，有效地控制了糟液的排放，治理了环境污染，并使这一污染源造福于人民。

对酒精工业今后发展的设想：

——节约粮食，节约能源。酒精工业是耗粮也是耗能较高的行业，降低粮耗、能耗是发展酒精工业的前提。要挖掘酒精工业潜力，改进操作技术，推进清洁生产，提高淀粉出酒率，减少能源消耗，寻求代用料生产酒精的途径。

——生产规模。由于历史原因，我国酒精生产企业规模较小，在1 000家生产企业(车间)中，年生产规模万吨以上的企业不到20%。造成了极大的原材料和能源的浪费。因此，今后要增加企业的生产能力及规模，相应减少生产企业数。酒精企业经济规模应为10万吨生产能力，目前至少应在5万吨的生产能力。

——产品出口。我国的酒精产品出口，较长时间维持在2～5万吨范围内，其原因一是价格(与国内价格比)较低，二是运输及码头储存困难。而“九五”期间酒精是酿酒行业的重点出口产品之一，因此，就要千方百计创造条件增大出口产品量。首先应建立酒精产品出口码头，配置有较大贮存能力的设备。要加强生产管理降低生产成本，使酒精产品价格在国际市场中有竞争力，同时企业有利可图，并为国家多创汇。应由行业主管部门统一组织货源出口，以达到统一质量、统一价格增加出口量，扩大国际市场的目的。

——规范化管理。酒精工业机械化程度较高，要求管理水平也高。由于我国酒精企业参差不齐，管理还比较落后，有的还存在工艺规程中参数项目不全，指标不齐等情况。造成原料、能耗高，质量效益低。因此加强规范化管理十分重要，应制订出一套全行业统一规范化管理规程，以指导酒精生产，企业间竞争、竞赛有可比性，达到全行业统一按规范要求生产，提高生产操作水平。

——技术培训、技术交流。企业应经常组织技术培训，提高职工队伍的素质，全行业也应根据情况定期举办新工艺、新技术及新标准贯彻学习班。并应及时组织技术交流。仅局限于目前的技术经济指标交流和信息通报还不够，企业应适时集中一起畅谈生产、营销形势，探讨今后的发展趋势等。应聘请国内外专家讲学，组织出国考察、培训等。

(原载《中国酒》1996年第3期，有删节)

# 我国食品添加剂的研究、生产及应用现状和展望

汪文陆 王庆华

(广东省食品工业研究所)

## 一、国内外食品添加剂的生产和应用状况

由于联合国及世界各国对食品添加剂范围的规定都有所不同，各国允许使用的种类也不尽相同。目前世界各国批准使用的食品添加剂近14 000种，直接使用的有4 000种，其中80%为香精香料。美国批准使用的有3 400种，日本批准使用的有1 400种，我国到1994年为止，批准使用的食品添加剂有1 306种，不包括香精香料也有394种。

就食品添加剂生产和使用情况来看，使用量最大的是美国，年使用量达500万吨，销售额达40亿美元(1992年)，其次是日本和欧共体，产量分别为397万吨(1987年)和300万吨(1992年)，销售额分别达到了5 090亿日元(1990年)和27亿美元(1992年)。我国食品添加剂工业起步较晚，但发展很快，到目前为止，生产厂已有400多家，年产量近80万吨，产值也近90亿元。

从表1可见，我国食品添加剂产品结构同发达国家之间还存在较大的差异。如在增稠剂、乳化剂和保鲜剂等重要领域，我国目前的生产规模及其所占的比例还相当小。在功能性食品添加剂方面，如营养型调味品、高甜度甜味剂、膳食纤维和脂肪替代品等，这几年来，发达国家发展相当迅速，而我国在这些领域刚刚起步，尚未形成工业规模。

但也应该注意到我国食品添加剂工业的自身特点。在传统发酵制品上，我国有着较好的发展，如柠檬酸、味精和酶制剂等。这几年来，在天然色素的研制和开发方面也做了大量的工作，开发和批准使用的天然色素达数十种，其中红曲红、辣椒红、栀子黄和姜黄等均已形成一定的规模，但还要提高产品的质量，加强应用研究工作。此外，在营养素(如牛磺酸、活性钙、葡萄糖酸盐等)、甜味剂(甜菊糖、AK糖、果甜糖等)、保鲜剂(茶多酚、异抗坏血酸钠、富马酸二甲酯等)、增稠剂(黄原胶)和乳化剂(三聚甘油酯、蛋糕油等)等领域，均开发出质量一流的产品。

## 二、我国食品添加剂的研究、开发和使用

1. 抓好轴心产品，形成生产规模

轴心产品是指在食品生产中使用面较广，用量大，对提高食品档次，推动食品工业发展起关键性作用的产品，同时，其自身也能够形成较大规模的产业。例如，在酸味剂方面，以柠檬酸为主的食用有机酸工业在我国得到较好的发展，产品还有出口。在乳化剂领域，蒸馏单甘酯的开发，使我国食用乳化剂的应用上了一个新台阶。目前，我国在防腐保鲜剂、高甜度甜味剂、增稠稳定剂和调味剂等方面，新型优质产品发展较慢，没有形成规模。

表 1　中国、美国和日本的各类食品添加剂年销售额对照表

| 类型 | 中国(1993年) 销售额:90亿元 销售量:80万吨 | | 美国(1992年) 销售额:39.5亿美元 销售量:500万吨 | | 日本(1987年) 销售额:5 090亿日元 销售量:397万吨 | |
|---|---|---|---|---|---|---|
| | 销售量(万吨) | 销售额比例(%)** | 销售量(万吨) | 销售额比例(%) | 销售量(万吨) | 销售额比例(%) |
| 调味剂 | 39.0 | 33.0 | * | 21.0 | * | 31.0 |
| 香精香料 | 2.0 | 4.0 | * | 21.0 | 4.5 | 15.0 |
| 高甜度甜味剂 | 4.0 | 11.5 | 1.5 | 22.8 | 1.5 | 22.0 |
| 增稠稳定剂 | 1.0 | 3.0 | 14.0 | 12.2 | 1.3 | 7.0 |
| 膳食纤维 | — | — | 2.5(1990年) | 8.2 | — | — |
| 乳化剂 | 1.1 | 2.5 | 15.0 | 7.2 | 1.5 | 2.0 |
| 酸味剂 | 15.0 | 13.2 | 11.0 | 5.7 | 1.0 | 3.0 |
| 防腐抗氧剂 | 1.0 | 1.0 | 4.0 | 4.8 | 3.5 | 1.3 |
| 酶制剂 | 11.5 | 12.0 | * | 3.4 | * | 0.8 |
| 色素 | 1.0 | 3.8 | * | 4.1 | * | 7.0 |
| 营养素 | 0.3 | 3.2 | * | 2.3 | — | — |
| 脂肪替代品 | — | — | * | 1.6 | — | — |
| 改良剂 | 3.0 | 1.0 | 24.0 | 1.8 | * | 9.0 |
| 其他 | 4.0 | 11.0 | * | 2.5 | | |

注释:"—"未形成生产规模;"*"未收到资料;"**"按销售量和市场价格估算出的数据。

在防腐抗氧剂领域,目前仍以苯甲酸和苯甲酸钠为主。而安全性高、防腐效果好的山梨酸工业由于种种原因却一直没有很好地发展起来,目前我国山梨酸生产厂仅有4家,年产量也在200～300吨左右,价格为55～60元/千克。这几年我国对山梨酸需求量的增加也只能依赖于进口,进口价为50～55元/千克左右。相比之下,日本每年出口的山梨酸量达1 200吨,从现阶段我国食品工业发展的规模和速度,迫切需要建成年产2 000～3 000吨规模的山梨酸生产线。

在高甜度甜味剂方面,我国仍以糖精钠为主,消费量约为1.2万吨,并有1万吨出口。这几年,甜蜜素的使用量也有了一定的规模,但由于世界各国正在相继禁用,我国目前的状况也只是一个权宜之计。甜菊糖的发展也因风味和资源的限制未能发展成为轴心产品,只是对其他甜味的补充。相比之下,美国目前主要的高甜度甜味剂品种是天冬糖,占市场的90%以上。日本市场上以甜菊糖为主,而在欧洲则对AK糖等有较大的兴趣。目前,国际流行的AK糖(Acesulfame K)、天冬糖(阿斯巴甜,Aspartame)及卤代蔗糖(Sucralose),不仅安全性好,风味也明显优于以往的甜味剂,是首选的发展产品。广州何济公制药厂研制的天冬糖由于成本太高而下马,北京平谷化工厂试产的AK糖也迟迟未见上市。广东省食品工业研究所先后于1992年和1993年推出AK糖(AK-200,200倍)和风味改进产品果甜糖(AP-300,300倍),价格较国外同类产品还要低。

在增稠稳定剂方面,尽管我国开发的品种已超过40种,但这些产品的产量都不大,主要由于受到产品资源的限制,如卡拉胶等。也有因为研究工艺水平限制,产品质量较低,成本较高。目前我国增稠稳定剂的年使用量达到3万吨,但生产能力仅有1万吨左右,有许多食品厂仍只使用进口的产品。在这方面,迫切需要研制品质优良的品种,提高产品档次,扩大生产规模。

在调味剂方面,我国仍然以味精为主,品种较单一。在新型营养调味品方面,我国也才刚刚起步,如广东东莞一品鲜调味食品公司和广东江门生物技术开发中心开发的酵母抽提物,江苏无锡二和水解蛋白有限公司、江苏锡成油脂化工有限公司和浙江杭州群力营养源厂等推出的动植物水解蛋白。由于对这类产品的应用研究还不够,加上产品成本偏高,目前尚未能被社会普遍接受。相比之下,日本和美国的营养型调味剂已得到充分的发展,其销售量已超过传统调味剂谷氨酸钠的数倍。

2. 加强食品添加剂的应用研究,开发高效、优质、方

便的复合添加剂

在日本，每出现一种新的食品添加剂，平均就有80～100种复合型食品原料推向市场，以满足不同层次食品企业的需求。

复合型添加剂并不是几种原料的简单混合，而是在大量应用试验的基础上，合理地配合使用多种食品添加剂，从而得到单一食品添加剂无法取得的效果。复配型添加剂的开发一般应遵循以下几个原则：

①几种食品添加剂功能的互补，简化食品生产工艺

由于单一食品添加剂往往不能满足食品生产多方面的要求，而只有几种性能不同的添加剂搭配使用才能达到理想的效果，可简化生产工艺。这类品种如面包改良剂、蛋糕油、冰淇淋乳化稳定剂等。

②几种添加剂的协同增效作用，减少用量，降低生产成本

如茶多酚与维生素C混合使用，其抗氧化效果可增加20%～30%，与柠檬酸混合使用，其效果也可增加10%～15%。

果甜糖(Frucosweet)与蔗糖按甜度(1：1)配合作用，其甜度可增加10%，而与高果糖浆按甜度(1：1)混用，其甜度会增加12%～15%，而且产品的风味比各自单独使用时还要好，克服了蔗糖或高果糖浆单独使用时对喉咙的刺激性，表现出一种清爽、柔和、纯正的甜味。同时也降低了产品的生产成本。

③消除单一食品添加剂的副作用

如AK糖单独使用，当甜度达到5%蔗糖的相对甜度时，就会表现出不愉快的后味，甚至后苦味，但与某些氨基酸、有机酸、天然糖甙、核苷酸、增味剂等天然物质混合使用，即可完全克服AK糖的不良后味，而且其甜度还可增加30%～50%以上。果甜糖也就是在这个基础上，经过2年多的基础研究和摸索，开发出来的一种高品质甜味剂。这种甜味剂的口感好，在达到10%的甜度时仍具有纯净的甜味。它又有很好的耐热、耐酸碱稳定性，因而可适用于多种食品的工艺需求。

又如味精和核苷酸混用，或味精和氨基酸调味品混用，不仅鲜味可增加数倍到数十倍，而且可消除味精对喉咙的刺激性及味精在高鲜度时的恶心感。日本、美国近年来营养型调味剂已成为调味品市场的主要部分。

④营养平衡的需要

大部分营养素的应用，如维生素、氨基酸、有机盐和无机盐等，都是为了补充不同食品中营养成份不足的需要。如在缺碘地区的食盐中添加碘化钾，在儿童食品中适当添加葡萄糖酸钙、活性钙等都属于这类情况。

⑤多用途食品添加剂的合理利用

一种食品添加剂的出现，最初往往只有较为单一的用途，但随着应用研究的不断深入，会发现一些新的性能，用途也随之扩大。这样不仅减少了开发新型食品添加剂的难度，而且也大大减少了食品添加剂的使用量。这里仅列举几个例子予以说明：

茶多酚不仅具有抗氧化作用，而且也有一定的杀菌防腐效果，是一种中性防腐剂，在肉制品上使用效果不错。

果甜糖(Frucosweet)和AK糖不仅是性能优良的甜味剂，而且还是效果显著调味品的增鲜剂和风味改善物质，特别适用于高档蚝油、高档酱油等调味品的生产。

中链脂肪酸的蔗糖酯，不仅具有乳化剂的作用，而且具有一定的杀菌效果及成膜性，因而与其他成膜剂配合用于果蔬保鲜具有较好的发展前途。

苹果酸、琥珀酸、酒石酸等有机酸不仅是性能优良的酸味剂，而且也是鲜味增效剂和风味改善物质，因而可用于风味食品的开发。

麦芽酚和乙基麦芽酚，不仅是香精香料的增香剂和助香剂，而且也是一种较好的风味增强物质和风味矫正物质。可较广泛地用于食品、医药和化工等行业。

3. 开发天然、营养和功能性食品添加剂，逐步改变现有产品结构

大力开发天然、营养和功能性食品添加剂不仅是世界食品添加剂发展的主流，也是我国今后发展的主要方向，全国食品添加剂生产应用工业协会和全国应用化学工业协会已重申过这一观点。因此，在逐步缩短主导产品同发达国家之间差距的同时，也要在这一前沿研究领域跟上步伐，以中国特色的食品添加剂参与国际竞争。发展重点有：

①天然防腐抗氧剂，如浙江天台制药厂银象分厂最近试产成功的乳酸链球菌素(Nisin)，杀菌效果好，用量少，又不受pH值的影响，是很有发展前途的产品。日本近年来在这个领域投入了较多的研究，批准的产品有鱼精蛋白、聚赖氨酸、曲酸及多种天然抗氧化剂等。

②功能性甜味剂，如既有一定热量和营养，又能为糖尿病、高血脂患者食用的糖醇与低聚糖等，具有营养功能的多肽糖和蛋白质甜味剂等。

③功能性营养强化剂，除对氨基酸、维生素、微量元素等进行系列化研究和配套的提高外，还包括许多特殊生理功能性物质，如膳食纤维、功能性多肽、功能性多糖、脂肪替代品和不饱和脂肪酸等。

（原载《食品工业》1996年第3期，有删节）

# 联合起来,加快我国包装和食品机械行业技术发展

徐景珩
(中国包装和食品机械总公司)

## 一、包装和食品机械行业科技发展现状

包装和食品机械行业在经历了70年代起步、80年代发展、到90年代实现了高速增长,已成为机械工业部直接归口管理的12个分行业之一。行业的快速发展引人注目,其科技进步已列入国家"九五"规划和2010年远景发展目标的战略部署。

据不完全统计,我们全行业现有各种所有制企业4 000多家,就业人数达50万人以上,科研单位和高等院校350余所,科技人员10 000多人,产品分40大类,3 000余种。在"八五"期间,全行业累计销售总额超过700亿元,年平均增长率为29%,高于机械工业年平均增长率21%的水平,位于少数几个高新技术产业之后,排在绝大多数传统行业之前。

90年代以来,新技术装备的主要成果如下:

(1)广东远东食品包装机械有限公司本着"软饮料国产化"的指导思想,积极组织科研攻关,经过几年的艰苦努力和反复实践,终于研制成功国产化小型复合纸无菌包装饮料生产设备,填补了国内空白,1992年被国家科委选定为全国"星火计划"推荐采用的技术装备。

上海轻工装备(集团)总公司下属的上海轻工机械厂,于1996年研制生产了我国第一台屋顶型纸板盒包装机,解决了国内牛奶和部分饮料长期只采用玻璃瓶和塑料瓶包装的单调情况,从而使我国成为世界上继美国、瑞士、德国、日本以后第五家能独立生产这种机械的国家。

(2)面对啤酒市场对技术装备日益扩大的需求,广东轻工机械集团公司先后组织研制开发了2万瓶/小时、3.6万瓶/小时啤酒灌装生产线,目前正向着6万瓶/小时、7.2万瓶/小时甚至更大的目标迈进。

(3)长期以来,我国食品加工行业中存在着能耗较高、热能利用率较低的突出问题,许多情况下只达30%~50%。无锡中合微电热科学技术研究院孔德凯院长发明的微电热(DZR)国际专利新技术实现了革命性突破,目前已成功地应用于烟草、花粉烘干等100多种产品领域,其电热转换率高达90%以上,比普通干燥、烘干设备可节电30%~50%,在食品加工领域中有着广阔的前景。DZR技术的推广应用,可望在本世纪末把我国食品加工技术提高到一个新水平。

(4)华中农业大学庞声海教授领导研制的DWWF200系列低温升超微粉碎机新技术,工作温升小于30℃,解决了医药、农药、化工、生物工程、食品、涂料、矿物盐等许多领域中的精细加工难题,其性能指标明显优于日本等国外同类机型。

(5)"八五"期间,工业微波在我国食品加工机械领域的研究和应用也取得了突破性进展。机械工业部食品装备设计研究所、天津市包装食品机械研究所开发了液体饮料微波杀菌机系列产品,已成功地推向市场应用。此外,电子工业部十二所、上海电力学院、南京三乐电气总公司等单位在微波无油方便面干燥、干果焙烤(脱皮),大豆脱腥(干法)、麦片(玉米片)糊化、酱菜杀菌、糕点熟制和微波真空冷冻干燥等领域都取得了实用性成果。

(6)在电子称量、自动配料系统的设备研制方面,北京中山科技公司作出了突出贡献,他们开发生产的多物料自动调配系统,已成功地将多达18种固态、液态物料混合配制,全过程采用计算机控制,已广泛用于食品、粮食、化工、饲料生产的各个领域。

(7)在瓦楞纸板包装材料生产机械方面,首都航天机械公司、广东肇庆嘉隆包装机械制造有限公司、湖北京山机械集团走自行研制和国际合作发展的道路,已分别生产出幅宽2.2米和2.5米的七层瓦楞纸生产线全套设备,技术水平已进入国际先进行列。

(8)在水果加工机械方面,浙江瑞安玉海机电研究所成功地研制出荔枝剥壳、捅核加工机械,提高生产率15倍以上,实现了我国在水果加工前处理工序自动化方面独立研究的零的突破。

(9)在方便食品加工机械方面,90年代以来更是呈现百花齐放的新局面。各种膨化食品机械、速溶营养麦片生产线、带馅面条机、麻花机等纷纷推向市场。机械部食品装备设计研究所新近开发的"土豆全粉花色小食品挤出机械"推向市场后,受到广大城镇消费者的欢迎。

(10)上海市轻工机械技术研究所几年来立足于国内市场需求,瞄准世界前沿水平,积极组织研制开发,完成了163项科研成果,推向市场101项,仅1994、1995两年就完成新产品开发26项。其中WBSM-1600中型无导爪瓦楞纸板生产线、二片罐灌装线等3项产品填补了国内

空白，产品出口到澳洲、俄罗斯和东南亚等地区，成为行业科技先导型的样板。

(11)近几年来，水处理设备的研制、生产和应用领域急速扩大，膜超滤、电渗析、反渗透技术广泛应用，天津纺织工学院、美星水处理设备公司等进行了大量工作，不仅使该项技术进入食品饮料生产线，而且，各种微型净水器也开始进入千家万户。

(12)面对人民生活水平的日益提高，城市乳品加工企业也向着大型化发展，针对这一市场的特点，上海张堰轻工机械厂率先研制生产了10吨/小时处理量的大型高压均质机，满足了国内外市场的需求。

(13)随着城乡居民饮食结构的变化，近几年，粮油包装小型化的特点比较显著，由中国包装和食品机械总公司、上海轻工机械技术研究所、北京商业机械研究所、北京通州机械研究所先后研制开发的系列粮食小袋包装机，机械部合肥通用机械研究所开发的油脂小桶自动灌装机等迅速推向市场，得到了普及。

(14)随着科学技术的不断进步，一些高科技成果和软科学成果也开始在包装和食品机械中得到应用。如北京商业机械研究所开发计算机管理饮料自动加工系统，广东惠阳机械厂的威化蛋卷机加热炉模糊控制，北京斯内尔公司与中科院合作研制的激光打码机等，都开始在行业技术进步中崭露头角，并将在"九五"期间进一步普及和发展。

(15)成都华康食品机械有限公司近年研制推出的高档酱油包装机和三氧清毒杀菌系列产品具有较高技术水平，已分别获得国家专利。其中，利用三氧($O_3$)具有较强的氧化能力，在杀死细菌的同时，还能除去空气和液体中的异味，剩余的$O_3$则分解还原成氧气，不存残留物，没有任何遗留污染问题，可直接用于食品消毒杀菌，并适用于医院、食品饮料厂、制药厂、卫生用品厂、实验室等场所的消毒和空气净化。

此外，果蔬保鲜技术、真空技术、药品包装机械、烟草加工包装机械、容器制造设备、水泥复合袋设备、纸浆模塑成型设备、农副产品水产品加工机械等，也都取得了很大发展，这里就不一一列举。

在促进行业技术进步的过程中，机械部食品装备设计研究所、上海轻工机械技术研究所、合肥通用机械研究所、天津包装食品机械研究所、北京商业机械研究所、无锡轻工大学吉林工业大学食品工程学院、天津商学院、西北轻工学院等一大批骨干院所发挥了带头作用。廊坊包装设备制造总公司、广东轻工机械集团、首都航天机械公司、湖北京山机械集团、江苏锡南机械厂等一批骨干企业也在技术开发、企业科技进步方面作出了突出贡献。同时，我们也感谢美国、德国、瑞士、西班牙、意大利、日本、荷兰等国家的许多企业在促进我国食品加工和包装机械发展方面带来的特殊影响和促进性作用。

**二、行业科技发展面临的形势和任务**

根据我国国民经济发展规划和实现小康生活水平的要求，"九五"期间包装和食品机械的需求量会大大增加。据市场调查预测，为食品工业将提供800～1 000亿元的装备，为包装工业提供1 000～1 200亿元的装备，为"菜篮子工程"、为发展农村经济提供800～1 000亿元的装备，总计"九五"期间市场需求包装和食品机械的工业产值为2 600～3 200亿元，比"八五"增长4倍。显然，我国的实际制造能力与需求相比尚有很大差距，随着加入世界贸易组织，国外设备挤占国内市场的形势也会越来越严峻。

目前，我国的农产资源利用率很低，食品工业总产值与农业总产值比例为0.43∶1，而经济发达国家为1.5～4∶1。经过工业化加工的食品在美国、日本的社会消费中分别占92%和82%，而中国仅为30%(其中的40%还为烟草类)。

1996年，我国的包装和食品机械产值约为200亿元左右，仅占机械工业产值的0.7%，而德国和日本则早已达到5.4%和12%。我国的食品机械全员劳动生产率仅是美国、日本和前西德的1/20～1/30。此外，在出口创汇方面，日、美、意和德国的食品机械出口额已占其总产值的70%左右，而我国目前的食品和包装机械出口额所占比例甚小，尚不足5%，但进口额却与两类机械的总产值大抵相当。从这些数据的对比上可以看出我国在包装和食品机械行业制造技术水平与发达国家的明显差距。

目前，我国在包装和食品机械行业的总体技术水平上与发达国家尚有20年左右的差距，这与我国机械行业与发达国家的差距大体相当。但是，由于包装和食品机械的基本工作原理体现了各学科的特点，而我国在基础性研究和应用性研究领域的许多新技术成果已逐渐接近世界前沿水平，近些年来不断引进的大型成套设备也为我们消化、吸收和创新提供了方便。因此，有效地组织起行业科研力量，把握好时机，选准课题方向，迅速提高我国包装机械和食品机械的档次和水平，满足国民经济发展的需要，已成为迫在眉睫之急。

对比国内外在包装机械和食品加工机械技术水平上存在的主要差距，现提出以下课题作为今后一个时期内研究和开发的重点内容：

(1)真空无菌包装机械。目前国产软饮料灌装设备技术水平与瑞士利乐无菌包装机相比，仍有很大差距。在大袋饮料无菌包装方面，与美国泛力(Fran-Rica)公司的设备相比，还存在着空白。从长远发展的眼光来看，最终要走联合攻关研制和创新的道路。

(2)粉料高速充填包装机械。国产粉料包装设备，目前仍以单头包装形式为主，速度仅为40～60袋/分，而国外采用电子自动称量反馈的双头、多头高速包装机，每分钟可生产数百袋以上。所以，国内目前大中型洗衣粉、奶粉、食糖、药用冲剂、保健品冲剂等生产企业，仍不得不依赖从国外进口设备。

(3)推广普及微电热节能新技术。微电热(DZR)技术具有国际领先水平，已在中国、日本、澳大利亚及欧共体等取得了发明专利，并被列入国家级星火计划。该技术用于食品加工机械具有广泛的前景，可降低能耗30%～50%，如能对全国4 000余条饼干、面包、食品烘烤生产线进行技术改造，则可大大减少烘道空间尺寸，实现年节电效益数亿元，并且在其它方面也有广泛的应用。

(4)小型食品纸袋自动成型机组。发达国家超级市场及食品、水果市场上常用的牛皮纸食品袋是一种用量极大的消耗品，且西方许多国家已明文规定不准用塑料袋盛装物品，以免"白色污染"。该项措施在我国的实行也势在必然。然而，目前这种纸袋成型机组在我国尚属空白，进口一台需耗资上百万美元。所以，开发研制该种设备市场前景看好。

(5)小型自动称量打包机械。国内目前已能生产大型棉纱、烟草和金属等打包设备，但是，适用于小型物品的自动称量打包机械尚属空白。最近，核工业总公司寻求用于核废料焚烧前的小型打包设备遇到了难题，中心正在组织力量开发研制。

(6)啤酒高速贴标机械。我国啤酒产量在本世纪末将会超过2 000万吨，许多具有规模效益的啤酒厂年产量都在10万吨以上。所使用的灌装机组已达2.8万瓶/时、3.2万瓶/时、3.6万瓶/时和4万瓶/时以上。但目前国产贴标机最大速度仅2万瓶/时左右，只得从德国克朗斯公司进口贴标机。因此，开发研制高速贴标机械也有很好的前景。

(7)瓶口套帽设备。随着产品包装档次提高、防伪和卫生的要求，许多瓶装产品如啤酒、白酒、果酒和液体调料等都开始采用铝箔纸套帽封装。但目前大都采用人工操作的方法，生产效率低。如能组织研制生产，市场需求量也很可观。

(8)热管新技术应用。热管技术应用在国外包装封口机械及其它领域已很普遍，如日本富士FW-34A和大森NW-405卧式枕型包装机均采用了热管技术热封，节省能量达25%。采用热管技术后，热封温度均匀，可使热封头表面温度变化幅度从12～25℃减为2～8℃。由于导热性能好，可用于高速封接较厚的塑膜，热封均匀性好，可提高封口的质量。因此，我国包装机械欲向高速发展，迟早会采用这一新技术。

1996年，清华大学同北京玻璃厂合作，建立年产500万支热管生产线，可望在近年内在各领域推广使用。

(9)高速度、高精度容器制造设备。目前，国内大中型化妆品企业使用的高精度聚酯瓶成型设备、高速度灌装设备、纸盒成型设备等，仍主要依靠从国外进口，而国内设备的生产效率、精度和自动化程度尚不能满足要求。另外，德国BRG公司生产的组合式塑料盛蛋箱，每次盛360个鸡蛋，可多次循环使用，十分方便。如研制开发投放市场，应用前景十分广阔。

(10)食品冷杀菌技术。传统的高温杀菌方法容易破坏食品的原有风味和维生素C，使酶特性发生变化。美国食品及药物管理局(FDA)1995年7月通过了Coolpure公司的冷杀菌法，该法适用于液态或可泵送食品的杀菌，采用短时高电压脉冲杀灭液体和粘性食品中的微生物。Coolpure灭菌法对热敏感产品(如液蛋)更能显示出优点，采用多种脉冲技术能快速有效地杀灭腐败菌和病原体，而不会象热杀菌时不可避免产生的对食品及乳品的损害，且不影响产品的颜色和味道，对果汁的杀菌尤其具有优越性，可延长鲜桔汁等的保鲜期。该方法的适用范围包括果汁、饮料、牛奶、液蛋、膏糊状食品、糖浆、调料、果菜泥及功能性蛋白等。目前，每小时处理3 000～10 000升的工业化生产设备已进入使用阶段，其独特的优越性是耗能低，少于高温杀菌耗能的千分之一。

再有一种冷杀菌技术是高压杀菌法。美国的Avomex公司于1996年5月开始对鳄梨采用高压系统杀菌法，该设备由利乐-拉伐AB公司提供。据Avomex公司总裁宣称"该种高压技术的应用可使塑料袋包装鳄梨的保鲜期从8～10天延长至30～45天"。这套设备的工作压力为7 000巴(10 000Psi)，日加工能力为4～5吨。近年来，日本也已将高压技术应用到水果酸乳酪、水果甜点、果酱、果汁、香肠和鱼产品等，其使用压力尚不及前者的一半。

此外，超声波杀菌技术已在美、日、欧洲等发达国家获得普遍应用，该技术利用聚能式超声波产生的强烈空化效应，能有效地破坏体积较小的微生物细胞壁，从而抑制如酱油一类经发酵生产的液体中酶生物的进一步生长，延长保鲜期，且不损害食品的原有风味。

(11)超临界优选萃取技术。超临界萃取技术是利用略高于物质的临界温度但接近临界点的状态，选用一定的气体，在超临界状态下，使天然原料中的有效成分不断抽取到超临界气体中，可广泛应用于天然食用色素、香料、香精、油脂、系列添加剂、药用动植物和中草药等的萃取加工。该技术具有低温萃取和惰性气体保护的特点,萃取物不含有机溶剂的残留成分,保持了萃取物的天然性,不产生“三废”和污染环境。目前,由于不少国家的制药业、食品业已不允许再使用非天然合成素、人工香料及食品添加剂,所以,用于生产纯天然性植物色素、香料及食品添加剂等方面,发展前景广阔。

(12)果汁香味回收装置。国产果汁加工成套设备中尚无配套的提香装置,致使香气不足。如能把果汁加工过程中的香气回收,再返添入果汁中,可保持原有的口味及天然果香。目前我国中、小型生产能力的香精、香料提取加工的技术和设备也属空白,致使资源浪费。食品和日化行业的香精香料仍大量依赖进口。所以,应积极组织测绘、仿制或开发。

(13)果胶加工成套设备。我国目前在水果加工过程中的副产品尚未得到充分利用,只作为垃圾处理。而果胶又是食品工业不可缺少的添加剂,每年需进口数百吨,尤其果皮是生产果胶的良好原料,而国内尚无果胶加工成套设备,建议有条件的单位组织研制开发。

(14)大中型牲畜屠宰加工设备。我国现已有涿州、北京、武汉、南京等几家企业生产中小型家禽屠宰加工设备,但在猪、牛等大牲畜的屠宰加工方面,不仅生产规模小,且加工设施不配套,距离国际标准和世行贷款招标项目的要求相去甚远,国内新上的大中型牲畜屠宰线都依赖进口。所以,应在已有设备的基础上,参照世界先进水平进行攻关和开发。

(15)大、中型番茄加工成套设备。近年来,随着城乡人民生活水平的提高,居民饮食结构发生很大变化,而番茄作为一种主要佐餐用料,在发达国家以番茄酱、番茄沙司、面包伴侣等形式上市,消费量很大。不久前,新疆生产建设兵团新上1条大型番茄加工生产线,因国内无合适成套设备可选,只好从欧洲进口。所以,积极开发该类设备,市场前景也很广阔。

(16)大型玉米深加工综合利用成套设备。据报导,美国等发达国家对玉米的综合利用率达99%,可同时出产30余种主副产品,广泛用于食品、化工、制药、生物等领域,仅玉米糖的人均消耗量就达每年20多千克。我国在这方面的差距很大,主要原因是加工设备不配套。最近,世界银行贷款和地方投资上马的吉林100万吨年处理量和辽宁大硕的8万吨玉米深加工生产线全部采用国外设备。所以,根据国家食品工业“九五”规划和2010年远景目标要求,我们包装和食品机械行业理应担负起中国这个第二大玉米生产国经济发展需求的责任。

(17)大型淀粉加工成套设备。我国淀粉加工小型成套设备已能制造,但其技术指标和生产规模远不能适应食品工业的需要。1995年山东烟台上马的年产1万吨速冻粉丝出口韩国项目,就是在不得已的情况下购买国外设备。所以,在这方面已有一定基础的院所应再努力上新台阶。

(18)高自动化水果加工成套设备。欧、美等工业发达国家的水果加工机械早已实现高度自动化控制管理,不仅节省人工劳动,也大大提高产品质量。其中包括电脑水果分级机、坏次果自动剔除设备、柑桔剥皮机、桔子分瓣机、果实去核机等。而我国目前在水果加工的前处理工序中,仍大量采用人工操作,这方面的技术开发和设备国产化问题也应早日解决。

(19)蔬菜深加工技术。近几年我国大中城市的净菜供应已经开始,深加工蔬菜制品发展迅速,但蔬菜深加工食品占全国蔬菜总产量仍不到10%,而名优特、高附加值、高科技含量商品化的绿色蔬菜食品更少,功能性蔬菜制品的研究刚刚起步,纯蔬菜饮料有待开发,因此,我们从事食品加工机械研制的院所、企业应积极与从事食品工艺研究开发的单位横向联合,以满足社会经济发展多样化、高层次的需求。

(20)超声波均质机细化技术。传统的高压式均质机已不可能靠继续提高压力的方法来取得进一步细化物料的效果,那将会遇到制造和使用过程中的许多麻烦。普通超声波均质机对纤维状结构和脂肪球的破碎效果不理想。美国目前已研制成功新一代聚能式超声波均质机,使用单个声头功率为1 500W,据称能使果汁饮料中的固形物尺寸细化到0.1～0.5μm以下,且不象高压均质机那样因升温而改变物料特性。

(21)油脂加工膨化浸出设备。“膨化浸出机”是目前国际上油脂加工中先进的技术,可替代传统油脂浸出成套设备中破碎、软化、轧坯、浸出四个工序中的分设备。仅以100吨/24小时膨化浸出机为例,可节约动力96千瓦,使大豆出油率从14.5%提高到15.5%,提高生产能力30%,可使豆粕中的蛋白质含量从41%提高到44%,具有明显的经济效益和社会效益。国内目前大、中、小油脂加工厂4 000余家,除极少数几家企业引进国外“膨化浸出机”外,绝大部分工厂仍采用传统的油脂浸出工艺和设备,因而拥有广阔的市场。

(22)肉及肉制品加工配套设备。我国肉类制品产量已达100万吨,人均尚不足1千克。并且,废弃物处理和环保技术还比较滞后。按照“九五”全国食品工业科技发展纲要的重点要求,当前除继续采用速冻、低温杀菌和低温保藏、流通冷冻链等适用的新技术,加快发展冷却肉、配菜或调理肉食、火腿肠等熟肉制品外,还需进一步发展完善屠宰动物的内脏、血液、皮、骨、羽毛和各种腺体等的综合利用技术和设备，并应用分离、提纯新技术处理废弃物，开发功能性生理活性物质。

(23)粮油副产品的深加工设备。如利用低温脱溶和脱毒处理后的大豆粕、花生粕、菜籽粕、棉籽粕、玉米胚粕等的加工设备，以及米糠、麸皮等综合利用的加工设备，可充分提取其食品植物蛋白质、膳食纤维、单细胞功能性组分(肽类、糖类、微量元素等)。在这方面，许多工艺性问题已获得突破，但是，如何将实验室成果推向工业化应用，有待于我们的开发和创新。

(24)水产品加工及综合利用技术。我国水产品工业发展迅速，但由于加工手段比较落后，生产率和商品率比较低。应大力研制与开发与之相适应的微冻保鲜、仿真工程食品、食品添加剂制备、废弃物综合利用技术和设备，并采用分离、提纯、包埋等新技术，提高功能性、高附加值水产食品的品质水平。

除以上所列的 24 个方面外，我国包装机械和食品机械在 40 个门类、3 000余种产品中，与发达国家相比都不同程度上存在着差距，并且，不断涌现出来的光、机、电、声、气、磁等学科的新技术又增添新的产品品种。关键在于我们的众多科研单位和企业，能否在市场经济中积极挖掘技术潜力，创造机会和把握机遇，在激烈的竞争中取胜。

从产品结构上看，我国包装和食品机械产品品种尚有较大缺口，存在技术水平低、产品可靠性差等问题，不能满足市场需求。国外先进技术和设备挤占我国市场的现象仍十分严重。这就需要我们科研院所“狠抓急需产品，主攻关键技术和提高成套水平”，同时注意基础研究和长远新课题的研究与开发。

从企业结构上看，包装和食品机械行业的企业规模小，技术力量薄弱，自主开发能力低，希望与科研院所、大专院校横向联合。今年机械工业部提出抓好企业名牌产品认证工作。这就需要我们广大的科研院所主动上门服务，走产学研相结合的道路，发挥科研院所的技术优势，促进企业技术进步。

(原载《包装与食品机械》1997 年第 4 期)

# 1.4　统计数据

关于统计数据的简要说明

1. 资料来源：国家统计局。
2. 表式编制：由编辑部根据统计分类，参照本年鉴第1至第10部表式，编制而成。
3. 范围：(1)全国性汇总数据，均不包括香港、澳门、台湾地区。
　　(2)除特殊注明外，食品工业数据均为乡及乡以上独立核算工业企业。"产品产量"部分，为全部工业企业。
4. 符号："…"表示不足本表最小单位数。
　　"空格"表示数据不详或无该项数据。
　　"#"表示其中的主要项。
5. 行业数据报告：为1997版新增内容，特约中国统计信息咨询中心提供。为便于读者了解行业全面情况，行业数据报告分别编入第2部分各个行业篇中。

**表1　　主要年份食品工业总产值及其比例**

| 年份 | 食品工业总产值(亿元) | 占全国工业总产值的比例(%) |
|---|---|---|
| 1952 | 82.8 | 24.1 |
| 1957 | 153.6 | 19.6 |
| 1962 | 126.9 | 14.9 |
| 1965 | 175.5 | 12.6 |
| 1970 | 197.9 | 8.2 |
| 1976 | 388.6 | 11.9 |
| 1977 | 435.7 | 11.7 |
| 1978 | 471.7 | 11.1 |
| 1979 | 518.7 | 11.3 |
| 1980 | 568.0 | 11.4 |
| 1981 | 690.1 | 13.3 |
| 1982 | 755.5 | 13.6 |
| 1983 | 794.3 | 12.9 |
| 1984 | 865.8 | 12.3 |
| 1985 | 940.6 | 11.3 |
| 1986 | 1 018.1 | 11.3 |
| 1987 | 1 134.0 | 11.0 |
| 1988 | 1 305.7 | 10.8 |
| 1989 | 1 348.3 | 10.4 |
| 1990 | 1 359.99 | 10.4 |
| 1991 | 2 665.08 | 11.9 |
| 1992 | 2 979.95 | 11.0 |
| 1993 | 3 428.66 | 10.1 |
| 1994 | 4 039.86 | 9.9 |
| 1995 | 4 496.13 | 10.1 |
| 1996 | 5 146.51 | 10.1 |

注：1952～1957年数字是按1952年不变价计算；1962～1970年是按1957年不变价格计算；1976～1980年是按1970年不变价格计算；1981～1990年是按1980年不变价格计算；1991～1996年是按1990年不变价格计算。

**表 2** **食品工业增加值及其比例**

| 行　业 | 食品工业增加值(当年价格,亿元) | | 占全国工业增加值的比例(%) | |
|---|---|---|---|---|
| | 1995 年 | 1996 年 | 1995 年 | 1996 年 |
| 食品工业 | 1 674.07 | 2 217.09 | 10.84 | 12.30 |
| 食品加工业 | 496.75 | 712.18 | 3.22 | 3.95 |
| 食品制造业 | 211.12 | 290.07 | 1.37 | 1.61 |
| 饮料制造业 | 353.60 | 457.41 | 2.29 | 2.54 |
| 烟草加工业 | 612.60 | 757.43 | 3.97 | 4.20 |

**表 3** **食品工业总产值指数**

| 年　份 | 以 1952 年为 100 | 以 1957 年为 100 | 以 1965 年为 100 | 以 1978 年为 100 | 以 1980 年为 100 | 以 1990 年为 100 |
|---|---|---|---|---|---|---|
| 1952 | 100.2 | 53.9 | 42.5 | 20.6 | 17.1 | 7.3 |
| 1957 | 185.5 | 100.0 | 78.9 | 38.2 | 31.7 | 13.5 |
| 1962 | 170.0 | 91.6 | 72.3 | 35.0 | 29.1 | 12.4 |
| 1965 | 235.2 | 126.8 | 100.0 | 48.4 | 40.2 | 17.2 |
| 1978 | 485.5 | 261.7 | 206.4 | 100.0 | 83.0 | 35.6 |
| 1979 | 534.1 | 287.9 | 227.1 | 110.0 | 91.3 | 39.2 |
| 1980 | 584.8 | 315.3 | 248.6 | 120.5 | 100.0 | 42.9 |
| 1981 | 659.1 | 355.3 | 280.2 | 135.8 | 112.7 | 48.4 |
| 1982 | 721.7 | 389.1 | 306.8 | 148.7 | 123.4 | 53.0 |
| 1983 | 758.5 | 408.9 | 322.5 | 156.2 | 129.7 | 55.7 |
| 1984 | 826.8 | 445.7 | 351.5 | 170.3 | 141.4 | 60.7 |
| 1985 | 897.9 | 484.0 | 381.7 | 184.9 | 153.6 | 65.9 |
| 1986 | 971.5 | 523.7 | 413.0 | 200.1 | 166.2 | 71.3 |
| 1987 | 1 082.3 | 583.4 | 460.1 | 222.9 | 185.1 | 79.4 |
| 1988 | 1 245.7 | 671.5 | 529.6 | 256.6 | 213.0 | 91.4 |
| 1989 | 1 286.8 | 693.7 | 547.1 | 265.1 | 220.0 | 94.4 |
| 1990 | 1 362.8 | 734.6 | 579.4 | 280.7 | 233.0 | 100.0 |
| 1991 | 1 508.5 | 813.2 | 641.4 | 310.7 | 257.9 | 110.7 |
| 1992 | 1 686.7 | 909.3 | 717.2 | 347.4 | 288.4 | 123.8 |
| 1993 | 1 940.7 | 1 046.2 | 825.2 | 399.7 | 331.8 | 142.4 |
| 1994 | 2 286.7 | 1 232.7 | 972.3 | 471.0 | 390.9 | 167.8 |
| 1995 | 2 545.0 | 1 371.9 | 1 082.1 | 524.2 | 435.0 | 186.8 |
| 1996 | 2 913.1 | 1 570.3 | 1 238.6 | 600.0 | 497.9 | 213.8 |

**表 4** **食品工业总产值平均每年增长速度** 单位:%

| 行　业 | "一五"时期 | "二五"时期 | 1963～1965 年 | "三五"时期 | "四五"时期 | "五五"时期 | 1979～1980 年 |
|---|---|---|---|---|---|---|---|
| 食品工业总产值 | 13.2 | −1.7 | 11.4 | 2.4 | 8.4 | 8.0 | 9.1 |

| 行　业 | 1981～1986 年 | 1981～1987 年 | 1981～1988 年 | 1981～1989 年 | 1981～1990 年 | 1991～1995 年 | 1996 年比1995 年增长 |
|---|---|---|---|---|---|---|---|
| 食品工业总产值 | 8.8 | 9.2 | 9.9 | 9.2 | 8.8 | 13.3 | 14.5 |

表 5　　不同统计口径的食品工业总产值　　单位：亿元

| 行业 | 全部乡及乡以上食品工业总产值 | | 乡及乡以上独立核算食品工业总产值 | |
|---|---|---|---|---|
| | 1996 年 | 1995 年 | 1996 年 | 1995 年 |
| 全部食品工业合计 | 7 969.01 | 6 838.13 | 7 250.67 | 6 200.08 |
| 食品加工业 | 4 007.50 | 3 564.93 | 3 471.62 | 3 045.10 |
| 食品制造业 | 1 249.41 | 1 062.16 | 1 154.09 | 995.07 |
| 饮料制造业 | 1 455.59 | 1 183.02 | 1 422.77 | 1 155.68 |
| 烟草加工业 | 1 256.51 | 1 028.02 | 1 202.19 | 1 004.23 |

注：本表所述总产值按当年价格计算。

表 6　　分行业食品工业总产值

| 行业 | 1996 年 | | 1995 年 | | 1996 年比 1995 年增长％ |
|---|---|---|---|---|---|
| | 总产值（亿元） | 比例（％） | 总产值（亿元） | 比例（％） | |
| 食品工业合计 | 7 250.67 | 100.00 | 6 200.08 | 100.00 | 14.47 |
| 食品加工业 | 3 471.62 | 47.88 | 3 045.10 | 49.11 | 15.01 |
| 粮食及饲料加工业 | 1 567.64 | 21.62 | 1 394.30 | 22.49 | 14.98 |
| 碾米业 | 275.84 | 3.80 | 232.01 | 3.74 | 29.15 |
| 磨粉业 | 571.38 | 7.88 | 507.22 | 8.18 | 18.61 |
| 面、米制品业 | 64.57 | 0.89 | 55.27 | 0.89 | 10.41 |
| 配合及混合饲料制造业 | 570.21 | 7.86 | 548.44 | 8.85 | 6.75 |
| 蛋白饲料制造业 | 13.70 | 0.19 | 14.51 | 0.23 | －18.30 |
| 水产饲料制造业 | 52.72 | 0.73 | 27.78 | 0.45 | 33.45 |
| 其他饲料制造业 | 19.21 | 0.26 | 9.08 | 0.15 | 90.14 |
| 植物油加工业 | 631.65 | 8.71 | 558.03 | 9.00 | 11.61 |
| 食用植物油加工业 | 623.75 | 8.60 | 552.34 | 8.91 | 11.33 |
| 非食用植物油加工业 | 7.90 | 0.11 | 5.69 | 0.09 | 33.41 |
| 制糖业 | 305.90 | 4.22 | 291.08 | 4.69 | 10.10 |
| 甘蔗糖业 | 222.34 | 3.07 | 214.32 | 3.46 | 8.71 |
| 甜菜糖业 | 64.44 | 0.89 | 60.10 | 0.97 | 13.28 |
| 加工糖业 | 19.12 | 0.26 | 16.66 | 0.27 | 16.88 |
| 屠宰及肉类蛋类加工业 | 523.05 | 7.21 | 456.89 | 7.37 | 12.76 |
| 屠宰业 | 123.84 | 1.71 | 151.98 | 2.45 | －14.39 |
| 肉制品加工业 | 350.10 | 4.83 | 278.63 | 4.49 | 19.44 |
| 肉类副产品加工业 | 24.35 | 0.34 | 20.57 | 0.33 | 20.77 |
| 蛋品加工业 | 24.76 | 0.34 | 5.71 | 0.09 | 279.05 |
| 水产品加工业 | 289.43 | 3.99 | 235.73 | 3.80 | 20.45 |
| 冷冻水产品加工业 | 212.14 | 2.93 | 163.05 | 2.63 | 30.35 |
| 干制水产品加工业 | 54.41 | 0.75 | 40.63 | 0.66 | 14.98 |
| 腌制水产品加工业 | 2.22 | 0.03 | 2.12 | 0.03 | 2.25 |
| 鱼糜及鱼糜制品加工业 | 3.04 | 0.04 | 7.38 | 0.12 | －53.60 |
| 其他水产品加工业 | 17.61 | 0.24 | 22.55 | 0.36 | －14.49 |
| 盐加工业 | 6.77 | 0.09 | 5.91 | 0.10 | 3.65 |
| 其他食品加工业 | 147.18 | 2.03 | 103.17 | 1.66 | 35.69 |

注：本表所述总产值按当年价格计算。增长速度按可比价格计算。

续表

| 行业 | 1996年 | | 1995年 | | 1996年比1995年增长% |
|---|---|---|---|---|---|
| | 总产值(亿元) | 比例(%) | 总产值(亿元) | 比例(%) | |
| 食品制造业 | 1 154.09 | 15.92 | 995.07 | 16.05 | 15.57 |
| 糕点、糖果制造业 | 372.01 | 5.13 | 305.40 | 4.93 | 24.63 |
| 糖果业 | 61.04 | 0.84 | 58.49 | 0.94 | 6.62 |
| 糕点业 | 49.36 | 0.68 | 41.71 | 0.67 | 17.47 |
| 饼干业 | 76.79 | 1.06 | 55.11 | 0.89 | 37.45 |
| 方便主食品业 | 151.51 | 2.09 | 120.45 | 1.94 | 32.16 |
| 蜜饯业 | 20.18 | 0.28 | 18.50 | 0.30 | 16.58 |
| 其他糕点、糖果制品业 | 13.13 | 0.18 | 11.14 | 0.18 | 17.66 |
| 乳制品制造业 | 98.55 | 1.36 | 78.35 | 1.26 | 23.59 |
| 罐头食品制造业 | 145.92 | 2.01 | 151.82 | 2.45 | −4.58 |
| 肉类罐头制造业 | 21.47 | 0.30 | 30.39 | 0.49 | −30.70 |
| 禽类罐头制造业 | 3.01 | 0.04 | 1.31 | 0.02 | 82.01 |
| 水产罐头制造业 | 8.49 | 0.12 | 6.23 | 0.10 | 17.86 |
| 水果罐头制造业 | 45.01 | 0.62 | 35.46 | 0.57 | 22.32 |
| 蔬菜罐头制造业 | 50.54 | 0.70 | 53.86 | 0.87 | −6.77 |
| 其他罐头食品制造业 | 17.40 | 0.24 | 24.57 | 0.40 | −20.40 |
| 发酵制品业 | 121.84 | 1.68 | 110.54 | 1.78 | 11.38 |
| 氨基酸制造业 | 4.81 | 0.07 | 3.22 | 0.05 | 46.72 |
| 味精制造业 | 84.36 | 1.16 | 77.02 | 1.24 | 12.80 |
| 柠檬酸制造业 | 12.42 | 0.17 | 12.07 | 0.19 | 9.16 |
| 酵母制品业 | 7.39 | 0.10 | 3.90 | 0.06 | 59.82 |
| 酶制剂制造业 | 6.00 | 0.08 | 5.63 | 0.09 | 3.75 |
| 其他发酵制品业 | 6.87 | 0.09 | 8.70 | 0.14 | −25.43 |
| 调味品制造业 | 107.54 | 1.48 | 83.74 | 1.35 | 25.08 |
| 酱油、酱类制造业 | 70.12 | 0.97 | 52.27 | 0.84 | 30.18 |
| 食醋制造业 | 5.83 | 0.08 | 4.98 | 0.08 | 3.92 |
| 调味料制造业 | 16.72 | 0.23 | 11.22 | 0.18 | 36.49 |
| 调味油制造业 | 8.48 | 0.12 | 8.75 | 0.14 | 15.30 |
| 其他调味品制造业 | 6.39 | 0.09 | 6.53 | 0.11 | −8.56 |
| 其他食品制造业 | 308.22 | 4.25 | 265.22 | 4.28 | 13.29 |
| 豆制品制造业 | 43.83 | 0.60 | 33.69 | 0.54 | 14.88 |
| 淀粉及淀粉制品业 | 95.16 | 1.31 | 80.07 | 1.29 | 22.76 |
| 代乳品制造业 | 0.53 | 0.01 | 1.12 | 0.02 | −40.26 |
| 制冰业 | 3.64 | 0.05 | 2.76 | 0.04 | 56.28 |
| 淀粉糖业 | 11.49 | 0.16 | 11.55 | 0.19 | 3.90 |
| 冷冻饮品制造业 | 54.98 | 0.76 | 47.39 | 0.76 | 18.16 |
| 其他类未包括的食品制造业 | 98.59 | 1.36 | 88.65 | 1.43 | 3.83 |
| 饮料制造业 | 1 422.77 | 19.62 | 1 155.68 | 18.64 | 18.84 |
| 酒精及饮料酒制造业 | 1 026.41 | 14.16 | 855.02 | 13.79 | 15.12 |
| 酒精制造业 | 89.60 | 1.24 | 87.97 | 1.42 | 11.22 |
| 白酒制造业 | 512.74 | 7.07 | 416.92 | 6.72 | 17.20 |
| 啤酒制造业 | 362.02 | 4.99 | 302.27 | 4.88 | 12.72 |

续表

| 行　　业 | 1996年 | | 1995年 | | 1996年比1995年增长% |
|---|---|---|---|---|---|
| | 总产值（亿元） | 比例（%） | 总产值（亿元） | 比例（%） | |
| 黄酒制造业 | 29.59 | 0.41 | 25.82 | 0.42 | 3.27 |
| 葡萄酒制造业 | 20.35 | 0.28 | 13.90 | 0.22 | 44.36 |
| 果露酒制造业 | 12.10 | 0.17 | 8.14 | 0.13 | 39.89 |
| 软饮料制造业 | 294.28 | 4.06 | 217.03 | 3.50 | 30.80 |
| 碳酸饮料制造业 | 143.52 | 1.98 | 98.65 | 1.59 | 37.65 |
| 天然矿泉水制造业 | 28.44 | 0.39 | 21.96 | 0.35 | 35.91 |
| 果菜汁饮料制造业 | 64.51 | 0.89 | 48.47 | 0.78 | 31.00 |
| 固体饮料制造业 | 21.67 | 0.30 | 17.02 | 0.27 | 23.34 |
| 其他软饮料制造业 | 36.14 | 0.50 | 30.94 | 0.50 | 12.33 |
| 制茶业 | 64.72 | 0.89 | 54.52 | 0.88 | 13.13 |
| 其他饮料制造业 | 37.36 | 0.52 | 29.12 | 0.47 | 21.70 |
| 烟草加工业 | 1 202.19 | 16.58 | 1 004.23 | 16.20 | 7.44 |
| 烟叶复烤业 | 59.08 | 0.81 | 34.49 | 0.56 | 125.14 |
| 卷烟制造业 | 1 129.29 | 15.57 | 965.02 | 15.56 | 3.95 |
| 其他烟草加工业 | 13.83 | 0.19 | 4.72 | 0.08 | 158.10 |

**表7　　分地区食品加工业总产值及其比例**

| 地　　区 | 1996年 | | 1995年 | | 1996年比1995年增长% |
|---|---|---|---|---|---|
| | 总产值（亿元） | 比例（%） | 总产值（亿元） | 比例（%） | |
| 全　国 | 3 471.62 | 100.00 | 3 045.10 | 100.00 | 15.01 |
| 北　京 | 76.95 | 2.22 | 80.11 | 2.63 | −28.99 |
| 天　津 | 57.77 | 1.66 | 59.03 | 1.94 | −5.33 |
| 河　北 | 114.73 | 3.30 | 88.60 | 2.91 | 32.90 |
| 山　西 | 22.14 | 0.64 | 22.13 | 0.73 | 8.42 |
| 内蒙古 | 54.23 | 1.56 | 46.09 | 1.51 | 15.92 |
| 辽　宁 | 137.83 | 3.97 | 133.90 | 4.40 | 4.17 |
| 吉　林 | 57.07 | 1.64 | 62.55 | 2.05 | −8.35 |
| 黑龙江 | 167.91 | 4.84 | 138.35 | 4.54 | 19.81 |
| 上　海 | 74.32 | 2.14 | 71.40 | 2.34 | 4.87 |
| 江　苏 | 311.34 | 8.97 | 251.00 | 8.24 | 25.47 |
| 浙　江 | 140.41 | 4.04 | 134.13 | 4.40 | 12.82 |
| 安　徽 | 236.84 | 6.82 | 182.67 | 6.00 | 38.06 |
| 福　建 | 130.59 | 3.76 | 116.53 | 3.83 | 13.90 |
| 江　西 | 73.82 | 2.13 | 62.48 | 2.05 | 34.12 |
| 山　东 | 490.08 | 14.12 | 389.14 | 12.78 | 23.74 |
| 河　南 | 205.10 | 5.91 | 166.29 | 5.46 | 7.17 |
| 湖　北 | 182.34 | 5.25 | 139.19 | 4.57 | 40.59 |
| 湖　南 | 91.95 | 2.65 | 93.85 | 3.08 | −2.67 |
| 广　东 | 344.27 | 9.92 | 308.58 | 10.13 | 12.85 |
| 广　西 | 150.54 | 4.34 | 136.77 | 4.49 | 17.43 |
| 海　南 | 15.13 | 0.44 | 13.09 | 0.43 | 13.44 |

注：本表所述总产值按当年价格计算。增长速度按可比价格计算。

续表

| 地区 | 1996年 | | 1995年 | | 1996年比1995年增长% |
|---|---|---|---|---|---|
| | 总产值(亿元) | 比例(%) | 总产值(亿元) | 比例(%) | |
| 四川 | 165.64 | 4.77 | 178.13 | 5.85 | -4.09 |
| 贵州 | 13.47 | 0.39 | 14.56 | 0.48 | -3.36 |
| 云南 | 52.12 | 1.50 | 58.60 | 1.92 | -9.95 |
| 西藏 | 0.28 | 0.01 | 0.29 | 0.01 | 33.33 |
| 陕西 | 36.08 | 1.04 | 29.24 | 0.96 | 28.86 |
| 甘肃 | 20.52 | 0.59 | 19.01 | 0.62 | 13.40 |
| 青海 | 3.10 | 0.09 | 7.60 | 0.25 | -47.22 |
| 宁夏 | 5.72 | 0.16 | 5.17 | 0.17 | 1.87 |
| 新疆 | 39.34 | 1.13 | 36.61 | 1.20 | 6.80 |

**表8　　分地区食品制造业总产值及其比例**

| 地区 | 1996年 | | 1995年 | | 1996年比1995年增长% |
|---|---|---|---|---|---|
| | 总产值(亿元) | 比例(%) | 总产值(亿元) | 比例(%) | |
| 全国 | 1 154.09 | 100.00 | 995.07 | 100.00 | 15.57 |
| 北京 | 33.27 | 2.88 | 30.52 | 3.07 | 11.75 |
| 天津 | 41.16 | 3.57 | 42.00 | 4.22 | 27.96 |
| 河北 | 48.51 | 4.20 | 39.54 | 3.97 | 25.29 |
| 山西 | 12.07 | 1.05 | 9.69 | 0.97 | 19.87 |
| 内蒙古 | 13.38 | 1.16 | 9.60 | 0.96 | 29.33 |
| 辽宁 | 31.97 | 2.77 | 27.68 | 2.78 | 18.31 |
| 吉林 | 20.99 | 1.82 | 18.87 | 1.90 | 15.30 |
| 黑龙江 | 41.60 | 3.60 | 29.40 | 2.95 | 30.61 |
| 上海 | 70.44 | 6.10 | 63.66 | 6.40 | 6.86 |
| 江苏 | 118.12 | 10.23 | 91.78 | 9.22 | 23.37 |
| 浙江 | 72.94 | 6.32 | 68.07 | 6.84 | 8.06 |
| 安徽 | 30.98 | 2.68 | 22.24 | 2.24 | 26.30 |
| 福建 | 56.22 | 4.87 | 52.08 | 5.23 | 13.75 |
| 江西 | 11.17 | 0.97 | 10.82 | 1.09 | 2.87 |
| 山东 | 122.83 | 10.64 | 103.02 | 10.35 | 15.86 |
| 河南 | 84.49 | 7.32 | 71.72 | 7.21 | 4.14 |
| 湖北 | 36.21 | 3.14 | 26.87 | 2.70 | 32.09 |
| 湖南 | 19.48 | 1.69 | 11.28 | 1.13 | 59.21 |
| 广东 | 150.86 | 13.07 | 136.81 | 13.75 | 14.71 |
| 广西 | 43.06 | 3.73 | 41.88 | 4.21 | 9.50 |
| 海南 | 12.80 | 1.11 | 11.40 | 1.15 | 9.21 |
| 四川 | 33.36 | 2.89 | 33.15 | 3.33 | -2.56 |
| 贵州 | 1.88 | 0.16 | 1.23 | 0.12 | 39.80 |
| 云南 | 7.64 | 0.66 | 7.51 | 0.75 | -3.78 |
| 西藏 | 0.04 | 0.00 | 0.04 | 0.00 | 50.00 |
| 陕西 | 14.74 | 1.28 | 13.42 | 1.35 | 2.67 |
| 甘肃 | 9.78 | 0.85 | 8.18 | 0.82 | 24.79 |
| 青海 | 1.24 | 0.11 | 1.13 | 0.11 | 6.17 |
| 宁夏 | 4.56 | 0.40 | 3.89 | 0.39 | 14.87 |
| 新疆 | 8.29 | 0.72 | 7.61 | 0.76 | 7.03 |

注：本表所述总产值按当年价格计算。增长速度按可比价格计算。

表 9 分地区饮料制造业总产值及其比例

| 地区 | 1996年 | | 1995年 | | 1996年比1995年增长% |
|---|---|---|---|---|---|
| | 总产值(亿元) | 比例(%) | 总产值(亿元) | 比例(%) | |
| 全 国 | 1 422.77 | 100.00 | 1 155.68 | 100.00 | 18.84 |
| 北 京 | 43.94 | 3.09 | 32.83 | 2.84 | 20.94 |
| 天 津 | 24.47 | 1.72 | 22.84 | 1.98 | 19.19 |
| 河 北 | 55.18 | 3.88 | 45.35 | 3.92 | 18.38 |
| 山 西 | 16.62 | 1.17 | 13.53 | 1.17 | 15.12 |
| 内蒙古 | 19.78 | 1.39 | 16.03 | 1.39 | 7.89 |
| 辽 宁 | 44.17 | 3.10 | 40.33 | 3.49 | −1.62 |
| 吉 林 | 28.32 | 1.99 | 24.50 | 2.12 | 15.10 |
| 黑龙江 | 45.68 | 3.21 | 34.44 | 2.98 | 20.56 |
| 上 海 | 47.24 | 3.32 | 38.17 | 3.30 | 14.63 |
| 江 苏 | 92.24 | 6.48 | 83.95 | 7.26 | 7.28 |
| 浙 江 | 90.09 | 6.33 | 64.99 | 5.62 | 37.73 |
| 安 徽 | 88.06 | 6.19 | 62.17 | 5.38 | 32.49 |
| 福 建 | 49.33 | 3.47 | 40.82 | 3.53 | 26.97 |
| 江 西 | 21.23 | 1.49 | 18.62 | 1.61 | 13.23 |
| 山 东 | 190.54 | 13.39 | 161.53 | 13.98 | 18.92 |
| 河 南 | 85.19 | 5.99 | 69.43 | 6.01 | 13.71 |
| 湖 北 | 53.52 | 3.76 | 36.23 | 3.13 | 35.23 |
| 湖 南 | 27.31 | 1.92 | 20.78 | 1.80 | 20.78 |
| 广 东 | 152.64 | 10.73 | 128.57 | 11.13 | 17.38 |
| 广 西 | 25.13 | 1.77 | 22.66 | 1.96 | 10.22 |
| 海 南 | 19.05 | 1.34 | 13.12 | 1.14 | 29.88 |
| 四 川 | 128.58 | 9.04 | 101.56 | 8.79 | 18.66 |
| 贵 州 | 17.66 | 1.24 | 16.41 | 1.42 | 13.27 |
| 云 南 | 10.65 | 0.75 | 9.50 | 0.82 | 8.53 |
| 西 藏 | 0.33 | 0.02 | 0.10 | 0.01 | 150.00 |
| 陕 西 | 15.38 | 1.08 | 12.83 | 1.11 | 20.02 |
| 甘 肃 | 15.50 | 1.09 | 10.36 | 0.90 | 43.79 |
| 青 海 | 3.08 | 0.22 | 1.86 | 0.16 | 9.02 |
| 宁 夏 | 1.69 | 0.12 | 1.33 | 0.12 | 76.74 |
| 新 疆 | 10.18 | 0.72 | 10.84 | 0.94 | −8.91 |

注:本表所述总产值按当年价格计算。增长速度按可比价格计算。

表 10 分地区烟草加工业总产值及其比例

| 地区 | 1996年 | | 1995年 | | 1996年比1995年增长% |
|---|---|---|---|---|---|
| | 总产值(亿元) | 比例(%) | 总产值(亿元) | 比例(%) | |
| 全 国 | 1 202.19 | 100.00 | 1 004.23 | 100.00 | 7.44 |
| 北 京 | 6.31 | 0.52 | 5.72 | 0.57 | 7.23 |
| 天 津 | 2.82 | 0.23 | 2.90 | 0.29 | −2.49 |
| 河 北 | 19.07 | 1.59 | 16.88 | 1.68 | 10.61 |
| 山 西 | 4.79 | 0.40 | 3.95 | 0.39 | −10.67 |
| 内蒙古 | 5.34 | 0.44 | 6.05 | 0.60 | −16.72 |
| 辽 宁 | 5.96 | 0.50 | 5.86 | 0.58 | 3.56 |

注:本表所述总产值按当年价格计算。增长速度按可比价格计算。

续表

| 地区 | 1996年 | | 1995年 | | 1996年比1995年增长% |
|---|---|---|---|---|---|
| | 总产值(亿元) | 比例(%) | 总产值(亿元) | 比例(%) | |
| 吉林 | 9.89 | 0.82 | 11.71 | 1.17 | 4.67 |
| 黑龙江 | 25.34 | 2.11 | 21.88 | 2.18 | −3.44 |
| 上海 | 50.90 | 4.23 | 42.40 | 4.22 | 8.90 |
| 江苏 | 25.89 | 2.15 | 19.53 | 1.94 | 11.71 |
| 浙江 | 21.69 | 1.80 | 17.02 | 1.69 | 6.11 |
| 安徽 | 58.24 | 4.84 | 49.73 | 4.95 | 5.78 |
| 福建 | 24.53 | 2.04 | 22.57 | 2.25 | 4.47 |
| 江西 | 11.65 | 0.97 | 9.01 | 0.90 | 10.91 |
| 山东 | 59.42 | 4.94 | 56.41 | 5.62 | 4.29 |
| 河南 | 76.16 | 6.34 | 54.75 | 5.45 | 12.28 |
| 湖北 | 68.11 | 5.67 | 52.57 | 5.23 | 10.75 |
| 湖南 | 110.96 | 9.23 | 81.15 | 8.08 | 5.57 |
| 广东 | 55.19 | 4.59 | 46.37 | 4.62 | 8.59 |
| 广西 | 23.47 | 1.95 | 20.18 | 2.01 | 0.28 |
| 海南 | 3.13 | 0.26 | 2.58 | 0.26 | 0.37 |
| 四川 | 61.64 | 5.13 | 48.55 | 4.83 | 15.57 |
| 贵州 | 69.73 | 5.80 | 47.11 | 4.69 | 38.44 |
| 云南 | 356.86 | 29.68 | 321.48 | 32.01 | 0.76 |
| 西藏 | 0.00 | 0.00 | 0.00 | 0.00 | 0.00 |
| 陕西 | 33.51 | 2.79 | 27.11 | 2.70 | −1.85 |
| 甘肃 | 6.41 | 0.53 | 6.25 | 0.62 | −11.92 |
| 青海 | 0.57 | 0.05 | 0.55 | 0.05 | 9.26 |
| 宁夏 | 0.87 | 0.07 | 0.67 | 0.07 | 27.54 |
| 新疆 | 3.73 | 0.31 | 3.30 | 0.33 | 11.53 |

**表11**　　**分地区分经济类型食品加工业总产值**　　单位:亿元

| 地区 | 国有 | | | 集体 | | |
|---|---|---|---|---|---|---|
| | 1996年 | 1995年 | 1996年比1995年增长% | 1996年 | 1995年 | 1996年比1995年增长% |
| 全国 | 1 585.16 | 1 576.92 | 1.41 | 990.71 | 742.81 | 31.79 |
| 北京 | 34.44 | 43.02 | −22.58 | 6.19 | 5.80 | 18.83 |
| 天津 | 8.30 | 12.29 | −32.89 | 9.44 | 7.19 | 47.01 |
| 河北 | 48.41 | 45.92 | 4.21 | 43.87 | 26.79 | 72.84 |
| 山西 | 16.94 | 18.13 | −1.13 | 3.89 | 2.18 | 104.85 |
| 内蒙古 | 38.27 | 36.39 | 2.40 | 9.46 | 5.06 | 106.80 |
| 辽宁 | 54.55 | 63.19 | −19.17 | 34.13 | 37.10 | −1.75 |
| 吉林 | 36.96 | 41.82 | −17.68 | 11.38 | 11.73 | 15.38 |
| 黑龙江 | 99.06 | 93.08 | 3.99 | 50.82 | 36.88 | 31.87 |
| 上海 | 36.99 | 43.57 | −18.77 | 10.46 | 7.60 | 28.62 |
| 江苏 | 160.81 | 146.85 | 7.74 | 88.20 | 60.48 | 43.78 |
| 浙江 | 66.49 | 73.51 | −9.24 | 39.02 | 35.45 | 15.30 |

注:本表所述总产值按当年价格计算。增长速度按可比价格计算。

续表

| 地区 | 国有 | | | 集体 | | |
|---|---|---|---|---|---|---|
| | 1996年 | 1995年 | 1996年比1995年增长% | 1996年 | 1995年 | 1996年比1995年增长% |
| 安徽 | 80.05 | 73.76 | 20.50 | 141.10 | 99.20 | 45.76 |
| 福建 | 19.93 | 22.74 | −10.61 | 16.85 | 15.21 | 19.67 |
| 江西 | 46.92 | 43.08 | 19.52 | 12.24 | 9.43 | 52.17 |
| 山东 | 188.03 | 172.10 | 6.79 | 214.89 | 148.78 | 36.15 |
| 河南 | 82.05 | 73.26 | 6.84 | 58.21 | 39.55 | 18.54 |
| 湖北 | 86.43 | 75.77 | 22.30 | 78.28 | 48.67 | 58.63 |
| 湖南 | 36.87 | 47.85 | −25.25 | 33.69 | 21.44 | 50.78 |
| 广东 | 134.21 | 133.33 | −0.25 | 40.25 | 33.95 | 22.01 |
| 广西 | 94.02 | 85.79 | 17.72 | 14.19 | 9.65 | 59.68 |
| 海南 | 11.01 | 8.75 | 30.84 | 0.27 | 0.50 | −37.50 |
| 四川 | 75.80 | 88.19 | −10.70 | 47.10 | 55.42 | −16.95 |
| 贵州 | 9.17 | 10.88 | −13.37 | 2.84 | 2.78 | −2.74 |
| 云南 | 38.44 | 45.66 | −13.26 | 6.35 | 7.48 | −11.78 |
| 西藏 | 0.25 | 0.28 | 18.18 | 0.03 | 0.01 | 200.00 |
| 陕西 | 24.10 | 20.36 | 16.48 | 8.84 | 6.77 | 34.10 |
| 甘肃 | 14.86 | 14.54 | −1.12 | 4.85 | 3.28 | 74.90 |
| 青海 | 2.75 | 7.27 | −51.19 | 0.31 | 0.30 | 0.00 |
| 宁夏 | 4.89 | 4.26 | 3.97 | 0.72 | 0.84 | −11.11 |
| 新疆 | 34.18 | 31.30 | 8.32 | 2.83 | 3.24 | −16.67 |

**表12** **分地区分经济类型食品制造业总产值** 单位:亿元

| 地区 | 国有 | | | 集体 | | |
|---|---|---|---|---|---|---|
| | 1996年 | 1995年 | 1996年比1995年增长% | 1996年 | 1995年 | 1996年比1995年增长% |
| 全国 | 378.77 | 379.12 | −2.29 | 360.30 | 288.79 | 17.93 |
| 北京 | 12.57 | 11.22 | 8.58 | 3.57 | 2.74 | 25.97 |
| 天津 | 4.84 | 4.75 | −10.83 | 10.39 | 4.54 | 135.94 |
| 河北 | 16.64 | 17.35 | −4.83 | 19.53 | 15.37 | 29.03 |
| 山西 | 6.03 | 5.63 | 4.63 | 3.87 | 3.23 | 22.06 |
| 内蒙古 | 6.40 | 5.41 | 4.15 | 2.21 | 1.20 | 87.50 |
| 辽宁 | 11.79 | 12.58 | −8.45 | 9.88 | 8.00 | 20.29 |
| 吉林 | 5.49 | 5.96 | −15.19 | 7.38 | 4.58 | 71.43 |
| 黑龙江 | 16.91 | 15.57 | 7.72 | 14.36 | 7.87 | 62.20 |
| 上海 | 19.81 | 17.63 | 20.13 | 9.08 | 11.53 | −36.89 |
| 江苏 | 47.99 | 35.00 | 25.76 | 39.47 | 33.08 | 17.22 |
| 浙江 | 21.79 | 30.32 | −32.74 | 18.66 | 20.08 | −9.18 |
| 安徽 | 8.25 | 7.78 | 8.72 | 19.74 | 12.86 | 32.32 |
| 福建 | 13.32 | 15.60 | −8.92 | 15.49 | 13.64 | 22.49 |
| 江西 | 5.42 | 5.34 | −9.52 | 4.76 | 4.86 | 5.88 |
| 山东 | 27.91 | 27.59 | 0.08 | 59.87 | 53.09 | 7.04 |
| 河南 | 39.16 | 34.20 | 14.59 | 34.28 | 28.80 | −8.68 |

注:本表所述总产值按当年价格计算。增长速度按可比价格计算。

续表

| 地　　区 | 国有 | | | 集体 | | |
|---|---|---|---|---|---|---|
| | 1996年 | 1995年 | 1996年比1995年增长% | 1996年 | 1995年 | 1996年比1995年增长% |
| 湖　北 | 11.40 | 10.86 | —2.15 | 16.12 | 9.71 | 53.59 |
| 湖　南 | 5.28 | 5.54 | —10.17 | 7.91 | 5.25 | 31.67 |
| 广　东 | 36.08 | 44.80 | —20.06 | 21.59 | 17.14 | 25.77 |
| 广　西 | 14.72 | 16.68 | —9.30 | 16.52 | 6.44 | 165.21 |
| 海　南 | 12.13 | 10.79 | 8.46 | 0.21 | 0.16 | 0.00 |
| 四　川 | 13.41 | 17.91 | —27.22 | 10.49 | 10.71 | —14.03 |
| 贵　州 | 1.06 | 0.77 | 27.27 | 0.60 | 0.37 | 37.84 |
| 云　南 | 4.61 | 4.59 | —12.03 | 2.34 | 2.43 | —6.74 |
| 西　藏 | 0.04 | 0.04 | 50.00 | 0.00 | 0.00 | 0.00 |
| 陕　西 | 5.83 | 5.57 | —0.53 | 4.21 | 5.27 | —25.11 |
| 甘　肃 | 3.07 | 2.96 | 12.20 | 4.21 | 2.42 | 80.20 |
| 青　海 | 0.56 | 0.60 | —13.51 | 0.68 | 0.54 | 23.26 |
| 宁　夏 | 2.53 | 2.40 | —3.21 | 1.09 | 1.16 | 2.33 |
| 新　疆 | 3.73 | 3.70 | 0.38 | 1.78 | 1.72 | —7.32 |

**表 13　　分地区分经济类型饮料制造业总产值**　　单位：亿元

| 地　　区 | 国有 | | | 集体 | | |
|---|---|---|---|---|---|---|
| | 1996年 | 1995年 | 1996年比1995年增长% | 1996年 | 1995年 | 1996年比1995年增长% |
| 全　国 | 703.68 | 615.26 | 8.31 | 276.27 | 213.97 | 25.64 |
| 北　京 | 22.75 | 17.01 | 23.38 | 2.36 | 2.14 | 18.89 |
| 天　津 | 7.80 | 9.61 | —11.24 | 1.59 | 1.28 | 47.06 |
| 河　北 | 27.61 | 29.29 | —14.51 | 12.54 | 7.94 | 49.09 |
| 山　西 | 12.69 | 10.69 | 3.28 | 3.78 | 2.77 | 56.60 |
| 内蒙古 | 16.88 | 13.80 | 4.55 | 1.76 | 1.44 | 26.79 |
| 辽　宁 | 18.66 | 15.62 | 8.48 | 7.06 | 8.43 | —22.39 |
| 吉　林 | 11.74 | 11.13 | 4.14 | 6.54 | 5.06 | 28.38 |
| 黑龙江 | 28.25 | 23.61 | 1.02 | 10.27 | 7.90 | 35.59 |
| 上　海 | 4.38 | 8.20 | —69.72 | 2.59 | 1.30 | 67.24 |
| 江　苏 | 50.14 | 48.09 | —0.80 | 20.17 | 17.29 | 13.71 |
| 浙　江 | 43.59 | 33.45 | 31.39 | 26.67 | 21.60 | 21.63 |
| 安　徽 | 67.26 | 48.87 | 30.42 | 19.20 | 12.89 | 31.05 |
| 福　建 | 16.27 | 17.51 | —11.24 | 8.45 | 7.01 | 19.84 |
| 江　西 | 16.66 | 15.12 | 9.05 | 3.67 | 3.03 | 20.16 |
| 山　东 | 111.92 | 98.82 | 14.10 | 29.37 | 20.74 | 45.94 |
| 河　南 | 59.33 | 50.34 | 14.31 | 17.49 | 10.90 | 4.15 |
| 湖　北 | 13.60 | 12.00 | 7.06 | 21.66 | 13.35 | 54.45 |
| 湖　南 | 13.98 | 13.84 | —10.47 | 11.53 | 6.39 | 64.87 |
| 广　东 | 30.95 | 27.55 | 13.84 | 23.49 | 15.30 | 51.78 |
| 广　西 | 8.39 | 8.63 | —9.90 | 5.18 | 5.43 | —6.52 |
| 海　南 | 0.52 | 0.43 | 6.25 | 0.41 | 0.20 | 83.33 |

注：本表所述总产值按当年价格计算。增长速度按可比价格计算。

续表

| 地　　区 | 国 | 有 | | 集 | 体 | |
|---|---|---|---|---|---|---|
| | 1996年 | 1995年 | 1996年比1995年增长% | 1996年 | 1995年 | 1996年比1995年增长% |
| 四　川 | 69.73 | 52.69 | 23.26 | 29.97 | 30.02 | 1.98 |
| 贵　州 | 13.68 | 13.92 | 0.25 | 2.86 | 1.92 | 52.47 |
| 云　南 | 6.34 | 6.42 | −3.14 | 2.56 | 2.15 | 10.13 |
| 西　藏 | 0.03 | 0.07 | −66.67 | 0.03 | 0.02 | 0.00 |
| 陕　西 | 11.95 | 10.85 | 4.79 | 1.56 | 1.55 | 14.49 |
| 甘　肃 | 7.53 | 7.15 | −2.25 | 2.20 | 1.41 | 56.03 |
| 青　海 | 3.03 | 1.84 | 6.82 | 0.04 | 0.01 | 300.00 |
| 宁　夏 | 0.19 | 0.21 | −8.33 | 0.13 | 0.10 | 30.00 |
| 新　疆 | 7.82 | 8.53 | −12.64 | 1.15 | 1.33 | −20.83 |

**表14**　　**分地区分经济类型烟草加工业总产值**　　单位：亿元

| 地　　区 | 国 | 有 | | 集 | 体 | |
|---|---|---|---|---|---|---|
| | 1996年 | 1995年 | 1996年比1995年增长% | 1996年 | 1995年 | 1996年比1995年增长% |
| 全　国 | 1 165.03 | 972.22 | 7.24 | 24.24 | 24.96 | −0.57 |
| 北　京 | 6.30 | 5.70 | 7.01 | 0.01 | 0.00 | 0.00 |
| 天　津 | 2.82 | 2.90 | −2.49 | 0.00 | 0.00 | 0.00 |
| 河　北 | 19.05 | 16.87 | 10.56 | 0.01 | 0.01 | 0.00 |
| 山　西 | 4.79 | 3.95 | −10.67 | 0.00 | 0.00 | 0.00 |
| 内蒙古 | 5.34 | 6.05 | −16.72 | 0.00 | 0.00 | 0.00 |
| 辽　宁 | 5.71 | 5.65 | 3.11 | 0.25 | 0.21 | 14.29 |
| 吉　林 | 9.16 | 11.19 | 2.98 | 0.73 | 0.52 | 56.10 |
| 黑龙江 | 25.34 | 21.81 | −3.04 | 0.00 | 0.07 | −100.00 |
| 上　海 | 49.82 | 41.58 | 8.96 | 0.59 | 0.61 | 0.00 |
| 江　苏 | 25.52 | 18.88 | 12.63 | 0.37 | 0.65 | −16.98 |
| 浙　江 | 21.53 | 16.92 | 5.92 | 0.00 | 0.00 | 0.00 |
| 安　徽 | 56.40 | 48.05 | 5.66 | 1.85 | 1.68 | 8.89 |
| 福　建 | 20.76 | 19.16 | 3.59 | 0.02 | 0.00 | 0.00 |
| 江　西 | 11.58 | 8.97 | 10.76 | 0.08 | 0.04 | 40.00 |
| 山　东 | 57.89 | 52.21 | 8.58 | 0.05 | 1.98 | −95.83 |
| 河　南 | 70.93 | 51.02 | 13.03 | 3.85 | 3.48 | −26.35 |
| 湖　北 | 63.51 | 49.30 | 9.00 | 4.38 | 3.26 | 27.45 |
| 湖　南 | 109.72 | 80.80 | 4.80 | 1.24 | 0.35 | 180.00 |
| 广　东 | 50.55 | 45.65 | 2.22 | 0.09 | 0.10 | 0.00 |
| 广　西 | 23.12 | 20.07 | −0.80 | 0.35 | 0.11 | 164.29 |
| 海　南 | 3.13 | 2.58 | 0.37 | 0.00 | 0.00 | 0.00 |
| 四　川 | 60.95 | 48.25 | 15.65 | 0.20 | 0.23 | −4.76 |
| 贵　州 | 68.81 | 46.25 | 39.35 | 0.83 | 0.71 | 0.00 |
| 云　南 | 347.59 | 310.68 | 0.85 | 9.27 | 10.80 | −1.26 |
| 西　藏 | 0.00 | 0.00 | 0.00 | 0.00 | 0.00 | 0.00 |
| 陕　西 | 33.19 | 27.10 | −2.85 | 0.00 | 0.00 | 0.00 |
| 甘　肃 | 6.35 | 6.18 | −11.97 | 0.07 | 0.07 | 0.00 |
| 青　海 | 0.57 | 0.55 | 9.26 | 0.00 | 0.00 | 0.00 |
| 宁　夏 | 0.87 | 0.64 | 31.34 | 0.00 | 0.02 | −100.00 |
| 新　疆 | 3.71 | 3.25 | 12.30 | 0.02 | 0.04 | −75.00 |

注：本表所述总产值按当年价格计算。增长速度按可比价格计算。

表 15　　全国食品工业主要产品产量

| 产品名称 | 计量单位 | 1996年 | 1995年 | 1996年为1995年% |
|---|---|---|---|---|
| 大米 | 万吨 | 10 332.45 | 12 122.05 | 85.24 |
| 食用植物油 | 万吨 | 946.54 | 1 144.50 | 82.70 |
| #大豆油 | 万吨 | 234.49 | 329.08 | 71.26 |
| #花生油 | 万吨 | 133.70 | 157.35 | 84.97 |
| #芝麻油 | 万吨 | 29.98 | 40.11 | 74.74 |
| #精炼食用植物油 | 万吨 | 297.14 | 244.37 | 121.59 |
| 人造奶油 | 万吨 | 4.73 | 5.32 | 88.91 |
| 鲜、冻禽肉 | 万吨 | 123.92 | 142.96 | 86.68 |
| 畜肉制品 | 万吨 | 162.82 | 175.13 | 92.97 |
| 干蛋品 | 万吨 | 0.76 | 0.85 | 89.41 |
| 再制蛋 | 万吨 | 16.49 | 19.85 | 83.07 |
| 水产加工品 | 万吨 | 309.30 | 381.84 | 81.00 |
| 加工盐 | 万吨 | 766.96 | 694.85 | 110.38 |
| #精制盐 | 万吨 | 665.32 | 598.76 | 111.12 |
| 糖 | 万吨 | 640.20 | 558.64 | 114.60 |
| #机制甘蔗糖 | 万吨 | 492.06 | 433.75 | 113.44 |
| 配合饲料 | 万吨 | 3 202.27 | 3 679.54 | 87.03 |
| 混合饲料 | 万吨 | 1 783.52 | 1 684.41 | 105.88 |
| 蛋白质饲料 | 万吨 | 245.40 | 265.71 | 92.36 |
| 方便主食品 | 万吨 | 202.33 | 218.66 | 92.53 |
| #方便面 | 万吨 | 150.70 | 134.06 | 112.41 |
| 乳制品 | 万吨 | 50.41 | 52.57 | 95.89 |
| #奶粉 | 万吨 | 35.01 | 35.22 | 99.40 |
| 罐头 | 万吨 | 282.61 | 310.57 | 91.00 |
| #肉类罐头 | 万吨 | 20.29 | 25.22 | 80.45 |
| #蔬菜罐头 | 万吨 | 100.53 | 95.28 | 105.51 |
| #水果罐头 | 万吨 | 124.70 | 126.22 | 98.80 |
| 味精 | 万吨 | 53.88 | 52.37 | 102.88 |
| 柠檬酸 | 万吨 | 15.18 | 15.55 | 97.62 |
| 酱油 | 万吨 | 301.74 | 361.53 | 83.46 |
| 食醋 | 万吨 | 135.86 | 146.64 | 92.65 |
| 淀粉 | 万吨 | 340.48 | 391.50 | 86.97 |
| 发酵酒精 | 万吨 | 200.28 | 227.58 | 88.00 |
| 饮料酒 | 万吨 | 2 650.85 | 2 559.66 | 103.56 |
| #白酒 | 万吨 | 801.33 | 791.01 | 101.30 |
| #啤酒 | 万吨 | 1 681.91 | 1 568.82 | 107.21 |
| #黄酒 | 万吨 | 120.34 | 134.54 | 89.45 |
| 软饮料 | 万吨 | 883.05 | 1 120.69 | 78.80 |
| #碳酸饮料 | 万吨 | 428.93 | 519.63 | 82.55 |
| #天然矿泉水 | 万吨 | 145.58 | 169.71 | 85.78 |
| #果菜汁饮料 | 万吨 | 122.42 | 143.63 | 85.23 |
| 乳酸菌饮料 | 万吨 | 22.17 | 15.98 | 138.74 |
| 液体乳 | 万吨 | 52.73 | 52.40 | 100.63 |
| 冷冻饮品 | 万吨 | 146.20 | 199.00 | 73.47 |
| 精制茶 | 万吨 | 72.94 | 87.05 | 83.79 |
| 复烤烟叶 | 万吨 | 168.18 | 125.32 | 134.20 |
| 卷烟 | 万箱 | 3 401.92 | 3 485.02 | 97.62 |

**表16**

## 1996年分地区食品工业主要产品产量

| 地区 | 食用植物油（万吨） | 精炼食用油（万吨） | 水产加工品（万吨） | 原盐（万吨） | 糖（万吨） | #机制甘蔗糖（万吨） | #机制甜菜糖（万吨） | 方便主食品（吨） | #方便面（吨） | 乳制品（吨） | #奶粉（吨） | 罐头（吨） | #肉类罐头（吨） | #水果罐头（吨） | #蔬菜罐头（吨） | 味精（吨） | 酱油（万吨） |
|---|---|---|---|---|---|---|---|---|---|---|---|---|---|---|---|---|---|
| 全国总计 | 946.54 | 297.14 | 309.30 | 2 903.57 | 640.20 | 492.06 | 134.00 | 2 023 275 | 1 506 961 | 504 111 | 350 089 | 2 826 073 | 202 877 | 1 246 996 | 1 005 293 | 538 841 | 301.74 |
| 北京 | 0.25 | 9.91 | 0.01 | | | | | 82 690 | 73 428 | 11 982 | 6 434 | 4 136 | 86 | 3 225 | 522 | 488 | 11.45 |
| 天津 | 9.63 | 6.63 | 0.81 | 226.71 | | | | 347 175 | 174 419 | 26 117 | 12 837 | 17 219 | 977 | 8 814 | 1 300 | 934 | 4.11 |
| 河北 | 33.86 | 3.06 | 2.17 | 369.65 | 0.62 | | 0.62 | 111 219 | 96 395 | 54 886 | 41 931 | 295 595 | 18 391 | 127 131 | 97 973 | | 14.69 |
| 山西 | 13.88 | 0.71 | | 0.01 | 4.31 | | 4.31 | 21 255 | 19 629 | 17 109 | 17 079 | 16 207 | 1 390 | 10 148 | 2 101 | 295 | 5.21 |
| 内蒙古 | 15.16 | 1.56 | | 83.22 | 27.21 | | 27.21 | 3 429 | 675 | 29 042 | 21 303 | 18 213 | 355 | 982 | 16 167 | | 3.24 |
| 辽宁 | 29.62 | 4.63 | 30.21 | 232.46 | 4.04 | | 4.04 | 72 465 | 61 481 | 2 968 | 2 617 | 81 410 | 4 792 | 68 066 | 2 265 | 20 040 | 13.76 |
| 吉林 | 20.81 | 14.17 | 0.03 | | 6.95 | | 6.95 | 28 770 | 26 167 | 3 080 | 2 939 | 7 662 | 2 557 | 823 | 3 370 | 1 363 | 6.04 |
| 黑龙江 | 75.94 | 1.40 | 0.03 | | 46.43 | | 43.35 | 16 650 | 12 668 | 127 269 | 121 227 | 20 608 | 5 806 | 6 851 | 7 315 | 993 | 10.06 |
| 上海 | 17.38 | 25.10 | 0.72 | | | | | 50 922 | 31 710 | 9 745 | 7 506 | 34 332 | 12 718 | 8 082 | 8 158 | 41 877 | 11.58 |
| 江苏 | 81.65 | 42.21 | 23.00 | 359.48 | 0.02 | | | 134 417 | 92 964 | 28 012 | 9 811 | 63 477 | 9 593 | 17 041 | 26 133 | 53 570 | 23.09 |
| 浙江 | 28.37 | 24.45 | 50.62 | 59.60 | 0.40 | 0.30 | | 145 587 | 116 842 | 30 730 | 8 560 | 368 256 | 550 | 147 380 | 175 850 | 64 047 | 15.10 |
| 安徽 | 79.12 | 4.23 | 0.81 | 21.55 | | | | 13 237 | 5 912 | 9 347 | 2 670 | 146 132 | 20 588 | 76 288 | 29 387 | 373 | 14.59 |
| 福建 | 19.43 | 14.48 | 40.25 | 75.45 | 16.68 | 16.19 | | 33 597 | 26 655 | 4 153 | 1 620 | 490 697 | 6 374 | 83 979 | 363 866 | 23 680 | 4.33 |
| 江西 | 16.42 | 2.17 | 0.04 | 25.94 | 8.64 | 8.62 | | 6 618 | 2 365 | 7 170 | 4 976 | 30 293 | 377 | 7 992 | 18 280 | 564 | 4.70 |
| 山东 | 112.08 | 12.42 | 119.26 | 708.64 | 1.90 | | 0.06 | 212 674 | 180 157 | 38 862 | 19 272 | 254 347 | 9 139 | 163 561 | 44 844 | 72 533 | 53.79 |
| 河南 | 47.75 | 8.76 | 0.09 | 33.10 | | | | 262 584 | 234 791 | 1 973 | 886 | 123 346 | 35 131 | 55 536 | 4 300 | 105 764 | 7.70 |
| 湖北 | 101.08 | 24.34 | 5.93 | 192.88 | 0.78 | 0.71 | | 60 444 | 57 510 | 10 847 | 8 729 | 63 859 | 17 554 | 34 290 | 7 022 | 15 000 | 20.38 |
| 湖南 | 43.42 | 0.51 | 0.19 | 62.30 | 5.85 | 5.21 | | 2 125 | 60 | 1 215 | 1 215 | 48 696 | 733 | 14 622 | 31 129 | 3 815 | 3.56 |
| 广东 | 34.25 | 50.60 | 22.60 | 28.17 | 118.56 | 115.30 | | 188 400 | 172 879 | 10 693 | 1 903 | 119 658 | 796 | 36 683 | 22 193 | 82 879 | 35.91 |
| 广西 | 31.05 | 0.38 | 4.25 | 10.63 | 237.51 | 236.55 | | 83 812 | 33 853 | 2 605 | 73 | 182 710 | 2 078 | 139 703 | 22 281 | 26 250 | 3.78 |
| 海南 | 0.57 | | 8.01 | 19.93 | 17.63 | 17.36 | | 20 283 | 16 497 | 84 | 0 | 159 043 | | 158 069 | 812 | 100 | 0.53 |
| 四川 | 41.62 | 24.06 | | 234.06 | 10.27 | 8.32 | | 32 834 | 8 487 | 8 333 | 5 472 | 127 080 | 47 150 | 43 326 | 25 715 | 18 077 | 16.48 |
| 贵州 | 13.91 | 4.34 | | | 1.27 | 0.28 | | 1 036 | | 2 866 | 845 | 1 536 | 70 | 87 | 1 246 | | 3.20 |
| 云南 | 2.46 | 0.67 | 0.21 | 44.03 | 83.65 | 83.23 | | 2 546 | 39 | 6 717 | 5 497 | 12 021 | 4 493 | 1 559 | 2 774 | 963 | 4.10 |
| 西藏 | 0.07 | | | | | | | | | 10 | | | | | | | |
| 陕西 | 13.03 | 3.69 | | 5.79 | 0.08 | | 0.08 | 74 574 | 53 148 | 29 711 | 24 181 | 29 786 | 257 | 19 530 | 942 | | 3.41 |
| 甘肃 | 16.42 | 0.04 | | 5.14 | 8.00 | | 8.00 | 4 332 | 2 553 | 2 586 | 1 555 | 15 225 | 855 | 8 166 | 237 | 446 | 3.64 |
| 青海 | 3.32 | 1.67 | | 68.24 | | | | 598 | 99 | 886 | 790 | 589 | 7 | 282 | | | 0.58 |
| 宁夏 | 6.47 | 0.08 | | 0.08 | 3.05 | | 3.05 | 711 | 422 | 17 417 | 10 769 | 2 624 | | 37 | 2 587 | 1 000 | 0.65 |
| 新疆 | 37.54 | 10.86 | 0.07 | 36.54 | 36.34 | | 36.32 | 8 291 | 5 156 | 7 696 | 7 392 | 91 616 | 60 | 4 743 | 86 524 | 3 790 | 2.08 |

续表 16—1

| 地　　区 | 柠檬酸（吨） | 发酵酒精（商品量）（万吨） | 饮料酒（商品量）（万吨） | #白酒（万吨） | #啤酒（万吨） | 软饮料（万吨） | #碳酸饮料（万吨） | #天然矿泉水（万吨） | #果菜汁饮料（万吨） | 乳酸菌饮料（万吨） | 液体乳（万吨） | 冷冻饮品（万吨） | 精制茶（万吨） | 卷　烟（万箱） |
|---|---|---|---|---|---|---|---|---|---|---|---|---|---|---|
| 全国总计 | 151 777 | 200.28 | 2 650.85 | 801.33 | 1 681.91 | 883.05 | 428.93 | 145.58 | 122.42 | 22.17 | 51.94 | 146.20 | 72.94 | 3 401.92 |
| 北　京 | | 2.85 | 103.76 | 9.35 | 92.87 | 34.28 | 25.88 | 3.42 | 3.70 | 1.69 | 11.33 | 2.92 | 0.44 | 16.55 |
| 天　津 | | 6.28 | 10.72 | 4.34 | 4.83 | 24.64 | 19.20 | 1.25 | 1.66 | 0.70 | 1.78 | 6.66 | | 16.02 |
| 河　北 | 14 686 | 8.24 | 140.63 | 27.78 | 111.10 | 25.95 | 7.88 | 4.77 | 5.85 | 0.80 | 0.61 | 11.18 | 0.05 | 109.49 |
| 山　西 | 628 | 1.06 | 29.29 | 18.88 | 9.90 | 5.40 | 2.18 | 0.18 | 2.82 | | | 1.03 | | 20.14 |
| 内蒙古 | | 2.54 | 48.71 | 13.90 | 34.42 | 3.97 | 2.03 | 0.52 | 0.96 | 0.15 | 0.41 | 7.35 | | 24.13 |
| 辽　宁 | | 3.96 | 144.61 | 25.41 | 118.75 | 51.72 | 46.13 | 2.21 | 2.44 | 0.02 | 0.90 | 9.36 | | 40.30 |
| 吉　林 | | 9.55 | 89.92 | 12.89 | 75.87 | 27.81 | 19.96 | 7.43 | 0.36 | 0.01 | 0.04 | 2.90 | 0.01 | 59.10 |
| 黑龙江 | 1 381 | 11.75 | 145.28 | 36.56 | 108.44 | 18.47 | 12.49 | 1.80 | 2.84 | 0.14 | 0.49 | 4.41 | 0.02 | 74.09 |
| 上　海 | 3 904 | 0.54 | 27.97 | 1.69 | 21.81 | 60.12 | 52.85 | 2.03 | 3.32 | 0.27 | 17.73 | 9.63 | 0.86 | 104.19 |
| 江　苏 | 36 972 | 19.74 | 154.56 | 60.99 | 70.93 | 60.03 | 35.01 | 2.58 | 3.18 | 0.49 | 5.33 | 9.05 | 1.00 | 83.35 |
| 浙　江 | 4 002 | 6.31 | 226.84 | 8.68 | 141.16 | 67.17 | 21.04 | 14.18 | 9.58 | 1.02 | 2.58 | 22.13 | 12.35 | 85.78 |
| 安　徽 | 27 585 | 10.53 | 132.78 | 55.86 | 70.01 | 16.51 | 8.63 | 2.93 | 1.69 | 0.02 | 0.06 | 4.66 | 4.94 | 190.20 |
| 福　建 | | 0.58 | 118.64 | 3.71 | 110.21 | 38.99 | 15.54 | 7.14 | 12.39 | 0.24 | 0.31 | 2.03 | 11.22 | 79.41 |
| 江　西 | 1 260 | 0.70 | 52.49 | 11.95 | 38.43 | 7.23 | 3.82 | 1.19 | 0.98 | 2.55 | | 2.50 | 1.42 | 38.63 |
| 山　东 | 15 506 | 27.13 | 361.04 | 131.01 | 216.95 | 30.63 | 5.53 | 15.58 | 7.15 | 0.08 | 1.78 | 16.66 | 0.13 | 231.27 |
| 河　南 | 7 125 | 21.12 | 128.77 | 42.21 | 80.80 | 20.22 | 8.25 | 4.24 | 4.38 | 0.11 | 1.19 | 3.43 | 0.28 | 290.95 |
| 湖　北 | 9 515 | 3.59 | 129.84 | 50.68 | 75.99 | 67.97 | 30.03 | 23.13 | 1.95 | 0.61 | 0.37 | 9.08 | 13.11 | 210.71 |
| 湖　南 | 9 229 | 1.86 | 51.82 | 24.11 | 26.64 | 7.42 | 2.23 | 2.01 | 1.28 | 0.05 | 0.01 | 4.30 | 6.30 | 258.62 |
| 广　东 | | 8.38 | 142.86 | 38.27 | 98.44 | 205.71 | 63.03 | 36.15 | 26.97 | 12.54 | 3.27 | 8.19 | 3.65 | 158.97 |
| 广　西 | 6 341 | 20.26 | 60.81 | 36.11 | 23.30 | 26.62 | 15.55 | 2.99 | 2.40 | 0.03 | 0.57 | 1.28 | 3.95 | 93.81 |
| 海　南 | 370 | 0.94 | 2.97 | 1.47 | 0.85 | 32.32 | 10.20 | 2.50 | 18.60 | | | 0.31 | 0.40 | 8.80 |
| 四　川 | 3 128 | 14.05 | 190.49 | 111.82 | 76.43 | 24.06 | 9.36 | 3.27 | 4.76 | 0.03 | 0.90 | 2.91 | 7.64 | 186.46 |
| 贵　州 | | 0.21 | 42.25 | 34.24 | 7.63 | 2.44 | 0.78 | 0.87 | 0.21 | | | 0.07 | 0.55 | 197.74 |
| 云　南 | 3 233 | 6.93 | 33.16 | 20.51 | 10.97 | 11.12 | 3.61 | 1.73 | 1.38 | 0.43 | 0.02 | 0.89 | 4.32 | 556.38 |
| 西　藏 | | | 0.45 | | 0.45 | 0.15 | | 0.14 | | | | | | |
| 陕　西 | 135 | 2.90 | 27.93 | 5.66 | 18.06 | 6.54 | 4.43 | 0.20 | 0.94 | 0.01 | 0.80 | 1.44 | 0.27 | 121.47 |
| 甘　肃 | 2 318 | 3.26 | 21.10 | 3.79 | 15.69 | 2.23 | 1.48 | 0.27 | 0.35 | | | 0.73 | 0.02 | 25.00 |
| 青　海 | | 0.01 | 3.18 | 1.91 | 1.27 | 0.18 | 0.13 | 0.03 | 0.02 | | | 0.14 | | 3.10 |
| 宁　夏 | 3 359 | 0.43 | 5.99 | 0.81 | 5.16 | 0.43 | 0.40 | 0.01 | 0.02 | | 0.17 | 0.12 | | 3.70 |
| 新　疆 | | 4.63 | 22.00 | 6.69 | 14.55 | 2.69 | 1.27 | 1.04 | 0.23 | 0.11 | 1.29 | 0.83 | | 13.56 |

表17 1996年分行业国有食品工业企业主要财务指标 单位:亿元

| 行 业 | 固定资产原价合计 | 固定资产净值年平均余额 | 亏损企业亏损总额 | 利润总额 | 利税总额 |
|---|---|---|---|---|---|
| 食品工业合计 | 2 329.58 | 1 716.98 | 123.15 | 69.76 | 791.02 |
| 食品加工业 | 983.02 | 694.56 | 80.18 | -59.67 | -28.01 |
| 粮食及饲料加工业 | 312.24 | 236.32 | 22.84 | -14.22 | -9.12 |
| 植物油加工业 | 126.15 | 94.75 | 11.36 | -8.26 | -6.11 |
| 制糖业 | 314.37 | 204.41 | 30.20 | -26.22 | -8.15 |
| 屠宰及肉类蛋类加工业 | 171.08 | 117.20 | 12.94 | -9.87 | -5.48 |
| 水产品加工业 | 39.55 | 27.12 | 1.73 | -0.43 | 0.71 |
| 盐加工业 | 6.50 | 4.74 | 0.42 | -0.34 | 0.11 |
| 其他食品加工业 | 13.12 | 10.01 | 0.69 | -0.33 | 0.03 |
| 食品制造业 | 323.83 | 230.18 | 18.06 | -5.75 | 10.63 |
| 糕点、糖果制造业 | 69.95 | 47.80 | 4.12 | -1.90 | 1.31 |
| 乳制品制造业 | 35.54 | 25.39 | 1.31 | 0.55 | 2.88 |
| 罐头食品制造业 | 54.95 | 36.34 | 5.86 | -5.14 | -2.78 |
| 发酵制品业 | 43.72 | 31.52 | 1.80 | 0.23 | 2.84 |
| 调味品制造业 | 46.30 | 33.40 | 1.54 | -0.26 | 2.27 |
| 其他食品制造业 | 73.38 | 55.73 | 3.43 | 0.78 | 4.11 |
| 饮料制造业 | 528.41 | 377.86 | 20.52 | 17.46 | 129.17 |
| 酒精及饮料酒制造业 | 470.74 | 335.15 | 16.39 | 18.37 | 127.14 |
| 软饮料制造业 | 39.71 | 30.36 | 2.31 | 0.30 | 2.37 |
| 制茶业 | 14.63 | 9.60 | 1.61 | -1.13 | -0.39 |
| 其他饮料制造业 | 3.33 | 2.76 | 0.21 | -0.09 | 0.04 |
| 烟草加工业 | 494.32 | 414.38 | 4.39 | 117.72 | 679.23 |
| 烟叶复烤业 | 16.79 | 12.38 | 0.47 | 4.54 | 7.95 |
| 卷烟制造业 | 472.90 | 398.64 | 3.87 | 113.13 | 668.76 |
| 其他烟草加工业 | 4.62 | 3.36 | 0.04 | 0.04 | 2.52 |

表18 1996年分行业集体食品工业企业主要财务指标 单位:亿元

| 行 业 | 固定资产原价合计 | 固定资产净值年平均余额 | 亏损企业亏损总额 | 利润总额 | 利税总额 |
|---|---|---|---|---|---|
| 食品工业合计 | 470.30 | 349.89 | 16.43 | 49.30 | 104.65 |
| 食品加工业 | 210.56 | 161.31 | 5.75 | 34.61 | 55.27 |
| 粮食及饲料加工业 | 68.26 | 52.75 | 1.62 | 16.10 | 24.85 |
| 植物油加工业 | 42.20 | 32.42 | 1.24 | 4.94 | 8.23 |
| 制糖业 | 10.79 | 7.99 | 0.49 | 0.07 | 1.06 |
| 屠宰及肉类蛋类加工业 | 36.41 | 28.42 | 1.26 | 5.61 | 9.19 |
| 水产品加工业 | 31.25 | 23.28 | 0.56 | 4.78 | 7.04 |
| 盐加工业 | 1.02 | 0.65 | 0.06 | 0.00 | 0.06 |
| 其他食品加工业 | 20.63 | 15.80 | 0.51 | 3.11 | 4.83 |
| 食品制造业 | 122.74 | 89.61 | 4.98 | 8.38 | 20.51 |
| 糕点、糖果制造业 | 32.37 | 23.73 | 0.90 | 3.10 | 6.46 |
| 乳制品制造业 | 7.12 | 4.67 | 0.48 | 0.25 | 1.13 |

续表

| 行业 | 固定资产原价合计 | 固定资产净值年平均余额 | 亏损企业亏损总额 | 利润总额 | 利税总额 |
|---|---|---|---|---|---|
| 罐头食品制造业 | 13.78 | 10.22 | 0.93 | 0.54 | 2.11 |
| 发酵制品业 | 14.09 | 10.31 | 0.54 | 0.77 | 1.72 |
| 调味品制造业 | 11.98 | 8.27 | 0.28 | 0.74 | 1.88 |
| 其他食品制造业 | 43.40 | 32.42 | 1.84 | 2.99 | 7.20 |
| 饮料制造业 | 115.87 | 84.04 | 5.41 | 5.78 | 22.33 |
| 酒精及饮料酒制造业 | 69.68 | 49.36 | 2.56 | 4.36 | 16.51 |
| 软饮料制造业 | 25.55 | 19.57 | 1.19 | 1.14 | 3.15 |
| 制茶业 | 14.99 | 10.97 | 1.31 | −0.29 | 1.34 |
| 其他饮料制造业 | 5.65 | 4.13 | 0.34 | 0.57 | 1.32 |
| 烟草加工业 | 21.13 | 14.93 | 0.29 | 0.53 | 6.54 |
| 烟叶复烤业 | 0.26 | 0.23 | 0.00 | 0.23 | 0.35 |
| 卷烟制造业 | 20.40 | 14.38 | 0.27 | 0.27 | 6.04 |
| 其他烟草加工业 | 0.47 | 0.32 | 0.02 | 0.04 | 0.15 |

**表 19　　1996 年分行业国有食品工业企业主要经济效益指标**

| 行业 | 工业增加值率(%) | 每百元固定资产原价实现利税(元) | 资金利税率(%) | 产值利税率(%) | 每百元销售收入实现利润(元) | 工业成本费用利润率(%) | 流动资金周转次数(次/年) |
|---|---|---|---|---|---|---|---|
| 食品加工业 | 18.15 | −2.85 | −1.52 | −1.77 | −4.18 | −4.61 | 1.66 |
| 粮食及饲料加工业 | 18.26 | −2.92 | −1.39 | −1.21 | −2.23 | −2.45 | 1.85 |
| 植物油加工业 | 17.95 | −4.84 | −2.09 | −2.22 | −3.40 | −3.72 | 1.46 |
| 制糖业 | 20.12 | −2.59 | −1.65 | −3.17 | −10.94 | −12.31 | 1.33 |
| 屠宰及肉类蛋类加工业 | 14.84 | −3.20 | −1.87 | −2.31 | −4.03 | −4.35 | 2.00 |
| 水产品加工业 | 21.26 | 1.80 | 1.04 | 1.75 | −0.98 | −1.16 | 1.51 |
| 盐加工业 | 29.64 | 1.69 | 1.17 | 2.35 | −8.06 | −12.06 | 1.47 |
| 其他食品加工业 | 22.48 | 0.23 | 0.12 | 0.18 | −2.29 | −2.74 | 1.22 |
| 食品制造业 | 23.82 | 3.28 | 1.89 | 2.81 | −1.60 | −1.89 | 1.51 |
| 糕点、糖果制造业 | 25.62 | 1.87 | 1.05 | 1.73 | −2.71 | −3.20 | 1.28 |
| 乳制品制造业 | 23.22 | 8.10 | 4.88 | 6.00 | 1.17 | 1.39 | 2.00 |
| 罐头食品制造业 | 14.82 | −5.06 | −2.63 | −4.86 | −8.80 | −9.82 | 1.15 |
| 发酵制品业 | 24.43 | 6.50 | 3.97 | 4.81 | 0.41 | 0.49 | 1.99 |
| 调味品制造业 | 29.69 | 4.90 | 3.12 | 5.31 | −0.65 | −0.83 | 1.52 |
| 其他食品制造业 | 25.08 | 5.60 | 3.23 | 4.27 | 0.88 | 1.05 | 1.64 |
| 饮料制造业 | 33.49 | 24.45 | 12.82 | 18.36 | 2.71 | 3.95 | 1.35 |
| 酒精及饮料酒制造业 | 34.29 | 27.01 | 14.14 | 19.82 | 3.12 | 4.61 | 1.37 |
| 软饮料制造业 | 25.15 | 5.97 | 3.34 | 5.71 | 0.84 | 1.14 | 1.14 |
| 制茶业 | 25.44 | −2.67 | −1.25 | −2.35 | −6.27 | −7.53 | 1.08 |
| 其他饮料制造业 | 26.06 | 1.20 | 0.65 | 0.89 | −2.87 | −3.64 | 1.09 |
| 烟草加工业 | 63.77 | 137.41 | 57.76 | 58.30 | 10.31 | 23.01 | 1.67 |
| 烟叶复烤业 | 31.26 | 47.35 | 15.62 | 14.09 | 8.73 | 11.64 | 1.52 |
| 卷烟制造业 | 65.53 | 141.42 | 60.01 | 60.71 | 10.45 | 24.14 | 1.69 |
| 其他烟草加工业 | 48.16 | 54.55 | 23.68 | 35.69 | 0.57 | 0.98 | 1.16 |

**表 20　　1996 年分行业集体食品工业企业主要经济效益指标**

| 行业 | 工业增加值率(%) | 每百元固定资产原价实现利税(元) | 资金利税率(%) | 产值利税率(%) | 每百元销售收入实现利润(元) | 工业成本费用利润率(%) | 流动资金周转次数(次/年) |
|---|---|---|---|---|---|---|---|
| 食品加工业 | 25.53 | 26.25 | 12.56 | 5.58 | 4.21 | 4.87 | 3.58 |
| 粮食及饲料加工业 | 25.37 | 36.40 | 16.90 | 5.83 | 4.38 | 5.06 | 4.66 |
| 植物油加工业 | 26.11 | 19.50 | 8.60 | 4.68 | 3.48 | 4.04 | 2.65 |
| 制糖业 | 37.80 | 9.82 | 6.00 | 7.25 | 0.58 | 0.72 | 1.75 |
| 屠宰及肉类蛋类加工业 | 25.26 | 25.24 | 12.52 | 5.47 | 3.87 | 4.40 | 3.92 |
| 水产品加工业 | 24.25 | 22.53 | 11.60 | 5.43 | 5.15 | 5.96 | 3.15 |
| 盐加工业 | 37.82 | 5.88 | 3.17 | 3.85 | 0.00 | 0.00 | 1.30 |
| 其他食品加工业 | 25.22 | 23.41 | 11.09 | 6.45 | 5.09 | 6.06 | 2.66 |
| 食品制造业 | 26.42 | 16.71 | 8.41 | 5.69 | 2.74 | 3.29 | 2.52 |
| 糕点、糖果制造业 | 25.25 | 19.96 | 10.04 | 6.15 | 3.28 | 3.87 | 2.96 |
| 乳制品制造业 | 23.57 | 15.87 | 7.39 | 4.33 | 1.35 | 1.69 | 2.27 |
| 罐头食品制造业 | 26.49 | 15.31 | 6.89 | 4.33 | 1.31 | 1.57 | 2.45 |
| 发酵制品业 | 22.32 | 12.21 | 6.86 | 5.43 | 2.81 | 3.32 | 2.49 |
| 调味品制造业 | 29.65 | 15.69 | 7.90 | 6.33 | 2.94 | 3.68 | 2.13 |
| 其他食品制造业 | 28.34 | 16.59 | 8.49 | 6.05 | 3.03 | 3.66 | 2.38 |
| 饮料制造业 | 28.98 | 19.27 | 9.28 | 8.08 | 2.51 | 3.18 | 1.85 |
| 酒精及饮料酒制造业 | 30.40 | 23.69 | 12.06 | 10.39 | 3.25 | 4.15 | 1.99 |
| 软饮料制造业 | 28.94 | 12.33 | 6.68 | 5.93 | 2.73 | 3.43 | 1.93 |
| 制茶业 | 27.46 | 8.94 | 3.61 | 3.09 | −0.79 | −0.94 | 1.65 |
| 其他饮料制造业 | 21.53 | 23.36 | 6.81 | 6.30 | 3.09 | 4.44 | 1.34 |
| 烟草加工业 | 40.02 | 30.95 | 19.22 | 26.98 | 2.24 | 3.32 | 1.84 |
| 烟叶复烤业 | 8.00 | 134.62 | 44.30 | 35.00 | 15.65 | 24.73 | 2.77 |
| 卷烟制造业 | 42.23 | 29.61 | 18.94 | 29.25 | 1.34 | 2.04 | 1.75 |
| 其他烟草加工业 | 34.88 | 31.91 | 11.11 | 5.81 | 1.91 | 2.27 | 2.38 |

**表 21　　1996 年分地区国有食品加工业企业部分财务指标**

| 地区 | 企业单位数(个) | 固定资产原价合计(亿元) | 固定资产净值年平均余额(亿元) | 利税总额(亿元) | 利润总额(亿元) | 每百元固定资产原价实现产值(元) | 资金利税率(%) |
|---|---|---|---|---|---|---|---|
| 全国 | 9 586 | 983.02 | 694.56 | −28.01 | −59.67 | 161.25 | −1.81 |
| 北京 | 239 | 13.11 | 9.09 | −0.27 | −0.66 | 262.70 | −1.03 |
| 天津 | 90 | 10.67 | 7.67 | −0.35 | −0.59 | 77.79 | −2.01 |
| 河北 | 521 | 24.64 | 18.20 | 0.30 | −0.29 | 196.47 | 0.69 |
| 山西 | 282 | 15.02 | 10.75 | 0.06 | −0.39 | 112.78 | 0.26 |
| 内蒙古 | 277 | 29.95 | 20.48 | −1.34 | −2.36 | 127.78 | −2.46 |
| 辽宁 | 353 | 48.34 | 37.24 | −6.37 | −6.58 | 112.85 | −6.37 |
| 吉林 | 246 | 35.12 | 25.46 | −4.02 | −4.40 | 105.24 | −6.62 |
| 黑龙江 | 434 | 67.55 | 48.94 | −6.39 | −8.02 | 146.65 | −4.85 |

续表

| 地　区 | 企业单位数（个） | 固定资产原价合计（亿元） | 固定资产净值年平均余额（亿元） | 利税总额（亿元） | 利润总额（亿元） | 每百元固定资产原价实现产值（元） | 资金利税率（%） |
|---|---|---|---|---|---|---|---|
| 上　海 | 92 | 11.26 | 7.14 | 0.21 | －0.02 | 328.51 | 0.91 |
| 江　苏 | 620 | 56.73 | 41.55 | －0.03 | －1.35 | 283.47 | －0.03 |
| 浙　江 | 352 | 29.52 | 20.60 | 0.10 | －0.60 | 225.24 | 0.21 |
| 安　徽 | 450 | 33.76 | 24.21 | －1.07 | －1.72 | 237.11 | －1.81 |
| 福　建 | 322 | 17.95 | 11.65 | 0.09 | －0.65 | 111.03 | 0.39 |
| 江　西 | 544 | 23.59 | 15.59 | 0.56 | －0.25 | 198.90 | 1.48 |
| 山　东 | 652 | 102.70 | 77.19 | 2.76 | 0.54 | 183.09 | 1.62 |
| 河　南 | 498 | 32.81 | 26.03 | －0.24 | －1.10 | 250.08 | －0.40 |
| 湖　北 | 490 | 36.00 | 25.51 | －0.63 | －1.44 | 240.08 | －1.18 |
| 湖　南 | 448 | 23.06 | 16.11 | －1.58 | －2.11 | 159.89 | －4.56 |
| 广　东 | 440 | 117.04 | 75.54 | －3.18 | －8.77 | 114.67 | －2.29 |
| 广　西 | 254 | 81.22 | 56.22 | 1.50 | －4.41 | 115.76 | 1.39 |
| 海　南 | 73 | 13.35 | 8.72 | －0.33 | －1.12 | 82.47 | －2.04 |
| 四　川 | 639 | 46.25 | 31.72 | －3.98 | －5.16 | 163.89 | －6.24 |
| 贵　州 | 218 | 7.51 | 5.49 | －0.38 | －0.71 | 122.10 | －3.33 |
| 云　南 | 249 | 34.85 | 23.46 | 1.97 | －0.37 | 110.30 | 4.12 |
| 西　藏 | 10 | 0.48 | 0.20 | －0.02 | －0.03 | 52.08 | －4.76 |
| 陕　西 | 265 | 13.96 | 10.70 | －1.67 | －1.86 | 172.64 | －6.80 |
| 甘　肃 | 184 | 14.57 | 9.86 | －0.95 | －1.22 | 101.99 | －4.93 |
| 青　海 | 73 | 3.14 | 2.00 | －0.08 | －0.16 | 87.58 | －1.79 |
| 宁　夏 | 48 | 6.21 | 4.63 | －0.60 | －0.82 | 78.74 | －6.90 |
| 新　疆 | 223 | 32.68 | 22.61 | －2.07 | －3.06 | 104.59 | －4.27 |

**表 22　　1996 年分地区国有食品制造业企业部分财务指标**

| 地　区 | 企业单位数（个） | 固定资产原价合计（亿元） | 固定资产净值年平均余额（亿元） | 利税总额（亿元） | 利润总额（亿元） | 每百元固定资产原价实现产值（元） | 资金利税率（%） |
|---|---|---|---|---|---|---|---|
| 全　国 | 4 934 | 323.83 | 230.18 | 10.63 | －5.75 | 116.97 | 2.27 |
| 北　京 | 201 | 8.06 | 4.70 | 0.60 | －0.05 | 155.96 | 4.67 |
| 天　津 | 81 | 7.25 | 5.41 | 0.22 | －0.01 | 66.76 | 2.00 |
| 河　北 | 230 | 14.62 | 10.43 | 0.53 | 0.02 | 113.82 | 2.78 |
| 山　西 | 187 | 6.56 | 4.58 | 0.25 | －0.05 | 91.92 | 2.84 |
| 内蒙古 | 190 | 7.99 | 5.80 | 0.07 | －0.26 | 80.10 | 0.66 |
| 辽　宁 | 235 | 14.33 | 10.60 | 0.17 | －0.33 | 82.27 | 0.94 |
| 吉　林 | 170 | 10.52 | 7.70 | －0.55 | －0.79 | 52.19 | －4.03 |
| 黑龙江 | 332 | 14.31 | 10.11 | 0.41 | －0.50 | 118.17 | 1.86 |
| 上　海 | 121 | 12.38 | 6.32 | 2.39 | 1.44 | 160.02 | 12.37 |
| 江　苏 | 221 | 26.79 | 19.84 | 3.40 | 1.99 | 179.13 | 8.46 |
| 浙　江 | 172 | 16.04 | 10.89 | 1.08 | －0.20 | 135.85 | 4.87 |

续表

| 地　区 | 企业单位数（个） | 固定资产原价合计（亿元） | 固定资产净值年平均余额（亿元） | 利税总额（亿元） | 利润总额（亿元） | 每百元固定资产原价实现产值（元） | 资金利税率（%） |
|---|---|---|---|---|---|---|---|
| 安　徽 | 158 | 9.42 | 6.40 | —0.28 | —0.61 | 87.58 | —2.37 |
| 福　建 | 141 | 9.99 | 6.72 | 0.40 | —0.47 | 133.33 | 2.39 |
| 江　西 | 201 | 5.22 | 3.69 | 0.08 | —0.14 | 103.83 | 1.12 |
| 山　东 | 258 | 25.88 | 20.18 | 1.14 | 0.25 | 107.84 | 3.18 |
| 河　南 | 254 | 23.29 | 19.35 | 2.40 | 0.97 | 168.14 | 6.13 |
| 湖　北 | 176 | 9.75 | 6.37 | 0.32 | —0.07 | 116.92 | 2.37 |
| 湖　南 | 181 | 8.56 | 6.50 | —0.49 | —0.71 | 61.68 | —4.64 |
| 广　东 | 228 | 25.86 | 18.41 | 0.71 | —0.98 | 139.52 | 1.66 |
| 广　西 | 156 | 14.24 | 10.27 | —0.31 | —1.22 | 103.37 | —1.52 |
| 海　南 | 26 | 5.55 | 1.71 | 0.28 | 0.03 | 218.56 | 2.64 |
| 四　川 | 324 | 18.43 | 12.97 | —1.36 | —2.03 | 72.76 | —5.93 |
| 贵　州 | 94 | 1.42 | 1.12 | 0.08 | 0.00 | 74.65 | 3.92 |
| 云　南 | 144 | 4.28 | 2.87 | —0.07 | —0.38 | 107.71 | —1.38 |
| 西　藏 | 6 | 0.27 | 0.12 | 0.00 | 0.00 | 14.81 | 0.00 |
| 陕　西 | 164 | 6.71 | 5.34 | —0.12 | —0.44 | 86.89 | —1.29 |
| 甘　肃 | 111 | 5.23 | 3.80 | —0.15 | —0.31 | 58.70 | —2.36 |
| 青　海 | 21 | 1.08 | 0.59 | —0.13 | —0.15 | 51.85 | —8.90 |
| 宁　夏 | 44 | 4.17 | 3.37 | —0.19 | —0.31 | 60.67 | —3.68 |
| 新　疆 | 107 | 5.61 | 4.03 | —0.23 | —0.43 | 66.49 | —2.74 |

**表 23　　1996 年分地区国有饮料制造业企业部分财务指标**

| 地　区 | 企业单位数（个） | 固定资产原价合计（亿元） | 固定资产净值年平均余额（亿元） | 利税总额（亿元） | 利润总额（亿元） | 每百元固定资产原价实现产值（元） | 资金利税率（%） |
|---|---|---|---|---|---|---|---|
| 全　国 | 3 367 | 528.41 | 377.86 | 129.17 | 17.46 | 133.17 | 15.07 |
| 北　京 | 56 | 12.93 | 8.41 | 5.68 | 2.13 | 175.95 | 28.80 |
| 天　津 | 20 | 5.38 | 3.98 | 1.66 | 0.67 | 144.98 | 22.40 |
| 河　北 | 108 | 25.45 | 17.56 | 3.68 | —0.02 | 108.49 | 10.09 |
| 山　西 | 66 | 12.23 | 7.16 | 3.71 | 0.68 | 103.76 | 19.34 |
| 内蒙古 | 105 | 12.46 | 8.08 | 4.23 | 0.33 | 135.47 | 21.56 |
| 辽　宁 | 129 | 19.24 | 14.65 | 3.29 | —0.11 | 96.99 | 12.17 |
| 吉　林 | 139 | 18.62 | 13.59 | 0.79 | —1.48 | 63.05 | 2.94 |
| 黑龙江 | 190 | 21.80 | 14.71 | 4.97 | 0.13 | 129.59 | 15.96 |
| 上　海 | 24 | 2.79 | 1.77 | 0.08 | —0.17 | 156.99 | 1.36 |
| 江　苏 | 103 | 33.72 | 24.44 | 8.58 | 0.25 | 148.70 | 15.82 |
| 浙　江 | 162 | 32.87 | 22.45 | 7.58 | 2.33 | 132.61 | 14.36 |
| 安　徽 | 139 | 34.96 | 27.37 | 17.81 | 4.93 | 192.39 | 26.72 |
| 福　建 | 133 | 14.24 | 10.40 | 4.16 | 0.74 | 114.26 | 19.73 |
| 江　西 | 198 | 14.97 | 11.30 | 2.80 | —0.08 | 111.29 | 11.49 |

续表

| 地　区 | 企业单位数（个） | 固定资产原价合计（亿元） | 固定资产净值年平均余额（亿元） | 利税总额（亿元） | 利润总额（亿元） | 每百元固定资产原价实现产值（元） | 资金利税率（%） |
|---|---|---|---|---|---|---|---|
| 山　东 | 180 | 64.92 | 49.45 | 23.17 | 3.30 | 172.40 | 20.40 |
| 河　南 | 167 | 35.93 | 26.93 | 8.14 | 0.57 | 165.13 | 12.33 |
| 湖　北 | 157 | 16.97 | 11.41 | 1.47 | －0.33 | 80.14 | 6.72 |
| 湖　南 | 138 | 14.15 | 8.48 | 2.46 | －0.01 | 98.80 | 13.99 |
| 广　东 | 183 | 29.58 | 20.72 | 3.74 | 0.02 | 104.63 | 7.77 |
| 广　西 | 107 | 8.16 | 6.32 | 0.21 | －0.81 | 102.82 | 1.45 |
| 海　南 | 11 | 1.06 | 0.58 | 0.04 | 0.01 | 49.06 | 4.65 |
| 四　川 | 356 | 40.65 | 28.44 | 16.06 | 7.05 | 171.54 | 21.20 |
| 贵　州 | 136 | 15.16 | 11.19 | －0.01 | －1.38 | 90.24 | －0.04 |
| 云　南 | 152 | 7.80 | 5.42 | 0.31 | －0.37 | 81.28 | 2.92 |
| 西　藏 | 2 | 0.02 | 0.02 | 0.01 | 0.00 | 150.00 | 33.33 |
| 陕　西 | 72 | 10.55 | 7.64 | 1.53 | －0.43 | 113.27 | 9.57 |
| 甘　肃 | 58 | 8.10 | 5.43 | 1.43 | －0.08 | 92.96 | 9.55 |
| 青　海 | 16 | 2.44 | 1.89 | 0.58 | －0.05 | 124.18 | 15.47 |
| 宁　夏 | 4 | 0.33 | 0.18 | 0.01 | 0.00 | 57.58 | 3.23 |
| 新　疆 | 56 | 10.92 | 7.87 | 0.98 | －0.37 | 71.61 | 6.16 |

**表 24　　1996 年分地区国有烟草加工业企业部分财务指标**

| 地　区 | 企业单位数（个） | 固定资产原价合计（亿元） | 固定资产净值年平均余额（亿元） | 利税总额（亿元） | 利润总额（亿元） | 每百元固定资产原价实现产值（元） | 资金利税率（%） |
|---|---|---|---|---|---|---|---|
| 全　国 | 304 | 494.32 | 414.38 | 679.23 | 117.72 | 235.68 | 61.98 |
| 北　京 | 3 | 3.95 | 3.21 | 3.14 | 0.02 | 159.49 | 50.97 |
| 天　津 | 1 | 2.19 | 1.49 | 1.64 | 0.00 | 128.77 | 20.87 |
| 河　北 | 3 | 15.21 | 10.30 | 10.02 | 0.29 | 125.25 | 44.01 |
| 山　西 | 5 | 3.13 | 2.28 | 2.12 | 0.25 | 153.04 | 36.24 |
| 内蒙古 | 3 | 3.13 | 2.58 | 3.04 | 0.01 | 170.61 | 47.50 |
| 辽　宁 | 5 | 6.63 | 4.95 | 3.55 | 0.29 | 86.12 | 27.02 |
| 吉　林 | 5 | 4.07 | 3.19 | 4.45 | －0.11 | 225.06 | 37.74 |
| 黑龙江 | 18 | 12.31 | 9.83 | 11.03 | 1.69 | 205.85 | 42.21 |
| 上　海 | 1 | 11.96 | 83.47 | 31.78 | 8.39 | 416.56 | 25.59 |
| 江　苏 | 7 | 15.78 | 11.04 | 16.37 | 2.29 | 161.72 | 87.21 |
| 浙　江 | 4 | 12.55 | 8.87 | 11.94 | 1.22 | 171.55 | 59.23 |
| 安　徽 | 11 | 23.54 | 15.46 | 28.14 | 1.19 | 239.59 | 63.08 |
| 福　建 | 16 | 10.42 | 8.03 | 10.76 | 0.44 | 199.23 | 56.13 |
| 江　西 | 9 | 4.85 | 3.91 | 5.86 | 0.19 | 238.76 | 43.86 |
| 山　东 | 15 | 29.54 | 18.88 | 36.00 | 7.38 | 195.97 | 90.68 |
| 河　南 | 22 | 32.76 | 24.35 | 35.90 | 0.52 | 216.51 | 55.72 |
| 湖　北 | 21 | 28.57 | 20.70 | 21.66 | 1.61 | 222.30 | 39.03 |

续表

| 地区 | 企业单位数（个） | 固定资产原价合计（亿元） | 固定资产净值年平均余额（亿元） | 利税总额（亿元） | 利润总额（亿元） | 每百元固定资产原价实现产值（元） | 资金利税率（%） |
|---|---|---|---|---|---|---|---|
| 湖南 | 20 | 53.20 | 35.30 | 58.21 | 4.42 | 206.24 | 76.79 |
| 广东 | 20 | 30.64 | 17.95 | 27.07 | 1.97 | 164.98 | 57.03 |
| 广西 | 14 | 10.81 | 7.99 | 11.59 | 0.79 | 213.88 | 62.89 |
| 海南 | 1 | 2.52 | 1.79 | 1.06 | 0.04 | 124.21 | 23.35 |
| 四川 | 26 | 30.79 | 22.69 | 31.29 | 1.36 | 197.95 | 53.51 |
| 贵州 | 23 | 24.63 | 17.57 | 28.47 | 1.39 | 279.37 | 37.38 |
| 云南 | 18 | 101.98 | 64.29 | 266.56 | 81.89 | 340.84 | 98.10 |
| 西藏 | | | | | | | |
| 陕西 | 17 | 13.49 | 10.47 | 11.95 | 0.22 | 246.03 | 38.15 |
| 甘肃 | 8 | 3.04 | 2.14 | 3.26 | 0.12 | 208.88 | 41.74 |
| 青海 | 1 | 0.14 | 0.09 | 0.15 | －0.08 | 407.14 | 37.50 |
| 宁夏 | 2 | 0.97 | 0.29 | 0.21 | －0.08 | 89.69 | 23.60 |
| 新疆 | 5 | 1.51 | 1.27 | 2.01 | 0.04 | 245.70 | 68.60 |

**表25　　1996年分地区集体食品加工业企业部分财务指标**

| 地区 | 企业单位数（个） | 固定资产原价合计（亿元） | 固定资产净值年平均余额（亿元） | 利税总额（亿元） | 利润总额（亿元） | 每百元固定资产原价实现产值（元） | 资金利税率（%） |
|---|---|---|---|---|---|---|---|
| 全国 | 17 774 | 210.56 | 161.31 | 55.27 | 34.61 | 470.51 | 14.15 |
| 北京 | 150 | 1.78 | 1.32 | 0.47 | 0.29 | 347.75 | 13.39 |
| 天津 | 135 | 1.73 | 1.25 | 0.59 | 0.50 | 545.66 | 17.30 |
| 河北 | 900 | 10.57 | 8.21 | 3.03 | 2.28 | 415.04 | 14.19 |
| 山西 | 165 | 1.44 | 1.12 | 0.19 | 0.05 | 270.14 | 8.80 |
| 内蒙古 | 435 | 2.74 | 2.37 | 0.83 | 0.51 | 345.26 | 15.69 |
| 辽宁 | 522 | 8.87 | 6.90 | 1.20 | 0.73 | 384.78 | 6.61 |
| 吉林 | 337 | 3.69 | 2.97 | 0.49 | 0.21 | 308.40 | 5.71 |
| 黑龙江 | 1 116 | 9.09 | 7.06 | 3.07 | 1.89 | 559.08 | 17.29 |
| 上海 | 71 | 2.79 | 2.33 | 0.55 | 0.36 | 374.91 | 10.30 |
| 江苏 | 960 | 17.99 | 12.36 | 4.25 | 2.26 | 490.27 | 11.10 |
| 浙江 | 531 | 10.84 | 8.61 | 1.57 | 0.70 | 359.96 | 6.28 |
| 安徽 | 2 555 | 17.35 | 13.50 | 11.65 | 8.79 | 813.26 | 37.07 |
| 福建 | 484 | 3.22 | 2.54 | 0.74 | 0.30 | 523.29 | 13.33 |
| 江西 | 644 | 2.50 | 2.04 | 0.41 | 0.20 | 489.60 | 9.88 |
| 山东 | 1 308 | 45.51 | 34.02 | 12.89 | 9.27 | 472.18 | 16.61 |
| 河南 | 1 329 | 15.18 | 12.61 | 4.01 | 2.77 | 383.47 | 14.14 |
| 湖北 | 964 | 9.41 | 7.41 | 4.89 | 2.65 | 831.88 | 26.93 |
| 湖南 | 1 007 | 5.51 | 4.15 | 1.26 | 0.57 | 611.43 | 13.89 |
| 广东 | 449 | 7.97 | 5.89 | 1.22 | 0.59 | 505.02 | 8.10 |
| 广西 | 227 | 5.00 | 3.94 | 0.55 | 0.16 | 283.80 | 7.49 |

续表

| 地　区 | 企业单位数（个） | 固定资产原价合计（亿元） | 固定资产净值年平均余额（亿元） | 利税总额（亿元） | 利润总额（亿元） | 每百元固定资产原价实现产值（元） | 资金利税率（%） |
|---|---|---|---|---|---|---|---|
| 海　南 | 21 | 0.26 | 0.23 | 0.02 | 0.01 | 103.85 | 5.56 |
| 四　川 | 2 081 | 12.34 | 9.60 | —0.20 | —0.94 | 381.69 | —0.90 |
| 贵　州 | 176 | 1.29 | 1.19 | 0.10 | —0.01 | 220.16 | 3.53 |
| 云　南 | 87 | 7.22 | 5.13 | 0.70 | 0.14 | 87.95 | 7.26 |
| 西　藏 | 11 | 0.06 | 0.06 | 0.01 | 0.00 | 50.00 | 12.50 |
| 陕　西 | 450 | 2.62 | 1.97 | 0.26 | 0.07 | 337.40 | 5.68 |
| 甘　肃 | 374 | 1.63 | 1.00 | 0.31 | 0.12 | 297.55 | 13.36 |
| 青　海 | 32 | 0.11 | 0.10 | 0.01 | 0.00 | 281.82 | 5.26 |
| 宁　夏 | 66 | 0.47 | 0.40 | 0.03 | 0.01 | 153.19 | 4.05 |
| 新　疆 | 187 | 1.41 | 1.03 | 0.18 | 0.11 | 200.71 | 8.04 |

**表 26　　1996 年分地区集体食品制造业企业部分财务指标**

| 地　区 | 企业单位数（个） | 固定资产原价合计（亿元） | 固定资产净值年平均余额（亿元） | 利税总额（亿元） | 利润总额（亿元） | 每百元固定资产原价实现产值（元） | 资金利税率（%） |
|---|---|---|---|---|---|---|---|
| 全　国 | 8 170 | 122.74 | 89.61 | 20.51 | 8.38 | 293.55 | 9.73 |
| 北　京 | 182 | 1.70 | 1.21 | 0.25 | 0.04 | 210.00 | 7.96 |
| 天　津 | 174 | 2.67 | 1.79 | 0.36 | 0.07 | 389.14 | 7.24 |
| 河　北 | 384 | 5.80 | 4.25 | 1.33 | 0.76 | 336.72 | 13.01 |
| 山　西 | 186 | 1.70 | 1.25 | 0.19 | 0.04 | 227.65 | 5.79 |
| 内蒙古 | 184 | 1.20 | 1.01 | 0.15 | 0.08 | 184.17 | 8.24 |
| 辽　宁 | 428 | 2.93 | 2.10 | 0.31 | 0.04 | 337.20 | 5.55 |
| 吉　林 | 245 | 3.21 | 2.56 | 0.32 | 0.09 | 229.91 | 5.61 |
| 黑龙江 | 498 | 4.40 | 3.41 | 0.88 | 0.47 | 326.36 | 12.10 |
| 上　海 | 135 | 4.69 | 3.14 | 0.38 | —0.03 | 193.60 | 5.08 |
| 江　苏 | 509 | 12.07 | 8.63 | 1.96 | 0.58 | 327.01 | 8.92 |
| 浙　江 | 406 | 7.36 | 5.30 | 0.71 | 0.03 | 253.53 | 4.58 |
| 安　徽 | 476 | 4.52 | 3.61 | 2.06 | 1.47 | 436.73 | 29.51 |
| 福　建 | 368 | 2.82 | 2.14 | 0.88 | 0.26 | 549.29 | 17.39 |
| 江　西 | 325 | 1.91 | 1.39 | 0.23 | 0.06 | 249.21 | 7.72 |
| 山　东 | 420 | 17.49 | 12.93 | 4.65 | 2.96 | 342.31 | 15.96 |
| 河　南 | 479 | 12.08 | 9.30 | 2.24 | 1.28 | 283.77 | 12.26 |
| 湖　北 | 296 | 3.71 | 2.71 | 0.90 | 0.34 | 434.50 | 14.56 |
| 湖　南 | 338 | 3.10 | 2.33 | 0.07 | —0.12 | 255.16 | 1.47 |
| 广　东 | 385 | 9.51 | 6.70 | 0.73 | 0.03 | 227.02 | 4.20 |
| 广　西 | 311 | 5.81 | 4.29 | 1.37 | 0.33 | 284.34 | 13.60 |
| 海　南 | 17 | 0.29 | 0.22 | 0.00 | —0.01 | 72.41 | 0.00 |
| 四　川 | 504 | 5.05 | 3.42 | 0.03 | —0.30 | 207.72 | 0.35 |
| 贵　州 | 73 | 0.20 | 0.14 | 0.03 | 0.00 | 300.00 | 9.38 |

续表

| 地　区 | 企业单位数（个） | 固定资产原价合计（亿元） | 固定资产净值年平均余额（亿元） | 利税总额（亿元） | 利润总额（亿元） | 每百元固定资产原价实现产值（元） | 资金利税率（%） |
|---|---|---|---|---|---|---|---|
| 云　南 | 145 | 1.72 | 1.16 | 0.06 | －0.06 | 136.05 | 2.17 |
| 西　藏 | 1 | … | … | 0.00 | 0.00 |  | 0 |
| 陕　西 | 271 | 2.38 | 1.61 | 0.20 | 0.06 | 176.89 | 5.73 |
| 甘　肃 | 240 | 2.00 | 1.29 | 0.18 | 0.05 | 210.50 | 6.00 |
| 青　海 | 29 | 0.22 | 0.14 | 0.03 | －0.01 | 309.09 | 3.57 |
| 宁　夏 | 48 | 0.60 | 0.43 | 0.03 | －0.03 | 181.67 | 2.75 |
| 新　疆 | 113 | 1.62 | 1.17 | －0.03 | －0.11 | 109.88 | －1.08 |

**表 27　　1996 年分地区集体饮料制造业企业部分财务指标**

| 地　区 | 企业单位数（个） | 固定资产原价合计（亿元） | 固定资产净值年平均余额（亿元） | 利税总额（亿元） | 利润总额（亿元） | 每百元固定资产原价实现产值（元） | 资金利税率（%） |
|---|---|---|---|---|---|---|---|
| 全　国 | 9 061 | 115.87 | 84.04 | 22.33 | 5.78 | 238.43 | 10.70 |
| 北　京 | 75 | 1.18 | 0.84 | 0.24 | 0.04 | 200.00 | 10.17 |
| 天　津 | 40 | 0.43 | 0.27 | 0.21 | 0.13 | 369.77 | 18.92 |
| 河　北 | 182 | 7.78 | 6.35 | 1.20 | 0.27 | 161.18 | 9.06 |
| 山　西 | 64 | 1.45 | 1.18 | 0.12 | －0.08 | 260.69 | 5.13 |
| 内蒙古 | 145 | 1.28 | 0.98 | 0.27 | 0.02 | 137.50 | 12.74 |
| 辽　宁 | 317 | 3.90 | 2.72 | 0.47 | －0.08 | 181.03 | 8.41 |
| 吉　林 | 330 | 4.70 | 3.07 | 0.54 | －0.15 | 139.15 | 7.80 |
| 黑龙江 | 454 | 4.32 | 3.21 | 0.72 | 0.38 | 237.73 | 11.34 |
| 上　海 | 35 | 0.96 | 0.62 | 0.09 | 0.04 | 269.79 | 3.11 |
| 江　苏 | 268 | 7.81 | 5.50 | 1.76 | 0.19 | 258.26 | 12.17 |
| 浙　江 | 490 | 14.32 | 10.06 | 1.81 | －0.15 | 186.24 | 5.94 |
| 安　徽 | 504 | 5.03 | 3.76 | 1.40 | 0.66 | 381.71 | 14.39 |
| 福　建 | 416 | 1.98 | 1.64 | 0.71 | 0.25 | 426.77 | 15.64 |
| 江　西 | 365 | 1.79 | 1.19 | 0.13 | －0.10 | 205.03 | 4.23 |
| 山　东 | 268 | 13.00 | 9.70 | 3.39 | 1.41 | 225.92 | 17.48 |
| 河　南 | 320 | 5.23 | 4.06 | 2.20 | 1.19 | 334.42 | 21.72 |
| 湖　北 | 787 | 5.75 | 3.72 | 1.83 | 0.81 | 376.70 | 19.61 |
| 湖　南 | 591 | 3.69 | 2.72 | 0.52 | 0.11 | 312.47 | 9.00 |
| 广　东 | 365 | 8.79 | 6.48 | 1.49 | 0.49 | 267.24 | 7.47 |
| 广　西 | 297 | 2.38 | 1.69 | 0.22 | 0.06 | 217.65 | 5.47 |
| 海　南 | 11 | 0.39 | 0.33 | 0.04 | 0.01 | 105.13 | 6.15 |
| 四　川 | 1 982 | 13.38 | 9.11 | 2.64 | 0.55 | 223.99 | 11.55 |
| 贵　州 | 264 | 1.29 | 0.99 | 0.05 | －0.10 | 221.71 | 1.91 |
| 云　南 | 142 | 2.09 | 1.64 | 0.08 | －0.09 | 122.49 | 2.29 |
| 西　藏 | 2 | 0.06 | 0.06 | 0.01 | 0.01 | 50.00 | 11.11 |
| 陕　西 | 191 | 0.84 | 0.64 | 0.10 | 0.01 | 185.71 | 6.37 |

续表

| 地　区 | 企业单位数（个） | 固定资产原价合计（亿元） | 固定资产净值年平均余额（亿元） | 利税总额（亿元） | 利润总额（亿元） | 每百元固定资产原价实现产值（元） | 资金利税率（%） |
|---|---|---|---|---|---|---|---|
| 甘　肃 | 97 | 0.85 | 0.47 | 0.09 | 0.03 | 258.82 | 7.83 |
| 青　海 | 7 | 0.03 | 0.02 | 0.00 | －0.01 | 133.33 | 0.00 |
| 宁　夏 | 9 | 0.15 | 0.12 | 0.03 | 0.00 | 86.67 | 11.54 |
| 新　疆 | 43 | 1.08 | 0.91 | －0.05 | －0.11 | 106.48 | －2.31 |

**表 28　　1996 年分地区集体烟草加工业企业部分财务指标**

| 地　区 | 企业单位数（个） | 固定资产原价合计（亿元） | 固定资产净值年平均余额（亿元） | 利税总额（亿元） | 利润总额（亿元） | 每百元固定资产原价实现产值（元） | 资金利税率（%） |
|---|---|---|---|---|---|---|---|
| 全　国 | 92 | 21.13 | 14.93 | 6.54 | 0.53 | 114.72 | 23.51 |
| 北　京 | 1 | … | … | 0.00 | 0.00 | | 0 |
| 天　津 | 0 | 0.00 | 0.00 | 0.00 | 0.00 | | |
| 河　北 | 2 | 0.01 | … | 0.00 | 0.00 | 100.00 | 0 |
| 山　西 | 0 | 0.00 | 0.00 | 0.00 | 0.00 | | |
| 内蒙古 | 1 | … | … | 0.00 | 0.00 | | 0 |
| 辽　宁 | 2 | 0.04 | 0.04 | 0.02 | 0.00 | 625.00 | 16.67 |
| 吉　林 | 4 | 0.26 | 0.20 | 0.34 | 0.22 | 280.77 | 43.04 |
| 黑龙江 | 0 | 0.00 | 0.00 | 0.00 | 0.00 | | |
| 上　海 | 2 | 0.13 | 0.07 | 0.03 | 0.01 | 453.85 | 8.82 |
| 江　苏 | 2 | 0.08 | 0.05 | 0.02 | 0.01 | 462.50 | 8.70 |
| 浙　江 | 1 | 0.01 | 0.01 | 0.00 | 0.00 | 0.00 | 0.00 |
| 安　徽 | 4 | 0.52 | 0.37 | 0.07 | 0.02 | 355.77 | 5.65 |
| 福　建 | 1 | … | … | 0.00 | 0.00 | | 0.00 |
| 江　西 | 2 | 0.01 | 0.01 | 0.00 | 0.00 | 800.00 | 0.00 |
| 山　东 | 2 | … | … | 0.00 | 0.00 | | 0.00 |
| 河　南 | 15 | 1.79 | 1.50 | 0.31 | 0.01 | 215.08 | 9.69 |
| 湖　北 | 9 | 2.75 | 2.08 | 1.35 | 0.14 | 159.27 | 31.84 |
| 湖　南 | 3 | 0.26 | 0.20 | 0.03 | －0.01 | 476.92 | 6.52 |
| 广　东 | 5 | 0.03 | 0.01 | 0.01 | －0.01 | 300.00 | 6.67 |
| 广　西 | 6 | 0.18 | 0.13 | 0.00 | 0.00 | 194.44 | 0.00 |
| 海　南 | 0 | 0.00 | 0.00 | 0.00 | 0.00 | | |
| 四　川 | 4 | 0.08 | 0.05 | 0.01 | 0.00 | 250.00 | 4.76 |
| 贵　州 | 2 | 0.84 | 0.25 | 0.33 | 0.00 | 98.81 | 23.74 |
| 云　南 | 10 | 14.11 | 9.93 | 4.00 | 0.13 | 65.70 | 26.68 |
| 西　藏 | 0 | 0.00 | 0.00 | 0.00 | 0.00 | | |
| 陕　西 | 1 | … | … | 0.00 | 0.00 | | 0 |
| 甘　肃 | 7 | 0.01 | 0.01 | 0.01 | 0.00 | 700.00 | 25.00 |
| 青　海 | 0 | 0.00 | 0.00 | 0.00 | 0.00 | | |
| 宁　夏 | 0 | 0.00 | 0.00 | 0.00 | 0.00 | | |
| 新　疆 | 6 | 0.02 | 0.01 | 0.00 | 0.00 | 100.00 | 0.00 |

表 29

## 1996年分行业食品工业企业主要财务指标

单位：亿元

| 行业 | 企业单位数（个） | 其中：亏损企业数（个） | 产品销售收入 | 利润总额 | 利税总额 | 固定资产原价合计 | 资本金 | 流动资产年平均余额 | 工业总产值（当年价格） | 工业总产值（不变价格） | 工业增加值 | 固定资产净值年平均余额 |
|---|---|---|---|---|---|---|---|---|---|---|---|---|
| 食品工业合计 | 60 406 | 13 830 | 6 635.91 | 168.07 | 1 025.72 | 3 733.16 | 1 962.08 | 3 615.58 | 7 250.67 | 5 146.51 | 2 217.09 | 2 768.18 |
| 食品加工业 | 30 213 | 6 470 | 3 099.24 | −13.41 | 52.19 | 1 491.32 | 688.69 | 1 463.61 | 3 471.62 | 2 324.88 | 712.18 | 1 071.04 |
| 粮食及饲料加工业 | 16 573 | 3 473 | 1 384.47 | 7.99 | 24.52 | 505.14 | 261.42 | 551.38 | 1 567.64 | 941.24 | 315.37 | 375.03 |
| 碾米业 | 4 102 | 693 | 215.07 | 0.65 | 4.47 | 71.21 | 33.15 | 81.62 | 275.84 | 163.69 | 65.50 | 54.44 |
| 磨粉业 | 5 806 | 927 | 491.19 | 0.52 | 6.85 | 220.90 | 108.69 | 224.42 | 571.38 | 277.95 | 110.43 | 168.71 |
| 面、米制品业 | 1 648 | 434 | 53.77 | −1.57 | −0.40 | 33.22 | 15.22 | 25.74 | 64.57 | 38.81 | 15.61 | 24.59 |
| 配合及混合饲料制造业 | 4 215 | 1 281 | 544.85 | 5.23 | 9.10 | 156.03 | 89.48 | 188.20 | 570.21 | 398.77 | 101.97 | 111.80 |
| 蛋白饲料制造业 | 262 | 48 | 11.68 | −0.32 | −0.11 | 7.13 | 2.93 | 4.46 | 13.70 | 11.43 | 2.59 | 4.93 |
| 水产饲料制造业 | 222 | 39 | 51.32 | 3.23 | 4.11 | 11.38 | 8.58 | 20.60 | 52.72 | 37.10 | 15.31 | 6.56 |
| 其他饲料制造业 | 318 | 51 | 16.60 | 0.25 | 0.51 | 5.25 | 3.36 | 6.34 | 19.21 | 13.50 | 3.95 | 3.99 |
| 植物油加工业 | 5 597 | 940 | 555.26 | −5.73 | 1.18 | 212.04 | 94.81 | 323.47 | 631.65 | 382.61 | 127.93 | 161.85 |
| 食用植物油加工业 | 5 260 | 868 | 548.63 | −5.31 | 1.38 | 207.52 | 91.88 | 317.36 | 623.75 | 376.86 | 126.15 | 158.51 |
| 非食用植物油加工业 | 337 | 72 | 6.64 | −0.42 | −0.20 | 4.52 | 2.93 | 6.10 | 7.90 | 5.75 | 1.78 | 3.33 |
| 制糖业 | 616 | 315 | 284.54 | −25.00 | −3.16 | 352.54 | 108.06 | 210.63 | 305.90 | 219.33 | 67.12 | 230.92 |
| 甘蔗糖业 | 440 | 243 | 212.14 | −12.60 | 5.42 | 250.15 | 83.19 | 141.95 | 222.34 | 159.24 | 54.99 | 165.58 |
| 甜菜糖业 | 101 | 56 | 56.83 | −12.03 | −8.96 | 80.57 | 17.81 | 60.53 | 64.44 | 48.46 | 6.85 | 52.78 |
| 加工糖业 | 75 | 16 | 15.57 | −0.37 | 0.38 | 21.81 | 7.06 | 8.15 | 19.12 | 11.63 | 5.28 | 12.56 |
| 屠宰及肉类蛋类加工业 | 3 728 | 992 | 503.36 | −1.11 | 9.50 | 249.15 | 114.67 | 200.77 | 523.05 | 397.34 | 99.25 | 175.28 |
| 屠宰业 | 922 | 294 | 128.40 | −4.92 | −2.45 | 84.17 | 32.09 | 58.50 | 123.84 | 90.51 | 19.51 | 56.90 |
| 肉制品加工业 | 2 372 | 620 | 327.31 | 2.81 | 10.04 | 148.26 | 71.73 | 121.48 | 350.10 | 270.44 | 70.45 | 107.62 |
| 肉类副产品加工业 | 252 | 51 | 23.02 | 0.00 | 0.32 | 6.19 | 4.20 | 9.40 | 24.35 | 18.84 | 5.27 | 4.48 |
| 蛋品加工业 | 182 | 27 | 24.62 | 1.00 | 1.59 | 10.52 | 6.66 | 11.38 | 24.76 | 17.55 | 4.02 | 6.27 |
| 水产品加工业 | 1 660 | 376 | 244.12 | 7.63 | 13.99 | 103.73 | 65.50 | 115.29 | 289.43 | 257.47 | 64.49 | 75.96 |
| 冷冻水产品加工业 | 1 241 | 288 | 178.69 | 5.94 | 10.32 | 82.99 | 47.07 | 84.58 | 212.14 | 185.07 | 46.50 | 59.60 |
| 干制水产品加工业 | 181 | 34 | 45.65 | 1.30 | 2.61 | 10.95 | 10.15 | 19.91 | 54.41 | 50.36 | 11.54 | 8.52 |
| 腌制水产品加工业 | 44 | 11 | 2.14 | 0.01 | 0.07 | 0.71 | 1.09 | 1.11 | 2.22 | 1.82 | 0.44 | 0.61 |
| 鱼糜及鱼糜制品加工业 | 35 | 11 | 2.78 | 0.14 | 0.30 | 1.32 | 1.17 | 1.33 | 3.04 | 2.58 | 1.01 | 1.00 |
| 其他水产品加工业 | 159 | 32 | 14.86 | 0.24 | 0.70 | 7.76 | 6.02 | 8.35 | 17.61 | 17.64 | 5.00 | 6.23 |
| 盐加工业 | 86 | 21 | 5.90 | −0.33 | 0.19 | 7.65 | 3.42 | 3.88 | 6.77 | 5.11 | 2.15 | 5.49 |

续表 29—1

| 行业 | 企业单位数（个） | 其中：亏损企业数（个） | 产品销售收入 | 利润总额 | 利税总额 | 固定资产原价合计 | 资本金 | 流动资产年平均余额 | 工业总产值（当年价格） | 工业总产值（不变价格） | 工业增加值 | 固定资产净值年平均余额 |
|---|---|---|---|---|---|---|---|---|---|---|---|---|
| 其他食品加工业 | 1 953 | 353 | 121.58 | 3.15 | 5.97 | 61.07 | 40.81 | 58.20 | 147.18 | 121.78 | 35.87 | 46.51 |
| 食品制造业 | 15 647 | 3 991 | 1 066.03 | 16.59 | 66.26 | 738.10 | 493.79 | 582.92 | 1 154.09 | 925.89 | 290.07 | 547.17 |
| 糕点、糖果制造业 | 5 747 | 1 438 | 351.05 | 13.22 | 31.12 | 233.36 | 230.03 | 190.69 | 372.01 | 302.75 | 99.73 | 172.42 |
| 糖果业 | 893 | 234 | 60.78 | 0.93 | 3.88 | 48.64 | 28.41 | 40.56 | 61.04 | 51.25 | 16.83 | 31.85 |
| 糕点业 | 2 527 | 668 | 43.12 | —0.80 | 1.62 | 37.10 | 99.90 | 30.15 | 49.36 | 36.51 | 12.58 | 26.55 |
| 饼干业 | 621 | 146 | 68.51 | 3.08 | 6.81 | 40.92 | 23.29 | 36.01 | 76.79 | 62.21 | 21.84 | 30.36 |
| 方便主食品业 | 823 | 211 | 150.73 | 9.24 | 16.95 | 92.64 | 66.64 | 67.42 | 151.51 | 123.04 | 40.91 | 73.49 |
| 蜜饯业 | 628 | 119 | 17.77 | 0.17 | 0.76 | 7.44 | 6.85 | 10.38 | 20.18 | 18.14 | 4.88 | 5.63 |
| 其他糕点、糖果制品业 | 255 | 60 | 10.14 | 0.59 | 1.10 | 6.61 | 4.93 | 6.16 | 13.13 | 11.59 | 2.69 | 4.54 |
| 乳制品制造业 | 610 | 182 | 87.99 | —2.60 | 1.59 | 67.45 | 35.86 | 44.74 | 98.55 | 69.16 | 23.35 | 50.58 |
| 罐头食品制造业 | 1 655 | 452 | 136.19 | —4.73 | 0.38 | 87.08 | 40.31 | 88.73 | 145.92 | 112.72 | 30.28 | 50.35 |
| 肉类罐头制造业 | 121 | 41 | 22.14 | —1.45 | —0.77 | 17.61 | 5.86 | 16.65 | 21.47 | 16.16 | 3.22 | 12.29 |
| 禽类罐头制造业 | 25 | 6 | 2.67 | 0.17 | 0.26 | 0.33 | 0.23 | 0.49 | 3.01 | 2.53 | 0.80 | 0.24 |
| 水产罐头制造业 | 51 | 21 | 8.95 | —0.44 | —0.07 | 5.69 | 1.87 | 6.39 | 8.49 | 6.40 | 1.63 | 3.30 |
| 水果罐头制造业 | 565 | 140 | 39.41 | —1.12 | 0.15 | 25.22 | 11.08 | 28.28 | 45.01 | 33.81 | 8.92 | 15.71 |
| 蔬菜罐头制造业 | 654 | 186 | 42.51 | —1.58 | 0.47 | 29.17 | 14.65 | 27.61 | 50.54 | 39.50 | 12.59 | 21.91 |
| 其他罐头食品制造业 | 239 | 58 | 20.51 | —0.31 | 0.33 | 9.06 | 6.61 | 9.32 | 17.40 | 14.32 | 3.12 | 6.90 |
| 发酵制品业 | 465 | 120 | 110.42 | 1.67 | 6.49 | 77.85 | 37.38 | 57.49 | 121.84 | 114.68 | 28.11 | 58.71 |
| 氨基酸制造业 | 42 | 14 | 4.15 | 0.23 | 0.40 | 2.10 | 1.35 | 1.77 | 4.81 | 4.02 | 0.89 | 1.84 |
| 味精制造业 | 110 | 40 | 79.94 | 2.24 | 5.76 | 45.57 | 23.54 | 36.90 | 84.36 | 83.34 | 19.19 | 34.31 |
| 柠檬酸制造业 | 51 | 24 | 10.68 | —0.79 | —0.31 | 17.11 | 5.26 | 8.31 | 12.42 | 10.25 | 2.24 | 13.36 |
| 酵母制品业 | 92 | 14 | 6.28 | 0.20 | 0.48 | 5.75 | 3.58 | 2.91 | 7.39 | 5.21 | 1.67 | 3.46 |
| 酶制剂制品业 | 85 | 17 | 4.99 | —0.26 | —0.02 | 4.63 | 2.32 | 3.72 | 6.00 | 5.81 | 1.58 | 3.46 |
| 其他发酵制品业 | 85 | 11 | 4.38 | 0.05 | 0.18 | 2.68 | 1.34 | 3.89 | 6.87 | 6.04 | 2.54 | 2.26 |
| 调味品制造业 | 2 845 | 738 | 98.34 | 1.08 | 5.99 | 76.20 | 40.48 | 53.86 | 107.54 | 85.54 | 30.46 | 54.45 |
| 酱油、酱类制造业 | 2 047 | 560 | 65.40 | 0.64 | 4.19 | 55.44 | 25.15 | 36.86 | 70.12 | 53.96 | 20.73 | 39.85 |
| 食醋制造业 | 310 | 68 | 5.32 | 0.25 | 0.56 | 4.07 | 2.26 | 2.76 | 5.83 | 3.98 | 1.90 | 2.85 |
| 调味料制造业 | 251 | 54 | 14.34 | 0.35 | 0.99 | 9.31 | 8.59 | 7.80 | 16.72 | 14.70 | 4.47 | 6.25 |
| 调味油制造业 | 85 | 23 | 7.64 | —0.16 | 0.02 | 3.85 | 2.09 | 3.40 | 8.48 | 7.76 | 1.90 | 2.95 |

续表 29—2

| 行业 | 企业单位数（个） | 其中：亏损企业数（个） | 产品销售收入 | 利润总额 | 利税总额 | 固定资产原价合计 | 资本金 | 流动资产年平均余额 | 工业总产值（当年价格） | 工业总产值（不变价格） | 工业增加值 | 固定资产净值年平均余额 |
|---|---|---|---|---|---|---|---|---|---|---|---|---|
| 其他调味品制造业 | 152 | 33 | 5.64 | 0.00 | 0.22 | 3.53 | 2.39 | 3.04 | 6.39 | 5.13 | 1.47 | 2.54 |
| 其他食品制造业 | 4 325 | 1 061 | 282.04 | 7.94 | 20.70 | 196.16 | 109.73 | 147.40 | 308.22 | 241.04 | 78.14 | 150.66 |
| 豆制品制造业 | 678 | 174 | 40.38 | 2.51 | 3.81 | 14.61 | 9.25 | 13.14 | 43.83 | 34.74 | 13.07 | 10.95 |
| 淀粉及淀粉制品业 | 1 170 | 265 | 77.09 | 0.56 | 3.46 | 55.13 | 21.24 | 42.57 | 95.16 | 70.72 | 25.79 | 43.68 |
| 代乳品制造业 | 30 | 9 | 0.46 | —0.11 | —0.09 | 1.09 | 0.53 | 0.51 | 0.53 | 0.46 | 0.14 | 0.81 |
| 制冰业 | 161 | 33 | 3.25 | 0.07 | 0.22 | 4.83 | 2.66 | 1.97 | 3.64 | 3.11 | 0.90 | 3.41 |
| 淀粉糖业 | 119 | 34 | 9.64 | —0.05 | 0.35 | 10.11 | 4.06 | 10.28 | 11.49 | 9.06 | 2.76 | 9.05 |
| 冷冻饮品制造业 | 1 139 | 313 | 51.76 | —2.36 | 0.34 | 65.85 | 38.42 | 28.76 | 54.98 | 42.42 | 12.44 | 48.17 |
| 其他类未包括的食品制造业 | 1 028 | 233 | 99.46 | 7.33 | 12.61 | 44.54 | 33.57 | 50.18 | 98.59 | 80.52 | 23.04 | 34.59 |
| 饮料制造业 | 14 130 | 3 274 | 1 290.75 | 45.18 | 217.50 | 977.61 | 558.39 | 864.38 | 1 422.77 | 1 017.92 | 457.41 | 711.60 |
| 酒精及饮料酒制造业 | 7 322 | 1 575 | 933.41 | 35.98 | 191.23 | 743.11 | 375.88 | 631.82 | 1 026.41 | 670.89 | 353.81 | 533.18 |
| 酒精制造业 | 304 | 108 | 76.86 | —1.44 | 6.23 | 63.56 | 18.26 | 48.99 | 89.60 | 68.77 | 24.76 | 45.73 |
| 白酒制造业 | 5 424 | 1 008 | 463.43 | 24.20 | 104.31 | 261.75 | 116.56 | 311.46 | 512.74 | 312.66 | 180.95 | 186.39 |
| 啤酒制造业 | 741 | 248 | 339.91 | 8.97 | 69.94 | 374.15 | 216.60 | 221.41 | 362.02 | 242.78 | 127.46 | 269.99 |
| 黄酒制造业 | 410 | 100 | 25.68 | 0.92 | 3.97 | 22.50 | 9.98 | 22.54 | 29.59 | 22.71 | 8.72 | 14.99 |
| 葡萄酒制造业 | 158 | 42 | 18.59 | 3.22 | 5.81 | 14.40 | 10.39 | 18.58 | 20.35 | 13.57 | 8.22 | 10.79 |
| 果露酒制造业 | 285 | 69 | 8.93 | 0.12 | 0.97 | 6.75 | 4.09 | 8.83 | 12.10 | 10.38 | 3.70 | 5.30 |
| 软饮料制造业 | 3 497 | 995 | 266.11 | 9.92 | 22.77 | 184.41 | 150.41 | 162.33 | 294.28 | 258.75 | 76.82 | 142.49 |
| 碳酸饮料制造业 | 1 519 | 365 | 132.51 | 10.91 | 17.91 | 72.98 | 67.85 | 72.84 | 143.52 | 125.12 | 41.80 | 55.21 |
| 天然矿泉水制造业 | 698 | 224 | 24.24 | 0.55 | 1.59 | 23.61 | 17.94 | 12.53 | 28.44 | 25.51 | 7.91 | 17.84 |
| 果菜汁饮料制造业 | 772 | 261 | 53.42 | —2.37 | —0.66 | 54.38 | 39.77 | 41.72 | 64.51 | 52.11 | 14.38 | 44.29 |
| 固体饮料制造业 | 226 | 60 | 19.83 | —0.47 | 0.70 | 14.32 | 12.32 | 15.81 | 21.67 | 18.55 | 4.09 | 9.98 |
| 其他软饮料制造业 | 282 | 85 | 36.10 | 1.30 | 3.22 | 19.12 | 12.53 | 19.43 | 36.14 | 37.45 | 8.65 | 15.16 |
| 制茶业 | 2 782 | 554 | 58.78 | —1.44 | 1.14 | 32.58 | 19.58 | 42.21 | 64.72 | 54.46 | 17.31 | 22.88 |
| 其他饮料制造业 | 529 | 150 | 32.45 | 0.72 | 2.36 | 17.50 | 12.53 | 28.02 | 37.36 | 33.82 | 9.46 | 13.05 |
| 烟草加工业 | 416 | 95 | 1 179.89 | 119.71 | 689.77 | 526.13 | 221.21 | 704.67 | 1 202.19 | 877.82 | 757.43 | 438.37 |
| 烟叶复烤业 | 100 | 18 | 57.48 | 5.12 | 8.87 | 18.59 | 7.17 | 36.88 | 59.08 | 36.72 | 18.05 | 13.93 |
| 卷烟制造业 | 258 | 61 | 1 109.27 | 114.27 | 677.76 | 498.91 | 208.04 | 659.36 | 1 129.29 | 826.45 | 734.15 | 417.19 |
| 其他烟草加工业 | 58 | 16 | 13.13 | 0.32 | 3.14 | 8.62 | 6.00 | 8.42 | 13.83 | 14.66 | 5.22 | 7.24 |

**表 30　　　1996 年分地区食品加工业企业主要财务指标　　　单位：亿元**

| 地　区 | 企业单位数（个） | 其中：亏损企业数（个） | 产品销售收入 | 利润总额 | 利税总额 | 固定资产原价合计 | 资本金 | 流动资产年平均余额 | 工业总产值（当年价格） | 工业总产值（不变价格） | 工业增加值 | 固定资产净值年平均余额 |
|---|---|---|---|---|---|---|---|---|---|---|---|---|
| 全　国 | 30 213 | 6 470 | 3 099.24 | −13.41 | 52.19 | 1 491.32 | 688.69 | 1 463.61 | 3 471.62 | 2 324.88 | 712.18 | 1 071.04 |
| 北　京 | 490 | 113 | 82.91 | 0.69 | 1.49 | 25.48 | 18.28 | 29.85 | 76.95 | 31.40 | 17.97 | 17.70 |
| 天　津 | 288 | 90 | 63.66 | −0.86 | −0.44 | 23.65 | 10.59 | 31.84 | 57.77 | 47.76 | 1.89 | 16.97 |
| 河　北 | 1 541 | 243 | 103.14 | 2.66 | 4.30 | 45.89 | 22.53 | 46.57 | 114.73 | 81.48 | 27.69 | 35.51 |
| 山　西 | 459 | 125 | 18.20 | −0.38 | 0.22 | 17.20 | 7.75 | 14.39 | 22.14 | 16.49 | 5.45 | 12.65 |
| 内蒙古 | 765 | 185 | 49.56 | −1.95 | −0.53 | 36.92 | 19.16 | 39.82 | 54.23 | 31.17 | 10.35 | 26.13 |
| 辽　宁 | 1 032 | 332 | 135.74 | −6.94 | −6.03 | 78.07 | 36.47 | 93.37 | 137.83 | 82.75 | 16.09 | 59.59 |
| 吉　林 | 626 | 205 | 48.13 | −4.19 | −3.47 | 42.21 | 17.73 | 44.79 | 57.07 | 32.72 | 14.45 | 31.19 |
| 黑龙江 | 1 642 | 228 | 154.42 | −6.17 | −3.14 | 85.85 | 29.13 | 103.84 | 167.91 | 93.26 | 32.30 | 63.53 |
| 上　海 | 227 | 66 | 73.13 | 0.55 | 1.44 | 24.06 | 15.01 | 27.61 | 74.32 | 49.34 | 13.89 | 15.87 |
| 江　苏 | 1 728 | 354 | 262.79 | 2.10 | 6.18 | 91.15 | 43.27 | 99.42 | 311.34 | 209.42 | 46.37 | 66.43 |
| 浙　江 | 1 025 | 322 | 140.12 | 0.56 | 2.84 | 50.28 | 28.48 | 55.85 | 140.41 | 97.76 | 19.66 | 37.56 |
| 安　徽 | 3 071 | 301 | 197.38 | 7.76 | 11.51 | 55.64 | 25.97 | 56.73 | 236.84 | 163.91 | 58.89 | 41.08 |
| 福　建 | 1 210 | 283 | 115.40 | 0.45 | 2.61 | 45.77 | 35.74 | 50.01 | 130.59 | 107.82 | 27.33 | 33.99 |
| 江　西 | 1 278 | 201 | 56.17 | −0.05 | 1.03 | 28.93 | 11.55 | 28.65 | 73.82 | 49.33 | 21.21 | 20.21 |
| 山　东 | 2 307 | 289 | 407.14 | 11.81 | 18.47 | 178.79 | 76.94 | 170.89 | 490.08 | 358.24 | 107.59 | 131.98 |
| 河　南 | 2 013 | 379 | 176.85 | 3.65 | 7.25 | 68.54 | 39.65 | 75.00 | 205.10 | 122.72 | 38.82 | 52.30 |
| 湖　北 | 1 494 | 258 | 136.13 | 1.25 | 4.67 | 51.01 | 21.34 | 41.99 | 182.34 | 126.52 | 47.62 | 36.25 |
| 湖　南 | 1 519 | 327 | 76.56 | −1.14 | 0.15 | 33.72 | 15.65 | 29.70 | 91.95 | 62.05 | 28.03 | 24.29 |
| 广　东 | 1 125 | 333 | 335.09 | −4.95 | 4.07 | 177.33 | 72.41 | 175.31 | 344.27 | 218.43 | 60.85 | 114.00 |
| 广　西 | 556 | 217 | 149.41 | −3.64 | 4.82 | 109.24 | 43.84 | 75.14 | 150.54 | 103.44 | 36.55 | 77.52 |
| 海　南 | 114 | 51 | 15.87 | −1.31 | −0.31 | 16.09 | 8.77 | 8.66 | 15.13 | 9.54 | 3.17 | 10.82 |
| 四　川 | 2 886 | 790 | 148.53 | −5.74 | −3.38 | 71.05 | 31.52 | 59.26 | 165.64 | 120.92 | 34.55 | 51.03 |
| 贵　州 | 458 | 170 | 12.00 | −0.68 | −0.17 | 9.13 | 5.12 | 7.96 | 13.47 | 8.34 | 4.39 | 6.96 |
| 云　南 | 360 | 155 | 50.47 | −0.05 | 3.09 | 45.13 | 17.45 | 32.63 | 52.12 | 33.47 | 12.02 | 30.55 |
| 西　藏 | 22 | 6 | 0.29 | −0.02 | −0.02 | 0.55 | 0.45 | 0.25 | 0.28 | 0.16 | 0.14 | 0.26 |
| 陕　西 | 739 | 170 | 31.55 | −1.87 | −1.45 | 17.82 | 9.87 | 17.77 | 36.08 | 22.37 | 7.21 | 13.70 |
| 甘　肃 | 573 | 95 | 14.90 | −1.09 | −0.59 | 16.39 | 6.49 | 10.95 | 20.52 | 14.05 | 6.16 | 11.01 |
| 青　海 | 110 | 40 | 3.94 | −0.16 | −0.07 | 3.35 | 2.14 | 2.65 | 3.10 | 1.90 | 0.96 | 2.20 |
| 宁　夏 | 121 | 39 | 4.81 | −0.81 | −0.57 | 6.82 | 2.32 | 4.55 | 5.72 | 3.27 | 0.77 | 5.14 |
| 新　疆 | 434 | 103 | 34.94 | −2.88 | −1.80 | 35.26 | 13.09 | 28.17 | 39.34 | 24.83 | 9.78 | 24.62 |

**表 31　　　1996 年分地区食品制造业企业主要财务指标　　　单位：亿元**

| 地　区 | 企业单位数（个） | 其中：亏损企业数（个） | 产品销售收入 | 利润总额 | 利税总额 | 固定资产原价合计 | 资本金 | 流动资产年平均余额 | 工业总产值（当年价格） | 工业总产值（不变价格） | 工业增加值 | 固定资产净值年平均余额 |
|---|---|---|---|---|---|---|---|---|---|---|---|---|
| 全　国 | 15 647 | 3 991 | 1 066.03 | 16.59 | 66.26 | 738.10 | 493.79 | 582.92 | 1 154.09 | 925.89 | 290.07 | 547.17 |
| 北　京 | 564 | 131 | 37.13 | −1.82 | 0.67 | 36.10 | 30.99 | 23.51 | 33.27 | 24.92 | 11.28 | 28.70 |
| 天　津 | 351 | 106 | 43.19 | 3.17 | 5.74 | 39.35 | 17.28 | 25.96 | 41.16 | 35.74 | 9.57 | 29.53 |
| 河　北 | 731 | 136 | 40.50 | 1.10 | 2.36 | 25.93 | 13.01 | 18.61 | 48.51 | 39.73 | 14.35 | 19.19 |
| 山　西 | 399 | 66 | 10.01 | 0.02 | 0.64 | 9.47 | 4.43 | 8.34 | 12.07 | 9.47 | 3.71 | 6.84 |
| 内蒙古 | 414 | 91 | 11.51 | 0.29 | 0.98 | 11.17 | 5.17 | 6.91 | 13.38 | 8.82 | 3.61 | 8.18 |
| 辽　宁 | 795 | 208 | 29.24 | −0.66 | 0.46 | 28.75 | 13.70 | 17.07 | 31.97 | 26.11 | 7.19 | 22.59 |
| 吉　林 | 468 | 144 | 17.20 | −0.82 | 0.00 | 22.72 | 9.75 | 14.95 | 20.99 | 16.13 | 6.47 | 17.23 |
| 黑龙江 | 905 | 166 | 35.91 | −0.02 | 1.84 | 27.38 | 15.48 | 21.85 | 41.60 | 30.72 | 13.65 | 20.61 |

续表

| 地区 | 企业单位数（个） | 其中：亏损企业数（个） | 产品销售收入 | 利润总额 | 利税总额 | 固定资产原价合计 | 资本金 | 流动资产年平均余额 | 工业总产值（当年价格） | 工业总产值（不变价格） | 工业增加值 | 固定资产净值年平均余额 |
|---|---|---|---|---|---|---|---|---|---|---|---|---|
| 上海 | 412 | 132 | 68.24 | −0.24 | 3.05 | 43.43 | 34.33 | 39.64 | 70.44 | 48.29 | 14.81 | 28.82 |
| 江苏 | 837 | 254 | 109.89 | 3.75 | 7.87 | 59.18 | 30.49 | 47.34 | 118.12 | 99.18 | 26.85 | 43.84 |
| 浙江 | 701 | 225 | 68.36 | 3.78 | 7.49 | 38.37 | 27.15 | 36.06 | 72.94 | 59.94 | 17.57 | 28.28 |
| 安徽 | 659 | 145 | 26.97 | 0.92 | 1.89 | 14.79 | 5.55 | 9.42 | 30.98 | 23.87 | 8.38 | 10.64 |
| 福建 | 854 | 166 | 49.19 | −0.45 | 2.03 | 25.95 | 23.56 | 25.97 | 56.22 | 46.32 | 13.20 | 19.14 |
| 江西 | 589 | 118 | 8.50 | −0.09 | 0.33 | 7.65 | 3.34 | 5.45 | 11.17 | 8.60 | 3.00 | 5.42 |
| 山东 | 856 | 144 | 108.23 | 3.71 | 6.97 | 63.91 | 28.22 | 48.66 | 122.83 | 103.14 | 27.91 | 50.11 |
| 河南 | 859 | 170 | 76.28 | 2.49 | 5.25 | 39.28 | 18.48 | 33.19 | 84.49 | 64.19 | 23.35 | 31.75 |
| 湖北 | 506 | 120 | 30.31 | 0.21 | 1.54 | 21.21 | 9.68 | 14.05 | 36.21 | 31.45 | 8.87 | 14.92 |
| 湖南 | 552 | 130 | 18.30 | 0.71 | 1.62 | 14.57 | 6.11 | 10.61 | 19.48 | 13.66 | 4.46 | 10.97 |
| 广东 | 962 | 268 | 153.60 | 6.23 | 14.96 | 99.42 | 67.50 | 90.44 | 150.86 | 132.00 | 36.25 | 73.21 |
| 广西 | 531 | 170 | 40.26 | −1.05 | 1.26 | 26.23 | 87.36 | 20.77 | 43.06 | 35.40 | 11.34 | 19.88 |
| 海南 | 56 | 22 | 12.35 | −0.10 | 0.16 | 6.53 | 2.98 | 9.43 | 12.80 | 8.06 | 1.59 | 2.48 |
| 四川 | 903 | 352 | 30.06 | −2.41 | −0.86 | 32.23 | 14.33 | 22.34 | 33.36 | 25.84 | 8.46 | 21.97 |
| 贵州 | 205 | 63 | 1.57 | −0.02 | 0.10 | 1.78 | 1.07 | 1.32 | 1.88 | 1.37 | 0.79 | 1.36 |
| 云南 | 308 | 125 | 7.58 | −0.49 | −0.06 | 6.67 | 3.32 | 4.17 | 7.64 | 4.83 | 1.69 | 4.65 |
| 西藏 | 7 | 1 | 0.02 | 0.00 | 0.00 | 0.27 | 0.08 | 0.02 | 0.04 | 0.03 | 0.03 | 0.12 |
| 陕西 | 460 | 101 | 13.41 | −0.20 | 0.44 | 10.22 | 6.61 | 7.22 | 14.74 | 10.78 | 4.08 | 7.84 |
| 甘肃 | 368 | 64 | 7.43 | −0.34 | 0.00 | 7.83 | 6.86 | 5.58 | 9.78 | 7.40 | 3.42 | 5.60 |
| 青海 | 51 | 23 | 1.25 | −0.17 | −0.10 | 1.30 | 0.74 | 1.57 | 1.24 | 0.86 | 0.52 | 0.72 |
| 宁夏 | 101 | 38 | 3.75 | −0.34 | −0.13 | 5.92 | 2.12 | 3.04 | 4.56 | 3.09 | 1.25 | 4.78 |
| 新疆 | 243 | 112 | 5.78 | −0.58 | −0.23 | 10.48 | 4.08 | 9.41 | 8.29 | 5.94 | 2.44 | 7.79 |

**表32　　1996年分地区饮料制造业企业主要财务指标**　　单位：亿元

| 地区 | 企业单位数（个） | 其中：亏损企业数（个） | 产品销售收入 | 利润总额 | 利税总额 | 固定资产原价合计 | 资本金 | 流动资产年平均余额 | 工业总产值（当年价格） | 工业总产值（不变价格） | 工业增加值 | 固定资产净值年平均余额 |
|---|---|---|---|---|---|---|---|---|---|---|---|---|
| 全国 | 14 130 | 3 274 | 1 290.75 | 45.18 | 217.50 | 977.61 | 558.39 | 864.38 | 1 422.77 | 1 017.92 | 457.41 | 711.60 |
| 北京 | 216 | 59 | 39.10 | 1.29 | 6.77 | 34.60 | 27.64 | 24.91 | 43.94 | 29.05 | 16.12 | 26.58 |
| 天津 | 109 | 42 | 21.00 | 2.25 | 4.68 | 14.14 | 8.98 | 13.90 | 24.47 | 19.63 | 5.97 | 11.20 |
| 河北 | 371 | 97 | 46.61 | 0.20 | 6.76 | 51.75 | 32.38 | 38.05 | 55.18 | 40.64 | 17.48 | 37.66 |
| 山西 | 142 | 39 | 13.98 | 0.58 | 3.83 | 13.91 | 9.74 | 13.37 | 16.62 | 12.94 | 7.01 | 8.55 |
| 内蒙古 | 276 | 51 | 18.27 | 0.44 | 4.75 | 14.36 | 5.28 | 13.27 | 19.78 | 11.49 | 7.60 | 9.54 |
| 辽宁 | 528 | 119 | 41.02 | 0.53 | 6.70 | 41.22 | 23.18 | 29.15 | 44.17 | 32.19 | 15.36 | 31.16 |
| 吉林 | 518 | 149 | 26.82 | −1.47 | 2.65 | 40.59 | 19.60 | 26.19 | 28.32 | 23.25 | 8.99 | 30.60 |
| 黑龙江 | 709 | 112 | 39.10 | 0.84 | 7.20 | 37.55 | 15.23 | 25.43 | 45.68 | 33.36 | 19.52 | 26.79 |
| 上海 | 108 | 51 | 45.93 | 3.78 | 7.49 | 27.45 | 27.95 | 31.82 | 47.24 | 36.51 | 16.27 | 21.36 |
| 江苏 | 414 | 97 | 82.55 | 1.74 | 13.12 | 50.83 | 22.58 | 47.65 | 92.24 | 71.64 | 26.95 | 36.55 |
| 浙江 | 716 | 203 | 81.95 | 2.76 | 12.16 | 59.49 | 42.97 | 60.94 | 90.09 | 76.69 | 25.34 | 40.70 |
| 安徽 | 660 | 152 | 80.03 | 5.55 | 19.33 | 41.29 | 18.60 | 46.01 | 88.06 | 53.05 | 34.29 | 32.23 |
| 福建 | 780 | 161 | 45.24 | 1.88 | 8.02 | 33.72 | 26.31 | 25.63 | 49.33 | 40.91 | 16.19 | 25.95 |
| 江西 | 615 | 134 | 17.95 | −0.23 | 2.91 | 17.46 | 6.44 | 15.46 | 21.23 | 16.09 | 6.96 | 13.06 |
| 山东 | 550 | 80 | 178.92 | 7.30 | 36.82 | 106.80 | 43.26 | 103.20 | 190.54 | 114.45 | 59.75 | 80.09 |
| 河南 | 581 | 104 | 70.20 | 1.79 | 11.03 | 46.83 | 22.89 | 49.53 | 85.19 | 61.30 | 24.74 | 35.43 |
| 湖北 | 995 | 153 | 45.31 | 0.70 | 5.77 | 40.27 | 21.04 | 27.78 | 53.52 | 43.64 | 14.12 | 27.08 |
| 湖南 | 755 | 160 | 22.13 | 0.21 | 3.35 | 19.42 | 10.29 | 14.00 | 27.31 | 17.96 | 10.40 | 12.61 |

续表

| 地　　区 | 企　业<br>单位数<br>（个） | 其中：<br>亏损<br>企业数<br>（个） | 产品<br>销售<br>收入 | 利润<br>总额 | 利税<br>总额 | 固定资<br>产原价<br>合　计 | 资本金 | 流动资<br>产年平<br>均余额 | 工　业<br>总产值<br>（当年<br>价格） | 工　业<br>总产值<br>（不变<br>价格） | 工　业<br>增加值 | 固定资<br>产净值<br>年平均<br>余　额 |
|---|---|---|---|---|---|---|---|---|---|---|---|---|
| 广　东 | 737 | 218 | 148.06 | 6.30 | 17.90 | 109.60 | 80.85 | 97.11 | 152.64 | 124.76 | 41.16 | 75.75 |
| 广　西 | 468 | 124 | 21.18 | －0.76 | 1.55 | 18.09 | 13.99 | 14.93 | 25.13 | 18.65 | 8.13 | 16.07 |
| 海　南 | 46 | 19 | 17.08 | 0.75 | 1.22 | 10.32 | 6.17 | 6.33 | 19.05 | 11.04 | 3.99 | 7.93 |
| 四　川 | 2 425 | 513 | 126.19 | 11.92 | 27.29 | 68.65 | 32.13 | 74.92 | 128.58 | 80.64 | 46.38 | 46.61 |
| 贵　州 | 464 | 114 | 9.09 | －1.57 | 0.01 | 17.17 | 9.85 | 15.27 | 17.66 | 11.27 | 6.24 | 12.79 |
| 云　南 | 325 | 145 | 11.35 | －0.68 | 0.31 | 13.37 | 6.74 | 9.92 | 10.65 | 7.63 | 3.26 | 10.01 |
| 西　藏 | 8 | 3 | 0.29 | 0.15 | 0.17 | 0.49 | 0.92 | 0.63 | 0.33 | 0.15 | 0.17 | 0.48 |
| 陕　西 | 277 | 58 | 14.35 | －0.88 | 1.29 | 16.16 | 7.70 | 10.71 | 15.38 | 10.61 | 4.53 | 11.31 |
| 甘　肃 | 166 | 30 | 13.04 | 0.44 | 2.61 | 12.01 | 4.69 | 12.93 | 15.50 | 9.72 | 5.41 | 7.99 |
| 青　海 | 25 | 11 | 2.27 | －0.06 | 0.58 | 2.49 | 0.63 | 1.96 | 3.08 | 1.45 | 1.03 | 1.93 |
| 宁　夏 | 18 | 4 | 1.70 | 0.21 | 0.56 | 1.22 | 0.63 | 1.01 | 1.69 | 0.76 | 0.57 | 0.89 |
| 新　疆 | 128 | 72 | 10.06 | －0.80 | 0.66 | 16.36 | 9.74 | 12.38 | 10.18 | 6.44 | 3.48 | 12.73 |

**表 33　　1996 年分地区烟草加工业企业主要财务指标**　　单位：亿元

| 地　　区 | 企　业<br>单位数<br>（个） | 其中：<br>亏损<br>企业数<br>（个） | 产品<br>销售<br>收入 | 利润<br>总额 | 利税<br>总额 | 固定资<br>产原价<br>合　计 | 资本金 | 流动资<br>产年平<br>均余额 | 工　业<br>总产值<br>（当年<br>价格） | 工　业<br>总产值<br>（不变<br>价格） | 工　业<br>增加值 | 固定资<br>产净值<br>年平均<br>余　额 |
|---|---|---|---|---|---|---|---|---|---|---|---|---|
| 全　国 | 416 | 95 | 1 179.89 | 119.71 | 689.77 | 526.13 | 221.21 | 704.67 | 1 202.19 | 877.82 | 757.43 | 438.37 |
| 北　京 | 5 | 0 | 6.27 | 0.02 | 3.14 | 3.95 | 0.34 | 2.95 | 6.31 | 4.60 | 3.33 | 3.21 |
| 天　津 | 1 | 0 | 3.17 | 0.00 | 1.64 | 2.19 | 1.61 | 6.37 | 2.82 | 3.92 | 1.90 | 1.49 |
| 河　北 | 5 | 1 | 19.44 | 0.29 | 10.02 | 15.21 | 5.04 | 12.47 | 19.07 | 20.22 | 10.48 | 10.30 |
| 山　西 | 5 | 1 | 4.19 | 0.25 | 2.12 | 3.13 | 0.88 | 3.57 | 4.79 | 4.02 | 2.01 | 2.28 |
| 内蒙古 | 4 | 1 | 5.48 | 0.01 | 3.04 | 3.13 | 1.81 | 3.82 | 5.34 | 5.68 | 3.86 | 2.58 |
| 辽　宁 | 7 | 3 | 5.84 | 0.30 | 3.58 | 6.68 | 2.97 | 8.27 | 5.96 | 9.01 | 3.33 | 4.99 |
| 吉　林 | 10 | 2 | 11.37 | 0.11 | 4.79 | 4.33 | 4.58 | 9.19 | 9.89 | 13.44 | 3.58 | 3.40 |
| 黑龙江 | 18 | 4 | 27.61 | 1.69 | 11.03 | 12.31 | 6.84 | 16.30 | 25.34 | 16.28 | 11.95 | 9.83 |
| 上　海 | 4 | 1 | 50.89 | 8.10 | 31.64 | 15.38 | 9.79 | 41.63 | 50.90 | 27.54 | 33.87 | 86.47 |
| 江　苏 | 9 | 1 | 26.67 | 2.30 | 16.40 | 15.86 | 4.21 | 7.91 | 25.89 | 18.99 | 18.17 | 11.09 |
| 浙　江 | 6 | 0 | 21.06 | 1.24 | 11.97 | 12.62 | 5.82 | 11.35 | 21.69 | 18.92 | 13.79 | 8.93 |
| 安　徽 | 15 | 4 | 56.46 | 1.21 | 28.21 | 24.06 | 10.36 | 30.02 | 58.24 | 44.13 | 32.61 | 15.83 |
| 福　建 | 18 | 3 | 25.81 | 1.44 | 13.16 | 11.80 | 5.25 | 14.92 | 24.53 | 20.09 | 14.35 | 8.86 |
| 江　西 | 11 | 3 | 10.43 | 0.19 | 5.87 | 4.86 | 2.24 | 9.47 | 11.65 | 10.57 | 6.89 | 3.92 |
| 山　东 | 18 | 0 | 59.04 | 7.51 | 36.67 | 30.21 | 14.74 | 22.08 | 59.42 | 53.22 | 41.03 | 19.15 |
| 河　南 | 39 | 10 | 74.36 | 0.68 | 36.44 | 35.54 | 12.45 | 42.54 | 76.16 | 71.75 | 41.65 | 26.71 |
| 湖　北 | 31 | 9 | 59.27 | 1.75 | 23.02 | 31.40 | 10.03 | 37.18 | 68.11 | 57.70 | 30.24 | 22.82 |
| 湖　南 | 23 | 11 | 109.87 | 4.41 | 58.23 | 53.46 | 27.29 | 40.76 | 110.96 | 70.73 | 65.12 | 35.50 |
| 广　东 | 32 | 7 | 56.70 | 2.21 | 27.57 | 34.75 | 16.65 | 32.08 | 55.19 | 46.75 | 32.04 | 21.93 |
| 广　西 | 20 | 5 | 22.09 | 0.79 | 11.60 | 10.98 | 4.89 | 10.63 | 23.47 | 21.44 | 12.04 | 8.12 |
| 海　南 | 1 | 0 | 2.96 | 0.04 | 1.06 | 2.52 | 1.30 | 2.75 | 3.13 | 2.73 | 1.30 | 1.79 |
| 四　川 | 31 | 7 | 62.80 | 1.55 | 31.58 | 30.94 | 11.54 | 36.49 | 61.64 | 52.92 | 33.73 | 22.80 |
| 贵　州 | 26 | 4 | 60.46 | 1.39 | 28.81 | 25.47 | 15.63 | 59.88 | 60.73 | 70.12 | 33.38 | 17.83 |
| 云　南 | 29 | 5 | 358.36 | 82.02 | 270.56 | 116.10 | 35.92 | 212.49 | 356.86 | 172.27 | 283.35 | 74.22 |
| 西　藏 | 0 | 0 | 0.00 | 0.00 | 0.00 | 0.00 | 0.00 | 0.00 | 0.00 | 0.00 | 0.00 | 0.00 |
| 陕　西 | 19 | 5 | 27.79 | 0.23 | 12.01 | 13.55 | 4.37 | 21.27 | 33.51 | 30.27 | 17.36 | 10.51 |
| 甘　肃 | 15 | 4 | 6.59 | 0.12 | 3.26 | 3.05 | 2.53 | 5.70 | 6.41 | 5.47 | 3.32 | 2.15 |
| 青　海 | 1 | 1 | 0.46 | －0.08 | 0.15 | 0.14 | 0.39 | 0.31 | 0.57 | 0.59 | 0.20 | 0.09 |
| 宁　夏 | 2 | 1 | 0.75 | －0.08 | 0.21 | 0.97 | 0.54 | 0.60 | 0.87 | 0.88 | 0.30 | 0.29 |
| 新　疆 | 11 | 2 | 3.68 | 0.04 | 2.01 | 1.52 | 1.19 | 1.67 | 3.73 | 3.58 | 2.26 | 1.28 |

表34 1996年分地区分经济类型食品加工业企业单位数 单位:个

| 地区 | 各种经济类型合计 | # 国有 | # 集体 | # 其他经济类型 |
|---|---|---|---|---|
| 全国 | 30 213 | 9 586 | 17 774 | 2 853 |
| 北京 | 490 | 239 | 150 | 101 |
| 天津 | 288 | 90 | 135 | 63 |
| 河北 | 1 541 | 521 | 900 | 120 |
| 山西 | 459 | 282 | 165 | 12 |
| 内蒙古 | 765 | 277 | 435 | 53 |
| 辽宁 | 1 032 | 353 | 522 | 157 |
| 吉林 | 626 | 246 | 337 | 43 |
| 黑龙江 | 1 642 | 434 | 1 116 | 92 |
| 上海 | 227 | 92 | 71 | 64 |
| 江苏 | 1 728 | 620 | 960 | 148 |
| 浙江 | 1 025 | 352 | 531 | 142 |
| 安徽 | 3 071 | 450 | 2 555 | 66 |
| 福建 | 1 210 | 322 | 484 | 404 |
| 江西 | 1 278 | 544 | 644 | 90 |
| 山东 | 2 307 | 652 | 1 308 | 347 |
| 河南 | 2 013 | 498 | 1 329 | 186 |
| 湖北 | 1 494 | 490 | 964 | 40 |
| 湖南 | 1 519 | 448 | 1 007 | 64 |
| 广东 | 1 125 | 440 | 449 | 236 |
| 广西 | 556 | 254 | 227 | 75 |
| 海南 | 114 | 73 | 21 | 20 |
| 四川 | 2 886 | 639 | 2 081 | 166 |
| 贵州 | 458 | 218 | 176 | 64 |
| 云南 | 360 | 249 | 87 | 24 |
| 西藏 | 22 | 10 | 11 | 1 |
| 陕西 | 739 | 265 | 450 | 24 |
| 甘肃 | 573 | 184 | 374 | 15 |
| 青海 | 110 | 73 | 32 | 5 |
| 宁夏 | 121 | 48 | 66 | 7 |
| 新疆 | 434 | 223 | 187 | 24 |

表35 1996年分地区分经济类型食品制造业企业单位数 单位:个

| 地区 | 各种经济类型合计 | # 国有 | # 集体 | #其他经济类型 |
|---|---|---|---|---|
| 全国 | 15 647 | 4 934 | 8 170 | 2 543 |
| 北京 | 564 | 201 | 182 | 181 |
| 天津 | 351 | 81 | 174 | 96 |
| 河北 | 731 | 230 | 384 | 117 |
| 山西 | 399 | 187 | 186 | 26 |
| 内蒙古 | 414 | 190 | 184 | 40 |

续表

| 地　　区 | 各种经济类型合计 | #国　有 | #集　体 | #其他经济类型 |
|---|---|---|---|---|
| 辽　宁 | 795 | 235 | 428 | 132 |
| 吉　林 | 468 | 170 | 245 | 53 |
| 黑龙江 | 905 | 332 | 498 | 75 |
| 上　海 | 412 | 121 | 135 | 156 |
| 江　苏 | 837 | 221 | 509 | 107 |
| 浙　江 | 701 | 172 | 406 | 123 |
| 安　徽 | 659 | 158 | 476 | 25 |
| 福　建 | 854 | 141 | 368 | 345 |
| 江　西 | 589 | 201 | 325 | 63 |
| 山　东 | 856 | 258 | 420 | 178 |
| 河　南 | 859 | 254 | 479 | 126 |
| 湖　北 | 506 | 176 | 296 | 34 |
| 湖　南 | 552 | 181 | 338 | 33 |
| 广　东 | 962 | 228 | 385 | 349 |
| 广　西 | 531 | 156 | 311 | 64 |
| 海　南 | 56 | 26 | 17 | 13 |
| 四　川 | 903 | 324 | 504 | 75 |
| 贵　州 | 205 | 94 | 73 | 38 |
| 云　南 | 308 | 144 | 145 | 19 |
| 西　藏 | 7 | 6 | 1 | 0 |
| 陕　西 | 460 | 164 | 271 | 25 |
| 甘　肃 | 368 | 111 | 240 | 17 |
| 青　海 | 51 | 21 | 29 | 1 |
| 宁　夏 | 101 | 44 | 48 | 9 |
| 新　疆 | 243 | 107 | 113 | 23 |

**表 36　　1996 年分地区分经济类型饮料制造业企业单位数**　　单位:个

| 地　　区 | 各种经济类型合计 | #　国　有 | #　集　体 | #其他经济类型 |
|---|---|---|---|---|
| 全　国 | 14 130 | 3 367 | 9 061 | 1 702 |
| 北　京 | 216 | 56 | 75 | 85 |
| 天　津 | 109 | 20 | 40 | 49 |
| 河　北 | 371 | 108 | 182 | 81 |
| 山　西 | 142 | 66 | 64 | 12 |
| 内蒙古 | 276 | 105 | 145 | 26 |
| 辽　宁 | 528 | 129 | 317 | 82 |
| 吉　林 | 518 | 139 | 330 | 49 |
| 黑龙江 | 709 | 190 | 454 | 65 |
| 上　海 | 108 | 24 | 35 | 49 |
| 江　苏 | 414 | 103 | 268 | 43 |
| 浙　江 | 716 | 162 | 490 | 64 |
| 安　徽 | 660 | 139 | 504 | 17 |

续表

| 地 区 | 各种经济类型合计 | # 国 有 | # 集 体 | #其他经济类型 |
|---|---|---|---|---|
| 福 建 | 780 | 133 | 416 | 231 |
| 江 西 | 615 | 198 | 365 | 52 |
| 山 东 | 550 | 180 | 268 | 102 |
| 河 南 | 581 | 167 | 320 | 94 |
| 湖 北 | 995 | 157 | 787 | 51 |
| 湖 南 | 755 | 138 | 591 | 26 |
| 广 东 | 737 | 183 | 365 | 189 |
| 广 西 | 468 | 107 | 297 | 64 |
| 海 南 | 46 | 11 | 11 | 24 |
| 四 川 | 2 425 | 356 | 1 982 | 87 |
| 贵 州 | 464 | 136 | 264 | 64 |
| 云 南 | 325 | 152 | 142 | 31 |
| 西 藏 | 8 | 2 | 2 | 4 |
| 陕 西 | 277 | 72 | 191 | 14 |
| 甘 肃 | 166 | 58 | 97 | 11 |
| 青 海 | 25 | 16 | 7 | 2 |
| 宁 夏 | 18 | 4 | 9 | 5 |
| 新 疆 | 128 | 56 | 43 | 29 |

**表37　　1996年分地区分经济类型烟草加工业企业单位数**　　单位:个

| 地 区 | 各种经济类型合计 | # 国 有 | # 集 体 | #其他经济类型 |
|---|---|---|---|---|
| 全 国 | 416 | 304 | 92 | 20 |
| 北 京 | 5 | 3 | 1 | 1 |
| 天 津 | 1 | 1 | 0 | 0 |
| 河 北 | 5 | 3 | 2 | 0 |
| 山 西 | 5 | 5 | 0 | 0 |
| 内蒙古 | 4 | 3 | 1 | 0 |
| 辽 宁 | 7 | 5 | 2 | 0 |
| 吉 林 | 10 | 5 | 4 | 1 |
| 黑龙江 | 18 | 18 | 0 | 0 |
| 上 海 | 4 | 1 | 2 | 1 |
| 江 苏 | 9 | 7 | 2 | 0 |
| 浙 江 | 6 | 4 | 1 | 1 |
| 安 徽 | 15 | 11 | 4 | 0 |
| 福 建 | 18 | 16 | 1 | 1 |
| 江 西 | 11 | 9 | 2 | 0 |
| 山 东 | 18 | 15 | 2 | 1 |
| 河 南 | 39 | 22 | 15 | 2 |
| 湖 北 | 31 | 21 | 9 | 1 |
| 湖 南 | 23 | 20 | 3 | 0 |
| 广 东 | 32 | 20 | 5 | 7 |

续表

| 地　区 | 各种经济类型合计 | #　国　有 | #　集　体 | #其他经济类型 |
|---|---|---|---|---|
| 广　西 | 20 | 14 | 6 | 0 |
| 海　南 | 1 | 1 | 0 | 0 |
| 四　川 | 31 | 26 | 4 | 1 |
| 贵　州 | 26 | 23 | 2 | 1 |
| 云　南 | 29 | 18 | 10 | 1 |
| 西　藏 | 0 | 0 | 0 | 0 |
| 陕　西 | 19 | 17 | 1 | 1 |
| 甘　肃 | 15 | 8 | 7 | 0 |
| 青　海 | 1 | 1 | 0 | 0 |
| 宁　夏 | 2 | 2 | 0 | 0 |
| 新　疆 | 11 | 5 | 6 | 0 |

**表 38　　1996 年分行业分经济类型食品工业企业单位数**　　单位：个

| 行　业 | 各种经济类型合计 | #　国　有 | #　集　体 | #其他经济类型 |
|---|---|---|---|---|
| 食品工业合计 | 60 406 | 18 191 | 35 097 | 7 118 |
| 食品加工业 | 30 213 | 9 586 | 17 774 | 2 853 |
| 粮食及饲料加工业 | 16 573 | 5 849 | 9 623 | 1 101 |
| 植物油加工业 | 5 597 | 1 211 | 4 089 | 297 |
| 制糖业 | 616 | 468 | 108 | 40 |
| 屠宰及肉类蛋类加工业 | 3 728 | 1 453 | 1 853 | 422 |
| 水产品加工业 | 1 660 | 351 | 827 | 482 |
| 盐加工业 | 86 | 33 | 48 | 5 |
| 其他食品加工业 | 1 953 | 221 | 1 226 | 506 |
| 食品制造业 | 15 647 | 4 934 | 8 170 | 2 543 |
| 糕点、糖果制造业 | 5 747 | 1 966 | 2 723 | 1 058 |
| 乳制品制造业 | 610 | 300 | 211 | 99 |
| 罐头食品制造业 | 1 655 | 361 | 1 001 | 293 |
| 发酵制品业 | 465 | 149 | 231 | 85 |
| 调味品制造业 | 2 845 | 1 157 | 1 437 | 251 |
| 其他食品制造业 | 4 325 | 1 001 | 2 567 | 757 |
| 饮料制造业 | 14 130 | 3 367 | 9 061 | 1 702 |
| 酒精及饮料酒制造业 | 7 322 | 2 358 | 4 405 | 559 |
| 软饮料制造业 | 3 497 | 652 | 2 016 | 829 |
| 制茶业 | 2 782 | 265 | 2 376 | 141 |
| 其他饮料制造业 | 529 | 92 | 264 | 173 |
| 烟草加工业 | 416 | 304 | 92 | 20 |
| 烟叶复烤业 | 100 | 82 | 14 | 4 |
| 卷烟制造业 | 258 | 199 | 47 | 12 |
| 其他烟草加工业 | 58 | 23 | 31 | 4 |

表39　　1996年分行业分经济类型食品工业企业全部职工年平均人数　　单位:万人

| 行　　业 | 各种经济类型合计 | # 国 有 | # 集 体 | #其他经济类型 |
|---|---|---|---|---|
| 食品工业合计 | 564.09 | 339.75 | 145.04 | 79.32 |
| 食品加工业 | 245.74 | 151.78 | 65.20 | 28.77 |
| 粮食及饲料加工业 | 92.59 | 57.85 | 25.68 | 9.06 |
| 植物油加工业 | 35.80 | 20.38 | 12.64 | 2.78 |
| 制糖业 | 38.30 | 34.17 | 1.53 | 2.60 |
| 屠宰及肉类蛋类加工业 | 47.46 | 30.10 | 11.45 | 5.92 |
| 水产品加工业 | 16.53 | 6.07 | 6.37 | 4.10 |
| 盐加工业 | 1.23 | 0.87 | 0.33 | 0.04 |
| 其他食品加工业 | 13.84 | 2.35 | 7.21 | 4.28 |
| 食品制造业 | 140.55 | 70.30 | 42.30 | 27.96 |
| 糕点、糖果制造业 | 43.89 | 19.46 | 12.59 | 11.85 |
| 乳制品制造业 | 8.78 | 6.02 | 1.60 | 1.16 |
| 罐头食品制造业 | 20.95 | 11.42 | 6.15 | 3.37 |
| 发酵制品业 | 12.01 | 6.26 | 2.90 | 2.85 |
| 调味品制造业 | 20.22 | 13.00 | 5.23 | 1.98 |
| 其他食品制造业 | 34.70 | 14.13 | 13.82 | 6.75 |
| 饮料制造业 | 146.93 | 88.78 | 35.91 | 22.24 |
| 酒精及饮料酒制造业 | 111.94 | 78.71 | 18.88 | 14.34 |
| 软饮料制造业 | 20.36 | 6.01 | 7.90 | 6.46 |
| 制茶业 | 11.75 | 3.54 | 7.66 | 0.55 |
| 其他饮料制造业 | 2.88 | 0.52 | 1.47 | 0.89 |
| 烟草加工业 | 30.87 | 28.89 | 1.63 | 0.35 |
| 烟叶复烤业 | 2.35 | 2.13 | 0.12 | 0.10 |
| 卷烟制造业 | 27.77 | 26.34 | 1.28 | 0.15 |
| 其他烟草加工业 | 0.75 | 0.41 | 0.24 | 0.10 |

表40　　1996年分地区食品加工业企业全部职工年平均人数　　单位:万人

| 地　　区 | 各种经济类型合计 | # 国 有 | # 集 体 | #其他经济类型 |
|---|---|---|---|---|
| 全　国 | 245.74 | 151.78 | 65.20 | 28.76 |
| 北　京 | 2.95 | 1.89 | 0.40 | 0.66 |
| 天　津 | 2.58 | 1.45 | 0.58 | 0.55 |
| 河　北 | 8.16 | 4.38 | 2.88 | 0.90 |
| 山　西 | 3.15 | 2.50 | 0.53 | 0.12 |
| 内蒙古 | 6.77 | 5.30 | 1.11 | 0.36 |
| 辽　宁 | 11.62 | 7.50 | 2.66 | 1.46 |
| 吉　林 | 6.95 | 5.27 | 1.34 | 0.34 |
| 黑龙江 | 16.41 | 11.34 | 4.17 | 0.90 |
| 上　海 | 3.77 | 1.85 | 0.63 | 1.29 |
| 江　苏 | 19.31 | 12.61 | 4.48 | 2.22 |
| 浙　江 | 7.95 | 4.25 | 2.34 | 1.36 |

续表

| 地　区 | 各种经济类型合计 | # 国　有 | # 集　体 | #其他经济类型 |
|---|---|---|---|---|
| 安　徽 | 15.44 | 6.59 | 8.34 | 0.51 |
| 福　建 | 6.98 | 3.08 | 1.43 | 2.47 |
| 江　西 | 6.75 | 5.23 | 1.09 | 0.43 |
| 山　东 | 29.73 | 14.12 | 11.01 | 4.60 |
| 河　南 | 13.81 | 7.95 | 3.70 | 2.16 |
| 湖　北 | 12.73 | 8.05 | 4.32 | 0.36 |
| 湖　南 | 7.29 | 4.24 | 2.52 | 0.53 |
| 广　东 | 13.95 | 9.28 | 1.88 | 2.79 |
| 广　西 | 10.71 | 8.05 | 0.77 | 1.89 |
| 海　南 | 1.92 | 1.77 | 0.04 | 0.11 |
| 四　川 | 16.24 | 9.42 | 5.19 | 1.63 |
| 贵　州 | 2.09 | 1.45 | 0.51 | 0.13 |
| 云　南 | 5.38 | 4.16 | 0.82 | 0.40 |
| 西　藏 | 0.06 | 0.05 | 0.01 | 0.00 |
| 陕　西 | 3.97 | 2.62 | 1.07 | 0.28 |
| 甘　肃 | 3.15 | 2.21 | 0.83 | 0.11 |
| 青　海 | 0.54 | 0.47 | 0.06 | 0.01 |
| 宁　夏 | 1.00 | 0.77 | 0.15 | 0.08 |
| 新　疆 | 4.38 | 3.94 | 0.34 | 0.10 |

**表 41　　1996 年分地区食品制造业企业全部职工年平均人数**　　单位：万人

| 地　区 | 各种经济类型合计 | # 国　有 | # 集　体 | #其他经济类型 |
|---|---|---|---|---|
| 全　国 | 140.55 | 70.30 | 42.30 | 27.95 |
| 北　京 | 4.16 | 2.20 | 0.58 | 1.38 |
| 天　津 | 4.07 | 1.48 | 1.15 | 1.44 |
| 河　北 | 6.27 | 3.08 | 2.32 | 0.87 |
| 山　西 | 3.04 | 1.82 | 0.90 | 0.32 |
| 内蒙古 | 3.30 | 2.11 | 0.52 | 0.67 |
| 辽　宁 | 6.00 | 3.41 | 1.55 | 1.04 |
| 吉　林 | 4.24 | 2.77 | 0.97 | 0.50 |
| 黑龙江 | 6.73 | 4.15 | 1.96 | 0.62 |
| 上　海 | 5.69 | 2.20 | 1.07 | 2.42 |
| 江　苏 | 10.93 | 5.49 | 3.76 | 1.68 |
| 浙　江 | 6.84 | 3.08 | 1.93 | 1.83 |
| 安　徽 | 4.41 | 2.14 | 2.08 | 0.19 |
| 福　建 | 6.88 | 2.41 | 1.60 | 2.87 |
| 江　西 | 2.93 | 1.71 | 1.04 | 0.18 |
| 山　东 | 12.74 | 4.84 | 5.27 | 2.63 |
| 河　南 | 8.89 | 5.34 | 2.53 | 1.02 |
| 湖　北 | 5.45 | 2.25 | 2.36 | 0.84 |
| 湖　南 | 3.83 | 2.26 | 1.24 | 0.33 |

续表

| 地区 | 各种经济类型合计 | # 国有 | # 集体 | #其他经济类型 |
|---|---|---|---|---|
| 广东 | 10.63 | 3.85 | 2.17 | 4.61 |
| 广西 | 4.50 | 2.36 | 1.59 | 0.55 |
| 海南 | 0.86 | 0.74 | 0.06 | 0.06 |
| 四川 | 7.61 | 4.49 | 2.13 | 0.99 |
| 贵州 | 0.69 | 0.48 | 0.15 | 0.06 |
| 云南 | 1.85 | 1.07 | 0.67 | 0.11 |
| 西藏 | 0.02 | 0.02 | 0.00 | 0.00 |
| 陕西 | 2.97 | 1.73 | 1.00 | 0.24 |
| 甘肃 | 2.17 | 1.09 | 0.94 | 0.14 |
| 青海 | 0.30 | 0.19 | 0.11 | 0.00 |
| 宁夏 | 0.79 | 0.49 | 0.19 | 0.11 |
| 新疆 | 1.74 | 1.03 | 0.47 | 0.24 |

**表42　　1996年分地区饮料制造业全部职工年平均人数**　　单位：万人

| 地区 | 各种经济类型合计 | # 国有 | # 集体 | #其他经济类型 |
|---|---|---|---|---|
| 全国 | 146.93 | 88.78 | 35.91 | 22.24 |
| 北京 | 2.57 | 1.31 | 0.25 | 1.01 |
| 天津 | 1.20 | 0.63 | 0.15 | 0.42 |
| 河北 | 7.02 | 4.02 | 1.56 | 1.44 |
| 山西 | 2.31 | 1.70 | 0.55 | 0.06 |
| 内蒙古 | 3.98 | 2.87 | 0.96 | 0.15 |
| 辽宁 | 6.59 | 3.77 | 1.31 | 1.51 |
| 吉林 | 5.86 | 3.48 | 1.34 | 1.04 |
| 黑龙江 | 7.13 | 4.34 | 1.82 | 0.97 |
| 上海 | 1.64 | 0.56 | 0.24 | 0.84 |
| 江苏 | 8.35 | 5.45 | 2.05 | 0.85 |
| 浙江 | 7.25 | 3.63 | 2.73 | 0.89 |
| 安徽 | 9.29 | 6.65 | 2.45 | 0.19 |
| 福建 | 4.49 | 1.87 | 1.25 | 1.37 |
| 江西 | 4.54 | 3.24 | 1.13 | 0.17 |
| 山东 | 14.95 | 9.70 | 2.58 | 2.67 |
| 河南 | 10.37 | 7.82 | 1.68 | 0.87 |
| 湖北 | 7.26 | 3.02 | 2.96 | 1.28 |
| 湖南 | 4.46 | 2.48 | 1.77 | 0.21 |
| 广东 | 6.74 | 2.68 | 1.74 | 2.32 |
| 广西 | 2.49 | 1.27 | 0.61 | 0.61 |
| 海南 | 0.42 | 0.06 | 0.04 | 0.32 |
| 四川 | 15.00 | 9.01 | 4.37 | 1.62 |
| 贵州 | 3.64 | 2.68 | 0.75 | 0.21 |
| 云南 | 2.27 | 1.41 | 0.61 | 0.25 |

续表

| 地　区 | 各种经济类型合计 | # 国　有 | # 集　体 | #其他经济类型 |
|---|---|---|---|---|
| 西　藏 | 0.05 | 0.01 | 0.01 | 0.03 |
| 陕　西 | 2.50 | 1.87 | 0.46 | 0.17 |
| 甘　肃 | 2.37 | 1.63 | 0.30 | 0.44 |
| 青　海 | 0.31 | 0.30 | 0.01 | 0.00 |
| 宁　夏 | 0.31 | 0.12 | 0.05 | 0.14 |
| 新　疆 | 1.59 | 1.22 | 0.19 | 0.18 |

**表 43　　1996 年分地区烟草加工业企业全部职工年平均人数**　　单位：万人

| 地　区 | 各种经济类型合计 | # 国　有 | # 集　体 | #其他经济类型 |
|---|---|---|---|---|
| 全　国 | 30.87 | 28.89 | 1.63 | 0.35 |
| 北　京 | 0.10 | 0.10 | 0.00 | 0.00 |
| 天　津 | 0.38 | 0.38 | 0.00 | 0.00 |
| 河　北 | 0.84 | 0.83 | 0.01 | 0.00 |
| 山　西 | 0.30 | 0.30 | 0.00 | 0.00 |
| 内蒙古 | 0.26 | 0.26 | 0.00 | 0.00 |
| 辽　宁 | 0.62 | 0.58 | 0.03 | 0.01 |
| 吉　林 | 0.77 | 0.70 | 0.07 | 0.00 |
| 黑龙江 | 1.13 | 1.13 | 0.00 | 0.00 |
| 上　海 | 0.70 | 0.65 | 0.04 | 0.01 |
| 江　苏 | 0.54 | 0.52 | 0.02 | 0.00 |
| 浙　江 | 0.44 | 0.42 | 0.00 | 0.02 |
| 安　徽 | 1.64 | 1.48 | 0.16 | 0.00 |
| 福　建 | 0.53 | 0.49 | 0.00 | 0.04 |
| 江　西 | 0.55 | 0.54 | 0.00 | 0.01 |
| 山　东 | 1.77 | 1.75 | 0.00 | 0.02 |
| 河　南 | 3.23 | 2.82 | 0.36 | 0.05 |
| 湖　北 | 2.34 | 2.00 | 0.30 | 0.04 |
| 湖　南 | 2.79 | 2.74 | 0.05 | 0.00 |
| 广　东 | 1.15 | 1.05 | 0.02 | 0.08 |
| 广　西 | 0.85 | 0.84 | 0.01 | 0.00 |
| 海　南 | 0.09 | 0.09 | 0.00 | 0.00 |
| 四　川 | 2.24 | 2.19 | 0.04 | 0.01 |
| 贵　州 | 1.96 | 1.88 | 0.08 | 0.00 |
| 云　南 | 3.49 | 3.03 | 0.41 | 0.05 |
| 西　藏 | 0.00 | 0.00 | 0.00 | 0.00 |
| 陕　西 | 1.52 | 1.49 | 0.00 | 0.03 |
| 甘　肃 | 0.43 | 0.40 | 0.03 | 0.00 |
| 青　海 | 0.04 | 0.04 | 0.00 | 0.00 |
| 宁　夏 | 0.06 | 0.06 | 0.00 | 0.00 |
| 新　疆 | 0.11 | 0.10 | 0.01 | 0.00 |

表44　　分行业食品工业企业全员劳动生产率　　单位:万元/人·年

| 行业 | 1996年 | | 1995年 | |
|---|---|---|---|---|
| | 按产值计算 | 按增加值计算 | 按产值计算 | 按增加值计算 |
| 全部食品工业 | 12.85 | 3.93 | 10.81 | 2.92 |
| 食品加工业 | 14.13 | 2.90 | 12.68 | 2.07 |
| 粮食及饲料加工业 | 16.93 | 3.41 | 15.70 | 2.24 |
| 植物油加工业 | 17.64 | 3.57 | 15.81 | 2.18 |
| 制糖业 | 7.99 | 1.75 | 7.54 | 2.13 |
| 屠宰及肉类蛋类加工业 | 11.02 | 2.09 | 9.79 | 1.46 |
| 水产品加工业 | 17.51 | 3.90 | 13.43 | 2.69 |
| 盐加工业 | 5.50 | 1.75 | 3.98 | 1.27 |
| 其他食品加工业 | 10.63 | 2.59 | 8.77 | 1.82 |
| 食品制造业 | 8.21 | 2.06 | 6.49 | 1.38 |
| 糕点、糖果制造业 | 8.48 | 2.27 | 6.26 | 1.45 |
| 乳制品制造业 | 11.22 | 2.66 | 8.13 | 1.64 |
| 罐头食品制造业 | 6.97 | 1.45 | 5.90 | 0.95 |
| 发酵制品业 | 10.14 | 2.34 | 8.62 | 1.82 |
| 调味品制造业 | 5.32 | 1.51 | 4.16 | 0.89 |
| 其他食品制造业 | 8.88 | 2.25 | 7.33 | 1.63 |
| 饮料制造业 | 9.68 | 3.11 | 7.80 | 2.39 |
| 酒精及饮料酒制造业 | 9.17 | 3.16 | 7.74 | 2.63 |
| 软饮料制造业 | 14.45 | 3.77 | 9.60 | 2.04 |
| 制茶业 | 5.51 | 1.47 | 4.49 | 0.74 |
| 其他饮料制造业 | 12.97 | 3.28 | 9.61 | 2.57 |
| 烟草加工业 | 38.94 | 24.54 | 31.30 | 19.10 |
| 烟叶复烤业 | 25.14 | 7.68 | 14.91 | 4.28 |
| 卷烟制造业 | 40.67 | 26.44 | 33.03 | 20.59 |
| 其他烟草加工业 | 18.44 | 6.96 | 8.53 | 2.10 |

注:产值按当年价格计算。

表45　　食品工业重点产品主要技术经济指标

| 指标 | 单位 | 1994年 | 1995年 |
|---|---|---|---|
| 机制糖 | | | |
| 甘蔗产糖率 | % | 10.47 | 10.70 |
| 甘蔗糖成品合格率 | % | 98.75 | 96.53 |
| 甜菜产糖率 | % | 11.32 | 12.01 |
| 甜菜糖成品合格率 | % | 97.50 | 95.53 |
| 每百吨甘蔗耗用标准煤 | 吨 | 6.26 | 6.16 |
| 每百吨甜菜耗用标准煤 | 吨 | 8.51 | 9.55 |
| 罐头 | | | |
| 出口罐头合格率(硬包装罐头) | % | 98.08 | 98.02 |
| 啤酒 | | | |
| 啤酒合格率 | % | 99.07 | 99.67 |
| 每吨啤酒耗麦芽 | 千克 | 122.52 | 117.04 |
| 每吨啤酒耗麦大米(或杂粮) | 千克 | 60.98 | 58.07 |
| 每吨啤酒耗用标准煤 | 千克 | 156.77 | 136.67 |

表 46　　食品工业企业工人实物劳动生产率　　单位：吨/人

| 项　　目 | 1994 年 | 1995 年 | 项　　目 | 1994 年 | 1995 年 |
|---|---|---|---|---|---|
| 原盐工人 | 220.39 | 217.26 | 啤酒工人 | 78.31 | 98.17 |
| 甜菜糖工人 | 24.72 | 29.63 | 酒精工人 | 43.29 | 34.08 |
| 甘蔗糖工人 | 45.21 | 42.91 | 奶粉工人 | 6.05 | 5.55 |
| 罐头工人 | 11.06 | 10.75 | 味精工人 | 10.56 | 12.83 |
| 白酒工人 | 13.67 | 14.91 | 糖果工人 | 8.00 | 10.23 |
| 葡萄酒工人 | 15.50 | 13.36 | | | |

表 47　　食品工业固定资产投资额及新增固定资产　　单位：亿元

| 年　　份 | 固定资产投资额 | | | 新增固定资产 | | |
|---|---|---|---|---|---|---|
| | 总　　计 | 基本建设 | 更新改造 | 总　　计 | 基本建设 | 更新改造 |
| 1994 | 290.21 | 79.49 | 176.06 | 220.55 | 56.72 | 135.11 |
| 1995 | 387.46 | 116.36 | 221.02 | 297.03 | 76.05 | 185.28 |
| 1996 | 404.27 | 123.41 | 224.85 | 324.75 | 97.80 | 183.88 |

注：基本建设和更新改造为国有单位投资。

表 48　　分行业食品工业建设项目　　单位：个

| 项　　目 | 食品工业合计 | | 食品加工业 | | 食品制造业 | | 饮料制造业 | | 烟草加工业 | |
|---|---|---|---|---|---|---|---|---|---|---|
| | 1995 年 | 1996 年 | 1995 年 | 1996 年 | 1995 年 | 1996 年 | 1995 年 | 1996 年 | 1995 年 | 1996 年 |
| 基　本　建　设 | | | | | | | | | | |
| 施工项目个数 | 1 646 | 1 594 | 847 | 834 | 339 | 326 | 309 | 295 | 151 | 139 |
| 全部建成投产项目个数 | 1 015 | 985 | 546 | 553 | 209 | 188 | 183 | 171 | 77 | 73 |
| 固定资产交付使用率(%) | 65.4 | 79.2 | 81.3 | 80.3 | 61.3 | 72.8 | 50.4 | 85.8 | 41.5 | 61.9 |
| 更　新　改　造 | | | | | | | | | | |
| 施工项目个数 | 3 701 | 3 355 | 1 608 | 1 538 | 723 | 584 | 972 | 864 | 398 | 369 |
| 全部建成投产项目个数 | 2 592 | 2 283 | 1 226 | 1 165 | 516 | 389 | 636 | 556 | 214 | 173 |
| 固定资产交付使用率(%) | 83.8 | 81.8 | 81.1 | 92.1 | 82.9 | 79.6 | 90.5 | 71.0 | 81.7 | 85.3 |

表 49　　分行业食品工业固定资产投资额　　单位：亿元

| 行　　业 | 按投资性质分 | | | | 按投资主体分 | | | |
|---|---|---|---|---|---|---|---|---|
| | 基本建设 | | 更新改造 | | 国有经济 | | 城镇集体经济 | |
| | 1995 年 | 1996 年 | 1995 年 | 1996 年 | 1995 年 | 1996 年 | 1995 年 | 1996 年 |
| 食品工业合计 | 116.36 | 123.41 | 221.02 | 224.85 | 233.52 | 218.99 | 20.79 | 17.43 |
| 食品加工业 | 46.87 | 49.52 | 57.28 | 58.46 | 68.55 | 70.32 | 9.67 | 7.56 |
| 食品制造业 | 35.21 | 23.84 | 24.75 | 32.58 | 27.81 | 27.82 | 5.48 | 4.05 |
| 饮料制造业 | 23.86 | 40.63 | 54.77 | 69.95 | 47.62 | 49.34 | 4.71 | 5.15 |
| 烟草加工业 | 10.42 | 9.42 | 84.22 | 63.86 | 89.54 | 71.51 | 0.93 | 0.67 |

表 50　　1996 年分地区食品加工业固定资产投资额　　单位:万元

| 地　　区 | 投资额总　计 | 按投资性质分 | | 按　投　资　主　体　分 | | | | | |
|---|---|---|---|---|---|---|---|---|---|
| | | 基　建 | 更　改 | 国　有 | 城镇集体 | 联　营 | 股份制 | 外商投资 | 港澳台投资 |
| 全国总计 | 1 268 726 | 495 153 | 584 649 | 702 684 | 75 628 | — | 99 924 | 249 422 | 124 672 |
| 北　京 | 16 841 | 12 043 | 4 798 | 5 498 | — | — | — | 11 343 | — |
| 天　津 | 29 770 | 29 722 | 48 | 3 904 | — | — | — | — | 25 866 |
| 河　北 | 42 140 | 13 224 | 25 945 | 21 698 | 2 299 | — | 1 680 | 14 486 | 1 177 |
| 山　西 | 7 430 | 3 663 | 3 717 | 7 300 | — | — | — | 50 | — |
| 内蒙古 | 11 955 | 3 441 | 7 630 | 9 551 | 884 | — | 120 | 1 400 | — |
| 辽　宁 | 19 904 | 8 738 | 6 845 | 11 704 | 2 189 | — | 1 055 | 2 035 | 2 821 |
| 吉　林 | 23 490 | 13 938 | 5 723 | 10 060 | 3 215 | — | 4 353 | 5 862 | — |
| 黑龙江 | 49 155 | 23 749 | 24 158 | 35 210 | 1 048 | — | 2 226 | 9 276 | — |
| 上　海 | 11 121 | 2 115 | 6 043 | 7 978 | 2 963 | — | 155 | 25 | — |
| 江　苏 | 89 562 | 11 783 | 44 167 | 49 925 | 6 628 | — | 22 411 | 4 834 | 5 764 |
| 浙　江 | 58 006 | 22 305 | 26 769 | 23 923 | 866 | — | 1 821 | 21 399 | 9 997 |
| 安　徽 | 45 495 | 16 527 | 26 517 | 24 013 | 2 156 | — | 2 349 | 16 977 | — |
| 福　建 | 34 349 | 9 479 | 4 326 | 3 501 | 2 226 | — | 5 795 | 12 591 | 9 836 |
| 江　西 | 32 700 | 2 339 | 29 703 | 18 852 | 638 | — | 1 093 | 10 202 | — |
| 山　东 | 149 517 | 49 987 | 59 677 | 73 182 | 20 696 | — | 1 267 | 47 701 | 4 055 |
| 河　南 | 90 696 | 32 866 | 51 491 | 50 844 | 3 990 | — | 23 960 | 9 432 | 2 360 |
| 湖　北 | 53 694 | 18 380 | 25 592 | 21 229 | 3 733 | — | 1 677 | 25 991 | 450 |
| 湖　南 | 20 858 | 5 798 | 8 343 | 13 295 | 606 | — | 186 | 6 588 | 183 |
| 广　东 | 147 800 | 101 914 | 27 114 | 31 223 | 2 267 | — | 21 819 | 28 420 | 60 576 |
| 广　西 | 131 468 | 37 701 | 92 748 | 118 206 | 731 | — | 66 | 10 453 | 383 |
| 海　南 | 4 936 | 4 652 | 284 | 3 086 | — | — | 1 700 | — | — |
| 四　川 | 29 971 | 10 929 | 17 472 | 22 740 | 1 431 | — | 3 442 | 777 | 976 |
| 贵　州 | 3 188 | 680 | 2 294 | 2 234 | 154 | — | 660 | — | — |
| 云　南 | 92 896 | 13 439 | 59 377 | 72 320 | 15 576 | — | 1 701 | 3 267 | 32 |
| 西　藏 | 3 821 | 1 474 | 2 347 | 1 474 | — | — | — | — | — |
| 陕　西 | 7 899 | 5 324 | 2 325 | 7 665 | 234 | — | — | — | — |
| 甘　肃 | 7 503 | 2 276 | 5 204 | 6 975 | 23 | — | 241 | 264 | — |
| 青　海 | 3 607 | 1 778 | 1 744 | 3 522 | 85 | — | — | — | — |
| 宁　夏 | 6 110 | 3 622 | 2 488 | 5 914 | — | — | — | — | 196 |
| 新　疆 | 42 844 | 31 267 | 9 760 | 35 658 | 990 | — | 147 | 6 049 | — |
| 不分地区 | — | — | — | — | — | — | — | — | — |

表 51　　1996 年分地区食品制造业固定资产投资额　　单位:万元

| 地　　区 | 投资额总　计 | 按投资性质分 | | 按　投　资　主　体　分 | | | | | |
|---|---|---|---|---|---|---|---|---|---|
| | | 基　建 | 更　改 | 国　有 | 城镇集体 | 联　营 | 股份制 | 外商投资 | 港澳台投资 |
| 全国总计 | 784 619 | 238 421 | 325 779 | 278 220 | 40 512 | — | 52 610 | 307 376 | 99 925 |
| 北　京 | 42 300 | 26 906 | 15 204 | 6 006 | — | — | 1 389 | 34 905 | — |
| 天　津 | 5 138 | 3 383 | 1 715 | — | 40 | — | — | 4 673 | 345 |
| 河　北 | 35 316 | 7 353 | 23 952 | 16 658 | 4 011 | — | 1 306 | 12 609 | 732 |

续表

| 地区 | 投资额总计 | 按投资性质分 | | 按投资主体分 | | | | | |
|---|---|---|---|---|---|---|---|---|---|
| | | 基建 | 更改 | 国有 | 城镇集体 | 联营 | 股份制 | 外商投资 | 港澳台投资 |
| 山西 | 7 156 | 2 134 | 4 441 | 3 196 | 581 | — | 875 | — | 2 504 |
| 内蒙古 | 7 049 | 1 418 | 5 120 | 1 983 | 431 | — | 4 015 | 620 | — |
| 辽宁 | 32 954 | 1 591 | 2 054 | 3 249 | 658 | — | 220 | 3 696 | 25 131 |
| 吉林 | 31 855 | 29 310 | 1 332 | 4 584 | 73 | — | 9 025 | 18 173 | — |
| 黑龙江 | 22 316 | 9 830 | 9 629 | 12 116 | 262 | — | 4 269 | 3 262 | — |
| 上海 | 41 379 | 5 855 | 20 424 | 11 578 | 111 | — | 1 000 | 26 799 | 1 891 |
| 江苏 | 79 134 | 3 828 | 41 512 | 32 347 | 4 658 | — | 3 641 | 37 220 | 1 118 |
| 浙江 | 81 167 | 3 611 | 6 900 | 10 000 | 2 506 | — | 1 198 | 67 056 | 292 |
| 安徽 | 26 995 | 4 487 | 21 553 | 22 920 | 915 | — | — | 400 | 2 700 |
| 福建 | 31 261 | 3 105 | 5 081 | 3 846 | 816 | — | 1 397 | 12 291 | 12 911 |
| 江西 | 3 621 | 443 | 2 169 | 2 517 | 459 | — | 75 | 550 | — |
| 山东 | 54 469 | 11 746 | 35 507 | 32 065 | 5 119 | — | 9 360 | 7 011 | 349 |
| 河南 | 58 601 | 16 231 | 29 578 | 30 684 | 10 247 | — | 8 854 | 4 739 | 3 609 |
| 湖北 | 18 022 | 2 310 | 13 864 | 5 380 | 1 806 | — | 800 | 5 872 | 3 564 |
| 湖南 | 17 684 | 1 092 | 15 554 | 1 226 | 1 038 | — | — | — | 15 420 |
| 广东 | 115 956 | 67 747 | 40 798 | 23 871 | 1 719 | — | 2 232 | 58 362 | 28 361 |
| 广西 | 16 748 | 6 135 | 9 901 | 15 379 | 332 | — | 458 | 441 | 100 |
| 海南 | 11 560 | 9 809 | 1 751 | 10 760 | — | — | — | 800 | — |
| 四川 | 8 535 | 4 013 | 3 458 | 4 444 | 1 064 | — | 402 | 2 420 | 205 |
| 贵州 | 657 | 575 | 26 | 492 | 56 | — | 100 | 9 | — |
| 云南 | 7 041 | 2 859 | 980 | 2 780 | 2 495 | — | 1 200 | — | 566 |
| 西藏 | — | — | — | — | — | — | — | — | — |
| 陕西 | 6 658 | 4 962 | 1 450 | 2 217 | 110 | — | 327 | 3 942 | — |
| 甘肃 | 7 154 | 5 095 | 2 059 | 5 784 | — | — | — | 1 370 | |
| 青海 | 170 | 35 | 35 | 70 | 100 | — | — | — | — |
| 宁夏 | 3 438 | 338 | 2 970 | 3 026 | 130 | — | 282 | — | — |
| 新疆 | 10 285 | 2 220 | 6 762 | 9 042 | 775 | — | 185 | 156 | 127 |
| 不分地区 | — | — | — | — | — | — | — | — | — |

**表 52　　1996 年分地区饮料制造业固定资产投资额**　　单位:万元

| 地区 | 投资额总计 | 按投资性质分 | | 按投资主体分 | | | | | |
|---|---|---|---|---|---|---|---|---|---|
| | | 基建 | 更改 | 国有 | 城镇集体 | 联营 | 股份制 | 外商投资 | 港澳台投资 |
| 全国总计 | 1 249 885 | 406 267 | 699 515 | 493 391 | 51 455 | — | 77 490 | 453 441 | 151 523 |
| 北京 | 6 979 | 872 | 5 978 | 2 911 | 129 | — | — | 3 267 | 672 |
| 天津 | 4 580 | 950 | 3 630 | 3 156 | — | — | — | 474 | — |
| 河北 | 124 168 | 84 992 | 32 023 | 22 071 | 6 132 | — | 634 | 84 821 | 2 510 |
| 山西 | 8 230 | 2 252 | 5 773 | 7 869 | 171 | — | 40 | | |
| 内蒙古 | 8 936 | 702 | 8 234 | 5 431 | — | — | 3 465 | — | — |
| 辽宁 | 24 255 | 740 | 13 620 | 13 840 | 6 119 | — | 520 | — | 3 776 |
| 吉林 | 23 621 | 14 254 | 7 867 | 18 849 | 1 500 | — | — | 3 272 | — |
| 黑龙江 | 44 984 | 17 143 | 24 999 | 23 650 | 2 682 | — | 1 791 | 1 530 | 14 771 |

续表

| 地区 | 投资额总计 | 按投资性质分 | | 按投资主体分 | | | | | |
|---|---|---|---|---|---|---|---|---|---|
| | | 基建 | 更改 | 国有 | 城镇集体 | 联营 | 股份制 | 外商投资 | 港澳台投资 |
| 上海 | 30 480 | 424 | 26 829 | 2 485 | — | — | — | 27 995 | — |
| 江苏 | 51 348 | 7 647 | 22 048 | 28 492 | 3 114 | — | 142 | 19 512 | 88 |
| 浙江 | 93 455 | 41 926 | 41 883 | 32 908 | 3 418 | — | 2 046 | 53 538 | 562 |
| 安徽 | 71 889 | 19 716 | 48 298 | 51 237 | 3 210 | — | 7 716 | 9 612 | — |
| 福建 | 64 953 | 253 | 46 279 | 21 888 | 1 063 | — | 2 219 | 10 516 | 29 267 |
| 江西 | 27 050 | 3 305 | 22 903 | 22 347 | 842 | — | — | 3 351 | 10 |
| 山东 | 102 135 | 30 393 | 60 458 | 47 752 | 4 792 | — | 10 529 | 34 396 | 4 666 |
| 河南 | 60 995 | 19 686 | 37 267 | 40 597 | 2 548 | — | 1 852 | 2 498 | 13 250 |
| 湖北 | 58 361 | 16 867 | 37 201 | 9 009 | 2 373 | — | 2 719 | 42 254 | — |
| 湖南 | 19 602 | 1 053 | 14 558 | 9 174 | 2 516 | — | — | 7 912 | — |
| 广东 | 134 002 | 39 172 | 93 162 | 15 638 | 397 | — | 9 634 | 43 219 | 65 091 |
| 广西 | 23 067 | 1 255 | 21 142 | 5 698 | 580 | — | 2 507 | 12 422 | 1 860 |
| 海南 | 93 399 | 88 385 | 5 014 | 1 178 | — | — | 1 283 | 86 638 | — |
| 四川 | 102 068 | 9 272 | 88 255 | 74 570 | 1 506 | — | 24 342 | 1 650 | — |
| 贵州 | 7 065 | 383 | 6 682 | 7 065 | — | — | — | — | — |
| 云南 | 16 937 | 1 673 | 3 328 | 4 357 | 4 792 | — | 2 490 | 4 274 | — |
| 西藏 | 250 | 51 | 199 | 250 | — | — | — | — | — |
| 陕西 | 9 883 | 579 | 9 274 | 7 119 | 30 | — | 2 730 | 4 | |
| 甘肃 | 9 411 | 686 | 8 275 | 8 981 | 430 | — | — | — | — |
| 青海 | 1 639 | 107 | 1 532 | 1 639 | — | — | — | — | — |
| 宁夏 | 601 | — | 601 | 601 | — | — | — | — | — |
| 新疆 | 25 542 | 1 529 | 2 203 | 2 629 | 2 211 | — | 831 | 286 | 15 000 |
| 不分地区 | — | — | — | — | — | — | — | — | — |

**表53　1996年分地区烟草加工业固定资产投资额**　　单位:万元

| 地区 | 投资额总计 | 按投资性质分 | | 按投资主体分 | | | | | |
|---|---|---|---|---|---|---|---|---|---|
| | | 基建 | 更改 | 国有 | 城镇集体 | 联营 | 股份制 | 外商投资 | 港澳台投资 |
| 全国总计 | 739 547 | 94 237 | 638 600 | 715 090 | 6 710 | — | 12 011 | 560 | — |
| 北京 | — | — | — | — | — | — | — | — | — |
| 天津 | 4 023 | — | 4 023 | 4 023 | — | — | — | — | — |
| 河北 | 8 070 | 570 | 7 500 | 8 070 | — | — | — | — | — |
| 山西 | 820 | 170 | 650 | 820 | — | — | — | — | — |
| 内蒙古 | 186 | — | 186 | 186 | — | — | — | — | — |
| 辽宁 | 1 799 | — | 1 799 | 1 799 | — | — | — | — | — |
| 吉林 | 1 410 | — | 600 | 600 | 810 | — | — | — | — |
| 黑龙江 | 5 146 | — | 5 146 | 5 146 | — | — | — | — | — |
| 上海 | 40 599 | 8 953 | 31 646 | 35 686 | — | — | — | — | — |
| 江苏 | 14 637 | 2 829 | 11 808 | 14 637 | — | — | — | — | — |
| 浙江 | 46 073 | 441 | 45 632 | 46 073 | — | — | — | — | — |
| 安徽 | 51 040 | 5 394 | 45 085 | 50 479 | 561 | — | — | — | — |
| 福建 | 21 182 | 2 081 | 19 101 | 21 182 | — | — | — | — | — |

续表

| 地区 | 投资额总计 | 按投资性质分 | | 按投资主体分 | | | | | |
|---|---|---|---|---|---|---|---|---|---|
| | | 基建 | 更改 | 国有 | 城镇集体 | 联营 | 股份制 | 外商投资 | 港澳台投资 |
| 江西 | 5 083 | 99 | 4 984 | 5 083 | — | — | — | — | — |
| 山东 | 31 249 | 8 172 | 23 077 | 24 069 | — | — | 7 180 | — | — |
| 河南 | 30 912 | 6 826 | 24 006 | 30 832 | 80 | — | — | — | — |
| 湖北 | 59 135 | 6 312 | 50 129 | 56 441 | 2 694 | — | — | — | — |
| 湖南 | 33 412 | 14 461 | 18 915 | 33 376 | 36 | — | — | — | — |
| 广东 | 35 509 | 5 100 | 30 409 | 34 686 | — | — | — | 560 | — |
| 广西 | 6 013 | 208 | 5 805 | 6 013 | — | — | — | — | — |
| 海南 | 1 200 | 1 200 | — | 1 200 | — | — | — | — | — |
| 四川 | 28 655 | 5 027 | 23 628 | 28 115 | — | — | 540 | — | — |
| 贵州 | 43 303 | 3 901 | 39 292 | 43 193 | 110 | — | — | — | — |
| 云南 | 250 381 | 19 309 | 230 400 | 245 418 | 672 | — | 4 291 | — | — |
| 西藏 | — | — | — | — | — | — | — | — | — |
| 陕西 | 11 264 | 1 441 | 9 823 | 11 264 | — | — | — | — | — |
| 甘肃 | 355 | 260 | 95 | 355 | — | — | — | — | — |
| 青海 | 570 | 271 | 299 | 570 | — | — | — | — | — |
| 宁夏 | 3 059 | — | 1 312 | 1 312 | 1 747 | — | — | — | — |
| 新疆 | 4 462 | 1 212 | 3 250 | 4 462 | — | — | — | — | — |
| 不分地区 | — | — | — | — | — | — | — | — | — |

**表 54　　食品工业基本建设新增生产能力**

| 能力名称 | 单位 | 1995 年 | 1996 年 |
|---|---|---|---|
| 原盐 | 万吨/年 | 13 | 19 |
| 食用植物油 | 日处理原料:吨 | 91 674 | 3 091 |
| | 日精炼油:吨 | 1 128 | 832 |
| 肉加工品 | 吨/年 | 63 300 | 114 716 |
| 熟肉加工 | 吨/年 | 4 500 | 12 450 |
| 机制糖 | 日处理原料:吨 | 1 500 | 7 830 |
| | 年生产糖:吨 | 13 500 | 91 330 |
| 机制甘蔗糖 | 日处理原料:吨 | 3 500 | 4 830 |
| | 年生产糖:吨 | 43 500 | 34 300 |
| 机制甜菜糖 | 日处理原料:吨 | | 3 000 |
| | 年生产糖:吨 | | 57 000 |
| 糖果 | 吨/年 | 1 000 | 11 221 |
| 饼干 | 吨/年 | 10 511 | 317 |
| 乳制品 | 吨/年 | 17 973 | 11 700 |
| 奶粉 | 吨/年 | 20 917 | |
| 其他乳制品 | 吨/年 | 1 773 | 11 700 |

续表

| 能　力　名　称 | 单　　位 | 1995年 | 1996年 |
| --- | --- | --- | --- |
| 酒 | 吨/年 | 172 886 | 490 110 |
| 　啤酒 | 吨/年 | 155 903 | 424 560 |
| 　白酒 | 吨/年 | 13 274 | 43 650 |
| 　其他酒 | 吨/年 | 19 333 | 21 900 |

**表55**　　**食品工业更新改造新增生产能力**

| 能　力　名　称 | 单　　位 | 1995年 | 1996年 |
| --- | --- | --- | --- |
| 原盐 | 万吨/年 | 74 | 10 |
| 食用植物油 | 日处理原料:吨 | 50 347 | 7 945 |
|  | 日精炼油:吨 | 19 525 | 2 255 |
| 肉加工业 | 吨/年 | 68 887 | 71 465 |
| 　熟肉加工 | 吨/年 | 5 455 | 44 740 |
| 机制糖 | 日处理原料:吨 | 10 451 | 25 689 |
|  | 年生产糖:吨 | 107 840 | 335 877 |
| 　机制甘蔗糖 | 日处理原料:吨 | 26 945 | 23 420 |
|  | 年生产糖:吨 | 365 810 | 314 427 |
| 　机制甜菜糖 | 日处理原料:吨 | 5 706 | 2 269 |
|  | 年生产糖:吨 | 62 800 | 21 450 |
| 糖果 | 吨/年 | 20 900 | 81 020 |
| 饼干 | 吨/年 | 5 899 | 51 542 |
| 乳制品 | 吨/年 | 45 314 | 55 657 |
| 　奶粉 | 吨/年 | 1 700 | 29 080 |
| 　其他乳制品 | 吨/年 | 36 020 | 26 577 |
| 酒 | 吨/年 | 1 717 964 | 2 393 474 |
| 　啤酒 | 吨/年 | 1 833 137 | 2 082 942 |
| 　白酒 | 吨/年 | 182 961 | 198 576 |
| 　其他酒 | 吨/年 | 84 691 | 81 960 |
| 卷烟 | 万箱/年 | 249 | 168 |

**表56**　　**食品工业主要原料产品产量**　　单位:万吨

| 产　品　名　称 | 1996年 | 1995年 | 1996年为1995年% |
| --- | --- | --- | --- |
| 一．农产品 |  |  |  |
| 　粮食 | 50 453.5 | 46 661.3 | 108.1 |
| 　　其中:稻谷 | 19 510.3 | 18 522.6 | 105.3 |
| 　　　　小麦 | 11 056.9 | 10 220.7 | 108.2 |
| 　　　　玉米 | 12 747.1 | 11 198.6 | 113.8 |

续表

| 产　品　名　称 | 1996年 | 1995年 | 1996年为1995年% |
|---|---|---|---|
| 豆类 | 1 790.3 | 1 785.5 | 100.3 |
| 油料 | 2 210.6 | 2 250.3 | 98.2 |
| 其中:花生 | 1 013.8 | 1 023.5 | 99.1 |
| 油菜籽 | 920.1 | 977.7 | 94.1 |
| 芝麻 | 57.5 | 58.3 | 98.6 |
| 甘蔗 | 6 687.6 | 6 541.7 | 102.2 |
| 甜菜 | 1 672.6 | 1 398.4 | 119.6 |
| 茶叶 | 59.3 | 58.9 | 100.7 |
| 烟叶 | 323.4 | 231.4 | 139.8 |
| 其中:烤烟 | 294.6 | 207.2 | 142.2 |
| 水果 | 4 652.8 | 4 214.6 | 110.4 |
| 其中:苹果 | 1 704.7 | 1 400.8 | 121.7 |
| 柑橘 | 845.7 | 822.5 | 102.8 |
| 梨 | 580.7 | 494.2 | 117.5 |
| 葡萄 | 188.3 | 174.2 | 108.1 |
| 香蕉 | 253.6 | 312.5 | 81.2 |
| 二. 林产品 | | | |
| 油茶籽 | 69.7 | 62.3 | 111.9 |
| 核桃 | 23.8 | 23.1 | 103.0 |
| 三. 畜产品 | | | |
| 猪肉 | 4 037.7 | 3 648.4 | 110.7 |
| 牛肉 | 494.9 | 415.4 | 119.1 |
| 羊肉 | 240.0 | 201.5 | 119.1 |
| 禽肉 | 1 074.6 | 934.7 | 115.0 |
| 奶类 | 735.8 | 672.8 | 109.4 |
| 其中:牛奶 | 629.4 | 576.4 | 109.2 |
| 蜂蜜 | 18.4 | 17.8 | 103.4 |
| 四. 水产品 | | | |
| 水产品总产量 | 3 288.1(2 813.0) | 2 517.2 | 111.8 |
| 海水产品 | 2 012.9(1 559.6) | 1 439.1 | 108.4 |
| 其中:鱼类 | 823.5 | 758.1 | 108.6 |
| 虾蟹类 | 204.7 | 184.8 | 110.8 |
| 贝类 | 852.7(399.4) | 392.7 | 101.7 |
| 藻类 | 92.9 | 74.9 | 124.0 |
| 淡水产品 | 1 275.2(1 253.4) | 1 078.1 | 116.3 |
| 其中:鱼类 | 1 177.8 | 1 020.9 | 115.4 |
| 虾蟹类 | 36.3 | 27.1 | 133.9 |
| 贝类 | 48.4(26.6) | 20.8 | 127.9 |

注:括号内的数据为旧口径统计的数据。在旧口径统计中,贝类分为干贝和鲜活贝,在新口径统计中,贝类一律按鲜活贝统计。

表57

## 1996年分地区食品工业主要原料产品产量

| 地区 | 粮食（万吨） | 谷物 | #稻谷 | #小麦 | #玉米 | 豆类 | 薯类 | 油料（万吨） | #花生 | #油菜籽 | #芝麻 | 甘蔗（万吨） |
|---|---|---|---|---|---|---|---|---|---|---|---|---|
| 全国 | 50 453.5 | 45 127.1 | 19 510.3 | 11 056.9 | 12 747.1 | 1 790.3 | 3 536.0 | 2 210.6 | 1 013.8 | 920.1 | 57.5 | 6 818.7 |
| 北京 | 237.4 | 231.8 | 16.0 | 93.9 | 119.7 | 3.0 | 2.6 | 2.9 | 2.9 | | | |
| 天津 | 207.0 | 199.2 | 47.4 | 67.4 | 75.4 | 6.6 | 1.3 | 3.1 | 1.4 | | 0.1 | |
| 河北 | 2 789.5 | 2 557.1 | 92.2 | 1 139.1 | 1 168.4 | 89.9 | 142.6 | 120.7 | 100.5 | 4.3 | 2.2 | |
| 山西 | 1 077.1 | 934.2 | 3.2 | 300.7 | 457.5 | 50.6 | 92.3 | 37.3 | 4.8 | 1.0 | 1.4 | |
| 内蒙古 | 1 535.3 | 1 301.7 | 51.0 | 318.9 | 751.5 | 109.6 | 124.0 | 81.4 | 0.1 | 10.5 | 0.2 | |
| 辽宁 | 1 660.1 | 1 575.8 | 338.9 | 59.4 | 969.5 | 43.4 | 40.9 | 17.0 | 13.4 | | 0.6 | |
| 吉林 | 2 326.6 | 2 211.9 | 347.4 | 20.6 | 1 753.4 | 74.9 | 39.8 | 21.7 | 3.5 | | 0.2 | |
| 黑龙江 | 3 046.6 | 2 519.4 | 636.0 | 329.5 | 1 445.0 | 428.6 | 98.6 | 16.8 | 0.4 | 3.3 | | |
| 上海 | 226.3 | 222.4 | 163.4 | 27.0 | 5.2 | 3.3 | 0.6 | 16.2 | 0.3 | 15.9 | | 6.7 |
| 江苏 | 3 476.4 | 3 301.1 | 1 870.2 | 1 014.3 | 259.9 | 79.4 | 95.9 | 147.5 | 39.6 | 106.3 | 1.4 | 20.6 |
| 浙江 | 1 516.8 | 1 406.0 | 1 277.3 | 62.5 | 13.7 | 32.3 | 78.5 | 52.1 | 2.3 | 49.4 | 0.4 | 63.9 |
| 安徽 | 2 674.1 | 2 372.3 | 1 327.4 | 748.3 | 264.1 | 65.9 | 233.9 | 177.2 | 49.2 | 119.0 | 8.1 | 18.3 |
| 福建 | 952.2 | 777.8 | 743.3 | 17.9 | 8.0 | 23.2 | 151.2 | 23.0 | 20.9 | 2.0 | 0.1 | 253.9 |
| 江西 | 1 766.3 | 1 664.1 | 1 641.8 | 9.7 | 9.0 | 38.5 | 63.7 | 101.0 | 33.1 | 63.5 | 4.4 | 185.8 |
| 山东 | 4 332.7 | 3 836.0 | 113.6 | 2 052.7 | 1 603.4 | 117.8 | 378.9 | 309.3 | 299.9 | 8.7 | 0.6 | |
| 河南 | 3 839.9 | 3 433.3 | 314.8 | 2 026.8 | 1 038.3 | 103.6 | 303.0 | 278.5 | 218.6 | 41.1 | 18.2 | 20.3 |
| 湖北 | 2 484.4 | 2 288.7 | 1 721.8 | 378.8 | 165.8 | 58.4 | 137.3 | 181.8 | 30.8 | 134.9 | 15.0 | 85.6 |
| 湖南 | 2 701.5 | 2 540.2 | 2 449.9 | 30.4 | 47.7 | 44.9 | 116.4 | 118.1 | 22.5 | 94.5 | 0.9 | 129.2 |
| 广东 | 1 839.2 | 1 607.3 | 1 549.2 | 5.9 | 37.1 | 21.6 | 210.3 | 74.2 | 73.0 | 1.0 | 0.2 | 1 523.1 |
| 广西 | 1 509.3 | 1 416.7 | 1 258.4 | 3.3 | 151.0 | 37.6 | 55.0 | 51.6 | 40.5 | 10.5 | 0.6 | 2 830.5 |
| 海南 | 197.7 | 159.4 | 154.9 | | 3.9 | 1.9 | 36.4 | 8.0 | 7.7 | | 0.3 | 329.3 |
| 四川 | 4 495.7 | 3 714.3 | 2 182.3 | 720.3 | 716.9 | 100.1 | 681.3 | 156.8 | 32.3 | 123.3 | 0.5 | 172.4 |
| 贵州 | 1 012.6 | 838.1 | 459.4 | 104.1 | 262.4 | 32.0 | 142.5 | 55.6 | 4.9 | 50.0 | | 35.6 |
| 云南 | 1 246.2 | 1 083.3 | 536.1 | 146.7 | 369.2 | 78.1 | 84.8 | 18.8 | 4.3 | 13.6 | | 1 143.1 |
| 西藏 | 77.7 | 72.8 | 0.5 | 26.1 | 1.3 | 4.1 | 0.8 | 3.5 | | 3.5 | | |
| 陕西 | 1 217.3 | 1 049.2 | 104.7 | 405.7 | 472.3 | 58.0 | 110.1 | 37.4 | 6.6 | 19.1 | 1.9 | 0.3 |
| 甘肃 | 820.6 | 690.8 | 5.0 | 351.0 | 215.2 | 53.3 | 76.5 | 43.1 | 0.1 | 18.1 | | |
| 青海 | 123.8 | 97.1 | | 76.7 | | 13.0 | 13.8 | 17.1 | | 16.6 | | |
| 宁夏 | 257.9 | 235.6 | 54.0 | 86.3 | 79.7 | 7.5 | 14.8 | 7.9 | | | | |
| 新疆 | 805.3 | 789.7 | 50.3 | 433.1 | 282.5 | 9.3 | 6.4 | 31.0 | 0.1 | 10.2 | | |

续表 57—1

| 地区 | 甜菜（万吨） | 茶叶（吨） | 烟叶（万吨） | # 烤烟 | 水果（万吨） | # 苹果 | # 柑桔 | # 梨 | # 葡萄 | # 香蕉 |
|---|---|---|---|---|---|---|---|---|---|---|
| 全国 | 1 541.5 | 593 386 | 323.4 | 294.6 | 4 652.82 | 1 704.73 | 845.66 | 580.66 | 188.31 | 253.56 |
| 北京 | | | | | 49.46 | 17.21 | | 9.08 | 1.44 | |
| 天津 | | | | | 21.21 | 7.12 | | 1.83 | 3.80 | |
| 河北 | 6.9 | | 1.6 | 1.0 | 503.20 | 156.18 | | 197.71 | 30.47 | |
| 山西 | 66.0 | | 1.6 | 1.5 | 121.00 | 91.97 | | 7.92 | 3.07 | |
| 内蒙古 | 320.7 | | 1.8 | 1.6 | 19.85 | 3.92 | | 10.43 | 1.26 | |
| 辽宁 | 58.6 | | 5.6 | 5.0 | 248.03 | 150.56 | | 47.73 | 18.54 | |
| 吉林 | 70.2 | | 5.8 | 3.9 | 31.07 | 5.76 | | 11.34 | 4.62 | |
| 黑龙江 | 491.9 | | 18.1 | 16.9 | 14.46 | 7.81 | | 1.09 | 0.86 | |
| 上海 | | | | | 26.83 | | 8.54 | 1.35 | 2.83 | |
| 江苏 | 2.3 | 11 023 | 0.3 | 0.3 | 123.29 | 44.07 | 4.29 | 28.25 | 6.27 | |
| 浙江 | | 98 999 | 0.2 | | 227.63 | 0.06 | 180.41 | 5.90 | 7.97 | |
| 安徽 | | 46 674 | 6.2 | 6.1 | 59.82 | 21.84 | 0.44 | 23.61 | 3.08 | |
| 福建 | | 101 766 | 7.7 | 7.6 | 283.81 | 0.01 | | 4.89 | 1.90 | 51.67 |
| 江西 | | 20 543 | 2.1 | 1.5 | 50.39 | | 33.30 | 3.09 | 0.39 | |
| 山东 | 1.6 | 1 539 | 14.2 | 14.0 | 843.91 | 605.64 | | 75.45 | 21.06 | |
| 河南 | 0.2 | 5 322 | 27.7 | 26.9 | 247.26 | 182.05 | 0.59 | 13.87 | 10.15 | |
| 湖北 | | 43 674 | 14.7 | 9.4 | 129.70 | 4.30 | 59.83 | 34.16 | 3.58 | |
| 湖南 | | 54 854 | 15.2 | 13.8 | 105.01 | | 89.59 | 2.02 | 1.11 | |
| 广东 | | 36 162 | 5.3 | 4.2 | 381.17 | | 98.43 | 2.40 | | 120.48 |
| 广西 | | 19 448 | 5.0 | 3.3 | 239.93 | | 79.48 | 5.53 | | 53.14 |
| 海南 | | 3 776 | | | 36.16 | | 1.00 | | | 17.70 |
| 四川 | 0.2 | 59 425 | 26.2 | 18.5 | 225.10 | 13.88 | 144.31 | 20.90 | 7.68 | 1.03 |
| 贵州 | 0.1 | 15 931 | 54.5 | 52.3 | 19.46 | 0.48 | 5.93 | 2.91 | 0.66 | 0.87 |
| 云南 | 0.3 | 68 169 | 90.2 | 88.4 | 59.01 | 6.58 | 6.24 | 13.62 | 0.90 | 8.67 |
| 西藏 | | 77 | | | 0.51 | 0.30 | | 0.08 | | |
| 陕西 | 2.4 | 5831 | 11.5 | 11.1 | 362.15 | 295.89 | 1.52 | 24.44 | 4.89 | |
| 甘肃 | 119.1 | 173 | 7.3 | 7.0 | 90.89 | 51.51 | 0.13 | 17.75 | 0.94 | |
| 青海 | | | | | 2.90 | 1.89 | | 0.78 | 0.02 | |
| 宁夏 | 46.5 | | 0.2 | 0.2 | 13.62 | 10.92 | | 0.73 | 0.52 | |
| 新疆 | 354.5 | | 0.4 | 0.2 | 115.99 | 24.74 | | 11.80 | 50.29 | |

续表 57—2

| 地区 | 肉类产量（万吨） | #猪牛羊肉 | | | | #禽肉 | #兔肉 | 奶类（万吨） | #牛奶 | 蜂蜜（万吨） | 油茶籽（吨） |
|---|---|---|---|---|---|---|---|---|---|---|---|
| | | | 猪肉 | 牛肉 | 羊肉 | | | | | | |
| 全国 | 5 915.1 | 4 772.6 | 4 037.7 | 494.9 | 240.0 | 1 074.6 | 30.6 | 735.8 | 629.4 | 18.4 | 696 633 |
| 北京 | 38.2 | 27.6 | 24.6 | 1.9 | 1.1 | 10.5 | | 20.1 | 20.1 | 0.1 | |
| 天津 | 22.7 | 17.8 | 13.1 | 3.0 | 1.7 | 4.6 | 0.1 | 11.4 | 11.3 | | |
| 河北 | 352.7 | 287.6 | 207.7 | 60.8 | 19.1 | 55.6 | 3.2 | 47.9 | 40.1 | 0.6 | |
| 山西 | 72.0 | 66.1 | 50.4 | 9.2 | 6.5 | 4.2 | 1.0 | 32.6 | 29.6 | 0.3 | |
| 内蒙古 | 100.5 | 92.1 | 59.1 | 11.9 | 21.1 | 5.4 | 0.3 | 56.6 | 54.3 | 0.1 | |
| 辽宁 | 255.1 | 190.4 | 152.9 | 34.3 | 3.2 | 62.0 | 0.5 | 18.6 | 17.0 | 0.4 | |
| 吉林 | 184.5 | 130.9 | 102.5 | 25.7 | 2.6 | 51.6 | 0.2 | 12.1 | 11.3 | 0.2 | |
| 黑龙江 | 165.7 | 131.9 | 97.4 | 31.0 | 3.5 | 32.3 | | 186.7 | 185.0 | 0.3 | |
| 上海 | 63.5 | 25.3 | 25.0 | | 0.3 | 38.2 | | 21.8 | 21.8 | | |
| 江苏 | 320.2 | 228.0 | 201.4 | 7.5 | 19.1 | 88.1 | 3.1 | 10.9 | 10.5 | 0.7 | 25 |
| 浙江 | 119.6 | 100.9 | 98.0 | 0.9 | 2.0 | 18.6 | 0.2 | 9.0 | 9.0 | 4.5 | 25 246 |
| 安徽 | 235.1 | 194.9 | 157.5 | 29.6 | 7.7 | 39.1 | 0.5 | 2.7 | 2.7 | 0.8 | 4 271 |
| 福建 | 141.5 | 117.2 | 113.6 | 2.3 | 1.3 | 23.1 | 1.1 | 6.5 | 6.2 | 0.6 | 51 281 |
| 江西 | 221.9 | 195.5 | 189.6 | 5.1 | 0.7 | 26.2 | 0.2 | 3.5 | 3.5 | 0.7 | 162 715 |
| 山东 | 652.1 | 429.4 | 306.2 | 80.2 | 43.1 | 202.1 | 12.4 | 74.3 | 22.0 | 1.0 | |
| 河南 | 425.1 | 371.4 | 270.1 | 73.0 | 28.3 | 46.9 | 1.8 | 10.8 | 5.5 | 1.5 | 3 750 |
| 湖北 | 309.5 | 276.0 | 261.1 | 11.0 | 3.9 | 33.4 | 0.1 | 4.3 | 4.3 | 1.1 | 15 182 |
| 湖南 | 404.7 | 366.5 | 353.6 | 8.5 | 4.4 | 37.9 | 0.1 | 0.6 | 0.6 | 0.5 | 268 737 |
| 广东 | 331.9 | 209.7 | 203.3 | 6.1 | 0.4 | 121.9 | 0.3 | 5.9 | 5.6 | 0.9 | 31 246 |
| 广西 | 295.5 | 240.7 | 229.5 | 9.8 | 1.4 | 54.7 | 0.1 | 0.9 | 0.9 | 0.4 | 116 080 |
| 海南 | 33.7 | 22.8 | 19.1 | 2.3 | 1.4 | 10.9 | | 0.2 | 0.2 | 0.1 | 16 |
| 四川 | 661.2 | 578.5 | 547.3 | 20.7 | 10.6 | 77.6 | 5.0 | 28.4 | 28.0 | 2.2 | 4 229 |
| 贵州 | 108.9 | 103.5 | 95.3 | 6.1 | 2.0 | 5.0 | | 1.6 | 1.6 | 0.1 | 8 279 |
| 云南 | 144.3 | 135.9 | 124.9 | 7.7 | 3.3 | 7.8 | | 10.9 | 10.0 | 0.5 | 4 888 |
| 西藏 | 11.9 | 11.9 | 0.7 | 6.4 | 4.8 | 0.0 | | 16.6 | 13.6 | | |
| 陕西 | 82.8 | 75.5 | 63.4 | 7.5 | 4.5 | 6.6 | 0.1 | 40.4 | 20.6 | 0.3 | 688 |
| 甘肃 | 68.0 | 62.8 | 47.4 | 8.7 | 6.7 | 3.4 | 0.2 | 10.9 | 10.5 | 0.2 | |
| 青海 | 18.7 | 18.5 | 5.8 | 6.3 | 6.4 | 0.2 | | 18.6 | 18.1 | | |
| 宁夏 | 13.2 | 11.0 | 6.6 | 2.4 | 1.9 | 1.9 | | 16.9 | 16.9 | | |
| 新疆 | 60.3 | 52.5 | 10.4 | 15.2 | 26.9 | 4.8 | 0.1 | 54.2 | 48.8 | 0.2 | |

续表 57—3

| 地区 | 核桃（吨） | 水产品总产量（千吨） | 海水产品（千吨） | 鱼类 | 虾蟹类 | 贝类 | 藻类 | 淡水产品（千吨） | 鱼类 | 虾蟹类 | 贝类 |
|---|---|---|---|---|---|---|---|---|---|---|---|
| 全国 | 237 989 | 32 880.9 | 20 128.8 | 8 235.2 | 2 046.5 | 8 526.8 | 929.1 | 12 752.2 | 11 778.0 | 362.8 | 484.0 |
| 北京 | 5 733 | 78.3 | | | | | | 78.3 | 78.3 | | |
| 天津 | 540 | 169.9 | 29.4 | 15.1 | 9.4 | 4.9 | | 140.5 | 136.8 | 1.5 | 2.3 |
| 河北 | 21 742 | 506.9 | 283.0 | 81.7 | 72.0 | 111.2 | 0.2 | 223.9 | 215.8 | 5.3 | 1.3 |
| 山西 | 34 236 | 19.6 | | | | | | 19.6 | 19.6 | | |
| 内蒙古 | | 52.8 | | | | | | 52.8 | 52.1 | 0.6 | |
| 辽宁 | 2 314 | 2 580.2 | 2 353.5 | 675.1 | 219.0 | 1 200.6 | 225.2 | 226.7 | 217.4 | 9.2 | |
| 吉林 | | 120.8 | | | | | | 120.8 | 120.2 | 0.1 | 0.4 |
| 黑龙江 | | 290.2 | | | | | | 290.2 | 288.0 | 2.2 | 0.1 |
| 上海 | | 280.4 | 145.0 | 106.2 | 21.1 | 15.5 | | 135.4 | 130.8 | 4.1 | 0.3 |
| 江苏 | 1 | 2 457.2 | 795.0 | 366.6 | 102.7 | 238.3 | 5.1 | 1 662.2 | 1 440.3 | 110.7 | 91.0 |
| 浙江 | 3 156 | 3 421.4 | 2 992.3 | 1 729.8 | 715.9 | 518.3 | 17.9 | 429.1 | 384.4 | 7.2 | 31.0 |
| 安徽 | 97 | 1 107.0 | | | | | | 1 107.0 | 964.1 | 73.4 | 53.0 |
| 福建 | 79 | 3 582.3 | 3 168.0 | 1 460.1 | 214.9 | 1 226.8 | 245.5 | 414.3 | 363.5 | 6.6 | 36.1 |
| 江西 | | 1 001.0 | | | | | | 1 001.0 | 931.7 | 22.5 | 35.3 |
| 山东 | 8 244 | 5 866.9 | 5 185.6 | 1 233.9 | 369.0 | 3 042.4 | 418.9 | 681.3 | 655.9 | 17.4 | 7.2 |
| 河南 | 13 534 | 205.1 | | | | | | 205.1 | 199.0 | 2.4 | 1.0 |
| 湖北 | 1 744 | 1 746.4 | | | | | | 1 746.4 | 1 657.8 | 41.6 | 38.9 |
| 湖南 | 2 194 | 1 031.2 | | | | | | 1 031.2 | 940.7 | 10.3 | 61.0 |
| 广东 | | 5 096.3 | 3 260.4 | 1 526.0 | 208.3 | 1 472.4 | 7.1 | 1 835.9 | 1 688.7 | 33.5 | 86.3 |
| 广西 | 167 | 1 768.9 | 1 233.5 | 442.5 | 90.5 | 660.8 | | 535.4 | 489.8 | 7.2 | 36.6 |
| 海南 | | 475.7 | 392.4 | 322.8 | 23.1 | 26.3 | 9.1 | 83.3 | 81.0 | 0.6 | 1.8 |
| 四川 | 27 720 | 473.2 | | | | | | 473.2 | 470.5 | 0.7 | 0.2 |
| 贵州 | 3 852 | 35.0 | | | | | | 35.0 | 34.6 | 0.3 | 0.1 |
| 云南 | 55 448 | 102.0 | | | | | | 102.0 | 96.3 | 5.2 | 0.3 |
| 西藏 | | 1.3 | | | | | | 1.3 | 1.3 | | |
| 陕西 | 30 433 | 41.4 | | | | | | 41.4 | 41.3 | 0.1 | |
| 甘肃 | 19 912 | 8.6 | | | | | | 8.6 | 8.6 | | |
| 青海 | 93 | 2.2 | | | | | | 2.2 | 2.2 | | |
| 宁夏 | 55 | 20.0 | | | | | | 20.0 | 19.9 | | |
| 新疆 | 6 695 | 48.0 | | | | | | 48.0 | 47.6 | | |

表58 海关出口主要食品数量和金额 金额单位：万美元

| 品名 | 数量单位 | 1995年 | | 1996年 | |
|---|---|---|---|---|---|
| | | 数量 | 金额 | 数量 | 金额 |
| 鲜冻牛肉 | 万吨 | 2 | 3 391 | 3 | 5 124 |
| 鲜冻猪肉 | 万吨 | 15 | 24 535 | 13 | 21 486 |
| 冻鸡 | 吨 | 248 573 | 55 656 | 298 509 | 63 121 |
| 冻家兔肉 | 吨 | 20 187 | 4 765 | 24 113 | 6 462 |
| 水产品 | 万吨 | 61 | 208 728 | 64 | 173 774 |
| 粮食 | 万吨 | 214 | 63 530 | 198 | 68 460 |
| 其中：大米 | 万吨 | 5 | 1 624 | 27 | 11 164 |
| 大豆 | 万吨 | 38 | 9 967 | 19 | 6 618 |
| 榨菜 | 吨 | 16 938 | 726 | 16 050 | 796 |
| 苦杏仁 | 吨 | 11 889 | 2 096 | 11 224 | 2 238 |
| 核桃仁 | 吨 | 9 255 | 2 517 | 13 217 | 3 810 |
| 食糖 | 万吨 | 48 | 18 710 | 66 | 24 779 |
| 天然蜂蜜 | 吨 | 86 991 | 8 748 | 83 461 | 11 066 |
| 茶叶 | 吨 | 166 572 | 27 475 | 169 662 | 28 250 |
| 罐头 | 吨 | 847 542 | 94 123 | 860 034 | 83 313 |
| 其中：猪肉罐头 | 吨 | 63 822 | 11 853 | 41 593 | 7 247 |
| 蔬菜罐头 | 吨 | 515 847 | 56 573 | 647 072 | 49 139 |
| 水果罐头 | 吨 | 150 209 | 13 931 | 130 986 | 18 648 |
| 其他罐头 | 吨 | 117 664 | 11 766 | 40 383 | 8 278 |
| 啤酒 | 万升 | 13 091 | 5 308 | 6 662 | 3 179 |
| 烤烟 | 吨 | 56 570 | 7 732 | 51 705 | 9 027 |
| 食盐 | 万吨 | 34 | 1 105 | 36 | 1 249 |
| 绵羊肠衣 | 吨 | 4 723 | 8 586 | 5 908 | 11 395 |
| 山羊肠衣 | 吨 | 1 127 | 1 690 | | 1 913 |
| 盐渍猪肠衣 | 吨 | 33 071 | 15 772 | 32 930 | 19 140 |
| 食用油籽 | 万吨 | 53 | 39 460 | 50 | 38 625 |
| 其中：花生、花生仁 | 万吨 | 39 | 25 687 | 35 | 25 444 |
| 食用植物油 | 吨 | 495 970 | 20 935 | 313 020 | 21 774 |

表 59　　海关进口主要食品数量和金额　　金额单位：万美元

| 品　名 | 数量单位 | 1995 年 | | 1996 年 | |
|---|---|---|---|---|---|
| | | 数　量 | 金　额 | 数　量 | 金　额 |
| 粮食 | 万吨 | 2 081 | 373 157 | 1 223 | 295 350 |
| 其中：小麦 | 万吨 | 1 159 | 202 639 | 825 | 189 040 |
| 大麦 | 吨 | 1 273 955 | 24 054 | 1 307 870 | 30 447 |
| 玉米 | 万吨 | 518 | 81 608 | 44 | 7 306 |
| 干豆 | 吨 | 9 959 | 279 | 193 070 | 5 092 |
| 大豆 | 吨 | 293 938 | 7 549 | 1 107 539 | 32 035 |
| 食糖 | 万吨 | 295 | 89 758 | 125 | 39 309 |
| 咖啡及咖啡精 | 吨 | 2 058 | 621 | 12 425 | 1 719 |
| 可可豆 | 吨 | 31 630 | 4 016 | 33 433 | 4 179 |
| 动物油脂 | 吨 | 307 564 | 15 721 | 211 211 | 10 465 |
| 食用植物油 | 万吨 | 213 | 145 482 | 153 | 96 598 |
| 其他植物油 | 万吨 | 160 | 97 673 | 113 | 60 527 |

# 1.5 食品工业专利

**【a. 专利申请新特点】** 1996年专利申请的特点包括年申请量首次突破10万件，当年共受理的3种专利申请达102 735件，比上年的83 045件增加了23.7%。3种专利中，发明专利申请的增长速度最快，达到28 517件，占当年申请总量的27.8%；外观设计专利申请增幅最大，但增长速度与前持平。从表1可以看出，进入90年代后，随着社会主义经济的不断深入，人们越来越重视技术内涵更具进步性的发明专利。

表1　　1991年～1996年3种专利申请受理情况

| 专利种类 | 1991年 | 1992年 | 1993年 | 1994年 | 1995年 | 1996年 |
|---|---|---|---|---|---|---|
| 总　计 | 50 040 | 67 135 | 77 276 | 77 735 | 83 045 | 102 735 |
| 占总数的比例 | 100% | 100% | 100% | 100% | 100% | 100% |
| 发　明 | 11 423 | 14 409 | 19 618 | 19 067 | 21 636 | 28 517 |
| 占总数的比例 | 22.8% | 21.5% | 25.3% | 24.5% | 26.0% | 27.8% |
| 实用新型 | 33 282 | 44 369 | 47 499 | 45 511 | 43 741 | 49 604 |
| 占总数的比例 | 66.5% | 66.1% | 61.5% | 58.6% | 52.7% | 48.3% |
| 外观设计 | 5 335 | 8 357 | 10 159 | 13 157 | 17 668 | 24 614 |
| 占总数的比例 | 10.7% | 12.4% | 13.2% | 16.9% | 21.3% | 24.0% |

1996年专利申请的第二个特点是国内来自工矿企业的专利申请量迅速提高，增长率已达71.2%。其中台湾鸿海精密工业股份有限公司、上海恭盟发展有限公司和宝山钢铁公司等大型企业的申请位居前列，来自科研院所的申请量也有增长。由此可见，中国国内专利申请的构架正在悄悄发生着变化，由过去占主体的机关团体和大专院校逐步被生产企业代替。详见表2。

表2　　1995年～1996年国内职务专利申请分布情况

| 年　份 | 合　计（件） | 非职务 | | 大专院校 | | 科研单位 | | 工矿企业 | | 机关团体 | |
|---|---|---|---|---|---|---|---|---|---|---|---|
| | | （件） | （%） | （件） | （%） | （件） | （%） | （件） | （%） | （件） | （%） |
| 1995 | 68 880 | 48 967 | 71.09 | 1 365 | 1.98 | 2 343 | 3.40 | 11 856 | 17.21 | 4 349 | 6.31 |
| 1996 | 82 207 | 57 077 | 69.43 | 1 320 | 1.61 | 2 835 | 3.45 | 20 301 | 24.70 | 674 | 0.82 |

自1994年中国专利局正式成为PCT成员国，截止1996年12月31日，共收到国际申请324件，收到国际申请检索本327件，完成国际检索报告270件。其中1996年收到国际申请118件，收到国际申请检索本119件，完成国际检索报告93件。因此，来自国外的专利申请大幅度增长是本年度专利申请的又一特点。至1996年底，来中国申请专利的国家和地区已达88个。随着各国间不断增进的经济往来和技术交流，中国向国外申请的专利也在迅速增长，仅1996年中国向包括美国、日本、PCT和欧洲专利局在内的国外申请量总计达191件，其中发明专利申请164件，授权47件。

1996年发明专利申请的分类情况与以前相比变化不大，食品、食料、饮料及其制备或处理的发明专利申请仍然高居第2位，并且为1993年以来国内发明专利申请所共同具备的特征，表明食品领域是近年来国内专利申请的热点之一。

【b. 食品工业在专利申请中的地位】 1. 食品领域专利申请的特点。

除上面提到的几点外，食品领域的申请还有自己的特点。作为食品的国际分类A23大类在1996年的申请总量为1 182件，与上年相比略有下降，但包括在其中的A23L小类的申请量不仅占到了778件，而且比上年的641件上升21.4%，相比之下，A23B(保存，如罐头贮存肉鱼蛋水果蔬菜等等)、A23C和A23D(乳制品和食用蛋白)以及A23G(糖食，可可、巧克力、冰淇凌)在食品领域中的申请比例却在下降。究其原因，A23L小类中包括水果蔬菜制品、方便食品、保健产品、肉蛋品和饮料，尽管1996年的申请尚未全部公开，我们仍有理由相信与现时市场销售的热点相符，人们所追求的依然是保健、纯天然和方便的食品，人们对食品的需要更注重它的口感、营养和快捷，而对高热量的糖食、油脂类食品的兴趣程度已逐步降温。详见表3。

表3　食品领域的发明申请情况　单位：件

| 年份 | A21（焙烤制品） | | A22（畜禽加工） | | A23（一般食品加工） | | C11（油脂） | | C13（食糖） | | 总计 | |
|---|---|---|---|---|---|---|---|---|---|---|---|---|
| | 国内 | 国外 | 国内 | 国外 | 国内 | 国外 | 国内 | 国外 | 国内 | 国外 | 国内 | 国外 |
| 1995 | 45 | 12 | 2 | 2 | 1 345 | 94 | 128 | 37 | 7 | 4 | 1 527 | 149 |
| 1996 | 35 | 10 | 6 | 4 | 1 112 | 70 | 93 | 22 | 8 | 2 | 1 254 | 108 |

1996年的实用新型专利中，有关食品行业的申请也比较活跃，主要涉及厨房用具以及饮料制备装置，家庭用具和餐桌用具等方面。据不完全统计，当年有关包装领域的外观设计专利申请一半以上为食品产品的包装设计。可见，食品领域的专利申请不仅涉及食品本身，还随着市场的需求，涉及到与产品相关的家用设备和外观领域。

2. 保健食品专利的分析与预测。

“保健食品”的用语沿续了中国惯常的提法，近年来亦称其为“功能食品”。自1985年中国专利法实施以来，保健食品发明的专利申请一直保持逐年增长的势头，特别是从1993年开始，该类的申请量大幅度上升，这是人民生活水平提高、社会经济发展以及人们对专利法逐渐认识的必然结果。不仅如此，保健食品还将成为中国食品工业发展的一大方向。据对已公开保健食品申请进行的粗略统计表明，保健食品的申请量约占整个食品类的9%，主要分布在营养制品、茶配制品、茶代用品和非酒精饮料，其中保健茶领域较活跃，占茶类申请的55%。同时，国内保健食品的专利申请在其产品功能和作用方面基本上与国际趋势吻合，即注重减肥、强身和营养素的摄取。国内申请大部分集中在药食两用的开发和利用，强调人体的滋补、调节和防病，但其技术水平尚显不足；而国外的相关申请着重全面营养和低热量产品(如膳食纤维)，并且注意有效成分的综合性以及人体的可利用性，有些已经开始涉及生物技术。

中国保健食品的发展前景仍然宽广，因为中国有着丰富的天然资源。从近年的专利申请可以看出，国内保健食品的一大特色在于利用各地丰富独特的原料，只要我们注意高新科技的应用，注重国内外的先进手段，便可以生产出高层次的保健产品。根据近年保健食品的申请内容分析，中国的保健食品可能会侧重以下方面：生产专向保健作用的高效制品，深入到人体和动物试验来证明其生理调节功能的保健产品，低热值和营养的平衡，美容食品，综合改善儿童、老人和体虚者机能的食品。

【c. 专利大事记】 1996年是中国专利局实施《专利工作“九五”计划和2010年远景目标纲要》的第1年。建筑面积4 258$m^2$的专利文献图书馆已于1997年正式开放，其中收藏光盘总数已达8 000余盘，包括15个国家、3个国际组织的全文说明书及主要国家的检索盘，检索中心与中科院网络中心合作建立微波通讯系统，中国专利文献检索系统的开发取得实质性进展，中国专利局主页将于1997年1月1日起连接到国际互联网络。包括专利在内的知识产权领域的多边双边国际合作与往来得到加强和扩大，1996年中国加入了《国际专利分类斯特拉斯堡协定》和《工业产品外观设计分类洛迦诺协定》，并完成起草和上报《专利管理条例》。

（杨　帆）

# 1.6 食品卫生监督管理

**【a. 大力宣传贯彻《食品卫生法》】** 《中华人民共和国食品卫生法》(以下简称《食品卫生法》)的颁布实施,使中国食品卫生监督管理工作进入了新的历史阶段。《食品卫生法》是一部规范食品生产经营活动和行为、保障食品卫生安全,预防食源性危害,保护人民健康的国家食品卫生大法,为向社会广泛宣传《食品卫生法》,让这部大法深入人心,卫生部组织召开了《食品卫生法》宣传贯彻大会,就全国深入宣传和实施《食品卫生法》做了具体部署。1996年初,卫生部和中央电视台联合举办了《食品卫生法》宣传专题晚会。3月份,卫生部又与中央电视台、司法部、国家工商行政管理局、国家技术监督局和中国消费者协会联合开展了“3·15”国际消费者权益日宣传活动。卫生部要求各级卫生行政部门公布执法单位地址和投诉电话,认真做好接待、处理人民群众投诉案件和进行法律宣传咨询。卫生部还决定,将每年11月份的第一周定为“全国《食品卫生法》宣传周”,1996年《食品卫生法》宣传周的主题为“食品卫生质量与健康”;围绕弘扬模范守法,注重产品卫生质量,加强对人民群众健康高度负责的职业道德等内容进行广泛宣传,卫生部在宣传周期间,表彰了全国65个食品卫生先进企业。

在卫生部部署下,全国各地开展了多种形式的宣传贯彻活动,利用电视、广播、报刊等各种传播媒介,掀起了一个学法、讲法的热潮。不少地方人大、政府领导亲自动员、部署和参与《食品卫生法》的宣贯活动,把宣传普法推向高潮。

**【b. 抓好衔接工作,制定配套规章】** 《食品卫生法》实施的同时,《食品卫生法(试行)》废止。妥善处理从“试行法”到“正式法”的过渡期出现的种种矛盾,是贯彻实施《食品卫生法》,打开执法局面的关键。为指导学习《食品卫生法》,正确理解条文规定,卫生部和全国人大常委会法工委共同编写了《食品卫生法释义》,供各级开展贯彻落实工作使用。与此同时,卫生部组织了对配套规章的制定和清理工作,对试行法实施期间发布的50多个食品卫生配套管理办法、暂行规定等部门规章及其它规范性文件进行了修订,并重新予以发布;制定了《保健食品管理办法》、《食品卫生监督程序》、《食品卫生行政处罚办法》、《学生集体用餐卫生监督办法》等一系列新的部门规章和规定。按照《食品卫生法》授权,卫生部还先后会同铁道部、交通部研究下发了《关于规定铁道食品卫生监督职责的通知》和《关于规定交通食品卫生监督职责和管辖范围的通知》,明确了铁道、交通食品卫生监督机构的管辖范围和监督职责。

**【c. 加大执法力度,打击违法行为】** 1996年,全国各地普遍加大了监督执法力度,取得了显著的社会效果。针对近年来少数食品生产经营者违法生产经营活动猖獗、人民群众强烈不满的重点问题,卫生部组织了全国范围的元旦、春节期间食品卫生监督抽查,夏秋季食品卫生监督检查,整顿白酒生产经营市场等工作,重点监督检查了卫生或营养质量问题较大的街头食品、餐饮服务业、熟肉食品、冷饮冷食、婴幼儿配方食品、散装白酒、乳制品、矿泉水等。

在各地的食品卫生监督执法活动中,各级人大政协、政府领导给予了大力支持,不少地方人大主任、主管省长、市长、县长亲临执法第一线,动员、部署并参与现场食品卫生检查工作。各级卫生行政部门会同公安、工商等有关执法部门,捣毁了一批严重危害人民健康、扰乱正常食品生产经营秩序的食品加工黑窝点,销毁了一大批假冒伪劣食品,得到了广大人民群众的支持和称赞。

1996年全国范围一系列强化食品卫生监督执法工作取得了明显的成果,据不完全统计,1～9月份,全国各级卫生行政部门监督食品生产经营单位户次数比上年同期增加18.67%,处罚户次数比上年同期增加4.09%,销毁各类假冒伪劣食品共270余万公斤。1996年,全国熟肉及其制品、冷饮冷食、饮料、乳制品、蒸馏酒、水产品、豆制品、粮食、植物油、糕点等主要食品品种的食品卫生监测合格率均比上年有所提高。

**【d. 整顿保健食品生产】** 新《食品卫生法》明确了保健食品的审批和管理制度,依照《食品卫生法》制定的《保健食品管理办法》于1996年6月1日生效施行。该《办法》科学地界定了保健食品的范围，建立了保健食品审批程序和食品生产经营管理制度，并对保健食品标签、说明书和广告宣传提出了具体要求。在此基础上，卫生部进一步制定发布了《保健食品评审技术规程》、《保健食品功能学评价程序和检验方法》，《保健食品通用卫生要求》等一整套技术法规。卫生部还成立了保健食品评审委员会，各省级卫生行政部门也相继成立了保健食品评审委员会，为保健食品的初审和终审工作做好了准备。

国家对保健食品实行法制化管理的目的是确保保健食品的产品质量，打击以保健食品名义生产经营的伪劣产品，净化市场，保护广大消费者的健康权益，促进保健食品行业的健康发展。为此，卫生部发布了《关于认真贯彻“保健食品管理办法”的通知》(卫监发〔1996〕第24号)，要求各地卫生行政部门积极稳妥地开展保健食品的审批和市场整顿工作，并制定了分阶段进行清理整顿的计划。从6月1日起，由卫生部统一部署，各级卫生行政部门积极行动，在全国范围开展了第一阶段的企业自我整顿和申报工作。一方面卫生部和各省级卫生行政部门做好受理保健食品申报的各项工作，为有关企业的申报提供快捷方便和高效的服务；另一方面各级卫生行政部门积极开展调查摸底，掌握保健食品的生产经营及市场情况，帮助和指导有关企业熟悉和掌握保健食品管理制度和有关规定，做好自我整顿和报批的准备工作。卫生部食品卫生监督检验所和各省级卫生技术单位在积极配合卫生行政部门开展各项整顿和审批工作的同时，建立或完善了保健食品质量检测、稳定性试验、安全性毒理学试验以及功能学评价的实验室，从人员、设备和技术上做好了充分的准备，为企业进行申报前各项试验提供了全方位的技术服务。

到1996年11月，卫生部首次批准了59个保健食品，标志着中国保健食品行业在法制化管理的轨道上向前迈进了坚实的一步。

**【e. 全国食品卫生监督监测情况】** 1996年据29个省、自治区、直辖市报告统计(缺西藏、台湾)，食品卫生监督监测情况如下：

(一)、食品卫生监测情况

1996年据29个省、自治区、直辖市报告统计，共监测各类食品1 265 029件，监测总合格件数1 071 319件，合格率为84.69%。其中抽检957 885件，合格808 702件，抽检合格率为84.43%。

(二)、食品从业人员体格检查情况

1996年全国29个省、自治区、直辖市对食品从业人员进行健康检查6 720 384人，体检合格率为97.82%，检出不宜从事食品行业工作的疾病患者89 686人，检出率为1.33%，其中97.8%的患者调离了原岗位。

(三)、食物中毒发生情况

1996年全国29个省、自治区、直辖市共发生食物中毒878起，食物中毒人数为23 844人，死亡177人。其中，动物性食品引起中毒11 414人，死亡22人，植物性食品引起中毒8 749人，死亡107人，其它食物中毒死亡48人。1996年全国发生食物中毒原因：微生物性食物中毒11 668人，死亡31人；化学性食物中毒7 537人，死亡124人；原因不明中毒人数4 639人，死亡22人。

(包大跃)

附件：

**获批准的59种保健食品名称及批准文号**

| 产品名称 | 批准功能 | 申请单位 | 批准文号 |
|---|---|---|---|
| 舒仲花粉精 | 调节血脂、免疫调节作用 | 西安舒仲花粉有限公司 | 卫食健字(96)第001号 |
| 益寿宝SOD. Vc保健口服液 | 抗氧化 | 珠海经济特区银丰保健品有限公司<br>北京双鹤医药保健品公司 | 卫食健字(96)第002号 |
| 东方情降脂胶囊 | 调节血脂 | 北京集英生物技术有限公司 | 卫食健字(96)第003号 |
| γ-亚麻酸营养液 | 调节血脂 | 北京三鸣生物工程有限公司 | 卫食健字(96)第004号 |
| 皇贝宝 | 延缓衰老、免疫调节、抑制肿瘤 | 济南山水天然生物保健品研究所 | 卫食健字(96)第005号 |
| 昊康免疫液 | 免疫调节 | 北京昊康生态制品有限公司 | 卫食健字(96)第006号 |
| 蚁皇神粉 | 增强非特异性免疫 | 河北神蚁保健品有限公司 | 卫食健字(96)第007号 |
| 降脂油 | 调节血脂 | 石家庄格林高营养技术开发公司 | 卫食健字(96)第008号 |
| 中华生物参 | 免疫调节、耐缺氧 | 沈阳南洋保健品有限公司 | 卫食健字(96)第009号 |

| | | | |
|---|---|---|---|
| 巨不肥减肥营养餐 | 减肥 | 珠海市巨不肥食品有限公司 | 卫食健字(96)第010号 |
| 骨髓壮骨粉 | 免疫调节 | 石家庄大天力保健食品有限公司 | 卫食健字(96)第011号 |
| 健王降糖奶粉 | 降血糖 | 新乡健王保健食品有限公司 | 卫食健字(96)第012号 |
| 维格尔大豆卵磷脂软胶囊 | 抗氧化 | 中外合资成都通联药业有限公司 | 卫食健字(96)第013号 |
| 维格尔西洋参精软胶囊 | 免疫调节 | 中外合资成都通联药业有限公司 | 卫食健字(96)第014号 |
| 维格尔鲨鱼软骨胶囊 | 抑制肿瘤 | 中外合资成都通联药业有限公司 | 卫食健字(96)第015号 |
| 维格尔鱼鲨烯软胶囊 | 耐缺氧、抗疲劳 | 中外合资成都通联药业有限公司 | 卫食健字(96)第016号 |
| 维格尔浓缩蜂王浆软胶囊 | 免疫调节 | 中外合资成都通联药业有限公司 | 卫食健字(96)第017号 |
| 生命一号 | 改善记忆、促进生长发育、免疫调节 | 广东十八宝医药保健品有限公司 | 卫食健字(96)第018号 |
| 康得寿滋补液 | 调节血脂、耐缺氧、抗氧化 | 天津市糕点食品研究所 | 卫食健字(96)第019号 |
| 金钙力胶囊 | 促进生长发育、预防骨质疏松、调节血脂、抗氧化 | 北京助元金钙力制品有限公司 | 卫食健字(96)第020号 |
| 神蜉牌神蜉酒 | 延缓衰老、免疫调节、抗疲劳、耐缺氧 | 广西浦北酒厂 | 卫食健字(96)第021号 |
| 三九胃泰(Ⅰ)甜酸型健脾养胃液 | 促进消化吸收 | 深圳南方制药厂九升生物制品厂 | 卫食健字(96)第022号 |
| 阿尔发营养面 | 降血糖、调节血脂 | 天津阿尔发保健品有限公司 | 卫食健字(96)第023号 |
| 阿尔发降糖粉(原名阿尔发营养粉) | 降血糖、调节血脂 | 天津阿尔发保健品有限公司 | 卫食健字(96)第024号 |
| 阿尔发秘通舒 | 润肠通便 | 天津阿尔发保健品有限公司 | 卫食健字(96)第025号 |
| 金菇儿童口服液 | 免疫调节、促进生长发育、改善记忆 | 广东太阳神集团有限公司 | 卫食健字(96)第026号 |
| 生物健口服液(浓缩型) | 免疫调节、抗疲劳、耐缺氧、延缓衰老、补血 | 广东太阳神集团有限公司 | 卫食健字(96)第027号 |
| 餐宝保健饮料 | 对化学性肝损伤有保护作用 | 昆明佳美集团公司<br>北京高得赛尔商贸有限责任公司 | 卫食健字(96)第028号 |
| 博宁海王素 | 抗突变 | 西安博宁制药有限公司 | 卫食健字(96)第029号 |
| 世上一宝天然功能性饮料 | 抗氧化、阻断N-亚硝基化合物的合成 | 广东省江门市罐头食品厂 | 卫食健字(96)第030号 |
| 盐水瓶生态口服液 | 抗突变、改善肠道菌群失调 | 上海高博特生物保健品有限公司 | 卫食健字(96)第031号 |
| 中年康饮料 | 调节血脂 | 郑州中年康实业有限公司 | 卫食健字(96)第032号 |
| 奎科减肥酥 | 减肥 | 北京奎科新技术公司 | 卫食健字(96)第033号 |
| 龙福地龙胶囊 | 改善微循环 | 龙福(南京)新科技有限公司 | 卫食健字(96)第034号 |
| 昂立一号口服液 | 抗突变、改善肠道菌群失调、抗氧化 | 上海交大昂立生物制品有限公司 | 卫食健字(96)第035号 |
| 劲得复合钙300(普通型) | 补钙、增加骨密度 | 北京维他营养保健品公司 | 卫食健字(96)第036号 |
| 劲得复合钙200(儿童型) | 补钙、促进生长发育 | 北京维他营养保健品公司 | 卫食健字(96)第037号 |

| | | | |
|---|---|---|---|
| 圣达中华鳖精营养液 | 抗疲劳 | 浙江圣达保健品有限公司 | 卫食健字(96)第038号 |
| 智灵牌冬虫夏草营养液 | 免疫调节、抑制肿瘤 | 山东智灵生物工程有限公司<br>济南高新开发区京鲁生物技术研究开发中心 | 卫食健字(96)第039号 |
| 智灵牌冬虫夏草胶丸 | 免疫调节、抑制肿瘤 | 山东智灵生物工程有限公司<br>济南高新开发区京鲁生物技术研究开发中心 | 卫食健字(96)第040号 |
| 贝康亭 | 抗疲劳 | 广州贝氏药业有限公司 | 卫食健字(96)第041号 |
| 宁红新效减肥茶 | 减肥、调节血脂 | 江西省宁红集团公司 | 卫食健字(96)第042号 |
| 福寿仙多糖王口服液 | 免疫调节 | 广州市福寿仙保健品厂 | 卫食健字(96)第043号 |
| 美乐托宁胶囊 | 改善睡眠 | 浙江黄岩延年褪黑素有限公司 | 卫食健字(96)第044号 |
| 强力神营养液 | 抗疲劳、耐缺氧 | 浙江省海宁市强力神集团公司 | 卫食健字(96)第045号 |
| 蚁宝茶 | 免疫调节 | 康源保健品有限公司 | 卫食健字(96)第046号 |
| 奇珍螺旋藻片 | 免疫调节 | 广东省茂源进出口总公司 | 卫食健字(96)第047号 |
| 阿胶神口服液 | 补血 | 山东东阿阿胶集团保健品公司 | 卫食健字(96)第048号 |
| 美福乐减肥套盒 | 减肥 | 北京华麟企业(集团)有限公司<br>天宇减肥健美技术研究所 | 卫食健字(96)第049号 |
| 苏康油丸 | 调节血脂 | 北京强华科技开发公司 | 卫食健字(96)第050号 |
| 脑力健口服营养液 | 改善记忆、抗氧化 | 上海脑力健生物医学有限公司 | 卫食健字(96)第051号 |
| 纯蛇粉胶囊 | 免疫调节 | 江苏隆力奇集团<br>苏州东方蛇园有限公司 | 卫食健字(96)第052号 |
| 99龄维他醋 | 阻断亚硝胺合成、调节血脂 | 洛阳市九九龄保健品厂 | 卫食健字(96)第053号 |
| 嘉寿溪黄草颗粒 | 免疫调节、对化学性肝损伤有保护作用 | 广东省增城市嘉寿保健品有限公司 | 卫食健字(96)第054号 |
| 三乐源(复合生物功能)饮品 | 免疫调节、调节血脂 | 哈尔滨三乐生物工程有限公司 | 卫食健字(96)第055号 |
| 唐安一号 | 调节血糖作用 | 北京唐安营养保健品有限公司 | 卫食健字(96)第056号 |
| 美通宁 | 改善睡眠 | 洛阳市高新技术开发区<br>通宁科技有限公司 | 卫食健字(96)第057号 |
| 美泰宁 | 改善睡眠 | 中信技术公司 | 卫进食健字(96)第001号 |
| 瓜拿纳 | 抗疲劳 | 武汉瓜拿纳保健品有限责任公司 | 卫进食健字(96)第002号 |

# 1.7 食品工业标准化

【a. 1996年食品国家标准目录】 1996年国家技术监督局和卫生部批准、发布的食品国家标准共116项，目录如下：

GB 2710—1996 鲜(冻)禽肉卫生标准
GB 2713—1996 淀粉类制品卫生标准
GB 2714—1996 酱腌菜卫生标准
GB 2717—1996 酱油卫生标准
GB 2718—1996 酱卫生标准
GB 2719—1996 食醋卫生标准
GB 2720—1996 味精卫生标准
GB 2721—1996 食盐卫生标准
GB 2726—1996 酱卤肉类卫生标准
GB 2744—1996 海水贝类卫生标准
GB 2748—1996 蛋卫生标准
GB 2749—1996 蛋制品卫生标准
GB 2759.1—1996 冷冻饮品卫生标准
GB 2759.2—1996 碳酸饮料卫生标准
GB 2760—1996 食品添加剂使用卫生标准
GB 4544—1996 啤酒瓶
GB/T5009.1—1996 食品卫生检验方法 理化部分 总则
GB/T5009.11—1996 食品中总砷的测定方法
GB/T5009.12—1996 食品中铅的测定方法
GB/T5009.13—1996 食品中铜的测定方法
GB/T5009.14—1996 食品中锌的测定方法
GB/T5009.15—1996 食品中镉的测定方法
GB/T5009.16—1996 食品中锡的测定方法
GB/T5009.17—1996 食品中总汞的测定方法
GB/T5009.18—1996 食品中氟的测定方法
GB/T5009.19—1996 食品中六六六、滴滴涕残留量的测定方法
GB/T5009.20—1996 食品中有机磷农药残留量的测定方法
GB/T5009.21—1996 粮、油、菜中西维因残留量的测定方法
GB/T5009.22—1996 食品中黄曲霉毒素 $B_1$ 的测定方法
GB/T5009.23—1996 食品中黄曲霉毒素 $B_1$、$B_2$、$G_1$、$G_2$ 的测定方法
GB/T5009.24—1996 食品中黄曲霉毒素 $M_1$ 与 $B_1$ 的测定方法
GB/T5009.25—1996 食品中杂色曲霉毒的测定方法
GB/T5009.26—1996 食品中N—亚硝胺类的测定方法
GB/T5009.27—1996 食品中苯并(α)芘的测定方法
GB/T5009.28—1996 食品中糖精钠的测定方法
GB/T5009.29—1996 食品中山梨酸、苯甲酸的测定方法
GB/T5009.30—1996 食品中叔丁基羟基茴香醚(BHA)与2,6—二叔丁基对甲酚(BHT)的测定方法
GB/T5009.32—1996 油脂中没食子酸丙脂(PG)的测定方法
GB/T5009.33—1996 食品中亚硝酸盐和硝酸盐的测定方法
GB/T5009.34—1996 食品中亚硝酸盐的测定方法
GB/T5009.35—1996 食品中合成着色剂的测定方法
GB/T5009.36—1996 粮食卫生标准的分析方法
GB/T5009.37—1996 食用植物油卫生标准的分析方法
GB/T5009.38—1996 蔬菜、水果卫生标准的分析方法
GB/T5009.39—1996 酱油卫生标准的分析方法
GB/T5009.40—1996 酱卫生标准的分析方法
GB/T5009.41—1996 食醋卫生标准的分析方法

GB/T5009.42—1996 食盐卫生标准的分析方法
GB/T5009.43—1996 味精卫生标准的分析方法
GB/T5009.44—1996 肉与肉制品卫生标准的分析方法
GB/T5009.45—1996 水产品卫生标准的分析方法
GB/T5009.46—1996 乳与乳制品卫生标准的分析方法
GB/T5009.47—1996 蛋与蛋制品卫生标准的分析方法
GB/T5009.48—1996 蒸馏酒及配制酒卫生标准的分析方法
GB/T5009.49—1996 发酵酒卫生标准的分析方法
GB/T5009.50—1996 冷饮食品卫生标准的分析方法
GB/T5009.51—1996 非发酵性豆制品及面筋卫生标准的分析方法
GB/T5009.52—1996 发酵性豆制品卫生标准的分析方法
GB/T5009.53—1996 淀粉类制品卫生标准的分析方法
GB/T5009.54—1996 酱腌菜卫生标准的分析方法
GB/T5009.55—1996 食糖卫生标准的分析方法
GB/T5009.56—1996 糕点卫生标准的分析方法
GB/T5009.57—1996 茶叶卫生标准的分析方法
GB/T5009.58—1996 食品包装用聚乙烯树脂卫生标准的分析方法
GB/T5009.59—1996 食品包装用聚苯乙烯树脂卫生标准的分析方法
GB/T5009.60—1996 食品包装用聚乙烯、聚苯乙烯、聚丙烯成型品卫生标准的分析方法
GB/T5009.61—1996 食品包装用三聚氰胺成型品卫生标准的分析方法
GB/T5009.62—1996 陶瓷制食具容器卫生标准的分析方法
GB/T5009.63—1996 搪瓷制食具容器卫生标准的分析方法
GB/T5009.64—1996 食品用橡胶垫片(圈)卫生标准的分析方法
GB/T5009.65—1996 食品用高压锅密封圈卫生标准的分析方法
GB/T5009.66—1996 橡胶奶嘴卫生标准的分析方法
GB/T5009.67—1996 食品包装用聚氯乙烯成型品卫生标准的分析方法
GB/T5009.68—1996 食品容器内壁过氯乙烯涂料卫生标准的分析方法
GB/T5009.69—1996 食品罐头内壁环氧酚醛涂料卫生标准的分析方法
GB/T5009.70—1996 食品容器内壁聚酰胺环氧树脂涂料卫生标准的分析方法
GB/T5009.71—1996 食品包装用聚丙烯树脂卫生标准的分析方法
GB/T5009.72—1996 铝制食具容器卫生标准的分析方法
GB 7096—1996 食用菌卫生标准
GB 7098—1996 食用菌罐头卫生标准
GB 10789—1996 软饮料的分类
GB/T12399—1996 食品中硒的测定
GB/T13120—1996 食品容器及包装材料用聚酯树脂及其成型品中锑的测定
GB/T16285—1996 食品中葡萄糖的测定方法 酶—比色法和酶—电极法
GB/T16286—1996 食品中蔗糖的测定方法 酶—比色法
GB/T16287—1996 食品中淀粉的测定方法 酶—比色法
GB 16319—1996 食品中敌百虫最大残留限量标准
GB 16320—1996 食品中亚胺硫磷最大残留限量标准
GB 16321—1996 乳酸菌饮料卫生标准
GB 16322—1996 植物蛋白饮料卫生标准
GB 16323—1996 食品中阿特拉津最大残留限量标准
GB 16324—1996 海水贝类干制品卫生标准
GB 16325—1996 干果食品卫生标准
GB 16326—1996 坚果食品卫生标准
GB 16327—1996 肉干、肉脯卫生标准
GB 16328—1996 烤鱼片卫生标准
GB 16329—1996 小麦、面粉、玉米及玉米粉中脱氧雪腐镰刀菌烯醇限量标准
GB 16330—1996 饮用天然矿泉水厂卫生规范
GB 16331—1996 食品包装材料用尼龙6树脂卫生标准
GB 16332—1996 食品包装材料用尼龙成型品卫生标准
GB 16333—1996 双甲脒等农药在食品中的最大

残留限量标准

GB 16334—1996 γ辐照装置食品加工实用剂量学导则

GB/T16335—1996 食品中亚胺硫磷残留量的测定

GB/T16336—1996 食品中阿特拉津残留量的测定

GB/T16337—1996 大豆及谷物中氟磺胺草醚残留量的测定

GB/T16338—1996 粮食中绿麦隆残留量的测定

GB/T16339—1996 大米中禾大壮残留量的测定

GB/T16340—1996 食品中灭幼脲残留量的测定

GB/T16341—1996 食品中五氯硝基苯残留量的测定

GB/T16342—1996 食品中锑的测定

GB/T16343—1996 食品中镍的测定

GB/T16344—1996 饮料中咖啡因的测定

GB/T16345—1996 饮料中乙酰磺胺酸钾(安赛蜜)的测定

GB/T16346—1996 食品中诱惑红的测定

GB/T16347—1996 乳酸菌饮料中乳酸菌的微生物学检验

GB 16565—1996 油炸小食品类卫生标准

**【b. 1996年食品行业标准目录】** 1996年,国家进出口商品检验局批准、发布的行业标准共53项,目录如下:

SN 0519—1996 出口粮谷中丙环唑残留量检验方法

SN 0520—1996 出口粮谷中烯菌灵残留量检验方法

SN 0521—1996 出口油籽中丁酰肼残留量检验方法

SN 0522—1996 出口粮谷中特丁磷残留量检验方法

SN 0523—1996 出口水果中乐杀螨残留量检验方法

SN 0524—1996 出口粮谷中溴化物残留量检验方法

SN 0525—1996 出口水果、蔬菜中福美双残留量检验方法

SN 0526—1996 出口粮谷中增效醚残留量检验方法

SN 0527—1996 出口粮谷中灭虫威残留量检验方法

SN 0528—1996 出口粮谷中除虫脲残留量检验方法

SN 0529—1996 出口肉品中甲氧滴滴涕残留量检验方法

SN 0530—1996 出口肉品中呋喃唑酮残留量检验方法

SN 0531—1996 出口肉品中育畜磷残留量检验方法

SN 0532—1996 出口粮谷中抗倒胺残留量检验方法

SN 0533—1996 出口水果中乙氧三甲喹淋残留量检验方法

SN 0534—1996 出口粮谷中仲丁威残留量检验方法

SN 0536—1996 出口肉品中卡那霉素残留量检验方法 杯碟法

SN 0537—1996 出口肉品中红霉素残留量检验方法 杯碟法

SN 0538—1996 出口肉品中螺旋霉素残留量检验方法 杯碟法

SN 0539—1996 出口肉品中青霉素残留量检验方法 杯碟法

SN 0540—1996 出口肉品中柱晶白霉素残留量检验方法 杯碟法

SN/T0548—1996 出口酱油检验规程

SN/T0549—1996 出口蜂王浆及干粉中维生素 $B_6$ 检验方法

SN 0567—1996 出口火腿肠检验规程

SN 0568—1996 出口火腿罐头检验规程

SN 0582—1996 出口粮谷及油籽中灭多威残留量检验方法

SN 0583—1996 出口粮谷及油籽中氯苯胺灵残留量检验方法

SN 0584—1996 出口粮谷及油籽中烯菌酮灵残留量检验方法

SN 0585—1996 出口粮谷及油籽中乙酰甲胺磷残留量检验方法

SN 0586—1996 出口粮谷及油籽中特普残留量检验方法

SN 0587—1996 出口粮谷及油籽中草丙磷残留量检验方法

SN 0588—1996 出口坚果及坚果制品中匹克司残留量检验方法

SN 0589—1996 出口饮料中棒曲霉毒素检验方法

SN 0590—1996 出口肉及肉制品中2,4—滴丁酯残留量检验方法

SN 0591—1996 出口粮谷及油籽中二绿硫磷残留

量检验方法

SN 0592—1996 出口粮谷及油籽中苯丁锡残留量检验方法

SN 0593—1996 出口肉及肉制品中辟哒酮残留量检验方法

SN 0594—1996 出口肉及肉制品中西玛津残留量检验方法

SN 0595—1996 出口粮谷赤霉烯酮检验方法

SN 0596—1996 出口粮谷烯禾啶残留量检验方法

SN 0597—1996 出口水果中邻苯基苯酚及其钠盐残留量检验方法

SN 0598—1996 出口水产品中多种有机氯农药残留量检验方法

SN 0599—1996 出口水果中速灭磷残留量检验方法

SN 0600—1996 出口粮谷中氟乐灵残留量检验方法

SN 0601—1996 出口粮谷中毒虫畏残留量检验方法

SN 0602—1996 出口粮谷中匹唑芬残留量检验方法

SN 0603—1996 出口粮谷中路米啉残留量检验方法

SN 0604—1996 出口蔬菜中杜烯残留量检验方法

SN 0605—1996 出口粮谷中双苯唑菌醇残留量检验方法

SN 0606—1996 出口乳品中噻菌灵残留量检验方法

SN 0607—1996 出口肉中噻苯哒唑残留量检验方法

SN 0621—1996 出口蜂蜡中碳氢化合物检验方法

SN 0623—1996 出口食盐检验规程

（TC64 秘书处供稿）

# 1.8 食品工业质量监督

【a. 综述】 1996年,在工业生产稳定增长的形势下,食品工业产品质量的监督管理工作不断深入。除继续在每季度组织一次的产品质量国家监督抽查中安排食品产品的质量抽查外,还针对社会反响较大的一些食品产品开展了产品质量国家监督专项抽查和市场执法检查,促进了广大食品生产企业进一步加强质量工作,努力提高产品质量。从全国开展的各种产品质量监督检查的结果看,1996年全国的食品工业产品质量在总体上继续保持着稳中有升的良好态势。

【b. 产品质量国家监督抽查】 1996年产品质量国家监督抽查中一共抽查了455家企业生产、经销的8类668种食品,有294家企业的463种食品合格,企业合格率为64.6%,食品平均抽样合格率为69.3%,比1992～1995年的平均抽样合格率61.4%高7.9个百分点。其中,一季度抽查了红茶、绿茶,抽样合格率为65.0%;二季度抽查了加碘盐和蜂花粉,抽样合格率分别为93.4%和76.9%;三季度抽查了蜜饯食品,抽样合格率为45.5%;四季度抽查了小包装食用油、灭菌纯牛奶和花色奶、酱油、蜂蜜,抽样合格率分别为88.5%、59.5%、58.5%、54.8%。具体情况见表1。

【c. 产品质量国家监督专项抽查】 1996年中,国家技术监督局还针对各方面反映质量问题比较多的一些食品先后组织了4次产品质量国家监督专项抽查,共抽查了357家企业生产、经销的540种食品,有212家企业的361种食品合格,企业合格率为59.4%,食品平均抽样合格率为66.9%。其中:

第1次专项抽查是为使广大人民群众过一个安定、欢乐、祥和的春节,保证"菜篮子"的供应,一季度对四川、湖南、河北、河南4个主要肉类生产、销售地区的肉类产品和北京、天津、哈尔滨、南京、西安等城市销售的名优白酒产品分别进行了产品质量国家监督专项抽查。抽查了44家企业的45种肉类产品,合格29种,抽样合格率为64.4%;抽查了82家商业企业销售的名优白酒样品82个,真品47个,真品率为57.3%。抽查结果表明:注水肉的问题经过整治已有所遏制,但尚未根本解决;而流通领域中假冒名优白酒的问题仍比较严重,尤其是各城市郊区的问题比较突出,饭店、餐馆的问题最多。

第2次专项抽查是为庆祝"3.15"国际消费者权益日,切实保护消费者的权益,扶优治劣,引导消费,在"3.15"到来之际,抽查了果汁和果汁饮料、乳制品。共抽查了92家企业生产、经销的131种产品,有44家企业的74种产品合格。其中,果汁和果汁饮料产品的抽样合格率为55.7%,主要问题是标签不规范,短斤缺两、劣质问题仍然存在;乳制品的抽样合格率为57.1%,产品质量是两极分化的趋势,大型企业的产品质量水平明显优于中、小型企业。

第3次专项抽查是为保证儿童身心健康,在"6.1"国际儿童节前,抽查对象为饼干和糖果、方便面、酸乳类产品、冰淇淋4类儿童食品。共抽查了138家企业生产、经销的281种产品,有92家企业的210种产品合格。其中,饼干和糖果的抽样合格率为92.6%;方便面的抽样合格率为87.7%;酸乳类产品的抽样合格率为69.7%;冰淇淋的抽样合格率为56.4%。抽查中发现,儿童食品在卫生、净含量和标签方面还存在突出问题,尤其是部分食品卫生指标超标严重。

第4次专项抽查的对象是中华鳖产品。按企业标准判定,该产品合格,但还存在某些需要改进的地方。

产品质量国家监督专项抽查的具体情况见表2。

【d. 产品质量全国统一监督检查】 为进一步规范矿泉水市场,扶优治劣,保护广大消费者的利益,督促企业不断提高产品质量,继1995年对矿泉水进行了产品质量全国统一监督检查(以下简称统检)之后,1996年上半年,国家技术监督局对矿泉水产品质量再次进行了统检。共检查了除宁夏外全国29个省、自治区、直辖市885家生产企业中833家企业生产的833批次产品,企业统检覆盖率为94.1%;合格640批次,抽样合格率为76.8%,比上年统检抽样合格率73.0%提高3.8个百分点。其中,国有企业的抽样合格率为80.2%,集体企业的抽样合格率为76.3%，乡镇企业的抽样合格率为69.4%，个体企业的抽样合格率为62.5%，“三资”企业的抽样合格率为79.4%。

统检中，共查出感官指标不合格产品20批次，限量指标不合格产品25批次，污染指标不合格产品29批次，微生物指标不合格产品145批次。

另外，根据统检细则规定，凡具备3个判定条件(界限指标无一达标、细菌总数1万以上、3项以上指标不合格)之一者，判定为劣质产品。统检中共查出劣质产品20批次，占不合格产品总数的10.4%。

统检中还对833家生产企业的生产条件进行了考核。考核结果，合格372家，占统检企业总数的44.7%；基本合格289家，占统检企业总数的34.7%；不合格172家，占统检企业总数的20.6%。

矿泉水统检结果见表3、表4。

**【e. 市场商品质量和计量监督检查】** 为确保1996年元旦、春节期间市场供应，保证广大人民群众过一个安定、欢乐、祥和的节日，国家技术监督局在全国范围内部署了“两节”期间重点对鲜奶制品、婴儿配方乳粉、食糖、方便面4种食品的质量进行市场监督抽查，并直接组织了全国17个城市的监督检查工作。全国共出动37 476人次，检查上述商品的总标值为5.03亿元，现场检查商店31 900家，检查集贸市场1 180个，检查商品174 696批次，合格125 137批次，平均抽样合格率为71.6%。

17个城市对上述4种商品共检查了427家商店销售的648批次样品，合格418批次，平均抽样合格率为64.5%；劣质样品有35批次，劣质品率为5.4%。其中，鲜奶制品共检查72家商店118批次样品，合格64批次，平均抽样合格率为54.2%；婴儿配方乳粉共检查78家商店105批次样品，合格35批次，平均抽样合格率为33.3%；食糖共检查114家商店136批次样品，合格95批次，平均抽样合格率为69.9%；方便面共检查163家商店289批次样品，合格224批次，平均抽样合格率为77.5%。

在被检查的427家商店中，抽查样品全部合格的有263家，占被抽查商店数的61.6%；经销劣质商品的商店有35家，占被抽查商店数的8.2%。这些被查样品涉及生产企业467家，产品合格的生产企业有297家，企业合格率为63.6%；无法确定生产企业的商品有8批次，占全部抽查商品的1.2%。

全国共检查食品标签100 131种，合格83 404种，食品标签合格率为83.3%；检查定量包装食品28 351种，称重合格21 943种，定量包装食品称重合格率为77.4%；共查获假冒伪劣商品标值2 504.8万元，占检查商品总标值的5.0%；端掉制售假冒伪劣商品窝点191个，移送司法机关的大案要案7起。

17个城市检查的具体情况见表5。

**【f. 15城市市场定量包装食品检查】** 1996年8月下旬，国家技术监督局在北京、天津、保定、哈尔滨、吉林、大连、上海、烟台、南京、温州、武汉、广州、重庆、西安、哈密15个城市部署了对奶制品、食用油、酒类净含量的市场检查。共检查定量包装食品6 552批次，称重合格5 728批次，定量包装食品称重合格率为87.4%；检查食品标签8 177种，合格6 928种，标签合格率为84.7%。

**【g. 22城市商品质量和计量监督检查】** 为规范流通秩序，严厉打击标实不符、以次充好、掺杂使假、短斤缺两和制假售假等违法犯罪行为，依法保护企业和消费者的合法权益，为广大群众欢度元旦制造良好的购物环境，1996年四季度，国家技术监督局在北京、合肥、乌鲁木齐、西宁、兰州、佳木斯、四平、岳阳、石家庄、泰安、洛阳、常州、九江、杭州、三明、佛山、柳州、贵阳、朝阳、仙桃、宜宾、芜湖22个城市，部署了对与群众生活密切相关的大米、面粉、食用植物油、味精、食醋5种“米袋子”、“菜篮子”食品开展市场商品质量、计量监督大检查和“打假”活动。共出动执法检查人员12 863人次，动用质检机构33个，检查了9 078家商店和549个专业批发市场、农贸市场，检查商品总标值3亿余元。共抽查1 290家经销单位销售的上述5种商品1 448批次样品，标值2 326万元，合格945批次，平均抽样合格率为65.3%，比1995年同期提高5.3个百分点。其中：大米抽查了287家经销单位的311批次样品，合格167批次，平均抽样合格率为53.7%；面粉抽查了317家经销单位的351批次样品，合格215批次，平均抽样合格率为61.3%；植物油抽查了287家经销单位的334批次样品，合格273批次，平均抽样合格率为81.7%；味精抽查了181家经销单位的200批次样品，合格153批次，平均抽样合格率为76.5%；食醋抽查了218家经销单位的252批次样品，合格137批次，平均抽样合格率为54.4%。

在被抽查的1 290家经销单位中，抽查样品全部合格的有845家，占被抽查单位的65.5%。抽查的产品涉及全国953家生产企业，产品合格的企业有671家，占被抽查生产企业的70.4%。有115批次的产品无法确定其生产企业。

现场检查了食品标签18 062种，合格14 395种，标签合格率为79.7%；检查定量包装食品9 686批次，净含量合格的有8 116批次，定量包装食品称量合格率为83.8%。

检查中查获假冒伪劣食品标值965万元，占检查商品总标值的3.47%。端掉制假售假窝点108个，移送司法机关大案要案5件。

**【h. 地方产品质量监督检查】** 1996年，地方各级技术监督部门进一步加大了对食品质量监督检查的力度。在对各类食品生产企业进行的生产领域食品质量监督检查中，共监督检验了115 946家企业生产的185 968批次食品，有79 174家企业的130 557批次食品合格，企业合格率为68.3%，食品的平均抽样合格率为70.2%，比1992年～1995年的平均抽样合格率66.4%高3.8个百分点。

在对各类食品经销企业进行的流通领域食品质量监督检查中，共监督检验了104 129家企业销售的267 765批次食品，合格190 265批次，食品的平均抽样合格率为71.1%，比1992年～1995年的平均抽样合格率71.9%低0.8个百分点。另外，查出伪劣食品29 155批次；查出的不合格食品价值总计15 983.91万元，伪劣食品价值5 465.03万元。

地方食品质量监督检查的具体情况见表6、表7。

（宣　湘）

**表1　　1996年产品质量国家监督抽查中食品情况**

| 抽查时间 | 产品名称 | 抽查企业数（家） | 合格企业数（家） | 企业合格率（%） | 抽查产品数（种） | 合格产品数（种） | 抽样合格率（%） |
|---|---|---|---|---|---|---|---|
| 一季度 | 红茶、绿茶 | 189 | 115 | 60.8 | 237 | 154 | 65.0 |
| 二季度 | 加碘盐 | 103 | 96 | 93.2 | 106 | 99 | 93.4 |
| | 蜂花粉 | 13 | 10 | 76.9 | 13 | 10 | 76.9 |
| 三季度 | 蜜饯食品 | 13 | 0 | 0 | 44 | 20 | 45.5 |
| 四季度 | 小包装食用油 | 30 | 23 | 76.7 | 78 | 69 | 88.5 |
| | 灭菌纯牛奶和花色奶 | 26 | 8 | 30.8 | 77 | 46 | 59.7 |
| | 酱油 | 51 | 25 | 49.0 | 82 | 48 | 58.2 |
| | 蜂蜜 | 30 | 17 | 56.7 | 31 | 17 | 54.8 |
| 合计 | | 455 | 294 | 64.6 | 668 | 463 | 69.3 |

**表2　　产品质量国家监督专项抽查中食品情况**

| 抽查时间 | 产品名称 | 抽查企业数（家） | 合格企业数（家） | 企业合格率（%） | 抽查产品数（种） | 合格产品数（种） | 抽样合格率（%） |
|---|---|---|---|---|---|---|---|
| 一季度 | 名优白酒 | 82 | 47 | 57.3 | 82 | 47 | 57.3 |
| 一季度 | 肉类产品 | 44 | 28 | 63.6 | 45 | 29 | 64.4 |
| “3.15”活动 | 乳制品 | 64 | 34 | 53.1 | 70 | 40 | 57.1 |
| | 果汁和果汁饮料 | 28 | 10 | 35.7 | 61 | 34 | 55.7 |
| “6.1”节前 | 饼干、糖果 | 34 | 29 | 85.3 | 81 | 75 | 92.6 |
| | 方便面 | 30 | 24 | 80.0 | 57 | 50 | 87.7 |
| | 酸乳类产品 | 29 | 20 | 69.0 | 33 | 23 | 69.7 |
| | 冰淇淋 | 45 | 19 | 42.2 | 110 | 62 | 56.4 |
| 二季度 | 中华鳖 | 1 | 1 | 100 | 1 | 1 | 100 |
| 合计 | | 357 | 212 | 59.4 | 540 | 361 | 66.9 |

1996年瓶装饮用天然矿泉水

表3　　产品质量统检情况　　单位:个

| 地　区 | 统　检企业数 | 统　检产品数 | 产　品合格数 | 合格率(%) |
|---|---|---|---|---|
| 北　京 | 35 | 35 | 30 | 85.7 |
| 天　津 | 11 | 11 | 10 | 90.9 |
| 河　北 | 30 | 30 | 24 | 80.0 |
| 河　南 | 32 | 32 | 29 | 90.6 |
| 山　西 | 9 | 9 | 6 | 66.7 |
| 内蒙古 | 7 | 7 | 7 | 100.0 |
| 辽　宁 | 40 | 40 | 26 | 65.0 |
| 吉　林 | 38 | 38 | 28 | 73.7 |
| 黑龙江 | 15 | 15 | 12 | 80.0 |
| 山　东 | 70 | 70 | 46 | 65.7 |
| 上　海 | 25 | 25 | 21 | 84.0 |
| 江　苏 | 31 | 31 | 26 | 83.9 |
| 浙　江 | 61 | 61 | 39 | 63.9 |
| 福　建 | 49 | 49 | 31 | 63.3 |
| 安　徽 | 29 | 29 | 21 | 72.4 |
| 湖　南 | 27 | 27 | 19 | 70.4 |
| 湖　北 | 32 | 32 | 25 | 78.1 |
| 江　西 | 28 | 28 | 22 | 78.6 |
| 广　东 | 77 | 77 | 60 | 77.9 |
| 广　西 | 23 | 23 | 21 | 91.3 |
| 云　南 | 27 | 27 | 26 | 96.3 |
| 四　川 | 48 | 48 | 44 | 91.7 |
| 贵　州 | 19 | 19 | 17 | 89.5 |
| 陕　西 | 19 | 19 | 14 | 73.7 |
| 甘　肃 | 9 | 9 | 8 | 88.9 |
| 海　南 | 13 | 13 | 11 | 84.6 |
| 青　海 | 4 | 4 | 3 | 75.0 |
| 新　疆 | 20 | 20 | 9 | 45.0 |
| 宁　夏 | | | | |
| 西　藏 | 5 | 5 | 5 | 100.0 |
| 合　计 | 833 | 833 | 640 | 76.8 |

说明:空白为没有数据。

1996年瓶装饮用天然矿泉水

表4　　产品质量统检企业分类情况　　单位:个

| | | 统　检企业数 | 统　检产品数 | 产　品合格数 | 抽　样合格率(%) |
|---|---|---|---|---|---|
| 国有企业 | 大　型 | 30 | 30 | 26 | 86.7 |
| | 中　型 | 66 | 66 | 59 | 89.4 |
| | 小　型 | 151 | 151 | 113 | 74.8 |
| | 小　计 | 247 | 247 | 198 | 80.2 |
| 集体企业 | 大　型 | 23 | 23 | 14 | 60.9 |
| | 中　型 | 49 | 49 | 41 | 83.7 |
| | 小　型 | 185 | 185 | 141 | 76.2 |
| | 小　计 | 257 | 257 | 196 | 76.3 |
| 乡镇企业 | 大　型 | 4 | 4 | 3 | 75.0 |
| | 中　型 | 10 | 10 | 9 | 90.0 |
| | 小　型 | 58 | 58 | 38 | 65.5 |
| | 小　计 | 72 | 72 | 50 | 69.4 |
| 三资企业 | 大　型 | 39 | 39 | 36 | 92.3 |
| | 中　型 | 65 | 65 | 56 | 86.2 |
| | 小　型 | 105 | 105 | 74 | 70.5 |
| | 小　计 | 209 | 209 | 166 | 79.4 |
| 个体企业 | 大　型 | 4 | 4 | 2 | 50.0 |
| | 中　型 | 9 | 9 | 5 | 55.6 |
| | 小　型 | 35 | 35 | 23 | 65.7 |
| | 小　计 | 48 | 48 | 30 | 62.5 |
| 大　型 | | 100 | 100 | 81 | 81.0 |
| 中　型 | | 199 | 199 | 170 | 85.4 |
| 小　型 | | 534 | 534 | 389 | 72.8 |
| 合　计 | | 833 | 833 | 640 | 76.8 |

**表5** **17城市4种食品抽查综合情况**

| 城市名称 | 鲜奶产品 | | | | 婴儿配方乳粉 | | | | 食糖 | | | | 方便面 | | | | 合计 | | | |
|---|---|---|---|---|---|---|---|---|---|---|---|---|---|---|---|---|---|---|---|---|
| | 抽查商店 | 抽查批次 | 合格批次 | 合格率 | 抽查商店 | 抽查批次 | 合格批次 | 合格率 | 抽查商店 | 抽查批次 | 合格批次 | 合格率 | 抽查商店 | 抽查批次 | 合格批次 | 合格率 | 抽查商店 | 抽查批次 | 合格批次 | 合格率 |
| 北京 | 7 | 10 | 9 | 90.0 | 4 | 4 | 0 | 0 | 13 | 13 | 12 | 92.3 | 4 | 14 | 14 | 100 | 28 | 41 | 35 | 85.4 |
| 上海 | 14 | 33 | 26 | 78.8 | 18 | 22 | 12 | 54.5 | 12 | 19 | 10 | 52.6 | 15 | 16 | 14 | 87.5 | 59 | 90 | 62 | 68.9 |
| 天津 | 8 | 11 | 1 | 9.1 | 4 | 5 | 0 | 0 | 17 | 18 | 10 | 55.6 | 8 | 10 | 8 | 80.0 | 37 | 44 | 19 | 43.2 |
| 济南 | | | | | | | | | | | | | 18 | 52 | 35 | 67.2 | 18 | 52 | 35 | 67.3 |
| 石家庄 | | 10 | 2 | 20.0 | 13 | 16 | 6 | 37.5 | 10 | 10 | 7 | 70.0 | 20 | 54 | 30 | 55.6 | 43 | 90 | 45 | 50.0 |
| 合肥 | 2 | 2 | 1 | 50.0 | | | | | 3 | 3 | 3 | 100 | 10 | 10 | 6 | 60.0 | 15 | 15 | 10 | 66.7 |
| 成都 | 4 | 4 | 0 | 0 | 4 | 5 | 3 | 60.0 | 6 | 6 | 5 | 83.3 | 6 | 6 | 6 | 100 | 20 | 21 | 14 | 66.7 |
| 重庆 | 1 | 1 | 0 | 0 | | | | | 9 | 10 | 8 | 80.0 | 15 | 25 | 25 | 100 | 25 | 36 | 33 | 91.7 |
| 大连 | 1 | 1 | 1 | 100 | | | | | 6 | 6 | 6 | 100 | 11 | 15 | 14 | 93.3 | 18 | 22 | 21 | 95.5 |
| 乌鲁木齐 | | 3 | 0 | 0 | | | | | | 7 | 6 | 85.7 | | 12 | 9 | 75.0 | | 22 | 15 | 68.2 |
| 郑州 | 4 | 4 | 3 | 75.0 | 11 | 14 | 4 | 28.6 | 7 | 8 | 5 | 62.5 | 10 | 12 | 11 | 91.7 | 32 | 38 | 23 | 60.5 |
| 深圳 | 12 | 12 | 9 | 75.0 | 8 | 8 | 3 | 37.5 | 9 | 9 | 4 | 44.4 | 15 | 15 | 11 | 73.3 | 44 | 44 | 27 | 61.2 |
| 西安 | 5 | 10 | 6 | 60.0 | | | | | 6 | 7 | 3 | 42.8 | 8 | 9 | 9 | 100 | 19 | 26 | 18 | 69.2 |
| 广州 | 1 | 3 | 3 | 100 | 2 | 5 | 5 | 100 | 2 | 4 | 3 | 75.0 | 1 | 5 | 4 | 80.0 | 6 | 17 | 15 | 88.2 |
| 朝阳 | 6 | 6 | 0 | 0 | 3 | 3 | 1 | 33.3 | 1 | 2 | 2 | 100 | 7 | 7 | 6 | 85.7 | 17 | 18 | 9 | 50.0 |
| 徐州 | 7 | 8 | 3 | 37.5 | 8 | 18 | 1 | 5.6 | 5 | 6 | 4 | 66.7 | 8 | 12 | 8 | 66.7 | 28 | 44 | 16 | 36.4 |
| 佳木斯 | | | | | 3 | 5 | 0 | 0 | 8 | 8 | 7 | 87.5 | 7 | 15 | 14 | 93.3 | 18 | 28 | 21 | 75.0 |
| 合计 | 72 | 118 | 64 | 54.2 | 78 | 105 | 35 | 33.3 | 114 | 136 | 95 | 69.8 | 163 | 289 | 224 | 77.5 | 427 | 648 | 418 | 64.5 |

**表6** **地方产品质量监督检查中生产领域情况**

| 项目 | 检查企业（家） | 合格企业（家） | 企业合格率（%） | 检查食品（批次） | 合格食品（批次） | 抽样合格率（%） |
|---|---|---|---|---|---|---|
| 小麦粉、大米 | 16 019 | 10 979 | 68.5 | 23 382 | 16 008 | 68.5 |
| 肉制品 | 1 903 | 1 462 | 76.8 | 3 531 | 2 727 | 77.2 |
| 食用盐 | 619 | 482 | 77.9 | 915 | 688 | 75.2 |
| 调味品 | 6 845 | 4 196 | 61.3 | 11 712 | 7 836 | 66.9 |
| 保健食品 | 864 | 620 | 71.8 | 1 347 | 919 | 68.2 |
| 白酒 | 15 632 | 11 137 | 71.3 | 23 688 | 16 999 | 71.8 |
| 啤酒 | 1 217 | 1 079 | 88.7 | 2 139 | 1 935 | 90.5 |
| 黄酒、果酒 | 1 914 | 1 213 | 63.4 | 2 667 | 1 746 | 65.5 |
| 食用植物油 | 10 210 | 8 504 | 83.3 | 16 081 | 13 601 | 84.6 |
| 罐头 | 2 032 | 1 337 | 65.8 | 3 051 | 2 046 | 67.1 |
| 糕点、糖果 | 23 884 | 16 414 | 68.7 | 38 858 | 27 666 | 71.2 |
| 非酒精液体饮料 | 10 782 | 6 039 | 56.0 | 18 177 | 10 410 | 57.3 |
| 冷冻饮料 | 10 313 | 5 522 | 53.6 | 16 712 | 9 342 | 55.9 |
| 方便主食品 | 2 563 | 1 954 | 76.2 | 4 448 | 3 391 | 76.2 |
| 乳制品 | 1 037 | 755 | 72.8 | 1 467 | 1 088 | 74.2 |
| 其他 | 10 112 | 7 481 | 74.0 | 17 793 | 14 155 | 79.6 |
| 合计 | 115 946 | 79 174 | 68.3 | 185 968 | 130 557 | 70.2 |

表 7　　地方食品质量监督检查中流通领域情况

| 项　目 | 检查商店（家） | 检查商品（批次） | 合格商品（批次） | 抽样合格率（%） | 查出伪劣商品（批次） | 查出不合格商品价值 | |
|---|---|---|---|---|---|---|---|
| | | | | | | 总计（万元） | #伪劣商品价值（万元） |
| 小麦粉、大米 | 5 840 | 8 661 | 6 007 | 69.4 | 768 | 2 437.26 | 899.43 |
| 肉制品 | 1 414 | 3 157 | 2 324 | 73.6 | 285 | 279.57 | 184.13 |
| 食用盐 | 2 110 | 3 495 | 2 644 | 75.7 | 260 | 305.86 | 119.97 |
| 调味品 | 8 234 | 20 165 | 13 586 | 67.4 | 2 170 | 672.44 | 163.67 |
| 保健食品 | 2 845 | 13 802 | 10 359 | 75.1 | 2 109 | 795.53 | 545.01 |
| 白酒 | 16 829 | 40 349 | 27 056 | 67.1 | 5 251 | 3 580.06 | 1 580.38 |
| 啤酒 | 7 389 | 14 115 | 10 154 | 71.9 | 1 060 | 1 254.50 | 387.26 |
| 黄酒、果酒 | 2 299 | 5 351 | 3 738 | 69.9 | 545 | 373.82 | 111.86 |
| 食用植物油 | 3 650 | 5 595 | 4 195 | 75.0 | 611 | 1 023.40 | 142.30 |
| 罐头 | 10 948 | 33 693 | 26 290 | 78.0 | 3 206 | 1 694.93 | 252.79 |
| 糕点、糖果 | 14 713 | 47 264 | 34 626 | 73.3 | 5 017 | 1 113.20 | 378.54 |
| 非酒精液体饮料 | 8 579 | 18 081 | 11 417 | 63.2 | 2 892 | 592.87 | 200.54 |
| 冷冻饮料 | 3 689 | 10 038 | 6 339 | 63.2 | 1 249 | 408.05 | 77.78 |
| 方便主食品 | 5 882 | 11 592 | 9 220 | 79.5 | 1 080 | 351.52 | 103.85 |
| 乳制品 | 3 409 | 7 750 | 6 161 | 79.5 | 512 | 182.69 | 59.39 |
| 其他 | 6 299 | 24 657 | 16 149 | 65.5 | 2 140 | 918.21 | 258.13 |
| 合计 | 104 129 | 267 765 | 190 265 | 71.1 | 29 155 | 15 983.91 | 5 465.03 |

# 1.9 科技成果

**【a. 国家级科学技术进步奖食品工业项目】** 1996年国家级科学技术进步奖授奖项目为536项。其中特等奖4项;一等奖20项;二等奖169项;三等奖343项。在这些奖项中,食品工业获二等奖4项,三等奖5项,简介如下:

| 获奖成果名称 | 授奖等级 | 主要完成单位 | 主要完成人 |
|---|---|---|---|
| 中国野生大豆的生物学研究及其应用的探讨 | 二 | 吉林省农业科学院、中国科学院长春物理所 | 徐 豹等 |
| 玉溪卷烟厂优质烤烟基地十年建设工程 | 二 | 玉溪卷烟厂 | 褚时健等 |
| 植物生长调节剂TA乳粉在海带、紫菜上的应用研究 | 二 | 福建农业科学院果树研究所等 | 刘德盛等 |
| 分子蒸馏技术的应用及其国产化装置的研制 | 二 | 广州市轻工研究所 | 刘汉槎等 |
| 王朝全汁干型葡萄酒规模化生产工艺技术 | 三 | 中法合营王朝葡萄酿酒有限公司 | 徐文恒等 |
| 日产50吨植物油连续精炼技术 | 三 | 国内贸易部无锡科学研究设计院、合肥油厂 | 徐建中等 |
| “大豆蛋白分子降解、改性技术”研究 | 三 | 长春大学等 | 李荣和等 |
| 烟草品种资源收集、繁种、鉴定和利用 | 三 | 中国烟草总公司青州烟草研究所等 | 蒋予恩等 |
| SM型气升式发酵罐 | 三 | 郑州工学院 | 马晓建等 |

**【b. 国内贸易部系统获奖科技成果】** 1996年国内贸易部系统获科技进步奖的食品工业项目有:二等奖6项、三等奖20项、四等奖11项,简介如下:

| 项目名称 | 获奖等级 | 完成单位 | 主要完成人 |
|---|---|---|---|
| 淀粉接枝共聚物生物降解塑料 | 二 | 福建省粮油科学技术研究所 | 林本农等 |
| RH30Ⅱ型热合机 | 二 | 石家庄市食品机械厂 | 白玉峰等 |
| RGR20型滚揉机 | 二 | 河北省石家庄市食品机械厂 | 江其顺等 |
| 异麦芽低聚糖浆 | 二 | 无锡市糖果食品厂 | 鲍元兴等 |
| YJHT环形油脂浸出(系列)成套设备 | 二 | 国内贸易部西安油脂科学研究设计院 | 萧国椿等 |
| 300t/d环形浸出器负压蒸发新工艺及成套设备 | 二 | 国内贸易部西安油脂科学研究设计院 | 吴海泉等 |
| 大豆蛋白的综合开发与应用研究——大豆蛋白氨基酸粉生产工艺技术 | 三 | 国内贸易部西安油脂科学研究设计院 | 丁福祺等 |
| “PGZ”配套技术在全兴大曲酒大生产中应用研究 | 三 | 四川省成都全兴酒厂 | 杨肇基等 |
| 泸型酒酿造的操控工艺研究 | 三 | 泸州老窖股份有限公司 | 沈才洪等 |
| 小麦淀粉酯类、醚类衍生物的研究 | 三 | 郑州粮食学院 | 陈肇锬等 |
| AS3.4309糖化酶 | 三 | 邢台市酶制剂厂 | 李保增等 |
| 微波炉高压罐水解法在氨基酸分析中的应用 | 三 | 上海市食品研究所 | 越建幸等 |
| 盒装内酯老豆腐的研制 | 三 | 上海市食品研究所 | 刘玉群等 |

续表

| 项目名称 | 获奖等级 | 完成单位 | 主要完成人 |
|---|---|---|---|
| 国产优质小麦品种选育与专用粉生产技术研究及其应用 | 三 | 郑州粮食学院等 | 秦中庆等 |
| JMCT24 型精洁米加工成套设备 | 三 | 湖南省湘粮机械厂 | 袁建柱等 |
| JMCT12 型精洁米加工成套设备 | 三 | 湖南省湘粮机械厂等 | 袁建柱等 |
| MNML30 立式碾米机 | 三 | 湖北省粮机厂研究设计所 | 肖崇业等 |
| FZSZ—9600H·S 系列小麦着水自动控制系统 | 三 | 鹤岗市良实新技术开发公司 | 李同强等 |
| 300T/日平转浸出油厂负压蒸发工艺技术的研究设计 | 三 | 牡丹江市制油厂 | 石国春等 |
| 棉酚脱毒菌株的选育与在酱油发酵中的应用研究 | 三 | 郑州粮食学院食品工程系 | 庄　桂等 |
| 消化吸收改进劳斯曼麦芽设备技术与进口电器仪表国产化研究 | 三 | 湖北沔阳麦芽厂等 | 黄亚军等 |
| 通脊火腿加工工艺及设备的研究 | 三 | 中国肉类食品综合研究中心 | 张原飞等 |
| 微胶囊化香辛料营养素质构重组技术——微胶囊化香辛料的生产工艺研究 | 三 | 北京市食品研究所 | 鲍鲁生等 |
| 固定化细胞酱油、醋风味重组技术(酱油部分) | 三 | 北京市食品研究所 | 李　非等 |
| LD—103 食用碘盐全自动包装机(0.5～1.0kg) | 三 | 武汉食品工业学院等 | 谭立烽等 |
| 生化试剂蛋白胨(精制)产品研制 | 三 | 上海大场肉类联合加工厂 | 张士琦等 |
| 海龙系列肉制品的研制 | 四 | 中国肉类食品综合研究中心 | 郭爱菊等 |
| 田园火腿加工工艺的研究 | 四 | 中国肉类食品综合研究中心 | 张原飞等 |
| 真空按摩机(ZA—80 型程控真空按摩机) | 四 | 上海龙华食品公司、上海市食品研究所 | 陈　忠等 |
| 冷冻春卷、元宵类皮子改良剂 | 四 | 上海市食品研究所 | 刘玉群等 |
| “巴菲”系列冷饮产品外观设计专利 | 四 | 安徽芜湖市康健食品厂 | 管英德 |
| PPHJ60×2 双螺杆挤压膨化机 | 四 | 浙江省粮食科学研究所等 | 严华锋等 |
| 孔膳坊天然酱油 | 四 | 曲阜市调味品公司 | 朱清沧等 |
| 非金属矿产品在味精废水中处理应用 | 四 | 杭州味精厂等 | 刘道康等 |
| 等级米生产工艺 | 四 | 吉林第一粮油加工厂 | 侯铁钢等 |
| 快餐食品荤豆花技术研制 | 四 | 兰州豆花饭庄 | 谭星朗 |
| DWJ—40 型微电脑豆制品机 | 四 | 哈尔滨商业高新技术开发公司 | 宋蕴青等 |

(孙　奇)

**【c. 农业系统科学技术进步奖食品工业项目】** 1996 年农业部科学技术进步奖 150 项,其中一等奖 9 项、二等奖 42 项、三等奖 99 项。涉及食品工业的二等奖 1 项、三等奖 2 项。项目如下:

| 项目名称 | 获奖等级 | 主要完成单位 | 主要完成人 |
|---|---|---|---|
| 茶儿茶素等有效成份分离、应用及新型茶加工技术 | 二 | 中国农业科学院茶叶研究所等 | 程启坤等 |
| 新疆无核白葡萄制干过程中褐变特性及防止措施的研究 | 三 | 新疆农垦科学院特产开发研究中心 | 林向东等 |
| 果品纸袋的研究 | 三 | 大连华侨果品纸袋厂 | 韩行久等 |

(寇建平、孙法军)

**【d. 轻工总会系统获奖科技成果】** 1996年轻工总会系统授奖项目158项，其中一等奖4项，二等奖36项、三等奖118项。涉及食品工业项目二等奖6项、三等奖14项。项目简介如下：

| 项目名称 | 获奖等级 | 主要完成单位 | 主要完成人 |
|---|---|---|---|
| 黑苦荞醋的研制 | 二 | 山西省农业科学院等 | 牛西午等 |
| 应用于谷氨酸发酵的连续喷射液化双酶法制糖 | 二 | 淮海工学院生物技术研究中心、上海兆光喷射液化技术有限公司 | 王兆光等 |
| 双孢蘑菇规范化生产性栽培示范 | 二 | 福建省轻工业研究所 | 王泽生等 |
| 利用细胞工程培育酿酒葡萄新品系技术的研究 | 二 | 山东省酿酒葡萄科学研究所 | 卢炳芝等 |
| 婴幼儿等强化食品中各种维生素快速测定法的研究 | 二 | 浙江省轻工业研究所 | 任一平等 |
| 四特酒特征香味组份的剖析研究 | 二 | 中国食品发酵工业研究所 | 胡国栋等 |
| 2172天然牛奶香精 | 三 | 杭州香料厂 | 金亦之等 |
| 万吨酒精集散控制系统(DCS)的研究及其应用 | 三 | 朝阳酒厂 | 盛贵林等 |
| DHA奶粉 | 三 | 黑龙江省杜尔伯特蒙古族自治县康维乳业公司 | 程 俊等 |
| 啤酒酵母Q—CF菌株 | 三 | 内蒙古赤峰啤酒厂 | 王 贵等 |
| 内蒙古河套酒厂系列酒计算机勾调专家优化系统 | 三 | 内蒙古河套酒厂 | 罗 维等 |
| 罗格冰淇淋工艺改进及产品 | 三 | 天津市红星冷食公司 | 孟 艳等 |
| 葡萄糖氧化酶在啤酒生产中的应用研究 | 三 | 河北省科学院微生物研究所 | 范孝用等 |
| 洋河酒厂原料粉碎系统改造工程 | 三 | 江苏洋河酒厂 | 陈宗敬等 |
| 洋河玫花露酒 | 三 | 江苏洋河酒厂 | 李大贤等 |
| 提高浓香型白酒质量新工艺——强化窖底酒醅产酯技术的研究 | 三 | 河南省食品工业科学研究所等 | 张福友等 |
| 瑞莱星解酒神逸茶研制 | 三 | 河南省医学科学研究所等 | 杨 波等 |
| 充氮健力宝运动饮料(橙蜜型) | 三 | 广东健力宝集团有限公司研究所、广东健力宝天然饮品有限公司 | 江兆基等 |
| 食品真空冷冻干燥生产线微机测控系统 | 三 | 郑州轻工业学院 | 李学桥等 |
| 乳粉成套生产线的研制 | 三 | 中国轻工机械黑龙江乳品机械公司、黑龙江省富裕乳品厂 | 于爱群等 |

（曲 英）

# 1.10 绿色食品

**【a. 概述】** 1990年5月15日，中国正式宣布开始发展绿色食品。绿色食品推出以后，经历了如下发展过程：提出绿色食品的科学概念→创立绿色食品开发管理体系→系统组织绿色食品工程建设→稳步向社会化、产业化、国际化方向推进。概括起来，绿色食品发展经历了3个阶段：

第一阶段：从农垦系统启动的基础建设阶段（1990年～1993年）。1990年，“绿色食品工程”在农垦系统正式实施。在绿色食品工程实施后的3年中，完成了一系列基础性建设工作。主要包括：在农业部设立绿色食品专门机构，并在全国省级农垦管理部门成立了相应的机构，以农垦系统产品质量监测机构为依托，建立起绿色食品产品质量监测系统；制订了一系列技术标准，初步形成了绿色食品标准体系；制订并颁布了《绿色食品标志管理办法》等有关管理规定；对绿色食品标志进行了注册；加入了“有机农业运动国际联盟”。与此同时，绿色食品开发在一些农场快速起步，1990年，产品开发数达127个，1993年又有217个产品获得绿色食品标志使用权。

第二阶段：向全社会推进的加速发展阶段（1994年～1996年）。1994年，中国绿色食品发展中心根据全国绿色食品发展的新形势，提出了“加速三个推进”的发展方针，即产品开发从起步阶段的国营农场为主向广大农村、全社会推进；工作重点从抓生产环节为主向市场开拓推进；技术结构从传统技术为主向开发应用现代高新技术推进。“三个推进”的提出，标志着绿色食品发展方式的转变和开发领域的扩展。这一阶段，绿色食品标准建设、标志管理、组织建设等基础工作得到进一步加强和完善，绿色食品发展的规模和水平得到进一步扩大和提高。1996年，全国共开发绿色食品产品712个，产量为350万吨，开发面积达213万公顷。

第三阶段，从1996年开始，绿色食品又进入了一个新的发展阶段。主要特征是社会化、产业化、国际化进程明显加快。绿色食品事业受到各地政府和有关部门的重视和支持，外部发展环境更加优化；广大消费者对绿色食品需求日益迫切，市场覆盖面越来越大；通过交流、合作和宣传，中国绿色食品在国际社会的影响越来越大，一部分绿色食品还成功地打入了国际市场；在产业化进程上，无论是技术基础、规范管理，还是产品开发、市场建设，绿色食品发展从整体上已成雏型，而且极富发展活力。

绿色食品在短短7年时间里获得了蓬勃发展，其基本原因是：广大农产和企业生态意识、质量意识、科技意识的增强，开发绿色食品的积极性日益高涨；广大消费者对食品质量的要求越来越高，形成了绿色食品市场环境；政府及有关部门的重视和支持为绿色食品发展创造了良好的条件。绿色食品的发展过程，提供了两条宝贵的经验：一是发展农业和食品工业必须转变传统的发展观念和经济增长方式，走可持续发展的道路，实现经济效益、社会效益和生态效益同步增长；二是发展农业和食品工业必须遵循社会主义市场经济规律，组织生产，加强管理，引导消费。

**表1 1990年～1996年绿色食品发展速度**

| 指 标 | 1990年 | 1996年 | 年均速度% |
|---|---|---|---|
| 产品总数（个） | 127 | 712 | 33.3 |
| 产品总量（万吨） | 35 | 360 | 47.5 |
| 开发面积（万公顷） | 4 | 213.3 | 94.0 |

**【b. 标准建设】** 绿色食品标准是应用科学技术原理，结合绿色食品生产实践，借鉴国内外相关标准所制定的技术性文件。它既是绿色食品企业的生产技术行业规范，也是绿色食品质量认证的基础和质量保证的前提。绿色食品标准体系以全程质量控制为核心，由以下6个部分组成：（1）绿色食品产地环境标准，包括《绿色食品产地环境质量标准》、《绿色食品产地环境质量评价纲要》等标准内容。（2）绿色食品生产过程标准，包括生产资料使用准则和生产加工操作规程。（3）绿色食品产品标准，包括产品的无污染、安全、优质、营养、卫生等品质要求。（4）绿色食品包装标准，包括包装材料选择、标识内容等。（5）绿色食品贮藏、运输标准。（6）其它相关标准，包括《绿色食品推

荐肥料标准》、《绿色食品推荐农药标准》、《绿色食品推荐食品添加剂标准》、《绿色食品生产基地标准》等。以上标准构成了绿色食品完整、科学的标准体系。

绿色食品标准建设进展：制定了绿色食品产地环境监测及评价标准、生产加工过程标准和产品包装标准；制定了绿色食品分级标准(A级和AA级)，其中AA级绿色食品标准达到联合国食品法典委员会(CAC)的食品标准，并与国际有机食品标准直接接轨；A级绿色食品标准普遍高于国家食品标准；通过农业部制定并颁布了49个绿色食品产品标准：在全国7大地理区域(东北、华北、西北、西南、华中、华东、华南)制定了72种农作物的A级绿色食品生产技术规程；制定了生产绿色食品的肥料、农药、兽药、水产养殖用药、食品添加剂、饲料添加剂等6个生产资料使用准则。绿色食品其它相关标准正在加紧制定和进一步完善。制定绿色食品标准有两条基本的指导思想：一是促进农业和食品工业可持续发展；二是促进绿色食品国际贸易发展。

**【c. 标志管理】** 绿色食品开发实行统一、规范的标志管理，即通过对合乎特定标准的产品进行认证并发放特定的标志，用以证明产品的特定身份以及与一般同类产品的区别。绿色食品标志管理实现了质量认证和商标管理的结合，这样既使绿色食品认定具备产品质量认证的严格性和权威性，又具有商标使用的法律地位。绿色食品实行标志管理，不仅有利于规范绿色食品产业发展，而且有利于保护绿色食品企业、经营者和消费者的合法权益。

1996年，中国绿色食品发展中心在国家工商行政管理局完成了绿色食品标志图形、中英文及图形、文字组合等4种形式在9大类商品上共33件证明商标的注册工作，从而使绿色食品开发和管理纳入了法制化的轨道，标志着绿色食品作为一项拥有自主知识产权的产业在中国的形成，同时也标志着一种新的食品生产方式和消费观念得到认可。另外，绿色食品标志商标也已开始在日本、香港等国家和地区注册，从而扩大了绿色食品产业知识产权保护的范围。

**【d. 产品开发】** 绿色食品经过7年发展，产品开发已初具规模。截止1996年底统计，全国共开发绿色食品产品712个，实物总量350万吨，开发面积213万公顷。其中绿色食品初级产品种植面积27.7万公顷，绿色食品加工产品原料种植面积81.3万公顷，绿色食品饲料作物种植面积104.3万公顷。从区域上看，绿色食品产品现已分布全国各地，许多产品还是全国或各地的名牌产品。从品种上看，绿色食品现已开发的产品涵盖了中国农产品分类标准中的7大类、29个分类，包括粮油、果品、蔬菜、畜禽蛋奶、水海产品、酒类、饮料类等，品种十分齐全，既有初级产品，又有深加工产品，既有大宗农副产品，也有包装规格很小的调味品、小食品。在各大类产品中，品种结构也很丰富，如粮油类产品，大米、面粉、食用油为主要品种，也有小米、荞麦、红小豆等小杂粮品种；酒类产品，既有白酒产品，又有啤酒、葡萄酒产品；水果、蔬菜、饮料类产品品种则更丰富。表2、表3反映了产品开发状况。

**表2　　1996年绿色食品产品开发情况**

| 类别 | 产品 | | 产量 | | 面积 | |
|---|---|---|---|---|---|---|
| | 个数 | % | 万吨 | % | 万公顷 | % |
| 粮油类 | 166 | 23.3 | 152.0 | 43.5 | 42.82 | 20.0 |
| 蔬菜类 | 46 | 6.5 | 32.7 | 9.3 | 1.24 | 0.6 |
| 果品类 | 104 | 14.6 | 49.6 | 14.2 | 4.92 | 2.3 |
| 饮料类 | 151 | 21.2 | 78.7 | 22.5 | 25.12 | 11.8 |
| 畜禽蛋奶类 | 121 | 17.0 | 14.7 | 4.2 | 131.19 | 61.4 |
| 水产类 | 23 | 3.2 | 1.0 | 0.3 | 0.50 | 0.2 |
| 酒类 | 52 | 7.3 | 4.3 | 1.2 | 3.72 | 1.7 |
| 其它 | 49 | 6.9 | 16.8 | 4.8 | 4.35 | 2.0 |
| 合计 | 712 | 100.0 | 349.8 | 100.0 | 213.84 | 100.0 |

**表3　　1990年～1996年绿色食品产品结构变化**

| | 1990年 | | 1991年 | | 1992年 | | 1993年 | | 1994年 | | 1995年 | | 1996年 | |
|---|---|---|---|---|---|---|---|---|---|---|---|---|---|---|
| | 个数 | % | 个数 | % | 个数 | % | 个数 | % | 个数 | % | 个数 | % | 个数 | % |
| 粮油类 | 13 | 10.2 | 10 | 12.0 | 3 | 4.6 | 24 | 11.0 | 17 | 19.3 | 64 | 24.3 | 74 | 25.6 |
| 畜禽蛋 | 30 | 23.6 | 19 | 22.9 | 13 | 20 | 48 | 22.1 | 13 | 14.8 | 42 | 16.0 | 44 | 15.2 |

续表

| | 1990年 | | 1991年 | | 1992年 | | 1993年 | | 1994年 | | 1995年 | | 1996年 | |
|---|---|---|---|---|---|---|---|---|---|---|---|---|---|---|
| | 个数 | % | 个数 | % | 个数 | % | 个数 | % | 个数 | % | 个数 | % | 个数 | % |
| 蔬菜 | 28 | 22.1 | 4 | 4.8 | 6 | 9.2 | 8 | 3.7 | 8 | 9.1 | 15 | 5.7 | 26 | 9.0 |
| 果品 | 13 | 10.2 | 13 | 15.7 | 24 | 36.9 | 62 | 28.6 | 8 | 9.1 | 32 | 12.2 | 42 | 14.5 |
| 饮料 | 19 | 15.0 | 19 | 22.9 | 12 | 18.5 | 47 | 21.7 | 21 | 23.9 | 56 | 21.3 | 59 | 20.4 |
| 酒类 | 15 | 11.8 | 11 | 13.3 | 3 | 4.6 | 7 | 3.2 | 9 | 10.2 | 28 | 10.6 | 13 | 4.5 |
| 罐头 | 3 | 2.4 | 3 | 3.6 | 4 | 6.2 | 6 | 2.8 | 5 | 5.7 | 6 | 2.3 | 0 | 0 |
| 水产品 | 1 | 0.8 | 3 | 3.6 | 0 | 0 | 7 | 3.2 | 1 | 1.1 | 11 | 4.2 | 9 | 3.1 |
| 其它 | 5 | 3.9 | 1 | 1.2 | 0 | 0 | 8 | 3.7 | 6 | 6.8 | 9 | 3.4 | 22 | 7.6 |
| 总计 | 127 | 100.0 | 83 | 100.0 | 65 | 100.0 | 217 | 100.0 | 88 | 100.0 | 263 | 100.0 | 289 | 100.0 |

近几年，绿色食品产品开发出现了4个特点：一是产品结构有所调整，与城乡居民生活密切相关的产品开发比例增加，1995年占52%，1996年上升到83%；前两年开发相对滞后的短线产品比例增加，如蔬菜类产品，1995年为5.7%，1996年上升到9%；水产品由1994年的占1.1%提高到1996年占3.1%。二是规模大、上档次、上水平的企业增多，涌现出了象长城葡萄酒公司、泸州老窖有限公司、伊利集团、完达山奶粉厂、南方黑五类食品有限公司等一些大型企业。据统计，在1995年批准使用绿色食品标志的生产企业中，年产值超过1 500万元的企业占总数的47.4%，年产值超过5 000万元的企业占总数的15.0%。三是"北强南弱"的产品开发格局有所改变，南方地区产品开发力度增大，尤以四川、江苏、湖南、广东、广西、福建等省区突出，上述地区产品开发比重由1994年和1995年的14%提高到1996年的20%。四是产品开发由农垦系统走向了全社会，1994年，农垦系统以外申报绿色食品的产品比例已达78%，1996年，这一比例已超过85%。

**【e. 市场建设】** 市场流通既是绿色食品事业发展的载体，也是事业发展的推动力。"'95天津宣展会"的成功举办，显示了绿色食品市场的潜力和价值。之后，随着绿色食品事业社会影响的扩大以及广大消费者对绿色食品认知度的提高、市场需求的扩大，中国绿色食品发展中心决定将启动市场建设作为一项重点工作来抓，并取得了初步成效。中国绿色食品总公司作为龙头企业除了自身开展配送直销、生产资料供给和技术服务工作以外，还积极带动和配合一些地方，如天津、黑龙江、江苏、深圳等地开展了多种形式的营销工作，探索出了一些宝贵经验。与此同时，为了将绿色食品打入国际市场，中国绿色食品总公司和有关部门科技专家通力合作，开展技术研究，精心组织基地建设，使绿色食品出口贸易有了一个新局面，探索出了一种"公司＋专家＋基地＋农户"的农业产业化开发模式。近几年，先后有辽宁盘锦的大米、山东荣城和沂水的花生、河北的红小豆、云南丽江的芸豆等绿色食品出口到日本、德国等国家和地区，并显示出了在技术、质量、价格、品牌上的明显优势，展示出了绿色食品广阔的出口前景。为了系统有序地做好市场建设工作，1996年年底，中国绿色食品发展中心在福建漳州召开了绿色食品市场建设研讨会，进一步提高了各地对加快开展绿色食品市场建设重要性、必要性和紧迫性的认识，为今后全面启动绿色食品市场建设奠定了一个非常好的思想基础。

**【f. 科研与培训】** (1)绿色食品理论体系的研究工作已取得了初步成果，为中国绿色食品事业的健康发展提供了有效的理论指导。目前，这项研究工作正逐步走向深入。(2)与国内有关高等院校、科研院所建立了广泛的科技交流与协作联系，为绿色食品科研及技术开发推广体系的完善奠定了良好的基础。(3)先后完成了9项绿色食品科研课题："香椿快繁、矮化、多分枝技术及香椿食品研究"，"生物矿物质食品添加剂研究"，"植物细胞大规模培养生产天然藏红花色素的研究"，"利用生物酶研制新型饮料及膜处理技术研究"，"绿色食品农产品基地环境条件与生产技术的研究"，"绿色食品(蔬菜和水果)生产中有害化学物质污染的控制措施研究"，"绿色食品市场开发与培育研究"，"几种十字花科植物溶菌酶及其应用研究"，"芽菜工厂化培养技术研究"。上述科研成果有的已应用到绿色食品生产开发中。(4)绿色食品技术和管理培训工作已步入正轨。中国绿色食品发展中心近几年先后组织举办了绿色食品产地环境监测、产品质量监测技术培训班，从1996年开始连续举办了4期绿色食品管理培训班，全国共培训340名绿色食品管理人员，绿色食品开发和管理队伍的整体素质有了明显提高。

**【g. 国际交流与合作】** 1993年，在外交部、财政部和农业部的联合支持下，中国绿色食品发展中心加入了有机农业运动联盟(IFOAM)，从而使中国绿色食品走向世界迈出了重要一步。以后，通过参加IFOAM的各项活动，建立了广泛的国际联系，不仅吸收了国外同行业许多先进的经验，而且还系统地将中国绿色食品推向了国际社会，并赢得了国际社会的一致好评。联合国粮农组织(FAO)驻华代表称赞“中国的绿色食品事业是一项杰出的事业”；世界持续农业协会(WASS)负责人称“中国的绿色食品创造了一个崭新的可持续发展模式”；IFOAM主席认为“中国绿色食品的实践在许多方面已走在了世界同类食品发展的前列”；印度的同行认为“中国的绿色食品事业为发展中国家树立了榜样”。另外，国内绿色食品生产开发企业还与外国企业及有关机构开展了多种形式的经济技术交流与合作，既吸引了外资和先进的技术和管理，又促进了绿色食品产品出口。例如，山东省绿色食品生产企业中合资企业已占45%，出口产品已占57%，有力地促进了外向型经济发展。

**【h. 机构建设】** 1993年，经人事部批准，中国绿色食品发展中心正式成立，专门负责组织全国绿色食品工程的实施。其主要职能是：制定发展绿色食品的方针、政策及规划；管理绿色食品标志商标；组织制定和完善绿色食品的各类标准；开展与绿色食品工程相配套的科技攻关、宣传活动；组织和参加国内外相关的经济技术交流与合作；指导各省、区、市、绿色食品管理机构的工作；建设绿色食品生产示范基地；协调绿色食品市场营销网络；协调绿色食品产地环境和产品质量监测工作。

截止1996年底，中国绿色食品发展中心已在全国30个省、自治区、直辖市组建了37个绿色食品委托管理机构；在各省份委托设立了56个绿色食品产地环境监测及环境质量评价机构；在全国分区城委托了9个食品监测机构负责绿色食品产品质量检测，从而形成了绿色食品组织管理、质量管理和技术监督网络。

为了组织发动全社会力量关心、支持绿色食品发展，1996年5月，中国绿色食品协会正式成立。到1996年年底，已发展团体会员227家，个人会员321名。中国绿色食品协会是从事和热心于绿色食品管理、科研、教育、生产、贮运、销售、监测、咨询等活动的单位和个人自愿组成的全国性社会团体。协会的宗旨是推动绿色食品开发的横向经济联合，协调绿色食品科研、生产、贮运、销售、监测等方面的关系，组织绿色食品事业宣传、科技协作、经验交流、信息传递和理论研究，并成为政府与绿色食品企事业单位之间的桥梁和纽带，为发展绿色食品，改善和提高人民生活水平，增进产品出口创汇能力，推动我国经济和社会可持续发展作贡献。

(余汉新)

# 1.11 食品工业专业报刊介绍

**【中国食品报】** 是全国性食品专业大报。它于 1984 年 1 月创刊，对开四版，现为周四刊，每周一、三、五、日出版。

主要任务：宣传党和国家发展食品工业的方针政策，报导食品行业管理和企业改革的经验，介绍食品科技成果和实用技术，交流国内外食品市场信息，传播营养卫生知识，引导人们食品消费，弘扬中华饮食文化。

版面设置：一版为要闻版，二版为经济版，三版为营养与食品卫生版，四版为饮食文化版。另外，还定期刊出《海外食品》、《食品科技》、《军旅炊烟》、《餐饮业》、《采桑》等专版和《大市场》周刊。

《中国食品报》融科学性、知识性、趣味性为一体，而以实用性为基础，风格新颖，独具特色。它向国内外公开发行，全国各地邮局均可订阅，每份零售价 0.40 元，月价 6.77 元，年价 81.24 元。国内邮发代号81—3，国内统刊号CN11—0016，国外发行代号 D763。广告经营许可证：京丰工商广字第 0016 号。

地　　址：北京市丰台区太平桥东里 5 号

邮　　编：100073

电话总机：63262244　　电挂：3398

出版发行处：63462090

总 编 室：63262760

广 告 处：63490751

传　　真：63264858　　63260749

开户银行：中国工商银行西客站支行太平桥分理处

帐　　号：144012—29

**【中国食品质量报】** 由中国食品工业协会主办，国内外公开发行，是全国性行业报纸。国内统一刊号：CN11—0177；邮发代号：1—222；国外代号 D4694，每周出版三期。半年定价 46.2 元，全年定价 92.4 元。

宗旨：为社会主义服务，为食品生产和营销企业及消费者服务，为提高我国食品质量服务。

任务：宣传贯彻《产品质量法》、《食品卫生法》以及与食品质量有关的法律、法规和国家食品工业方针政策；报道食品行业质量管理改革措施，引导食品企业走“质量效益型”道路；深化食品质量教育，增强生产者和消费者质量意识；加大舆论监督力度，揭露制售假冒伪劣食品的不法行为；研究食品质量管理理论，探讨食品质量工作规律；指导食品质量工作实践，交流食品质量管理经验；推广食品工业科研成果，普及饮食文化知识；报道市场食品质量动态，介绍国外食品质量管理措施。

服务对象：国家各级政府分管食品行业的管理部门和质量监督检查机关，各级食品工业协会以及同饮食行业相关的各种协会，各地食品研究所和食品专业院校，各类食品（含各种饮料、调料、食盐、糖果、保健品以及各种食品原料等）的生产厂家，食品机械包装企业，经销各类食品的商场和商店，以及宾馆、饭店、酒家、餐厅、食堂和广大消费者。本报兼顾食品消费者、生产者和管理者的需要，让三方皆受益。

特点：宣传引导与信息传播并重，宏观导向与微观咨询兼顾；技工贸结合，信息量大，准确度高，实用性强；内容丰富多采，文图并茂；新闻与文章兼顾思想性、指导性、服务性、知识性、趣味性，具有较强的可读性。

主要内容：周二出版的《中国食品质量报》综合报道食品工业情况，设有“政策红绿灯”、“扶优打假”、“质量纵横谈”、“热点透视”、“企业家风采”、“企业采风”、“优秀企业金榜”、“群言堂”、“新品集锦”、“开发指南”等专栏，其第三版为“养我斋”副刊。周四出版的《中国食品质量报·美食周刊》以报道、推荐天下美食为己任，宣传食物精品和餐饮业服务质量，设有“食市纵横”、“饮食风情”、“风味美食”、“家庭厨房”、“健康”、“美食广场”等专版。周六出版的《中国食品质量报·绿色食品专刊》，重点宣传国家关于发展绿色食品的方针、政策，促进绿色食品工程的实施，推荐绿色食品，设有“绿色国道”、“市场潮”、“消费者之声”、“一片绿洲”等专栏。周末出版《中国食品质量报·中国酒刊》，重点宣传国家关于发展酒业的方针、政策，推动酒业持续、快速、健康发展。

社　　址：北京市海淀区定慧西里 17 号

邮　　编:100036
电　　话:(010)68129489　68123780　68120332
开户银行:北京市工商银行翠微路分理处
帐号:144736—40

**【四川食品报】**《四川食品报》创刊于1986年1月,是四川省食品工业办公室主管,四川省食品工业协会主办的一张食品行业报。统一刊号CN51—0074,邮发代号61—111,对开四版,周报,全国公开发行。

《四川食品报》是食品行业重要的宣传舆论工具,它的主要任务是,宣传党和政府发展食品工业的方针政策,报道食品企业改革的经验,交流国内外食品市场信息,帮助食品厂商搞活流通,介绍食品行业及相关行业的科技成果和实用技术,传播营养、卫生、保健知识,反映消费者呼声,指导家庭饮食生活,弘扬祖国饮食文化。

四川食品报开辟的主要栏目有:政策红绿灯、长焦与广角、食品商情、经营之道、新技术、新工艺、新产品、资源开发、饮食与健康、饮食文化、知识窗等。

《四川食品报》报社社长:刘先谋,代理总编辑:龚晓渌。

地址:成都市东城根南街30号
电话:(028)6639674(编辑部),6648980(经济部、发行部),6693908(总编室),6693168(专题部)。

**【美食导报】**《美食导报》是广东省经委主管,广东省食品工业协会主办的一份行业报纸,也是国内外公开发行的全国首家彩印美食周报。对开8版,内容丰富,格调高雅,图文并茂,在广大读者中享有声誉。

《美食导报》自1984年创刊以来,始终坚持"推动食品工业发展,弘扬中华饮食文化,引导人民生活消费"的宗旨,全面报道食品工业、餐饮行业重要信息,交流食品最新科技和烹饪保健知识,介绍国内外美食新潮、市场动态和奇闻轶事,集指导性、实用性、服务性、知识性、趣味性于一报,贴近时代,贴近生活,适应不同层次读者的不同需要。主要栏目有:一版的"茶余饭后"、"一盅两件"、"品叔游记"、"名人与饮食",二版的"企业风采"、"企业人语",三版的"政策措施"、"八面来风",四版的"主妇之友"、"一周家常小菜",五版的"名城美食",六版的"美食掌故",七版的"美与食"、"长寿饮食",八版的"夜静悄悄"、"心声物语"等。《美食导报》以"立足广东、面向全国、走向世界"为办报思路,突出美食这一既有行业特点又能沟通大众的编辑方针。

《美食导报》通过全国各地邮局征订,并通过中国国际图书贸易总公司以及全国各地一百多家宾馆、酒家向海内外扩大发行。

《美食导报》报社实行社长领导下的总编辑、总经理负责制,社长:张俊修。

地址:广州市中山一路东郊市场三号五楼
邮编:510600
电话:(020)87674945　　87602380
传真:(020)87774461

**【华夏酒报】**《华夏酒报》是中国酿酒工业协会主办的全国唯一酒类行业报纸。它面向广大酒类生产企业、酒商、酒店和酒类消费者。创刊9年来,始终坚持以党的基本路线为指针和正确的舆论导向,竭力为行业和广大读者服务,辟有《酿酒广角》、《酿酒科技》、《市场纵横》、《酒店餐饮》、《酒友》等深受读者喜爱的专栏、专刊,及时传播酒行业有关政策,先进经验、先进技术、市场动态、酒文化等信息。她以其独特的风格、大量的实用信息和高雅的文化艺术集行业权威性、指导性、准确性于一体,已成为全国酒类饮料及配套厂家领导和生产部门、技术部门、供销部门、办公室、宣传部门的参谋、助手,成为广大酒类饲料消费者的益友。

《华夏酒报》对开4版,1998年每周一、三、五出版,全年订价62.00元。邮发代号23—189;国外由中国国际图书贸易总公司办理征订,国外代号D4354。破季订阅也可直接与本报发行部联系。

《华夏酒报》社址在山东省烟台市,北京有采编部,广东、四川有记者站,分别负责北方片、南方片、西南片、华东片的采通工作。

地址:山东烟台环山路115—6号
邮编:264001
电话:总编室:0535—6218838
　　办公室:6214365
　　新闻部:6232015
　　记者部:6232011
　　传真:6231990

**【食品与发酵工业】**《食品与发酵工业》是中国食品发酵工业研究所和全国食品与发酵工业信息中心主办的国内外公开发行的专业性科技刊物。在本行业中创刊最早,是本行业最重要的核心期刊。《食品与发酵工业》是轻工业系统唯一列入全国有影响的50种科技期刊。荣获轻工系统优秀科技期刊和国家优秀科技期刊。由于我刊在国内行业中的突出地位,被国内外主要检索刊物和数据库收藏。

《食品与发酵工业》集中反映本学科的先进水平和重

要研究进展，具有较强的导向性和前沿信息。本刊设有以下栏目：研究报告、生产与科研经验、综述、专题评论、考察报告、国外科技资料目录等。内容包括：罐藏及其他保藏食品，乳、蛋、豆和面制品，糖食，方便、冷冻、婴幼儿和功能性食品，软饮料，食品调味剂及食品添加剂，食品包装材料；各种饮料酒，味精和其他氨基酸，酵母及其制品，微生物酶制剂，发酵法制高级醇及有机酸等。此外还有食品和发酵工业废水和废渣处理及综合利用，食品卫生、产品标准及防污检测技术等。读者对象为本行业从事生产、科研和教学的科技人员及有关决策和管理人员。

本刊为双月刊16开，单月底出版，单价8.00元，全年48.00元。统一刊号：ISSN0253—990X，CN11—1802/TS，邮发代号2—331。国外代号BM350。

地址：北京朝阳区霄云路32号

邮编：100027

电话：(010)64672233—256，258

传真：(010)64666577

**【食品工业科技】** 《食品工业科技》是中国轻工总会直接领导，由全国食品工业协作会情报站出版，公开向国内外发行的刊物，编辑部设在北京市食品工业研究所。

《食品工业科技》是轻工食品行业发行量最大的食品科技杂志；是国家科委选定的食品行业三大科技期刊之一；在食品工业杂志中名列核心期刊前列；美国权威杂志《化学文摘》将本刊遴选为中国食品专业摘登刊物。

《食品工业科技》为综合性食品科技刊物，报道的内容真实可靠，以报道食品科学的研究成果与新技术、新工艺为主，全面介绍食品科学与技术，同是注重技术内容的先进性和实用性的紧密结合；信息量大；它能满足各层次食品科技、食品工程、卫生、营养、农业、水产教学人员及生产厂家的需求。

《食品工业科技》为双月刊，邮发代号：2—399，国际标准刊号：ISSN1002-0306，国外发行代号：BM4355。

地址：北京市永外沙子口路70号

邮政编码：100075

电话：(010)67215557-3026(3065)

传真：(010)67212624

**【中国食品】** 《中国食品》杂志是由国内贸易部主管，北京市食品研究所主办的大型食品科普月刊。其办刊宗旨是：继承和发展悠久的中国饮食文化，普及食品科学营养知识，宏扬中华饮食文明，指导家庭饮食生活，扩大国际交流，为提高我国人民的身体健康水平服务。杂志创刊于70年代初，公开发行于1980年，至今已发行266期，总发行量达5 000万册。是国内公开发行最早的食品专业杂志。

《中国食品》杂志集科学性与实用性于一体，熔知识性和趣味性于一炉，突出知识性与实用性。

《中国食品》杂志的内容由营养卫生版、饮食文化版和食品企业版三大版块组成。营养卫生版块设有营养卫生、食疗食补和儿童食品等栏目，主要报道营养卫生知识，用科学道理来解释健康营养等问题。饮食文化版块设食品史史话、烹饪解疑、厨艺交流、中外食品和茶余饭后等栏目，主要报道中外饮食文化，用现代科学理论解释烹饪中的各种现象以及报道趣味性较强的内容。食品企业版主要设有美食商场、厨房与调味以及食品机械、保健食品等栏目，主要报道企业的名优产品，沟通企业与消费者之间的关系，作企业与消费者的桥梁和纽带。从1998年起，我们将扩大食品企业版，更好地为企业服务。

《中国食品》杂志为大16开本，月刊，每册定价4元，全年48元。

《中国食品》杂志邮发代号2—441，国内统一刊号CN11—1498，国外代号M377，国外总发行：中国国际图书贸易进出口总公司(北京399信箱)，北京期刊登记证第677号，广告经营许可证京东工商广字063，联系电话(010)67991792，65122768

**【国际食品】** 以"向中国介绍世界饮食风情，向世界展示中国饮食文化"为己任，向读者展现中国和世界各国饮食文化、风俗风情的《国际食品》杂志(双月刊)，逢单月中旬出版，大16开本，进口铜版纸，精美图片，全彩印刷。

《国际食品》由中国最大的食品进出口商——中国粮油食品进出口总公司(COFCO)主办。主要栏目有食坛了望：与饮食有关的热门话题；环宇食风：中外食俗食趣；酒吧：洋酒知识以及世界名酒；煮妇之友：中外最新厨艺；养生美容：中外养生和美容饮食之道；茶余饭后：饮食文化、史话，名人饮食，等等。

《国际食品》统一刊号ISSN1005—8184/CN11—3451/TS，邮发代号18—222，每册订价9.80元，全年订费58.80元。

地址：北京建国门内大街8号中粮广场A座11层

邮编：100005

电话：65268888—1335/1330

传真：65278627

**【食品科技】** 《食品科技》由北京市粮食科学研究所主办，为国内粮油、食品行业中文核心期刊。

《食品科技》前身创刊于1975年。80年代前期，《食品科技》(当时的刊名是《粮油食品科技》)成为国内公开发行的邮发刊物;90年代开始进入粮油、食品行业中文核心期刊行列;1994年3月改用现刊名。时至今日,《食品科技》已深入到粮油、食品行业中的大多数部门,形成了自身鲜明的特色和优势,社会、行业影响,读者作者及广告客户的认知度、美誉度等达到较好水平;与此相关联,刊物每期都配发大量彩色广告。

办刊宗旨:推动科技进步、促进行业发展、引导产品开发、普及相关知识、传播实用信息。力求全面反映行业各方面情况,及时介绍国内外新科技新工艺。刊物内容涵盖综合论述、成果发布、加工制作工艺、机械设备乃至饮食文化等范畴。

办刊特点:注重科技的实用性、行业性及时效性,特色栏目突出。内容丰富、实用性强。

主要栏目:综合论述(工作研究)、食品科学、食品加工制作、粮油加工、饮料技术、食品添加剂、制面技术、包装储运、谷化·检测、饮食营养、综合利用、科普知识、国内外讯息等,食品科学大类中又细分许多小栏目:烘焙技术、主食加工、功能食品、休闲食品、罐头食品、果蔬食品、禽蛋肉制食品、水产加工,同时关注热点及时开辟相关技术如:植物蛋白、南瓜食品、薯类加工等栏目。

《食品科技》为双月刊,国内公开发行,邮发代号2—681,统一刊号:ISSN1005—9989,CN11—3511/TS,1998年刊物内文增至56页,订价不变仍为4.00元/期,全年24.00元。

杂志社地址:北京市宣武区菜市口西侧狮子店11号

邮政编码:100053

电话:(010)63173840

图文传真:63016390

**【中国乳品工业】** 《中国乳品工业》杂志是由中国乳制品工业协会与全国乳品工业信息中心联合主办的,全国乳品行业唯一一份面向国内外公开发行的国家级权威杂志,双月刊,每期48页,邮发。

《中国乳品工业》创刊于1973年,原名为《乳品工业科技情报》(内部交流资料);1980年更名为《乳品工业》(限国内发行),季刊;1985年下半年更名为《中国乳品工业》,并改为双月刊;1987年由限国内发行改为国内外公开发行。本刊内设研究报告、专题论述、综述、生产与管理、标准与法规、国外乳品工业、译文、通讯员园地、简讯等栏目,为我国乳品企业的领导者、工程技术人员、大专院校食品专业的广大师生,及时、迅捷地传递和交流行业信息,介绍国内外乳品加工新技术、新工艺、新产品、最新的科研成果及发展趋势,指导乳品行业的技术改造、科学管理和投资决策。

《中国乳品工业》注重报道内容的技术先进性和实用性,全面、及时和准确地报道国内外最新乳业的科研成果、发展动向、趋势,并特别注意报道基础研究、应用研究、产品开发、科技推广、乳品工艺改进、乳品设备更新换代等方面的最新进展,并关注行业热点,通过丰富、翔实的技术、信息资料的及时报道,反映了我国乳业发展的最新动态。《中国乳品工业》目前正积极参与筹建全国乳品行业信息网络工作,并已加入国际互联网,通过简单快捷的检索手段,为广大用户提供丰富的信息资源共享。通过与国外同行开展学术交流与合作,不断扩大我国在国际上的影响。

**【中国酒】** 《中国酒》杂志是由中国轻工总会主管、中国酿酒工业协会主办的中国酒业唯一一家大型综合性权威期刊(双月刊)。它及时传达国家重大行业政策及相关法规,全面反映中国酒业生产、流通、消费形势;深入研究行业发展中深层次的问题;对白酒、啤酒、葡萄酒、黄酒等不同酒类产品生产及市场销售情况进行分析预测,并及时发布对酒类生产、销售相关的原料、设备、辅料、税收等信息。每期发布经国家权威部门和市场监测机构统计上来的市场排行榜。

《中国酒》杂志具备三大特点:

1. 面向市场。设计独特、印刷精美。突出表现产品形象,反映企业实力,给人以强烈的感受,给商家及消费者留下深刻印象,促使企业产品与市场的沟通。

2. 对外交流。中国酒产品要走向世界,开拓国际市场,首先要了解世界,还要让世界了解自己。《中国酒》杂志便是一个窗口。

3. 保存收藏。一流的装帧和印刷,全国酒业唯一的一份高档化印刷精美、图文并茂的期刊,极具保存和收藏的价值。

《中国酒》杂志为国际流行大16开本,国内外公开发行。单价:国内(人民币)16元。国外10美元。全年订价:国内(人民币)96元,国外60美元。邮发代号:82—45,全国各地邮局均可订阅。

地址:北京市劳动人民文化宫内

邮编:100006

电话:(010)65225839

传真:(010)65274365

**【中国调味品】** 《中国调味品》由全国调味品情报中心站主办。月刊,是面向国内外发行的技术类科技期刊,归属国内贸易部,该刊创刊于1976年,是全国调味品行业最早的专业期刊。办刊宗旨是为了促进调味品行业的技术进步，发表酱油、醋、酱腌菜、豆制品、青红方、氨基酸、复合调味料等方面的最新科技成果和实用性较强的技术，反映行业最新进展的综合评述和系统总结某一研究领域科研成果的专题论述。本刊已被世界权威信息刊物《美国化学文摘》选为摘编刊物之一；本刊与日、美、英、新加坡等国的有关期刊也建立了联系。1992年被收录在我国第一部具有较高权威性的《中文核心期刊要目总览》一书中，在确认的17种食品科技中文核心期刊中名列第四。

本刊设有下列专栏："专论与综述"、"试验报告"、"生产技术"、"调味技术"、"检验技术"、"工作研究"、"争鸣园地"、"译文选载"等，本刊的许多科技文章都是国内行业上首次发表的，这就为行业的科研、技改、生产突破提供了有力的数据，因此该刊多年来一直深受调味品行业的技术人员、管理人员及操作工人等有关人员的喜爱。

**【中国甜菜糖业】**《中国甜菜糖业》为中国食品科学技术学会甜菜糖业学会、全国甜菜糖业信息中心主办的公开发行刊物。

《中国甜菜糖业》坚持科学技术为经济建设服务的方针，推广先进经验，传播技术信息，促进甜菜，甜菜制糖生产的发展。主要栏目有研究报告、综述、生产实践、综合利用，国内外先进技术介绍，服务窗口，国外考察报告、简讯等。本刊有英文目录，研究报告有英文摘要。报道内容有甜菜育种、良种繁育、耕作栽培、植物保护，生物技术、土壤、保藏、机械化，甜菜制糖工艺、设备、分析、自动化、节能、副产品综合利用、三废治理、生产管理、先进生产经验介绍、科研成果、国内外科研、生产动态等。

《中国甜菜糖业》坚持科学性、实用性的原则，坚持为科研、生产服务，及时报道科研、生产、技术、经济信息，反应甜菜和制糖行业发展状况。

《中国甜菜糖业》面向甜菜、甜菜制糖工作者，大专院校师生，糖厂的技术、管理人员，本刊是本行业学术讨论的重要园地，是展示行业科技进步及理论、生产管理水平的窗口，是联系甜菜、甜菜制糖行业广大读者的桥梁。本刊还开展广告业务。

《中国甜菜糖业》为双月刊，双月25日发行，16开本，64页，期定价3.00元，全年定价18.00元。国内统一刊号：CN23—1320/TS，邮发代号：14—15，全国各地邮局均可订阅。国际连续出版物统一编码ISSN1002—0551，国外总发行：中国国际图书贸易公司。

编辑部地址：哈尔滨市南岗区学府路333号，中国轻工总会甜菜糖业研究所院内

邮编：150086

电话：(0451)6695042

**【葡萄栽培与酿酒】**《葡萄栽培与酿酒》杂志是中国轻工总会主管的，有关葡萄和葡萄酒的专业性技术期刊。它刊登国内有关葡萄和葡萄酒研究的最新成果，同时还涉及这一领域内诸多方面的信息、实用技术，如葡萄栽培技术，病虫害防治技术，葡萄品种动态，葡萄酿酒新工艺、新设备、贮藏技术，国内、外科技动态综述，出国考察报告等等。

《葡萄栽培与酿酒》杂志是由中国轻工总会食品造纸部、山东省酿酒葡萄科研所和中国酿酒工业协会葡萄酒专业委员会共同主办，国内葡萄和葡萄酒行业中最有权威的专家、教授和著名的企业家担任本杂志的顾问、编委会成员。杂志在国内具有领先的科技水平和最新的行业信息。同时，杂志还为葡萄和葡萄酒行业提供宣传企业形象和葡萄酒文化的广告。杂志编辑部由较高专业技术水平的编辑人员组成，并具有先进的设备。《葡萄栽培与酿酒》杂志是从事葡萄和葡萄酒生产和科研的专业人员，大中专院校师生必备的参考资料。

《葡萄栽培与酿酒》杂志为季刊，刊号：国际ISSN1004－7360，国内CN37-1210/TS，广告许可证：鲁01042。年定价20元(含邮资)，全年可来函编辑部，办理订阅手续。

主编：朱林

编辑部地址：山东省济南市工业南路103号。

邮编：250100

电话：(0531)8933561、8933145—3040

**【大豆通报】**《大豆通报》为公开发行的综合性科技期刊。由中国作物学会大豆专业委员会、全国大豆科技推广协调指导小组、国家大豆工程技术研究中心联合主办。编辑部设在国家大豆工程技术研究中心。

该刊为双月刊，逢单月25日出版发行。彩色封面，内页激光照版，胶版印刷，现订价每册2.50元。现已加入光盘国家研究中心《中国学术期刊(光盘版)》信息交流网络，以进一步扩大《大豆通报》的国内外发行业务。

《大豆通报》刊登内容有：大豆生产规划、建议和意见；大豆研究成果报告和阶段性简报；科技信息和市场信息等，并为之相应设置：宏观论坛、科技纵横、实用技术、大豆加工、科学试验等栏目。它的直接服务对象为：从事大豆生产的农民和农牧场职工；大豆加工企业、研究部门的管理干部和科技人员；各级农业技术推广部门和粮油食品加工部门的科技工作者和经营者；及农业、粮食、商

业等院校的师生员工及科研部门的专家、学者等。

为保证《大豆通报》期刊的质量，编辑部聘请了当代著名的大豆专家王金陵教授为首的种植业和加工业专家、学者25人，组成了阵容强大的编委会，直接参与每期的稿件审改，严把稿件的技术与机密内容关。

通讯地址：哈尔滨市太平区南通大街25号

邮编：150050

联系人：刘伟

电话：0451—2513223

**【水产文摘】**《水产文摘》是公开发行的检索性刊物（CN44—1289/S，ISSN 1000—6257），由中国水产科学研究院南海水产研究所主办，主编赵永泉。办刊方针是：以检索为主报道为辅，检索报道兼顾。主要读者对象是广大科技人员，兼顾社会各阶层读者。

本刊的特点是信息量大，报道快，检索方便，实用性强。取材于中国、美国、日本、俄罗斯、英国、法国、澳大利亚、德国及联合国粮农组织等世界10多个国家和国际组织最新出版的期刊、论文汇编、会议录、专著、专利等各种类型文献200多种，核心文献40多种。每期报道200多篇，全年2 400多篇；报道周期不超过一年；编有年度主题词索引，查找方便。

编辑部地址：广州市新港西路231号

邮政编码：510300

电话：(020)84451320—3212

电挂：2389

电传：(020)84451442

**【食用菌】**《食用菌》创办于1979年9月，是国内食用菌界创办最早的一份专业杂志。由农业部农业司和上海市农业科学院主办，主编张甫安。它是一个以应用技术为主的专业杂志，主要任务：报道食（药）用真菌的科研成果，广泛交流食（药）用真菌的生产经验，宣传普及食（药）用真菌的科技知识，为开发食（药）用真菌资源，促进中国食用菌事业的发展，指导农民脱贫致富，实现四个现代化服务。报道内容：香菇、蘑菇、平菇、草菇、金针菇、猴头菇、黑木耳、银耳、金耳、竹荪、羊肚菌、牛肝菌、灵芝、茯苓、天麻和虫草等食（药）用真菌的科研、生产和加工等。栏目设有：专题讨论，资源调查，驯化育种，生理生化，培养材料，栽培技术，病虫防治，机具设备，实验技术，小集锦，科普讲座，食菌与健康等。本刊已被《中国农学园艺文摘》、《中国生物学文摘》、《中国医学文摘》、《中国食品文摘》、美国AGRICOLA数据库、联合国粮农组织AGRIS数据库、美国CA系统等列为核心文献收录期刊。

本刊为双月刊，单月23日出版，48页，彩色封面，胶版印刷，定价2.5元，期发行数2.5万份，邮发代号4—292，刊号：ISSN 1000—8357，CN31—1257/S。

编辑部地址：上海市北翟路2901号上海市农科院内

邮编：201106

电话：(021)62398660—3174

**【茶叶】**《茶叶》创刊于1957年，季刊，主办单位浙江省茶叶学会，主管单位浙江省科学技术协会。1957年第1～2期由中华全国自然科学专门学会联合会浙江省分会负责出版和发行。第3期开始改为杭州邮局发行。1960年因农业刊物合并而停刊。1978年11月25日经中共浙江省委宣传部批准复刊。1996年经国家科委批准同意主办单位为浙江省茶叶学会和中国茶叶博物馆联合主办。该刊至今已出版23卷，发行范围广及全国30个省、市、自治区和港、台等地区以及日本、美国、英国等国家。

《茶叶》是普及与提高相结合的科技刊物。国内统一刊号CN33—1096/S，国际标准刊号ISSN 0577—8921。

本刊内容：主要介绍茶叶科研成果与技术经验，传递科技信息，开展学术交流，同时，选刊国外科技译文摘要。既发表研究论文，也刊用科普性文章。内容广泛，包括农（栽培、育种、植保）、工（制茶、茶机）、商（茶叶流通、经贸）及茶文化、厂史等各个领域。栏目分：综述、栽培、育种、植保、加工、机械、茶业经贸、饮茶与健康、茶文化、厂史及茶事信息等。

读者对象主要是茶叶科技工作者，包括高等院校、科研院所、各省、市、县的农业局、茶叶公司等部门和茶场（厂）的科技人员，以及食品工业有关人员和广大茶叶爱好者。同时，也面向基层，为农村茶叶专业户服务。

编辑部地址：浙江杭州浙江农业大学内

邮编：310029

电话：(0571)6971256

**【饲料与畜牧】** 本刊是经国家科委批准，北京市饲料工业协会主办的综合性科技经济刊物，1987年创刊以来，受到广大读者欢迎。从1995年开始，本刊由北京市饲料工业协会主办，天津、山东、河北、山西等五省、市饲料工业协会协办。

本刊主要任务是，宣传党和国家的饲料、畜牧养殖方针政策，报道国内外饲料与畜牧养殖科技成果、经验和动态，传播科技、市场情报信息，介绍动物营养科学知识，交流先进经验，为促进国内饲料科研与饲料工业的发展，大力发展畜牧、养殖业服务。刊物内容紧密结合国情，从实际出发，面向全国，面向生产，面向基层，注重综合性、普及和实用，扩大信息量。

本刊设有以下栏目：宏观导向、政策法规、资源开发、饲料工业、科学实验、新技术新产品、国内外科技动态、营养科学、科学饲养、畜牧生产、水产养殖、饲料配方、饲料贮藏、添加剂、饲料卫生、检测分析、经营管理、国内商情、国际商情、考察报告、基础讲座、咨询服务等。读者对象主要是从事饲料、畜牧、养殖生产及科研工作的广大科技和生产管理人员，饲料、畜牧养殖专业户，以及有关大专院校师生，也可供粮食、农业、农垦、商业、外贸、食品、水产、化工、医药、酿造等行业参考。

本刊每逢双月出刊，16开，48页，售价3.00元，全年6期共18.00元。邮发代号为82—612。

地址：北京宣武区南菜园49号北京市饲料工业协会《饲料与畜牧》编辑部。

邮编：100054。

电话：(010)63542944

传真：(010)63543914

**【食品与机械】** 《食品与机械》杂志是中国食品科学技术学会会刊。辟有“发展论坛”、“专论与综述”、“市场分析”、“决策参考”、“科研开发”、“生产应用”、“国外科技”、“新产品、新技术”、“市场动态”等栏目，全面系统地介绍我国食品工业、食品机械和包装业、食品添加剂的最新研究成果和发展动态。专业与行业相结合，技术与经济相结合，工艺与设备相结合是本刊的特色。信息量大、内容丰富、指导性强、印刷精美。

本刊为双月刊，大16开国际标准开本，国内外公开发行，定价4.80元，年价28.8元，邮发代号42—83。

地址：长沙市天剑路66号

邮编 410007

电话：(0731)5135021

传真：(0731)5143586

**【包装与食品机械】** 本杂志是中国机械工程学会包装与食品工程分会会刊。由国家科委批准，中国包装和食品机械总公司主办，机械部通用机械研究所包装机械分所主编。双月刊，逢双月8日出版，全年定价30元。彩色胶印大16开版，印刷精美。国内统一刊号：CN 34—1120/TS，国际标准刊号：ISSN 1005—1295，广告经营许可证：皖合工商广字0018号，邮发代号：26—111。

本杂志的宗旨是全面反映我国包装与食品机械行业发展动态和主要成果，传递国内外包装与食品机械研制开发信息，促进我国包装与食品机械科研和生产的发展，辟有“试验研究”、“设计探讨”、“产品开发”、“国外技术”、“行业动态”、“标准规范”“经验交流”“信息窗”等主要栏目，因其高度学术性和多层面实用性的报道，不仅在包装与食品机械行业确立了权威地位，而且在包装材料、包装容器、食品加工、饮料和医药包装、包装装潢等相关行业中也具有广泛的影响。本杂志以全国性、专业性、实用性为特色，内容丰富，信息量大。

单位：机械部通用所《包装与食品机械》杂志社

地址：安徽省合肥市长江西路888号

邮编：230031

传真/电话：(0551)5312800—2565

**【广东食品】** 《广东食品》(双月刊)是经国家科学技术委员会和新闻出版署批准的，广东省首家国内外正式出版的食品科技期刊。统一刊号为：国内刊号 CN 41—1878/TS，国际刊号为：ISSN 1005—5657。邮发代号：46—137，国外订阅：中国国际图书贸易总公司，邮址：北京339信箱，国际邮发代号：4495BM，国外定价2.95美元，国内定价：4.20元人民币。本刊广告经营许可证：粤工商注册号19036644—0。

本刊是大16开，封面、封底彩页广告用157克铜版纸，内文及黑白广告用80克胶版纸印刷，电脑激光排版，每期发行量大约13～15万份，已出口11个国家和地区，年目标发行量为20万份以上。双月15日出版，读者对象包括：(1)各类食品饮料制造商和贸易商；(2)食品饮料机械、包装容器和材料包装机械、食品添加剂的制造厂商和贸易商；(3)酒楼、饭店和宾馆的企业家及员工；(4)家庭主妇和一般消费者及美食爱好者；(5)中学和大专院校师生、员工和从事食品科技工作者。

**【营养与食品卫生】** 《营养与食品卫生》杂志前身是《饮食与健康》杂志，创办于1992年。现由广东省食品工业协会主办，系综合性科普月刊，国内外公开发行，刊号：CN 44—1418，ISSN 1007—1628；邮发代号：46—158，每册订价3.50元，全年12册，共42.00元。

本刊由广东省经委主管，广东省食品工业协会、广东省食品行业管理协会主办，广东省卫生厅卫生监督处、广东省食品卫生监督研究所、广东省食品学会、广东省保健食品协会及炎黄科技研究所共同合办。

本刊熔古今中外的饮食文化于一炉，集科学性、实用性、可读性和权威性于一体，旨在宣传普及营养与食品卫生的科学知识，交流经验，推荐符合营养卫生的优质食品、促进食物结构改革，提高群众健康水平。

本刊由专家与科普作家共同执笔，重要栏目设有：热门话题专家谈、专访、食品与法、餐桌革命、饮食与疾病、食物中毒、优生优育、主妇园地、营养ABC、科研新知、饮食纵横、企业之窗、名牌食品、市场漫步、消费指南、信息短波、特殊营养、烹饪技艺、美容保健、食疗药膳、范博士信箱、性与饮食等二十多个，向读者奉献一份有益的精神食粮。

本刊适用于家庭、企业、学校、机关、医院等各层次广大读者，一册在手是您饮食与健康的好参谋，为您的家庭聘请了一位营养卫生顾问。

编辑部地址：广州市中山一路东郊市场三号。

邮编：510600。

联系电话：020—87655118

**【吉林蔬菜】**《吉林蔬菜》原名《蔬菜科技》，创刊于1974年，是东北地区唯一的蔬菜专业性刊物。1993年，《吉林蔬菜》由省内刊，自办发行，经新闻出版署批准，变为全国公开发行。

《吉林蔬菜》几年来坚持普及与提高相结合，坚持为广大农民服务为原则和办刊宗旨。

《吉林蔬菜》期刊以大量篇幅刊发蔬菜栽培技术、植物保护、高产典型经验介绍名优特菜及花卉栽培、设食用菌栽培、贮藏加工等栏目，提供新品种、新农药及其它有关信息。提供学术交流园地，引菜农致富之路。同时刊发有关农业生产方面的各种广告。欢迎广大用户广为利用。

地址：长春市自由大路154号《吉林蔬菜》编辑部

邮编：130031

国内统一刊号：CN22—1215/S

邮发代号：12—151

# 第 2 部分

# 行业分述

# 2.1　采盐业和食用盐加工业

**【a. 概况】** 1996年全行业认真贯彻国务院国函[1994]13号文《关于进一步依法加强盐业管理若干问题的批复》精神，以食盐专营为重点，积极推进加碘盐项目工程，努力做好各方面的工作，取得了新的成绩，为"九五"计划开了个好头。一是《食盐专营办法》正式出台，各项措施正付诸实施；二是工业盐供销管理办法改革积极稳妥，新旧体制过渡较为平稳；三是食盐价格调整方案顺利实施，为缓解盐业困难提供了政策支持；四是国家碘盐价格基金收缴情况良好，全年共收缴6 300万元，为加碘盐项目顺利实施奠定了基础；五是加碘盐项目工程建设全面展开，已完成400万吨能力加碘机的安装；全年加工供应碘盐600万吨，比上年增加近100万吨；碘盐合格率达到70%以上，比上年卫生部门抽查结果提高近20个百分点，较好地完成了《中国2000年实现消除碘缺乏病目标规划纲要》提出的任务和目标；六是1996年产大于销的矛盾有所缓和，盲目发展得到一定的遏制，全年共产盐2 750万吨，社会实际消费2 600万吨，基本保持了当年产销平衡。

**【b. 食盐专营】** 1996年5月27日，李鹏总理签署国务院第197号令，发布《食盐专营办法》。《食盐专营办法》是食盐专营工作的法律依据。为了使《办法》深入人心，在全国范围内组织开展了学习、宣传《办法》的活动，以布告的形式统一印制《办法》20余万张，在全国城镇、乡村广泛张贴，印发《办法》单行本3万余册，供盐政执法人员、各级领导干部学习；不少省区市盐业部门采取新闻发布会、召开全省电话会、盐业工作会，以及利用广播、电视、报刊等多种形式进行广泛深入地宣传。

1996年5月5日是国家6部委联合在全国开展的第3个"消除碘缺乏病宣传日"。各级盐业部门参与并组织了各地大规模的宣传活动，中央和地方电视台、电台，各大报刊等新闻媒介相继进行了报导，有的省区市将缺碘的危害和食用碘盐的知识纳入中小学教学内容，并与妇女学文化，健康教育和计划生育结合起来，主题鲜明，形式多样。12月，中国盐业总公司配合卫生部在中国革命历史博物馆组织了题为"警钟长鸣——消除碘缺乏病危害大型图片展"。

围绕贯彻《食盐专营办法》，各地盐业部门加大了食盐专营工作力度。中盐上海市盐业公司以确保上市碘盐合格入手，建立可靠的质量保证体系，严格把好"四关"（即生产源头关、化验验收关、包装加工关和仓储关），全年销售各类用盐16.15万吨，比上年增销0.75万吨，上市加碘食盐4.33万吨。《办法》出台后，黑龙江省立即召开全省盐业会议，省长亲自作报告，发布了《食盐专营办法实施细则》；1996年全省共查处盐业违法案件2 445起，查获私盐11 184吨，由公安、检察机关收审私盐贩子10余人。河北省副食品盐业公司、河北省盐务局扎实推进食盐专营工作，形成"统一计划、统一调运、统一结算、统一上缴碘盐基金、统一零售价格"为主要内容的省内食盐专营机制，并率先实行了省内碘盐供应分配制。辽宁省借《食盐专营办法》出台之东风，积极争取省政府支持，专门召开省长办公会贯彻《办法》，初步解决了原来县市以下盐业管理体制不顺的问题，还对食盐专营作出若干补充规定，并发布了《实施细则》。

**【c. 盐政管理】** 各级盐业部门加大了执法力度，加强了自律管理，与工商、公安、技术监督、税务、卫生等部门配合，坚决堵住非法生产源头，惩治非法销售窝点，对查明的情况，给予严厉的打击和惩处。如：山西省盐业公司与省工商局联合组织了"千人百日查百案"活动，在活动中查处违法案件506起，审结案489件，罚没款14万元；湖南、河北等省抓住典型案例进行食盐专营的宣传教育，加强自查自纠工作，有效地促进了省内市场的管理。

**【d. 落实"三证"】** 实施食盐生产定点证、批发许可证和运输准运证制度，是《食盐专营办法》的核心内容和关键性工作。为此，国家工商局、中国轻工总会联合下发了《关于对食盐生产、批发性企业进行重新登记的通知》，明确要求，凡从事食盐生产、批发的企业，须按规定办理审批和登记手续，方可从事生产、经营业务。中国轻工总会盐业管理办公室、铁道部运输局、交通部水运司和公路司联

表 1　　1996 年原盐生产情况　　单位：万吨

| 地　区 | 产　量 | 与上年比较 | |
|---|---|---|---|
| | | 上年产量 | ±% |
| 全国总计 | 2 791.95 | 2 484.32 | 12.38 |
| 海盐区 | 1 926.67 | 1 649.49 | 16.80 |
| 北方海盐区 | 1 735.62 | 1 460.31 | 18.85 |
| 辽宁 | 212.79 | 191.30 | 11.23 |
| 天津 | 226.48 | 221.41 | 2.29 |
| 河北 | 370.79 | 318.06 | 16.58 |
| 山东 | 716.00 | 510.00 | 40.39 |
| 江苏 | 209.56 | 219.54 | −4.55 |
| 南方海盐区 | 191.05 | 189.18 | 0.99 |
| 海南 | 18.51 | 16.69 | 10.90 |
| 广东 | 28.03 | 25.80 | 8.64 |
| 广西 | 10.29 | 7.64 | 34.69 |
| 福建 | 74.78 | 72.02 | 3.83 |
| 浙江 | 59.44 | 67.03 | −11.32 |
| 井矿盐区 | 634.71 | 603.63 | 5.15 |
| 云南 | 42.74 | 40.44 | 5.69 |
| 四川 | 264.78 | 255.88 | 3.48 |
| 湖南 | 62.08 | 59.35 | 4.60 |
| 湖北 | 192.88 | 178.02 | 8.35 |
| 江西 | 25.38 | 22.31 | 13.76 |
| 安徽 | 13.75 | 10.10 | 36.14 |
| 河南 | 33.10 | 37.53 | −11.80 |
| 湖盐区 | 230.57 | 231.20 | −0.27 |
| 内蒙古 | 114.90 | 114.57 | 0.29 |
| 青海 | 68.87 | 79.67 | −13.56 |
| 新疆 | 36.62 | 23.15 | 58.19 |
| 陕西 | 4.28 | 7.11 | −39.80 |
| 甘肃 | 5.90 | 6.70 | −11.94 |

表 2　　1996 年氯化钾生产情况　　单位：吨

| 地　区 | 产　量 | 与上年比较 | |
|---|---|---|---|
| | | 上年产量 | ±% |
| 全国总计 | 36 157.20 | 42 151.85 | −14.22 |
| 辽宁 | 3 551.00 | 4 429.00 | −19.82 |
| 天津 | 15 106.00 | 17 480.00 | −13.58 |
| 河北 | 7 010.20 | 5 322.85 | 31.70 |
| 山东 | 624.00 | 3 244.00 | −80.76 |
| 江苏 | 9 842.00 | 11 627.00 | −15.35 |
| 四川 | 24.00 | 49.00 | −51.02 |

表 3　　1996 年溴生产情况　　单位：吨

| 地　区 | 产　量 | 与上年比较 | |
|---|---|---|---|
| | | 上年产量 | ±% |
| 全国总计 | 41 384.97 | 34 010.76 | 21.68 |
| 辽宁 | 296.08 | 325.81 | −9.12 |
| 天津 | 2 282.00 | 2 553.00 | −10.61 |
| 河北 | 1 524.77 | 1 056.75 | 44.29 |
| 山东 | 36 000.00 | 29 154.20 | 23.48 |
| 江苏 | 1 016.00 | 750.00 | 35.47 |
| 四川 | 184.12 | 97.00 | 89.81 |
| 湖北 | 82.00 | 74.00 | 10.81 |

合下发了《关于食盐运输实行准运证的通知》，以及中盐总公司下发了《落实食盐专营的补充规定》，对落实食盐专营的“三证”发放管理工作分别在食盐定点会和运销会上进行了统一部署。按发证工作计划，在短短的 4 个月内顺利完成了印制证书，加工铜牌，汇编定点管理手册，召开发证动员会，组织验收专家培训会，派出 5 个专家验收组赴各省验收、资格审查等工作。各地对“三证”工作予以了高度重视。截止 1996 年底，全国产盐区 24 个省区市的定点验收工作圆满结束，发放 99 个定点厂的食盐生产定点证，发放批发许可证 2 836 件，运输准运证 5 567 件。

**【e. 工业盐体制改革】** 1996 年，工业盐订货会后，中盐总公司下发了《关于请认真履行 1 000 万吨工业盐购销合同的通知》和《关于落实 1 000 万吨工业盐供应计划的几项规定》，进行了合同执行情况的跟踪检查，按委汇总合同执行情况，适时反馈各地工业盐供销信息，及时向国家计委、国家经贸委反映情况，保障了工业盐市场需求。

1996 年 11 月，中国轻工总会和化工部联合向国家计委和国家经贸委提出了继续召开工业盐订货会的报告，重新明确了 1 000 万吨两碱工业盐的保护价政策，及两碱工业盐管理的有关规定，并组织召开了 1997 年工业盐订货会，加强了盐碱两行业的配合和协调，完成了 1 000 万吨合同订货。为了规范工业盐流通秩序，防止冲击食盐市场，许多省区市及时制订了工业盐管理办法，同时对小工业盐的管理及购销活动予以正确引导，较好地遏制了工业盐对食盐市场的冲击。

**【f. 碘盐质量】** 1996 年实际完成碘盐 620 万吨，基本达到年初提出的目标，同时碘盐质量普遍提高，据二季度国家技术监督局对上海、广东、陕西等 12 个省区市的 103 个食盐批发企业的碘盐抽查，抽样合格率达 93.4%。为了确保碘盐质量，建立和完善了碘盐质量保证体系，目前已建有 2 个部级和 24 个省级质检站，以及企业化验室。

为了实现碘盐管理的规范化、标准化，防止假冒伪劣盐冲击食盐市场，中国轻工总会、国家工商局、国家技术监督局、卫生部、国务院妇儿工委密切配合，开展对碘盐包装实施防伪"碘盐标志"工作。一季度召开了新闻发布会，中国轻工总会傅立民副会长到会讲话。目前"碘盐标志"已在全国启用，得到了广大消费者的赞许和拥护。

**【g. 加碘盐项目】** 1996年是国家计委批准的加碘盐项目建设的重要一年。项目建设全面展开，世界银行贷款已开始动用，国家配套资金基本落实并开始使用，土建工程全面动工，国内外设备的采购部分已正式实施，主要设备招标、订货工作正在进行。为了减轻项目单位负担，国家开发银行对项目贷款利率给予了优惠政策，财政部和中国人民银行已批准加碘盐项目的银行贷款利率比照扶贫的优惠利率执行；同时，加碘盐项目进口设备减免税和增值税政策，已取得国家经贸委和海关总署批准。进口关税将降低50%，减少税赋1 716万元，其中关税减少1 467万元，增值税减少249万元。

按加碘盐项目培训计划，1996年各省、相关企业组织省、企业两级培训4 100余人次，还组织了加碘机使用技术培训，以及ISO9000质量认证培训共3 200余人次。

**【h. 食盐调整价格】** 1996年，经国务院批准同意，国家计委发出《关于调整食盐价格的通知》。方案出台后，全国有32个省区市及计划单列市在各地政府的支持下，进行了食盐价格调整工作，国家的价格政策基本得到了贯彻落实，缓解了盐业的困难。按国家计委调价文件精神，《国家碘盐价格基金收缴暂行办法》已下发执行，《国家碘盐价格基金使用管理暂行办法》已经多次修改。

**【i. 科技攻关】** 1996年对"八五"盐的国家重点科技攻关项目中的7个专题组织了专家验收。其中达到国际先进水平1个，国内领先水平5个，国内先进水平1个；获单项科技成果奖23项，其中国际先进水平6项，国内领先水平14项，国内先进水平3项。

完成了"九五"国家科技攻关项目《加碘盐生产技术及设备研究》的立项审批、合同签字工作，国家计委正式批准该项目可行性报告，总投资1 615万元；完成了中国轻工总会科研基金项目的征集汇总、筛选上报工作，经争取上报总会8项，并完成了上报项目的评审工作。完成了劳动部、中国轻工总会交办的国家职业分类盐业细类框架，部署了细类职业描述编写计划。加强盐生产销售统计工作和行业微机联网工作。修订了制盐企业成本核算规程等。

（王开文）

**【j. 行业数据报告】** 1. 行业基本情况

行业名称：食用盐加工业 *

| | 1994年 | 1995年 | 1996年 |
|---|---|---|---|
| 行业内企业单位数(个) | 66 | 90 | 86 |
| 其中：亏损企业(个) | 16 | 21 | 21 |
| 从业人员(万人) | 0.89 | 1.54 | 1.23 |
| 其中：工程技术人员 | | 0.12 | |
| 管理人员 | | 0.20 | |
| 年末离退休人员(万人) | | 0.10 | |

* 本行业的统计范围是全部乡及乡以上独立核算工业企业。

2. 食用盐加工业在全部工业中的位置与比较(单位：%)

| | 1994年 | 1995年 | 1996年 |
|---|---|---|---|
| 行业产值占全部工业产值的比重 | 0.004 | 0.011 | 0.0106 |
| 行业增加值占全部工业增加值的比重 | 0.004 | 0.012 | 0.012 |
| 行业人数占全部工业人数的比重 | 0.010 | 0.018 | 0.015 |
| 行业资本金占全部工业资本金的比重 | 0.006 | 0.019 | 0.014 |

3. 行业财务状况(单位：亿元)

| | 1994年 | 1995年 | 1996年 |
|---|---|---|---|
| 资本金 | 1.14 | 4.10 | 3.42 |
| 中方 | 0.84 | 4.04 | 2.09 |
| 外方 | 0.02 | 0.06 | 0.02 |
| 工业总产值(新规定当年价) | 2.13 | 5.90 | 6.67 |
| 工业增加值 | 0.60 | 1.88 | 2.15 |
| 职工工资总额 | | 0.57 | |
| 职工平均工资(元) | | 3 701 | |
| 出口交货值 | | 0.08 | |

4. 行业资产负债(单位：亿元)

| | 1994年 | 1995年 | 1996年 |
|---|---|---|---|
| 年末资产 | | 17.01 | 10.80 |
| 流动资产 | 1.61 | 5.79 | 4.28 |
| #存货 | 0.49 | 1.05 | 1.00 |
| 固定资产 | 1.98 | 10.50 | 6.04 |
| #生产经营用 | 1.82 | 8.29 | 6.07 |
| 年末负债 | | 13.49 | 8.22 |
| 流动负债 | | 5.12 | 4.61 |
| 长期负债 | | 8.33 | |
| 年末所有者权益 | 0.66 | 3.52 | 2.58 |
| 实收资本 | | 3.23 | |

5. 行业损益及分配(单位:亿元)

| | 1994 年 | 1995 年 | 1996 年 |
|---|---|---|---|
| 产品销售收入 | 1.82 | 5.39 | 5.90 |
| 产品销售成本 | 1.40 | 3.44 | 4.15 |
| 产品销售费用 | 0.12 | 0.61 | 0.57 |
| 产品销售税金及附加 | 0.07 | 0.17 | 0.16 |
| 产品销售利润 | | 1.16 | 1.02 |
| 产品管理费用 | 0.22 | 0.72 | 0.67 |
| 营业利润 | | −0.03 | −0.36 |
| 投资收益 | | 0.03 | |
| 利润总额 | −0.09 | 0.04 | −0.03 |
| 所得税 | | 0.03 | |
| 净利润 | | 0.01 | |
| 利税总额 | 0.12 | 0.68 | 0.19 |
| 亏损企业亏损额 | 0.15 | 0.18 | 0.49 |

6. 行业效益评价

| | 1994 年 | 1995 年 | 1996 年 |
|---|---|---|---|
| 产品销售率(%) | 93.43 | 91.35 | 98.35 |
| 资金利税率(%) | 3.85 | 5.55 | 2.03 |
| 增加值率(%) | 28.17 | 31.86 | 32.23 |
| 成本利税率(%) | 8.57 | 19.77 | 4.58 |
| 全员劳动生产率(万元/人·年) | 0.67 | 1.22 | 1.75 |
| 流动资产周转率(%) | 129.08 | 112.06 | 152.06 |
| 企业亏损面(%) | 24.24 | 23.33 | 24.42 |
| 存货可供销售天数(天) | 126 | 100 | 87 |

7. 盐产品产量(单位:万吨)

| 年份 | 原盐 | 加工盐 | 精制盐 |
|---|---|---|---|
| 1980 | 1 728.00 | | |
| 1981 | 1 832.00 | | |
| 1982 | 1 638.00 | | |
| 1983 | 1 613.00 | | |
| 1984 | 1 642.00 | | |
| 1985 | 1 749.00 | | |
| 1986 | 1 761.00 | | |
| 1987 | 1 764.00 | | |
| 1988 | 2 264.00 | | |
| 1989 | 2 829.00 | | |
| 1990 | 2 020.00 | | |
| 1991 | 2 410.00 | | |
| 1992 | 2 838.00 | | |
| 1993 | 2 943.00 | | |
| 1994 | 2 996.00 | | 558.30 |
| 1995 | 2 977.72 | 694.85 | 598.76 |
| 1996 | 2 903.57 | 766.96 | 665.32 |

8. 分地区原盐产量(单位:万吨)

**1994 年～1996 年分地区原盐产量**

| 地　区 | 1994 年 | 1995 年 | 1996 年 |
|---|---|---|---|
| 全国总计 | 2 996.00 | 1 977.72 | 2 903.57 |
| 北京 | | | |
| 天津 | 222.19 | 220.39 | 226.71 |
| 河北 | 404.25 | 334.57 | 369.65 |
| 山西 | 0.21 | | 0.01 |
| 内蒙古 | 107.09 | 76.13 | 83.22 |
| 辽宁 | 275.89 | 230.99 | 232.46 |
| 吉林 | | | |
| 黑龙江 | | | |
| 上海 | | | |
| 江苏 | 289.29 | 345.47 | 359.48 |
| 浙江 | 76.48 | 60.00 | 59.60 |
| 安徽 | 16.30 | 23.24 | 21.55 |
| 福建 | 68.16 | 72.28 | 75.45 |
| 江西 | 37.00 | 23.48 | 25.94 |
| 山东 | 753.80 | 900.87 | 708.64 |
| 河南 | | | 33.10 |
| 湖北 | 167.03 | 177.12 | 192.88 |
| 湖南 | 55.52 | 59.72 | 62.30 |
| 广东 | 27.66 | 25.55 | 28.17 |
| 广西 | 11.27 | 9.69 | 10.63 |
| 海南 | 26.45 | 18.85 | 19.93 |
| 四川 | 262.23 | 240.88 | 234.06 |
| 贵州 | | | |
| 云南 | 40.17 | 42.98 | 44.03 |
| 西藏 | | | |
| 陕西 | 10.01 | 0.40 | 5.70 |
| 甘肃 | 6.59 | 4.89 | 5.14 |
| 青海 | 92.70 | 76.11 | 68.24 |
| 宁夏 | 0.06 | 0.06 | 0.08 |
| 新疆 | 39.94 | 25.98 | 36.54 |

9. 进出口数量、金额及主要国家和地区

**1994 年～1996 年　25010010 主要出口国家和地区**

| 国家或地区 | 1994 年 | | | 1995 年 | | | 1996 年 | | |
|---|---|---|---|---|---|---|---|---|---|
| | 数量（吨） | 金额（万美元） | 百分比（%） | 数量（吨） | 金额（万美元） | 百分比（%） | 数量（吨） | 金额（万美元） | 百分比（%） |
| 合　计 | 225 111 | 883 | 100.00 | 335 013 | 1 105 | 100.00 | 360 800 | 1 249 | 100.00 |
| 香　港 | 79 013 | 413 | 46.80 | 66 865 | 345 | 31.29 | 63 110 | 349 | 27.91 |
| 朝　鲜 | 106 079 | 246 | 27.85 | 127 982 | 303 | 27.42 | 135 767 | 304 | 24.30 |
| 菲律宾 | | | | 50 743 | 123 | 11.14 | 80 085 | 264 | 21.15 |
| 日　本 | 3 740 | 78 | 8.79 | 31 329 | 82 | 7.38 | | | |
| 马来西亚 | 5 386 | 42 | 4.76 | 10 471 | 79 | 7.17 | | | |
| 韩　国 | 16 489 | 28 | 3.18 | | | | 58 166 | 100 | 8.00 |

**1994 年～1996 年　25010010 主要进口国家和地区**

| 国家或地区 | 1994 年 | | | 1995 年 | | | 1996 年 | | |
|---|---|---|---|---|---|---|---|---|---|
| | 数量（吨） | 金额（万美元） | 百分比（%） | 数量（吨） | 金额（万美元） | 百分比（%） | 数量（吨） | 金额（万美元） | 百分比（%） |
| 合　计 | 1 147 | 25 | 100.00 | 7 318 | 56 | 100.00 | 2 610 | 81 | 100.00 |
| 日　本 | | | | 114 | 5 | 7.99 | 74 | 4 | 4.67 |
| 韩　国 | | | | 162 | 6 | 10.83 | 893 | 29 | 36.00 |
| 中　国 | 585 | 11 | 43.70 | 911 | 19 | 33.57 | 851 | 19 | 23.83 |
| 荷　兰 | | | | 50 | 5 | 8.17 | | | |
| 墨西哥 | | | | 5 500 | 11 | 20.07 | | | |
| 香　港 | 176 | 4 | 15.35 | | | | | | |
| 新加坡 | 33 | 3 | 12.20 | | | | | | |
| 美　国 | 165 | 3 | 10.63 | | | | 134 | 6 | 7.13 |
| 以色列 | | | | | | | 150 | 10 | 12.41 |

注：25010010 盐

10. 行业内“三资”企业状况

| | 1994 年 | 1995 年 | 1996 年 |
|---|---|---|---|
| 企业单位数（个） | 1 | 3 | 3 |
| 亏损企业 | 1 | 2 | — |
| 企业从业人员数（人） | 20 | 154 | 65 |
| 实收资本（亿元） | 0.08 | 0.11 | 0.06 |
| 中方 | — | 0.05 | 0.02 |
| 外方 | 0.0023 | 0.06 | 0.01 |
| 工业总产值（亿元） | 0.02 | 0.02 | 0.10 |
| 工业增加值（亿元） | 0.005 | — | 0.04 |
| 年末资产（亿元） | | 0.19 | 0.15 |
| #流动资产 | 0.0244 | 0.12 | 0.10 |
| 年末负债（亿元） | | 0.10 | 0.08 |
| #流动负债 | | 0.10 | 0.08 |
| 所有者权益（亿元） | 0.0225 | 0.10 | 0.07 |
| 产品销售收入（亿元） | 0.0012 | 0.12 | 0.13 |
| #销售成本 | — | | 0.09 |

| | 1994 年 | 1995 年 | 1996 年 |
|---|---|---|---|
| #销售费用 | 0.0141 | | 0.02 |
| #销售税金及附加 | — | — | — |
| #销售利润 | | | 0.01 |
| 管理费用（亿元） | 0.0044 | | 0.01 |
| 利润总额（亿元） | −0.0179 | −0.01 | 0.01 |
| 利税总额（亿元） | −0.018 | — | 0.02 |
| 亏损企业亏损总额（亿元） | 0.0179 | 0.01 | — |
| 产品销售率（%） | 50.00 | | 110.00 |
| 资金利税率（%） | 37.42 | | 15.38 |
| 增加值率（%） | 25.00 | — | 40.00 |
| 全员劳动生产率（万元/人·年） | 2.50 | — | 6.15 |
| 流动资产周转率（%） | 4.92 | | 144.44 |
| 企业亏损面（%） | 100.00 | 66.66 | — |
| 存货可供销售天数（天） | | | 80 |

# 2.2 粮食及饲料加工业和食用植物油加工业

**【a. 概况】** 1996年末，全国粮食部门所属粮油工业企业17 304个，其中“三资”企业336个。按产品分类，大米厂6 354个，面粉厂3 708个，植物油厂1 430个，粮油食品厂1 691个，饲料厂2 497个，其他厂1 624个。企业数比上年增加2 632个。粮油工业独立核算企业7 702个，固定资产原值530亿元，固定资产净值430亿元。粮油工业1996年末职工人数84万人。

**【b. 产值、产量及效益】** 1996年，全国粮食部门所属粮油工业企业总产值501亿元(按1990年不变价计算)。加工面粉2 202万吨，油脂288万吨，大米1 353万吨，粮机11.8万台(套)。1996年独立核算国有粮办工业企业盈亏相抵后，出现建国以来首次净亏损，利税－4.6亿元，利润－16.4亿元，比上年增亏了20亿元。

**【c. 技术改造】** 为了使粮油工业技术改造工作更好地符合“双子”工程“九五”技术发展规划，使技术改造项目真正起到示范、引导作用，国内贸易部工业司编写了“双子”工程粮油工业“九五”规划，提出支持企业以提高效益为中心而进行的结构调整，向米面油的精深加工和综合利用方向发展，同时要把技术改造同企业的改革、改组和加强管理相结合。

1996年，全国各地申报粮油工业技术改造项目100余项。本着“择优扶强”的原则，共批准国家专项技改项目53项，续建项目33项，专贷规模5.776亿元。

**【d. 行业规划】** 1996年是“九五”计划的第一年，为了使粮油工业“九五”期间能适应人民生活由温饱型向小康型过渡的需要，进一步发挥其在保障军需民食、稳定市场、提供有效供给方面的主渠道作用，国内贸易部编制了《粮油工业“九五”发展规划提纲》，《提纲》明确了“九五”期间粮油工业的奋斗目标，并为实现目标提出了具体的措施。

**【e. 学术交流】** 国内贸易部工业司会同中国粮油学会，于4月份组织召开了“小麦碾皮制粉技术研讨会”，有7个国家的代表共100多人参加了会议，通过研讨，了解和掌握了世界主要粮机生产国对这一技术的研究开发情况。参加了首届亚洲面食制品产业发展研讨会，与亚洲各国的专家共同探讨了面制食品的制造技术和发展趋势。

(周世勇)

**【f. 粮食及饲料加工业行业数据报告】** 1. 行业基本情况

行业名称：粮食及饲料加工业 *

| | 1994年 | 1995年 | 1996年 |
|---|---|---|---|
| 行业内企业单位数(个) | 15 560 | 16 807 | 16 573 |
| 其中：亏损企业(个) | 2 079 | 2 858 | 3 473 |
| 从业人员(万人) | 98.67 | 91.35 | 92.59 |
| 其中：工程技术人员 | | 5.83 | |
| 管理人员 | | 13.21 | |
| 年末离退休人员(万人) | | 11.23 | |

* 本行业的统计范围是全部乡及乡以上独立核算工业企业。

2. 粮食及饲料加工业在全部工业中的位置与比较(单位：%)

| | 1994年 | 1995年 | 1996年 |
|---|---|---|---|
| 行业产值占全部工业产值的比重 | 2.09 | 2.54 | 2.50 |
| 行业增加值占全部工业增加值的比重 | 1.74 | 1.29 | 1.75 |
| 行业人数占全部工业人数的比重 | 1.16 | 1.08 | 1.13 |
| 行业资本金占全部工业资本金的比重 | 1.02 | 1.05 | 1.05 |

3. 行业财务状况(单位：亿元)

| | 1994年 | 1995年 | 1996年 |
|---|---|---|---|
| 资本金 | 182.26 | 225.55 | 261.42 |
| 中方 | 122.10 | 100.44 | 140.75 |
| 外方 | 24.62 | 37.11 | 45.49 |
| 工业总产值(新规定当年价) | 1 074.62 | 1 394.30 | 1 567.64 |
| 工业增加值 | 255.60 | 198.90 | 315.37 |
| 职工工资总额 | | 37.56 | |
| 职工平均工资(元) | | 4 112 | |
| 出口交货值 | | 18.98 | |

4. 行业资产负债(单位:亿元)

| | 1994年 | 1995年 | 1996年 |
|---|---|---|---|
| 年末资产 | | 945.31 | 1 124.95 |
| 流动资产 | 388.12 | 518.41 | 609.03 |
| #存货 | 137.24 | 217.25 | 250.37 |
| 固定资产 | 265.46 | 383.53 | 443.26 |
| #生产经营用 | 232.99 | 325.34 | 375.01 |
| 年末负债 | | 673.59 | 818.93 |
| 流动负债 | | 561.14 | 685.30 |
| 长期负债 | | | 104.19 |
| 年末所有者权益 | 198.55 | 271.72 | 305.94 |
| 实收资本 | | | 203.53 |

5. 行业损益及分配(单位:亿元)

| | 1994年 | 1995年 | 1996年 |
|---|---|---|---|
| 产品销售收入 | 864.50 | 1 303.36 | 1 384.47 |
| 产品销售成本 | 755.27 | 1 160.80 | 1 235.71 |
| 产品销售费用 | 25.09 | 30.98 | 36.45 |
| 产品销售税金及附加 | 4.94 | 3.06 | 4.94 |
| 产品销售利润 | | 102.23 | 93.64 |
| 产品管理费用 | 39.89 | 52.95 | 59.93 |
| 营业利润 | | 19.85 | 11.74 |
| 投资收益 | | 0.96 | |
| 利润总额 | 27.62 | 26.59 | 7.99 |
| 所得税 | | 4.71 | |
| 净利润 | | 21.89 | |
| 利税总额 | 41.47 | 41.29 | 24.52 |
| 亏损企业亏损额 | 8.66 | 15.26 | 30.15 |

6. 行业效益评价

| | 1994年 | 1995年 | 1996年 |
|---|---|---|---|
| 产品销售率(%) | 95.53 | 93.48 | 95.82 |
| 资金利税率(%) | 7.48 | 5.61 | 2.65 |
| 增加值率(%) | 23.78 | 14.26 | 20.12 |
| 成本利税率(%) | 5.49 | 3.56 | 1.98 |
| 全员劳动生产率(万元/人·年) | 2.59 | 2.18 | 3.41 |
| 流动资产周转率(%) | 254.12 | 283.73 | 251.09 |
| 企业亏损率(%) | 13.36 | 17.01 | 20.96 |
| 存货可供销售天数(天) | 66 | 68 | 73 |

7. 历年粮食产量(单位:万吨)

| 年份 | 谷物 | #稻谷 | #小麦 | #玉米 |
|---|---|---|---|---|
| 1980 | | 13 991.0 | 5 521.0 | 6 260.0 |
| 1981 | | 14 396.0 | 5 964.0 | 5 921.0 |
| 1982 | | 16 160.0 | 6 847.0 | 6 056.0 |
| 1983 | | 16 887.0 | 8 139.0 | 6 821.0 |
| 1984 | | 17 826.0 | 8 782.0 | 7 341.0 |
| 1985 | | 16 857.0 | 8 581.0 | 6 383.0 |
| 1986 | | 17 222.0 | 9 004.0 | 7 086.0 |
| 1987 | | 17 426.0 | 8 590.0 | 7 924.0 |
| 1988 | | 16 911.0 | 8 543.0 | 7 735.0 |
| 1989 | | 18 013.0 | 9 081.0 | 7 893.0 |
| 1990 | | 18 933.0 | 9 823.0 | 9 682.0 |
| 1991 | 39 566.3 | 18 381.0 | 9 595.0 | 9 877.0 |
| 1992 | 40 169.6 | 18 622.0 | 10 158.7 | 9 538.3 |
| 1993 | 40 517.4 | 17 751.4 | 10 639.0 | 10 270.4 |
| 1994 | 39 389.1 | 17 593.3 | 9 929.7 | 9 927.5 |
| 1995 | 41 611.6 | 18 522.6 | 10 220.7 | 11 198.6 |
| 1996 | 45 127.1 | 19 510.3 | 11 056.9 | 12 747.1 |

8. 分地区粮食产量(单位:万吨)

| 地区 | 1994年 | | | | 1995年 | | | | 1996年 | | | |
|---|---|---|---|---|---|---|---|---|---|---|---|---|
| | 谷物 | 稻谷 | 小麦 | 玉米 | 谷物 | 稻谷 | 小麦 | 玉米 | 谷物 | 稻谷 | 小麦 | 玉米 |
| 全国总计 | 39 389.1 | 17 593.3 | 9 929.7 | 9 927.5 | 41 611.6 | 18 522.6 | 10 220.7 | 11 198.6 | 45 127.1 | 19 510.3 | 11 056.9 | 12 747.1 |
| 北京 | 267.0 | 18.2 | 96.9 | 148.4 | 252.7 | 16.8 | 100.4 | 133.0 | 231.8 | 16.0 | 93.9 | 119.7 |
| 天津 | 176.3 | 31.8 | 50.8 | 77.7 | 195.6 | 38.9 | 65.4 | 80.5 | 199.2 | 47.4 | 67.4 | 75.4 |
| 河北 | 2 263.3 | 88.3 | 921.7 | 1 065.3 | 2 507.0 | 90.3 | 1 060.3 | 1 183.4 | 2 557.1 | 92.2 | 1 139.1 | 1 168.4 |
| 山西 | 759.3 | 3.9 | 295.4 | 302.2 | 816.2 | 4.2 | 270.1 | 403.5 | 934.2 | 3.2 | 300.7 | 457.5 |
| 内蒙古 | 910.4 | 30.5 | 234.8 | 482.3 | 914.1 | 39.6 | 282.2 | 518.4 | 1 301.7 | 51.0 | 318.9 | 751.5 |
| 辽宁 | 1 251.3 | 316.2 | 52.6 | 651.9 | 1 343.0 | 261.8 | 63.3 | 824.7 | 1 575.8 | 338.9 | 59.4 | 969.5 |
| 吉林 | 1 857.3 | 292.7 | 22.0 | 1 439.4 | 1 867.9 | 296.9 | 19.1 | 1 478.5 | 2 211.9 | 347.4 | 20.6 | 1 753.4 |
| 黑龙江 | 1 971.3 | 410.4 | 275.3 | 1 146.4 | 2 033.8 | 469.9 | 271.0 | 1 212.6 | 2 519.4 | 636.0 | 329.5 | 1 445.0 |
| 上海 | 203.5 | 159.8 | 21.2 | 6.0 | 206.3 | 258.6 | 23.8 | 4.6 | 222.4 | 163.4 | 27.0 | 5.2 |
| 江苏 | 2 863.6 | 1 600.7 | 877.5 | 217.2 | 3 108.0 | 1 798.6 | 892.6 | 270.8 | 3 301.1 | 1 870.2 | 1 014.3 | 259.9 |
| 浙江 | 1 317.6 | 1 211.4 | 54.4 | 12.6 | 1 330.2 | 1 218.8 | 54.1 | 14.2 | 1 406.0 | 1 277.3 | 62.5 | 13.7 |
| 安徽 | 2 054.9 | 1 187.5 | 710.2 | 130.3 | 2 273.3 | 1 269.9 | 699.1 | 271.9 | 2 372.3 | 1 327.4 | 748.3 | 264.1 |
| 福建 | 734.2 | 699.2 | 19.8 | 6.1 | 758.7 | 724.9 | 18.6 | 6.9 | 777.8 | 743.3 | 17.9 | 8.0 |
| 江西 | 1 510.4 | 1 493.8 | 9.1 | 4.3 | 1 508.2 | 1 486.5 | 7.5 | 8.9 | 1 664.1 | 1 641.8 | 9.7 | 9.0 |
| 山东 | 3 431.0 | 81.6 | 1 936.6 | 1 345.3 | 3 761.5 | 91.2 | 2 060.7 | 1 543.0 | 3 836.0 | 113.6 | 2 052.7 | 1 603.4 |

续表

| 地区 | 1994年 | | | | 1995年 | | | | 1996年 | | | |
|---|---|---|---|---|---|---|---|---|---|---|---|---|
| | 谷物 | 稻谷 | 小麦 | 玉米 | 谷物 | 稻谷 | 小麦 | 玉米 | 谷物 | 稻谷 | 小麦 | 玉米 |
| 河南 | 2 879.0 | 268.8 | 1 798.4 | 754.3 | 3 059.3 | 295.8 | 1 754.2 | 957.8 | 3 433.3 | 314.8 | 2 026.8 | 1 038.3 |
| 湖北 | 2 228.8 | 1 690.2 | 383.3 | 133.7 | 2 264.0 | 1 730.7 | 363.6 | 150.1 | 2 288.7 | 1 721.8 | 378.8 | 165.8 |
| 湖南 | 2 494.4 | 2 415.0 | 28.6 | 37.2 | 2 517.2 | 2 438.4 | 27.1 | 38.9 | 2 540.2 | 2 449.9 | 30.4 | 47.7 |
| 广东 | 1 384.6 | 1 359.4 | 6.5 | 17.7 | 1 508.1 | 1 471.6 | 6.9 | 21.9 | 1 607.3 | 1 549.2 | 5.9 | 37.1 |
| 广西 | 1 192.3 | 1 057.0 | 1.5 | 130.8 | 1 421.4 | 1 260.0 | 2.8 | 155.2 | 1 416.7 | 1 258.4 | 3.3 | 151.0 |
| 海南 | 157.5 | 153.8 | | 3.5 | 165.5 | 160.9 | — | 3.7 | 159.4 | 154.9 | | 3.9 |
| 四川 | 3 325.3 | 1 931.7 | 704.3 | 572.6 | 3 578.0 | 2 097.9 | 730.9 | 629.6 | 3 714.3 | 2 182.3 | 720.3 | 716.9 |
| 贵州 | 788.3 | 423.9 | 96.2 | 254.6 | 783.6 | 425.2 | 107.8 | 238.5 | 838.1 | 459.4 | 104.1 | 262.4 |
| 云南 | 996.2 | 505.4 | 125.2 | 327.9 | 1 032.8 | 511.9 | 137.5 | 339.3 | 1 083.3 | 536.1 | 146.7 | 369.2 |
| 陕西 | 810.8 | 70.4 | 403.5 | 271.5 | 814.0 | 64.2 | 410.4 | 282.3 | 1 049.2 | 104.7 | 405.7 | 472.3 |
| 甘肃 | 614.4 | 4.9 | 315.5 | 122.7 | 550.2 | 5.3 | 254.2 | 125.9 | 690.8 | 5.0 | 351.0 | 215.2 |
| 青海 | 87.1 | — | 68.6 | | 86.2 | — | 69.5 | — | 97.1 | — | 76.7 | |
| 宁夏 | 182.9 | 46.5 | 69.2 | 50.3 | 188.8 | 46.2 | 68.9 | 60.8 | 235.6 | 54.0 | 86.3 | 79.7 |
| 新疆 | 616.2 | 39.9 | 328.5 | 214.5 | 701.1 | 472.4 | 393.9 | 238.7 | 789.7 | 50.3 | 433.1 | 282.5 |

9. 进出口数量、金额及主要国家和地区

**1994年～1996年　10011000主要进口国家和地区**

| 国家或地区 | 1994年 | | | 1995年 | | | 1996年 | | |
|---|---|---|---|---|---|---|---|---|---|
| | 数量(万吨) | 金额(万美元) | 百分比(%) | 数量(万吨) | 金额(万美元) | 百分比(%) | 数量(万吨) | 金额(万美元) | 百分比(%) |
| 合　计 | 182.2 | 23 873 | 100.00 | 560.4 | 101 396 | 100.00 | 451.2 | 102 306 | 100.00 |
| 法　国 | | | | 16.4 | 2 627 | 2.59 | | | |
| 阿根廷 | | | | 9.8 | 1 368 | 1.35 | | | |
| 加拿大 | 76.2 | 10 069 | 42.18 | 374.8 | 68 762 | 67.82 | 311.2 | 69 545 | 67.98 |
| 美　国 | 60.5 | 7 533 | 31.56 | 151.3 | 27 447 | 27.07 | 122.0 | 28 390 | 27.76 |
| 澳大利亚 | 45.5 | 6 271 | 26.27 | | | | 18.1 | 4 361 | 4.26 |

**1994年～1996年　10019000主要进口国家和地区**

| 国家或地区 | 1994年 | | | 1995年 | | | 1996年 | | |
|---|---|---|---|---|---|---|---|---|---|
| | 数量(万吨) | 金额(万美元) | 百分比(%) | 数量(万吨) | 金额(万美元) | 百分比(%) | 数量(万吨) | 金额(万美元) | 百分比(%) |
| 合　计 | 547.8 | 72 185 | 100.00 | 598.2 | 101 244 | 100.00 | 373.4 | 86 738 | 100.00 |
| 法　国 | | | | 151.5 | 24 987 | 24.68 | 20.8 | 4 312 | 4.97 |
| 加拿大 | 282.4 | 37 359 | 51.75 | 111.3 | 18 139 | 17.92 | 50.3 | 10 835 | 12.49 |
| 美　国 | 163.7 | 20 584 | 28.52 | 232.8 | 40 450 | 39.95 | 94.5 | 21 877 | 25.22 |
| 澳大利亚 | 98.7 | 13 882 | 19.23 | 39.6 | 7 036 | 6.95 | 207.7 | 49 711 | 57.31 |
| 土耳其 | 3.0 | 360 | 0.50 | | | | | | |

**1994年～1996年　10059000主要进口国家和地区**

| 国家或地区 | 1994年 | | | 1995年 | | | 1996年 | | |
|---|---|---|---|---|---|---|---|---|---|
| | 数量(万吨) | 金额(万美元) | 百分比(%) | 数量(万吨) | 金额(万美元) | 百分比(%) | 数量(万吨) | 金额(万美元) | 百分比(%) |
| 合　计 | 0.06 | 15 | 100.00 | 518.1 | 81 080 | 100.00 | 44.1 | 7 297 | 100.00 |
| 美　国 | 0.05 | 13 | 87.25 | 497.5 | 78 114 | 96.34 | 34.0 | 5 822 | 79.79 |
| 阿根廷 | | | | 19.5 | 2 816 | 3.47 | 10.0 | 1 454 | 19.93 |
| 缅　甸 | 0.01 | 1.1 | 7.38 | 8.0 | 106 | 0.13 | 0.1 | 14 | 0.19 |
| 越　南 | | | | 0.3 | 40 | 0.05 | | | |

**1994年～1996年　11010000主要进口国家和地区**

| 国家或地区 | 1994年 | | | 1995年 | | | 1996年 | | |
|---|---|---|---|---|---|---|---|---|---|
| | 数量（万吨） | 金额（万美元） | 百分比（%） | 数量（万吨） | 金额（万美元） | 百分比（%） | 数量（万吨） | 金额（万美元） | 百分比（%） |
| 合　计 | 2.8 | 843 | 100.00 | 4.2 | 1 035 | 100.00 | 5.3 | 1 368 | 100.00 |
| 韩　国 | | | | 0.1 | 28 | 2.74 | | | |
| 美　国 | 0.6 | 196 | 23.30 | 0.6 | 175 | 16.89 | 0.4 | 126 | 9.19 |
| 香　港 | 0.6 | 223 | 26.48 | 0.5 | 153 | 14.77 | 0.8 | 294 | 21.52 |
| 日　本 | 1.2 | 291 | 34.50 | 2.7 | 573 | 55.31 | 2.7 | 552 | 40.31 |
| 荷　兰 | 0.1 | 36 | 4.26 | | | | | | |
| 尼泊尔 | | | | | | | 0.7 | 150 | 10.99 |

**1994年～1996年　10059000主要出口国家和地区**

| 国家或地区 | 1994年 | | | 1995年 | | | 1996年 | | |
|---|---|---|---|---|---|---|---|---|---|
| | 数量（万吨） | 金额（万美元） | 百分比（%） | 数量（万吨） | 金额（万美元） | 百分比（%） | 数量（万吨） | 金额（万美元） | 百分比（%） |
| 合　计 | 873.9 | 94 367 | 100.00 | 11.1 | 1 288 | 100.00 | 15.8 | 2 998 | 100.00 |
| 朝　鲜 | | | | 1.1 | 161 | 12.52 | 8.1 | 1 489 | 49.66 |
| 印度尼西亚 | 79.6 | 8 601 | 9.11 | 2.5 | 272 | 21.12 | | | |
| 马来西亚 | 138.4 | 14 790 | 15.67 | 3.4 | 370 | 28.73 | 0.6 | 118 | 3.93 |
| 韩　国 | 344.9 | 36 371 | 38.54 | 2.4 | 261 | 20.23 | 5.5 | 1 086 | 36.21 |
| 日　本 | 170.6 | 19 351 | 20.51 | | | | 1.5 | 305 | 10.16 |

**1994年～1996年　11010000主要出口国家和地区**

| 国家或地区 | 1994年 | | | 1995年 | | | 1996年 | | |
|---|---|---|---|---|---|---|---|---|---|
| | 数量（万吨） | 金额（万美元） | 百分比（%） | 数量（万吨） | 金额（万美元） | 百分比（%） | 数量（万吨） | 金额（万美元） | 百分比（%） |
| 合　计 | 15.9 | 2 745 | 100.00 | 20.9 | 5 503 | 100.00 | 56.2 | 15 789 | 100.00 |
| 朝　鲜 | 0.9 | 152 | 5.53 | 6.7 | 1774 | 32.25 | 32.9 | 8 430 | 53.39 |
| 香　港 | 0.8 | 192 | 6.99 | 2.3 | 726 | 13.19 | 7.4 | 2 803 | 17.75 |
| 蒙　古 | 2.2 | 430 | 15.66 | 3.5 | 1 000 | 18.18 | 8.9 | 2 552 | 16.16 |
| 越　南 | 10.0 | 1 605 | 58.48 | 7.2 | 1 643 | 29.86 | 4.3 | 1116 | 7.07 |

注：10011000 硬粒小麦

10059000 玉米

11010000 小麦或混合麦的细粉

10019000 小麦及混合麦，除硬粒小麦

10．城镇居民家庭粮食消费（单位：购买量，千克/人·年；支出，元/人·年）

**城镇居民家庭粮食消费情况**

| | 1994年 | | 1995年 | | 1996年 | |
|---|---|---|---|---|---|---|
| | 购买量 | 支出 | 购买量 | 支出 | 购买量 | 支出 |
| 全　国 | 101.67 | 201.97 | 97.00 | 260.53 | 94.68 | 271.54 |
| 北　京 | 83.48 | 190.88 | 88.06 | 270.42 | 85.47 | 286.45 |
| 天　津 | 110.80 | 210.39 | 109.30 | 279.27 | 113.50 | 296.52 |
| 河　北 | 90.97 | 178.46 | 91.10 | 238.76 | 88.83 | 239.45 |
| 山　西 | 140.77 | 234.27 | 122.49 | 297.74 | 126.68 | 353.34 |
| 内蒙古 | 95.49 | 177.38 | 101.17 | 256.50 | 87.32 | 253.80 |
| 辽　宁 | 103.30 | 202.88 | 107.30 | 279.47 | 96.50 | 282.64 |
| 吉　林 | 89.40 | 177.88 | 94.20 | 253.69 | 90.12 | 259.59 |

续表

| | 1994 年 | | 1995 年 | | 1006 年 | |
|---|---|---|---|---|---|---|
| | 购买量 | 支出 | 购买量 | 支出 | 购买量 | 支出 |
| 黑龙江 | 99.80 | 189.35 | 94.70 | 248.16 | 97.80 | 268.24 |
| 上 海 | 91.20 | 210.24 | 93.60 | 282.90 | 91.20 | 294.14 |
| 江 苏 | 95.22 | 194.55 | 96.31 | 265.49 | 93.59 | 274.02 |
| 浙 江 | 104.99 | 207.02 | 105.46 | 266.09 | 101.92 | 277.22 |
| 安 徽 | 116.13 | 221.18 | 110.82 | 260.53 | 109.44 | 286.97 |
| 福 建 | 138.39 | 311.03 | 147.63 | 447.22 | 152.33 | 451.77 |
| 江 西 | 98.76 | 193.92 | 98.88 | 228.77 | 95.28 | 240.52 |
| 山 东 | | 160.12 | | 203.52 | | 221.61 |
| 河 南 | 119.50 | 224.16 | 118.12 | 295.83 | 116.19 | 318.20 |
| 湖 北 | 93.02 | 174.96 | 92.13 | 241.41 | 89.38 | 233.35 |
| 湖 南 | 95.10 | 195.11 | 96.60 | 241.21 | 90.77 | 239.57 |
| 广 东 | 85.22 | 258.26 | 87.94 | 322.28 | 82.39 | 312.08 |
| 广 西 | 88.98 | 214.81 | 92.96 | 271.72 | 83.08 | 264.35 |
| 海 南 | 78.45 | 199.86 | 78.08 | 252.68 | 77.64 | 244.93 |
| 四 川 | | 188.70 | | 216.42 | | 238.81 |
| 贵 州 | | 202.20 | | 259.09 | | 281.35 |
| 云 南 | 116.50 | 217.62 | 89.60 | 274.87 | 89.40 | 285.90 |
| 西 藏 | 106.20 | 190.85 | 117.90 | | 118.70 | 382.07 |
| 陕 西 | 112.05 | 185.12 | 101.07 | 243.36 | 96.42 | 261.73 |
| 甘 肃 | 161.12 | 203.70 | 110.95 | 250.63 | 101.32 | 274.22 |
| 青 海 | 124.18 | 239.63 | 140.59 | 300.04 | | 338.19 |
| 宁 夏 | 111.94 | 209.00 | 106.62 | 237.26 | 98.88 | 246.89 |
| 新 疆 | 97.30 | 166.79 | 96.90 | 208.09 | 96.20 | 236.28 |

**城镇居民家庭细粮消费支出**

| | 1995 年 | 1996 年 |
|---|---|---|
| 全 国 | 255.59 | 265.02 |
| 北 京 | 263.01 | 276.86 |
| 天 津 | 272.20 | 288.47 |
| 河 北 | 231.60 | 230.05 |
| 山 西 | 293.56 | 329.05 |
| 内蒙古 | 245.16 | 240.20 |
| 辽 宁 | 270.27 | 271.93 |
| 吉 林 | 246.33 | 249.79 |
| 黑龙江 | 237.02 | 257.27 |
| 上 海 | 282.01 | 293.16 |
| 江 苏 | 261.08 | 268.32 |
| 浙 江 | 264.90 | 274.87 |
| 安 徽 | 260.22 | 284.65 |
| 福 建 | 443.75 | 449.45 |
| 江 西 | 228.19 | 239.81 |
| 山 东 | 196.73 | 213.88 |

续表

| | 1995 年 | 1996 年 |
|---|---|---|
| 河 南 | 295.30 | 313.27 |
| 湖 北 | 240.37 | 231.94 |
| 湖 南 | 239.57 | 238.08 |
| 广 东 | 316.67 | 304.79 |
| 广 西 | 266.09 | 257.97 |
| 海 南 | 249.51 | 243.84 |
| 四 川 | 212.41 | 234.34 |
| 贵 州 | 255.58 | 277.45 |
| 云 南 | 274.79 | 284.45 |
| 西 藏 | | 374.30 |
| 陕 西 | 241.21 | 256.39 |
| 甘 肃 | 247.16 | 270.23 |
| 青 海 | 298.69 | 336.61 |
| 宁 夏 | 236.16 | 245.44 |
| 新 疆 | 205.62 | 233.07 |

注：由小麦和稻谷制成的粮食或制品称为细粮。

11. 行业内“三资”企业状况

| | 1994 年 | 1995 年 | 1996 年 |
|---|---|---|---|
| 企业单位数(个) | 289 | 529 | 505 |
| 亏损企业 | 87 | 194 | 168 |
| 企业从业人员数(人) | 33 925 | 49 803 | 55 174 |
| 实收资本(亿元) | 34.82 | 58.26 | 67.56 |
| 中方 | 8.54 | 22.98 | 17.83 |
| 外方 | 22.72 | 33.50 | 42.35 |
| 工业总产值(亿元) | 133.58 | 249.40 | 282.32 |
| 工业增加值(亿元) | 29.23 | 40.62 | 48.32 |
| 年末资产(亿元) | | 190.05 | 226.82 |
| #流动资产 | 58.64 | 102.97 | 123.75 |
| 年末负债(亿元) | | 119.06 | 140.86 |
| #流动负债 | | 91.10 | 114.01 |
| 所有者权益(亿元) | 42.97 | 71.00 | 85.96 |
| 产品销售收入(亿元) | 132.92 | 246.39 | 280.20 |
| #销售成本 | 107.22 | | 246.75 |
| #销售费用 | 4.71 | | 6.96 |
| #销售税金及附加 | 0.77 | 0.11 | 0.21 |
| #销售利润 | | | 20.32 |
| 管理费用(亿元) | 5.38 | | 9.41 |
| 利润总额(亿元) | 14.20 | 11.26 | 4.48 |
| 利税总额(亿元) | 16.97 | 13.52 | 6.13 |
| 亏损企业亏损总额(亿元) | 0.94 | 3.13 | 4.71 |
| 产品销售率(%) | 98.18 | 98.79 | 96.96 |
| 资金利税率(%) | 20.14 | | 3.63 |
| 增加值率(%) | 21.88 | 16.29 | 17.11 |
| 全员劳动生产率(万元/人·年) | 8.62 | 8.16 | 8.76 |
| 流动资产周转率(%) | 259.86 | | 281.35 |
| 企业亏损面(%) | 30.10 | 36.67 | 33.27 |
| 存货可供销售天数(天) | | 65 | 57 |

**【g. 食用植物油加工业行业数据报告】** 1. 行业基本情况

行业名称:植物油加工业 *

| | 1994 年 | 1995 年 | 1996 年 |
|---|---|---|---|
| 行业内企业单位数(个) | 5 503 | 5 968 | 5 597 |
| 其中:亏损企业(个) | 546 | 949 | 940 |
| 从业人员(万人) | 33.31 | 36.54 | 35.80 |
| 其中:工程技术人员 | | 2.51 | |
| 管理人员 | | 5.13 | |
| 年末离退休人员(万人) | | 3.42 | |

* 本行业的统计范围是全部乡及乡以上独立核算工业企业。

2. 植物油加工业在全部工业中的位置与比较(单位:%)

| | 1994 年 | 1995 年 | 1996 年 |
|---|---|---|---|
| 行业产值占全部工业产值的比重 | 0.987 | 1.016 | 1.007 |
| 行业增加值占全部工业增加值的比重 | 0.826 | 0.497 | 0.710 |
| 行业人数占全部工业人数的比重 | 0.391 | 0.433 | 0.437 |
| 行业资本金占全部工业资本金的比重 | 0.357 | 0.423 | 0.381 |

3. 行业财务状况(单位:亿元)

| | 1994 年 | 1995 年 | 1996 年 |
|---|---|---|---|
| 资本金 | 64.14 | 91.22 | 94.81 |
| 中方 | 45.18 | 76.40 | 50.82 |
| 外方 | 4.48 | 14.83 | 18.13 |
| 工业总产值(新规定当年价) | 506.97 | 558.03 | 631.65 |
| 工业增加值 | 121.47 | 76.81 | 127.93 |
| 职工工资总额 | | 14.11 | |
| 职工平均工资(元) | | 3 862 | |
| 出口交货值 | | 35.79 | |

4. 行业资产负债(单位:亿元)

| | 1994 年 | 1995 年 | 1996 年 |
|---|---|---|---|
| 年末资产 | | 515.57 | 565.01 |
| 流动资产 | 224.23 | 328.90 | 349.04 |
| #存货 | 91.62 | 147.48 | 146.63 |
| 固定资产 | 107.39 | 167.29 | 185.02 |
| #生产经营用 | 96.34 | 141.10 | 162.47 |
| 年末负债 | | 428.37 | 477.48 |
| 流动负债 | | 378.11 | 420.99 |
| 长期负债 | | 45.70 | |
| 年末所有者权益 | 62.69 | 87.20 | 87.53 |
| 实收资本 | | 77.49 | |

5. 行业损益及分配(单位:亿元)

| | 1994 年 | 1995 年 | 1996 年 |
|---|---|---|---|
| 产品销售收入 | 383.40 | 514.15 | 555.26 |
| 产品销售成本 | 332.01 | 461.84 | 506.76 |
| 产品销售费用 | 8.91 | 12.09 | 13.24 |
| 产品销售税金及附加 | 2.67 | 1.50 | 1.69 |
| 产品销售利润 | | 38.41 | 32.20 |
| 产品管理费用 | 15.57 | 18.99 | 21.79 |
| 营业利润 | | 0.14 | −7.37 |
| 投资收益 | | 0.29 | |
| 利润总额 | 9.84 | 1.15 | −5.73 |
| 所得税 | | 1.88 | |
| 净利润 | | −0.72 | |
| 利税总额 | 17.36 | 8.64 | 1.18 |
| 亏损企业亏损额 | 3.90 | 10.76 | 16.54 |

6. 行业效益评价

| | 1994年 | 1995年 | 1996年 |
|---|---|---|---|
| 产品销售率(%) | 89.19 | 96.14 | 95.23 |
| 资金利税率(%) | 6.34 | 2.14 | 0.24 |
| 增加值率(%) | 23.96 | 13.76 | 20.25 |
| 成本利税率(%) | 5.23 | 1.87 | 0.23 |
| 全员劳动生产率(万元/人·年) | 3.65 | 2.10 | 3.57 |
| 流动资产周转率(%) | 206.90 | 181.29 | 171.66 |
| 企业亏损面(%) | 9.92 | 15.90 | 16.79 |
| 存货可供销售天数(天) | 100 | 115 | 105 |

7. 植物油产品历年产量(单位:万吨)

| 年份 | 食用植物油 | #大豆油 | #花生油 | #芝麻油 |
|---|---|---|---|---|
| 1980 | 222.00 | | | |
| 1981 | 292.20 | | | |
| 1982 | 345.33 | | | |
| 1983 | 359.95 | | | |
| 1984 | 380.00 | | | |
| 1985 | 401.00 | | | |
| 1986 | 441.00 | | | |
| 1987 | 478.00 | | | |
| 1988 | 480.00 | | | |
| 1989 | 496.00 | | | |
| 1990 | 544.00 | | | |
| 1991 | 644.00 | | | |
| 1992 | 661.00 | | | |
| 1993 | 695.00 | | | |
| 1994 | 723.00 | | | |
| 1995 | 1 144.50 | 329.08 | 157.35 | 40.11 |
| 1996 | 946.54 | 234.49 | 133.70 | 29.98 |

8. 植物油产量(单位:万吨)

**1994年~1996年植物油产量**

| 地区 | 1994年 | 1995年 | 1996年 |
|---|---|---|---|
| 全国总计 | 723.00 | 1 144.50 | 946.54 |
| 北　京 | 4.50 | 0.49 | 0.25 |
| 天　津 | 13.10 | 8.06 | 9.63 |
| 河　北 | 25.50 | 40.66 | 33.86 |
| 山　西 | 10.44 | 11.49 | 13.88 |
| 内蒙古 | 12.44 | 22.03 | 15.16 |
| 辽　宁 | 32.56 | 45.01 | 29.62 |
| 吉　林 | 21.93 | 25.81 | 20.81 |
| 黑龙江 | 45.95 | 83.22 | 75.94 |
| 上　海 | 12.11 | 39.94 | 17.38 |
| 江　苏 | 65.29 | 112.54 | 81.65 |
| 浙　江 | 21.15 | 36.71 | 28.37 |
| 安　徽 | 59.77 | 95.27 | 79.12 |
| 福　建 | 15.12 | 21.50 | 19.43 |
| 江　西 | 17.91 | 31.55 | 16.42 |
| 山　东 | 92.16 | 156.23 | 112.08 |
| 河　南 | 45.46 | 41.58 | 47.75 |
| 湖　北 | 53.38 | 140.29 | 101.08 |
| 湖　南 | 27.62 | 33.10 | 43.42 |
| 广　东 | 43.34 | 45.57 | 34.25 |
| 广　西 | 7.68 | 8.97 | 31.05 |
| 海　南 | 0.25 | 0.41 | 0.57 |
| 四　川 | 39.41 | 56.37 | 41.62 |
| 贵　州 | 7.98 | 10.86 | 13.91 |
| 云　南 | 2.73 | 2.64 | 2.46 |
| 陕　西 | 8.60 | 14.77 | 13.03 |
| 甘　肃 | 7.30 | 16.72 | 16.42 |
| 青　海 | 1.82 | 3.96 | 3.32 |
| 宁　夏 | 2.11 | 4.17 | 6.47 |
| 新　疆 | 26.36 | 34.41 | 37.54 |

9. 进出口数量、金额及主要国家和地区

**1994年~1996年　15071000主要出口国家和地区**

| 国家或地区 | 1994年 | | | 1995年 | | | 1996年 | | |
|---|---|---|---|---|---|---|---|---|---|
| | 数量(吨) | 金额(万美元) | 百分比(%) | 数量(吨) | 金额(万美元) | 百分比(%) | 数量(吨) | 金额(万美元) | 百分比(%) |
| 合　计 | 13 208 | 921 | 100.00 | 6 214 | 499 | 100.00 | 7 211 | 485 | 100.00 |
| 朝　鲜 | 1 573 | 121 | 13.11 | 1 413 | 152 | 30.51 | 2 499 | 227 | 46.67 |
| 印　度 | | | | 4 500 | 302 | 60.41 | | | |
| 俄罗斯 | 374 | 36 | 3.91 | 283 | 43 | 8.60 | | | |
| 澳　门 | | | | | | | | | |
| 香　港 | 11 100 | 748 | 81.25 | | | | 3 706 | 203 | 41.85 |

**1994 年～1996 年 15141000 主要出口国家和地区**

| 国家或地区 | 1994 年 | | | 1995 年 | | | 1996 年 | | |
|---|---|---|---|---|---|---|---|---|---|
| | 数量（吨） | 金额（万美元） | 百分比（%） | 数量（吨） | 金额（万美元） | 百分比（%） | 数量（吨） | 金额（万美元） | 百分比（%） |
| 合　计 | 4 697 | 360 | 100.00 | 6 715 | 464 | 100.00 | 18 510 | 1 305 | 100.00 |
| 香　港 | 4 303 | 334 | 92.97 | 6 586 | 453 | 97.61 | 9 549 | 563 | 43.18 |
| 越　南 | | | | 100 | 6 | 1.29 | | | |
| 台　湾 | | | | 13 | 3 | 0.54 | | | |
| 新加坡 | | | | | | | | | |
| 日　本 | 74 | 5 | 1.42 | | | | | | |
| 澳　门 | 301 | 19 | 5.14 | | | | | | |
| 加拿大 | | | | | | | 6 016 | 527 | 40.38 |
| 荷　兰 | | | | | | | 2 910 | 210 | 16.06 |

**1994 年～1996 年 15071000 主要进口国家和地区**

| 国家或地区 | 1994 年 | | | 1995 年 | | | 1996 年 | | |
|---|---|---|---|---|---|---|---|---|---|
| | 数量（万吨） | 金额（万美元） | 百分比（%） | 数量（万吨） | 金额（万美元） | 百分比（%） | 数量（万吨） | 金额（万美元） | 百分比（%） |
| 合　计 | 98.8 | 60 353 | 100.00 | 135.0 | 93 131 | 100.00 | 119.1 | 69 895 | 100.00 |
| 美　国 | 13.7 | 8 795 | 14.57 | 40.4 | 28 912 | 31.05 | 5.1 | 3 098 | 4.13 |
| 巴　西 | 68.9 | 41 738 | 69.16 | 78.6 | 53 605 | 57.56 | 94.5 | 55 770 | 79.79 |
| 阿根廷 | 12.0 | 7 207 | 11.94 | 9.3 | 6 425 | 6.90 | 16.2 | 9 335 | 13.36 |
| 越　南 | | | | 4.9 | 3 090 | 3.32 | 1.9 | 969 | 1.39 |
| 荷　兰 | 2.5 | 1 557 | 2.58 | | | | | | |

**1994 年～1996 年 15141000 主要进口国家和地区**

| 国家或地区 | 1994 年 | | | 1995 年 | | | 1996 年 | | |
|---|---|---|---|---|---|---|---|---|---|
| | 数量（万吨） | 金额（万美元） | 百分比（%） | 数量（万吨） | 金额（万美元） | 百分比（%） | 数量（万吨） | 金额（万美元） | 百分比（%） |
| 合　计 | 37.3 | 21 328 | 100.00 | 44.1 | 28 873 | 100.00 | 28.3 | 16 611 | 100.00 |
| 德　国 | 20.3 | 12 058 | 56.53 | 22.5 | 15 139 | 52.43 | 11.2 | 6 929 | 41.71 |
| 荷　兰 | 6.0 | 3 596 | 16.86 | 5.1 | 3 121 | 10.81 | 5.4 | 2 932 | 17.65 |
| 加拿大 | 4.0 | 2 554 | 11.97 | 7.5 | 5 481 | 18.98 | 5.1 | 2 955 | 17.79 |
| 美　国 | | | | 3.9 | 2 663 | 9.22 | | | |
| 新加坡 | 3.6 | 1 111 | 5.21 | | | | | | |
| 马来西亚 | | | | | | | 4.1 | 2 410 | 14.51 |

注：15141000 初榨的豆油，不论是否精制，但未经化学改性。

15071000 初榨的菜子油或芥子油，不论是否精制，但未经化学改性。

10. 城镇居民家庭油脂类消费情况（单位：购买量，千克/人・年；支出，元/人・年）

| | 1994 年 | | 1995 年 | | 1996 年 | |
|---|---|---|---|---|---|---|
| | 购买量 | 支出 | 购买量 | 支出 | 购买量 | 支出 |
| 全　国 | 7.53 | 68.24 | 7.11 | 72.95 | 7.13 | 69.03 |
| 北　京 | 8.52 | 66.15 | 7.58 | 65.91 | 7.85 | 62.24 |
| 天　津 | 9.00 | 80.14 | 8.40 | 82.77 | 9.00 | 80.49 |
| 河　北 | 9.06 | 78.14 | 8.13 | 79.84 | 8.53 | 77.65 |
| 山　西 | 8.12 | 68.80 | 6.11 | 60.59 | 7.82 | 72.43 |
| 内蒙古 | 5.11 | 47.26 | 5.82 | 52.65 | 4.69 | 48.61 |

续表

| | 1994年 | | 1995年 | | 1996年 | |
|---|---|---|---|---|---|---|
| | 购买量 | 支出 | 购买量 | 支出 | 购买量 | 支出 |
| 辽　宁 | 7.30 | 55.44 | 7.50 | 67.11 | 6.90 | 56.15 |
| 吉　林 | 7.20 | 53.45 | 7.20 | 64.90 | 7.08 | 55.75 |
| 黑龙江 | 8.70 | 63.15 | 8.80 | 73.42 | 9.40 | 72.85 |
| 上　海 | 9.60 | 72.95 | 9.60 | 83.61 | 9.60 | 78.97 |
| 江　苏 | 7.38 | 65.79 | 7.31 | 71.61 | 7.14 | 65.03 |
| 浙　江 | 5.44 | 52.33 | 5.21 | 54.00 | 5.27 | 52.12 |
| 安　徽 | 9.03 | 78.69 | | 84.44 | 8.50 | 83.44 |
| 福　建 | 10.19 | 93.20 | 11.59 | 120.91 | 12.69 | 127.69 |
| 江　西 | 7.92 | 84.17 | 6.96 | 75.93 | 7.68 | 75.61 |
| 山　东 | | 53.16 | | 51.98 | | 45.00 |
| 河　南 | 6.22 | 57.20 | 6.20 | 59.64 | 5.81 | 53.50 |
| 湖　北 | 8.29 | 68.41 | 8.29 | 77.35 | 8.00 | 69.93 |
| 湖　南 | 9.60 | 90.31 | 6.22 | 95.25 | 6.43 | 96.72 |
| 广　东 | 6.56 | 80.47 | 6.98 | 89.82 | 7.42 | 87.54 |
| 广　西 | 6.35 | 75.22 | 7.94 | 84.90 | 7.09 | 78.80 |
| 海　南 | 3.80 | 54.83 | 5.85 | 72.83 | 5.20 | 72.74 |
| 四　川 | | 86.10 | | 89.53 | | 86.32 |
| 贵　州 | | 66.07 | | 75.79 | | 75.05 |
| 云　南 | 9.70 | 72.72 | 7.10 | 76.06 | 7.50 | 75.11 |
| 西　藏 | 6.98 | 50.39 | 6.50 | | 8.60 | 81.08 |
| 陕　西 | 7.37 | 66.44 | 7.20 | 65.05 | 7.30 | 62.13 |
| 甘　肃 | 12.64 | 74.62 | 8.51 | 77.35 | 7.91 | 67.12 |
| 青　海 | 7.92 | 54.32 | 8.50 | 58.44 | | 48.52 |
| 宁　夏 | 7.98 | 75.33 | 6.59 | 80.28 | 8.04 | 78.87 |
| 新　疆 | 9.50 | 71.49 | 9.00 | 71.17 | 9.50 | 65.58 |

注:"购买量"为食用植物油,"支出"为油脂类。

11. 行业内"三资"企业状况

| | 1994年 | 1995年 | 1996年 |
|---|---|---|---|
| 企业单位数(个) | 86 | 169 | 139 |
| 亏损企业 | 19 | 59 | 63 |
| 企业从业人员数(人) | 17 083 | 17 694 | 18 215 |
| 实收资本(亿元) | 10.14 | 24.11 | 26.85 |
| 中方 | 4.01 | 10.31 | 7.24 |
| 外方 | 4.32 | 13.38 | 17.04 |
| 工业总产值(亿元) | 90.46 | 127.27 | 159.77 |
| 工业增加值(亿元) | 18.81 | 15.98 | 29.62 |
| 年末资产(亿元) | | 134.11 | 148.94 |
| #流动资产 | 39.42 | 94.16 | 104.35 |
| 年末负债(亿元) | | 109.17 | 123.55 |
| #流动负债 | | 102.73 | 114.19 |
| 所有者权益(亿元) | 15.17 | 24.94 | 25.39 |
| 产品销售收入(亿元) | 99.91 | 130.55 | 153.62 |
| #销售成本 | 90.27 | | 147.11 |
| #销售费用 | 1.96 | | 4.03 |
| #销售税金及附加 | 0.10 | 0.15 | 0.08 |
| #销售利润 | | | 2.33 |
| 管理费用(亿元) | 1.79 | | 3.57 |
| 利润总额(亿元) | 4.74 | −0.91 | −2.58 |
| 利税总额(亿元) | 6.64 | 1.03 | −1.39 |
| 亏损企业亏损总额(亿元) | 0.29 | 2.53 | 3.69 |
| 产品销售率(%) | 93.97 | 102.58 | 98.97 |
| 资金利税率(%) | 16.68 | | −1.11 |
| 增加值率(%) | 20.79 | 12.55 | 18.54 |
| 全员劳动生产率(万元/人·年) | 11.01 | 9.03 | 16.26 |
| 流动资产周转率(%) | 371.41 | | 159.31 |
| 企业亏损面(%) | 22.09 | 34.91 | 45.32 |
| 存货可供销售天数(天) | 62 | | 67 |

# 2.3 制糖工业

【a. 概况】 1996年全国共播种糖料159.15万公顷，比上年增加1.90万公顷，增幅1.2%；其中播种甘蔗99.55万公顷，比上年增加2.55万公顷，增幅2.6%；播种甜菜59.60万公顷，比上年减少0.65万公顷，减幅1.1%。

按灾后收获面积计算，1996年全国共收获糖料面积143.33万公顷，比上年减少4.79万公顷，减幅3.2%；其中收获甘蔗92.00万公顷，比上年增加1.83万公顷，增幅2.0%；收获甜菜51.33万公顷，比上年减少6.63万公顷，减幅11.4%。

1996跨1997年制糖生产期，由于各地切实抓了安全生产工作，密切注意了甘蔗、甜菜生长后期的糖份增长情况，加强后期田间管理，合理安排甘蔗榨期和甜菜收获期，组织高糖、高榨，适时收获，制止了跨蔗区、跨企业抢购甘蔗、甜菜，制糖生产和糖料收购组织得都比较好，实现了战胜自然灾害，多增产、多产糖、产好糖的目标。

北方黑龙江、内蒙古、甘肃等地的甜菜糖厂，绝大多数实现了制糖期24小时满点安全运行，甜菜含糖份高，工艺加工过程糖份损失低，产糖率高，优级品率100%。

1996年全国制糖业战胜了严重自然灾害所造成的困难，挽回了损失，取得了食糖持续增产的好成绩。1996跨1997年制糖期，全国产糖680万吨，比1995跨1996年制糖期全国产糖622.8万吨增加57.2万吨，增幅9.2%。云南省1996跨1997年榨季产糖量已突破100万吨，达到111万吨，成为继广东、广西之后全国第3个产糖量超过百万吨的省份。湛江市在重灾之年由于挽救措施得力，1996跨1997年榨季产糖量仍然超过了上个榨季74.65万吨的水平达到77.0万吨。广西在遭受严重风涝灾害之后，不少地区又遇到了旱情，经过努力补救，1996跨1997年制糖期产糖量仍然达到了235万吨，超过了上个榨季产糖231.5万吨的历史最好水平，接近计划产糖240万吨的目标。

**表1　糖料与食糖生产情况**　　单位：万公顷　万吨

| 省　区 | 1996年糖料播种面　积 | 1996跨1997年制糖期 | | |
|---|---|---|---|---|
| | | 糖料收获面　积 | 收　购糖料量 | 产糖量 |
| 全国合计 | 159.15 | 143.33 | 6 094.5 | 680 |
| 甘蔗糖小计 | 99.55 | 92.00 | 4 921.6 | 537.91 |
| 广东 | 19.87 | 18.93 | 1 235.5 | 122.8 |
| 其中：湛江 | 13.51 | 12.83 | 788.5 | 77.05 |
| 广西 | 45.33 | 42.00 | 2 010 | 235 |
| 云南 | 18.67 | 17.33 | 1 000 | 111 |
| 海南 | 6.73 | 6.00 | 225.2 | 23.68 |
| 福建 | 2.67 | 2.47 | 167 | 18.5 |
| 江西 | 2.02 | 0.20 | 80.9 | 8.53 |
| 四川 | 2.07 | 1.93 | 123 | 11 |
| 湖南 | 1.53 | 1.20 | 60 | 5.2 |
| 其他 | 0.67 | 0.60 | 20 | 2.0 |
| 甜菜糖小计 | 59.60 | 51.33 | 1 172.9 | 142.09 |
| 黑龙江 | 25.87 | 20.00 | 323 | 43.5 |
| 新疆 | 9.33 | 9.00 | 350 | 39.3 |
| 内蒙古 | 11.93 | 10.80 | 227 | 28.4 |
| 吉林 | 3.47 | 3.33 | 75 | 8.7 |
| 山西 | 1.67 | 1.60 | 32 | 3.85 |
| 甘肃 | 2.33 | 2.00 | 81 | 9.2 |
| 宁夏 | 1.67 | 1.60 | 38 | 2.84 |
| 辽宁 | 2.53 | 2.33 | 36.9 | 5.3 |
| 其他 | 0.80 | 0.67 | 10 | 1 |

【b. 加强进口管理打击走私违法活动】 遵照国务院领导同志关于对食糖走私违法活动要严厉打击，严惩不贷，要加强综合治理的要求，1995年6月下旬由全国打私办、中国轻工总会牵头组成了有内贸部、外经贸部、海关总署等部门参加的调查组前往广东、广西等地调查，在广泛听取各方面意见的基础上，1995年10月9日中国轻

工总会向国务院报送了“关于发展食糖生产，加强糖业管理，打击食糖走私一条龙的综合治理意见”。经国务院同意，国家计委、中国轻工总会、国内贸易部、对外经济贸易合作部、中国人民银行、国家工商行政管理局、海关总署于1996年6月18日联合发出“关于加强进口食糖管理打击食糖走私违法活动的通知”〔轻总食纸(1996)9号〕。《通知》规定：对食糖进口严格实行配额和许可证管理；对越权发证和买卖配额、许可证的行为，要依照《中华人民共和国对外贸易法》严肃处理。从事食糖加工贸易的经营单位必须经外经贸部核定。开展食糖加工贸易的合同由外经贸部负责审批，审批前征求糖业主管部门中国轻工总会的意见。私营企业和个体工商户不得从事食糖批发业务。严格禁止直接用于民用消费的原糖零售业务；发现此类情况时，由工商行政管理部门将原糖一律予以没收。对查获的走私食糖依法没收，对构成走私罪的当事人，必须移送司法机关追究刑事责任，不得以罚代刑。对伪造、变造、买卖加工手册及复制出口报关单的责任人，应移送司法机关追究刑事责任。

1996年6月10日，广州市中级人民法院一审审结湛江富力糖业有限公司食糖走私案。该公司利用来料加工手册进口实为一般贸易的原糖32.5万吨，价值10.4亿元。原糖加工成白糖后，未经批准、完税，却在国内销售，偷逃关税、增值税5.42亿元，构成走私罪。这是一宗建国以来走私物价值最高，走私分子偷逃关税和增值税税额最大的走私案。

**表2　　1994年～1996年全国食糖进出口与贸易方式**　　单位：万吨

| 项　目 | 1996年 | | | 1995年 | | | 1994年 | | |
|---|---|---|---|---|---|---|---|---|---|
| | 进　口 | 出　口 | 留国内 | 进　出 | 出　口 | 留国内 | 进　口 | 出　口 | 留国内 |
| 合　计 | 125.47 | 66.48 | 58.99 | 290.7 | 44.48 | 246.3 | 155 | 90.5 | 64.5 |
| 一般贸易 | 59.57 | 1.33 | 58.24 | 88.9 | 0.3 | 88.6 | 14.1 | 13.4 | 0.7 |
| 来料加工 | 1.15 | 19.76 | −18.61 | 123.7 | 28.1 | 95.6 | 70.5 | 21.6 | 48.9 |
| 进料加工 | 50.3 | 43.3 | 7 | 59.3 | 13.7 | 45.6 | 59.8 | 39.9 | 19.9 |
| 易货贸易 | 13.39 | 0.39 | 13 | — | 1.6 | −1.6 | — | 15.1 | −15.1 |
| 边　贸 | — | 0.47 | −0.47 | — | 0.3 | −0.3 | — | 0.4 | −0.4 |
| 保税仓库 | — | 1.19 | −1.19 | 8.7 | 0.4 | 8.3 | — | — | — |
| 捐　赠 | 1 | — | 1 | 7.7 | — | 7.7 | 1.3 | — | 1.3 |
| 其　他 | 0.06 | 0.04 | 0.02 | 2.4 | — | 2.4 | 9.3 | 0.1 | 9.2 |

资料来源：海关总署。

**【c. 政策措施】** 1. 国务院领导批示。为了解除糖业面临的困难，维护糖业生产的稳定与发展，国务院领导同志除多次指示要对食糖走私违法活动严厉打击，加强综合治理外，1996年又先后就严格控制食糖进口，妥善解决糖厂糖料收购资金，妥善安排工业食糖季产年销周转储备资金，把国家储备与商业经营严格分开，理顺糖的农、工、商、贸(外贸)体制等问题作了重要批示。

4月17日，朱镕基副总理在中国糖业协会第41期“食糖产销情况简报”上批示：“目前这种国家储备与商业经营不分；工业承担季产年销的库存储备问题确需认真解决。当前拖欠农民糖料款应尽快解决”。

6月7日，朱副总理在一份国家计委有关解决糖业当前存在问题给国务院的请示报告上批示：“同意安排银行贷款增加食糖工业企业临时储备，利息费用由食糖工业企业负担。食糖进口要严加控制，不能列为加工贸易。(李鹏总理，邹家华、吴邦国、姜春云副总理圈阅)。

5月4日至6月11日，李鹏总理，朱镕基、邹家华、李岚清副总理，先后在一份有关糖业问题的“群众反映”上对从糖的管理体制上理顺农、工、商、贸(外贸)关系问题作了重要批示。

2. 国家首次安排制糖工业企业食糖季产年销库存储备资金。遵照国务院领导同志的批示要求，为解决工业承担食糖季产年销的库存储备问题，保护农民的积极性，支持制糖工业企业的生产，经国务院同意，国家计委、中国轻工总会、中国人民银行、中国工商银行、中国农业银行7月16日联合下达《关于安排制糖工业企业临时储备食糖的通知》〔计市场(1996)1315号〕。《通知》规定安排食糖主产区制糖工业企业临时储备食糖30万吨，其中广西10万吨，广东10万吨(湛江市5万吨)，福建4万吨，云南1万吨，黑龙江2万吨，新疆2万吨，内蒙古1万吨。临时储备食糖的主管单位是省、自治区轻工业厅，广西自治区糖业公司；具体收储工作由省、自治区制糖工业(总)公司负责。《通知》规定，由制糖工业企业以仓储食糖作抵押向银行贷款，专款专用。

国家2次安排制糖工业企业短期储备食糖贷款，解除了工业季节性用款集中的困难；兑付了农民糖料款，减少了白条，保障了农民利益，增强了食糖经营单位的信心，启动了市场；对促使糖价从低于国家下限价位以下回升，发挥了非常重要的作用。由制糖工业企业以食糖为抵押向银行贷款储备食糖，保证了银行资金的安全，增强了银行放贷的信心；把工业储备糖贷款与偿还企业政策性历史债务分开，有利于企业从历史债务包袱中解脱出来，增利还债。随着工业季产年销短期储备食糖资金的解决，制糖工业企业取得了在市场经济活动中的主动权，从而可以做到按市场需求均衡销售，保持糖价平稳，提高企业效益。

3. 中国轻工总会建议1997年不安排进口食糖。为安排好1997年食糖市场，避免由于食糖进口不当再一次造成对国内糖业生产的冲击；避免由于进口糖多造成卖糖难，给制糖企业和银行在糖料收购资金上造成困难，进而导致向农民打白条，继续为糖业的复苏创造一个良好的外部环境，根据1996跨1997年食糖生产销售年度(1996年10月1日至1997年9月30日)全国食糖供需基本平衡(不包括国家原储备糖)的情况，1996年11月15日中国轻工总会向国务院报告，建议暂不安排1997年度进口食糖。国家计委已决定暂不安排1997年度一般贸易进口食糖计划。

4. 认真解决国家储备糖与商业经营不分的问题。1991年国务院决定改革食糖产销体制，建立国家储备糖制度，当时就已经明确指出要把国家储备与商业经营分开。1993年7月30日国务院办公厅国办发(1993)44号文再次明确，未经国家计委、国家经贸委研究并批准，任何地方、部门和企事业单位均不得擅自动销国家储备糖。但是这个问题未能得到很好解决。由于国家储备与商业经营不分引发了以下问题：(1)代管部门擅自动销国家储备糖的问题时有发生，最为严重的是广东省糖烟酒集团公司擅自动用国家储备糖串换走私糖的违法、违纪事件；(2)代管部门在经营国家储备糖时主要考虑本部门、本公司的利益和管销策略的需要，因而不仅不能发挥扶持工、农业生产的作用，反而成为不时冲击国内糖业生产的不安定因素；(3)国家储备糖用的是国家贴息贷款，储存损耗、储存费用、建仓库费用全部由国家拿；由于国家储备与商业经营不分，国家储备糖量愈来愈多，国家财政负担越来越重；与此相反，商业正常经营库存糖量则由过去的200～300万吨减少到了30～40万吨，这样就把商业正常周转库存糖应承担的风险几乎全部转嫁给了国家。

针对以上存在的问题，朱镕基副总理1996年4月17日批示："目前这种国家储备与商业经营不分的问题确需认真解决"。国务院副秘书长何椿霖1997年1月7日批示："防止违规销售储备糖问题可立即由主管部门采取措施"。

5. 理顺食糖产销体制。糖业存在的问题涉及到农、工、商、贸(外贸)等多个部门。1996年3月18日李岚清副总理批示：糖业"反映的问题是一个综合性的问题，涉及到多个部门，必须要有一个综合的表本兼活的措施；请国务院研究室组织一个小组，在充分调查研究的基础上，提出一个解决问题的方案"。5月4日邹家华副总理批示："建议组织一个整顿糖业及其管理体制的小组，在国务院领导下进行综合治理，抓几年，理出一个正常的秩序，因为糖是人民生活必需品。"6月11日李岚清副总理再次批示："赞成家华同志意见，这个小组今后工作包括对糖的农、工、商、贸(外贸)体制如何理顺一并研究一下。请经贸委牵头研究拿出一个意见。"

遵照国务院领导同志的批示要求，由国家计委牵头组成的调查组、由国务院研究室组成的专题组和由国家经贸委组织的调查组，分别进行了糖业生产流通体制现状及改进意见的调研，并分别向国务院报送了糖业产销体制改革的调研报告。

6. 国家计委召开重点产糖省区"九五"糖业规划实施工作座谈会。1996年8月22日至23日，国家计委在北京召开"重点产糖省区'九五'糖业规划实施工作座谈会"。会议传达了国务院对"国家计委关于广西、新疆、云南三省区'九五'制糖工业发展规划的请示"的批复精神；研究论证了重点产区"九五"制糖规划及项目；研究了实施制糖工业规划的措施和1996年制糖工业基建、技改项目实施方案。国务院在对国家计委"请示"的批复中指出："食糖是关系国计民生的重要商品，目前我国人均消费食糖只有6公斤，是世界上消费水平最低的国家之一，随着人民生活水平的提高，我国食糖供应不足的矛盾会越来越突出，因此，必须加快发展我国的制糖工业。要支持广西、新疆、云南三省、区糖业发展，增加食糖产量，减少进口，加快脱贫致富的步伐，促进地区经济的发展"。国家经贸委、中国轻工总会、农业部、国内贸易部、中国人民银行、中国建设银行、国家开发银行、中国工商银行和有关省区计委、经贸委、轻工业厅(糖业公司)、银行的有关负责同志共60多人出席会议。

**【d. 行业管理与行业活动】** 1. 中国糖业协会为适应社会主义市场经济发展的需要，努力抓好食糖产销工作。对内，帮助企业建立产区制糖工业企业与销区国、合商业间稳定的销售渠道，努力促进食糖批发市场的建设；对外，排除进口糖的冲击，为国产糖的销售开道让路。协会成立4年多来先后召开了20次全国食糖销售协调会，及时研究行业面临的资金短缺、进口糖冲击国产糖、互相压价竞销等重大问题，提出对策，统一对形势的认识，加强地区间、企业间、工商间的协调，促进产销直接见面，疏通销售渠道。为尽快结束走私糖、非法进口糖和违规动销国家储备糖对国内食糖市场的冲击，中国糖业协会多次向国务院和有关部门反映了打击食糖走私，加强食糖加工贸易监管，停止食糖进口，停止动销国家储备糖为国产糖的销售让路等建议，受到了国务院领导同志的重视。

2. 妥善解决糖料收购资金和工业季产年销储备资金供应问题。为从政策上保证糖料收购资金供应，中国轻工总会、中国糖业协会多次向国务院反映情况和意见，受到国务院领导同志的重视。1995 年 11 月朱镕基副总理在广西视察工作时指示："请农业开发银行研究将甘蔗收购资金象粮、棉收购一样列入农业开发银行贷款规模里面，给予保证"。1996 年 1 月 9 日吴邦国副总理在听取中国轻工总会汇报时指示："关于糖料收购资金问题，再研究一下，看是否能纳入到粮棉油收购资金范围"。遵照国务院领导同志的指示，国家经贸委于 1996 年 1 月 31 日召开专门会议听取中国糖业协会汇报并与中国轻工总会、中国人民银行和相关专业银行共同研究糖料收购资金问题，在此基础上，经国务院领导同志同意，国家经贸委于 1996 年 2 月 15 日发出"关于落实制糖行业收购资金的通知"，要求有关部门贯彻执行。

3. 协助政府有关部门理顺食糖销售和糖料收购价格，平稳糖价。通过 4 年来不断地产销协调，1995 年糖价已接近比较合理的水平。在此基础上，各地都在 1995 年糖料播种季节开始以前合理调整了糖料收购价格，糖料比价偏低的问题得到了解决，农民种植糖料积极性提高，糖料播种面积和产量增加。1995 年 8 月，中国糖业协会协助国家计委价格管理司、中国轻工总会经济调节司在北京联合召开了"食糖价格座谈会"之后，国家计委于 1995 年 10 月 19 日下达了 1995 跨 1996 年食糖生产期"关于整顿食糖价格的通知"；这个《通知》在 1996 跨 1997 年制糖期和 1997 跨 1998 年制糖期继续实施。《通知》的实施对平稳糖价起到了重要的作用。

4. 配合国务院有关部门进行食糖管理体制的调查研究工作。近年来糖业管理体制上暴露出来的问题已引起国务院领导同志和国务院有关部门的高度重视。1996 年 4 月，国务院领导同志在 1 份关于国内食糖市场问题的报告上批示："在弄清情况的基础上提出改革我国食糖产销体制的意见"。为此，由国家计委市场司牵头，中国轻工总会、内贸部、农业部、财政部、中国工商银行、国办二局等有关单位参加，组成调查组对云南、广西、广东和黑龙江 4 省、区进行了调查，并在上海市召开了销糖省、区商业糖业公司座谈会。中国糖业协会派人参与调查、参加会议。

年初，中国糖业协会理事长杨昌仁致信国务院领导反映制糖工业的困难。国务院领导指示国务院研究室成立一个专门小组，在调查研究的基础上提出对制糖工业存在的问题进行标本兼治的方案。小组成立后，先后召开专门调研座谈会 10 多次，并深入主产糖省、区进行调研，向国务院提出了调研报告。中国糖业协会派人参与了调研并提供相关资料。

4 月底，中办与国办编写的《群众反映》摘报了中国糖业协会就全国糖业面临的困境及出路给国务院领导的信。国务院有关领导阅后批示，请国家经贸委牵头研究，组织一个整顿糖业及其管理体制的小组，进行综合治理，理出一个正常秩序。中国糖业协会积极配合国家经贸委有关部门进行了这项工作。

5. 积极宣传适量吃糖有益健康。近年来，在一些报纸上不时看到"吃糖有害"的文章，对食糖的正常消费起了非常不好的影响。为了宣传"适量吃糖有益健康"的科学道理，中国糖业协会先后在第 37 期、第 44 期、第 52 期、第 56 期"食糖产销情况简报"和中国轻工报、中国食品报上进行了专题介绍与宣传。

（连学智）

**【e. 行业数据报告】** 1. 行业基本情况

行业名称：制糖业*

| | 1994 年 | 1995 年 | 1996 年 |
|---|---|---|---|
| 行业内企业单位数（个） | 619 | 655 | 616 |
| 其中：亏损企业 | 163 | 195 | 315 |
| 从业人员（万人） | 39.55 | 46.85 | 38.30 |
| 其中：工程技术人员 | | 2.19 | |
| 管理人员 | | 4.44 | |
| 年末离退休人员（万人） | | 4.34 | |

*本行业的统计范围是全部乡及乡以上独立核算工业企业。

2. 制糖业在全部工业中的位置与比较（单位：%）

| | 1994年 | 1995年 | 1996年 |
|---|---|---|---|
| 行业产值占全部工业产值的比重 | 0.495 | 0.530 | 0.487 |
| 行业增加值占全部工业增加值的比重 | 0.559 | 0.533 | 0.372 |
| 行业人数占全部工业人数的比重 | 0.465 | 0.464 | 0.468 |
| 行业资本金占全部工业资本金的比重 | 0.516 | 0.536 | 0.434 |

3.行业财务状况(单位:亿元)

| | 1994年 | 1995年 | 1996年 |
|---|---|---|---|
| 资本金 | 92.53 | 115.53 | 108.06 |
| 中方 | 78.98 | 105.06 | 85.62 |
| 外方 | 5.20 | 10.47 | 10.82 |
| 工业总产值(新规定当年价) | 254.09 | 291.08 | 305.90 |
| 工业增加值 | 82.75 | 82.30 | 67.12 |
| 职工工资总额 | | 21.97 | |
| 职工平均工资(元) | | 4 689 | |
| 出口交货值 | | 7.22 | |

4.行业资产负债(单位:亿元)

| | 1994年 | 1995年 | 1996年 |
|---|---|---|---|
| 年末资产 | | 472.08 | 537.89 |
| 流动资产 | 140.06 | 195.72 | 217.71 |
| #存货 | 42.63 | 81.83 | 89.01 |
| 固定资产 | 182.19 | 251.21 | 287.67 |
| #生产经营用 | 174.70 | 251.01 | 273.47 |
| 年末负债 | | 360.33 | 432.09 |
| 流动负债 | | 268.45 | 331.30 |
| 长期负债 | | 89.10 | |
| 年末所有者权益 | 77.15 | 111.74 | 105.80 |
| 实收资本 | | 94.34 | |

5.行业损益及分配(单位:亿元)

| | 1994年 | 1995年 | 1996年 |
|---|---|---|---|
| 产品销售收入 | 215.69 | 274.14 | 284.54 |
| 产品销售成本 | 159.64 | 190.33 | 251.55 |
| 产品销售费用 | 3.08 | 3.54 | 5.97 |
| 产品销售税金及附加 | 3.74 | 2.52 | 2.42 |
| 产品销售利润 | | 54.53 | 22.05 |
| 产品管理费用 | 21.58 | 24.81 | 23.70 |
| 营业利润 | | 9.66 | －26.74 |
| 投资收益 | | 0.63 | |
| 利润总额 | 12.31 | 10.61 | －25.00 |
| 所得税及原料 | | 5.28 | |
| 净利润 | | 5.33 | |
| 利税总额 | 35.66 | 32.74 | －3.16 |
| 亏损企业亏损额 | 8.03 | 10.40 | 31.85 |

6.行业效益评价

| | 1994年 | 1995年 | 1996年 |
|---|---|---|---|
| 产品销售率(%) | 96.79 | 94.18 | 95.36 |
| 资金利税率(%) | 13.40 | 9.22 | －0.72 |
| 增加值率(%) | 32.57 | 28.27 | 21.94 |
| 成本利税率(%) | 22.34 | 17.20 | －1.26 |
| 全员劳动生产率(万元/人·年) | 2.09 | 1.76 | 1.75 |
| 流动资产周转率(%) | 169.35 | 163.14 | 135.09 |
| 企业亏损面(%) | 26.33 | 29.77 | 51.14 |
| 存货可供销售天数(天) | 97 | 155 | 128 |

7.制糖原料及产品历年产量(单位:万吨)

| 年份 | 甘蔗 | 甜菜 | 糖 | #机制甘蔗糖 |
|---|---|---|---|---|
| 1980 | 2 280.7 | 630.5 | 257.00 | |
| 1981 | 2 966.8 | 636.0 | 317.00 | |
| 1982 | 3 688.2 | 671.2 | 338.00 | |
| 1983 | 3 114.1 | 918.2 | 377.00 | |
| 1984 | 3 951.9 | 828.4 | 380.00 | |
| 1985 | 5 154.9 | 891.9 | 451.00 | |
| 1986 | 5 021.9 | 830.6 | 525.00 | |
| 1987 | 4 736.3 | 814.0 | 506.00 | |
| 1988 | 4 906.4 | 1 281.0 | 461.00 | |
| 1989 | 4 879.5 | 924.3 | 501.00 | |
| 1990 | 5 762.0 | 1 452.5 | 582.00 | |
| 1991 | 6 789.8 | 1 628.9 | 640.00 | |
| 1992 | 7 301.1 | 1 506.9 | 829.00 | |
| 1993 | 6 419.4 | 1 204.8 | 771.00 | |
| 1994 | 6 092.7 | 1 252.6 | 592.00 | |
| 1995 | 6 541.7 | 1 398.4 | 558.64 | 433.75 |
| 1996 | 6 818.7 | 1 672.6 | 640.20 | 492.06 |

8.分地区糖及原料产量(单位:万吨)

**1994年～1995年糖及原料量**

| 地区 | 糖 | | | 甘蔗 | | | 甜菜 | | |
|---|---|---|---|---|---|---|---|---|---|
| | 1994年 | 1995年 | 1996年 | 1994年 | 1995年 | 1996年 | 1994年 | 1995年 | 1996年 |
| 全国总计 | 592.00 | 558.64 | 640.20 | 6 092.7 | 6 541.7 | 6 818.7 | 1 252.6 | 1 398.4 | 1 541.5 |
| 北　京 | | | | | | | | | |
| 天　津 | | 0.04 | | | | | | | |
| 河　北 | 1.07 | 0.56 | 0.62 | | | | 14.0 | 12.4 | 6.9 |
| 山　西 | 6.29 | 3.69 | 4.31 | | | | 69.6 | 39.7 | 66.0 |

续表

| 地区 | 糖 | | | 甘蔗 | | | 甜菜 | | |
|---|---|---|---|---|---|---|---|---|---|
| | 1994年 | 1995年 | 1996年 | 1994年 | 1995年 | 1996年 | 1994年 | 1995年 | 1996年 |
| 内蒙古 | 18.34 | 17.07 | 27.21 | | | | 233.6 | 263.5 | 320.7 |
| 辽宁 | 3.80 | 3.80 | 4.04 | | | | 39.2 | 50.4 | 58.6 |
| 吉林 | 2.98 | 6.14 | 6.95 | | | | 97.6 | 83.6 | 70.2 |
| 黑龙江 | 20.39 | 37.47 | 46.43 | | | | 322.7 | 500.8 | 491.9 |
| 上海 | | | | 4.8 | 4.9 | 6.7 | | | |
| 江苏 | | 0.68 | 0.02 | 23.5 | 22.8 | 20.6 | 2.2 | 0.6 | 2.3 |
| 浙江 | 0.45 | 0.50 | 0.40 | 70.1 | 65.8 | 63.9 | | | |
| 安徽 | | | | 17.2 | 17.8 | 18.3 | | | |
| 福建 | 18.28 | 17.42 | 16.68 | 276.8 | 248.6 | 253.9 | | | |
| 江西 | 9.04 | 9.12 | 8.64 | 204.2 | 200.0 | 185.8 | | | |
| 山东 | 0.13 | 0.63 | 1.90 | | | | 3.0 | 1.2 | 1.6 |
| 河南 | | | | 23.2 | 20.7 | 20.3 | | | 0.2 |
| 湖北 | 0.97 | 1.10 | 0.78 | 64.6 | 73.6 | 85.6 | | | |
| 湖南 | 6.63 | 6.31 | 5.85 | 149.2 | 141.5 | 129.2 | | | |
| 广东 | 123.24 | 107.22 | 118.56 | 1 505.0 | 1 591.6 | 1 523.1 | | | |
| 广西 | 219.66 | 179.66 | 237.51 | 2 320.4 | 2 555.7 | 2 830.5 | | | |
| 海南 | 25.85 | 17.25 | 17.63 | 315.5 | 335.9 | 329.3 | | | |
| 四川 | 11.31 | 12.61 | 10.27 | 165.0 | 179.5 | 172.4 | 0.2 | 0.2 | 0.2 |
| 贵州 | 1.27 | 1.26 | 1.27 | 24.9 | 26.9 | 35.6 | | 0.3 | 0.1 |
| 云南 | 80.85 | 94.21 | 83.65 | 928.0 | 1 055.9 | 1 143.1 | 0.5 | 0.4 | 0.3 |
| 陕西 | 0.42 | 0.12 | 0.08 | 0.3 | 0.4 | 0.3 | 4.8 | 0.7 | 2.4 |
| 甘肃 | 9.74 | 8.77 | 8.00 | | | | 113.1 | 107.0 | 119.1 |
| 青海 | | | | | | | | | |
| 宁夏 | 2.95 | 2.83 | 3.05 | | | | 52.8 | 49.5 | 46.5 |
| 新疆 | 28.39 | 30.18 | 36.34 | | | | 299.2 | 288.1 | 354.5 |

9.进出口数量、金额及主要国家和地区

**1994年～1996年　17011100主要出口国家和地区**

| 国家或地区 | 1994年 | | | 1995年 | | | 1996年 | | |
|---|---|---|---|---|---|---|---|---|---|
| | 数量(吨) | 金额(万美元) | 百分比(%) | 数量(吨) | 金额(万美元) | 百分比(%) | 数量(吨) | 金额(万美元) | 百分比(%) |
| 合计 | 27 414 | 964 | 100.00 | 23 848 | 1 012 | 100.00 | 22 712 | 923 | 100.00 |
| 香港 | 7 667 | 200 | 30.08 | 16 197 | 564 | 55.76 | 7 950 | 294 | 31.85 |
| 日本 | 4 666 | 198 | 20.51 | 6 101 | 331 | 32.76 | 4 872 | 284 | 30.80 |
| 美国 | 515 | 30 | 3.14 | 653 | 50 | 4.92 | | | |
| 澳门 | | | | 430 | 29 | 2.87 | | | |
| 也门 | 13 000 | 371 | 38.48 | | | | | | |
| 菲律宾 | | | | | | | 5 207 | 157 | 16.96 |
| 越南 | | | | | | | 3 500 | 105 | 11.38 |

**1994 年～1996 年　17019910 主要出口国家和地区**

| 国家或地区 | 1994 年 | | | 1995 年 | | | 1996 年 | | |
|---|---|---|---|---|---|---|---|---|---|
| | 数量（万吨） | 金额（万美元） | 百分比（%） | 数量（万吨） | 金额（万美元） | 百分比（%） | 数量（万吨） | 金额（万美元） | 百分比（%） |
| 合　　计 | 90.2 | 30 326 | 100.00 | 44.3 | 16 952 | 100.00 | 62.2 | 23 002 | 100.00 |
| 香　　港 | | | | 5.2 | 1 741 | 10.27 | 7.2 | 2 451 | 10.65 |
| 印度尼西亚 | | | | 14.0 | 5 655 | 33.36 | 2.7 | 1 026 | 4.46 |
| 沙特阿拉伯 | 17.4 | 5 566 | 18.35 | 14.1 | 5 167 | 30.48 | 27.5 | 10 389 | 45.16 |
| 新 加 坡 | | | | 3.5 | 1 248 | 7.36 | 4.9 | 1 600 | 6.95 |
| 印　　度 | 40.4 | 13 592 | 44.82 | | | | | | |
| 俄 罗 斯 | 5.2 | 2 302 | 7.59 | | | | | | |
| 哈萨克斯坦 | 6.1 | 1 916 | 6.32 | | | | | | |
| 也　　门 | 6.2 | 1 944 | 6.41 | | | | | | |
| 巴 基 斯 坦 | | | | | | | 7.5 | 2 794 | 12.15 |

**1994 年～1996 年　17011100 主要进口国家和地区**

| 国家或地区 | 1994 年 | | | 1995 年 | | | 1996 年 | | |
|---|---|---|---|---|---|---|---|---|---|
| | 数量（万吨） | 金额（万美元） | 百分比（%） | 数量（万吨） | 金额（万美元） | 百分比（%） | 数量（万吨） | 金额（万美元） | 百分比（%） |
| 合　　计 | 147.4 | 38 270 | 100.00 | 257.2 | 77 792 | 100.00 | 120.5 | 37 426 | 100.00 |
| 泰　　国 | 41.2 | 11 023 | 28.80 | 99.1 | 29 967 | 38.52 | 43.1 | 13 444 | 35.92 |
| 古　　巴 | 41.9 | 11 356 | 29.67 | 65.2 | 21 286 | 27.36 | 41.3 | 13 603 | 36.35 |
| 巴　　西 | | | | 22.4 | 6 644 | 8.54 | | | |
| 澳大利亚 | 64.2 | 15 834 | 41.37 | 34.6 | 10 510 | 13.51 | 28.4 | 8 677 | 23.18 |
| 韩　　国 | 0.1 | 46 | 0.12 | | | | | | |

**1994～1996 年　17019910 主要进口国家和地区**

| 国家或地区 | 1994 年 | | | 1995 年 | | | 1996 年 | | |
|---|---|---|---|---|---|---|---|---|---|
| | 数量（万吨） | 金额（万美元） | 百分比（%） | 数量（万吨） | 金额（万美元） | 百分比（%） | 数量（万吨） | 金额（万美元） | 百分比（%） |
| 合　　计 | 6.5 | 2 156 | 100.00 | 30.8 | 9 975 | 100.00 | 4.1 | 1 508 | 100.00 |
| 泰　　国 | 1.4 | 415 | 19.24 | 12.1 | 3 783 | 37.92 | | | |
| 澳大利亚 | | | | 5.3 | 1 932 | 19.37 | 0.2 | 71 | 4.08 |
| 韩　　国 | 2.1 | 818 | 37.95 | 4.0 | 1 502 | 15.06 | 2.8 | 1 061 | 70.37 |
| 哥伦比亚 | | | | | 2.5894 | 8.96 | | | |
| 巴　　西 | 0.8 | 289 | 13.42 | | | | | | |
| 中　　国 | 0.6 | 181 | 8.38 | | | | | | |
| 日　　本 | | | | | | | 0.4 | 200 | 13.26 |

注：17011100　未加香料或着色剂的甘蔗原糖
　　17019910　未加香料或着色剂的砂糖

10. 城镇居民家庭食糖类消费情况(单位:购买量,千克/人·年;支出,元/人·年)

| | 1994年 | | 1995年 | | 1996年 | |
|---|---|---|---|---|---|---|
| | 购买量 | 支出 | 购买量 | 支出 | 购买量 | 支出 |
| 全　国 | 1.91 | 18.50 | 1.68 | 23.74 | 1.71 | 24.88 |
| 北　京 | 2.53 | 29.83 | 2.36 | 37.89 | 2.44 | 44.59 |
| 天　津 | 1.60 | 18.76 | 1.70 | 23.03 | 1.80 | 25.75 |
| 河　北 | 0.97 | 17.71 | 0.89 | 25.12 | 1.16 | 24.95 |
| 山　西 | 0.84 | 11.16 | 1.63 | 16.18 | | 17.81 |
| 内蒙古 | 1.18 | 15.50 | 1.14 | 18.01 | 1.13 | 19.31 |
| 辽　宁 | 0.70 | 14.12 | 0.80 | 19.69 | 0.90 | 22.68 |
| 吉　林 | 0.96 | 10.35 | 1.08 | 12.49 | 1.32 | 14.36 |
| 黑龙江 | 1.40 | 14.65 | 1.60 | 21.29 | 1.50 | 20.45 |
| 上　海 | 3.60 | 36.74 | 3.60 | 47.21 | 3.60 | 50.17 |
| 江　苏 | 2.15 | 18.50 | 2.04 | 24.80 | 2.08 | 22.99 |
| 浙　江 | 2.50 | 25.12 | 2.25 | 29.64 | 2.22 | 28.70 |
| 安　徽 | 1.26 | 14.03 | 1.72 | 21.94 | 1.18 | 19.66 |
| 福　建 | 3.30 | 17.71 | 3.16 | 22.64 | 3.65 | 25.63 |
| 江　西 | 1.56 | 15.72 | 1.44 | 17.42 | 1.44 | 17.46 |
| 山　东 | | 14.96 | | 20.44 | | 20.93 |
| 河　南 | 1.32 | 13.40 | 1.29 | 17.46 | 1.24 | 17.97 |
| 湖　北 | 1.83 | 16.54 | 1.74 | 20.61 | 1.65 | 21.04 |
| 湖　南 | 1.30 | 20.58 | 1.31 | 24.90 | 1.12 | 25.43 |
| 广　东 | 2.54 | 27.24 | 2.51 | 35.21 | 2.51 | 36.21 |
| 广　西 | 2.21 | 19.88 | 3.21 | 26.06 | 2.00 | 26.05 |
| 海　南 | 2.44 | 16.07 | 2.70 | 21.68 | 2.27 | 22.83 |
| 四　川 | | 23.42 | | 30.13 | | 32.17 |
| 贵　州 | | 24.56 | | 31.78 | | 33.52 |
| 云　南 | 2.40 | 16.42 | 0.30 | 19.82 | 1.80 | 20.81 |
| 西　藏 | 2.00 | 32.82 | 2.20 | | 2.90 | 65.79 |
| 陕　西 | 1.18 | 13.45 | 0.87 | 16.36 | 1.08 | 18.48 |
| 甘　肃 | 1.80 | 15.06 | 1.36 | 18.67 | 1.51 | 22.76 |
| 青　海 | 1.66 | 23.66 | 1.60 | 28.14 | | 29.92 |
| 宁　夏 | 1.80 | 17.13 | 1.52 | 19.65 | 1.56 | 20.98 |
| 新　疆 | 1.70 | 23.86 | 2.00 | 28.60 | 2.50 | 31.55 |

11. 制糖业相关技术经济指标(大中型企业范围)

| 地　区 | 每吨甘蔗渣浆用碱(千克) | 甘蔗产糖率(%) | 甘蔗糖成品合格率(%) | 每百吨甘蔗耗用标准煤(万吨) | 甜菜产糖率(%) | 甜菜糖成品合格率(%) | 每百吨甜菜耗用标准煤(万吨) |
|---|---|---|---|---|---|---|---|
| 全　国 | 316.71 | 10.70 | 96.53 | 6.16 | 12.01 | 95.53 | 9.55 |
| 北　京 | | | | | | | |
| 天　津 | | | | | | | |
| 河　北 | | | | | 12.38 | 100.00 | 10.44 |
| 山　西 | | | | | 11.06 | 99.76 | 6.74 |
| 内蒙古 | | | | | 11.59 | 99.49 | 7.65 |
| 辽　宁 | | | | | 12.10 | 99.91 | 11.40 |
| 吉　林 | | | | | | | |
| 黑龙江 | | | | | 12.69 | 99.47 | 9.81 |
| 上　海 | | | | | | | |
| 江　苏 | | | | | | | |
| 浙　江 | 333.99 | 8.95 | 97.20 | 5.39 | | | |
| 安　徽 | | | | | | | |
| 福　建 | 375.47 | 10.95 | 67.16 | 6.29 | | | |
| 江　西 | 252.19 | 9.72 | 99.96 | 6.45 | | | |
| 山　东 | | | | | | | |
| 河　南 | | | | | | | |
| 湖　北 | | | | | | | |
| 湖　南 | 360.83 | 10.08 | 99.41 | 5.93 | | | |
| 广　东 | 231.98 | 10.19 | 99.54 | 5.83 | | | |
| 广　西 | 367.27 | 11.01 | 98.74 | 5.95 | | | |
| 海　南 | | 10.06 | 94.98 | 6.72 | | | |
| 四　川 | 323.98 | 10.29 | 99.16 | 10.09 | | | |
| 贵　州 | 436.17 | 9.19 | 95.15 | 15.94 | | | |
| 云　南 | 266.19 | 11.13 | 92.35 | 6.87 | | | |
| 西　藏 | | | | | | | |
| 陕　西 | | | | | | | |
| 甘　肃 | | | | | 11.71 | 97.79 | 8.06 |
| 青　海 | | | | | | | |
| 宁　夏 | | | | | 8.54 | 89.87 | 10.41 |
| 新　疆 | | | | | 11.87 | 85.65 | 10.02 |

注：本表数据为1995年工业普查数据。

12.与本行业相关的主要工业生产设备情况(全部乡及乡以上独立核算单位)

**1995年已安装的离心分蜜机**

| | 年末设备数量(台) | | | | | 年末设备价值(千元) | | | | |
|---|---|---|---|---|---|---|---|---|---|---|
| | 合计 | 国际水平 | 国内先进水平 | 国内一般水平 | 国内落后水平 | 合计 | 国际水平 | 国内先进水平 | 国内一般水平 | 国内落后水平 |
| 全　国 | 3 166 | 25 | 370 | 2 472 | 299 | 271 384 | 17 886 | 37 648 | 185 992 | 29 858 |
| 北　京 | | | | | | | | | | |
| 天　津 | | | | | | | | | | |
| 河　北 | 3 | | | 3 | | 256 | | | 256 | |
| 山　西 | 20 | | | 20 | | 950 | | | 950 | |
| 内蒙古 | 88 | | 6 | 76 | 6 | 5 907 | | 665 | 5 065 | 187 |
| 辽　宁 | 41 | | 3 | 30 | 8 | 8 701 | | 237 | 934 | 7 530 |
| 吉　林 | | | | | | | | | | |
| 黑龙江 | 207 | 14 | 61 | 118 | 14 | 20 961 | 11 342 | 3 337 | 5 840 | 442 |
| 上　海 | | | | | | | | | | |
| 江　苏 | 3 | | | 1 | 2 | 203 | | | 180 | 23 |
| 浙　江 | 5 | | | 5 | | 210 | | | 210 | |
| 安　徽 | | | | | | | | | | |
| 福　建 | 145 | | 21 | 108 | 16 | 9 555 | | 803 | 6 921 | 1 831 |
| 江　西 | 112 | | 5 | 88 | 19 | 7 748 | | 486 | 5 638 | 1 624 |
| 山　东 | 6 | | | 6 | | 240 | | | | 240 |
| 河　南 | | | | | | | | | | |
| 湖　北 | | | | | | | | | | |
| 湖　南 | 84 | | 14 | 56 | 14 | 4 443 | | 543 | 3 505 | 395 |
| 广　东 | 767 | 5 | 75 | 663 | 24 | 57 914 | 1 960 | 7 154 | 45 139 | 3 661 |
| 广　西 | 938 | 6 | 136 | 709 | 87 | 90 779 | 4 584 | 16 570 | 62 082 | 7 534 |
| 海　南 | 135 | | 19 | 110 | 6 | 10 954 | | 2 232 | 8 604 | 118 |
| 四　川 | 131 | | 5 | 76 | 50 | 9 325 | | 191 | 5 798 | 3 336 |
| 贵　州 | | | | | | | | | | |
| 云　南 | 343 | | 25 | 283 | 35 | 30 113 | | 5 440 | 22 363 | 2 310 |
| 西　藏 | | | | | | | | | | |
| 陕　西 | 35 | | | 30 | 5 | 3 249 | | | 2 985 | 264 |
| 甘　肃 | | | | | | | | | | |
| 青　海 | | | | | | | | | | |
| 宁　夏 | 26 | | | 26 | | 2 473 | | | 2 473 | |
| 新　疆 | 77 | | | 64 | 13 | 7 403 | | | 6 809 | 594 |

**1995 年已安装的甘蔗压榨机**

| | 年末设备数量(台) | | | | | 年末设备价值(千元) | | | | |
|---|---|---|---|---|---|---|---|---|---|---|
| | 合计 | 国际水平 | 国内先进水平 | 国内一般水平 | 国内落后水平 | 合计 | 国际水平 | 国内先进水平 | 国内一般水平 | 国内落后水平 |
| 全　国 | 586 | 22 | 165 | 311 | 88 | 729 675 | 90 829 | 242 303 | 303 890 | 92 653 |
| 北　京 | | | | | | | | | | |
| 天　津 | | | | | | | | | | |
| 河　北 | | | | | | | | | | |
| 山　西 | | | | | | | | | | |
| 内蒙古 | | | | | | | | | | |
| 辽　宁 | | | | | | | | | | |
| 吉　林 | | | | | | | | | | |
| 黑龙江 | | | | | | | | | | |
| 上　海 | | | | | | | | | | |
| 江　苏 | | | | | | | | | | |
| 浙　江 | 1 | | | | 1 | 416 | | | | 416 |
| 安　徽 | | | | | | | | | | |
| 福　建 | 37 | | 17 | 16 | 4 | 28 059 | | 5 879 | 17 188 | 4 992 |
| 江　西 | 24 | | 7 | 14 | 3 | 19 810 | | 4 406 | 8 161 | 7 243 |
| 山　东 | | | | | | | | | | |
| 河　南 | | | | | | | | | | |
| 湖　北 | | | | | | | | | | |
| 湖　南 | 29 | | 6 | 16 | 7 | 12 289 | | 4 451 | 5 540 | 2 298 |
| 广　东 | 124 | 8 | 29 | 81 | 6 | 149 188 | 23 803 | 32 410 | 85 869 | 7 106 |
| 广　西 | 259 | 13 | 68 | 141 | 37 | 362 220 | 63 407 | 120 285 | 130 536 | 47 992 |
| 海　南 | 15 | | 4 | 9 | 2 | 31 253 | | 7 822 | 21 502 | 1 929 |
| 四　川 | 29 | | 6 | 11 | 12 | 23 771 | | 7 263 | 4 836 | 11 672 |
| 贵　州 | 1 | 1 | | | | 3 619 | 3 619 | | | |
| 云　南 | 67 | | 28 | 23 | 16 | 99 050 | | 59 787 | 30 258 | 9 005 |
| 西　藏 | | | | | | | | | | |
| 陕　西 | | | | | | | | | | |
| 甘　肃 | | | | | | | | | | |
| 青　海 | | | | | | | | | | |
| 宁　夏 | | | | | | | | | | |
| 新　疆 | | | | | | | | | | |

13.行业内“三资”企业状况

| | 1994年 | 1995年 | 1996年 |
|---|---|---|---|
| 企业单位数(个) | 12 | 17 | 18 |
| 亏损企业 | 3 | 6 | 6 |
| 企业从业人员数(人) | 5 237 | 9 658 | 9 406 |
| 实收资本(亿元) | 4.26 | 12.53 | 13.29 |
| 中方 | 1.69 | 5.02 | 5.27 |
| 外方 | 2.49 | 7.50 | 7.94 |
| 工业总产值(亿元) | 8.41 | 13.82 | 16.35 |
| 工业增加值(亿元) | 4.29 | 4.26 | 4.07 |
| 年末资产(亿元) | | 21.52 | 23.28 |
| #流动资产 | 3.11 | 7.87 | 9.20 |
| 年末负债(亿元) | | 8.37 | 11.50 |
| #流动负债 | | 7.42 | 10.64 |
| 所有者权益(亿元) | 5.52 | 13.15 | 11.78 |
| 产品销售收入(亿元) | 6.40 | 10.93 | 17.14 |
| #销售成本 | 4.29 | | 14.94 |
| #销售费用 | 0.10 | | 0.47 |
| #销售税金及附加 | 0.04 | 0.04 | 0.03 |
| #销售利润 | | | 1.69 |
| 管理费用(亿元) | 0.48 | | 1.23 |
| 利润总额(亿元) | 1.48 | 1.27 | 0.20 |
| 利税总额(亿元) | 2.10 | 2.04 | 1.67 |
| 亏损企业亏损总额(亿元) | 0.0203 | 0.19 | 1.07 |
| 产品销售率(%) | 101.07 | | 104.04 |
| 资金利税率(%) | 29.91 | | 7.45 |
| 增加值率(%) | 50.24 | 30.82 | 24.89 |
| 全员劳动生产率(万元/人·年) | 7.81 | 4.41 | 4.33 |
| 流动资产周转率(%) | 214.76 | | 150.22 |
| 企业亏损面(%) | 25.00 | 35.29 | 33.33 |
| 存货可供销售天数(天) | 56 | | 92 |

# 2.4 屠宰及肉类蛋类加工业

## 屠宰及肉类蛋类加工业

**【a. 概况】** 1996年,国内贸易部国有商业系统共有肉类禽蛋和冷藏加工企业1 700多家,冷库2 300多座,设计总容量300万吨,年屠宰能力:生猪1.8亿头、牛600万头、羊3 700万只,肉制品年生产能力140多万吨,铁路专用线200多公里,固定资产原值250多亿元,职工人数40万人。国有商业系统拥有的年屠宰能力,约相当于全国畜禽年出栏总量的三分之一左右,冷库容量占全国总容量的60%左右。其中班宰1 000头以上的肉类联合加工厂297家,冷库容量在万吨以上的企业60个,固定资产原值800万元以上的企业210多家,有200多家出口注册厂或车间,36家企业获得了进出口经营权。1996年,全国出口活猪240万头,活家禽5 377万只,鲜冻猪内13万吨,鲜冻牛肉3万吨,鲜冻兔肉2.4万吨,冻鸡30万吨。

**【b. 产值与产量】** 1996年,据对北京、山西、辽宁、黑龙江、上海、江苏、浙江、福建、江西、山东、河南、湖北、湖南、广西、四川、贵州、陕西、青海18个省市699家国有商业系统肉类禽蛋和冷藏加工企业的不完全统计,实现工业总产值148亿元(按1990年不变价格计算),比上年增长25%。其中洛阳春都集团、漯河双汇集团的产值都超过20亿元,产值超过亿元的企业还有大同同凤肉制品厂、北京市食品公司、周口地区食品总公司、郑荣食品有限公司、上海龙华食品公司等。屠宰生猪1 576万头,增长18%;屠宰菜牛50万头,菜羊33万余只;加工鲜冻猪肉100多万吨,肉类制品45万吨。

**【c. 经济效益】** 1996年,据对18个省市的统计,国有商业系统肉类禽蛋和冷藏加工企业亏损额达6亿元,剔除上海、浙江、四川、贵州等4个不可比省市,14个省市亏损1.87亿元,同比减亏0.99%。洛阳春都集团、漯河双汇集团的利润总额超过亿元,利润超过1千万元的企业还有大同同凤肉制品厂、山东胶南肉联厂等。

**【d. 行业活动】** 继1995年2月后,1996年9月,国务院又以国办发40号文件进一步明确国内贸易部为全国畜禽屠宰冷藏加工业的行业主管部门,并具体负责全国行业发展规划、操作规程、技术要求的制订、组织实施和相应的监督管理等。1996年,主要的行业活动有:

(1)6月,国内贸易部下发了《关于加强国有肉类食品加工冷藏行业管理的函》,部消费品流通司设立了专门负责冷藏加工管理的处室,同时要求各地健全管理机构,安排专人负责,加强对肉类冷藏加工行业对基础情况的调查摸底,掌握第一手材料,恢复和完善报表报送制度。

(2)组织召开了中国制冷学会第三专业委员会第四届理事会,总结了上一届理事会的工作,研究部署了新一届理事会的工作内容和工作重点。

(3)组织制订并颁布了《鲜鸡蛋》、《中式香肠》、《中式腊肠》、《熏煮火腿》、《熏煮香肠》、《油炸肉制品通则》、《熏煮肉制品通则》7个行业标准。

(4)召开了冷却肉发展研讨会,并组织实施了河南、江苏冷却肉到北京、上海的跨区域调运试点。

(5)1996年7月中国肉类协会与内贸部屠宰管理办公室联合发起在全国肉类食品企业开展"我屠宰卖肉你放心"活动,向消费者公布各项承诺和信誉保证,据不完全统计,自愿参加活动、遵守《信誉公约》的企业达630多个,在社会上引起了较大反响,受到广大消费者好评。

**【e. 技术改造和技术进步】** (1)1996年国有商业系统肉类禽蛋和冷藏加工企业共安排技术改造新开工项目18个,总投资2.27亿元,其中专项贷款1.75亿元,分别比上年增加0.59亿元和0.52亿元。(2)1996年安排16个企业的冷库大修改造,共计16座冷库、15万吨库容,投入维修资金7 000万元,取得了较好的经济效益和社会效益。(3)1996年经国家科委批准,组建了以中国肉类食品综合研究中心为依托的国家肉类加工工程技术研究中心,这个中心将起到肉类加工行业的科技成果聚集地和工程化技术的扩散源的作用。

(刘松江)

## 肉类副产品生化制药工业

**【a. 概况】** 至1996年底，全国生化制药行业有近400家生产企业，职工约3万人，生产300多种生化药品，主要产品胰岛素、人工牛黄、肝素钠、细胞色素丙、尿制品、胰酶、降纤酶等都是临床医疗上不可缺少的品种，并有部分品种出口创汇。1996年，全国生化制药工业在各地主管部门的协调指导和全体职工的努力下，完成工业总产值33.5亿元，比上年增长15.0%。胰岛素、人工牛黄、细胞色素丙、催产素、肝素钠的产量分别为359万瓶、55 567.6千克、3 696万支、2 795万支、30 493亿单位，基本完成生产计划。全国生化制药工业总产值超亿元的省、市已达12个，其中广东省产值达6亿元，居全国首位。

**【b. 行业管理】** 国务院办公厅于1996年4月下发了《国务院办公厅关于继续整顿和规范药品生产经营秩序加强药品管理工作的通知》。国内贸易部及时就涉及到生化制药行业的新办生化药品生产企业审批问题，向国务院办公厅进行了请示，并把贯彻意见下发各地，要求各地结合生化制药行业的特点及当地实际情况，研究制定切实可行的贯彻措施，搞好生化药品管理工作。6月，卫生部、国内贸易部、国家医药局等6个部委就医药管理体制改革进行了专题研讨。之后，国内贸易部就医药体制改革的意见向中编办做了汇报。为了充分发挥行业主管部门的作用，国内贸易部被吸收为国家新药研究与开发协调领导小组成员。为便于管理，国内贸易部在组织行业调查和专家论证的基础上，提出了生化药物新的定义和范围，为企业及主管部门提供了依据。为进一步整顿药品管理秩序，搞好价格管理，使药品生产公平、正当、合法地竞争，国内贸易部会同国家计委召开了生化药品价格管理工作座谈会，贯彻药品价格管理的统一领导、分级管理的原则，了解人工牛黄、胰岛素、细胞色素丙等几个主要生化药品的生产、销售、价格管理等方面的情况，并共同拟定生化药品作价办法下发各地，同时就中央管理的生化药品的范围、价格广泛征求企业意见。

**【c. 技术改造】** 1996年国内贸易部安排了长春、广东、大连等生化制药企业技术改造项目，共计贷款2 160万元(其中新开工项目1 800万元)。

**【d. 药品标准】** 经卫生部批准，人工牛黄实施新标准配方，并停止老配方的生产，截至1996年底，共有16家企业获得批准，开始投入生产。对治理国内蛇毒制品生产混乱状况，国内贸易部与卫生部药品生物制品检定所共同完成了蛇毒抗栓酶标准的修订工作。为提高药品质量标准，卫生部决定逐步取消地方标准，生化药品地标升部标的省级初评工作已经结束。

**【e. 行业活动】** 1996年11月，为增进企业间的交流与沟通，国内贸易部生化制药管理办公室与中国生化制药工业协会一起在昆明召开了“全国生化医药企业厂长经理联谊会暨业务洽谈会”及“生化制药行业管理工作座谈会”，国内贸易部有关司局人员和来自全国20个省市的企业负责人、行业管理人员及部分专家代表近200人出席了会议。各企业之间交流了生产经营情况，各地生化制药主管人员就近几年行业管理工作情况、行业发展战略及下一步行业管理工作重点进行了座谈。为加强重要生化药品的管理，国内贸易部生化制药管理办公室委托中国生化制药工业协会成立了胰岛素、肝素钠、人工牛黄等几个部管重点品种的生产协调小组，并分别在枣庄、南京、南昌召开了全国肝素钠、胰岛素、人工牛黄生产经营协调会，在新标人工牛黄的推广、核定价格，胰岛素、肝素钠的价格统一等问题上，取得了良好的效果。国内贸易部生化制药管理办公室组织有关人员参加GMP认证员学习班，培训生化药品GMP认证员，同时委托中国生化制药工业协会举办了2次生化制药企业GMP培训班，共培训100多人。在卫生部药典委员会换届工作中，加强了生化药品委员会的力量，第七届药典委员会生化药品专业委员会由原来的4人增加为7人，并聘任国内贸易部专业委员为副主任委员。

**【f. 科技进步】** 在国内贸易部组织的科技进步奖评审活动中，上海大场肉联厂“生化试剂蛋白胨(精制)产品研制”项目获三等奖。由珠海丽宝公司研制开发的国家新药“丽珠赛乐”被国家科委列为1996年国家火炬计划项目。珠海丽宝公司欣洛维、马鞍山生化厂戈那瑞林等一批国家级新药获得批准生产。

**【g. 存在问题】** (1)由于管理体制、经营方式及历史包袱等原因，一部分国有商业系统的生化制药企业效益下降，而一些非商业系统的企业已开始在行业内部处于领先地位；(2)部门之间的矛盾影响生化制药各级主管部门行使正常管理职能；(3)个别地区行业主管部门对生化制药行业还不够重视，生化制药行业管理力量薄弱，管理力度不够；(4)科研工作力度不够，新产品开发速度慢；(5)企业实施GMP管理难度很大，硬件改造缺乏资金，软件管理缺乏高素质人员。 (邓 民)

**【h. 行业数据报告】** 1. 行业基本情况

行业名称：屠宰及肉类蛋类加工业*

| | 1994年 | 1995年 | 1996年 |
|---|---|---|---|
| 行业内企业单位数(个) | 3 294 | 3 764 | 3 728 |
| 其中：亏损企业 | 861 | 1 231 | 992 |

| | | | |
|---|---|---|---|
| 从业人员(万人) | 47.78 | 47.84 | 47.46 |
| 其中:工程技术人员 | | 2.88 | |
| 管理人员 | | 5.59 | |
| 年末离退休人员(万人) | | 7.71 | |

＊本行业的统计范围是全部乡及乡以上独立核算工业企业。

2. 屠宰及肉类蛋类加工业在全部工业中的位置与比较(单位:%)

| | 1994年 | 1995年 | 1996年 |
|---|---|---|---|
| 行业产值占全部工业产值的比重 | 0.758 | 0.832 | 0.834 |
| 行业增加值占全部工业增加值的比重 | 0.601 | 0.441 | 0.550 |
| 行业人数占全部工业人数的比重 | 0.561 | 0.567 | 0.580 |
| 行业资本金占全部工业资本金的比重 | 0.506 | 0.479 | 0.461 |

3. 行业财务状况(单位:亿元)

| | 1994年 | 1995年 | 1996年 |
|---|---|---|---|
| 资本金 | 90.84 | 103.26 | 114.67 |
| 中方 | 65.72 | 87.01 | 69.46 |
| 外方 | 9.11 | 16.25 | 15.88 |
| 工业总产值(新规定当年价) | 389.38 | 456.89 | 523.05 |
| 工业增加值 | 88.31 | 68.13 | 99.25 |
| 职工工资总额 | | 17.04 | |
| 职工平均工资(元) | | 3 562 | |
| 出口交货值 | | 56.97 | |

4. 行业资产负债(单位:亿元)

| | 1994年 | 1995年 | 1996年 |
|---|---|---|---|
| 年末资产 | | 406.32 | 453.18 |
| 流动资产 | 164.73 | 204.10 | 214.45 |
| #存货 | 63.53 | 79.19 | 78.87 |
| 固定资产 | 129.96 | 183.54 | 212.35 |
| #生产经营用 | 124.00 | 169.78 | 189.22 |
| 年末负债 | | 304.39 | 336.41 |
| 流动负债 | | 254.51 | 282.66 |
| 长期负债 | | 47.64 | |
| 年末所有者权益 | 71.80 | 101.93 | 116.77 |
| 实收资本 | | 98.21 | |

5. 行业损益及分配(单位:亿元)

| | 1994年 | 1995年 | 1996年 |
|---|---|---|---|
| 产品销售收入 | 343.99 | 452.14 | 503.36 |
| 产品销售成本 | 310.49 | 410.13 | 455.22 |
| 产品销售费用 | 11.89 | 12.91 | 15.71 |
| 产品销售税金及附加 | 2.44 | 1.80 | 1.91 |
| 产品销售利润 | | 23.28 | 29.27 |
| 产品管理费用 | 17.14 | 20.40 | 22.15 |
| 营业利润 | | －9.92 | －5.57 |
| 投资收益 | | 0.92 | |
| 利润总额 | 2.49 | －2.12 | －1.11 |
| 所得税 | | 1.30 | |
| 净利润 | | －3.36 | |
| 利税总额 | 11.17 | 8.92 | 9.50 |
| 亏损企业亏损额 | 7.85 | 14.77 | 15.70 |

6. 行业效益评价

| | 1994年 | 1995年 | 1996年 |
|---|---|---|---|
| 产品销售率(%) | 95.27 | 98.96 | 96.80 |
| 资金利税率(%) | 4.54 | 2.74 | 2.53 |
| 增加值率(%) | 22.68 | 14.91 | 18.97 |
| 成本利税率(%) | 3.60 | 2.17 | 2.09 |
| 全员劳动生产率(万元/人·年) | 1.85 | 1.42 | 2.09 |
| 流动资产周转率(%) | 238.98 | 240.92 | 250.71 |
| 企业亏损面(%) | 26.14 | 32.70 | 26.61 |
| 存货可供销售天数(天) | 74 | 70 | 63 |

7. 屠宰及肉类蛋类加工产品历年产量(单位:万吨)

| 年份 | 肉类 | #猪肉 | #牛肉 | #羊肉 | #禽肉 | #兔肉 | 禽蛋 |
|---|---|---|---|---|---|---|---|
| 1980 | 1 205.4 | 1 134.1 | 26.9 | 44.4 | | | |
| 1981 | 1 260.9 | | | | | | |
| 1982 | 1 350.8 | 1 271.8 | 26.6 | 52.4 | | | |
| 1983 | 1 402.1 | 1 316.1 | 31.5 | 54.5 | | | |
| 1984 | 1 540.6 | 1 444.7 | 37.3 | 58.6 | | | 431.6 |
| 1985 | 1 926.5 | 1 654.7 | 46.7 | 59.3 | 160.2 | 5.6 | 534.7 |
| 1986 | 2 112.4 | 1 796.0 | 58.9 | 62.2 | 187.9 | 7.4 | 555.0 |
| 1987 | 2 215.5 | 1 834.9 | 79.2 | 71.9 | 219.4 | 10.1 | 590.2 |
| 1988 | 2 479.5 | 2 017.6 | 95.8 | 80.2 | 274.4 | 11.5 | 695.5 |

续表

| 年份 | 肉类 | #猪肉 | #牛肉 | #羊肉 | #禽肉 | #兔肉 | 禽蛋 |
|---|---|---|---|---|---|---|---|
| 1989 | 2 628.5 | 2 122.8 | 107.2 | 96.2 | 282.0 | 10.3 | 719.8 |
| 1990 | 2 857.0 | 2 281.1 | 125.6 | 106.8 | 322.9 | 9.6 | 794.6 |
| 1991 | 3 144.4 | 2 452.3 | 153.5 | 118.0 | 395.0 | 10.8 | 922.0 |
| 1992 | 3 430.7 | 2 635.3 | 180.3 | 125.0 | 454.2 | 18.5 | 1 019.9 |
| 1993 | 3 841.5 | 2 854.4 | 233.6 | 137.3 | 573.6 | 20.4 | 1 179.8 |
| 1994 | 4 499.3 | 3 204.8 | 327.0 | 160.9 | 755.2 | 22.9 | 1 479.0 |
| 1995 | 5 260.1 | 3 648.4 | 415.4 | 201.5 | 934.7 | 26.8 | 1 676.7 |
| 1996 | 5 915.1 | 4 037.7 | 494.9 | 240.0 | 1 074.6 | 30.6 | 1 954.0 |

8. 分地区屠宰及肉类蛋类产量(单位:万吨)

**1994 年～1996 年分地区肉类禽蛋产量**

| 地区 | 肉类 | | | 禽蛋 | | |
|---|---|---|---|---|---|---|
| | 1994 年 | 1995 年 | 1996 年 | 1994 年 | 1995 年 | 1996 年 |
| 全国总计 | 4 499.3 | 5 260.1 | 5 915.1 | 1 479.0 | 1 676.7 | 1 954.0 |
| 北京 | 40.4 | 37.6 | 38.2 | 33.9 | 28.5 | 24.7 |
| 天津 | 18.4 | 21.2 | 22.7 | 24.9 | 24.1 | 24.4 |
| 河北 | 246.2 | 310.7 | 352.7 | 146.6 | 205.3 | 268.0 |
| 山西 | 50.4 | 61.0 | 72.0 | 31.4 | 36.1 | 42.3 |
| 内蒙古 | 75.2 | 81.9 | 100.5 | 17.3 | 18.8 | 20.2 |
| 辽宁 | 184.8 | 222.4 | 255.1 | 96.3 | 102.8 | 115.9 |
| 吉林 | 101.0 | 134.5 | 184.5 | 40.4 | 48.9 | 56.5 |
| 黑龙江 | 108.7 | 135.8 | 165.7 | 60.1 | 79.0 | 95.1 |
| 上海 | 50.9 | 57.8 | 63.5 | 14.8 | 14.8 | 14.9 |
| 江苏 | 273.1 | 305.9 | 320.2 | 155.3 | 175.3 | 190.7 |
| 浙江 | 114.7 | 121.2 | 119.6 | 33.1 | 31.7 | 33.6 |
| 安徽 | 173.4 | 197.3 | 235.1 | 45.4 | 51.2 | 66.9 |
| 福建 | 109.7 | 126.6 | 141.5 | 23.0 | 27.0 | 31.4 |
| 江西 | 197.7 | 219.4 | 221.9 | 30.5 | 33.4 | 35.4 |
| 山东 | 476.0 | 585.9 | 652.1 | 294.1 | 317.4 | 360.9 |
| 河南 | 253.3 | 333.0 | 425.1 | 125.3 | 140.0 | 190.7 |
| 湖北 | 235.4 | 279.4 | 309.5 | 79.0 | 87.9 | 101.6 |
| 湖南 | 295.0 | 345.5 | 404.7 | 36.3 | 46.6 | 58.8 |
| 广东 | 278.5 | 305.1 | 331.9 | 28.5 | 31.1 | 33.1 |
| 广西 | 199.9 | 250.2 | 295.5 | 12.7 | 14.7 | 15.2 |
| 海南 | 27.3 | 31.9 | 33.7 | 1.8 | 2.2 | 0.2 |
| 四川 | 569.0 | 625.7 | 661.1 | 71.5 | 79.2 | 87.7 |
| 贵州 | 95.0 | 105.5 | 108.9 | 5.3 | 5.8 | 6.4 |
| 云南 | 114.4 | 128.2 | 144.3 | 6.4 | 6.9 | 7.4 |
| 陕西 | 73.2 | 79.1 | 82.8 | 40.5 | 40.1 | 41.6 |
| 甘肃 | 57.1 | 62.7 | 68.0 | 11.5 | 12.4 | 14.1 |
| 青海 | 17.8 | 18.4 | 18.7 | 1.2 | 1.2 | 1.2 |
| 宁夏 | 9.6 | 12.1 | 13.1 | 3.2 | 3.9 | 4.7 |
| 新疆 | 42.8 | 52.4 | 60.3 | 8.4 | 9.5 | 10.3 |

**1994 年～1996 年分地区主要肉类产量**

| 地　区 | 1994 年 | | | | 1995 年 | | | | 1996 年 | | | |
|---|---|---|---|---|---|---|---|---|---|---|---|---|
| | 猪肉 | 牛肉 | 羊肉 | 禽肉 | 猪肉 | 牛肉 | 羊肉 | 禽肉 | 猪肉 | 牛肉 | 羊肉 | 禽肉 |
| 全国总计 | 3 204.8 | 327.0 | 160.9 | 755.2 | 3 648.4 | 415.4 | 201.5 | 934.7 | 4 037.7 | 494.9 | 240.0 | 1 074.6 |
| 北　京 | 27.2 | 2.2 | 1.3 | 9.5 | 23.9 | 2.0 | 1.1 | 10.5 | 24.6 | 1.9 | 1.1 | 10.5 |
| 天　津 | 10.5 | 2.0 | 1.3 | 4.3 | 12.2 | 2.8 | 1.6 | 4.5 | 13.1 | 3.0 | 1.7 | 4.6 |
| 河　北 | 164.1 | 36.2 | 11.8 | 27.7 | 187.4 | 54.6 | 16.8 | 44.4 | 207.7 | 60.8 | 19.1 | 55.6 |
| 山　西 | 35.6 | 5.7 | 4.7 | 2.9 | 43.4 | 7.0 | 5.6 | 3.4 | 50.4 | 9.2 | 6.5 | 4.2 |
| 内蒙古 | 43.6 | 10.5 | 15.2 | 3.1 | 47.7 | 9.4 | 16.9 | 5.1 | 59.1 | 11.9 | 21.1 | 5.4 |
| 辽　宁 | 121.6 | 20.7 | 2.2 | 38.4 | 141.6 | 29.7 | 2.6 | 46.3 | 152.9 | 34.3 | 3.2 | 62.0 |
| 吉　林 | 61.8 | 11.6 | 1.4 | 24.9 | 77.3 | 17.5 | 1.9 | 36.1 | 102.5 | 25.7 | 2.6 | 51.6 |
| 黑龙江 | 65.6 | 18.0 | 2.4 | 21.5 | 80.1 | 23.7 | 2.7 | 27.8 | 97.4 | 31.0 | 3.5 | 32.3 |
| 上　海 | 21.3 | | 0.4 | 29.2 | 23.9 | | 0.4 | 33.5 | 25.0 | | 0.3 | 38.2 |
| 江　苏 | 182.1 | 3.8 | 13.1 | 70.7 | 195.9 | 5.4 | 16.5 | 84.3 | 201.4 | 7.5 | 19.1 | 88.1 |
| 浙　江 | 95.7 | 1.0 | 1.5 | 16.4 | 100.0 | 0.9 | 1.9 | 18.2 | 98.0 | 0.9 | 2.0 | 18.6 |
| 安　徽 | 119.4 | 18.1 | 3.8 | 31.3 | 136.7 | 23.8 | 5.3 | 30.6 | 157.5 | 29.6 | 7.7 | 39.1 |
| 福　建 | 90.3 | 1.5 | 0.9 | 16.1 | 102.8 | 2.1 | 1.1 | 19.7 | 113.6 | 2.3 | 1.3 | 23.1 |
| 江　西 | 173.7 | 3.4 | 0.4 | 20.0 | 188.5 | 4.4 | 0.5 | 25.8 | 189.6 | 5.1 | 0.7 | 26.2 |
| 山　东 | 223.9 | 62.0 | 31.5 | 143.7 | 267.7 | 64.8 | 39.2 | 195.7 | 306.2 | 80.2 | 43.1 | 202.1 |
| 河　南 | 165.8 | 44.0 | 12.6 | 25.7 | 210.4 | 64.4 | 21.1 | 31.0 | 270.1 | 73.0 | 28.3 | 46.9 |
| 湖　北 | 205.9 | 5.9 | 2.1 | 21.3 | 239.6 | 8.3 | 2.8 | 28.5 | 261.1 | 11.0 | 3.9 | 33.4 |
| 湖　南 | 267.1 | 3.9 | 1.2 | 22.8 | 310.1 | 5.3 | 1.9 | 28.0 | 353.6 | 8.5 | 4.4 | 37.9 |
| 广　东 | 176.9 | 5.8 | 0.2 | 95.3 | 188.6 | 5.7 | 0.4 | 109.9 | 203.3 | 6.1 | 0.4 | 121.9 |
| 广　西 | 156.6 | 7.1 | 0.6 | 35.4 | 195.7 | 8.4 | 0.9 | 45.1 | 229.5 | 9.8 | 1.4 | 54.7 |
| 海　南 | 15.9 | 1.7 | 0.5 | 9.1 | 18.4 | 1.9 | 0.6 | 11.0 | 19.1 | 2.3 | 1.4 | 10.9 |
| 四　川 | 481.0 | 14.9 | 6.3 | 62.5 | 526.3 | 18.7 | 8.3 | 67.9 | 547.3 | 20.7 | 10.6 | 77.6 |
| 贵　州 | 83.6 | 5.3 | 1.4 | 4.2 | 93.2 | 5.5 | 1.8 | 4.6 | 95.3 | 6.1 | 2.0 | 5.0 |
| 云　南 | 100.1 | 5.4 | 2.2 | 6.3 | 111.6 | 6.3 | 2.6 | 7.3 | 124.9 | 7.7 | 3.3 | 7.8 |
| 陕　西 | 56.8 | 6.6 | 3.6 | 5.5 | 60.2 | 7.3 | 4.2 | 6.6 | 63.4 | 7.5 | 4.5 | 6.6 |
| 甘　肃 | 40.5 | 6.9 | 5.2 | 3.1 | 44.3 | 7.7 | 5.8 | 3.3 | 47.4 | 8.7 | 6.7 | 3.4 |
| 青　海 | 5.2 | 5.8 | 6.5 | 0.2 | 5.6 | 6.3 | 6.1 | 0.2 | 5.8 | 6.3 | 6.4 | 0.2 |
| 宁　夏 | 5.6 | 1.3 | 1.6 | 1.0 | 6.3 | 2.2 | 1.7 | 1.6 | 6.6 | 2.4 | 1.9 | 1.9 |
| 新　疆 | 6.9 | 10.0 | 20.8 | 2.9 | 8.4 | 13.1 | 24.5 | 3.6 | 10.4 | 15.2 | 26.9 | 4.8 |

9. 进出口数量、金额及主要国家和地区

**1994年 ·1996年　02023000 主要出口国家和地区**

| 国家或地区 | 1994年 | | | 1995年 | | | 1996年 | | |
|---|---|---|---|---|---|---|---|---|---|
| | 数量（吨） | 金额（万美元） | 百分比（%） | 数量（吨） | 金额（万美元） | 百分比（%） | 数量（吨） | 金额（万美元） | 百分比（%） |
| 合计 | 21 069 | 2 897 | 100.00 | 18 685 | 3 119 | 100.00 | 25 466 | 4 572 | 100.00 |
| 香港 | 10 975 | 1 465 | 50.57 | 9 177 | 1 485 | 47.61 | 6 341 | 1 090 | 23.85 |
| 俄罗斯 | 4 935 | 668 | 23.05 | 5 420 | 858 | 27.52 | 16 839 | 3 048 | 66.68 |
| 日本 | 411 | 115 | 3.95 | 390 | 150 | 4.82 | | | |
| 新加坡 | | | | 1 151 | 206 | 6.59 | | | |
| 马来西亚 | | | | 784 | 148 | 4.74 | | | |
| 伊朗 | 1 847 | 259 | 8.95 | | | | | | |

**1994年～1996年　02032100 主要出口国家和地区**

| 国家或地区 | 1994年 | | | 1995年 | | | 1996年 | | |
|---|---|---|---|---|---|---|---|---|---|
| | 数量（吨） | 金额（万美元） | 百分比（%） | 数量（吨） | 金额（万美元） | 百分比（%） | 数量（吨） | 金额（万美元） | 百分比（%） |
| 合计 | 12 039 | 15 742 | 100.00 | 29 056 | 4 735 | 100.00 | 39 380 | 6 381 | 100.00 |
| 俄罗斯 | 5 082 | 4 726 | 30.02 | 23 077 | 3 550 | 74.97 | 33 746 | 5 332 | 83.55 |
| 香港 | 3 810 | 6 022 | 38.25 | 2 903 | 567 | 11.97 | 2 332 | 440 | 6.90 |
| 澳门 | 601 | 1 195 | 7.59 | 638 | 136 | 2.87 | | | |
| 新加坡 | 1 519 | 2 682 | 17.04 | 1 538 | 344 | 7.27 | 1 665 | 346 | 5.42 |

**1994年～1996年　02071400 主要出口国家和地区**

| 国家或地区 | 1994年 | | | 1995年 | | | 1996年 | | |
|---|---|---|---|---|---|---|---|---|---|
| | 数量（万吨） | 金额（万美元） | 百分比（%） | 数量（万吨） | 金额（万美元） | 百分比（%） | 数量（万吨） | 金额（万美元） | 百分比（%） |
| 合计 | 14.0 | 29 154 | 100.00 | 24.0 | 53 893 | 100.00 | 29.7 | 62 922 | 100.00 |
| 香港 | 0.8 | 1 151 | 3.95 | 1.0 | 1 614 | 2.99 | 1.6 | 2 755 | 4.38 |
| 日本 | 10.9 | 22 863 | 78.42 | 19.0 | 43 434 | 80.59 | 21.3 | 47 235 | 75.07 |
| 德国 | 1.3 | 3 128 | 10.73 | 2.1 | 4 837 | 8.97 | 2.0 | 3 793 | 6.03 |
| 南非 | | | | 0.4 | 778 | 1.44 | | | |
| 荷兰 | | | | 0.3 | 761 | 1.41 | 1.1 | 2 168 | 3.45 |
| 法国 | 0.4 | 978 | 3.35 | | | | | | |

**1994年～1996年　02071400 主要进口国家和地区**

| 国家或地区 | 1994年 | | | 1995年 | | | 1996年 | | |
|---|---|---|---|---|---|---|---|---|---|
| | 数量（万吨） | 金额（万美元） | 百分比（%） | 数量（万吨） | 金额（万美元） | 百分比（%） | 数量（万吨） | 金额（万美元） | 百分比（%） |
| 合计 | 13.2 | 6 851 | 100.00 | 25.2 | 7 620 | 100.00 | 30.7 | 13 711 | 100.00 |
| 美国 | 9.9 | 5 071 | 74.03 | 20.7 | 6 302 | 82.70 | 26.9 | 12 127 | 88.45 |
| 加拿大 | | | | 0.6 | 148 | 1.95 | 0.7 | 222 | 1.62 |
| 英国 | | | | 0.8 | 202 | 2.65 | | | |
| 荷兰 | 0.7 | 594 | 8.67 | 0.7 | 285 | 3.75 | | | |
| 比利时 | 0.3 | 220 | 3.21 | | | | | | |
| 日本 | 0.2 | 162 | 2.36 | | | | | | |
| 法国 | | | | | | | 0.4 | 361 | 2.63 |

注：02023000 冻去骨牛肉

02032100 冻整头及半头猪肉

02071400 冻的鸡块及杂碎

10. 城镇居民家庭肉禽及其制品消费情况(单位:支出,元/人·年)

**城镇居民家庭肉禽及其制品消费支出**

| | 1994 年 | 1995 年 | 1996 年 |
|---|---|---|---|
| 全国 | 335.17 | 416.27 | 438.76 |
| 北京 | 450.88 | 563.51 | 581.95 |
| 天津 | 366.22 | 445.53 | 485.65 |
| 河北 | 237.37 | 300.09 | 321.20 |
| 山西 | 147.21 | 213.63 | 218.20 |
| 内蒙古 | 211.08 | 254.25 | 279.24 |
| 辽宁 | 268.90 | 351.83 | 355.92 |
| 吉林 | 222.14 | 279.81 | 308.57 |
| 黑龙江 | 221.42 | 261.69 | 281.34 |
| 上海 | 515.24 | 678.92 | 705.77 |
| 江苏 | 379.75 | 481.06 | 504.11 |
| 浙江 | 400.33 | 502.34 | 540.60 |
| 安徽 | 335.07 | 408.08 | 451.75 |
| 福建 | 453.43 | 538.92 | 578.38 |
| 江西 | 318.04 | 391.91 | 428.84 |
| 山东 | 244.35 | 312.05 | 331.36 |
| 河南 | 207.34 | 261.05 | 269.83 |
| 湖北 | 285.11 | 360.39 | 357.27 |
| 湖南 | 368.52 | 459.44 | 482.76 |
| 广东 | 744.87 | 903.06 | 943.11 |
| 广西 | 584.51 | 723.07 | 770.98 |
| 海南 | 605.62 | 727.83 | 740.75 |
| 四川 | 416.58 | 494.81 | 515.37 |
| 贵州 | 367.66 | 467.10 | 493.60 |
| 云南 | 351.81 | 453.42 | 481.34 |
| 西藏 | 384.77 | | 547.25 |
| 陕西 | 188.54 | 237.38 | 253.82 |
| 甘肃 | 199.64 | 253.41 | 270.12 |
| 青海 | 247.57 | 310.31 | 340.50 |
| 宁夏 | 215.72 | 271.10 | 281.02 |
| 新疆 | 316.37 | 402.55 | 422.45 |

**城镇居民家庭猪肉消费支出**

| | 1994 年 | 1995 年 | 1996 年 |
|---|---|---|---|
| 全国 | | 214.73 | 214.42 |
| 北京 | 20.42 | 244.16 | 234.90 |
| 天津 | 12.10 | 211.90 | 218.10 |
| 河北 | 61.99 | 158.08 | 155.37 |
| 山西 | 30.88 | 134.74 | 125.54 |
| 内蒙古 | 24.41 | 125.91 | 123.51 |
| 辽宁 | 43.92 | 197.54 | 186.22 |
| 吉林 | 28.80 | 152.55 | 151.49 |

续表

| | 1994 年 | 1995 年 | 1996 年 |
|---|---|---|---|
| 黑龙江 | 39.66 | 144.74 | 142.03 |
| 上海 | 23.64 | 306.06 | 299.07 |
| 江苏 | 73.83 | 263.33 | 262.85 |
| 浙江 | 46.38 | 241.33 | 248.53 |
| 安徽 | 62.31 | 263.22 | 266.92 |
| 福建 | 31.38 | 284.68 | 299.01 |
| 江西 | 43.36 | 256.63 | 267.82 |
| 山东 | 93.65 | 151.34 | 150.14 |
| 河南 | 94.49 | 147.88 | 137.84 |
| 湖北 | 60.77 | 237.05 | 225.45 |
| 湖南 | 62.63 | 260.62 | 263.07 |
| 广东 | 81.24 | 362.00 | 377.97 |
| 广西 | 43.52 | 298.90 | 310.85 |
| 海南 | 7.68 | 354.94 | 361.74 |
| 四川 | 118.11 | 296.26 | 297.78 |
| 贵州 | 35.35 | 308.61 | 326.97 |
| 云南 | 42.54 | 274.13 | 267.26 |
| 西藏 | 2.55 | | 212.41 |
| 陕西 | 37.59 | 137.30 | 133.86 |
| 甘肃 | 25.68 | 145.98 | 148.18 |
| 青海 | 5.12 | 147.69 | 150.02 |
| 宁夏 | 5.44 | 95.03 | 88.06 |
| 新疆 | 17.63 | 81.47 | 68.27 |

**城镇居民家庭牛肉消费支出**

| | 1994 年 | 1995 年 | 1996 年 |
|---|---|---|---|
| 全国 | | 22.03 | 28.27 |
| 北京 | 20.42 | 49.92 | 57.10 |
| 天津 | 12.10 | 34.39 | 48.14 |
| 河北 | 61.99 | 27.95 | 37.62 |
| 山西 | 30.88 | 5.16 | 8.25 |
| 内蒙古 | 24.41 | 31.19 | 43.21 |
| 辽宁 | 43.92 | 31.25 | 37.87 |
| 吉林 | 28.80 | 31.94 | 43.13 |
| 黑龙江 | 39.66 | 23.73 | 33.71 |
| 上海 | 23.64 | 22.06 | 27.80 |
| 江苏 | 73.83 | 15.56 | 22.69 |
| 浙江 | 46.38 | 14.80 | 19.20 |
| 安徽 | 62.31 | 19.44 | 32.99 |
| 福建 | 31.38 | 16.34 | 20.56 |
| 江西 | 43.36 | 8.54 | 14.62 |
| 山东 | 93.65 | 11.68 | 17.75 |
| 河南 | 94.49 | 7.31 | 10.65 |
| 湖北 | 60.77 | 17.17 | 23.11 |

续表

| | 1994年 | 1995年 | 1996年 |
|---|---|---|---|
| 湖南 | 62.63 | 17.80 | 24.48 |
| 广东 | 81.24 | 34.26 | 34.20 |
| 广西 | 43.52 | 34.26 | 37.12 |
| 海南 | 7.68 | 33.43 | 26.70 |
| 四川 | 118.11 | 14.33 | 20.21 |
| 贵州 | 35.35 | 9.56 | 14.43 |
| 云南 | 42.54 | 26.47 | 30.61 |
| 西藏 | 2.55 | | 220.81 |
| 陕西 | 37.59 | 13.18 | 16.27 |
| 甘肃 | 25.68 | 18.28 | 18.46 |
| 青海 | 5.12 | 24.80 | 23.85 |
| 宁夏 | 5.44 | 30.30 | 35.32 |
| 新疆 | 17.63 | 42.57 | 46.49 |

**城镇居民家庭羊肉消费支出**

| | 1994年 | 1995年 | 1996年 |
|---|---|---|---|
| 全国 | | 15.23 | 18.79 |
| 北京 | 20.42 | 37.85 | 49.58 |
| 天津 | 12.10 | 37.57 | 43.84 |
| 河北 | 61.99 | 16.70 | 22.04 |
| 山西 | 30.88 | 15.92 | 20.07 |
| 内蒙古 | 24.41 | 33.65 | 43.79 |
| 辽宁 | 43.92 | 15.26 | 21.11 |
| 吉林 | 28.80 | 6.07 | 10.08 |

续表

| | 1994年 | 1995年 | 1996年 |
|---|---|---|---|
| 黑龙江 | 39.66 | 9.61 | 12.51 |
| 上海 | 23.64 | 8.64 | 10.65 |
| 江苏 | 73.83 | 8.04 | 8.79 |
| 浙江 | 46.38 | 4.24 | 3.91 |
| 安徽 | 62.31 | 8.28 | 11.00 |
| 福建 | 31.38 | 6.91 | 8.27 |
| 江西 | 43.36 | 0.42 | 0.84 |
| 山东 | 93.65 | 11.17 | 12.92 |
| 河南 | 94.49 | 18.85 | 23.89 |
| 湖北 | 60.77 | 6.44 | 7.03 |
| 湖南 | 62.63 | 3.82 | 4.69 |
| 广东 | 81.24 | 5.20 | 7.62 |
| 广西 | 43.52 | 3.42 | 5.37 |
| 海南 | 7.68 | 12.63 | 13.84 |
| 四川 | 118.11 | 2.70 | 3.69 |
| 贵州 | 35.35 | 0.82 | 1.59 |
| 云南 | 42.54 | 1.67 | 3.19 |
| 西藏 | 2.55 | | 29.07 |
| 陕西 | 37.59 | 14.17 | 16.95 |
| 甘肃 | 25.68 | 15.31 | 23.07 |
| 青海 | 5.12 | 68.16 | 88.88 |
| 宁夏 | 5.44 | 58.97 | 71.66 |
| 新疆 | 17.63 | 180.75 | 205.88 |

**城镇居民家庭肉禽蛋实物购买量**

单位：千克/人·年

| | 1994年 | | | | 1995年 | | | | 1996年 | | | |
|---|---|---|---|---|---|---|---|---|---|---|---|---|
| | 猪肉 | 牛羊肉 | 家禽 | 鲜蛋 | 猪肉 | 牛羊肉 | 家禽 | 鲜蛋 | 猪肉 | 牛羊肉 | 家禽 | 鲜蛋 |
| 全国 | 17.12 | 3.10 | 4.13 | 9.68 | 17.24 | 2.44 | 3.97 | 9.74 | 17.24 | 3.29 | 3.97 | 9.64 |
| 北京 | 24.39 | 8.49 | 7.34 | 15.11 | 26.17 | 8.33 | 7.77 | 16.64 | 26.79 | 10.68 | 7.18 | 16.63 |
| 天津 | 15.50 | 5.00 | 4.40 | 18.00 | 15.60 | 4.80 | 2.70 | 18.50 | 16.40 | 6.80 | 2.90 | 18.20 |
| 河北 | 12.14 | 3.24 | 1.77 | 15.30 | 13.44 | 3.18 | 1.39 | 14.78 | 13.26 | 4.58 | 1.17 | 14.48 |
| 山西 | 10.33 | 1.47 | 1.14 | 12.89 | 11.63 | 1.38 | 2.22 | 12.54 | 11.11 | 2.04 | 3.29 | 12.00 |
| 内蒙古 | 12.29 | 5.02 | 1.99 | 7.62 | 11.82 | 5.02 | 1.77 | 7.92 | 11.67 | 7.15 | 2.23 | 6.82 |
| 辽宁 | 15.17 | 3.14 | 2.27 | 13.49 | 16.20 | 2.90 | 2.60 | 13.40 | 16.00 | 3.90 | 3.20 | 11.70 |
| 吉林 | 11.76 | 2.52 | 3.00 | 8.88 | 12.60 | 2.40 | 2.16 | 9.72 | 13.08 | 3.96 | 2.40 | 9.24 |
| 黑龙江 | 12.10 | 2.70 | 3.80 | 11.50 | 12.30 | 2.30 | 3.90 | 11.30 | 13.00 | 3.40 | 2.80 | 11.10 |
| 上海 | | | 13.20 | 10.80 | | | 14.40 | 10.80 | | | 13.20 | 10.80 |
| 江苏 | 18.77 | 1.30 | 7.19 | 11.05 | 19.86 | 1.40 | 7.11 | 10.89 | 19.50 | 1.95 | 6.46 | 10.85 |
| 浙江 | 15.93 | 1.07 | 7.05 | 7.80 | 16.79 | 1.02 | 7.48 | 8.19 | 16.79 | 1.26 | 7.31 | 8.15 |
| 安徽 | 19.71 | 2.65 | | 12.44 | 21.64 | 2.02 | 5.72 | 11.70 | 21.28 | 3.45 | 5.33 | 12.89 |
| 福建 | 21.39 | 1.32 | 8.45 | 9.37 | 19.64 | 1.24 | 8.21 | 10.07 | 20.50 | 1.62 | 7.46 | 10.60 |
| 江西 | 20.40 | 0.96 | 3.36 | 6.00 | 21.12 | 0.60 | 4.20 | 6.00 | 20.40 | 0.96 | 3.96 | 6.36 |
| 山东 | | | | | | | | | | | | |

续表

| | 1994年 | | | | 1995年 | | | | 1996年 | | | |
|---|---|---|---|---|---|---|---|---|---|---|---|---|
| | 猪肉 | 牛羊肉 | 家禽 | 鲜蛋 | 猪肉 | 牛羊肉 | 家禽 | 鲜蛋 | 猪肉 | 牛羊肉 | 家禽 | 鲜蛋 |
| 河　南 | 12.21 | 1.83 | 3.86 | 13.97 | 12.86 | 1.98 | 4.01 | 13.80 | 11.85 | 2.73 | 3.55 | 13.43 |
| 湖　北 | 22.81 | 1.96 | 3.44 | 6.35 | 20.23 | 1.69 | 3.05 | 6.29 | 18.74 | 2.34 | 3.12 | 6.35 |
| 湖　南 | 22.50 | 2.00 | 5.80 | 7.50 | 22.62 | 1.39 | 5.67 | 7.73 | 22.40 | 1.81 | 5.45 | 7.32 |
| 广　东 | 21.20 | 2.39 | 13.44 | 7.01 | 20.82 | 2.07 | 14.38 | 7.01 | 21.06 | 1.96 | 13.35 | 6.71 |
| 广　西 | 21.78 | 2.89 | 9.33 | 5.82 | 23.57 | 2.67 | 10.66 | 6.54 | 21.67 | 2.49 | 9.82 | 6.03 |
| 海　南 | 19.45 | 3.35 | 12.00 | 2.74 | 18.82 | 2.72 | 12.83 | 2.86 | 18.81 | 2.23 | 12.63 | 2.47 |
| 四　川 | | | | | | | | | | | | |
| 贵　州 | | | | | | | | | | | | |
| 云　南 | 27.50 | 3.20 | 6.40 | 5.80 | 21.90 | 1.90 | 5.20 | 5.60 | 21.30 | 2.10 | 4.90 | 5.90 |
| 西　藏 | 14.55 | 16.90 | 25.70 | 7.40 | 16.50 | 15.50 | 2.60 | 10.70 | 16.80 | 15.80 | 2.20 | 8.50 |
| 陕　西 | 11.97 | 2.03 | 1.98 | 8.42 | 13.12 | 1.77 | 2.46 | 8.42 | 12.56 | 2.49 | 2.35 | 8.30 |
| 甘　肃 | 21.09 | 2.78 | 0.56 | 10.39 | 14.38 | 2.45 | 0.39 | 8.17 | 13.50 | 3.21 | 0.33 | 6.82 |
| 青　海 | 13.84 | 9.66 | 1.86 | 7.64 | 15.45 | 11.04 | 2.05 | 7.96 | | | | |
| 宁　夏 | 8.49 | 6.69 | 3.63 | 6.93 | 8.36 | 6.12 | 3.77 | 6.21 | 7.97 | 8.06 | 3.96 | 5.76 |
| 新　疆 | 6.10 | 13.40 | 4.30 | 5.50 | 6.50 | 12.80 | 5.00 | 5.90 | 5.90 | 14.90 | 4.20 | 5.90 |

11. 行业内“三资”企业状况

| | 1994年 | 1995年 | 1996年 |
|---|---|---|---|
| 企业单位数(个) | 144 | 313 | 244 |
| 亏损企业 | 54 | 133 | 79 |
| 企业从业人员数(人) | 16 779 | 34 540 | 35 969 |
| 实收资本(亿元) | 10.13 | 26.02 | 20.17 |
| 中方 | 4.02 | 12.24 | 6.73 |
| 外方 | 5.00 | 13.54 | 11.30 |
| 工业总产值(亿元) | 36.24 | 84.68 | 77.14 |
| 工业增加值(亿元) | 9.63 | 12.50 | 13.43 |
| 年末资产(亿元) | | 64.45 | 56.70 |
| #流动资产 | 15.21 | 33.17 | 29.40 |
| 年末负债(亿元) | | 39.29 | 36.60 |
| #流动负债 | | 31.53 | 31.25 |
| 所有者权益(亿元) | 11.39 | 25.15 | 20.09 |
| 产品销售收入(亿元) | 31.80 | 82.81 | 75.10 |
| #销售成本 | 26.99 | | 67.62 |
| #销售费用 | 1.81 | | 2.27 |
| #销售税金及附加 | 0.23 | 0.13 | 0.04 |
| #销售利润 | | | 5.15 |
| 管理费用(亿元) | 1.13 | | 2.76 |
| 利润总额(亿元) | 1.17 | 1.56 | 1.38 |
| 利税总额(亿元) | 2.22 | 4.08 | 3.02 |
| 亏损企业亏损总额(亿元) | 0.54 | 2.00 | 1.20 |
| 产品销售率(%) | 97.57 | 97.79 | 97.45 |
| 资金利税率(%) | 10.03 | | 6.45 |
| 增加值率(%) | 26.57 | 14.76 | 17.41 |
| 全员劳动生产率(万元/人·年) | 5.74 | 3.62 | 3.73 |
| 流动资产周转率(%) | 234.86 | | 281.69 |
| 企业亏损面(%) | 37.50 | 42.49 | 32.37 |
| 存货可供销售天数(天) | 91 | | 58 |

# 2.5 水产品加工业

**【a. 行业数据报告】** 1. 行业基本情况

行业名称:水产品加工业*

| | 1994年 | 1995年 | 1996年 |
|---|---|---|---|
| 行业内企业单位数(个) | 1 398 | 1 579 | 1 660 |
| 其中:亏损企业 | 283 | 450 | 376 |
| 从业人员(万人) | 16.01 | 18.04 | 16.53 |
| 其中:工程技术人员 | | 1.07 | |
| 管理人员 | | 2.04 | |
| 年末离退休人员(万人) | | 1.44 | |

*本行业的统计范围是全部乡及乡以上独立核算工业企业。

2. 水产品加工业在全部工业中的位置与比较(单位:%)

| | 1994年 | 1995年 | 1996年 |
|---|---|---|---|
| 行业产值占全部工业产值的比重 | 0.402 | 0.429 | 0.461 |
| 行业增加值占全部工业增加值的比重 | 0.327 | 0.306 | 0.358 |
| 行业人数占全部工业人数的比重 | 0.188 | 0.214 | 0.202 |
| 行业资本金占全部工业资本金的比重 | 0.251 | 0.293 | 0.263 |

3. 行业财务状况(单位:亿元)

| | 1994年 | 1995年 | 1996年 |
|---|---|---|---|
| 资本金 | 45.10 | 63.17 | 65.50 |
| 中方 | 21.15 | 43.70 | 20.88 |
| 外方 | 7.46 | 19.45 | 17.75 |
| 工业总产值(新规定当年价) | 206.61 | 235.73 | 289.43 |
| 工业增加值 | 48.12 | 47.29 | 64.49 |
| 职工工资总额 | | 9.18 | |
| 职工平均工资(元) | | 5 089 | |
| 出口交货值 | | 96.38 | |

4. 行业资产负债(单位:亿元)

| | 1994年 | 1995年 | 1996年 |
|---|---|---|---|
| 年末资产 | | 218.24 | 225.06 |
| 流动资产 | 93.59 | 116.32 | 123.80 |
| #存货 | 35.97 | 52.03 | 54.17 |
| 固定资产 | 61.19 | 88.30 | 85.84 |
| #生产经营用 | 61.28 | 86.95 | 85.34 |
| 年末负债 | | 146.00 | 146.63 |
| 流动负债 | | 125.26 | 129.25 |
| 长期负债 | | 19.18 | |
| 年末所有者权益 | 54.97 | 72.25 | 78.43 |
| 实收资本 | | 58.14 | |

5. 行业损益及分配(单位:亿元)

| | 1994年 | 1995年 | 1996年 |
|---|---|---|---|
| 产品销售收入 | 168.55 | 223.04 | 244.12 |
| 产品销售成本 | 143.18 | 190.06 | 211.78 |
| 产品销售费用 | 5.60 | 8.19 | 7.34 |
| 产品销售税金及附加 | 1.91 | 1.80 | 1.54 |
| 产品销售利润 | | 22.00 | 21.37 |
| 产品管理费用 | 7.84 | 9.90 | 10.30 |
| 营业利润 | | 6.64 | 6.61 |
| 投资收益 | | 0.56 | |
| 利润总额 | 8.08 | 6.90 | 7.63 |
| 所得税 | | 1.35 | |
| 净利润 | | 5.33 | |
| 利税总额 | 12.57 | 13.06 | 13.09 |
| 亏损企业亏损额 | 2.04 | 4.67 | 3.94 |

6. 行业效益评价

| | 1994年 | 1995年 | 1996年 |
|---|---|---|---|
| 产品销售率(%) | 92.44 | 94.62 | 94.19 |

| | | | |
|---|---|---|---|
| 资金利税率(%) | 9.50 | 7.98 | 7.32 |
| 增加值率(%) | 23.29 | 20.06 | 22.08 |
| 成本利税率(%) | 8.78 | 7.35 | 6.61 |
| 全员劳动生产率(万元/人·年) | 3.00 | 2.62 | 3.90 |
| 流动资产周转率(%) | 205.92 | 208.56 | 211.74 |
| 企业亏损面(%) | 20.24 | 28.50 | 22.65 |
| 存货可供销售天数(天) | 91 | 99 | 93 |

7. 水产品历年产量(单位:千吨)

| 年份 | 水产品 | #海水产品 | #淡水产品 |
|---|---|---|---|
| 1980 | 4 497.0 | 3 257.1 | 1 239.9 |
| 1981 | 4 610.0 | 3 230.0 | 1 380.0 |
| 1982 | 5 160.0 | 3 600.0 | 1 560.0 |
| 1983 | 5 460.0 | 3 620.0 | 1 840.0 |
| 1984 | 6 193.4 | 3 943.7 | 2 249.7 |
| 1985 | 7 051.5 | 4 197.4 | 2 854.1 |
| 1986 | 8 236.0 | 4 754.0 | 3 482.0 |
| 1987 | 9 554.0 | 5 482.0 | 4 072.0 |
| 1988 | 10 609.0 | 6 057.0 | 4 552.0 |
| 1989 | 11 517.0 | 6 612.0 | 4 905.0 |
| 1990 | 12 370.0 | 7 133.0 | 5 237.0 |
| 1991 | 13 508.0 | 8 001.0 | 5 507.0 |
| 1992 | 15 571.0 | 9 337.0 | 6 234.0 |
| 1993 | 18 230.0 | 10 760.4 | 7 469.6 |
| 1994 | 21 431.3 | 12 415.0 | 9 016.2 |
| 1995 | 25 171.8 | 14 391.3 | 10 780.5 |
| 1996 | 32 880.9 | 20 128.8 | 12 752.2 |

8. 分地区水产品产量(单位:千吨)

| 地　区 | 1994 年 | | | 1995 年 | | | 1996 年 | | |
|---|---|---|---|---|---|---|---|---|---|
| | 水产品 | #海水产品 | #淡水产品 | 水产品 | #海水产品 | #淡水产品 | 水产品 | #海水产品 | #淡水产品 |
| 全国总计 | 21 431.3 | 12 415.0 | 9 016.2 | 25 171.8 | 14 391.3 | 10 780.5 | 32 880.9 | 20 128.8 | 12 752.2 |
| 北　京 | 76.3 | | 76.3 | 80.5 | | 80.5 | 78.3 | | 78.3 |
| 天　津 | 128.3 | 21.4 | 106.9 | 153.5 | 25.8 | 127.6 | 169.9 | 29.4 | 140.5 |
| 河　北 | 317.3 | 178.9 | 138.4 | 396.1 | 210.2 | 185.9 | 506.9 | 283.0 | 223.9 |
| 山　西 | 15.7 | | 15.7 | 17.5 | | 17.5 | 19.6 | | 19.6 |
| 内蒙古 | 42.2 | | 42.2 | 47.6 | | 47.6 | 52.8 | | 52.8 |
| 辽　宁 | 1 677.7 | 1 513.0 | 164.7 | 1 978.6 | 1 784.3 | 194.4 | 2 580.2 | 2 353.5 | 226.7 |
| 吉　林 | 105.0 | | 105.0 | 110.6 | | 110.6 | 120.8 | | 120.8 |
| 黑龙江 | 208.9 | | 208.9 | 252.9 | | 252.9 | 290.2 | | 290.2 |
| 上　海 | 270.4 | 147.8 | 122.6 | 290.7 | 162.1 | 128.5 | 280.4 | 145.0 | 135.4 |
| 江　苏 | 1 805.4 | 525.5 | 1 279.9 | 2 194.7 | 650.9 | 1 543.9 | 2 457.2 | 795.0 | 1 662.2 |
| 浙　江 | 2 580.1 | 2 222.9 | 357.2 | 3 180.7 | 2 787.0 | 393.7 | 3 421.4 | 2 992.3 | 429.1 |
| 安　徽 | 500.7 | | 500.7 | 752.0 | | 752.0 | 1 107.0 | | 1 107.0 |
| 福　建 | 2 266.1 | 2 004.1 | 262.0 | 2 572.7 | 2 241.9 | 330.7 | 3 582.3 | 3 168.0 | 414.3 |
| 江　西 | 694.8 | | 694.8 | 840.4 | | 840.4 | 1 001.0 | | 1 001.0 |
| 山　东 | 3 506.5 | 3 053.1 | 453.4 | 3 809.4 | 3 273.2 | 536.3 | 5 866.9 | 5 185.6 | 681.3 |
| 河　南 | 158.4 | | 158.4 | 180.9 | | 180.9 | 205.1 | | 205.1 |
| 湖　北 | 1 294.1 | | 1 294.1 | 1 509.1 | | 1 509.1 | 1 746.4 | | 1 746.4 |
| 湖　南 | 741.4 | | 741.4 | 862.8 | | 862.8 | 1 031.2 | | 1 031.2 |
| 广　东 | 3 141.0 | 1 748.0 | 1 392.9 | 3 543.4 | 1 972.1 | 1 571.2 | 5 096.3 | 3 260.4 | 1 835.9 |
| 广　西 | 761.6 | 471.9 | 289.8 | 1 033.7 | 645.7 | 388.0 | 1 768.9 | 1 233.5 | 535.4 |
| 海　南 | 387.4 | 330.4 | 57.0 | 432.5 | 355.4 | 77.2 | 475.7 | 392.4 | 83.3 |
| 四　川 | 361.3 | | 361.3 | 420.0 | | 420.0 | 473.2 | | 473.2 |
| 贵　州 | 28.0 | | 28.0 | 32.7 | | 32.7 | 35.0 | | 35.0 |
| 云　南 | 68.5 | | 68.5 | 84.2 | | 84.2 | 102.0 | | 102.0 |
| 陕　西 | 33.5 | | 33.5 | 37.7 | | 37.7 | 41.4 | | 41.4 |
| 甘　肃 | 6.6 | | 6.6 | 7.6 | | 7.6 | 8.6 | | 8.6 |
| 青　海 | 3.6 | | 3.6 | 2.4 | | 2.4 | 2.2 | | 2.2 |
| 宁　夏 | 17.0 | | 17.0 | 18.4 | | 18.4 | 20.0 | | 20.0 |
| 新　疆 | 35.3 | | 35.3 | 44.4 | | 44.4 | 48.0 | | 48.0 |

9. 进出口数量、金额及主要国家和地区

**1994年～1996年　03042000主要出口国家和地区**

| 国家或地区 | 1994年 | | | 1995年 | | | 1996年 | | |
|---|---|---|---|---|---|---|---|---|---|
| | 数量（吨） | 金额（万美元） | 百分比（%） | 数量（吨） | 金额（万美元） | 百分比（%） | 数量（吨） | 金额（万美元） | 百分比（%） |
| 合　计 | 80 411 | 14 502 | 100.00 | 120 881 | 24 713 | 100.00 | 139 432 | 29 355 | 100.00 |
| 香　港 | 2 753 | 633 | 4.37 | 2 798 | 1 014 | 4.10 | | | |
| 俄罗斯 | | | | 3 223 | 1 387 | 5.61 | 6 935 | 3 033 | 10.33 |
| 日　本 | 20 188 | 6 284 | 43.33 | 23 576 | 7 936 | 32.11 | 34 979 | 10 330 | 35.19 |
| 德　国 | 6 496 | 754 | 5.20 | 13 485 | 1 714 | 6.94 | | | |
| 英　国 | 35 277 | 4 406 | 30.38 | 51 754 | 8 459 | 34.23 | 54 981 | 8 772 | 29.88 |
| 韩　国 | 2 418 | 616 | 4.24 | | | | 8 737 | 1 969 | 6.71 |

**1994年～1996年　03061319主要出口国家和地区**

| 国家或地区 | 1994年 | | | 1995年 | | | 1996年 | | |
|---|---|---|---|---|---|---|---|---|---|
| | 数量（吨） | 金额（万美元） | 百分比（%） | 数量（吨） | 金额（万美元） | 百分比（%） | 数量（吨） | 金额（万美元） | 百分比（%） |
| 合　计 | 9 560 | 4 325 | 100.00 | 6 761 | 2 466 | 100.00 | 10 257 | 3 086 | 100.00 |
| 香　港 | 1 191 | 387 | 8.96 | 460 | 120 | 4.88 | | | |
| 日　本 | 4 248 | 2 239 | 51.75 | 4 157 | 1 515 | 61.44 | 5 121 | 1 806 | 58.52 |
| 韩　国 | 1 030 | 237 | 5.49 | 547 | 109 | 4.42 | 2 177 | 374 | 12.13 |
| 美　国 | 2 333 | 1 067 | 24.67 | 982 | 447 | 18.12 | 1 259 | 439 | 14.23 |

**1994年～1996年　03061329主要出口国家和地区**

| 国家或地区 | 1994年 | | | 1995年 | | | 1996年 | | |
|---|---|---|---|---|---|---|---|---|---|
| | 数量（吨） | 金额（万美元） | 百分比（%） | 数量（吨） | 金额（万美元） | 百分比（%） | 数量（吨） | 金额（万美元） | 百分比（%） |
| 合　计 | 5 084 | 5 746 | 100.00 | 3 955 | 5 359 | 100.00 | 1 689 | 2 107 | 100.00 |
| 香　港 | 705 | 568 | 9.89 | 476 | 507 | 9.46 | 183 | 100 | 4.75 |
| 日　本 | 2 260 | 3 215 | 55.94 | 2 001 | 2 842 | 53.04 | 1 191 | 1 682 | 79.83 |
| 澳　门 | 240 | 414 | 7.20 | 284 | 600 | 11.19 | | | |
| 美　国 | 1 312 | 1 028 | 17.88 | 937 | 1 115 | 20.81 | | | |
| 韩　国 | | | | | | | 117 | 133 | 6.31 |

**1994年～1996年　03074900主要出口国家和地区**

| 国家或地区 | 1994年 | | | 1995年 | | | 1996年 | | |
|---|---|---|---|---|---|---|---|---|---|
| | 数量（吨） | 金额（万美元） | 百分比（%） | 数量（吨） | 金额（万美元） | 百分比（%） | 数量（吨） | 金额（万美元） | 百分比（%） |
| 合　计 | 26 234 | 9 791 | 100.00 | 22 703 | 9 274 | 100.00 | 25 524 | 6 538 | 100.00 |
| 香　港 | 9 667 | 3 975 | 40.59 | 6 085 | 3 522 | 37.98 | 4 473 | 879 | 13.44 |
| 日　本 | 5 591 | 2 343 | 23.93 | 6 642 | 3 001 | 32.36 | 9 682 | 3 160 | 48.33 |
| 美　国 | 3 160 | 1 245 | 12.71 | 1 932 | 697 | 7.52 | 3 709 | 960 | 14.68 |
| 台　湾 | 2 422 | 347 | 3.64 | 2 500 | 561 | 6.05 | | | |
| 西班牙 | | | | 2 692 | 520 | 5.61 | | | |

**1994年～1996年　03074900主要进口国家和地区**

| 国家或地区 | 1994年 | | | 1995年 | | | 1996年 | | |
|---|---|---|---|---|---|---|---|---|---|
| | 数量（吨） | 金额（万美元） | 百分比（%） | 数量（吨） | 金额（万美元） | 百分比（%） | 数量（吨） | 金额（万美元） | 百分比（%） |
| 合计 | 28 532 | 2 604 | 100.00 | 39 838 | 3 918 | 100.00 | 50 011 | 5 104 | 100.00 |
| 新西兰 | 3 141 | 275 | 10.56 | 4 387 | 456 | 11.65 | 3 669 | 581 | 11.39 |
| 日本 | 4 755 | 330 | 12.68 | 5 865 | 594 | 15.15 | 7 418 | 708 | 13.89 |
| 韩国 | | | | 4 812 | 570 | 14.56 | | | |
| 阿根廷 | 11 516 | 831 | 31.92 | 12 885 | 1 473 | 37.58 | 18 845 | 1 705 | 33.41 |
| 越南 | 1 992 | 461 | 17.68 | | | | | | |
| 印度 | | | | | | | 3 428 | 644 | 12.63 |

**1994年～1996年　03061329主要进口国家和地区**

| 国家或地区 | 1994年 | | | 1995年 | | | 1996年 | | |
|---|---|---|---|---|---|---|---|---|---|
| | 数量（吨） | 金额（万美元） | 百分比（%） | 数量（吨） | 金额（万美元） | 百分比（%） | 数量（吨） | 金额（万美元） | 百分比（%） |
| 合计 | 5 279 | 3 235 | 100.00 | 4 717.7 | 2 094.7 | 100.00 | 4 985 | 1 523 | 100.00 |
| 泰国 | 1 713 | 710 | 21.94 | 1 253.0 | 222.8 | 10.64 | 2 191 | 314 | 20.61 |
| 日本 | 319 | 272 | 8.41 | 360.0 | 300.7 | 14.36 | 308 | 188 | 12.32 |
| 厄瓜多尔 | 884 | 763 | 23.59 | 666.5 | 456.2 | 21.78 | 730 | 344 | 22.56 |
| 德国 | | | | | | | 655 | 260 | 17.05 |
| 印度 | 543 | 495 | 15.30 | 285.9 | 270.7 | 12.92 | | | |
| 印度尼西亚 | 435 | 393 | 12.14 | | | | | | |
| 美国 | 1 003 | 331 | 10.24 | 1 466.5 | 427.9 | 20.43 | | | |

注：03042000 冻鱼片

03061319 冻带壳小虾

03074900 冻、干、盐腌或盐渍墨鱼及鱿鱼

10．城镇居民家庭水产品消费情况（单位：购买量，千克/人・年；支出，元/人・年）

| | 1994年 | | 1995年 | | 1996年 | |
|---|---|---|---|---|---|---|
| | 购买量 | 支出 | 购买量 | 支出 | 购买量 | 支出 |
| 全国 | 8.53 | 95.79 | 9.20 | 120.64 | 9.25 | 131.91 |
| 北京 | 7.11 | 82.62 | 9.50 | 113.09 | 10.13 | 123.17 |
| 天津 | 9.40 | 138.10 | 9.70 | 175.82 | 9.80 | 193.38 |
| 河北 | 4.73 | 53.88 | 4.34 | 64.64 | 4.27 | 63.00 |
| 山西 | 1.77 | 17.42 | 2.49 | 26.89 | 2.12 | 25.03 |
| 内蒙古 | 3.75 | 30.18 | 3.44 | 35.12 | 3.29 | 37.12 |
| 辽宁 | 8.05 | 82.54 | 9.70 | 106.61 | 9.40 | 116.83 |
| 吉林 | 8.04 | 50.61 | 6.60 | 60.59 | 6.72 | 63.96 |
| 黑龙江 | 7.30 | 57.39 | 7.40 | 64.53 | 7.60 | 72.38 |
| 上海 | 20.40 | 369.08 | 21.60 | 422.13 | 21.60 | 492.25 |
| 江苏 | 12.85 | 141.67 | 14.31 | 178.74 | 14.51 | 198.93 |
| 浙江 | 15.72 | 276.40 | 17.32 | 376.06 | 16.78 | 422.36 |
| 安徽 | 9.26 | 79.23 | 9.67 | 88.68 | 10.53 | 108.71 |
| 福建 | 16.55 | 223.80 | 16.75 | 290.34 | 17.33 | 336.42 |
| 江西 | 8.04 | 70.91 | 8.40 | 85.73 | 9.48 | 95.12 |
| 山东 | | 65.18 | | 84.46 | | 94.90 |
| 河南 | 3.00 | 23.97 | 3.40 | 31.19 | 3.39 | 32.23 |
| 湖北 | 5.84 | 68.46 | 4.54 | 87.17 | 5.44 | 86.49 |
| 湖南 | 8.05 | 72.64 | 8.62 | 95.27 | 8.08 | 96.77 |

续表

| | 1994年 | | 1995年 | | 1996年 | |
|---|---|---|---|---|---|---|
| | 购买量 | 支出 | 购买量 | 支出 | 购买量 | 支出 |
| 广　东 | 18.58 | 284.22 | 20.31 | 351.77 | 19.45 | 377.49 |
| 广　西 | 10.51 | 118.12 | 11.32 | 134.18 | 10.94 | 152.54 |
| 海　南 | 20.43 | 246.61 | 21.95 | 298.79 | 21.63 | 304.40 |
| 四　川 | | 40.84 | | 49.77 | | 57.64 |
| 贵　州 | | 28.71 | | 40.40 | | 43.81 |
| 云　南 | 2.80 | 41.17 | 4.50 | 53.88 | 4.00 | 54.55 |
| 西　藏 | 1.87 | 29.72 | | | | 74.43 |
| 陕　西 | 3.49 | 23.27 | 2.22 | 26.33 | 2.75 | 31.71 |
| 甘　肃 | 4.51 | 29.68 | 3.29 | 36.73 | 3.23 | 37.17 |
| 青　海 | 3.45 | 32.21 | 4.52 | 37.11 | | 43.70 |
| 宁　夏 | 3.90 | 32.62 | | 36.07 | 4.08 | 37.77 |
| 新　疆 | | 39.68 | 4.60 | 47.37 | 4.30 | 45.81 |

注:"购买量"指鱼虾的购买量。

11. 行业内"三资"企业状况

| | 1994年 | 1995年 | 1996年 |
|---|---|---|---|
| 企业单位数(个) | 264 | 437 | 392 |
| 亏损企业 | 91 | 150 | 114 |
| 企业从业人员数(人) | 24 008 | 35 003 | 34 410 |
| 实收资本(亿元) | 12.22 | 28.71 | 24.91 |
| 中方 | 2.68 | 11.41 | 3.63 |
| 外方 | 7.02 | 16.36 | 15.98 |
| 工业总产值(亿元) | 56.52 | 103.65 | 107.10 |
| 工业增加值(亿元) | 12.21 | 19.65 | 21.90 |
| 年末资产(亿元) | | 86.88 | 72.93 |
| #流动资产 | 21.61 | 54.51 | 44.38 |
| 年末负债(亿元) | | 57.55 | 48.78 |
| #流动负债 | | 52.92 | 45.01 |
| 所有者权益(亿元) | 13.19 | 29.34 | 24.15 |
| 产品销售收入(亿元) | 47.38 | 95.86 | 90.75 |
| #销售成本 | 41.66 | | 80.37 |
| #销售费用 | 1.58 | | 2.90 |
| #销售税金及附加 | 0.48 | 0.53 | 0.22 |
| #销售利润 | | | 5.99 |
| 管理费用(亿元) | 1.53 | | 3.02 |
| 利润总额(亿元) | 1.75 | 1.72 | 2.03 |
| 利税总额(亿元) | 2.94 | 5.09 | 4.37 |
| 亏损企业亏损总额(亿元) | 0.65 | 2.55 | 1.51 |
| 产品销售率(%) | 90.48 | 92.48 | 94.03 |
| 资金利税率(%) | 10.77 | | 7.19 |
| 增加值率(%) | 21.60 | 18.96 | 20.45 |
| 全员劳动生产率(万元/人·年) | 5.09 | 5.61 | 6.36 |
| 流动资产周转率(%) | 267.99 | | 227.38 |
| 企业亏损面(%) | 34.47 | 35.13 | 29.08 |
| 存货可供销售天数(天) | 90 | | 95 |

# 2.6　糕点、糖果制造业

## 糕点制造业

**【a. 概况】** 1996年商办工业中的糕点制造业生产企业、产品产量、经济效益全面下降。1996年商办工业糕点制造业企业为983个，其中亏损468个，亏损面达47.6%。工业总产值(新规定不变价)为18.5亿元，比上年减少18.5%；产品销售收入28.2亿元，比上年下降24.2%；利税总额为1.7亿元，比上年减少39.2%。

主要产品产量：糕点15.5万吨，比上年减少14.4%；饼干9.3万吨，比上年减少16.2%；面包1.4万吨，比上年增加55.6%。

进入90年代以来，商办工业中的糕点制造业一直处于下滑趋势，造成这一现象的主要原因，是糕点企业老字号多，在保持传统特色的基础上，改造提高不多，墨守陈规，造成产品品种老化，结构单一，缺乏适应市场而又受消费者欢迎的产品。二是企业历史包袱重，缺乏资金，造成自我发展能力差。三是生产设备、制造工艺落后，糕点，特别是中式糕点，手工操作比重大，生产效率低下，设备利用率低。

为了扭转糕点制造业产销连年下降的局面，应在以下几方面大力开拓：(1)摒弃“好酒不怕巷子深”的旧观念，利用老字号的名牌优势，加大宣传力度。(2)努力探索前店后厂的连锁经营方式，让消费者吃上新鲜、可口的糕点。(3)改进老配方，积极研制开发新产品。(4)积极引进国外适用技术与设备，提高劳动生产率和设备利用率。

**【b. 行业交流】** 1996年7月，国内贸易部工业司组织北京糕点食品工业公司、天津糖业食品总公司、昆明糖果糕点公司和成都市糖果糕点公司以及部分骨干企业的经理、厂长赴欧考察。通过这次考察活动，考察团了解了国外同行业的生产工艺、生产技术和有关食品制造设备，了解了国外同行业的发展状况，为拟定成立的中国糕点专业委员会做好准备。

**【c. 月饼市场】** 为丰富节日月饼市场供应，打击假冒伪劣产品，保护消费者利益，国内贸易部组织上海、天津2个部属食品质量监督检验中心，对市场销售的盒装中秋月饼进行了一次质量专项抽查，涉及北京、上海等10个城市84个生产厂家生产的163个品种的盒装月饼，抽查合格率为57.7%。国内贸易部对于此次抽查中质量严重不合格的19种月饼的15个生产厂家，予以点名批评，对于达到或优于国家行业标准的23个企业的45种月饼，授予质量信誉商品称号。

(杨海涛)

## 糖果制造业

**【a. 概况】** 1996年全国糖果行业在调整产品结构的基础上有了新的发展。而这些发展均离不开“八五”期间全行业所打下的基础。“八五”期间，全行业众多的糖果企业在引进外资及合资、合作方面均有了大跨度的发展，产生了一定的经济效益，使全行业出现了较好的发展势头，同时也促进了国内糖果行业对科技的重视，使全行业的生产管理水平、糖果产品质量得到进一步提高。

1996年，糖果行业的发展状况已明显好于以往，其中企业状况发展较为明显的省市为上海、浙江、江苏、山东、广东、广西、黑龙江等。经济效益较好的企业主要有上海佳丰食品厂、上海冠生园食品总厂、广东番禺糖果有限公司、无锡利夫糖果有限公司、扬州五一食品集团、江苏如东的宝宝集团、北京义利食品公司、北京第一食品公司、成都耀华食品厂、广西柳州糖果一厂及二厂、洛阳三乐食品集团、深圳金帝食品有限公司等。这些企业有的利用国产设备、有的利用引进的国外先进设备所开发、生产的糖果，在全国糖果市场中占据了大部分市场份额，所生产的各式奶糖、硬糖、胶基糖、巧克力等在广大消费者中有较高的声誉。例如冠生园的大白兔奶糖，喔喔集团佳丰食品厂的喔喔奶糖，番禺的大大泡泡糖，五一集团的大成功脆皮蛋、牛皮糖，义利食品公司的巧克力，北京一食的红虾酥，耀华的水晶薄荷硬糖、宝石硬糖，三乐集团的夹心糖、凝胶软糖，上海大昌儿童食品厂的超霸系列硬糖及巧克力，柳州一厂、二厂的水果硬糖，深圳的金帝巧克力等等。

近年来在市场走俏的哈尔滨东方糖果公司的“跳跳糖”及南昌草珊瑚保健食品有限公司的草珊瑚口香糖，均以新、奇、特的面貌赢得消费者的青睐。

**【b. 改革促进了发展】** 在新一轮激烈的市场竞争中，国有糖果企业面临的较为普遍的困难是：资金缺乏、负担加重、长期计划经济形成的观念未能与市场经济下的竞争完全磨合。而在这些问题面前通过加大改革力度、转换经营机制、提高管理水平、盘活企业资产、扭亏为盈的企业则有了新的转机。如长春第一食品厂并入“吉发”集团后，加大投入，调整产品结构，步入良性循环。上海梅林糖果厂(原益民六厂)聘请糖果专业委员会专家开发出凝胶软糖，质量达到国外同类产品水平，在上海的“新品、名品、精品博览会”上一炮打响。北京第一食品公司加大开发力度，聘请糖果专业委员会专家进行专题咨询，获得了较好的经济效益。

纵观1996年的中国糖果企业，能产生较好经济效益或有新的增长点的，仍是机制较为灵活、重视科技投入、注重市场培育的大中型企业。中小型企业则由于设备陈旧、缺少科技人才、管理落后等诸多因素，造成企业困难重重，无法参与市场的竞争。

因此，一部分糖果企业在各地纷纷组建企业集团的形势下，通过各种形式进行合作或联合，如洛阳三乐集团与徐州糖果冷食厂利用各自的优势进行了经济、技术方面的合作，实现了行业内企业间的互补，产生了良好的经济效益与社会效益。广西桂林糖果厂、蜜果厂、冷饮糖果厂合并内联，组建成桂林博达食品总厂，既解决了多年来产品单一、淡旺季不平衡问题，也为引资、合资、生产出口糖果奠定了外部基础。

**【c. 市场与名牌产品】** 从1996年糖果市场看，糖果产品总的走向是向保健型、营养型、功能型、低甜度、精美包装方向发展。口感好，包装新、装潢漂亮，价格适中的产品较为走俏。由于受技术、工艺及原辅材料质量因素的制约，国内中高档糖果品种尚觉空缺。以致国外各种品牌的中高档糖果以其纯正的口味，精美的包装与国产糖果形成强烈的反差。

为更好地引导对国产糖果的消费，国内贸易部向社会推荐了1996年名优畅销商品，其中糖果产品为喔喔佳佳、不老林、北京一食巧克力、阿咪奶糖、唐老鸭泡泡糖。

经国家工商局认定的驰名商标仅有14件，其中上海“大白兔”奶糖榜上有名。

**【d. 行业活动】** 在中国食品工业协会的建议与指导下，中国食品工业协会糖果专业委员会制定了《关于全国糖果行业调整发展的设想》(征求意见稿)。

中国食品工业协会糖果专业委员会和《中国食品报》联合举办了“发展糖果工业献计献策征文”活动，在行业内引起强烈反响。主办单位于1996年3月18日举行了总结会，对获奖征文颁发了证书。

1996年6月5日，中国食协糖果专业委员会第二届委员会在北京召开。二届委员会主任委员由中国食协副秘书长黄圣明担任。

(中国食协糖果专业委员会办公室)

**【e. 商办工业糖果生产概况】** 1996年全国商业系统糖果制造业企业164个，其中亏损108个，亏损面达65.9%。工业总产值(新规定不变价)为6.0亿元，比上年下降15.5%；产品销售收入为8.2亿元，比上年下降20.4%；工业增加值为1.7亿元，比上年下降37.0%；出口交货值为719万元，比上年下降28.8%；利税总额由盈利0.5亿元变为亏损0.3亿元。糖果产量为6.3万吨，比上年减少23.2%。

1996年商业系统糖果制造业的各项经济指标较上年同期均有不同程度的下降，企业减少，产量下降，效益不佳，特别是利润总额由－633万元一下增亏到－7 907万元。造成这一局面的主要原因是：

1. 产品品种单一。长期以来国内糖果制造业主要以“大陆货”品种为主，几十年一贯制，缺乏新颖而又适应市场需求的新产品。

2. 包装呆板。“一级产品，二级包装，三级价格”历来是中国产品的通病，糖果产品更是突出。往往很好的产品，因为包装不别致而造成产品无人问津。

3. 工艺技术和生产设备落后。中国糖果制造业历史久远，设备陈旧，许多企业至今还沿用原来的老工艺，不适合现代化大生产。

随着人民生活水平的提高，消费者购买糖果主要以休闲或送礼为目的，因此企业应根据这种需求，开发研制新型产品，特别是中、高档产品，在继续调整产品结构的基础上，努力向营养化、系列化、礼品化方向发展，以满足消费者的需求。

(杨海涛)

# 2.7　乳制品制造业

**【a. 概况】** 1996年是全国乳品行业发生较大变化的一年。企业改革步伐比较大，乳品行业第一家股份制企业——内蒙古伊利股份有限公司的股票上市。形成了几个较大的企业集团，如：石家庄三鹿集团、哈尔滨金星乳业集团、上海光明乳业集团、内蒙古伊利集团、黑龙江完达山集团、黑龙江龙丹集团等。更多的企业注重品牌宣传、重视企业形象宣传，对于国产乳制品销售起到很大的促进作用。

奶牛饲养、牛奶生产稳步增长。1996年良种及改良种奶牛存栏447万头，比上年的417.2万头增长7.1%；其中可繁母牛存栏218.47万头，占总存栏数的48.9%。1996年奶类总产量为735.8万吨，比上年的728万吨增长1%；其中牛奶产量为629.4万吨，比上年的576万吨增长9.3%。奶类产量较大的省区有：黑龙江186万吨、山东74.3万吨、内蒙古56.6万吨、新疆54.2万吨、河北48万吨、陕西40.4万吨。

乳制品产量有所下降。1996年全国乳制品产量为50.4万吨，比上年的52.6万吨下降4.2%。其中奶粉为35万吨，与上年基本持平。这是近十几年来，乳制品产量第2次出现负增长（第1次是1989年比1988年下降2.4%）。1996年乳制品产量前6名的省区有：黑龙江12.7万吨，占全国总产量的25.3%；河北5.5万吨，占全国总产量的10.9%；山东3.9万吨，占全国总产量的7.7%；浙江3.1万吨，占全国总产量的6.1%；陕西2.97万吨，占全国总产量的5.8%；内蒙古2.9万吨，占全国总产量的5.7%。乳制品产量下降较多的地区是陕西、浙江。

1996年国内第1次对市售液体奶的产量做出统计。液体奶是指消毒奶、超高温灭菌奶、酸奶等。1996年全国总产量是51.94万吨。产量较大的省市有：北京11.33万吨，占全国总产量的21.8%；上海17.73万吨，占全国总产量的34.1%；江苏5.33万吨，占全国总产量的10.3%；广东3.27万吨，占全国总产量的6.3%；浙江2.58万吨，占全国总产量的5.0%；天津1.78万吨，占全国总产量的3.4%；山东1.78万吨，占全国总产量的3.4%。

**【b. 乳制品企业排行】** 1996年中国乳制品工业协会根据对企业生产经营情况统计数据分析，按照工业销售产值、乳制品产量、液体乳产量、利税总额、人均创利润、鲜奶收购量等6项指标，分别排出最大企业的名次。

1. 工业销售产值（万元）

| | |
|---|---|
| 上海光明乳业有限公司 | 83 287 |
| 石家庄三鹿集团股份有限公司 | 37 553 |
| 黑龙江完达山乳业集团 | 22 023 |
| 张家港乳品一厂 | 21 073 |
| 哈尔滨金星乳业集团 | 20 800 |
| 山东省文登市金洋乳品集团公司 | 16 648 |
| 黑龙江省宋站乳品厂 | 15 963 |
| 黑龙江省乳业集团总公司 | 14 412 |
| 陕西省西安银桥企业集团 | 14 000 |
| 山西古城依美口乳品有限公司 | 13 329 |
| 山东文登鹏程食品有限公司 | 11 297 |
| 江西乳品厂 | 10 067 |

2. 乳制品产量（吨）

| | |
|---|---|
| 石家庄三鹿集团股份有限公司 | 20 005 |
| 哈尔滨金星乳业集团公司 | 14 200 |
| 黑龙江完达山乳业集团 | 11 540 |
| 陕西省西安银桥企业集团 | 8 730 |
| 黑龙江省宋站乳品厂 | 8 660 |
| 上海光明乳业有限公司 | 8 502 |
| 黑龙江省乳业集团总公司 | 8 065 |
| 山西古城依美口乳品有限公司 | 8 053 |
| 黑龙江康维乳业（集团）公司 | 6 502 |
| 黑龙江红星乳品集团公司 | 5 183 |
| 杭州食品厂 | 4 878 |
| 山东省文登市乳品厂 | 4 800 |

3. 液体乳产量(吨)

| | |
|---|---|
| 上海光明乳业有限公司 | 131 194 |
| 南京卫岗乳制品厂 | 29 388 |
| 北京双桥乳品厂 | 16 452 |
| 昆明市牛奶公司 | 14 642 |
| 成都乳品公司 | 11 166 |
| 金华市乳品厂 | 7 715 |
| 广州燕塘中奶公司 | 7 236 |
| 兰州乳品厂 | 6 658 |
| 武汉市牛奶公司乳品厂 | 5 616 |
| 宁夏夏进乳品饮料有限公司 | 4 651 |

4. 利税总额(万元)

| | |
|---|---|
| 上海光明乳业有限公司 | 10 967 |
| 张家港乳品一厂 | 2 974 |
| 山西古城依美口乳品有限公司 | 2 766 |
| 石家庄三鹿集团股份有限公司 | 2 718 |
| 黑龙江完达山乳业集团 | 2 326 |
| 哈尔滨金星乳业集团 | 2 020 |
| 山东省文登市金洋乳业集团公司 | 1 672 |
| 山东省文登市鹏程食品有限公司 | 1 598 |
| 云南省邓川奶粉厂 | 1 456 |
| 黑龙江省宋站乳品厂 | 1 440 |
| 武汉市牛奶公司乳品厂 | 1 185 |
| 山东省文登市乳品厂 | 1 111 |

5. 人均创利润(元)

| | |
|---|---|
| 山西古城依美口乳品有限公司 | 71 371 |
| 山东省文登市鹏程食品有限公司 | 23 953 |
| 云南省邓川奶粉厂 | 21 952 |
| 山东省文登市金洋乳品集团公司 | 21 465 |
| 张家港乳品一厂 | 21 152 |
| 北京南口乳品厂 | 19 766 |
| 黑龙江省康维乳业集团公司 | 19 694 |
| 山东省文登市乳品厂 | 19 537 |
| 上海光明乳业有限公司 | 18 715 |
| 湖南省南山绿色食品开发公司 | 15 526 |
| 武汉市牛奶公司乳品厂 | 12 907 |
| 山西省山阴县国营乳品厂 | 10 148 |

6. 收奶量(吨)

| | |
|---|---|
| 上海光明乳业有限公司 | 143 285 |
| 哈尔滨金星乳业集团 | 81 760 |
| 黑龙江完达山乳业集团 | 79 228 |
| 石家庄三鹿集团股份有限公司 | 65 562 |
| 黑龙江省宋站乳品厂 | 52 268 |
| 西安银桥企业集团 | 50 400 |
| 山西古城依美口乳品有限公司 | 43 250 |
| 云南省邓川奶粉厂 | 33 878 |
| 黑龙江省乳业集团总公司 | 30 093 |
| 黑龙江省康维乳业集团公司 | 29 212 |
| 黑龙江省红星乳业集团公司 | 28 462 |
| 内蒙古海拉尔乳品厂 | 28 065 |

**【c. 国际组织活动】** 1995年9月10日～14日，国际乳品联合会第79次年会在奥地利首都维也纳举行，正式接纳中国为该组织的成员国。根据IDF章程规定，经中国轻工总会批准，IDF中国国家委员会于1996年2月8日在北京成立。中国轻工总会副会长潘蓓蕾任主席，黑龙江省轻工业厅厅长杜义、中国轻工总会食品造纸部主任耿兆林任副主席，中国乳制品工业协会理事长宋昆冈、农业部奶类项目办副主任骆志刚、农业部农垦司处长李国志、石家庄三鹿集团总经理田文华、上海牛奶公司总经理王佳芬、哈尔滨金星乳业集团总经理鲍志贤、北京奥耐特公司总经理张亮、江西乳品厂厂长席德三等28位同志任委员。

1996年10月17日～24日，IDF第80次年会在南非的约翰内斯堡举行。IDF中国国家委员会主席潘蓓蕾率中国乳品工业代表团一行10人出席会议。这次会议是世界乳品行业的一次盛会，到会人数超过600人。会议除大会、理事会外，A、B、C、D、E、F6个专业委员都召开专业会议，研究、讨论、交流世界乳品行业的经济、市场、法规、标准、科研、教育、奶牛饲养等方面的问题。会议还组织了对南非乳品加工业、奶牛饲养业的参观考察等。这是中国第2次派代表团出席IDF年会。

1996年4月25日～5月1日，应中国轻工总会、中国乳制品工业协会的邀请，国际乳品联合会主席哈卡先生及夫人、秘书长霍普金先生及夫人到中国访问。访问期间，主席及秘书长拜会了IDF中国国家委员会主席、中国轻工总会副会长潘蓓蕾；在北京、黑龙江参观了中国的乳品加工厂、乳品研究所、奶牛饲养场等。

**【d. 市场与价格】** 近几年来，由于乳品工业的发展，产量逐年增加，特别是大量的国外产品涌入，使国内乳制品市场的供求关系发生了根本性的变化。消费者有选择地购买名牌、优质、知名度高的产品，而一些产量小、知名度不高、平时不注意宣传自己的企业，销售出现困难，造成产品积压。1996年的情况比以往更为严重。

根据1995年对全行业的统计，当年全国乳品行业工业总产值为90.5亿元人民币，年末产成品存货价值为

10.9 亿元，占当年工业总产值的 12.02%。其中：独立核算的国有企业为 10.56%，乡以上集体企业为 10.42%，乡属企业为 9.97%，“三资”企业为 23.96%。1996 年根据对 131 家重点企业的调查，工业总产值(当年价格)为 26.2 亿元人民币，销售产值 24.6 亿元，年末库存产值 4.2 亿元，占当年工业总产值的 15.9%。如按这 131 家企业年末库存产值率折算，当年全行业乳制品积压数量约为 8 万吨。

1996 年部分地区鲜奶收购价格为(元/千克)：北京，2.15～1.80；河北，2.00～1.28；黑龙江，2.00～1.29；内蒙古 1.50～0.90；宁夏，1.68～1.35；浙江，1.95～1.50；江西，2.92～2.40；云南，1.85～1.23；新疆，1.26～0.95；山东，1.60～1.51；陕西，2.00～1.36；上海，1.97。

**【e. 进出口情况】** 1996 年乳制品进出口情况如下表：

进口：

| 商品名称 | 数量(吨) | 价值(万美元) |
|---|---|---|
| 液体奶 | 7 274.3 | 363.6 |
| 奶　粉 | 19 305.1 | 1 858.9 |
| 炼　乳 | 914.6 | 69.4 |
| 酸　奶 | 421.7 | 47.3 |
| 乳清制品 | 48 488.2 | 2 759.6 |
| 奶　油 | 780.5 | 163.4 |
| 干　酪 | 345.2 | 83.5 |
| 合　计 | 77 529.6 | 5 345.7 |

出口：

| 商品名称 | 数量(吨) | 价值(万美元) |
|---|---|---|
| 液体奶 | 25 197.1 | 1 903.1 |
| 奶　粉 | 4 395.8 | 748.2 |
| 炼　乳 | 754.3 | 126.9 |
| 酸　奶 | 665.3 | 97.3 |
| 乳清制品 | 225.4 | 34.9 |
| 奶　油 | 169.7 | 34.2 |
| 干　酪 | 4.4 | 1.9 |
| 合　计 | 31 412 | 2 946.5 |

**【f. 行业活动】** 1996 年 7 月 26 日～29 日，中国乳制品工业协会第 2 次年会在草原城市海拉尔召开。海拉尔乳品厂为本次年会的东道主。参加本次会议的有来自全国乳品企业、乳机制造企业、大专院校、科研单位的代表 142 人。本次会议还邀请了法国、新西兰、德国专家出席会议。会上，协会理事长宋昆冈做《团结协作，开拓进取，振兴民族乳品工业》的报告，对“八五”期间全国乳制品工业发展情况做了概述，对“九五”期间全国乳制品工业发展的基本思路从八个方面做了发言。会议共有 12 位专家、教授、企业家做了学术报告、技术交流、企业管理经验介绍；还有 4 位国外专家做了发言，介绍国际乳品市场、新技术、新设备等。会议还表彰了田文华、鲍志贤等 20 位优秀企业家和蔡树维、姜发等 15 位先进工作者。

(宋昆冈)

**【g. 行业数据报告】** 1. 行业基本情况

行业名称：乳制品制造业 *

| | 1994 年 | 1995 年 | 1996 年 |
|---|---|---|---|
| 行业内企业单位数(个) | 562 | 607 | 610 |
| 其中：亏损企业 | 121 | 173 | 182 |
| 从业人员(万人) | 9.16 | 9.93 | 8.78 |
| 其中：工程技术人员 | | 0.72 | |
| 管理人员 | | 1.16 | |
| 年末离退休人员(万人) | | 1.41 | |

* 本行业的统计范围是全部乡及乡以上独立核算工业企业。

2. 乳制品制造业在全部工业中的位置与比较(单位：%)

| | 1994 年 | 1995 年 | 1996 年 |
|---|---|---|---|
| 行业产值占全部工业产值的比重 | 0.126 | 0.143 | 0.157 |
| 行业增加值占全部工业增加值的比重 | 0.114 | 0.102 | 0.130 |
| 行业人数占全部工业人数的比重 | 0.108 | 1.116 | 0.107 |
| 行业资本金占全部工业资本金的比重 | 0.118 | 0.141 | 0.144 |

3. 行业财务状况(单位：亿元)

| | 1994 年 | 1995 年 | 1996 年 |
|---|---|---|---|
| 资本金 | 21.19 | 30.35 | 35.86 |
| 中方 | 13.44 | 21.14 | 16.76 |
| 外方 | 4.32 | 9.20 | 12.54 |
| 工业总产值(新规定当年价) | 64.79 | 78.35 | 98.55 |
| 工业增加值 | 16.80 | 15.81 | 23.35 |
| 职工工资总额 | | 4.17 | |
| 职工平均工资(元) | | 4 199 | |
| 出口交货值 | | 2.36 | |

4. 行业资产负债(单位：亿元)

| | 1994年 | 1995年 | 1996年 |
|---|---|---|---|
| 年末资产 | | 94.19 | 119.56 |
| 流动资产 | 31.61 | 39.73 | 49.72 |
| #存货 | 9.94 | 15.18 | 18.02 |
| 固定资产 | 29.67 | 47.83 | 57.91 |
| #生产经营用 | 26.60 | 42.20 | 51.21 |
| 年末负债 | | 64.88 | 82.54 |
| 流动负债 | | 44.55 | 64.72 |
| 长期负债 | | 19.44 | |
| 年末所有者权益 | 21.74 | 29.32 | 37.03 |
| 实收资本 | | 26.89 | |

5. 行业损益及分配(单位:亿元)

| | 1994年 | 1995年 | 1996年 |
|---|---|---|---|
| 产品销售收入 | 57.13 | 73.51 | 87.99 |
| 产品销售成本 | 47.10 | 61.45 | 72.76 |
| 产品销售费用 | 2.39 | 3.77 | 7.03 |
| 产品销售税金及附加 | 0.93 | 0.80 | 0.44 |
| 产品销售利润 | | 7.46 | 7.34 |
| 产品管理费用 | 4.52 | 5.40 | 7.42 |
| 营业利润 | | 0.18 | −2.83 |
| 投资收益 | | 0.17 | |
| 利润总额 | 1.45 | 0.50 | −2.60 |
| 所得税 | | 0.35 | |
| 净利润 | | 0.16 | |
| 利税总额 | 4.88 | 4.37 | 1.59 |
| 亏损企业亏损额 | 1.16 | 2.35 | 5.92 |

6. 行业效益评价

| | 1994年 | 1995年 | 1996年 |
|---|---|---|---|
| 产品销售率(%) | 96.06 | 93.82 | 91.86 |
| 资金利税率(%) | 9.58 | 6.11 | 1.67 |
| 增加值率(%) | 25.93 | 20.18 | 23.69 |
| 成本利税率(%) | 10.36 | 7.11 | 2.19 |
| 全员劳动生产率(万元/人·年) | 1.83 | 1.59 | 2.66 |
| 流动资产周转率(%) | 209.96 | 197.13 | 196.70 |
| 企业亏损面(%) | 21.53 | 28.50 | 29.84 |
| 存货可供销售天数(天) | 76 | 89 | 90 |

7. 乳制品制造业主要产品历年产量(单位:万吨)

| 年份 | 奶类 | 牛奶 | 人造奶油 | 乳制品 | 奶粉 | 乳酸菌饮料 | 液体乳 |
|---|---|---|---|---|---|---|---|
| 1980 | 136.7 | 114.1 | | | | | |
| 1984 | 259.6 | 218.6 | | | | | |
| 1985 | 289.4 | 249.9 | | | 11.93 | | |
| 1986 | 332.9 | 289.9 | | | 14.80 | | |
| 1987 | 378.8 | 330.1 | | | 19.00 | | |
| 1988 | 418.9 | 366.0 | | | 22.61 | | |
| 1989 | 435.8 | 381.3 | | | 20.76 | | |
| 1990 | 475.1 | 415.7 | | | 24.15 | | |
| 1991 | 524.3 | 464.4 | | 37.66 | 29.38 | | |
| 1992 | 563.9 | 503.1 | | 41.29 | 33.65 | | |
| 1993 | 563.7 | 498.6 | | 41.73 | 29.44 | | |
| 1994 | 608.9 | 528.8 | | 42.46 | 29.94 | | |
| 1995 | 672.8 | 576.4 | 5.32 | 52.57 | 35.22 | 15.98 | 52.40 |
| 1996 | 735.8 | 629.4 | 4.73 | 50.41 | 35.01 | 22.17 | 52.73 |

8. 分地区奶类产品产量(单位:万吨)

| 地区 | 奶类 | | | #牛奶 | | |
|---|---|---|---|---|---|---|
| | 1994年 | 1995年 | 1996年 | 1994年 | 1995年 | 1996年 |
| 全国总计 | 608.9 | 672.8 | 735.8 | 528.8 | 576.4 | 629.4 |
| 北京 | 22.2 | 20.6 | 20.1 | 22.2 | 20.6 | 20.1 |
| 天津 | 9.9 | 11.1 | 11.4 | 9.8 | 10.7 | 11.3 |
| 河北 | 34.0 | 38.9 | 47.9 | 28.6 | 32.5 | 40.1 |
| 山西 | 25.7 | 29.3 | 32.6 | 23.7 | 26.0 | 29.6 |
| 内蒙古 | 48.2 | 51.2 | 56.6 | 45.8 | 48.6 | 54.3 |
| 辽宁 | 17.5 | 18.3 | 18.6 | 16.4 | 17.1 | 17.0 |
| 吉林 | 10.9 | 11.3 | 12.1 | 10.4 | 10.2 | 11.3 |
| 黑龙江 | 143.6 | 166.6 | 186.7 | 141.5 | 164.6 | 185.0 |
| 上海 | 20.6 | 21.8 | 21.8 | 20.6 | 21.8 | 21.8 |

续表

| 地　区 | 奶　类 | | | # 牛　奶 | | |
|---|---|---|---|---|---|---|
| | 1994年 | 1995年 | 1996年 | 1994年 | 1995年 | 1996年 |
| 江　苏 | 10.5 | 10.4 | 10.9 | 9.9 | 10.0 | 10.5 |
| 浙　江 | 9.7 | 9.2 | 9.0 | 9.7 | 9.2 | 9.0 |
| 安　徽 | 2.5 | 2.5 | 2.7 | 2.5 | 2.5 | 2.7 |
| 福　建 | 6.1 | 6.3 | 6.5 | 5.9 | 6.1 | 6.2 |
| 江　西 | 3.1 | 3.2 | 3.5 | 3.1 | 3.2 | 3.5 |
| 山　东 | 51.3 | 66.8 | 74.3 | 15.6 | 17.9 | 22.0 |
| 河　南 | 8.9 | 9.7 | 10.8 | 5.0 | 5.5 | 5.5 |
| 湖　北 | 4.6 | 3.8 | 4.3 | 4.6 | 3.8 | 4.3 |
| 湖　南 | 0.9 | 0.8 | 0.6 | 0.9 | 0.8 | 0.6 |
| 广　东 | 5.8 | 5.7 | 5.9 | 5.7 | 5.5 | 5.6 |
| 广　西 | 0.9 | 0.9 | 0.9 | 0.9 | 0.9 | 0.9 |
| 海　南 | | 0.1 | 0.2 | | 0.1 | 0.2 |
| 四　川 | 28.3 | 28.1 | 28.4 | 28.2 | 27.7 | 28.0 |
| 贵　州 | 1.4 | 1.4 | 1.6 | 1.4 | 1.4 | 1.6 |
| 云　南 | 10.0 | 10.1 | 10.9 | 9.4 | 9.5 | 10.0 |
| 陕　西 | 31.3 | 32.6 | 40.4 | 17.4 | 17.4 | 20.6 |
| 甘　肃 | 9.9 | 9.9 | 10.9 | 9.6 | 9.6 | 10.5 |
| 青　海 | 20.1 | 20.6 | 18.6 | 19.4 | 20.0 | 18.1 |
| 宁　夏 | 10.0 | 14.0 | 16.9 | 10.0 | 14.0 | 16.9 |
| 新　疆 | 44.8 | 49.7 | 54.2 | 40.8 | 45.2 | 48.8 |

9. 分地区乳制品产量(单位:万吨)

| 地　区 | 1994年 | | | 1995年 | | | 1996年 | | |
|---|---|---|---|---|---|---|---|---|---|
| | 乳制品 | 奶粉 | 代乳品 | 乳制品 | 奶粉 | 代乳品 | 乳制品 | 奶粉 | 代乳品 |
| 全国总计 | 42.45 | 29.94 | 1.26 | 51.02 | 35.21 | 1.28 | 50.41 | 35.01 | 0.836 |
| 北　京 | 0.31 | 0.17 | | 1.49 | 0.73 | | 1.20 | 0.64 | |
| 天　津 | 1.42 | 0.25 | | 1.09 | 0.96 | | 2.61 | 1.28 | 0.238 |
| 河　北 | 2.80 | 2.42 | 0.07 | 3.40 | 3.18 | | 5.49 | 4.19 | |
| 山　西 | 1.72 | 1.72 | 0.01 | 1.54 | 1.49 | | 1.71 | 1.71 | 0.042 |
| 内蒙古 | 2.69 | 2.02 | 0.01 | 3.03 | 2.21 | | 2.00 | 2.13 | |
| 辽　宁 | 0.42 | 0.33 | 0.008 | 0.55 | 0.29 | | 0.30 | 0.26 | |
| 吉　林 | 0.67 | 0.36 | | 0.37 | 0.30 | | 0.31 | 0.29 | |
| 黑龙江 | 12.20 | 11.72 | 0.11 | 11.81 | 10.38 | | 12.73 | 12.12 | |
| 上　海 | 0.64 | 0.48 | 0.06 | 0.79 | 0.54 | | 0.97 | 0.75 | 0.078 |
| 江　苏 | 1.87 | 0.39 | 0.38 | 1.77 | 0.82 | | 2.80 | 0.98 | 0.240 |
| 浙　江 | 4.00 | 1.06 | 0.02 | 6.41 | 1.10 | | 3.07 | 0.86 | 0.035 |
| 安　徽 | 0.49 | 0.26 | 0.03 | 0.46 | 0.29 | | 0.93 | 0.27 | 0.006 |
| 福　建 | 0.90 | 0.19 | 0.05 | 0.61 | 0.13 | | 0.42 | 0.16 | |

续表

| 地区 | 1994年 | | | 1995年 | | | 1996年 | | |
|---|---|---|---|---|---|---|---|---|---|
| | 乳制品 | 奶粉 | 代乳品 | 乳制品 | 奶粉 | 代乳品 | 乳制品 | 奶粉 | 代乳品 |
| 江西 | 0.48 | 0.44 | 0.01 | 0.60 | 0.47 | | 0.72 | 0.50 | 0.027 |
| 山东 | 2.55 | 1.43 | 0.37 | 3.06 | 1.59 | | 3.89 | 1.93 | 0.030 |
| 河南 | 0.38 | 0.14 | 0.04 | 0.58 | 0.19 | | 0.20 | 0.09 | |
| 湖北 | 0.60 | 0.55 | 0.01 | 1.09 | 0.84 | | 1.08 | 0.87 | |
| 湖南 | 0.19 | 0.19 | | 0.21 | 0.21 | | 0.12 | 0.12 | 0.028 |
| 广东 | 1.39 | 0.09 | | 1.39 | 0.05 | | 1.07 | 0.19 | |
| 广西 | 0.34 | 0.005 | 0.009 | 0.16 | 0.0013 | | 0.26 | 0.01 | 0.083 |
| 海南 | 0.02 | | | 0.01 | | | 0.01 | | |
| 四川 | 0.78 | 0.63 | 0.04 | 0.86 | 0.80 | | 0.83 | 0.55 | 0.026 |
| 贵州 | 0.06 | 0.06 | | 0.07 | 0.07 | | 0.29 | 0.08 | 0.006 |
| 云南 | 0.61 | 0.61 | | 0.70 | 0.67 | | 0.67 | 0.55 | |
| 陕西 | 2.54 | 2.19 | 0.02 | 5.88 | 5.53 | | 0.001 | 2.42 | |
| 甘肃 | 0.30 | 0.22 | | 0.53 | 0.22 | | 2.97 | 0.16 | |
| 青海 | 0.11 | 0.10 | | 0.12 | 0.10 | | 0.26 | 0.08 | |
| 宁夏 | 1.01 | 1.01 | | 1.45 | 1.12 | | 0.09 | 1.08 | |
| 新疆 | 0.96 | 0.92 | 0.002 | 0.98 | 0.92 | | 0.77 | 0.74 | |

10. 进出口数量、金额及主要国家和地区

**1994年～1996年　04012000主要出口国家和地区**

| 国家或地区 | 1994年 | | | 1995年 | | | 1996年 | | |
|---|---|---|---|---|---|---|---|---|---|
| | 数量（吨） | 金额（万美元） | 百分比（%） | 数量（吨） | 金额（万美元） | 百分比（%） | 数量（吨） | 金额（万美元） | 百分比（%） |
| 合计 | 25 755 | 1 671 | 100.00 | 24 925 | 1 681 | 100.00 | 24 980 | 1 889 | 100.00 |
| 香港 | 12 074 | 657 | 39.29 | 20 604 | 1 358 | 80.75 | 24 802 | 1 873 | 99.13 |
| 澳门 | 128 | 9 | 0.51 | 167 | 11 | 0.66 | 178 | 17 | 0.87 |
| 台湾 | 13 540 | 1 006 | 60.16 | 4 154 | 313 | 18.59 | | | |

**1994年～1996年　04021000主要出口国家和地区**

| 国家或地区 | 1994年 | | | 1995年 | | | 1996年 | | |
|---|---|---|---|---|---|---|---|---|---|
| | 数量（吨） | 金额（万美元） | 百分比（%） | 数量（吨） | 金额（万美元） | 百分比（%） | 数量（吨） | 金额（万美元） | 百分比（%） |
| 合计 | 46 | 9 | 100.00 | 442 | 105 | 100.00 | 257 | 41 | 100.00 |
| 俄罗斯 | | | | 50 | 14 | 13.10 | | | |
| 新加坡 | | | | 61 | 12 | 11.49 | 195 | 21 | 52.46 |
| 台湾 | | | | 16 | 11 | 10.64 | | | |
| 乌兹别克 | | | | 185 | 34 | 32.29 | | | |
| 香港 | 10 | 2 | 21.74 | | | | 40 | 15 | 36.21 |
| 越南 | 24 | 5 | 48.91 | | | | 16 | 3 | 7.88 |
| 尼日利亚 | 10 | 2 | 19.56 | | | | | | |

**1994 年～1996 年　04012000 主要进口国家和地区**

| 国家或地区 | 1994 年 | | | 1995 年 | | | 1996 年 | | |
|---|---|---|---|---|---|---|---|---|---|
| | 数量（吨） | 金额（万美元） | 百分比（%） | 数量（吨） | 金额（万美元） | 百分比（%） | 数量（吨） | 金额（万美元） | 百分比（%） |
| 合　计 | 1 753 | 171 | 100.00 | 2 467 | 105 | 100.00 | 2 112 | 869 | 100.00 |
| 香　港 | 460 | 41 | 24.25 | 319 | 13 | 12.30 | 100 | 37 | 4.26 |
| 德　国 | | | | 23 | 9 | 8.48 | | | |
| 澳大利亚 | 710 | 72 | 41.94 | 1 515 | 50 | 47.38 | 1 186 | 456 | 52.70 |
| 新西兰 | | | | 288 | 12 | 11.06 | 374 | 125 | 14.38 |
| 印度尼西亚 | 59 | 14 | 8.08 | | | | | | |
| 美　国 | 163 | 14 | 8.03 | | | | 85 | 48 | 5.52 |
| 荷　兰 | | | | | | | 161 | 101 | 11.62 |

**1994 年～1996 年　04021000 主要进口国家和地区**

| 国家或地区 | 1994 年 | | | 1995 年 | | | 1996 年 | | |
|---|---|---|---|---|---|---|---|---|---|
| | 数量（吨） | 金额（万美元） | 百分比（%） | 数量（吨） | 金额（万美元） | 百分比（%） | 数量（吨） | 金额（万美元） | 百分比（%） |
| 合　计 | 20 377 | 2 027 | 100.00 | 9 490 | 1 378 | 100.00 | 5 556 | 584 | 100.00 |
| 香　港 | 2 565 | 171 | 8.42 | 526 | 91 | 6.59 | 238 | 46 | 7.95 |
| 荷　兰 | 3 493 | 377 | 18.57 | 2 362 | 345 | 25.01 | 550 | 81 | 13.88 |
| 马来西亚 | | | | 582 | 125 | 9.10 | | | |
| 美　国 | 1 643 | 166 | 8.21 | 1 116 | 169 | 12.26 | 505 | 37 | 6.32 |
| 澳大利亚 | 2 078 | 310 | 15.31 | | | | | | |
| 新西兰 | 1 932 | 208 | 10.23 | | | | 1 012 | 121 | 20.77 |
| 新加坡 | | | | | | | 2 227 | 191 | 32.77 |

注：04012000 未浓缩及未加糖或其他甜物质的乳及奶油，含脂量超过 1%，但不超过 6%。

04021000 粉状、粒状或其他固状乳及奶油，含脂量不超过 1.5%。

11. 城镇居民家庭奶及奶制品消费情况（单位：购买量，千克/人·年；支出，元/人·年）

| | 1994 年 | | 1995 年 | | 1996 年 | |
|---|---|---|---|---|---|---|
| | 购买量 | 支出 | 购买量 | 支出 | 购买量 | 支出 |
| 全　国 | 5.25 | 26.14 | 4.62 | 31.43 | 4.83 | 36.59 |
| 北　京 | 14.40 | 63.04 | 15.05 | 73.55 | 15.78 | 84.98 |
| 天　津 | | 44.90 | | 48.26 | | 56.10 |
| 河　北 | 5.72 | 26.79 | 6.20 | 31.46 | 6.47 | 40.27 |
| 山　西 | | 18.27 | | 23.63 | | 26.33 |
| 内蒙古 | 5.95 | 23.57 | 5.83 | 31.09 | 5.76 | 37.57 |
| 辽　宁 | | 24.35 | | 28.58 | | 38.91 |
| 吉　林 | 1.56 | 15.08 | | 22.00 | 1.56 | 24.71 |
| 黑龙江 | 1.40 | 19.29 | 1.70 | 26.01 | 2.10 | 30.51 |
| 上　海 | 25.20 | 90.12 | 24.00 | 114.22 | 21.60 | 129.38 |
| 江　苏 | 3.41 | 24.61 | 3.84 | 31.30 | 4.00 | 35.20 |
| 浙　江 | 5.73 | 33.36 | 5.07 | 36.57 | 4.12 | 39.43 |
| 安　徽 | 1.43 | 17.50 | | 22.16 | | 28.29 |
| 福　建 | 7.09 | 26.93 | 6.17 | 32.54 | 7.02 | 38.64 |

续表

| | 1994年 | | 1995年 | | 1996年 | |
|---|---|---|---|---|---|---|
| | 购买量 | 支出 | 购买量 | 支出 | 购买量 | 支出 |
| 江　西 | | 13.77 | | 15.90 | | 18.26 |
| 山　东 | | 24.55 | | 31.33 | | 38.74 |
| 河　南 | 3.25 | 19.49 | 3.49 | 24.17 | 3.07 | 26.24 |
| 湖　北 | 1.09 | 13.38 | 0.80 | 16.85 | 0.77 | 18.21 |
| 湖　南 | | 16.15 | 0.18 | 20.06 | 0.35 | 20.34 |
| 广　东 | 1.42 | 26.81 | 1.17 | 35.18 | 1.11 | 35.66 |
| 广　西 | | 16.68 | 1.34 | 19.99 | 1.38 | 22.27 |
| 海　南 | 0.13 | 19.69 | 0.04 | 20.53 | 0.05 | 24.05 |
| 四　川 | | 25.26 | | 31.79 | | 38.55 |
| 贵　州 | | 19.59 | | 26.27 | | 38.15 |
| 云　南 | | 20.23 | | 23.49 | | 25.27 |
| 西　藏 | | 164.75 | | | | 281.63 |
| 陕　西 | 7.23 | 27.37 | 3.67 | 28.42 | 5.62 | 33.41 |
| 甘　肃 | 8.91 | 22.10 | 7.30 | 28.05 | 8.20 | 31.92 |
| 青　海 | 13.25 | 36.63 | 13.98 | 43.77 | | 50.26 |
| 宁　夏 | | 21.85 | | 26.75 | | 26.43 |
| 新　疆 | 15.30 | 30.28 | 14.30 | 39.59 | 15.30 | 45.92 |

注:"购买量"指鲜奶购买量。

12. 与本行业相关的主要工业生产设备情况(乡及乡以上独立核算企业)

**1995年已安装的鲜奶蒸发器**

| | 年末设备数量(套) | | | | | 年末设备价值(千元) | | | | |
|---|---|---|---|---|---|---|---|---|---|---|
| | 合计 | 国际水平 | 国内先进水平 | 国内一般水平 | 国内落后水平 | 合计 | 国际水平 | 国内先进水平 | 国内一般水平 | 国内落后水平 |
| 全　国 | 145 | 2 | 25 | 69 | 49 | 38 427 | 8 524 | 12 298 | 14 831 | 2 774 |
| 北　京 | 1 | | 1 | | | 310 | | 310 | | |
| 天　津 | | | | | | | | | | |
| 河　北 | 8 | | | 2 | 6 | 419 | | | 243 | 176 |
| 山　西 | | | | | | | | | | |
| 内蒙古 | 35 | | 8 | 13 | 14 | 7 059 | | 3 358 | 3 281 | 420 |
| 辽　宁 | | | | | | | | | | |
| 吉　林 | | | | | | | | | | |
| 黑龙江 | 58 | 1 | 10 | 35 | 12 | 16 698 | 5 000 | 4 186 | 6 343 | 1 169 |
| 上　海 | | | | | | | | | | |
| 江　苏 | | | | | | | | | | |
| 浙　江 | 11 | | | 6 | 5 | 558 | | | 434 | 124 |
| 安　徽 | | | | | | | | | | |
| 福　建 | | | | | | | | | | |
| 江　西 | 9 | | | 1 | 8 | 2 889 | | | 2 166 | 723 |
| 山　东 | 10 | | 4 | 6 | | 1 905 | | 95 | 1 810 | |
| 河　南 | | | | | | | | | | |
| 湖　北 | | | | | | | | | | |

续表

| | 年末设备数量(套) | | | | | 年末设备价值(千元) | | | | |
|---|---|---|---|---|---|---|---|---|---|---|
| | 合计 | 国际水平 | 国内先进水平 | 国内一般水平 | 国内落后水平 | 合计 | 国际水平 | 国内先进水平 | 国内一般水平 | 国内落后水平 |
| 湖　南 | | | | | | | | | | |
| 广　东 | | | | | | | | | | |
| 广　西 | | | | | | | | | | |
| 海　南 | | | | | | | | | | |
| 四　川 | | | | | | | | | | |
| 贵　州 | | | | | | | | | | |
| 云　南 | 1 | 1 | | | | 3 524 | 3 524 | | | |
| 西　藏 | | | | | | | | | | |
| 陕　西 | 4 | | | 2 | 2 | 480 | | | 390 | 90 |
| 甘　肃 | 1 | | 1 | | | 443 | | 443 | | |
| 青　海 | | | | | | | | | | |
| 宁　夏 | 4 | | 1 | 3 | | 4 014 | | 3 906 | 108 | |
| 新　疆 | 3 | | | 1 | 2 | 128 | | | 56 | 72 |

**1995 年已安装的鲜奶消毒器**

| | 年末设备数量(套) | | | | | 年末设备价值(千元) | | | | |
|---|---|---|---|---|---|---|---|---|---|---|
| | 合计 | 国际水平 | 国内先进水平 | 国内一般水平 | 国内落后水平 | 合计 | 国际水平 | 国内先进水平 | 国内一般水平 | 国内落后水平 |
| 全　国 | 110 | 10 | 39 | 42 | 19 | 20 537 | 15 074 | 21 868 | 1 664 | 1 613 |
| 北　京 | 1 | 1 | | | | 3 470 | 3 470 | | | |
| 天　津 | 6 | | | 6 | | 128 | | | 128 | |
| 河　北 | 1 | | 1 | | | 20 | | | 20 | |
| 山　西 | | | | | | | | | | |
| 内蒙古 | 14 | 2 | 10 | 1 | 1 | 2 178 | 108 | 840 | 32 | 1 198 |
| 辽　宁 | | | | | | | | | | |
| 吉　林 | | | | | | | | | | |
| 黑龙江 | 23 | | 7 | 11 | 5 | 1 349 | | 588 | 615 | 146 |
| 上　海 | | | | | | | | | | |
| 江　苏 | | | | | | | | | | |
| 浙　江 | 10 | 2 | 1 | 3 | 4 | 982 | 800 | 38 | 60 | 84 |
| 安　徽 | | | | | | | | | | |
| 福　建 | | | | | | | | | | |
| 江　西 | 15 | | | 13 | 2 | 526 | | | 511 | 15 |
| 山　东 | 20 | | 15 | 3 | 2 | 779 | | 596 | 147 | 36 |
| 河　南 | | | | | | | | | | |
| 湖　北 | | | | | | | | | | |
| 湖　南 | | | | | | | | | | |
| 广　东 | 4 | 4 | | | | 10 438 | 10 438 | | | |
| 广　西 | | | | | | | | | | |
| 海　南 | | | | | | | | | | |
| 四　川 | 3 | | | 3 | | 75 | | | 75 | |
| 贵　州 | | | | | | | | | | |

续表

| | 年末设备数量(套) | | | | | 年末设备价值(千元) | | | | |
|---|---|---|---|---|---|---|---|---|---|---|
| | 合计 | 国际水平 | 国内先进水平 | 国内一般水平 | 国内落后水平 | 合计 | 国际水平 | 国内先进水平 | 国内一般水平 | 国内落后水平 |
| 云　南 | 1 | 1 | | | | 258 | 258 | | | |
| 西　藏 | | | | | | | | | | |
| 陕　西 | 4 | | 2 | 2 | | 172 | | 96 | 76 | |
| 甘　肃 | 1 | | 1 | | | 48 | | 48 | | |
| 青　海 | | | | | | | | | | |
| 宁　夏 | 2 | | 2 | | | 76 | | 76 | | |
| 新　疆 | 5 | | | | 5 | 38 | | | | 38 |

13. 行业内“三资”企业状况

| | 1994 年 | 1995 年 | 1996 年 |
|---|---|---|---|
| 企业单位数(个) | 14 | 60 | 64 |
| 亏损企业 | 5 | 25 | 34 |
| 企业从业人员数(人) | 2 391 | 6 920 | 8 058 |
| 实收资本(亿元) | 6.46 | 12.84 | 18.28 |
| 中方 | 1.67 | 4.83 | 4.42 |
| 外方 | 4.23 | 7.96 | 12.30 |
| 工业总产值(亿元) | 3.73 | 10.82 | 19.83 |
| 工业增加值(亿元) | 2.17 | 1.18 | 4.86 |
| 年末资产(亿元) | | 23.31 | 39.47 |
| #流动资产 | 3.71 | 7.11 | 11.49 |
| 年末负债(亿元) | | 12.43 | 24.22 |
| #流动负债 | | 8.19 | 20.98 |
| 所有者权益(亿元) | 5.80 | 10.88 | 15.25 |
| 产品销售收入(亿元) | 3.35 | 9.82 | 18.68 |
| #销售成本 | 2.11 | | 15.17 |
| #销售费用 | 0.51 | | 2.86 |
| #销售税金及附加 | 0.30 | 0.42 | 0.04 |
| #销售利润 | | | 0.21 |
| 管理费用(亿元) | 0.52 | | 2.57 |
| 利润总额(亿元) | −0.18 | −1.04 | −3.56 |
| 利税总额(亿元) | 0.33 | −0.09 | −2.74 |
| 亏损企业亏损总额(亿元) | 0.32 | 1.20 | 4.12 |
| 产品销售率(%) | 92.76 | 90.76 | 93.09 |
| 资金利税率(%) | 6.61 | −0.05 | −8.99 |
| 增加值率(%) | 58.18 | 10.91 | 24.51 |
| 全员劳动生产率(万元/人·年) | 9.08 | 1.71 | 6.03 |
| 流动资产周转率(%) | 164.21 | 138.12 | 165.02 |
| 企业亏损面(%) | 35.71 | 41.67 | 53.12 |
| 存货可供销售天数(天) | 77 | | 111 |

# 2.8　罐头食品制造业

**【a. 概况】** 1996 年罐头工业生产仍面临较多困难。罐头总产量较 1995 年下降 7.4%，经济效益继续下滑，部份企业陷于停产，半停产，少数企业破产。一些企业进一步转换经营机制，开拓市场，取得较好的经济效益；一些企业组建集团，进一步开拓发展。各级政府和协会对罐头企业十分重视，采取积极措施，加强管理，进行扶持，为扭转罐头行业的困难开展了一系列工作。

1996 年全国共有罐头企业(包括分厂、车间)1 655 个，职工 20.9 万人。全国罐头产量为 282.61 万吨。产量最大的是福建省，达 49.07 万吨；按产量排列前 10 名的省份为：

| | | | |
|---|---|---|---|
| 1. 福建 | 490 697 吨 | 3. 河北 | 295 595 吨 |
| 2. 浙江 | 368 256 吨 | 4. 山东 | 254 347 吨 |
| 5. 广西 | 182 710 吨 | 8. 四川 | 127 080 吨 |
| 6. 海南 | 159 043 吨 | 9. 河南 | 123 346 吨 |
| 7. 安徽 | 146 132 吨 | 10. 广东 | 119 658 吨 |

与 1995 年罐头产量前 10 名省份相同，只是名次前后有些变化。

在罐头大类品种构成方面，以水果、蔬菜罐头产量最大，占总产量的 70%以上。

在出口方面，据对外经济贸易部统计，1996 年全国出口罐头 116 万吨，创汇 9.18 亿美元，分别较 1995 年增长 35%和减少 15.78%。

进口方面，据海关统计，1996 年共进口罐头2 867.61 吨，其中：肉类罐头 157.03 吨，蔬菜罐头 375.23 吨，水果罐头 2 305.25 吨，干果罐头 30.1 吨。

**表 1　　1996 年全国分地区罐头产品产量**　　单位：吨

| 地　区 | 罐头总产量 | 其　中 | | | | | |
|---|---|---|---|---|---|---|---|
| | | 肉类罐头 | 禽类罐头 | 水产罐头 | 水果罐头 | 蔬菜罐头 | 其他罐头 |
| 全国总计 | 2 826 073 | 202 877 | 10 801 | 96 716 | 1 246 996 | 1 005 293 | 263 390 |
| 北　京 | 4 136 | 86 | 46 | | 3 225 | 522 | 257 |
| 天　津 | 17 219 | 977 | | 2 000 | 8 814 | 1 300 | 4 128 |
| 河　北 | 295 595 | 18 391 | 455 | 49 193 | 127 131 | 97 973 | 2 452 |
| 山　西 | 16 207 | 1 390 | | 150 | 10 148 | 2 101 | 2 418 |
| 内蒙古 | 18 213 | 355 | | 416 | 982 | 16 167 | 293 |
| 辽　宁 | 81 410 | 4 792 | 7 | 1 459 | 68 066 | 2 265 | 4 821 |
| 吉　林 | 7 662 | 2 557 | | | 823 | 3 370 | 912 |
| 黑龙江 | 20 608 | 5 806 | 45 | 254 | 6 851 | 7 315 | 337 |
| 上　海 | 34 332 | 12 718 | 201 | 183 | 8 082 | 8 158 | 4 990 |
| 江　苏 | 63 477 | 9 593 | 183 | 1 344 | 17 041 | 26 133 | 9 183 |
| 浙　江 | 368 256 | 550 | 52 | 2 317 | 147 380 | 175 850 | 42 107 |
| 安　徽 | 146 132 | 20 588 | 500 | 39 | 76 288 | 29 387 | 19 330 |
| 福　建 | 490 697 | 6 374 | 65 | 2 492 | 83 979 | 363 866 | 33 921 |
| 江　西 | 30 293 | 377 | | 25 | 7 992 | 18 280 | 3 619 |
| 山　东 | 254 347 | 9 139 | 2 562 | 5 250 | 163 561 | 44 844 | 28 991 |

续表

| 地区 | 罐头总产量 | 其中 | | | | | |
|---|---|---|---|---|---|---|---|
| | | 肉类罐头 | 禽类罐头 | 水产罐头 | 水果罐头 | 蔬菜罐头 | 其他罐头 |
| 河南 | 123 346 | 35 131 | 3 857 | | 55 536 | 4 300 | 24 522 |
| 湖北 | 63 859 | 17 554 | | 1 149 | 34 290 | 7 022 | 3 844 |
| 湖南 | 48 696 | 733 | | 12 | 14 622 | 31 129 | 2 200 |
| 广东 | 119 658 | 796 | 31 | 22 831 | 36 683 | 22 193 | 37 124 |
| 广西 | 182 710 | 2 078 | | 7 222 | 139 703 | 22 281 | 11 426 |
| 海南 | 159 043 | | | | 158 069 | 812 | 162 |
| 四川 | 127 080 | 47 150 | 1 564 | 2 | 43 326 | 25 715 | 9 323 |
| 贵州 | 1 536 | 70 | | | 87 | 1 246 | 133 |
| 云南 | 12 021 | 4 493 | 1 033 | 8 | 1 559 | 2 774 | 2 154 |
| 西藏 | | | | | | | |
| 陕西 | 29 786 | 257 | | | 19 530 | 942 | 9 057 |
| 甘肃 | 15 225 | 855 | 200 | 81 | 8 166 | 237 | 5 686 |
| 青海 | 289 | 7 | | | 282 | | |
| 宁夏 | 2 624 | | | | 37 | 2 587 | |
| 新疆 | 91 616 | 60 | | 289 | 4 743 | 86 524 | |

**【b. 经济效益】** 近年来罐头全行业持续亏损，成为轻工行业困难最大的行业之一。主要是在计划经济向市场经济过渡中不适应；行业管理不力，盲目建设，无序竞争；以及宏观经济调整带来的利润转移等原因。

另据中国轻工总会对系统内 176 个罐头企业统计，1996 年亏损企业 93 个，占 52.84%，主要情况见表 4。

**【c. 企业体制改革】** 近年来罐头行业经济效益处于低谷，有些企业停工，半停工甚至破产，困难很多，但企业间差距大，在一些企业困难加剧的同时，有些企业在深化改革中发展。1996 年有些优势企业组建集团公司、和困难企业联营；有些资不抵绩企业，按国家政策规定，破产重组；有的易地迁建。据不完全统计，情况如下：

1. 组建集团公司。(1)海口罐头厂于 1996 年 1 月组建“椰树集团有限公司”。(2)扬州食品制造总厂于 1996 年 11 月成立“江苏亲亲集团股份有限公司”，拥有 7 个合资公司、3 个分公司、4 个分厂；在股份中，国家股占 66.41%，社会法人股占 18.41%，职工内部股占 15.18%。(3)福建紫山罐头厂于 1996 年 12 月组建为福建紫山集团有限公司。该公司在继续扩大罐头和矿泉水的同时，大力拓宽发展空间，突破行业界限。

2. 企业合作。(1)河南省洛阳春都集团与四川省万县市罐头厂于 1996 年 11 月组建“春都集团万县市股份有限公司”，合作期限 20 年。(2)重庆合川市罐头食品总厂破产后，由合川市国有资产经营公司、重庆粮油食品进出口公司 2 个法人股东和若干自然人股东整体收购其全部资产，全面安置职工，启动了生产。又由中国粮油食品进出口总公司中粮国际仓贮运输公司，向重庆合川市罐头食品工业有限公司增资 700 万元，用于发展罐头生产，效果良好。(3)原宁波罐头厂由宁波银亿集团和宁波市轻工局共同出资组建为宁波宝鼎实业有限公司，为股份制企业。除维持原有罐头生产外，将开展多种经营。

3. 破产企业。(1)安徽屯溪罐头厂，破产后组建为黄山昱阳罐头食品有限责任公司(股份制)。(2)辽宁营口罐头厂破产后组建为营口饮料食品厂。(3)已宣布破产的还有重庆罐头厂、四川潼南罐头厂、绵阳罐头厂、河南省周口罐头厂、郑州罐头厂、栾川罐头厂。

**【d. 行业管理】** 1. 出口罐头代号的审批。为加强宏观管理，使罐头厂布局、资源配置合理，企业技术装备符合出口要求，对承担出口任务的工厂需经中国轻工总会和国家商检局审查批准，编排出口罐头厂代号，这是多年来行之有效的办法，1996 年共审批出口罐头厂 28 个。

2. 福建省加强对磨菇罐头的产销管理工作。蘑菇罐头加工是福建省的优势产业，产量约占全国的 80%。1995～1996 年产季全省鲜菇产量达 25 万吨，蘑菇罐头 14 万吨。并已建立起一整套科研、技术推广网络和管理体系；磨菇科研工作尤其是菌种选育研究工作达到国际先进水平，并探索出一套规范化、集约化栽培模式；出口生产企业的技术装备和管理水平居国内先进行列；并具有优越的地理、资源条件。但由于宏观失控，生产、经营秩序混乱，使产品价格下降，出口受阻，行业陷于严重困境。

表 2　　　1996 年罐头出口情况

| 品　　名 | 数　　量（吨） | 金　　额（万美元） |
|---|---|---|
| 罐头 | 1 164 672.31 | 91 836 |
| 猪肉罐头 | 63 935.15 | 10 269 |
| 牛肉罐头 | 72 413.70 | 15 014 |
| 羊肉罐头 | 405.57 | 98 |
| 家禽罐头 | 2 006.73 | 281 |
| 水产罐头 | 9 878.89 | 2 563 |
| 水果罐头 | 505 866.78 | 17 258 |
| 菠萝罐头 | 11 770.68 | 748 |
| 桔子罐头 | 403 256.30 | 8 029 |
| 桃子罐头 | 44 798.93 | 3 649 |
| 荔枝罐头 | 7 297.58 | 1 121 |
| 洋梨罐头 | 3 176.56 | 254 |
| 其他水果罐头 | 35 566.73 | 3 457 |
| 果汁罐头 | 2 163.31 | 244 |
| 果酱罐头 | 4 673.79 | 424 |
| 蔬菜罐头 | 478 648.38 | 42 241 |
| 蘑菇罐头 | 162 507.77 | 17 644 |
| 青刀豆罐头 | 9 841.80 | 726 |
| 番茄酱罐头 | 54 801.74 | 3 785 |
| 整番茄罐头 | 5.29 | 1 |
| 蚕豆罐头 | 10 160.05 | 491 |
| 马蹄罐头 | 82 627.56 | 3 475 |
| 芦笋罐头 | 68 797.94 | 7 363 |
| 榨菜罐头 | 2 642.39 | 180 |
| 其他蔬菜罐头 | 87 263.84 | 8 576 |
| 干果罐头 | 7 372.39 | 1 275 |
| 核桃仁罐头 | 788.09 | 322 |
| 花生米罐头 | 3 000.78 | 291 |
| 糖水莲子罐头 | 88.78 | 19 |
| 白果罐头 | 278.92 | 93 |
| 其他干果罐头 | 3 215.82 | 550 |
| 其他罐头 | 17 307.72 | 2 169 |

注：本表资料来源于外经贸部，仅供参考。桔子罐头偏高约 30 万吨。

表 3　　　全国罐头行业主要指标

| | 单位 | 1996 年 | 1995 年 |
|---|---|---|---|
| 罐头企业数 | 个 | 1 655 | 1 775 |
| 总产值(不变价) | 亿元 | 112.7 | 118.13 |
| 产品销售收入 | 亿元 | 136.19 | 135.65 |
| 利税总额 | 亿元 | 0.3791 | 1.45 |
| 其中：利润 | 亿元 | −4.727 | −3.7 |
| 职工平均人数 | 万人 | 20.9 | |

表 4　1996 年全国轻工罐头行业主要经济指标

| 指标名称 | 单位 | 1996 年 | 1995 年 |
|---|---|---|---|
| 企业数 | 个 | 176 | 193 |
| 亏损企业数 | 个 | 93 | 105 |
| 亏损面 | % | 52.84 | 54.40 |
| 销售收入 | 万元 | 471 999 | 608 538 |
| 利税总额 | 万元 | 16 246 | 856 |
| 利润总额 | 万元 | −40 250 | −21 454 |
| 亏损额 | 万元 | 45 689 | 32 467 |
| 产成品 | 万元 | 98 399 | 103 594 |
| 人均创利税 | 元 | 1 834.73 | |
| 人均创利润 | 元 | −4 545.61 | |
| 资产负债率 | % | 92.05 | |
| 销售利税率 | % | 3.44 | |
| 成本费用利润率 | % | −8.04 | |
| 资本金利润率 | % | −36.76 | |
| 资金利税率 | % | 2.18 | |
| 流动资产周转次数 | 次/年 | 1.09 | |

福建省政府对此十分重视，召开专门会议进行研究，并明确规定：由福建省轻纺行业管理办公室统一负责审批和管理福建省所有罐头厂的设置、工厂代号、质量监控等工作，未经审批获得罐头生产厂代号的企业不得加工罐头产品，工商行政部门和卫生防疫站不得发给工商营业执照和卫生许可证，并要求各地市政府和有关部门严格按此规定进行管理。凡未获得出口厂代号和卫生注册编号的罐头厂(包括“三资”企业)，一律不得加工出口罐头，外贸单位不得收购未获批准出口厂代号的产品出口，商检不得接受报验，海关不得放行。对于假冒罐头厂代号及生产伪劣产品的行为，要求各地市轻工主管部门协同工商部门、技术监督局坚决予以制止，严厉打击。各地市经委、外经贸委、轻工行业主管部门要联合工商行政管理局、技术监督局、卫生防疫站等对非出口代号厂加工罐头出口和经营出口罐头单位进行全面清理整顿。对蘑菇出口配额分配问题，福建省人民政府明确规定，凡收购未获批准产品出口的单位，一律不得发放出口许可证，情节严重的取消其经营资格。

3. 新疆加强番茄酱罐头厂的建设、生产管理。新疆是中国番茄酱罐头的主产区。原料质量好，技术装备先进，但近年来有盲目建厂的趋势。为使其持续、健康的发展，新疆自治区人民政府规定，新建和扩建番茄加工项目(含中外合资、国内联营)，都必须先报自治区轻工业厅审查同意，以免盲目发展，重复建设。为保证番茄质量和企业的有序竞争，新疆罐头饮料协会会同有关部门建立了严格的良种繁育制度；对原料收购，首先按企业分布划片定点，并协商规定各片区番茄原料统一收购价格；在生产季节,深入企业进行生产检查,年终总结表彰。

4. 四川省对困难罐头企业予以扶持。罐头工业是四川省食品工业的重点行业之一,但自1989年发生"肠毒素事件"后,罐头生产发生了很大的变化,产量逐年下降,1990年～1996年罐头全行业亏损,1996年14个出口厂实现税利为－11 099万元,达到最低谷。四川省政府十分重视罐头行业的困难,将遂宁、万县罐头厂列为解困试点企业,给予政策扶持,切实减轻企业负担,主要措施是:

(1)试点企业在解困期间,地方征收的税费,征收后由同级财政同时全额返还。(2)由于拨改贷和财政借款形成的债务,由企业向债权部门提出申请,经批准后转为国家资本金。对向银行贷款形成的债务,也要采取措施,帮助企业减轻债务负担。(3)各级政府规定上缴的各种基金、费用和附加费,在解困期间全部免征。(4)对产品有销路,贷款能回收,经营有效益的企业,所需流动资金,开户银行要予以解决。新增贷款要足额贷给企业。(5)解困企业在转换经营机制中,可按有关规定,实行停、减贷款利息。

通过努力工作,遂宁罐头厂1995年扭亏,1996年实现利税80.77万元。

**【e. 标准与质量】** 1. 罐头产品标准分级和罐盖打印办法的规定。中国轻工总会食品造纸部于1996年11月14日发出通知,主要内容是:原轻工业部于1977年规定《罐头产品代号打印办法》,原规定罐盖打印内容和形式分为2种,第1种形式称为暗码代号,第2种形式称为明码代号。经与有关部门研究决定,从1996年12月1日起无论是出口罐头还是内销罐头,罐盖打印一律采用第2种形式,即第1行为厂名代号,第2行为年、月、日代号,第3行为产品名称代号。出口产品如外商确需采用第1种形式代号时,由罐头厂报省、市轻工主管部门批准。

1989年以来制订、修订、发布实施的国家标准和行业标准有126个,这些标准均分为优级品、一级品、合格品3个等级。这次经研究决定出口罐头产品质量不低于一级品;内销罐头产品质量不低于合格品。

2. 制定午餐肉罐头行业标准。由上海梅林食品有限公司、扬州食品制造总厂、重庆罐头食品总厂起草,于1996年10月14日在北京通过预审稿,待上报终审发布实施,这次制订的午餐肉标准主要增加和修订内容为:

(1)规定适用范围,如添加动物内脏及其他蔬菜的制品,不应使用午餐肉罐头品名,应改为其他适当的品名。

(2)内容物质量分成优级品、一级品、合格品3个等级。出口产品不应低于一级品;内销产品不应低于合格品。

(3)脂肪含量规定:优级品≤25%、一级品≤27%、合格品≤30%。

(4)淀粉含量规定:优级品≤6%、一级品≤7%、合格品≤8%。

(5)氯化钠含量规定:1.0%～2.5%(原标准规定1.5%～2.5%)。

(6)植物蛋白添加量规定:不超过2%。

3. 中国轻工总会发布《罐头厂设计规范》。受中国轻工总会委托,由中国轻工上海设计院主持和编制的《罐头厂设计规范》,经审查批准为中华人民共和国行业标准,编号为QB/T6015—96。自1997年3月1日起在全国施行。

4. 午餐肉罐头监督抽查检验。1996年～1997年第1季度,中国轻工总会组织对市场上销售的午餐肉采取突击抽查方式,抽取午餐肉罐头样本,委托国家食品质量监督检验中心进行主要项目检验。此次共抽查17个午餐肉罐头样品,以主要质量指标为检验对象,如感官、淀粉、脂肪、亚硝酸盐、净含量、标签等,并检验了产品的蛋白质和水分含量。检验结果,感官质量差的占35%,一般的占35%,较好的占18%,好的仅占12%。存在的主要问题是:口感差,无弹性;脂肪、胶冻析出较多;形态不完整;硫化污染;表面发黄等。有些淀粉含量远超过规定,脂肪含量亦不符合要求,最高29.4%,最低仅4.76%。净含量绝大部份符合要求。标签主要问题是"净重"未改为"净含量"。这次抽查总的来说,午餐肉罐头质量较90年代初抽查结果有所下降。

**【f. 科技进步和新产品开发】** 1996年罐头行业在科技进步、新产品开发方面主要做了如下工作:

1. 改进内容物品质,提高产品质量。中国糖水桃罐头主要是硬桃罐头,桃片较硬,风味较淡。为提高质量,适应市场要求,河北省承德兴伊等罐头厂,添置了连续杀菌机和原料后熟库,生产了软桃罐头,既提高了产品质量,又增加了经济效益。1996年河北省生产的软桃罐头占桃罐头总量的50%以上。

2. 开发新产品。上海梅林公司利用罐头厂对原料加工处理的特长,试制了各种调理菜肴的速冻微波食品。以原来的番茄沙司为基础,试制了各种风味的沙司;研制了全拉易开盖的旅游套餐系列罐头(每套六罐,包括鱼、肉、菜等),受到消费者好评。浙江黄岩罐头厂、广州鹰金钱企业集团也都利用本厂的设备和原料研制了新产品。

3. 改进包装:为进一步改进"罐头好吃口难开"的问题,中国罐头协会推广了浙江昌鸿制盖有限公司生产的马口铁全开易拉盖。不仅方便消费,同时马口铁罐头使用马口铁易拉盖,在防止穿孔腐蚀方面比铝质易拉盖安全。

4. 研制设备:汕头轻工机械(集团)公司是生产罐头设备的主要工厂,1996年主要研制了与主机配套的设备,使之成为连续化生产线,主要有为250罐/分的电阻焊生产线配套的三缩颈旋压翻边联合机；与淋水杀菌机配套的洗罐机、运送机及装、卸篮机，实现了淋水杀菌机的连续化生产线。此外，机械部自动化研究所和达赉湖渔场联合研制了椭圆形罐易拉盖生产线；广州鹰金钱企业集团公司自行研制了包括洗罐、装罐封罐一条龙的凉粉罐头生产线，不仅提高了劳动生产率，并减轻了劳动强度，降低了原辅材料消耗。

**【g. 设备和材料】** 1996 年在设备和材料方面的进展有：

1. 罐头设备。广东汕头轻工机械(集团)公司完成了电阻焊罐身生产线(250 罐/分)的成龙配套；开发了 GT3B54 三缩颈旋压翻边联合机(300 罐/分)，并有变频无级变速装置，还可改装为卧式(单)缩颈机等，以适应不同用户；开发了 GT4B35 六头封罐机，每分钟 200～450 罐，采用罐转和双柚杆及中心凸轮驱动进给机构，可提高封边质量；研制完成与杀菌设备配套的由自动洗罐机、运送机、装篮机和卸篮机组成的生产线，提高了罐头杀菌的连续化水平。

2. 检测仪表。由天津第二光学仪器厂技术开发服务中心研制成功的 GJY 及 GJY—W 型罐体二重卷边质量检测仪通过了中国轻工总会、技术监督局及计量测试学会等部门专家的鉴定。

罐体二重卷边质量检测仪是采用视频技术、光电耦合转换和计算机多媒体图像处理技术对罐头、饮料、啤酒罐装食品以及日用化工等工业使用的镀锡薄钢板罐体二重卷边质量参数进行检测的专用仪器。与会专家一致认为：该产品设计合理先进，体积小，重量轻，测量精度高，分辨率强，成像清晰，不受环境影响，直接检测快捷准确、操作简便。集检测、计算、储存、打印及管理于一体，可替代进口的同类产品。

3. 马口铁生产。统一粮川马口铁有限公司(由台湾统一实业有限公司和中国粮油食品进出口总公司、日本川崎制铁株式会社、东棉株式会社、川铁商业株式会社共同投资建设)在江苏无锡和福建龙海建立江苏统一粮川和福建统一粮川 2 个马口铁厂，用进口板材镀锡，产量各为 15 万吨/年，已分别于 1996 年 5 月和 11 月投产。

广州太平洋马口铁有限公司是由新日本制铁株式会社、三井物产株式会社和伊藤忠商事株式会社，香港北海马口铁有限公司与广州经济技术开发区工业发展总公司、广州啤酒厂共同投资兴建的马口铁生产、销售的合资公司，1997 年 2 月投产。该公司也是采用进口板材镀锡，设计能力 12.5 万吨/年。

马口铁生产厂的建设，将改变罐头包装用马口铁一直依靠进口的局面。

**【h. 协会活动】** 1996 年，中国罐头工业协会开展的活动主要有：

1. 召开行业工作座谈会。3 月 24 日至 25 日，协会在重庆市召开行业工作座谈会。出席会议的有 11 个省市的主要罐头厂厂长。会议交流了 1995 年罐头行业生产情况及企业面临的困难和问题，研究了罐头企业联合起来，发挥行业整体优势，进一步开拓市场，创立行业名牌问题。会议还对马口铁供应渠道和办法以及 1996 年全国糖酒食品交易会情况进行交流。会议针对行业中存在的问题和解决的办法，进行了讨论。

2. 协调白桃罐头产销。1996 年白桃罐头产销形势严峻。为稳定市场，避免压价竞销等不正当竞争，以争取较好的经济效益，中国罐头工业协会于 6 月上旬在北京召开北方地区主要白桃罐头生产厂厂长会议，提出“加强协调、控制总量、提高质量、稳定价格”的指导思想。主要要求是：

(1)控制总量，原则上 1996 年生产总量在去年基础上减少 40%；

(2)对白桃罐头的出口价格和原料价格作了统一规定，各企业必须执行；

(3)加强管理，提高产品质量，不仅要提高内容物质量，而且要提高封口“三率”，减少瘪罐和包装不良等问题的发生。

通过协调活动，取得较好的效果。

3. 创办《中国罐头工业》协会内部刊物，1996 年共出版 5 期。

4. 除中国罐头工业协会积极为行业和企业服务外，浙江省罐头行业协会也对本省桔子罐头生产进行了协调。桔子罐头是浙江省出口创汇的大产品，出口量约占全国的 70%。1995 年全省生产桔子罐头 5.5 万吨，经济效益较好。1996 年生产 7 万多吨。由于有些企业抬价抢购原料，低价竞销产品，使经济效益呈滑坡趋势。省罐头工业协会集中精力对桔子罐头的产销进行管理、协调和服务。制定“全省桔子罐头生产原料收购及产品销售行规行约”，统一对外报价，统一原料收购价，并深入企业调研，组织企业出国考察，了解市场信息，通过一系列活动，取得良好效果。

(梁仲康)

**【i. 行业数据报告】** 1. 行业基本情况

行业名称：罐头食品制造业 *

| | 1994 年 | 1995 年 | 1996 年 |
|---|---|---|---|
| 行业内企业单位数(个) | 1 836 | 1 775 | 1 655 |
| 其中：亏损企业 | 498 | 589 | 452 |
| 从业人员(万人) | 28.65 | 29.62 | 20.95 |
| 其中：工程技术人员 | | 1.46 | |

| | |
|---|---|
| 管理人员 | 2.63 |
| 年末离退休人员(万人) | 4.01 |

* 本行业的统计范围是全部乡及乡以上独立核算工业企业。

2. 罐头食品制造业在全部工业中的位置与比较(单位:%)

| | 1994 年 | 1995 年 | 1996 年 |
|---|---|---|---|
| 行业产值占全部工业产值的比重 | 0.298 | 0.276 | 0.232 |
| 行业增加值占全部工业增加值的比重 | 0.246 | 0.159 | 0.168 |
| 行业人数占全部工业人数的比重 | 0.336 | 0.351 | 0.256 |
| 行业资本金占全部工业资本金的比重 | 0.214 | 0.211 | 0.162 |

3. 行业财务状况(单位:亿元)

| | 1994 年 | 1995 年 | 1996 年 |
|---|---|---|---|
| 资本金 | 38.36 | 45.48 | 40.31 |
| 中方 | 21.07 | 37.05 | 21.51 |
| 外方 | 5.18 | 8.42 | 5.97 |
| 工业总产值 | 153.18 | 151.82 | 145.92 |
| (新规定当年价) | | | |
| 工业增加值 | 36.22 | 24.56 | 30.28 |
| 职工工资总额 | | 9.04 | |
| 职工平均工资(元) | | 3 052 | |
| 出口交货值 | | 59.95 | |

4. 行业资产负债(单位:亿元)

| | 1994 年 | 1995 年 | 1996 年 |
|---|---|---|---|
| 年末资产 | | 185.29 | 180.03 |
| 流动资产 | 92.34 | 96.59 | 92.44 |
| #存货 | 38.85 | 42.03 | 39.89 |
| 固定资产 | 61.39 | 74.27 | 71.06 |
| #生产经营用 | 60.89 | 72.96 | 68.86 |
| 年末负债 | | 159.05 | 154.19 |
| 流动负债 | | 127.32 | 125.11 |
| 长期负债 | | 30.21 | |
| 年末所有者权益 | 17.27 | 26.24 | 25.78 |
| 实收资本 | | 39.53 | |

5. 行业损益及分配(单位:亿元)

| | 1994 年 | 1995 年 | 1996 年 |
|---|---|---|---|
| 产品销售收入 | 122.35 | 135.65 | 136.19 |
| 产品销售成本 | 105.47 | 119.34 | 119.10 |
| 产品销售费用 | 5.91 | 4.78 | 5.89 |
| 产品销售税金及附加 | 1.31 | 0.91 | 1.07 |
| 产品销售利润 | | 10.58 | 9.13 |
| 产品管理费用 | 8.14 | 7.99 | 7.78 |
| 营业利润 | | −4.15 | −3.95 |
| 投资收益 | | 0.43 | |
| 利润总额 | −2.85 | −3.70 | −4.73 |
| 所得税 | | 0.49 | |
| 净利润 | | −4.18 | |
| 利税总额 | 2.45 | 1.44 | 0.38 |
| 亏损企业亏损额 | 6.19 | 6.86 | 7.74 |

6. 行业效益评价

| | 1994 年 | 1995 年 | 1996 年 |
|---|---|---|---|
| 产品销售率(%) | 91.76 | 89.35 | 92.58 |
| 资金利税率(%) | 1.82 | 0.98 | 0.25 |
| 增加值率(%) | 23.65 | 16.18 | 20.75 |
| 成本利税率(%) | 2.32 | 1.21 | 0.32 |
| 全员劳动生产率(万元/人·年) | 1.26 | 0.83 | 1.44 |
| 流动资产周转率(%) | 143.99 | 150.29 | 153.49 |
| 企业亏损面(%) | 27.12 | 33.18 | 27.31 |
| 存货可供销售天数(天) | 133 | 127 | 121 |

7. 历年罐头产品产量(单位:万吨)

| 年份 | 罐头 | #肉类罐头 | #蔬菜罐头 | #水果罐头 |
|---|---|---|---|---|
| 1980 | 57.20 | | | |
| 1981 | 68.40 | | | |
| 1982 | 78.50 | | | |
| 1983 | 84.50 | | | |
| 1984 | 109.00 | | | |
| 1985 | 142.50 | 24.95 | 39.08 | 63.10 |
| 1986 | 164.10 | 24.78 | 41.04 | 76.47 |
| 1987 | 161.50 | 22.12 | 45.99 | 72.11 |
| 1988 | 220.90 | 37.75 | 65.39 | 85.34 |
| 1989 | 232.50 | 28.91 | 71.55 | 94.80 |
| 1990 | 157.10 | 23.45 | 54.60 | 58.10 |
| 1991 | 193.00 | 28.55 | 64.81 | 75.45 |
| 1992 | 224.30 | 28.30 | 65.15 | 94.21 |
| 1993 | 230.30 | 26.46 | 66.57 | 88.09 |
| 1994 | 247.30 | 23.40 | 65.10 | 106.51 |
| 1995 | 310.57 | 25.22 | 95.28 | 126.22 |
| 1996 | 282.61 | 20.29 | 100.53 | 124.70 |

8. 分地区罐头产品产量(单位:万吨)

| 地　区 | 1994 年 | 1995 年 | 1996 年 |
|---|---|---|---|
| 全国总计 | 247.30 | 310.57 | 282.61 |
| 北　京 | 0.58 | 0.36 | 0.41 |
| 天　津 | 1.41 | 1.55 | 1.72 |
| 河　北 | 17.48 | 25.03 | 29.56 |
| 山　西 | 2.52 | 4.59 | 1.62 |
| 内蒙古 | 0.36 | 1.35 | 1.82 |
| 辽　宁 | 7.55 | 8.21 | 8.14 |
| 吉　林 | 0.97 | 1.05 | 0.77 |
| 黑龙江 | 1.32 | 2.01 | 2.06 |
| 上　海 | 3.91 | 3.50 | 3.43 |
| 江　苏 | 8.66 | 7.04 | 6.35 |
| 浙　江 | 33.60 | 42.80 | 36.83 |
| 安　徽 | 10.27 | 12.68 | 14.61 |
| 福　建 | 31.95 | 45.64 | 49.07 |
| 江　西 | 3.81 | 3.44 | 3.03 |

续表

| 地　区 | 1994 年 | 1995 年 | 1996 年 |
|---|---|---|---|
| 山　东 | 19.67 | 24.70 | 25.43 |
| 河　南 | 8.32 | 15.84 | 12.33 |
| 湖　北 | 6.27 | 11.26 | 6.39 |
| 湖　南 | 3.83 | 5.60 | 4.87 |
| 广　东 | 15.77 | 14.06 | 11.97 |
| 广　西 | 26.01 | 31.44 | 18.27 |
| 海　南 | 14.22 | 14.09 | 15.90 |
| 四　川 | 17.87 | 19.70 | 12.71 |
| 贵　州 | 0.15 | 0.20 | 0.15 |
| 云　南 | 1.16 | 1.33 | 1.20 |
| 陕　西 | 2.15 | 1.92 | 2.98 |
| 甘　肃 | 0.70 | 1.65 | 1.52 |
| 青　海 | 0.03 | 0.09 | 0.03 |
| 宁　夏 | 0.24 | 0.34 | 0.26 |
| 新　疆 | 6.48 | 9.06 | 9.16 |

9. 进出口数量、金额及主要国家和地区

**1994 年～1996 年 16024910 主要出口国家和地区**

| 国家或地区 | 1994 年 | | | 1995 年 | | | 1996 年 | | |
|---|---|---|---|---|---|---|---|---|---|
| | 数量(吨) | 金额(万美元) | 百分比(%) | 数量(吨) | 金额(万美元) | 百分比(%) | 数量(吨) | 金额(万美元) | 百分比(%) |
| 合　计 | 69 302 | 11 048 | 100.00 | 63 822 | 11 853 | 100.00 | 41 624 | 7 252 | 100.00 |
| 香　港 | 16 095 | 2 140 | 19.37 | 15 223 | 2 414 | 20.37 | 11 799 | 2 059 | 28.39 |
| 新加坡 | 9 575 | 1 275 | 11.54 | 8 611 | 1 467 | 12.38 | 6 324 | 1 075 | 14.83 |
| 马来西亚 | 7 011 | 842 | 7.62 | 9 063 | 1 341 | 11.31 | 6 893 | 1 092 | 15.05 |
| 俄罗斯 | 27 813 | 5 634 | 51.00 | 20 522 | 5 031 | 42.44 | 7 964 | 1 648 | 22.72 |

**1994 年～1996 年 16025010 主要出口国家和地区**

| 国家或地区 | 1994 年 | | | 1995 年 | | | 1996 年 | | |
|---|---|---|---|---|---|---|---|---|---|
| | 数量(吨) | 金额(万美元) | 百分比(%) | 数量(吨) | 金额(万美元) | 百分比(%) | 数量(吨) | 金额(万美元) | 百分比(%) |
| 合　计 | 45 848 | 7 078 | 100.00 | 53 246 | 10 035 | 100.00 | 28 913 | 5 607 | 100.00 |
| 香　港 | 1 554 | 205 | 2.90 | 1 126 | 201 | 2.00 | | | |
| 马来西亚 | 904 | 129 | 1.83 | 1 503 | 283 | 2.82 | 1 391 | 279 | 4.97 |
| 新加坡 | 1 333 | 192 | 2.71 | 1 197 | 234 | 2.33 | 1 058 | 175 | 3.12 |
| 俄罗斯 | 38 212 | 5 978 | 84.47 | 46 502 | 8 808 | 87.78 | 22 670 | 4 337 | 77.36 |
| 乌兹别克 | | | | | | | 1 229 | 269 | 4.80 |
| 印度尼西亚 | | | | | | | 799 | 184 | 3.28 |

**1994 年～1996 年 20031010 主要出口国家和地区**

| 国家或地区 | 1994 年 | | | 1995 年 | | | 1996 年 | | |
|---|---|---|---|---|---|---|---|---|---|
| | 数量（吨） | 金额（万美元） | 百分比（%） | 数量（吨） | 金额（万美元） | 百分比（%） | 数量（吨） | 金额（万美元） | 百分比（%） |
| 合　计 | 145 126 | 16 291 | 100.00 | 189 975 | 25 419 | 100.00 | 169 311 | 18 876 | 100.00 |
| 美　国 | 23 312 | 2 789 | 17.12 | 37 905 | 5 235 | 20.59 | 40 266 | 4 357 | 23.08 |
| 加拿大 | 15 207 | 1 735 | 10.65 | 13 126 | 1 785 | 7.02 | | | |
| 德　国 | 24 387 | 2 615 | 16.05 | 27 976 | 3 653 | 14.37 | 17 045 | 1 878 | 9.95 |
| 日　本 | 16 506 | 2 227 | 13.67 | 20 586 | 3 479 | 13.68 | 13 832 | 2 425 | 12.85 |
| 香　港 | | | | | | | 16 590 | 1 630 | 8.64 |
| 挪　威 | | | | | | | 10 629 | 1 152 | 6.10 |

注：16024910 猪肉及杂碎罐头
16025010 牛肉及杂碎罐头
20031010 蘑菇罐头

10. 行业内"三资"企业状况

| | 1994 年 | 1995 年 | 1996 年 |
|---|---|---|---|
| 企业单位数（个） | 134 | 194 | 183 |
| 亏损企业 | 40 | 90 | 68 |
| 企业从业人员数（人） | 25 893 | 21 004 | 23 106 |
| 实收资本（亿元） | 8.59 | 10.25 | 10.08 |
| 中方 | 2.20 | 3.84 | 1.62 |
| 外方 | 4.96 | 6.24 | 5.71 |
| 工业总产值（亿元） | 25.95 | 24.89 | 28.79 |
| 工业增加值（亿元） | 5.45 | 5.55 | 6.57 |
| 年末资产（亿元） | | 27.47 | 28.19 |
| #流动资产 | 14.33 | 14.11 | 15.93 |
| 年末负债（亿元） | | 18.65 | 19.76 |
| #流动负债 | | 14.88 | 16.34 |
| 所有者权益（亿元） | 7.70 | 8.82 | 8.43 |
| 产品销售收入（亿元） | 21.38 | 20.99 | 26.64 |
| #销售成本 | 17.18 | | 23.70 |
| #销售费用 | 1.59 | | 0.98 |
| #销售税金及附加 | 0.16 | 0.18 | 0.21 |
| #销售利润 | | | 1.46 |
| 管理费用（亿元） | 1.47 | | 1.07 |
| 利润总额（亿元） | 0.27 | －0.24 | －0.09 |
| 利税总额（亿元） | 0.93 | 0.49 | 0.64 |
| 亏损企业亏损总额（亿元） | 0.82 | 0.99 | 0.68 |
| 产品销售率（%） | 88.44 | 84.33 | 88.95 |
| 资金利税率（%） | 4.86 | | 2.61 |
| 增加值率（%） | 21.00 | 22.29 | 22.82 |
| 全员劳动生产率（万元/人·年） | 2.10 | 2.64 | 2.84 |
| 流动资产周转率（%） | 170.49 | | 176.42 |
| 企业亏损面（%） | 29.85 | 46.39 | 37.16 |
| 存货可供销售天数（天） | 151 | | 113 |

# 2.9　发酵制品业

## 氨基酸制造业

**【a. 概况】** 谷氨酸是氨基酸中产量最大的一个品种，主要用它生产谷氨酸钠(味精)。1996 年全国味精产量为 538 841 吨，比上年的 523 717 吨增长 2.9%，居世界第 1 位。谷氨酸的发酵水平及提取水平不断提高，目前产酸率达 10%～11%；谷氨酸转化率达到 55%左右；提取收率达 90%～95%；缩短了与国外先进水平的差距。

其他氨基酸也有不同程度的发展。赖氨酸的生产，继南宁赖氨酸厂和泉州赖氨酸厂之后，1996 年在四川建成了万吨级的川化味之素有限公司，其工艺和全套技术由味之素公司提供，1996 年投产后产酸率达 12%，转化率达 45%～47%，提取率达 95%～97%。其产品主要是用于饲料添加剂。

饲料级蛋氨酸的用量也在迅速增长，每年进口量约 5 000 吨。1992 年上升至 7 300 吨，耗汇 1 800 多万美元。天津化工厂从法国引进 1 套万吨级蛋氨酸生产线，1992 年投产后能满足一部分饲料添加剂的需要。

**【b. 技术发展情况】** 用发酵法生产精氨酸，中科院微生物所已研制成功，年生产规模 5 吨，已通过国家验收，产品质量达到美国 21 版药典的要求。

无锡轻工大学采用定向育种新技术选育获得 1 株产生 L-缬氨酸新菌种。在 10 吨发酵罐上验证，产酸水平达 3.6%～4.0%，1995 年获中国轻工业科技进步三等奖。又获 1 株产 L-异亮氨酸新菌种，在 10～50 吨发酵罐上产酸率达 2.2%～2.4%。1994 年获中国轻工业科技进步三等奖。

吉化集团研究院采用固定化细胞技术，以大肠杆菌为生物催化剂，以反丁烯二酸和氨为底物，连续化操作一步反应转化生成 L-天门冬氨酸，其原料转化率达 95%，总收率达 85%以上，1996 年通过专家验收。

南京化工大学以假单胞菌 PSE・NX-1 获得高 L-天门冬氨酸-β-脱羧酶酶活，以 L-天门冬氨酸为底物游离细胞法转化生产 L-丙氨酸。在 800 升气升式发酵罐上培养，每升培养液可转化 L-天门冬氨酸 2 千克，最高达 2.5 千克，提取得到 L-丙氨酸 1.2 千克，平均收率 90%。

**【c. 进出口情况】** 据海关提供的资料，1996 年氨基酸有关产品进出口情况如下表。

**1996 年氨基酸有关产品进出口情况**

| 品　名 | 进　口 | | 出　口 | |
|---|---|---|---|---|
| | 数量(吨) | 金额(万美元) | 数量(吨) | 金额(万美元) |
| 味精 | 3 403.8 | 273.2 | 9 408.4 | 1 544.3 |
| 谷氨酸 | 5 614.9 | 877.9 | 8.7 | 3.6 |
| 其他谷氨酸盐 | 1.0 | 0.9 | 6.5 | 11.1 |
| 赖氨酸 | 13 418.0 | 2 668.6 | 313.1 | 83.7 |
| 其他氨基酸 | 2 328.8 | 788.3 | 8 128.2 | 4 509.2 |
| 其他氨基酸酯及盐 | 343.4 | 100.5 | 2 404.3 | 1 836.2 |
| 赖氨酸盐及酯 | | | 2 206.9 | 556.5 |

(王家勤)

# 味精制造业

**【a. 概况】** 据中国轻工总会统计，1996 年全国共生产商品味精 53.88 万吨，各地产量情况见下表。

**1996 年味精分地区产量表**

| 地　区 | 产量(吨) | 占总产量比例(%) |
|---|---|---|
| 全　国 | 538 841 | 100.00 |
| 北　京 | 488 | 0.09 |
| 天　津 | 934 | 0.17 |
| 山　西 | 295 | 0.05 |
| 辽　宁 | 20 040 | 3.72 |
| 吉　林 | 1 363 | 0.25 |
| 黑龙江 | 993 | 0.18 |
| 上　海 | 41 877 | 7.77 |
| 江　苏 | 53 570 | 9.94 |
| 浙　江 | 64 047 | 11.89 |
| 安　徽 | 373 | 0.07 |
| 福　建 | 23 680 | 4.39 |
| 江　西 | 564 | 0.10 |
| 山　东 | 72 533 | 13.46 |
| 河　南 | 105 764 | 19.63 |
| 湖　北 | 15 000 | 2.78 |
| 湖　南 | 3 815 | 0.71 |
| 广　东 | 82 879 | 15.38 |
| 广　西 | 26 250 | 4.87 |
| 海　南 | 100 | 0.02 |
| 四　川 | 18 077 | 3.35 |
| 云　南 | 963 | 0.18 |
| 甘　肃 | 446 | 0.08 |
| 宁　夏 | 1 000 | 0.19 |
| 新　疆 | 3 790 | 0.70 |

注：不生产味精的省份未列入。

从上表可以看出，全国味精生产相对比较集中。产量最大的省份占全国总产量的近五分之一；有 6 个省份不生产味精；产量最大的河南、广东、山东、浙江 4 个省份，产量合计达 32.52 万吨，占全国总产量的 60.36%。

据海关统计，1996 年中国进口味精及麸酸 9 097.34 吨，价值 1 154.92 万美元。出口味精及麸酸 9 530.15 吨，价值 1 566.50 万美元。

1996 年，国家对味精进口税率进行了调整，由 100% 降为 80%。

据味精行业统计，1996 年全国年产万吨以上生产厂有 14 家，比 1995 年的 11 家增加 3 家。味精行业前 10 名企业谷氨酸产酸率平均为 9.2%，谷氨酸转化率平均为 55%，谷氨酸提取率平均为 92%，精制收率平均为 94.5%，99%味精制造成本平均为 10 829 元/吨，淀粉(100%)单耗平均为 1.65 吨/吨。

**【b. 技术进步】** 1. 无锡轻工大学的研究项目“味精清洁生产工艺研究——谷氨酸提取闭路循环新工艺”于 1996 年 4 月 18 日通过江苏省教育委员会组织的专家鉴定(小试鉴定)。本项目在解决环境污染的前提下，除了能提高主产品谷氨酸的收率(95%以上)，还回收菌体蛋白、硫铵、有机肥等大量有价值的副产品。通过南京农业大学对有机肥的腐植质进行检测，该腐植质是一种高品质的有机肥原料。由于其碳源有效性高，含氮量较高，且为酸性肥料，若制成有机—无机复合肥用于水稻旱育秧苗床，不仅解决了苗床培育问题，而且使用这种肥料能有效地防止石灰性土壤由于 PH 值过高造成的旱育秧死苗现象，能为推广水稻旱育抛栽技术解决一大问题，有广阔的应用前景。该课题的研究成果还对长期不能解决的味精厂废水严重污染环境问题提供了一个解决的途径，达到了经济效益、社会效益和环境效益的统一。该工艺有许多独创之处，比目前味精厂常规末端处理工艺有许多突出之点，真正达到常温结晶工艺之目的。

2. 1995 年在全国范围内开展了资源综合利用优秀实用技术的推荐和评审工作，在国家经贸委公布的第 1 批 105 项优秀实用技术中，“味精废液生产单细胞蛋白及剩余废水浓缩全干燥饲料化工艺”为其中一项。此工艺是利用生产味精的废水为原料，借助定向培养的兼性好氧如酵母等微生物，对废水中残存的还原糖、有机物及有机、无机含氧物质进行生物降解和转化，发酵成熟醪或由分离机提取，或直接由全蒸发浓缩干燥，使发酵醪中包括可溶性物质得以全部回收。本技术适用于味精及其他类似的生物发酵废水的综合治理。年产 200 吨单细胞蛋白的生产规模，总投资 900 万元，投资回收期为 4 年～5 年。单细胞蛋白发酵时，能使原水的 COD 去除率达 60%，通过全蒸发浓缩工艺，其排放的凝结水中，COD 去除率为 98%以上，PH 值为中性，符合国家排放标准。本技术依托单位为中国食品发酵工业研究所。

**【c. 行业活动】** 1. 中国发酵工业协会味精分会第二届理事会第二次会议在成都召开。与会代表认为，当前味精行业面临的主要问题是：无序竞争，竞相削价销售，导致全行业效益下滑；国外味精大量涌入，对国内市场造成极大冲击；假冒伪劣产品泛滥，既冲击了名牌产品市场，也损害了消费者利益。会议建议国家有关部门采取措施：限制进口味精数量，加大打击走私犯罪的力度；同时加强行业自身保护，扩大名牌产品宣传。为了全行业的生存与发展，会议认为首先应加快技术进步，加强企业管理，降低成本，增强竞争能力，同时发挥行业协会的作用，积极协调味精的销售价格，采取有效措施，共同战胜困难。

2. 中国发酵工业协会味精分会市场协调委员会于1996年7月9日至10日在北京召开了成立会议，出席会议的20个企业35位代表，经过激烈争论，充分讨论，积极协商，对协调味精市场价格初步取得了一致意见。

3. 地区性味精协会工作有起色。浙江省味精协会和山东省味精协会是行业中较早成立的地区性味精协会组织，几年来均有不同的工作业绩。特别是浙江省味精协会，在厂际交流、协同发展等方面成绩更为突出，坚持出简报和例会制度，对浙江省味精行业的发展起到了积极的作用。1996年8月份，继浙江、山东之后，福建又成立了味精协会，这是味精行业组织工作的又一进展。

4. 中国发酵工业协会味精分会市场协调委员会第二次会议，于1996年9月24日在广西桂林市召开，参加会议的14家企业代表，在会上分析了味精市场走势、原料行情。一致认为当年7月份召开的北京会议对市场起到一定的作用。由于各厂机制不一样及利益多元化，市场协调任重道远，要靠全行业共同努力，增加沟通，互相支持，不断完善监督机制，才能达到预定的目的。

## 柠檬酸制造业

**【a. 概况】** 据中国轻工总会统计，1996年全国柠檬酸总产量15.18万吨，各省市产量及所占比例见下表。

**1996年柠檬酸分地区产量表**

| 地　区 | 产　量(吨) | 占总产量比例(%) |
|---|---|---|
| 全　国 | 151 777 | 100.00 |
| 河　北 | 14 686 | 9.68 |
| 山　西 | 628 | 0.41 |
| 黑龙江 | 1 381 | 0.91 |
| 上　海 | 3 904 | 2.57 |
| 江　苏 | 36 972 | 24.36 |
| 浙　江 | 4 002 | 2.64 |
| 安　徽 | 27 585 | 18.17 |
| 江　西 | 1 260 | 0.83 |
| 山　东 | 15 606 | 10.28 |
| 河　南 | 7 125 | 4.69 |
| 湖　北 | 9 615 | 6.33 |
| 湖　南 | 9 229 | 6.08 |
| 广　西 | 6 941 | 4.57 |
| 海　南 | 370 | 0.24 |
| 四　川 | 3 428 | 2.26 |
| 云　南 | 3 233 | 2.13 |
| 陕　西 | 135 | 0.09 |
| 甘　肃 | 2 318 | 1.53 |

由上表可以看出，江苏、安徽、山东是柠檬酸3大生产省份，3省产量合计为80 163吨，占全国总产量的52.82%。

据海关统计，1996年进口柠檬酸757.58吨，出口柠檬酸108 308吨。

**【b. 行业活动】** 1996年，柠檬酸制造业的主要行业活动有：

1. 1月23日至24日，中国发酵工业协会柠檬酸分会在北京召开了部分企业出口工作座谈会。柠檬酸行业面临的主要问题，一是自1996年起欧洲对中国柠檬酸进一步提高关税，其中柠檬酸钠从5.3%提高到618%。美国也在降低柠檬酸售价。二是国内柠檬酸出口退税率下降5个百分点，加大了企业的压力。会议认为，柠檬酸行业生产企业走集约经营是必由之路，但在目前资产一体化经营条件还不成熟的时候，根据企业的需要可以先走联合经营的路，包括互通信息、联合宣传(广告)、合作销售等。

2. 5月29日至30日，中国发酵工业协会柠檬酸分会在山东日照市召开降低生产成本经营交流会。国内柠檬酸平均生产成本高于国际平均成本，这个差距是我们的潜力，但行业内生产成本差距很大。从会上交流的情况看，日照、南通、阜阳等厂通过严格管理，杭州、中亚、甘南等厂通过技术改造，都取得了很好的经济效益。经过交流经验，大家认为，结合本厂情况，通过技术改造和强化管理，把目前的生产成本降下来是能够做到的。

3. 11月6日，柠檬酸分会理事长扩大会议在江苏无锡召开。会议就当前形势、当年工作总结和1997年分会工作展开讨论，并就行业发展的一些重要问题取得了一致意见。

**【c. 产业政策】** 为贯彻国家柠檬酸产业政策，中国轻工总会食品造纸部以轻总食纸(1996)23号文发出《关于我国柠檬酸行业生产发展情况的通报》。《通报》发往各省、市主管部门，抄报国家计委、国家经贸委，抄送各省市有关银行和投资公司。为提高中国柠檬酸在世界市场的竞争实力，稳定和发展已有的市场份额，《通报》建议：(1)根据柠檬酸行业发展形势，“九五”期间不宜再新建柠檬酸工厂，市场需求的自然增长，应以老厂扩建改造为主。(2)在现有柠檬酸企业中，选择在原料、能源、技术管理方面具有一定优势，确实能在行业中达到低成本高经济效益的进行技术改造，但产量必须达到万吨以上规模。(3)凡扩建、新建柠檬酸生产企业，建议在审查可行性方案时，必须经过行业主管部门——中国轻工总会食品造纸部(或委托中国发酵工业协会)论证，以供各地计经委、银行在安排项目时参考。

## 酵　母

**【a. 概况】** 1996年进口活酵母138 994千克，金额为42.87万美元；出口活酵母2 686 141千克，金额为336.97万美元。

**【b. 技术进步】** 第五届全国耐高温酒精活性干酵母应用技术交流会于1996年10月24日～27日在湖北宜昌市召开。会议由国家科委成果办主持，中国酿酒工业协会、中国发酵工业协会、中国微生物学会工业微生物专业委员会及宜昌食用酵母基地承办。参加会议的有90个单位171名代表。通过五届会议交流和推广，进一步证实安琪酒用活性干酵母应用于酿酒行业不仅改革了工艺，简化了操作，更重要的是取得了显著的经济效益和社会效益。据初步统计，自1991年推广以来，累计节粮约150万吨，社会效益约28亿元。

**【c. 国家酵母技术研究推广中心成立】** 由国家科委发文，批复宜昌食用酵母基地成立"国家酵母技术研究推广中心"。这是湖北省目前唯一一家被批准成立的国家级产品研究推广中心。宜昌食用酵母基地是"七五"期间建成的工业性试验项目，1996年酵母产量居全国第1位。基地建成10年来，共承担完成国家级火炬计划项目2项、技术改造项目1项、工业性试验项目1项、新产品试制项目2项、技术攻关项目1项、省级攻关项目2项。该基地开发的酿酒活性干酵母、耐高温活性干酵母分别于1991年、1995被评为国家级新产品，1995年被列入全国科技成果重点推广计划，投放市场5年来共产生社会效益28亿元，为发展中国酵母工业做出了贡献。国家科委在该厂建立国家酵母技术研究推广中心，旨在依托宜昌食用酵母基地的研究开发和工程设计的科技队伍、试验条件、推广能力，促进中国酵母工业的发展，进一步增强国际竞争能力。

**【d. 行业活动】** 中国发酵工业协会酵母分会第一届第五次理事会议于1996年5月18日在湖北宜昌市召开。会议认为，随着改革开放的深入，外商合资酵母企业的增多，国内酵母工业将面临严峻的挑战，竞争将异常激烈。面对新形势下的民族工业，如何适应新的竞争环境，谋求生存和发展，将是"九五"计划和2010年远景目标的奋斗主题。协会要充分发挥桥梁和纽带作用，加强企业之间的合作，取长补短，共同发展。企业内部也应不断加强内部管理，充分发挥科技力量，提高产品质量，降低生产成本，提高产品市场竞争力，不断应用新技术，开拓产品多元化发展。会议选举产生了新一届理事会班子，酵母分会换届工作顺利完成。　（于景之）

## 酶制剂

**【a. 概况】** 酶制剂行业发展迅速，但竞争也非常激烈，国际国内酶制剂的生产和市场都在调整和变化。从酶制剂市场上来看，最大市场在美国和欧盟，其次是日本。目前竞争激烈的品种是洗涤剂酶和淀粉糖用酶。国内市场已走向国际化，丹麦诺和诺德公司在天津建立的独资企业，酶制剂部分1998年初即将投产，产品50%将销在国内市场。芬兰在广东肇庆建立了华芬饲料酶有限公司，外国其他公司也相继将产品打入中国市场，与国内酶制剂企业形成竞争对手。面对这种形势，行业协会要加强宏观调控，对供大于求的品种要限制扩大规模，压缩产量，努力调整产品结构，加速企业技术进步，提高产品质量，在竞争中求生存，在竞争中求发展。

**【b. 产品产量、规模】** 据国家统计局统计，1996年全国酶制剂产量为180 753吨，比1995年的221 293吨减少40 540吨。但是据行业协会统计，1996年全国的实际产量比1995年略有增加，增长幅度5%～10%。全国年生产量超过万吨的企业有5家，5 000～10 000吨的有11家。无锡星达生物工程有限公司1996年产量为49 118吨，是全国最大的酶制剂厂，生产的品种也最多。

**【c. 技术改造与基本建设】** 据不完全统计，酶制剂行业采取独资、合资、合作的企业约20家，如美国星达在中国无锡、江阴、烟台、天津、阳江建立了合资企业，从目前生产的进展情况看，无锡、江阴生产比较正常，效益总体上还是好的。天津利华酶制剂厂于1995年和美国星达解除了合约。利华酶制剂厂走自力更生道路，发扬艰苦奋斗精神，调整结构，生产取得了较好成绩。辽宁岫岩酶制剂厂通过加强领导，职工努力奋斗，投资300万元恢复了糖化酶生产。河北迁安、山东枣庄与美籍华人合资办厂，成立柯乐斯公司生产酶制剂。芬兰珀玛珂公司在肇庆合资成立华芬饲料酶有限公司，生产饲料用木聚糖酶、β-葡聚糖酶、纤维素酶、α-淀粉酶。

**【d. 科技进步】** 河北邢台酶制剂厂引进中科院微生物菌种和技术，生产啤酒用α-乙酰乳酸脱羧酶，已投入工业化生产，产品活性1 500单位/克，每百升麦芽汁加1千克。

中国科学院微生物研究所、山东沂水酶制剂厂、辽河石油勘探局共同完成的"甘露聚糖酶的开发及应用"于1996年3月通过鉴定。在1吨发酵罐试验5批，平均酶活力达到55单位/毫升；用盐析法提取酶制剂，酶活3 500～4 400单位/克，收率85%。该酶应用于低温油井田菁瓜胶压裂液的破胶，收到良好效果。

山东食品发酵研究院的科技人员选育 1 株地衣芽孢杆菌 $Z_{257}$ 菌株，在 1 吨发酵罐上试验，产 α-乙酰乳酸脱羧酶平均活力为 389 单位/毫升，酶收率 86%，于 1996 年初进行了鉴定。该酶应用于啤酒生产可以有效降低双乙酰形成的峰值，在不影响啤酒风味的基础上缩短了啤酒生产周期。

北京轻工业学院采用聚乙烯醇通过包埋法制备固定化菊粉酶，使酶活回收率达 32.2%，在 1 升罐用固定化菊粉酶酶解洋姜提取液，初期转化率为 93.6%，半衰期 110 天，该酶强度高，稳定性好，有应用价值。

中科院成都生物研究所通过诱变，筛选到 1 株产酯化酶的菌种 9 055，在四川成都酒厂投入使用，建成年产 1 000吨酯化酶生产线。该酶应用于高酯调味酒和浓香型大曲酒生产，能缩短发酵期三分之一，优质品率提高 10 个百分点。

宁夏夏盛酶工程有限公司建成年产精制工业纤维素酶 150 吨（酶活力 3 000～5 000 单位/克以及 8 000～10 000单位/克）和 580 吨饲料酶（酶活力 350～400 单位/克）生产线。在 25m³ 气升式罐进行生产验证，发酵周期 72 小时，酶活 12 毫克/毫升（滤纸酶活），提取率 65%以上。该酶应用于柠檬酸生产，可提高发酵产酸率 1～1.5 个百分点；应用于饲料，可使饲料利用率提高10个百分点。

**【e. 产品标准】** 全国食品发酵标准化中心、无锡星达生物工程有限公司、烟台星达生物工程有限公司、天津轻工业学院共同制订的“耐高温 α-淀粉酶行业标准”，已于 1996 年通过专家审查和全国食品工业标准化技术委员会审定。中国轻工总会已予发布，标准号 QB/T2306—97，自 1998 年 4 月 1 起实施。

**1996 年酶制品进出口情况**

| 类　别 | 品　　名 | 1996 年实绩 | | 1996 年比上年(±%) | |
|---|---|---|---|---|---|
| | | 数量(吨) | 金额(万美元) | 数量 | 金额 |
| 进口 | 粗制凝乳酶及其浓缩物 | 75.73 | 24.21 | −39.7 | −69.3 |
| | 其他酶、未列名的酶制品 | 2 337.01 | 1 097.29 | 8.5 | 1.9 |
| 出口 | 粗制凝乳酶及其浓缩物 | 4.80 | 5.95 | −92.9 | −71.2 |
| | 其他酶、未列名的酶制品 | 841.66 | 987.02 | 159.3 | 67.6 |

（王家勤）

**【f. 行业数据报告】** 1. 行业基本情况

行业名称：发酵制品业 *

| | 1994 年 | 1995 年 | 1996 年 |
|---|---|---|---|
| 行业内企业单位数(个) | 451 | 510 | 465 |
| 其中：亏损企业 | 140 | 164 | 120 |
| 从业人员(万人) | 11.47 | 13.20 | 12.01 |
| 其中：工程技术人员 | | 1.01 | |
| 管理人员 | | 1.30 | |
| 年末离退休人员(万人) | | 1.49 | |

* 本行业的统计范围是全部乡及乡以上独立核算工业企业。

2. 发酵制品业在全部工业中的位置与比较（单位：%）

| | 1994 年 | 1995 年 | 1996 年 |
|---|---|---|---|
| 行业产值占全部工业产值的比重 | 0.179 | 0.201 | 0.194 |
| 行业增加值占全部工业增加值的比重 | 0.169 | 0.151 | 0.156 |
| 行业人数占全部工业人数的比重 | 0.135 | 0.156 | 0.147 |
| 行业资本金占全部工业资本金的比重 | 0.147 | 0.183 | 0.150 |

3. 行业财务状况（单位：亿元）

| | 1994 年 | 1995 年 | 1996 年 |
|---|---|---|---|
| 资本金 | 26.40 | 39.48 | 37.38 |
| 中方 | 15.80 | 28.95 | 17.41 |
| 外方 | 2.95 | 10.52 | 10.13 |
| 工业总产值（新规定当年价） | 92.09 | 110.54 | 121.84 |
| 工业增加值 | 24.90 | 23.38 | 28.11 |
| 职工工资总额 | | 5.96 | |
| 职工平均工资(元) | | 4 515 | |
| 出口交货值 | | 11.7 | |

4. 行业资产负债（单位：亿元）

| | 1994 年 | 1995 年 | 1996 年 |
|---|---|---|---|
| 年末资产 | | 140.94 | 164.33 |
| 流动资产 | 42.45 | 55.97 | 62.92 |
| #存货 | 12.03 | 18.64 | 20.47 |
| 固定资产 | 54.14 | 73.71 | 69.35 |
| #生产经营用 | 47.42 | 62.75 | 64.03 |
| 年末负债 | | 97.94 | 104.66 |
| 流动负债 | | 68.58 | 75.73 |
| 长期负债 | | 28.69 | |
| 年末所有者权益 | 22.74 | 43.00 | 59.67 |
| 实收资本 | | 35.90 | |

5. 行业损益及分配(单位:亿元)

| | 1994 年 | 1995 年 | 1990 年 |
|---|---|---|---|
| 产品销售收入 | 77.98 | 105.86 | 110.42 |
| 产品销售成本 | 65.33 | 86.47 | 93.72 |
| 产品销售费用 | 2.45 | 3.41 | 4.17 |
| 产品销售税金及附加 | 1.06 | 0.40 | 0.44 |
| 产品销售利润 | | 15.54 | 11.99 |
| 产品管理费用 | 5.21 | 6.59 | 6.50 |
| 营业利润 | | 4.42 | 1.13 |
| 投资收益 | | 0.12 | |
| 利润总额 | 1.07 | 4.74 | 1.67 |
| 所得税 | | 0.86 | |
| 净利润 | | 3.82 | |
| 利税总额 | 6.11 | 9.45 | 6.49 |
| 亏损企业亏损额 | 2.30 | 2.43 | 3.22 |

6. 行业效益评价

| | 1994 年 | 1995 年 | 1996 年 |
|---|---|---|---|
| 产品销售率(%) | 97.71 | 95.77 | 95.84 |
| 资金利税率(%) | 7.31 | 9.45 | 5.59 |
| 增加值率(%) | 27.04 | 21.15 | 23.07 |
| 成本利税率(%) | 9.35 | 10.93 | 6.92 |
| 全员劳动生产率(万元/人·年) | 2.17 | 1.77 | 2.34 |
| 流动资产周转率(%) | 188.08 | 213.86 | 192.07 |
| 企业亏损面(%) | 31.04 | 32.16 | 25.81 |
| 存货可供销售天数(天) | 67 | 78 | 79 |

7. 发酵制品历年产量

| 年份 | 味精 | 柠檬酸 |
|---|---|---|
| 1985 | 8.28 | 3.45 |
| 1986 | 9.77 | 3.52 |
| 1987 | 12.82 | 4.82 |
| 1988 | 17.96 | 7.13 |
| 1989 | 17.62 | 7.21 |
| 1990 | 22.31 | 6.14 |
| 1991 | 27.16 | 5.46 |
| 1992 | 34.02 | 10.15 |
| 1993 | 39.61 | 14.94 |
| 1994 | 39.77 | 17.08 |
| 1995 | 52.37 | 15.55 |
| 1996 | 53.88 | 15.18 |

8. 进出口数量、金额及主要国家和地区

**1994 年～1996 年　　21039010 主要出口国家和地区**

| 国家或地区 | 1994 年 | | | 1995 年 | | | 1996 年 | | |
|---|---|---|---|---|---|---|---|---|---|
| | 数量(吨) | 金额(万美元) | 百分比(%) | 数量(吨) | 金额(万美元) | 百分比(%) | 数量(吨) | 金额(万美元) | 百分比(%) |
| 合　计 | 7 253 | 992 | 100.00 | 7 984 | 1 292 | 100.00 | 9 408 | 1 544 | 100.00 |
| 香　港 | 3 619 | 472 | 47.60 | 5 073 | 772 | 59.76 | 6 694 | 1 058 | 68.50 |
| 新加坡 | 461 | 92 | 9.29 | 508 | 110 | 8.53 | 319 | 77 | 4.99 |
| 科特迪瓦 | | | | 697 | 91 | 7.04 | | | |
| 尼日利亚 | 784 | 107 | 10.79 | 348 | 63 | 4.87 | 752 | 131 | 8.45 |
| 台　湾 | 508 | 63 | 6.35 | | | | | | |

**1994 年～1996 年　　21039010 主要进口国家和地区**

| 国家或地区 | 1994 年 | | | 1995 年 | | | 1996 年 | | |
|---|---|---|---|---|---|---|---|---|---|
| | 数量(吨) | 金额(万美元) | 百分比(%) | 数量(吨) | 金额(万美元) | 百分比(%) | 数量(吨) | 金额(万美元) | 百分比(%) |
| 合　计 | 7 137 | 596 | 100.00 | 3 427 | 317 | 100.00 | 3 404 | 273 | 100.00 |
| 香　港 | 2 471 | 185 | 31.01 | 986 | 83 | 26.09 | 827 | 62 | 22.69 |
| 日　本 | 3 113 | 287 | 48.12 | 1 145 | 89 | 28.10 | 518 | 75 | 27.31 |
| 韩　国 | | | | 150 | 18 | 5.51 | 340 | 44 | 16.18 |
| 台　湾 | 724 | 41 | 6.90 | 902 | 108 | 34.12 | 1 598 | 77 | 28.26 |
| 印度尼西亚 | 452 | 51 | 8.57 | | | | | | |

**1994年～1996年　21021000主要出口国家和地区**

| 国家或地区 | 1994年 | | | 1995年 | | | 1996年 | | |
|---|---|---|---|---|---|---|---|---|---|
| | 数量（吨） | 金额（万美元） | 百分比（%） | 数量（吨） | 金额（万美元） | 百分比（%） | 数量（吨） | 金额（万美元） | 百分比（%） |
| 合　计 | 2 312 | 252 | 100.00 | 2 244 | 207 | 100.00 | 2 686 | 337 | 100.00 |
| 印度尼西亚 | 258 | 63 | 25.04 | 138 | 37 | 17.62 | 239 | 63 | 18.66 |
| 香　港 | 404 | 39 | 15.60 | 217 | 22 | 10.82 | | | |
| 俄罗斯 | 128 | 60 | 23.89 | 1 938 | 76 | 36.89 | 150 | 36 | 10.56 |
| 马来西亚 | 564 | 19 | 7.42 | 672 | 28 | 13.38 | 930 | 48 | 13.86 |
| 菲律宾 | | | | | | | 201 | 53 | 15.58 |
| 德　国 | | | | | | | 247 | 43 | 12.73 |

**1994年～1996年　21021000主要进口国家和地区**

| 国家或地区 | 1994年 | | | 1995年 | | | 1996年 | | |
|---|---|---|---|---|---|---|---|---|---|
| | 数量（吨） | 金额（万美元） | 百分比（%） | 数量（吨） | 金额（万美元） | 百分比（%） | 数量（吨） | 金额（万美元） | 百分比（%） |
| 合　计 | 304 | 19 | 100.00 | 261 | 54 | 100.00 | 139 | 43 | 100.00 |
| 日　本 | 20 | 2 | 11.52 | 25 | 24 | 44.01 | 16 | 7 | 15.62 |
| 台　湾 | 1 | 2 | 8.90 | 19 | 9 | 15.84 | | | |
| 法　国 | 14 | 9 | 44.50 | 38 | 9 | 15.65 | 13 | 13 | 30.54 |
| 美　国 | | | | 9 | 4 | 7.18 | 26 | 6 | 13.75 |
| 俄罗斯 | 251 | 3 | 13.90 | | | | | | |
| 韩　国 | | | | | | | 4 | 3 | 6.76 |
| 澳大利亚 | | | | | | | 3 | 3 | 6.76 |

注：21039010 味精

　　21021000 活性酵母

9、行业内“三资”企业状况

| | 1994年 | 1995年 | 1996年 |
|---|---|---|---|
| 企业单位数（个） | 39 | 65 | 63 |
| 亏损企业 | 16 | 31 | 20 |
| 企业从业人员数（人） | 17 386 | 21 047 | 23 242 |
| 实收资本（亿元） | 8.61 | 18.16 | 15.64 |
| 中方 | 3.63 | 9.55 | 6.10 |
| 外方 | 2.84 | 8.41 | 8.09 |
| 工业总产值（亿元） | 22.68 | 25.88 | 25.50 |
| 工业增加值（亿元） | 7.85 | 5.93 | 5.59 |
| 年末资产（亿元） | | 40.74 | 33.04 |
| #流动资产 | 10.52 | 18.55 | 15.61 |
| 年末负债（亿元） | | 20.73 | 17.31 |
| #流动负债 | | 16.76 | 15.56 |
| 所有者权益（亿元） | 9.01 | 20.01 | 15.73 |
| 产品销售收入（亿元） | 18.70 | 23.63 | 22.54 |
| #销售成本 | 15.14 | | 19.67 |
| #销售费用 | 0.61 | | 0.73 |
| #销售税金及附加 | 0.06 | 0.02 | 0.04 |
| #销售利润 | | | 2.03 |
| 管理费用（亿元） | 1.13 | | 1.40 |
| 利润总额（亿元） | 1.29 | 0.49 | 0.43 |
| 利税总额（亿元） | 2.51 | 1.58 | 1.37 |
| 亏损企业亏损总额（亿元） | 0.35 | 0.63 | 0.68 |
| 产品销售率（%） | 98.98 | 91.31 | 92.67 |
| 资金利税率（%） | 13.32 | | 4.70 |
| 增加值率（%） | 34.61 | 22.91 | 21.92 |
| 全员劳动生产率（万年/人·年） | 4.51 | 2.82 | 2.41 |
| 流动资产周转率（%） | 191.99 | | 150.77 |
| 企业亏损面（%） | 41.02 | 47.69 | 31.74 |
| 存货可供销售天数（天） | 54 | | 103 |

# 2.10 调味品制造业

**【a. 概况】** 1996年末国内贸易部商业系统调味品工业企业有991个，亏损企业414个，职工人数11.8万人；其中独立核算企业有885个，年末固定资产原值43.2亿元，净值32.2亿元。全年工业总产值按1990年不变价计算为28.9亿元，销售产值为39.0亿元；全年销售收入39.2亿元，实现利税总额1.7亿元，利润为－0.7亿元。其中独立核算企业全年工业总产值为27.1亿元，工业增加值9.7亿元，全年销售产值36.9亿元，销售收入37.0亿元，实现利税1.7亿元(全年应交增值税2.1亿元)；利润为－0.7亿元。主要产品产量(含粮食系统)：酱油119.9万吨，比上年下降4.0%；食醋42.9万吨，比上年增加10.9%；酱类17.68万吨，比上年下降4.0%；酱腌菜9.21万吨，比上年下降0.8%；复合调味品4.78万吨，比上年增加了4.8%。

从1996年的市场看，调味品的生产和品种在以下8个方面正出现良好的发展势头：一是高档传统调味品；二是方便调料和汤料；三是复合调味料；四是快餐食品调料；五是加工肉类、鱼类、海鲜食品所需添加的调料；六是加工各种小食品、膨化食品所需的调料；七是速冻食品调料；八是西餐方便调料。另外水解植物蛋白液和蛋白粉及酵母精是1996年具有发展潜力的调味品新军。

**【b. 行业活动】** 国内贸易部、中国轻工总会、中华全国供销合作总社于1996年5月在西安联合举办了首届全国调味品商品交易会，商办工业中的调味品生产企业和相关设备制造企业是本届交易会的主要参展商。这次交易会充分展示了国内调味品工业"八五"发展的成就，部分商品受到广大消费者的欢迎，调味品产品地产地销的特有状况占主导地位。交易会期间，国内贸易部组织商办调味品行业骨干企业召开了"九五"酿造行业技术研讨会。提出了"九五"期间商办调味品工业科技攻关的重点和方向，为在"九五"期间组织酿造行业的科技攻关项目、探讨行业发展的新思路做了准备工作。

中国微生物学会腐乳学组于1996年7月23日在北京召开了组长单位会议，交流了全国腐乳生产工艺技术及生产管理方面的情况；同时决定编撰《中国腐乳酿造工艺学》一书并公开出版发行，以弘扬传统的民族食品工业。

首届亚洲面食产业发展研讨会1996年10月在北京举行，其中就调味品行业生产现状及发展展望作了专题讨论，为中国调味品企业走向世界提供了机会。

江苏省为了加强调味品行业的生产和管理，建立正常的市场秩序，实行发放生产许可证、批发许可证制度，维护生产者、经营者合法权益。

**【c. 质量管理】** 国家技术监督局1996年第4季度对全国酱油产品质量进行国家监督抽查，抽样合格率为58.5%。此次抽查结果反映调味品生产销售市场仍十分混乱，粗制滥造、质量低劣的酱油产品在市场上仍有相当的占有率，对正常的市场秩序冲击很大。

1996年全国各地大力加强调味品行业监督管理力度，取得一定成效。河北、河南、杭州先后出台了《调味品生产销售管理办法》，加强了对调味品生产企业的监督管理，严格实行生产、卫生、质量监督合格证等制度，维护正常的市场秩序，保障人民身体健康，同时加强调味品的行业管理，引导市场消费，对促进全国的酱油、食醋工业沿着正确的方向发展起到了示范作用。广西加强以质量管理为中心环节的企业管理，设立质量奖励制度，建立企业质量保证体系，提高了产品质量。江苏省扬州、徐州等地纷纷禁止销售和使用散装酱油。浙江绍兴对酱油、食醋实行卫生、质量专项管理。卫生部修订完成了酱油、食醋国家强制性卫生标准，为加强调味品行业管理，指导企业生产，规范调味品市场提供了依据。北京通县生产具有质量责任保险的袋装酱油，无中间环节污染，采用全自动灌装，紫外线消毒，一次成型新技术，保护消费者利益，打击了假冒伪劣产品。

(张毓琦)

**【d. 行业数据报告】** 1. 行业基本情况

行业名称：调味品制造业*

| | 1994 年 | 1995 年 | 1996 年 |
|---|---|---|---|
| 行业内企业单位数(个) | 2 882 | 2 981 | 2 845 |
| 其中:亏损企业 | 794 | 934 | 738 |
| 从业人员(万人) | 21.83 | 20.87 | 20.22 |
| 其中:工程技术人员 | | 1.07 | |
| 管理人员 | | 2.53 | |
| 年末离退休人员(万人) | | 5.82 | |

* 本行业的统计范围是全部乡及乡以上独立核算工业企业。

2. 调味品制造业在全部工业中的位置与比较(单位:%)

| | 1994 年 | 1995 年 | 1996 年 |
|---|---|---|---|
| 行业产值占全部工业产值的比重 | 0.139 | 0.152 | 0.171 |
| 行业增加值占全部工业增加值的比重 | 0.132 | 0.116 | 0.169 |
| 行业人数占全部工业人数的比重 | 0.256 | 0.247 | 0.247 |
| 行业资本金占全部工业资本金的比重 | 0.167 | 0.162 | 0.163 |

3. 行业财务状况(单位:亿元)

| | 1994 年 | 1995 年 | 1996 年 |
|---|---|---|---|
| 资本金 | 29.92 | 34.83 | 40.48 |
| 中方 | 19.76 | 27.47 | 21.69 |
| 外方 | 3.74 | 7.36 | 9.34 |
| 工业总产值(新规定当年价) | 71.53 | 83.74 | 107.54 |
| 工业增加值 | 19.37 | 17.89 | 30.46 |
| 职工工资总额 | | 7.53 | |
| 职工平均工资(元) | | 3 608 | |
| 出口交货值 | | 9.28 | |

4. 行业资产负债(单位:亿元)

| | 1994 年 | 1995 年 | 1996 年 |
|---|---|---|---|
| 年末资产 | | 110.03 | 131.78 |
| 流动资产 | 43.83 | 47.56 | 57.28 |
| #存货 | 17.05 | 19.91 | 23.91 |
| 固定资产 | 36.94 | 55.30 | 63.92 |
| #生产经营用 | 35.47 | 48.79 | 56.55 |
| 年末负债 | | 67.92 | 79.60 |
| 流动负债 | | 52.35 | 64.19 |
| 长期负债 | | 14.54 | |
| 年末所有者权益 | 28.98 | 42.10 | 52.17 |
| 实收资本 | | 33.34 | |

5. 行业损益及分配

| | 1994 年 | 1995 年 | 1996 年 |
|---|---|---|---|
| 产品销售收入 | 60.84 | 78.20 | 98.34 |
| 产品销售成本 | 47.97 | 63.04 | 78.33 |
| 产品销售费用 | 3.26 | 4.43 | 5.67 |
| 产品销售税金及附加 | 0.81 | 0.67 | 0.79 |
| 产品销售利润 | | 9.99 | 13.24 |
| 产品管理费用 | 7.27 | 9.10 | 10.77 |
| 营业利润 | | −1.09 | 0.61 |
| 投资收益 | | 0.15 | |
| 利润总额 | 0.55 | −0.65 | 1.08 |
| 所得税 | | 0.32 | |
| 净利润 | | −0.98 | |
| 利税总额 | 4.37 | 3.43 | 5.99 |
| 亏损企业亏损额 | 1.67 | 3.19 | 2.78 |

6. 行业效益评价

| | 1994 年 | 1995 年 | 1996 年 |
|---|---|---|---|
| 产品销售率(%) | 92.80 | 93.38 | 93.26 |
| 资金利税率(%) | 6.24 | 4.14 | 5.53 |
| 增加值率(%) | 27.08 | 21.36 | 28.32 |
| 成本利税率(%) | 9.11 | 5.44 | 7.65 |
| 全员劳动生产率(万元/人·年) | 0.89 | 0.86 | 1.51 |
| 流动资产周转率(%) | 150.89 | 171.23 | 182.58 |
| 企业亏损面(%) | 27.55 | 31.33 | 25.94 |
| 存货可供销售天数(天) | 130 | 114 | 110 |

7. 调味品产品产量(单位:万吨)

| 年份 | 酱油 | 食醋 |
|---|---|---|
| 1993 | 288.80 | |
| 1994 | 279.77 | |
| 1995 | 361.53 | 146.64 |
| 1996 | 301.74 | 135.86 |

8. 进出口数量、金额及主要国家和地区

**1994年～1996年　21031000主要出口国家和地区**

| 国家或地区 | 1994年 | | | 1995年 | | | 1996年 | | |
|---|---|---|---|---|---|---|---|---|---|
| | 数量（吨） | 金额（万美元） | 百分比（%） | 数量（吨） | 金额（万美元） | 百分比（%） | 数量（吨） | 金额（万美元） | 百分比（%） |
| 合　计 | 34 760 | 1 652 | 100.00 | 37 621 | 1 848 | 100.00 | 38 972 | 2 079 | 100.00 |
| 英　国 | | | | 1 489 | 80 | 4.33 | 1 492 | 65 | 3.14 |
| 香　港 | 15 644 | 705 | 42.68 | 12 474 | 617 | 33.39 | 12 423 | 712 | 34.25 |
| 美　国 | 5 428 | 239 | 14.44 | 7 337 | 354 | 19.14 | 5 801 | 310 | 14.90 |
| 澳大利亚 | 1 229 | 60 | 3.64 | 1 883 | 88 | 4.78 | 1 465 | 75 | 3.58 |
| 瑞　典 | 1 015 | 64 | 3.87 | | | | 1 112 | 78 | 3.74 |

**1994年～1996年　21031000主要进口国家和地区**

| 国家或地区 | 1994年 | | | 1995年 | | | 1996年 | | |
|---|---|---|---|---|---|---|---|---|---|
| | 数量（吨） | 金额（万美元） | 百分比（%） | 数量（吨） | 金额（万美元） | 百分比（%） | 数量（吨） | 金额（万美元） | 百分比（%） |
| 合　计 | 7 023 | 1 609 | 100.00 | 6 538 | 1 552 | 100.00 | 10 652 | 2 436 | 100.00 |
| 香　港 | 598 | 70 | 4.34 | 401 | 20 | 1.30 | 267 | 39 | 1.59 |
| 日　本 | 5 888 | 1 473 | 91.54 | 5 738 | 1 488 | 95.86 | 9 971 | 2 353 | 96.56 |
| 新加坡 | | | | 63 | 8 | 0.48 | 97 | 9 | 0.35 |
| 台　湾 | 230 | 32 | 1.96 | 195 | 25 | 1.64 | 196 | 28 | 1.15 |
| 美　国 | 256 | 26 | 1.59 | | | | | | |

**1994年～1996年　22090000主要出口国家和地区**

| 国家或地区 | 1994年 | | | 1995年 | | | 1996年 | | |
|---|---|---|---|---|---|---|---|---|---|
| | 数量（万升） | 金额（万美元） | 百分比（%） | 数量（万升） | 金额（万美元） | 百分比（%） | 数量（万升） | 金额（万美元） | 百分比（%） |
| 合　计 | 1 137.5 | 249 | 100.00 | 525.8 | 273 | 100.00 | 598.5 | 286 | 100.00 |
| 马来西亚 | 43.6 | 23 | 9.14 | 43.0 | 30 | 11.12 | 40.1 | 27 | 9.58 |
| 香　港 | 922.9 | 129 | 51.64 | 312.5 | 140 | 51.28 | 368.8 | 133 | 46.61 |
| 新加坡 | 78.1 | 47 | 18.81 | 77.5 | 45 | 16.50 | 74.6 | 49 | 17.03 |
| 美　国 | 23.4 | 15 | 6.09 | 33.8 | 24 | 8.63 | 32.6 | 25 | 8.67 |

**1994年～1996年　22090000主要进口国家和地区**

| 国家或地区 | 1994年 | | | 1995年 | | | 1996年 | | |
|---|---|---|---|---|---|---|---|---|---|
| | 数量（万升） | 金额（万美元） | 百分比（%） | 数量（万升） | 金额（万美元） | 百分比（%） | 数量（万升） | 金额（万美元） | 百分比（%） |
| 合　计 | 15.7 | 18 | 100.00 | 9.6 | 11 | 100.00 | 14.2 | 14 | 100.00 |
| 香　港 | 6.2 | 4 | 23.03 | 2.2 | 1 | 10.91 | 1.8 | 1 | 9.09 |
| 日　本 | 3.6 | 6 | 33.71 | 3.4 | 7 | 60.91 | 4.4 | 7 | 45.45 |
| 韩　国 | | | | 1.3 | 1 | 9.09 | 2.6 | 2 | 16.78 |
| 美　国 | 2.5 | 2 | 13.48 | 1.6 | 1 | 10.00 | 3.4 | 2 | 14.69 |
| 台　湾 | 1.9 | 4 | 19.66 | | | | | | |

注：21031000 酱油

22090000 醋及用醋酸制的醋代用品

9. 城镇居民家庭调味品消费情况(单位:元/人·年)

| | 1994 年 | 1995 年 | 1996 年 |
|---|---|---|---|
| 全　国 | 19.01 | 24.02 | 27.92 |
| 北　京 | 32.08 | 42.16 | 56.39 |
| 天　津 | 27.87 | 33.53 | 45.19 |
| 河　北 | 15.44 | 20.05 | 23.84 |
| 山　西 | 13.44 | 18.71 | 22.15 |
| 内蒙古 | 15.74 | 17.85 | 20.37 |
| 辽　宁 | 20.11 | 25.30 | 27.42 |
| 吉　林 | 17.28 | 23.08 | 26.51 |
| 黑龙江 | 15.80 | 19.78 | 23.61 |
| 上　海 | 29.45 | 37.61 | 41.60 |
| 江　苏 | 20.59 | 27.26 | 30.38 |
| 浙　江 | 21.53 | 27.91 | 31.86 |
| 安　徽 | 17.80 | 23.64 | 28.20 |
| 福　建 | 23.28 | 30.10 | 35.82 |
| 江　西 | 14.88 | 18.18 | 22.80 |
| 山　东 | 14.95 | 18.42 | 21.43 |
| 河　南 | 15.96 | 19.76 | 23.38 |
| 湖　北 | 16.42 | 21.40 | 24.95 |
| 湖　南 | 14.84 | 19.74 | 21.59 |
| 广　东 | 21.64 | 26.82 | 28.57 |
| 广　西 | 12.81 | 15.68 | 18.47 |
| 海　南 | 23.42 | 31.05 | 34.70 |
| 四　川 | 25.42 | 32.98 | 37.29 |
| 贵　州 | 19.88 | 25.29 | 30.82 |
| 云　南 | 17.47 | 21.37 | 26.29 |
| 西　藏 | 8.48 | | 19.69 |
| 陕　西 | 18.51 | 24.08 | 27.81 |
| 甘　肃 | 21.48 | 25.79 | 29.88 |
| 青　海 | 17.90 | 22.33 | 26.98 |
| 宁　夏 | 15.55 | 18.96 | 23.43 |
| 新　疆 | 13.29 | 17.27 | 21.26 |

10. 行业内"三资"企业状况

| | 1994 年 | 1995 年 | 1996 年 |
|---|---|---|---|
| 企业单位数(个) | 87 | 163 | 155 |
| 亏损企业 | 26 | 74 | 62 |
| 企业从业人员数(人) | 4 959 | 8 475 | 13 729 |
| 实收资本(亿元) | 3.49 | 9.94 | 14.09 |
| 中方 | 0.97 | 2.94 | 3.71 |
| 外方 | 1.99 | 6.41 | 9.10 |
| 工业总产值(亿元) | 4.77 | 20.14 | 28.88 |
| 工业增加值(亿元) | 0.82 | 3.30 | 7.04 |
| 年末资产(亿元) | | 20.21 | 28.14 |
| #流动资产 | 4.33 | 9.50 | 13.09 |
| 年末负债(亿元) | | 10.83 | 14.40 |
| #流动负债 | | 8.35 | 12.24 |
| 所有者权益(亿元) | 3.55 | 9.38 | 13.74 |
| 产品销售收入(亿元) | 5.05 | 17.73 | 26.12 |
| #销售成本 | 3.94 | | 21.66 |
| #销售费用 | 0.37 | | 1.89 |
| #销售税金及附加 | 0.04 | 0.07 | 0.10 |
| #销售利润 | | | 2.44 |
| 管理费用(亿元) | 0.42 | | 1.82 |
| 利润总额(亿元) | 0.25 | —0.20 | 0.24 |
| 利税总额(亿元) | 0.46 | 0.37 | 1.02 |
| 亏损企业亏损总额(亿元) | 0.11 | 1.05 | 0.89 |
| 产品销售率(%) | 93.92 | 88.03 | 91.20 |
| 资金利税率(%) | 8.07 | | 4.51 |
| 增加值率(%) | 17.19 | 16.39 | 24.38 |
| 全员劳动生产率(万元/人·年) | 1.65 | 3.89 | 5.13 |
| 流动资产周转率(%) | 153.96 | | 211.33 |
| 企业亏损面(%) | 29.88 | 45.40 | 40.00 |
| 存货可供销售天数(天) | 120 | | 105 |

# 2.11 食品添加剂制造业

【a. 概况】 1996年,食品添加剂行业生产、应用情况活跃,绝大部分产品产销两旺,呈增长趋势。

据不完全统计,包括发酵制品在内,1996年食品添加剂总量超过125万吨,其中万吨以上的有:味精55万吨、酶制剂24万吨、柠檬酸及其盐类16万吨、酵母4万多吨、甜味剂14万多吨、食用香精香料2万多吨、防腐保鲜剂1.5万吨、着色剂1.3万吨、乳化增稠改良剂4万多吨、营养强化剂2万多吨。

1. 食用香味料。香味料对很多食品的品质起着决定性作用。随着食品档次的不断提高,国内食用香味料需求猛增,销售额年增长20%以上。食用香味料占香精香料总产量的比例,从80年代的30%已增长到最近的45%以上,品种达上千种。特别是咸味香精即菜肴型香精的品种和产量大幅度上升。相应的市场上,牛肉精、鸡精粉、猪肉粉等也纷纷登场。由于国内从天然植物原料提取的香料有独特的优势,因而1996年出口达1.23万吨,创汇8 608万美元。

2. 甜味剂。1996年比上年有较大的发展,据不完全统计,1996年木糖、木糖醇产量超过1万吨,山梨醇超过7万吨(按50%计),甜菊甙近1 000吨,糖精2.25万吨,甜蜜素约2.5～3万吨。销售情况除山梨醇因维生素C生产下降销售受影响外,其他各类甜味剂的市场均呈上升趋势。新产品安赛蜜(甜度200倍),在广东和浙江已建成100吨生产能力的车间,由于它和阿斯巴甜配合具有增甜效果,国外已在食品中广泛使用,但其价格高于阿斯巴甜。

国内甜味剂行业目前存在缺乏行业协调的情况,有些产品出口有一定的限度,由于一哄而起,导致互相压价,外商得利。如甜菊糖甙是以出口为主的产品,由于企业规模小,技术水平差,质量相差很大;又纷纷自相压价,出口价格从年初每吨40多万元降到30万元左右,致使大部分企业亏损。

3. 防腐抗氧剂。全国各种产品总产量约1.5万吨,主要产品苯甲酸及苯甲酸钠超过1万吨。由于其单价每千克只有7～8元,因而也影响了低毒新品种山梨酸钾的推广。但是随着有些国家要求用山梨酸钾代替苯甲酸钠,国内一些高档次食品和出口食品,开始采用山梨酸钾作为防腐剂,所以山梨酸钾的市场需求有所增加。国内最大的南宁化工集团公司,原产山梨酸钾能力1 000吨,引进德国技术扩大生产能力后已达到4 000吨。浙江杭州三和建成新的生产线,主要出口国外,年出口约200吨。

异维生素C钠是一种较好的肉食、啤酒等产品的抗氧化剂,还能对外出口。由于近年各地建厂太多,总生产能力超过6 000吨,但添加量少,市场需求在2 000吨以下,导致很多企业停产。

4. 着色剂。随着食品工业迅速发展,着色剂也有较大的增长。天然色素已超过1万吨,合成色素0.1万吨。经过10多年的努力,中国着色剂已经和国际接轨,有些品种如辣椒红、高粱红、红曲红均有少量出口,但是在发展中也存在行业通气不够,盲目上马,造成经济损失的情况。1996年10月21日在浙江义乌召开的全国着色剂专业委员会会议,有52个单位83名代表参加,会议认为:对于食品工业应用的合成色素,不能增加新点;天然色素要防止盲目上马新项目,现有企业应尽量采用高新技术,提高装备水平,走松散联合的道路;应着重对已经形成规模的品种,支持他们进一步提高水平和竞争力。

5. 乳化增稠品质改良剂。由于国内面食制品(方便面、焙烤食品等)和肉食制品等新兴食品工业的勃起,需要更多更好的乳化剂和增稠剂来改善品质,所以这方面的需求明显增加,并倾向于新品种和高档次。

乳化剂中单甘酯基本被分子蒸馏单甘酯取代,丹麦丹尼斯克公司还决定在江苏昆山独资建立分子蒸馏单酯厂。蔗糖酯过去几年因溶剂法产品档次较差,有些食品企业采用进口品,现在因浙江桐卢化工厂水溶剂法蔗糖酯已正常运转,产品质量达到国际水平,应用领域也扩大。酪朊酸钠是一个乳化剂老品种,近来在肉类加工中的应用有突破,能使肉肠提高凝胶强度,改善口感,和其他乳化剂比较有明显的优越性。

浙江杭州油脂化工厂开发成功辛葵酸甘油酯，形成了生产规模。辛葵酸甘油酯在人体内能完全迅速代谢，不积累，不会引起肥胖。对脂肪代谢紊乱有治疗作用。在食品中作乳化剂，能提高巧克力在口中的速溶性；使糖果减少油脂用量，防止粘牙。在食用油脂中添加时能改善不同熔点的油脂混合体的口感，能加快油脂吸收，防止血栓形成。当辛葵酸甘油酯羟乙基代以后，可以得到无色（或微黄）和无味高亲水性乳化剂，其性能口感远比常用的吐温要好得多。

此外，用乳化剂等复配的肉类专用添加剂、面包蛋糕专用添加剂、冰淇淋专用添加剂、面粉改良剂等，作为新开发品种，1996年纷纷登场，已有一定规模，很有发展潜力。

**【b. 新品种审定】** 全国食品添加剂标准化技术委员会第17次年会于1996年10月17日在浙江省召开。会议经认真审议，通过了L-苏糖酸钙、羟丙基甲基纤维素、钠他霉素、α-乙酰乳酸脱羧酶、聚甘油蓖麻醇、罗汉果甜甙、葡萄糖-δ-内酯（微生物发酵法）、白油、铁嘌啉、胭脂树橙（红木素、降红木素）、胭脂虫红、液体二氧化碳（催化法）、天门冬氨酸钙（螯合型）、辛烯基琥珀酸淀粉钠、皂角糖胶、焦磷酸铁、氧化淀粉、已酰化己二酸双淀粉、酸处理淀粉、甘氨酸钙等21个食品添加剂，同意列入食品添加剂使用卫生标准名单。

同意扩大使用范围和使用量的食品添加剂有丙酸、二氧化硅、乳酸钙、二乙酸钠、苋菜红、海藻碘、胭脂红、诱惑红、日落黄、刺瑰豆胶、维生素C、维生素$B_1$、维生素$B_2$、维生素$B_6$、碳酸钙、L-盐酸赖氨酸、牛磺酸、胭酰胺、叶酸、辛葵酸甘油酯、亮兰、柠檬黄、L-抗坏血酸棕榈酯、姜黄素、醋酸钙等25个品种。

会议同意轻工部门提出的256种香料列入国家使用卫生标准名单。

会议对以下问题取得了一致意见：

1. 关于复合食品添加剂问题。根据食品添加剂管理办法规定，复合食品添加剂应经当地卫生行政部门审定，报卫生部审批。这次年会申报的复合色素和复合甜味剂问题，会议认为，复合色素的品种、使用范围和使用量均应符合GB2760规定，包括铝色淀色素的最大使用量，按纯色素计不得超过GB2760规定。复合甜味剂，由于名称不统一，配料复杂，如有的添加芒硝、淀粉作为稀释剂，有的添加糖精等但在标识中不标明其成分和含量。为了提高甜味剂质量，加强监督，规范市场，建议卫生部组织省级卫生行政部门及有关生产主管部门，对当前甜味剂的生产、销售和质量问题进行一次调查并采取对策。在食品添加剂标签中对上述内容综合考虑并做适当修改。

2. 关于食品中加碘问题。委员会认为碘是人体必需微量元素，对甲状腺功能影响较大，但人体需要量是有限度的。目前在全民食盐加碘的基础上，不少食品都在加碘，对这个问题各方面都很关心，这对某些碘缺乏症是很有必要的；但从营养学角度，专家看法不一致。因此，建议卫生行政部门召开有关专家座谈会，统一认识，进行规范。

3. 关于溴酸钾问题。在几年前，国际上就对面粉品质改良剂溴酸钾的安全问题提出不同意见。根据1995年FAO/WHO JECFA委员会第44次会议上撤消ADL，并规定“不适宜于面粉处理剂”的意见，本次会议认为，国内应考虑这个问题。但为慎重起见，在CAC会议对溴酸钾有了安全性评价意见后再作出国内是否要撤销使用卫生标准名单的决定。

4. 关于富马酸二甲酯问题。国家还没有正式批准富马酸二甲酯的应用，但近年来有些省、市自已批准使用，这是不妥的。根据慢性毒性试验，富马酸二甲酯的最大无副作用剂量为25mg/kg. bw，ADI值为0.25mg/kg. bw；此外各地普遍反映生产工人和消费者发生接触性皮肤过敏现象，毒性较大。因此会议认为，富马酸二甲酯不能列入使用卫生标准名单，需进一步研究减少富马酸二甲酯毒害的使用方法，并开发研究防霉剂的新品种。

**【c. 主要食品添加剂进出口情况】** 1996年，主要食品添加剂进出口情况是：

**进口情况** 单位：吨

| 品　种 | 1996年 | 1995年 |
|---|---|---|
| 味精 | 3 403 | 3 427 |
| 山梨醇 | 50 207 | 32 428 |
| 赖氨酸 | 13 417 | 24 235 |
| 其他氨基酸 | 2 328 | 4 365 |
| 谷氨酸 | 5 614 | 7 439 |
| 糊精及变性淀粉 | 44 023 | 15 398 |
| 酶制剂 | 2 337 | 2 153 |
| 丙二醇 | 3 386 | |
| 季戊四醇 | 752 | |
| 甘油 | 3 098 | |
| 其他多元醇 | 14 178 | |

**出口情况** 单位：吨

| 品　种 | 1996年 | 1995年 |
|---|---|---|
| 玉米淀粉 | 14 546 | 22 881 |
| 活性酵母 | 2 686 | 2 240 |

续表

| 品　种 | 1996年 | 1995年 |
|---|---|---|
| 味精 | 9 408 | 7 983 |
| 甘露醇 | 705 | 1 601 |
| 肌醇 | 870 | 1 256 |
| 乳酸及盐类 | 3 188 | |
| 酒石酸 | 1 778 | |
| 葡萄糖酸及酯 | 1 674 | |
| 柠檬酸 | 108 308 | |
| 柠檬酸盐 | 13 539 | |
| VC及衍生物 | 22 396 | |
| 木糖、木糖醇 | 10 000 | |
| 甜菊糖 | 800 | |
| 甜蜜素 | 1 029 | |
| 糖精 | 10 423 | |

**【d. 行业管理】** 1. 关于甜叶菊糖全国协调小组。

根据国务院领导的批示，由中国轻工总会牵头，有关部委参加，成立了全国甜叶菊糖协调小组，并于1996年11月19日召开了首次协调小组会议。协调小组成员单位是：国家计委轻纺司食品处、国家经贸委协调司轻纺处、国家科委农村中心、内贸部工业司和消费品司、农业部农垦司、全国供销合作总社科教部、中国甜叶菊协会、中国食品添加剂生产应用工业协会、中国轻工总会。“会议纪要”指出：“甜菊糖发展要稳妥，研究要加强”。高甜度甜味剂不是新糖源，要摆正甜菊糖生产在甜味剂中的地位，必须努力提高自已的市场竞争力，“九五”期间应贯彻集约经营的原则，加强行业协调，抓好工农贸结合的山东济南和黑龙江甘南两个重点企业的试点。不宜铺摊子，设新点。

2. 关于不再新上木糖、木糖醇项目的通知。

为了加强木糖和木糖醇行业的宏观调控，经全国木糖醇协作会提出，由中国轻工总会以轻食[1996]25号文通告全国各有关部门，“九五”期间不宜再上新项目。文件摘要如下：

木糖醇和山梨糖醇、麦芽糖醇等同属于营养性甜味物质。工业上用玉米芯、蔗渣、桦木等先经水解净化制取木糖，然后将木糖氢化制得木糖醇。60年代即被国际上公认为糖尿病人的营养性辅助治疗剂，70年代又大规模推广用作无糖甜食品的原料之一，但木糖醇并不能说成是一种新糖源，它仅仅是一种食品添加剂。虽然木糖和木糖醇的原料十分广泛，但由于工序较长、工艺复杂、加工成本昂贵、经济效益不高、特别是市场容量有限，所以中国自60年代研制成功以后，经过30多年的开发，只建成了吉林、保定、开化、漳州等几个骨干企业，国际上至今也只有俄罗斯、日本、芬兰、意大利4个国家生产。国内木糖、木糖醇生产过去由于缺乏宏观调控，全国各地企业数达50多个，生产能力3.0万吨左右。中国自70年代每年出口几百吨，至1996年出口木糖及木糖醇近万吨。目前国际贸易量在1万多吨，大量的是转口贸易。而国外厂商为了压低中国的价格，到处鼓动我们的企业新上木糖和木糖醇，以便坐收渔翁之利。很多地方不了解国际行情，只按外商的要求和意向，立项上马，结果造成供大于求。1996年以来，有些单位又在大肆误导木糖醇出口缺口很大等等，又有新的盲目上马的倾向，各地区又新上10多个项目，新增能力达1万多吨。

应该指出，随着经济的发展，木糖醇的需要会逐渐有所增加，但是，只是为少数特殊人群消费的食品添加剂品种之一，不是象有些人说的那样，糖尿病人只能吃木糖醇，何况市场竞争十分激烈。现在的防龋齿食品和糖尿病人代糖品有几十种，功能类同的糖醇如山梨醇，每吨售价不到0.6万元，麦芽糖醇每吨1万多元，而木糖醇每吨要3～4万元。所以世界上目前消费山梨醇80万吨，而木糖醇只有1万吨。鉴于目前国内已有生产能力超过需求1倍以上，“九五”期间切莫再上新项目。

**【e. 国内外交流】** 1996年食品添加剂行业国际、国内交流活动的主要内容有：

1. 3月，在四川成都举办了第六届全国食品添加剂生产应用技术展示会。本届展示会就规模而言是历届最大的一次，参展单位300个，会议报到代表1 200人，参观者5 000人次。参展单位来自全国27个省市自治区的轻工、化工、商业、林业、医药等系统的工厂、高等院校、科研单位、应用单位以及销售部门。参展的外商有美、日、法、德、丹麦、瑞士、荷兰、澳大利亚等，还有港、台地区的厂商。

这次展出的品种，除历届热门的香精、乳化剂、增稠剂、食用色素、甜味剂、防腐保鲜剂外，还展出了钙铁吸收剂、酪蛋白磷酸肽、抗氧剂TBHQ、生物防腐剂乳链菌肽、AK糖等新产品。一些适应食品市场发展需要的冰淇淋稳定剂、速发蛋糕油、功能性食品添加剂(不饱和脂肪酸、精制磷脂、维生素等)明显增加，引人注目。此外一些新的配料如蛋白加工品、油脂加工品也参加了展出行列。

在展览期间还举行了增鲜剂IMP、世界天然色素发展趋势等15个专题报告会。

2. 第七届亚洲食品配料(FIA)展览会。由Miller Freeman公司主办的1996年亚洲食品配料[Food Ingredients Asia(FIA)1996]展览会，3月4～6日在香港举行。参加本届展览会的有中国、澳大利亚、法国、德国、香港、印度、印尼、瑞士、英国、美国等 27 个国家和地区的 197 家厂商，参观人数达 3 936 人次。中国食品添加剂代表团一行 35 人参加了本次会议，受到了会议主办单位的热烈欢迎。代表团团长尤新应邀参加了开幕式剪彩，并被介绍给主要参展国家和企业。

我团参展产品有红曲红、辣椒红、高梁红、叶绿素铜纳盐、木糖醇、黄原胶、酪朊酸钠、柠檬酸、维生素 E、冬虫夏草营养液等。

与展览会同时进行的有学术交流会。内容为用于功能食品和饮料的配料、变性淀粉和新食品增稠剂等。3 天的学术交流会宣读论文 38 篇。中国代表团尤新教授发表了题为《功能性甜味剂——木糖醇》的学术报告，引起了到会欧美听众的极大关注。

3. 第十一届欧洲食品配料展览会 11 月 12～14 日在法国巴黎召开，参展的国家和地区达 42 个，参展的公司多达 815 家。参展公司较多的国家有：法国 185 家，德国 114 家，英国 81 家，美国 61 家。参观人数达 2.2 万人次。

由中国食品添加剂生产应用工业协会组织的中国食品添加剂代表团一行 12 人参加了本届展览会。展出的产品有：辣椒红、高梁红、红曲红、焦糖、甲基麦芽酚、乙基麦芽酚、香兰素、香兰精、乳酸、蔗糖脂肪酸酯、三聚甘油单硬脂酸酯、乳酸钙、乳酸乙酯、甲基环戊烯醇酮、黄原胶等品种。

与展览会同时进行的还有学术交流会，主要的论文题有：用功能性酸牛奶降低胆固醇；食品中膳食纤维菊粉的分析；钙、镁和亚铁对其他成分相互作用的生物效应；用于婴儿营养的新生物技术配料；谷类食品中的多糖；延长货架期的焙烤用酶；新一代失活酵母制的面包：高还原力酵母；天然可溶性纤维金合欢树胶的应用；茶多酚的保健益处；乳果糖，生理方面的一种创新食品配料；碎肉制品中的脂肪代用品一蛋白质和碳水化合物凝胶；低脂香肠中改性淀粉的功能；磷脂为主剂的功能性饮料。

**【f. 发展趋势和问题】** 中国发展食品添加剂的方针“天然营养多功能”已经为广大研制生产单位和用户所采纳，而且和国际上提出的回归大自然，天然、营养、低热量、低脂肪的趋向是一致的，因此国内食品添加剂行业这几年有长足的发展并走向了国际市场。中国地域广阔，资源丰富，有几千年药食同源的传统，发展天然、营养、多功能的食品添加剂有独特的优势。但是，由于缺乏宏观协调，过去存在的一哄而起盲目上马的问题，还在继续发生，几乎包括食品添加剂中的各个大门类；不仅涉及一些投资额少（几百万元）、规模小（几十、几百吨）的天然提取物、天然色素和甜菊糖甙，一些投资几千万、年产千吨的如木糖、木糖醇，还有投资上亿元的黄原胶等，均程度不同的存在着不顾国际、国内市场需要，竟相上新项目，造成国内相互竞争，导致企业亏损，给国家造成经济损失，在国际上也造成了不良影响。

（尤　新）

# 2.12 其他食品制造业

## 淀粉及淀粉糖

**【a. 概况】** 淀粉行业在“八五”期间得到高速发展，淀粉产量由1989年132万吨增至1995年260.5万吨，6年时间产量增长1倍。山东省和吉林省发展最快，据了解，1996年山东省淀粉生产能力超过百万吨，吉林省正在实施百万吨工程。淀粉行业总的形势是好的，有喜有忧。喜的是，在“七五”和“八五”期间国家和地方投资或合资新建了一批上规模、上水平的项目，现在已逐步投产。这些企业一般是装备水平及技术水平都比较高，产品质量好，有竞争力，与一些老企业、中小企业形成竞争对手；而老企业普遍包袱重，技术力量薄弱，资金缺乏，效益较差，目前多数处于停产半停产状态，这是忧的一面。面对这种形势，只有加强内部管理，因地制宜的发展自己的优势，克服不利因素，调整产品结构，挖潜改造，走出困境。

**【b. 产品质量、规模】** 据行业统计，1995年淀粉总产量为260.5万吨，其中玉米淀粉215.8万吨，木薯淀粉37.1万吨，马铃薯淀粉2.03万吨，甘薯淀粉3.96万吨，小麦及其他淀粉1.64万吨。山东省产量最多，淀粉产量56.3万吨，占总产量的21.6%；吉林省排名第2，淀粉产量38.4万吨，占总产量的14.7%；河北省排名第3，淀粉产量32万吨，占总产量的12.3%。木薯淀粉广西区产量最大，约28万吨，占全国木薯淀粉总产量的75.47%。

1996年淀粉行业受国际、国内大环境的影响，多数企业生产不景气，大约有50%的企业处于停产半停产状态。淀粉产量预计比1995年有所下降，但是生产能力仍在不断扩大。据悉，山东省淀粉生产能力已达到150万吨。

变性淀粉在食品、造纸、纺织上的应用正在逐步扩大，因此变性淀粉的生产有了一定的发展，实际产量约10万吨。淀粉糖的品种繁多，不同DE的葡萄糖、饴糖、结晶葡萄糖、果葡糖浆、各种浓度的麦芽糖浆，还有最近发展的低聚异麦芽糖、低聚果糖、低聚甘露糖等，目前年总产量约为45万吨。发展淀粉糖必须因地制宜，根据市场情况，选择合适的品种，切忌盲目一哄而上，以免造成不必要的损失。

根据淀粉行业的初步统计，1995年万吨以上规模的淀粉厂有63家，其中1～2万吨（不含2万吨）40家，2～3万吨（不含3万吨）10家，3～4万吨（不含4万吨）3家，4～5万吨（不含5万吨）2家，5～6万吨（不含6万吨）3家，7～8万吨（不含8万吨）2家，10万吨以上3家。

**【c. 技术经济指标】** 淀粉收率前10名平均为66.7%，最高是黄龙食品工业有限公司，收率为70.21%；其次是吉林新源玉米开发有限公司，收率为68.07%。平均每吨淀粉获利润前10名平均为353元，最高是河北康欣制药有限公司，为642元；其次是山东诸诚兴贸玉米开发有限公司，为520元。平均每吨淀粉获税金前10名平均为202元，最好的是河北康欣制药有限公司，为360元；其次是天津红旗淀粉工业公司，为238元。

水消耗，黄龙食品工业有限公司消耗最低，吨淀粉3.6吨；其次是山东诸城市淀粉股份有限公司，吨淀粉耗水6.0吨。电耗，重庆大新制药厂最低，吨淀粉消耗113.01千瓦时；其次是上海葡萄糖厂，吨淀粉消耗189.15千瓦时。汽耗，河北康欣制药有限公司最低，吨淀粉耗汽0.4吨；其次是上海葡萄糖厂，吨淀粉耗汽1.08吨。

根据上述统计，万吨以上淀粉工厂的经济技术指标好于万吨以下的淀粉工厂。以淀粉收率为例，万吨以上前10名的平均淀粉收率为66.79%，而万吨以下至0.3万吨，前10名的平均淀粉收率为64.77%。

**【d. 技术进步】** 广西木薯种植面积每年保持20万公顷左右，总产量占全国的50%，居全国第1位。1995年木薯产量为128万吨，比1993年的82.8万吨增长54%。

在淀粉深加工方面广西也属全国之首。淀粉总加工能力为日处理木薯1.5万吨，即日产木薯淀粉4 000吨左右。1996年木薯淀粉产量为28～30万吨。深加工产品有变性淀粉系列产品，以明阳淀粉厂变性淀粉产量最大，年产2.5万吨。淀粉糖类有:果葡糖浆、结晶果糖、山梨醇系列(70%山梨醇、粉末山梨醇、针剂药用山梨醇)、甘露醇、味精、赖氨酸、柠檬酸、酒精、冰醋酸等。在木薯渣综合利用方面,北海市食品发酵技术研究所研制的用木薯渣发酵生产复合酶发酵饲料,已在北海市天海生物饲料厂进行工业化生产。

吉林吉发集团食品工业有限公司,以马铃薯淀粉、木薯淀粉为原料,采用二次变性法生产复合变性淀粉。应用该淀粉添加到方便面中,取得了显著效果,具有成膜性好、节油及防止植物油酸败作用,可降低成本,增加社会效益。

**【e. 技术改造与基本建设】** 山西省朔州引进俄罗斯关键设备于1996年建成年加工马铃薯10万吨生产线,准备生产马铃薯精淀粉1万吨和系列变性淀粉。

河南莲花味精集团和英国食品联合公司合资建设年产葡萄糖5万吨和饮用葡萄糖粉2万吨,预计1997年建成投产。

吉林吉发集团与法国伊贝斯有限公司合资在吉林松源市建设年加工30万吨玉米深加工项目。

江苏连云港红旗化工厂与韩国乐喜金星化工集团公司合资建设年产2 000吨D—山梨醇项目,预计1997年达到生产规模。

甘肃武威荣华工贸总公司投资1.3亿元,建成年产5万吨淀粉及其副产品。

宁夏中宁县投资2 000万元建成年产3万吨玉米淀粉糖厂,1996年11月试车成功。

中国核工业总公司甘肃昆仑工业公司投资8 916.18万元,从美国道尔公司引进淀粉关键设备,建成年产3万吨淀粉,1996年底在甘肃张掖投产。

上海正广和葡萄糖厂1995年迁至上海青浦县,用8个月时间快速建成年产万吨高麦芽糖车间,投产一次试车成功。目前正进行二期工程建设。

黑龙江金丰玉米制品有限公司建成年产1 000吨葡萄糖酸钙生产线及1 500吨木糖醇生产线。

国家计委批准吉林成立玉米深加工国家工程研究中心。该中心是以吉林省吉发集团为依托建设的。吉发集团是以玉米深加工为主业的,兼营房地产和其他行业,集投资、融资为一体的大型企业集团。直属企业有投资开发公司、农业股份公司(含黄龙年40万吨玉米加工厂)、新源年20万吨玉米加工厂、食品总公司、松源50万吨玉米加工厂、玉米深加工国家工程研究中心等大型企业为骨干的各类工厂50多个,拥有进出口权。资产总额达18亿元。1995年实现销售收入9亿元,利税1.145亿元。现正实施百万吨玉米深加工工程。

玉米深加工国家工程研究中心是吉林省实施百万吨玉米深加工的先导工程,要求2年内建成。主要研究课题有:玉米油中提取$V_E$;玉米蛋白中提取功能肽;胚芽多糖的研究;真菌发酵产品生产技术的研究;变性淀粉的应用研究等。主要工业化试验项目有:玉米干法提胚得到的胚芽生产胚芽奶;得到的玉米粉生产各种低聚糖等。该中心用半年时间建成了实验楼,并很快开展了试验工作。采用连续色谱装置(CSEP)分离发酵甘油中残糖,取得了较好结果。

**【f. 产品进出口情况】** 1996年淀粉行业有关产品进出口情况见下表。

**进口情况**

| 品　　名 | 数量(吨) | 金额(万美元) | 1996年比上年(±%) | |
|---|---|---|---|---|
| | | | 数量 | 金额 |
| 小麦淀粉 | 2 365.69 | 139.85 | −20.6 | −11.4 |
| 玉米淀粉 | 2 855.51 | 167.57 | 142.4 | 191.9 |
| 马铃薯淀粉 | 11 748.10 | 683.54 | −10.7 | 2.9 |
| 木薯淀粉 | 36 446.69 | 1 601.41 | −11.8 | −5.0 |
| 未列名淀粉 | 20 744.13 | 996.32 | 25.9 | 25.8 |
| 葡萄糖及葡萄糖浆(不含果糖或按重量计干燥状态的果糖含量20%以下) | 1 647.18 | 107.29 | 0.8 | 4.1 |
| 葡萄糖及葡萄糖浆(不含果糖或按重量计干燥状态的果糖含量20%以上,50%以下) | 323.16 | 20.28 | −73.8 | −83.4 |
| 果糖及果糖浆(按重量计干燥状态果糖含量50%以上) | 1 123.52 | 180.15 | 95.1 | 85.2 |

续表

| 品　　名 | 数量(吨) | 金额(万美元) | 1996年比上年(±%) | |
|---|---|---|---|---|
| | | | 数量 | 金额 |
| 化学纯果糖 | 33.47 | 3.65 | 95.1 | 85.2 |
| 糊精及其他改性淀粉 | 44 023.04 | 2 813.05 | 185.9 | 196.9 |
| 以淀粉、糊精及其他改性淀粉为基本成份的胶 | 4 423.70 | 389.95 | −13.5 | −2.4 |
| 甘露糖醇 | 75.45 | 15.03 | 195.2 | 443.4 |
| 山梨醇 | 56 216.17 | 3 379.20 | 73.3 | 70.7 |
| 肌醇 | 1.66 | 2.47 | −20.9 | 1 715.4 |

**表2　　出口情况**

| 品　名 | 数量(吨) | 金额(万美元) | 1996年比上年(±%) | |
|---|---|---|---|---|
| | | | 数量 | 金额 |
| 小麦淀粉 | 4 161.62 | 202.68 | −26.4 | −8.8 |
| 玉米淀粉 | 14 546.06 | 489.90 | −36.4 | −29.6 |
| 马铃薯淀粉 | 2 167.87 | 108.40 | −31.4 | −21.4 |
| 木薯淀粉 | 1 149.56 | 37.19 | −56.2 | −61.0 |
| 未列名淀粉 | 15 155.68 | 1 187.13 | −1.4 | 13.5 |
| 葡萄糖及葡萄糖浆(不含果糖或按重量计干燥状态的果糖含量20%以下) | 867.74 | 94.57 | −30.8 | 3.1 |
| 葡萄糖及葡萄糖浆(不含果糖或按重量计干燥状态的果糖含量20%以上,50%以下) | 414.00 | 33.44 | −85.7 | −88.7 |
| 果糖及果糖浆(按重量计干燥状态果糖含量50%以上) | 1 622.62 | 285.58 | 90.5 | 89.5 |
| 化学纯果糖 | 47.97 | 6.62 | −65.4 | −74.0 |
| 糊精及其他改性淀粉 | 2 602.88 | 96.00 | 162.9 | 51.6 |
| 以淀粉、糊精及其他改性淀粉为基本成分的胶 | 536.49 | 68.85 | −4.7 | 137.7 |
| 甘露糖醇 | 705.77 | 218.72 | −55.9 | −44.5 |
| 肌醇 | 870.40 | 1 367.39 | −30.7 | −51.0 |
| 山梨醇 | 324.50 | 93.22 | −42.5 | 2.0 |

**【g. 行业活动】** 中国发酵工业协会1996年围绕企业产品结构的调整和行业技术进步,重点抓了2个会议。一是与吉林省吉发集团公司联合,于8月14日～16日在吉林长春召开了"全国淀粉衍生物生产应用新技术交流会"。到会的有全国淀粉衍生物生产企业、科研院校以及美国、日本、法国、丹麦、韩国、德国等国家及台湾的代表共250余人。会议收到论文及资料50余篇,其中有20多位国内外专家学者在大会上介绍了情况,内容包括淀粉糖类、低聚糖类、多糖类、糖醇类、变性淀粉类以及为这些行业配套的新型酶制剂和新型设备。会议的形式和内容受到与会代表的好评,取得了预期效果。

另一个会议是与中国膜工业协会联合,于12月在北京召开的"膜分离技术在发酵工业生产中应用的讲习班"。到会学员及代表共70余名,会议内容有8个方面:(1)发酵工业现状及对膜分离技术的需求;(2)膜分离技术的基本原理、系统设计和应用实例;(3)膜分离技术在食品工业和生物工程中的应用研究;(4)无机膜的研究现状与应用开发;(5)无机膜在实际应用中的若干问题;(6)气体分离膜的原理与在发酵工业中的应用;(7)核孔膜的发展与应用研究;(8)膜分离技术在发酵工业中实际应用的探讨。

**【h. 外事活动】** 1996年,较为重要的外事活动有:由中国食品添加剂生产与应用协会和中国发酵工业协会理事长尤新率团一行35人(其中发酵方面10人)赴香港参加了 3 月 4 日～6 日在香港会议展览中心举办的第七届亚洲食品配料展览。此次展览由 Miller Freeman Asia 主办及数个亚洲食品专业协会协办。在开幕式上尤新理事长应邀参加大会剪彩并在会议中作了“功能性甜味剂木糖醇”的专题报告。

参展的发酵方面的成员单位有：中国发酵工业协会、无锡中亚化学有限公司、广州味精食品厂、河北葡萄糖厂、上海正广和葡萄糖厂、宜昌食用酵母基地、淮海工学院生物技术中心。展出的产品有：味精、复合调味料、柠檬酸及其盐类、维生素 E、淀粉及淀粉糖、黄原胶、红曲色素、活性干酵母等。

由中国发酵工业协会于景之副秘书长带队，由山东日照集团柠檬酸厂、山东沂水酶制剂厂、广东佛山海天调味品有限公司、广东珠海致远生物工程公司、浙江温州快鹿集团、浙江杭州柠檬酸厂等企业参加的考察团，于 10 月 28 日～11 月 12 日赴美国考察杰能科公司、连续离子分离技术公司、谷物协会、美国玉米加工协会等单位的发酵工业综合利用及环境保护等业务，双方进行了有关合作的洽谈。

（王家勤）

## 豆制品工业

**【a. 概况】** 1996 年商办豆制品生产企业为 194 个，其中亏损 98 个，亏损面达 51%。工业总产值(新规定，1990 年不变价)为 4.4 亿元，产品销售收入为 6.1 亿元，工业增加值为 1.7 亿元，出口交货值为 0.1 亿元，全年实现利税总额为 0.1 亿元。全行业豆制品产量为 17.0 万吨，比上年下降 0.4%。

（杨海涛）

# 2.13 酒精及饮料酒制造业

## 白酒制造业

**【a. 概况】** 1996年是白酒行业处于历史性转折的关键一年。当年全国白酒总产量801.30万吨，比上年增长1.30%，各地白酒产量情况见下表。

**1996年全国白酒产量情况**

单位：万吨

| 地区 | 产量 | 比上年±% | 地区 | 产量 | 比上年±% |
|---|---|---|---|---|---|
| 北京 | 9.35 | −12.62 | 河南 | 42.21 | 2.98 |
| 天津 | 4.34 | −13.89 | 湖北 | 50.68 | −17.85 |
| 河北 | 17.84 | −34.43 | 湖南 | 24.11 | 17.21 |
| 山西 | 7.51 | −51.23 | 广东 | 15.63 | −55.05 |
| 内蒙古 | 13.90 | −1.07 | 广西 | 36.11 | 282.12 |
| 辽宁 | 25.41 | −7.23 | 海南 | 1.47 | 1 018.00 |
| 吉林 | 12.89 | −12.49 | 四川 | 111.82 | −22.77 |
| 黑龙江 | 17.15 | −51.00 | 贵州 | 34.24 | 30.39 |
| 上海 | 1.69 | −10.11 | 云南 | 20.51 | 29.40 |
| 江苏 | 60.99 | −3.42 | 陕西 | 5.66 | −2.58 |
| 浙江 | 8.68 | −14.14 | 甘肃 | 3.79 | 6.16 |
| 安徽 | 55.86 | 21.17 | 青海 | 1.91 | 25.66 |
| 福建 | 3.71 | −24.90 | 宁夏 | 0.81 | −5.81 |
| 江西 | 11.95 | −21.69 | 新疆 | 6.69 | −9.35 |
| 山东 | 131.01 | 3.93 | | | |

1996年国家征收白酒税收96亿元，其中消费税57亿元，增值税39亿元。17个国家名白酒厂利税合计近38亿元，其中税金20亿元。白酒企业为增加国家财政积累和满足人民的需求做出了有益贡献。

**【b. 行业活动】** 1996年，中国白酒协会在常务理事会的领导下，为贯彻、落实党的十四届五中全会提出的“两个转变”及国家有关节约酿酒用粮，限制白酒总量的政策精神，开展了一系列工作。一如既往坚持走出去为行业服务，协调行业内部的有关问题，并通过会议、刊物、简报等形式传递信息，相互交流，为保护、促进白酒这一民族工业健康、有序、适度发展尽职尽责，努力发挥协会桥梁和纽带作用。

1. 全年工作以节约白酒用粮为中心，组织各会员企业，各协作小组和省、自治区、直辖市白(酿)酒协会在全行业开展了多项活动，广泛深入地进行了节粮宣传，总结交流了节粮的先进经验，推动了全行业的工作。

(1)4月7日，在北京召开了中国白酒协会一届12次常务理事会。会议主要讨论了1996年的工作计划，明确地提出了要积极动员和组织会员厂，把节粮降耗、综合利用、发展酒糟加工饲料等作为当年的中心任务和协会全年的工作大方向。

(2)组织召开了中国名白酒厂发展战略研讨会。名白酒代表了全国白酒的水平，名白酒企业是行业的龙头和支柱，抓好名白酒企业有利于带动全行业。1994年1月1

日新税制正式实施后，白酒税率平均增长5～7个百分点，国家开始用经济杠杆限制白酒生产。1996年1月15日《光明日报》在头版“每日聚焦”专栏发表了一篇“我们喝掉了多少粮食”的文章，受到了国家20多个部委和2个省的响应，并决定在公务宴请中不喝白酒。3月14日，李鹏总理在八届人大四次会议山东代表团座谈时，指出“我们能不能在全社会倡导少喝白酒？逢年过节，朋友聚会，喝点果酒……”。舆论的导向对白酒是一次大震动，是一种大压力。6月8日～11日，中国白酒协会在南京召开中国名白酒厂发展战略研讨会。大家一致认为要正确、全面理解中央领导的指示精神，认真贯彻国家有关节约酿酒用粮的一系列指示，并做为今后工作重点；同时要努力实现“四个转化”，及落实“控制总量，调整结构，降低粮耗，提高质量，增加效益”的方针，并呼吁有关部门整顿那些设备简陋、劣质、高耗的白酒厂；要解放思想，转变观念，发挥新工艺白酒和低度白酒的优势，搞好酒糟深加工；要实现“两个转变”，组建以名优白酒厂为龙头的企业集团，提高规模效益，坚持一业为主，多种经营，向质量、效益型方向发展。

(3)召开省、自治区、直辖市白(酿)酒协会联席会议，贯彻国家有关节约酿酒用粮的一系列指示及有关酒类产业政策。中国白酒协会8月19日～21日在山西杏花村召开联席会议。参加本次会议的有22个省区市白(酿)酒协会的会长或秘书长；会议内容以节粮为中心，泸州老窖酒厂、汾酒厂、古井酒厂、宁城老窖厂分别就节粮的重要经验、新工艺白酒和酒糟综合利用的现状与前景做了专题介绍，引起了广泛热烈的讨论和重视。通过研讨大家一致认为：全行业应进一步解放思想，转变观念，大力宣传、扶植推广新工艺白酒；开发新一代低度营养酒，以弥补白酒缺乏营养的不足；搞好酒糟的深加工，发展酒糟饲料工业，节约替代饲料用粮，为企业再创效益。

会后，各地方协会纷纷召开会议，宣传和介绍省区市白(酿)酒协会联席会议的精神和经验介绍。

2. 协会组织了行业的多项专题业务活动，从各个方面沟通了企业之间和全行业的上下、纵横、内外关系，宣传了政策，介绍了产品，传递了信息，活跃了全行业工作。

(1)4月18日～20日，在河南省洛阳市召开了一年一次的全国名白酒厂营销工作会。白酒企业在市场竞争激烈的情况下，做为企业各项工作的龙头——营销工作日趋重要，营销工作直接牵动企业的经济效益。为此，营销工作会议一直受到名白酒企业的重视。这次17个名白酒厂主管营销的负责同志基本上全部到会。

会上，中国酒类商业协会副会长刘锦林，中国白酒协会副会长沈怡方、常务副秘书长高景炎就国内酒类生产、营销形势及发展趋势进行了分析预测，受到代表的欢迎和重视。与会代表还纷纷介绍了各厂营销工作的经验及体会，达到了相互学习，互相促进的目的。

(2)努力开展全方位的协作活动。协作组是协会与会员厂，会员厂间相互交流沟通信息，联络情感，增进友谊，共同促进的好形式。几年来协会在各协作组组长厂的热心支持和帮助下，开展了一系列协作活动，对宣传贯彻国家有关节约酿酒用粮的指示和有关酒类的各项产业政策，传递行业信息，推进科技进步等方面都发挥了应有的作用。

5月14日～16日在四川省沱牌实业股份有限公司召开了中国白酒协会浓香型第四协作组一届二次会议。出席这次会议的代表来自全国9个省市27个单位，共计70人。会议明确了白酒行业必须以科技进步为动力，把节粮、降耗做为首要任务来抓，努力搞好综合利用；走以酒为主，综合发展的道路，积极开发液态酒和营养复制酒、保健酒。

8月13日～15日，全国清香型白酒协作会成立大会在山西杏花村汾酒厂召开。参加会议的清香型白酒企业有32个，著名酿酒专家秦含章、周恒刚、沈怡方、高月明、高景炎、栗永清等也应邀出席了会议。会议听取了有关专家的报告及14个企业的经验介绍。

近年来，清香型白酒发展参差不齐。会议代表认为，清香型市场的某些萎缩，不是香型问题，而是思想解放不够，市场经济观念转变慢，技术进步相对落后等原因所造成。如果充分发挥其正品率高、品质纯正、文明生产等优势，坚定走新工艺酒的工艺路线，开发营养型复制酒，继续搞好酒糟的综合利用和深加工，清香型白酒将再铸辉煌。

3. 广开信息来源，搞好信息和技术咨询服务。1996年，协会通过《酿酒》、《酿酒科技》报导了大量的行业信息和动态，刊载了行业内各种会议的精神，为传递信息和技术进步做了大量而实在的工作。协会还加强与《中国轻工报》、《华夏酒报》、《中国酒》、《中国食品报》等报刊的联系，通过它们为行业、为企业进行宣传，扩大影响。

为了让会员厂、省区市协会及时了解国家的有关政策、行业会议及各种活动，协会每季出版发行《信息简报》并免费寄送，起到沟通信息，加强联络的作用。1996年，协会还连续出版发行1995年会员厂主要经济技术指标汇总资料。汇总资料中统计了216个会员厂的经济技术指标，统计面占会员总数的54%，成为会员厂最欢迎的资料。

1996年协会还组织了《白酒生产技术全书》的编著工作。

**【c. 质量管理】** 为规范白酒市场,保护消费者利益和维护白酒生产企业的合法权益,给打击制售伪劣白酒产品提供有效科学依据和手段,1996 年中国白酒协会配合辽宁省技术监督局开展了对 12 种中国白酒国家标样的征集工作,现已基本就绪,即将向市场推出。

近年来,随着白酒工业的科技进步,白酒企业发挥各自优势,连续向市场推出一批受广大工薪阶层和农民群众欢迎和喜爱的量大、面广、物美价廉的大众白酒,自然形成了消费者心目中的名白酒。为了发挥名牌效应,满足会员厂的要求,引导消费,选拔优秀,中国白酒协会与中国酒类商业协会协同合作,开展了“大众名白酒”选评和推荐工作。在企业自愿报名,省级协会把关,按条件申报的基础上,由两协会进行资格审查。在大量参加初选产品的基础上复选出 35 种产品,再从复选的 35 种产品精选出 8 种,经市场抽样,并委托酒类产品检测中心对其质量进行理化指标及卫生指标的全面检验。在完全符合标准的基础上,组织 7 名国家级评酒专家,按照国家评酒方法,进行认真的感观品评,并写出品评鉴定结论,最后确认推荐产品名单。首届推荐的 8 个大众名白酒是(不分先后次序):黑龙江省农垦酿酒工业企业集团公司北大荒牌北大荒酒,山东景芝酒业股份有限公司景芝牌景芝白干,安徽省涡阳县高炉酒厂高炉牌高炉特曲,安徽省种子酒总厂种子牌种子玉液,江苏省高沟集团高沟白酒厂高沟特液,湖北省石花酿酒集团石花牌石花大曲,北京红星酿酒集团公司红星牌二锅头,天津酿酒厂新塔牌特制佳酿。

1996 年 1 月 21 日,首届大众名白酒选评工作会议在北京召开,汇报选评及结果,并向被推荐的 8 个企业颁发了证书。这次大众名白酒的选评和推荐工作,是为广大工薪阶层和农民群众服务的具体体现,是协会在市场经济中把企业产品推向市场的一次尝试,是变民牌为名牌的一次实践。首届推荐的 8 个大众名白酒中降度、低度酒占 87.5%,且大都是新工艺白酒,符合国家有关酒类的产业政策和节约酿酒用粮的精神。

(王贵荣)

**【d. 行业数据报告】** 1. 行业基本情况

行业名称:酒精及饮料酒精制造业 *

| | 1994 年 | 1995 年 | 1996 年 |
|---|---|---|---|
| 行业内企业单位数(个) | 6 829 | 7 013 | 7 322 |
| 其中:亏损企业 | 1 686 | 1 823 | 1 575 |
| 从业人员(万人) | 109.20 | 110.96 | 111.94 |
| 其中:工程技术人员 | | 8.03 | |
| 管理人员 | | 13.92 | |
| 年末离退休人员(万人) | | 10.78 | |

* 本行业的统计范围是全部乡及乡以上独立核算工业企业。

2. 酒精及饮料酒制造业行业在全部工业中的位置与比较(单位:%)

| | 1994 年 | 1995 年 | 1996 年 |
|---|---|---|---|
| 行业产值占全部工业产值的比重 | 1.43 | 1.56 | 1.64 |
| 行业增加值占全部工业增加值的比重 | 1.72 | 1.88 | 1.96 |
| 行业人数占全部工业人数的比重 | 1.28 | | 1.37 |
| 行业资本金占全部工业资本金的比重 | 1.43 | 1.54 | 1.51 |

3. 行业财务状况(单位:亿元)

| | 1994 年 | 1995 年 | 1996 年 |
|---|---|---|---|
| 资本金 | 256.04 | 332.18 | 375.88 |
| 中方 | 182.69 | 260.56 | 204.21 |
| 外方 | 26.65 | 71.62 | 101.24 |
| 工业总产值(新规定当年价) | 732.25 | 855.02 | 1 026.41 |
| 工业增加值 | 252.81 | 290.63 | 353.81 |
| 职工工资总额 | | 46.88 | |
| 职工平均工资(元) | | 4 225 | |
| 出口交货值 | | 10.84 | |

4. 行业资产负债(单位:亿元)

| | 1994 年 | 1995 年 | 1996 年 |
|---|---|---|---|
| 年末资产 | | 1 293.48 | 1 514.26 |
| 流动资产 | 489.04 | 585.59 | 692.94 |
| #存货 | 201.90 | 259.75 | 296.27 |
| 固定资产 | 467.22 | 617.36 | 690.27 |
| #生产经营用 | 404.18 | 522.40 | 602.69 |
| 年末负债 | | 887.26 | 1 024.53 |
| 流动负债 | | 644.71 | 770.96 |
| 长期负债 | | 238.26 | |
| 年末所有者权益 | 286.91 | 406.22 | 489.73 |
| 实收资本 | | 305.39 | |

5. 行业损益及分配(单位:亿元)

| | 1994 年 | 1995 年 | 1996 年 |
|---|---|---|---|
| 产品销售收入 | 598.67 | 805.84 | 933.41 |
| 产品销售成本 | 399.26 | 549.02 | 641.07 |
| 产品销售费用 | 30.79 | 42.50 | 61.03 |
| 产品销售税金及附加 | 76.92 | 88.67 | 96.51 |
| 产品销售利润 | | 124.80 | 128.3 |
| 产品管理费用 | 52.62 | 65.70 | 73.05 |
| 营业利润 | | 27.95 | 25.78 |
| 投资收益 | | 2.21 | |
| 利润总额 | 23.85 | 33.84 | 35.98 |
| 所得税 | | 11.72 | |

| | | | |
|---|---|---|---|
| 净利润 | | 22.13 | |
| 利税总额 | 141.11 | 172.01 | 191.23 |
| 亏损企业亏损额 | 15.59 | 18.81 | 15.65 |

6. 行业效益评价

| | 1994 年 | 1995 年 | 1996 年 |
|---|---|---|---|
| 产品销售率(%) | 96.65 | 94.25 | 97.03 |
| 资金利税率(%) | 17.71 | 17.89 | 16.41 |
| 增加值率(%) | 34.53 | 33.99 | 34.47 |
| 成本利税率(%) | 35.34 | 31.33 | 29.83 |
| 全员劳动生产率(元/人·年) | 23 200 | 26 200 | 31 600 |
| 流动资产周转率(%) | 130.76 | 149.31 | 147.73 |
| 企业亏损面(%) | 24.69 | 23.95 | 21.51 |
| 存货可供销售天数(天) | 182 | 171 | 167 |

7. 饮料酒历年产量(单位:万吨)

| 年份 | 产量 |
|---|---|
| 1980 | 368.00 |
| 1985 | 851.00 |
| 1986 | 985.00 |
| 1987 | 1 195.00 |
| 1988 | 1 357.00 |
| 1989 | 1 285.00 |
| 1990 | 1 386.00 |
| 1991 | 1 539.00 |
| 1992 | 1 753.00 |
| 1993 | 1 971.00 |
| 1994 | 2 233.00 |
| 1995 | 2 559.66 |
| 1996 | 2 650.85 |

8. 分地区饮料酒产量(单位:万吨)

| 地　区 | 1994 年 | 1995 年 | 1996 年 |
|---|---|---|---|
| 全国总计 | 2 233.07 | 2 541.91 | 2 650.94 |
| 北　京 | 83.05 | 91.20 | 103.76 |
| 天　津 | 11.09 | 12.34 | 10.72 |
| 河　北 | 125.97 | 146.21 | 140.63 |
| 山　西 | 26.53 | 28.22 | 29.29 |
| 内蒙古 | 38.67 | 45.93 | 48.71 |
| 辽　宁 | 134.27 | 142.60 | 144.61 |
| 吉　林 | 82.93 | 86.06 | 89.92 |
| 黑龙江 | 125.91 | 141.17 | 145.28 |
| 上　海 | 32.24 | 30.69 | 27.97 |
| 江　苏 | 147.20 | 162.67 | 154.56 |
| 浙　江 | 205.36 | 226.71 | 226.84 |
| 安　徽 | 92.55 | 108.66 | 132.86 |
| 福　建 | 86.72 | 109.32 | 118.64 |
| 江　西 | 47.60 | 56.02 | 52.49 |
| 山　东 | 321.47 | 341.54 | 361.04 |
| 河　南 | 98.00 | 123.20 | 128.77 |
| 湖　北 | 87.14 | 115.36 | 129.84 |
| 湖　南 | 41.46 | 47.17 | 51.82 |
| 广　东 | 128.10 | 132.52 | 142.86 |
| 广　西 | 32.86 | 37.97 | 60.81 |
| 海　南 | 1.32 | 1.73 | 2.97 |
| 四　川 | 157.48 | 214.82 | 190.49 |
| 贵　州 | 30.16 | 33.62 | 42.25 |
| 云　南 | 22.37 | 26.46 | 33.16 |
| 陕　西 | 26.60 | 28.10 | 27.93 |
| 甘　肃 | 15.98 | 17.99 | 21.10 |
| 青　海 | 4.37 | 3.59 | 3.18 |
| 宁　夏 | 3.72 | 4.89 | 5.99 |
| 新　疆 | 21.94 | 24.95 | 22.00 |

9. 分地区分品种饮料酒产量(单位:万吨)

| 地　区 | 1994 年 | | | | 1995 年 | | | | | 1996 年 | | | | |
|---|---|---|---|---|---|---|---|---|---|---|---|---|---|---|
| | 白酒 | 黄酒 | 葡萄酒 | 果露酒 | 白酒 | 黄酒 | 葡萄酒 | 果酒 | 露酒 | 白酒 | 黄酒 | 葡萄酒 | 果酒 | 露酒 |
| 总　计 | 651.29 | 104.81 | 18.04 | 44.27 | 774.22 | 132.72 | 22.91 | 26.56 | 16.58 | 801.30 | 119.70 | 17.03 | 17.96 | 13.04 |
| 北　京 | 9.36 | 0.16 | 1.50 | 0.15 | 10.70 | 0.06 | 1.52 | 0.01 | 0.02 | 9.35 | 0.07 | 1.45 | 0.01 | 0.01 |
| 天　津 | 4.54 | 0.14 | 0.98 | 0.02 | 5.05 | 0.17 | 4.93 | | 0.12 | 4.34 | 0.01 | 1.47 | 0.05 | 0.01 |
| 河　北 | 23.09 | 0.06 | 0.82 | 0.70 | 27.22 | 0.15 | 1.17 | 10.36 | 0.25 | 27.78 | 0.02 | 1.26 | 0.33 | 0.14 |
| 山　西 | 15.79 | 0.47 | 0.13 | 0.51 | 15.41 | 0.16 | 0.05 | 0.04 | 0.92 | 18.88 | 0.15 | 0.04 | 0.03 | 0.27 |
| 内蒙古 | 11.50 | | 0.13 | 0.10 | 14.05 | | 0.08 | 0.08 | 0.02 | 13.90 | 0.01 | 0.13 | 0.06 | 0.19 |
| 辽　宁 | 24.35 | 0.19 | 0.02 | 1.68 | 27.39 | 1.06 | | 0.54 | 0.26 | 25.41 | 0.10 | | 0.33 | 0.02 |
| 吉　林 | 13.12 | 0.13 | 0.68 | 0.73 | 14.74 | 0.21 | 0.72 | 0.25 | 0.25 | 12.89 | 0.19 | 0.72 | 0.04 | 0.22 |
| 黑龙江 | 26.07 | 0.04 | 0.20 | 1.16 | 35.00 | 0.05 | 0.02 | 0.34 | 0.06 | 36.56 | 0.02 | | 0.26 | |
| 上　海 | 2.01 | 4.91 | 0.03 | 0.28 | 1.88 | 4.85 | 0.03 | 0.03 | 0.39 | 1.69 | 4.05 | 0.06 | | 0.36 |
| 江　苏 | 57.03 | 16.31 | 0.44 | 3.71 | 63.15 | 24.50 | 0.82 | 1.01 | 0.49 | 60.99 | 19.51 | 0.60 | 1.88 | 0.64 |
| 浙　江 | 8.70 | 66.49 | 0.07 | 2.57 | 10.11 | 79.45 | 0.05 | 1.44 | 1.63 | 8.68 | 73.96 | 0.04 | 1.49 | 1.52 |
| 安　徽 | 39.07 | 2.62 | 0.41 | 1.52 | 46.10 | 4.07 | 0.52 | 1.22 | 0.10 | 55.86 | 4.76 | 0.52 | 1.63 | 0.08 |

续表

| 地区 | 1994年 | | | | 1995年 | | | | | 1006年 | | | | |
|---|---|---|---|---|---|---|---|---|---|---|---|---|---|---|
| | 白酒 | 黄酒 | 葡萄酒 | 果露酒 | 白酒 | 黄酒 | 葡萄酒 | 果酒 | 露酒 | 白酒 | 黄酒 | 葡萄酒 | 果酒 | 露酒 |
| 福建 | 3.46 | 2.08 | 0.04 | 0.74 | 4.94 | 2.41 | 0.03 | 0.15 | 0.68 | 3.71 | 3.21 | 0.10 | 0.27 | 1.15 |
| 江西 | 13.27 | 2.20 | 0.65 | 2.47 | 15.26 | 5.48 | 0.40 | 0.41 | 0.25 | 11.95 | 1.43 | 0.29 | 0.32 | 0.08 |
| 山东 | 113.83 | 2.42 | 7.19 | 6.43 | 126.07 | 1.78 | 6.89 | 5.75 | 0.83 | 131.01 | 1.99 | 6.64 | 3.43 | 1.02 |
| 河南 | 31.74 | 0.55 | 2.11 | 2.25 | 40.99 | 1.08 | 2.32 | 1.06 | 1.27 | 42.21 | 1.53 | 1.90 | 1.17 | 1.16 |
| 湖北 | 30.04 | 0.37 | 0.17 | 1.26 | 44.89 | 1.06 | 0.36 | 0.63 | 0.52 | 50.68 | 2.03 | 0.02 | 0.30 | 0.82 |
| 湖南 | 20.03 | 0.23 | 0.29 | 1.17 | 20.57 | 0.45 | 0.08 | 0.42 | 0.17 | 24.11 | 0.52 | 0.09 | 0.30 | 0.16 |
| 广东 | 38.51 | 1.18 | 0.03 | 8.84 | 34.77 | 1.13 | | 0.92 | 1.83 | 38.27 | 0.86 | 0.02 | 3.60 | 1.67 |
| 广西 | 10.55 | 0.26 | 0.08 | 1.78 | 9.46 | 0.21 | 0.12 | 0.13 | 4.32 | 36.11 | 0.03 | 0.12 | 0.29 | 0.96 |
| 海南 | 0.44 | 0.75 | | | 0.38 | 0.01 | | 0.04 | 0.69 | 1.47 | 0.01 | | | 0.65 |
| 四川 | 97.23 | 0.21 | 0.31 | 2.71 | 144.79 | 0.20 | 0.64 | 0.70 | 0.95 | 111.82 | 0.20 | 0.09 | 1.17 | 0.77 |
| 贵州 | 23.32 | 0.02 | | 1.32 | 26.26 | 0.09 | | 0.03 | 0.09 | 34.24 | 0.09 | | 0.01 | 0.27 |
| 云南 | 13.17 | 0.04 | 0.04 | 1.60 | 15.86 | 0.15 | 0.03 | 0.74 | 0.45 | 20.51 | 0.06 | 0.01 | 0.76 | 0.86 |
| 陕西 | 7.43 | 2.71 | 0.75 | 0.40 | 5.81 | 3.03 | 0.99 | 0.16 | | 5.66 | 3.28 | 0.72 | 0.20 | 0.01 |
| 甘肃 | 2.83 | 0.21 | 0.09 | 0.02 | 3.58 | 0.88 | 0.18 | 0.09 | 0.01 | 3.79 | 1.56 | 0.03 | 0.03 | |
| 青海 | 1.73 | | | | 2.53 | | | | | 1.91 | | | | |
| 宁夏 | 0.60 | | 0.01 | | 0.87 | | 0.01 | | | 0.81 | | 0.02 | | |
| 新疆 | 8.46 | 0.04 | 0.89 | 0.13 | 7.38 | 0.04 | 0.97 | 0.02 | 0.01 | 6.69 | 0.05 | 0.71 | | |

10. 进出口数量、金额及主要国家和地区

**1994年～1996年　22041000主要出口国家和地区**

| 国家或地区 | 1994年 | | | 1995年 | | | 1996年 | | |
|---|---|---|---|---|---|---|---|---|---|
| | 数量（万升） | 金额（万美元） | 百分比（%） | 数量（万升） | 金额（万美元） | 百分比（%） | 数量（万升） | 金额（万美元） | 百分比（%） |
| 合计 | 810.7 | 507 | 100.00 | 60.3 | 88 | 100.00 | 47.6 | 46 | 10.00 |
| 香港 | 798.0 | 495 | 97.81 | 41.7 | 32 | 36.70 | 32.6 | 25 | 53.59 |
| 日本 | 1.0 | 2 | 0.32 | | | | 2.9 | 7 | 14.81 |
| 西班牙 | 3.7 | 3 | 0.53 | | | | | | |
| 意大利 | 1.5 | 2 | 0.38 | | | | | | |
| 泰国 | | | | 6.5 | 9 | 10.11 | 3.1 | 4 | 8.71 |
| 菲律宾 | | | | 1.4 | 33 | 37.95 | | | |

**1994年～1996年　22071000主要出口国家和地区**

| 国家或地区 | 1994年 | | | 1995年 | | | 1996年 | | |
|---|---|---|---|---|---|---|---|---|---|
| | 数量（万升） | 金额（万美元） | 百分比（%） | 数量（万升） | 金额（万美元） | 百分比（%） | 数量（万升） | 金额（万美元） | 百分比（%） |
| 合计 | 16 646.7 | 5 555 | 100.00 | 3 110.2 | 1 630 | 100.00 | 2 182.2 | 1 216 | 100.00 |
| 荷兰 | 413.1 | 196 | 3.53 | | | | | | |
| 韩国 | 8 149.4 | 2 658 | 47.84 | 1 049.2 | 478 | 29.35 | 333.3 | 156 | 12.84 |
| 日本 | 7 323.8 | 2403 | 43.26 | 1 212.7 | 580 | 35.55 | 1 292.2 | 670 | 55.11 |
| 法国 | 260.1 | 72 | 1.29 | | | | | | |
| 朝鲜 | | | | 124.2 | 80 | 4.91 | 104.0 | 68 | 5.61 |
| 吉尔吉斯斯坦 | | | | 470.2 | 315 | 19.33 | 162.4 | 122 | 10.04 |

### 1994年～1996年　22083000主要出口国家和地区

| 国家或地区 | 1994年 | | | 1995年 | | | 1996年 | | |
|---|---|---|---|---|---|---|---|---|---|
| | 数量（万升） | 金额（万美元） | 百分比（%） | 数量（万升） | 金额（万美元） | 百分比（%） | 数量（万升） | 金额（万美元） | 百分比（%） |
| 合　计 | 28.6 | 37 | 100.00 | 16.7 | 204 | 100.00 | 1.7 | 63 | 100.00 |
| 缅　甸 | 8.9 | 5 | 13.90 | | | | | | |
| 朝　鲜 | 3.0 | 2 | 4.90 | | | | | | |
| 新加坡 | | | | | | | 1.1 | 55 | 86.57 |
| 日　本 | 14.6 | 28 | 76.02 | 4.5 | 141 | 69.16 | | | |
| 荷　兰 | | | | 1.3 | 38 | 18.47 | | | |
| 巴拿马 | | | | | | | 0.2 | 2 | 3.32 |

### 1994年～1996年　22083000主要进口国家和地区

| 国家或地区 | 1994年 | | | 1995年 | | | 1996年 | | |
|---|---|---|---|---|---|---|---|---|---|
| | 数量（万升） | 金额（万美元） | 百分比（%） | 数量（万升） | 金额（万美元） | 百分比（%） | 数量（万升） | 金额（万美元） | 百分比（%） |
| 合　计 | 18.5 | 114 | 100.00 | 77.8 | 735 | 100.00 | 30.2 | 197 | 100.00 |
| 香　港 | 0.5 | 3 | 2.36 | | | | 0.2 | 3 | 1.73 |
| 法　国 | 6.5 | 28 | 24.48 | 32.2 | 485 | 65.97 | 8.9 | 107 | 54.16 |
| 英　国 | 7.3 | 66 | 57.26 | 40.6 | 217 | 29.58 | 13.2 | 62 | 31.57 |
| 韩　国 | 0.9 | 8 | 6.99 | | | | 4.4 | 8 | 4.16 |
| 日　本 | 0.7 | 5 | 4.72 | | | | 1.9 | 9 | 4.42 |

### 1994年～1996年　22071000主要进口国家和地区

| 国家或地区 | 1994年 | | | 1995年 | | | 1996年 | | |
|---|---|---|---|---|---|---|---|---|---|
| | 数量（万升） | 金额（万美元） | 百分比（%） | 数量（万升） | 金额（万美元） | 百分比（%） | 数量（万升） | 金额（万美元） | 百分比（% |
| 合　计 | 63.1 | 43 | 100.00 | 342.4 | 144 | 100.00 | 126.1 | 70 | 100.00 |
| 英　国 | 4.1 | 8 | 19.35 | | | | 2.8 | 5 | 6.76 |
| 台　湾 | 24.0 | 9 | 21.91 | 34.8 | 16 | 11.08 | 11.4 | 5 | 6.91 |
| 香　港 | 7.8 | 7 | 16.55 | | | | 4.8 | 3 | 4.32 |
| 日　本 | 19.2 | 13 | 30.30 | 35.5 | 35 | 24.38 | 91.9 | 50 | 71.51 |
| 巴　西 | | | | 250.6 | 80 | 55.54 | | | |

### 1994年～1996年　22041000主要进口国家和地区

| 国家或地区 | 1994年 | | | 1995年 | | | 1996年 | | |
|---|---|---|---|---|---|---|---|---|---|
| | 数量（万升） | 金额（万美元） | 百分比（%） | 数量（万升） | 金额（万美元） | 百分比（%） | 数量（万升） | 金额（万美元） | 百分比（%） |
| 合　计 | 2.4 | 3.8 | 100.00 | 7.6 | 36 | 100.00 | 13.7 | 23 | 100.00 |
| 香　港 | 0.04 | 0.3 | 7.89 | | | | | | |
| 日　本 | 0.3 | 0.5 | 13.16 | | | | | | |
| 西班牙 | 1.8 | 1.6 | 42.11 | | | | 6.2 | 9 | 37.99 |
| 法　国 | 0.1 | 1.2 | 31.58 | 0.5 | 12 | 31.94 | 3.2 | 9 | 38.43 |
| 德　国 | | | | 4.3 | 9 | 24.72 | 1.1 | 3 | 11.35 |
| 英　国 | | | | 1.2 | 13 | 35.83 | | | |

注：22041000　葡萄汽酒

22071000　未改性乙醇，按容量计酒精浓度在80%以上

22083000　威士忌酒

11. 城镇居民家庭酒和饮料消费支出(单位：元/人·年)

| | 1994年 | 1995年 | 1996年 |
|---|---|---|---|
| 全　国 | 66.29 | 78.29 | 84.97 |
| 北　京 | 108.64 | 125.90 | 146.19 |
| 天　津 | 80.54 | 94.77 | 108.18 |
| 河　北 | 76.74 | 82.10 | 95.40 |
| 山　西 | 42.47 | 62.77 | 60.82 |
| 内蒙古 | 55.17 | 65.69 | 70.48 |
| 辽　宁 | 78.24 | 86.32 | 98.46 |
| 吉　林 | 49.27 | 57.56 | 64.88 |
| 黑龙江 | 63.10 | 75.12 | 81.87 |
| 上　海 | 101.94 | 123.11 | 134.17 |
| 江　苏 | 62.36 | 75.31 | 80.93 |
| 浙　江 | 88.01 | 111.55 | 119.71 |
| 安　徽 | 85.42 | 109.18 | 129.61 |
| 福　建 | 106.09 | 140.12 | 153.48 |
| 江　西 | 39.05 | 41.38 | 46.64 |
| 山　东 | 81.94 | 91.33 | 96.56 |
| 河　南 | 72.27 | 81.64 | 88.56 |
| 湖　北 | 54.82 | 63.24 | 68.78 |
| 湖　南 | 57.48 | 70.35 | 68.12 |
| 广　东 | 54.74 | 65.04 | 61.08 |
| 广　西 | 39.97 | 48.85 | 48.45 |
| 海　南 | 39.74 | 56.22 | 51.25 |
| 四　川 | 58.94 | 72.70 | 76.96 |
| 贵　州 | 52.55 | 65.32 | 79.17 |
| 云　南 | 46.05 | 53.48 | 59.36 |
| 西　藏 | 98.98 | | 130.52 |
| 陕　西 | 43.84 | 53.75 | 60.82 |
| 甘　肃 | 73.84 | 85.49 | 87.24 |
| 青　海 | 88.01 | 101.46 | 110.66 |
| 宁　夏 | 45.46 | 53.26 | 55.48 |
| 新　疆 | 51.46 | 55.36 | 53.52 |

12. 城镇居民家庭酒类消费情况(单位：购买量，千克/人·年)

| | 1994年 | | 1995年 | | 1996年 | |
|---|---|---|---|---|---|---|
| | 酒 | 白酒 | 酒 | 白酒 | 酒 | 白酒 |
| 全国 | 10.00 | 2.98 | 9.93 | 3.09 | 9.72 | 2.85 |
| 北　京 | 14.40 | | 12.14 | 2.80 | 12.21 | |
| 天　津 | | 2.70 | | | | 2.80 |
| 河　北 | 11.63 | | 10.65 | | 11.20 | |
| 山　西 | 4.58 | | 7.68 | | 4.45 | |
| 内蒙古 | | 3.94 | | 3.78 | | 3.55 |
| 辽　宁 | 18.51 | | 16.80 | | 17.10 | |
| 吉　林 | 11.52 | | 14.04 | | 14.04 | |
| 黑龙江 | 16.90 | 3.60 | 17.10 | 3.30 | | 3.60 |
| 上　海 | 16.80 | | 15.60 | | 14.40 | |
| 江　苏 | | 2.70 | | 2.71 | | 2.64 |
| 浙　江 | | 1.69 | | 1.96 | | 1.67 |
| 安　徽 | 10.16 | 3.21 | 9.02 | | 10.17 | |
| 福　建 | 16.55 | | 16.80 | | 17.09 | |
| 江　西 | 6.24 | | 6.12 | | 6.24 | |
| 山　东 | | | | | | |
| 河　南 | 8.63 | 2.81 | 8.23 | 2.73 | 7.77 | 2.77 |
| 湖　北 | 6.68 | 2.82 | 6.13 | 2.48 | 6.55 | 2.81 |
| 湖　南 | 5.70 | | 6.05 | 2.65 | 5.30 | 2.35 |
| 广　东 | | 1.55 | | 1.28 | | 0.94 |
| 广　西 | 5.26 | | | 4.04 | | 3.35 |
| 海　南 | | 2.17 | | 0.17 | | 2.79 |

续表

| | 1994 年 | | 1995 年 | | 1996 年 | |
|---|---|---|---|---|---|---|
| | 酒 | 白酒 | 酒 | 白酒 | 酒 | 白酒 |
| 四　川 | | | | | | |
| 贵　州 | | | | | | |
| 云　南 | | 5.70 | | 3.10 | | 3.10 |
| 西　藏 | 10.80 | 0.90 | 15.60 | 0.90 | 8.40 | 0.90 |
| 陕　西 | 3.80 | 1.09 | 3.21 | 0.64 | 3.93 | 1.17 |
| 甘　肃 | 6.12 | 3.12 | 3.99 | 2.32 | 4.25 | 2.14 |
| 青　海 | 7.44 | 4.26 | 8.04 | 4.79 | | |
| 宁　夏 | 4.13 | | 3.83 | | 2.16 | |
| 新　疆 | | 1.40 | | 2.70 | | 1.30 |

注：本表资料中，酒与白酒来自不同的抽样调查。

13. 行业内“三资”企业状况

| | 1994 年 | 1995 年 | 1996 年 |
|---|---|---|---|
| 企业单位数（个） | 135 | 280 | 244 |
| 亏损企业 | 43 | 91 | 81 |
| 企业从业人员数（人） | 33 971 | 65 391 | 74 007 |
| 实收资本（亿元） | 36.51 | 101.45 | 138.57 |
| 中方 | 15.98 | 40.71 | 37.70 |
| 外方 | 17.31 | 58.92 | 85.36 |
| 工业总产值（亿元） | 58.83 | 118.66 | 144.28 |
| 工业增加值（亿元） | 20.58 | 42.80 | 51.10 |
| 年末资产（亿元） | | 228.10 | 280.27 |
| #流动资产 | 39.06 | 85.12 | 102.83 |
| 年末负债（亿元） | | 99.71 | 131.85 |
| #流动负债 | | 72.26 | 85.66 |
| 所有者权益（亿元） | 38.88 | 128.39 | 148.43 |
| 产品销售收入（亿元） | 50.56 | 134.59 | 133.99 |
| #销售成本 | 31.26 | | 89.56 |
| #销售费用 | 4.16 | | 13.32 |
| #销售税金及附加 | 4.64 | 11.07 | 10.24 |
| #销售利润 | | | 17.04 |
| 管理费用（亿元） | 4.49 | | 11.82 |
| 利润总额（亿元） | 3.97 | 9.40 | 6.27 |
| 利税总额（亿元） | 12.02 | 29.25 | 25.51 |
| 亏损企业亏损总额（亿元） | 1.70 | 4.06 | 5.86 |
| 产品销售率（%） | 95.27 | 113.42 | 95.70 |
| 资金利税率（%） | 16.62 | 16.14 | 12.59 |
| 增加值率（%） | 34.98 | 36.07 | 35.42 |
| 全员劳动生产率（元/人·年） | 60 600 | 65 043 | 69 000 |
| 流动资产周转率（%） | 148.40 | 158.12 | 144.11 |
| 企业亏损面（%） | 31.85 | 32.50 | 33.20 |

| | | |
|---|---|---|
| 存货可供销天数（天） | 154 | 145 |

**【e. 啤酒行业数据报告】** 1. 行业基本情况

行业名称：啤酒制造业 *

| | 1994 年 | 1995 年 | 1996 年 |
|---|---|---|---|
| 行业内企业单位数（个） | 705 | 737 | 741 |
| 其中：亏损企业 | 217 | 253 | 248 |
| 从业人员（万人） | | 21 | 34 |

* 本行业的统计范围是全部乡以乡以上独立核算工业企业。

2. 啤酒行业在全部工业中的位置与比较（单位：亿元）

| | 1994 年 | 1995 年 | 1996 年 |
|---|---|---|---|
| 行业产值占全部工业产值的比重 | 0.522 | 0.55 | 0.577 |
| 行业增加值占全部工业增加值的比重 | 0.638 | 0.705 | 0.707 |
| 行业职工人数占全部工业职工人数的比重 | 0.367 | | 0.415 |
| 行业资本金占全部工业资本金的比重 | 0.674 | 0.81 | 0.87 |

3 1995 年啤酒生产企业分布情况

| 地　区 | 企业个数 |
|---|---|
| 北　京 | 12 |
| 天　津 | 3 |
| 河　北 | 42 |
| 山　西 | 15 |
| 内蒙古 | 30 |
| 辽　宁 | 47 |
| 吉　林 | 41 |

| | |
|---|---|
| 黑龙江 | 66 |
| 上　海 | 9 |
| 江　苏 | 36 |
| 浙　江 | 83 |
| 安　徽 | 25 |
| 福　建 | 43 |
| 江　西 | 27 |
| 山　东 | 47 |
| 河　南 | 36 |
| 湖　北 | 33 |
| 湖　南 | 13 |
| 广　东 | 25 |
| 广　西 | 5 |
| 海　南 | 5 |
| 四　川 | 35 |
| 贵　州 | 7 |
| 云　南 | 11 |
| 西　藏 | 1 |
| 陕　西 | 11 |
| 甘　肃 | 11 |
| 青　海 | 1 |
| 宁　夏 | 3 |
| 新　疆 | 13 |

4. 行业财务状况(单位:亿元)

| | 1994年 | 1995年 | 1996年 |
|---|---|---|---|
| 资本金 | 120.87 | 174.51 | 210.60 |
| 中方 | 74.56 | 109.05 | 89.00 |
| 外方 | 23.86 | 65.47 | 94.84 |
| 工业总产值 | 268.03 | 302.27 | 362.02 |
| 工业增加值 | 93.84 | 108.89 | 127.46 |
| 出口交货值 | | 3.80 | |

5. 行业资产负债(单位:亿元)

| | 1994年 | 1995年 | 1996年 |
|---|---|---|---|
| 年末资产 | | 560.49 | 666.17 |
| 流动资产 | 169.58 | 200.85 | 236.80 |
| #存货 | 64.81 | 78.63 | 90.27 |
| 固定资产 | 234.82 | 312.07 | 356.24 |
| #生产经营用 | 212.95 | 274.00 | 317.08 |
| 年末负债合计 | | 362.71 | 410.36 |
| 流动负债 | | 232.24 | 273.88 |
| 长期负债 | | 129.06 | |
| 年末所有者权益 | 138.97 | 197.78 | 255.81 |
| 实收资本 | | 156.17 | |

6. 行业损益及分配(单位:亿元)

| | 1994年 | 1995年 | 1996年 |
|---|---|---|---|
| 产品销售收入 | 221.08 | 290.64 | 339.91 |
| 产品销售成本 | 140.40 | 189.04 | 226.84 |
| 产品销售费用 | 12.14 | 17.04 | 23.59 |
| 产品销售税金及附加 | 29.33 | 34.13 | 36.43 |
| 产品销售利润 | | 50.31 | 48.70 |
| 营业利润 | | 8.95 | 5.70 |
| 投资收益 | | 0.38 | |
| 利润总额 | 9.14 | 10.08 | 8.97 |
| 所得税 | | 3.05 | |
| 净利润 | | 7.03 | |
| 利税总额 | 54.29 | 65.37 | 69.94 |
| 亏损企业亏损额 | 5.53 | 8.12 | 10.99 |

7. 行业效益评价

| | 1994年 | 1995年 | 1996年 |
|---|---|---|---|
| 产品销售率(%) | 97.31 | 96.15 | 93.89 |
| 资金利税率(%) | 16.27 | 16.23 | 14.23 |
| 增加值率(%) | 35.01 | 36.02 | 35.21 |
| 成本利税率(%) | 38.67 | 34.60 | 30.83 |
| 全员劳动生产率(元/人·年) | 30 000 | | 37 477 |
| 流动资产周转率(%) | 138.33 | 135.08 | 153.52 |
| 企业亏损面(%) | 30.78 | 34.33 | 33.47 |
| 存货可供销售天数(天) | 166 | 150 | 143 |

8. 历年啤酒产量(单位:万吨)

| 年份 | 产量 |
|---|---|
| 1985 | 310.00 |
| 1986 | 413.00 |
| 1987 | 540.00 |
| 1988 | 656.00 |
| 1989 | 643.00 |
| 1990 | 692.00 |
| 1991 | 838.00 |
| 1992 | 1 021.00 |
| 1993 | 1 192.00 |
| 1994 | 1 415.00 |
| 1995 | 1 568.82 |
| 1996 | 1 631.76 |

9. 分地区啤酒产量(单位:万吨)

| 地　区 | 1993年 | 1994年 | 1995年 | 1996年 |
|---|---|---|---|---|
| 北　京 | 63.26 | 71.88 | 78.88 | 92.87 |
| 天　津 | 3.94 | 5.41 | 2.07 | 4.83 |
| 河　北 | 75.40 | 101.30 | 107.06 | 111.10 |
| 山　西 | 8.68 | 9.63 | 11.64 | 9.90 |
| 内蒙古 | 23.66 | 26.94 | 31.69 | 34.42 |

| | | | | |
|---|---|---|---|---|
| 辽　宁 | 62.83 | 108.03 | 113.35 | 118.75 |
| 吉　林 | 61.06 | 68.27 | 69.90 | 75.87 |
| 黑龙江 | 89.36 | 98.45 | 105.70 | 108.44 |
| 上　海 | 19.99 | 25.01 | 23.50 | 21.81 |
| 江　苏 | 62.04 | 69.70 | 72.71 | 70.93 |
| 浙　江 | 112.47 | 127.52 | 134.04 | 141.16 |
| 安　徽 | 35.38 | 48.93 | 56.65 | 70.01 |
| 福　建 | 68.44 | 80.41 | 101.10 | 110.21 |
| 江　西 | 22.44 | 29.01 | 34.24 | 38.43 |
| 山　东 | 164.50 | 191.61 | 200.22 | 216.95 |
| 河　南 | 49.93 | 61.35 | 76.47 | 80.80 |
| 湖　北 | 55.18 | 55.29 | 67.90 | 75.99 |
| 湖　南 | 19.31 | 19.73 | 25.48 | 26.64 |
| 广　东 | 78.64 | 79.55 | 93.86 | 98.44 |
| 广　西 | 17.49 | 20.19 | 23.73 | 23.30 |
| 海　南 | 0.03 | 0.13 | 0.61 | 0.85 |
| 四　川 | 44.73 | 57.02 | 67.55 | 76.43 |
| 贵　州 | 4.40 | 5.50 | 7.15 | 7.63 |
| 云　南 | 7.25 | 7.52 | 9.24 | 10.97 |
| 西　藏 | 0.19 | | 0.12 | 0.45 |
| 陕　西 | 13.86 | 15.30 | 18.10 | 18.06 |
| 甘　肃 | 12.54 | 12.83 | 13.26 | 15.69 |
| 青　海 | 2.16 | 2.64 | 2.05 | 1.27 |
| 宁　夏 | 2.50 | 3.11 | 4.01 | 5.16 |
| 新　疆 | 10.39 | 12.41 | 16.53 | 14.55 |

10. 进出口数量、金额及主要国家和地区

**啤酒进出口数量及金额**

| 年份 | 进口 | | 出口 | |
|---|---|---|---|---|
| | 数量（万升） | 金额（万美元） | 数量（万升） | 金额（万美元） |
| 1992 | 151.66 | 114.8 | 5 619.72 | 3 109.8 |
| 1993 | 1 090.39 | 623.2 | 8 390.48 | 4 164.1 |
| 1994 | 706.94 | 579.2 | 11 022.07 | 4 111.8 |
| 1995 | 903.46 | 391.4 | 13 090.56 | 5 308.4 |
| 1996 | 4 147.66 | 1 787.7 | 6 662.50 | 3 179.1 |

**1994 年～1996 年 22030000 主要出口国家和地区**

| 国家或地区 | 1994 年 | | | 1995 年 | | | 1996 年 | | |
|---|---|---|---|---|---|---|---|---|---|
| | 数量（万升） | 金额（万美元） | 百分比（%） | 数量（万升） | 金额（万美元） | 百分比（%） | 数量（万升） | 金额（万美元） | 百分比（%） |
| 合　计 | 11 022 | 4 112 | 100.00 | 13 091 | 5 308 | 100.00 | 6 662 | 3 179 | 100.00 |
| 缅　甸 | 874 | 365 | 8.88 | 1 813 | 737 | 13.89 | 1 449 | 603 | 18.97 |
| 朝　鲜 | 537 | 171 | 4.15 | 914 | 294 | 5.53 | 868 | 300 | 9.42 |
| 香　港 | 769 | 330 | 8.02 | 738 | 351 | 6.62 | 678 | 338 | 10.62 |
| 澳　门 | 607 | 234 | 5.70 | 512 | 221 | 4.17 | 541 | 250 | 7.87 |
| 越　南 | 3 335 | 703 | 17.10 | 3 230 | 821 | 15.46 | 888 | 252 | 7.92 |
| 美　国 | 566 | 406 | 9.87 | 796 | 589 | 11.10 | 655 | 467 | 14.68 |
| 俄罗斯 | 2 109 | 783 | 19.03 | | | | | | |
| 荷　兰 | | | | 46 | 31 | 0.59 | 64 | 45 | 1.43 |
| 日　本 | | | | 65 | 50 | 0.95 | 62 | 52 | 1.63 |
| 德　国 | | | | 26 | 20 | 0.38 | 27 | 20 | 0.64 |
| 吉尔吉斯斯坦 | | | | 1 917 | 813 | 15.31 | | | |

**1994 年～1996 年　22030000 主要进口国家和地区**

| 国家或地区 | 1994 年 | | | 1995 年 | | | 1996 年 | | |
|---|---|---|---|---|---|---|---|---|---|
| | 数量（万升） | 金额（万美元） | 百分比（%） | 数量（万升） | 金额（万美元） | 百分比（%） | 数量（万升） | 金额（万美元） | 百分比（%） |
| 合　计 | 706.9 | 579.2 | 100.00 | 903.5 | 391.4 | 100.00 | 4 147.7 | 1 787.7 | 100.00 |
| 香　港 | 160.3 | 193.7 | 33.44 | 27.5 | 18.0 | 4.60 | 298.8 | 114.2 | 6.39 |
| 美　国 | 362.2 | 255.8 | 44.16 | 481.0 | 161.6 | 41.28 | 819.6 | 371.4 | 20.77 |
| 荷　兰 | 76.5 | 62.2 | 10.74 | 209.9 | 112.6 | 28.76 | 1 567.1 | 720.3 | 40.29 |
| 德　国 | 34.8 | 20.0 | 3.45 | 46.3 | 17.7 | 4.51 | 72.4 | 32.4 | 1.82 |
| 日　本 | 13.7 | 11.9 | 2.05 | 17.9 | 18.3 | 4.69 | 86.2 | 40.1 | 2.25 |
| 墨西哥 | | | | | | 8.23 | | | 14.21 |

注：22030000 麦芽酿造的啤酒

11. 啤酒销售量(单位:万吨)

| 地　区 | 1994 年 | 1995 年 | 1996 年 |
|---|---|---|---|
| 全　国 | 1 259.44 | 1 379.43 | 1 462.77 |
| 北　京 | 20.42 | 25.02 | 30.56 |
| 天　津 | 12.10 | 15.83 | 18.44 |
| 河　北 | 61.99 | 73.38 | 76.23 |
| 山　西 | 30.88 | 35.08 | 38.55 |
| 内蒙古 | 24.41 | 26.04 | 28.36 |
| 辽　宁 | 43.92 | 46.65 | 49.22 |
| 吉　林 | 28.80 | 29.55 | 30.45 |
| 黑龙江 | 39.66 | 42.19 | 45.21 |
| 上　海 | 23.64 | 26.13 | 29.62 |
| 江　苏 | 73.83 | 81.55 | 84.23 |
| 浙　江 | 46.38 | 49.24 | 52.46 |
| 安　徽 | 62.31 | 63.55 | 72.31 |
| 福　建 | 31.38 | 36.90 | 40.58 |
| 江　西 | 43.36 | 46.32 | 48.77 |
| 山　东 | 93.65 | 99.24 | 104.37 |
| 河　南 | 94.49 | 102.74 | 107.88 |
| 湖　北 | 60.77 | 65.80 | 68.44 |
| 湖　南 | 62.63 | 72.87 | 75.69 |
| 广　东 | 81.24 | 88.30 | 92.45 |
| 广　西 | 43.52 | 51.79 | 54.30 |
| 海　南 | 7.68 | 8.25 | 9.66 |
| 四　川 | 118.11 | 125.11 | 128.78 |
| 贵　州 | 35.35 | 39.99 | 41.23 |
| 云　南 | 42.54 | 45.49 | 47.89 |
| 西　藏 | 2.55 | 2.74 | 2.86 |
| 陕　西 | 37.59 | 40.56 | 42.87 |
| 甘　肃 | 25.68 | 27.79 | 29.45 |
| 青　海 | 5.12 | 5.48 | 5.69 |
| 宁　夏 | 5.44 | 5.85 | 6.22 |
| 新　疆 | 17.63 | 18.94 | 19.33 |

12. 城镇居民家庭啤酒消费情况(单位:购买量,千克/人·年)

| | 1994 年 | 1995 年 | 1996 年 |
|---|---|---|---|
| 全　国 | 0.13 | 5.81 | 5.98 |
| 北　京 | | 10.10 | |
| 天　津 | 10.90 | | 10.10 |
| 河　北 | | | |
| 山　西 | | | |
| 内蒙古 | 5.49 | 6.31 | 5.18 |
| 辽　宁 | | | |
| 吉　林 | 8.16 | | 8.04 |
| 黑龙江 | 13.00 | 12.20 | 12.30 |
| 上　海 | | | |
| 江　苏 | | | |
| 浙　江 | 10.15 | 8.98 | 9.72 |
| 安　徽 | 5.88 | | |
| 福　建 | | | |
| 江　西 | | | |
| 山　东 | | | |
| 河　南 | 5.57 | 5.24 | 4.85 |
| 湖　北 | 3.55 | 3.37 | 3.43 |
| 湖　南 | | 2.53 | 2.11 |
| 广　东 | 1.51 | 1.57 | 1.28 |
| 广　西 | | 1.63 | 1.64 |
| 海　南 | 0.53 | 0.25 | 0.35 |
| 四　川 | | | |
| 贵　州 | | | |
| 云　南 | | | |
| 西　藏 | 8.30 | 12.90 | 7.10 |
| 陕　西 | 2.52 | 1.78 | 2.56 |
| 甘　肃 | 2.47 | 1.67 | 1.82 |
| 青　海 | 2.79 | 2.99 | |
| 宁　夏 | | | |
| 新　疆 | 1.50 | 1.00 | 2.10 |

13.1995 年啤酒行业技术经济指标(大中型企业范围)

| 地　区 | 啤酒合格率(%) | 每吨啤酒耗用麦芽(千克) | 每吨啤酒耗用大米或杂粮(千克) | 每吨啤酒耗用标准煤(千克) |
|---|---|---|---|---|
| 全　国 | 99.67 | 117.04 | 58.07 | 136.67 |
| 北　京 | 98.75 | 122.64 | 53.95 | 111.96 |
| 天　津 | 100.00 | 106.77 | 51.53 | 105.22 |
| 河　北 | 102.46 | 84.35 | 47.41 | 111.97 |
| 山　西 | 99.36 | 128.31 | 59.48 | 131.25 |
| 内蒙古 | 99.93 | 118.41 | 59.30 | 159.68 |

续表

| 地　区 | 啤酒合格率(%) | 每吨啤酒耗用麦芽(千克) | 每吨啤酒耗用大米或杂粮(千克) | 每吨啤酒耗用标准煤(千克) |
|---|---|---|---|---|
| 辽　宁 | 99.58 | 114.19 | 65.72 | 159.79 |
| 吉　林 | | | | |
| 黑龙江 | 99.79 | 110.82 | 63.68 | 183.11 |
| 上　海 | 99.92 | 129.54 | 54.80 | 135.99 |
| 江　苏 | 99.08 | 111.59 | 68.23 | 137.98 |
| 浙　江 | 99.69 | 114.74 | 63.89 | 119.90 |
| 安　徽 | 99.88 | 123.53 | 61.50 | 138.66 |
| 福　建 | 99.29 | 124.60 | 53.08 | 125.80 |
| 江　西 | 98.75 | 112.62 | 55.09 | 158.44 |
| 山　东 | 99.65 | 124.17 | 53.82 | 129.82 |
| 河　南 | 98.08 | 115.86 | 60.18 | 149.63 |
| 湖　北 | 99.74 | 111.50 | 61.60 | 159.82 |
| 湖　南 | 97.54 | 90.43 | 48.48 | 108.09 |
| 广　东 | 99.95 | 128.22 | 54.76 | 108.37 |
| 广　西 | 99.10 | 130.66 | 59.80 | 173.74 |
| 海　南 | | | | |
| 四　川 | 99.07 | 120.15 | 65.11 | 173.05 |
| 贵　州 | 99.71 | 134.46 | 60.35 | 342.76 |
| 云　南 | 98.77 | 147.98 | 53.50 | 145.71 |
| 西　藏 | | | | |
| 陕　西 | 97.49 | 131.76 | 62.45 | 135.36 |
| 甘　肃 | 100.00 | 147.63 | 54.24 | 170.90 |
| 青　海 | | | | |
| 宁　夏 | | | | |
| 新　疆 | 97.24 | 139.31 | 50.90 | 869.64 |

注：每吨啤酒耗麦芽、大米、标准煤均指 11～12 度啤酒。

14.1995 年主要工业设备情况(全部乡及乡以上独立核算单位)

| 设备名称 | 年末设备数量(个) | | | | | |
|---|---|---|---|---|---|---|
| | 国产设备出厂年限 | | | 进口设备出厂年限 | | |
| | 合计 | 90 年代 | 80 年代 | 合计 | 90 年代 | 80 年代 |
| 啤酒发酵罐 | 39 506 | 8 193 | 29 087 | 1 154 | 145 | 395 |
| 酒精精馏塔 | 1 853 | 1 044 | 712 | 16 | 6 | 10 |

**1995 年已安装的啤酒加工设备**

| | 年末设备数量(台) | | | | | 年末设备价值(千元) | | | | |
|---|---|---|---|---|---|---|---|---|---|---|
| | 合计 | 国际水平 | 国内先进水平 | 国内一般水平 | 国内落后水平 | 合计 | 国际水平 | 国内先进水平 | 国内一般水平 | 国内落后水平 |
| 全　国 | 723 | 141 | 211 | 343 | 38 | 3 614 981 | 1 525 039 | 1 251 737 | 793 489 | 44 716 |
| 北　京 | 23 | 5 | 11 | 7 | | 190 223 | 92 625 | 53 613 | 43 985 | |
| 天　津 | | | | | | | | | | |

续表

| 全 国 | 年末设备数量(台) | | | | | 年末设备价值(千元) | | | | |
|---|---|---|---|---|---|---|---|---|---|---|
| | 合计 | 国际水平 | 国内先进水平 | 国内一般水平 | 国内落后水平 | 合计 | 国际水平 | 国内先进水平 | 国内一般水平 | 国内落后水平 |
| 河 北 | 41 | 8 | 16 | 17 | | 190 716 | 66 322 | 88 960 | 35 434 | |
| 山 西 | 4 | | | 4 | | 6 217 | | | 6 217 | |
| 内蒙古 | 18 | 1 | 9 | 7 | 1 | 53 508 | 1 937 | 37 235 | 9 579 | 4 757 |
| 辽 宁 | 64 | 12 | 25 | 26 | 1 | 292 417 | 94 303 | 131 412 | 65 153 | 1 549 |
| 吉 林 | | | | | | | | | | |
| 黑龙江 | 46 | 4 | 26 | 13 | 3 | 192 726 | 32 964 | 117 245 | 40 245 | 2 272 |
| 上 海 | 8 | 4 | 1 | 2 | 1 | 107 756 | 47 866 | 56 567 | 3 133 | 190 |
| 江 苏 | 27 | 6 | 4 | 17 | | 107 046 | 46 376 | 30 948 | 29 722 | |
| 浙 江 | 70 | 7 | 15 | 35 | 13 | 242 141 | 51 884 | 77 490 | 101 487 | 11 280 |
| 安 徽 | 38 | 2 | 6 | 29 | 1 | 96 443 | 8 187 | 35 043 | 52 228 | 985 |
| 福 建 | 44 | 7 | 15 | 22 | | 222 764 | 78 424 | 107 398 | 36 942 | |
| 江 西 | 13 | 2 | 1 | 10 | | 19 932 | 7 839 | 6 200 | 5 893 | |
| 山 东 | 130 | 27 | 20 | 79 | 4 | 636 848 | 374 251 | 112 161 | 137 825 | 12 611 |
| 河 南 | 33 | 7 | 8 | 18 | | 198 260 | 114 241 | 50 376 | 33 643 | |
| 湖 北 | 28 | 11 | 8 | 9 | | 138 692 | 88 844 | 33 846 | 16 002 | |
| 湖 南 | 15 | 1 | 8 | 6 | | 64 089 | 780 | 51 658 | 11 651 | |
| 广 东 | 48 | 29 | 12 | 7 | | 526 116 | 332 444 | 124 530 | 69 142 | |
| 广 西 | 10 | | 7 | 3 | | 67 096 | | 48 055 | 19 041 | |
| 海 南 | | | | | | | | | | |
| 四 川 | 41 | 6 | 11 | 17 | 7 | 192 654 | 79 621 | 61 046 | 47 035 | 4 952 |
| 贵 州 | 4 | 1 | | 3 | | 7 848 | | | 7 848 | |
| 云 南 | 5 | | 1 | 1 | 3 | 11 325 | 3 370 | 3 756 | 4 199 | |
| 西 藏 | | | | | | | | | | |
| 陕 西 | 13 | 1 | 5 | 4 | 3 | 22 179 | 6 131 | 12 812 | 2 530 | 706 |
| 甘 肃 | 6 | | 1 | 5 | | 17 362 | | 3 770 | 13 592 | |
| 青 海 | | | | | | | | | | |
| 宁 夏 | 3 | | 1 | 2 | | 9 408 | | 8 002 | 1 406 | |
| 新 疆 | 1 | | | | 1 | 1 215 | | | | 1 215 |

**1995 年啤酒过滤机分布情况**

| | 年末设备数量(台) | | | | | 年末设备价值(千元) | | | | |
|---|---|---|---|---|---|---|---|---|---|---|
| | 合计 | 国际水平 | 国内先进水平 | 国内一般水平 | 国内落后水平 | 合计 | 国际水平 | 国内先进水平 | 国内一般水平 | 国内落后水平 |
| 全 国 | 539 | 136 | 225 | 155 | 23 | 550 746 | 338 401 | 152 569 | 56 251 | 3 525 |
| 北 京 | 14 | 5 | 3 | 5 | 1 | 34 886 | 28 738 | 4 436 | 1 452 | 260 |
| 天 津 | 1 | | | 1 | | 265 | | | 265 | |
| 河 北 | 31 | 8 | 8 | 15 | | 20 064 | 10 453 | 4 438 | 5 173 | |
| 山 西 | 3 | | 1 | 1 | 1 | 836 | | 410 | 237 | 189 |
| 内蒙古 | 13 | | 8 | 4 | 1 | 7 444 | | 6 317 | 1 119 | 8 |
| 辽 宁 | 59 | 12 | 33 | 12 | 2 | 40 666 | 13 333 | 19 419 | 7 708 | 206 |
| 吉 林 | | | | | | | | | | |
| 黑龙江 | 45 | 2 | 28 | 13 | 2 | 23 868 | 2 470 | 16 010 | 4 992 | 396 |
| 上 海 | 8 | 3 | | 5 | | 2 386 | 969 | 48 | 1 369 | |

续表

| | 年末设备数量(台) | | | | | 年末设备价值(千元) | | | | |
|---|---|---|---|---|---|---|---|---|---|---|
| | 合计 | 国际水平 | 国内先进水平 | 国内一般水平 | 国内落后水平 | 合计 | 国际水平 | 国内先进水平 | 国内一般水平 | 国内落后水平 |
| 江　苏 | 15 | 1 | 7 | 7 | | 5 986 | 1 918 | 2 365 | 1 703 | |
| 浙　江 | 45 | 16 | 15 | 14 | | 103 130 | 91 559 | 8 265 | 3 086 | 220 |
| 安　徽 | 29 | 4 | 13 | 12 | | 19 407 | 7 613 | 5 916 | 5 878 | |
| 福　建 | 34 | 7 | 18 | 5 | 4 | 27 335 | 6 914 | 19 018 | 1 006 | 397 |
| 江　西 | 10 | 2 | 5 | 3 | | 6 598 | 5 185 | 1 022 | 391 | |
| 山　东 | 91 | 30 | 35 | 24 | 2 | 121 258 | 82 688 | 28 630 | 9 045 | 895 |
| 河　南 | 29 | 7 | 12 | 8 | 2 | 27 050 | 17 555 | 6 262 | 3 058 | 175 |
| 湖　北 | 25 | 7 | 10 | 5 | 3 | 19 803 | 11 431 | 6 364 | 1 712 | 296 |
| 湖　南 | 12 | 1 | 7 | 4 | | 11 102 | 300 | 8 597 | 2 205 | |
| 广　东 | 19 | 15 | 3 | | 1 | 41 066 | 38 190 | 2 713 | | 163 |
| 广　西 | 7 | 4 | 1 | 2 | | 12 002 | 9 562 | 1 948 | 492 | |
| 海　南 | | | | | | | | | | |
| 四　川 | 27 | 5 | 11 | 11 | | 16 343 | 5 401 | 6 691 | 4 251 | |
| 贵　州 | 3 | 1 | 2 | | | 995 | | 995 | | |
| 云　南 | 4 | 2 | 1 | | 1 | 1 527 | 1 147 | 240 | | 140 |
| 西　藏 | | | | | | | | | | |
| 陕　西 | 7 | 3 | 3 | 1 | | 3 171 | 1 268 | 1 877 | 5 | |
| 甘　肃 | 4 | 1 | | 2 | 1 | 2 418 | 1 686 | | 616 | 116 |
| 青　海 | | | | | | | | | | |
| 宁　夏 | 2 | | 1 | 1 | | 1 076 | | 588 | 488 | |
| 新　疆 | 2 | | | | 2 | 64 | | | | 64 |

15. 行业内“三资”企业状况

| | 1995 年 |
|---|---|
| 企业单位数(个) | 141 |
| 　亏损企业 | 57 |
| 企业从业人员数(人) | 54 043 |
| 资本金(亿元) | 90.21 |
| 　外国 | 31.91 |
| 　港澳台 | 22.43 |
| 　中方 | 34.11 |
| 工业总产值(亿元) | 95.81 |
| 工业增加值(亿元) | 34.49 |
| 年末资产(亿元) | 191.00 |
| 　#流动资产 | 65.91 |
| 年末负债(亿元) | 78.12 |
| 　#流动负债 | 56.71 |
| 所有者权益(亿元) | 112.88 |
| 产品销售收入(亿元) | 105.81 |
| 利润总额(亿元) | 5.48 |
| 利税总额(亿元) | 20.82 |
| 亏损企业亏损总额(亿元) | 3.77 |
| 产品销售率(%) | 110.44 |
| 资金利税率(%) | 13.97 |
| 增加值率(%) | 36.00 |
| 全员劳动生产率(元/人·年) | 63820 |
| 流动资产周转率(%) | 160.54 |
| 企业亏损面(%) | 40.43 |

## 商业系统酒类生产情况

**【a. 概况】** 1996 年全国商业系统饮料酒制造业企业为 427 个，其中亏损企业 237 个，亏损面为 55.5%；工业总产值(新规定，1990 年不变价)为 51.4 亿元；产品销售收入 100 亿元；工业增加值为 37.2 亿元；出口交货值为 0.2 亿元；实现利税总额 26.5 亿元，其中利润总额为 10.8 亿元。各种产品产量为：白酒 58.7 万吨，比上年增长 13.1%，其中低度白酒 15.0 万吨，基本与上年相同；

啤酒50.5万吨，比上年增加9%；黄酒4.9万吨，比上年增加88.5%；果露酒2.0万吨，比上年增加144%，发酵酒精2.4万吨，基本与上年相同。

当年全国商业系统饮料酒制造业中，白酒发展比较平稳，产品结构性调整已趋于完成，高、中、低度白酒三分天下。以“六朵金花”为龙头的川酒，继续保持了良好的发展势头，特别是五粮液酒厂，大力开发新产品，使其产品系列化。黄酒和果露酒经过几年的调整，产量增加很快。这主要是因为消费者的消费需求转向保健型。

1996年5月，国内贸易部啤酒专业协会年会于北京召开。会议调整了协会的组织机构，讨论了行业发展方向。同年10月，召开了啤酒专业协会96年年会，讨论了协会的现状、存在的问题以及今后的工作。

1996年5月，国内贸易部工业司组织商业系统的骨干企业参加了英国麦芽协会在京举行的英国麦芽研讨会。中方与会代表与英方就麦芽的生产、运输与销售等问题进行了研讨，并就购进英国大麦达成意向。

根据国内贸易部国际合作司与德国—莱法州州政府在政府交往中达成的协议，国内贸易部选派人员赴德国研修葡萄酒的生产与营销，为期1年。

（杨海涛）

## 葡萄酒制造业

**【a. 名优葡果酒质量状况】** 每年1次的国家及行业名优葡果酒质量活动，1996年已是第12次。6月6日至10日，“’96全国葡果酒质量座谈会”在河北沙城召开。出席会议的有专家、国家葡果酒评委、58家葡果酒生产企业的代表等。

参加这次质量座谈会的葡、果酒有：原获国家金、银质奖的19个，获全国食品行业名牌和优秀奖的17个，征求意见的13个，共计49个产品。经过专家评委逐个评议，其质量状况是：

1. 干白葡萄酒质量保持稳定，有的质量有所提高。特别应指出的是中国长城葡萄酿酒有限公司的干白葡萄酒，十多年来一直保持稳定。一批新的干白葡萄酒质量也上来了，如甘肃凉州的莫高牌干白葡萄酒、宁夏玉泉的贺宏牌干白葡萄酒、青岛华东崑丝琳干白葡萄酒的质量受到了评委们的一致好评。

2. 半干白葡萄酒的质量有了普遍提高。天津王朝半干白葡萄酒的质量明显提高了一大步，评委们认为是国际金奖的有力竞争者。其他几种接近或达到王朝的水平，还有几种，如长城半干白葡萄酒、山西清徐的半干白葡萄酒也基本上达到国优的水平。

3. 干红葡萄酒的质量提高的较快，近几年质量一年比一年好。特别是河北昌黎华夏的长城干红葡萄酒，保持了领先地位。其他几种，如甘肃凉州干红葡萄酒，青岛东尼干红葡萄酒、山东威龙的干红葡萄酒质量均达到了较高的水平。这是国内葡萄酒发展和赶超世界先进水平的可喜成果。

4. 各类果酒的质量稳定提高。

这次参加质量座谈会的果酒有11个品种。其中有以猕猴桃、石榴、广柑、桔子、红豆、山楂、山枣、五味子等原料酿制的各类果酒。这些果酒中，有的是原获国家质量奖；有的是获全国食品行业名牌称号，其质量在稳定提高。如沈阳和连云港的山楂酒、内蒙的红豆酒、吉林长白山的五味子酒的风格特点突出，得到较高的评分。大连龙泉的山枣蜜酒质量稳定，风格独特。

利用水果酿酒，特别是利用野生的天然的水果酿酒，是中国酒类发展的方向。会议希望各地的企业要抓住有利时机，在保证产品质量的前提下，大力发展各类果酒的生产，丰富酒类市场。

5. 个别产品质量下降，问题突出。如成都市都江堰的中华猕猴桃酒，去年存在的质量问题，今年仍有明显的氧化味和缺乏新鲜果香的老问题；又如河南民权的半干红葡萄酒，送到会议的样品严重失光变质。对这两个国优产品质量严重问题，评委们反映强烈，一致要求提出警告，报请国家技术监督局研究。

（年　键）

## 黄酒制造业

**【a. 概况】** 改革开放以来，黄酒制造业有所发展，1996年总产量达到120.34万吨，产量居饮料酒中第3位。黄酒产区由原来的4省1市发展到21个省市。生产原料由单纯的稻米、粟米，发展到薯干、玉米、黑米。但总的来看，黄酒的发展速度不快，在出口贸易中所占份额很低。

**【b. 名优黄酒质量检评】** 1996年11月11日至14日，中国食品工业协会在浙江绍兴召开“全国名优黄酒质量检评会”。全国黄酒专家业务组5人中有4人，全国黄酒评委19人中有18人出席会议，出席会议的还有特约评委6人。

参加这次质量检评会的黄酒有：原获国家金、银质奖的8个产品，获全国食品行业名、优奖的19个产品，征求意见的新产品30个，共计57个产品。经过专家评委按类型编组，分轮次逐个品尝评议，其质量状况是：

1. 原国家金、银质奖的黄酒质量保持稳定，有的质量有所提高。特别是绍兴黄酒集团公司生产的古越龙山牌绍兴元红酒，较获奖时的质量有较大的提高，受到了专家评委的一致好评。绍兴东风酒厂的会稽山牌加饭酒、福建龙岩酒厂的新罗泉牌沉缸酒、江苏丹阳酒厂的丹阳牌封缸酒、绍兴黄酒集团公司的古越龙山牌加饭酒，保持原质量水平并略有提高。上海金枫酿酒公司(原上海枫泾酒厂)的金枫牌特加饭、神州幸运股份有限公司(原福州第一酒厂)的鼓山牌福建老酒和绍兴塔牌酒厂的塔牌加饭酒，其质量多年来一直保持稳定。

2. 全国食品行业的名牌和优秀产品质量，不但质量稳定，而且有较大的提高。绍兴中粮绍兴酒有限公司生产的流觞牌花雕酒、孔乙己牌加饭酒，绍兴东浦酒厂的越宫牌加饭酒的质量水平较高，可与国家金、银质奖的黄酒比试高低。其他一些行业名、优产品的质量进步也较快，如广东陆丰酒厂生产的螺溪牌广东老红酒，经专家评委的检评，产品质量水平已由原行业优秀上升为行业名牌。

3. 参加质量检评，征求意见的新产品，其质量水平也较高。有半数产品达到行业名牌水平，大部分都是各地各部门的优质产品。总的黄酒质量情况是，经过全体评委对样品的检评分析评议，一致认为，近几年来国内黄酒质量水平有了较大的提高，特别是新原料黄酒有较大的发展，而且质量达到较高水平。这些产品来自全国各地、各系统，代表面较广，其产品质量档次齐全，能充分体现出国内黄酒质量的现状。

(年　键)

# 2.14 软饮料制造业

【a. 概况】 1996年，由于国家统计口径的变更，数字可比性不够。按国家统计局统计，全国饮料总产量为883.84万吨，比1995年最后核实工业普查数(包括乡镇企业)949.04万吨下降6.9%。

1996年饮料分大类完成情况是：碳酸饮料产量最高为428.93万吨，占全国饮料总产量的48.53%；天然矿泉水产量次之为145.80万吨，占全国饮料总产量的16.50%；果菜汁饮料为122.41万吨，占全国饮料总产量的13.85%。外国牌号碳酸饮料总产量为186.87万吨，占全国饮料总产量的21.14%。

1996年广东省饮料产量为205.71万吨，占全国饮料总产量的23.27%，仍居全国第1位；湖北省饮料产量为67.97万吨，居第2位；浙江省饮料产量为67.17万吨，居第3位。产量超过50万吨的还有上海、江苏、辽宁3省市。

**表1 1996年全国饮料行业主要指标**

| 指标名称 | 单 位 | 指标额 |
|---|---|---|
| 企业数 | 个 | 3 497 |
| 工业总产值(1990年不变价) | 亿元 | 258.75 |
| 工业总产值(当年价) | 亿元 | 294.28 |
| 产品销售收入 | 亿元 | 266.11 |
| 固定资产原价合计 | 亿元 | 184.41 |
| 固定资产净值 | 亿元 | 142.49 |
| 利税总额 | 亿元 | 22.77 |
| 利润总额 | 亿元 | 9.92 |
| 职工年末人数 | 万人 | 20.36 |
| 饮料总产量 | 万吨 | 883.84 |

注：资料来源于国家统计局。

**表2 1996年全国分地区饮料产量**

单位：万吨

| 地 区 | 软饮料 | 碳酸饮料 | 天然矿泉水 | 果菜汁饮料 | 固体饮料 | 植物蛋白饮料 | 其他饮料 |
|---|---|---|---|---|---|---|---|
| 全国总计 | 883.84 | 428.92 | 145.80 | 122.41 | 31.31 | 41.16 | 114.24 |
| 北 京 | 34.28 | 25.88 | 3.42 | 3.70 | 0.03 | | 1.25 |
| 天 津 | 24.64 | 19.20 | 1.25 | 1.66 | 1.55 | | 0.98 |
| 河 北 | 25.95 | 7.88 | 4.77 | 5.85 | 1.12 | 4.61 | 1.72 |
| 山 西 | 5.40 | 2.18 | 0.18 | 2.82 | | | 0.22 |
| 内蒙古 | 3.97 | 2.03 | 0.52 | 0.96 | 0.04 | 0.04 | 0.38 |
| 辽 宁 | 51.73 | 46.13 | 2.21 | 2.44 | 0.06 | | 0.89 |
| 吉 林 | 27.81 | 19.96 | 7.43 | 0.36 | 0.03 | | 0.03 |
| 黑龙江 | 18.47 | 12.49 | 1.80 | 2.84 | 0.02 | | 1.32 |
| 上 海 | 60.12 | 52.85 | 2.03 | 3.32 | 0.93 | | 0.99 |
| 江 苏 | 60.03 | 35.01 | 2.58 | 3.18 | 17.55 | 0.01 | 1.70 |
| 浙 江 | 67.17 | 21.04 | 14.18 | 9.58 | 1.00 | 0.01 | 21.36 |
| 安 徽 | 16.51 | 8.63 | 2.93 | 1.69 | 0.64 | | 2.62 |
| 福 建 | 38.99 | 15.54 | 7.14 | 12.39 | 0.38 | | 3.54 |
| 江 西 | 7.23 | 3.82 | 1.19 | 0.98 | 0.05 | 0.02 | 1.17 |
| 山 东 | 30.63 | 5.53 | 15.58 | 7.15 | 0.44 | 0.01 | 1.92 |
| 河 南 | 20.22 | 8.25 | 4.24 | 4.38 | 0.61 | | 2.74 |
| 湖 北 | 67.97 | 30.03 | 23.13 | 1.95 | 0.34 | 11.46 | 1.06 |
| 湖 南 | 7.43 | 2.23 | 2.01 | 1.28 | 0.12 | 0.01 | 1.78 |

续表

| 地　　区 | 软饮料 | 碳酸饮料 | 天然矿泉水 | 果菜汁饮料 | 固体饮料 | 植物蛋白饮料 | 其他饮料 |
|---|---|---|---|---|---|---|---|
| 广　东 | 205.71 | 63.03 | 36.15 | 26.97 | 1.94 | 19.14 | 58.48 |
| 广　西 | 26.62 | 15.55 | 2.99 | 2.40 | 4.09 | 0.54 | 1.05 |
| 海　南 | 33.11 | 10.20 | 2.50 | 18.60 | 0.04 | 0.01 | 1.76 |
| 四　川 | 24.06 | 9.36 | 3.27 | 4.76 | 0.16 | 4.26 | 2.25 |
| 贵　州 | 2.44 | 0.78 | 0.87 | 0.21 | | | 0.58 |
| 云　南 | 11.12 | 3.61 | 1.73 | 1.38 | 0.12 | | 4.28 |
| 西　藏 | 0.15 | | 0.15 | | | | |
| 陕　西 | 6.54 | 4.43 | 0.20 | 0.94 | 0.02 | 0.92 | 0.03 |
| 甘　肃 | 2.23 | 1.48 | 0.27 | 0.35 | 0.02 | 0.11 | |
| 青　海 | 0.18 | 0.13 | 0.03 | 0.02 | | | |
| 宁　夏 | 0.44 | 0.40 | 0.01 | 0.02 | | | 0.01 |
| 新　疆 | 2.69 | 1.27 | 1.04 | 0.23 | 0.01 | 0.01 | 0.13 |

**表 3　　1996 年饮料分大类产量**　单位：万吨

| 类　　别 | 1996 年 | 1995 年 | 1996 年为 1995 年(%) |
|---|---|---|---|
| 饮料总产量 | 883.84 | 949.04 | 93.1 |
| 其中：碳酸饮料 | 428.92 | 491.56 | 87.3 |
| 天然矿泉水 | 145.80 | 142.16 | 102.6 |
| 果菜汁饮料 | 122.41 | 143.63 | 85.2 |
| 固体饮料 | 31.31 | 18.60 | 168.3 |
| 植物蛋白饮料 | 41.16 | 21.84 | 188.5 |
| 其他饮料 | 114.24 | 131.25 | 87.0 |
| 乳酸菌饮料 | 22.10 | 15.98 | 138.3 |

注：乳酸菌饮料不包括在饮料总产量内。

**表 4　　1996 年饮料各大类占比重**

| 类　　别 | 1996 年占比例(%) | 1995 年占比例(%) |
|---|---|---|
| 饮料总产量 | 100.00 | 100.00 |
| 碳酸饮料 | 48.53 | 51.80 |
| 天然矿泉水 | 16.50 | 14.98 |
| 果菜汁饮料 | 13.85 | 15.13 |
| 固体饮料 | 3.54 | 1.96 |
| 植物蛋白饮料 | 4.66 | 2.30 |
| 其他饮料 | 12.93 | 13.83 |

**【b. 全国最大的 20 家饮料企业】** 1996 年度中国最大的 20 家饮料企业指标与 1995 年最大的 20 家饮料企业指标相比较，饮料产量增长 40.20%，工业总产值增长 61.5%，利税总额增长 110.90%，平均每吨利税增长 50.50%。

**表 5　　饮料工业最大 20 家企业情况对比**

| 项　　目 | 1996 年 | 1995 年 | 1996 比 1995 年增长(%) |
|---|---|---|---|
| 饮料产量(吨) | 3 171 686 | 2 262 503 | 40.2 |
| 工业总产值(万元) | 1 604 215 | 993 573 | 61.5 |
| 销售收入(万元) | 1 734 881 | 995 225 | 74.3 |
| 利税总额(万元) | 208 495 | 98 844 | 110.9 |
| 利润总额(万元) | 131 803 | 65 270 | 101.9 |
| 平均每吨利税(元/吨) | 657.36 | 436.88 | 50.5 |

**表 6　　1996 年全国饮料产量最大 20 家企业**

| 名次 | 企　　业　　名　　称 | 产量(吨) |
|---|---|---|
| 1 | 广东健力宝集团有限公司 | 695 268 |
| 2 | 上海申美饮料食品有限公司 | 274 819 |
| 3 | 海口罐头厂 | 247 413 |
| 4 | 杭州娃哈哈集团公司 | 198 427 |
| 5 | 上海百事可乐饮料有限公司 | 173 424 |
| 6 | 南京中萃食品有限公司 | 163 805 |
| 7 | 天津可口可乐饮料有限公司 | 141 032 |
| 8 | 海南椰风集团有限公司 | 127 010 |
| 9 | 杭州中萃食品有限公司 | 122 315 |
| 10 | 广州百事可乐饮料有限公司 | 120 518 |
| 11 | 北京可口可乐饮料有限公司 | 119 361 |
| 12 | 武汉可口可乐饮料有限公司 | 100 043 |
| 13 | 大连可口可乐饮料有限公司 | 92 173 |
| 14 | 厦门绿泉实业总公司 | 91 046 |

续表

| 名次 | 企业名称 | 产量(吨) |
|---|---|---|
| 15 | 深圳深宝实业股份有限公司 | 89 577 |
| 16 | 海南饮料食品有限公司 | 88 299 |
| 17 | 广东今日(集团)有限公司 | 86 685 |
| 18 | 深圳益力矿泉水股份有限公司 | 81 557 |
| 19 | 河北露露集团公司 | 80 014 |
| 20 | 江苏维维集团 | 78 900 |
| | 合　计 | 3 171 686 |

**表7　1996年全国饮料总产值最大20家企业**

| 名次 | 企业名称 | 总产值(万元) |
|---|---|---|
| 1 | 广东健力宝集团有限公司 | 375 893 |
| 2 | 江苏维维集团 | 181 305 |
| 3 | 上海申美饮料食品有限公司 | 115 401 |
| 4 | 海口罐头厂 | 113 414 |
| 5 | 海南椰风集团有限公司 | 109 228 |
| 6 | 杭州娃哈哈集团公司 | 107 533 |
| 7 | 上海百事可乐饮料有限公司 | 69 779 |
| 8 | 广东今日(集团)有限公司 | 60 226 |
| 9 | 天津可口可乐饮料有限公司 | 56 471 |
| 10 | 南京中萃食品有限公司 | 55 419 |
| 11 | 河北露露集团公司 | 49 816 |
| 12 | 杭州中萃食品有限公司 | 45 941 |
| 13 | 北京可口可乐饮料有限公司 | 38 508 |
| 14 | 武汉可口可乐饮料有限公司 | 38 066 |
| 15 | 厦门绿泉实业总公司 | 34 883 |
| 16 | 海南饮料食品有限公司 | 34 449 |
| 17 | 广州百事可乐饮料有限公司 | 34 085 |
| 18 | 广东可口可乐饮料有限公司 | 29 728 |
| 19 | 深圳深宝实业股份有限公司 | 28 894 |
| 20 | 广东强力集力有限公司 | 25 176 |
| | 合　计 | 1 604 215 |

**表8　1996年全国饮料销售收入最大20家企业**

| 名次 | 企业名称 | 销售收入(万元) |
|---|---|---|
| 1 | 广东健力宝集团有限公司 | 349 001 |
| 2 | 江苏维维集团 | 219 122 |
| 3 | 海口罐头厂 | 191 152 |
| 4 | 上海申美饮料食品有限公司 | 111 543 |
| 5 | 杭州娃哈哈集团公司 | 111 450 |
| 6 | 海南椰风集团有限公司 | 108 000 |

续表

| 名次 | 企业名称 | 销售收入(万元) |
|---|---|---|
| 7 | 上海百事可乐饮料有限公司 | 68 063 |
| 8 | 南京中萃食品有限公司 | 61 998 |
| 9 | 河北露露集团公司 | 60 532 |
| 10 | 广东今日(集团)有限公司 | 59 939 |
| 11 | 天津可口可乐饮料有限公司 | 54 719 |
| 12 | 杭州中萃食品有限公司 | 46 947 |
| 13 | 北京可口可乐饮料有限公司 | 46 063 |
| 14 | 广州百事可乐饮料有限公司 | 39 829 |
| 15 | 厦门绿泉实业总公司 | 36 322 |
| 16 | 武汉可口可乐饮料有限公司 | 35 778 |
| 17 | 广东可口可乐饮料有限公司 | 35 379 |
| 18 | 海南饮料食品有限公司 | 35 093 |
| 19 | 大连可口可乐饮料有限公司 | 32 784 |
| 20 | 深圳深宝实业股份有限公司 | 31 167 |
| | 合　计 | 1 734 881 |

**表9　1996年全国饮料利税总额最大20家企业**

| 名次 | 企业名称 | 利税总额(万元) |
|---|---|---|
| 1 | 广东健力宝集团有限公司 | 36 957 |
| 2 | 江苏维维集团 | 32 000 |
| 3 | 杭州娃哈哈集团公司 | 23 659 |
| 4 | 海口罐头厂 | 15 387 |
| 5 | 上海申美饮料食品有限公司 | 14 099 |
| 6 | 上海百事可乐饮料有限公司 | 9 215 |
| 7 | 广东可口可乐饮料有限公司 | 8 966 |
| 8 | 北京可口可乐饮料有限公司 | 7 099 |
| 9 | 杭州中萃食品有限公司 | 6 696 |
| 10 | 广东今日(集团)有限公司 | 6 525 |
| 11 | 海南椰风集团有限公司 | 6 405 |
| 12 | 南京中萃食品有限公司 | 5 801 |
| 13 | 河北露露集团公司 | 5 762 |
| 14 | 天津可口可乐饮料有限公司 | 5 740 |
| 15 | 深圳益力矿泉水股份有限公司 | 5 585 |
| 16 | 深圳深宝实业股份有限公司 | 5 526 |
| 17 | 大连可口可乐饮料有限公司 | 3 783 |
| 18 | 深圳光明华侨畜牧场晨光饮料公司 | 3 442 |
| 19 | 厦门绿泉实业总公司 | 3 427 |
| 20 | 武汉可口可乐饮料有限公司 | 2 421 |
| | 合　计 | 208 495 |

表10 1996年全国饮料利润最大20家企业

| 名次 | 企业名称 | 销售收入（万元） |
|---|---|---|
| 1 | 江苏维维集团 | 26 000 |
| 2 | 广东健力宝集团有限公司 | 21 438 |
| 3 | 杭州娃哈哈集团公司 | 15 476 |
| 4 | 上海申美饮料食品有限公司 | 9 036 |
| 5 | 上海百事可乐饮料有限公司 | 6 700 |
| 6 | 深圳益力矿泉水股份有限公司 | 5 409 |
| 7 | 海南椰风集团有限公司 | 5 039 |
| 8 | 北京可口可乐饮料有限公司 | 4 891 |
| 9 | 杭州中萃食品有限公司 | 4 696 |
| 10 | 广东今日(集团)有限公司 | 4 607 |
| 11 | 深圳深宝实业股份有限公司 | 4 337 |
| 12 | 南京中萃食品有限公司 | 3 771 |
| 13 | 深圳光明华侨畜牧场晨光饮料公司 | 2 981 |
| 14 | 厦门绿泉实业总公司 | 2 813 |
| 15 | 天津可口可乐饮料有限公司 | 2 716 |
| 16 | 大连可口可乐饮料有限公司 | 2 632 |
| 17 | 河北露露集团公司 | 2 569 |
| 18 | 广东可口可乐饮料有限公司 | 2 534 |
| 19 | 海南饮料食品有限公司 | 2 140 |
| 20 | 山东中鲁果汁集团公司 | 2 018 |
|  | 合　计 | 131 803 |

**【c. 天然矿泉水】** 中国饮料工业协会天然矿泉水专业委员会第三次常务理事会于1996年10月8～9日在北京召开。会议主要沟通了天然矿泉水行业概况；秘书处工作；研究推荐1993年～1996年信得过产品和召开第三次会员大会等问题。

截止1996年底，经中央有关部门评审的矿泉水点已有1 700处，包括地方自行评审的矿泉水点估计可达2 000处，全国已有1 000多家矿泉水厂。1996年全国天然矿泉水产量145.68万吨，比1995年的142万吨增长2.6%。产品质量合格率稳步提高，1996年瓶装矿泉水国家统检，833个厂合格率为76.80%，比前3年有一定提高（1993年为34.50%，1994年为55%，1995年为73%）。

矿泉水生产中比较突出的问题是：大多数企业规模经济差，经济效益低；50%以上的工厂都不景气，面临亏损；生产能力远远大于市场消费量。

**【d. 浓缩果汁及果汁饮料】** 1996年浓缩果汁有了新发展，当年各种浓缩果汁总产量约5万吨以上。其中浓缩苹果汁约占80%，主要用于出口。一方面是国际上一些主产国的丰歉造成有一定需求；另一方面是国内水果总产量增长较快。1996年全国水果总产量为4 653万吨，比上年增长10.41%，其中苹果总产量为1 704万吨，比上年增长21%；柑桔总产量为845万吨，比上年增长2.85%。主产区出现局部卖果难，纷纷从加工找出路，出现进口设备、新建浓缩苹果汁厂高潮。在国内市场尚未完全打开情况下，要避免一哄而起，盲目扩大能力，造成设备利用率不高。

1996年果汁及果汁饮料产量为122万吨，为1995年的85%。其中符合果汁及果汁饮料要求的约占25%左右，其余多为低于10%果汁含量的产品。因产品质量良莠不齐，造成消费者对果汁饮料失去信心。要重新恢复果汁名声首先应积极发展100%果汁和含果浆40%以上的果肉饮料，如都乐、橙宝、大湖、西瑞斯、汇源、鹭芳、华贝和茹梦等品牌已逐步得到消费者认可。但零售价与国外相比还偏高，一般为10～20元/升。主要因原料因素、商业利润过高、广告费用大及企业没有形成生产规模所致。其次必须在商标上标明是果汁饮料和果汁含量，增加透明度取得消费者信任。第三在口味上切忌大量增加增稠剂和只甜不酸。另外果汁饮料应向多品种方向发展，如各类混合果汁。就是以苹果、橙、葡萄、菠萝等相对成本较低的大品种为基础，少量添加各种小品种果汁如西番莲、芒果、猕猴桃、黑加仑等。

**【e. 两片易拉罐饮料】** 两片铝质易拉罐(简称易拉罐)，主要用于碳酸饮料和啤酒灌装。据调查，1996年全国易拉罐饮料产量为132万吨，其中健力宝60万吨，可口可乐58.8万吨，百事可乐11万吨，其他饮料2.2万吨。约占全国饮料总产量的15%，比1995年增长32%。

据全国21家制罐企业统计，易拉罐空罐生产能力可达103亿只(1997年生产厂家将达26家，预计年生产能力可达130亿只)。1996年易拉罐饮料、啤酒共生产约200万吨，消耗空罐56亿只，其中少量是进口的。因此易拉罐设备利用率仅为50%左右。处于供过于求状况，由此造成相当长一段时间内，制罐企业将低价竞销以争夺国内有限的市场。

另从国内外消费市场看，美国易拉罐饮料消费量最大，每人每年平均达400罐；日本和香港台湾等亚洲发达国家和地区易拉罐消费量也达到每人每年100罐以上，而在中国大陆1996年易拉罐人均年消费4.7个。从以上数据对此分析，国内易拉罐的市场潜力是很大的。

**【f. 饮料标准】** 1.《饮用天然矿泉水》、《碳酸饮料》等国家标准颁布实施。《饮用天然矿泉水》(强制性标准)、《饮用天然矿泉水检验方法》和《碳酸饮料》(推荐标准)3项国家标准由中国饮料工业协会配合饮料标准化分技术委员会组织修改、审定，由国家技术监督局批准颁布，于1996年8月1日起实施。

2.《植物蛋白饮料豆乳及豆乳饮料》行业标准颁布实施。由中国饮料工业协会配合饮料标准化分技术委员会组织制订的《植物蛋白饮料豆乳及豆乳饮料》行业标准，由中国轻工总会批准颁布，于1996年4月1日起实施。

3.《柑桔饮料中原果汁含量测定方法》通过审定。1993年列入国家制订标准计划的《柑桔饮料中原果汁测定方法》，由全国食品标准化技术委员会组织中国食品发酵工业研究所等单位经过3年多的努力已起草完成，并于1996年9月通过预审。报国家技术监督局。这项标准主要内容为考核柑桔原汁实际含量，鉴别真假柑桔饮料，为制订柑桔饮料产品标准打下基础。

4.《植物蛋白饮料—椰子乳(椰子汁)和核桃乳》行业标准通过审定。

1996年9月26日，饮料标准化分技术委员会在北京召开了《植物蛋白饮料—椰子乳(椰子乳)和核桃乳》行业标准预审会。经讨论并通过预审，已报全国食品标准化技术委员会审定。

**【g. 质量检测】** 1996年饮料行业比较重要的质量检测活动主要有4项。

1. 瓶装饮用天然矿泉水产品质量统检。1996年上半年，国家技术监督局对瓶装饮用天然矿泉水产品质量进行全国统一监督检查。这次检查是继1995年之后的第2次全国统检。共检查了29个省、自治区、直辖市的833家矿泉水生产企业。据统计，统检时这29个地区生产矿泉水的企业有885家，本次统检复盖率达94.10%，检查结果基本上反映了现阶段国内矿泉水产品的总体质量状况。本次共检查矿泉水样品833批次，合格640批次，平均抽样合格率为76.80%。比第1次统检合格率提高3.80个百分点。按企业性质，情况分别为：

检查247家国有企业的样品247批次，合格198批次，抽样合格率为80.16%；检查257家集体企业的样品257批次，合格196批次，抽样合格率为76.26%；检查72家乡镇企业的样品72批次，合格50批次，抽样合格率为69.44%；检查40家个体企业的样品40批次，合格30批次，抽样合格率为62.50%；检查209家“三资”企业的样品209批次，合格166批次，抽样合格率为79.43%。本次统检查出感官指标不合格产品20批次，限量指标不合格产品25批次，污染指标不合格产品29批次，微生物指标不合格产品145批次。另外，查出劣质产品20批次，占不合格总数的10.40%。本次统检，还对833家生产企业的生产条件进行了考核。考核结果，合格372家，占统检企业总数的44.66%；基本合格289家，占统检企业总数的34.69%；不合格172家，占统检企业总数的20.65%。

2. 卫生部'96夏秋季瓶装饮用天然矿泉水抽检。卫生部于第3季度对瓶装饮用天然矿泉水进行抽样检查。此次共抽样品19个，3项指标全部合格的产品14个，不合格产品5个。抽检合格率73.68%。

3. 国家技术监督局对1996年果汁饮料和酸乳类产品质量进行抽检。果汁饮料抽查16个省、自治区、直辖市的61个产品，其中合格的34个，抽样合格率为55.74%。酸乳类产品抽查北京、上海、天津、浙江、广东、山东6省市29个企业、33个产品。抽样企业覆盖率为30%，其产量约占80%，平均抽样合格率为69.70%。

4. 中国轻工总会对瓶装饮用纯水市场抽查检测。1996年中国轻工总会组织对北京、河北、河南、广东、浙江5省市的市场销售瓶装饮用纯水进行抽查检测。共抽查饮用纯水98批次，合格75批次，抽样合格率为76.53%。抽查生产企业97家，合格企业74家，合格率为76.30%。从总体看大中型企业的产品合格率比较高。

**【h. 企业集团】** 实施名牌战略，以名优产品为龙头，组建大型企业集团，逐步实现规模化、集约化生产，增强竞争实力，是饮料行业的一种重要发展形式。在饮料行业中，比较著名的集团有：

1. 健力宝集团。广东健力宝集团有限公司经过12年创业，已拥有60多家独资及参股企业。已连续8年被评为全国500家最大工业企业。1996年销售收入为35亿元，饮料总产量达69.5万吨，占全国总产量近10%。1991年～1996年，其工业总产值、饮料总产量、利税总额等指标已连续6年居全国饮料行业之首。

为贯彻“集中生产主剂，分散灌装饮料”的产业政策，公司建立1座现代化“健力宝”主剂车间。健力宝集团已在北京、上海、漳州、北海、镇江等处建起5个分装厂，其产量已占集团公司饮料总产量的32.56%。

“健力宝”集团坚持以质量创名牌，12年如一日实行全过程质量管理，使优质产品率高达99.60%。健力宝系列饮料荣获国家优质食品奖、国家级科技进步奖、美国纽约食品节金奖。并连续0年被评为全国最受消费者欢迎的饮品。“健力宝”已被国家商标局评为全国驰名商标。

健力宝集团“九五”发展目标是：年产饮料100万吨，年工业总产值100亿元，为振兴民族饮料工业作贡献。

2. 椰树集团。椰树集团(海口罐头厂)1987年时还是一个濒临破产的国有老厂，经过 10 年改革，企业发生巨大变化。1991 年～1996 年连续 6 年饮料产量居全国前 3 名。1996 年椰子汁等饮料产量达 24.74 万吨，比 1995 年增长 29.26%。椰树集团生产的天然椰子汁、优质天然矿泉水、天然芒果汁均被钓鱼台国宾馆选定为国宴饮料。

椰树集团拥有世界一流的生产装备。从美国、意大利、荷兰、瑞典、西班牙等国引进具有世界先进水平的生产设备，如每分钟 900 罐的高速自动水静压杀菌机、每分钟 2 000 片的易拉盖生产线、每分钟 300 瓶自动矿泉水生产线等，为“椰树”产品上水平、上规模奠定了坚实基础。椰树集团已被国务院列为全国 100 家现代企业制度试点企业之一。

3. 露露集团。河北露露集团组建于 1994 年。现有承德罐头厂等 12 家企业，总资产达 9.77 亿元。初步形成杏仁露为支柱产品，逐步向跨地区、跨行业经营发展。作为河北省首批现代企业制度试点企业，现又被列为河北省 25 家支柱性大型企业集团。1996 年露露集团饮料总产量达 8 万吨，销售收入 6 亿元，实现利税 5 762 万元，均已进入全国饮料行业 20 强。

以杏仁露为代表，确定一条“靠优质产品创名牌，开拓市场树名牌，强化管理保名牌，借助名牌促发展”的发展思路，产品逐步在全国闻名。经中国社会调查事务所、北方无形资产评估事务所评估，“露露”商标权和“商品社会信誉”无形资产总值为 4.8 亿元。1996 年“杏仁露”产量 4.6 万吨，产品供不应求。

露露集团以名牌产品——“杏仁露”为龙头逐步发展集团，以低成本扩张为主要形式，通过兼并、收购、控股等方式向外扩张，增加产量、扩大规模、壮大实力。在集团内实行质量、技术、商标、价格、销售的统一管理。由内向外、分步推进、滚动发展的思路，迅速壮大集团。

4. 中鲁集团。山东中鲁果汁集团公司是国内最早生产浓缩果汁的企业。1983 年建厂以来，已成为跨地区、跨系统、外引内联，集科研、加工、成套设备、贸易为一体的企业集团。现有 6 个紧密层企业、8 个半紧密层企业。1996 年核心企业加工水果 16 万吨，生产浓缩果汁 1.8 万吨，比上年增长 70%，约占全国总产量的一半。1996 年销售收入 1.4 亿元，实现利税 2 800 万元。

中鲁集团坚持质量第一方针，经过引进消化创新，产品质量已达到国际标准。产品质量稳定。1996 年 10 月 22 日通过国家商检评审中心签发的 ISO9000 国际质量认证。成为国内浓缩果汁行业首家通过认证的企业。

中鲁集团积极开拓两个市场，不断提高市场占有率，产品主要出口到日本、韩国、欧美市场。规划到 2000 年建成生产线 16 条，年加工苹果 45 万吨，生产浓缩苹果汁 5 万吨，销售收入 5 亿元，实现利税 6 000 万元，保持作为中国最大的浓缩果汁加工基地。

**【i. 外国牌号碳酸饮料】** 1996 年国内生产外国牌号碳酸饮料的企业及中国牌号“二乐”合资企业共 29 家，其中可口可乐 17 家、百事可乐 12 家。共生产饮料 200.14 万吨，其中外国牌号(包括非碳酸饮料)为 186.87 万吨，占总产量的 93.37%，比 1995 年增长 27.39%。国产牌号为 13.28 万吨，占总产量的 6.63%，比 1995 年下降 8.65 个百分点。国产牌号中可口可乐系统占 4.12%，百事可乐系统占 12.9%。

外国牌号中按公司分，可口可乐公司 136.93 万吨，百事可乐公司 49.93 万吨。外国牌号中按产品类别分，可乐型为 109.43 万吨，比 1995 年增长 34%，占总产量的 58.56%；柠檬型为 62.51 万吨，增长 11.65%，占总产量的 33.45%；甜橙型为 13.13 万吨，增长 104.46%，占总产量的 7.02%；其他型为 0.85 万吨，比 1995 年降低 38.39%，占总产量的 0.46%。

按产品包装分，易拉罐为 69.80 万吨，比 1995 年增长 39.50%，占总产量的 37.35%；聚酯瓶为 90.16 万吨，增长 25.70%，占总产量的 48.25%；玻璃瓶为 17.44 万吨，增长 8.84%，占总产量的 9.33%；现调机为 8.53 万吨，增长 0.12%，占总产量的 4.57%；其他包装如利乐包、三片罐等占 1%以下。

根据 29 个企业的统计，1996 年实现利税 69 983.26 万元，比 1995 年增长 20.93%；其中利润为 37 178.48 万元，增长 3.85%；税金 32 804.78 万元，增长 48.63%。每吨饮料平均利税 349.67 元，其中利润 185.76 元，税金 163.91 元。

**【j. 协会活动】** 饮料发展战略研讨会暨中国饮料工业协会第一届常务理事会第四次(扩大)会议于 1996 年 12 月 18 日至 20 日在广东珠海召开。参加会议的代表共 88 名，其中正式代表 67 名，列席代表 21 名。中国轻工总会副会长、中国饮料工业协会名誉理事长潘蓓蕾同志在会上作了《对如何发展中国饮料工业的几点意见》的重要讲话。会上，共有 21 位代表作了专题发言和经验交流，7 个单位作了书面发言。代表们充分肯定了改革开放以来国内饮料工业所取得的成就，同时也指出存在的主要问题是：假冒伪劣饮料泛滥，“洋水”冲击，民族饮料市场萎缩，资金普遍短缺。代表们一致要求政府加强净化市场的力度，加强对外资的管理，对国有企业给予政策上倾斜和加大投入，不断发展壮大自己的饮料工业。

(史其禄　赵亚利)

表 11　　1996年外国牌号灌装厂及中国牌号"二乐"合资厂生产情况

| 项　　目 | 单位 | 合　　计 | | 可　口　可　乐 | | 百　事　可　乐 | |
|---|---|---|---|---|---|---|---|
| | | 数　量 | 占% | 数　量 | 占% | 数　量 | 占% |
| 产量总计 | 吨 | 2 001 434.09 | | 1 428 125.48 | | 573 308.61 | |
| 其中外国牌号 | 吨 | 1 868 679.59 | 93.37 | 1 369 334.62 | 95.88 | 499 344.97 | 87.10 |
| 国产牌号 | 吨 | 132 754.50 | 6.63 | 58 790.86 | 4.12 | 73 963.64 | 12.90 |
| 外国牌号碳酸饮料按产品类型分 | | | | | | | |
| 可乐型 | 吨 | 1 094 301.57 | 58.56 | 749 214.63 | 54.72 | 345 086.94 | 69.11 |
| 甜橙型 | 吨 | 131 270.73 | 7.02 | 63 315.93 | 4.62 | 67 954.8 | 13.61 |
| 柠檬型 | 吨 | 625 123.60 | 33.45 | 544 154.07 | 39.74 | 80 969.53 | 16.22 |
| 其他型 | 吨 | 8 546 | 0.46 | 8 149.50 | 0.60 | 396.5 | 0.08 |
| 外国牌号碳酸饮料按产品包装分 | | | | | | | |
| 易拉罐 | 吨 | 697 971.30 | 37.35 | 588 171.03 | 42.95 | 109 800.27 | 21.99 |
| 聚酯瓶 | 吨 | 901 551.80 | 48.25 | 631 174.77 | 46.09 | 270 377.03 | 54.15 |
| 玻璃瓶 | 吨 | 174 392.74 | 9.33 | 92 639.40 | 6.77 | 81 753.34 | 16.37 |
| 现调机 | 吨 | 85 326.06 | 4.57 | 52 848.93 | 3.86 | 32 477.13 | 6.50 |
| 利乐包 | 吨 | 5 068.26 | 0.26 | 131.06 | 0.01 | 4 937.2 | 0.99 |
| 三片罐 | 吨 | 2 192.43 | 0.12 | 2 192.43 | 0.16 | | |
| 其他 | 吨 | 2 177 | 0.12 | 2 177 | 0.16 | | |
| 利税合计 | 万元 | 69 982.26 | | 55 990.06 | | 13 993.20 | |
| 其中利润 | 万元 | 37 178.48 | 53.12 | 29 991.25 | 53.57 | 7 187.23 | 51.36 |
| 税金 | 万元 | 32 804.78 | 46.88 | 25 998.81 | 46.43 | 6 805.97 | 48.64 |
| 工业总产值 | 万元 | 647 976.11 | | 467 863.41 | 72.20 | 180 112.7 | 27.80 |
| 销售收入 | 万元 | 748 077.19 | | 559 305.23 | 74.77 | 188 771.96 | 25.23 |

**【k. 行业数据报告】** 1. 行业基本情况

行业名称：软饮料制造业*

| | 1994年 | 1995年 | 1996年 |
|---|---|---|---|
| 行业内企业单位数(个) | 3 194 | 3 697 | 3 497 |
| 其中：亏损企业 | 912 | 1 391 | 995 |
| 从业人员(万人) | 20.49 | 22.86 | 20.36 |
| 其中：工程技术人员 | | 1.52 | |
| 管理人员 | | 3.30 | |
| 年末离退休人员(万人) | | 2.17 | |

(1)碳酸饮料制造业

| | 1994年 | 1995年 | 1996年 |
|---|---|---|---|
| 行业内企业单位数(个) | 1 400 | 1 605 | 1 519 |
| 其中：亏损企业 | 335 | 545 | 365 |
| 从业人员(万人) | 9.03 | | 8.62 |

(2)天然矿泉水制造业

| | 1994年 | 1995年 | 1996年 |
|---|---|---|---|
| 行业内企业单位数(个) | 473 | 674 | 698 |
| 其中：亏损企业 | 170 | 311 | 224 |
| 从业人员(万人) | 2.33 | | 3.01 |

(3)果菜汁饮料制造业

| | 1994年 | 1995年 | 1996年 |
|---|---|---|---|
| 行业内企业单位数(个) | 745 | 890 | 772 |
| 其中：亏损企业 | 261 | 349 | 261 |
| 从业人员(万人) | 5.52 | | 5.37 |

(4)固体饮料制造业

| | 1994年 | 1995年 | 1996年 |
|---|---|---|---|
| 行业内企业单位数(个) | 271 | 243 | 226 |
| 其中:亏损企业 | 69 | 82 | 60 |
| 从业人员(万人) | 1.78 | | 1.48 |

＊本行业的统计范围是全部乡及乡以上独立核算工业企业。

2. 软饮料制造业在全部工业中的位置与比较(单位:%)

| | 1994年 | 1995年 | 1996年 |
|---|---|---|---|
| 行业产值占全部工业产值的比重 | 0.397 | 0.395 | 0.469 |
| 行业增加值占全部工业增加值的比重 | 0.403 | 0.299 | 0.426 |
| 行业人数占全部工业人数的比重 | 0.241 | 0.271 | 0.249 |
| 行业资本金占全部工业资本金的比重 | 0.435 | 0.550 | 0.604 |

3. 行业财务状况(单位:亿元)

| | 1994年 | 1995年 | 1996年 |
|---|---|---|---|
| 资本金 | 77.98 | 118.58 | 150.41 |
| 中方 | 32.76 | 76.84 | 50.41 |
| 外方 | 22.77 | 41.75 | 58.18 |
| 工业总产值 | 203.78 | 217.03 | 294.28 |
| 工业增加值 | 59.24 | 46.21 | 76.82 |
| 职工工资总额 | | 10.34 | |
| 出口交货值 | | 7.64 | |

(1)碳酸饮料制造业

| | 1994年 | 1995年 | 1996年 |
|---|---|---|---|
| 资本金 | 29.05 | 43.56 | 67.85 |
| 中方 | 14.61 | 27.52 | 22.08 |
| 外方 | 8.17 | 16.03 | 28.30 |
| 工业总产值 | 86.85 | 98.65 | 143.52 |
| 工业增加值 | 29.47 | 25.44 | 41.80 |
| 出口交货值 | | 1.59 | |

(2)天然矿泉水制造业

| | 1994年 | 1995年 | 1996年 |
|---|---|---|---|
| 资本金 | 12.26 | 18.72 | 17.94 |
| 中方 | 4.55 | 13.83 | 6.05 |
| 外方 | 3.12 | 4.89 | 5.22 |
| 工业总产值 | 17.10 | 21.96 | 28.44 |
| 工业增加值 | 4.12 | 4.55 | 7.91 |
| 出口交货值 | | 0.32 | |

(3)果菜汁饮料制造业

| | 1994年 | 1995年 | 1996年 |
|---|---|---|---|
| 资本金 | 22.12 | 34.45 | 39.77 |
| 中方 | 7.73 | 22.54 | 11.61 |
| 外方 | 6.27 | 11.91 | 16.05 |
| 工业总产值 | 65.98 | 48.47 | 64.51 |
| 工业增加值 | 18.43 | 8.56 | 14.38 |
| 出口交货值 | | 3.64 | |

(4)固体饮料制造业

| | 1994年 | 1995年 | 1996年 |
|---|---|---|---|
| 资本金 | 7.44 | 11.83 | 12.32 |
| 中方 | 2.51 | 6.56 | 5.01 |
| 外方 | 3.35 | 5.27 | 5.16 |
| 工业总产值 | 19.58 | 17.02 | 21.67 |
| 工业增加值 | 3.65 | 0.24 | 4.09 |
| 出口交货值 | | 0.94 | |

4. 行业资产负债(单位:亿元)

| | 1994年 | 1995年 | 1996年 |
|---|---|---|---|
| 年末资产 | | 329.34 | 382.73 |
| 流动资产 | 115.14 | 150.87 | 163.09 |
| #存货 | 44.12 | 58.64 | 57.77 |
| 固定资产 | 92.55 | 149.01 | 165.17 |
| #生产经营用 | 79.44 | 130.17 | 146.08 |
| 年末负债 | | 216.05 | 228.05 |
| 流动负债 | | 165.84 | 180.56 |
| 长期负债 | | 47.72 | |
| 年末所有者权益 | 77.05 | 113.29 | 154.68 |
| 实收资本 | | 105.89 | |

(1)碳酸饮料制造业

| | 1994年 | 1995年 | 1996年 |
|---|---|---|---|
| 年末资产 | | 124.84 | 159.26 |
| 流动资产 | 43.34 | 61.59 | 70.52 |
| #存货 | 17.61 | 22.38 | 22.41 |
| 固定资产 | 32.28 | 51.89 | 63.74 |
| #生产经营用 | 28.45 | 46.74 | 56.90 |
| 年末负债 | | 75.04 | 73.29 |
| 流动负债 | | 57.19 | 58.32 |
| 长期负债 | | 17.20 | |
| 年末所有者权益 | 33.53 | 49.80 | 85.97 |
| 实收资本 | | 39.77 | |

(2)天然矿泉水制造业

| | 1994年 | 1995年 | 1990年 |
|---|---|---|---|
| 年末资产 | | 39.35 | 38.76 |
| 流动资产 | 9.50 | 14.38 | 14.06 |
| #存货 | 2.97 | 5.05 | 4.76 |
| 固定资产 | 12.36 | 22.04 | 21.59 |
| #生产经营用 | 10.59 | 18.36 | 19.08 |
| 年末负债 | | 22.55 | 23.17 |
| 流动负债 | | 17.16 | 18.06 |
| 长期负债 | | 4.99 | |
| 年末所有者权益 | 9.06 | 16.80 | 15.59 |
| 实收资本 | | 17.95 | |

(3)果菜汁饮料制造业

| | 1994年 | 1995年 | 1996年 |
|---|---|---|---|
| 年末资产 | | 96.67 | 105.17 |
| 流动资产 | 38.80 | 40.30 | 42.29 |
| #存货 | 16.16 | 17.64 | 18.05 |
| 固定资产 | 33.29 | 47.96 | 52.14 |
| #生产经营用 | 27.98 | 39.66 | 44.25 |
| 年末负债 | | 71.04 | 77.35 |
| 流动负债 | | 50.53 | 57.12 |
| 长期负债 | | 19.26 | |
| 年末所有者权益 | 20.15 | 25.63 | 27.82 |
| 实收资本 | | 30.78 | |

(4)固体饮料制造业

| | 1994年 | 1995年 | 1996年 |
|---|---|---|---|
| 年末资产 | | 25.88 | 35.11 |
| 流动资产 | 11.82 | 12.03 | 16.87 |
| #存货 | 3.88 | 4.71 | 4.65 |
| 固定资产 | 6.45 | 11.27 | 12.62 |
| #生产经营用 | 6.04 | 10.76 | 12.67 |
| 年末负债 | | 17.34 | 24.26 |
| 流动负债 | | 15.05 | 22.00 |
| 长期负债 | | 2.15 | |
| 年末所有者权益 | 8.86 | 8.55 | 10.85 |
| 实收资本 | | 9.07 | |

5. 行业损益及分配(单位:亿元)

| | 1994年 | 1995年 | 1996年 |
|---|---|---|---|
| 产品销售收入 | 163.11 | 206.10 | 266.11 |
| 产品销售成本 | 123.34 | 160.32 | 200.15 |
| 产品销售费用 | 14.15 | 19.10 | 28.29 |
| 产品销售税金及附加 | 2.76 | 2.19 | 1.46 |
| 产品销售利润 | | 24.37 | 29.98 |
| 产品管理费用 | 11.10 | 15.61 | 18.66 |
| 营业利润 | | 2.27 | 8.48 |
| 投资收益 | | 0.27 | |
| 利润总额 | 6.86 | 3.02 | 9.92 |
| 所得税 | | 1.76 | |
| 净利润 | | 1.33 | |
| 利税总额 | 16.52 | 12.83 | 22.77 |
| 亏损企业亏损额 | 5.97 | 10.69 | 10.75 |

(1)碳酸饮料制造业

| | 1994年 | 1995年 | 1996年 |
|---|---|---|---|
| 产品销售收入 | 66.84 | 100.08 | 132.51 |
| 产品销售成本 | 49.41 | 76.49 | 96.38 |
| 产品销售费用 | 5.58 | 9.12 | 15.48 |
| 产品销售税金及附加 | 1.58 | 1.36 | 4.07 |
| 产品销售利润 | | 13.08 | 17.58 |
| 产品管理费用 | 4.49 | 6.72 | 8.51 |
| 营业利润 | | 4.85 | 9.82 |
| 投资收益 | | 0.22 | |
| 利润总额 | 5.43 | 5.75 | 10.91 |
| 所得税 | | 0.95 | |
| 净利润 | | 4.80 | |
| 利税总额 | 10.32 | 10.87 | 17.91 |
| 亏损企业亏损额 | 1.39 | 2.56 | 2.36 |

(2)天然矿泉水制造业

| | 1994年 | 1995年 | 1996年 |
|---|---|---|---|
| 产品销售收入 | 13.47 | 19.81 | 24.24 |
| 产品销售成本 | 10.22 | 15.74 | 18.95 |
| 产品销售费用 | 1.30 | 1.43 | 1.49 |
| 产品销售税金及附加 | 0.32 | 0.20 | 0.31 |
| 产品销售利润 | | 2.41 | 3.02 |
| 产品管理费用 | 1.19 | 2.04 | 1.85 |
| 营业利润 | | −0.32 | 0.50 |
| 投资收益 | | 0.01 | |
| 利润总额 | 0.02 | −0.43 | 0.55 |
| 所得税 | | 0.14 | |
| 净利润 | | −0.49 | |
| 利税总额 | 0.85 | 0.45 | 1.59 |
| 亏损企业亏损额 | 1.01 | 1.02 | 1.30 |

(3)果菜汁饮料制造业

| | 1994年 | 1995年 | 1996年 |
|---|---|---|---|
| 产品销售收入 | 53.36 | 41.49 | 53.42 |
| 产品销售成本 | 42.63 | 33.13 | 44.05 |
| 产品销售费用 | 4.20 | 3.75 | 4.53 |

| | | | |
|---|---|---|---|
| 产品销售税金及附加 | 0.47 | 0.30 | 0.46 |
| 产品销售利润 | | 4.23 | 3.75 |
| 产品管理费用 | 3.29 | 3.60 | 3.82 |
| 营业利润 | | −1.38 | −2.33 |
| 投资收益 | | | |
| 利润总额 | 0.35 | −2.20 | −2.37 |
| 所得税 | | 0.26 | |
| 净利润 | | −2.46 | |
| 利税总额 | 2.55 | −0.70 | −0.66 |
| 亏损企业亏损额 | 2.56 | 4.27 | 4.66 |

(4)固体饮料制造业

| | 1994年 | 1995年 | 1996年 |
|---|---|---|---|
| 产品销售收入 | 16.07 | 14.13 | 19.83 |
| 产品销售成本 | 11.36 | 10.71 | 14.09 |
| 产品销售费用 | 2.39 | 2.64 | 3.37 |
| 产品销售税金及附加 | 0.24 | 0.06 | 0.09 |
| 产品销售利润 | | 0.73 | 0.89 |
| 产品管理费用 | 1.21 | 1.27 | 2.03 |
| 营业利润 | | −1.79 | −0.73 |
| 投资收益 | | 0.01 | |
| 利润总额 | | −1.03 | −0.47 |
| 所得税 | | 0.07 | |
| 净利润 | | −1.10 | |
| 利税总额 | 1.08 | −0.30 | 0.70 |
| 亏损企业亏损额 | 0.68 | 1.54 | 1.50 |

6. 行业效益评价

| | 1994年 | 1995年 | 1996年 |
|---|---|---|---|
| 产品销售率(%) | 94.78 | 94.96 | 98.08 |
| 资金利税率(%) | 9.13 | 5.22 | 7.47 |
| 增加值率(%) | 29.07 | 21.29 | 26.10 |
| 成本利税率(%) | 13.39 | 8.00 | 11.38 |
| 全员劳动生产率(元/人·年) | 28 912 | 20 214 | 37 731 |
| 流动资产周转率(%) | 152.77 | 150.27 | 163.93 |
| 企业亏损面(%) | 28.55 | 37.63 | 28.45 |
| 存货可供销售天数(天) | 129 | 132 | 104 |

(1)碳酸饮料制造业

| | 1994年 | 1995年 | 1996年 |
|---|---|---|---|
| 产品销售率(%) | 97.20 | 101.45 | 98.68 |
| 资金利税率(%) | 15.05 | 11.91 | 13.99 |
| 增加值率(%) | 33.93 | 25.79 | 29.12 |
| 成本利税率(%) | 20.89 | 14.21 | 18.58 |
| 全员劳动生产率(元/人·年) | 32 636 | | 48 492 |
| 流动资产周转率(%) | 155.59 | 178.21 | 181.92 |
| 企业亏损面(%) | 23.93 | 33.96 | 24.03 |
| 存货可供销售天数(天) | 129 | 103 | 84 |

(2)天然矿泉水制造业

| | 1994年 | 1995年 | 1996年 |
|---|---|---|---|
| 产品销售率(%) | 92.57 | 90.21 | 92.72 |
| 资金利税率(%) | 4.49 | 1.46 | 5.23 |
| 增加值率(%) | 24.09 | 20.72 | 27.81 |
| 成本利税率(%) | 8.32 | 2.86 | 8.39 |
| 全员劳动生产率(元/人·年) | 17 682 | | 26 279 |
| 流动资产周转率(%) | 156.26 | 140.00 | 193.46 |
| 企业亏损面(%) | 35.94 | 46.14 | 32.09 |
| 存货可供销售天数(天) | 105 | 116 | 91 |

(3)果菜汁饮料制造业

| | 1994年 | 1995年 | 1996年 |
|---|---|---|---|
| 产品销售率(%) | 94.06 | 85.60 | 91.58 |
| 资金利税率(%) | 4.22 | −0.96 | −0.77 |
| 增加值率(%) | 27.93 | 17.66 | 22.29 |
| 成本利税率(%) | 5.98 | −2.11 | −1.50 |
| 全员劳动生产率(元/人·年) | 33 388 | | 26 778 |
| 流动资产周转率(%) | 159.62 | 113.08 | 128.04 |
| 企业亏损面(%) | 35.03 | 39.21 | 33.81 |
| 存货可供销售天数(天) | 137 | 192 | 148 |

(4)固体饮料制造业

| | 1994年 | 1995年 | 1996年 |
|---|---|---|---|
| 产品销售率(%) | 88.51 | 83.02 | 93.12 |
| 资金利税率(%) | 6.59 | 1.56 | 2.71 |
| 增加值率(%) | 18.64 | 1.41 | 18.87 |
| 成本利税率(%) | 9.51 | −2.80 | 4.97 |
| 全员劳动生产率(元/人·年) | 20 505 | | 27 635 |
| 流动资产周转率(%) | 145.69 | 119.04 | 125.43 |
| 企业亏损面(%) | 25.46 | 33.74 | 26.55 |
| 存货可供销售天数(天) | 123 | 159 | 119 |

7. 软饮料历年产量(单位:万吨)

| 年　　份 | 软　饮　料 |
|---|---|
| 1980 | 28.80 |
| 1981 | 40.00 |
| 1982 | 44.00 |
| 1983 | 49.20 |
| 1984 | 55.40 |
| 1985 | 100.00 |
| 1986 | 183.94 |
| 1987 | 246.64 |
| 1988 | 315.35 |
| 1989 | 300.86 |
| 1990 | 330.33 |
| 1991 | 400.46 |
| 1992 | 420.82 |
| 1993 | 476.39 |
| 1994 | 629.13 |
| 1995 | 949.04 |
| 1996 | 883.84 |

8. 分地区软饮料产量(单位:万吨)

| 地　　区 | 1994年 | 1995年 | 1996年 |
|---|---|---|---|
| 全国总计 | 629.13 | 949.04 | 883.84 |
| 北　　京 | 34.57 | 29.04 | 34.28 |
| 天　　津 | 15.98 | 41.76 | 24.64 |
| 河　　北 | 17.94 | 27.66 | 25.95 |
| 山　　西 | 3.99 | 5.08 | 5.40 |
| 内 蒙 古 | 3.56 | 6.40 | 3.97 |
| 辽　　宁 | 39.71 | 74.82 | 51.72 |
| 吉　　林 | 11.63 | 25.99 | 27.81 |
| 黑 龙 江 | 14.14 | 30.30 | 18.47 |
| 上　　海 | 32.55 | 52.82 | 60.12 |
| 江　　苏 | 26.18 | 50.94 | 60.03 |
| 浙　　江 | 36.89 | 62.58 | 67.17 |
| 安　　徽 | 8.54 | 20.55 | 16.51 |
| 福　　建 | 29.24 | 37.28 | 38.99 |
| 江　　西 | 7.00 | 11.20 | 7.23 |
| 山　　东 | 19.44 | 47.38 | 30.63 |
| 河　　南 | 14.06 | 23.50 | 20.22 |
| 湖　　北 | 29.10 | 47.32 | 67.97 |
| 湖　　南 | 3.98 | 7.69 | 7.43 |
| 广　　东 | 197.02 | 213.13 | 205.71 |
| 广　　西 | 24.21 | 34.19 | 26.62 |
| 海　　南 | 22.31 | 31.03 | 33.11 |
| 四　　川 | 22.05 | 43.47 | 24.06 |
| 贵　　州 | 1.49 | 3.54 | 2.44 |
| 云　　南 | 4.65 | 7.84 | 11.12 |
| 陕　　西 | 3.79 | 6.83 | 6.54 |
| 甘　　肃 | 1.92 | 2.27 | 2.23 |
| 青　　海 | 0.43 | 0.38 | 0.18 |
| 宁　　夏 | 0.33 | 0.44 | 0.44 |
| 新　　疆 | 2.43 | 3.51 | 2.69 |

9. 软饮料分产品产量(单位:万吨)

| 地　　区 | 1994年 | | | | 1995年 | | | | 1996年 | | | |
|---|---|---|---|---|---|---|---|---|---|---|---|---|
| | 碳酸饮料 | 固体饮料 | 果菜汁饮料 | 矿泉水 | 碳酸饮料 | 固体饮料 | 果菜汁饮料 | 矿泉水 | 碳酸饮料 | 固体饮料 | 果菜汁饮料 | 矿泉水 |
| 全国总计 | 314.35 | 13.75 | 91.23 | 93.14 | 491.56 | 18.60 | 143.63 | 142.16 | 428.93 | 31.31 | 122.42 | 145.82 |
| 北　　京 | 17.56 | 0.02 | 5.58 | 2.09 | 21.06 | 0.06 | 2.83 | 2.41 | 25.88 | 0.03 | 3.70 | 3.42 |
| 天　　津 | 13.36 | 0.48 | 1.52 | 0.10 | 35.28 | 1.19 | 3.22 | 0.80 | 19.20 | 1.55 | 1.66 | 1.25 |
| 河　　北 | 6.11 | 0.30 | 7.83 | 1.44 | 12.43 | 0.38 | 6.49 | 2.42 | 7.88 | 1.12 | 5.85 | 4.77 |
| 山　　西 | 1.28 | — | 1.67 | 0.33 | 2.65 | 0.01 | 1.20 | 1.00 | 2.18 | — | 2.82 | 0.18 |
| 内 蒙 古 | 1.41 | — | 1.63 | 0.17 | 3.88 | 0.03 | 1.46 | 0.42 | 2.03 | 0.04 | 0.96 | 0.52 |
| 辽　　宁 | 32.20 | 0.20 | 3.95 | 2.07 | 39.51 | 0.41 | 8.47 | 2.63 | 46.13 | 0.06 | 2.44 | 2.21 |
| 吉　　林 | 8.76 | 0.02 | 0.39 | 1.34 | 15.52 | 0.03 | 0.91 | 9.26 | 19.96 | 0.03 | 0.36 | 7.43 |
| 黑 龙 江 | 9.92 | 0.01 | 2.23 | 1.69 | 23.21 | 0.31 | 2.88 | 2.91 | 12.49 | 0.02 | 2.84 | 1.80 |
| 上　　海 | 28.80 | 0.68 | 2.31 | 0.74 | 46.18 | 1.10 | 3.19 | 1.50 | 52.85 | 0.93 | 3.32 | 2.03 |
| 江　　苏 | 19.36 | 0.57 | 1.98 | 1.21 | 38.62 | 2.73 | 3.67 | 4.14 | 35.01 | 17.55 | 3.18 | 2.58 |
| 浙　　江 | 15.60 | 1.92 | 1.92 | 8.64 | 28.79 | 2.13 | 10.04 | 8.58 | 21.04 | 1.00 | 9.58 | 14.18 |
| 安　　徽 | 5.32 | 0.09 | 0.86 | 0.62 | 14.58 | 0.40 | 1.82 | 1.64 | 8.63 | 0.64 | 1.69 | 2.93 |
| 福　　建 | 11.06 | 0.07 | 3.33 | 11.52 | 15.17 | 0.16 | 11.22 | 8.40 | 15.54 | 0.38 | 12.39 | 7.14 |

续表

| 地　　区 | 1994 年 | | | | 1995 年 | | | | 1996 年 | | | |
|---|---|---|---|---|---|---|---|---|---|---|---|---|
| | 碳酸饮料 | 固体饮料 | 果菜汁饮料 | 矿泉水 | 碳酸饮料 | 固体饮料 | 果菜汁饮料 | 矿泉水 | 碳酸饮料 | 固体饮料 | 果菜汁饮料 | 矿泉水 |
| 江　　西 | 4.74 | 0.14 | 0.73 | 0.87 | 5.35 | 0.23 | 1.72 | 1.59 | 3.82 | 0.05 | 0.98 | 1.19 |
| 山　　东 | 4.58 | 0.62 | 4.81 | 7.61 | 10.80 | 1.37 | 11.06 | 19.95 | 5.53 | 0.44 | 7.15 | 15.58 |
| 河　　南 | 6.82 | 0.45 | 3.12 | 0.53 | 12.17 | 0.56 | 4.82 | 4.42 | 8.25 | 0.61 | 4.38 | 4.24 |
| 湖　　北 | 23.57 | 0.29 | 1.14 | 3.04 | 36.07 | 0.52 | 3.61 | 4.28 | 30.03 | 0.34 | 1.95 | 23.13 |
| 湖　　南 | 1.15 | 0.08 | 0.72 | 1.23 | 2.69 | 0.04 | 1.13 | 2.83 | 2.23 | 0.12 | 1.28 | 2.01 |
| 广　　东 | 64.13 | 2.10 | 30.05 | 38.13 | 71.48 | 2.02 | 32.35 | 41.27 | 63.03 | 1.94 | 26.97 | 36.15 |
| 广　　西 | 11.29 | 5.02 | 2.76 | 1.95 | 20.43 | 4.36 | 3.92 | 2.86 | 15.55 | 4.09 | 2.40 | 2.99 |
| 海　　南 | 9.13 | 0.05 | 6.92 | 3.48 | 9.03 | 0.06 | 16.12 | 5.32 | 10.20 | 0.04 | 18.60 | 2.50 |
| 四　　川 | 10.43 | 0.39 | 3.53 | 2.05 | 14.01 | 0.27 | 6.78 | 8.64 | 9.36 | 0.16 | 4.76 | 3.27 |
| 贵　　州 | 0.76 | — | 0.19 | 0.46 | 1.98 | 0.01 | 0.33 | 1.06 | 0.78 | — | 0.21 | 0.87 |
| 云　　南 | 2.44 | 0.04 | 0.42 | 0.79 | 3.91 | 0.15 | 1.81 | 0.99 | 3.61 | 0.12 | 1.38 | 1.73 |
| 陕　　西 | 2.34 | 0.09 | 0.14 | 0.46 | 3.52 | 0.05 | 1.22 | 1.23 | 4.43 | 0.02 | 0.94 | 0.20 |
| 甘　　肃 | 0.65 | 0.11 | 0.71 | 0.12 | 1.08 | 0.01 | 0.78 | 0.23 | 1.48 | 0.02 | 0.35 | 0.27 |
| 青　　海 | 0.06 | — | — | 0.16 | 0.22 | — | 0.02 | 0.14 | 0.13 | — | 0.02 | 0.03 |
| 宁　　夏 | 0.18 | — | 0.12 | 0.02 | 0.38 | — | 0.02 | 0.01 | 0.40 | — | 0.02 | 0.01 |
| 新　　疆 | 1.36 | — | 0.63 | 0.26 | 1.56 | — | 0.53 | 1.11 | 1.27 | 0.01 | 0.23 | 1.04 |

10. 进出口数量、金额及主要国家和地区

**1994 年～1996 年　22011010 主要出口国家和地区**

| 国家或地区 | 1994 年 | | | 1995 年 | | | 1996 年 | | |
|---|---|---|---|---|---|---|---|---|---|
| | 数量（万升） | 金额（万美元） | 百分比（%） | 数量（万升） | 金额（万美元） | 百分比（%） | 数量（万升） | 金额（万美元） | 百分比（%） |
| 合　计 | 579.7 | 117 | 100.00 | 434.8 | 99 | 100.00 | 371.7 | 1 009 | 100.00 |
| 香　港 | 61.0 | 13 | 10.80 | 74.5 | 11 | 11.44 | 19.5 | 51 | 5.05 |
| 澳　门 | 404.9 | 77 | 66.24 | 281.5 | 57 | 57.49 | 253.1 | 505 | 50.05 |
| 新加坡 | | | | 36.2 | 15 | 15.38 | 63.0 | 292 | 28.94 |
| 越　南 | 83.1 | 17 | 14.91 | 29.1 | 10 | 10.02 | 15.1 | 59 | 5.85 |
| 美　国 | 16.4 | 4 | 3.68 | | | | | | |

**1994 年～1996 年　22019010 主要出口国家和地区**

| 国家或地区 | 1994 年 | | | 1995 年 | | | 1996 年 | | |
|---|---|---|---|---|---|---|---|---|---|
| | 数量（亿升） | 金额（万美元） | 百分比（%） | 数量（亿升） | 金额（万美元） | 百分比（%） | 数量（亿升） | 金额（万美元） | 百分比（%） |
| 合　计 | 7 491.6 | 17 699 | 100.00 | 7 384.6 | 19 763 | 100.00 | 7 741.0 | 22 964 | 100.00 |
| 香　港 | 6 984.9 | 17 205 | 97.20 | 6 936.4 | 19 308 | 97.69 | 7 200.0 | 22 388 | 97.49 |
| 澳　门 | 506.6 | 494 | 2.79 | 448.1 | 456 | 2.31 | 541.0 | 576 | 2.51 |

**1994 年～1996 年　22021000 主要出口国家和地区**

| 国家或地区 | 1994 年 | | | 1995 年 | | | 1996 年 | | |
|---|---|---|---|---|---|---|---|---|---|
| | 数量（万升） | 金额（万美元） | 百分比（%） | 数量（万升） | 金额（万美元） | 百分比（%） | 数量（万升） | 金额（万美元） | 百分比（%） |
| 合　计 | 1 639.0 | 750.8 | 100.00 | 1 673.7 | 764.0 | 100.00 | 817.3 | 445.6 | 100.00 |
| 缅　甸 | 73.1 | 41.2 | 5.49 | 213.7 | 106.9 | 13.99 | 216.3 | 112.9 | 25.34 |
| 香　港 | 830.9 | 324.1 | 43.17 | 890.4 | 365.9 | 47.89 | 276.0 | 170.7 | 38.31 |

续表

| 国家或地区 | 1994年 | | | 1995年 | | | 1996年 | | |
|---|---|---|---|---|---|---|---|---|---|
| | 数量（万升） | 金额（万美元） | 百分比（%） | 数量（万升） | 金额（万美元） | 百分比（%） | 数量（万升） | 金额（万美元） | 百分比（%） |
| 菲律宾 | | | | 178.7 | 104.9 | 13.73 | | | |
| 新加坡 | 132.7 | 60.8 | 8.10 | 100.1 | 49.9 | 6.53 | 138.1 | 62.5 | 14.03 |
| 俄罗斯 | 394.8 | 234.5 | 31.23 | | | | | | |
| 越南 | | | | | | | 62.6 | 30.1 | 6.75 |

**1994年～1996年　22029000主要出口国家和地区**

| 国家或地区 | 1994年 | | | 1995年 | | | 1996年 | | |
|---|---|---|---|---|---|---|---|---|---|
| | 数量（万升） | 金额（万美元） | 百分比（%） | 数量（万升） | 金额（万美元） | 百分比（%） | 数量（万升） | 金额（万美元） | 百分比（%） |
| 合计 | 2 686.4 | 1 600 | 100.00 | 4 733.9 | 2 284 | 100.00 | 4 428.5 | 2 370 | 100.00 |
| 香港 | 1 591.7 | 923 | 57.72 | 2 790.9 | 1 502 | 65.76 | 3 745.8 | 1 879 | 79.27 |
| 新加坡 | 182.5 | 125 | 7.84 | 344.5 | 243 | 10.65 | 253.9 | 187 | 7.90 |
| 俄罗斯 | 366.7 | 276 | 17.27 | 145.7 | 115 | 5.04 | 77.1 | 47 | 1.97 |
| 菲律宾 | | | | 147.3 | 86 | 3.78 | | | |
| 日本 | 29.2 | 43 | 2.66 | | | | | | |

**1994年～1996年　22060000主要出口国家和地区**

| 国家或地区 | 1994年 | | | 1995年 | | | 1996年 | | |
|---|---|---|---|---|---|---|---|---|---|
| | 数量（万升） | 金额（万美元） | 百分比（%） | 数量（万升） | 金额（万美元） | 百分比（%） | 数量（万升） | 金额（万美元） | 百分比（%） |
| 合计 | 1 000.0 | 1 371 | 100.00 | 1 370.5 | 2 251 | 100.00 | 635.3 | 301 | 100.00 |
| 新加坡 | 49.8 | 50 | 3.68 | 91.9 | 125 | 5.55 | | | |
| 美国 | 68.5 | 88 | 6.43 | 91.9 | 99 | 4.40 | 26.4 | 16 | 5.16 |
| 香港 | 239.3 | 229 | 16.72 | 259.9 | 341 | 15.15 | 522.9 | 181 | 60.05 |
| 日本 | 397.9 | 775 | 56.50 | 656.0 | 1 341 | 59.57 | | | |
| 泰国 | | | | | | | 199.4 | 46 | 15.27 |
| 台湾 | | | | | | | 125.0 | 28 | 9.38 |

注：22011010 未加味、加糖或其他甜物质的矿泉水
22019010 未加味、加糖或其他甜物质的天然水
22021000 加味、加糖或其他甜物质的水
22029000 其他无酒精饮料
22060000 其他发酵饮料

11.1995年软饮料产品年末生产能力(单位:万吨)

| 地区 | 碳酸饮料 | 果菜汁饮料 | 矿泉水 |
|---|---|---|---|
| 全国总计 | 1 035.14 | 328.62 | 537.74 |
| 北京 | 33.12 | 20.08 | 10.19 |
| 天津 | 27.88 | 9.70 | 2.09 |
| 河北 | 18.94 | 23.49 | 53.71 |
| 山西 | 6.00 | 4.50 | 1.00 |
| 内蒙古 | 4.79 | 5.08 | 2.82 |
| 辽宁 | 59.77 | 11.47 | 86.72 |
| 吉林 | 14.85 | 1.81 | 6.34 |
| 黑龙江 | 32.72 | 3.22 | 8.91 |
| 上海 | 62.33 | 10.53 | 6.95 |
| 江苏 | 56.78 | 11.01 | 10.47 |
| 浙江 | 25.70 | 13.35 | 14.04 |
| 安徽 | 22.80 | 4.30 | 19.90 |
| 福建 | 22.13 | 15.05 | 24.71 |
| 江西 | 13.79 | 4.04 | 5.97 |

续表

| 地区 | 碳酸饮料 | 果菜汁饮料 | 矿泉水 |
|---|---|---|---|
| 山东 | 18.22 | 18.04 | 62.99 |
| 河南 | 20.25 | 15.11 | 9.70 |
| 湖北 | 53.62 | 8.99 | 22.64 |
| 湖南 | 5.19 | 4.95 | 13.46 |
| 广东 | 432.60 | 78.48 | 102.63 |
| 广西 | 20.50 | 4.92 | 3.00 |
| 海南 | 5.25 | 20.66 | 11.60 |
| 四川 | 35.36 | 16.86 | 27.30 |
| 贵州 | 6.87 | 1.70 | 4.71 |
| 云南 | 7.45 | 12.84 | 7.96 |
| 陕西 | 15.36 | 1.73 | 2.80 |
| 甘肃 | 2.80 | 3.84 | 7.33 |
| 青海 | 0.27 | 0.03 | 0.63 |
| 宁夏 | 0.58 | 0.34 | 1.43 |
| 新疆 | 5.95 | 2.50 | 5.74 |

12.1995年已安装的含汽饮料灌装生产线设备情况(全部乡及乡以上独立核算单位)

| | 年末设备数量(套) | | | | | 年末设备价值(千元) | | | | |
|---|---|---|---|---|---|---|---|---|---|---|
| | 合计 | 国际水平 | 国内先进水平 | 国内一般水平 | 国内落后水平 | 合计 | 国际水平 | 国内先进水平 | 国内一般水平 | 国内落后水平 |
| 全国 | 173 | 27 | 42 | 71 | 33 | 3 693 490 | 547 234 | 120 636 | 3 019 549 | 6 072 |
| 北京 | | | | | | | | | | |
| 天津 | 5 | 4 | 1 | | | 108 884 | 105 301 | 3 583 | | |
| 河北 | 13 | 10 | 3 | | | 4 514 | | | 3 514 | 1 000 |
| 山西 | | | | | | | | | | |
| 内蒙古 | 2 | | 1 | | 1 | 3 831 | | 3 659 | | 172 |
| 辽宁 | 11 | | 2 | 8 | 1 | 7 718 | | 3 492 | 4 181 | 45 |
| 吉林 | | | | | | | | | | |
| 黑龙江 | 30 | | 11 | 18 | 1 | 3 162 | 1 792 | 900 | 470 | |
| 上海 | 3 | 2 | 1 | | | 47 944 | 36 770 | 11 174 | | |
| 江苏 | 9 | 2 | | 5 | 2 | 58 142 | 46 660 | | 11 420 | 62 |
| 浙江 | 3 | | 1 | 2 | | 9 421 | | 9 023 | | |
| 安徽 | 5 | | | 4 | 1 | 2 963 639 | | | 2 963 454 | 185 |
| 福建 | 5 | 2 | 3 | | | 81 817 | 57 572 | 24 245 | | |
| 江西 | 1 | | | | 1 | 90 | | | 90 | |
| 山东 | 8 | 1 | 1 | 5 | 1 | 6 977 | 450 | 2 647 | 3 828 | 52 |
| 河南 | 6 | 1 | 3 | 2 | | 5 898 | | 600 | 5 226 | 72 |
| 湖北 | 5 | 3 | | 1 | 1 | 76 154 | 75 913 | 74 | 167 | |
| 湖南 | 1 | | | | 1 | 433 | 433 | | | |
| 广东 | 21 | 8 | 4 | 5 | 4 | 234 704 | 187 979 | 35 237 | 10 778 | 710 |
| 广西 | 8 | 1 | 1 | 3 | 3 | 20 017 | 12 331 | 793 | 4 722 | 2 171 |
| 海南 | 9 | 3 | 5 | 1 | | 38 949 | 17 458 | 20 877 | 614 | |

续表

| | 年末设备数量(套) | | | | | 年末设备价值(千元) | | | | |
|---|---|---|---|---|---|---|---|---|---|---|
| | 合　计 | 国际水平 | 国内先进水平 | 国内一般水平 | 国内落后水平 | 合　计 | 国际水平 | 国内先进水平 | 国内一般水平 | 国内落后水平 |
| 四　川 | 18 | | | 11 | 7 | 8 284 | | | 7 958 | 326 |
| 贵　州 | | | | | | | | | | |
| 云　南 | 6 | | | 3 | 3 | 5 599 | | | 5 104 | 495 |
| 西　藏 | | | | | | | | | | |
| 陕　西 | 4 | 1 | | 1 | 2 | 7 314 | 6 800 | | 200 | 314 |
| 甘　肃 | | | | | | | | | | |
| 青　海 | | | | | | | | | | |
| 宁　夏 | | | | | | | | | | |
| 新　疆 | | | | | | | | | | |

13. 行业内"三资"企业状况

| | 1994 年 | 1995 年 | 1996 年 |
|---|---|---|---|
| 企业单位数(个) | 438 | 704 | 568 |
| 亏损企业 | 205 | 367 | 247 |
| 企业从业人员数(人) | 41 658 | 51 085 | 50 898 |
| 年末资产(亿元) | | 182.27 | 218.11 |
| #流动资产 | 64.08 | 87.53 | 96.37 |
| 年末负债(亿元) | | 105.55 | 117.92 |
| #流动负债 | | 91.62 | 100.38 |
| 所有者权益(亿元) | 49.80 | 76.73 | 100.19 |
| 产品销售收入(亿元) | 95.50 | 136.11 | 175.05 |
| #销售成本 | 70.19 | | 130.12 |
| #销售费用 | 10.64 | | 20.81 |
| #销售税金及附加 | 1.17 | 1.24 | 0.55 |

| | 1994 年 | 1995 年 | 1996 年 |
|---|---|---|---|
| #销售利润 | | | 17.93 |
| 管理费用(亿元) | 5.88 | | 11.64 |
| 利润总额(亿元) | 5.82 | 4.18 | 7.56 |
| 利税总额(亿元) | 11.51 | 10.28 | 15.85 |
| 亏损企业亏损总额(亿元) | 3.02 | 6.29 | 6.72 |
| 产品销售率(%) | 83.77 | 99.42 | 93.83 |
| 资金利税率(%) | 13.55 | 6.55 | 11.67 |
| 增加值率(%) | 45.86 | 19.85 | 25.55 |
| 全员劳动生产率(元/人·年) | 70 200 | 53 205 | 92 106 |
| 流动资产周转率(%) | 155.25 | 155.50 | 179.20 |
| 企业亏损面(%) | 42.13 | 52.13 | 32.14 |

# 2.15 制 茶 业

【a. 概况】 据农业部统计，1996 年全国茶叶种植面积为 1 102.97 千公顷，比上年减少 1.11%；采摘面积为 871.48 千公顷，比上年增加 0.3%。全国茶叶产量为 593 387吨，比上年增长 0.82%。其中红毛茶为49 319吨，比上年减少 5.16%；绿毛茶为 422 252 吨，增长0.25%；乌龙毛茶为 54 073 吨，减少 2.35%；紧压茶原料为 18 764吨，增长 7.37%；其他茶为 48 979 吨，减少 1.9%。

1996 年全国茶叶产销情况有所好转，主要体现在：

1. 由于近几年名优茶生产的发展给许多地区的茶农带来较为可观的经济效益，茶农的生产积极性有所提高，对茶园的投入也有所增加。

2. 各地茶叶库存有较大幅度的下降，供求平衡的品种增多，个别品种(如工夫红茶)出现了供不应求的情况。

3. 产销区积极培育市场。各地纷纷兴建各种类型的茶叶批发市场，为实现茶叶销售的公正、公平、公开的交易提供场所，促进了内销市场的健康有序的发展。

4. 随着人民生活水平的提高，对茶叶的需求不断扩大，消费档次也有所提高，再加上各地加大茶文化宣传力度，茶叶内销市场总体上继续呈现购销活跃的良好态势。

5. 茶叶出口止跌回稳。出口部门在“认清形势、化解矛盾、强化管理、提高效益、稳定规模、努力实现两个转变”的思想指导下，加强对绿茶和乌龙茶出口管理，制订了《关于进一步加强乌龙茶出口管理工作的有关规定》。

但是，从总的情况看，1996 年茶叶经营还十分困难。茶叶出口和茶叶税赋两个困扰茶叶发展的主要问题还没有得到解决，茶农生产大宗茶的经济效益还比较低，生产积极性不高。加工企业由于历史包袱比较重，管理水平低等原因，经营困难不断加大，经济效益继续下降。茶叶经营过于分散，难以形成较大的规模经营企业。内销市场价格比较混乱，特别是名优茶的标价的标准不一。这些问题都对茶叶生产的发展产生不利的影响。针对当前茶叶产销形势，茶叶行业的各企业还是要继续加大改革力度，转变经营机制，特别是要加强企业内部管理，增强市场的竞争意识和风险意识，提高企业的应变能力。同时各级政府部门要重视对茶叶市场的培育，加快茶叶批发市场的建设，加大对假冒伪劣产品的打击力度，以及重视茶叶的促销工作，鼓励企业间的联合，发展规模经营，让一批竞争能力强的企业不断壮大起来。

**表 1　1996 年茶叶种植和采摘面积** 单位：千公顷

| 地　区 | 茶园面积 | 采摘面积 |
|---|---|---|
| 云　南 | 164.50 | 134.77 |
| 浙　江 | 134.60 | 118.80 |
| 福　建 | 130.40 | 109.50 |
| 安　徽 | 121.40 | 102.80 |
| 湖　北 | 112.60 | 76.90 |
| 四　川 | 101.00 | 82.40 |
| 湖　南 | 85.50 | 67.70 |
| 江　西 | 58.07 | 44.51 |
| 广　东 | 49.70 | 34.10 |
| 贵　州 | 38.50 | 27.90 |
| 陕　西 | 31.00 | 19.00 |
| 广　西 | 25.80 | 18.60 |
| 河　南 | 18.50 | 13.00 |
| 江　苏 | 18.10 | 13.20 |
| 海　南 | 6.10 | 5.20 |
| 山　东 | 3.40 | 1.90 |
| 西　藏 | 3.00 | 0.90 |
| 甘　肃 | 0.80 | 0.30 |

表 2　　1996 年全国茶叶生产情况　　单位:吨

| 地区 | 茶叶 | 红毛茶 | 绿毛茶 | 乌龙毛茶 | 紧压茶原料 | 其他茶 |
|---|---|---|---|---|---|---|
| 全国总计 | 593 387 | 49 319 | 422 252 | 54 073 | 18 764 | 48 979 |
| 福建 | 101 766 | 2 568 | 56 743 | 41 547 | | 908 |
| 浙江 | 98 999 | 3 683 | 90 535 | 376 | 79 | 4 326 |
| 云南 | 68 169 | 15 383 | 51 530 | | 327 | 929 |
| 四川 | 59 425 | 2 009 | 40 235 | 33 | 5 243 | 11 905 |
| 湖南 | 54 854 | 13 210 | 23 069 | 486 | 6 921 | 11 168 |
| 安徽 | 46 674 | 2 093 | 43 826 | | | 753 |
| 湖北 | 43 674 | 1 611 | 34 221 | | 5 278 | 2 564 |
| 广东 | 36 162 | 2 651 | 17 865 | 11 553 | 17 | 4 076 |
| 江西 | 20 543 | 3 437 | 16 246 | 78 | 26 | 756 |
| 广西 | 19 448 | 1 282 | 15 511 | | | 2 655 |
| 贵州 | 15 931 | 237 | 9 185 | | 873 | 5 636 |
| 江苏 | 11 023 | 1 155 | 9 339 | | | 479 |
| 陕西 | 5 831 | | 5 831 | | | |
| 河南 | 5 322 | | 5 322 | | | |
| 海南 | 3 776 | | 960 | | | 2 816 |
| 山东 | 1 539 | | 1 539 | | | |
| 甘肃 | 174 | | 173 | | | 1 |
| 西藏 | 77 | | 70 | | | 7 |

**【b. 产销状况和市场开拓】** 1996 年国有商业和供销社企业收购茶叶为 20.09 万吨,比上年增加 0.4%。按茶类分:红茶收购量为 7 万吨,增加 16%;绿茶收购量为 7 万吨,减少 7.9%;花茶收购量 1.8 万吨,减少 10%;乌龙茶收购量 1.97 万吨,减少 6.2%;边销茶原料收购量为 2.32 万吨,比上年增加 0.87%。

1996 年毛茶收购平均价为 520.8 元/百千克,比上年上升 8.5%;红毛茶收购平均价为 497.0 元/百千克,比上年上升 6.4%;绿毛茶收购平均价为 749.7 元/百千克,比上年上升 11.9%;红碎茶收购平均价为 513.5 元/百千克,比上年上升 3%;紧压茶收购平均价为176.0 元/百千克,与上年持平。

国内社会销售量为 39.1 万吨,销售金额为 71.94 亿元,比上年分别增加 3%和 9%。其中,国有商业和供销社系统茶叶销售 19.62 万吨,比上年增长 3.2%,占社会比重的 50%。按茶类分:红茶销售 1.51 万吨,比上年增长 8%;绿茶销售 6.94 万吨,比上年增长 2%;花茶销售 5.77 万吨,比上年增长 3%;乌龙茶销售 0.7 万吨,与上年持平;边销茶销售 4.7 万吨,比上年增长 4.4%。

1996 年全国茶叶出口为 16.4 万吨,比上年多出口 0.5 万吨,增长 3.14%;出口金额 2.96 亿美元,增加 0.13 亿美元,增长 4.59%。出口茶中,红茶占 38.83%,绿茶占 38.83%,乌龙茶占 11.86%,其他茶占 10.54%。

**【c. 质量管理】** 1996 年第一季度,由国家技术监督局下达,国家茶叶质量监督检验中心执行,对红茶、绿茶产品质量进行监督抽查。这次抽查共检验了 189 家企业的 237 只产品。其中质量合格(包括基本合格)产品 154 只,抽样合格率 65%;质量不合格(包括假冒伪劣)产品 83 只,抽样不合格率为 35%。抽查结果表明,国内红茶绿茶的产品质量令人担忧,特别是名优茶及袋泡茶质量大多偏低,产品规格和等级不清,企业产品标准不全,未能很好执行《食品标签通用标准》。抽查中质量较好,并给予表扬的产品有:

| 企业 | 商标 | 品名、级别 |
|---|---|---|
| 云南省勐海茶厂 | 大益 | 红茶袋泡茶、滇红一级 |
| | | 春蕊绿茶 |
| 四川省成都茶厂 | 兰花 | 高级绿茶 |
| 湖南省白沙农场 | 白沙 | 白沙绿茶 |
| 广东省英红华侨茶场 | 英红 | 红碎茶碎一、红碎茶 3 号 |
| 红卫制茶厂 | | 英德绿茶 |
| 浙江省杭州茶厂 | 西湖 | 西湖龙井特三级 |

对不合格产品,按照国家技术监督局有关规定,提出要在 1996 年 9 月以前,针对产品不合格的项目进行整改并向当地技术监督部门和国家茶叶质量监督检验中心申

请复查。复查结果向国家技术监督局报告，并予以重新发布。

**【d. 协会工作和行业管理】** 1. 中国茶叶流通协会于1996年4月27日至29日在上海召开第二届会员代表大会。会议通过了第一届理事会工作报告和修改后的《中国茶叶流通协会章程》；选举产生了第二届理事会，同时召开了第二届理事会第一次会议，选举产生了第二届协会常务理事、协会正副会长、正副秘书长，聘任了协会名誉会长、高级顾问、顾问、名誉理事。会议充分肯定第一届理事会所做的工作，认为协会在为茶叶行业提供服务，反映生产者和消费者的愿望和要求，沟通企业与政府之间、企业与企业之间的联系，贯彻政府和行政部门的方针政策等方面做了很多实事。代表们还就第二届理事会的工作目标进行认真讨论。

2. 7月23日至30日，中国茶叶流通协会边销茶专业委员会在云南昆明召开第三次会议。会议检查各地边销茶市场管理和产销协作情况；检查《边销茶专业委员会会员公约》的执行情况；交流边销茶经营管理经验。会议认为要加强边销茶的计划管理，提高产品质量，控制非定点企业生产，以免因重复建设造成严重浪费，加强市场管理，归口经营，保证少数民族农牧民喝上“放心茶”。

3. 12月4日，国家经贸委、外经贸部、内贸部、农业部、全国供销合作总社颁布了《关于改进茶叶出口管理促进茶叶生产发展的报告》（国经贸贸[1996]498号）。该文件是针对1994年以来全国茶叶生产出现滑坡，茶叶生产经营陷入困境，茶叶出口体制不适应茶叶生产发展的情况，由国家经贸委组织外经贸部、农业部、内贸部、全国供销总社到安徽、江西、浙江、海南主要产区进行调查后向国务院提出的报告。这份报告的下发是全国茶叶出口管理工作的一项重要改革和突破，它对促进全国茶叶生产的发展，扩大出口和内销，缓解茶农卖茶难，增加农民收入等方面将起到积极作用。（吴锡端）

**【e. 行业数据报告】** 1. 行业基本情况

行业名称：制茶业＊

| | 1994年 | 1995年 | 1996年 |
|---|---|---|---|
| 行业内企业单位数（个） | 2 769 | 2 883 | 2 782 |
| 其中：亏损企业（个） | 557 | 787 | 554 |
| 从业人员（万人） | 12.95 | 12.25 | 11.75 |
| 其中：工程技术人员 | | 0.77 | |
| 管理人员 | | 1.57 | |
| 年末离退休人员（万人） | | 1.73 | |

＊本行业的统计范围是全部乡及乡以上独立核算工业企业。

2. 制茶业在全部工业中的位置与比较（单位%）

| | 1994年 | 1995年 | 1996年 |
|---|---|---|---|
| 行业产值占全部工业产值的比重 | 0.109 | 0.100 | 0.103 |
| 行业增加值占全部工业增加值的比重 | 0.090 | 0.060 | 0.096 |
| 行业人数占全部工业人数的比重 | 0.152 | 0.145 | 0.143 |
| 行业资本金占全部工业资本金的比重 | 0.088 | 0.177 | 0.079 |

3. 行业财务状况（单位：亿元）

| | 1994年 | 1995年 | 1996年 |
|---|---|---|---|
| 资本金 | 15.72 | 25.24 | 19.58 |
| 中方 | 7.65 | 23.92 | 8.08 |
| 外方 | 0.55 | 1.32 | 1.33 |
| 工业总产值（新规定当年价） | 55.73 | 54.52 | 64.72 |
| 工业增加值 | 13.18 | 8.98 | 17.31 |
| 职工工资总额 | | 3.91 | |
| 职工平均工资（元） | | 3 192 | |
| 出口交货值 | | 13.72 | |

4. 行业资产负债（单位：亿元）

| | 1994年 | 1995年 | 1996年 |
|---|---|---|---|
| 年末资产 | | 72.36 | 72.26 |
| 流动资产 | 44.12 | 44.48 | 42.12 |
| ＃存货 | 21.41 | 22.03 | 19.41 |
| 固定资产 | 17.16 | 23.92 | 26.00 |
| ＃生产经营用 | 15.48 | 21.74 | 21.53 |
| 年末负债 | | 57.37 | 55.77 |
| 流动负债 | | 48.58 | 47.68 |
| 长期负债 | | 8.39 | |
| 年末所有者权益 | 11.73 | 14.99 | 16.49 |
| 实收资本 | | 16.99 | |

5. 行业损益及分配（单位：亿元）

| | 1001年 | 1005年 | 1006年 |
|---|---|---|---|
| 产品销售收入 | 49.59 | 51.81 | 58.78 |
| 产品销售成本 | 40.60 | 42.72 | 49.31 |
| 产品销售费用 | 2.47 | 2.74 | 2.58 |
| 产品销售税金及附加 | 0.98 | 0.77 | 0.86 |
| 产品销售利润 | | 5.48 | 5.81 |
| 产品管理费用 | 3.71 | 4.07 | 4.11 |
| 营业利润 | | −2.27 | −1.05 |
| 投资收益 | | 0.09 | |
| 利润总额 | −1.12 | −1.91 | −1.44 |

| | | | |
|---|---|---|---|
| 所得税 | | 0.17 | |
| 净利润 | | -2.07 | |
| 利税总额 | 0.88 | 0.48 | 1.14 |
| 亏损企业亏损额 | 2.37 | 3.20 | 3.05 |

6. 行业效益评价

| | 1994年 | 1995年 | 1996年 |
|---|---|---|---|
| 产品销售率(%) | 93.31 | 95.03 | 95.32 |
| 资金利税率(%) | 1.45 | 0.78 | 1.75 |
| 增加值率(%) | 23.65 | 16.47 | 26.75 |
| 成本利税率(%) | 2.17 | 1.12 | 2.31 |
| 全员劳动生产率(万元/人·年) | 1.02 | 0.73 | 1.47 |
| 流动资产周转率(%) | 105.76 | 117.59 | 139.26 |
| 企业亏损面(%) | 20.12 | 27.30 | 19.91 |
| 存货可供销售天数(天) | 190 | 186 | 142 |

7. 茶叶产品历年产量(单位:万吨)

| 年份 | 茶叶 |
|---|---|
| 1980 | 30.37 |
| 1981 | 34.30 |
| 1982 | 39.70 |
| 1983 | 40.10 |
| 1984 | 41.41 |
| 1985 | 43.23 |
| 1986 | 46.05 |
| 1987 | 50.80 |
| 1988 | 54.54 |
| 1989 | 53.49 |
| 1990 | 54.01 |
| 1991 | 54.16 |
| 1992 | 55.98 |
| 1993 | 60.00 |
| 1994 | 58.85 |
| 1995 | 58.86 |
| 1996 | 59.34 |

8. 分地区茶叶产量(单位:万吨)

| 地区 | 1994年 | 1995年 | 1996年 |
|---|---|---|---|
| 全国总计 | 58.85 | 58.86 | 59.34 |
| 北京 | | | |
| 天津 | | | |
| 河北 | | | |
| 山西 | | | |
| 内蒙古 | | | |
| 辽宁 | | | |
| 吉林 | | | |
| 黑龙江 | | | |
| 上海 | | | |
| 江苏 | 1.20 | 1.06 | 1.10 |
| 浙江 | 10.69 | 10.21 | 9.90 |
| 安徽 | 4.92 | 4.59 | 4.67 |
| 福建 | 8.24 | 9.45 | 10.18 |
| 江西 | 2.14 | 2.03 | 2.05 |
| 山东 | 0.09 | 0.11 | 0.15 |
| 河南 | 0.37 | 0.45 | 0.53 |
| 湖北 | 3.59 | 3.90 | 4.37 |
| 湖南 | 6.73 | 6.14 | 5.49 |
| 广东 | 3.32 | 3.96 | 3.62 |
| 广西 | 2.04 | 1.94 | 1.94 |
| 海南 | 0.54 | 0.38 | 0.38 |
| 四川 | 6.54 | 6.10 | 5.94 |
| 贵州 | 1.50 | 1.56 | 1.59 |
| 云南 | 6.38 | 6.41 | 6.82 |
| 陕西 | 0.54 | 0.51 | 0.58 |
| 甘肃 | 0.02 | 0.02 | 0.02 |
| 青海 | | | |
| 宁夏 | | | |
| 新疆 | | | |

9. 进出口数量、金额及主要国家和地区

**1994年~1996年　09021010主要出口国家和地区**

| 国家或地区 | 1994年 | | | 1995年 | | | 1996年 | | |
|---|---|---|---|---|---|---|---|---|---|
| | 数量(吨) | 金额(万美元) | 百分比(%) | 数量(吨) | 金额(万美元) | 百分比(%) | 数量(吨) | 金额(万美元) | 百分比(%) |
| 合计 | 101.9 | 379 | 100.00 | 95.5 | 485 | 100.00 | 193.9 | 878 | 100.00 |
| 香港 | 35.6 | 124 | 32.68 | 21.9 | 94 | 19.37 | 36.0 | 180 | 20.51 |
| 新加坡 | | | | 6.5 | 34 | 6.99 | | | |
| 日本 | 3.7 | 21 | 5.65 | 14.2 | 54 | 11.08 | 25.9 | 91 | 10.30 |
| 法国 | 9.9 | 41 | 10.80 | 21.6 | 181 | 37.31 | 45.2 | 208 | 23.66 |
| 美国 | 17.6 | 73 | 19.35 | 9.0 | 22 | 4.56 | 27.1 | 127 | 14.41 |
| 阿富汗 | | | | | | | 2.9 | 101 | 11.46 |

**1994 年～1996 年　09021090 主要出口国家和地区**

| 国家或地区 | 1994 年 | | | 1995 年 | | | 1996 年 | | |
|---|---|---|---|---|---|---|---|---|---|
| | 数量（吨） | 金额（万美元） | 百分比（%） | 数量（吨） | 金额（万美元） | 百分比（%） | 数量（吨） | 金额（万美元） | 百分比（%） |
| 合　计 | 960.0 | 2 283 | 100.00 | 1 054.2 | 2 423 | 100.00 | 855.3 | 1 883 | 100.00 |
| 阿拉伯 | | | | 196.7 | 405 | 16.73 | | | |
| 马　里 | | | | 120.9 | 325 | 13.41 | | | |
| 利比亚 | | | | 140.0 | 280 | 11.55 | 77.0 | 141 | 7.48 |
| 法　国 | 80.8 | 450 | 19.69 | 96.2 | 297 | 12.28 | | | |
| 西班牙 | | | | 61.1 | 164 | 6.77 | | | |
| 香　港 | 76.1 | 188 | 8.23 | | | | | | |
| 比利时 | 59.5 | 183 | 8.02 | | | | | | |
| 俄罗斯 | 310.8 | 602 | 26.38 | | | | | | |
| 乌兹别克 | | | | | | | 216.9 | 528 | 28.02 |
| 科特迪瓦 | | | | | | | 82.8 | 221 | 11.73 |
| 阿富汗 | | | | | | | 102.7 | 129 | 6.86 |
| 巴基斯坦 | | | | | | | 56.1 | 120 | 6.36 |

**1994 年～1996 年　09022090 主要出口国家和地区**

| 国家或地区 | 1994 年 | | | 1995 年 | | | 1996 年 | | |
|---|---|---|---|---|---|---|---|---|---|
| | 数量（吨） | 金额（万美元） | 百分比（%） | 数量（吨） | 金额（万美元） | 百分比（%） | 数量（吨） | 金额（万美元） | 百分比（%） |
| 合　计 | 7 307.8 | 11 124 | 100.00 | 5 634.0 | 8 629 | 100.00 | 4 731.4 | 7 080 | 100.00 |
| 香　港 | 719.4 | 1 458 | 13.10 | 239.2 | 452 | 5.24 | | | |
| 马　里 | | | | 517.3 | 1 021 | 11.83 | 192.6 | 454 | 6.41 |
| 摩洛哥 | 1 592.2 | 2 758 | 24.80 | 1 491.5 | 2 433 | 28.19 | 814.0 | 1 297 | 18.32 |
| 塞内加尔 | 376.9 | 939 | 8.44 | 490.4 | 1 185 | 13.73 | 525.9 | 1 156 | 16.32 |
| 阿富汗 | | | | 398.5 | 419 | 4.85 | 392.2 | 434 | 6.13 |
| 乌兹别克 | 1 264.4 | 1 724 | 15.50 | | | | | | |
| 日　本 | | | | | | | 261.4 | 666 | 9.41 |
| 巴基斯坦 | | | | | | | 380.0 | 490 | 6.92 |

注：09021010 花茶，内包装每件重不超过 3 千克
　　09021090 绿茶（花茶除外），内包装每件净重不超过 3 千克
　　09022090 绿茶（花茶除外），内包装每件净重超过 3 千克

10. 城镇居民家庭茶叶消费情况（单位：购买量，千克/人·年）

| | 1994 年 | 1995 年 | 1996 年 |
|---|---|---|---|
| 全　国 | 0.30 | 0.21 | 0.24 |
| 北　京 | 0.36 | 0.40 | 0.38 |
| 天　津 | 0.20 | 0.20 | 0.30 |
| 河　北 | | | |
| 山　西 | | | |
| 内蒙古 | 0.37 | 0.31 | 0.29 |
| 辽　宁 | | | |

续表

| | 1994 年 | 1995 年 | 1996 年 |
|---|---|---|---|
| 吉　林 | 0.12 | | 0.12 |
| 黑龙江 | | | |
| 上　海 | | | |
| 江　苏 | 0.14 | 0.13 | 0.15 |
| 浙　江 | 0.14 | 0.14 | 0.14 |
| 安　徽 | 0.35 | | |
| 福　建 | 1.45 | 1.24 | 1.34 |

续表

| | 1994年 | 1995年 | 1996年 |
|---|---|---|---|
| 江西 | | | |
| 山东 | | | |
| 河南 | 0.14 | | 0.12 |
| 湖北 | | | |
| 湖南 | | | |
| 广东 | 0.38 | 0.39 | 0.37 |
| 广西 | | | |
| 海南 | 0.07 | 0.05 | 0.08 |
| 四川 | | | |
| 贵州 | | | |
| 云南 | | | |
| 西藏 | 2.90 | 1.60 | 1.80 |
| 陕西 | 0.19 | 0.16 | 0.22 |
| 甘肃 | | | |
| 青海 | | | |
| 宁夏 | | | |
| 新疆 | 0.60 | 0.40 | 0.40 |

11. 行业内"三资"企业状况

| | 1994年 | 1995年 | 1996年 |
|---|---|---|---|
| 企业单位数(个) | 25 | 56 | 64 |
| 亏损企业 | 8 | 24 | 25 |
| 企业从业人员数(人) | 932 | 2 052 | 2 850 |
| 实收资本(亿元) | 0.71 | 1.70 | 1.90 |
| 中方 | 0.15 | 0.18 | 0.36 |
| 外方 | 0.52 | 1.12 | 1.29 |
| 工业总产值(亿元) | 0.62 | 1.42 | 2.21 |
| 工业增加值(亿元) | 0.16 | 0.37 | 0.57 |
| 年末资产(亿元) | | | 3.64 |
| #流动资产 | 0.41 | | 1.85 |
| 年末负债(亿元) | | 1.26 | 1.70 |
| #流动负债 | | 0.97 | 1.38 |
| 所有者权益(亿元) | 0.76 | 1.74 | 1.94 |
| 产品销售收入(亿元) | 0.45 | 1.06 | 1.71 |
| #销售成本 | 0.39 | | 1.35 |
| #销售费用 | 0.03 | | 0.12 |
| #销售税金及附加 | 0.0049 | 0.02 | 0.01 |
| #销售利润 | | | 0.23 |
| 管理费用(亿元) | 0.0545 | | 0.19 |
| 利润总额(亿元) | −0.203 | −0.04 | −0.02 |
| 利税总额(亿元) | −0.01 | 0.01 | 0.05 |
| 亏损企业亏损总额(亿元) | 0.035 | 0.09 | 0.09 |
| 产品销售率(%) | 83.87 | 74.65 | 80.54 |
| 资金利税率(%) | −0.07 | | 1.49 |
| 增加值率(%) | 25.81 | 26.06 | 25.79 |
| 全员劳动生产率(万元/人·年) | 1.72 | 1.80 | 2.00 |
| 流动资产周转率(%) | 100.00 | | 90.48 |
| 企业亏损面(%) | 32.00 | 42.86 | 39.06 |
| 存货可供销售天数(天) | 167 | | 251 |

# 2.16　烟草加工业

【a. 概况】 1996 年全国烟草行业共有职工 52.96 万人，比上年增加 2.8%。当年，因原辅材料价格持续大幅度上涨，卷烟工业成本明显增加，亏损面达 47%。由于全行业积极推进“两个转变”，不断深化改革，充分发挥集中统一管理的优势，仍取得了较好的成绩。行业内 144 个卷烟厂、雪茄烟厂（因调整卷烟生产布局，烟厂数量比上年减少 3 个）平均全员劳动生产率为 298 670 元/人，比上年增长 5.28%。全员劳动生产率前 5 名卷烟生产企业依次为：玉溪卷烟厂，3 166 115 元/人；长沙卷烟厂，868 240 元/人；深圳卷烟厂，833 292 元/人；昆明卷烟厂 803 554 元/人；广州卷烟二厂 723 132 元/人。超过全国平均水平的有 8 个省、市，依次为：云南、上海、江苏、广东、北京、福建、浙江、湖南。全行业 202 个企业总产值为 1 136.3亿元（按现行价新规定计算，下同），比上年增长 1.7%；其中行业内 144 个卷烟、雪茄烟厂完成工业总产值 1 1000 亿元，比上年增长 4.4%。全行业共实现工商税利 830.0 亿元，继续名列全国各行业之首。

【b. 烤烟产量】 1996 年全国烤烟计划种植面积为 130 万公顷，实际种植面积为 140.47 万公顷，实际收购量 256.62 万吨，均比上年有较大幅度增长。烤烟生产恢复到正常年景，较好地缓和了烟叶供求之间的矛盾，并补充了一定数量的工业库存。主要原因：一是及时出台和调整了扶持烟叶生产的各项经济政策，烤烟收购价格基本到位，烟粮比价趋于合理，较好地调动了烟农的积极性；二是在各级地方政府的支持和帮助下，烤烟种植面积计划落实好；三是烤烟生长前期虽遭受严重自然灾害，受灾面积达 24.06 万公顷，但在烤烟生长后期气候较好。

【c. 烤烟质量】 1996 年烤烟质量总体水平好于上年，上等烟比例占 30%以上；烟叶成熟度进一步提高，烟叶的化学成份趋于协调；烟叶刺激性减轻，香气量有所增加，香气质有明显改善；烟叶等级合格率也比上年有一定程度提高。

1996 年，烤烟生产继续贯彻“计划种植、主攻质量、提高单产、增加效益”的指导方针，围绕主攻烤烟质量，采取了以下 3 项主要措施：1. 积极培育良种。为改变国内烤烟品种单一和退化问题，中国烟草总公司一方面加强国内烤烟优良品种的培育及其提纯复壮工作，另一方面针对国内育种手段落后，速度缓慢的状况，加快从国外引种工作。1996 年初，从美国 1 次引进 10 余个烤烟新品种。2. 大力普及烤烟科学种植和烘烤技术。溴甲烷熏蒸苗床土防止苗床病害，种子加工包衣处理技术配合营养袋假植培育壮苗，大田地膜覆盖保温、保湿、保肥等科学生产技术已在烤烟主产区得到推广应用。如云南省种子包衣技术种植面积已占其烤烟种植总面积的 70%。远红外线烘烤、三段式烘烤等先进烟叶烘烤技术也在烤烟产区得到大力推行。3. 进一步加强优质烟叶基地建设。一是中外合作建立优质烟叶基地，中国烟草总公司继 80 年代后，再次与美国菲利普·莫里斯烟草公司亚洲集团公司联合在福建、河南、湖北、四川、新疆等地合作生产优质烟叶，建立优质烟基地。二是厂县联合建设优质烟叶基地，如山东省已全部实现烤烟基地化生产，湖北省厂县联合办基地面积已占其烟叶种植面积总数的 90%以上。

【d. 卷烟产销量和产品结构的变化】 1996 年烟草行业内卷烟厂生产卷烟 3 401.7 万箱，比上年下降 2.33%；卷烟销量为 3 306.3 万箱，比上年下降 2.82%（分地区产销情况详见表 2）。为适应市场需求，中国烟草总公司继续合理调整产品结构，加快实施卷烟名牌工程，1996 年一类烟产量为 304.5 万箱，比上年增长 60.8%；二类烟产量为 381.9 万箱，比上年增长 6.3%；滤嘴烟产量为 3 183.3 万箱，比上年增长 5.2%，占卷烟总产量的 93.58%，在卷烟生产史上首次突破 90%大关。

【e. 卷烟质量管理】 围绕提高卷烟产品质量，中国烟草总公司采取了以下几项主要措施：一是实施“管理工程”。企业管理是企业一切工作的基础。为此，中国烟草总公司要求各卷烟生产企业采取多种科学而严格的管理措施，强化对设备、工艺、质量及生产现场的管理，以促进卷烟生产工艺技术水平不断提高，生产出高品质和质量稳定的卷烟产品。二是实施“提质降耗工程”。中国烟草总公司将“提质降耗工程”作为全面提高卷烟生产企业管理、技术水平，提高产品质量的一项重点工作，一方面大力推广烟草薄片、烟丝(梗)膨胀等新技术、新工艺，有效降低原辅材料消耗，促进生产技术水平的提高；另一方面，采用高新技术对现有产品进行改造、完善，提高其内在质量，同时开发技术含量高、质量稳定、适销对路的名优产品。通过综合降耗和产品创优，不断提高卷烟生产技术水平及其内、外在质量。三是继续推行ISO9000国际标准。烟草行业继上海卷烟厂通过ISO9000认证后，常德、长沙、龙岩3家卷烟厂也相继通过ISO9000认证，同时还有近20家卷烟厂已正式进行“贯标”工作。由于烟草行业自1989年来一直坚持推行ISO9000国际标准，一批卷烟生产企业已初步形成内部管理的良性循环，卷烟产品实物质量稳步提高。

1996年，全国卷烟产品质量抽检合格率为96.58%。

**【f. 雪茄烟】** 1996年，烟草行业内雪茄烟厂生产雪茄烟200 404箱(万支/箱)，比上年增长6.46%。其中安徽、湖北、四川、甘肃等省的雪茄烟产量均比上年有所增加，以安徽省增幅最大，为上年794箱的420%；湖北省雪茄烟产量在连续3年大幅度下降后，1995年、1996年产量持续增长，1995年比上年增长63.84%，1996年又增长22.0%；甘肃省雪茄烟产量在连续4年大幅度增长后，1996年又继续增长14.0%。

由于市场需求的变化。近几年雪茄烟的产量一直处于波动状态，产地呈萎缩趋势。1996年，浙江和河南2省停止了雪茄烟生产，产地从上年的8个省减为6个省，它们是：吉林、安徽、湖北、四川、陕西、甘肃。

**【g. 进出口贸易】** 1996年，烟草行业积极发展中外烟草界的贸易往来，并加强对出口物资基地建设和管理，以稳定出口货源，提高出口产品的质量。全行业共出口烟叶51 419吨，出口卷烟408.01万箱(万支/箱)，分别比上年下降42.66%和15.73%；全年创外汇6.28亿美元，比上年下降1.41%。同时，继续从津巴布韦、巴西等国家进口部分烟叶，以满足国内卷烟生产的需求；为解决来华外国人员和回国港、澳、台同胞的消费需求，仍进口了少量国外名牌卷烟。

**【h. 国际交流】** 1. 中国烟草总公司为不断增进与国外烟草界的相互了解，1996年派出若干团组，分赴美国、法国、英国、日本、奥地利、德国、巴西、荷兰等国家进行访问考察，就烟叶生产技术合作、烟草机械合资生产及贸易往来等方面的问题与有关部门和企业交换了意见，进行了磋商；同时，对烟丝膨胀，烟草薄片等先进科学技术进行了考察和了解。

2. 为加强对外国卷烟流通体制在市场经济中的有关情况的了解，中国烟草总公司于1996年5月和8月，分别派团对日本、新加坡和泰国的卷烟流通体制进行了考察。

3. 中国烟草总公司于1996年11月派代表团参加了在日本横滨召开的国际烟草科学研究中心(CORESTA)大会。会上，中国代表团发表了7篇论文，并与外国同行交流了科学技术问题。在第21届会员大会上，中国烟草总公司再度当选为理事。

4. 德国、美国、英国、日本等国家分别派团访问了中国烟草界，英国、巴西、美国、德国等国家还派出有关专家和技术人员来华进行烟叶、卷烟、烟机生产方面的技术指导。

**【i. 对外经济技术合作】** 为提高技术实力和竞争能力，中国烟草总公司在烟叶种植技术、卷烟生产技术、烟机制造技术等方面加强了与国外烟草界的交流与合作。

1. 烟叶生产。1996年，中国烟草总公司再度与美国菲利普·莫里斯(中国)集团公司进行合作，在福建、河南、湖北、四川、新疆等地合作生产优质烟叶。美国菲利普·莫里斯集团公司的决策人多次到合作烟区了解情况，并从巴西、美国聘请一批专家来华进行技术指导，这些专家深入到合作烟区与中国有关专家和技术人员共同研究烟叶生产技术，其中美方以大卫·史密斯为首的5人专家小组还常驻合作烟区。

2. 卷烟生产。为促进国内卷烟工艺、产品水平与国际接轨，1996年，中国烟草总公司采取请进来、走出去的方式，继续在卷烟生产方面开展技术合作。(1)5月，上海卷烟厂正式投产美国菲利普·莫里斯来牌加工产品——万宝路牌香烟，这是中国烟草总公司、上海卷烟厂与菲·莫公司的卷烟生产合作项目。(2)9月，中国烟草总公司、天津卷烟厂与美国菲里普·莫里斯集团签订合作开发共同牌号卷烟合同，预计1997年高档低焦油混合型卷烟“金美华”可投放市场。(3)中国烟草总公司和北京卷烟厂、哈尔滨卷烟厂分别与德国利是美国际有限公司签订了来牌加工、共同开发新牌号卷烟的技术合作合同。

3. 烟机制造。1996年2月，中国烟草总公司与德国HAUNI(虹霓)机械制造股份公司在湖南常德市举行了PROTOS70卷接机组验收仪式。该机组是按照1992年中国烟草总公司与HAUNI公司签订的专有技术转让协议，由常德烟草机械厂生产的；经过技术考核，各项指标均达到合同所规定的要求。同年9月，PROTOS70卷接机组顺利通过国家有关部门组织的技术鉴定。按照中国烟草总公司与英国莫林斯烟草机械有限公司签订的专有技术转让协议，由许昌烟草工业机械厂生产的2组TASSIM卷接机组样机，于1996年9月和12月分别通过中英双方的验收。

4. 烟用辅料。中国烟草总公司与美国赫斯特·塞拉尼斯远东有限公司合资兴办的珠海醋酸纤维公司于

1996 年 5 月顺利通过中美双方组织的技术考核，达标验收；另一中美合资企业，昆明醋酸纤维公司也于 1996 年 2 月进行全面试产，并取得成功。

**【j. 行业管理】** 1996 年，烟草行业出台了新《卷烟》国家标准和一批推荐性行业标准。新的国家标准对实行了 10 年的原《卷烟》国标进行了重大修改，将原来 5 个独立标准改为系列标准，分为《卷烟　抽样》、《卷烟　包装、标志和储运》、《卷烟　卷制技术要求》、《卷烟　感观技术要求》、《卷烟　主流烟气及烟丝化学技术指标》、《卷烟　质量综合制定》6 个部分。修订后的《卷烟》国标吸收了国际先进标准和通用方法，进一步提高了其标准的科学性、先进性和适用性。新国标已于 1996 年 6 月经国家技术监督局批准发布，将于 1997 年 1 月 1 日起正式实施。

1996 年烟草行业还制订、发布了一批推荐性行业标准，主要有：《卷烟物理性能的测定》、《滤棒物理性能的测定》及《烟草机械　通用技术条件　电气装配》等 105 项行业标准。其中，105 项推荐性行业标准涉及打叶复烤设备、制丝设备、卷烟制造和包装设备，滤棒成型设备等共计 100 种型号。上述推荐性行业标准除《卷烟物理性能的测定》将于 1997 年 1 月 1 日实施外，其余均于 1996 年 11 月和 12 月在全行业实施，进一步加强了烟草行业对产品质量的管理。

在积极制订有关标准的同时，烟草行业还修改和完善了一批规章制度，加强对全行业购销、进出口等业务活动的管理，进一步规范行业的经济行为。这些规章制度均已下发执行，主要有：《关于加强卷烟出口管理的若干规定》，《烟草专用机械产品购销合同管理办法》，《国产烟草专用机械购置审批暂行规定》，《烟草制品商标使用管理规定》，《烟草行业发展多种经营管理办法》等等。

**【k. 行业活动】** 1996 年，烟草行业重要的行业性活动有：

1. 7 月，国家烟草专卖局在人民大会堂隆重召开《中华人民共和国烟草专卖法》颁布 5 周年座谈会。中共中央政治局候补委员、全国人大副委员长王汉斌，全国人大副委员长王光英，国家经贸委副主任石万鹏等领导参加了座谈会并作了重要讲话。国家烟草专卖局局长江明发表讲话。参加座谈会的还有全国人大法律、司法、财经、法工委员会，中纪委、最高人民法院、最高人民检察院、国务院办公厅、财政部、监察部、审计署、国家税务总局、国家工商行政管理局、海关总署等部门的领导和有关专家学者。

2. 4～9 月，烟草行业首次在全行业开展统一的捐助活动——“捐资赠书”活动，全行业共捐资 240 多万元，订购“希望书库”800 套。这次“捐资赠书”活动是全行业个人捐款最多的一次，也是在全国各行业中向中国青少年发展基金会捐款订购“希望书库”最早且数量最多的行业。

3. 为提高卷烟产品质量，提高全行业质量意识，烟草行业于 9 月举办了“’96 烟草质量宣传月”活动。活动的主要内容为：(1)在全行业开展一次质量、工艺检查活动；(2)举办“质量兴烟与名牌战略”研讨会；(3)开展 ISO9000 系列标准知识竞赛；(4)评选表彰一批质量效益型先进企业和质量管理先进工作者。

4. 10 月，中国烟草学会在安徽合肥召开第三次会员代表大会。大会总结了第二届理事会期间的工作，完成了换届改选工作，修改了学会章程。国家烟草专卖局副局长关政林当选为第三届理事会理事长。

中国烟草学会是中国烟草行业唯一的全国性学术团体。

（杜　郁）

**表 1　　烤烟种植收购情况**

| 地区 | 1996 年 | | 1995 年 | |
|---|---|---|---|---|
| | 种植面积（万公顷） | 收购量（万吨） | 种植面积（万公顷） | 收购量（万吨） |
| 全国总计 | 140.47 | 256.62 | 121.58 | 171.43 |
| 河　北 | 0.46 | 0.89 | 0.30 | 0.30 |
| 山　西 | 0.80 | 1.25 | 0.67 | 0.40 |
| 内蒙古 | 0.69 | 1.52 | 0.19 | 0.33 |
| 辽　宁 | 2.43 | 4.81 | 1.40 | 1.90 |
| 吉　林 | 1.83 | 3.87 | 2.08 | |
| 黑龙江 | 6.67 | 14.68 | 5.33 | 8.40 |
| 江　苏 | 0.07 | 0.07 | | |
| 安　徽 | 2.93 | 4.70 | 2.04 | 3.10 |
| 福　建 | 3.73 | 6.30 | 3.33 | 3.10 |
| 江　西 | 1.20 | 1.35 | 1.17 | 0.50 |
| 山　东 | 6.13 | 13.49 | 4.95 | 8.70 |
| 河　南 | 13.0 | 17.10 | 11.33 | 13.80 |
| 湖　北 | 4.27 | 8.00 | 4.07 | 4.90 |
| 湖　南 | 8.93 | 10.00 | 5.33 | 3.40 |
| 广　东 | 2.13 | 2.90 | 2.33 | 1.50 |
| 广　西 | 1.47 | 1.90 | 1.17 | 0.50 |
| 四　川 | 8.67 | 17.39 | 6.67 | 8.10 |
| 重　庆 | 0.33 | 0.50 | | |
| 贵　州 | 23.33 | 44.42 | 21.33 | 25.80 |
| 云　南 | 43.33 | 84.59 | 41.33 | 78.33 |
| 陕　西 | 5.47 | 10.28 | 4.33 | 5.20 |
| 甘　肃 | 2.93 | 6.43 | 2.20 | 3.30 |
| 新　疆 | 0.13 | | | |

注：北京、天津、上海、浙江、西藏、青海、宁夏、海南没有种植烤烟，故略去。

表 2

**卷烟产销情况**

单位：万箱

| 地区 | 卷烟生产量 | | | 卷烟销售量 | | |
|---|---|---|---|---|---|---|
| | 1996 年 | 1995 年 | 增长% | 1996 年 | 1995 年 | 增长% |
| 全国总计 | 3 401.7 | 3 480.8 | −2.27 | 3 306.3 | 3 399.4 | −2.74 |
| 北　京 | 16.55 | 15.84 | 4.48 | 33.2 | 28.16 | 17.90 |
| 天　津 | 16.02 | 17.01 | −5.82 | 26.2 | 17.17 | 52.59 |
| 河　北 | 109.49 | 112.99 | −3.10 | 177.1 | 189.80 | −6.69 |
| 山　西 | 20.14 | 24.50 | −17.76 | 63.4 | 65.86 | −3.74 |
| 内蒙古 | 25.30 | 30.55 | −20.75 | 63.8 | 57.11 | 11.71 |
| 辽　宁 | 39.90 | 42.79 | −6.70 | 108.9 | 100.82 | 8.01 |
| 吉　林 | 59.10 | 58.53 | 0.97 | 72.6 | 51.90 | 38.88 |
| 黑龙江 | 73.10 | 77.37 | −5.78 | 98.2 | 93.11 | 5.47 |
| 上　海 | 104.19 | 95.99 | 7.87 | 65.6 | 77.97 | −15.87 |
| 江　苏 | 83.35 | 78.98 | 5.54 | 174.3 | 176.74 | −1.38 |
| 浙　江 | 85.78 | 84.52 | 1.49 | 134.8 | 127.04 | 6.11 |
| 安　徽 | 190.20 | 193.97 | −1.94 | 185.6 | 168.05 | 10.44 |
| 福　建 | 79.41 | 81.35 | −2.38 | 95.5 | 83.10 | 14.92 |
| 江　西 | 38.63 | 43.76 | −11.72 | 61.3 | 48.69 | 25.90 |
| 山　东 | 231.27 | 231.98 | −0.31 | 203.7 | 189.11 | 7.72 |
| 河　南 | 291.00 | 298.30 | −2.45 | 258.5 | 245.16 | 5.44 |
| 湖　北 | 210.71 | 219.33 | −3.93 | 195.3 | 121.43 | 60.83 |
| 湖　南 | 258.62 | 252.11 | 2.58 | 200.3 | 192.35 | 4.13 |
| 广　东 | 158.97 | 157.27 | 1.08 | 164.5 | 147.04 | 11.87 |
| 广　西 | 93.81 | 98.35 | −4.62 | 99.2 | 75.95 | 30.61 |
| 海　南 | 8.80 | 9.80 | −10.20 | 17.6 | 16.26 | 8.24 |
| 四　川 | 186.46 | 187.63 | −0.62 | 276.6 | 264.57 | 4.55 |
| 贵　州 | 197.74 | 204.49 | −3.30 | 122.5 | 63.16 | 93.95 |
| 云　南 | 656.38 | 680.45 | −3.54 | 175.3 | 159.26 | 10.07 |
| 西　藏 | | | | | | |
| 陕　西 | 121.47 | 134.07 | −9.40 | 133.7 | 128.26 | 4.24 |
| 甘　肃 | 25.00 | 28.75 | −13.04 | 45.6 | 39.32 | 15.97 |
| 青　海 | 3.10 | 3.00 | 3.33 | 10.2 | 8.35 | 22.16 |
| 宁　夏 | 3.70 | 3.50 | 5.71 | 14.5 | 9.04 | 60.40 |
| 新　疆 | 13.56 | 13.60 | −0.29 | 28.2 | 25.21 | 11.86 |

表 3

**卷烟品种情况**

单位：万箱

| 品　种 | 产量 | | | 占总产量比例% | |
|---|---|---|---|---|---|
| | 1996 年 | 1995 年 | 1996 年比上年增长(±%) | 1996 年 | 1995 年 |
| 合　计 | 3 401.7 | 3 480.8 | −2.27 | | |
| 其中：一类烟 | 304.52 | 189.45 | 60.74 | 8.95 | 5.44 |
| 二类烟 | 381.90 | 359.4 | 6.26 | 11.23 | 10.33 |
| 其中：滤嘴烟 | 3 183.31 | 3 027.1 | 5.16 | 93.58 | 86.97 |
| 其中：烤烟型烟 | 3 108.81 | 3 152.9 | −1.40 | 90.58 | 91.39 |
| 混合型烟 | 163.64 | 169.4 | −3.40 | 4.81 | 4.87 |
| 雪茄型烟 | 52.06 | 79.3 | −34.35 | 1.53 | 2.28 |
| 其它型烟 | 77.18 | 79.2 | −2.55 | 2.27 | 2.28 |

【I. 行业数据报告】 1. 行业基本情况

行业名称：卷烟制造业＊

| | 1994 年 | 1995 年 | 1996 年 |
|---|---|---|---|
| 行业内企业单位数(个) | 204 | 267 | 258 |
| 其中：亏损企业 | 52 | 72 | 61 |
| 从业人员(万人) | 28.61 | 29.81 | 27.77 |
| 其中：工程技术人员 | | 1.94 | |
| 管理人员 | | 3.36 | |
| 年末离退休人员(万人) | | 4.49 | |

＊本行业的统计范围是全部乡及乡以上独立核算工业企业。

2. 卷烟制造业在全部工业中的位置与比较(单位：%)

| | 1994 年 | 1995 年 | 1996 年 |
|---|---|---|---|
| 行业产值占全部工业产值的比重 | 1.85 | 1.76 | 1.80 |
| 行业增加值占全部工业增加值的比重 | 3.72 | 3.89 | 4.07 |
| 行业人数占全部工业人数的比重 | 0.336 | 0.353 | 0.34 |
| 行业资本金占全部工业资本金的比重 | 1.03 | 0.817 | 0.836 |

3. 行业财务状况(单位：亿元)

| | 1994 年 | 1995 年 | 1996 年 |
|---|---|---|---|
| 资本金 | 184.19 | 176.15 | 208.04 |
| 中方 | 175.83 | 174.52 | 194.31 |
| 外方 | 0.68 | 1.62 | 2.65 |
| 工业总产值(新规定当年价) | 949.69 | 965.02 | 1 129.29 |
| 工业增加值 | 546.59 | 601.54 | 734.15 |
| 职工工资总额 | | 27.01 | |
| 职工平均工资(元) | | 9 061 | |
| 出口交货值(亿元) | | 37.47 | |

4. 行业资产负债(单位：亿元)

| | 1994 年 | 1995 年 | 1996 年 |
|---|---|---|---|
| 年末资产 | | 1 202.82 | 1 378.05 |
| 流动资产 | 552.92 | 658.98 | 710.37 |
| #存货 | 209.11 | 258.14 | 235.26 |
| 固定资产 | 331.02 | 473.65 | 539.74 |
| #生产经营用 | 224.87 | 345.92 | 410.05 |
| 年末负债 | | 762.17 | 827.93 |
| 流动负债 | | 634.88 | 708.55 |
| 长期负债 | | 125.11 | |
| 年末所有者权益 | 324.19 | 440.65 | 550.12 |
| 实收资本 | | 192.11 | |

5. 行业损益及分配(单位：亿元)

| | 1994 年 | 1995 年 | 1996 年 |
|---|---|---|---|
| 产品销售收入 | 830.70 | 951.99 | 1 109.27 |
| 产品销售成本 | 326.23 | 425.97 | 485.55 |
| 产品销售费用 | 4.30 | 5.64 | 5.36 |
| 产品销售税金及附加 | 355.93 | 390.11 | 459.38 |
| 产品销售利润 | | 130.27 | 158.86 |
| 产品管理费用 | 49.89 | 47.68 | 48.92 |
| 营业利润 | | 93.18 | 101.27 |
| 投资收益 | | 9.76 | |
| 利润总额 | 93.56 | 123.15 | 114.27 |
| 所得税 | | 36.68 | |
| 净利润 | | 86.47 | |
| 利税总额 | 534.01 | 597.58 | 677.76 |
| 亏损企业亏损额 | 3.43 | 4.41 | 4.43 |

6. 行业效益评价

| | 1994 年 | 1995 年 | 1996 年 |
|---|---|---|---|
| 产品销售率(%) | 99.08 | 98.65 | 99.48 |
| 资金利税率(%) | 75.33 | 69.15 | 62.96 |
| 增加值率(%) | 57.55 | 62.33 | 65.01 |
| 成本利税率(%) | 163.69 | 140.29 | 139.58 |
| 全员劳动生产率(万元/人·年) | 19.11 | 20.18 | 26.43 |
| 流动资产周转率(%) | 158.07 | 157.86 | 168.23 |
| 企业亏损面(%) | 25.49 | 26.97 | 23.64 |
| 存货可供销售天数(天) | 231 | 219 | 175 |

7. 烟草加工业主要产品历年产量

| 年份 | 烟叶(万吨) | #烤烟(万吨) | 卷烟(万箱) |
|---|---|---|---|
| 1980 | 84.5 | 71.7 | 1 520.00 |
| 1981 | | 127.9 | 1 704.00 |
| 1982 | | 184.8 | 1 885.00 |
| 1983 | | 115.1 | 1 938.00 |
| 1984 | 223.8 | 154.0 | 2 132.00 |
| 1985 | 242.5 | 207.5 | 2 370.00 |
| 1986 | 170.7 | 137.4 | 2 596.00 |
| 1987 | 194.3 | 163.6 | 2 881.00 |
| 1988 | 273.4 | 233.7 | 3 096.00 |
| 1989 | 283.0 | 240.5 | 3 195.00 |
| 1990 | 262.7 | 225.9 | 3 298.00 |
| 1991 | 303.1 | 267.0 | 3 226.00 |
| 1992 | 349.9 | 311.9 | 3 285.00 |
| 1993 | 345.1 | 303.6 | 3 376.00 |
| 1994 | 223.8 | 194.0 | 3 432.00 |
| 1995 | 231.4 | 207.2 | 3 485.02 |
| 1996 | 323.4 | 294.6 | 3 401.92 |

8. 分地区烟草加工业主要产品产量

| 地区 | 1994年 | | | 1995年 | | | 1996年 | | |
|---|---|---|---|---|---|---|---|---|---|
| | 烟叶（万吨） | 烤烟（万吨） | 卷烟（万箱） | 烟叶（万吨） | 烤烟（万吨） | 卷烟（万箱） | 烟叶（万吨） | 烤烟（万吨） | 卷烟（万箱） |
| 全国总计 | 223.8 | 194.0 | 3 432 | 231.4 | 207.2 | 3 485.02 | 323.4 | 294.6 | 3 401.92 |
| 北京 | | | 14 | | | 15.84 | | | 16.55 |
| 天津 | | | 24 | | | 17.01 | | | 16.02 |
| 河北 | 1.0 | 0.6 | 118 | 0.9 | 0.7 | 112.99 | 1.6 | 1.0 | 109.49 |
| 山西 | 1.1 | 1.1 | 22 | 1.0 | 1.0 | 28.43 | 1.6 | 1.5 | 20.14 |
| 内蒙古 | 0.9 | 0.4 | 30 | 0.5 | 0.3 | 30.55 | 1.8 | 1.6 | 24.13 |
| 辽宁 | 3.6 | 2.4 | 40 | 3.2 | 2.2 | 43.19 | 5.6 | 5.0 | 40.30 |
| 吉林 | 4.2 | 2.1 | 61 | 3.1 | 1.7 | 58.53 | 5.8 | 3.9 | 59.10 |
| 黑龙江 | 10.0 | 8.9 | 78 | 11.2 | 10.1 | 79.03 | 18.1 | 16.9 | 74.09 |
| 上海 | | | 94 | | | 95.99 | | | 104.19 |
| 江苏 | 0.3 | 0.2 | 77 | 0.3 | 0.2 | 78.98 | 0.3 | 0.3 | 83.35 |
| 浙江 | 0.1 | | 76 | 0.1 | | 84.52 | 0.2 | | 85.78 |
| 安徽 | 3.2 | 3.1 | 189 | 4.4 | 4.3 | 193.97 | 6.2 | 6.1 | 190.20 |
| 福建 | 6.3 | 6.1 | 83 | 5.9 | 5.7 | 81.35 | 7.7 | 7.6 | 79.41 |
| 江西 | 2.2 | 1.5 | 46 | 1.6 | 1.0 | 43.76 | 2.1 | 1.5 | 38.63 |
| 山东 | 9.6 | 9.0 | 232 | 8.6 | 8.4 | 231.98 | 14.2 | 14.0 | 231.27 |
| 河南 | 23.9 | 23.6 | 296 | 22.3 | 21.8 | 298.30 | 27.2 | 26.9 | 290.95 |
| 湖北 | 10.8 | 5.8 | 220 | 11.1 | 6.7 | 220.03 | 14.7 | 9.4 | 210.71 |
| 湖南 | 12.0 | 10.1 | 254 | 9.3 | 7.9 | 249.88 | 15.2 | 13.8 | 258.62 |
| 广东 | 5.3 | 4.1 | 157 | 5.0 | 4.0 | 157.27 | 5.3 | 4.2 | 158.97 |
| 广西 | 4.1 | 2.6 | 101 | 2.7 | 1.2 | 98.35 | 5.0 | 3.3 | 93.81 |
| 海南 | | | 11 | | | 9.80 | | | 8.80 |
| 四川 | 15.5 | 8.5 | 208 | 15.6 | 9.2 | 187.63 | 26.2 | 18.5 | 186.46 |
| 贵州 | 36.7 | 33.0 | 205 | 35.8 | 33.5 | 204.49 | 54.5 | 52.3 | 197.74 |
| 云南 | 60.9 | 59.2 | 611 | 76.8 | 76.1 | 680.45 | 90.2 | 88.4 | 656.38 |
| 陕西 | 8.1 | 7.5 | 136 | 6.6 | 6.3 | 133.83 | 11.5 | 11.1 | 121.47 |
| 甘肃 | 4.6 | 4.1 | 29 | 4.9 | 4.7 | 23.75 | 7.3 | 7.0 | 25.00 |
| 青海 | | | 3 | | | 3.00 | | — | 3.10 |
| 宁夏 | 0.1 | 0.1 | 3 | 0.1 | 0.1 | 3.50 | 0.2 | 0.2 | 3.70 |
| 新疆 | 0.3 | 0.1 | 13 | 0.3 | 0.1 | 13.60 | 0.4 | 0.2 | 13.56 |

9. 进出口数量、金额及主要国家和地区

**1994年～1996年　24022000 主要出口国家和地区**

| 国家或地区 | 1994年 | | | 1995年 | | | 1996年 | | |
|---|---|---|---|---|---|---|---|---|---|
| | 数量（亿支） | 金额（万美元） | 百分比（%） | 数量（亿支） | 金额（万美元） | 百分比（%） | 数量（亿支） | 金额（万美元） | 百分比（%） |
| 合计 | 541.5 | 56 215 | 100.00 | 625.95 | 81 696 | 100.00 | 843.83 | 83 253 | 100.00 |
| 香港 | 140.3 | 22 901 | 40.74 | 96.40 | 16 390 | 20.06 | 102.38 | 9 848 | 11.83 |
| 新加坡 | 34.2 | 4 202 | 7.47 | 70.56 | 12 929 | 15.83 | 163.35 | 20 988 | 25.21 |
| 菲律宾 | 64.1 | 6 287 | 11.18 | 114.33 | 19 723 | 24.14 | 169.11 | 20 691 | 24.85 |
| 韩国 | 27.4 | 2 661 | 4.73 | 61.56 | 8 871 | 10.86 | 126.88 | 13 882 | 16.67 |
| 越南 | 49.9 | 4 398 | 7.82 | 57.05 | 6 737 | 8.25 | 76.75 | 4 641 | 5.57 |
| 缅甸 | 102.6 | 6 040 | 10.74 | | | | 91.26 | 4 417 | 5.31 |
| 俄罗斯 | 61.8 | 3 896 | 6.93 | 35.00 | 2 521 | 3.08 | | | |

**1994 年～1996 年　24022000 主要进口国家和地区**

| 国家或地区 | 1994 年 | | | 1995 年 | | | 1996 年 | | |
|---|---|---|---|---|---|---|---|---|---|
| | 数量（亿支） | 金额（万美元） | 百分比（%） | 数量（亿支） | 金额（万美元） | 百分比（%） | 数量（亿支） | 金额（万美元） | 百分比（%） |
| 合　计 | 2.44 | 333 | 100.00 | 131.90 | 27 956 | 100.00 | 179.57 | 39 425 | 100.00 |
| 香　港 | 1.21 | 131 | 39.24 | 17.72 | 2 361 | 8.45 | 13.93 | 1 708 | 4.33 |
| 英　国 | 0.23 | 56 | 16.74 | 44.38 | 11 869 | 42.45 | 74.60 | 20 933 | 53.09 |
| 美　国 | 0.33 | 63 | 18.99 | 37.48 | 7 141 | 25.54 | 73.09 | 12 693 | 32.20 |
| 日　本 | | | | 4.27 | 1 048 | 3.75 | 1.76 | | |
| 中　国 | | | | 27.13 | 5 365 | 19.19 | 15.08 | 3 499 | 8.87 |
| 巴基斯坦 | 0.49 | 49 | 14.72 | | | | | | |

注：24022000 烟草制的卷烟

10. 城镇居民家庭烟草消费情况（单位：购买量，盒/人·年，支出，元/人·年）

| | 1994 年 | | 1995 年 | | 1996 年 | |
|---|---|---|---|---|---|---|
| | 购买量 | 支出 | 购买量 | 支出 | 购买量 | 支出 |
| 全　国 | 30.53 | 70.89 | 28.58 | 76.87 | 27.70 | 83.89 |
| 北　京 | 30.00 | 67.30 | 29.65 | 78.52 | 24.51 | 70.20 |
| 天　津 | | 72.30 | | 78.97 | | 93.56 |
| 河　北 | 32.11 | 52.07 | 32.17 | 60.27 | 32.62 | 71.24 |
| 山　西 | 43.90 | 90.58 | 41.97 | 96.33 | 37.80 | 95.92 |
| 内蒙古 | 29.94 | 54.42 | 29.71 | 60.54 | 27.08 | 60.26 |
| 辽　宁 | 35.80 | 69.86 | 29.60 | 64.97 | 34.00 | 80.69 |
| 吉　林 | 22.32 | 32.71 | 21.48 | 36.65 | 22.56 | 45.27 |
| 黑龙江 | 23.00 | 39.18 | 24.00 | 48.05 | 25.00 | 54.05 |
| 上　海 | 31.20 | 133.37 | 32.40 | 153.12 | 31.20 | 164.38 |
| 江　苏 | 25.14 | 81.31 | 26.10 | 98.84 | 22.77 | 93.53 |
| 浙　江 | 28.53 | 122.38 | 29.22 | 145.94 | 29.57 | 168.60 |
| 安　徽 | 28.28 | 76.63 | 25.50 | 99.02 | 29.98 | 118.75 |
| 福　建 | 35.55 | 116.10 | 38.30 | 130.39 | 37.96 | 139.09 |
| 江　西 | 17.64 | 50.20 | 16.68 | 52.93 | 14.52 | 51.01 |
| 山　东 | | 45.88 | | 52.04 | | 53.08 |
| 河　南 | 34.26 | 56.05 | 33.49 | 63.84 | 30.94 | 71.60 |
| 湖　北 | 29.03 | 74.37 | 28.77 | 82.90 | 28.38 | 90.66 |
| 湖　南 | 28.70 | 74.04 | 28.38 | 82.01 | 27.63 | 92.59 |
| 广　东 | 14.78 | 51.45 | 15.37 | 60.31 | 13.86 | 64.57 |
| 广　西 | 16.09 | 35.74 | 15.73 | 39.86 | 14.13 | 38.99 |
| 海　南 | 14.83 | 50.04 | 14.01 | 46.83 | 13.04 | 46.41 |
| 四　川 | | 87.20 | | 99.20 | | 109.86 |
| 贵　州 | | 95.37 | | 115.17 | | 125.77 |
| 云　南 | 53.00 | 117.17 | 48.90 | 124.02 | 45.60 | 151.61 |
| 西　藏 | 45.86 | 187.29 | 49.30 | | 43.30 | 252.40 |
| 陕　西 | 35.26 | 56.81 | 34.59 | 63.37 | 33.87 | 76.71 |
| 甘　肃 | 40.30 | 87.19 | 39.22 | 95.43 | 38.43 | 97.66 |
| 青　海 | 43.48 | 108.70 | 43.19 | 114.43 | | 121.05 |
| 宁　夏 | 36.92 | 81.52 | 36.21 | 89.83 | 34.92 | 90.09 |
| 新　疆 | 19.50 | 46.30 | 18.80 | 50.10 | 18.00 | 48.31 |

11. 行业内"三资"企业状况

| | 1994年 | 1995年 | 1996年 |
|---|---|---|---|
| 企业单位数(个) | 4 | 6 | 8 |
| 亏损企业 | 1 | 1 | 1 |
| 企业从业人员数(人) | 647 | 770 | 842 |
| 实收资本(亿元) | 1.42 | 3.26 | 4.69 |
| 中方 | 0.67 | 1.65 | 0.93 |
| 外方 | 0.68 | 1.61 | 1.74 |
| 工业总产值(亿元) | 5.23 | 5.20 | 6.16 |
| 工业增加值(亿元) | 3.18 | 3.38 | 3.38 |
| 年末资产(亿元) | | | 11.38 |
| #流动资产 | 4.36 | | 5.92 |
| 年末负债(亿元) | | 5.71 | 4.97 |
| #流动负债 | | 3.47 | 2.83 |
| 所有者权益(亿元) | 3.05 | 5.05 | 6.41 |
| 产品销售收入(亿元) | 4.96 | 5.28 | 6.08 |
| #销售成本 | 1.05 | | 3.05 |
| #销售费用 | 0.19 | | 0.14 |
| #销售税金及附加 | 1.31 | 1.50 | 1.07 |
| #销售利润 | | | 1.21 |
| 管理费用(亿元) | 0.18 | | 0.38 |
| 利润总额(亿元) | 1.22 | 0.87 | 0.84 |
| 利税总额(亿元) | 2.94 | 2.80 | 2.92 |
| 亏损企业亏损总额(亿元) | 0.0208 | 0.48 | 0.29 |
| 产品销售率(%) | 98.09 | 101.54 | 93.67 |
| 资金利税率(%) | 56.11 | | 29.20 |
| 增加值率(%) | 60.80 | 65.00 | 54.87 |
| 全员劳动生产率(万元/人·年) | 49.15 | 43.89 | 40.14 |
| 流动资产周转率(%) | 115.89 | | 102.53 |
| 企业亏损率(%) | 25.00 | 16.67 | 12.50 |
| 存货可供销售天数(天) | 300 | | 365 |

# 2.17　食品机械与包装机械行业

## 包装和食品机械行业

**【a. 概况】**　中国的包装和食品机械在80年代末、90年代初经过了连续5年高速增长，平均增长率超过30%，1995年下半年开始进入调整期。据不完全统计，目前全国有包装和食品机械企业近4 000家，品种3 000多种。1996年包装和食品机械全行业完成工业总产值200多亿元，比上年增长7%～8%。

从1996年生产形势来看，上半年全行业销售不畅，产量与销售比上年同期下降20%～30%。进入下半年以后，形势有所变化，大部分企业生产运行已恢复到良好状态。全年有10%的企业保持20%的增长速度，极少数企业达30%；50%的企业维持在上年的水平或略有增长，有30%的企业比上年有所下降，10%的企业下降较大。

目前，包装和食品机械遇到的问题是：国内包装和食品机械快速发展，而包装和食品机械进口量却越来越大。这反映了随着国内经济发展水平的提高，包装和食品机械市场越来越需要高档次的设备，而国内产品品种和质量上不去，产品技术水平低，短时期还替代不了进口。

**【b. 进出口贸易】**　近年来，国内包装和食品机械企业在满足国内市场的同时，积极开拓国际市场，取得了可喜的成绩，出口逐年增加。1996年全国包装机械出口0.41亿美元，食品机械出口6.38亿美元，分别比上年增长了16.72%、20.06%。出口市场也进一步扩大，在巩固亚洲传统出口市场的同时，逐渐打开了欧洲、美洲等市场，1996年对欧洲和美洲的出口都有较大的增长。例如：1996年对德国的出口为5 983.8万美元，比上年增长79.17%；对英国出口3 064.8万美元，增长47.49%；对瑞士出口134万美元，增长5.93%；对美国出口17 785.2万美元，增长0.79%；对加拿大出口1 033.5万美元，增长12.13%。

1996年中国仍进口了大量包装和食品机械。其中包装机械进口为14.79亿美元，食品机械进口10.95亿美元，分别比上年增长26.96%、25.82%。

引进发达国家先进的包装和食品机械设备和技术，促进了国内包装和食品机械行业的技术改造和技术进步。但是近年来在引进工作中出现了盲目引进、重复引进，以及互相攀比的倾向，造成国内已能生产并已达到或接近国际先进水平的设备也大量引进，这样不但增加了企业自身负担，而且也冲击了国内的市场。国家有关部门应加强对包装和食品机械设备引进的统一管理，将引进的重点从设备转向关键技术，以便带动国内包装和食品机械行业的整体进步，并依靠科技进步，尽快提高国产设备的技术水平，满足市场需求。

**【c. 行业活动】**　1996年，中国食品和包装机械工业协会开展的主要行业活动有：

1. 1月，会长孟祥恩在香港举行新闻发布会，就协会的性质、作用做了发言，并回答了记者的提问。11月，何南至秘书长又对香港工商界做了动员，希望香港工商界能为大陆食品和包装机械的出口多做工作。

2. 5月，协会专家委员会进行改组，吸收了一批年轻的专家，充实和加强了专家委员会。安排落实了国家科委软课题“2010年我国食品和包装机械发展战略及行业科技进步对策研究”，并准备开展ISO9000认证工作。

3. 5月，组团参观德国杜塞尔多夫Interpack'96博览会，考察德国、法国、意大利的相关企业，与德、法、意3国相关行业协会和企业进行经贸合作洽谈。11月，组团参观美国芝加哥举办的国际包装展览会（PACKEXPO'96），并考察美国一些对口企业，进行经贸合作洽谈，取得了满意的效果。

4. 3月在北京国际贸易中心举办了国际包装机械展览。7月，与中国包装和食品机械总公司合作，在北京国际展览中心举办了'96国际包装和食品机械展览会（PACK TECH）。

5. 纸浆模塑工业是近几年才发展起来的行业，随着国内外环保政策的影响和社会环保意识的不断增强，国内纸浆模塑工业发展迅速，从事纸浆模塑设备生产厂家已有40多家，其中生产快餐盒生产线的有20多家；纸浆模塑制品生产厂家200余家。为了使纸浆模塑行业健康有序地发展，协会于1995年成立了纸浆模机械及制品分会。1996年分会进行了2次国际技术交流和1次纸浆模研讨班，沟通了国内外行业之间的联系，并将用户与制造机械的企业广泛地联系在一起。

（奚　英）

**1996年食品机械进出口情况**

单位：千美元

| 商品类别 | 计量单位 | 出口 | | 进口 | |
|---|---|---|---|---|---|
| | | 数量 | 金额 | 数量 | 金额 |
| 1. 面包房用烤炉及烘箱、包括做饼干用的 | 台 | 728 | 116 | 908 | 8 241 |
| 2. 农产品干燥机 | 台 | 903 | 2 498 | 584 | 8 745 |
| 3. 加工热饮料或烹调、加热食品的机器设备 | 台 | 2 529 | 1 585 | 5 100 | 25 403 |
| 4. 奶油分离机 | 台 | 139 | 44 | 125 | 1 206 |
| 5. 家用型水的过滤、净化机器及装置 | 台 | 909 214 | 2 770 | 84 184 | 755 |
| 6. 非家用型水的过滤、净化机器及装置 | 台 | 37 782 | 3 342 | 82 416 | 107 367 |
| 7. 过滤或净化饮料的机器及装置 | 台 | 17 000 | 184 | 6 493 | 11 119 |
| 8. 蛋类、水果等农产品的清洁分选、分级机器 | 台 | 25 | 123 | 267 | 4 009 |
| 9. 挤奶机 | 台 | 9 | 9 | 6 | 32 |
| 10. 乳品加工机器 | 台 | 40 | 326 | 159 | 15 543 |
| 11. 挤奶机及乳品加工机器的零件 | 千克 | 21 440 | 162 | 61 934 | 2 808 |
| 12. 制酒、果汁等饮料的压榨机、轧碎机等机器及零件 | 台<br>千克 | 4 603<br>101 858 | 1 911<br>257 | 4 213<br>387 906 | 26 453<br>6 028 |
| 13. 动物饲料配制机 | 台 | 6 586 | 1 042 | 584 | 32 886 |
| 14. 种子、谷物或干豆的清洁、分选或分级机器 | 台 | 7 720 | 3 757 | 566 | 18 148 |
| 15. 谷物磨粉业加工机器或谷物、干豆加工机器 | 台 | 67 002 | 17 179 | 1 745 | 54 591 |
| 16. 以上机器的零件 | 千克 | 2 542 767 | 4 564 | 319 635 | 6 465 |
| 17. 糕点加工及生产通心粉、面条等产品的机器 | 台 | 14 646 | 3 470 | 3 460 | 150 921 |
| 18. 生产糖果、可可粉、巧克力机器 | 台 | 151 | 689 | 505 | 25 148 |
| 19. 制糖机器 | 台 | 328 | 40 406 | 100 | 6 692 |
| 22. 酿酒机器 | 台 | 1 | 196 | 522 | 51 171 |
| 23. 肉类或家禽加工机器 | 台 | 9 536 | 994 | 2 353 | 33 125 |
| 24. 水果、坚果或蔬菜加工机器 | 台 | 15 612 | 683 | 2 869 | 36 002 |
| 25. 其他食品、饮料工业用生产加工机器 | 台 | 16 069 | 5 494 | 16 500 | 301 580 |
| 26. 以上所列机械的零件 | 千克 | 723 212 | 3 721 | 4 178 720 | 75 639 |
| 27. 提取、加工动物油脂或植物固定油脂的机器 | 台 | 495 | 1 148 | 979 | 56 140 |
| 28. 食品研磨机及搅拌器；水果或蔬菜的榨汁器 | 台 | 36 822 241 | 132 489 | 242 728 | 2 792 |
| 29. 快速式、储热式电热水器、浸入式液体加热器 | 个 | 582 068 | 9 557 | 216 412 | 13 703 |
| 30. 电炉；电锅；电热板；加热环；烧烤炉等 | 个 | 13 222 187 | 74 060 | 255 761 | 8 707 |
| 31. 电咖啡壶或茶壶 | 个 | 22 704 030 | 107 939 | 207 046 | 1 979 |
| 32. 电热烤面包器 | 个 | 29 975 176 | 217 026 | 218 660 | 1 602 |
| 总　计 | | | 637 741 | | 1 095 000 |

注：本表根据海关资料统计。

## 中国轻工总会系统

**【a. 行业概况】** 1996年，随着通货膨胀基本得到控制，国民经济顺利实现“软着陆”，新一轮的经济增长已经开始。当年全国食品机械与包装机械行业主要发展特点是：1. 行业结构不平衡、地区发展不平衡的现象得到改善。各种食品机械在1996年都有一定程度的增长，酿酒饮料机械超高速发展的现象已经得到控制。2. 企业兼并、产业优化组合步伐加快。强强联合现象非常普遍，几个有产品结构优势的企业集团已经出现。3. 行业龙头企业对生产的投入增加，新一轮投资热点已微露苗头。各行业中的龙头企业已主动增加了生产投入，多数企业的目标都放在食品业和农牧产品业的精深加工上。4. 全行业增长乏力，新一轮发展有待于加大资金投入和资金引进。从统计情况看，多数企业的投资水平仍停留在1995年的状态上，资金的缺乏使很多企业无力调整产品结构。

**【b. 主要产品简况】** 1996年食品包装机械主要产品的情况如下：

1. 制糖机械。生产企业15个，重点统计企业11个；完成工业总产值33 827万元，工业增加值9 465万元，产品销售收入32 791万元，上缴税金1 779万元，全行业盈利1 228万元。主要产品为结晶罐、离心机、甘蔗压榨机、甜菜切丝机等。

制糖机械经过1994、1995年高速增长后，1996年增长速度下降，出口持续增加。企业两极分化加剧。盈利最多的企业为吴川糖酒机械工业集团公司（盈利1 436万元），昆明轻工业机械厂（盈利335万元，出口1 409万元）。最大亏损企业的亏损额为324万元。

2. 制盐机械。生产企业8个，重点统计企业6个；完成工业总产值7 182万元，工业增加值1 595万元，产品销售收入4 997万元，上缴税金92万元，全行业盈利65万元。主要产品有蒸发罐、循环泵、运盐车等。

1996年制盐机械行业状况比上年稍有下降，企业生产品种的多样化和出口产品的增加使多数企业维持在上年的水平上，但亏损企业增加。生产效益较好的企业是威海市盐业机械总厂和慈溪盐业机械厂以及潍坊盐业机械厂。最大亏损企业的亏损额为43万元。

3. 酿酒机械。生产企业19个，重点统计企业14个；完成工业总产值75 300万元，工业增加值27 680万元，产品销售收入75 978万元，上缴税金2 192万元，全行业盈利4 418万元。主要产品有制麦发芽设备、糖化设备、发酵设备、酒糟处理设备、过滤及灌装生产线等。

1996年酿酒机械行业增长速度放慢，经济效益提高，出口创汇增加很快，上缴税金减少。大规模增长时期显然已经过去。本行业最大的盈利企业为广东轻工业机械厂（盈利2 145万元，出口201万元），南京轻工业机械厂（盈利483万元，出口1 356万元）。行业中出现亏损企业，最大亏损企业的亏损额为579万元。

4. 饮料机械。生产企业16个，重点统计企业12个；完成工业总产值27 597万元，工业增加值6 798万元，产品销售收入23 952万元，上缴税金411万元，全行业盈利953万元。主要产品有混合机、饮料灌装生产线、过滤机等。

1996年饮料机械行业比上年稍有增长，企业产品水平有所提高，产品结构趋于合理，亏损企业减少，出口创汇增加，上缴税金降低。最大的盈利企业是张家港市轻工机械厂（盈利856万元，出口1 390万元），南通二轻机械厂（盈利350万元，出口318万元）。最大亏损企业的亏损额为426万元。

5. 罐头机械。生产企业12个，重点统计企业8个；完成工业总产值8 759万元，工业增加值3 951万元，产品销售收入7 908万元，上缴税金74万元，全行业亏损256万元。主要产品有电阻焊制罐机、高温杀菌机、自动封罐机、三缩颈罐身机等。

1996年罐头机械行业经济效益大幅下降，盈利企业减少，亏损企业增加。产品结构的调整和1995年帐目跨年度结转是经济效益大幅下降的主要原因。最大亏损企业的亏损额为563万元。多数是微利企业。表现较好的企业是舟山中洲机械总公司（盈利38万元）。

6. 乳制品机械。生产企业11个，重点统计企业8个；完成工业总产值8 385万元，工业增加值2 767万元，产品销售收入5 742万元，上缴税金172万元，全行业盈利109万元。主要产品有双效降膜蒸发器、高温瞬时灭菌机、灌装包装设备等。

乳制品行业经过几年的稳步增长之后，在1996年有所下降，主要原因是进口产品冲击增大。盈利较多的企业为上海前卫机械厂和哈尔滨乳品设备制造厂，亏损企业很少。

7. 烘烤食品、冷冻食品及其他食品机械。生产企业19个，重点统计企业14个；完成工业总产值48 583万元，工业增加值22 926万元，产品销售收入47 358万元，上缴税金1 069万元，全行业盈利867万元。主要产品有花色冰淇淋生产线，速冻食品生产线，方便面生产线，烘烤设备以及均质机、离心机等。

1996年本行业效益下降，亏损企业增加，其原因是产品结构不合理、企业结构调整以及相同产品竞争加剧。最多的盈利企业为浙江轻工机械厂（盈利115万元，出口1 408万元），出口最多的企业是上海轻工业装备总公司（出口成交额1 986万元）

8. 包装机械。生产企业18家，重点统计企业14家；完成工业总产值105 013万元，工业增加值50 932万元，产品销售收入96 239万元，上缴税金4 093万元，全行业盈利12 270万元。主要产品为瓦楞纸板纸箱生产线，小食品包装设备和装箱封箱设备等。

1996年包装机械行业比上年增长较快。其主要原因是技术投入的增加和产品出口的扩大。盈利较多的企业有湖北京源股份有限公司（盈利6 893万元，出口 8 000 万元)，蚌埠纸箱机械厂(盈利 330 万元，出口 213 万元)，天津华特包装机械公司，天津轻工包装机械厂和江苏双鹰集团等。

9．烟草加工机械。1996 年中国轻工机械协会统计 10 个企业，完成工业总产值 28 638 万元，工业增加值 9 056 万元，产品销售收入 27 018 万元，上缴税金 984 万元，全行业亏损额为 796 万元。主要产品有打叶机、切丝机、滤棒成型机、卷烟接咀机、小包机、横包机等。(本行业由中国烟草工业总公司管理，这里统计的只是少部份企业。)

**1996 年食品机械与包装机械行业情况**

单位：万元

| 类别<br>行业 | 工业总产值 | 产品销售收入 | 税利总额 | 出口交货值 | 固定资产投资完成额 | 统计企业数 |
|---|---|---|---|---|---|---|
| 合　　计 | 314 646 | 294 965 | 29 792 | 21 977 | 107 132 | 87 |
| 糖　机 | 33 827 | 32 791 | 3 007 | 1 409 | 1 860 | 11 |
| 盐　机 | 7 182 | 4 997 | 157 | 239 | 124 | 6 |
| 酒　机 | 75 300 | 75 978 | 6 610 | 2 363 | 90 411 | 14 |
| 饮料机 | 27 597 | 23 952 | 1 364 | 2 562 | 7 227 | 12 |
| 罐头机 | 8 759 | 7 908 | 74 | 408 | 204 | 8 |
| 乳品机 | 8 385 | 5 742 | 281 | 261 | 512 | 8 |
| 其他机 | 48 583 | 47 358 | 1 936 | 3 982 | 2 373 | 14 |
| 包装机 | 105 013 | 96 239 | 16 363 | 10 753 | 4 421 | 14 |

注：本表统计范围为中国轻工总会系统。

**【c. 技术引进与技术改造】** 1996 年列入中国轻工总会名单的技术引进和技术改造投资项目有：南京轻工业机械厂引进德国 KRONES 公司的 BSF(啤酒无菌灌装技术)，投资额为 2 950 万元；湖北京源股份有限公司开发高档复合瓦楞纸板纸箱生产线，达到年生产能力 26 条，投资额为 7 422 万元(1996 年投资 3 000 万元)；广东轻工机械集团公司开发大型光、机、电一体化灌装线成套设备，投资额为 8 000 万元。

**【d. 技术进步与新产品开发】** 获 1996 年中国轻工业科学技术二等奖的产品有：中国轻工总会西安轻工机械设计研究所与肥城市轻工机械厂共同研制的玉米酒精生产高蛋白饲料关键设备—DGL 列管式干燥机。获三等奖的产品有：天津第二轻工机械厂的 YB42、YB58 扁硬盒包装机，安丘市轻工机械厂的 FG6A 型防盗盖封口机，湖北老河口黎明超声机电股份有限公司的多工位自动灌装超声封焊设备，郑州轻工业学院的食品真空冷冻干燥生产线微机控制系统，中国轻工总会杭州轻工机械设计研究所和浙江食品机械厂共同研制的 15 头冲模皇冠盖组合模具，中轻机黑龙江乳品机械公司和黑龙江富裕乳品厂共同研制的乳粉成套生产线。

通过部级、省级鉴定的新产品有：广东轻工业机械集团公司的 36 000 瓶/时啤酒灌装生产线，南京轻工业机械厂的24 000 瓶/时、36 000 瓶/时啤酒灌装生产线，昆明轻工业机械厂的日榨万吨甘蔗压榨机组，湖北京山轻工机械股份有限公司的分体式单面瓦楞机、电脑自控上胶机、电脑分压机、新型烘干机和 2.2 米重型 7 层瓦楞纸板生产线，安丘市轻工机械厂的聚酯瓶冲瓶机，杭州鼎力轻工装备技术公司的覆铜箔板自动叠配擦板机，上海星火机械厂的辅助速冻隧道，上海轻工机械厂的 30 箱/分啤酒瓶包装机等。

获 1996 年中国轻工总会科技发展推广项目的有：四川自贡市井矿盐设计研究院的长效加碘盐生产技术及加碘机，中国轻工总会西安轻工机械设计研究所的新型常压灌装生产线；中国轻工总会杭州轻工机械设计研究所的 GT4B22 异型真空自动封罐机，中国轻工总会广州轻工机械设计研究所的 JGN5 高浓度啤酒稀释水处理系统等。

**【e. 质量管理和标准化】** 1. 全国轻工机械标准化技术委员会 1996 年 10 月在杭州召开全体委员扩大会议。会上传达了国家技术监督局关于批准标委会换届方案的文件，通过了新的标委会工作章程和秘书处工作细则。

2. 广东轻工业机械集团公司、天津华特包装机械有限责任公司、江苏大力集团股份有限公司、天津轻工包装机械厂 4 家企业通过了 ISO9001 质量体系认证。

3. 广东轻工业机械集团公司成为行业内首家推广应用 CAD 技术的企业；南京轻工机械厂和安丘市轻工机械厂已部份应用 CAD 技术。

4. 1996 年新制定的行业标准有：QB/T1171—96 冰淇淋生产线，QB/T2217—96 封罐机，QB/T2247—96 冰淇淋凝冻机，QB/T2248—96 枕式糖果包装机，QB/T2283—96 超高温杀菌脱膻设备。

**【f. 行业活动和协会工作】** 1. 中国轻工机械协会于

1996 年 4 月召开第二次会员大会，并选举产生了第二届理事会，严龙和高武分别当选为新一届理事长和秘书长。中国轻工总会于珍会长到会并作了题为“重振雄风，再创辉煌”的报告。协会的 14 个专业委员会也先后进行了换届选举。

2. 8 月，中国轻工机械协会和中国酿酒工业协会联合召开了“啤酒机械技术交流会”，针对啤酒厂进行扩建改建和生产设备的冬季大修及备品备件的供应问题进行了专项讨论和交流。

3. ’96 年中国国际啤酒饮料制造技术及设备展览会于 1996 年 11 月 5 日～9 日召开，来自美国、日本和欧洲等国家的 100 多家厂商参加了这次展览，外商展出面积达 1 万多平方米。

4. 第三次全国工业普查工作全部结束，中国轻机协会参与了这项工作。根据最后的统计整理，全国食品饮料、烟草工业专用设备制造业年销售额在 100 万元以上的企业共 852 家，排名前 5 位的企业是：上海轻工装备（集团）总公司，销售额 22 818.9 万元；广东轻工业集团公司，销售额 22 530.3 万元；吴川糖酒机械工业集团公司，销售额 17 260.0 万元；上海胡桥集团公司，销售额 13 220.6 万元；江苏白熊集团公司，销售额 11 818.0 万元。全国包装工业专用设备制造业年销售额在 100 万元以上的企业共 343 家，排名前 5 位的企业是：首都航天机械公司，销售额 44 627.1 万元；湖北京源股份有限公司，销售额 29 658.0 万元；南京轻工业机械厂，销售额 9 968.8 万元；江苏双鹰集团公司，销售额 8 025.4 万元，肇庆嘉隆包装机械制造有限公司，销售额 6 524.4 万元。

（何维实　高　武）

## 国内贸易部系统

**【a. 生产发展概况】** 1996 年末，国内贸易部系统商业机械制造业有县及县以上生产企业 419 个，全部职工年平均人数 60 421 人；固定资产原价合计 23.66 亿元，比上年增长 8.4%；固定资产净值平均余额 16.20 亿元；工业总产值（1990 年不变价）26.78 亿元，比上年略有增加；工业增加值 8.18 亿元，比上年增加 4.5%；亏损企业 135 家，占企业总数的 32.2%。

1996 年，国内贸易部系统商业机械行业主要产品产量合计为 48 912 台（条），27.48 万吨，与上年同期基本持平。其中，糖果加工机械 83 台，59 吨；冷藏加工设备 4 665 台（座）；冷库 9 343 座，41.50 万立方米；食品速冻生产线 63 条；屠宰及肉类加工机械 979 台，8 780 吨；食品烤炉 648 台，3 229 吨；和面机 5 388 台，1 197 吨；面条机 20 台，2 吨；其它商用机械 5 184 台，3 345 吨；冷藏加工设备及食品烤炉的产量比上年有所下降。

粮油及饲料加工机械行业主要产品产量合计为 11.78 万台，26.69 万吨，与上年相比，台数增长 28 482 台，吨位数略有减少。其中，碾米机械 25 834 台，18 868 吨；磨粉机械 11 015 台，28 475 吨；榨油机械 14 401 台，18 515 吨；饲料机械 8 320 台，8 236 吨；通用机械 19 421 台，18 053 吨；胶辊 36 万只；售粮油机械 18 856 台，2 897 吨。碾米机械、磨粉机械产品产量较上年有较大幅度的增长，榨油机械及饲料加工机械产品产量比上年有所下降。

**【b. 国内外市场开拓】** 1996 年，国内贸易部系统商业机械行业完成销售产值 246 838 万元（现价）；销售收入 238 181 万元，比上年有所减少；产品销售实现利税 10 633 万元，比上年下降 39%；利润 116 万元，较上年大幅度减少，亏损额达 9 005 万元；出口交货值为 8 488 万元，与上年基本持平。出口产品主要有和面机、饺子机、拌馅机、比重去石机、榨油机、高方平筛、磨粉机、提升机、碾米机、砻谷机等，主要销住菲律宾、苏丹、马来西亚、巴基斯坦、埃及、尼泊尔等国家和地区。从出口品种和出口国家来看，商业机械设备仍然存在单机比重明显偏大，成套化的发展仍不理想的问题，尚未完全打开在国际市场的销路。

**【c. 科研与新技术】** 1996 年，国内贸易部商业机械科技进步奖授奖项目为 22 项。其中，二等奖 4 项：1. 肉类加工机械 RGR20 型滚揉机和 H30 Ⅱ 型热合机的研制，主要完成单位是石家庄市食品机械厂；2. 特种饲料加工技术及装备 SWSP11840 锤片式微粉碎机的研制，主要完成单位是国内贸易部无锡科学研究设计院、国内贸易部武汉科学研究设计院、无锡市丝绸公司、江苏牧羊集团公司、无锡湖滨饲料厂、南通正大有限公司水产分公司；3. TPH135—75 新型干法膨化机的研制，主要完成单位是国内贸易部武汉科学研究设计院、扬州粮食饲料机械厂；4. YJHT 系统环形油脂浸出及负压蒸发工艺成套设备，主要完成单位是国内贸易部西安油脂科学研究设计院、浙江绍兴天力实业公司、开封正大有限公司。

三等奖 12 项：1. 拨杆式螺旋速冻机的研制，主要完成单位是天津商学院；2. SDT240 型提升式速冻机，主要完成单位是哈尔滨商业机械总厂；3. LD—103 碘盐全自动包装机（0.5～1.0 千克），主要完成单位是武汉食品工业学院、武汉利德电气有限公司；4. JMCT12 及 24 型精洁米加工成套设备，主要完成单位是湖南省湘粮机械厂、湖南省农机鉴定站；5. MNML30 立式碾米机，主要完成单位是湖北省粮机厂研究设计所；6. 300T/D平转浸出油厂负压蒸发工艺技术的研究设计，主要完成单位是牡丹江市制油厂；7. TYPT2—60/80×100弹簧压片机，主要完成单位是国内贸易部无锡科学研究设计院、江苏省锡山市洛社华圻粮油机械厂；8. SHJJ5型浆叶式混合机的研制；9. SKZH4800货柜式颗粒饲料机组，主要完成单位是江苏正昌集团公司；10. 立筒仓内衬玻璃钢高气密技术的研究与应用，主要完成单位是天津市军粮城机米厂；11. FZSZ—9600H.S系列小麦着水自动控制系统，主要完成单位是鹤岗市良实新技术开发公司；12. CLJZ螺旋卷仓机组，主要完成单位是江苏正昌集团公司；13. KK140型谷物冷却器低温储粮应用技术研究，主要完成单位是黑龙江省粮食厅、黑龙江桦南国家粮食储备库。

四等奖6项：1. DWJ—40型微电脑豆制品机，主要完成单位是哈尔滨商业高新技术开发公司；2. 片冰机(PBJ—600型)，主要完成单位是上海华龙食品公司、上海市食品研究所；3. 真空按摩机(ZA—80型程控真空按摩机)，主要完成单位是上海华龙食品公司、上海市食品研究所；4. 轻型保温门系列(平移手动门、平移电动门、手动折叠门)，主要完成单位是上海商业制冷设备公司冷冻食品机械厂；5. ZXF56×20自吸式成套粉碎机，主要完成单位是湖南省邵阳市粮油机械厂；6. PPHJ60×2双螺杆挤压膨化机，主要完成单位是浙江省粮食科学研究所、浙江省绍兴粮食机械厂。

**【d. 行业管理与行业活动】** 随着国有企业改革力度进一步加大，粮油及饲料机械行业在抓大放小、三改一加强及现代企业制度试点等方面都取得了一定的进展，但总的来看，企业经济运行质量仍有待提高。1996年，行业管理工作的重点是对山西、河北、云南、四川等省的粮油加工业和机械制造业进行了实地考察，研究国有企业实现企业转制及如何走联合、改组、实现规模经济等问题；对合资后的无锡布勒机械制造有限公司3年来的经营和管理状况进行了全面了解，对粮油及饲料机械制造业引入外资，增加资金投入和技术投入的可行性进行了专门调研。

组织重点粮机生产厂于8月底9月初赴美国进行了为期两周的考察，了解国外粮油加工业的最新技术，寻找贸易机会，洽谈与外方的合资合作及代理销售粮机产品等项目。

根据机械工业部关于打好行业"三大战役"的有关精神和"九五"粮油工业发展规划纲要，结合国内贸易系统粮油、饲料加工机械行业的现状，部工业司组织召开了全国部分粮油机械企业厂长经理工作座谈会，听取企业在"两个转变"中深化改革、加强管理、开拓市场、搞活管理的经验交流，传达了吴邦国副总理和包叙定部长在全国机械行业打好"三大战役"电话会议上的讲话，讨论制定了内贸系统贯彻落实"三大战役"的实施方案，提出了粮机发展总体目标及指导方针。

1996年，组织专家对山东省淄博粮食机械厂磨粉机生产线技术改造专项贷款项目进行了验收，对其新产品FMMFQ10×2A系列气压磨粉机完成了部级鉴定；会同有关专家，对《碾米机械成套设备技术条件》行业标准进行了技术调研。

江苏正昌集团1996年加快发展步伐，成为围绕粮油饲料机械、电气、农牧饲料、成套和钢板仓工程、油脂化工四大支柱共同发展的国有独资省级集团公司，江苏省高新技术企业。经国务院发展研究中心对全国饲料机械行业进行的最新统计调查，认定其为中国饲料机械生产规模最大的企业。

江苏徐州亚欧商机城于1996年12月建成开业，前期工程占地近3 000平方米，是目前全国规模较大的商机展示市场。

**【e. 技术改造与技术进步】** 1996年，商业机械行业安排国家技改专项贷款续建项目1个，总计投资550万元；新开工项目5个，总计投资4 000万元。其中，原部属山西长治粮食机械厂将对冷铸车间进行改造，以提高磨辊、轧辊质量，降低成本，增加规格品种。

（赵　静）

## 包装工业

**表1　包装工业总产值及主要行业产值**　单位：万元

| 类　　别 | 1994年 | 1995年 | 1996年 |
|---|---|---|---|
| 包装工业合计 | 9 781 821 | 11 516 468 | 13 962 040 |
| 纸包装制品 | 2 304 104 | 3 079 654 | 4 026 073 |
| 塑料包装制品 | 2 668 249 | 3 056 856 | 3 698 198 |
| 玻璃包装制品 | 1 026 638 | 862 174 | 889 686 |
| 金属包装制品 | 997 793 | 1 145 021 | 1 480 466 |
| 包装印刷 | 1 692 033 | 1 958 689 | 2 189 790 |
| 包装机械 | 809 258 | 969 709 | 1 040 701 |
| 其它 | 109 304 | 133 744 | 637 126 |

**表2　包装工业主要产品产量**

| 产品名称 | 计量单位 | 1994年 | 1995年 | 1996年 |
|---|---|---|---|---|
| 纸包装制品 | 万吨 | 465.40 | 642.25 | 835.341 |
| 瓦楞纸箱 | 万吨 | 380.29 | 429.29 | 619.833 |
| 三层瓦楞纸箱 | 万吨 | | | 109.915 |

续表

| 产品名称 | 计量单位 | 1994年 | 1995年 | 1996年 |
|---|---|---|---|---|
| 五层瓦楞纸箱 | 万吨 | | | 489.761 |
| 七层瓦楞纸箱 | 万吨 | | | 12.627 |
| 纸盒 | 万吨 | 30.53 | 54.60 | 67.271 |
| 白板纸盒 | 万吨 | | | 34.064 |
| 细瓦楞纸盒 | 万吨 | | | 17.594 |
| 纸袋 | 万吨 | 45.29 | 75.39 | 88.518 |
| 纸塑交合水泥袋 | 万吨 | | | 39.575 |
| 纸杯(盘碗) | 万吨 | | | 36.478 |
| 塑料包装制品 | 万吨 | 0.06 | 63.37 | 46.084 |
| 包装用塑料薄膜 | 万吨 | 171.20 | 202.55 | 243.715 |
| 聚乙烯膜(PE) | 万吨 | 70.94 | 76.29 | 85.450 |
| 聚氯乙烯膜(PVC) | 万吨 | | | 28.288 |
| 聚丙烯膜(PP) | 万吨 | | | 17.422<br>13.349 |
| 聚酯薄膜(PET) | 万吨 | | | 6.464 |
| 复合塑料膜 | 万吨 | | | 2.929 |
| 复合材料 | 万吨 | | | 3.178 |
| 包装用塑料片材 | 万吨 | 6.49 | 15.11 | 16.745 |
| 聚氯乙烯片材(PVC) | 万吨 | | | 7.858 |
| 聚丙烯片材(PP) | 万吨 | | | 3.698 |
| 聚苯乙烯片材(PS) | 万吨 | | | 2.604 |
| 多层共挤出片材 | 万吨 | | | 1.661 |
| 塑料包装容器 | 万吨 | 12.38 | 45.89 | 58.966 |
| 塑料周转箱 | 万吨 | | | 16.326 |
| 塑料桶 | 万吨 | 17.17 | | 14.829 |
| 塑料瓶 | 万吨 | 10.45 | | 27.112 |
| 塑料袋 | 万吨 | 30.90 | 40.21 | 40.370 |
| 塑料薄膜袋 | 万吨 | | | 9.262 |
| 普通编织袋 | 万吨 | | | 18.625 |
| 柔性集装袋 | 万吨 | | | 4.512 |
| 塑料带 | 万吨 | 11.97 | | 4.888 |
| 撕裂薄膜带 | 万吨 | | | 1.403 |
| 塑料打包带 | 万吨 | | | 2.164 |
| 包装用泡沫塑料 | 万吨 | 9.93 | 10.86 | 22.253 |
| 发泡聚乙烯塑料 | 万吨 | | | 6.595 |
| 聚氯乙烯泡沫塑料 | 万吨 | | | 3.067 |
| 发泡聚苯乙烯塑料 | 万吨 | | | 6.944 |
| 玻璃包装制品 | 万吨 | 633.50 | 608.86 | 443.552 |
| 食品饮料用玻璃瓶 | 万吨 | 180.30 | 160.25 | 78.496 |

续表

| 产品名称 | 计量单位 | 1994年 | 1995年 | 1996年 |
|---|---|---|---|---|
| 汽水瓶 | 万吨 | | | 36.682 |
| 罐头瓶 | 万吨 | | | 37.471 |
| 酒瓶 | 万吨 | 346.90 | 352.38 | 218.331 |
| 白酒瓶 | 万吨 | | | 92.5 |
| 啤酒瓶 | 万吨 | | | 109.195 |
| 医药用包装瓶 | 万吨 | 69.58 | 60.14 | 69.955 |
| 化学品(农药)瓶 | 万吨 | 28.22 | | 16.746 |
| 其它包装瓶 | 万吨 | | 36.09 | 56.115 |
| 金属包装制品 | 万吨 | 127.40 | 143.10 | 161.004 |
| 金属听:罐、盒 | 万吨 | 36.81 | 43.36 | 56.010 |
| 金属两片罐 | 万吨 | | | 21.399 |
| 金属三片罐 | 万吨 | | | 22.896 |
| 金属喷雾罐 | 万吨 | | | 10.829 |
| 金属桶 | 万吨 | 77.34 | 80.76 | 78.023 |
| 100升以下金属桶 | 万吨 | | | 15.256 |
| 100～200升金属桶 | 万吨 | | | 10.619 |
| 200升金属桶 | 万吨 | | | 50.448 |
| 金属捆扎带 | 万吨 | 3.73 | | 2.717 |
| 金属瓶盖 | 万吨 | 6.40 | | 10.464 |
| 铝质防盗盖 | 万吨 | | | 1.874 |
| 皇冠盖 | 万吨 | | | 5.763 |
| 包装印刷 | 亿印 | 1 645.80 | 1 955.17 | 1 984.431 |
| 纸质商标印刷 | 亿印 | 1 477.26 | 1 722.15 | 1 736.626 |
| 胶印商标 | 亿印 | | | 1 022.7 |
| 凸印商标 | 亿印 | | | 398.579 |
| 凹印商标 | 亿印 | | | 273.945 |
| 塑料印刷 | 亿印 | 152.58 | 203.19 | 217.737 |
| 金属印刷 | 亿印 | 15.43 | 29.83 | 30.843 |
| 包装机械 | 万台 | 25.842 | 30.285 | 34.883 |
| 包装容器制造机械 | 万台 | 1.711 | 2.922 | 3.024 |
| 瓦楞纸箱制造设备 | 万台 | | | 1.408 |
| 纸盒制造设备 | 万台 | | | 0.432 |
| 塑料中空容器 | 万台 | | | 0.452 |
| 直接包装机械 | 万台 | 21.33 | 22.82 | 23.795 |
| 液体灌装机械 | 万台 | | | 1.215 |
| 捆扎打包机械 | 万台 | | | 1.790 |
| 收缩包装机械 | 万台 | | | 3.0 |
| 封口机械 | 万台 | | | 8.943 |
| 辅助包装机械 | 万台 | 1.749 | | 6.475 |
| 包装浇灌印刷机械 | 万台 | 1.05 | | 1.027 |
| 其它包装制品 | 万台 | | | |
| 包装木箱 | 立方米 | | | 708 770 |
| 麻袋 | 万条 | | | 18 055 |
| 陶瓷包装容器 | 万件/吨 | | | 6 138 |
| 包装用辅助材料 | | | | |
| 包装用粘合剂 | 吨 | | | 92 293 |
| 包装印刷用油墨 | 吨 | | | 86 823 |

（刘无畏）

# 第 3 部分

# 地区分述

# 3.1 北　京　市

【a. 概况】 1996年，北京市食品工业在各有关部门的支持和全行业员工的努力下，持续稳定地发展，在“九五”计划的头一年，取得了新的成绩。

1. 食品工业生产继续以较高速度增长。1996年实现工业产值(1990年不变价)113亿元，比上年的102亿元增长10.8%。

2. 培植和发展经济实力较大的食品集团企业。对已形成经济规模的食品集团公司，加大改革力度，优化资源配置，调整产业结构，推行现代企业制度，促使重点企业加快发展，涌现出一批具有竞争潜力和发展前景的食品产业集团。如燕京啤酒集团公司、鲲鹏肉食品集团公司、金响食品集团公司、北京醇酒业集团公司、红星二锅头酒集团公司、金狮酿造食品集团公司、稻香村食品集团公司、优世乳业集团公司等，按照超常规、跳跃式、高起点、多功能的模式，向现代化、集团化、多元化的方向滚动发展。年销售收入超过亿元的食品企业和集团公司由30家增加到40家。

表1　　北京市食品工业主要经济指标

| 指标名称 | 单位 | 1996年 | 1995年 | 1996年为1995年% |
|---|---|---|---|---|
| 企业单位数 | 个 | 1 275 | 858 | 148.60 |
| 其中：亏损企业数 | 个 | 303 | 339 | 89.38 |
| 亏损企业亏损额 | 万元 | 81 423 | | |
| 利润总额 | 万元 | 1 824 | 18 904 | 9.65 |
| 利税总额 | 万元 | 120 697 | 89 571 | 134.75 |
| 流动资产年平均余额 | 万元 | 812 113 | 756 547 | 107.34 |
| 固定资产净值年平均余额 | 万元 | 761 866 | 565 611 | 134.70 |
| 工业总产值(不变价原规定) | 万元 | 1 093 107 | 975 458 | 112.06 |
| 工业总产值(当年价新规定) | 万元 | 1 604 729 | 1 491 666 | 107.58 |
| 工业销售产值(当年价) | 万元 | 1 601 131 | | |
| 工业增加值(生产法) | 万元 | 524 248 | 281 165 | 186.46 |
| 全部职工年平均人数 | 人 | 97 832 | 110 609 | 88.45 |

注：此表为市统计局资料，统计范围为乡及乡以上独立核算企业。

3. 实施名牌战略，发展名优食品和食品老字号企业。经过实施名牌战略，食品行业有17种食品被评定为北京市名牌产品。对历史悠久、享誉中外的著名食品老字号，给予重点扶植，加强技术改造，扩大生产能力，发挥名牌效应。如开业于明代和清代的六必居、大顺斋、王致和、月盛斋、正明斋、祥聚公、桂馨斋、天福号、天源、稻香村等有几百年历史的老店老厂，经过改造扩建，使那些技艺精湛、脍炙人口的美食佳肴得到继承、改进和发展。

4. 扩大招商引资，兴办中外合资食品企业。1996年北京市批准中外合资食品企业81家，协议投资14 457万美元，引进外资11 653万美元。截止到当年底，北京市食品工业合资企业累计达到1 029家，协议投资总额192 261万美元，注册资本144 612万美元，利用外资117 579万美元。已建成投产的700多家中外合资食品企业，在开发食品新品种、新技术，增加国内市场供应，开拓出口渠道，参与国际竞争，推行市场经济的现代企业制度等方面都起到积极作用。

5. 加强科学研究和行业规范标准化工作。北京发酵工业研究所研制出生物酶盒，将生物酶用于医疗检查的新技术，一次抽血可作多项分析，已在部分医院推广应用。中国肉类食品综合研究中心，经过几年努力研制出节约肠衣方便消费的共挤香肠。北京市王致和腐乳厂研制新一代腐乳发酵菌，由固态菌改成液态菌，可以有效地提高出品率和改善产品风味，在微生物发酵技术上有新的突破。为规范市场上迅速发展的纯净水产品，由市技术监督、质量监测和冷饮食品管理等部门共同调研、制订出《北京市纯净饮用水标准》并发布实施。对迅速兴起的速冻食品也在制订行业标准。

6. 密切与食品有关的社会团体和学术、文化团体的合作，共同促进食品行业的振兴。推行市场经济要减少行政手段，强化和发挥社团的中介作用。北京市食品工业办公室、北京市食品工业协会、北京食品学会、北京饮食文化研究会、北京市副食品行业协会、北京烹饪协会以及中国食品工业协会、中国食品科学技术学会、中国食文化研究会、中国环渤海地区食品工业协会联谊会等有关社团，积极开展活动，密切合作，1996 年在北京举办了“首届亚洲面食产业发展研讨会”、“亚洲厨师大奖赛”、“北京台湾经贸研讨会”等活动。并由几个部门和社团联合到美国、日本、欧洲参加国际食品博览会和招商引资经贸洽谈会，取得了良好的效果。由北京市食品工业协会、市食品学会和市饮食文化研究会组织食文化专家、学者编著的中国饮食文化丛书——《中华食苑》，第一集已出版发行，第二集至第十集正在印刷，并着手编写第十一集至第二十集，争取在海外出版发行。饮食文化界人士志同道合，为在更广泛领域和更深层次上弘扬博大精深的中华饮食文化而尽心竭力。

7. 食品产业的发展促进了食品市场的繁荣兴旺。由于农业、食品工业、食品流通业和对外经贸事业的壮大和发展，使城乡市场的食品类产品日益丰富多彩。食品生产和营销的激烈竞争，激化了食品消费向多层次、多品种、多功能的方向发展。1996 年北京市社会商品零售总额达到 970 亿元，其中食品类消费占 42.6%，零售额为 413 亿元，比上年的 353 亿元增长 17%。“吃”的需求仍然是国民经济和居民生活中第一位的问题。进口食品、合资企业食品、各省市进京食品与本市生产的食品，在北京市场上所占份额互有消长，而进口与合资企业食品的增长势头快于国内和本市生产的产品，这将对中国食品企业的发展起到激励和催化作用，国内和国际的市场形势都要求中国食品工业应该有更大更快的发展。

北京食品工业连年有所进步，但发展的速度和质量还不能适应国民经济和市场变化的需要，与先进省区和海外食品产业相比还有很大差距。特别是近年来国际上经济规模强大、市场竞争实力雄厚、带有全球发展战略的大型食品集团和跨国公司，纷纷进入中国市场，海外兵团的“抢摊登陆”，给北京市也给全国的食品工业以及农业和商业带来巨大的压力和动力，迫使食品行业必须加快转变观念、转变体制、转变机制，采取切实有力的政策和措施，加大改革力度，加强科学技术，加快人才开发，加强产业结构和组织结构的调整，大力发展经济实力强大的集团和跨国公司，进一步扩大利用外资发展外向型食品企业，向现代化、国际化、集团化、多元化的方向和道路发展。

（李士靖）

**【b. 生产与销售】** 1996 年，北京市食品工业生产总体发展平稳，主要产品产量变化不大，多数略有上升。表现最为突出的是啤酒，1996 年比上年增长 17.7%，是近 5 年产量增速最快的大宗产品。1991 年全市总产量只有 36.3 万吨，以后逐年为 48.6 万吨、63.2 万吨、71.9 万吨、78.9 万吨、92.9 万吨，年平均增长 20.7%。目前，北京已成为全国最大的啤酒生产基地之一。另外，发展较快增长平稳的产品是软饮料，1996 年产量为 35.9 万吨，比上年增长 13.2%，其中碳酸饮料 25.9 万吨，增长 22.9%。北京软饮料市场连续数年购销活跃，需求旺盛。因此，软饮料企业生产也持继攀升，新品种、新花色不断涌现。现仍以可口可乐、百事可乐、健力宝三大品牌主导市场，果汁饮料和矿泉水、纯净水也有较快发展。

1996 年降幅较大的产品是乳制品和白酒，分别下降 19.7% 和 12.6%。主要原因是，乳制品受到进口产品和外埠产品的冲击；白酒受政策调整和居民改善饮食结构等多种因素的影响。

新兴的速冻食品近年发展较快，正以它具有的现代食品特色、适应家务劳动社会化的趋势而逐步进入千家万户，发展前景良好。

**表 2　北京市主要农产品产量及商品量** 单位：万吨

| 产　品 | 1996 年 | 1995 年 | 1996 年比 1995 年(±%) |
|---|---|---|---|
| 蔬菜产量 | 403.17 | 397.29 | 1.48 |
| 商品量 | 348.31 | 369.67 | −5.78 |
| 干鲜果品产量 | 51.32 | 46.77 | 9.73 |
| 商品量 | 40.47 | 40.74 | −0.66 |
| 肉类总产量 | 38.21 | 37.81 | 1.06 |
| 商品量 | 36.12 | 35.92 | 0.56 |
| 牛奶产量 | 20.06 | 20.60 | 1.75 |
| 商品量 | 20.06 | 19.81 | 1.26 |
| 鲜蛋产量 | 24.69 | 28.54 | −13.49 |
| 商品量 | 23.03 | 26.20 | −12.10 |
| 淡水鱼产量 | 7.83 | 8.05 | −2.73 |
| 商品量 | 6.29 | 6.62 | −4.98 |

注：本表数据为市统计局资料。

表3　　北京市食品工业主要产品产量

| 产品名称 | 单位 | 1996年 | 1995年 | 1996年为1995年% | 备注 |
|---|---|---|---|---|---|
| 大米 | 吨 | 4 044 | 26 010 | 15.5 | |
| 小麦粉 | 万吨 | 188 | 121 | 155.4 | |
| 食用植物油 | 吨 | 101 615 | 98 158 | 103.5 | |
| 乳制品 | 吨 | 11 982 | 14 922 | 80.3 | |
| 其中:消毒鲜奶 | 吨 | 92 030 | 90 500 | 101.7 | 市食协资料 |
| 糖果 | 吨 | 14 094 | 14 084 | 100.1 | |
| 罐头 | 吨 | 4 136 | 3 633 | 113.8 | |
| 饮料酒 | 万吨 | 104 | 91 | 114.3 | |
| 其中:白酒 | 吨 | 93 472 | 107 003 | 87.4 | |
| 啤酒 | 吨 | 928 743 | 788 817 | 117.7 | |
| 软饮料 | 吨 | 359 053 | 317 147 | 113.2 | 市食协资料 |
| 其中:碳酸饮料 | 吨 | 258 821 | 210 625 | 122.9 | |
| 卷烟 | 箱 | 165 504 | 158 379 | 104.5 | |

注:以上数据为市统计局资料。

1996年,北京市场繁荣,购销活跃,通货膨涨已得到有效控制,社会零售物价涨幅7.3%,比上年回落5.3个百分点。全年食品类价格涨幅为7.7%,比上年回落14.4个百分点。当年,全市社会消费品零售总额969.66亿元,比上年的826.98亿元增长17.25%。其中吃的商品零售额为413.06亿元,比上年的353.00亿元增长17.01%,占当年社会消费品总额的42.60%。

北京市居民消费心理稳定,购买力继续提高。从市统计局提供的食品人均年购买量分析,北京市居民饮食结构进一步优化。购买量增加的主要食品,按增量顺序排列是:猪肉及其制品、食糖、食用植物油、鲜奶、水产品、鲜菜、鲜果、牛羊肉及其制品,增量分别是:2.37%、3.38%、3.56%、4.85%、6.63%、8.05%、11.23%、28.21%。购买量下降的主要食品是:粮食、茶叶、家禽、烟,分别减少2.94%、5.00%、7.59%、17.34%。以上变化显示,北京市居民在吃的方面,主要增量选择在鲜菜、鲜瓜果、鲜奶、水产品和牛羊肉及其制品上,已经从盲目追求吃饱、吃好,逐步转向到合理的营养结构,由粗放消费意识逐步向理智消费转化,追求吃的科学、吃的合理、有益健康的消费新时尚。

(董全水)

表4　北京市居民主要食品人均购买量　单位:千克

| 项目 | 1996年 | 1995年 | 1996年为1995年% |
|---|---|---|---|
| 粮食 | 85.47 | 88.06 | 97.06 |
| 食用植物油 | 7.85 | 7.58 | 103.56 |
| 鲜菜 | 178.10 | 164.83 | 108.05 |
| 猪肉及其制品 | 26.79 | 26.17 | 102.37 |
| 牛羊肉及其制品 | 10.68 | 8.33 | 128.21 |
| 家禽 | 7.18 | 7.77 | 92.41 |
| 鲜蛋 | 16.63 | 16.64 | 99.94 |
| 水产品 | 10.13 | 9.50 | 106.63 |
| 食糖 | 2.44 | 2.36 | 103.39 |
| 卷烟(盒) | 24.51 | 29.65 | 82.66 |
| 酒 | 12.21 | 12.14 | 100.58 |
| 茶叶 | 0.38 | 0.40 | 95.00 |
| 鲜瓜果 | 63.17 | 56.79 | 111.23 |
| 糖果 | 0.71 | 0.70 | 101.43 |
| 糕点 | 6.04 | 5.96 | 101.34 |
| 鲜奶 | 15.78 | 15.05 | 104.85 |

注:本资料来自市统计局对1 000户居民家庭的抽样调查。

**【c. 科研成果及新产品开发】** 1996年,北京市食品工业完成市级以上科研成果15项;新产品开发29项,其中较为突出的15项。详见表5、表6。

表 5　　1996 年北京市食品工业科研成果表

| 项目名称 | 课题来源 | 研制单位 | 完成日期 | 鉴定日期 | 主持鉴定单位 | 已否转让 | 是否申报专利 | 推广应用如何 |
|---|---|---|---|---|---|---|---|---|
| 苹果涂腊设备研制 | 市科委 | 农大东校食品学院 | 1996.7. | 1996.11. | 市科委 | 否 | 已报 | 待推广 |
| 大蒜饮料加工技术 | 横向 | 农大东校食品学院 | 1996.7. | | | 已 | | 应用效果好 |
| 来福奶产品开发 | 局科技星火 | 市食协　农工商总公司 | 1996.11. | | | | 已报 | 免疫初乳已生产来福奶待生产 |
| 中老年奶粉 | 牛奶公司 | | 1996.10. | | | | | 已生产 |
| 应用膜分离对山楂进行综合利用 | | 食品工贸集团 | 1995.12. | 1996.2. | 内贸部 | 已 | 是 | |
| 深层发酵羊肚菌灵芝与营养工程 | | 食品工贸集团 | 1996.1. | 1996.3. | 内贸部 | 否 | 是 | |
| 冬虫夏草系列天然食品 | | 食品工贸集团 | 1996.1. | 1996.3. | 内贸部 | 否 | 否 | |
| 微胶囊化香辛料生产工艺 | | 食品工贸集团 | 1995.12. | 1996.2. | 内贸部 | 否 | 否 | |
| 超临界提取技术胡椒成分 | | 食品工贸集团 | 1995.12. | 1996.2. | 内贸部 | 否 | 否 | |
| 共挤香肠加工工艺设备 | | 食品工贸集团 | 1995.12. | 1996.10. | 内贸部 | 已 | 是 | |
| 名厨牌方便粥 | | 乡镇企业局 | 1996.4. | | | | | |
| 酶法去除蛋白质中苯丙胺酸及低苯丙肽婴儿食品配方技术 | | 一轻总公司 | | | | | | |
| 麦芽茶 | | 一轻总公司 | 1996.7. | | | | | |
| 生物黄酮类物质开发应用技术 | | 粮食局 | 1995.12. | 1997.7. | 市科委 | 否 | 否 | |
| 饮用纯净水类 DB11/063-96 | 市技术监督局 | 市冷饮管理处 | 1995.12 | 1996.1. | 市技术监督局 | 无 | 否 | 供各省市参照 |

表 6　　1996 年北京市食品工业主要新产品

| 产品名称 | 研究单位 | 生产厂家 | 生产规模 | 销售情况 | 经济效益 | 投产时间 |
|---|---|---|---|---|---|---|
| CYT-469 型菜肴充填机 | 包装食品机械研究所 | 同前 | 中型 | 售出 4 台 | 获利 4 万元 | 1995.12. |
| YQR-G1000 型鲜肉块条(块)机 | 包装食品机械研究所 | 同前 | 中型 | 售出 8 台 | 获利 8 万元 | 1995.12. |
| 名厨方便粥 | 食品研究所新天地食品工业公司 | 同前 | 2 000 吨/年 | 650 万元 | 30 万元 | 1996.4. |
| 富钙蜂蜜 | 北京蜂产品研究所 | 北京蜂产品公司 | 一般 | 一般 | 一般 | 1996.1. |
| 宫廷黄瓜 | 六必居 | 同前 | 大 | 57.8 吨 | 1.4 万元 | 1996.5. |
| 莴笋系列 | 六必居 | 同前 | 大 | 54.8 吨 | 1.5 万元 | 1996.4. |
| 高级黄瓜段 | 天源酱园 | 同前 | 小 | 3.2 吨 | 良好 | 1996.5. |
| 爽口丝 | 天源酱园 | 同前 | 小 | 3.44 吨 | 良好 | 1996.9. |
| 香辣萝卜干 | 天源酱园 | 同前 | 小 | 3.27 吨 | 良好 | 1996.6. |
| 京华真菌 | 北京茶叶总公司 | 同前 | | 3 346.6 千克 | 223 720 元 | 1996.1. |
| 翡翠腊八蒜 | 北京篮丰蔬菜配送中心 | 篮丰加工车间 | 100 袋/日 | | | 1996.1. |

续表

| 产品名称 | 研究单位 | 生产厂家 | 生产规模 | 销售情况 | 经济效益 | 投产时间 |
|---|---|---|---|---|---|---|
| 茶粉 | 北京食品研究所 | 俪人科技公司 | 100 吨/年 | | 良好 | 1996.7 |
| 共挤香肠及相应设备 | 中国肉类食品综合研究中心 | 同前 | 1 吨/年 | 良好 | 161 万元 | 1996.4 |
| 发酵肉制品 | 中国肉类食品综合研究中心 | 同前 | 400 只/年 | 良好 | 获利 80 万元 | 1996. |
| 鞑靼荞袋泡茶、速食粉、颗粒粉 | | | | | | 1995. |

（田宗相）

【d. 对外经济技术合作】 在外贸出口方面，由于受国家调整出口政策等因素的影响，出口额减少。1996 年全市外贸出口额 20.86 亿美元，比上年的 22.70 亿美元下降 8.1%。食品出口同样回落，据市统计局资料，食品、饮料、烟草及主要供食用的活动物出口额12 603 万美元，比上年的13 872 万美元下降 9.1%；食品出口在全市出口额中占 6.1%。1996 年北京市食品行业出口有以下主要特点：

1. 国有外贸企业、国有自营出口企业食品出口继续下滑。1996 年国家再次下调出口产品退税率，平均出口退税率由 13%降至 8.26%。全市出口产品成本平均上升了 0.6 元左右，而且退税滞后，致使各出口企业，尤其是国有外贸企业、国有自营出口企业资金更加紧张，利息负担更加沉重，出口产品在国际市场的价格竞争更加乏力，尤其传统食品问题更为突出，出口遇到更大压力。

2. 新兴“三资”企业产品出口快速增长。在新兴的“三资”企业中，部分外向型企业表现不俗，正在发挥其现代技术、现代设备、现代管理和已有的国际销售渠道等优势，将各种迎合国际市场的新产品推向世界，并表现出强劲的竞争力。如豆类制品、酒类制品、速冻食品、膨化食品、花生制品、饮料、调味品等。这些外向型“三资”企业产品出口量不断增加，生产规模不断扩大，逐步形成北京食品行业中出口大户，成为推动食品出口的增长点。

3. 食品出口结构进一步改善。1996 年，北京食品出口结构继续调整，未加工、粗加工食品在出口总额中的比例进一步减少，粮谷类出口额由 137 万美元减少到 78 万美元，降低 43.1%；豆类出口额由 314 万美元减到 138 万美元，降低 56.1%；活畜禽类出口额由 651 万美元减到 502 万美元，降低 22.9%；水果由 125 万美元减到 67 万美元，降低 46.4%。相比之下，食品制成品、深加工产品出口增额增量。酒类由 147 万美元增至 456 万美元，增加 2.1 倍；饮料由 40 万美元增至 263 万美元，增加 5.6 倍；调味品由 16 万美元增至 79 万美元，增加 3.9 倍；花生制品由 24 万美元增至 115 万美元，增加 3.8 倍；茶叶、咖啡由 7 万美元增至 81 万美元，增加 10.6 倍。米、面、豆制品由 41 万美元增至 105 万美元，增加 1.6 倍；香调料及香料油由 89 万美元增至 155 万美元，增长 74.2%；卷烟由 147 万美元增至 218 万美元，增长 48.3%。豆沙馅、腌渍菜、速冻食品、膨化食品等也都各有增长。北京食品出口结构正朝着由粗变精，不断提高产品的技术含量和附加值含量的方向发展。

在利用外资方面，1996 年北京市批准食品行业“三资”企业 81 项，协议投资总额14 457 万美元，外商投资额11 653 万美元，与上年相比，项目数下降 38.6%，协议投资总额下降 48.5%，外商投资额下降 40.8%。项目投资总额1 000 万美元以上项目 4 项。

1996 年，国家根据建立社会主义市场经济体制的需要，对利用外资的政策作了若干的调整，主要是：自 4 月 1 日起较大幅度地降低进口关税总水平，由平均 35.9%降至 23%；取消对外商投资企业投资总额内进口设备和原材料减免关税的优惠；自 7 月 1 日起，外商投资企业纳入银行结售汇体系；自 1 月 1 日起对借用国外贷款实行全口径计划管理等。这些政策的调整将对提高利用外资水平，优化外资结构产生积极影响。

自 1995 年以来，北京食品行业新批“三资”项目出现回落，1996 年继续呈下降趋势，但从总体综合分析，利用外资工作在质量上明显提高。主要表现在：第一，发达国家、名牌公司、跨国公司在京开办的项目增多，投资总额1 000 万美元以上的大项目占项目总数比例快速增加。1994 年以前，这种大型项目只占 3.1%，近两年上升到 6.6%。截止 1996 年底，北京市食品工业“三资”企业投资额1 000 万美元以上的项目共计 39 项，总投资额合计82 322万美元，外商投资额合计53 600 万美元。第二，项目平均利用外资规模增大，1994 年前平均每个项目外商投资不超过 100 万美元，现在平均每个项目上升到150万美元。第三，投资行业方向选择和产品选择趋向合理。第四，对新批企业管理不断完善，入资率提高。第五，已经运营的“三资”企业中，增资企业、增资数额不断增加。第六，

“三资”企业产品出口继续快速增长。总的来看，北京食品行业利用外资逐步走向更完善、更科学、更成熟、更有效的稳步发展阶段。

表 7　　**1996 年北京市食品工业“三资”企业投资额 1 000 万美元以上项目**　　单位：万美元

| 项目名称 | 中方企业 | 外方企业 | 经营范围 | 总投资 | 客商投资额 |
|---|---|---|---|---|---|
| 北京丁颖饮品有限公司 | 顺义龙湾屯镇农工商联合总公司 | 香港兆辉股份有限公司 | 生产天然饮料系列产品、饮料包装制品 | 1 000 | 970 |
| 北京速宝印铁制罐食品有限公司 | 北京国业投资开发总公司 | 美国速宝集团公司 | 生产印铁罐、曲奇饼干 | 2 980 | 2 384 |
| 北京金金福乐食品有限公司 | | 法国太平洋企业有限公司 | 生产果仁食品系列 | 2 000 | 2 000 |
| 北京希杰昌宁食品有限公司 | 北京市昌宁产业有限责任公司 | 第一制糖株式会社（韩国） | 生产碳酸饮料、果汁饮料、乳饮料、水果加工品、矿泉水 | 1 500 | 900 |

**【e. 企业排序】** 根据北京市各食品企业年度统计报表资料，北京市人民政府食品工业办公室、北京市统计局汇总评价出“1996 年度北京市食品工业经济规模较大的 100 家企业和 50 家综合经济效益好的企业”，并以京食办〔1997〕第 5 号文发出通知，予以公布。按经济规模排序的前 100 家企业名单如下：

**1996 年北京市食品工业企业经济规模排序前 100 家**

| 名次 | 企业名称 | 销售收入（单位千元） |
|---|---|---|
| 1 | 北京和德（集团）有限公司 | 1 200 257 |
| 2 | 北京燕京啤酒集团公司 | 725 489 |
| 3 | 北京卷烟厂 | 627 171 |
| 4 | 北京市顺义县肉类联合加工厂 | 568 960 |
| 5 | 北京红星酿酒集团公司 | 541 893 |
| 6 | 北京市肉类联合加工厂 | 490 339 |
| 7 | 北京可口可乐饮料有限公司 | 468 820 |
| 8 | 北京广东健力宝饮料有限公司 | 381 647 |
| 9 | 北京市潞河面粉公司 | 375 425 |
| 10 | 北京恒通食品有限公司 | 358 553 |
| 11 | 北京亚洲双合盛五星啤酒有限公司 | 306 309 |
| 12 | 北京航空食品有限公司 | 297 386 |
| 13 | 北京统益油脂有限公司 | 257 773 |
| 14 | 北京嘉荣食品有限公司 | 255 389 |
| 15 | 北京艾森绿宝油脂有限公司 | 253 171 |
| 16 | 北京市牛奶公司 | 248 467 |
| 17 | 北京和路雪（中国）有限公司 | 248 121 |
| 18 | 北京统一食品有限公司 | 245 541 |
| 19 | 北京燕京啤酒集团公司一分厂 | 182 898 |
| 20 | 北京三环亚太啤酒有限公司 | 170 250 |
| 21 | 北京金万利油脂有限公司 | 166 135 |
| 22 | 北京市茶叶加工厂 | 151 498 |
| 23 | 北京义利—纳贝斯克饼干食品有限公司 | 151 101 |
| 24 | 北京格林沃德营养保健品有限公司 | 150 700 |
| 25 | 北京市牛栏山酒厂 | 149 327 |
| 26 | 北京市面粉五厂 | 144 629 |
| 27 | 北京丽都亚洲啤酒有限公司 | 135 284 |
| 28 | 北京中策北京啤酒有限公司 | 129 929 |
| 29 | 北京美厨食品有限公司 | 126 726 |
| 30 | 北京市面粉三厂 | 117 746 |
| 31 | 北京大磨坊面粉有限公司 | 111 628 |
| 32 | 北京市第二肉类联合加工厂 | 107 837 |
| 33 | 北京华都酿酒食品工业公司 | 103 705 |
| 34 | 北京蔬菜食品速冻公司 | 101 635 |
| 35 | 北京旺旺食品有限公司 | 96 728 |
| 36 | 北京百事可乐饮料有限公司 | 92 779 |
| 37 | 北京神州摩奇食品饮料有限公司 | 90 894 |
| 38 | 北京卡夫食品有限公司 | 85 997 |
| 39 | 北京华光面粉有限公司 | 85 075 |
| 40 | 北京市顺义县粮食局粮油加工厂 | 84 210 |
| 41 | 北京顶好制油有限公司 | 82 930 |
| 42 | 北京味全食品有限公司 | 75 373 |
| 43 | 北京华都肉食品公司 | 73 324 |
| 44 | 北京鹏程食品有限公司 | 71 695 |
| 45 | 北京市怀柔县肉类联合加工厂 | 67 666 |
| 46 | 北京市王致和腐乳厂 | 66 520 |
| 47 | 北京京日食品有限公司 | 65 100 |
| 48 | 北京市面粉八厂 | 64 335 |
| 49 | 北京新大陆食品联合有限公司 | 63 080 |
| 50 | 北京义利食品公司 | 62 399 |
| 51 | 北京市密云县粮食加工厂 | 60 029 |
| 52 | 北京市北佳兴精制面粉厂 | 57 618 |
| 53 | 北京市双桥乳品厂 | 57 460 |

| | | |
|---|---|---|
| 54 | 北京市大兴县面粉工业公司 | 57 281 |
| 55 | 北京龙凤酿酒公司 | 56 481 |
| 56 | 北京市面粉九厂 | 56 288 |
| 57 | 北京市门头沟区皓玉面粉工贸集团 | 56 192 |
| 58 | 北京市南顺油脂有限公司 | 55 185 |
| 59 | 北京市怀柔县面粉二厂 | 54 920 |
| 60 | 北京保乐力加酿酒有限公司 | 54 664 |
| 61 | 北京东福食品有限公司 | 54 622 |
| 62 | 北京市第三肉类联合加工厂 | 54 541 |
| 63 | 北京瑞达急冻食品有限公司 | 54 139 |
| 64 | 北京京京肉食厂 | 53 807 |
| 65 | 北京市南口面粉厂 | 53 637 |
| 66 | 北京吉百利食品有限公司 | 52 878 |
| 67 | 北京市房山区粮食局良乡面粉加工厂 | 51 729 |
| 68 | 北京佳乐食品厂 | 50 504 |
| 69 | 北京八达岭酿酒总厂 | 49 983 |
| 70 | 北京市大红门粮食加工厂 | 49 255 |
| 71 | 北京西餐食品有限公司 | 49 112 |
| 72 | 北京藤精食品有限公司 | 48 640 |
| 73 | 北京德利斯食品有限公司 | 48 162 |
| 74 | 北京市通县粮食加工厂 | 43 046 |
| 75 | 北京市燕东酒厂 | 42 850 |
| 76 | 北京南口乳品厂 | 41 904 |
| 77 | 北京市第一食品公司 | 41 798 |
| 78 | 北京顺兴葡萄酒有限公司 | 40 709 |
| 79 | 北京市第五肉类联合加工厂 | 40 618 |
| 80 | 北京奎科新技术公司 | 40 510 |
| 81 | 北京辛普劳食品加工有限公司 | 39 382 |
| 82 | 北京市酱油厂 | 37 172 |
| 83 | 北京市延庆银河面粉公司 | 36 605 |
| 84 | 北京市酿造六厂 | 36 178 |
| 85 | 北京市熟肉制品加工厂 | 35 043 |
| 86 | 北京东海食品有限公司 | 34 923 |
| 87 | 北京酿酒厂 | 33 067 |
| 88 | 北京市八达岭食品厂 | 32 429 |
| 89 | 北京新景西餐肉类有限公司 | 31 781 |
| 90 | 北京奥星酒业有限公司 | 31 270 |
| 91 | 北京万年青乳品有限公司 | 30 792 |
| 92 | 北京市顺义县赵全营淀粉厂 | 30 275 |
| 93 | 北京市丰台区屈臣氏蒸馏水有限公司 | 27 988 |
| 94 | 北京市丰台区卢沟桥肉食加工厂 | 27 198 |
| 95 | 北京可赛矿泉水公司 | 27 097 |
| 96 | 北京乐天四通食品有限公司 | 26 079 |
| 97 | 北京西苑粮油食品厂 | 25 524 |
| 98 | 维也纳食品(北京)有限公司 | 25 421 |
| 99 | 北京六必居酱园 | 25 142 |
| 100 | 北京佳纬生物技术有限公司 | 25 045 |

注:未包括饲料行业企业。

**【f. 名牌产品】** 自 1994 年至 1996 年底,北京市名牌工程领导小组审核、批准、发布公告的北京名牌产品共 138 种,其中北京名牌食品 17 种,已有 14 种在《中国食品工业年鉴 1993～1996》中刊登,其余的 3 种为:北京王致和腐乳厂生产的王致和牌腐乳,北京市金狮食品酿造公司生产的金狮牌酱油系列,北京金响工贸集团生产的金响牌金响饼、金响卷。

(董金水)

**【g. 饮食文化】** 中国饮食文化和中国烹饪文化都是中华民族文化的重要组成部分,有着悠久的历史和博大精深的文化内涵。为了继承和弘扬光大这份文化遗产,北京中国饮食文化研究会与中国社会科学出版社合作,完成了大型饮食文化丛书——《中华食苑》第 2 集至第 10 集的出版工作(第 1 集已于 1995 年由经济科学出版社出版发行)。这套丛书集中外著名专家、学者近 20 年来关于中国饮食文化研究的精华,每卷都有多位著名学者的专题论述,学术价值高,涵盖面广,是食品界和烹饪界从事生产、科研、教学及经营管理人员不可多得的专业理论书。

为了给中国烹饪文化的主力军——著名厨师提供良好的展示技艺、进行技术交流和广交朋友的场所,为了帮助他们将高超的烹饪技艺发扬光大,传向海外,打出国门,北京中国饮食文化研究会又着手组建了厨师们的活动园地——"京华名厨联谊会"。并于组建当年即着手进行编写大型名厨传记丛书——《京华名厨传》。该套丛书将分期分批收进北京著名厨师从事厨艺生涯及成名作品。

(孙淑萍)

# 3.2 天 津 市

【a. 纪事】 1996年2月8日，天津市食品工业协会召开了四届三次常务理事扩大会议。会议总结了1995年工作，提出了1996年工作重点；选举杨新成副市长为市食品工业协会会长。杨副市长出席会议并就实现两个根本转变，增强企业实力，加快食品工业发展提出了要求。

2月18日，天津市食品工业协会召开了专业协会秘书长工作座谈会。市速冻食品协会、营养保健品协会、肉制品协会、酿酒协会分别介绍了工作经验和体会。市食协吴锁贵副会长就搞好专业协会工作提出了具体意见。

6月30日至7月1日，天津食协与中国烘焙公会共同组织召开了烘焙技术演示会。全市烘焙行业100多家企业的代表近200人参加了演示研讨活动。

7月18日至19日，“'96食品工业科技成果及产品展示洽谈会”在天津北方技术市场举行。全市30多家科研院所及企业参加了展示洽谈，展示科技成果和新产品400余项。会上共达成技术转让、技术合作10余项。

8月27日至30日，市食品办、市食协与天津国展中心共同组织举办了第四届国际食品、食品机械展览会。共有40多家企业参展。

11月26日，市食协与市营养保健品协会共同组织了天津市营养保健食品发展研讨会，全市80多名营养食品专家和有关人员参加了会议。

11月28日至12月2日，首届中国国际冷食行业交易博览会暨'96全国名优食品博览会在天津体育展览中心举办。博览会由中国食协、市经委和市食品办联合主办，由市食协主承办。全国22个省市170余家企业参展，其中外资企业40家。共展出产品3 000种，其中名特优新产品占三分之一。

【b. 概况】 1996年天津市食品工业乡及乡以上独立核算工业企业749个，年末全部职工人数9.77万人；实现销售收入135.51亿元，比上年增长5.40%。完成工业总产值110.95亿元，比上年增长7.85%。其中采盐业产值3.91亿元，下降2.01%；食品加工业47.76亿元，下降5.63%；食品制造业35.74亿元，增长27.96%；饮料制造业19.63亿元，增长19.19%；烟草加工业3.91亿元，下降2.74%。

1996年天津市食品工业乡镇企业562个，比上年减少69个。工业总产值46.62亿元，比上年增长22.99%。实现销售收入39.38亿元，增长57.65%。

1996年天津市食品工业发展不平衡，经济效益不理想。乡镇企业、开发区“三资”企业发展速度较快，产值分别比上年增长65.99%和25.02%。除市农工商总公司比上年增长10.89%、市供销社增长3.62%、一轻总公司增长0.07%以外，其余均无增长。由于某些政策原因，水产局产值下降44.41%，粮食局下降42.53%。

经济效益方面，采盐业利税下降11.76%，食品加工业亏损0.59亿元，食品制造业下降29.40%，饮料制造业增长10.98%，烟草加工业增长1.68%。下降幅度较大的是“三资”企业实现利税6.74亿元，比上年下降33.66%。国有企业实现利税4.15亿元，下降11.32%。

出口创汇值增长速度较快，这标志着全市食品工业产品打向国际市场有了新的突破。其中出口增长量较大的有食用植物油出口5.57万吨，比上年增加4.64万吨，创汇3 908万美元，增加2 762.90万美元；红枣出口7.14万吨，增加7.10万吨，创汇82.47万美元，增加82.46万美元；水果出口990吨，增加510吨，创汇65.35万美元，增加38.35万美元；白酒出口10.56万吨，增加10.53万吨，创汇31.35万美元，增加31.34万美元；葡萄酒出口350吨，增加160吨，创汇66.49万美元，增加24.49万美元。

【c. 生产与销售】 1996年，天津市对食品工业国有企业实行分类指导，重点抓好拳头产品生产。首先将现有产品分为4类，即拳头产品、主导产品、计划产品、亏损产品，针对不同情况实行分类指导。对拳头产品，在技改、新产品开发、资金保证、能源、创名牌等方面，优先向这些产品倾斜，扩大生产能力，形成规模，进一步开拓、占领市场；对企业的主导产品，结合各自特点，采取有针对性的措施，在市场上站稳脚步；对市场销量少和平销的计划产品，按市场需要适时组织生产；对滞销产品和亏损产品坚决停产。

其次，针对企业的不同特点，采取不同的营销对策，开拓和抢占市场。目前各食品企业更加注重了对市场的定位，采取不同的营销思路、营销策略和营销改革手段。市酿酒公司所属直沽酒厂在认真分析市场的基础上，抓住消费者对中低档白酒的需求趋势，扬长避短，发挥自身优势，在市场竞争的夹缝中求发展，千方百计增产桶装白酒，1996年产量达到3 975吨，比1995年增长74%，做到尽产尽销，产销两旺，促进了企业经济效益的提高。

第三，实施名牌战略，积极开发新产品。各食品企业以食品质量和标准为重点，实施名牌战略，狠抓产品质量，开发新产品。本市酿酒行业当年新开发的极品(帝王)津酒，以其优质纯正的酒体，新颖的包装设计，高层次的文化韵味和高技术含量，使产品上了一个档次，成为天津酒类的一个代表产品。在市科委组织的鉴定会上，专家给予很高评价。直沽酒厂和津沽酒厂也分别开发出沽酒、咸池酒、枫叶红酒。烟草行业推出了"颐中"、"50周年恒大"、"大前门"、"银卡恒大"等一系列新产品，形成了较合理的价位梯次结构，初步显示出较强的竞争能力。其中"银卡恒大"已确定由中国卷烟销售公司天津调拨站面向全国进行调拨销售。水产行业开发生产了鱼子产品，做到当年开发见效，并紧紧围绕产品质量和出成率2个关键环节，狠抓规范化管理，不断提高人员素质，使鱼子质量在日本市场上多次受到好评。全年共生产鱼子产品873吨，出口合格率达到100%。

1996年天津市食品工业乡镇企业加大科技投入力度，二次创业振兴企业，提高产品技术水平和质量，重视适销对路新产品开发，克服了原料涨价、贷款减少等多种不利因素，保持较高的经济增长水平。

天津市食品工业"三资"企业实行调整、巩固、提高的措施，对现有的"三资"企业，经营正常的巩固、提高，创造条件，促其更大发展。对不能正常经营或效益不好的，进行清理整顿。另外，注重抓好合资企业的管理和服务，加强了对合资企业经济运营工作的管理，维护了合资企业利益和中方权益。

1996年天津市啤酒市场出现了　种以现酿现卖为特点的啤酒消费新潮。天津劝业场"七重天"的巴伐利亚啤酒坊落成近1个月，生意兴隆，高峰日营业额上万元，日产啤酒650升。白酒市场上中低档名牌酒受青睐，中秋节期间"津酒"、"孔府家酒"、"鸭溪窖"等销售量占60%。

冷食市场竞争激烈，优胜劣汰势不可挡，并逐步向生产聚集化、产品竞争明朗化、品种多样化、包装新颖化、产销辐射化转变。过去冷食市场唱主角的冰糕、冰棍已日趋减少，冰淇淋、汽水则直线上升。据调查，1996年这2种产品在全市冷食总量中分别占到45%和40%。

1996年天津市试行猪肉活储鲜销，既省下了冻储肉的费用，也适应了人们喜食鲜肉的心理，有利于改善人民生活。目前全市活储鲜销卖放心肉的店已达80多个。

**【d. 经济效益】** 1996年天津市乡及乡以上食品工业实现利税12.36亿元，比上年下降26.16%。其中采盐业利税0.75亿元，下降11.76%；食品加工业利税亏损0.43亿元；食品制造业利税5.73亿元，下降29.52%；饮料制造业利税4.68亿元，增长10.90%；烟草加工业利税1.63亿元，增长1.68%。

全市乡及乡以上食品工业当年实现利润4.56亿元，比上年下降43.84%。其中采盐业利润91万元，比上年下降67.96%；食品加工业利润亏损8 642万元；食品制造业利润31 655万元，比上年下降41.19%；饮料制造业利润22 543万元，比上年下降7.14%；烟草加工业利润0。

1996年天津市食品工业亏损企业239个，亏损额5.95亿元。其中食品加工业亏损企业90个，亏损额2.18亿元；食品制造业亏损企业106个，亏损额2.55亿元；饮料制造业亏损企业42个，亏损1.02亿元；烟草加工业亏损企业1个，亏损额0.20亿元。

**【e. 对外经济技术合作】** 1996年天津市食品工业完成出口创汇值2.98亿美元，比上年增长32.44%，占全市出口创汇总值的7.33%。当年新签约的"三资"企业67家，其中已开业7家。总投资额1.84亿美元，其中外商投资1.64亿美元，占总投资额89.47%。主要产品有食用植物油、速冻食品、肉类食品、饮料、罐头、水产品、糕点、豆制品、面包、乳制品、膨化食品、脱水蔬菜、休闲食品、糖果、饼干、副食调料等。

**【f. 固定资产投资】** 1996年天津市食品工业拥有固定资产原值89.88亿元，净值66.24亿元，当年固定资产投资完成4.35亿元，比上年下降58.45%。其中技术改造投资完成3.41亿元，增长30.15%。食品加工业完成投资2.98亿元，比上年下降23.98%；食品制造业完成投资0.51亿元，比上年下降92.96%；饮料制造业完成投资0.46亿元，比上年下降56.60%；烟草加工业完成投资0.40亿元，比上年下降61.90%。新增固定资产2.70亿元，当年投产的项目12个。其中骨干项目有天津卷烟厂"八五"技改工程，该项目总投资1.63亿元，占地面积21.7万平方米，年卷烟生产能力达到40万箱，新增产值1.48亿元，新增税金0.55亿元，新增利润0.16亿元。工程竣工后，天津卷烟厂设备、工艺跨入全国同行业先进行列，同时也结束了"两地生产、工艺流程间断"的历史。天津市康美林食品有限公司投资 1 011 万元，新建康元饼干项目，年产饼干 1.5 万吨，该饼干含糖量低，含油量少，松脆可口，深受消费者的欢迎。年创产值 7 000 万元，利税 2 000 万元。

1996 年天津市食品工业固定资产投资有所下降，主要是目前一些食品企业因负债累累，虽有较好的项目，但无贷款偿还能力，所以，难以立项实施，只能维持生产。

（吕爱平）

**【g. 科技进步】** 1996 年天津市食品工业在基础研究、开发研究、应用研究等各个科研领域取得了一批高水平的成果，推动了全市食品工业技术进步。

“里氏木霉液体发酵生产纤维素酶的研究”，通过筛选、破壁、诱变等手段选育出一株高产菌株，其酶活性在国内外处于领先水平。与固体酶相比具有外观好、色泽好、生产所需占地面积小、设备利用率高等优势。可广泛应用于纺织、医药、生物工程等对酶制剂有较高要求的领域，经济效益可观。

“气升式生化反应器提高衣康酸产酸率的研究”是采用气升式生化反应器代替传统机械搅拌罐，能够减少剪切力对菌丝体的影响与改变发酵液流体状态，有效地提高发酵生产能力，降低能耗，降低生产成本，发酵产酸率提高 16 个百分点。

以上两项成果由天津轻工业学院完成。

“动物脂肪脱除胆固醇及粉末化技术”是天津市食品研究所完成的国家重点科技攻关项目“食品营养结构工程重组技术研究”中的一个专题。此项目运用吸附法脱除动物脂肪中的胆固醇，并运用乳化、包埋、喷雾干燥等技术制成便于运输、储存，便于称量使用的粉末状油脂。该产品为一种新型食品工业原料，其主要技术指标为：胆固醇脱除率＞90%，粉末油脂含油率＞90%，水份含量＜3%。

“果蔬膨化脱水生产线”是天津侨盟发展公司研制的。脱水膨化脆片保持了果蔬原有的色、香、味、型，纯天然，无合成添加剂。生产线配置合理，已列入 1996 年国家级星火项目计划。“鱼香、麻辣、宫爆、番茄、烧烤系列调味料”、“麻辣香酱”等调味料是天津市调味品研究所研制生产的，均取得了良好的经济效益和社会效益。

（鲁士琳）

**【h. 质量管理和名牌产品】** 截止 1996 年底，全市共有 10 种食品获得天津市名牌产品称号，有 11 种食品获得中国食品行业名牌产品称号。

一、荣获天津市名牌产品称号的有：

1. 王朝牌半干白葡萄酒　中法合营王朝葡萄酒有限公司
2. 康师傅牌方便面　顶益国际食品有限公司
3. 红星牌冰淇淋　红星冷食品公司
4. 豪爽牌饮料　豪爽饮料有限公司
5. 利民牌蒜蓉辣酱　第一调料酿造厂
6. 天立牌独流老醋　独流老醋厂
7. 津牌津酒　天津酿酒厂
8. 天尊牌天尊酒　宁河县酒厂
9. 金牛牌面粉　金牛面粉有限公司
10. 乐美思牌速冻食品　食友食品有限公司

二、荣获中国食品行业名牌产品称号的有：

1. 王朝牌半干白葡萄酒　中法合营王朝葡萄酒有限公司
2. 牧津牌半干红葡萄酒　牧津葡萄酒有限公司
3. 红玫瑰牌味精　天露食品有限公司
4. 天立牌独流老醋　独流老醋厂
5. 天立牌保健醋　独流老醋厂
6. 橙宝牌鲜橙汁　橙宝鲜橙汁有限公司
7. 橙宝牌番茄汁　橙宝鲜橙汁有限公司
8. 橙宝牌西柚汁　橙宝鲜橙汁有限公司
9. 橙宝牌芒果汁　橙宝鲜橙汁有限公司
10. 橙宝牌菠萝汁　橙宝鲜橙汁有限公司
11. 橙宝牌苹果汁　橙宝鲜橙汁有限公司

实施名牌战略，提高产品质量，为企业获得较好的经济效益打下了良好的基础。在这方面，中法合营王朝葡萄酒有限公司非常突出。1996 年该公司实现产值 3.3 亿元，比上年增长 39%；销售收入 3 亿元，比上年增长 44%；利税完成 1.7 亿元，比上年增长 48%，人均创利税 113 万元，创历史最高水平，在全国葡萄酒行业居领先地位。

目前，市食品办、市食协正会同有关部门认真贯彻落实国务院“质量振兴纲要”，实施名牌战略，为到 2000 年全市食品工业名牌产品达到 20 个而努力。

（路玉文）

**表 1　天津市食品工业主要经济指标**

| 指标名称 | 单位 | 1996 年 |
|---|---|---|
| 企业单位数 | 个 | 749 |
| 其中：亏损企业数 | 个 | 238 |
| 亏损企业亏损额 | 亿元 | 5.75 |
| 利润总额 | 亿元 | 4.56 |
| 利税总额 | 亿元 | 12.36 |
| 工业总产值(1990 年不变价) | 亿元 | 110.95 |
| 工业总产值(现行价) | 亿元 | 131.28 |
| 工业销售产值(现行价) | 亿元 | 126.91 |
| 全部职工平均人数 | 万人 | 9.77 |

注：统计范围为乡及乡以上独立核算企业。

表 2　　1996 年天津市食品工业主要产品产销情况　　单位：万吨

| 产品名称 | 产量 | 比 1995 年增长（%） | 销售量 | 产品名称 | 产量 | 比 1995 年增长（%） | 销售量 |
|---|---|---|---|---|---|---|---|
| 面粉 | 84.96 | 24.22 | 54.67 | 罐头 | 1.72 | 10.89 | 0.12 |
| 食用植物油 | 9.63 | 19.41 | 5.24 | 食醋 | 2.58 | －22.52 | 0.39 |
| 糕点 | 0.49 | －61.35 | 18.37 | 淀粉 | 8.51 | 79.92 | 4.00 |
| 糖果 | 2.18 | －12.10 | 0.29 | 白酒 | 4.34 | －14.05 | 4.06 |
| 饼干 | 0.87 | 19.18 | 0.13 | 啤酒 | 1.63 | －21.20 | 1.33 |
| 方便主食品 | 34.72 | 94.07 | 34.50 | 碳酸饮料 | 19.20 | －45.58 | 14.68 |
| 乳制品 | 2.61 | 138.00 | 2.26 | 天然矿泉水 | 1.25 | 56.25 | 0.58 |

# 3.3 河 北 省

**【a. 纪事】** 1996年1月31日，副省长郭世昌考察新乐市并发表重要讲话，推动了全省食品工业重点县建设。全省已有12个县制定了发展规划，到2000年销售收入将达到141亿元，利税17亿元。

5月，河北省经济贸易委员会在石家庄召开“全省食品工业工作会议暨省食品工业协会第二次会员代表大会”。副省长郭世昌做了题为《更新思想观念、促进两个转变、为把我省食品工业发展成为支柱产业而奋斗》的讲话。会议确定了河北省食品工业发展的总体思路：在“九五”期间，全省食品工业要紧紧抓住调整结构提高效益，围绕实现两个根本性转变，全面放开放活食品加工企业，实现由资源初加工型向深加工、精加工、大产业、大市场阶段跨越。一要抓好“名牌饮料酒”、“名牌软饮料”、“名牌乳制品”等九大市场名牌产品。二要努力使全省乡及乡以上工业增加值、实现利税每年增长20%以上。三要每年完成嫁接改造项目50项，每年开发新产品50项。四要组建食品工业13条龙。五要建成全省食品工业重点县50个。

5月7日，省食品工业协会第二次会员代表大会选举产生了第二届理事会。新一届理事会提出了本届协会的任务目标。

根据省委书记程维高提出的改变河北省软饮料工业“小、低、散、乱”状况的指示，省食品办、省计委产业处组织省轻工厅、乡镇企业局、统计局等单位，对全省软饮料工业进行了调研，起草了《河北省地方软饮料工业政策》，经省政府53次常务会讨论通过，以冀政[1996]15号文下发。

9月，省经贸委科技处与省食品办在石家庄召开了“'96河北省食品工业产学研联合技术创新恳谈会”，京、津、豫及河北省的14家科研院所、大专院校同省内60家食品企业参加了会议。大会共发布400项科技成果信息，签订产学研联合技术创新协议110项。省经贸委副主任王银升到会并做了重要讲话，提出了食品工业技术创新的思路、目标、工作重点及具体要求。

**【b. 概况】** 1996年河北省食品工业实现总产值170.07亿元，比上年增长25.3%；工业增加值70.08亿元，比上年增长42.2%；拥有食品工业企业2 365个，其中大中型企业128个；从业人员23.2万人；全省食品工业固定资产净值为106.09亿元，比上年增长14.9%；实现销售收入194.10亿元，比上年增长21.65%；实现利税24.48亿元，比上年增长22.03%；其中实现利润4.26亿元，比上年增长118.5%。亏损企业409个，比上年减少145个。实现销售产值214.53亿元，比上年增长30.2%；其中食品加工业实现销售产值88.59亿元，食品制造业47.57亿元，饮料制造业53.28亿元，烟草加工业18.86亿元；采盐业6.23亿元。

**【c. 产品产量及开发新产品】** 1996年，全省食品工业主要产品产量完成情况见表2。

当年全省共开发新产品25项，开发出了富硒面粉、非油炸方便面、系列风味花生酱、人参果饮料、速冻香鲜馅制食品、速冻香甜面点食品、纯天然山枣露等产品。在新产品开发中，一是突出了充分利用省内资源搞农副产品精深加工，二是加大了食品加工产品进入家庭一日三餐方便化的开发力度，三是新产品的开发为企业的发展增添了后劲。

5月，省食品工业办公室组织食品行业专家，对申报的14种新产品进行了行评。全省综合审核后，获优秀新产品一等奖的1项，获二等奖的3项，获三等奖的8项；获优秀新技术项目奖一等奖1项、二等奖1项。优秀新产品一等奖：银花珍饮料（河北二月花集团）；二等奖：平胃酒（邯郸众生保健食品厂），骨髓健骨奶粉（承德水星乳品有限公司），“旭日升”全营养减肥套餐（河北旭日升保健制品有限公司）；三等奖：AS1398中性蛋白酶、AS34309糖化酶（邢台市酶制剂厂），三文治西式火腿（唐山市食品总公司熟肉制品加工厂），贾母茶（唐山曹雪芹家宴食品有限公司），华门金参枣珍（河北华仙食品有限公司），三发牌天津鸭梨汁（河北阜城三发食品有限公司），加碘酱油、食醋（邢台市酿造厂），酒精含量38%、45%古顺牌古顺特曲(河北枣花佳酿酒饮料总公司)。

获新技术一等奖的是,葡萄酒速冻新工艺(中国长城葡萄酒有限公司);获二等奖的是,啤酒高浓度发酵无稀释酿制技术及产品(张家口宣化啤酒厂)。

**【d. 经济合作】** 1996年河北省食品行业“三资”企业达246家,比1995年增加10家,年创汇额近4 000万美元。省食品办认真贯彻全省对外开放工作会议精神,进一步解放思想,更新观念,引导食品企业面向国内、国际两个市场,积极利用国际、国内两种资金,取得可喜成绩。

1. 组织全省5个市的14个食品企业约40人,三次赴上海与上海市同行的科研单位、生产企业进行广泛交流,洽谈合资合作。在’96河北省与上海市经济技术合作项目发布会上,食品与上海签约25个项目,总投资4 810万元,其中上海方面投资2 080万元。

2. 5月,在’96河北省对外经贸洽谈会上,全省食品企业签约利用外资嫁接改造项目共17项,总投资6 189万美元,合同利用外资2 615万美元。其中较大的有河北葡萄糖厂与香港锦宏发展淀粉有限公司合资组建石家庄圣雪——锦宏淀粉有限公司;三河高楼油脂厂与南斯拉夫联盟工业公司合资的年产9 500吨天然果汁项目;永年县峻岭股份有限公司与美国超健康产品有限公司合资生产自然生物营养素系列产品。

3. 积极组织河北省食品行业与北京市食品行业的经济贸易合作,把合作开发河北冷食、冷饮、速冻食品、乳制品等方面的主副食加工业列入《河北省经贸委与北京市经委经济技术合作协议》。向北京市食品办和有关部门提供了33项合作项目和4个有希望引进外资的重点企业情况。通过这一活动,怀来县政府与北京奇正新科技集团合作生产紫维康养生食品,承德商贸总公司与总后三九企业集团合作开发马铃薯淀粉及制品,清苑县大村镇玛钢厂与俄罗斯合资兴建威尔冻干食品有限公司等项目参加了人民大会堂的签约仪式。

**【e. 固定资产投资】** 1996年全省食品行业基建技改项目共64个,总投资6.1亿元。其中较大的项目有:辛集市面粉厂投资2 000万元,年产等级专用粉4万吨;中国长城葡萄酒有限公司扩大干白葡萄酒4 000吨,总投资2 996万元;承德露露饮料扩大生产能力10万吨,总投资2 969万元;廊坊等级面粉厂扩大生产能力,总投资1 350万元;承德第四塑料厂技术改造上年产3万吨大麦麦芽生产线,项目总投资2 220万元;河北汉沽农场奶粉厂新增生产能力,项目总投资1 000万元。争取国家食品专项贷款项目3个,总投资1 000万元。其中:涿州飞达集团有限公司的免淘洗贡米项目400万元;河北新龙食品有限公司扩建冷冻、屠宰车间项目400万元;邢台酶制剂厂耐热淀粉酶及高活力糖化酶续建项目200万元。扶植河北元源保健饮品公司在省农副产品开发基金中解决贷款63万元。

**【f. 行业管理】** 河北省经济贸易委员会的机构改革方案经省政府办公厅冀政办〔1996〕2号文批准下发,河北省食品工业办公室设在河北省经济贸易委员会内,为19个职能处室之一,定编8人。机构改革方案明确了食品办的职能:负责制定全省食品工业发展规划并督导落实,对全省食品工业进行指导、监督、协调、统筹和服务。协调各主管部门做好食品企业的技术改造、“三资”、新产品开发、新技术推广等项目的审查和综合平衡工作以及产品质量监督工作;协同有关部门组织和管理食品企业发放生产许可证工作。

**【g. 行业概况】** 1. 商办食品工业。商办食品工业企业主要产品为肉、禽、蛋制品,酱油、醋、糖果、糕点、冷饮、冷食和商业机械。共有13大类的3 000多种产品。拥有食品企业318个,职工2.8万人,固定资产原值10.72亿元。“七五”到“八五”期间,全省商办食品工业企业进行了技术改造,引进先进设备上百套,有原西德、荷兰的西式火腿生产线,意大利的冰淇淋生产线,日本高档酱油生产线;开发了一批档次高、质量好的产品,如珍极牌酱油、槐茂牌酱菜、双鸽牌火腿、沧冷牌异型冰淇淋、翔宇牌酶制剂等。涌现了一批利税超百万的骨干企业。肉类加工业以为消费者服务为宗旨,搞好肉类市场供应,保证人民吃放心肉,杜绝注水肉、病死猪肉流入市场。以定点屠宰为契机抓好唐山、石家庄等省辖市的大型肉联厂、冷冻厂,建立11个肉类批发市场,发展符合国民口味的肉制品产品,增加花色品种,丰富人民菜篮子。调味品行业以珍极酿造集团为龙头,带动调味品行业提高产品质量,增加花色品种,上档次,珍极酱油要争创国家名牌。糖果、糕点行业在加快产品结构调整中,向方便、营养、保健食品方向转移,开发儿童、老年、休闲食品,满足不同年龄和不同层次的消费需要。冷饮行业实施以新取胜的经营策略,适应市场产品更新换代快的特点,开发天然果汁、蔬菜汁、乳酸菌和植物蛋白饮料。

2. 粮食系统有172家粮油加工业企业,其中面粉厂145家、碾米厂2家、植物油厂19家、食品企业6家。固定资产达7.17亿元,职工1.7万人,实现工业总产值20.99亿元,产品产量达97.7万吨,销售收入16.75亿元,利税达210万元。粮油加工业存在着产品档次低、科技含量低、品种少、市场竞争力差的问题。

3. 乡镇企业。1996年乡村两级食品工业企业达8 916家,从业人员17万人,完成总产值203亿元,实现利税18亿元,增加值51.54亿元,出口交货值达15.56

亿元。主要产品产量:粮食加工1 385万吨,食用油17.27万吨,糖1.19万吨,罐头食品22.88万吨,乳制品9 289吨,白酒13.27万吨,啤酒19.97万吨,黄酒570吨。创建了一批骨干企业与名牌产品,例如二月花集团的枸杞珍饮料,隆尧的华龙方便面,赞皇县华仙牌大枣滋补晶等。

4. 农垦系统。农垦系统食品工业从业人员6 600人,1996年完成工业总产值3.74亿元,拥有食品企业78家,形成粮油、肉类、水产、饮料、酿酒、食盐、乳制品等15大门类。"八五"期间累计对食品工业的投入达5 100万元,占全系统工业投资的11%。重点项目有:大曹庄和汉沽农场的乳品厂改造扩建;柏各庄天源绿色食品公司的免淘米生产线等。

5. 轻工业。轻工行业在河北省农业产业化中对本系统食品企业进行了在原料、市场、生产资料、劳动力等方面调研,初步分析:全省白酒和啤酒行业每年消耗各类粮食近19亿公斤,相当于全省粮食产量的40%左右;水果罐头、饮料类需各类水果30多万吨,占全省水果产量的60%;乳制品业每年需鲜奶18万吨,占全省鲜奶的40%。在"九五"期间,随着上述产品的进一步发展,原料需求量将进一步扩大,与农业的关系将更加密切。

6. 水产加工。全省现有水产加工企业144个,冷库145座,冷冻能力3 903吨/日,冷藏能力25 876吨/日,制冰能力3 615吨/日。1996年水产加工行业实现利润5 000万元,加工量2.4万吨,占全省水产品产量的4.8%。水产加工能力低,满足不了省内消费需求。

7. 绿色食品。1996年全省新开发绿色食品25项,其中17项获得中国绿色食品发展中心颁发的绿色食品证书。全省绿色食品总数已达59个,居全国第五位,开发面积近5万公顷,实现收入8亿元,利润8 000万元。

**【h. 著名企业与著名企业家】** 河北衡水老白干酿酒(集团)有限公司

河北衡水老白干酿酒(集团)有限公司成立于1996年11月,集团公司前身为河北衡水老白干酒厂。该厂建于1946年,经过50年的发展,现已成为拥有职工3 500人,固定资产2.76亿元,年产白酒2万吨,啤酒5万吨,年销售收入3.8亿元,创利税6 100万元的国家大一型企业。

衡水酒有着悠久的酿造历史,据文字记载,其历史可追溯到汉代(公元104年),知名于唐代,正式定名于明代。其酒以"酒度高而不烈,低而不淡,醇香清雅,甘洌丰柔"著称于世,曾被列为御酒,享有"隔壁三家醉,开坛十里香"的美称。1915年参加巴拿马万国物品赛会获得大奖章,1952年赴朝鲜慰问中国人民志愿军和朝鲜人民军,深受欢迎,从此衡水老白干酒名扬海内外。

目前,该公司已形成白酒、啤酒、饲料三个系列产品。白酒有酒精含量67%、62%、60%、58%、55%、53%、47%、46%、38%等30多个品种规格的老白干系列和营养保健酒——七叶养生酒,档次齐全,可满足不同层次需求;啤酒有10度和11度普通啤酒、10度干啤酒、12度特制啤酒、九洲王啤酒和鲜啤酒等高中档产品;饲料有蛋鸡料、肉鸡料、猪料等3个系列20多个产品。其中衡水老白干酒在历次评比中屡获殊荣,酒精含量58%特制老白干自1979年以来为历届省名牌产品;1984年获轻工部铜杯奖,1988年又与酒精含量38%精制老白干分别获首届中国食品博览会金银奖。酒精含量67%衡水老白干多次被评为省优产品,1992年酒精含量47%特制老白干荣获中国名优酒博览会金奖。衡水老白干系列酒于1990年12月在首届全国轻工业博览会上被轻工业部授予最受欢迎的销售产品奖,1993年8月被河北省技术监督局批准为河北省首批质量免检产品,1995年8月被中国保护消费者协会推荐为消费者信得过产品。

集团董事长兼总经理张永增1992年调到衡水老白干酒厂任厂长兼党委书记,成立集团公司后任董事长、总经理兼党委书记至今。他在"八五"期间带领全体职工抢抓机遇,上规模,锐意改革求发展,使该公司走上了大集团的道路。

张永增到任后,第一项抓的工作是投资3 000万元扩大优质老白干酒生产能力的一期扩建工程。在施工过程中他采用"工期倒算法",加快了工程进度,到1992年8月底全部工程顺利完工,一期扩建工程仅用了5个半月时间,比原来计划提前了八个半月,仅此一项就为国家创效益640多万元,创出衡水的"深圳速度"。根据市场情况,1993年领导班子又大胆决策,再扩大4 000吨优质老白干酒的生产能力,仍然用了五个月的时间就竣工投产了,优质老白干酒的生产能力由1991年的3 000吨一跃达万吨。

衡水老白干酒厂啤酒分厂是1987年投产的,年生产能力仅为1万吨。由于规模小,管理差,到1992年连年亏损达500万元,建厂时的贷款1 400多万元无法归还,职工情绪低落,不少职工要求调离啤酒厂另谋生路。张永增认为,"作为一个国有企业厂长,我要对国家负责,把厂子搞好,让职工安心生产,是厂长义不容辞的责任"。他经过反复调查,找出了救活啤酒厂的关键,并制定了行之有效的改革方案,扭转了长期亏损的局面,1993年就完成产量1.6万吨,超设计能力60%,实现利税200万元,职工收入大幅度提高。张永增又提出继续扩大生产规模,从根本上走出困境。经过两期技改,到1996年底啤酒生产能力扩大到5万吨。

企业要发展，质量是关键。在完成了企业扩大规模的基础上，公司又紧紧抓住对职工加强质量意识教育，牢固树立“质量第一”的思想，严格执行《质量保证手册》，层层严把质量关，各道工序实行质量一票否决，严格奖惩，建立健全了质量保证体系。在此基础上，他以敢为人先的精神率先按照国际质量标准ISO9000组织生产和实行质量管理，经过11个月的努力，于1994年12月被国家技术监督局、中国方圆认证委员会一次验收通过，在河北省同行业中首开质量认证之先河。1995年又通过了质量体系认证，大大提高了衡水老白干酒的市场竞争能力。在稳步提高质量的同时，张永增同志依靠公司雄厚的技术力量，组建老白干酿酒研究所，不断研制开发新产品，以满足市场的需求，提高科技含量，增强企业发展后劲。他确定的企业经营思想是：生产围着销售转，销售围着市场转，全厂围着效益干。在销售公司制定了“四面出击，拓展市场，集中力量，打歼灭战”的销售策略。改变过去“酒好不怕巷子深”的观念，实施名牌战略，加大宣传力度。

1992年企业的宣传广告费是零，1993年投入200万元，1994年投入300万元，1996年投入1 000万元，通过各种新闻媒介，努力塑造企业和产品形象，提高了产品的知名度，销售市场由原来的衡水本地区发展到全国38个地区。

几年来，张永增领导全体职工努力拼搏，奋勇争先，使衡水老白干酿酒集团由1991年的年创利税1 224万元的中型企业，发展到现在的年创利税6 196万元的国家大一型企业、河北百强企业，先后被评为市轻工局先进企业、市先进企业、省轻工厅先进企业、河北省先进企业、省利税大户、省轻工行业排头兵、省轻工业综合评价30强。张永增本人也被评为市劳动模范、省优秀党员、省劳动模范、全国轻工业劳动模范，并获全国“五一”劳动奖章。

河北廊雪面粉公司

河北廊雪面粉公司的前身是廊坊市等级面粉厂，是厂库合一、集面粉加工、粮食储存、中转、贸易于一体的中一型企业。占地面积13.3万平方米，拥有固定资产4 093万元，职工350名，有6万吨的仓容量和2.3千米的铁路专用线。1996年实现销售收入1.2亿元、利税455万元。年生产能力达5万吨。1986年引进意大利奥克利姆公司日处理300吨小麦的等级面粉生产线，现已形成廊雪牌系列面粉，生产高筋、中筋、低筋、颗粒粉、保健面粉五大类16个品种。产品畅销京、津、冀、晋、辽等10余个省市160多个厂家和客户。

该厂坚持依靠科技进步优化产品结构，推行全面质量管理，强化企业内部建设，追求一流的设备，实现一流的管理，生产一流的产品。廊雪牌系列面粉连续5年（1993年～1997年）被指定为“河北省质量免检产品”；面包粉、饼干粉、饺子粉1994年获第五届亚太地区博览会金奖，1995年被中国消费者协会评为“消费者信得过产品”，1996年被河北省政府命名为省重点名牌产品。廊雪牌商标被评为“河北著名商标”。

李斌在廊坊面粉厂任厂长近十年，十年的不懈努力，带领一个名不见经传的小厂跨入全国500家最大食品工业企业行列。通过转机制抓管理，开展争一流、创名牌工作，逐渐走出一条工贸结合的路子。他清醒地意识到企业要生存求发展就必须面向市场转换经营机制，真正与市场接轨。因此，自1991年开始，以“胆子大，步子稳”为指针，先后进行各项制度改革，为企业创造了一个使人能够脱颖而出的竞争环境，把职工蕴藏的潜能和创造力源源不断地开发出来。该厂以企业升级为动力，夯实基础管理，加强专业管理，加强制度管理，跳出“人管人”的老路子，制订了400多条制度和标准，采用微机管理、考勤打卡“双轨制”现代化管理手段，使管理逐步纳入了制度化、规范化、科学化轨道；加强财务管理，学邯钢实行了具有“廊雪”特色的“质量、成本否决法”，并把厂币与支票结合起来使用，杜绝了财务上的“跑冒滴漏”；加强现场管理，塑造了一个文明、整洁、美观的企业形象。

狠抓营销工作，向市场要效益。早在计划时期，李斌就针对当时生产能力超过供应任务的情况，提出了“平价不足议价补，开展多种经营”的正确策略，主动走向市场投身竞争。在近十年的商海搏击中，该厂适应经营环境的变化，强化质量管理，实施名牌战略，以过硬的产品质量和对用户的全方位服务在广大用户中树立了“众人吃，人人夸”的“廊雪”产品形象，在激烈的竞争中稳稳地占有一席之地。在国家调整粮食政策，全省粮食行业普遍亏损的情况下，仍然实现了产销率100%，1996年实现利税455万元，被评为1996年河北省扭亏增盈先进单位。连续8年在河北省同行业中名列第一，先后荣获1990年“省级先进企业”、1994年“省质量效益型企业”、1994年“国内贸易部先进企业”、1995年“省质量千里行荣誉单位”等称号。

表1　**1996年河北省乡及乡以上独立核算食品工业企业分行业情况**　单位：亿元

| | 1995年 | 1996年 | 食品加工业 | 食品制造业 | 饮料制造业 | 烟草加工业 | 采盐业 |
|---|---|---|---|---|---|---|---|
| 企业单位数(个) | 2 609 | 2 365 | 1 240 | 731 | 371 | 5 | 18 |
| 亏损企业数(个) | 554 | 409 | 172 | 136 | 97 | 1 | 3 |

单位：亿元

| | 1995年 | 1996年 | 食品加工业 | 食品制造业 | 饮料制造业 | 烟草加工业 | 采盐业 |
|---|---|---|---|---|---|---|---|
| 工业总产值 | 135.68 | 170.07 | 63.78 | 39.73 | 40.64 | 20.22 | 5.7 |
| 工业增加值 | 49.27 | 70.07 | 23.31 | 14.35 | 17.48 | 10.48 | 4.45 |
| 工业销售产值 | 164.73 | 214.53 | 88.59 | 47.57 | 53.28 | 18.86 | 6.23 |
| 固定资产原价 | 123.15 | 145.03 | 39.78 | 25.93 | 51.75 | 15.21 | 12.36 |
| 固定资产净值年均余额 | 92.37 | 106.09 | 30.63 | 19.19 | 37.66 | 10.30 | 8.31 |
| 年末资产总计 | 241.37 | 273.20 | 81.36 | 47.75 | 101.85 | 25.36 | 16.88 |
| 年末负债合计 | 186.61 | 195.34 | 58.29 | 36.10 | 70.97 | 19.93 | 10.05 |
| 产品销售收入 | 159.56 | 194.10 | 81.68 | 40.50 | 46.61 | 19.44 | 5.87 |
| 利税总额 | 20.06 | 24.48 | 3.60 | 2.36 | 6.76 | 10.02 | 1.74 |
| 利润总额 | 1.95 | 4.26 | 2.19 | 1.10 | 0.20 | 0.29 | 0.48 |
| 亏损企业亏损额 | 3.63 | 3.88 | 1.42 | 0.68 | 1.62 | 0 | 0.16 |

注：资料来源于省统计局。

**表2　　河北省食品工业主要产品产量**

| 产品名称 | 单位 | 1996年 |
|---|---|---|
| 食用植物油 | 万吨 | 33.86 |
| 糖 | 吨 | 6 229 |
| 水产加工 | 万吨 | 2.17 |
| 糖果 | 万吨 | 1.05 |
| 乳制品 | 万吨 | 5.49 |
| 罐头 | 万吨 | 29.96 |
| 酱油 | 万吨 | 14.69 |
| 白酒 | 万吨 | 27.78 |
| 啤酒 | 万吨 | 111.10 |
| 葡萄酒 | 万吨 | 1.26 |
| 软饮料 | 万吨 | 25.95 |
| 卷烟 | 万箱 | 109.49 |
| 原盐 | 万吨 | 366.5 |

注：资料来源于省统计局。

**表3　　1996年河北省食品新产品一览表**

| 产品名称 | 生产单位 |
|---|---|
| 1. 贵妃稠酒 | 国营汉光机械厂 |
| 2. 具有乙酰乳酸脱酶活性的啤酒酵母育种 | 邯郸市啤酒饮料总厂 |
| 3. 人参果果汁浓缩口服液 | 石家庄市绿色食品开发有限公司 |
| 4. 鳖奶粉、鳖火腿肠、鳖骨粉 | 沧州甲鱼开发中心 |
| 5. 金丝枣速溶奶粉 | 中捷农场乳业有限公司 |
| 6. 兰姆酒 | 中化河北地王集团公司 |
| 7. 双灵健脑液 | 河北双灵保健品集团公司 |
| 8. 真空包装甜玉米 | 邯郸市绿源食品有限公司 |
| 9. 太湖银鱼系列产品 | 磁县水产品加工厂 |
| 10. 九香鸡 | 唐山市清真肉联厂 |
| 11. 速溶健肾男茶 | 北戴河北芪神茶有限公司 |
| 12. 速溶多味玉米粥 | 沙河市天津起士林食品厂 |
| 13. 果蔬脆片(梨、南瓜、甘薯) | 临西县粮油集团公司 |
| 14. 系列风味花生酱 | 石家庄市银舍食品有限公司 |

续表

| 产品名称 | 生产单位 |
|---|---|
| 15. 酒精含量28%超低度釜阳春白酒 | 河北釜阳春酿酒总公司 |
| 16. 酒精含量38%釜阳春营养酒 | 河北釜阳春酿酒总公司 |
| 17. “莽源泉”保健饮料 | 河北莽源食品有限公司 |
| 18. 小型海水鱼鱼糜系列食品 | 黄骅市胜海水产食品开发公司 |
| 19. 蜂乳五珍罐头 | 迁西县九龙调味厂 |
| 20. 富硒面粉 | 鹏泰(秦皇岛)食品有限公司 |
| 21. 津津非油炸干面 | 鹏泰(秦皇岛)食品有限公司 |
| 22. 津津非油炸湿面(LL面) | 鹏泰(秦皇岛)食品有限公司 |
| 23. 太阳花植物生长促进剂二代—绿色食品专用型 | 河北太阳花生物制品有限公司 |
| 24. 富钙醋 | 石家庄市珍极酿造厂 |
| 25. 植物蛋白水解液(HVP) | 石家庄市珍极酿造厂 |
| 26. 无粘连粉丝、粉条、粉皮 | 新乐市郊区供销社 |
| 27. 营养强化系列面粉(富锌、大豆蛋白面粉) | 廊坊市等级面粉厂 |
| 28. 莱檬斯人参果饮料 | 邯郸达明饮料食品有限公司 |
| 29. 软包装饮料自动灌装机 | 唐山黑猫王工贸公司 |
| 30. 蜂乳金丝枣汁 | 迁西县华龙食品厂 |
| 31. 蛋白纤维粉 | 唐山市冀东制药厂葡萄糖分厂 |
| 32. 单体速冻章鱼 | 丰南市外贸第二冷冻厂 |
| 33. 速冻香鲜馅制食品 | 丰南市外贸果然冷冻食品有限公司 |
| 34. 速冻香甜面点食品 | 丰南市外贸果然冷冻食品有限公司 |
| 35. 增智乳酸菌饮料 | 唐山豪门集团公司矿泉饮料厂 |
| 36. 兰花豆 | 丰宁满族自治县油脂加工厂 |
| 37. 玉带豆 | 丰宁满族自治县油脂加工厂 |
| 38. 牛骨髓系列功能方便面 | 丰宁县粮食局食品加工厂 |
| 39. 纯天然山枣露 | 宽城满族自治县华夏饮料厂 |

（吴龙妹）

# 3.4 山　西　省

【a. 纪事】 年初，根据《中共山西省委关于制定全省国民经济和社会发展第九个五年计划和2010年远景目标建议》和《全国食品工业“九五”计划和2010年远景目标建议》，省食品工业办公室制定了《山西省食品工业“九五”发展规划》，并以晋计工字[1996]1021号文件下发各地市及有关部门。

10月，全省评选出1996年度山西省名牌产品30个，省优质名牌产品185个，其中食品工业名牌产品4个，省优质食品28个。

12月4日，山西省食品工业协会、食品学会、制冷学会联合举办了真空冷冻干燥食品应用技术研讨会。

12月28日，山西省食品工业办公室组织召开山西省食醋发展研讨会。大会收到论文20余篇，60余位食醋专家、学者、科研人员、厂长（经理）就山西省食醋工业的发展进行了深入讨论，并提出加快发展的思路与办法。

【b. 概况】 1996年，山西省食品工业总产值为444 795万元，比上年增长10.4%，占全省工业总产值的5.3%，居全省15个工业部门第6位，相当于农业总产值的38.5%。拥有食品工业企业1 103个，从业人员10万余人。全省食品工业固定资产原价437 195万元，比上年增长23.1%，固定资产净值年平均余额为303 209万元，比上年增长9.1%。食品工业流动资产年平均余额为396 691万元，比上年增长6.8%。实现税利68 158万元，比上年增长20.7%。

1996年全省独立核算食品工业企业工业增加值为181 831万元，比上年增长46.8%。其中食品加工业为54 529万元，比上年增长57.9%；食品制造业为37 144万元，比上年增长81.7%；饮料制造业为70 090万元，比上年增长40.2%；烟草加工业为20 068万元，比上年增长6.4%。

1996年，全省全部独立核算食品工业企业1 005个，其中食品加工业459个，食品制造业399个，饮料制造业142个，烟草加工业5个。食品工业产值429 228万元，比上年增长10.5%；其中食品加工业为164 922万元，比上年增长8.4%，食品制造业为94 739万元，比上年增长20.0%，饮料制造业为129 355万元，比上年增长15.1%，烟草加工业为40 212万元，比上年下降10.6%。

**表1　　山西省食品工业情况**

| 行　业 | 企业数（个） | 工业产值（万元） | 工业产值比上年（±%） |
|---|---|---|---|
| 食品加工业 | 514 | 172 893 | 9.1 |
| 　粮食及饲料加工业 | 340 | 72 968 | 15.4 |
| 　植物油加工业 | 69 | 16 828 | 31.9 |
| 　制糖业 | 6 | 16 161 | −26.8 |
| 　屠宰及肉类加工业 | 59 | 58 039 | 11.1 |
| 　其他食品加工业 | 35 | 8 092 | 3.3 |
| 食品制造业 | 438 | 102 159 | 17.9 |
| 　糕点、糖果制造业 | 196 | 35 645 | −0.5 |
| 　乳制品制造业 | 25 | 17 690 | 25.8 |
| 　罐头食品制造业 | 32 | 8 854 | 223.3 |
| 　发酵制品业 | 8 | 3 712 | 43.9 |
| 　调味品制造业 | 83 | 17 021 | 48.6 |
| 　其他食品制造业 | 94 | 19 237 | 4.1 |
| 饮料制造业 | 146 | 129 530 | 14.9 |
| 　酒精及饮料酒制造业 | 80 | 114 584 | 12.5 |
| 　软饮料制造业 | 62 | 14 906 | 50.1 |
| 烟草加工业 | 5 | 40 213 | −10.7 |
| 　卷烟制造业 | 3 | 40 164 | −10.3 |

注：工业产值按1990年不变价新规定计算。

**表2　　山西省食品工业主要产品产量**

| 产品名称 | 产量(吨) | 比1995年（±%） |
|---|---|---|
| 食用植物油 | 138 798 | 20.8 |
| 　其中：精炼食用植物油 | 7 112 | −13.5 |
| 畜肉制品 | 61 348 | 62.4 |
| 糖 | 43 124 | 17.0 |
| 糕点 | 27 110 | 65.2 |
| 饼干 | 8 057 | −41.6 |
| 方便主食品 | 21 255 | −32.1 |

续表

| 产品名称 | 产量(吨) | 比1995年(±%) |
|---|---|---|
| 乳制品 | 17 109 | 11.4 |
| 罐头 | 16 207 | −64.7 |
| 味精 | 295 | −36.4 |
| 食醋 | 204 369 | 18.1 |
| 淀粉 | 36 069 | −11.2 |
| 饮料酒 | 292 874 | 3.8 |
| 其中：白酒 | 188 833 | 22.6 |
| 啤酒 | 99 046 | −14.9 |
| 软饮料 | 54 021 | 6.4 |
| 其中：碳酸饮料 | 21 828 | −17.6 |
| 果菜汁饮料 | 28 214 | 135.5 |
| 卷烟(箱) | 201 420 | −29.1 |

注：资料来源于省统计局。

**【c. 生产情况】** 1996年，山西省独立核算食品加工业、食品制造业、饮料制造业、烟草加工业的产品销售收入分别为182 038万元、100 126万元、139 752万元和41 862万元，产销率分别为82.2%、82.9%、84.1%和87.4%，与上年相比，分别下降了10.1个百分点、8.4个百分点、2.9个百分点、2.0个百分点。

据山西省统计局抽样调查，1996年山西省城镇居民家庭年人均消费性支出3 035.59元，其中食品支出1 400.26元，占46.1%。在食品消费支出中，粮食支出353.34元，占食品消费支出的25.2%；油脂72.43元，占5.2%；肉禽及制品218.20元，占15.6%；蛋类85.81元，占6.1%；水产品类25.03元，占1.8%；鲜菜165.12元，占11.8%。农民家庭年人均生活消费支出782.39元，其中食品消费支出303.08元，占38.7%。在食品消费支出中，主食82.38元，占27.2%；副食110.86元，占36.6%。年人均主要食品消费量：城镇居民家庭粮食126.68千克，鲜菜131.77千克，食用植物油7.82千克，猪肉11.11千克，牛羊肉2.04千克，家禽3.29千克，鲜蛋12千克，鱼虾2.12千克，卷烟37.8盒，酒4.45千克。农民家庭粮食(原粮)220.30千克(其中细粮122.84千克)，蔬菜81.86千克，食油4.53千克，肉类4.81千克，家禽0.21千克，蛋类3.12千克，鱼虾0.34千克，食糖1.42千克，酒2.10千克。

**【d 固定资产投资】** 1996年山西省食品工业固定资产投资总额为22 800万元，比1995年下降23.0%。其中基本建设投资为8 219万元，更新改造投资为14 581万元，分别占全省工业基本建设和更改投资的1.1%和2.1%。在投资结构中，食品加工业为7 380万元，食品制造业为6 575万元，饮料制造业为8 025万元，烟草加工业为820万元，分别占全省食品工业投资总额的32.4%、28.8%、35.2%和3.6%。

当年，食品工业基本建设施工项目33个，投产项目19个，项目建成投产率57.6%；新增固定资产4 737万元，固定资产交付使用率57.6%。更新改造施工项目25个，投产项目12个，项目建成投产率48.0%；新增固定资产10 048万元，固定资产交付使用率68.9%。当年新增生产能力：酿酒60 650吨，其中啤酒40 000吨，白酒10 500吨，其他酒10 150吨。

**【e. 经济效益】** 1996年，全省全部独立核算食品工业企业完成利税总额68 158万元，比上年增长20.7%，实现利润4 695万元，比上年下降10.6%。其中食品加工业利税2 240万元，比上年下降69.3%，利润为−3 824万元；食品制造业利税为6 364万元，比上年增长84.5%，利润为205万元；饮料制造业利税为38 307万元，比上年增长44.1%，利润为5 792万元，比上年增长66.8%；烟草加工业利税为21 247万元，比上年增长11.0%，利润为2 522万元，比上年增长34.9%。企业亏损面，食品加工业为27.23%，食品制造业为16.54%，饮料制造业为27.46%，烟草加工业为20.00%。其主要原因：1. 生产企业流动资金严重不足，许多企业处于半停产状态。2. 产品缺乏竞争力。每百元固定资产原价实现工业产值，食品加工业为95.88元(1990年不变价，下同)，食品制造业为100.00元，饮料制造业为92.98元，烟草加工业为128.37元。同上年相比，分别下降38.3%、29.8%、24.3%和28.3%。每百元固定资产原价实现利税，食品加工业为1.3元，食品制造业为6.72元，饮料制造业27.54元，烟草加工业为67.83元。每百元固定资产原价实现利润，食品加工业为−2.22元，食品制造业为0.22元，饮料制造业为4.16元，烟草加工业为8.05元。全部资金利税率，食品加工业为0.83%，食品制造业为4.19%，饮料制造业为17.48%，烟草加工业为36.26%。

1996年全省独立核算国有食品工业企业有540个，其中食品加工业282个，食品制造业187个，饮料制造业66个，烟草加工业5个，企业亏损面分别为36.52%、17.79%、18.18%和20.00%。每百元固定资产原价实现工业产值，食品加工业为81.32元，食品制造业为72.35元，饮料制造业74.58元，烟草加工业为128.37元。每百元固定资产原价实现利税，食品加工业为0.39元，食品制造业为3.83元，饮料制造业为30.36元，烟草加工业为67.83元。每百元固定资产原价实现的利润，食品加工业为−2.58元，食品制造业为−0.80元，饮料制造业为5.55元，烟草加工业为8.05元。全部资金利税率，食品加工业为0.83%，食品制造业为2.85%，饮料制造业为

19.36%，烟草加工业为36.26%。

当年，全省独立核算集体食品工业企业有415个，其中食品加工业165个，食品制造业186个，饮料制造业64个，企业亏损面分别为10.30%、12.90%和34.38%。每百元固定资产原价实现工业产值、利税、利润的情况是：食品加工业分别为235.81元、13.39元和3.79元，食品制造业分别为194.63元、11.15元和2.12元，饮料制造业分别为253.88元、8.63元和－5.81元。全部资金利税率，食品加工业8.91%、食品制造业5.79%，饮料制造业6.35%。平均每一职工实现利税、实现利润、实现工业增加值，食品加工业分别为360.5元、1 019元、22 337元；食品制造业分别为2 118元 、402元和18 083元；饮料制造业分别为2 256元、－1 519元和21 568元。

1996年山西省食品工业中"三资"企业有36个，其中食品加工业10个，食品制造业16个，饮料制造业10个。企业亏损面分别为40%、18.8%和50%。每百元固定资产原价实现工业产值、利税、利润：食品加工业分别为120.67元、－3.62元和－6.73元；食品制造业分别为44.47元、－12.81元和－14.80元；饮料制造业分别为58.96元、－5.27元和－8.15元。全部资金利税率食品加工业为－1.54%，食品制造业为－6.80%，饮料制造业为－3.56%。

**【f. 行业活动】** 1996年12月28日省食品工业办公室在太原召开了山西省食醋发展研讨会。省经贸委副主任李同德到会就发展山西食醋产品做了重要讲话。与会代表认为，山西作为中国的食醋故乡，发展食醋有着得天独厚的条件。食醋是山西省食品工业发展中的优势产品，要以名牌产品为龙头，组建食醋企业集团，调整产品结构，改进包装，使山西的食醋业再上新台阶，从而带动山西食品工业的大发展。

根据《中共山西省委关于制定全省国民经济和社会发展第九个五年计划和2010年远景目标建议》和《全国食品工业"九五"计划和2010年远景目标建议》，结合山西省"八五"期间食品工业的完成情况，制定了《山西省食品工业"九五"发展规划》。

"九五"发展规划提出加快发展山西食品工业的思路和目标。《规划》提出，山西省发展食品工业的思路是：抓住发展机遇，面向两大市场，坚持效益中心，调整产品结构，实施名牌战略，转换经营机制，加快技术进步，注重产品质量，发展规模经营，加大技改投入，重点扶优扶强，形成优势产品，带动相关行业。到"九五"末努力使食品工业成为山西经济的支柱产业。

奋斗目标是：到2000年，全省食品工业总产值达到90～100亿元，利税总额达到16～20亿元，建立9个大型企业集团，建立25个具有现代化生产水平的食品骨干企业，各类专业技术人员占职工总数达7%。

**【g. 先进企业】** 山西厦普赛尔饮料有限公司是高平市镇办企业，1993年11月建成投产。现有职工220人，其中技术人员30人；固定资产1 700万元，年产量10 000吨，产值8 600万元，利税总额1 395万元。主要产品有三缩颈易拉罐黄梨汁和5133易拉罐装黄梨汁饮料，是山西省饮料行业排头兵。

该公司充分利用当地丰富的黄梨资源，依靠科学管理，引进先进技术生产黄梨汁系列饮料，其梨香风味独特，酸甜可口，并具有生津润肺、清热化痰的多种保健功能，是男女老幼四季皆宜的天然果汁饮品。

该产品被列为国家星火项目，受到省委、省政府、省科委的高度重视，产品曾获1994年全国星火项目精品金质奖，山西省首届农业博览会金质奖，被中国社会调查事务所评为"中国公认名牌产品"，1995年被评为山西省名牌产品。

黄梨汁饮料生产线每年可转化黄梨11 000吨，既增加农民收入，又解决果农卖果难的问题，同时促进了当地种植、包装、运输业的发展。

**【h. 名优产品】**

**表3　　1996年山西名牌食品产品**

| 产品名称 | 生产企业 |
|---|---|
| 隰州牌金梨汁 | 山西隰州天天饮料有限公司 |
| 红卫牌全脂甜奶粉 | 山西省山阴县农牧场 |
| 晋泉牌(特制、普通)高粱白酒 | 太原酒厂 |
| 仙翁牌海红蜜饮料 | 山西省河曲县果汁厂 |

**表4　　1996年山西省优质食品产品**

| 产品名称 | 生产企业 |
|---|---|
| 麓台牌山西二锅头 | 山西省祁县六曲香酒厂 |
| 汾阳王牌汾阳王酒 | 汾阳县清泉酒厂 |
| 汾雁牌聚仙酒 | 新绛县地方国营酿酒厂 |
| 娘子关牌都市醇 | 阳泉市酒厂 |
| 关字牌关酒 | 运城市关公故里酒厂 |
| 龙岗牌中华宴酒 | 太谷县营养保健制品总厂 |
| 边城第一泉牌边城白酒 | 山西省天镇县酒厂 |
| 杏花村牌半干白葡萄酒 | 山西杏花村葡萄酒有限公司 |
| 白马王牌啤酒 | 晋城市啤酒厂 |
| 双象牌特制家庭适用粉 | 太原面粉一厂 |
| 天粟牌特一粉 | 太原面粉三厂 |
| 精制玉米淀粉 | 山西省忻州地区谷氨酸厂 |

续表

| 产品名称 | 生产企业 |
| --- | --- |
| 晋奇牌全脂高蛋白大豆精粉 | 山西华义大豆食品有限公司 |
| 荣康牌苦荞面粉 | 大同市新荣粮食粮油综合加工厂 |
| 雁音牌乳酸菌快胃奶粉 | 朔州红旗牧场 |
| 永艾牌三文治火腿 | 山西永艾食品有限公司 |
| 竞成牌高级火腿 | 山西省晋城市肉联厂 |
| 同风牌肉枣、通脊火腿 | 大同市同风肉制品厂 |
| 天龙山牌火腿 | 太原市肉制品厂 |
| 国威牌苦荞降糖茶 | 山西省灵丘县保健品厂 |
| 双合成牌鲜奶油、花蛋糕 | 太原市糖业烟酒公司双合成总店 |
| 三餐源牌主食馒头 | 太原市三餐源食品厂 |
| 古城牌全脂甜牛奶粉 | 山西省山阴县山阴城奶粉厂 |
| 天涯山牌全脂甜牛奶粉 | 山西省原平农场奶粉厂 |
| 金栗牌芝麻酥糖 | 河津市食品公司 |
| 晋阳古灯牌老黑酱 | 太原市味精厂 |
| 德义圆牌小磨香油王 | 汾阳县德义圆酿造厂 |
| 昭馀牌小磨香油 | 祁县东南街香油厂 |

（范淑霞）

# 3.5　内蒙古自治区

**【a. 概况】** 内蒙古自治区食品工业是自治区工业经济重要支柱产业之一。1996年全区食品工业总产值29.66亿元，比上年增长8.5%。其中：采盐业完成产值2.48亿元，比上年增长28.50%；食品制造业完成产值9.74亿元，比上年增长28.50%；饮料制造业完成产值11.76亿元，比上年增长8.8%；烟草制造业完成产值5.68亿元，比上年增长—16.71%。

内蒙古食品行业的现状和全国先进省市相比，还有较大的差距，产值总量低，占全区工业产值的比重小，食品产品中除面粉、植物油、食糖、白酒、啤酒、饮料可满足区内需求外，其它品种的食品还有赖于区外调入。

**表1　1996年内蒙古自治区食品工业主要经济指标**

| 指标名称 | 单位 | 1996年 | 1995年 | 1996年比1995年(±%) |
|---|---|---|---|---|
| 企业单位数 | 个 | 712 | 695 | 2.45 |
| 其中：亏损企业数 | 个 | 145 | 179 | －18.99 |
| 亏损企业亏损额 | 万元 | 6 771 | — | |
| 利润总额 | 万元 | 11 187 | 2 360 | 374.03 |
| 利税总额 | 万元 | 95 973 | 81 046 | 18.42 |
| 流动资产平均余额 | 万元 | 272 992 | 234 722 | 16.30 |
| 固定资产净值平均余额 | 万元 | 220 688 | 245 314 | －10.04 |
| 工业总产值(1990年不变价) | 万元 | 284 669 | 262 236 | 8.55 |
| 工业总产值(现行价) | 万元 | 411 554 | 338 335 | 21.64 |
| 工业增加值(现行价) | 万元 | 169 499 | 129 988 | 30.40 |
| 全部职工平均人数 | 人 | 80 867 | 82 848 | －2.39 |

注：资料来源于区统计局。统计范围为乡及乡以上独立核算企业。

**表2　1996年食品工业主要产品产量**　单位：吨

| 产品名称 | 1996年 | 1995年 | 1996年比1995年(±%) |
|---|---|---|---|
| 糖(包括土糖) | 272 105 | 170 712 | 59.39 |
| 原盐 | 832 179 | 761 299 | 9.31 |
| 啤酒 | 344 213 | 316 942 | 8.60 |
| 白酒(商品量) | 139 048 | 140 545 | －1.07 |
| 无酒精饮料 | 39 397 | 64 062 | －38.50 |
| 其中：碳酸饮料 | 20 344 | 38 847 | －47.63 |
| 罐头 | 17 931 | 13 495 | 32.87 |
| 乳制品 | 29 042 | 30 317 | －4.21 |
| 食用植物油 | 149 661 | 220 324 | －32.07 |

注：资料来源于自治区统计局。

**【b. 新产品开发与技术进步】** 内蒙古自治区绿色食品资源丰富，目前在区内发现的可做为食品原料的野生植物有几十种，有的已被开发，如：沙棘、杏仁、枸杞、黑加伦、红豆、樾桔等，利用这些原料，已经生产出：杏仁、沙棘、黑加伦、枸杞饮料和红豆樾桔酒等具有地方特色的名、优、特、新产品，并深受消费者的欢迎。

这几年内蒙古自治区食品工业技术进步步伐加快，工艺技术水平有了明显提高，一批骨干企业技术装备水平达到国际先进水平。经自治区企业技术进步奖评审委员会审定，全区食品工业中有11家企业12个项目被评为1996年自治区企业技术进步奖项目三等奖，名单如下。

| 项目名称 | 企业名称 | 评奖类别 |
| --- | --- | --- |
| 苁蓉酒 | 内蒙古阿拉善苁蓉集团总公司苁蓉保健药品公司 | 新产品 |
| 托王酒的研制与开发 | 内蒙古托王集团 | 新产品 |
| 正北鲜枸杞饮料 | 包头食品厂 | 新产品 |
| 矿泉啤酒 | 乌兰浩特市啤酒厂 | 新产品 |
| 青山牌全脂甜奶粉 | 内蒙古青山乳业股份有限公司 | 新产品 |
| 临河恒丰专用粉生产线 | 恒丰食品股份有限公司 | 技改 |
| 啤酒酵母Q—CF | 赤峰啤酒厂 | 新技术应用 |
| 系列酒计算机勾兑调味系统 | 内蒙古河套酒厂 | 新技术应用 |
| TH—AADY 在麸曲浓香型酒中的应用 | 赤峰敖汉旗制酒厂 | 新技术应用 |
| 酒精含量27%华海特曲 | 赤峰敖汉旗制酒厂 | 新产品 |
| 蒙古王酒质量上等级 | 通辽蒙古王酒业有限公司 | 质量提高 |
| 11°巴特罕啤酒 | 呼盟莫力达瓦旗啤酒厂 | 质量提高 |

**1996年内蒙古自治区名牌产品**

| 产品名称 | 生产单位 |
| --- | --- |
| 得利斯牌火腿肠系列肉制品 | 内蒙古临河得利斯食品有限责任公司 |
| 华海牌华海白酒系列 | 内蒙古敖汉旗制酒厂 |
| 蒙古王牌蒙古王酒 | 内蒙古蒙古王酒业有限公司 |
| 石桥牌全脂速溶豆粉 | 内蒙古扎兰屯市乳业有限责任公司 |
| 峰牌峰酒 | 内蒙古包头市制酒厂 |
| 鸿茅牌鸿茅酒 | 内蒙古乌盟凉城县鸿茅酒厂 |
| 大华牌系列面粉 | 内蒙古通辽面粉厂 |
| 雪晶牌矿泉啤酒 | 内蒙古乌兰浩特市啤酒厂 |
| 大公牌系列面粉 | 内蒙古大公实业总公司 |
| 东桥牌小磨香油 | 内蒙古敖汉旗香油厂 |

**【c. 重点企业】** 1. 内蒙古伊利实业集团股份有限公司。伊利公司是呼和浩特市首家工业性股份制上市公司，1996年公司完成主营业收入3.5亿元，比上年增长69.76%；实现利润总额3 903.79万元，增长106.61%；实现净利润3 339.08万元，增长106.92%；实现并缴纳税金2 881.11万元，其中流转税2 316.40万元，增长93.44%，所得税564.71万元，增长104.78%。

该公司的主要优势项目有：(1)投资6 490万元，实施冰淇淋二期扩建工程，使雪糕、冰淇淋的生产能力达到年产9万吨的水平。(2)投资750万元，新建了1个奶粉、奶茶粉厂，进一步提高了产品的档次和生产能力。(3)投资500余万元，在养牛集中的村建立了20多个配有冷藏设备的挤奶车间，保证了鲜奶的质量。

2. 内蒙古兴发股份有限公司。兴发公司也是股份制上市公司，公司以绿色食品、营养方便食品为目标，如今已形成速冻分割鸡、速冻食品、烧烤制品、牛羊肉深加工、熟食保健食品等10大系列千余个品种。目前，公司又将具有补钙、补铁、补锌的学生营养食品、儿童断奶食品、杂粮保健食品和蔬菜制品、乳制品推向市场。1996年产品销售额3.4亿元，比上年增长47.8%；1996年产值为3.31亿元，利税总额4.9亿元，利润总额4.2亿元。

该公司的主要优势项目有：(1)速冻分割鸡系列，投资8 244万元，年屠宰加工1 500万只。(2)速冻食品系列，投资9 850万元，年产量达3 000吨。(3)烧烤制品系列，投资8 220万元，年产量达到1 050吨。

（厚金玉　夏荣华）

# 3.6 辽宁省

【a. 纪事】 1996年1月，辽宁省食品工业办公室、辽宁省食品工业协会成功举办“’96沈阳全国食品、酒类产品展销会”，共有来自全国15个省区300余家食品企业的600余种产品参展，这是辽宁省食品工业办公室、辽宁省食品工业协会首次举办的食品专业展销活动，也是在沈阳首次举办的全国性食品展销会。

5月，辽宁省经济贸易委员会、辽宁省技术监督局、辽宁省卫生厅、辽宁省食品工业办公室联合举办了《食品卫生法》宣传活动。四部门首先对有关人员进行了培训，然后分头对重点食品企业《食品卫生法》执行情况进行了检查。

7月，辽宁省政府举办“辽宁省食品饮料展销会”。展会受到省领导的高度重视，省长闻世震为展会题字，首次提出在辽宁实施“北水南调”工程，加速辽宁食品工业的发展，在辽宁全省倡导“爱我辽宁，喝辽宁饮料”的良好风气，从而揭开了“北水南调”工程的序幕。辽宁主要新闻媒体对此进行了充分报导，掀起了辽宁地产食品的新的宣传高潮。这次展会还评出了数种辽宁“畅销”、“推荐”产品。

8月30日，辽宁省政府组织召开省长办公会议，专题听取省经济贸易委员会关于全省食品工业有关情况的汇报。会上，省主要领导对今后食品工业发展的有关问题做出了具体的批示。各有关部门根据省领导的指示开始了细致的研究分析工作，并开始着手制订发展食品工业的规划方案和实施措施，在全省展开了研究食品工业发展的热潮。

9月初，辽宁省省长闻世震在沈阳进行调查研究，并重点走访了沈阳市的肉食加工、饮料制造、白酒等生产企业，对食品工业加速发展和实施“北水南调”工程做了进一步的指示。

11月，辽宁省食品工业办公室、辽宁省食品工业协会，调味品专业协会组织召开全省调味品质量研讨会，分析、研究辽宁调味品行业质量上水平和今后发展等有关问题。

【b. 概况】 “八五”期间，辽宁省食品工业技术改造完成投资26.65亿元，竣工投产375个项目，重点对饮料行业、粮食加工行业进行改造，主要开发生产了植物蛋白饮料、果汁、果蔬汁饮料，形成了具有辽宁特色的饮料小气候，初步提高了省内市场的占有率。同时，依靠技术进步，不断开发新产品，共开发新产品385项，其中通过省以上鉴定的有36项，采用科技成果278项，形成了一批在市场上知名度较高的名牌产品，如：沈阳红梅味精、熊岳维力佳果汁饮料、沈阳东北虎矿泉水、沈阳雪花啤酒、大连棒棰岛啤酒、沈阳老龙口白酒等等。辽宁省食品工业产品产量和质量水平明显提高，产品结构和企业布局得到相应改善。在此基础上，1996年，辽宁省食品工业企业积极引进国外先进技术、设备和先进的管理经验，把利用外资、嫁接改造同食品工业的结构调整有机地结合起来，努力探索和实践通过改革、改组、改造实现资产合理配置，采用破产、兼并、资产划拨、合并等方式，实现规模经营的道路。初步形成了大连棒棰岛啤酒集团、本溪富佳粮油集团等具有一定牵动性的企业集团。全省食品工业朝着稳步、健康、持续的方向发展，为“九五”计划开了个好头。

1996年，辽宁省食品工业抓住省委、省政府提出的以“北水南调”工程为突破口，加快发展具有辽宁特色的食品饮料工业，取得了较好成绩。食品工业企业充分利用辽宁资源多、基础好、市场大的优势，努力开拓国内外两个市场，实施名牌战略，内联外引，加大技术改造和引进步伐，形成规模经济，为实现“北水南调”工程目标，把辽宁食品工业推上新台阶和振兴辽宁食品工业奠定了良好的基础。

为提高辽宁食品的知名度，促进辽宁食品企业加大开拓市场的力度，年初，省食品工业办公室具体组织承办了“’96沈阳全国食品、酒类产品展销会”。根据专家评审，经消费者评议，评出了百余种受欢迎的名优食品。5月至7月，为了扭转辽宁食品的低谷运行状态，形成辽宁经济新的增长点，探索辽宁老工业基地改造和振兴辽宁经济的经验，省委、省政府提出了在辽宁实施“北水南调”

工程，加快食品工业发展的构想。7月举办的“'96辽宁饮料食品展示会”标志着工程的正式启动。展会受到政府、企业、新闻媒介和社会的广泛关注，汇集了全省14个市的206个企业的5大类763种食品。以展会为起点，以振兴辽宁人的信心为动力，以实现辽宁食品工业的加速发展为目标，全省食品企业在全社会的关注和支持下，紧迫感、责任感大大增强，在产品开发、生产、营销宣传和资产优化组合方面加大了工作力度。初步形成了辽宁食品的新局面，涌现出熊岳维力佳果汁饮料、大连真爱果汁饮料、丹东“中国秘宝”碳酸饮料、朝阳华新杏仁乳等一大批有较好市场和产品质量的优势产品和企业；沈阳老龙口白酒、朝阳凌塔白酒、大连金州白酒、沈阳红梅味精等一批老名牌产品和企业重振雄风，为重塑辽宁食品新形象再创新功。

1996年，是辽宁食品工业强化产品质量意识的重要年头。为促进广大食品生产和经营企业进一步增强法制观念和质量意识，加强管理，提高产品质量，推动全省食品工业生产，繁荣食品市场，辽宁省经济贸易委员会、辽宁省技术监督局、辽宁省卫生厅、辽宁省食品工业办公室在全省范围内开展了宣贯《食品卫生法》、《产品质量法》及相应法律法规的系列活动，同时开展食品卫生质量检查活动，这些活动有力地推动了食品企业在生产经营中自觉地贯彻“两法”。为贯彻省政府提出的加快食品工业发展的决定，省食品工业办公室、省食品工业协会调味品专业协会于11月下旬举办了调味品质量研讨班，旨在通过对辽宁食品中调味品这个薄弱环节的质量研讨，强化食品工业各类企业的质量意识，把省政府加快食品工业发展的决定和法制观念灌输到每一个行业和企业中。

食品工业的发展必须与农业的不断发展和进步结合起来，即必须加快农业产业化、集约化、专业化进程。为贯彻省长“利用外资，搞好内联外引，加快食品和包装工业的技术改造，同时要促进先进技术转化”的指示精神，利用省政府在京召开“农业利用外资说明暨项目洽谈会”的机会，省内的几家食品企业参加了会议，并达成了部分协议。在走出去，请进来，扩大交流工作中，省食品工业办公室还组织省内部分优秀企业家参加了中国食品工业协会组织的赴欧洲的食品工业考察活动。通过这些活动，达到了招商引资的目的，又扩大了辽宁省食品工业的知名度，展示了辽宁食品工业的新形象，使世界了解了辽宁食品，也为辽宁食品走向世界开启了一个窗口。

1996年，也是对食品工业各专业协会实行规范化管理的一年。为了在社会主义市场经济条件下更好地发挥协会组织的协调、管理作用，加速食品工业行业的调整与发展，进一步完善全省专业协会工作，根据协会工作统一安排，将工作开展较好、具备条件的省白酒专业协会晋升为省食品工业协会指导下的第一个省级专业协会。该协会在维护白酒行业利益，避免行业内部无序竞争，进行行业自我协调、自我约束、自我管理，探索工业管理体制由部门管理向行业管理转变方面都起着重要的作用。同时，省食品工业协会饮料、调味品专业协会也着手开展了调整工作。

**【c. 生产、销售及经济效益】** 1996年，辽宁省食品工业生产运行较为平稳。据辽宁省食品工业办公室统计，全部食品工业实现总产值213.5亿元，比上年增长了12.4%，比1991年的87.7亿元增长了143.4%；销售收入略有回升，完成工业增加值82.5亿元，销售收入276.5亿元；全省食品工业上缴税金12.7亿元，比1995年增长了8.5%。由于粮油加工不景气，食品制造业及加工业原料涨幅较大，国家诸多政策出台，经济环境景气欠佳，造成食品加工业和制造业亏损，利润状况欠佳，除饮料行业外，行业亏损状况不容乐观，综合计算，亏损额达到7 800万元，与1995年相比效益下滑严重；出口产品创汇4.55亿美元，其中合资企业完成1.35亿美元，独立核算食品工业企业完成3.14亿美元。

回顾1996年，辽宁食品工业行业贯彻省委、省政府提出的实施“北水南调”工程，加快食品工业发展的决定，努力实现两个转变，认真加强企业管理，以科技进步为先导，以提高经济效益为中心，积极开发生产具有辽宁地方特色的食品，注重市场营销工作，虽然由于种种原因，效益状况不容乐观，但是，食品工业整体面貌得到明显改观，食品企业对市场适应性和参与市场竞争的自觉性明显增强，树立企业形象和产品品牌的意识显著强化，对国家政策的理解和运用更加灵活，企业经营管理的水平有了明显的提高，在市场经济机制不断完善和与国际市场接轨的新的机遇和挑战面前，更好地与商业实施联手的主动性大幅度提高，从而为今后几年全行业规模化发展奠定了较好的基础。但是，企业改革的步伐不快，一些行业和企业经济效益不理想，相当一部分食品企业尚未从困境中走出来；食品工业产业结构、产品结构还不合理，有待进一步改善；利用食品工业新技术、新工艺来改造落后生产技术的步伐太慢，产品没有规模优势，创名牌意识不强，营销策略落后等等问题仍困扰着辽宁的食品工业。

**【d. 食品加工业】** 1996年，辽宁省食品加工业总体生产形势不平衡。1996年食品加工业生产企业为978户，独立核算食品工业企业为763户，由上年的占90%下降到占78%，其中合资企业148户；从业人员7.8万人，完成工业总产值125.9亿元，是上年的2.3倍，主要是由于大连地区加工业生产出现较好势头，加之行业统计工作的不断完善，统计范围增大，准确性增强等原因，1996年完成产值是上年的3.3倍，数字表现为增幅较大，部分掩盖了全省食品加工业的低靡状态。食品加工业实现工业增加值32.2亿元，销售收入90.3亿元，上缴税金1.02亿元，亏损2.1亿元，出口产品创汇2.34亿美元。经济效益不理想，尽管产值增长2倍多，却亏损2亿多元，这一方面是由于部分新企业建成投产和一些产品调整结构，生产由粗放向集约转变带动产值大幅提升，而另一方面由于产品市场竞争力差，产销率低，原料涨幅较大，国家有关政策补贴不到位等原因又导致亏损。

1996年，全省粮食加工品产量完成241万吨，比上年增加2.5%。其中碾米101万吨与上年持平，磨面完成78万吨比上年略有减少，面米制品完成产量32万吨，比上年增加21%。粮食加工业不断消化由于粮食购销体制的调整带来的影响，由粗放向精细化、小包装方向发展，满足了不同层次消费者的需求。

由于精制"五脱"油大量进入家庭，精炼植物油的比重和产量增加，而初加工植物油的产量大幅下降。1996年食用植物油加工完成25.4万吨，比上年减少了14.5%。

制糖工业克服种植面积减少和外省产品的涌入等困难，努力挖潜增效，提高产品的精深加工率和花色品种。1996年糖产量为3.8万吨，比上年增长了26.7%。

屠宰和肉类加工产量虽然略有萎缩，但肉制品及其副产品由于市场需求拉动，产量大幅上升。1996年肉类加工总量为37.9万吨，比上年减少了3.5%；屠宰加工品完成28.9万吨，下降22%；肉类副产品5 463吨，增长33%；肉制品完成7.3万吨，增长3倍多；蛋类加工品完成1.16万吨，增长5倍多。

1996年的水产品加工量较上年略低，完成76.6万吨，其中冷冻水产品为9.4万吨，干制水产品1.79万吨。

**【e. 食品制造业】** 1996年，食品制造生产企业为3 198户，独立核算食品工业企业占35%以上，其中合资企业243户；从业人员11.89万人，完成工业总产值35.9亿元，比上年下降48.8%；工业增加值10.4亿元，产品销售收入39.4亿元，上缴税金1.10亿元，亏损7 500万元。

1996年糖果产量10 841吨，比上年增长39.9%；饼干2.5万吨，增长19%；方便食品6.2万吨，与上年持平。糕点产量2.2万吨，比上年下降较大，由于市场需求量相对减少，糕点生产逐步由国有企业向私人企业生产为主转移。

乳制品完成7.3万吨，比上年略有下降。

罐头食品产量为7.4万吨，比上年下降12.3%；其中肉类罐头3 210吨，禽类罐头870吨，水产罐头7 860吨，水果罐头3.6万吨，蔬菜罐头9 630吨。

味精生产继续保持良好的增长势头。沈阳味精厂以名牌产品为龙头，在产品结构调整、新产品开发和市场开拓方面狠下功夫，经营上出现产销两旺的好局面。1996年味精产量2.3万吨，比上年增长9.5%；但柠檬酸比上年有较大下降，产量仅为800吨。

酱油及酱类产品产量为17.0万吨，比上年下降了13.7%；食醋产量2.7万吨，增长了12.5%；调味料、调味油产量2 995吨，降低了27%，但调味品的产品质量档次明显提高，品种增加，调味品生产正在改变落后的局面。

其他食品生产与1995年相比互有增减。豆制品产量2.4万吨，降低17.2%；冷冻饮品完成14.7万吨，增长8.9%；淀粉完成5.5万吨，略有增加。

**【f. 饮料制造业】** 1996年，辽宁饮料制造业以"北水南调"为契机，加快产品结构调整和新产品开发，加大市场开拓力度，争创名牌，取得了显著效果。初步形成了以技术及资源优势为基础、名优产品和优势企业为中心、各有侧重的布局结构。中部地区的啤酒、白酒行业发展较快；南部地区利用辽东半岛开放前沿的区位优势和水果、矿泉水等资源优势，在出口果汁饮料方面打下良好基础，产品档次较高；西部地区重点发展了蛋白饮料以及沙棘综合利用产品。

1996年，饮料制造业生产企业2 606户，其中独立核算食品工业企业占30%；合资企业331户；从业人员11.2万人，完成工业产值61.4亿元，基本与上年持平；产品销售收入131.9亿元，实现利润3.25亿元，上缴税金6.68亿元，出口创汇1亿多美元。

1996年辽宁省共有各类白酒生产企业900余家，个体企业略有下降，总产量完成23.2万吨。面临激烈的市场竞争，白酒行业通过学习邯钢经验，抓住经济效益这个中心，依靠技术进步，优化产品结构，适应市场需求，全行业经济效益有了明显提高。1996年实现利润的增长率比上年超过50%至500%的白酒生产企业有金州、大连、东港、绥中、新民、铧子等，其中金州酒厂创利润2 560万元。1996年，各白酒厂向市场提供千余种产品，其中三分之一是属于新产品。

啤酒行业强化质量意识，狠抓现场管理，采取各种营销活动，扩大宣传，不断改进产品质量和服务质量，抢占市场，使产品始终处于畅销局面，生产蒸蒸日上。1996年，啤酒产量为121万吨，比上年增长7%；葡萄酒产量为2 700吨，果露酒为6 100吨。

软饮料初步改变了以碳酸饮料为主的格局，加快新产品的开发，强化市场营销力度，发展了富有营养的果汁

(肉)型、果蔬汁型、乳酸型及植物蛋白型等多品种饮料。涌现出熊岳维力佳、大连真爱、盘锦三绿、朝阳华新等一批有较强市场竞争能力的企业。1996年,软饮料生产总量54.1万吨,比上年增长12.7%;其中碳酸饮料产量为46.6万吨,天然矿泉水2.7万吨,果菜汁3.5万吨,固体饮料2 300吨,其它饮料产量为1.12万吨。

**【g."北水南调"工程】** 改革开放以来,辽宁省食品工业尤其是饮料工业取得了长足发展,但是,进入90年代,由于在经营规模、产品档次、花色品种、广告意识、包装水平、营销手段等方面的差异,致使"南水"和"洋水"大量涌入本省市场,压得地产饮料几乎抬不起头来。为扭转辽宁省饮料行业被动挨打的局面,为辽宁老工业基地改造调整找到一个突破口,辽宁省委、省政府审时度势,提出以实施"北水南调"工程为突破口,加快发展食品饮料工业。辽宁食品工业发展状况一直受到广大辽宁人民关注和省领导的高度重视,省领导曾多次指示搞好辽宁的食品工业。1996年3、4月间,省长闻世震在考察朝阳酒厂时指出,要加快食品工业发展,实施"北水南调"工程。此后,闻省长在省经济贸易委员会和辽宁省白酒工业协会的上报材料上,又明确提出加快食品工业发展,要在全省实施"北水南调"工程。

闻世震省长明确批示:"要在全省倡导爱我辽宁,喝辽宁饮料,首先在省、市、县、乡的招待所、宾馆、饭店大力推进用辽宁饮料。新闻单位要广泛、正面宣传,各级政府及经济管理部门要引导,必要时给予干预。要在辽宁全省实施'北水南调'工程,这是一个系统工程,要设计一套方案,会前专议一次,还要集中时间加大宣传力度,要从实现'北水南调'中给辽宁人以志气、信心,推动辽宁产业结构的调整。"

辽宁省发展食品工业有着得天独厚的资源优势,每年水果总量达200万吨以上,辽西的沙棘、杏仁,辽南的苹果、桃,辽东的山菜、山果都是生产高档次饮料的原料;全省矿泉水资源有140处,日自然出水量就达3万吨,而且绝大多数含有稀有的微量元素,有着良好的保健功能;同时,辽宁省已经形成一支具有较强科研开发能力的技术力量,这些都为"北水南调"工程的实施创造了良好软、硬环境。

7月28日,'96辽宁饮料食品展览会在辽宁工业展览馆隆重举行,标志着"北水南调"工程正式启动。省领导顾金池、闻世震等出席了会议,并对辽宁省如何开展好"北水南调"工程提出希望和要求。闻省长指出,在全省实施"北水南调"工程是非常有意义的。辽宁饮料资源丰富,生产基础雄厚,只要我们进一步解放思想、拓宽思路,开发出一批名牌产品,形成集约化生产,形成规模经济,努力开拓市场,经过5年左右时间的努力,实现"北水南调"是完全可能的。顾金池强调,要想占领全国食品饮料市场,首先是占领和站稳辽宁市场,满足辽宁人民的需要。要积极摸索出辽宁省饮料食品发展的新路子,创出若干名牌产品,在创名牌的基础上扩大规模,扩大市场覆盖面,同时各地区、各个部门要全力支持我们辽宁饮料的发展。展会期间,主办单位会同省技术监督局本着公正、公开、公平的原则,对参展的763种产品就其质量、包装、经济指标进行了比较,推出了11.5度雪花啤酒等15种啤酒、八王寺玻璃瓶系列饮料等13种饮料为展会畅销产品,11度松林啤酒、金螺牌龙饮山枣汁和黄桃汁、红梅牌味精等53种啤酒、饮料和食品为推荐产品。这次展会盛况空前,充分体现了工商联手共同促销地产名优饮料,同时联合省内主要新闻媒体在全省范围内营造出"爱我辽宁,喝辽宁饮料"的气氛,为实施"北水南调"工程开了个好头。

8月30日,辽宁省省长办公会议在听取辽宁省经贸委关于辽宁省食品饮料工业的发展情况汇报时,对当前和今后一个时期辽宁省食品饮料工业的发展提出了重要意见。闻世震省长指出,辽宁的食品饮料工业必须体现出自己的特色,拥有一批系列化、有经济规模的名牌产品。要通过工商联手的办法,加大地产品销售力度。在开拓市场中,应首先占领本省市场,同时要以"三北"为重点向全国市场推进。要开好各种形式的展销会,建立批发中心和销售网络。同时要坚决打击假冒伪劣产品,整顿市场流通秩序。对省属企业生产销售假冒伪劣产品的要严肃处理,新闻单位要予以曝光。闻省长还对辽宁省食品包装工业的发展提出了要求。他说,一流的产品只有经过一流的包装才能进入一流的市场,才能有较强的竞争能力和较好的经济效益。包装行业要在提高质量、增加品种、形成规模上狠下功夫,并通过积极利用外资,搞好包装企业的嫁接改造。最后,他勉励各级政府部门要进一步加大对食品饮料工业的领导力度,建立健全必要的责任制,使辽宁省食品饮料工业尽快登上一个新台阶。

辽宁省政府提出实施"北水南调"工程后,省内众多酒类及饮料生产厂家跃跃欲试——借此东风,乘势发展。地处辽南果乡的熊岳维力佳饮料公司捷足先登,挥师南下,在全国20多个省市拥有57家代理商和总经销商,经销点400多家,"南调"果汁饮料比重占总产量的2/3强,成为名副其实的"北水南调"急先锋。大连棒棰岛啤酒集团经过几年市场的磨练,已进入全国啤酒行业"十强"行列,吨创税利始终居全国同行业前3名,产品已通过ISO9000系列质量认证。这一著名品牌在大连地区市场占有率达95%以上,除进入北京、上海、烟台等地市场外，还出口日本、俄罗斯以及非洲一些国家。

**【h. 名牌产品】** 为了推动辽宁省企业提高产品质量，提高管理水平和经济效益，本着高起点、高标准、严要求、少而精、宁缺勿滥、不搞平衡、企业自愿申报的原则，按照名牌产品的基本条件，经有关方面推荐评选，辽宁省政府确认了103种产品为辽宁名牌产品，并于1996年1月登报公布，其中7种食品榜上有名：沈阳华润雪花啤酒有限公司的雪花牌啤酒、沈阳味精厂的红梅牌味精、沈阳市老龙口酒厂的老龙口牌酒精含量38%陈酿酒(绿磨砂、白磨砂)、大连啤酒股份有限公司的棒棰岛牌12度啤酒、大连金州酒厂的金州王牌白酒、朝阳酒厂的凌塔牌白酒、沈阳市宝船面粉公司的宝船牌系列面粉。辽宁省经济贸易委员会等六部门于1996年7月28日至30日，在沈阳辽宁工业展览馆成功举办了“'96辽宁饮料食品展示会”。为进一步促进辽宁饮料食品行业的发展，树立辽宁饮料食品的新形象，扶持地方名优产品，展会主办单位对参展产品的质量、经济指标等进行了评议和比较，确定15种啤酒、13种饮料为畅销产品，53种各类食品为推荐产品，名单如下：

**畅销饮料名单**

| 产品名称 | 生产单位 |
|---|---|
| 八王寺玻璃瓶系列饮料 | 沈阳市八王寺汽水厂 |
| 100%“真爱”纯苹果汁 | 大连真爱果汁有限公司 |
| 吉露牌系列饮料 | 朝阳华新天然饮料公司 |
| 三绿系列饮料 | 辽河油田三绿保健食品饮料厂 |
| 佳浪牌维力佳系列果汁饮料 | 辽宁熊岳维力佳饮料公司 |
| 香地系列饮料 | 辽宁香地食品饮料(集团)有限公司 |
| 东北虎牌矿泉水 | 辽宁凌岳矿泉饮品有限公司 |
| 野山力牌泡泡啤 | 本溪经济开发区野山力饮料有限公司 |
| 科耐特牌苹果汁、沙棘汁饮料 | 锦州金叶食品有限公司 |
| 新富得牌山珍系列饮料 | 鞍山市新富得保健品有限公司 |
| 盛世智慧锗天然矿泉水 | 大连盛世矿泉水饮料公司 |
| 每天牌系列饮料 | 抚顺每天集团有限公司 |
| 美人鱼牌干白葡萄酒 | 大连万事通葡萄酿酒有限公司 |

**畅销啤酒名单**

| 产品名称 | 生产单位 |
|---|---|
| 11.5度雪花啤酒 | 沈阳华润雪花啤酒有限公司 |
| 棒棰岛啤酒 | 大连棒棰岛啤酒厂 |
| 龙山泉牌系列啤酒 | 本溪市啤酒厂 |
| 鸭绿江牌威力啤酒 | 丹东啤酒厂 |
| 11度大雪啤酒 | 大连大雪啤酒厂 |
| 美月牌美月啤酒 | 辽阳美月啤酒股份有限公司 |
| 墨尼系列啤酒 | 清河墨尼啤酒股份有限公司 |
| 天湖牌系列啤酒 | 抚顺天湖啤酒有限公司 |
| 12度大尼根啤酒 | 大连华润渤海啤酒有限公司 |
| 瑞德牌12度瑞德啤酒 | 鞍山啤酒厂 |
| 梅雪牌12度啤酒 | 阜新市啤酒厂 |
| 笔架山牌净瓶泉11度白啤酒 | 锦州中策啤酒有限公司 |
| 特制辽河啤酒 | 盘锦市辽河啤酒厂 |
| 菊花岛啤酒 | 辽宁兴城市菊花岛啤酒股份有限公司 |
| 施托克曼啤酒 | 朝阳啤酒厂 |

名牌白酒名单

| 产品名称 | 生产单位 |
| --- | --- |
| 老龙口牌龙口陈酿系列(酒精含量38%绿磨砂、白磨砂,酒精含量35%老龙口白酒) | 沈阳市老龙口酒厂 |
| 凌塔牌凌塔老窖(酒精含量38%) | 朝阳酒厂 |
| 金州王牌金州曲酒(酒精含量38%、54%) | 大连金州酒厂 |
| 凌塔牌凌塔酒(酒精含量53%) | 朝阳酒厂 |
| 龙泉牌龙泉老窖头曲(酒精含量38%) | 大连龙泉酒厂 |
| 凤山牌凤城老窖系列(酒精含量38%老窖酒,酒精含量40%贵族老窖) | 凤城老窖酒厂 |
| 盘锦牌盘锦白酒(酒精含量38%) | 盘山县酿酒厂 |
| 大台牌绥中特酿(酒精含量50%) | 绥中县酒厂 |
| 铁刹山牌老窖酒(酒精含量39%) | 本溪酒厂 |
| 老龙口牌老龙口曲酒(酒精含量42%) | 沈阳市老龙口酒厂 |

推荐产品

| 产品名称 | 生产单位 |
| --- | --- |
| 松林牌11度松林啤酒 | 建平啤酒厂 |
| 越亚牌12度迈威啤酒 | 鞍山市矿泉酒厂 |
| 圣士丹牌迈威啤酒 | 沈阳沈雪集团有限公司 |
| 赛拜迪啤酒 | 法库县啤酒厂 |
| 金螺牌龙饮山枣汁、黄桃汁 | 大连龙泉股份有限公司 |
| 冠军露沙棘饮料 | 奥新中华冠军露有限公司 |
| 兴红牌杏仁露 | 北票市果品加工厂 |
| 乐K特果肉饮料 | 丹东罐头食品总厂 |
| 秋红牌山楂全果超微粉系列产品 | 沈阳法库粮食食品开发总公司 |
| 爱露得野姑娘系列饮料 | 抚顺市野姑娘饮料厂 |
| 波牌王子香蕉汁 | 营口王子饮料食品有限公司 |
| 贵门牌博士乐长生奶 | 朝阳市益康饮料厂 |
| 三元牌一贝果乳 | 鞍山三元饮品厂 |
| 赛林牌野生山核桃乳 | 本溪赛林康健饮品有限责任公司 |
| HM黑米可乐 | 大连黑米商务会社 |
| UCC悠适咖啡 | 大连悠适上岛咖啡有限公司 |
| 凌川泡啤 | 锦州凌川酿酒总厂 |
| 中国秘宝饮料 | 丹东日飞饮料厂 |
| 溪雪牌天然多维系列饮料 | 本溪市冷饮食品厂 |
| 宇航员牌太空水 | 大连太空饮品有限公司 |
| 锶泉湖牌矿泉水 | 沈阳锶泉酒厂 |
| 灵峰之水牌矿泉水 | 本溪选择饮料有限公司 |
| 龙声牌矿泉水 | 沈阳秋龙开原龙声矿泉饮料食品厂 |
| 太空一号纯净水 | 国营8271厂纯水分厂 |
| 独一泉牌乳酸菌饮料 | 鞍钢副业总厂 |
| 美登高冷饮系列 | 辽宁美登高食品有限公司 |
| 斯麦特冷饮系列 | 中美合资沈阳斯麦特食品有限公司 |
| 红梅牌味精 | 沈阳味精厂 |
| 晓龙牌系列食品 | 大连晓龙食品有限公司 |

续表

| 产品名称 | 生产单位 |
|---|---|
| 清宫牌宫廷金丝面 | 抚顺市隆达食品公司 |
| 三宝乐一番方便面 | 大连三洋食品有限公司 |
| 新绿丝面 | 阜新新绿集团 |
| 百路系列糕点 | 沈港合资沈阳百路食品有限公司 |
| 顺达牌特脆大奶宝饼干系列 | 沈阳顺达食品有限公司 |
| 克拉古斯香肠 | 沈阳市克拉古斯肉制品加工厂 |
| 枫叶牌脱骨猪蹄 | 鞍山市肉食制品公司 |
| 三文治西式火腿 | 沈阳铁西区重工肉食加工厂 |
| 梦求牌火腿肠 | 阜新星港食品有限公司 |
| 醉翁亭牌系列熟食品 | 铁岭市食品公司肉类熟食加工厂 |
| 锦江山牌糖水草莓罐头 | 丹东罐头食品总厂 |
| 味邦牌系列调味品 | 鞍山味邦集团有限公司 |
| 海花牌加碘精制盐 | 营口盐业(集团)公司 |
| 石桥牌营口大酱 | 营口市酱油厂 |
| 光华醋 | 丹东酿造厂 |
| 光字牌腐乳 | 丹东酿造厂 |
| 星桥牌精制干酱 | 铁岭市调味厂 |
| 岭峰牌日本风味方便家常菜 | 辽宁北方食品有限公司 |
| 金海牌板栗食品 | 东港市板栗食品有限公司 |
| 沈丹牌活性乳、核桃奶 | 沈阳市康华乳品厂 |
| 石山牌全脂速溶甜奶粉 | 盘锦市石山种畜场乳品厂 |
| 亨利牌免淘米 | 沈阳亨利精米加工厂 |
| 香雪牌系列面粉 | 沈阳香雪面粉股份有限公司 |
| 宝船牌系列面粉 | 沈阳宝船面粉公司 |

（郭建国　许智超　王　革）

表 2

## 1996 年乡及乡以上食品工业独立核算工业企业主要财务指标

单位：亿元

| 指　　标 | 全省企业数（个） | 其中：亏损企业（个） | 工业总产值（当年价新规定） | 工业总产值（不变价新规定） | 工业增加值（生产法） | 工业销售产值（当年价新规定） | 成品产销存 | | | | 全部职工年平均人数（人） |
|---|---|---|---|---|---|---|---|---|---|---|---|
| | | | | | | | 年初库存价值 | 生产价值 | 销售价值 | 年末库存 | |
| 全省工业总计 | 33 001 | 8 137 | 3 934.75 | 3 712.85 | 937.43 | 3 738.33 | 331.73 | 3 774.32 | 3 617.87 | 467.04 | 3 953 962 |
| 食品工业合计 | 2 448 | 750 | 325.13 | 253.31 | 76.36 | 313.68 | 29.76 | 320.41 | 311.04 | 36.86 | 224 678 |
| 食品加工业 | 1 025 | 322 | 140.41 | 97.76 | 19.66 | 136.59 | 11.85 | 138.42 | 135.33 | 13.85 | 79 468 |
| 粮食及饲料加工业 | 418 | 153 | 61.88 | 37.41 | 5.86 | 60.42 | 2.34 | 61.41 | 60.06 | 3.06 | 24 460 |
| 其中：饲料加工业 | 288 | 65 | 36.95 | 27.37 | 3.94 | 36.46 | 1.28 | 36.74 | 36.32 | 1.44 | 11 789 |
| 植物油加工业 | 127 | 42 | 28.13 | 17.55 | 2.87 | 28.46 | 2.73 | 27.76 | 28.14 | 2.19 | 9 604 |
| 制糖业 | 1 | — | 0.02 | 0.02 | … | 0.02 | 0.01 | 0.02 | 0.02 | 0.01 | 22 |
| 屠宰及肉类蛋类加工业 | 118 | 39 | 6.76 | 5.45 | 1.22 | 6.29 | 0.92 | 6.69 | 6.25 | 1.31 | 6 421 |
| 水产加工业 | 220 | 59 | 30.33 | 25.84 | 7.29 | 28.61 | 4.31 | 29.49 | 28.19 | 5.47 | 29 730 |
| 食用盐加工业 | 5 | 1 | 0.08 | 0.07 | 0.03 | 0.09 | 0.02 | 0.08 | 0.08 | 0.02 | 294 |
| 其他食品加工业 | 136 | 28 | 13.21 | 11.42 | 2.39 | 12.70 | 1.52 | 12.97 | 12.59 | 1.79 | 8 937 |
| 食品制造业 | 701 | 225 | 72.94 | 59.94 | 17.57 | 69.69 | 6.24 | 71.72 | 69.15 | 8.58 | 68 363 |
| 糕点、糖果制造业 | 202 | 54 | 19.43 | 17.34 | 5.70 | 19.12 | 0.90 | 19.36 | 19.10 | 1.10 | 14 593 |
| 乳制品制造业 | 32 | 8 | 5.77 | 4.98 | 1.63 | 5.59 | 0.40 | 5.63 | 5.55 | 0.42 | 4 488 |
| 罐头食品制造业 | 205 | 77 | 18.13 | 13.44 | 4.14 | 16.60 | 3.11 | 17.72 | 16.38 | 4.46 | 22 523 |
| 发酵制品业 | 24 | 7 | 10.42 | 9.52 | 1.51 | 10.03 | 0.47 | 10.15 | 9.95 | 0.66 | 5 345 |
| 调味品制造业 | 67 | 19 | 4.90 | 4.54 | 1.45 | 4.73 | 0.42 | 4.76 | 4.70 | 0.52 | 7 003 |
| 其他食品制造业 | 171 | 60 | 14.29 | 10.12 | 3.14 | 13.63 | 0.94 | 14.10 | 13.47 | 1.42 | 14 411 |
| 饮料制造业 | 716 | 203 | 90.09 | 76.69 | 25.34 | 85.42 | 11.34 | 88.64 | 84.59 | 14.15 | 72 468 |
| 酒精及饮料酒制造业 | 358 | 93 | 51.77 | 40.48 | 16.70 | 48.24 | 7.41 | 51.33 | 48.10 | 10.10 | 48 988 |
| 软饮料制造业 | 120 | 36 | 22.77 | 20.94 | 5.91 | 22.18 | 0.96 | 22.36 | 21.97 | 1.21 | 10 925 |
| 制茶业 | 219 | 68 | 14.24 | 13.66 | 2.52 | 13.76 | 2.85 | 13.70 | 13.34 | 2.65 | 11 727 |
| 其他饮料制造业 | 19 | 6 | 1.31 | 1.61 | 0.21 | 1.24 | 0.12 | 1.25 | 1.18 | 0.19 | 828 |
| 烟草加工业 | 6 | — | 21.69 | 18.92 | 13.79 | 21.98 | 0.33 | 21.63 | 21.97 | 0.28 | 4 379 |

续表

| 指标 | 流动资产合计 | 流动资产年平均余额 | 固定资产合计 | 固定资产原价合计 | 固定资产净值年平均余额 | 无形及递延资产合计 | 资产合计 | 负债合计 | 所有者权益合计 | 产品销售收入 | 利润总额 | 亏损企业亏损总额 | 利税总额 | 本年应交增值税 | 本年进项税额 | 本年销项税额 |
|---|---|---|---|---|---|---|---|---|---|---|---|---|---|---|---|---|
| 全省工业总计 | 2 167.75 | 2 086.09 | 1 960.73 | 2 208.10 | 1 573.36 | 84.34 | 4 506.42 | 2 843.52 | 1 662.90 | 3 706.58 | 98.05 | 54.88 | 287.20 | 145.14 | 427.91 | 563.72 |
| 其中:食品工业小计 | 169.93 | 164.19 | 145.68 | 160.76 | 115.47 | 8.47 | 347.90 | 215.85 | 132.05 | 311.50 | 8.34 | 5.88 | 34.46 | 11.76 | 26.40 | 37.19 |
| 食品加工业 | 56.97 | 55.85 | 43.17 | 50.28 | 37.56 | 1.88 | 109.20 | 73.58 | 35.61 | 140.12 | 0.56 | 2.07 | 2.84 | 1.74 | 6.49 | 7.79 |
| 粮食及饲料加工业 | 18.03 | 17.59 | 15.20 | 16.98 | 13.40 | 0.40 | 36.33 | 23.60 | 12.73 | 58.96 | 0.08 | 0.85 | 0.58 | 0.37 | 1.60 | 1.90 |
| 其中:饲料加工业 | 9.95 | 9.46 | 6.89 | 8.05 | 6.25 | 0.31 | 17.93 | 11.00 | 6.93 | 35.80 | 0.41 | 0.33 | 0.69 | 0.17 | 0.50 | 0.66 |
| 植物油加工业 | 10.97 | 10.58 | 7.16 | 7.49 | 5.93 | 0.27 | 19.38 | 14.94 | 4.43 | 28.97 | —0.28 | 0.54 | 0.11 | 0.36 | 0.96 | 1.24 |
| 制糖业 | … | … | … | 0.02 | 0.01 | … | 0.02 | 0.01 | 0.01 | 0.02 | … | … | … | … | 0.01 | 0.01 |
| 屠宰及肉类蛋类加工业 | 3.91 | 3.63 | 2.84 | 3.68 | 2.45 | 0.15 | 7.08 | 4.41 | 2.67 | 6.93 | 0.03 | 0.12 | 0.24 | 0.16 | 0.66 | 0.80 |
| 水产加工业 | 18.88 | 19.04 | 13.54 | 16.82 | 11.51 | 0.90 | 36.15 | 24.57 | 11.58 | 34.85 | 0.52 | 0.48 | 1.49 | 0.69 | 2.51 | 2.94 |
| 食用盐加工业 | 0.06 | 0.06 | 0.13 | 0.15 | 0.13 | … | 0.20 | 0.06 | 0.14 | 0.05 | … | … | … | … | … | … |
| 其他食品加工业 | 5.12 | 4.94 | 4.30 | 5.14 | 4.13 | 0.17 | 10.04 | 5.99 | 4.05 | 10.33 | 0.21 | 0.08 | 0.41 | 0.16 | 0.75 | 0.90 |
| 食品制造业 | 37.72 | 36.06 | 32.72 | 38.37 | 28.28 | 2.56 | 76.09 | 51.21 | 24.88 | 68.36 | 3.78 | 1.44 | 7.49 | 3.31 | 7.88 | 11.08 |
| 糕点糖果制造业 | 10.02 | 9.37 | 10.65 | 11.60 | 9.44 | 0.95 | 22.17 | 13.05 | 9.13 | 19.65 | 3.29 | 0.35 | 4.61 | 1.25 | 1.95 | 3.19 |
| 乳制品制造业 | 2.32 | 2.29 | 2.21 | 2.67 | 2.25 | 0.13 | 4.84 | 3.44 | 1.40 | 5.26 | —0.08 | 0.17 | 0.17 | 0.21 | 0.66 | 0.88 |
| 罐头食品制造业 | 12.11 | 11.48 | 6.56 | 8.20 | 5.30 | 0.72 | 20.38 | 16.30 | 4.08 | 15.99 | 0.02 | 0.41 | 0.73 | 0.56 | 1.58 | 2.11 |
| 发酵制品业 | 3.05 | 2.72 | 3.08 | 3.95 | 2.81 | 0.11 | 6.49 | 4.28 | 2.21 | 9.86 | 0.44 | 0.09 | 0.98 | 0.50 | 1.29 | 1.75 |
| 调味品制造业 | 2.85 | 2.68 | 2.46 | 3.06 | 2.07 | 0.37 | 6.41 | 3.36 | 3.05 | 4.72 | —0.01 | 0.10 | 0.34 | 0.31 | 0.81 | 1.12 |
| 其他食品制造业 | 7.37 | 7.52 | 7.76 | 8.89 | 6.41 | 0.27 | 15.80 | 10.78 | 5.01 | 12.88 | 0.12 | 0.33 | 0.66 | 0.48 | 1.59 | 2.03 |
| 饮料制造业 | 61.90 | 60.94 | 56.07 | 59.49 | 40.70 | 4.02 | 133.98 | 75.81 | 58.18 | 81.95 | 2.76 | 2.37 | 12.15 | 4.78 | 10.32 | 14.80 |
| 酒精及饮料酒制造业 | 38.74 | 38.18 | 39.46 | 41.61 | 27.89 | 1.63 | 87.22 | 52.53 | 34.69 | 47.58 | 1.71 | 1.01 | 9.30 | 3.12 | 4.88 | 7.80 |
| 软饮料制造业 | 11.54 | 10.74 | 11.80 | 11.80 | 8.37 | 1.92 | 28.94 | 9.65 | 19.28 | 20.45 | 1.47 | 0.76 | 2.71 | 1.19 | 3.84 | 4.97 |
| 制茶业 | 10.96 | 11.34 | 4.35 | 5.59 | 4.05 | 0.40 | 16.55 | 12.79 | 3.76 | 12.97 | —0.40 | 0.53 | 0.09 | 0.42 | 1.53 | 1.90 |
| 其他饮料制造业 | 0.66 | 0.68 | 0.47 | 0.48 | 0.39 | 0.08 | 1.27 | 0.84 | 0.44 | 0.96 | —0.02 | 0.07 | 0.05 | 0.05 | 0.08 | 0.13 |
| 烟草加工业 | 13.34 | 11.35 | 13.71 | 12.62 | 8.93 | 0.01 | 28.63 | 15.25 | 13.38 | 21.07 | 1.24 | — | 11.97 | 1.93 | 1.70 | 3.52 |

注:饲料加工业的利润总额和利税总额两指标大于粮食及饲料加工业的总数,因为粮食加工业是亏损企业。

# 3.7 吉 林 省

**【a. 纪事】** 1996年4月11日，国家大豆深加工技术研究中心成立。该中心经国家科委批准，在吉林省高校技术开发中心的基础上组建。总投资1 200万元，其中国家拨款15万元，省内配套资金103万元，其余自筹。中心主要研究方向是大豆深加工技术和设备。当年完成2项攻关项目：一是大豆分离蛋白技术和设备研究，使大豆分离蛋白技术、设备全部国产化，处于国内领先水平；二是大豆蛋白分子降解与改性技术在国内推广13家企业，取得了较好的经济效益。

9月13日，吉林省技术监督局和省食品工业局联合下发了《关于对食品工业产品实施准产证管理的通知》，实施准产证管理的产品有：糕点糖果类、软饮料冰制品类、调味品类、白酒类、葡萄酒类、果露酒类、黄酒类、食品添加剂类、肉食加工类。省许可证办公室会同省食品工业局负责食品工业产品准产证的发放、监督、管理等日常工作。

11月20日，省食品工业局为落实省委六届六次会议的精神，提出了“关于把食品工业培育成支柱产业的对策和建议”和“关于培育食品工业支柱产业的若干政策措施建议”，明确在“九五”期间抓“10大重点项目”、“10大企业集团”、“10个食品工业强县”。

省委、省政府对在1996年全省转(机制)、抓(管理)、练(内功)、增(效益)活动和质量效益年评比中作出突出贡献的单位和个人，给予了命名，其中食品工业被命名的有：吉发集团为规模大、效益好、后劲足的最强企业；吉林天河有限公司、吉林新源食品工业公司为学邯钢管理先进单位；吉林德大有限公司、吉林天河有限公司为规模大、效益好的“三资”企业；吉林松源食品工业公司总经理刘少敏和吉林天河有限公司总经理曹明新为优秀经营者。

1996年全省白酒和啤酒行业效益不佳，省食品工业局组织省酿酒协会抓了3件事：一是6月19日～21日召开全省啤酒价格协调会，提出统一出厂价格，为啤酒行业增加效益5 000万元左右。二是抓啤酒行业的消耗指标，使啤酒酒损降低了1%，增加效益2 000万元。三是12月19日～20日搞了一次全省白酒质量检评活动，这是近5年来规模最大的一次行业评比，近120个品种参加了评比，共评出行业名牌、优质产品近40个品种。

**【b. 概况】** 1996年，吉林省食品工业有乡及乡以上企业1 804户，比上年减少55户；其中全部独立核算食品工业企业1 623户，比上年减少26户。当年全省食品工业发展呈以下几个特点：

1. 生产持续发展。当年食品工业乡及乡以上企业工业总产值115.2亿元(不变价)，比上年增长10.8%；占全省工业总产值的12.36%，仅次于汽车、石化，列全省第3位。全部独立核算企业工业总产值96.8亿元，比上年增长6.28%；工业增加值35.04亿元，增长20.83%。

2. 经济效益下降。食品工业全部独立核算企业利税总额4.8亿元，比上年下降50.26%；亏损企业达500家，亏损最严重的植物油行业、制糖行业和白酒行业分别亏损17 893万元、16 384万元和8 919万元。省内的2大糖厂，新中国制糖厂和吉林省制糖厂分别列全省亏损大户的第1位和第3位。

3. 产业结构调整取得显著成效。根据吉林食品工业现有基础和资源特点，确定了发展淀粉及深加工、畜禽产品深加工、酒精及白酒、啤酒、饲料5大主导产业，靠优质产业带动，以规模求效益的食品工业发展的总体思路。在1996年里，以这5大主导产业为主的大企业集团迅速发展，如：黄龙食品有限公司经二期改造，玉米淀粉产量由12万吨增至24万吨；德大有限公司年屠宰加工肉食鸡5 000万只，主要产品有分割鸡肉、鸡肉制品10万吨，饲料产品年产36万吨，年产5.4万吨色拉油项目年底投产，该公司当年销售收入达16.09亿元，利税8 549万元。

4. 食品工业强县发展迅速。1994年确定重点培育5个食品工业强县(市)，德惠市、梨树县、公主岭市、梅河口市、榆树市。经过2年的努力，各县(市)食品工业都有了长足的发展。1996年省委、省政府提出，用15年的时间把吉林省建成粮食大省、畜牧大省、农产品深加工大省，农村经济强省“三大一强”的战略目标，省食品工业局提出依靠地域优势，走贸工农一体化的道路，发展龙型经济实现农业产业化，来达到这一目标。为此在1994年确定的5个食品工业强县的基础上，在2000年前再培育5个食品工业强县，他们是：柳河县、农安县、前郭县、洮南市、延吉市。1996年各县市食品工业经济指标见表5。

5. 发展中存在的不足。一是行业间发展不平衡。比如，淀粉行业发展迅速，企业装备水平、规模均属国内一流，啤酒行业也保持了良好的发展势头，而省内白酒行业有基础，产品质量较好，却由于规模小、效益较低而发展缓慢。久负盛名的通化葡萄酒厂，由于流动资金短缺，难以启动。二是企业间发展不平衡。在大企业不断上规模上水平的同时，占食品行业绝大多数的中小企业，装备水平、企业管理水平仍较落后，规模小、效益低、抗风险能力差。三是产品结构不够合理。基础原料型产品比重大，深加工产品少；中低档产品多，高档产品少；低附加值产品多，高附加值产品少，产品缺乏市场竞争能力。全行业出现产值增长，效益下降，这是其中的重要因素之一。

**表1　吉林省食品工业主要经济指标**　单位：亿元

| 项目名称 | 1996年 | 比上年增长（%） |
|---|---|---|
| 工业企业数（户） | 1 623 | 1.58 |
| 工业总产值（不变价） | 96.8 | 6.28 |
| 工业增加值 | 35.04 | 20.83 |
| 工业销售收入 | 119.3 | －5.8 |
| 固定资产原值 | 118.5 | |
| 固定资产净值 | 105.2 | |
| 资产总计 | 231.9 | |
| 固定资产投资 | 8.03 | |
| 利税总额 | 4.6 | －50.26 |
| 利润总额 | －5.75 | 139.85 |
| 资金利税率（%） | 2.5 | |
| 亏损企业数（户） | 500 | |
| 亏损企业亏损额 | 9.3 | |

注：本表统计范围为全部独立核算企业。

**表2　1996年吉林省食品工业主要产品产量**　单位：吨

| 产品名称 | 产量 | 产品名称 | 产量 |
|---|---|---|---|
| 大米 | 1 834 171 | 菜籽油 | 1 395 |
| 小麦粉 | 496 900 | 大豆油 | 153 003 |
| 杂粮粉 | 672 805 | 精炼食用植物油 | 141 693 |
| 小麦粉制品 | 18 153 | 色拉油 | 1 768 |
| 小麦粉半制品 | 13 045 | 非食用植物油 | 7 878 |
| 食用植物油 | 208 142 | 配合饲料 | 633 212 |

续表

| 产品名称 | 产量 | 产品名称 | 产量 |
|---|---|---|---|
| 混合饲料 | 285 963 | 畜肉制品 | 1 567 |
| 蛋白饲料 | 86 668 | 禽肉制品 | 2 743 |
| 乳制品 | 3 080 | 糖 | 69 546 |
| 奶粉 | 2 939 | 水产加工品 | 309 |
| 罐头 | 7 662 | 加工盐 | 9 866 |
| 肉类罐头 | 2 557 | 酱腌菜 | 3 048 |
| 蔬菜罐头 | 3 370 | 速冻蔬菜 | 2 353 |
| 水果罐头 | 823 | 糖果 | 2 514 |
| 其他罐头 | 912 | 糕点 | 10 164 |
| 味精 | 1 363 | 饼干 | 3 433 |
| 酵母 | 1 714 | 方便主食品 | 28 770 |
| 酶制剂 | 4 702 | 方便面 | 26 167 |
| 酱油 | 60 378 | 饮料酒 | 899 180 |
| 食醋 | 9 822 | 白酒 | 128 873 |
| 酱 | 13 032 | 啤酒 | 758 704 |
| 复合调味剂 | 174 | 黄酒 | 1 896 |
| 食品添加剂 | 132 | 葡萄酒 | 7 176 |
| 豆制品 | 39 298 | 果酒 | 368 |
| 淀粉 | 317 439 | 露酒 | 2 165 |
| 粉丝、粉条 | 4 179 | 软饮料 | 278 106 |
| 淀粉糖 | 2 239 | 碳酸饮料 | 199 627 |
| 发酵酒精 | 95 495 | 天然矿泉水 | 74 317 |
| 浓缩饲料 | 78 815 | 果菜汁饮料 | 3 624 |
| 饲料添加剂 | 18 906 | 冷冻饮品 | 60 566 |
| 鲜冻畜肉 | 18 743 | 卷烟（万箱） | 59.1 |
| 鲜冻禽肉 | 105 819 | | |

**表3　1996年吉林省食品工业销售收入前10名企业**

| 序号 | 企业名称 | 销售收入（万元） |
|---|---|---|
| 1 | 吉林德大有限公司 | 160 864 |
| 2 | 黄龙食品工业有限公司 | 40 826 |
| 3 | 吉林正大有限责任公司 | 36 538 |
| 4 | 巴斯金士百啤酒有限公司 | 27 942 |
| 5 | 吉林松源食品医药工业公司 | 23 834 |
| 6 | 新源玉米开发有限公司 | 20 043 |
| 7 | 吉林天河实业有限公司 | 19 833 |
| 8 | 吉林新中国糖厂 | 15 313 |
| 9 | 吉林市第一粮油加工厂 | 11 806 |
| 10 | 农安县啤酒厂 | 10 445 |

表 4　1996 年吉林省食品工业利税前 10 名企业

| 序号 | 企业名称 | 利税总额（万元） |
|---|---|---|
| 1 | 吉林德大有限公司 | 8 549 |
| 2 | 黄龙食品工业有限公司 | 6 257 |
| 3 | 吉林松源食品医药工业公司 | 5 120 |
| 4 | 农安县啤酒厂 | 3 094 |
| 5 | 巴斯金士百啤酒有限公司 | 3 044 |
| 6 | 延吉凌龙冰川实业股份有限公司 | 2 077 |
| 7 | 吉林正大有限责任公司 | 2 005 |
| 8 | 吉林省银瀑啤酒厂 | 2 000 |
| 9 | 吉林天河实业有限公司 | 1 456 |
| 10 | 四平市啤酒厂 | 1 203 |

表 5　1996 年吉林省食品大县经济指标

| 县(市) | 食品工业总产值(当年价,亿元) | 食品工业总产值(1990 年不变价,亿元) | 利税（万元） |
|---|---|---|---|
| 德惠市 | 20.49 | 16.18 | 5 475 |
| 榆树市 | 7.29 | 5.4 | 1 452 |
| 农安县 | 5.5 | 4.07 | 6 479 |
| 梨树县 | 3.6 | 2.69 | 5 394 |
| 公主岭县 | 11.44 | 8.47 | 13 452 |
| 梅河口市 | 6.91 | 5.12 | 4 100 |
| 柳河县 | 3.43 | 2.54 | 2 555 |
| 前郭县 | 1.6 | 1.19 | 605 |
| 洮南市 | 0.69 | 0.47 | 500 |
| 延吉市 | 6.69 | 9.0 | 24 544 |

**【c. 科技进步】** 玉米是吉林省的资源优势，近年来以此为原料的食品工业尤其是玉米淀粉工业发展较为迅速，但深加工产品少，产品附加值低，经济效益不显著，因此玉米深加工是吉林省发展食品工业面临的重大课题。1996 年，玉米深加工国家工程研究中心建成投入运转。该中心是经国家计委批准，依托吉林省吉发集团公司组建的农业和粮食深加工领域首家国家级工程研究中心，是吉林省实施百万吨玉米深加工的先导工程。中心以玉米深加工为主要研究方向，为玉米淀粉及深加工产品的规模化生产提供技术、信息和服务。中心位于长春经济技术开发区，占地 2 万平方米，包括科研综合楼，试验厂，配套工程，工业性试验基地，淀粉糖厂，变性淀粉厂。中心建设总投资 16 410 万元，国家投入 2 500 万元，省内配套 1 000 万元，吉发集团自筹 12 910 万元。

1996 年全省食品工业科技进步工作取得了显著的成果，一是抓科技攻关和新产品开发，取得了淀粉湿法工艺、果葡糖载体研究等 15 项科技攻关成果，开发新产品 50 种；二是加大科技转化力度，一批科技推广项目已见成效，其中推广量大面广的项目有：速溶大豆粉、营养型配制酒等。

**【d. 固定资产投资】** 1996 年吉林省食品工业固定资产投资 8.03 亿元，与上年基本持平。其中，基本建设投资 5.75 亿元，技术改造投资 1.55 亿元，其他 0.74 亿元。主要项目有：

1. 吉林省黄龙食品有限公司二期扩建工程。工程总投资 2 335 万美元，其中环保工程投资 3 000 万人民币与扩建工程同步进行。建成后年加工玉米由 20 万吨增至 40 万吨，投资仅为一期工程的一半，实现了产量、效益翻番，年创产值可达 10 亿元，利税 1.7 亿元，创汇 4 000 万美元。12 月份正式投产，形成了年产 24 万吨商品淀粉的全国最大的现代化淀粉生产企业。

2. 吉林新源玉米开发有限公司二期改造工程。该项目总投资 3.2 亿元，改造后主要淀粉生产能力达到 12 万吨，同时开发深加工产品：山梨醇、葡萄糖、淀粉糖、变性淀粉等，改造后的部分已于 10 月份陆续投产。

其他在建的重点项目有：长春大成年加工 30 万吨玉米工程、长春百事可乐有限公司年产 10 万吨百事可乐项目、德惠德欣有限公司年屠宰肉牛 10 万头及加工工程、临江赛力特 3 万吨硅藻土助滤剂工程、梨树天龙酿酒厂 3 万吨酒精工程等，这些项目将形成吉林省食品工业新的增长点，为“九五”期间将食品工业建成全省的支柱产业奠定基础。

**【e. 对外经济技术合作】** 1996 年全省共新批外商投资食品企业 50 户，计划总投资 3.2 亿美元，其中利用外资 1.67 亿美元，比上年增长 74%。

1996 年省内最大的利用外资项目，长春大成玉米开发有限公司年加工玉米 30 万吨项目，包括玉米淀粉、玉米蛋白粉、纤维饲料、玉米油等产品，已于年内开工建设，现已完成投资 6 865 万元，1997 年即可建成投产。

1996 年全省食品工业产品出口创汇 3.05 亿美元，比上年增长 14%。

（陈欣茹）

# 3.8　黑龙江省

【a. 纪事】　1996年1月，根据黑编〔1995〕185号文件精神，黑龙江省经济贸易委员会食品工业处正式成立。工作职能是：参与制订全省食品工业发展规划及有关政策并组织落实；组织食品工业重大科技项目的攻关，促进新技术、新产品以及资源开发和应用；指导食品工业生产，解决食品工业产、供、销中出现的重大问题；负责全省食品工业的质量管理工作，制订行业标准；组织产品的检查、评比、扶优打假工作。

4月，在鹤岗市召开了全省啤酒行业工作会议。会议通报了1995年全国和全省啤酒行业的发展情况以及全省啤酒行业对指标、争先进竞赛的总评结果；研讨了1996年的行业形势、工作任务、发展规划（包括技改计划）、组建集团和小企业如何自救等问题；同时企业间还交流了经验，沟通了信息；部署了年度工作任务。

4月，在佳木斯市召开了全省白酒行业工作会议。会议通报了1995年全国和全省白酒行业的发展情况，研讨了当年白酒行业的发展形势、工作任务、发展规划等问题；推广介绍了营养型复制白酒在提高质量、降低成本、增加效益等方面的成果；同时企业间还交流了强化管理，提质、降耗、增效等方面的先进经验；部署了当年工作任务。

4月，在哈尔滨市召开了全省乳品行业工作会议。总结了“八五”时期的工作；通报了1995年全省乳品行业对指标、争先进竞赛总评结果；研讨了当前的形势、如何办好全国性的乳品批发市场、如何转换经营机制、走集团化道路、“九五”发展规划等问题；企业间进行了经验交流，沟通了乳品行业的科技、市场等方面的信息；研究并部署了下一步的工作任务。

6月，黑龙江省人民政府发布了《关于禁止封锁酒类市场的紧急通知》。为推动全省酒类生产的健康发展，正确实施酒类销售市场的管理，省政府决定对酒类市场进行整顿，禁止酒类市场的地区封锁，进一步加强酒类市场的管理。

制订“九五”发展规划。省食品工业协会组织有关人员，用半年多的时间，对全省14个地市、20多个省直有关部门、60多户食品企业进行了深入细致的调查研究，确立了黑龙江“九五”时期食品工业发展的指导思想和原则，发展目标和重点，实现“九五”规划的主要措施，并召开了有关部门参加的座谈会，起草了规划初稿，并报省经济贸易委员会审定。

**表1　　食品工业主要原料产品产量**

| 产品名称 | 1996年（万吨） | 1995年（万吨） | 增长率（%） |
|---|---|---|---|
| 粮　食 | 3 046.5 | 2 592.5 | 17.5 |
| 　水　稻 | 636.0 | 496.9 | 28.0 |
| 　小　麦 | 329.5 | 293.4 | 12.3 |
| 　玉　米 | 1 445.0 | 1 219.1 | 18.5 |
| 　高　粱 | 65.5 | 47.9 | 36.7 |
| 　谷　子 | 21.5 | 20.9 | 2.9 |
| 　杂　粮 |  | 21.0 |  |
| 　大　豆 | 431.5 | 438.4 | －1.6 |
| 　薯　类 | 98.5 | 81.5 | 20.9 |
| 油　料 | 16.8 | 20.1 | －16.4 |
| 　花　生 | 0.4 | 0.3 | 33.3 |
| 　油菜籽 | 3.3 | 5.3 | －37.7 |
| 　葵花籽 | 10.5 | 9.0 | 16.7 |
| 甜　菜 | 491.9 | 500.8 | －1.8 |
| 烟　叶 | 18.1 | 11.2 | 61.6 |
| 　烤　烟 | 16.9 | 10.1 | 67.3 |
| 蔬　菜 | 916.7 | 883.6 | 3.7 |
| 瓜　类 | 129.1 | 126.6 | 2.0 |
| 　西　瓜 |  | 91.6 |  |
| 水　果 | 14.5 | 12.7 | 14.2 |
| 　苹　果 | 7.8 | 7.6 | 2.6 |
| 　梨 | 1.1 | 1.3 | －15.4 |
| 　葡　萄 | 0.9 | 1.0 | －10.0 |
| 肉类产量 | 168.5 | 135.7 | 24.2 |
| 　猪　肉 | 97.1 | 80.1 | 21.2 |
| 　牛　肉 | 31.1 | 23.7 | 31.2 |
| 　羊　肉 | 3.5 | 2.7 | 29.6 |
| 　禽　肉 | 32.3 | 27.8 | 16.2 |
| 禽　蛋 | 95.1 | 78.9 | 20.5 |
| 奶　类 | 186.7 | 166.6 | 12.1 |
| 　牛　奶 | 185.0 | 164.6 | 12.4 |
| 水产品 | 29.0 | 25.3 | 15.1 |
| 　鱼　类 | 28.8 | 25.2 | 14.3 |

**【b. 概况】** 黑龙江省是一个农业大省，食品工业原料丰富，有些农副产品产量在全国占有举足轻重的地位。1996年粮食大丰收，总产量达3 046.5万吨，创历史最好水平，人均产量820.2公斤，居全国第一位；牛奶人均产量49.8公斤，居全国第一位；肉类人均产量45.4公斤，解决了长期以来难以解决的省内猪肉自给问题；禽蛋人均产量25.8公斤，超过了全国平均水平；蔬菜人均产量246.8公斤；水产品人均产量7.8公斤；另外还有许多野生浆果、干果、山野菜、食用菌等独特的野生资源，这些都为发展食品工业提供了十分丰富、得天独厚的原料来源。

**表2　　1996年黑龙江省全部独立核算食品工业企业主要经济指标(一)**

| 行　　业 | 企业单位数(个) | 亏损企业(个) | 全部职工年平均人数(人) | 流动资产合计(万元) | 固定资产合计(万元) | 资产总计(万元) | 负债总计(万元) | 所有者权益合计(万元) |
|---|---|---|---|---|---|---|---|---|
| 总　计: | 3 274 | 510 | 313 897 | 1 924 163 | 1 396 353 | 3 467 962 | 2 968 262 | 499 700 |
| 其中:国有 | 974 | 335 | | 1 474 762 | 965 957 | 2 526 421 | 2 298 561 | 227 860 |
| 集体 | 2 068 | 133 | | 203 672 | 156 017 | 372 998 | 256 576 | 116 422 |
| 三资 | 110 | 27 | | 184 567 | 220 462 | 440 590 | 311 413 | 129 177 |
| 食品加工业 | 1 642 | 228 | 164 074 | 1 208 085 | 717 673 | 1 991 609 | 1 890 403 | 101 206 |
| 其中:国有 | 434 | 171 | | 965 850 | 546 122 | 1 551 622 | 1 558 326 | −6 704 |
| 集体 | 1 116 | 42 | | 126 640 | 85 167 | 219 134 | 155 509 | 63 625 |
| 三资 | 45 | 9 | | 81 097 | 58 692 | 147 650 | 117 581 | 30 069 |
| 食品制造业 | 905 | 166 | 67 255 | 239 950 | 243 585 | 522 223 | 381 667 | 140 556 |
| 其中:国有 | 332 | 93 | | 133 955 | 128 843 | 283 997 | 237 445 | 46 552 |
| 集体 | 498 | 57 | | 43 546 | 36 136 | 83 360 | 54 662 | 28 698 |
| 三资 | 44 | 14 | | 55 560 | 71 702 | 140 080 | 79 476 | 60 604 |
| 饮料制造业 | 709 | 112 | 71 256 | 280 841 | 324 835 | 640 540 | 484 852 | 155 688 |
| 其中:国有 | 190 | 67 | | 179 640 | 180 732 | 377 212 | 291 450 | 85 762 |
| 集体 | 454 | 34 | | 33 486 | 34 714 | 70 504 | 46 405 | 24 099 |
| 三资 | 21 | 4 | | 47 910 | 90 068 | 152 860 | 114 356 | 38 504 |
| 烟草加工业 | 18 | 4 | 11 312 | 195 322 | 110 260 | 313 590 | 211 340 | 102 250 |
| 其中:国有 | 18 | 4 | | 195 322 | 110 260 | 313 590 | 211 340 | 102 250 |

**1996年黑龙江省全部独立核算食品工业企业主要经济指标(二)**

**表3**　　　　单位:万元

| 行　　业 | 工业总产值(新规定) | | 工业增加值(生产法) | 产品销售收入 | 利税总额 | 利润总额 |
|---|---|---|---|---|---|---|
| | 当年价格 | 1990年不变价 | | | | |
| 总　计: | 2 795 281 | 1 736 266 | 774 179 | 2 570 411 | 169 315 | −36 644 |
| 其中:国有 | 1 695 536 | 968 692 | 394 143 | 1 659 526 | 100 089 | −67 083 |
| 集体 | 754 392 | 532 455 | 254 504 | 588 417 | 46 749 | 23 875 |
| 三资 | 168 781 | 179 356 | 107 232 | 223 602 | 17 364 | 3 342 |
| 食品加工业 | 1 679 097 | 932 606 | 322 995 | 1 544 174 | −31 400 | −61 732 |
| 其中:国有 | 990 622 | 487 837 | 133 314 | 965 688 | −63 927 | −80 245 |
| 集体 | 508 161 | 340 521 | 161 674 | 412 626 | 30 690 | 18 864 |
| 三资 | 108 194 | 72 466 | 21 397 | 95 878 | 1 045 | 100 |
| 食品制造业 | 416 009 | 307 234 | 136 488 | 359 065 | 18 398 | −185 |
| 其中:国有 | 169 005 | 129 801 | 32 436 | 169 519 | 4 083 | −5 029 |
| 集体 | 143 562 | 107 733 | 40 137 | 101 703 | 8 830 | 4 057 |
| 三资 | 93 972 | 62 842 | 50 456 | 81 135 | 4 842 | −38 |
| 饮料制造业 | 456 780 | 333 629 | 195 230 | 391 043 | 72 039 | 8 405 |
| 其中:国有 | 282 514 | 188 257 | 108 917 | 248 190 | 49 655 | 1 323 |
| 集体 | 102 669 | 84 201 | 43 693 | 74 088 | 7 239 | 3 754 |
| 三资 | 51 215 | 44 048 | 35 379 | 45 889 | 11 477 | 3 280 |
| 烟草加工业 | 253 395 | 162 797 | 119 466 | 276 129 | 110 278 | 16 868 |
| 其中:国有 | 253 395 | 162 797 | 119 466 | 276 129 | 110 278 | 16 868 |

黑龙江省食品工业是全省工业经济五大支柱产业之一。1996年全省食品工业又取得了长足发展，已成为仅次于石油及天然气开采业的全省第二大工业行业。截止到1996年底，全省共有乡及乡以上的食品工业(包括饮料制造业，下同)企业3 935户，食品工业总产值达到了189.14亿元(1990年不变价，下同)，比上年递增17.79%，占全省全部乡及乡以上工业企业总产值的15.41%。独立核算食品工业企业3 274户(其中亏损企业554户)，从业人员31.39万人，固定资产原值为163.09亿元，固定资产净值为120.67亿元。资产总计346.80亿元，负债总计296.83亿元，全行业平均资产负债率为85.59%，比上年下降3.20个百分点；完成产值达173.63亿元，比上年增长19.01%；工业增加值达77.42亿元，增长65.99%；实现销售收入257.04亿元，增长了21.80%；利税总额为16.93亿元，比上年下降了2.20%；利润总额－3.66亿元。1996年各行业发展情况如下：

1. 食品加工业。食品加工业是全省食品工业中最大的行业，独立核算企业数占食品工业的50.15%，产值占53.72%。其中，粮食及饲料加工业企业853户，产值为31.02亿元，利税为－0.82亿元，利润为－1.50亿元；植物油加工业为512户，产值38.79亿元，利税为1.07亿元，利润为0.07亿元；制糖业为34户，产值15.99亿元，利税－3.67亿元，利润－4.73亿元；屠宰及肉类蛋类加工业155户，产值4.73亿元，利税0.05亿元，利润－0.17亿元；水产品加工业12户，产值0.16亿元，利税－0.02亿元，利润－0.03亿元。

2. 食品制造业。食品制造业中独立核算企业数占全省食品工业的27.64%，产值占17.69%。其中，糕点、糖果制造业企业264户，产值5.92亿元，利税0.10亿元，利润－0.17亿元；乳制品制造业74户，产值12.36亿元，利税0.77亿元，利润－0.19亿元；罐头食品制造业41户，产值1.49亿元，利税0.16亿元，利润0.08亿元；发酵制品业14户，产值0.36亿元，利税0.26亿元，利润0.20亿元；调味品制造业163户，产值1.76亿元，利税0.10亿元，利润－0.01亿元；其他食品制造业349户，产值8.35亿元，利税0.45亿元，利润0.08亿元。

3. 饮料制造业。饮料制造业的独立核算企业数占全省食品工业的21.66%，产值占19.21%。其中，酒精及饮料酒制造业433户，产值28.16亿元，利税6.95亿元，利润0.78亿元；软饮料制造业268户，产值4.77亿元，利税0.24亿元，利润0.06亿元；制茶业3户，产值0.35亿元。

4. 烟草加工业。烟草加工业的独立核算企业数占全省食品工业的0.55%，产值占9.38%。其中，烟叶复烤业9户，产值0.18亿元，利税2.49亿元，利润1.52亿元；卷烟制造业9户，产值16.10亿元，利税8.54亿元，利润0.17亿元。

1996年全省食品工业的产业结构得到了一些调整，食品加工业、食品制造业和饮料制造业所占比重有所增加，烟草加工业所占比重有所减少。但总的来看，食品工业的发展与农业发展和全省经济发展还不相适应。一是与资源大省的发展很不协调，食品工业总产值与农业总产值的比仅为0.50∶1，农民“卖粮难”等问题仍没得到很好解决；二是投入较少，技术装备水平提高较慢，高新技术食品开发缓慢，市场竞争能力差；三是农副产品初加工多，精深加工所占比重太小，产业链短，附加值低，综合利用率不高；四是品种结构不够合理，缺乏市场叫得响、质量过得硬、消费者信誉高、覆盖面广的名牌产品和明星企业；五是企业组织机构调整缓慢，绝大多数食品企业为中小企业，规模效益太低；六是缺少统一的组织系统和管理机构，宏观调控乏力，管理分散，难以统筹规划，重复建设、分散改造、高速低效现象十分严重。

**1996年黑龙江省食品工业主要产品产量**

**表4**　　　　单位：万吨

| 产品名称 | 当年生产量 | 乡及乡以上工业 | 上年生产量 |
|---|---|---|---|
| 大米 | 149.36 | 72.62 | 241.57 |
| 小麦粉 | 231.44 | 151.35 | 282.03 |
| 杂粮粉 | 83.80 | 31.63 | 93.01 |
| 食用植物油 | 75.94 | 55.53 | 83.22 |
| 肉制品 | 1.43 | 1.39 | 6.20 |
| 甜菜糖 | 43.35 | 43.35 | 37.47 |
| 糕点 | 2.07 | 1.34 | 2.91 |
| 饼干 | 0.96 | 0.91 | 1.64 |
| 方便面 | 1.27 | 1.27 | 1.27 |
| 奶粉 | 12.12 | 12.11 | 10.38 |
| 罐头 | 2.12 | 1.53 | 2.01 |
| 酱油 | 10.08 | 8.21 | 16.40 |
| 食醋 | 1.72 | 1.58 | 2.17 |
| 豆制品 | 10.13 | 3.86 | 25.45 |
| 淀粉 | 13.47 | 12.12 | 9.02 |
| 发酵酒精(商品量) | 11.75 | 11.75 | 12.64 |
| 白酒(商品量) | 36.56 | 26.82 | 42.60 |
| 啤酒(商品量) | 108.44 | 108.44 | 105.70 |
| 软饮料 | 18.47 | 13.82 | 36.78 |
| 冷冻饮品 | 4.41 | 3.80 | 3.39 |
| 卷烟(万箱) | 74.09 | 74.09 | 79.03 |

**【c. 生产销售及新产品开发】** 1996年黑龙江省食品工业的生产、销售状况基本良好，乳制品、甜菜糖、啤酒、冷冻饮品、淀粉等产品产量比上年都有了一定幅度的增长。其中：乳制品产量增长16.76%，甜菜糖增长15.69%，啤酒增长2.59%，冷冻饮品增长30.09%，淀粉增长49.33%；粮食、植物油、肉制品、调味品、白酒、卷烟等产品产量比上年有所下降。主要产品产销率都在不断提高，食品加工业产品产销率达91.7%，食品制造业产品产销率为89.3%，饮料制造业产品产销率达95.4%，烟草加工业产品产销率为92.3%。独立核算食品工业企业实现销售收入达257.04亿元，比上年增长了21.80%，其中：食品加工业实现销售收入154.42亿元，比上年增长了17.63%；食品制造业实现销售收入35.91亿元，增长了42.16%；饮料制造业实现销售收入39.10亿元，增长了18.78%；烟草加工业实现销售收入27.61亿元，增长了27.94%。

1996年黑龙江省食品工业企业继续深化改革，以科技为先导，以市场为导向，不断调整产品结构，开发适销对路的新产品，满足市场需求。开发生产的新产品主要有：哈尔滨啤酒有限公司生产的哈尔滨牌高档11.4度啤酒和超干啤酒，一面坡啤酒厂生产的新三星牌红啤酒和干啤酒，齐齐哈尔梅里斯乳品实业公司生产的具有保健功能的降糖奶粉，华齐乳品厂生产的可可咖啡甜炼乳，麦上联合产业集团公司生产的麦上抻面(鲜湿方便面)，黑龙江正欣食品有限公司生产的豆豆牌方便面，北大荒集团生产的富硒米和富硒面粉，红玫瑰饮料厂生产的格瓦斯饮料，哈尔滨牛羊肉类加工厂生产的棒棒羊肉串等产品，有的产品还填补了国内或省内的空白。

**【d. 科技进步】** 1996年，黑龙江省食品工业加大了基建技改、新产品开发、新技术推广的力度，科技进步步伐较快，生产工艺和技术装备水平有了明显提高，但总体发展还很不平衡。乳制品、植物油、粮食加工等行业的骨干企业技术水平已达到国际先进水平，其余中型企业的技术水平也达到了国内先进水平；啤酒、白酒、食用酒精、饮料、屠宰及肉类加工、发酵制品、卷烟等行业的技术水平居国内中上游水平；饼干、糕点、糖果、调味品、水产品等行业的技术水平居全国中下游水平。

粮食加工业：农业的大发展，带动了粮食加工业的发展。全省粮食加工能力已达粮食总产量的一半以上，技术装备水平达到了国内先进水平。其中引进的3套制粉设备和部分制米设备达到了国际90年代初的先进水平。

植物油加工业：改革开放以来，省内制油技术发展较快，工艺技术水平进一步提高，大豆年加工能力达660万吨。其中浸出能力为551万吨，浸出能力占总加工能力的比重已达83.5%，浸出设备大型化、自动化，精炼工艺连续化得到了发展。负压蒸发、膨化浸出、自动控制技术已部分用于生产中，各项经济技术指标不断提高。精炼项目、大豆蛋白项目、磷脂项目已经成为调整产品结构的投资热点，各项技术比较成熟。

乳制品制造业：近年来，由于黑龙江省具有奶牛多的优势，乳制品制造业发展很快，工艺与技术装备水平有了很大提高。目前全省日处理鲜奶总能力达6 000吨，其中日处理鲜奶100吨以上的企业达15家(包括5家大型合资企业)；有7家企业引进了国际先进的液体奶无菌灌装生产线，延长了液体奶的保质期；有许多企业采用了微机自控、二次干燥、喷涂卵磷脂、自动清洗、充氮包装等先进技术和装备；14家骨干企业的技术装备水平达到了国际80～90年代先进水平，其余企业的技术装备水平也达到了国内先进水平。

啤酒制造业：随着啤酒消费量的增长，啤酒制造业的发展较快，生产工艺及技术装备水平有了较大提高，普遍采用了锥形发酵罐、硅藻土过滤机等设备，产品质量水平有了较大提高，目前全省啤酒生产能力已达年产130万吨。其中年产20万吨以上的企业2户，年产5万吨以上的企业3户，技术装备水平均达到了国内先进水平；年产啤酒1～5万吨的企业20多户，技术装备水平居国内80年代水平；其余年产啤酒万吨以下的小企业，技术装备水平仅为国内70年代末或80年代初的水平。

屠宰及肉类加工业：全省现有生猪屠宰加工生产线近90条，年屠宰加工能力达1 000多万头。自从猪肉放开以来，由于生猪管理一度失控，私屠滥宰现象十分严重，致使全省大多数肉联厂无猪可宰，设备大都闲置，企业严重亏损，无力进行设备更新改造。实行生猪定点屠宰以后，多数肉联厂恢复了屠宰加工，但设备水平提高不大，自动化程度还不太高。目前，全省肉灌制品年加工能力为5万多吨，共引进国外先进的真空斩拌机、真空灌肠机等设备60多台套，其余多为国产设备。总体看来，全省屠宰及肉类加工业的技术装备水平居全国中游水平。

**【e. 固定资产投资】** 1996年全省食品工业基本建设和更新改造共有施工项目168个，全部建成投产项目118个，项目建成投产率为70.2%，总投资为114 654万元，新增固定资产112 003万元，固定资产交付使用率达97.7%。其中基本建设施工项目52个，建成投产项目36个，项目建成投产率为69.2%；投资额为50 722万元，新增固定资产59 849万元，固定资产交付使用率达118.0%。更新改造施工项目116个，建成投产82个，项目建成投产率为70.7%，投资额为63 932万元，新增固定资产52 154万元，固定资产交付使用率为81.6%。

1996 年全省食品工业基本建设投资全部用于地方企业，其中省属企业占 29.5%；而在更新改造投资中，中央所属企业仅占 6.4%，地方企业占 93.6%（其中省属企业占 11.5%）。通过固定资产投入，提高了食品工业的技术装备水平，调整了产品结构，开发了新产品，促进了食品工业的稳步发展。

**表 5　　1996 年黑龙江省食品工业固定资产投资**

| 行业 | 施工项目(个) | | 全部建成投产项目(个) | 项目建成投产率(%) | 投资总额(万元) | 新增固定资产(万元) | 固定资产交付使用率(%) |
|---|---|---|---|---|---|---|---|
| | 总计 | 本年新开工 | | | | | |
| 合计 | 168 | 119 | 118 | 70.2 | 114 654 | 112 003 | 97.7 |
| 基本建设小计 | 52 | 34 | 36 | 69.2 | 50 722 | 59 849 | 118.0 |
| 食品加工业 | 30 | 18 | 19 | 63.3 | 23 749 | 24 611 | 103.6 |
| 食品制造业 | 12 | 9 | 10 | 83.3 | 9 830 | 14 484 | 147.3 |
| 饮料制造业 | 10 | 7 | 7 | 70.0 | 17 143 | 20 754 | 121.1 |
| 烟草加工业 | | | | | | | |
| 更新改造小计 | 116 | 85 | 82 | 70.0 | 63 932 | 52 154 | 81.6 |
| 食品加工业 | 53 | 41 | 41 | 77.4 | 24 158 | 20 386 | 84.4 |
| 食品制造业 | 22 | 14 | 11 | 50.0 | 9 629 | 7 118 | 73.9 |
| 饮料制造业 | 34 | 24 | 26 | 76.5 | 24 999 | 22 066 | 88.3 |
| 烟草加工业 | 7 | 6 | 4 | 57.1 | 5 146 | 2 584 | 50.2 |

**表 6　　1996 年全部独立核算食品工业企业主要经济效益指标**　　单位：%

| 行业 | 资产负债率 | 流动比率 | 成本费用利润率 | 流动资金周转次数(次/年) | 亏损面 | 资金产值率 | 资金利税率 | 产值利润率 | 销售收入利润率 | 工业增加值率 | 工业产品销售率 |
|---|---|---|---|---|---|---|---|---|---|---|---|
| 食品加工业 | 94.9 | 75.8 | 7.8 | 1.5 | 13.9 | 84.3 | −1.9 | −1.9 | 7.2 | 19.2 | 91.7 |
| 其中：国有 | 100.4 | 71.5 | 6.6 | 1.2 | 39.4 | 63.8 | −4.9 | −6.5 | 6.2 | 13.5 | 91.3 |
| 集体 | 71.0 | 104.0 | 10.6 | 3.9 | 3.8 | 231.9 | 17.3 | 6.0 | 9.5 | 31.8 | 92.0 |
| 三资 | 79.6 | 89.6 | 9.1 | 1.5 | 20.0 | 73.3 | 0.9 | 1.0 | 8.3 | 19.8 | 96.1 |
| 食品制造业 | 73.1 | 80.1 | 12.8 | 1.6 | 18.3 | 79.1 | 4.3 | 4.4 | 11.3 | 32.8 | 89.3 |
| 其中：国有 | 83.6 | 71.9 | 11.9 | 1.4 | 28.0 | 59.9 | 1.9 | 2.4 | 10.6 | 19.2 | 91.1 |
| 集体 | 65.6 | 120.1 | 13.5 | 2.6 | 11.4 | 172.2 | 12.1 | 6.1 | 11.7 | 34.2 | 88.1 |
| 三资 | 56.7 | 82.3 | 14.2 | 1.5 | 31.8 | 67.1 | 4.1 | 5.2 | 12.4 | 53.7 | 88.7 |
| 饮料制造业 | 75.7 | 88.3 | 17.3 | 1.5 | 15.8 | 71.3 | 13.8 | 15.8 | 13.3 | 42.7 | 95.4 |
| 其中：国有 | 77.3 | 80.3 | 17.4 | 1.5 | 35.3 | 74.9 | 15.9 | 17.6 | 13.0 | 38.6 | 96.9 |
| 集体 | 65.8 | 120.8 | 13.7 | 2.4 | 7.5 | 145.6 | 11.4 | 7.1 | 11.8 | 42.6 | 96.4 |
| 三资 | 74.8 | 109.5 | 26.1 | 1.2 | 19.0 | 33.5 | 10.4 | 22.4 | 18.9 | 69.1 | 85.9 |
| 烟草加工业 | 67.4 | 102.3 | 17.6 | 1.7 | 22.2 | 80.8 | 42.2 | 43.5 | 11.2 | 47.1 | 92.3 |
| 其中：国有 | 67.4 | 102.3 | 17.6 | 1.7 | 22.2 | 80.8 | 42.2 | 43.5 | 11.2 | 47.1 | 92.3 |

**【f. 经济效益】**　1996 年黑龙江省食品工业的经济效益有较大幅度下降。独立核算食品工业企业的利税总额为 16.93 亿元，比上年下降了 2.20%；利润总额下降了 2.14 亿元；亏损企业为 510 户，亏损面为 15.58%，亏损企业亏损总额高达 12.66 亿元。其中：国有企业亏损户 335 户，占 65.69%，亏损企业亏损总额为 11.23 亿元，占 88.70%；集体企业亏损户 133 户，占 26.08%，亏损企业亏损总额为 0.39 亿元，仅占 3.10%；“三资”企业亏损户 27 户，占 5.29%，亏损企业亏损总额为 0.82 亿元，占 6.48%。按行业分，食品加工业亏损企业亏损总额为 9.71 亿元，占 76.70%，其中：粮食及饲料加工业亏损企业亏损总额为 2.82 亿元，植物油加工业为 1.67 亿元，制糖业为 4.86 亿元，屠宰及肉类蛋类加工业为 0.30 亿元，水产品加工业为 0.03 亿元；食品制造业亏损企业亏损总

额为1.59亿元，占12.56%，其中：糕点、糖果制造业亏损企业亏损总额为0.45亿元，乳品制造业为0.61亿元，罐头食品制造业为0.19亿元，调味品制造业为0.07亿元，其他食品制造业为0.24亿元；饮料制造业亏损企业亏损总额为1.10亿元，占8.69%，其中：酒精及饮料酒制造业亏损企业亏损总额0.94亿元，软饮料制造业0.15亿元；烟草加工业亏损企业亏损总额为0.26亿元，占2.05%。

虽然部分国有食品工业企业存在着包袱沉重、经营困难、资本金不足、债务和利息负担太重、难以进行重大技术改造、无法实现经济规模、缺乏活力、亏损严重等问题，但国有经济始终是黑龙江省食品工业的主导力量。1996年国有独立核算食品工业企业实现利税10.01亿元，占食品工业的59.13%；集体企业实现利税4.67亿元，占27.58%；"三资"企业实现利税1.74亿元，占10.28%。食品行业中创利税较高的企业主要有哈尔滨卷烟厂、穆棱卷烟厂、哈尔滨啤酒有限公司、一面坡啤酒厂、牡丹江啤酒厂、阿城玉泉酒厂、阿城市白酒厂等烟酒生产企业。

**【g. 政策与改革】** 黑龙江省经济贸易委员会食品工业处是全省食品行业的经济综合管理部门，行政编制4人，与黑龙江省食品工业协会是两块牌子，一套人员。黑龙江省食品工业协会下设7个专业协会：酿酒专业协会、乳品专业协会、罐头专业协会、调味品专业协会、糖果专业协会、饮料专业协会、保健食品专业协会。

省经贸委食品工业处在强化自身组织机构的同时，对全省食品工业行业管理系统的组织机构建设开展了工作。截止1996年底，全省14个市地都重新调整或加强了食品工业管理机构，都有专职人员负责食品工业工作，全省食品工业行业管理职能机构建设基本完成。

表7 **1996年主要食品及副产品出口情况**

| 品名 | 合计 | | #一般贸易出口 | | #易货贸易出口 | |
|---|---|---|---|---|---|---|
| | 数量（吨） | 金额（万美元） | 数量（吨） | 金额（万美元） | 数量（吨） | 金额（万美元） |
| 总计 | 3 481 020 | 20 853 | 2 143 410 | 7 464 | 1 336 410 | 13 139 |
| 冻猪肉 | 156 384 | 3 937 | 5 011 | 964 | 151 373 | 2 973 |
| 苹果 | 73 742 | 2 824 | 10 465 | 585 | 63 277 | 2 239 |
| 牛肉罐头 | 10 145 | 1 849 | 186 | 43 | 9 959 | 1 806 |
| 豆粕 | 36 655 | 1 510 | 24 319 | 887 | 12 336 | 623 |
| 大米 | 39 173 | 1 477 | 10 754 | 500 | 28 419 | 977 |
| 猪肉罐头 | 24 305 | 1 106 | 17 713 | 40 | 6 592 | 1 066 |
| 甜菜粕 | 2 050 000 | 1 045 | 2 050 000 | 1 045 | | |
| 洋葱 | 54 515 | 968 | 312 | 9 | 54 203 | 959 |
| 冻鸡 | 3 367 | 944 | 2 167 | 694 | | |
| 面粉 | 985 888 | 770 | 3 136 | 97 | 982 752 | 673 |
| 大蒜 | 11 305 | 744 | 10 369 | 686 | 936 | 58 |
| 薇菜干 | 677 | 725 | 677 | 725 | | |
| 快熟面条 | 4 751 | 706 | 1 783 | 267 | 2 968 | 439 |
| 烤烟 | 4 058 | 590 | 4 058 | 590 | | |
| 冻牛肉 | 8 157 | 589 | 1 597 | 284 | 6 560 | 305 |
| 桔柑橙 | 12 878 | 566 | 843 | 45 | 12 035 | 521 |
| 炼乳 | 5 020 | 503 | 20 | 3 | 5 000 | 500 |

注：表中所列产品为出口额500万美元以上的。

**【h. 对外经济合作】** 黑龙江省食品行业在贯彻"南联北开，招商引资"精神中，通过第八届哈尔滨经济贸易洽谈会、国际博览会及赴国外招商等多种形式吸引外资，宣传省内名优食品，促进了食品工业产品的出口创汇，促进了"三资"企业的发展。

1996年全省食品工业"三资"企业已达588户，比上年增加了54户；其中"独资"企业153户，比上年减少了4户。投资总额为117 528万美元，比上年增长42.35%；

其中当年新登记有95户,“三资”企业新增投资额为36 454万美元。按行业分,食品加工业“三资”企业260户,比上年增加26户。其中,“独资”企业71户,比上年减少了7户,投资总额为5.30亿美元,比上年增长了56.34%;本年新登记企业为54户,新增投资额为2.01亿美元;食品制造业“三资”企业为250户,比上年增加了13户,“独资”企业78户,比上年增加了1户,投资总额为4.02亿美元,比上年增长了14.53%;本年新登记企业22户,新增投资额为0.53亿美元。饮料制造业“三资”企业为78户,比上年增加了15户,“独资”企业4户,比上年增加了2户;投资总额为2.43亿美元,比上年增长了78.68%;本年新登记企业19户,新增投资额为1.10亿美元。

通过引进外资,引入国外先进的生产工艺、技术装备及经营管理经验,嫁接改造老企业,给老企业注入活力,不仅提高了企业的经济效益,而且还引进了新机制,开发了一大批档次高、质量好、有市场竞争力的新产品,带动了全行业的发展。

**【i. 质量管理和名牌产品】** 黑龙江省食品工业协会在强化质量管理,提高全行业质量意识的同时,认真贯彻落实《产品质量法》、《食品卫生法》、《计量法》、《标准化法》和《食品标签通用标准》等法规,大力推行和宣传质量认证和ISO9000系列标准,帮助食品企业建立健全质量保证体系;积极配合省技术监督部门对全省食品市场进行统一检查和定期抽查,对合格的产品在全省范围内给予通报表扬,对不合格的产品在全省范围内给予通报批评,并举办产品质量不合格企业厂长(经理)的培训班,限期制订整改计划,使其产品质量尽快达到标准;大力实施名牌战略,鼓励和帮助企业争创名牌;积极配合中国食品工业协会开展行业名优产品的检评和推荐工作。截止1996年底,全省共有37个产品获得全国食品行业名牌产品称号,23个产品获全国食品行业优秀产品称号。

**【j. 绿色食品】** 无污染、安全、优质、营养的绿色食品是当今世界食品消费的潮流。近几年黑龙江省依靠得天独厚的自然环境和丰富的资源优势,开发生产出了粮油、乳制品、山野菜、饮料、酒类等9个品种的绿色食品,成为市场畅销产品。1996年,又有10个县(市)和9个农场的25个企业的30多个产品,提出了申报使用绿色食品标志,已上报国家审批。目前,全省已有36个地市(县)和6个农垦分局的30多个农牧场的93家企业生产加工绿色食品,共有9个品种的124个产品荣获绿色食品标志,占全国绿色食品总数的16%,居各省之首。

(孙德昌)

**表8　获全国食品行业名牌产品名单**

| 产品名称 | 生产企业 |
|---|---|
| 红星牌全脂甜奶粉* | 黑龙江红星集团股份有限公司 |
| 红星牌全脂牛奶粉* | 黑龙江红星集团股份有限公司 |
| 松花江牌速溶甜奶粉* | 哈尔滨松花江乳制品厂 |
| 万寿山牌全脂甜奶粉 | 黑龙江肇东市乳品厂 |
| 新球牌东盈加锌速溶奶粉 | 黑龙江肇东市乳品厂 |
| 大庆牌全脂加糖奶粉 | 黑龙江大庆乳品厂 |
| 大庆牌全脂淡奶粉 | 黑龙江大庆乳品厂 |
| 草原香牌全脂速溶奶粉 | 黑龙江大庆市康维乳业(集团)公司 |
| 松鹤牌全脂甜奶粉 | 黑龙江光明松鹤乳品有限公司 |
| 飞鸽牌强化锌甜奶粉 | 黑龙江大庆和平乳品厂 |
| 林梅牌全脂甜奶粉 | 黑龙江林甸乳品厂 |
| 油花牌全脂甜奶粉 | 黑龙江大庆乳品二厂 |
| 金星牌新型婴儿配方奶粉 | 松花江第二乳品厂 |
| 森永牌配方Ⅱ奶粉 | 哈尔滨森永乳业集团 |
| 哈尔滨牌12度啤酒 | 哈尔滨啤酒有限公司 |
| 新三星牌10度啤酒 | 黑龙江省一面坡啤酒厂 |
| 明月岛牌11度明月岛啤酒 | 黑龙江省齐齐哈尔啤酒厂 |
| 冰花泉牌11度冰花泉啤酒 | 哈尔滨松花江啤酒厂 |
| 三梅牌紫梅酒* | 黑龙江省尚志市葡萄酒厂 |
| 三梅牌香梅酒* | 黑龙江省尚志市葡萄酒厂 |
| 三梅牌金梅酒 | 黑龙江省尚志市葡萄酒厂 |
| 圣露牌矿泉水 | 哈尔滨龙泉矿泉水厂 |
| 京字牌风干香肠* | 哈尔滨正阳楼肉类食品加工有限公司 |
| 京字牌参芪香肠* | 哈尔滨正阳楼肉类食品加工有限公司 |
| 京字牌松仁小肚 | 哈尔滨正阳楼肉类食品加工有限公司 |
| 京字牌儿童红肠 | 哈尔滨正阳楼肉类食品加工有限公司 |
| 大众牌红肠* | 哈尔滨肉类联合加工厂 |
| 大众牌方火腿* | 哈尔滨肉类联合加工厂 |
| 大众牌精肉火腿 | 哈尔滨肉类联合加工厂 |
| 松滨牌环形肠 | 哈尔滨灌肠厂 |
| 松滨牌松滨肠 | 哈尔滨灌肠厂 |
| 冰灯牌方火腿 | 哈尔滨大成肉类食品加工厂 |
| 冰灯牌菠萝火腿 | 哈尔滨大成肉类食品加工厂 |
| 金桥牌火腿 | 哈尔滨金桥食品有限公司 |
| 正阳河牌松花江特级酱油 | 哈尔滨酱油厂 |
| 虹桥牌9度米醋 | 哈尔滨醋厂 |
| 美狮牌香油 | 哈尔滨美狮食品有限公司 |

注:“*”为原国家银质奖产品。

**表 9　　获全国食品行业优秀产品名单**

| 产品名称 | 生产企业 |
|---|---|
| 松鹤牌配方Ⅱ奶粉 | 黑龙江光明松鹤乳品有限公司 |
| 莲花牌全脂加糖奶粉 | 黑龙江拜泉县乳品厂 |
| 飞鸽牌全脂加糖奶粉 | 黑龙江大庆和平乳品厂 |
| 金星牌强化锌奶粉 | 松花江第二乳品厂 |
| 森永牌中老年奶粉 | 哈尔滨森永乳业集团 |
| 哈尔滨牌 11 度哈尔滨啤酒 | 哈尔滨啤酒有限公司 |
| 镜泊湖牌 12 度镜泊湖啤酒 | 牡丹江啤酒厂 |
| 佳凤牌 12 度佳凤啤酒 | 佳木斯啤酒厂 |
| 冠力牌 11 度冠力啤酒 | 黑龙江鸡西啤酒厂 |
| 联珠牌 12 度联珠啤酒 | 黑龙江双城啤酒厂 |
| 晓雪牌 10 度晓雪啤酒 | 黑龙江大庆市啤酒厂 |
| 冰花泉牌 10 度冰花泉啤酒 | 哈尔滨松花江啤酒厂 |
| 老哈牌大白梨汽水 | 哈尔滨红玫瑰饮料厂 |
| 嫩水牌肉枣 | 齐齐哈尔肉类联合加工厂 |
| 嫩水牌腊肠 | 齐齐哈尔肉类联合加工厂 |
| 金桥牌台味红肠 | 哈尔滨金桥食品有限公司 |
| 金桥牌台味香肠 | 哈尔滨金桥食品有限公司 |
| 冰灯牌棒棒羊肉串 | 哈尔滨牛羊肉类加工厂 |
| 庆同牌特鲜一级酱油 | 大庆大同食品厂 |
| 庆同牌熏醋 | 大庆大同食品厂 |
| 三羊牌甜面酱 | 齐齐哈尔酿造一厂 |
| 互助牌熏醋 | 齐齐哈尔酿造二厂 |
| 美狮牌麻酱 | 哈尔滨美狮食品有限公司 |

# 3.9 上　海　市

**【a. 纪事】** 1996年1月乔石委员长来沪，4月李瑞环主席来沪，先后听取了正广和总公司吕永杰总经理的汇报，对“正广和”开发饮用水，实现产品结构大调整，生产场地大置换，人员结构大分流等工作表示赞赏。

年初，市科委建立了题为《上海新支柱产业的选择培育与发展》的软课题组。华建敏副市长担任顾问，市科委华裕达主任担任领导小组组长。7月，市食协参加了食品产业分课题调研并撰写食品分报告。经专家组评审通过的《总报告》提出支柱产业选择的五条原则：知识含量高；产业规模大；产业关联度强；经济效益好；符合都市型产业特点。鉴于上海城市地区的特点，在前四项原则的基础上，应突出强调第五项原则。《总报告》认为，上海食品工业基础好，潜力大，积极培育，加大发展力度，本世纪末可望成为新支柱产业之一。

3月14～15日，“'96美中食品添加剂技术合作恳谈会”在沪举办。这次活动是按照化工部与美国商务部签订的《中美贸易联委会·化工技术合作协议》安排的。化工部国际合作司有关领导和专家以及由美国商务部国际贸易专家玛利萨·哈瑞顿率领的美国食品添加剂访华团一起参加并主持这次恳谈会。市食协为这次活动的承办者。市内外食品企业和科研部门专家120人到会。

3月29日，孟建柱副市长听取市食协工作和换届事项的汇报，指出：“食品产业同人民生活关系最密切，今后人们生活质量的提高很大一部分是食品。上海大城市既要有高新技术产业的发展，也要有食品产业的发展”。“上海食品工业协会的名称，今后就叫食品协会。食协的工作机构今后挂靠在商委。”

4月，上海工、商3家冠生园企业联合起来，统一字号。组建了由冠生园（集团）有限公司控股的“冠生园集团上海有限公司”，实现了以资产为纽带的跨部门的联合。

5月1日，江泽民主席在沪视察副食品市场，称赞上海豆制品“又多又好”。

5月23日，上海食文化研究会成立。王克担任会长，何义钊担任执行会长。

11月5日，冠生园集团收购上海酒精总厂。这是全市破产企业产权通过上市转让的首例。

11月22日，上海市少年儿童营养基金会召开第八次全体理事会。接受裴先白辞去理事长职务的申请，由市政协副主席谢丽娟接任理事长。

**【b. 概况】** 上海食品工业经过前几年调整、徘徊，开始进入新的快速增长。1996年实现工业总产值184.55亿元（新规定不变价，下同），比上年增长25.8%。现行价总产值282.06亿元，比上年增长15.88%。

**表1　　1996年上海市食品工业产值指标**　　单位：万元

| | 单位数（个） | 从业人员年末数（人） | 总产值（1990年不变价） | 总产值（现行价） |
|---|---|---|---|---|
| 合　　计 | 979 | 129 386 | 1 845 545 | 2 820 633 |
| 食品加工业 | 384 | 46 936 | 703 684 | 1 098 936 |
| 粮食及饲料加工业 | 223 | 14 410 | 316 891 | 591 540 |
| 植物油加工业 | 38 | 6 082 | 197 823 | 247 906 |
| 制糖业 | 2 | 167 | 342 | 414 |
| 屠宰及肉类蛋类加工业 | 67 | 20 060 | 150 283 | 207 220 |
| 水产品加工业 | 22 | 3 269 | 20 770 | 25 302 |
| 食用盐加工业 | 1 | 18 | 67 | 84 |
| 其他食品加工业 | 31 | 2 930 | 17 509 | 26 470 |

续表

| | 单位数(个) | 从业人员年末数(人) | 总产值(1990年不变价) | 总产值(现行价) |
|---|---|---|---|---|
| 食品制造业 | 481 | 58 846 | 501 091 | 740 030 |
| 糕点、糖果制造业 | 256 | 26 486 | 239 387 | 356 197 |
| 乳制品制造业 | 24 | 4 537 | 53 603 | 93 930 |
| 罐头食品制造业 | 15 | 4 534 | 25 591 | 40 865 |
| 发酵制品业 | 16 | 3 202 | 39 617 | 47 794 |
| 调味品制造业 | 36 | 5 421 | 53 993 | 72 951 |
| 其他食品制造业 | 134 | 14 666 | 88 901 | 128 292 |
| 饮料制造业 | 110 | 16 596 | 365 376 | 472 701 |
| 酒精及饮料酒制造业 | 30 | 7 576 | 58 619 | 102 460 |
| 软饮料制造业 | 67 | 7 427 | 288 524 | 336 099 |
| 制茶业 | 3 | 786 | 946 | 13 132 |
| 其他饮料制造业 | 10 | 807 | 17 288 | 21 010 |
| 烟草加工业 | 4 | 7 008 | 275 394 | 508 966 |
| 卷烟制造业 | 3 | 6 641 | 266 088 | 503 111 |
| 其他烟草加工业 | 1 | 367 | 9 306 | 5 854 |

资料来源:上海市统计局。

上海食品工业在计划经济时期分属10多个局管理。进入市场经济以后,资本结构多元化,投资经营多角化,产业之间互相渗透,管理结构趋向分散。据市统计局资料,全市各食品生产企业分属20多个主管部门管理,主要分为农办食品、轻工食品、商办食品3大块。1996年发展的特点是:

1. 农办食品继续快速推进。上海农业产业化、集约化建设不断发展,以深加工企业为核心的合作农场已有260多家,“菜蓝子工程”数量、质量取得新一轮成效。郊区(包括农垦系统)已有产加销一体化企业129家,其中年销售额在3 000万元以上的42家,全年实现销售总额80亿元。形成7家龙头企业,即:大江股份有限公司,松江种奶牛场,大盈肉禽联合公司,金山肉类食品集团公司,浦东优质黄鸡有限公司,崇明赢羊食品公司,奉贤食品总公司等。其中金山肉类食品集团公司全年加工熟食制品1.2万吨,产值达1.2亿元,比上年增长30%。

2. 轻工食品在工业系统实施“拓展、扶强、增效”3大工程中处于发展前列。1996年是轻工控股公司成立、起步运行的第1年。梅林、冠生园、正广和3大食品主干企业,通过近两年抓大放小,资产重组,改革改制,加强管理,建立现代企业制度的框架等改革,1996年实现工业总产值(不变价)40.24亿元,比上年增长38.9%,大大高于轻工平均增长9%的增幅。

3. 商办食品工业发展深加工、连锁化,实行由“供给型向生产经营型转变”迈出大步。1996年,市政府对主副食品实行“控制补贴总量,优化补贴结构,促进企业转制,加强补贴管理”的办法,取消价格双轨制,由市场确定食品价格的机制基本形成,推动了粮、油、肉等食品工业上游产品的深加工和食品的加工生产、流通一体化发展。当年商办食品工业(包括区商业系统)总的销售产值达74.56亿元(其中市属企业41.51亿元,区县商、粮、供销系统33.05亿元)。结合超市的连锁化、规模化、规范化,增加了80多个新品种,3.2万吨食品进入各大超市销售。10个老市区中食品产值规模超过1亿元的有:静安、徐汇、卢湾、黄浦、虹口5个区,浦东新区、闵行区、嘉定区的食品工业产值均超过10亿元。

**表2　1996年上海市独立核算食品工业企业利润税金**　单位:万元

| | 利润总额 | 利税总额 | 亏损企业亏损总额 | 所得税 |
|---|---|---|---|---|
| 食品加工业 | 5 546 | 14 410 | 11 545 | 2 766 |
| 粮食及饲料加工业 | 1 488 | 2 447 | 3 927 | 1 051 |
| 植物油加工 | −1 867 | −122 | 6 212 | 522 |
| 制糖业 | −70 | −51 | 81 | 4 |
| 屠宰及肉类蛋类加工业 | 4 325 | 8 771 | 926 | 918 |
| 水产品加工业 | 58 | 447 | 25 | 12 |

续表

| | 利润总额 | 利税总额 | 亏损企业亏损总额 | 所得税 |
|---|---|---|---|---|
| 食用盐加工业 | 40 | 46 | 0 | 0 |
| 其他食品加工业 | 1 570 | 2 872 | 374 | 259 |
| 食品制造业 | －2 373 | 30 451 | 40 247 | 3 791 |
| 糕点、糖果制造业 | 7 736 | 24 381 | 14 812 | 2 700 |
| 乳制品制造业 | －2 742 | 2 360 | 9 202 | 649 |
| 罐头食品制造业 | －921 | 796 | 1 193 | 52 |
| 发酵制品业 | －640 | 1 175 | 1 607 | 182 |
| 调味品制造业 | 2 321 | 5 023 | 2 738 | 146 |
| 其他食品制造业 | －8 126 | －3 283 | 10 695 | 62 |
| 饮料制造业 | 37 836 | 74 923 | 23 398 | 8 255 |
| 酒精及饮料酒制造业 | －1 348 | 13 023 | 8 037 | 825 |
| 软饮料制造业 | 38 686 | 61 130 | 15 155 | 7 388 |
| 制茶业 | －23 | | 24 | 11 |
| 其他饮料制造业 | 521 | 770 | 182 | 31 |
| 烟草加工业 | 80 973 | 316 429 | 2 947 | 28 445 |
| 卷烟制造业 | 80 921 | 316 165 | 2 947 | 28 427 |
| 其他烟草加工业 | 52 | 264 | 0 | 18 |

资料来源：上海市统计局。

**【c. 生产与销售】** 1. 食品消费态势与市内销售。1996年上海吃的商品实现销售额462.71亿元，同比增长20.5%。市区居民人均月食品消费支出为284.63元，比上年增长9.5%。扣除物价因素的影响，出现负增长。消费支出中娱乐教育文化服务类高居首位。食品消费追求方便、营养、优质，微波炉的户均拥有率从上年的33%提高到45%，滋补品支出增长18.7%。农村居民家庭食品消费人均年支出1 656元，比上年增长11.1%。其中主食增长12.4%，副食增长9.8%，营养摄入量高于上年水平。

2. 食品进口与出口。随着1996年进口商品关税大幅度下调和上海市场开放度进一步提高，食品市场竞争日益国际化。洋葡萄酒、洋水果走俏，全年进口水果销量达6万吨以上。据专项调查，超市中进口货比重占8.43%。

1996年上海食品工业出口交货值189 526万元，比上年增加17%。上海大江集团公司在肉鸡出口价格大幅下跌情况下出口创汇9 075万美元，比上年增长6.2%，获上海市1996年度出口贡献奖二等奖。

3. 拓展国内市场。上海食品企业通过市场行为联手拓展国内市场取得新进展。年内，轻工控股集团公司同商委举办工商联手促销系列活动，推广梅林集团同四川联合，变“产地销”为“销地产”的做法和经验。上海市牛奶公司投资3 350万元收购齐齐哈尔市富裕县乳品厂51%的股份，在市外开辟了第二个生产基地。1995年～1996年投资591万元在外地建立销售点，投资352万元在江浙邻近城市建立“冷链”通道，上述地区的产品销量超过总销量的10%。

**【d. 引进外资】** 1996年食品工业吸引外资的势头不减。

1. 郊区新增“三资”企业项目食品占11.7%。从荷兰、以色列引进的15公顷钢结构、玻璃温室与塑料薄膜温室全面投产，在市郊形成5个专门生产高产优质食品的现代化、产业化、园艺化基地。该项目被列为上海市1996年经济10件大事之一。由新加坡ST太阳食品私营有限公司和崇明县滩涂造地开发公司合作创办百万头养猪场5月开始起动，从事养殖、屠宰、肉制品加工销售，总投资1亿美元。嘉定区嘉珠副食品(集团)于10月成立，控股企业有肉鸽公司、林果公司、水产养殖场、饲料厂等，注册资金5 496万元。

2. 年内轻工系统协议吸收外资6 495万美元，食品产业继续得到加强，其中正广和饮料项目1 000万美元。已合资的温德营养食品、富士达啤酒等继续增资。

3. 商业系统协议吸收外资2.2亿美元，其中食品工业主要项目有：食品集团与美国豪威尔公司合资组建好友食品合资公司投资1 500万美元；与丹麦环球肉类有限公司合资组建爱旦丹有限公司，投资2 050万美元；由商业网点实业公司同荷兰吉发塞利斯淀粉糖公司共同投资生产高果糖、山梨醇项目已批准立项，总投资2 998万美元。

表 3　　上海市食品工业主要产品产销情况　　单位：万吨

| 产品名称 | 1996 年产量 | 1995 年产量 | 环比 % | 1996 年销售金额(万元) |
|---|---|---|---|---|
| 糖果 | 8.97 | 9.12 | 98.4 | |
| 糕点 | 2.48 | 5.32 | 46.6 | |
| 饼干 | 3.73 | 4.59 | 81.3 | |
| 方便主食品 | 5.09 | 4.59 | 110.9 | 40 942.2 |
| 其中：方便面 | 3.17 | | | |
| 液体乳 | 17.72 | | | |
| 乳制品 | 0.97 | 0.79 | 122.8 | 19 486.2 |
| 罐头食品 | 3.43 | 3.49 | 98.3 | 33 089.2 |
| 味精 | 4.19 | 3.06 | 136.9 | |
| 豆制品 | 2.53 | 2.96 | 85.5 | |
| 冷冻饮品 | 9.63 | 10.12 | 95.2 | 64 702.0 |
| 白酒 | 1.69 | 1.88 | 89.9 | 8 599.1 |
| 啤酒 | 21.81 | 23.50 | 92.8 | 57 988.3 |
| 黄酒 | 4.05 | 4.83 | 83.9 | |
| 软饮料 | 60.11 | 52.78 | 113.9 | |
| 其中：碳酸饮料 | 52.85 | 46.18 | 114.4 | 190 564.2 |
| 果菜汁饮料 | 3.32 | 3.19 | 104.1 | |
| 天然矿泉水 | 2.03 | 1.46 | 139.0 | |
| 固体饮料 | 0.92 | 1.09 | 84.4 | 20 868.4 |
| 小麦粉制品 | 5.30 | | | 14 802.3 |
| 食用植物油 | 17.38 | 39.94 | 43.5 | 58 073.1 |
| 精炼食用植物油 | 25.10 | | | 98 699.1 |
| 鲜、冻猪肉 | 5.88 | | | 56 159.7 |
| 鲜、冻禽肉 | 2.66 | | | |
| 水产品加工 | 0.72 | | | |
| 酱油 | 11.58 | | | |

资料来源：上海市统计局。

表 4　　1996 年上海食品工业销售收入排行表　　单位：万元

| 序号 | 企业名称 | 销售收入 | 1994 年序号 | 序号 | 企业名称 | 销售收入 | 1994 年序号 |
|---|---|---|---|---|---|---|---|
| 7 | 上海市烟草(集团)公司 | 498 302.0 | 10 | 311 | 上海统一畜牧食品有限公司 | 17 911.5 | — |
| 21 | 上海申美饮料食品有限公司 | 202 049.0 | 30 | 312 | 上海油脂一厂 | 17 894.8 | — |
| 46 | 上海市面粉公司 | 86 287.0 | 37 | 332 | 上海温德营养食品有限公司 | 16 561.4 | 371 |
| 55 | 上海嘉里粮油工业有限公司 | 77 534.2 | — | 360 | 东亚食品有限公司 | 15 640.2 | — |
| 80 | 上海百事可乐饮料有限公司 | 58 336.7 | 110 | 362 | 上海正广和饮用水有限公司 | 15 575.2 | 342 |
| 109 | 上海佳丰食品厂 | 42 596.5 | — | 364 | 上海梅林罐头食品厂 | 15 536.8 | 182 |
| 118 | 上海民乐啤酒饮料有限公司 | 40 723.1 | 121 | 377 | 上海松江油脂化工厂 | 15 137.7 | — |
| 164 | 上海乳品二厂 | 30 302.7 | 255 | 379 | 上海健力宝富特饮料制罐有限公司 | 15 067.2 | — |
| 165 | 上海天厨味精厂 | 30 140.1 | 224 | 387 | 上海乳品八厂 | 14 836.2 | 367 |
| 175 | 上海大场肉类联合加工厂 | 28 776.1 | — | 404 | 上海吴淞肉类联合加工厂 | 14 400.7 | 377 |
| 184 | 上海旗丰食品有限公司 | 27 647.4 | — | 407 | 上海海鸥酿造公司 | 14 232.8 | 417 |
| 194 | 上海梅林食品有限公司 | 25 699.5 | 182 | 413 | 上海大昌儿童食品有限公司 | 14 023.5 | 407 |
| 226 | 家乐调味食品有限公司 | 22 873.3 | — | 437 | 上海国福龙凤食品有限公司 | 13 378.2 | — |
| 266 | 上海润丰油脂食品公司 | 20 374.2 | — | 450 | 上海茶叶进出口公司茶叶总厂 | 13 047.0 | — |
| 269 | 上海味丹食品有限公司 | 20 189.6 | — | 481 | 上海小龙人食品厂 | 12 533.8 | 480 |
| 270 | 上海达能饼干食品公司 | 20 133.2 | 492 | 490 | 上海油脂三厂华新联营厂 | 12 252.9 | — |
| 288 | 上海屈臣氏益民食品有限公司 | 18 888.3 | 244 | | | | |

注：序号按照上海市统计局公布的全市销售收入前 500 家工业企业排列。

**【e. 科技进步与固定资产投资】** 贯彻1995年召开的上海市科学技术大会精神，加速技术创新，推进高技术应用和加快技术产业化，上海食品产业的科技进步取得新进展：

在农业技术推广中，优质洁净的生产技术应用规模继续扩大，绿色食品生产体系正在形成。

轻工系统开展的《与世界著名大公司、大企业对比调研》课题已全部完成，为"九五"科技规划的最终确立提供了充实的基础。绿色方便食品被列为"轻工五大门面产品"之一，加强了科研开发力度。冠生园集团开发的微波系列食品具有广阔的市场前景。上海梅林(集团)公司1996年鉴定的科研项目有5项，分别为鲨鱼软骨料、阿斯巴甜味剂、天然果蔬汁混合饮料、枸杞饮料、脑黄金(DHA)在食品中的应用。上海梅林罐头食品厂与日本三得利株式会社合资开发的乌龙茶低糖、无糖饮品，全拉易开的旅游套餐系列罐头，格力高日清饼干公司开发的"菜园小饼"系列等一批技术含量高的产品，受到消费者欢迎。

5月，上海市发布《上海市商品条码管理办法》，轻工系统食品已基本实现条码化。

昂立公司开发的保健食品新品昂立养生精，销售额超过2亿元，并打入国际市场，成为高新技术产业化的一个新增长点。

商办工业1996年共完成28项科研项目，其中7项达到国内先进水平。

市粮食局的"高档饼干、面条专用粉"项目，选用国产设备对原有设备进行改制、改装；奉贤食品饮料设备厂开发的PFMZ-210型方便面机组项目均获得"星火"奖。

1996年，上海市食品工业固定资产投资额有所回升，其中技术改造投资额增长较快。详情见表5。

**表5　1996年上海食品工业固定资产投资情况**　　单位：万元

| 行业 | 总投入 | 环比% | 基建 | 环比% | 技改 | 环比% |
|---|---|---|---|---|---|---|
| 合计 | 102 289 | 119.8 | 17 347 | 75.2 | 84 942 | 136.3 |
| 食品加工业 | 8 158 | 77.9 | 2 115 | 219.6 | 6 043 | 66.2 |
| 食品制造业 | 26 279 | 166.8 | 5 855 | 37.2 | 20 424 | 137.2 |
| 饮料制造业 | 27 253 | 169.7 | 424 | 848.0 | 26 829 | 167.6 |
| 烟草加工业 | 40 599 | 143.8 | 8 953 | 141.2 | 31 646 | 144.3 |

资料来源：上海市统计局。

**【f. 对外交流】** 1996年，上海市食品工业对外交流活动活跃，主要的有：2月，由上海食协、糖制食品专业协会、饭店协会、新亚(集团)公司、文德堡食品有限公司联合举办"名师来"杯裱花蛋糕大奖赛，由美国小麦协会、华亭宾馆外籍厨师参加的评委会评奖。3月，爱尔兰食品代表团访问上海。7月，日本糕点访问团来上海访问。9月，美国乳品协会在上海波特曼大酒店举办乳清研讨会。9月26日，1996年中外食品展开幕。10月16日，第三届日本糖果展在上海锦江花园饭店举办。10月18日，第五届国际食品加工和包装机械展览会开幕。

**【g. 质量管理和名牌产品】** 1996年由市经委、市技术监督局牵头组建上海市名牌产品推荐委员会，推荐出180项名牌，其中食品有23项，名单如下：

| 品牌名称 | 产　品 | 生产企业 |
|---|---|---|
| 杏花楼 | 广式月饼 | 上海杏花楼 |
| 新　雅 | 广式月饼 | 新雅粤菜馆 |
| 佛　手 | 味精 | 上海天厨味精厂 |
| 狮　头 | 食用色素 | 上海市染料研究所 |
| 光　明 | 奶粉、鲜奶 | 上海市牛奶公司 |
| 正广和 | 纯水 | 上海正广和饮用水有限公司 |
| 雪菲力 | 系列饮料 | 上海申美饮料食品有限公司 |
| 力　波 | 啤酒 | 上海民乐啤酒饮料有限公司 |
| 金　枫 | 特加饭黄酒 | 上海金枫酿酒有限公司 |
| SF | 巧克力 | 上海申丰食品公司 |

续表

| 品牌名称 | 产　品 | 生产企业 |
|---|---|---|
| 大昌儿童 | 巧克力、超霸柠檬、立波糖系列 | 上海大昌儿童食品有限公司 |
| HLX | 巧克力 | 上海好来喜食品有限公司 |
| 喔　喔 | 糖果 | 上海喔喔食品有限公司 |
| 大白兔 | 系列奶糖 | 冠生园(集团)总公司上海冠生园食品总厂 |
| 红太阳 | 肉食品系列 | 上海市金山肉类食品(集团)公司 |
| 梅　林 | 午餐肉罐头、番茄沙司、八宝饭 | 上海梅林食品有限公司 |
| 海　狮 | 精制烹调油 | 上海市油脂公司 |
| 海　鸥 | 酱油 | 上海海鸥酿造公司 |
| 鼎　丰 | 腐乳、酱油 | 上海鼎丰酿造食品总厂 |
| 康　元 | 饼干 | 上海东亚食品工业公司 |
| 沪　1 | 特制一等粉、精制粉 | 上海市面粉公司 |
| 天　坛 | 绿茶各级系列品种 | 上海茶叶进出口公司 |
| 华　陀 | 十全大补酒系列品种 | 上海华光啤酒厂 |

（吴宗爵　刘珠云）

# 3.10 江　苏　省

【a. 概况】 江苏是鱼米之乡，有丰富的农副产品资源，为食品工业发展提供了坚实基础，完整的工业体系，为食品工业发展提供了有力的支撑。食品工业是江苏省五大传统支柱产业之一，总产值列全省第五位。

1996年，全省食品行业共有乡及乡以上工业企业和生产单位3 801家，完成工业总产值(1990不变价)445.98亿元，比上年增长19.1%；销售产值583.49亿元。乡及乡以上独立核算工业企业2 988家，资产总计440.9亿元，其中固定资产190.0亿元；完成工业总产值(1990不变价)399.23亿元，工业增加值(生产法)118.39亿元，销售收入481.89亿元，分别比上年增长18.5%、23.5%和18.8%；当年实现利税43.57亿元，同比增长13.2%，其中利润9.89亿元，下降4.4%；亏损企业706家，亏损额70 791万元。

1996年全省食品工业克服了市场、资金等方面的种种困难，全行业生产保持稳定增长的势头。当年食品工业生产主要呈现三个特点：

1. 总量继续增长，主要产品产量稳中有升。

主要产品产量大部分有所提高，有些产品增幅较大。食品加工业、食品制造业中江苏省优势明显的植物油加工、粮油食品加工制造、发酵行业均有较大增长；饮料行业生产保持强劲势头，经济效益好于其他行业；水产品加工业、调味品制造业、糖果糕点制造业基本稳定。

2. 区域特点日益明显，新的增长点不断形成。

苏南利用其地理位置、技术、信息、人才优势，积极引进外资和先进技术，集中资金加大投入，向高技术、集约化方向发展。新西兰“狮王”分别通过独资和合资，在苏州、无锡建立了2个年产20万吨的啤酒厂；苏州牛奶公司引进国际先进水平的超高温瞬时灭菌和无菌包装技术生产纯牛奶，都取得了较好的经济效益和社会效益；江苏正昌集团、无锡粮机厂、江都粮机厂、无锡喷雾干燥机厂引进并消化吸收国外先进技术，目前已经成为全国最大、最先进的食品饲料机械生产基地。

**表1**　　**1996年江苏省食品工业基本情况**

| 行　　业 | 企业数(个) | 资产总计(万元) | 资本金(万元) | 固定资产净值(万元) | 不变价产值(万元) | 职工年均人数(人) |
|---|---|---|---|---|---|---|
| 食品加工业(除饲料加工业) | 1 491 | 1 640 564 | 356 198 | 584 047 | 1 615 275 | 170 137 |
| 饲料加工业 | 237 | 364 938 | 76 513 | 80 244 | 478 946 | 22 981 |
| 食品制造业 | 837 | 1 137 378 | 304 923 | 438 432 | 991 810 | 109 298 |
| 饮料制造业 | 414 | 1 016 243 | 225 820 | 365 178 | 716 430 | 83 452 |
| 烟草加工业 | 9 | 250 052 | 42 124 | 110 883 | 189 889 | 5 412 |
| 粮油及食品工业专用设备制造业 | 104 | 139 507 | 40 557 | 48 012 | 130 460 | 16 524 |
| 饲料工业专用设备制造业 | 11 | 41 510 | 5 870 | 8 054 | 40 379 | 2 048 |
| 添加剂制造业 | 33 | 32 288 | 7 741 | 11 041 | 51 160 | 4 060 |
| 合　　计 | 3 136 | 4 622 478 | 1 059 754 | 1 646 189 | 4 214 350 | 413 912 |

注：本表统计范围为乡及乡以上独立核算工业企业。

表 2　　江苏省食品工业总产值　　单位：亿元

| 行　　业 | 企业数(个) | 工业总产值 | | 工业销售产值 |
|---|---|---|---|---|
| | | 不　变　价 | 现　行　价 | |
| 食品加工业 | 2 097 | 234.10 | 354.16 | 336.22 |
| 食品制造业 | 1 111 | 105.29 | 126.28 | 118.86 |
| 饮料制造业 | 472 | 72.98 | 93.77 | 88.81 |
| 烟草加工业 | 9 | 18.99 | 25.89 | 25.87 |
| 合　　计 | 3 689 | 431.36 | 600.09 | 569.77 |

注：本表统计范围为乡及乡以上企业。

表 3　　江苏省食品饲料工业的地区结构

| 行　　业 | 企业数比例 | | | | 产　值　比　例 | | | | 资　产　比　例 | | | |
|---|---|---|---|---|---|---|---|---|---|---|---|---|
| | 苏北 | 苏中 | 苏南 | 合计 | 苏北 | 苏中 | 苏南 | 合计 | 苏北 | 苏中 | 苏南 | 合计 |
| 食品加工业 | 0.38 | 0.13 | 0.07 | 0.58 | 0.30 | 0.15 | 0.10 | 0.55 | 0.25 | 0.13 | 0.11 | 0.49 |
| 食品制造业 | 0.15 | 0.08 | 0.06 | 0.29 | 0.13 | 0.06 | 0.07 | 0.26 | 0.10 | 0.08 | 0.09 | 0.27 |
| 饮料制造业 | 0.08 | 0.02 | 0.03 | 0.13 | 0.12 | 0.03 | 0.04 | 0.19 | 0.15 | 0.04 | 0.05 | 0.24 |
| 合计 | 0.61 | 0.23 | 0.16 | 1.00 | 0.55 | 0.24 | 0.21 | 1.00 | 0.50 | 0.25 | 0.25 | 1.00 |

注：1. 表中地区划分主要依据其资源优势，“苏北”指徐、淮、盐、连、宿 5 个市，“苏中”指宁、镇、扬、泰 4 个市，“苏南”指苏、锡、常 3 个市。

2. 本表“产值”按 1990 年不变价计算。

苏北利用其资源丰富的优势，大力发展食品加工业，拓展农副产品加工的广度和深度，并开发了一些技术含量较高的产品，形成了一些大规模加工企业。在部分县、乡食品饲料工业已经成为当地的经济支柱，是脱贫致富奔小康的希望所在。

3. 企业组织结构有所改善，集团经济迈出新的步伐。

部分企业以新型适销产品的开发生产为契机，采用多种方式扩大经营规模，形成了一些跨地区、跨行业的综合性企业集团，影响遍及全国。

1996 年，全省已有产销上亿元、利税上千万元的食品企业或集团 50 家左右。江苏维维集团目前在全国已有 20 多家控股、参股、联营企业，80 条豆奶粉生产线，形成年产 10 万吨能力；1996 年销售收入 22 亿元，实现利税 3.2 亿元，实现利润 2.4 亿元，出口创汇 500 万美元。如意集团作为江苏第一家大型食品企业在深交所顺利上市。

**【b. 主要产品产量与质量】** 1996 年，全省食品工业产品质量总体水平基本保持稳定，部分产品有较大提高。啤酒产品质量检测，全省 31 家企业的 31 个产品合格率达到 93.5%；食用酒精定期检验合格率达 100%。但也有一些单项产品存在的问题不容忽视，1996 年 8 类产品省级定期监督检查，食品类的 3 种产品（碳酸饮料、瓶装蜂蜜、小麦粉）综合合格率 74.3%；水产饲料定期检验 10 家企业的 10 个产品，虽代表性不强，合格率却仅为 40.0%。

表 4　　1996 年江苏省食品工业主要产品产量

| | | | | | | |
|---|---|---|---|---|---|---|
| 大　　米 | | 592.1 万吨 | 食用植物油 | 114.0 万吨 | 其中：精炼食用植物油 | 32.4 万吨 |
| 罐头 | | 6.3 万吨 | 水产加工品 | 23.0 万吨 | 鲜、冻肉及肉制品 | 24.3 万吨 |
| 冷冻饮品 | | 9.0 万吨 | 方便主食品 | 13.4 万吨 | 其中：方便面 | 9.3 万吨 |
| 饮料酒 | | 154.6 万吨 | 食品添加剂 | 22 349.2 吨 | 发酵酒精（商品量） | 19.7 万吨 |
| 其中 | 白酒 | 61.0 万吨 | 各种调味品 | 41.1 万吨 | 酶制剂 | 5.8 万吨 |
| | 啤酒 | 70.9 万吨 | 软　饮　料 | 60.0 万吨 | 配混合饲料 | 347.1 万吨 |
| 粮油食品加工机械 | | | | 57 025 台（套） | 饲料机械 | 15 095 台 |

为进一步规范食品饲料产品的生产、流通，加强质量管理，在繁荣市场的同时保障人民身体健康，南京、苏州、镇江3市已率先在本地区对食品生产实行许可证(准产证)管理，苏州还对外地进入苏州市场的食品实行准销证制度，并定期进行复查、换证。至今这些地区已有冷饮、调味品、饮料、糕点等行业数百家企业的近千种产品凭证生产、销售。

**【c. 机构改革及行业规划】** 省委、省政府对发展全省食品工业、加强行业管理给予高度重视。在研究省计经委机构改革"三定"方案时，决定保留江苏省食品饲料工业办公室及江苏省食品工业协会、江苏省饲料工业协会，设立食品饲料处，并明确了具体职责：研究食品、饲料工业发展方向、布局和战略，编制行业发展规划、计划和协调解决食品饲料工业发展中的问题；参与食品饲料行业上报国家基建技改的申报工作；负责食品饲料行业管理、协调、服务等工作。经过近两年的准备，江苏省计经委食品饲料处会同省食品工业协会、省饲料工业协会组织多方面的调查研究，反复多次听取各有关厅局、各市食品办的意见，分别编制了全省食品工业、饲料工业"九五"计划和到2010年远景目标纲要，于1996年年初印发，作为指导全省全行业发展的指导性文件。各地、各部门在此基础上先后制订了地区和行业的发展计划及年度实施方案。

为了进一步加强对全省食品饲料工业的管理和协调，保证行业"九五"计划的各项目标、任务、重点按年度顺利完成，1996年下半年省计经委下发了《关于加强全省食品行业管理工作的通知》，重申了江苏省食品饲料行业管理的范围、职能和工作重点，明确了各项工作关系和工作程序。在此基础上，根据"抓大放小"的原则，结合省内食品饲料工业发展现状和下一步发展方向、重点，确定26家江苏省食品饲料工业重点企业，在各方面予以政策倾斜，择优扶强，加快结构调整步伐。

**【d. 结构调整】** 1996年，在政策引导和市场机制作用下，全省食品饲料工业的产业结构、产品结构和企业组织结构均有较大程度改善。

各地依托资源优势、区位优势，围绕有全国影响的龙头企业、拳头产品，集中资源，扶优限劣，培植行业主导产业，形成了如徐州的粮食加工、扬州的罐头饮品制造、镇江的香醋生产、连云港的速冻蔬菜等等一些加工群体，产业重组、整合进程加剧。

同时企业日益注重产品开发的深度和广度。一方面增加品种，提高产品附加值，如江苏天宝药业有限责任公司双歧天宝口服液在形成批量生产的同时逐步占领了市场；南京、苏州两市牛奶公司相继引进技术、设备生产超高温瞬时灭菌纯牛奶，促使乳制品业回升。另一方面围绕主产品形成产品链，增强了市场竞争力，如徐州面粉厂的系列面粉、谷朊粉、变性淀粉、小麦胚芽油。

规模经济有较大发展，产业集中度不断提高。徐州6大食品集团1996年完成产值35.30亿元，实现销售收入57.76亿元，利润5.26亿元，分别占全市食品工业的51.2%、63.4%和101.1%。江苏正昌集团已发展成涉及4个部门、下辖23个子公司、集科技开发和产品生产为一体的省级高新技术企业集团。所有制结构也有所变化，"三资"企业、民营企业作为国有经济的有益补充，不断壮大，镇江龙山鳗业集团年销售收入达30多亿元，南京雨润肉食品公司的熟肉制品已形成70多个品种系列，产品辐射苏皖两省。

企业集团的健康发展，需要理论的指导，必须在不断总结中提高，为此省食品办、省食协积极配合中国食品工业协会于1996年10月在张家港召开了全国食品工业企业集团发展战略研讨会，就如何发展壮大食品企业集团进行研讨，交流经验，开阔了思路，取得很好效果，得到与会企业家和领导的一致好评。

表5　　江苏省食品饲料工业各行业比例关系　　单位：%

| 分　　类 | 企业数 | 资产总值 | 固定资产净值 | 销售收入 | 利税总额 | 利润总额 | 工业增加值 | 职工人数 | 劳动生产率(元) |
|---|---|---|---|---|---|---|---|---|---|
| 食品加工业(除饲料加工业) | 47.54 | 35.49 | 35.48 | 40.96 | 7.55 | 1.72 | 31.46 | 41.10 | 22 968 |
| 饲料加工业 | 7.56 | 7.89 | 4.87 | 11.44 | 6.05 | 17.42 | 5.91 | 5.55 | 31 962 |
| 食品制造业 | 26.69 | 24.61 | 26.63 | 21.91 | 17.33 | 34.14 | 21.62 | 26.41 | 24 561 |
| 饮料制造业 | 13.20 | 21.98 | 22.20 | 16.46 | 28.88 | 15.85 | 21.70 | 20.16 | 32 293 |
| 烟草加工业 | 0.29 | 5.41 | 6.74 | 5.32 | 36.09 | 20.98 | 14.63 | 1.31 | 335 712 |
| 粮油及食品工业专用设备制造业 | 3.32 | 3.02 | 2.92 | 2.13 | 1.98 | 3.88 | 2.90 | 3.99 | 21 807 |
| 饲料工业专用设备制造业 | 0.35 | 0.90 | 0.49 | 0.81 | 1.37 | 4.62 | 0.80 | 0.50 | 48 684 |
| 添加剂制造业 | 1.05 | 0.70 | 0.67 | 0.97 | 0.75 | 1.39 | 0.98 | 0.98 | 29 967 |
| 合　　计 | 100.00 | 100.00 | 100.00 | 100.00 | 100.00 | 100.00 | 100.00 | 100.00 | 30 007 |

表 6　双超亿元企业部分经济指标比较

| 指标 | 1994年 | | 1996年 | | 绝对数增长率(%) |
|---|---|---|---|---|---|
| | 绝对数(万元) | 比例(%) | 绝对数(万元) | 比例(%) | |
| 企业数 | 23(个) | 0.74 | 43(个) | 1.37 | 186.96 |
| 资产总值 | 472 930 | 18.19 | 1 428 865 | 30.91 | 302.13 |
| 固定资产净值 | 113 363 | 13.98 | 336 847 | 20.46 | 297.14 |
| 销售收入 | 518 608 | 18.21 | 1 558 468 | 31.08 | 300.51 |
| 利税总额 | 79 401 | 34.36 | 320 912 | 70.64 | 404.17 |
| 其中:利润总额 | 42 513 | 58.34 | 100 171 | 91.28 | 235.63 |
| 劳动生产率 | — | — | 87 477(元) | 2.92倍 | — |

注:1."双超"指产值(1990年不变价)、资产规模均超过亿元。

2.1994年数据不包括烟草加工业、添加剂工业和食品机械工业。

3."比例"为双超亿元企业与全行业乡及乡以上独立核算工业企业该项指标之比。

**【e. 技术进步与技术改造】** 为了帮助食品工业企业掌握最新技术动向,尽快把先进技术转化为生产力,充分利用江苏省科研院所的技术优势,进行200多种技术开发、技术合作等多种形式的科工贸联合并举办了各种类型的高新技术研讨会,积极开发推广保健食品和微波食品新技术,如传统食品、功能食品、方便食品和低热量、低脂肪、低饱和脂肪酸、低盐、低胆固醇、高纤维、高钙的老年食品;研究开发现代食品加工技术,如纳米粉碎技术、灭菌技术、分离技术、生物技术、超临界萃取技术、分子蒸馏技术、低温冷冻粉碎和干燥技术、保鲜技术。研究开发生产各类具国际水平的粮食加工机械、清粉机械、喷雾设备、冷冻干燥设备、微波干燥设备、果汁分离及提取浓缩设备、阻抗加热设备等,这些新技术、新工艺、新设备的推广应用,促进了全省食品工业高质量、高水平的发展。

1996年,全省食品工业完成固定资产投资47.96亿元,新增固定资产约38亿元。其中农村集体完成固定资产投资23.97亿元,新增固定资产18.95亿元;城镇集体完成固定资产投资239 962万元中,基本建设26 177万元,更新改造123 097万元,其它投资90 688万元;更新改造投资占总投资的比重为51.3%。

1996年,全行业通过多种渠道共争取国家专项贷款近3亿元,占城镇集体基建、技改投资总额约20%;省内食品饲料工业发展基金安排小型技改贷款1 590万元。这部分资金结合本省结构调整方向,主要用于重点企业的大型技改,重点开发传统特色和现代潮流的风味食品、方便食品、保健食品,以及高新技术、高附加值、高效益的新产品,扩大主导产品的生产规模。如东辰集团大豆卵磷脂、江苏天宝药业有限责任公司双歧天宝口服液、无锡星达生物工程公司高档酶制剂扩产、徐州六朝松集团开发生产谷朊粉和小麦胚芽油、江苏大地集团扩产花生蛋白奶粉、江苏天鹏饲料厂年产22万吨配合饲料、江苏牧羊集团开发大型饲料机械等项目,对加大技术改造力度,引导行业投资,调节社会资金流向,避免低水平重复建设,调整产业结构和产品结构起到积极的作用。

表 7　1985年～1996年江苏省食品饲料工业投资结构

| 行业＼年份 | 1985 | 1986 | 1987 | 1988 | 1989 | 1990 | 1991 | 1992 | 1993 | 1994 | 1995 | 1996 |
|---|---|---|---|---|---|---|---|---|---|---|---|---|
| 食品加工业 | 0.33 | 0.32 | 0.31 | 0.30 | 0.47 | 0.59 | 0.41 | 0.47 | 0.43 | 0.43 | 0.42 | 0.41 |
| 食品制造业 | 0.25 | 0.27 | 0.22 | 0.28 | 0.36 | 0.24 | 0.41 | 0.26 | 0.31 | 0.23 | 0.29 | 0.36 |
| 饮料制造业 | 0.42 | 0.41 | 0.47 | 0.42 | 0.17 | 0.17 | 0.18 | 0.27 | 0.26 | 0.34 | 0.29 | 0.23 |
| 当年三行业完成投资总额(亿元) | 3.3 | 4.7 | 5.3 | 6.3 | 3.2 | 3.6 | 4.8 | 7.7 | 11.3 | 11.1 | 13.2 | 22.0 |

注:1.表中数据不含"农村集体",未标明单位的均为比例数。

2.由于统计口径从1993年开始作了调整,本表对该年度前数据作了修正。

**【f. 外向型经济】** 1996年全省食品行业进出口贸易总额62 930万美元,比上年增长58.8%;其中出口31 597万美元,增长45.3%。精加工产品和传统加工制品出口增幅较大,茶叶及调味香料类增长80.6%,油脂及其分解产品类增长71.2%,深加工制成品类增长46.6%。

全省新批引进外资项目211个,合同利用外资金额35 513万美元,外商实际投资金额17 189万美元,较上年均有较大幅度下降,但平均单个项目外商实际投资金额呈上升趋势。外资、外技的介入，提高了江苏省食品饲料工业的整体水平，已成为本行业新的增长点。如新西兰“狮王”集团分别与无锡太湖水集团有限公司和苏州合资新建了2个年产20万吨的啤酒生产线(厂)，苏州工业园区英资纳贝斯克(苏州)食品有限公司、日资金樱食品有限公司已相继投产，苏州新办的5家“三资”企业总投资达3.72亿美元，平均每家74 40万美元。镇江美资嘉吉饲料公司和东海粮油(张家港)工业有限公司年产各20万吨以上的配合饲料项目正在建设。随着改革开放的深入，企业对外联系渠道日益通畅，形式日益多样，利用外资的积极性和水平也有很大提高，在美国国际集团组织的'96中国基金投资项目恳谈会上，江苏省有18家食品饲料企业带了24个项目参与洽谈，占总数的一半以上。

(邵华跃)

**表8　　1996年江苏省食品工业生产经营情况表**

| 行　　业 | 销售收入(万元) | 工业增加值(万元) | 利税总额(万元) | 利润总额(万元) | 劳动生产率(元) | 资产负债率(%) |
|---|---|---|---|---|---|---|
| 食品加工业(除饲料加工业) | 2 053 876 | 390 774 | 34 308 | 1 886 | 22 968 | 73.03 |
| 饲料加工业 | 573 978 | 73 453 | 27 489 | 19 119 | 31 962 | 72.85 |
| 食品制造业 | 1 098 862 | 268 451 | 78 725 | 37 460 | 24 561 | 66.14 |
| 饮料制造业 | 825 484 | 269 488 | 131 194 | 17 391 | 32 293 | 66.88 |
| 烟草加工业 | 266 746 | 181 687 | 163 954 | 23 024 | 335 712 | 65.13 |
| 粮油及食品工业专用设备制造业 | 106 741 | 36 034 | 8 977 | 4 256 | 21 807 | 58.52 |
| 饲料工业专用设备制造业 | 40 503 | 9 970 | 6 240 | 5 071 | 48 684 | 42.54 |
| 添加剂制造业 | 48 468 | 12 167 | 3 419 | 1 528 | 29 967 | 76.23 |
| 合计 | 5 014 658 | 1 242 023 | 454 305 | 109 735 | 30 007 | 68.85 |

注：本表统计范围同表1。

**表9　　1996年江苏省食品工业主要产品产量**　　单位：万吨

| 产品名称 | 1996年 | 1995年(工普数) | 产品名称 | 1996年 | 1995年(工普数) |
|---|---|---|---|---|---|
| 大米 | 592.05 | 625.97 | 其中：奶粉 | 0.98 | 0.82 |
| 小麦粉 | 505.20 | 639.27 | 罐头 | 6.35 | 7.04 |
| 食用植物油 | 81.65 | 112.54 | 其中：肉类罐头 | 0.96 | 0.88 |
| 其中：菜籽油 | 42.46 | 59.37 | 蔬菜罐头 | 2.61 | 3.41 |
| 精炼食用植物油 | 32.38 | 16.55 | 味精 | 5.36 | 6.75 |
| 其中：色拉油 | 18.48 | 7.88 | 柠檬酸 | 3.70 | 2.83 |
| 鲜冻畜肉 | 15.45 | 19.18 | 酶制剂 | 5.83 | 5.72 |
| 鲜冻禽肉 | 2.57 | 3.49 | 酱油 | 23.09 | 30.12 |
| 畜肉制品 | 3.80 | 6.49 | 食醋 | 11.64 | 10.76 |
| 禽肉制品 | 2.45 | 1.42 | 食品添加剂 | 2.23 | 1.65 |
| 动物油脂 | 0.68 | 17.03 | 淀粉 | 17.32 | 18.76 |
| 水产加工品 | 23.00 | 27.33 | 冷冻饮品 | 9.48 | 13.00 |
| 加工盐 | 47.11 | 45.40 | 发酵酒精(商品量) | 19.74 | 19.80 |
| 蔬菜干制品 | 2.23 | 2.96 | 饮料酒(商品量) | 154.56 | 162.67 |
| 速冻蔬菜 | 3.89 | 2.58 | 其中：白酒 | 60.99 | 63.15 |
| 配合饲料 | 238.83 | 269.70 | 啤酒 | 70.93 | 72.71 |
| 混合饲料 | 108.30 | 135.66 | 黄酒 | 19.51 | 24.50 |
| 饲料添加剂 | 5.82 | 6.97 | 果酒 | 1.88 | 1.01 |
| 糖果 | 4.80 | 6.32 | 软饮料 | 60.02 | 50.95 |
| 蜜饯果脯 | 1.53 | 1.32 | 其中：碳酸饮料 | 35.01 | 38.62 |
| 糕点 | 7.00 | 13.16 | 天然矿泉水 | 2.58 | 4.14 |
| 饼干 | 1.99 | 4.53 | 果菜汁饮料 | 3.18 | 3.67 |
| 方便主食品 | 13.44 | 11.58 | 固体饮料 | 17.55 | 2.74 |
| 其中：方便面 | 9.30 | 7.02 | 精制茶 | 1.00 | 0.90 |
| 乳制品 | 2.80 | 1.77 | 卷烟(万箱) | 83.35 | 78.98 |

**表 10　　江苏省重点食品饲料企业 1996 年情况统计表**　　单位：千元

| 分类 | 企业名称 | 主要产品 | 工业总产值（不变价） | 固定资产净值 | 资产总计 | 负债合计 | 销售收入 | 利税合计 |
|---|---|---|---|---|---|---|---|---|
| 食品加工业 | 镇江市龙山鳗业公司 | 烤鳗、活成鳗 | 1 821 421 | 56 055 | 1 393 419 | 1 161 803 | 1 958 290 | 201 367 |
| | 连云港如意集团 | 速冻蔬菜 | 142 613 | 45 413 | 261 250 | 138 607 | 125 550 | 15 160 |
| | 江苏六朝松集团 | 面粉、谷朊粉 | 111 950 | 76 440 | 159 456 | 122 060 | 254 196 | 1 603 |
| | 江苏维桑集团 | 营养粉 | 241 970 | 37 750 | 148 400 | 129 880 | 339 810 | 8 050 |
| | 南京雨润肉食品公司 | 熟肉制品 | 77 910 | 24 970 | 59 467 | 49 942 | 80 950 | 2 943 |
| | 南京桂花鸭集团 | 盐水鸭 | 68 580 | 16 184 | 54 624 | 28 990 | 83 819 | 2 686 |
| 食品制造业 | 江苏维维集团 | 豆奶粉 | 1 813 050 | 150 210 | 1 049 548 | 345 960 | 2 191 223 | 312 680 |
| | 江苏大地集团 | 花生奶、油脂 | 369 880 | 123 900 | 362 370 | 314 694 | 497 089 | 21 551 |
| | 江苏亲亲集团 | 罐头 | 570 070 | | | | 442 000 | 36 500 |
| | 江苏珍丰集团 | 啤酒、麦芽 | 200 410 | 48 460 | 254 970 | 200 830 | 183 050 | 26 310 |
| | 江苏梁丰集团 | 巧克力、乳制品 | 210 000 | | | | 228 000 | 20 000 |
| | 江苏菊花集团 | 味精 | 330 550 | 92 287 | 238 376 | 141 449 | 312 340 | 23 588 |
| | 江苏恒顺集团 | 醋 | 54 142 | 44 514 | 136 199 | 46 191 | 109 675 | 30 254 |
| | 无锡星达生物工程公司 | 酶制剂 | 123 614 | 63 200 | 163 389 | 119 049 | 106 843 | 6 749 |
| | 南通柠檬酸厂 | 柠檬酸 | 59 448 | 50 341 | 74 589 | 46 904 | 68 623 | 2 213 |
| | 江苏加力加食品有限公司 | 膨化食品 | 102 670 | 4 457 | 44 019 | 23 969 | 103 860 | 14 278 |
| 饮料制造业 | 江苏洋河酒厂 | 白酒 | 463 736 | 269 815 | 784 910 | 357 100 | 644 316 | 227 311 |
| | 江苏双沟酒厂 | 白酒 | 304 773 | 237 227 | 622 966 | 264 438 | 355 655 | 140 750 |
| | 江苏分金亭集团 | 白酒 | 196 539 | 109 515 | 347 794 | 238 532 | 314 860 | 62 429 |
| | 江苏凤鸣集团 | 白酒、葡萄酒 | 140 580 | 52 073 | 206 667 | 155 284 | 346 286 | 44 199 |
| | 江苏三泰啤酒集团 | 啤酒、饮料 | 67 566 | 81 571 | 210 220 | 44 211 | 87 317 | 22 241 |
| | 江苏沙洲酿酒总厂 | 啤酒、黄酒 | 230 081 | 69 495 | 138 245 | 68 853 | 97 370 | 28 642 |
| 烟草加工业 | 徐州烟厂 | 卷烟 | 712 952 | 800 080 | 961 820 | 611 320 | 1 088 120 | 882 270 |
| | 淮阴烟厂 | 卷烟 | 561 409 | 263 194 | 731 447 | 487 293 | 848 305 | 581 628 |
| | 南京烟厂 | 卷烟 | 382 022 | 204 648 | 634 909 | 429 928 | 536 396 | 366 930 |
| 饲料 | 江苏正昌集团 | 饲料机械 | 301 800 | 63 120 | 317 972 | 118 686 | 301 317 | 51 680 |

# 3.11 浙江省

**【a. 概况】** 浙江省拥有乡及乡以上食品工业企业3 154家，职工22.47万人。1996年，全省食品工业仍保持持续、平稳发展的态势。全年完成食品工业产值365.2亿元，比上年增长16.53%，占全省工业总产值的9.3%，与农业总产值的比率为0.47：1；全行业固定资产原价已达160.76亿元；工业增加值为76.36亿元；全年完成利税34.46亿元，其中食品加工业2.84亿元，食品制造业7.49亿元，饮料制造业12.16亿元，烟草加工业11.97亿元；销售收入311.50亿元。主要产品啤酒、精炼油、味精、冷冻制品、方便主食品等产量均比上年增加。

1996年浙江省食品工业发展的特点是：产品结构和企业结构进一步改善，特别是企业向规模化、集团化发展的势头较好；产品合格率较上年提高；在引进和利用外资、资源的开发和技术改善方面均有明显的进步。但是，浙江省食品工业中小型企业多，上规模的企业少，从整体来说，全行业经济结构不尽合理，产业的技术水平偏低，在市场竞争日益加剧的情况下，其劣势也越来越明显。浙江省食品工业已落后于全省工业和全国食品工业的发展速度，在全省各工业部门中所占的位次，已由70年代的第2位退居到1996年的第6位；在全国已由1988年的第5位降为目前的第9位。

**【b. 扩大水产食品加工，积极发展水产市场】** 为了适应市场需要，浙江省水产食品加工的结构已逐步地调整，改变了过去单一的鱼干、大块冻产品的加工方式，向多品种、方便化的小包装冻品和各类制品为主的方向转变。如舟山海洋渔业公司、舟山兴业公司通过树立品牌，精细加工和综合利用，开发了烤鱼片、鱿鱼丝、汉堡鱼排、鱼糜、鱼香肠等新产品，使水产原料多次增值，产品也在国内外市场颇为畅销。台州、舟山、温州等市的水产食品加工企业，开发了各类虾制品，如蝴蝶虾、单冻生(熟)虾仁、重叠虾、快冻虾仁等产品，也很受客户欢迎，年出口量达2万余吨。1996年还成功地开发了从虾蟹废弃物中提取优质甲壳素的新技术。通过引进技术和设备，目前，全省已拥有烤鱼片生产低温烘道120多条，鱿鱼丝生产线10条。还有大型自动化湿法鱼粉生产线、鱼糜生产线及烤鳗、平板冻结、单体冻结、紫菜加工等生产线若干条。

据水产部门提供的资料，全省水产品批发市场发展很快，到1996年底，已建成市场36家，其中较具规模的有27家。全年水产品市场交易量和交易额均居全国前列，有4家市场进入全国水产市场信息网络，在全国“菜篮子”工程定点的36家鲜活农产品中心市场中，浙江省水产批发市场占了3家。

**【c. 农垦食品工业发展迅速】** 改革开放以来，浙江省农垦食品工业利用自身土地资源和生产农副产品原料的优势，走贸工农的路子，获得了较大发展。据1996年统计，全系统共有食品工业企业64家，占全系统工业企业总数的31%；全年食品工业产值达10亿元，占全系统工业总产值的33%左右；创汇近2 000万美元，占全系统工业创汇的50%；创利税1.3亿元，占全系统工业利税总额的48%。食品工业已成为农垦经济的支柱产业之一。

浙江省农垦食品工业产品以乳制品、饮料酒、速冻蔬菜、精制茶为主。乳品业是农垦食品工业的大行业，现有企业8家，年产消毒牛奶11 128吨，酸奶1 088吨，奶粉1 689吨，其中规模较大的有杭州牛奶公司、宁波牛奶公司和余杭乳品厂等。多数企业拥有自已的鲜奶基地和牧场，仅杭州牛奶公司就有奶牛5 500余头、生产消毒奶、花式奶、奶粉、酸奶、VHT奶(纸盒装)等多种乳制品。杭州市的消毒牛奶80%来自农垦食品企业，月销量达16万袋左右。啤酒是农垦食品工业的拳头产品，全系统有3家啤酒生产企业，年产啤酒28万吨，占全省啤酒总产量的四分之一。其中钱江啤酒集团股份有限公司是国家大型一级企业，生产的中华、钱江啤酒系省名牌产品，还多次获得国际金奖。速冻蔬菜是农垦系统近几年新发展起来的产品，年生产能力1.6万吨，产品95%以上出口，远销美国、日本、香港等地，1996年实现产值1.1亿元，创汇1 115万美元，利润1 107万元。“绿色食品”的开发为农垦食品工业注入了新的活力。随着人们生活水平的提高，对食品质量的要求也越来越高，无污染无公害的“绿色食品”日益受到消费者的青睐。目前浙江省已在农垦系统建立了绿色食品办公室和浙江省绿色食品发展中心，开发了300多公顷“绿色食品”原料基地。自1990年以来，农垦系统已有茶叶、饮料、酱菜、水果、罐头等22个产品获得“绿色食品”标志使用权。

**【d. 啤酒工业稳中求进立足争强】** 浙江省共有啤酒生产企业67家，职工2.9万人。1996年生产啤酒140.98万吨，比上年增长5.3%；销售收入23亿元，增长16.16%，其中销往省外市场16.43万吨，占生产总量的11.65%，比上年提高1.84个百分点。名啤酒生产企业技术经济指标又有新的进步，物质消耗全面降低，与1995年比较：总损失率8.49%，下降0.34个百分点；吨酒耗粮185.14千克，下降1.25%；吨酒耗煤119.23千克，下降2.51%；吨酒耗电101.59千瓦/小时，下降2.58%；吨酒耗水18.5吨，下降0.91%。全年全员劳动生产率比上年提高7.6%，平均为43 410元/人。据对占全省啤酒总产量93%以上的53家生产企业的统计，税利总额比上年增加，增加率高于生产增长水平。税利总额为56 813.01万元，比上年增长10.89%，其中：税金及附加44 244.51万元，增长11.02%；实现利润12 568.50万元，增长10.41%，人均税利23 624元，也比上年增长。

1996年是浙江省啤酒行业技术改造最为集中的一年，继杭州中策啤酒(股份)有限公司新增6万吨啤酒项目全面投产之后，西泠啤酒厂年产6万吨以及丽水、缙云、银燕啤酒厂各年产5万吨技改项目也先后完成。此外，温州金狮、杭州凌龙、钱江啤酒厂、雁荡山啤酒厂、大梁山啤酒厂的技改项目动工实施。这些项目建成投产以后，对“九五”期间提高浙江省啤酒质量，发展名牌产品，实施规模经营将发挥重要作用。全省啤酒行业现有5家合资企业，近两年各合资企业共投入更新改造资金5亿多元。1996年各合资企业共生产啤酒318 373吨，占全省啤酒总产量的22.58%；实现税利15 684.26万元，占27.61%。这些合资企业尽管““改换门庭”，但仍继续并扩大生产具有优势的国产品牌啤酒，引进的国外名牌啤酒产量仅占其总产量的22.58%。浙江省啤酒生产总量以及经济效益逐渐向大中型企业集中，1996年18家大中型企业的啤酒产量总和首次突破百万吨，占全省总产量的70%以上；税利总额48 125.29万元，占84.71%。但总的看，浙江省啤酒行业亏损企业增多，亏损额加大，各企业之间各项物耗指标相差悬殊。

1996年，宁波麦芽有限公司首期工程年产麦芽20万吨项目建成投产。该公司具有世界90年代一流技术装备水平，是目前亚洲最大的现代化麦芽生产企业，它将成为浙江省乃至全国啤酒工业重要原料保障基地之一。

**【e. 发展供销社食品工业，推进农业产业化进程】** 浙江省供销社系统的食品工业，以为“三农”(农村、农业、农民)服务为办社根本宗旨，始终将发展食品工业当作推进农村产业化进程，繁荣农村经济和富民兴社的重要途径。经过几年的发展，已成为全省供销社工业中举足轻重的骨干行业。到1996年底止，全省供销社系统食品工业共有各类生产企业248家，实现工业总产值(1990年不变价)19.98亿元，占当年供销社工业总产值的43.57%，完成利润2 278万元，占当年供销社工业利润总额的73.58%。从生产门类和产品品种看，除了传统的茶叶、糖果糕点、酱油米醋、盐渍菜等品种外，新发展了速冻蔬菜、保鲜蔬菜、食用菌、啤酒、罐头食品等产品。

面向国际市场，发展外向型经济，是全省供销社食品工业发展的显著特征。许多地方的供销社和食品生产厂家顺应对外开放的浪潮，开展多元化和多渠道的出口贸易，采取与国外客户建立直接业务关系开展自营出口业务，通过专业外贸公司代理出口借船出海等多种途径，扩大外贸业务。到1996年底止，全省供销社系统食品工业的换汇额达1.09亿美元。

供销社发展食品工业的根本目的就是扶持农民发展商品经济，缓解农民一家一户的小生产与大市场的矛盾。因此，目前，全系统已形成数十家规模相当、市场广阔、效益显著、与农民关系密切的“龙头”企业群。“龙头”企业的兴办和发展，不仅提高了供销社经济发展后劲和知名度，更重要的是增强了供销社的为农服务功能，加快了高效农业的发展和农业产业化进程。如磐安县供销社为帮助当地农民脱贫致富，于1992年在原县微生物厂基础上组建了磐安县食用菌公司，全面实施了“市场牵龙头，龙头带基地，基地连农户”的产业化工程。全县现在年种植香菇达5 000万袋，产值1.2亿元，农民人均增加收益400元，1995年该县获得了国家有关部门颁发的“中国首批百家特产之乡——香菇之乡”称号。

积极为农民提供全程服务，与农民结成经济利益共同体，是全省供销社食品工业得以生存的基础。食品工业的主要原料是农产品。因此，稳定的农产品基地和收购渠道，是发展食品工业必不可少的条件。全省供销社系统在适应农业产业结构的调整，不失时机地抓住当地的骨干拳头商品，开展农产品加工的同时，积极鼓励食品生产企业采取承租土地、建立基地、签订产、销合同等多种形式，密切与农民的联系。据对浙江富达食品有限公司等6家食品加工企业的典型调查，共在农村建立基地2 600多公顷，联系农户8.82万户。全省供销社系统食品工业企业，还积极为农民提供信息、购销、种子、技术、物资、资金等综合、全程服务，让农民种有所导、买有所靠、销有所依，从而既解决食品加工企业特别是出口食品加工企业原料收购不稳定的问题，也在一定程度上与农民结成了经济利益共同体，有利于引导农民有组织地进入市场。

**【f. 浙江茶文化经贸交流考察团访问台湾】** 应台湾海峡两岸商务发展基金会会长张平沼先生的邀请，以商贸促会会长胡贵生为团长的浙江茶文化经贸交流考察团一行8人于8月间访问了台湾。这是浙江省去台湾的第一个经贸团组。考察团在台湾参观了台湾的主要茶叶生产加工地区，参加了由台湾茶文化团体主办的一系列交流活动，拜访了几位台湾经贸界知名人士，并就促进浙台两地茶文化交流达成了一些合作交流项目，为今后发展互补性的茶叶贸易作了铺垫。这次访问密切了浙台二地经贸界的联系，增进了台湾工商界对浙江的了解。

**【g. 浙江烟草行业】** 浙江烟草行业有杭州、宁波2家卷烟厂，设有11个市、地烟草分公司，还有65个县级烟草公司，职工800余人。1996年，浙江烟草行业全面实施"名牌翻番工程"，提前和超额完成了"结构效益年"的各项指标，实现了省产名优烟产量和效益双翻番，市场开拓和流通效益双飞跃的可喜成绩。当年浙江烟草行业有三个特点：一是产量不增，效益大增。全年共生产卷烟85.78万箱，比上年增长1.49%（其中销卷烟80.8万箱）；实现税利24亿元，比上年猛增8亿元，增幅达50%，税利增长总量超过前5年增长之和。二是效益格局发生了根本性变化，在实现税利总额中，税金12.5亿元，利润11.5亿元，利润与税金已基本接近；在流通企业实现的效益中，省产烟的效益自90年代以来首次超过省外烟的效益。三是产品结构明显改善，一、二类卷烟是上年的3.6倍，省产高档烟比重已达行业2000年规划目标。

1996年全省烟草行业工业企业完成技改投资3.2亿元。省产烟成品率达98.14%，主要产品质量稳定提高率和市场抽查合格率均为100%。卷烟产品产销率为101.4%。设备有效作业率84.7%，烟叶单耗40.4千克/箱，均列全国烟草行业前位。单箱利税达1 436元，比上年增加388元。在原辅料生产方面，全省全年收购香料烟880吨、晒红烟300吨；在广西百色地区开辟了第二个省外烟叶基地。

当年全省各级卷烟流通企业以提高经济效益为中心，调整卷烟经营品种，注重营销策略和经营作用的转变，扩大了销售量。全年累计批销卷烟125万箱，达到1990年以来最高水平。实现商业税利13.4亿元，比上年增长86.1%。全省已拥有各类卷烟销售网点702个。1996年全省围绕"三打一整"，组建了烟草专卖检查队伍，加强了执法力量，查处了台州拍卖行违法拍卖罚没走私烟的案件；打击了德清、缙云等地的重大假烟、走私烟案，取缔了瑞安非法卷烟市场，整顿治理了周巷、大唐二个卷烟市场。全年共查获烟草违法案件3.37万起，案值1.1亿元。查获各类卷烟926万条，罚没款6 000万元；查获各类假冒卷烟588万条，走私烟95万条；捣毁地下烟厂2个，制假窝点14个，缴获制假烟机22台以及一大批制假原材料。

**【h. 盐政执法力度进一步加大】** 1996年全省盐政工作的重点是加强盐业市场整顿，规范盐业流通秩序。一是会同杭州铁路分局、省航管局重新下发《关于对省外运入盐实行"扎口"管理的通知》，加强对铁路沿线和沿河各航段的检查，积极发挥"扎口"管理在堵源截流、稳定省内盐业市场方面的积极作用。二是对温州、嘉兴、湖州等受省外盐冲击较为严重的地区进行综合整治，集中力量打击无计划、非碘盐和伪劣盐的冲销等盐业违法行为，基本上堵住了省外无计划盐的冲销。三是会同省法制局开展全省盐业执法大检查，结合《行政处罚法》的执行，明确执法主体，规范执法程序，加大执法力度。四是与工商、铁路、公安等部门联手，开展联合执法。据不完全统计，1996年全省共查处各类大小盐业违法案件920多起，查扣各类私盐、伪劣盐8 500多吨，有效地维护了食盐专营秩序。同时为了加大浙产盐的外销力度，落实促销政策，还采取地方政府让税、盐业公司让利、盐场让价等办法，来扩大浙盐销售量。据省盐业公司资料：当年全省销往上海、安徽、江西等省外市场9.15万吨，有效地缓解了产销矛盾，促进了全省当年产销的基本平衡。

**【i. 味精工业稳步发展】** 1996年，浙江省味精工业继续稳步发展，表现为产量增长，成本下降，效益提高，结构调整加快。全年生产味精81 278吨（折合100%含量为7 122吨），比上年增长14.20%；实现税利11 981万元，比上年增长39.12%；全年商品味精产销率为97.34%。1996年浙江省味精生产企业增产和减产的企业分别为13家和4家，增幅最大的是杭州味精厂。

**【j. '96浙江食品博览会暨秋季食品交易会】** 由省计经委主办、省食协承办的'96浙江食品博览会暨秋季食品交易会于10月10日至13日在杭州浙江展览馆举行。参加展览和交易的食品工业企业共有120余家，入场订货、参观和交易的全国各地客商、消费者约4万人，交易额超过3亿元。

（孙国庆）

表 1　　浙江省乡及乡以上食品工业企业基本情况　　单位：亿元

| 指　标 | 企业数（个） | | 工业总产值（当年价新规定） | | 工业总产值（不变价新规定） | | 1996年比1995年（±%） |
|---|---|---|---|---|---|---|---|
| | 1995年 | 1996年 | 1995年 | 1996年 | 1995年 | 1996年 | |
| 全省工业总计 | 38 424 | 35 130 | 3 509.12 | 4 009.40 | 3 186.57 | 3 765.40 | 18.16 |
| 食品工业合计 | 3 552 | 3 154 | 314.30 | 365.21 | 230.81 | 277.83 | 20.37 |
| 食品加工业 | 1 608 | 1 425 | 159.04 | 171.68 | 97.89 | 113.91 | 16.36 |
| 粮食及饲料加工业 | 843 | 729 | 83.90 | 89.02 | 44.82 | 51.07 | 13.94 |
| 其中：饲料加工业 | 313 | 288 | 39.34 | 43.02 | 27.56 | 31.27 | 13.46 |
| 植物油加工业 | 153 | 138 | 27.92 | 29.21 | 14.90 | 18.08 | 21.34 |
| 制糖业 | 6 | 1 | 0.07 | 0.02 | 0.04 | 0.02 | －50 |
| 屠宰及肉类蛋类加工业 | 189 | 162 | 7.89 | 9.04 | 6.43 | 6.80 | 5.75 |
| 水产加工业 | 247 | 241 | 28.98 | 30.70 | 22.60 | 26.11 | 15.53 |
| 食用盐加工业 | 7 | 6 | 0.09 | 0.12 | 0.07 | 0.10 | 42.86 |
| 其他食品加工业 | 163 | 148 | 10.19 | 13.57 | 9.03 | 11.73 | 29.90 |
| 食品制造业 | 981 | 873 | 70.30 | 78.55 | 57.06 | 65.73 | 15.19 |
| 糕点、糖果制造业 | 319 | 304 | 10.25 | 21.25 | 7.81 | 18.40 | 135.60 |
| 乳制品制造业 | 38 | 35 | 6.04 | 5.81 | 4.35 | 5.00 | 14.94 |
| 罐头食品制造业 | 260 | 220 | 17.00 | 18.47 | 12.55 | 13.71 | 9.24 |
| 发酵制品业 | 39 | 28 | 12.02 | 12.88 | 11.29 | 13.22 | 17.09 |
| 调味品制造业 | 96 | 82 | 2.50 | 5.07 | 2.16 | 4.68 | 116.67 |
| 其他食品制造业 | 229 | 204 | 22.49 | 15.07 | 18.90 | 10.72 | －43.28 |
| 饮料制造业 | 900 | 804 | 66.77 | 92.25 | 57.34 | 78.63 | 37.13 |
| 酒精及饮料酒制造业 | 404 | 381 | 42.55 | 52.36 | 35.26 | 41.10 | 16.56 |
| 软饮料制造业 | 178 | 145 | 8.45 | 23.25 | 7.40 | 21.34 | 188.39 |
| 制茶业 | 290 | 257 | 14.95 | 15.03 | 13.80 | 14.42 | 4.49 |
| 其他饮料制造业 | 28 | 21 | 0.82 | 1.61 | 0.87 | 1.77 | 103.45 |
| 烟草加工业 | 6 | 6 | 17.02 | 21.69 | 17.83 | 18.92 | 6.11 |
| 采盐业 | 57 | 46 | 1.17 | 1.04 | 0.69 | 0.64 | －0.07 |

**表2　1996年食品工业主要产品产量**　　单位：万吨

| 产品名称 | 1996年 | 1995年 | 1996比1995年(±%) |
|---|---|---|---|
| 大米 | 300.87 | 495.60 | －39.29 |
| 小麦粉 | 60.69 | 82.98 | －26.86 |
| 小麦粉制品 | 9.02 | 17.52 | －48.52 |
| 食用植物油 | 28.37 | 36.71 | －22.72 |
| 精炼油 | 24.45 | 14.78 | 65.43 |
| 鲜冻畜肉 | 1.59 | 3.68 | －56.79 |
| 鲜冻禽肉 | 0.17 | 0.27 | －37.04 |
| 畜肉制品 | 2.11 | 6.68 | －68.41 |
| 禽肉制品 | 1.21 | 2.02 | －40.10 |
| 再制蛋 | 0.74 | 1.82 | －59.34 |
| 水产品加工 | 100.00 | 95.23 | 5.01 |
| 加工盐 | 6.01 | 5.7 | 5.44 |
| 蔬菜干制品 | 2.08 | 3.13 | －33.55 |
| 糖 | 0.40 | 0.50 | －20.00 |
| 配合饲料 | 193.46 | 226.30 | －14.51 |
| 混合饲料 | 30.83 | 96.63 | －68.09 |
| 蛋白饲料 | 5.71 | 11.16 | －48.84 |
| 糖果 | 3.38 | 7.17 | －52.86 |
| 糕点 | 4.13 | 11.29 | －63.42 |
| 饼干 | 3.70 | 6.19 | －40.23 |
| 方便主食品 | 14.56 | 6.57 | 121.61 |
| 其中：方便面 | 11.68 | 1.77 | 559.89 |
| 乳制品 | 3.07 | 6.01 | －48.92 |
| 其中：奶粉 | 0.86 | 1.09 | －21.10 |
| 罐头 | 36.83 | 42.8 | －13.95 |
| 其中：蔬菜罐头 | 17.59 | 21.39 | －17.77 |
| 水果罐头 | 14.74 | 15.22 | －3.15 |
| 味精 | 7.11 | 6.62 | 7.40 |
| 酱油 | 15.10 | 17.18 | －12.11 |
| 饮料酒 | 226.84 | 226.71 | 0.06 |
| 其中：白酒 | 8.68 | 10.11 | －14.14 |
| 啤酒 | 141.16 | 134.04 | 5.31 |
| 黄酒 | 73.96 | 79.45 | －6.91 |
| 果酒 | 1.49 | 1.44 | 3.47 |
| 露酒 | 1.52 | 1.63 | －6.75 |
| 软饮料 | 67.17 | 62.59 | 7.32 |
| 其中：碳酸饮料 | 21.04 | 20.79 | 1.20 |
| 天然矿泉水 | 14.18 | 12.46 | 13.80 |
| 果茶饮料 | 9.58 | — | — |
| 果汁饮料 | 10.58 | 10.04 | 5.38 |
| 其他饮料 | 21.36 | 10.68 | 100.00 |

续表

| 产品名称 | 1996年 | 1995年 | 1996比1995年(±%) |
|---|---|---|---|
| 乳酸饮料 | 1.02 | 0.55 | 85.45 |
| 液体乳 | 2.58 | 2.77 | －6.86 |
| 冷冻饮品 | 22.13 | 19.77 | 11.94 |
| 精制茶 | 12.35 | 19.39 | －36.31 |
| 其中：绿茶 | — | 15.79 | — |
| 保健饮料 | 1.82 | 2.52 | －27.78 |
| 卷烟(万箱) | 85.78 | 84.52 | 1.49 |
| 原盐 | 59.60 | 60.00 | －0.67 |

注：1995年工业普查，大米等粮油加工产量统计比较全，1996年产量偏小些。

**1996年分地区食品工业企业总产值**

**表3**　　单位：亿元

| | 合　计 | 食品加工业 | 食品制造业 | 饮料制造业 | 烟草加工业 |
|---|---|---|---|---|---|
| 合　　计 | 325.13 | 140.41 | 72.94 | 90.09 | 21.69 |
| 杭州市 | 89.07 | 15.64 | 26.72 | 33.62 | 13.09 |
| 宁波市 | 55.03 | 27.35 | 11.23 | 8.06 | 8.39 |
| 温州市 | 19.45 | 9.55 | 5.85 | 4.05 | — |
| 嘉兴市 | 37.85 | 25.79 | 5.62 | 6.25 | 0.19 |
| 湖州市 | 29.62 | 16.54 | 4.98 | 8.10 | |
| 绍兴市 | 28.28 | 8.52 | 3.30 | 16.46 | |
| 金华市 | 15.85 | 5.52 | 6.63 | 3.70 | |
| 巨州市 | 10.75 | 6.20 | 1.69 | 2.86 | |
| 舟山市 | 20.17 | 16.85 | 1.90 | 1.42 | |
| 台州市 | 15.43 | 7.10 | 4.37 | 3.96 | |
| 丽水地区 | 3.63 | 1.35 | 0.65 | 1.61 | 0.02 |

注：工业总产值按当年价新规定计算，统计范围为乡及乡以上独立核算企业。

**1996年分地区食品工业企业增加值**

**表4**　　单位：亿元

| | 合　计 | 食品加工业 | 食品制造业 | 饮料制造业 | 烟草加工业 |
|---|---|---|---|---|---|
| 合　　计 | 76.36 | 19.66 | 17.57 | 25.34 | 13.79 |
| 杭州市 | 26.80 | 1.10 | 7.73 | 9.52 | 8.45 |
| 宁波市 | 12.77 | 3.51 | 1.98 | 2.06 | 5.22 |
| 温州市 | 5.37 | 2.29 | 1.31 | 1.77 | |
| 嘉兴市 | 6.31 | 3.20 | 1.13 | 1.87 | 0.11 |
| 湖州市 | 4.71 | 1.63 | 1.26 | 1.82 | |
| 绍兴市 | 5.51 | 0.80 | 0.66 | 4.05 | |
| 金华市 | 3.33 | 0.96 | 1.27 | 1.10 | |

续表

| | 合　计 | 食品加工业 | 食品制造业 | 饮料制造业 | 烟草加工业 |
|---|---|---|---|---|---|
| 巨 州 市 | 1.42 | 0.44 | 0.26 | 0.72 | |
| 舟 山 市 | 5.21 | 4.07 | 0.63 | 0.51 | |
| 台 州 市 | 3.76 | 1.34 | 1.12 | 1.30 | |
| 丽水地区 | 1.17 | 0.32 | 0.22 | 0.62 | 0.01 |

注：统计范围为乡及乡以上独立核算企业。增加值按生产法计算。

**1996 年分地区食品工业企业实现利税**

**表 5**　　单位：亿元

| | 合　计 | 食品加工业 | 食品制造业 | 饮料制造业 | 烟草加工业 |
|---|---|---|---|---|---|
| 合　　计 | 34.45 | 2.84 | 7.49 | 12.15 | 11.97 |
| 杭 州 市 | 17.16 | 0.05 | 5.26 | 4.93 | 6.92 |
| 宁 波 市 | 7.20 | 0.65 | 0.53 | 1.08 | 4.94 |
| 温 州 市 | 1.67 | 0.36 | 0.29 | 1.02 | |
| 嘉 兴 市 | 1.73 | 0.55 | 0.23 | 0.84 | 0.11 |
| 湖 州 市 | 1.21 | 0.31 | 0.28 | 0.62 | |
| 绍 兴 市 | 2.03 | −0.04 | 0.15 | 1.92 | |
| 金 华 市 | 0.81 | — | 0.39 | 0.42 | |
| 巨 州 市 | 0.15 | −0.06 | — | 0.21 | |
| 舟 山 市 | 1.36 | 0.94 | 0.23 | 0.19 | |
| 台 州 市 | 0.91 | 0.11 | 0.08 | 0.72 | |
| 丽水地区 | 0.22 | −0.03 | 0.05 | 0.20 | |

注：统计范围为乡及乡以上独立核算企业。

# 3.12 安　徽　省

【a. 概况】 1996年安徽食品工业围绕“九五”发展目标，推进“两个根本性转变”，努力提高经济运行质量，各项经济指标完成较好，但也存在部分国有企业生产经营困难，效益下降等问题。全年乡及乡以上独立核算食品企业完成工业总产值267.90亿元，比上年增长30.7%；完成工业增加值129.05亿元，增长53.03%，高于全省工业同口径产值和增加值的增长幅度。分部门看，轻工、乡镇食品工业产值大幅度增长，粮油、烟草稳步增长，供销、商业、农垦平稳发展，水产食品工业略有下降。

表1　安徽省食品工业主要经济指标

| 指　标　名　称 | 单　位 | 1996年 |
|---|---|---|
| 企业单位数 | 个 | 4 186 |
| 其中：亏损企业数 | 个 | 557 |
| 亏损企业亏损额 | 亿元 | 5.81 |
| 利润总额 | 亿元 | 15.03 |
| 利税总额 | 亿元 | 60.34 |
| 流动资产平均余额 | 亿元 | 134.59 |
| 固定资产净值平均余额 | 亿元 | 94.55 |
| 工业总产值(1990年不变价) | 亿元 | 267.90 |
| 工业总产值(现价) | 亿元 | 332.63 |
| 工业销售产值(现价) | 亿元 | 371.36 |
| 工业增加值(现价) | 亿元 | 129.05 |
| 全年职工平均人数 | 万人 | 29.56 |

注：此表由安徽省食品工业协会提供，统计范围为乡及乡以上独立核算企业，不含饲料工业，与1992年～1995年有可比性。

【b. 主要产品产量】 1996年安徽食品工业主要产品因受市场供求变化的影响，产量有增有减。在考核的28种产品中，产量比上年增长的有大米、面粉、罐头、糕点、糖果、酱及酱制品、鲜冻畜肉、禽肉制品、酶制剂等16种，占57%；其中乳制品增长1倍，水产品、畜肉制品、蜂产品、面制品、清凉饮料等增长20%～40%。在饮料酒中，优质大曲酒产量、质量继续提高，名优品种增多；啤酒产量首次超过70万吨。卷烟生产在控制总量的前提下，继续调整产品结构，其中一类优质卷烟由1994年的2.59万箱，逐年增加到1996年的10.44万箱，二、三类卷烟则由119.65万箱调至77.14万箱。产量较上年减少的有冷冻饮品、酱油、食醋、味精、豆制品、蛋制品、鲜冻禽肉、精制茶叶等。

表2　1996年安徽省食品工业主要产品产量　单位：万吨

| 产　品　名　称 | 产量 | 与上年相比(±%) | 产　品　名　称 | 产量 | 与上年相比(±%) |
|---|---|---|---|---|---|
| 大米 | 1 064.31 | 1.85 | 饮料酒(混合量) | 132.78 | 22.20 |
| 面粉 | 684.12 | 9.84 | 其中：白酒 | 55.86 | 21.17 |
| 面制品 | 25.05 | 25.25 | 啤酒 | 70.01 | 23.58 |
| 食用植物油 | 79.12 | −0.01 | 黄酒 | 4.76 | 16.95 |
| 卷烟(万箱) | 190.20 | −1.94 | 乳制品 | 0.93 | 104 |
| 一类(万箱) | 10.44 | 59.39 | 糕点 | 4.81 | 11.09 |
| 二类(万箱) | 17.33 | −73.99 | 糖果 | 2.67 | 7.66 |
| 三类(万箱) | 59.81 | −28.92 | 清凉饮料 | 16.59 | 22.44 |
| 罐头 | 14.61 | 15.22 | 冷冻饮品 | 4.66 | −19.24 |
| 酒精(商品量) | 10.53 | −24.30 | 味精(吨) | 373 | −18.74 |

续表

| 产品名称 | 产量 | 与上年相比(±%) | 产品名称 | 产量 | 与上年相比(±%) |
|---|---|---|---|---|---|
| 食醋 | 4.08 | −20.62 | 畜肉制品 | 4.09 | 29.02 |
| 酱油 | 14.59 | −14.02 | 禽肉制品 | 0.52 | 10.64 |
| 酱及酱制品 | 1.34 | 9.84 | 水产加工品 | 1.46 | 44.55 |
| 豆制品 | 7.51 | −22.34 | 蜂产品 | 0.22 | 26.77 |
| 蛋制品 | 0.27 | −64.94 | 精制茶 | 0.70 | −28.93 |
| 鲜冻畜肉 | 7.07 | 8.27 | 淀粉 | 6.12 | −23.69 |
| 鲜冻禽肉 | 7.65 | −2.80 | 酶制剂 | 1.03 | 14.96 |

注：此表由安徽省食品工业协会提供，因统计口径变动，1995年部分指标作相应调整。

**【c. 固定资产投资】** 全年固定资产投资18.59亿元，比上年增加6.37亿元，增长52.13%；其中用于技术改造的投入占71%。当年大中型施工项目320个，比上年增加46个；规模较大的有安徽圣泉啤酒厂扩建60万吨啤酒首期工程，芜湖卷烟厂整体技术进步首期工程，合肥大米公司引进日本免淘洗米技改项目等。当年建成投产项目237个，完成投资17.34亿元。已建成试产的安徽明光酒厂年产3 000吨活性干酵母项目，总投资1.6亿元，是目前亚洲最大的干酵母生产厂家之一。

**【d. 经济效益】** 1996年安徽食品工业综合经济效益继续提高。全年乡及乡以上食品企业完成销售收入341.68亿元，实现利税60.34亿元，其中利润15.03亿元，分别比上年增长25.74%、23.09%和30.24%；产销率111.64%，资金利税率21.33%，工业增加值率35.09%，分别比上年高出20.31、0.10和9.25个百分点；人均劳动生产率(按增加值计算)43 657元，比上年高出13 785元；流动资金周转次数2.54次，加快0.05次。国有大中型骨干企业效益显著提高，其中古井酒厂实现利润2.53亿元、种子酒厂1.26亿元、高炉酒厂1.20亿元、蚌埠卷烟厂1.07亿元、沙河酒厂5 040万元，分别增长5.66%、1.89倍、1.85倍、1.6倍和1.98倍。在食品工业中，若扣除乡镇、集体部分，国有食品企业整体经济效益不佳。与上年相比，企业亏损面达42.28%，上升8.19个百分点；产销率为96.07%，资金利税率为20.18%，分别下降6.41和0.98个百分点；流动资金周转次数1.66次，放慢0.18次；资产负债率76.61%，上升0.49个百分点。肉类蛋类加工业、制茶业的亏损面和亏损额较大。

**【e. 出口创汇与"三资"企业】** 全年创汇首次超过2亿美元，达24 164万美元，比上年增长21.49%，占全省创汇总额的13.3%，比上年提高1.2个百分点。在出口食品中，创汇额增幅较大的有：大米、豆类、植物油及籽创汇6 354万美元，鲜菜、脱水(速冻)蔬菜6 042万美元，香调料及香料油3 407万美元，果蔬肉禽罐头2 130万美元，鲜果、干果制品508万美元。茶叶出口量在连续4年减少的情况下，1996年有所好转，创汇1 710万美元。肉类蛋类制品1 610万美元、蜂蜜668万美元、肠衣129万美元、水产品510万美元，比上年略有下降。此外，全年新增"三资"食品企业24个，协议利用外资1 337万美元。其中外商独资企业5个、合资企业17个。与往年相比，项目额度偏小，但外商投资比例提高。

**【f. 名牌产品和推荐产品】** 继1995年有古井贡牌古井贡酒、濉溪牌和口子牌口子酒、圣泉牌圣泉啤酒、艳宾牌高级植物烹调油、益益牌全脂甜奶粉6个产品被评为省级名牌，1996年又有双轮池牌双轮王酒、种子牌种子酒、龙津塔牌龙津啤酒、天井牌天井啤酒、沙河牌沙河王系列酒、双墩牌系列面条6个产品被评为第二批省级名牌。合计拥有名牌数占全省名牌总数的3%。期间还有7个行业的38个食品产品，经推荐、审核，荣获中国食协授予的全国食品行业名优产品称号。

(赵宝英)

# 3.13 福建省

【a. 发展概况及生产销售】 随着经济体制改革的步步深入和对外开放的不断扩展，在“抓大、放小”方针指导下，福建省食品工业发生了深刻的变化，以国营、集体企业为主导的所有制形式逐步转向国营、集体、乡镇、“三资”、民营多种形式共存，使福建省食品工业在计划经济向市场经济转化过程中充满了活力，并取得了可喜的发展。1996年全省乡及乡以上的食品工业企业3 175家，比上年增长12.3%，占全省工业企业数13.6%；其中全省销售额最大的300家工业企业中食品企业有44家，占全部的14.7%，企业名单见表1。全省食品工业企业共实现产值221.69亿元(新规定，1990年不变价)，比上年增长16.1%，占全省工业总产值1 526.02亿元的14.5%，其中全部独立核算工业企业总产值215.14亿元(1990年不变价)，工业增加值71.07亿元；全省工业总产值亿元以上的食品工业企业共35家，见表2。全部独立核算食品工业企业产品销售收入235.64亿元，比上年增长27.5%，占全省工业产品销售收入总额的14.5%；实现利税25.82亿元，比上年下降1.4%，占全省工业企业利税总额145.2亿元的17.8%；其中利润3.32亿元，占全省工业利润总额55.12亿元的6.0%；全省利税总额1 500万元以上食品工业企业共21家，见表3；出口交货值68.67亿元，占全省食品工业销售产值的26.3%，全省共有16家食品企业获得进出口权，见表4。1996年主要食品工业产品产量中，罐头总产量49.07万吨，名列全国各省市第1位；原盐产量104.39万吨，名列全国第9位；啤酒产量110.52万吨，名列全国第4位；卷烟产量79.41万箱，名列全国第16位；糖产量16.68万吨，列全国第8位。

1996年全省啤酒工业生产稳步发展。现有啤酒厂家46个，当年啤酒总产量达110.52万吨，增长8.08%。实现产值15.77亿元(1990年不变价)，增长11.06%。短短10年，从全国第25位直追全国第4，人均消费啤酒29公升，居全国之冠。居全国啤酒行业人均实现利税前10名企业的省内企业有：莆田金匙啤酒有限公司，莆田雪津啤酒集团公司，惠泉啤酒集团股份有限公司。全省啤酒质量稳中有升，产量将以每年10万吨的速度增长，规划至“九五”末期，总产量增至180万吨。

1996年，福建省水产品产量284.79万吨，比上年增长10.7%。其中海洋捕捞173.77万吨，海水养殖71.9万吨，淡水产品39.12万吨，分别比上年增长7.26%、15.6%、12.2%。海淡水养殖产量首次突破100万吨大关，达到106.1万吨。全省水产业总产值(1990年不变价)185.4亿元，当年价313.5亿元，分别比上年增长14.53%和19.37%；其中水产品产值(1990年不变价)129.4亿元，当年价235亿元，分别比上年增长12.94%和17.5%。1996年全省新办水产加工“三资”企业49家，总投资额6 131万美元，吸收外资4 382万美元。出口产品主要是烤鳗、水产冷冻调理食品、烤虾以及鲜活水产品等。当年出口创汇达6.5亿美元，其中烤鳗创汇达4.5亿美元，产量和出口量均居全国首位。水产品加工业已列为福建省跨世纪的五大支柱产业之一。

福建省烟草工业实行“统一领导，垂直管理，垄断经营”的专卖管理体制。共有7家烟草企业，职工4 733人，固定资产原值11.17亿元，经过“七五”、“八五”技术改造，福建省卷烟工业的烟机设备、卷烟生产过程的质量检测手段均已达到国际90年代初的水平。1996年是省内卷烟工业实施“九五”规划，打基础、上水平的关键一年，也是实施“名优工程”取得突破性进展的一年。各卷烟工业企业在加强卷烟产销总量的计划调控下，以市场为导向，以适销对路为前提，以提高经济效益为中心，加大产品结构调整和新产品开发的力度，取得显著成绩。 是生产严格按国家计划执行。全省共生产卷烟79.4万箱，比上年下降2.4%；全年工业总产值(现价新规定)达23.88亿元，比上年增长11.6%；全年实现销售收入23.80亿元，比上年增长10.18%；全省实现利税12.83亿元，比上年增长2.5%。二是狠抓产品结构调整，开发培育了一批市场适销、经济效益好的中高档产品，如“七匹狼”、“石狮”等，不仅促进了本省卷烟产品结构的改善，而且打破了省内市场中高档产品长期被省外烟占领的格局,丰富了市场供应。

1996年福建省饮料产量为38.9万吨,其中碳酸饮料为15.54万吨。引进了瑞典阿法拉伐TBA9型、PKL康美盒、德国0+H、日本三菱、美国PMC、APV等饮料灌装线和生产线38条(套)及部分先进的检测仪器。在工艺上采用离子交换、脱氧处理、薄膜超滤等先进工艺。

福建省制糖工业1996年整个榨季蔗糖生产历时133天,收获甘蔗2.3万公倾,实榨甘蔗146万吨,产糖16.39万吨,完成工业总产值(1990年不变价)4.1亿元。全省日处理甘蔗能力3.63万吨,平均设备使用率37%。

1996年全省产盐75.45万吨,完成计划的107.79%;全省销盐76.99万吨,完成计划的109.99%;出口9.76万吨;全行业实现产品销售收入37 600万元,比上年增长1%。

**【b. 质量管理和名牌产品】** 几年来,福建省认真贯彻落实《产品质量法》、《食品卫生法》、《食品企业卫生规范》、《食品标签通用标准》等法规,帮助食品企业推行全面质量管理,建立健全质量保证体系,帮助企业抓强项,创名牌,出拳头,全省食品质量呈上升趋势。截止1996年底,通过中国方圆委员会ISO9002质量认证和质量体系认证的企业有:福建惠泉啤酒股份有限公司、福建雪津啤酒集团公司、厦门银城股份有限公司、福建元洪面粉厂、福建天香实业股份有限公司、厦门中鹭植物油食品有限公司、漳州芗城罐头厂等公司。获得福建省名牌产品的企业和产品有:福建雪津啤酒集团公司的雪津牌雪津啤酒、福建惠泉啤酒服份有限公司的惠泉牌惠泉啤酒、漳州市和盛啤酒公司的金登牌啤酒、泉州中策啤酒有限公司的虎乳泉牌清源啤酒、福建漳州罐头食品总厂的Q3牌蘑菇罐头、福建莆田县罐头厂的秀屿牌蘑菇罐头、福建漳州糖厂的白玉兰牌白砂糖、福州市味精厂的罗星塔牌味精、福建安溪茶厂的凤山牌铁观音乌龙茶、福建天香实业有限公司的天香牌一级花生油、厦门为天实业总公司的白鹭牌糖果、厦门中鹭植物油有限公司的宝鹭牌食用调和油、惠安达利食品有限公司的美利牌饼干。

**【c. 科技进步和技术改造】** 近年来福建省食品行业通过实施科教兴国战略,加强技术开发、技术推广,增强了企业的竞争能力,一批重点新产品和关键技术项目在行业技术进步中起重要作用。如福建惠泉啤酒集团股份有限公司10度啤酒,引进国家科技攻关项目,各项理论指标均达到GB4927—91标准中的10度类别的优级标准,该产品吨酒可增税利600元,并为企业年增加税利1 200万元;新开发的惠泉小麦啤酒以小麦芽为主要原料,采用先进的酿造技术,并采用耐高温α—淀粉酶的应用代替大麦芽粉碎物,提高了原料利用率;使用β—葡聚糖酶提高了设备的周转率;推广应用高浓稀释技术,在不增加任何设备的条件下,每天的产量增加了25%;采用对啤酒酵母的诱变和筛选技术,缩短发酵周期。福建惠泉啤酒集团股份有限公司还投资1.8亿元,引进德国最先进的设备技术进行新增10万吨技改扩建。福州民天集团公司投入100万元增加自动生产线,提高工作效率近70%,年节约费用20多万元;另投入115万元进行食醋扩产技改,提高醋出品率,每年节约原料近30万元,实现税利150万元。福州味精厂完善双酶片制糖工艺,提高转化率3个百分点,糖透光率提高5个百分点,新工艺增创利税595.01万元;推广应用新菌种,全面实施通氨工艺,进一步提高了产酸率和转化率,创利可观;全面推广应用新离交工艺,提取总收率比一次等电收率提高了10个百分点,年创收超过300万元。1995年全省食品行业技改总投资57 848万元,其中食品加工业3 907万元,食品制造业5 286万元,饮料制造业29 752万元,烟草加工业18 903万元,取得了显著的经济效益。

**【d. 存在问题】** 随着社会主义市场经济的确立,在"抓大放小"政策的指导下,福建省食品工业在产业结构、产品结构、组织结构等方面迈出了可喜的一步,产品质量、档次、包装等方面也有了进一步提高。目前存在的问题主要是:

1. 食品工业总量在全部工业中的所占比重不高。福建食品工业产值在全省工业总产值中所占的比重自80年代后期以来一直处于下降状态,由原来的25%下降到目前的14%,已从全省的支柱行业退居为重点行业。几年来,虽在产品结构、产业结构上有较大的调整,但大多数企业仍为粗放型,产品深加工方面尚不尽如人意。

2. 食品工业技改、产品科研跟不上,传统食品竞争力不强,新产品开发处于青黄不接状况。福建食品工业除了罐头、味精、制糖、啤酒等少数行业工业化水平较高外,绝大多数传统食品,如安溪铁观音、福州茉莉花茶、龙岩沉缸酒、福建老酒、永春老醋、化核嘉应子、兴化米粉等,因没有适时进行研制改造,在规模效益、产品结构或技术管理等方面无法脱离区域局限及参与国内外激烈的市场竞争,企业处于停产、半停产的状况。

3. 市场经济发育尚未成熟,缺乏有效的调控手段。企业在计划经济时期形成的一套行业管理模式被打破后,原先起支柱作用的国营、集体企业面临诸多困难,如资金、原辅材料、价格等,企业自我改造、自我消化能力差,加之假冒伪劣产品的冲击,大有"急转弯"翻车之危,严重制约了食品工业的发展。

4. 缺乏一支高素质的企业家队伍和具有较强竞争

力的企业集团。市场经济竞争是高科技、人才和品牌的竞争。要利用一切反映社会主义生产规律的经营方式和组织形式，充分利用本省的资源、地理优势，打破地区、行业、部门界限，加大企业组织结构优化重组，促进资产向优势企业集中，形成真正具有市场竞争力的企业集团。如福建的啤酒行业，经过几年的发展，虽然在质量、规模上都上了一个台阶，产量和人均消费量均居全国前列，但还没形成市场名牌效应。（林勇毅　吴　贞　池秀美）

表1　**1996年福建省销售额最大的300家工业企业中食品工业企业名单**

| 名次 | 企业名称 | 产品销售收入（万元） | 利税总额（万元） | 资产总额（万元） | 职工人数（人） |
|---|---|---|---|---|---|
| 7 | 龙岩卷烟厂 | 104 513 | 53 748 | 138 000 | 1 945 |
| 9 | 厦门中鹭植物油有限公司 | 93 208 | | 35 215 | 290 |
| 15 | 厦门卷烟厂 | 77 238 | 42 059 | 81 920 | 1 457 |
| 34 | 莆田金匙啤酒有限公司 | 42 234 | 14 190 | 41 610 | 422 |
| 36 | 华美卷烟有限公司 | 38 491 | 23 981 | 45 139 | 350 |
| 45 | 福建信芳冷冻食品有限公司 | 33 419 | 999 | 16 336 | 223 |
| 55 | 元洪面粉食品（福建）有限公司 | 30 684 | | 26 328 | 228 |
| 56 | 福建惠泉啤酒集团公司 | 30 672 | 10 170 | 30 619 | 979 |
| 63 | 福清市福荣食品有限公司 | 28 898 | 154 | 14 903 | 360 |
| 66 | 厦门罐头厂 | 28 597 | 2 797 | 30 457 | 3 408 |
| 77 | 福清市华万水产食品有限公司 | 26 529 | 414 | 5 920 | 162 |
| 78 | 福建雪津啤酒集团公司 | 26 202 | 10 251 | 49 149 | 703 |
| 79 | 厦门太古可口可乐饮料有限公司 | 25 792 | 2 453 | 41 372 | 486 |
| 91 | 闽东福宁食品有限公司 | 22 183 | 1 160 | 5 773 | 270 |
| 92 | 福清市齐翔食品有限公司 | 22 179 | | 10 499 | 300 |
| 97 | 厦门杏林鳗业食品有限公司 | 21 372 | 1 184 | 9 134 | 126 |
| 104 | 福建联合冷冻食品有限公司 | 19 695 | 914 | 8 570 | 267 |
| 110 | 漳州糖厂 | 18 600 | 1 211 | 30 537 | 3 106 |
| 111 | 厦门同茂食品罐头有限公司 | 18 373 | 308 | 5 889 | 496 |
| 112 | 福建益丰鳗业食品有限公司 | 18 325 | 1 885 | 10 393 | 89 |
| 116 | 龙海联天食品制罐有限公司 | 17 597 | 907 | 14 746 | 160 |
| 121 | 福清金曼水产食品有限公司 | 16 953 | 3 960 | 60 804 | 334 |
| 127 | 厦门银城股份有限公司 | 16 453 | 4 626 | 29 861 | 1 335 |
| 145 | 龙海市东海冷冻食品有限公司 | 14 860 | | 9 238 | 980 |
| 157 | 泉州中策啤酒有限公司 | 14 305 | 2 777 | 31 469 | 765 |
| 163 | 龙海市兴德食品工业有限公司 | 13 534 | 663 | 4 527 | 350 |
| 164 | 霞浦县松城企业食品加工公司 | 13 501 | 1 596 | 1 738 | 500 |
| 175 | 云霄永利隆油脂食品有限公司 | 12 778 | | 8 387 | 90 |
| 185 | 龙海中粮食品有限公司 | 12 192 | 716 | 6 058 | 600 |
| 191 | 厦门酿酒厂 | 11 864 | 2 747 | 10 687 | 617 |
| 209 | 第一家（福建）啤酒有限公司 | 10 734 | | 24 549 | 888 |
| 213 | 福建紫山龙海食品饮料总公司 | 10 660 | 817 | 5 500 | 957 |
| 223 | 健力宝（漳州）饮料有限公司 | 10 263 | 1 556 | 7 576 | 102 |
| 238 | 福州味精厂 | 9 606 | 676 | 6 841 | 560 |
| 240 | 畲山卷烟厂 | 9 555 | 5 005 | 9 505 | 263 |
| 251 | 漳州罐头食品总厂 | 9 259 | 80 | 20 511 | 2 198 |
| 257 | 福建润丰冷冻食品有限公司 | 9 077 | 803 | 2 066 | 150 |
| 269 | 云霄天第食品饮料有限公司 | 8 852 | 44 | 6 833 | 216 |
| 279 | 莆田罐头厂 | 8 377 | 174 | 16 214 | 1 847 |
| 281 | 天香实业股份有限公司 | 8 300 | 861 | 12 680 | 256 |
| 285 | 三明啤酒厂 | 8 272 | 2 737 | 8 453 | 558 |
| 286 | 福州百事可乐饮料有限公司 | 8 250 | 837 | 8 295 | 184 |
| 288 | 厦门华顺食品工业有限公司 | 8 143 | 1 224 | 6 588 | 462 |
| 298 | 福清外贸食品冷冻厂 | 7 948 | 496 | 4 280 | 330 |

### 1996 年福建省食品工业总产值

表 2　亿元以上企业　单位:万元

| 企 业 名 称 | 工 业 总产值 (当年价) | 工 业 总产值 (不变价) |
|---|---|---|
| 龙岩卷烟厂 | 106 011 | 84 161 |
| 厦门中鹭植物油有限公司 | 99 280 | 91 651 |
| 厦门卷烟厂 | 77 347 | 78 227 |
| 莆田金匙啤酒有限公司 | 47 718 | 39 129 |
| 福清金曼水产食品有限公司 | 47 040 | 42 336 |
| 福建信芳冷冻食品有限公司 | 40 014 | 36 013 |
| 福清市福荣食品有限公司 | 39 031 | 33 957 |
| 华美卷烟有限公司 | 37 487 | 18 793 |
| 元洪面粉食品(福建)有限公司 | 31 504 | 28 354 |
| 福清市齐翔食品有限公司 | 31 204 | 27 385 |
| 福建益丰鳗业食品有限公司 | 30 700 | 27 600 |
| 福清市华万水产食品有限公司 | 30 700 | 27 630 |
| 厦门罐头厂 | 30 616 | 20 844 |
| 厦门太古可口可乐饮料有限公司 | 28 299 | 27 521 |
| 福建惠泉啤酒集团公司 | 27 048 | 19 249 |
| 福建雪津啤酒集团公司 | 26 384 | 21 085 |
| 厦门杏林鳗业有限公司 | 21 824 | 30 827 |
| 厦门银城股份有限公司 | 21 579 | 15 637 |
| 福建联合冷冻食品有限公司 | 21 311 | 11 214 |
| 闽东福宁食品有限公司 | 18 484 | 15 000 |
| 漳州糖厂 | 17 753 | 15 169 |
| 厦门同茂食品罐头有限公司 | 17 641 | 14 112 |
| 莆田东源水产食品有限公司 | 15 328 | 12 569 |
| 龙海市中粮食品有限公司 | 15 000 | 10 500 |
| 龙海市东海冷冻食品有限公司 | 15 000 | 10 845 |
| 泉州中策啤酒有限公司 | 14 979 | 9 515 |
| 龙海市兴德食品工业有限公司 | 13 800 | 9 809 |
| 云霄永利隆油脂食品有限公司 | 13 532 | 10 149 |
| 厦门酿酒厂 | 12 367 | 8 903 |
| 莆田罐头厂 | 12 324 | 8 221 |
| 福建紫山食品饮料总公司 | 12 218 | 9 779 |
| 第一家(福建)啤酒有限公司 | 10 891 | 7 016 |
| 健力宝(漳州)饮料有限公司 | 10 511 | 11 790 |
| 漳州罐头食品总厂 | 10 188 | 6 174 |
| 亚细亚食品(龙海)有限公司 | 10 100 | 7 850 |

### 1996 年福建省食品工业利税总额

表 3　1 500 万元以上企业　单位:万元

| 企 业 名 称 | 利税总额 | #利润 |
|---|---|---|
| 龙岩卷烟厂 | 53 748 | 2 000 |
| 厦门卷烟厂 | 42 059 | 1 528 |
| 华美卷烟有限公司 | 23 981 | 9 980 |
| 莆田金匙啤酒有限公司 | 14 190 | 9 637 |
| 福建雪津啤酒集团公司 | 10 251 | 3 609 |
| 福建惠泉啤酒集团公司 | 10 170 | 4 141 |
| 畲山卷烟厂 | 5 005 | 4 |
| 厦门银城股份有限公司 | 4 626 | 847 |
| 福清金鳗水产食品有限公司 | 3 960 | 4 621 |
| 云霄县卷烟厂 | 3 145 | 30 |
| 厦门罐头厂 | 2 797 | 42 |
| 泉州中策啤酒有限公司 | 2 777 | 310 |
| 厦门酿酒厂 | 2 747 | 42 |
| 三明市啤酒厂 | 2 737 | 380 |
| 厦门太古可口可乐饮料有限公司 | 2 453 | 1 960 |
| 厦门绿泉实业总公司厦门饮料厂 | 2 374 | 1 993 |
| 福建益丰鳗业食品有限公司 | 1 885 | 1 129 |
| 福鼎市啤酒厂 | 1 605 | 78 |
| 霞浦松城企业食品加工公司 | 1 596 | 1 282 |
| 厦门冷冻厂 | 1 570 | 317 |
| 健力宝(漳州)饮料有限公司 | 1 556 | 1 014 |

### 表 4　福建省获进出口权食品企业(集团)名单

1. 福建省漳州糖厂
2. 福建省漳州罐头食品总厂
3. 福建省莆田县罐头厂
4. 福建省南靖罐头厂
5. 福建省龙海市苍坂食品罐头厂
6. 三明肉联厂
7. 厦门市冷冻厂
8. 厦门罐头厂
9. 福建省闽东罐头食品(集团)公司
10. 福建省永泰县蜜饯厂
11. 福建省三沙渔业公司
12. 福建省华洋水产集团公司
13. 福建省海洋渔业总公司
14. 厦门商业冷冻公司
15. 厦门酿酒厂
16. 厦门卷烟厂

表5 1996年福建省大中型食品工业企业概况 单位：万元

| 企业名称 | 企业规模 | 经济类型 | 工业总产值 | 产品销售收入 | 利润税金总额 | 资产总额 | 全部职工年末人数（人） |
|---|---|---|---|---|---|---|---|
| 食品加工业 | | | | | | | |
| 福州市面粉厂 | 中一 | 国有 | 5 081 | 4 402 | 53 | 2 733 | 213 |
| 三明市粮油厂 | 中二 | 国有 | 3 034 | 2 197 | －174 | 2 671 | 159 |
| 邵武面粉厂 | 中二 | 国有 | 3 489 | 3 447 | －161 | 2 262 | 136 |
| 厦门海嘉面粉有限公司 | 大二 | 中外合资 | 7 363 | 6 395 | －453 | 9 921 | 140 |
| 福州市饲料工业公司 | 中二 | 国有 | 7 770 | 7 983 | 39 | 5 181 | 227 |
| 福州大福有限公司 | 中一 | 外资企业 | 23 006 | 22 159 | 1 205 | 16 843 | 394 |
| 华大（福州）饲料工业有限公司 | 中二 | 侨资独资 | 9 618 | 11 184 | 2 484 | 12 574 | 83 |
| 泉州大泉赖氨酸有限公司 | 大二 | 中外合资 | 6 941 | 8 912 | 536 | 9 629 | 282 |
| 厦门正大农牧有限公司 | 中一 | 中外合资 | 12 601 | 12 604 | 541 | 6 264 | 194 |
| 厦门市水产饲料公司 | 中一 | 国有 | 2 038 | 2 430 | 75 | 4 298 | 111 |
| 福建马尾联合水产饮料有限公司 | 中二 | 侨资合资 | 30 008 | 28 199 | 4 576 | 12 565 | 289 |
| 厦门中鹭植物油有限公司 | 大二 | 中外合资 | 99 280 | 93 208 | －2 798 | 35 215 | 290 |
| 厦门糖厂 | 中一 | 国有 | 4 493 | 4 458 | 447 | 7 556 | 588 |
| 仙游县糖厂 | 大二 | 国有 | 4 722 | 4 493 | 410 | 5 936 | 1 764 |
| 莆田糖厂 | 大二 | 国有 | 733 | 7 266 | 256 | 14 236 | 1 580 |
| 漳州糖厂 | 大一 | 国有 | 17 753 | 18 600 | 1 211 | 30 537 | 3 106 |
| 云霄糖厂 | 中二 | 国有 | 1 490 | 1 151 | －2 | 4 907 | 656 |
| 漳浦鹿溪糖厂 | 中一 | 国有 | 10 003 | 7 500 | 622 | 20 687 | 1 380 |
| 诏安花墩糖厂 | 中一 | 国有 | 3 042 | 2 527 | －600 | 13 199 | 940 |
| 长泰县第二糖厂 | 中二 | 国有 | 4 523 | 3 862 | 432 | 5 991 | 492 |
| 南靖县第一糖厂 | 中二 | 国有 | 2 461 | 3 128 | 360 | 3 266 | 584 |
| 福建清华糖厂有限公司 | 中一 | 中外合资 | 985 | 996 | －513 | 2 367 | 503 |
| 福州冷冻厂 | 大二 | 国有 | 1 296 | 1 049 | 25 | 4 203 | 912 |
| 福州市水产冷冻厂 | 中二 | 国有 | 495 | 591 | 107 | 2 320 | 412 |
| 福建省三沙渔业公司 | 中一 | 国有 | 2 834 | 1 887 | －1 735 | 9 648 | 1 614 |
| 厦门市水产集团公司东渡冷冻厂 | 中二 | 国有 | 902 | 902 | 179 | 6 380 | 317 |
| 厦门龙和有限公司 | 中二 | 中外合资 | 10 798 | 11 514 | 15 | 1 349 | 220 |
| 厦门外贸杏丰水产实业有限公司 | 中一 | 侨资合资 | 14 726 | 4 199 | －500 | 17 835 | 297 |
| 厦门杏林鳗业有限公司 | 中一 | 侨资合资 | 21 824 | 21 372 | 1 181 | 9 134 | 126 |
| 福州外贸食品冷冻厂 | 中二 | 国有 | 2 080 | 1 653 | 8 | 2 793 | 504 |
| 福建省马尾外贸食品冷冻厂 | 中二 | 国有 | 1 608 | 1 265 | 13 | 2 134 | 385 |
| 厦门欣椿食品有限公司 | 中一 | 侨资独资 | 5 035 | 4 221 | 5 | 7 323 | 318 |
| 国蜂食品（厦门）有限公司 | 中一 | 外资企业 | 5 006 | 3 797 | 954 | 7 518 | 460 |
| 食品制造业 | | | | | | | |
| 福州市糖果厂 | 中二 | 国有 | | | | | |
| 厦门市为天实业总公司 | 大二 | 国有 | 3 994 | 3 920 | 550 | 14 190 | 1 094 |
| 福州市罐头厂 | 中一 | 国有 | 966 | 805 | －936 | 5 764 | 625 |
| 厦门罐头厂 | 大二 | 国有 | 30 616 | 28 597 | 2 797 | 30 457 | 3 408 |
| 莆田县罐头厂 | 大二 | 国有 | 12 324 | 8 377 | 174 | 16 214 | 1 847 |
| 漳州罐头食品总厂 | 大二 | 国有 | 10 188 | 9 259 | 80 | 20 511 | 2 198 |

续表

| 企业名称 | 企业规模 | 经济类型 | 工业总产值 | 产品销售收入 | 利润税金总额 | 资产总额 | 全部职工年末人数（人） |
|---|---|---|---|---|---|---|---|
| 南靖罐头厂 | 中一 | 国有 | 1 228 | 1 686 | －1 785 | 5 068 | 384 |
| 福建福安罐头食品厂 | 中二 | 国有 | 4 710 | 1 432 | 49 | 7 975 | 678 |
| 福州市味精厂 | 中一 | 国有 | 9 827 | 9 606 | 676 | 6 841 | 560 |
| 泉州中侨(集团)股份有限公司 | 大一 | 中外合资 | 32 639 | 27 872 | 2 271 | 65 261 | 8 906 |
| 厦门华厦食品工业有限公司 | 中一 | 侨资合资 | 1 667 | 1 751 | －308 | 3 346 | 306 |
| 饮料制造业 | | | | | | | |
| 福州市幸运股份有限公司 | 中一 | 股份制 | 3 447 | 2 976 | －12 | 9 336 | 579 |
| 厦门华侨啤酒厂 | 中二 | 国有 | 159 | 1 573 | 120 | 3 551 | 363 |
| 厦门酿酒厂 | 大二 | 国有 | 12 367 | 11 864 | 2 747 | 10 687 | 617 |
| 厦门冷冻厂 | 中二 | 国有 | 5 397 | 5 166 | 1 570 | 7 400 | 401 |
| 福建雪津啤酒集团公司 | 大二 | 国有 | 26 384 | 26 202 | 10 251 | 49 149 | 703 |
| 三明市啤酒厂 | 中二 | 国有 | 9 346 | 8 272 | 2 737 | 8 453 | 558 |
| 福建惠泉啤酒集团公司 | 大二 | 国有 | 27 048 | 30 672 | 10 170 | 30 619 | 979 |
| 福建九州(集团)漳州啤酒有限公司 | 中二 | 国有 | 4 582 | 5 204 | 1 235 | 14 049 | 664 |
| 漳浦县啤酒厂 | 中二 | 国有 | 6 046 | 5 622 | 1 065 | 16 577 | 911 |
| 福鼎市啤酒厂 | 中二 | 国有 | 8 016 | 6 942 | 1 605 | 6 690 | 73 |
| 龙岩沉缸酒厂 | 中二 | 国有 | 1 251 | 1 017 | 123 | 10 206 | 474 |
| 永定县啤酒厂 | 中二 | 国有 | 4 123 | 4 004 | 988 | 11 833 | 595 |
| 厦门银城股份有限公司 | 大二 | 股份制 | 21 579 | 16 453 | 4 626 | 29 861 | 1 335 |
| 莆田金匙啤酒有限公司 | 中二 | 外资企业 | 47 718 | 42 234 | 14 190 | 41 610 | 422 |
| 第一家(福建)啤酒有限公司 | 中一 | 外资企业 | 10 823 | 10 734 | －1 963 | 24 549 | 888 |
| 泉州中策啤酒有限公司 | 中一 | 侨资合资 | 14 979 | 14 305 | 2 777 | 31 469 | 765 |
| 厦门绿泉实业总公司厦门饮料厂 | 大二 | 国有 | 1 022 | 1 277 | 2 374 | 34 015 | 179 |
| 福州百事可乐饮料有限公司 | 中一 | 中外合作 | 8 497 | 8 250 | 837 | 8 295 | 184 |
| 健力宝(漳州)饮料有限公司 | 中一 | 联营经济 | 10 511 | 10 263 | 1 556 | 7 576 | 102 |
| 福建茶叶进出口公司福州加工厂 | 中二 | 国有 | 610 | 610 | 51 | 1 953 | 205 |
| 烟草加工业 | | | | | | | |
| 厦门卷烟厂 | 大二 | 国有 | 77 347 | 77 238 | 42 059 | 81 920 | 1 457 |
| 龙岩卷烟厂 | 大二 | 国有 | 106 011 | 104 513 | 53 748 | 138 000 | 1 945 |

注：工业总产值为当年价。

**表 6　福建省食品工业主要产品产量**

| 产品名称 | 单位 | 1996年 | 1996年为1995年％ |
|---|---|---|---|
| 原盐 | 万吨 | 75.45 | 104.39 |
| 精制盐 | 万吨 | 0.55 | 74.32 |
| 糖 | 万吨 | 16.68 | 95.75 |
| 糖果 | 万吨 | 1.82 | 37.30 |
| 畜肉制品 | 万吨 | 1.37 | 121.24 |
| 禽肉制品 | 万吨 | 0.05 | 125.00 |
| 水产制品 | 万吨 | 40.25 | 126.53 |
| 再制蛋 | 吨 | 3 294 | 70.60 |
| 罐头 | 万吨 | 49.27 | 107.52 |
| 蔬菜罐头 | 万吨 | 36.39 | 103.20 |
| 水果罐头 | 万吨 | 8.40 | 161.54 |
| 饮料酒(混合量) | 万吨 | 118.64 | 108.53 |

续表

| 产品名称 | 单位 | 1996年 | 1996年为1995年％ |
|---|---|---|---|
| 白酒(商品量) | 万吨 | 3.17 | 75.10 |
| 啤酒 | 万吨 | 110.21 | 109.01 |
| 软饮料 | 万吨 | 38.99 | 104.59 |
| 冷冻饮品 | 吨 | 20 300 | 79.43 |
| 乳制品 | 吨 | 4 153 | 68.46 |
| 味精 | 吨 | 23 680 | 96.72 |
| 酱油 | 万吨 | 4.33 | 70.18 |
| 精制茶 | 万吨 | 11.22 | 73.09 |
| 卷烟 | 万箱 | 79.41 | 97.62 |
| 大米 | 万吨 | 434.59 | 94.28 |
| 大麦粉(面粉) | 万吨 | 98.01 | 199.13 |
| 食用植物油 | 万吨 | 19.43 | 90.37 |

**表7 福建省食品工业主要产品产值** 单位：万元

| 产品名称 | 1996年 | 1996年为1995年% |
| --- | --- | --- |
| 精制盐 | 386 | 104 |
| 糖 | 48 059 | 86.64 |
| 糖果 | 11 014 | 101.4 |
| 屠宰及肉类加工 | 26 500 | 114 |
| 水产品加工 | 449 877 | 100.8 |
| 罐头 | 237 004 | 114 |
| 白酒 | 7 902 | 109.7 |
| 啤酒 | 187 027 | 134 |
| 软饮料 | 124 067 | 141 |
| 冷冻饮品 | 1 513 | 52.78 |
| 味精 | 54 537 | 102 |
| 酱油 | 7 200 | 129 |
| 精制茶 | 84 698 | 103 |
| 食用植物油 | 110 247 | 151 |
| 卷烟 | 196 998 | 88.87 |

注：本表产值为新规定，不变价。

**表8 主要产品产销存情况** 单位：万吨

| 产品名称 | 年初库存 | 当年生产量 | 当年销售量 | 年末库存量 |
| --- | --- | --- | --- | --- |
| 原盐 | 48.62 | 62.29 | 56.30 | 51.07 |
| 小麦粉 | 0.46 | 37.69 | 36.61 | 0.84 |
| 小麦粉制品 | 0.03 | 1.18 | 1.17 | 0.3 |
| 食用植物油 | 3.33 | 15.60 | 16.53 | 2.41 |
| 糖 | 1.91 | 16.13 | 16.83 | 1.21 |
| 配合饲料 | 0.92 | 45.76 | 45.07 | 1.28 |
| 混合饲料 | 0.38 | 20.68 | 19.02 | 0.94 |
| 方便主食品 | 0.13 | 2.02 | 1.97 | 0.18 |
| 乳制品(吨) | 56 | 1 991 | 2 009 | 38 |
| 罐头 | 4.88 | 32.45 | 29.92 | 7.27 |
| 饮料酒 | 2.7 | 114.86 | 111.99 | 4.27 |
| 白酒 | 0.37 | 3.71 | 2.61 | 0.39 |
| 啤酒 | 1.94 | 108.66 | 106.23 | 3.14 |
| 碳酸饮料 | 0.50 | 13.79 | 13.57 | 0.64 |
| 精制茶 | 0.61 | 5.47 | 5.28 | 0.78 |
| 复烤烟叶 | 0.01 | 5.39 | 5.31 | 0.09 |

注：本表统计范围为乡及乡以上食品工业企业。

**表9 1995年福建省食品工业技术改造投产情况** 单位：万元

| 序号 | 企业名称 | 项目内容 | 总投资 | 新增经济效益 | | | |
| --- | --- | --- | --- | --- | --- | --- | --- |
| | | | | 生产能力 | 产值 | 税利 | 创汇 |
| 1 | 厦门茶叶加工厂 | 新茶厂填平补齐 | 840 | | 2 100 | 250 | 200 |
| 2 | 漳州外贸冷冻厂 | 1 000吨冷库改造 | 386 | 1 000吨 | 3 000 | 200 | 330 |
| 3 | 福州民天食品厂 | 扩大食醋生产第一期技改 | 130 | 3 000吨 | 800 | 150 | |
| 4 | 莆田市商业冷冻厂 | 速冻蕃鸭出口生产技改 | | 150吨 | 315 | 34 | |
| 5 | 仙游县商业冷冻厂 | 22吨/日速冻库、制冻车间 | 141.54 | 100吨 | 358 | 99.5 | |
| 6 | 三明市粮油厂 | 面粉车间工艺设备改造 | 1 036 | 3 000吨/年 | 2 835 | 188 | |
| 7 | 福州光明食品厂 | 玉米片系列产品技改 | 116 | 384吨/年 | 282 | 69 | |
| 8 | 福州米厂 | 增添小包装色造设备 | 120 | | | | |
| 9 | 闽侯县酒厂 | 扩大青红酒生产 | 350 | 年产1 200吨 | 720 | 200 | |
| 10 | 莆田啤酒厂 | 啤酒扩产 | 1 600 | 2.5万吨 | 2 500 | 1 000 | |
| 11 | 莆田糖厂 | 高档酱油 | 150 | | 240 | 80 | |
| 12 | 漳州糖厂 | 日产50吨甘蔗渣浆碱回收 | 2 047 | | 594 | 190 | |
| 13 | 诏安花墩糖厂 | 动力车间改炉增机 | 1 180 | | 3 200 | 625 | |
| 14 | 屏南万顺食品鲜厂 | 扩建香菇保鲜生产线 | 100 | | 200 | 40 | |
| 15 | 健力宝集团漳州饮料公司 | | | | 产值10 417 | | 税利964 |
| 16 | 龙岩卷烟厂 | | 41 940 | 产值76 200 | 税利56 000 | | 创汇534 |
| 17 | 厦门烟厂 | | 19 831 | | 产值73 644 | 税利32 564 | |

# 3.14 江 西 省

**【a. 概况】** 1996年江西省乡及乡以上食品工业实现工业总产值(1990年不变价)94.38亿元,比上年增长22.44%。如按当年价计算,实现产值134.55亿元,销售产值129.39亿元,产销率96.16%。全行业共有企业(含非独立核算企业)2 985个,职工15万人。1996年产值在江西省工业各大行业排位第3位。当年江西省食品工业发展的主要特点是:

1. 随着国民经济实现软着陆,食品工业基本实现了稳中求进,增长方式开始出现转变,由原来单纯追求速度转变为在一定速度的前提下重视经济效益,过热的发展势头得到控制,大中型企业经济效益的增长已开始超过产值的增长。

2. 在产业政策和分行业指导下,注重发展现代食品工业,发展绿色食品、特色食品,如景德板鸡、苦瓜酒、月亮花生巴、香芋条、茶树菇、慰宝制品、朱古力针等产品。

3. 省级队建设不断发展壮大,1996年利税超亿元的企业已达3户,新增广丰烟厂1户;利税超千万元的企业新增了景德镇板鸡、江西乳品厂、上饶啤酒厂、贵溪啤酒厂共4户;此外,500万元以上的企业也比1995年有所增加。

**江西省乡及乡以上食品工业总产值**

**表1** 单位:万元

| | 1996年 | 1995年 | 1996年比上年±% |
|---|---|---|---|
| 全省合计 | 943 804.6 | 770 816.2 | 22.44 |
| 食品加工业 | 574 615.1 | 439 460.0 | 30.75 |
| 食品制造业 | 95 879.4 | 87 867.9 | 9.12 |
| 饮料制造业 | 163 261.0 | 144 596.8 | 12.91 |
| 烟草加工业 | 105 721.6 | 95 271.4 | 10.97 |
| 采盐业 | 4 327.5 | 3 620.1 | 19.54 |

**表2 江西省食品工业主要产品产量**

| 产品名称 | 单位 | 1996年 | 1995年 | 1996年比上年±% |
|---|---|---|---|---|
| 机制糖 | 万吨 | 8.62 | 9.04 | -4.65 |
| 卷烟 | 万箱 | 38.63 | 43.76 | -11.72 |
| 罐头 | 万吨 | 3.03 | 3.44 | -11.92 |
| 饮料酒 | 万吨 | 52.49 | 56.02 | -6.30 |
| 啤酒 | 万吨 | 38.43 | 34.24 | 12.24 |
| 白酒 | 万吨 | 11.95 | 15.26 | -21.69 |
| 无酒精饮料 | 万吨 | 7.23 | 11.20 | -35.45 |
| 食用植物油 | 万吨 | 16.42 | 31.55 | -47.96 |
| 乳制品 | 吨 | 7 170 | 6 039 | 18.73 |
| 精制茶 | 万吨 | 1.42 | 1.83 | -22.40 |
| 大米 | 万吨 | 796.75 | 941.73 | -15.40 |

**【b. 经济效益】** 1996年江西省独立核算食品工业企业实现税利10.20亿元,比上年增长13.43%,创历史最好水平,在工业各大行业排位第1位。1996年亏损面比上年下降3.6个百分点,但亏损额加大,全行业亏损1 735万元。亏损主要集中在饮料制造业和食品制造业,分别亏损2 280万元和896万元,饮料制造业的亏损又主要集中在软饮料制造业和制茶业,分别亏损971万元和1 447万元;食品制造业的亏损主要集中在罐头制造业,为911万元。

(郝其刚)

**【c. 技术改造】** 1996年江西省食品工业技术改造工作紧紧围绕经济体制与经济增长方式的根本转变,克服重重困难,加大技术改造力度,加快技术改造步伐,取得了较好成绩。

1996年江西省食品工业固定资产投资额共完成6.8亿元,比上年增长24.65%。其中更新改造158个项目,完成投资额5.78亿元,基本建设27个项目,完成投资额0.62亿元,集体所有制及农村集体投资16个项目,完成投资额0.194亿元。1996年是江西省食品工业有史以来固定资产投资最高的1年，首次突破6亿元。投资重点集中在制糖、啤酒、专用粉、粉末油脂、板鸡等一批重点产品，大大增强了食品工业基础产业的实力。江西玉山糖厂新增2 000吨/日处理甘蔗的技改项目被列为国家双加项目，项目总投资约7 000万元，现已竣工投产。江西赣州酒厂投资3 000万元，对啤酒生产线进行技改，新增2万吨/年生产能力，该项目得到了各级主管部门和银行的大力支持，技改资金及时到位，使项目不到1年便竣工投产，赶上了1997年的啤酒销售季节，取得了较好的经济效益。赣江面粉厂、赣州面粉厂2个年产4万吨专用粉技改项目被列为内贸部专项，分别投资5 000万元、4 000万元，引进国外先进设备，1996年、1997年已完成投产，改变了赣南老区长期依赖外调面粉的局面。江西食品专用油脂厂与南昌大学联合建立的国内首家“粉末油脂”生产基地，产品被国家经贸委列为重点试制产品，该厂投资3 000万元对粉末油脂生产线进行技术改造，扩至年产万吨的生产能力，成为国内粉末油脂生产规模最大的企业。项目已完工投产，产品供不应求，大部分出口创汇，取得了良好的经济效益。目前该厂正在做扩至年产3万吨的前期准备工作。

**表3　江西省独立核算食品工业企业财务指标**

| | 单位 | 1996年 | 1995年 | 1996年比上年±% |
|---|---|---|---|---|
| 企业数 | 个 | 2 500 | 2 569 | −2.69 |
| #亏损企业 | 个 | 456 | 560 | −18.57 |
| 工业增加值 | 万元 | 384 165 | 219 698.1 | 74.86 |
| 国家资产原值 | 万元 | 593 536 | 533 090.2 | 11.34 |
| 固定资产净值年平均余额 | 万元 | 428 575 | 364 786.1 | 17.49 |
| 产品销售收入 | 万元 | 935 276 | 945 056.8 | −1.03 |
| 实现利润 | 万元 | −1 735 | 4 454.4 | |
| 税利总额 | 万元 | 102 048 | 89 967.1 | 13.43 |

**1996年江西省食品工业固定资产投资情况**

**表4**　　单位：万元

| 行业名称 | 合计 | 基本建设 | 更新改造 | 其它固定资产投资 | 集体固定资产投资 |
|---|---|---|---|---|---|
| 食品加工业 | 32 700 | 2 339 | 29 703 | 20 | 638 |
| 食品制造业 | 3 162 | 443 | 2 169 | 550 | |
| 饮料制造业 | 27 050 | 3 305 | 22 903 | | 842 |
| 烟草加工业 | 5 083 | 99 | 4 984 | | |
| 共计 | 67 995 | 6 186 | 59 759 | 570 | 1 480 |

（罗　亚）

**【d. 质量管理与名牌产品】** 1996年，江西省食品工业质量管理主要进行了以下工作：

1. 继续开展重点食品企业和产品的质量考核，列入全省重点企业和产品质量考核范畴的12类54家食品企业，质量稳定提高率均在90%以上。

2. 继续组织食品企业参加全国食品行业质量效益型先进企业评选活动。

3. 参加了对全省重点企业贯彻IS09000－GB/19000系列标准的考评工作。

4. 与南昌大学合作，完成了江西省科委重点科研项目《食品感官品评计算机分析系统》的研究，该项目已顺利通过了省级鉴定。

5. 继续组织食品企业参加全国食品行业名优产品质量检评活动，有27个企业的32个产品获全国食品行业名、优产品称号。

6. 有13项产品获江西省名牌产品称号，它们分别是：广丰卷烟厂的玉兔牌卷烟；南昌卷烟厂的南方牌卷烟；江西皓玉面粉股份有限公司的皓玉牌面粉及面制品；上饶全粮液酒厂的全良牌全良液酒；江西麦饭石酒业有限公司的赣石牌麦饭石酒；赣州创业工业(集团)公司的绿凉牌苦瓜酒；江西赣州酒厂章贡牌章贡酒；江西临川酒厂的临川牌临川贡酒；江西红星企业集团的培力牌全脂甜奶粉；吉安市粮油食品厂的庐陵牌水磨糯米粉；江西乔家栅食品厂的滕王阁牌食品；吉安啤酒厂的吉安/井冈山牌啤酒；江西婺源茶叶(集团)公司的大鄣山牌云雾茶。

（余全德）

**【e. 科技进步】** 1996年江西省食品工业共完成新产品开发项目61项，其中获国家发明专利、填补国内空白和达到国内先进水平的产品13项，占开发项目总数的21.3%；获得省优秀新产品奖23项，其中一等奖3项，二等奖10项(见表5)，三等奖11项，占完成项目总数的37.7%，这些产品的开发、投产，促进了江西省食品工业产品结构、产业结构的调整，成为江西经济新的增长点并产生了显著的社会效益。

企业科技工作与技术引进、新技术应用、新产品开发工作紧密结合，有效地推进了企业技术进步和产品开发。如修水三都垦殖场引进日本及台湾加工设备、生产工艺、利用茶树中、低档粗老鲜茶开发的煎茶、番茶、台茶，产品全部由台、日客商包销30年，使低值茶的附加值和茶园经济效益大幅度提高，并为茶场走出困境开创了新途径。景德镇德宇集团与南京微波所合作，应用微波技术熟化板鸡替代高压熟化，使产品质量、档次得到提高，并简化了生产工序，节省了工时和能源。大余风味食品厂和信丰天奇食品厂利用微波杀菌技术开发了地方传统方便食品

—辣椒芋梗、天奇萝卜脆，受到消费者普遍欢迎，由此开创了江西传统产品工业化生产的新途径。大余华盛食品有限公司应用真空低温油炸技术开发了“过把瘾”果蔬脆片。瑞金市食品厂通过技术改造，利用当地特有资源香芋，将传统小食品用现代技术进行工业化生产，使企业获得显著经济效益，并带动了地方种植业发展。赣东钳蝎系列开发有限公司利用当地特色养殖业钳蝎为主要原料，以现代科技手段提取有效成份，开发出获得国家发明专利的高级营养保健酒，促进了赣东地区地方经济发展。赣江专用面粉有限公司引进国际一流成套设备—瑞干布勒公司制粉生产线，使江西的面粉生产水平登上了新台阶。新型消毒剂稳定性二氧化氯的推广，在江西啤酒行业、太空水、矿泉水、蜜饯厂得到了有效的应用，使产品质量得到保证。

大专院校和科研院所的科研、教育、检测等食品工业配套体系更加完善。南昌大学中德联合食品研究开发中心除了具备国内较先进的小试研究实验室外，由德国援建的食品加工中试基地的建设已在实施之中，该基地将可进行食品工程、生物工程和食品添加剂等领域新技术、新产品的研究和开发。1996 年开发中心的“鸡睾丸保健食品开发”、“双岐杆菌添加剂研究”、“甜味剂 AK 糖工艺研究”等多项科研项目获得省科技进步奖或成果奖，不少项目通过产学研联合已转化为生产力。如修水宁经集团开发的“宁红好喝茶”、江西乳品厂开发的“双岐甜奶粉”、穗洪食品厂开发的“AK 糖”等。

（邓莲君）

**【f. 大型企业和集团】** 江西省食品工业现有大中型企业 58 个，其中大二型企业 6 个，中一型 8 个。为提高企业在市场竞争中的抗衡能力，相继成立了上饶全良集团、陆羽泉集团、德宇集团、赣石集团。

**【g. 对外经济技术合作】** 本年度实有外资企业 165 个，其中食品制造业 95 个，饮料制造业 70 个，已投产开业 90 个。当年外商实际投资 2 399 万美元，其中食品制造业 1 622 万美元，饮料制造业 777 万美元。当年外贸食品出口 1.1 亿美元，进口约 0.4 亿美元。

（郝其刚）

**表 5　1996 年江西省优秀新产品一、二等奖项目**

| 项目名称 | 承担企业 | 获奖等级 |
|---|---|---|
| 蝎王酒 | 赣东钳蝎系列开发有限公司 | 一等奖 |
| 蒸青茶系列（煎茶、番茶、台茶） | 修水三都垦殖场 | 一等奖 |
| 莲帝莲子汁 | 三惠莲帝饮品有限公司 | 二等奖 |
| 赣亚莲子汁 | 瑞金赣亚食品饮料实业公司 | 二等奖 |
| 莲心好酒 | 全南酿酒厂 | 二等奖 |
| 赣亚牌大自然香芋 | 瑞金市食品厂 | 二等奖 |
| “过把瘾”果蔬脆片 | 大余华盛食品有限公司 | 二等奖 |
| “天奇”辣椒萝卜脆 | 信丰天奇食品有限公司 | 二等奖 |
| 七宝山牌黄金酒 | 上高县酿酒厂 | 二等奖 |
| 五蛇三七蛤蚧酒 | 金溪新良蛇业有限公司 | 二等奖 |
| 脐橙汁 | 信港果品开发有限公司 | 二等奖 |
| 嵩酒王 | 江西嵩酒厂 | 二等奖 |

# 3.15 山　东　省

**【a. 纪事】** 1996年1月24日，省经贸委印发了山东省食品工业协会编制的《山东省食品工业“九五”发展规划》，要求各市地、各有关部门认真贯彻施行。

2月6日，山东省食品工业协会表彰了全省食协系统8个先进集体和17名先进个人。

5月14日至17日，在山东曲阜市召开了环渤海地区食协联谊会。会上，北京、辽宁、内蒙古、河北及山东的21个食品工业企业集团介绍了经验，其中山东省的7家企业集团作了典型发言，介绍了在兼并、联合、融资、优化存量资产、组建集团以及各集团在组织结构、体系建设、运作管理、发展壮大规模、集团化经营、实施名牌战略等方面的经验，得到了与会代表的肯定。

7月11日，中国食品工业协会以中食质〔1996〕45号文转发了山东省食协编制的《山东省食品工业“九五”产品质量振兴规划》。

9月18日至20日，山东省经济贸易委员会、山东省财贸办公室和烟台市人民政府在烟台举办了“'96山东名优食品交易会”，共有9个省、市及解放军系统的162家企业及科研单位到会参展交易。

**【b. 综述】** 1996年，作为全省工业经济七大支柱产业之一的山东省食品工业也同全省经济工作一样，保持了持续、快速、健康发展的好态势，为全省国民经济发展作出了重要贡献。截止1996年底，全省共有乡及乡以上食品工业企业4 722个，其中独立核算食品工业企业3 731家，从业人员592 045人，固定资产净值年平均余额281.33亿元。当年，全省乡及乡以上独立核算食品工业企业共完成食品工业总产值862.88亿元、工业增加值236.29亿元，实现产品销售收入753.34亿元，实现利税98.93亿元，分别占全省同口径工业企业的15.0%、13.7%、14.8%、18.8%；与1995年相比，增长幅度分别为21.5%、43.7%、17.5%、16.1%。

在1996年全省乡及乡以上独立核算食品工业企业工业总产值和工业增加值中，食品加工业分别占56.8%和45.5%，食品制造业分别占14.2%和11.8%，饮料制造业分别占22.1%和25.3%，烟草加工业分别占6.9%和17.4%。食品加工业和食品制造业所占比重合计分别为71.0%和57.3%，较上年分别增长1.7个百分点和7.5个百分点；烟草加工业所占比重则分别减少1.5个百分点和2.8个百分点；各行业所占比重逐步趋于合理。

在发展速度和经济效益较快增长的同时，山东省食品工业行业结构、产品结构和企业组织结构也得到进一步调整，逐步趋于合理。企业的生产工艺、技术装备水平和产品质量进一步提高，新技术开发、技术改造投资力度增大。主要产品产量中，大多数有较大幅度的增长，产品产销情况较好，产品质量水平进一步提高，企业争创名牌意识增强，部分产品知名度和市场占有率有了较大提高。食品工业企业集团不断发展壮大，对外经济贸易合作得到进一步发展。截止1996年底，全省组建的食品工业企业集团达100多个，外商投资食品工业企业达1 643家。

在取得一定成绩的同时，山东省食品工业仍存在一些问题。如国有企业改革缓慢，部分国有企业生产经营困难加大，经济效益持续滑坡，有的甚至难以生存；结构调整步伐不快，优势产业不够突出、发展不快，在全国乃至国际上叫得响的名牌产品少，企业集团及有优势的大企业比重仍偏低，大多数企业经营管理水平不高、规模效益差、市场竞争力不强；企业经营机制转换滞后，相当一部分企业仍然还有等、靠、要的思想，观念的转变跟不上形势发展的需要；尚没有形成一支素质高、责任心强、能力强、职业化的庞大的企业家队伍和后备人才队伍；多头管理，宏观调控乏力，重复建设，分散改造，高速低效现象仍较突出等。

表 1　　1996 年山东省食品工业基本情况(一)

| 行　　业 | 企业单位数(个) | | | 工业总产值(万元)(现行价) | | |
|---|---|---|---|---|---|---|
| | 1996 年 | 1995 年 | 1996 年较上年增长(%) | 1996 年 | 1995 年 | 1996 年较上年增长(%) |
| 食品加工业 | 2 869 | 2 911 | −1.44 | 5 195 288 | 4 162 993 | 24.80 |
| 食品制造业 | 1 214 | 1 280 | −5.16 | 1 391 437 | 1 105 022 | 25.92 |
| 饮料制造业 | 612 | 585 | 4.62 | 1 815 961 | 1 617 935 | 12.24 |
| 烟草加工业 | 27 | 32 | −15.62 | 609 078 | 589 996 | 3.23 |
| 合　　计 | 4 722 | 4 808 | −1.79 | 9 011 764 | 7 475 946 | 20.54 |

注:本表数据包括乡及乡以上独立核算工业企业和非独立核算工业生产单位。

表 2　　1996 年山东省食品工业基本情况(二)　　单位:个、万元

| 地　　区 | 食品加工业 | | 食品制造业 | | 饮料制造业 | | 烟草加工业 | |
|---|---|---|---|---|---|---|---|---|
| | 企　业单位数 | 工　业总产值 | 企　业单位数 | 工　业总产值 | 企　业单位数 | 工　业总产值 | 企　业单位数 | 工　业总产值 |
| 济南市 | 105 | 142 155 | 71 | 58 329 | 33 | 91 702 | 2 | 221 984 |
| 青岛市 | 383 | 487 040 | 178 | 160 483 | 85 | 269 789 | 5 | 199 144 |
| 淄博市 | 57 | 54 398 | 48 | 45 651 | 23 | 66 146 | 2 | 1 346 |
| 枣庄市 | 60 | 133 060 | 90 | 92 499 | 25 | 69 174 | 1 | 30 696 |
| 东营市 | 197 | 126 491 | 78 | 36 298 | 40 | 21 694 | | |
| 烟台市 | 233 | 539 267 | 103 | 131 176 | 57 | 162 032 | 1 | 9 472 |
| 潍坊市 | 191 | 761 110 | 79 | 117 158 | 44 | 209 043 | 7 | 75 989 |
| 济宁市 | 184 | 333 768 | 102 | 180 455 | 56 | 243 733 | | |
| 泰安市 | 80 | 140 846 | 46 | 31 260 | 27 | 96 868 | | |
| 威海市 | 221 | 970 746 | 57 | 199 093 | 24 | 135 066 | | |
| 日照市 | 116 | 140 241 | 33 | 11 758 | 14 | 26 564 | 1 | 4 541 |
| 莱芜市 | 15 | 19 704 | 8 | 8 361 | 1 | 20 439 | | |
| 临沂市 | 276 | 511 550 | 104 | 133 076 | 43 | 218 627 | 4 | 40 054 |
| 德州市 | 254 | 118 345 | 89 | 19 965 | 40 | 33 089 | 1 | 9 599 |
| 滨州地区 | 165 | 167 567 | 33 | 9 247 | 29 | 76 926 | | |
| 聊城地区 | 158 | 387 470 | 38 | 39 167 | 27 | 31 803 | 2 | 6 275 |
| 菏泽地区 | 174 | 161 529 | 57 | 117 461 | 44 | 43 268 | 1 | 9 979 |
| 合　　计 | 2 869 | 5 195 287 | 1 214 | 1 391 437 | 612 | 1 815 963 | 27 | 609 079 |

注:统计范围同表 1。

表 3　　1996 年山东省食品工业基本情况(三)　　单位:万元

| 行　　业 | 工业总产值(现价新规定) | | | 工业增加值(生产法) | | |
|---|---|---|---|---|---|---|
| | 1996 年 | 较上年增长绝对数 | 较上年增长相对数(%) | 1996 年 | 较上年增长绝对数 | 较上年增长相对数(%) |
| 食品加工业 | 4 900 819 | 1 009 465 | 25.94 | 1 075 855 | 453 933 | 72.99 |
| 其中:国有 | 1 880 289 | 159 287 | 9.26 | 370 836 | 149 030 | 67.19 |
| 集体 | 2 148 898 | 661 084 | 44.43 | 528 481 | 234 112 | 79.53 |
| 三资 | 806 969 | −7 811 | −0.96 | 164 013 | 28 724 | 21.23 |
| 食品制造业 | 1 228 339 | 198 125 | 19.23 | 279 060 | 82 567 | 42.02 |

续表

| 行　业 | 工业总产值(现价新规定) | | | 工业增加值(生产法) | | |
|---|---|---|---|---|---|---|
| | 1996 年 | 较上年增长绝对数 | 较上年增长相对数(%) | 1996 年 | 较上年增长绝对数 | 较上年增长相对数(%) |
| 其中:国有 | 279 085 | 3 180 | 1.15 | 60 552 | 17 616 | 41.03 |
| 集体 | 598 740 | 67 822 | 12.77 | 143 667 | 36 595 | 34.18 |
| 三资 | 215 258 | −37 929 | −14.98 | 36 916 | −13 052 | −26.12 |
| 饮料制造业 | 1 905 422 | 290 078 | 17.96 | 597 710 | 104 440 | 21.17 |
| 其中:国有 | 1 119 151 | 130 951 | 13.25 | 342 292 | 50 150 | 17.17 |
| 集体 | 293 739 | 86 351 | 41.64 | 83 056 | 30 608 | 58.36 |
| 三资 | 302 570 | −31 701 | −9.48 | 107 419 | −7 370 | −6.42 |
| 烟草加工业 | 594 206 | 30 113 | 5.34 | 410 281 | 78 099 | 23.51 |
| 其中:国有 | 578 939 | 56 824 | 10.88 | 401 606 | 85 569 | 27.08 |
| 集体 | 519 | −19 254 | −97.38 | 139 | −3 677 | −96.36 |
| 三资 | 14 748 | 988 | 7.18 | 8 537 | 13 | 0.15 |
| 合　计 | 8 628 786 | 1 527 781 | 21.51 | 2 362 906 | 719 039 | 43.74 |

注:本表统计范围为全部独立核算食品工业企业。

**表 4　　1996 年山东省食品工业基本情况(四)**　　单位:万元

| 行　业 | 企业单位数(个) | 亏损企业单位数(个) | 全部职工年平均人数(人) | 流动资产合计 | 流动资产年平均余额 | 固定资产原价合计 | 固定资产净值年平均余额 |
|---|---|---|---|---|---|---|---|
| 食品加工业 | 2 307 | 289 | 297 331 | 1 871 420 | 1 708 863 | 1 787 909 | 1 319 848 |
| 其中:国有 | 652 | 162 | 141 188 | 994 752 | 931 526 | 1 027 032 | 771 861 |
| 集体 | 1 308 | 60 | 110 079 | 493 210 | 435 750 | 455 086 | 340 213 |
| 三资 | 287 | 62 | 41 036 | 354 658 | 314 139 | 284 650 | 191 801 |
| 食品制造业 | 856 | 144 | 127 444 | 530 459 | 486 590 | 639 136 | 501 115 |
| 其中:国有 | 258 | 57 | 48 383 | 168 803 | 156 439 | 258 758 | 201 821 |
| 集体 | 420 | 36 | 52 676 | 188 483 | 162 097 | 174 856 | 129 315 |
| 三资 | 135 | 46 | 16 340 | 127 114 | 123 100 | 143 940 | 121 346 |
| 饮料制造业 | 550 | 80 | 149 546 | 1 115 144 | 1 031 994 | 1 068 036 | 800 897 |
| 其中:国有 | 180 | 25 | 96 996 | 700 189 | 641 476 | 649 184 | 494 510 |
| 集体 | 268 | 34 | 25 795 | 105 763 | 96 870 | 129 980 | 96 991 |
| 三资 | 65 | 17 | 13 975 | 233 040 | 223 974 | 222 295 | 160 300 |
| 烟草加工业 | 18 | 0 | 17 724 | 277 232 | 220 815 | 302 061 | 191 452 |
| 其中:国有 | 15 | 0 | 17 538 | 262 828 | 208 202 | 295 394 | 188 793 |
| 集体 | 2 | 0 | 40 | 54 | 70 | 30 | 27 |
| 三资 | 1 | 0 | 146 | 14 350 | 12 543 | 6 637 | 2 632 |
| 合　计 | 3 731 | 513 | 592 045 | 3 794 255 | 3 448 262 | 3 797 142 | 2 813 312 |

注:统计范围同表 3。

续表 4—1

| 行业 | 资产总计 | 负债合计 | 所有者权益合计 | 资本金合计 | 产品销售税金及附加 | 产品销售费用 | 管理费用 |
|---|---|---|---|---|---|---|---|
| 食品加工业 | 3 726 855 | 2 699 254 | 1 027 602 | 769 434 | 16 029 | 110 187 | 142 736 |
| 其中：国有 | 2 026 804 | 1 593 475 | 433 329 | 305 993 | 4 430 | 45 826 | 75 672 |
| 集体 | 962 575 | 643 540 | 319 035 | 239 258 | 11 019 | 27 808 | 39 876 |
| 三资 | 685 614 | 422 947 | 262 667 | 216 680 | 439 | 34 937 | 24 485 |
| 食品制造业 | 1 425 955 | 882 946 | 543 008 | 282 184 | 4 703 | 39 935 | 59 664 |
| 其中：国有 | 458 405 | 346 906 | 111 500 | 82 265 | 961 | 8 987 | 20 356 |
| 集体 | 555 870 | 261 443 | 294 427 | 68 777 | 2 479 | 12 242 | 19 817 |
| 三资 | 294 705 | 181 117 | 113 588 | 117 722 | 948 | 12 038 | 13 973 |
| 饮料制造业 | 2 304 219 | 1 484 895 | 819 324 | 432 582 | 186 552 | 131 333 | 107 523 |
| 其中：国有 | 1 423 697 | 1 019 995 | 403 702 | 188 012 | 130 142 | 93 894 | 67 384 |
| 集体 | 228 282 | 174 307 | 53 975 | 41 072 | 11 700 | 6 478 | 11 924 |
| 三资 | 498 351 | 190 187 | 308 165 | 173 440 | 18 310 | 21 279 | 17 388 |
| 烟草加工业 | 582 779 | 325 572 | 257 207 | 147 422 | 240 222 | 12 040 | 16 861 |
| 其中：国有 | 553 132 | 305 060 | 248 072 | 138 984 | 235 628 | 11 689 | 16 221 |
| 集体 | 80 | 96 | —16 | 20 | 9 | | |
| 三资 | 29 567 | 20 416 | 9 152 | 8 418 | 4 585 | 351 | 640 |
| 合计 | 8 039 808 | 5 392 667 | 2 647 141 | 1 631 622 | 447 506 | 293 495 | 326 784 |

**【c. 生产与销售】** 1996年全省食品工业生产、销售状况较好，全省乡及乡以上独立核算食品工业企业工业总产值、工业销售产值和产品销售收入连续第6年居全国同行业首位。其中，食品加工业、食品制造业、饮料制造业、烟草加工业工业总产值分别较上年增长25.9%、19.2%、18.0%和5.3%，工业增加值分别较上年增长73.0%、42.0%、21.2%和23.5%，食品加工业和食品制造业发展速度明显加快，上了一个新的台阶。乳制品、酱油、食醋等产品的产量有较大幅度增长；水产加工品、加工蔬菜(保鲜、速冻、脱水蔬菜)、饮料酒、花生制品等产品产量继续稳居全国首位；而原盐、食用植物油、软饮料等的产量则有较大幅度下降。全省食品工业产品遍销全国各地，并远销亚洲、欧洲、美洲的80多个国家和地区。据统计，全省食品工业产品总产销率约为97.0%。其中，植物油加工业为99.2%，白酒制造业为100.0%，啤酒制造业为98.6%，碳酸饮料制造业为98.6%、制茶业为104.0%，制糖业为101.5%，卷烟制造业为99.9%。出口食品的主要品种有食用植物油、果干果脯、脱水蔬菜、速冻蔬菜、水产加工品、茶叶、烤烟、罐头、酒、调味品、花生制品、速冻食品、淀粉、豆制品等食品制成品等。1996年全省食品出口创汇12.62亿美元，其中速冻蔬菜5 255万美元，脱水蔬菜2 014万美元。

**【d. 技术进步】** 1996年，山东省食品工业把加快企业技术进步作为转变经济增长方式、提高经济运行质量和效益的一个极为重要的途径来抓，积极拓宽融资渠道，多方筹集资金，加大技术改造和技术开发的投入并加强管理，充分依靠科技进步，加快技术创新，引进、消化、吸收国内外先进技术成果，加强产学研联合，促进科技成果加速转化为现实生产力，提高工业产品的技术含量和档次，工艺技术水平和技术开发能力有了明显提高。全年全省食品工业固定资产投资总额为33.74亿元，其中，更新改造投资17.87亿元，基本建设投资10.03亿元，其他投资5.84亿元。在固定资产投资总额中，国有经济投资17.71亿元，集体所有制经济投资3.06亿元，其他经济投资12.97亿元。全省食品工业企业共新增固定资产26.07亿元，其中，国有经济为15.40亿元，集体所有制经济为2.80亿元，外商投资经济为6.52亿元。新增生产能力主要为：肉类制品38 804吨/年、乳制品13 900吨/年、食用植物油(日处理原料)1 908吨、酒182 160吨/年(其中啤酒144 000吨/年)、机制糖(日处理原料)19吨、卷烟50万箱/年。全年列入省技术开发项目计划的共有22项，其中，研制开发新产品21项(其中达到国际先进水平的8项，填补国内空白的8项，填补省内空白、达到国内先进水平的6项)，可新增产值72 611万元，新增利税16 888万元。在全省大中型食品工业企业中，专门从事科技开发工作的人员共有4 663人，其中具有高中级职称的人员为923人;全年共筹措经费15 348万元,使用经费13 110万元,共研制、开发项目499项。新技术、新成果在食品行业中得到较好的推广应用,提高了原材料利用率和产品质量,降低了生产成本,有力地促进了全省食品工业产品结构的调整和升级,提高了产品的技术含量和企业经济效益。

**1996年山东省食品工业**

**表5　　主要产品产量**　　单位:吨

| 产品名称 | 数　额 | 产品名称 | 数　额 |
|---|---|---|---|
| 乳制品 | 38 862 | 软饮料 | 306 270 |
| 罐头 | 254 347 | 其中: | |
| 酱油 | 537 899 | 天然矿泉水 | 155 833 |
| 食醋 | 380 807 | 发酵酒精 | |
| 原盐 | 7 026 682 | (商品量) | 271 328 |
| 味精 | 72 533 | 饮料酒 | |
| 食用植物油 | 1 120 765 | (商品量) | 3 610 363 |
| 糖果 | 105 408 | 其中:白酒 | 1 310 148 |
| 酱 | 140 102 | 啤酒 | 2 169 454 |
| 淀粉 | 748 563 | 冷冻饮品 | 166 642 |
| 加工盐 | 287 509 | 保健饮料 | 22 280 |
| 其中:精制盐 | 142 533 | 复烤烟叶 | 70 329 |
| 豆制品 | 103 948 | 卷烟(箱) | 2 312 699 |

**1996年山东省食品工业**

**表6　　产品销售收入**　　单位:万元

| 行　业 | 数　额 | 较上年增长绝对数 | 较上年增长相对数(%) |
|---|---|---|---|
| 食品加工业 | 4 071 441 | 637 205 | 18.55 |
| 其中:国有 | 1 735 790 | 157 498 | 9.98 |
| 集体 | 1 572 210 | 315 039 | 25.06 |
| 三资 | 694 594 | —31 586 | —4.35 |
| 食品制造业 | 1 082 316 | 207 355 | 23.70 |
| 其中:国有 | 253 436 | 6 061 | 2.45 |
| 集体 | 508 238 | 65 880 | 14.89 |
| 三资 | 215 620 | 5 266 | 2.50 |
| 饮料制造业 | 1 789 228 | 262 375 | 17.18 |
| 其中:国有 | 1 113 509 | 172 617 | 18.35 |
| 集体 | 225 173 | 56 405 | 33.42 |
| 三资 | 271 801 | —139 096 | —33.85 |
| 烟草加工业 | 590 394 | 16 177 | 2.82 |
| 其中:国有 | 575 434 | 41 822 | 7.84 |
| 集体 | 49 | —16 946 | —99.71 |
| 三资 | 14 912 | —448 | —2.92 |
| 合　计 | 7 533 379 | 1 123 112 | 17.52 |

注:本表统计范围同表3。

**表7　　1996年山东省食品工业产销存情况**　　单位:万元

| 行　　业 | 年初库存价值 | 生产价值 | 销售价值 | 年末库存价值 |
|---|---|---|---|---|
| 食品加工业 | 359 585 | 4 728 355 | 4 565 379 | 499 877 |
| 粮食加工业 | 72 457 | 1 218 474 | 1 157 757 | 112 717 |
| 植物油加工业 | 70 716 | 523 685 | 519 554 | 73 841 |
| 制糖业 | 779 | 5 038 | 5 116 | 700 |
| 屠宰及肉类蛋类加工业 | 99 469 | 1 391 615 | 1 360 713 | 129 227 |
| 水产品加工业 | 68 087 | 1 086 697 | 1 039 185 | 115 759 |
| 食用盐加工业 | 527 | 5 179 | 4 559 | 1 064 |
| 其他食品加工业 | 47 551 | 497 668 | 478 495 | 66 569 |
| 食品制造业 | 81 282 | 1 201 710 | 1 154 076 | 124 904 |
| 糕点、糖果制造业 | 16 159 | 309 609 | 298 600 | 24 050 |
| 乳制品制造业 | 5 158 | 80 471 | 78 599 | 9 059 |
| 罐头食品制造业 | 10 476 | 79 703 | 76 531 | 13 251 |
| 发酵制品业 | 4 785 | 159 710 | 156 607 | 7 810 |
| 调味品制造业 | 17 859 | 163 622 | 153 523 | 26 118 |
| 其他食品制造业 | 26 846 | 408 595 | 390 216 | 44 617 |
| 饮料制造业 | 161 965 | 1 849 039 | 1 820 359 | 183 258 |
| 酒精及饮料酒制造业 | 147 344 | 1 721 263 | 1 702 755 | 158 651 |

续表

| 行业 | 年初库存价值 | 生产价值 | 销售价值 | 年末库存价值 |
|---|---|---|---|---|
| 软饮料制造业 | 10 796 | 108 485 | 97 815 | 21 463 |
| 制茶业 | 2 676 | 7 795 | 8 108 | 2 354 |
| 其他饮料制造业 | 1 160 | 11 495 | 11 680 | 790 |
| 烟草加工业 | 3 586 | 591 949 | 583 296 | 12 268 |
| 烟叶复烤业 | 3 294 | 34 436 | 26 222 | 11 508 |
| 卷烟制造业 | 282 | 557 269 | 556 842 | 743 |
| 合　计 | 606 418 | 8 371 053 | 8 123 110 | 820 307 |

注:本表统计范围同表3。

**表8　　1996年山东省大中型食品工业企业科技开发情况**

| 行业 | 从事科技活动人员(人) | | | | | 本年经费情况 | | 项目合计(项) | 人员合计(人) | 项目经费总额(万元) |
|---|---|---|---|---|---|---|---|---|---|---|
| | 总数 | 工程技术人员 | 具有高中级职称人员 | 具有初级职称大学本科及以上人员 | 未评职称大学本科及以上人员 | 经费筹集总额(万元) | 经费使用总额(万元) | | | |
| 食品加工业 | 671 | 384 | 148 | 99 | 32 | 1 519 | 1 397 | 65 | 331 | 623 |
| 食品制造业 | 813 | 596 | 139 | 85 | 44 | 4 093 | 4 083 | 105 | 516 | 2 580 |
| 饮料制造业 | 2 847 | 1 647 | 570 | 430 | 173 | 8 978 | 6 872 | 264 | 1 280 | 4 231 |
| 烟草加工业 | 332 | 149 | 66 | 65 | 17 | 758 | 758 | 65 | 223 | 691 |
| 合　计 | 4 663 | 2 776 | 923 | 679 | 266 | 15 348 | 13 110 | 499 | 2 350 | 8 125 |

**表9　　1996年山东省食品工业固定资产投资情况**　　单位:万元

| 行业 | 更新改造投资 | | 基本建设投资 | | 其他投资 | 总　计 |
|---|---|---|---|---|---|---|
| | 投资额 | 比上年增长% | 投资额 | 比上年增长% | | |
| 食品加工业 | 59 677 | -22.97 | 49 987 | -31.16 | 39 853 | 149 517 |
| 食品制造业 | 35 507 | 127.45 | 11 746 | 73.07 | 7 216 | 54 469 |
| 饮料制造业 | 60 458 | 4.00 | 30 393 | 97.55 | 11 284 | 102 135 |
| 烟草加工业 | 23 077 | -51.91 | 8 172 | 16.73 | | 31 249 |
| 合　计 | 178 719 | -3.47 | 100 298 | -1.47 | 58 353 | 337 370 |

**表10　　1996年主要行业固定资产投资情况**　　单位:万元

| 行业 | 总　计 | 基本建设投资 | 更新改造投资 | 其他投资 |
|---|---|---|---|---|
| 面、米制品业 | 2 386 | 1 395 | 735 | 256 |
| 食用植物油加工业 | 36 749 | 18 683 | 9 691 | 8 375 |
| 屠宰及肉类蛋类加工业 | 43 499 | 11 856 | 14 945 | 16 698 |
| 其中:肉制品加工业 | 32 188 | 8 178 | 12 563 | 11 447 |
| 水产品加工业 | 17 716 | 6 625 | 9 329 | 1 762 |
| 乳制品制造业 | 10 752 | 3 649 | 7 103 | |
| 罐头食品制造业 | 2 593 | 200 | 2 393 | |
| 调味品制造业 | 4 798 | 200 | 4 200 | 398 |

续表

| 行　业 | 总　计 | 基本建设投资 | 更新改造投资 | 其他投资 |
|---|---|---|---|---|
| 豆制品制造业 | 5 600 | 1 750 | 2 000 | 1 850 |
| 淀粉及淀粉制品业 | 6 280 | 3 830 | 560 | 1 890 |
| 酒精及饮料酒制造业 | 72 578 | 11 159 | 55 259 | 6 160 |
| 其中:酒精制造业 | 4 123 | 644 | 3 479 | |
| 白酒制造业 | 27 001 | 8 051 | 17 889 | 1 061 |
| 啤酒制造业 | 39 401 | 2 464 | 32 038 | 4 899 |
| 碳酸饮料制造业 | 17 324 | 16 859 | | 465 |
| 果菜汁饮料制造业 | 9 217 | 709 | 3 849 | 4 659 |
| 卷烟制造业 | 31 080 | 8 140 | 22 940 | |

**【e. 经济效益】**1996年，山东省食品工业经济效益有了较大提高，扭亏增盈工作又取得了较大成绩。全省乡及乡以上独立核算食品工业企业共实现利税98.93亿元，较上年增长16.1%。其中，利润30.34亿元，较上年增长30.5%；税收68.60亿元，较上年增长10.6%。食品加工业、食品制造业、饮料制造业和烟草加工业1996年度完成的利税额分别为18.47亿元、6.97亿元、36.82亿元和36.67亿元，分别较上年增长21.4%、28.9%、11.5%和16.0%，分别占全省食品工业利税总额的18.7%、7.0%、37.2%和37.1%；其中，各行业实现的利润额分别较上年增长2.72亿元、1.11亿元、0.18亿元和3.08亿元，增长幅度分别为29.9%、42.6%、2.5%和69.5%。到1996年底，亏损企业总数降为513个，比上年减少了232个；亏损企业亏损总额降为6.29亿元。

**表11　　1996年山东省食品工业经济效益情况**　　单位:万元

| 行　业 | 产品销售利润 | 利润总额 | 本年应交增值税 | 税金总额 | 利税总额 | 亏损企业亏损总额 |
|---|---|---|---|---|---|---|
| 食品加工业 | 338 016 | 118 130 | 50 544 | 66 572 | 184 702 | 34 476 |
| 其中:国有 | 120 294 | 5 370 | 17 789 | 22 219 | 27 589 | 24 814 |
| 集体 | 160 467 | 92 675 | 25 179 | 36 198 | 128 873 | 1 546 |
| 三资 | 53 318 | 18 955 | 6 562 | 7 001 | 25 956 | 8 052 |
| 食品制造业 | 131 160 | 37 130 | 27 900 | 32 603 | 69 733 | 17 788 |
| 其中:国有 | 29 504 | 2 489 | 7 902 | 8 863 | 11 352 | 7 094 |
| 集体 | 64 367 | 29 604 | 14 439 | 16 918 | 46 522 | 1 205 |
| 三资 | 22 767 | —400 | 1 576 | 2 524 | 2 124 | 9 301 |
| 饮料制造业 | 206 748 | 73 010 | 108 635 | 295 186 | 368 196 | 10 674 |
| 其中:国有 | 121 732 | 33 019 | 68 499 | 198 641 | 231 660 | 7 694 |
| 集体 | 33 417 | 14 078 | 8 133 | 19 833 | 33 911 | 1 034 |
| 三资 | 31 288 | 19 185 | 20 499 | 38 808 | 57 993 | 1 713 |
| 烟草加工业 | 70 440 | 75 101 | 51 363 | 291 585 | 366 686 | 0 |
| 其中:国有 | 68 109 | 73 796 | 50 574 | 286 202 | 359 998 | 0 |
| 集体 | 40 | 24 | 9 | 18 | 42 | 0 |
| 三资 | 2 292 | 1 281 | 780 | 5 365 | 6 646 | 0 |
| 合　计 | 746 364 | 303 371 | 238 442 | 685 946 | 989 317 | 62 938 |

注:本表统计范围同表3。

表 12　　1996 年山东省食品工业主要财务分析指标

| 行　业 | 工业资本金利税率(%) | 工业增加值率(%) | 流动资产周转次数(次) | 产值利税率(%) | 销售产值利税率(%) |
|---|---|---|---|---|---|
| 食品加工业 | 24.00 | 20.68 | 2.38 | 3.77 | 3.96 |
| 其中:国有 | 9.02 | 18.49 | 1.86 | 1.47 | 1.52 |
| 食品制造业 | 24.71 | 20.85 | 2.22 | 5.68 | 5.92 |
| 其中:国有 | 13.80 | 19.44 | 1.62 | 4.07 | 4.27 |
| 饮料制造业 | 85.12 | 26.83 | 1.73 | 19.32 | 19.54 |
| 其中:国有 | 123.22 | 25.62 | 1.74 | 20.70 | 20.46 |
| 烟草加工业 | 248.73 | 58.86 | 2.67 | 61.71 | 62.70 |
| 其中:国有 | 259.02 | 59.08 | 2.76 | 62.18 | 63.19 |

注:本表统计范围为乡及乡以上独立核算企业。

**【f. 对外经济技术合作】**1996 年,山东省食品工业充分发挥资源、地理、市场、政策等优势,实行全方位对外开放,对外经济技术合作又取得了较大进步。截止 1996 年底,全省外商投资食品工业企业总数达 1 643 个,从业人员 157 971 人,资产总值达 216.19 亿元。1996 年,全省外商投资食品工业企业实现主营业务收入 198.47 亿元,出口总值达 99 067 万美元。外商投资食品工业企业的不断发展壮大,带动了全省食品工业技术水平、管理水平、质量水平和经济效益的提高,加快了山东食品工业拓展国际市场、扩大出口创汇的步伐。1996 年,全省食品工业共出口创汇 197 241 万美元,占全省工业品出口创汇总额的 24.16%。

表 13　　1996 年山东省外商投资食品工业企业主要经济指标　　单位:万元

| 行　业 | 资产总额 | 负债总额 | 主营业务收入 | 利润总额 | 实缴税金及附加费 | 出口总值(万美元) |
|---|---|---|---|---|---|---|
| 食品加工业 | 1 021 644 | 594 007 | 1 194 441 | 33 097 | 16 312 | 82 874 |
| 食品制造业 | 391 394 | 224 529 | 307 719 | 10 162 | 17 838 | 11 480 |
| 饮料制造业 | 748 889 | 350 006 | 482 566 | 29 369 | 55 074 | 4 713 |
| 合　计 | 2 161 927 | 1 168 542 | 1 984 726 | 72 628 | 89 224 | 87 587 |

**【g. 质量管理和名牌产品】** 1996 年,山东省食品工业系统积极响应省委、省政府在全省实施名牌战略的号召,坚持"质量兴鲁"的方针,强化质量意识,树立以质量求效益、求发展的思想,突出抓好名牌战略的实施,并把各项工作落到实处,抓出成效。在争创名牌产品活动中,坚持从企业基础工作抓起,推广 ISO9000 系列标准,开展群众性的质量管理活动,加强质保体系和质量管理工作,进一步改进和提高了产品的质量及售后服务水平,带动了全省食品工业质量水平的提高。在 1996 年度山东名牌产品中,食品为 19 个,占山东名牌产品总数的五分之一强。

1996 年度山东省名牌产品(食品部分)名单

| 产品名称 | 生产企业 | 产品名称 | 生产企业 |
|---|---|---|---|
| 青岛牌青岛啤酒 | 青岛啤酒股份有限公司 | 琥珀牌琥珀啤酒 | 山东琥珀啤酒厂 |
| 孔府家牌孔府家酒(酒精含量 39%) | 曲阜市酒厂 | 北冰洋牌北冰洋啤酒 | 济南啤酒集团总公司白马山啤酒厂 |
| 孔府宴牌孔府宴酒(酒精含量 44%) | 山东鱼台县酿酒厂 | 奥蕾牌奥蕾啤酒 | 山东省寿光啤酒厂 |
| 景阳春牌景阳春酒(酒精含量 39%) | 山东景芝酒业股份有限公司 | 光州牌光州啤酒 | 山东莱州市啤酒厂 |
| | | 华东牌青岛蔷丝琳 | 华东葡萄酒有限公司 |
| 泰山牌泰山特曲(酒精含量 39%) | 泰安酿酒总厂 | 浪花牌油炸花生仁 | 青岛大洋食品(集团)公司 |
| 兰陵牌兰陵特曲(酒精含量 39%) | 山东兰陵美酒厂 | 德州牌五香脱骨扒鸡 | 德州扒鸡总公司 |
| | | 崂山牌矿泉水 | 国营青岛汽水厂 |
| 莱州牌莱州特曲(酒精含量 39%) | 国营莱州市酿酒厂 | 碧云洞牌矿泉水 | 山东碧云洞集团公司 |
| 张裕牌 XO 金奖白兰地 | 烟台张裕葡萄酿酒公司 | 普利思牌矿泉水 | 济南普利矿泉水有限公司 |
| | | 将军牌烤烟型卷烟 | 济南卷烟厂 |

【h. 企业改革与结构调整】1996年，山东省食品工业企业改革步伐加快，经营管理水平不断提高。全省食品工业系统认真贯彻中央关于国有企业改革的方针，抓好国家及省制定的一系列搞活大中型国有企业的政策措施的落实，积极推进现代企业制度试点等企业改革工作。在企业改革中，坚持抓好大的、放活小的，一切从企业实际出发，因企制宜，依法改制，不搞一刀切，并认真及时总结企业改革经验加以推广，有力地推动企业改革向纵深发展，进一步增强了企业发展的生机和活力，促进了全省不同性质、不同类型企业改革的协调发展。在认真抓好企业改革的同时，抓好企业管理和企业家队伍建设，并把企业改革与企业管理紧密地结合起来，积极开展"管理效益年"活动，借鉴其他成功企业经验，以资金管理、成本管理、质量管理为重点，带动企业各项管理工作，把企业经营管理工作提高到一个新的水平。

针对全省食品工业行业结构调整中存在的诸多问题，如行业结构层次低、竞争能力差、生产集中度低、规模效益差、主导产业优势不突出、优势产品少等，山东省食品工业系统以市场为导向，以效益为中心，以改革开放为动力，突出主导行业和优势产品，突出高新技术，突出规模经济，合理调整存量，优化增量投向，大力培植新的经济增长点，促进了全省食品工业行业结构、产品结构、企业组织结构的调整和优化升级。

在行业结构调整方面，一方面针对传统食品工业行业存在的产品老面孔多、新产品少、传统产品企业开发能力差、优势产品规模经营能力差、市场占有率低等问题，对传统行业进行改造，实施名牌战略，壮大优势行业，大力培植新兴行业，提高行业整体素质和经济效益，在酒类、粮油加工、烟草等优势产业保持较快发展速度的同时，肉制品加工、蔬菜加工、果品加工、方便食品等行业得到了更快发展；另一方面则大力培植高新技术行业，重点开发生物食品、保健食品等。

在产品结构调整方面，继续以名牌、优质食品为龙头，向名、优、特、新方向发展，重点开发国内、省内空白产品，扶持技术含量高、附加值高、市场占有率高、关联度大的最终产品，限制市场饱和、生产规模小的产品和工艺技术落后的产品。

在企业组织结构调整方面，按照建立现代企业制度的要求，围绕壮大优势企业，以发展规模经济和专业化生产为重点，实行多元化和多形式产权重组、优化资源配置、建立优胜劣汰机制，形成大中小型企业合理分工、优势互补、协调发展的企业组织结构体系。作为促进企业组织结构调整的一项重大举措，全省食品工业行业以市场为导向，以名牌产品为龙头，以优势企业为依托，以资产联接为纽带，以提高效益为中心，积极发展跨行业、跨地区、跨所有制的企业集团，大大推动了全省食品工业企业结构的调整与升级，并发挥出规模经济效益的优势。同时，积极发挥山东省食品大企业集团和大公司和技术、资金、品牌等优势，进一步加强与中西部地区的联合，跨出省门，通过兼并、参股、合资、合作等形式联办企业，不断巩固扩大省外市场。到1996年底，全省食品工业企业集团有100多个，并涌现出青啤、孔府家、兰陵、泰酒、张裕、大洋、裕鲁、龙大、龙丰、将军、金锣等一大批规模比较大、实力比较强、效益比较好的大型企业集团。据统计，山东省按产品销售收入由高到低排序的前50家大中型食品工业企业或企业集团，1996年共完成工业增加值87.77亿元，实现产品销售收入217.32亿元，分别占全省全部独立核算食品工业企业的37.1%和28.8%。

（王德强）

表14　**1996年山东省食品工业前50家基本情况**

| 企业名称 | 工业增加值（万元） | 产品销售收入（万元） | 销售税金及附加（万元） | 全部职工平均人数（人） | 固定资产原价（万元） | 流动资产（万元） |
|---|---|---|---|---|---|---|
| 济南卷烟厂 | 139 687 | 205 242 | 90 635 | 2 695 | 101 203 | 73 231 |
| 颐中烟草集团有限公司 | 172 878 | 198 879 | 87 880 | 3 607 | 92 412 | 103 692 |
| 青岛啤酒股份有限公司 | 59 921 | 150 360 | 8 150 | 4 857 | 126 620 | 151 041 |
| 山东秦池酒厂 | 50 213 | 95 028 | 10 705 | 1 862 | 14 076 | 24 315 |
| 山东省兰陵企业集团总公司 | 19 275 | 83 338 | 9 382 | 5 675 | 21 168 | 41 671 |
| 菱花集团公司 | 18 770 | 80 549 | 135 | 6 200 | 22 426 | 21 227 |
| 山东景芝酒业股份有限公司 | 23 977 | 69 417 | 14 437 | 4 560 | 14 845 | 18 438 |
| 曲阜孔府家集团总公司 | 31 617 | 67 599 | 10 848 | 2 298 | 21 726 | 41 562 |
| 菏泽市沙土酿造厂 | 20 533 | 66 923 | 439 | 4 126 | 22 448 | 26 786 |

续表

| 企业名称 | 工业增加值（万元） | 产品销售收入（万元） | 销售税金及附加（万元） | 全部职工平均人数（人） | 固定资产原价（万元） | 流动资产（万元） |
|---|---|---|---|---|---|---|
| 鱼台县孔府宴酒厂 | 12 563 | 60 582 | 8 793 | 1 600 | 8 090 | 24 236 |
| 中国得利斯集团总公司 | 19 633 | 60 105 | 67 | 1 880 | 20 618 | 5 846 |
| 青州卷烟厂 | 39 724 | 59 910 | 26 303 | 2 419 | 23 047 | 14 055 |
| 烟台张裕葡萄酿酒公司 | 13 786 | 46 902 | 1 585 | 2 105 | 22 870 | 25 410 |
| 沂水县青楼食品厂 | 11 746 | 46 290 | 146 | 3 318 | 9 321 | 3 206 |
| 临沂华蒙食品集团公司 | 3 549 | 43 103 | 2 100 | 12 332 | 13 279 | |
| 山东龙丰集团公司 | 11 421 | 40 796 | 22 | 1 094 | 13 424 | 8 731 |
| 烟台龙大企业集团 | 9 338 | 40 500 | 14 | 2 956 | 16 789 | 20 382 |
| 济南啤酒集团总公司 | 13 677 | 38 007 | 3 251 | 2 318 | 32 736 | 17 595 |
| 山东坊子酒厂 | 9 425 | 35 273 | 9 955 | 1 724 | 8 611 | 11 021 |
| 济南中心面粉厂 | 649 | 33 057 | 8 | 499 | 6 433 | 13 711 |
| 山东寿光酿酒总厂 | 6 416 | 30 908 | 4 023 | 890 | 4 815 | 12 364 |
| 潍坊永昌食品工业有限公司 | 6 791 | 30 648 | 1 170 | 9 079 | 7 994 | |
| 山东泰山酿酒饮料(集团)股份有限公司 | 14 921 | 30 632 | 4 950 | 1 309 | 18 040 | 17 981 |
| 中国烟草总公司山东省公司沂水烟叶复烤厂 | 5 813 | 30 454 | 143 | 485 | 9 873 | 5 813 |
| 青岛崂山啤酒厂 | 10 842 | 28 884 | 2 585 | 1 277 | 30 529 | 6 951 |
| 滕州卷烟厂 | 15 945 | 28 604 | 12 630 | 1 653 | 24 896 | 17 667 |
| 曲阜三孔啤酒有限公司 | 12 980 | 27 163 | 3 201 | 1 278 | 14 324 | 10 276 |
| 青岛罐头食品厂有限公司 | 4 080 | 24 300 | | 1 446 | 6 016 | 24 822 |
| 烟台中策啤酒有限公司 | 6 835 | 22 453 | 2 094 | 1 284 | 11 176 | 11 391 |
| 青岛德维集团公司 | 5 517 | 22 376 | 60 | 2 511 | 15 145 | 11 770 |
| 泰安市啤酒厂 | 7 000 | 21 652 | 2 348 | 999 | 3 886 | 15 284 |
| 山东琥珀啤酒厂 | 10 350 | 21 629 | 2 124 | 1 232 | 10 555 | 18 873 |
| 诸城市粮油总公司 | 5 631 | 21 091 | 14 | 1 778 | 13 737 | 28 326 |
| 青州鹏利食品有限公司 | 749 | 20 472 | | 571 | 7 802 | 5 034 |
| 济南酿酒厂 | 9 364 | 20 400 | 2 775 | 831 | 10 253 | 5 190 |
| 山东扳倒井集团酒厂 | 4 833 | 20 307 | 2 885 | 1 245 | 9 338 | 6 439 |
| 蒙阴县银麦啤酒有限公司 | 5 173 | 20 195 | 1 994 | 1 074 | 8 395 | 11 956 |
| 滕州市酿酒总厂 | 4 409 | 20 181 | 1 292 | 2 030 | 10 666 | 6 808 |
| 山东鲁星面粉有限责任公司 | 612 | 20 132 | | 436 | 12 789 | 5 028 |
| 文登市啤酒厂 | 10 332 | 19 328 | 2 052 | 655 | 4 322 | 4 724 |
| 山东新昌肉食集团公司 | 1 002 | 18 548 | 58 | 1 606 | 4 969 | 14 804 |
| 博兴县植物油厂 | 3 896 | 17 998 | 8 | 190 | 3 911 | 3 227 |
| 黄海粮油工业(山东)有限公司 | 3 336 | 17 747 | | 168 | 5 929 | 3 753 |
| 山东无名啤酒厂 | 6 689 | 17 727 | 2 073 | 920 | 3 147 | 5 062 |
| 莱州市中策啤酒有限公司 | 5 211 | 16 680 | 1 666 | 1 219 | 11 663 | 16 822 |
| 青岛大洋食品集团股份有限公司 | 5 885 | 16 552 | 50 | 1 804 | 10 362 | 20 412 |
| 茌平县三九味精有限公司 | 4 861 | 16 295 | 60 | 853 | 5 110 | 9 653 |
| 山东省莱芜市酿酒总厂 | 5 993 | 16 285 | 2 282 | 1 592 | 9 476 | 22 141 |
| 阳谷县大布乡淀粉实业总公司 | 4 671 | 15 947 | 66 | 500 | 3 012 | 6 369 |
| 山东温和酒厂 | 4 238 | 15 718 | 1 422 | 972 | 9 292 | 8 750 |

注：本表企业按产品销售收入由高到低排序。

表15　　　**1996年山东省食品工业主要原料产品产量**　　　单位：万吨

| 产品名称 | 产量 | 较上年增长(%) | 产品名称 | 产量 | 较上年增长(%) |
|---|---|---|---|---|---|
| 粮食总产 | 4 332.69 | 2.1 | 茶叶 | 0.15 | 41.3 |
| 其中：小麦 | 2 053.66 | −0.4 | 核桃 | 0.82 | |
| 谷物 | 1 786.29 | 5.2 | 板栗 | 7.27 | |
| #玉米 | 1 614.01 | 4.6 | 肉类总产量 | 652.05 | 11.3 |
| #高粱 | 15.27 | 0.5 | 其中：猪肉 | 306.21 | 14.4 |
| 豆类 | 113.14 | −11.0 | 牛肉 | 80.16 | 23.7 |
| #大豆 | 109.55 | −10.9 | 羊肉 | 43.08 | 9.8 |
| 薯类 | 378.87 | 6.0 | 马驴骡肉 | 8.11 | 8.9 |
| 油料 | 309.27 | −1.8 | 禽肉 | 202.14 | 3.3 |
| 其中：花生 | 299.89 | −2.9 | 兔肉 | 12.35 | 11.6 |
| 甜菜 | 1.62 | 33.8 | 牛羊奶合计 | 74.28 | 11.3 |
| 烟叶 | 14.16 | 63.9 | 其中：牛奶 | 22.03 | 22.8 |
| 其中：烤烟 | 13.98 | 67.3 | 羊奶 | 52.25 | 7.0 |
| 蔬菜、瓜类 | 5 519.67 | 32.3 | 禽蛋产量 | 360.93 | 13.7 |
| 其中：蔬菜 | 4 851.83 | 31.3 | 蜂蜜产量 | 0.97 | 11.4 |
| 瓜类 | 667.84 | 39.8 | 水产品产量 | 586.69 | 54.0 |
| 水果总计 | 843.90 | 17.6 | 其中：海水产品 | 518.56 | 58.4 |
| 其中：苹果 | 605.64 | 20.5 | #捕捞 | 258.83 | 60.0 |
| 梨 | 75.45 | 12.0 | #养殖 | 259.74 | 56.9 |
| 葡萄 | 21.06 | 3.4 | 淡水产品 | 68.13 | 27.0 |
| 桃 | 58.53 | 18.2 | #捕捞 | 7.44 | 21.3 |
| 杏 | 4.19 | 21.8 | #养殖 | 60.69 | 27.8 |
| 红枣 | 26.22 | 8.7 | | | |
| 柿子 | 13.06 | 10.9 | | | |
| 山楂 | 26.96 | −4.1 | | | |

# 3.16 河 南 省

【a. 记事】 1996年2月，省食品办、省食协研究决定，授予全省48位食品工业企业的厂长(经理)为“河南省食品工业优秀企业家”。

8月，省食品办组织有关厅局对全省农产品加工企业进行了分类排队，共排出水产加工、林果加工、酒类加工、粮食加工等13类行业共39家企业为“河南省农产品加工行业排头兵”，为落实省委提出的“围绕农业上工业，上了工业促农业”的发展战略提供了必要的基础情况。

11月上旬，省政府食品工业办公室在郑州市就全省方便食品发展进行了研讨。全省方便面厂、部分挂面厂、面粉厂等40家企业60多名代表参加了研讨活动。

11月28日，省食品办针对近几年来全省白酒企业普遍存在的企业经济效益滑坡现象，召开座谈会，商讨今后如何加强全省白酒产销管理及如何保护重点白酒生产企业发展等。

【b. 概况】 1996年，经过全省食品工业战线干部职工的共同努力，河南省食品工业保持了持续、快速、健康发展的势头。截止1996年底，全省共有乡及乡以上食品工业企业4 513个，按企业规模分，大型企业49个，中型企业67个，小型企业4 397个；职工人数44.96万人，固定资产原值190.19亿元，固定资产净值171.84亿元。食品行业现有粮食加工、油脂加工、肉类加工、罐头、饮料、酿酒、调味品、乳制品、糖果、食品添加剂、卷烟等23个门类。1996年全省乡及乡以上食品工业企业实现总产值473.40亿元(当年价)，销售收入461.11亿元，实现利税61.34亿元，实现工业增加值132.69亿元，分别比上年增加30.6%、36.7%、15.1%、35.1%。产销率达到97.4%。与1990年相比，工业总产值增加3倍，利税增加3倍。食品工业总产值占全省工业总产值的16.1%；食品工业增加值占全省工业增加值的15.2%。食品工业在全省五大支柱产业中位于第三。从主要经济指标上分析，其发展有以下特点：

1. 经济效益良好，产值逐年增长。1996年，河南省食品工业保持了良好的发展势头，总产值比上年同期增长30.6 %，比“八五”期间食品工业平均增长速度24.76%还高出近6个百分点，也是近几年发展较快的一年；工业销售收入、利税、工业增加值也都比上年同期有较大幅度的增长。

2. 全民办食品的热情依然高涨。近几年来，省委、省政府一直把围绕“农”字做文章，把大力发展河南食品工业作为一项重要工作来抓，大大激发了全民办食品的积极性。1996年底，全省乡及乡以上食品工业企业有4 513个，比1995年的4 356个增加了157个。

3. 产品结构有待于进一步调整。从食品行业内部产业结构情况看：1996年，食品加工业产值225.07亿元，占全省食品工业总产值的47.5%；食品制造业产值85.82亿元，占食品工业总产值的18.1%；饮料制造业产值85.77亿元，占食品工业总产值的18.1%；烟草加工业产值76.74亿元，占食品工业总产值的16.2%。由于食品加工业中粮、油、肉等初级加工产品占有相当大的份额，其产值虽然比1990年增长了4.78倍，但利税仅增长了2.62倍；饮料制造业和烟草加工业总产值仅占总产值的34.3%，利税却占利税总额的77.0%。这些都说明食品工业的产品结构还不尽合理。

表1　1996年河南省食品工业主要经济指标　单位：万元

| | 企业数(个) | 亏损企业数(个) | 总产值(不变价) | 总产值(当年价) | 工业增加值 | 工业销售产值 |
|---|---|---|---|---|---|---|
| 乡及乡以上企业 | 4 513 | | 3 464 764 | 4 734 028 | | 4 611 170 |
| 全部独立核算企业 | 3 492 | 663 | 4 509 432 | 3 336 302 | 1 326 972 | 4 392 987 |
| 国有工业企业 | 941 | 249 | 2 514 752 | 1 949 667 | 872 054 | 2 425 266 |

续表

| | 企业数（个） | 亏损企业数（个） | 总产值（不变价） | 总产值（当年价） | 工业增加值 | 工业销售产值 |
|---|---|---|---|---|---|---|
| 集体工业企业 | 2 143 | 325 | 1 139 042 | 792 681 | 174 489 | 1 103 238 |
| “三资”独立核算企业 | 245 | 56 | 508 878 | 352 454 | 91 369 | 500 924 |
| 乡办工业企业 | 1 699 | 237 | 848 698 | 591 432 | 232 462 | 811 690 |

注：资料来源于河南省统计局。

**表2　　河南省食品工业主要产品产量**

| 产品名称 | 单位 | 1995年产量 | 1996年产量 | 其中：乡及乡以上 | 1996年比1995年增减% |
|---|---|---|---|---|---|
| 食用植物油 | 万　吨 | 41.58 | 47.75 | 32.23 | 14.84 |
| 肉　制　品 | 万　吨 | 28.75 | 66.36 | 63.19 | 130.82 |
| 味　　精 | 万　吨 | 8.75 | 10.58 | 10.58 | 20.91 |
| 方　便　面 | 万　吨 | | 23.48 | 22.25 | |
| 饮料酒(商品量) | 万　吨 | 123.20 | 128.77 | 117.91 | 4.52 |
| 其中：白酒 | 万　吨 | 40.99 | 42.21 | 37.48 | 2.98 |
| 啤酒 | 万　吨 | 76.47 | 80.80 | 76.46 | 5.66 |
| 罐　　头 | 万　吨 | 15.84 | 12.33 | | －22.16 |
| 乳　制　品 | 万　吨 | 0.58 | 0.20 | | －65.52 |
| 酒　　精 | 万　吨 | 25.34 | 21.12 | 20.70 | －16.65 |
| 卷　　烟 | 万　箱 | 298.30 | 290.95 | 290.95 | －2.46 |

注：基础资料来源于河南省统计局。

**表3　　1996年河南省食品工业基本建设投资情况**　　单位：万元

| 行　业 | 投资总额 | 按构成分 | | | | 按建设性质分 | | |
|---|---|---|---|---|---|---|---|---|
| | | 建筑工程 | 安装工程 | 设备购置 | 其它费用 | 新　建 | 扩　建 | 改　建 |
| 1.食品加工业 | 32 866 | 13 744 | 1 758 | 13 909 | 3 425 | 15 430 | 14 140 | 394 |
| 其中： | | | | | | | | |
| 粮食及饲料加工业 | 15 572 | 5 822 | 816 | 6 160 | 2 774 | 9 993 | 4 713 | 394 |
| 屠宰及肉类蛋类加工业 | 9 943 | 4 156 | 457 | 5 211 | 119 | 120 | 7 620 | |
| 2.食品制造业 | 16 231 | 8 376 | 1 424 | 6 039 | 392 | 13 019 | 2 459 | 100 |
| 其中： | | | | | | | | |
| 糕点、糖果制造业 | 1 766 | 1 290 | 8 | 298 | 170 | 653 | 463 | 100 |
| 3.饮料制造业 | 19 686 | 7 110 | 1 099 | 8 900 | 2 577 | 15 314 | 3 470 | 40 |
| 其中： | | | | | | | | |
| 酒精及饮料酒制造业 | 6 031 | 2 665 | 503 | 2 636 | 227 | 1 689 | 3 470 | 40 |
| 4.烟草加工业 | 6 826 | 6 668 | | 158 | | 1 840 | 1 363 | 2 920 |

注：资料来源于河南省统计局。

表 4　　**1996年河南省食品工业更新改造投资情况**　　单位：万元

| 行业 | 投资总额 | 按构成分 | | | | 按建设性质分 | | |
|---|---|---|---|---|---|---|---|---|
| | | 建筑工程 | 安装工程 | 设备购置 | 其它费用 | 新建 | 扩建 | 改建 |
| 1. 食品加工业 | 51 491 | 16 409 | 2 936 | 30 260 | 1 886 | 1 900 | 43 135 | 5 975 |
| 其中： | | | | | | | | |
| 粮食及饲料加工业 | 10 551 | 4 478 | 571 | 5 122 | 380 | 700 | 6 011 | 3 430 |
| 屠宰及肉类蛋类加工业 | 35 817 | 10 805 | 2 109 | 21 922 | 981 | 1 200 | 34 076 | 541 |
| 2. 食品制造业 | 29 578 | 5 110 | 2 870 | 20 005 | 1 593 | 10 780 | 12 487 | 5 363 |
| 其中： | | | | | | | | |
| 糕点、糖果制造业 | 7 638 | 1 020 | 146 | 6 011 | 461 | | 6 731 | 907 |
| 3. 饮料制造业 | 37 267 | 9 274 | 3 495 | 23 806 | 692 | 40 | 27 746 | 8 673 |
| 其中： | | | | | | | | |
| 酒精及饮料酒制造业 | 31 772 | 8 227 | 3 150 | 19 748 | 647 | 40 | 24 627 | 7 105 |
| 4. 烟草制造业 | 24 006 | 8 024 | | 15 976 | 6 | | 744 | 3 291 |

注：资料来源于河南省统计局。

**1996年河南省农产品加工业前三名**

| 企业名称 | 主要产品 | 企业名称 | 主要产品 |
|---|---|---|---|
| 1. 水产品 | | 南阳市畜禽良种繁殖场 | 父母代蛋鸡，商品代蛋鸡，良种猪 |
| 洛阳市陆军水库实业总公司 | 鱼类，银鱼 | 8. 牛及加工 | |
| 郑州市金水区黄河渔场 | 鱼类，饲料，名优鱼类 | 南阳黄牛系列开发总公司 | 出口活牛，牛肉，牛肉干，皮革，皮鞋 |
| 郑州市黄河鲤鱼良种场 | 鱼类，饲料 | 中原牛业集团公司 | 牛及加工 |
| 2. 林果加工 | | 镇平县贾宋食品系列股份公司 | 牛及加工 |
| 信阳板栗实业总公司 | 板栗果茶，罐头 | 9. 肉鸡及加工 | |
| 桐柏县板栗加工厂 | 板栗粉，罐头 | 汤阴牧工商集团公司 | 父母代肉种鸡，商品代肉鸡，鸡肉系列产品，饲料 |
| 灵宝爱普露集团公司 | 苹果清汁，饮料，果酱 | 淇县永达实业公司 | 肉鸡，鸡肉加工，加工火腿 |
| 3. 酒类加工 | | 郑州肉鸡示范场 | 父母代种鸡，商品代肉鸡，肉鸡产品，饲料加工 |
| 河南金星啤酒厂 | 啤酒 | 10. 鸭及加工 | |
| 奥克啤酒厂 | 啤酒 | 潢川县华英集团公司 | 肉鸡，分割鸭 |
| 西平豫坡酒厂 | 白酒 | 淮滨县三和集团公司 | 肉鸡，分割鸭 |
| 4. 粮食加工 | | 尉氏禽业总公司 | 种鸭，小鸭，松花皮蛋 |
| 中原工贸公司 | 面制品 | 11. 猪及加工 | |
| 商丘科迪食品有限公司 | 面制品 | 潢川县亚美集团公司 | 生猪，分割肉及火腿肠 |
| 漯河市颍川工贸公司 | 面制品 | 泛区农场养猪场 | 生猪 |
| 5. 油脂加工 | | 国营正阳种猪场 | 生猪 |
| 沁阳华宝工贸公司 | 油料加工 | 12. 奶及加工 | |
| 卫辉市油厂 | 油料加工 | 郑州亚卫实业总公司 | 牛奶，鲜羊奶，冰淇淋 |
| 开封县第二油厂 | 花生油 | 许昌县昌宁奶业集团公司 | 鲜奶 |
| 6. 羊及加工 | | 开封市南郊奶场 | 牛奶，冷饮 |
| 内乡县牛羊繁育基地 | 繁育羊牛猪，牛羊肉加工 | 13. 饲料加工 | |
| 上蔡万成养殖有限公司 | 小尾寒羊，羊肉皮毛加工 | 开封正大有限公司 | 饲料，油料 |
| 河南省民生养殖有限公司 | 种羊 | 驻马店正大有限公司 | 配合饲料 |
| 7. 蛋鸡及加工 | | 中原希望饲料公司 | 配合饲料 |
| 豫北兴业总公司 | 父母代蛋种鸡，商品鸡，父母代蛋种猪，商品猪 | | |
| 新乡祖代种鸡场 | 父母代蛋种鸡，生产饲料 | | |

（程　珉）

【c. 方便食品业】 90年代以来，随着经济的快速增长，国民生活水平的提高，人们的工作、生活节奏加快，食物结构的状况发生了较大的变化，应运而生的方便食品，特别是方便面的发展尤为快速。1990年以前河南省方便面生产线不足30条，而到1996年底全省已形成方便面生产线300余条，年产各种方便面23.97万吨(乡及乡以上企业)，实现产值18亿元。产量约占全国的五分之一，已经成为全国最大的方便面生产基地。其发展特点主要是：

一是总体水平显著提高。河南省方便面食品的生产始于80年代初。当时郑州面粉厂从日本引进了全省第一条油炸方便面生产线，尽管其调料包仅是咸盐加味精，但由于产品新颖，符合方便快捷的要求，销路十分看好。十余年来，尤其是90年代初期，方便面厂如雨后春笋在全省各地不断涌现，并且大量引进国内外先进技术和设备，新口味、新品种、新品牌的产品不断出现，全行业呈现出一个崭新的面貌。

二是规模化、集团化趋势明显。随着社会主义市场经济的发展，企业家共同认识到：没有规模，就没有市场，就没有名牌，就没有效益，就没有发展。临颍中原工贸公司围绕“农”字做文章，首先抓的是方便面，现在已建成方便面生产线30余条。由于规模大，成本低，产品不仅在本省市场占有相当份额，而且还在华北、西北、东北等地占有一定的市场。最近它们又推出了南德拉拉面。中外合资新乡泰新食品有限公司以其较大的规模，独到的营销方法，严格的企业管理著称于全省方便食品行业。由于发挥了规模化、集团化的优势，该公司生产的幸运面轰动市场后，立刻带动了全省整个方便面行业向高起点、大规模、集团化经营方向发展。可以预言，随着市场的不断拓展，省委、省政府提出的让“全国吃河南面”的目标将会逐步得到实现。

三是适应市场能力有所增强。近几年来，由于方便食品生产的迅猛发展，全国各种方便面生产线已达1 600余条，尤其是“康师傅”、“统一”方便面强大的广告效应和遍布的市场网络，使各地方便面生产厂家无不奋起参与竞争。河南省方便面生产厂家在市场竞争中表现出了积极参与和冷静观察相结合的现代企业风格。当“康师傅”、“统一”等推出碗装面后，河南省一些颇具实力的企业也纷纷推出利润较高的碗装面，参与角逐。另外一些企业虽没有高档面推出，但以产品的特色、优良的品质、低廉的成本和正确的营销策略，积极开发新的市场，使自己在竞争中立于不败之地。从总体来看，河南省方便食品企业在适应市场能力方面有所提高。

(陈振杰)

【d. 明星企业】 春都集团

洛阳春都集团是在洛阳肉联厂的基础上，经集团化、股份制及现代公司制等一系列改造，逐步发展壮大成以肉制品加工、生化制药、饮品制造、方便及速冻食品、特种包装材料、饲料加工及养殖业等主导产品为主，集工业、商业、内外贸、旅游、服务为一体，以资本为纽带，母子公司体制健全的国有大型企业集团。

该公司现有职工5 500余名，其中各类专业技术人员及管理人员1 500余名，占职工总人数的24%；拥有国内外先进的加工制造设备2 000余台套和两个超万吨级的特大型冷库；拥有一个集科研、开发、质检、信息于一体的国家级技术中心。经过十几年来的改革和发展，公司面貌发生了巨大的变化：

一是企业实力和经济效益大幅度提高，截止1996年底，企业总资产已达到24.50亿元，实现销售收入26.36亿元，利税2.67亿元，分别是10年前的22倍、44倍和87倍；二是形成了鲜明的主导产业和生产基地；三是创出了春都牌系列产品，如“春都王”、火腿肠、清真肠、春都牌“玉金方”药品及大红枣汁、猕猴桃汁、PVDC薄膜等一批过硬的主导产品；四是企业规模迅速壮大，1994年被认定为大一型企业；1995年被河南省、洛阳市体改委确定为现代企业制度试点单位。

“春都现象”引起了国家和政府的高度重视。国务院副总理邹家华、原商业部部长胡平、内贸部部长陈邦柱等多位领导先后来公司视察，对“春都”的做法和经验给予充分肯定。

南德集团

河南南德(集团)有限公司，原是临颍县南街村的村办企业，位于临颍县老城南街，紧靠107国道(京深公路)，近临京广铁路，全村有回、汉两个民族，805户、3 130人，134公顷耕地。

从80年代中期开始，他们逐步探索出一条适合本地经济发展的路子。在发展村办企业中，依靠当地资源，围绕农副产品深加工办企业，围绕龙头骨干企业上配套项目；一业带动多业上，多业辅助一业兴。企业像滚雪球一样，越滚越大，经过10多年的艰苦奋斗，形成现在的南德(集团)有限公司。公司下属26个企业(含中外合资企业5个)，产品有11大类，100余种，已初步形成产、供、销一条龙，科、工、贸一体化的大型(集团)公司。从业人员来自8个省区、25个市县，有11 000多人；共拥有固定资产净值6.48亿元，流动资金3.6亿多元。1996年实现工农业产值15.01亿元、利税7 800多万元、人均收入5 800多元，分别是1984年工农业产值130万元、利税11万元、人均收入420元的1 155倍、709倍、14倍。

南德集团深刻认识到，科学技术是第一生产力。他们采取走出去、请进来的办法，经常邀请科研单位和大专院校的专家、学者到企业帮助搞技术革新，对职工进行业务技术培训；委托清华大学、北京印刷学院、郑州大学、郑州粮院等高等院校为企业代培各项专业人才。目前企业具有高级职称的有25人，中级职称的有48人，初级职称的有137人，还有800多人获得单项等级证书。

现在，南德公司已拥有面粉、食品、饮料、啤酒、印刷、包装、化工、建材、养殖、冷贮、保鲜、运输等行业，初步形成了一个生产门类较多、具有综合生产经营能力的大型集团企业。

**【e. 优秀企业家】** 费国华，男，43岁，中共党员，高级工程师，河南仰韶集团有限公司董事长、总经理、党委书记，中共渑池县委副书记，全国五一劳动奖章获得者。

1992年元月，费国华任渑池县仰韶酒厂厂长。短短几年时间，原来亏损一千多万元的小酒厂已发展成为大型企业集团，固定资产增加17.2倍，白酒产量增加16.9倍，实现扭亏为盈。1996年实现利税6 500万元。在白酒市场竞争十分激烈的情况下，仰韶酒取得了全省同行业发展速度和产品市场占有率双第一。

近年来，仰韶集团采取厂院、厂校合作攻关的方式，与一批大专院校和科研院校建立长期协作关系，不惜重金引进技术、更新设备、培养人才，先后取得一系列重大科技成果。优质酒率由1992年的10%逐步提高到70%，居全国同行业领先水平。白酒品种已由当初的3个品种发展到现在的4个系列40个品种。

费国华说，仰韶酒成为名牌产品的真正原因是，企业必须保证全部产品长期保持较高的质量水平，才能使消费者对其产生长期的依赖感。

王成来，男，42岁，研究生，中共党员，高级经济师，河南省赊店集团有限公司董事长兼总经理、党委书记。曾荣获河南省劳动模范、河南省优秀企业家、河南省优秀党务工作者、全国轻工优秀企业家、全国优秀青年企业家、全国五一劳动奖章等荣誉称号。由他主持创作的《资源利用与环境保护的综合开拓经营》、《四机五化创优管理法》分别获国家级创新成果二等奖、社会科学成果一等奖。

1990年10月，王成来同志调任赊店酒厂。上任以来，他大力实施名牌经营战略；狠抓管理，健全各项规章制度；强化营销，拓展生存空间；狠抓改造，实现规模经营。短短几年，使企业形成了目前的饮料酒、酒精、饲料、发电、食品、彩印、机械、运输、化工、医药、建材、建筑、餐饮等跨行业、多品种的集团化经营格局，并成为河南省工业企业20强第10名，全国500家最大饮料制造业企业之一。

1996年与1991年相比，赊店集团总产值由7 438万元增长到34 000万元，销售收入由4 629万元增长到46 800万元，税利由871万元增长到15 041万元，其中利润由90万元增长到10 858万元，白酒产量由3万吨增长到15万吨，固定资产由1 800万元增长到1.68亿元，分别增长了3.6倍、9.1倍、16.3倍、119.6倍、4倍和8.3倍，资产总额已达到4.5亿元。

（程　珉）

# 3.17 湖　北　省

**【a. 概况】** 湖北省食品工业发展很快，具有相当规模，门类比较齐全，种类繁多，在全省国民经济中占有重要地位，是湖北省支柱产业之一。据省统计局1996年统计，目前全省食品工业独立核算企业有3 026个，从业人数达28万人，拥有固定资产原价143.89亿元，占全省固定资产的6.85%。部分企业引进国内外先进技术设备，工业技术水平和工业化程度有了明显提高，一大批高新技术已经广泛应用于生产，产品的附加值和竞争力逐步增强。有一批大型化集团在食品工业中起着骨干、主导作用。1996年全省食品工业独立核算企业完成产值340.17亿元，比上年增长33.47%；工业增加值100.85亿元，比上年增长43.6%；利润总额3.91亿元，比上年增长86.2%；利税总额35亿元，比上年增长20.81%。

**表1　湖北省食品工业主要经济指标完成情况**

| 指标名称 | 单位 | 1996年 |
|---|---|---|
| 企业单位数 | 个 | 3 026 |
| 其中：亏损企业数 | 个 | 540 |
| 利润总额 | 亿元 | 3.91 |
| 利税总额 | 亿元 | 35 |
| 流动资产平均余额 | 亿元 | 121 |
| 固定资产净值平均余额 | 亿元 | 101.07 |
| 工业总产值(现行价) | 亿元 | 340.17 |
| 工业增加值(现行价) | 亿元 | 100.85 |
| 全部职工平均人数 | 万人 | 27.78 |

**【b. 商办食品工业有新发展】** 自从全省商办工业会议后，各地把发展商办食品工业作为经贸工作的重要一环，在思想认识上有了很大程度的提高，加大了工作力度。各地、各部门从实际出发，利用有利条件，突破薄弱环节，抓住发展机遇，迎难而上，开拓进取，主要抓了以下几方面的工作。

1. 狠抓项目建设，全方位筹资，加大了资金投入力度。

表2　**1996年主要产品产量完成情况**　单位：万吨

| 产品名称 | 产量 | 1996年为1995年% |
|---|---|---|
| 原盐 | 192.88 | 108.9 |
| 糖 | 0.78 | 70.91 |
| 罐头 | 6.39 | 74.65 |
| 饮料酒(商品量) | 129.84 | 112.55 |
| 白酒(商品量) | 50.68 | 112.90 |
| 啤酒 | 75.99 | 111.91 |
| 葡萄酒 | 0.02 | 5.56 |
| 乳制品 | 1.08 | 99.08 |
| 味精 | 1.50 | 120.97 |
| 柠檬酸 | 0.96 | 92.31 |
| 食用植物油 | 101.08 | 72.05 |
| 卷烟(万箱) | 210.71 | 95.76 |
| 软饮料 | 67.97 | 112 |

1996年是湖北省下力抓好项目建设，加大商办食品工业投入的一年。上半年，根据国家有关产业政策，省经贸委制定了湖北省1996年商办食品工业重点技术改造计划，初选项目44个，其中国家专项7个，省定项目37个，项目总投资达6.3亿元，专项贷款总额4.36亿元。当年下达专项贷款3.65亿元，企业自筹及其他资金1.75亿元。目前为止，部分项目资金已落实到位，其余项目资金在1997年将陆续到位。各地经贸委、财办、商委分管这项工作的同志和企业的领导对项目建设十分重视，为培植食品工业的发展后劲做了大量卓有成效的工作。各地和企业也充分发挥了多方筹资的积极性，投入力度进一步加大。如襄樊市商办工业新上技术改造和建设项目90个，完成投资1.04亿元，预计全年完成项目93个，完成投资1.17亿元。

2. 发展企业集团，规模经营、集约经营有了新突破。

发展企业集团，走规模经营、集约化经营之路，是改变湖北省商办食品工业企业规模小、设备老、档次低、效益差的具有战略性意义的一项措施。各地在引进资金、引进技术、引进管理的同时，以科技为先导，以名牌为龙头，发展和壮大了一批集团。如武汉东西湖啤酒集团公司、潜江园林青集团股份有限公司、湖北金龙泉啤酒集团、湖北奥其乐集团、宜昌绿丹兰天然香料有限公司、万宝集团等大型化企业集团，改变了目前商办食品工业企业小、散、落后的状况。

3. 抓住市场不放松，实施精品名牌战略步伐明显加快。

市场是联结生产和消费的纽带，是展示企业经济活动的舞台，企业要生存和发展就必须着眼于市场，立足于群众的需要。1996年，全省商办食品工业企业为适应千变万化的市场需求，增强了市场意识，注重掌握国际国内的市场动态，对市场进行跟踪调查，努力开发新产品和适销对路产品，提高了产品竞争活力和市场占有率，获得了较好的经济效益。5月，省经贸委在武汉举办了“'96湖北工业精品名牌消费品展销会”；8月，又组团参加了“'96兰州丝绸之路经贸洽谈交易会”，湖北省商办食品工业产品在展销会和交易会上深受广大消费者青睐，前来看样订货的各地客商络绎不绝，成交总额达3亿元之多。

4. 拓宽生产领域，狠抓贸工农、产供销一体化，初步取得了实效。

1996年，全省上上下下发展商办食品工业的指导思想更加明确，发展思路更加清晰，生产领域进一步拓宽，在实现科、工、贸一体化，产、供、销一条龙，发展第三产业方面迈出了坚实的步伐。各地创造性地开展工作，以市场为导向，开拓经营思路，“一业为主，多种经营”，立足主业求生存，跳出主业求发展。如宜城粮食和棉花部门采取购买、租赁、承包等各种方式，开发荒山、闲田、水面和沙滩等“四荒”，发展种植业和养殖业，兴办茶园、养殖场，喂养家禽及各种特种养殖，仅粮食系统1～9月完成各种经营产值2 050.2万元，实现利润206.4万元；棉花公司确定了发展百头牛、千头猪、万只鸡、十万尾鱼的“百千万工程”。这些不仅扩大了经营门类，开办了新兴产业，安置了富余人员，又为企业创造了经济效益。在工业亏损面、亏损额居高不下的形势下，全省商办食品工业仍然保持了良好的发展势头，整体经济实力进一步增强。

湖北省商办食品工业发展和运行中当前存在的一些问题，从总体上讲，主要是国有企业还不能迅速适应社会主义市场经济的要求，经济增长方式还未从根本上摆脱传统模式和粗放式经营的束缚，机制不活，负担沉重，经济效益还比较低，盈利水平下降等，突出反映在产品结构和区域性产业结构雷同，结构调整的步伐不快，产品的质量和档次较低，特别是对名、优、特、新产品的扶持、开发不够有力，管理水平不高，技改项目资金长期无计划、无规模，流动资金紧缺，包袱沉重，影响了生产经营的正常运行，形势不容乐观。

（刘善清　徐　强）

# 3.18 湖 南 省

【a. 纪事】 1. 4 月 25 日～26 日，全省食品工作会议在长沙召开。这次会议是机构改革中原食品办转体和在省经贸委设置食品行管办后召开的第一次会议。食品行管办总结了前段食品工业工作，分析了当前面临的形势，提出了 1996 年工作的指导思想、目标任务和工作重点；讨论通过了《1996 年湖南省食品行业重点企业生产监测与运行调控方案》、《“九五”期间湖南省食品行业发展规划——食品“11256”工程》两个文件。

2. 全省地州市食品行业管理机构基本建立。根据省经贸委文件精神，各地州市加快了食品行管机构的建设步伐。截止到年底，全省除张家界市外的 13 个地州市都在经委设立了食品科(办)；湘潭市政府恢复设立食品办，属市政府职能部门。有的地市还成立了食品工业协会。

3. “湖南市场名优食品专项‘打假’活动”取得成果。这次活动由省食品行管办、省食品协会牵头，与省技术监督局、工商局一起组织了省内外 20 多家名优食品生产企业的代表参加“打假”宣传小分队。整个活动从 11 月初开始历时两个月，行程 2 400 多公里，足迹遍及全省 14 个地州市，沿途散发了 5 万多份“打假”专刊和 8 万份企业、产品宣传资料，接待现场咨询的消费者 10 万多人次。巡回“打假”期间，各地共出动工商行政、技术监督执法人员，食品行业管理人员 200 多人次，检查了 14 个地州市的重点市场，捣毁了 2 个制假窝点，共查处各种假冒伪劣食品 20 多种 。活动开始前，省食品行管办、省食品协会还举办了为期 3 天的商品鉴别知识专业培训班。

4. 湖南市场食品品牌问卷调查。这次活动由湖南省食品行业管理办公室和省技术监督局共同组织。调查共收到消费者问卷 18 300 余张，其中有效问卷 15 700 余张，推荐出“公认名牌品牌”79 个，市场占有率较高品牌 86 个，公布了消费者不满意产品 6 个。

5. 省委书记关注食品工业发展。12 月，中共湖南省委书记王茂林就如何发展食品工业作了重要指示：食品工业作为湖南省的五个支柱产业之一，一般抓不行，光喊是上不去的，只讲不解决问题，不采取切实措施，食品工业很难搞上去。根据湖南的情况，要办好六种类型食品企业。一是高档饼干厂(包括点心厂)；二是肉制品厂；三是高档糖果厂；四是高档冷饮；五是高档饮料厂；六是各种熟食加工企业。并要求有关部门尽快开展调查研究，摸清情况，提出办好六种类型样板企业的具体方案。

【b. 概况】 1996 年，湖南省食品工业继续保持持续、快速、健康的发展态势，跃上了一个新的台阶。生产、销售平稳增长，技术装备水平有所提高，招商引资工作卓有成效，经济效益继续朝好的方向转变。全年全社会食品工业总产值 352.12 亿元(现价，含乡及乡以上企业及销售收入在 100 万元以上的村办企业)，比上年增长 29.4%。其中乡及乡以上食品企业 3 672 户，完成工业总产值 278.74 亿元，比上年增长 7.1%；占社会产值的 79.2%。独立核算工业企业 2 852 家，完成工业总产值 252 亿元，比上年增长 20.6%；占社会产值的 71.6%；完成工业增加值 108.01 亿元(不含采盐业，下同)，比上年增加 48.4%。国有独立核算食品工业企业完成工业总产值 165.85 亿元，比上年增长 12%；占社会产值的 47.1%；占独立核算工业企业产值的 65.8%。村办食品工业 15 940 户，完成工业总产值 73.38 亿元，比上年增长 5.14 倍；占社会总产值的 20.8%。食品工业占全省工业总产值的比重为 16.5%，比上年提高了 0.9 个百分点。食品工业总产值与农业总产值之比为 0.29∶1，提高了 2.7 个百分点。

食品工业四大类中，除食品加工业外，其余三大类的工业总产值均有大幅增长。食品加工业完成产值 171.50 亿元，比上年增长 2.7%；占全社会食品工业总产值的 48.7%，比上年下降了 5.6 个百分点。食品制造业产值为 33.84 亿元，比上年增长 90%；占总产值的比重为 9.6%，比上年增加了 3.8 个百分点。饮料制造业产值为 33.57 亿元，比上年增长 21.7%；占总产值的 9.5%，与上年持平。烟草加工业完成产值 111.14 亿元，比上年增长18.6%;占总产值比重的31.6%,与上年基本持平。湖南省食品工业四大类之间的这种变化,一方面表明了由原料初加工向附加值较高产品制造升级的趋势,另一方面也显示出湖南省食品工业在相当程度上对烟草业的依赖性。

表1　湖南省食品工业主要经济指标

| 指标名称 | 单位 | 1996年 | 1995年 | 同比增长(±%) |
|---|---|---|---|---|
| 企业单位数 | 户 | 2 852 | 2 858 | －0.2 |
| 其中:亏损企业数 | 户 | 627 | 686 | －8.6 |
| 亏损企业亏损额 | 亿元 | －1.14 | －1.10 | 3.6 |
| 利润总额 | 亿元 | 4.2 | 4.73 | －11.2 |
| 利税总额 | 亿元 | 63.35 | 50.85 | 24.6 |
| 流动资产年平均余额 | 亿元 | 95.07 | 99.55 | －4.5 |
| 固定资产净值年平均余额 | 亿元 | 83.37 | 71.90 | 16.0 |
| 工业总产值(现价) | 亿元 | 252 | 208.92 | 20.6 |
| 产品销售收入 | 亿元 | 229 | 201.28 | 13.8 |
| 工业增加值(生产法) | 亿元 | 108.01 | 73.73 | 46.5 |
| 全部职工平均人数 | 万人 | 18.37 | 19.70 | －6.8 |

注:1. 统计范围为乡及乡以上独立核算企业。
2. 资料来源于省统计局。

1996年,湖南食品工业的发展有以下几个特点:一是企业组织结构开始发生变化,集团化趋势显露。省委和省政府实施大公司、大集团发展战略,制定了促进企业集团发展的政策措施;各级各部门加大工作力度,企业兼并和资产重组步伐加快,组建了一批食品行业的"龙头老大"。二是产品质量有较大提高,涌现出一大批名牌食品,本年度获"湖南名牌"称号的食品比重大幅增加。三是部分行业得到较快发展。四是外资企业、乡镇企业仍然是食品工业新的经济增长点。

1996年也是湖南省食品工业遇到困难较多的年份。主要表现在相当一部分企业停产、亏损,有的已陷入破产;许多企业缺乏流动资金难以运转;食品企业改革步子不大;"散、乱、小"现象比较严重,设备落后,工艺陈旧,人才流失现象仍然比较突出。中、小企业放开后如何发展已成为食品工业发展面临的紧迫课题。

**【c. 生产与销售】** 1996年,湖南省食品工业12种主要产品中,产量增加的有8种,其中白酒和食用植物油产量增幅较大;产量减少的有3种,罐头、味精减幅较大。

表2　湖南省食品工业主要产品产量

| 指标名称 | 单位 | 1996年 | 1995年 | 同比(±%) |
|---|---|---|---|---|
| 原盐 | 万吨 | 62.30 | 59.72 | 4.3 |
| 糖 | 万吨 | 5.85 | 6.31 | －7.3 |
| 卷烟 | 万箱 | 258.62 | 249.88 | 3.5 |
| 罐头 | 万吨 | 4.87 | 5.60 | －13.0 |
| 无酒精饮料 | 万吨 | 7.43 | 7.69 | －3.4 |
| 饮料酒 | 万吨 | 51.82 | 47.17 | 9.9 |
| 其中:白酒(商品量) | 万吨 | 24.14 | 20.57 | 17.4 |
| 啤酒 | 万吨 | 26.64 | 25.48 | 4.6 |
| 乳制品 | 吨 | 2 248 | 2 074 | 8.4 |
| 其中:奶粉 | 吨 | 2 248 | 2 066 | 8.8 |
| 味精 | 吨 | 3 815 | 4 500 | －15.2 |
| 食用植物油 | 万吨 | 43.42 | 33.11 | 31.1 |

注:资料来源于省统计局。

1996年，湖南省食品生产企业积极参加有关大型展销活动。在成都召开的“’96全国糖酒会”和在长沙举办的“’96湖南名优特新博览会”上，湖南省食品企业纷纷亮相，异常活跃。独立核算食品工业企业全年实现销售收入229亿元，比上年增长13.8%。湖南商品销往包括香港、台湾在内的全国各省、自治区、直辖市，并远销北美、日本、欧盟及东南亚地区。长沙卷烟厂生产的“白沙”烟，常德卷烟厂的“金芙蓉”香烟、“芙蓉王”香烟，湖南旺旺公司出品的“旺旺”系列米果以及湖南湘西湘泉酒集团的“酒鬼”酒畅销国内外，在消费者心中树立了良好的品牌形象。但全省食品工业总体产销形势欠佳，独立核算食品工业企业产销率为90.85%，比上年下降6.36个百分点。国有企业产销衔接好于乡村工业，前者为95.91%，后者为89.41%；国有企业产销率下降3.47个百分点，乡村工业产销率与上年基本持平。

**【d. 固定资产投资】** 1996年，湖南省食品工业固定资产投资有较大减少。国有工业施工项目167个，全部投产项目100个，项目投产率59.9%；完成固定资产投资57 071万元，比上年减少37.6%；新增固定资产78 779万元，比上年减少25.9%。城镇集体食品加工业和食品制造业施工项目12个，全部投产项目10个；完成固定资产投资1 644万元，比上年减少41.6%；新增固定资产1 427万元，比上年增长40.5%。全省食品工业更新改造限额以上项目有两项：一是湖南郴州面粉总厂面粉生产线，该项目于1995年4月开工，1996年6月投产，计划投资5 000万元，累计完成投资6 353万元，其中1996年完成投资4 767万元；二是湘西湘泉酒总厂四期扩建项目，该工程于1993年6月开工，目前仍在建设中。工程计划投资13 851万元，累计完成投资10 731万元，其中1996年完成投资4 866万元，年新增白酒生产能力1 000吨。全省食品工业通过固定资产投资，一些食品产品的生产能力得到增加。肉加工品年新增能力3 000吨，啤酒25 000吨，白酒1 000吨。

**【e. 科技进步】** 1996年，全省有3项食品科技项目获湖南省科技进步奖。这些项目是：1. 八月瓜加工利用研究。该项目用野生八月瓜果肉首次研究出八月瓜果汁、果冻及香液等产品，用其果皮首次研制出八月瓜味素、果酒及果胶等产品；创造性地克服了八月瓜果肉加工中色变、沉淀及风味劣变的三大难关。该项目由武陵高等专科学校研究，在国内处于领先水平。2. 山野菜保鲜、即食蕨菜开发研究。该项目由湖南省食品发酵工业科学研究所、湖南湘西山源食品公司完成，具有国内领先水平。该项目通过清洗、护色、漂烫、复绿保脆、调配杀菌等工艺，生产出保鲜蕨菜、即食蕨菜两大类产品，对发展山区经济，丰富城乡人民的菜篮子，出口创汇等具有积极作用。3. 神禹酒人工窖泥培养新技术。由衡阳回雁峰酿酒总厂研究完成，处于国内领先水平。该项目运用微生物技术，精选优质糯高梁为原料，经人工老窖发酵而成。采用已酸菌与甲烷菌共酵增香，培养人工窖泥等技术，使窖池达20年～50年老窖水平。

**【f. 经济效益】** 1996年，湖南省食品工业运行仍保持较好的经济效益。独立核算食品工业亏损企业数627户，亏损面为22%，比上年减少了2个百分点。企业亏损额1.14亿元，比上年增长3.5%。独立核算食品工业企业盈亏相抵后实现利税63.35亿元，其中利润4.2亿元，分别比上年增加24.6%和减少11.2%。实现利税及利润分别占当年同口径工业利税和利润的43.9%和38.5%。四大类行业的经济效益状况与上年相比有较大变化。食品加工业由盈转亏，亏损额为1.14亿元。食品制造业和饮料制造业全行业扭亏为盈，实现利税和利润分别为1.62亿元、0.72亿元和3.35亿元、0.21亿元，占全部食品工业利税及利润的比重分别为2.6%、17.1%和5.3%、5.0%，比例仍然很小。烟草加工业实现利税和利润分别为58.23亿元和4.41亿元，占全部食品工业利税的91.9%，利润相当于全部食品工业利润的105.0%，与上年相比上升了4.97和32.27个百分点，反映出全省食品工业经济效益对烟草业的过分依赖。国有独立核算食品工业企业实现利税58.61亿元，其中利润1.6亿元，分别占独立核算食品工业企业利税、利润的92.5%和38.1%。村办食品工业本年度实交税金2.71亿元，实现利润4.52亿元，分别比上年增长15.3倍和9.6倍。

**【g. 对外经济贸易】** 据1996年湖南省外贸业务统计，食品进出口总额为44 795万美元，占全省商品进出口总值的14%，比上年增长14.3%。其中进口10 042万美元，增长14.6%；出口总额34 753万美元，增长14.2%；进口产品主要是烟类和饲料。出口产品有冻猪肉1 399万美元，罐头1 757万美元，茶叶2 274.26万美元，饲料345.8万美元。企业自营出口有较大增长，在食品出口比例中占大半比重。长沙海关主要食品进出口商品总值为16 461.81万美元，比上年增长14.59%。其中出口商品总值14 523.22万美元，比上年增长5.5%。主要出口商品有纸烟出口10 108.35万美元，比上年增长13.7%，占食品出口商品总值的71.3%。大米的出口呈锐减趋势，已连续两年没有统计数据。其他品种的出口值为：鲜、冻猪肉1 014.29万美元，肠衣921.9万美元，茶叶2 139.21万美元。进口食品总值为2 278.06万美元，比上年增长51.77%，主要有食用植物油1 323.97万美元和饲料用鱼粉954.09万美元。

**【h. 质量管理与名牌产品】** 1996年，湖南省食品行业管理办公室加大了质量管理工作的力度，企业创名牌工作取得丰硕成果。与有关厅局及企业主管部门联合，对全省大米、小麦粉、茶叶三类产品进行了行业评选和推荐，28种产品获得申报“湖南名牌”产品的资格。在此基础上，评选出1996年食品类“湖南名牌”24项。食品类名牌产品占名牌总数的38.7%，比上年提高了24.4个百分点，比前两年总和还多出1倍，提前超额完成了全省“九五”食品工业规划的创名牌目标。

（赵兴舟）

**1996年食品类“湖南名牌”**

| 序号 | 产品名称 | 生产企业 |
|---|---|---|
| 1 | 白沙牌精品盖白沙烟 | 长沙卷烟厂 |
| 2 | 湘烟牌咀湘烟(特制) | 长沙卷烟厂 |
| 3 | 芙蓉王牌芙蓉王烟 | 常德卷烟厂 |
| 4 | 芙蓉后牌芙蓉后烟 | 常德卷烟厂 |
| 5 | 红豆牌精品红豆烟 | 零陵卷烟厂 |
| 6 | 相思鸟牌咀相思鸟烟 | 郴州卷烟厂 |
| 7 | 湘莲牌咀湘莲烟 | 祁东卷烟厂 |
| 8 | 晏乐牌系列面条 | 郴州面粉厂 |
| 9 | 万华牌系列面粉 | 郴州面粉厂 |
| 10 | 雪熊牌系列面粉 | 湘乡面粉公司 |
| 11 | 香穗牌早籼标一米 | 冷水滩虎岩国家粮食储备库 |
| 12 | 增强牌晚籼特二大米 | 攸县第二大米厂 |
| 13 | 雁牌系列啤酒 | 衡阳啤酒厂 |
| 14 | 白沙牌系列啤酒 | 金狮啤酒有限公司 |
| 15 | 骄杨牌系列啤酒 | 湘乡啤酒厂 |
| 16 | 鬼牌、湘泉牌酒鬼酒(酒精含量54%) | 湖南省湘西湘泉酒总厂 |
| 17 | 邵阳牌邵阳大曲酒(酒精含量39%、52%) | 湖南省邵阳市酒厂 |
| 18 | 锦江泉牌低度浓香型白酒(酒精含量38%) | 湖南锦江泉酒厂 |
| 19 | 雄狮牌茉莉花茶系列茶叶 | 湖南农垦茶厂 |
| 20 | 洞庭春牌特种茶系列茶叶 | 岳阳县黄沙街茶叶示范场 |
| 21 | 兰岭牌兰岭毛尖、兰岭绿茶 | 湖南省兰岭茶厂 |
| 22 | 豪峰牌豪峰特种茶 | 湖南省安仁县豪山茶场 |
| 23 | 正虹牌猪用系列饲料 | 湖南正虹饲料厂 |
| 24 | 三九牌猪用浓缩饲料 | 湘阴县三九饲料厂 |

# 3.19 广　东　省

【a. 概况】 1996年，广东省政府把食品工业列为全省八大支柱产业之一，重点予以扶持，这一举措有力地推动了广东食品工业的发展。当年全省食品工业总产值达到732亿元（乡及乡以上企业，1990年不变价），比上年增长48.9%，利税近75亿元，经济效益和社会效益均创下历史最好成绩。

1996年，广东食品工业积极开拓国际市场，食品工业产品出口21.9亿美元，出口创汇继续居各省首位。当年主要出口产品有：粮油、米面、豆制品、肉制品、水产制品、罐头、饼干、糖果、天然蜂蜜、调味品、酒类、饮料、茶叶、烟类、食品工业原料等。

1996年全省食品工业固定资产投资总计40.54亿元，比上年下降15.7%。固定资产投资中，基本建设21.39亿元，更新改造19.15亿元。施工项目合计201个，其中基本建设98个，更新改造103个。新增固定资产30.16亿元，其中来自基本建设13.44亿元，来自更新改造16.72亿元。

截止1996年底，全省食品工业产品中有12个产品获广东省名牌产品称号，占全省名牌产品数的10%。

【b. 省食协积极开展工作】 广东省食品工业协会与原省食品工业办公室过去是两块牌子，一套人马。随着政府机构改革，省食品工业办公室转制为经济实体，省食品工业协会成为纯粹的行业管理组织。在新的体制和管理形式下，如何摆正位置，为政府、为企业、为社会服务，省食品工业协会根据省经委党组和省经委领导的指示，调整工作思路，确立指导思想，制订工作程序，积极开展工作。1996年下半年，国内有些省市采取了一些行政措施来促进当地食品工业的发展，给广东食品工业的发展带来了一些困难。为此，省食品工业协会请省经委、省技术监督局、省卫生厅、省轻纺厅等政府有关部门的处室领导在一起进行认真分析研究，确立了广东食品行业的发展仍以市场经济为导向，以提高产品质量为基础，以保护消费者利益为根本，用大市场观念去打破“划地为牢”这一整体战略。尔后，在省直各有关厅（局）的支持参与下，召开了由部分大、中、小型企业参加的行业发展战略座谈会和行业发展专家论证会，确定广东食品行业的二次腾飞的切入点，即增长点为产品质量，并定位为“安全、卫生、营养、保健”，提出“营养、保健——广东粮、珠江水的追求”这一口号。在此基础上，根据国务院颁布的《质量振兴纲要》，由省经委、省名牌产品认定委员会、省技术监督局、省卫生厅、省轻纺厅联合举办，协会承办，召开了广东省食品行业贯彻落实国务院《质量振兴纲要》暨省名牌产品企业发展座谈会，正式确立了广东省食品行业的发展思路，并以29个大企业的名义发出了“创名牌，拓市场，增效益，增创‘广东粮、珠江水’新的辉煌”倡议书，向社会公布了食品行业发展规划目标与指标措施，并通过新闻媒体的传播，在社会上引起了强烈的反响。实践证明，协会由于端正了工作指导思想，得到了政府及其领导和企业的支持，使得工作面扩大了，思想更清晰了，方法措施也更有实效性，增强了协会的凝聚力。

为更好的适应行业的发展，省食品工业协会在省经委党组的决策和正确领导下，在理清思路，摆正位置的基础上对内部组织进行了整顿，踏踏实实地俯下身子，一心一意地为广东食品行业的发展全方位服务。

1. 对协会各分会（专业）委员会进行了清理整顿，充分发挥专业优势为企业服务，同时，根据广东食品行业的发展方向，加强对广大企业和消费者的营养指导，组建了广东省食品工业协会营养指导委员会。

2. 针对《美食导报》存在的问题进行了为期3个月的整顿，并报呈省经委党组批准组建了新的报社领导班子，使美食导报无论在版面、内容、信息量还是经营发行工作方面有了新的起色，尤其是运用美食导报推广了健力宝、蓝带、珠啤、广前糖业、九江酒厂等单位的经验，收到了很好的社会效果。

3. 加强对《营养与食品卫生》杂志社的领导和运作协调，使该杂志不仅大大丰富了杂志内容，增强了其知识性、科学性与可读性，受到国内营养学界的高度评价，而且发行量也得到大大提高，获得了比较好的经济效益和社会效益。

4. 协会质量部、行业部、会员部等业务部门，针对行业发展的新特点和上级要求，在技术、资金、市场等各个方面进行了有效服务，召开了行业发展座谈会3个，举办了国家强制性标准培训班6期，扶持企业技改项目7个，举办了1期博览会。

（张俊修　冯伟祯）

**表1　1996年广东省食品工业基本情况**

| | 企业数（个） | 工业总产值（亿元） | 产品销售率（%） | 年末资产总计（亿元） | 产品销售税金及附加（亿元） |
|---|---|---|---|---|---|
| 食品加工业 | 1 601 | 237.20 | 97.31 | 356.64 | 0.98 |
| 食品制造业 | 1 118 | 134.99 | 96.29 | 197.33 | 0.92 |
| 饮料制造业 | 848 | 127.21 | 97.29 | 213.68 | 1.01 |
| 烟草加工业 | 40 | 46.89 | 99.58 | 68.92 | 21.18 |
| 合计 | 3 607 | 546.29 | 97.61 | 836.57 | 24.09 |

注：本表数据来自广东省统计局。

**表2　1996年广东省食品工业国有企业主要指标**

| | 企业数（个） | #亏损企业数 | 工业增加值（生产法，亿元） | 资本金（亿元） |
|---|---|---|---|---|
| 食品加工业 | 440 | 204 | 20.95 | 35.26 |
| 食品制造业 | 228 | 94 | 8.11 | 11.01 |
| 饮料制造业 | 183 | 92 | 9.43 | 14.02 |
| 烟草加工业 | 20 | 6 | 30.97 | 12.57 |
| 合　　计 | 871 | 396 | 69.46 | 72.86 |

注：本表统计范围为独立核算企业。

**表3　1996年广东省食品工业“三资”企业主要指标**

| | 企业数（个） | #亏损企业数 | 工业总产值（当年价，亿元） | 资本金（亿元） |
|---|---|---|---|---|
| 食品加工业 | 172 | 60 | 132.73 | 23.02 |
| 食品制造业 | 278 | 96 | 89.17 | 46.35 |
| 饮料制造业 | 142 | 57 | 93.73 | 57.26 |
| 烟草加工业 | 5 | | 4.48 | 3.54 |
| 合　　计 | 597 | 213 | 311.11 | 130.17 |

**表4　1996年广东省食品工业乡属企业主要指标**

| | 企业数（个） | #亏损企业数 | 工业总产值（当年价，亿元） | 资本金（亿元） |
|---|---|---|---|---|
| 食品加工业 | 354 | 39 | 40.26 | 7.62 |
| 食品制造业 | 246 | 37 | 19.73 | 6.54 |
| 饮料制造业 | 248 | 28 | 16.34 | 8.94 |
| 烟草加工业 | 4 | | 0.07 | 0.01 |
| 合　　计 | 852 | 104 | 76.4 | 23.11 |

注：同表2。

**表5　1996年广东省食品工业固定资产基本建设投资额**　单位：亿元

| | 固定资产投资额 | 施工项目数（个） | 新增固定资产 | 固定资产交付使用率（%） |
|---|---|---|---|---|
| 食品加工业 | 10.19 | 45 | 6.66 | 65.40 |
| 食品制造业 | 6.77 | 24 | 4.67 | 69 |
| 饮料制造业 | 3.92 | 18 | 1.98 | 50.5 |
| 烟草加工业 | 0.51 | 11 | 0.13 | 25.5 |

**表6　1996年广东省食品工业更新改造投资额**　单位：亿元

| | 更新改造投资额 | 施工项目数（个） | 新增固定资产 | 固定资产交付使用率（%） |
|---|---|---|---|---|
| 食品加工业 | 2.71 | 39 | 2.54 | 93.7 |
| 食品制造业 | 4.08 | 29 | 3.04 | 74.5 |
| 饮料制造业 | 9.32 | 24 | 7.70 | 82.6 |
| 烟草加工业 | 3.04 | 11 | 3.44 | 113.2 |

**表7　1996年食品工业主要产品产量**　单位：万吨

| 产品名称 | 全省总产量 |
|---|---|
| 大米 | 952.10 |
| 小麦粉 | 134.07 |
| 杂粮粉 | 7.98 |
| 小麦粉制品 | 8.48 |
| 米制品 | 25.88 |
| 精炼食用植物油 | 50.60 |
| 人造奶油 | 0.44 |
| 鲜冻畜肉 | 43.69 |
| 鲜冻禽肉 | 1.46 |
| 畜肉制品 | 17.17 |
| 禽肉制品 | 0.85 |

续表

| 产　品　名　称 | 全省总产量 |
|---|---|
| 再制蛋 | 0.30 |
| 水产加工品 | 22.60 |
| 加工盐 | 1.35 |
| 蔬菜干制品 | 2.67 |
| 酱腌菜 | 8.53 |
| 速冻蔬菜 | 1.51 |
| 糖 | 118.56 |
| 加工糖 | 28.53 |
| 配合饲料 | 512.98 |
| 混合饲料 | 145.79 |
| 蛋白质饲料 | 3.75 |
| 浓缩饲料 | 23.48 |
| 饲料添加剂 | 5.67 |
| 糖果 | 11.61 |
| 蜜饯果脯 | 19.03 |
| 糕点 | 4.64 |
| 饼干 | 29.49 |
| 方便主食品 | 18.84 |
| 乳制品 | 1.07 |
| 罐头 | 11.97 |
| 味精 | 8.29 |
| 酵母 | 1.22 |
| 酶制剂 | 0.79 |
| 酱油 | 35.91 |
| 食醋 | 2.43 |
| 酱 | 4.48 |
| 复合调味品 | 2.25 |
| 食品添加剂 | 2.02 |
| 豆制品 | 18.61 |
| 淀粉 | 15.69 |
| 淀粉糖 | 3.30 |
| 发酵酒精(商品量) | 8.38 |
| 饮料酒(商品量) | 142.86 |
| 　其中:白酒 | 38.27 |
| 　　　啤酒 | 98.44 |
| 　　　黄酒 | 0.86 |
| 　　　葡萄酒 | 0.02 |
| 　　　果酒 | 3.60 |
| 　　　露酒 | 1.67 |
| 软饮料 | 205.71 |
| 　其中:碳酸饮料 | 63.03 |
| 　　　天然矿泉水 | 36.15 |
| 　　　果菜汁饮料 | 26.97 |
| 　　　固体饮料 | 1.10 |

续表

| 产　品　名　称 | 全省总产量 |
|---|---|
| 其它软饮料 | 4.63 |
| 乳酸菌饮料 | 12.54 |
| 液体乳 | 3.27 |
| 冷冻饮品 | 8.19 |
| 精制茶 | 3.65 |
| 保健饮料 | 2.28 |
| 复烤烟叶 | 2.12 |
| 卷烟(万箱) | 158.97 |
| 烟用丝束 | 1.45 |

**表8　1996年广东省食品工业产品出口情况**

| 产　品　名　称 | 创汇金额(万美元) |
|---|---|
| 粮油 | 22 376 |
| 食用动物及其制品 | 36 701 |
| 食用植物及其制品 | 41 475 |
| 水产品 | 53 537 |
| 食品制成品 | 52 833 |
| 茶叶、咖啡、可可 | 4 491 |
| 香调料及香调油 | 7 735 |
| 总　计 | 219 148 |

**表9　1996年广东省食品专业中等教育毕业生人数**

| 学校名称 | 专业设置 | 毕业生人　数 |
|---|---|---|
| 中国轻工总会广州轻工业学校 | 食　品 | 815 |
| 广东省轻工业学校 | 食品工艺 | 595 |
| 广州市轻工业中等专业学校 | 食品工艺 | 242 |
| 广州市粮食中等专业学校 | 食　品 | 180 |
| 广州二轻中专 | 食　品 | 205 |
| 合　计 | | 2 037 |

注.本表数据由广东省高等教育厅提供。

**表10　1996年广东省食品专业高等教育毕业生人数**

| 院校名称 | 系、专业全名称 | 毕业生人　数 |
|---|---|---|
| 暨南大学 | 食品科学与工程 | 86 |
| 华南理工大学 | 食品工程系/食品工程 | 35 |
| | 食品工程系/生物化工 | 38 |
| | 食品工程系/制糖工程 | 20 |

续表

| 院校名称 | 系、专业全名称 | 毕业生人数 |
|---|---|---|
| 华南农业大学 | 食品科学与工程 | 39 |
| | 农产品贮藏与加工 | 25 |
| | | (生物) |
| | 农产品加工与贸易 | 63 |
| | | (畜牧) |
| | 食品科学与贸易 | 19 |
| 仲恺农业技术学院 | 食品系农产品贮藏与加工 | 34 |
| | 食品系食品加工 | 19 |
| 广州大学 | 食品工程 | 19 |
| 佛山(科技)大学 | 食品科学与工程 | 16 |
| 西江大学 | 食品科学与工程 | 22 |
| 湛江水产学院 | 食品科学与工程 | 25 |
| | 食品工艺 | 28 |
| 汕头大学 | 食品工程 | 5 |
| 韶关大学 | 食品工程 | 59 |
| 湛江海洋大学 | 食品加工 | 53 |
| 合　计 | | 605 |

注：本表数据由广东省高等教育厅提供。

# 3.20 广西壮族自治区

**【a. 纪事】** 1996年5月，广西食品工业协会的主管部门广西壮族自治区经济委员会机构改革工作结束，更名为广西壮族自治区经济贸易委员会，原区经委内的与广西食品工业协会秘书处合署办公的食品工业办公室改名为食品工业与包装办公室，工作性质不变，定为行政编制，定员8人。区经贸委成立以后，对食品工业与包装办公室人员进行了充实，从原来的5人增加到年末的7人。

10月中旬，广西食品工业协会召开了第二届代表大会，有100多名代表出席了会议。区经贸委副主任邓于仁作了“推进‘两个转变’为食品工业上新台阶而努力”的工作报告，讨论了《广西食品工业“九五”振兴规划》和《关于加快发展广西食品工业的意见》两个文件；选举了第二届理事会，由区经贸委主任覃日飞担任会长，区经贸委食品工业与包装办公室主任韦启民担任秘书长。新一届食品工业协会的领导力量得到了充实和加强，为今后正常地开展活动，更好地为食品企业服务，加快发展广西的食品工业提供了组织保证。

**【b. 概况】** 1996年广西乡及乡以上独立核算食品工业企业1 575家，比上年减少10家，其中亏损企业516家，比上年减少19家。完成工业总产值178.93亿元(1990年不变价，下同)，增长12.73%；利税总额19.23亿元，下降28.22%；利润－4.15亿元，比上年增亏3.06亿元。

主要产品产量：食糖237.51万吨，比上年增长33.4%；罐头24.46万吨，下降8.7%；淀粉32.17万吨，下降10.34%；软饮料23.29万吨，下降28.3%；糖果2.48万吨，下降45.6%；味精2.63万吨，增长7.35%；啤酒23.30万吨，下降1.81%；卷烟93.49万箱，下降4.9%。

全年由自治区下达的食品工业技术改造项目45项，当年投资9.59亿元，其中制糖业32项(另有基本建设项目2项，新建2家糖厂，总投资2.69亿元)，总投资6.34亿元，主要用于糖厂扩建和配套热电站；项目完成后可增加日处理甘蔗能力1.9万吨和发电能力1.5万千瓦时；用于卷烟厂技术改造项目5项，总投资1.25亿元，主要引进德国、意大利的包装机组；用于粮油加工企业技术改造项目3项，总投资0.56亿元，用于引进国外精炼植物油和小麦制粉设备；淀粉企业技术改造项目3项，总投资1.22亿元，用于扩大变性淀粉生产和综合利用项目；调味品企业技术改造2项，用于扩大腐乳和味精的产量。

1996年广西食品工业总产值从数字上看有较大幅度的发展，实质上是属于恢复性的发展。因为上年广西遇特大洪水灾害，食糖大幅度地减产，造成1995年度食品工业总产值基数偏小。若扣除食糖恢复性增长这个因素，1996年食品工业只是略有增长。企业总的亏损面基本不变，但是亏损额增加了3倍。

**【c. 淀粉及淀粉制品业】** 1996年，广西有独立核算淀粉及淀粉制品业企业108家，绝大多数企业均以木薯为原料生产木薯原淀粉，有2家企业兼产少量葛根淀粉。其中有大型企业1家，中型企业2家；国有企业24家，“三资”企业2家，股份制企业3家，其余都是集体企业和少量私营企业。合计生产能力为日产淀粉3 000吨，消耗鲜木薯1.5万吨。1996年淀粉产量32.17万吨，比上年减少3.71万吨；产值4.17亿元，实现利税197.7万元，其中利润－4 309万元，有47家企业亏损。淀粉产量按系统计，农垦6.8万吨，华侨4.39万吨，轻工2.95万吨，乡镇及村办、个体、联办企业共17.03万吨，其余(劳改、商业、供销)不足1万吨。

由于近两年国内北方粮食喜获丰收，致使北方玉米淀粉以较低的价格大量冲击南方市场，影响了广西木薯淀粉的销售，迫使木薯淀粉降价，反过来又促使木薯价格下降，影响了农民种植木薯的积极性。本年度木薯种植面积26.8万公顷，比上年下降2%。秋冬季因受气候长期干旱的影响，木薯产量减少20%，共产木薯干片约100万吨。由于淀粉销路不畅，价格下跌，淀粉产量比上年下降10.34%，企业的经济效益大幅度下滑。

明阳淀粉化工总厂是广西最大的淀粉生产企业，也是全国最大的木薯淀粉生产厂，隶属于农垦系统，有年产5万吨木薯淀粉(含1万吨变性淀粉)和1.5万吨酒精生产能力。该厂“年产2万吨高档变性淀粉”扩建工程项目被国家经贸委列入“加大技术改造投资力度，加快技术改造速度”的双加重点项目，项目总投资1.52亿元，将引进德国、芬兰等国的先进技术设备与国内设备相配套，该项目资金已基本落实，年内已下达技改年度计划，工程已全面启动实施。

木薯的收获期为4个月，多数淀粉生产企业以鲜木薯为原料，生产期约80天～120天。淀粉的出粉率较好的为96%以上，一般的在85%～90%。行业平均吨粉耗水40吨，耗鲜木薯4吨，耗标煤0.12吨，劳动力日平均工资16元人民币。虽然劳动力与原料价格均较低廉，但由于企业生产规模小，生产期时间短，单耗偏高，产品质量不稳定等原因，淀粉成本较高，大大削弱了市场竞争能力，降低了经济效益，行业性亏损局面在加剧。年内藤县南方淀粉厂（中型企业）因亏损资不抵债，破产清盘工作正在进行中。

淀粉行业的环境污染治理和综合利用工作仍在加紧进行中。明阳淀粉化工总厂继续采用生物技术处理工业污水，处理后的COD、BOD均有大幅度的下降，臭味已经消失，固形物沉降速度加快。该厂当年还上马1个利用木薯废浆生产酒精的综合利用项目。北海淀粉工业集团上马1个利用木薯渣生产酵母的综合利用项目，投资2 700万元。由于国家对治理“三废”污染抓得较紧，广西对年产1 000吨以下手工作坊式、“三废”处理差的淀粉厂关停了30多家，而另有一些企业通过“三废”治理，治理了环境，还提高了产品质量，增加了副产品，提高了经济效益。

1996年11月，在南宁举办了“国际木薯和淀粉及其衍生物学术研讨会”。来自泰国、巴西、荷兰、法国等12个国家和地区的40余名外籍专家和全国15个省、自治区、直辖市的80余名专家出席了会议，并参观了南宁市的4家淀粉深加工企业。这次学术研讨会促进了广西淀粉工业技术的提高，交流了经验和信息，是中国淀粉业界的1次重要国际交流活动。

1996年，柳州金农淀粉厂的淀粉荣获绿色食品标志。

**【d. 罐头食品制造业】** 1996年，广西有独立核算罐头食品制造业企业63家，其中大型企业1家，中型企业0家；国有企业28家，“三资”企业3家；总资产8.87亿元，从业人员1.67万人，总生产能力为年产罐头30万吨。当年实际产量24.46万吨，比上年减少8.7%；其中水果罐头13.82万吨，蔬菜罐头2.23万吨；出口罐头3.7万吨。实现工业总产值6.4亿元，税利0.46亿元，利润－0.7亿元，亏损企业20家。轻工系统的罐头企业有25家，资产占全行业的86%，职工人数占50%，生产能力占70%，技术力量和装备是行业中最强和最好的。

大中型企业对全面质量管理非常重视。南宁罐头食品厂在资金极为紧张的情况下，仍投入人力、财力，围绕质量管理各环节，按作业规范进行全面整顿，对设备、仪表进行调整和校验，聘请外国专家到厂咨询，现场指导关键工序的操作，传授出口罐头卫生质量管理的经验。玉林地区罐头食品总厂抓好原料基地建设，使1996年法国青刀豆原料一级品率达80%以上，为生产优质产品打下了基础。部分企业由于技术力量不足，质量管理粗放，对罐头生产关键工序监控不力，如对空罐卷边和实罐密封工序把关不严，杀菌后处理不当，装罐净重不足，内容物生虫或色泽异常等原因，影响了罐头的质量。1996年出口罐头商检合格率平均为96.79%，个别品种仅为92%，呈逐年下降的趋势。由于出口罐头存在质量问题，遭到外商的索赔，造成经济损失。广西区技术监督局第三季度抽查果蔬类罐头共16批次，合格率仅75%。

由于国内市场上水果及副食品品种繁多琳琅满目，使罐头食品的内销市场越来越小。又由于罐头品种规格少，适销对路的产品不多，生产企业资金短缺，债务重，经营不善等原因，广西罐头产销量逐年下降，企业存在着亏损严重和转产的危险，70%的罐头生产企业面临着生存危机，装备精良的一批大中型企业开工率不足40%。

年内，新批准荔浦、石南、爽的、宏裕、新丰、灵川等罐头厂获出口代号。广西获得出口罐头代号的企业已达26家；其中国有企业21家，集体企业1家，乡镇及私营企业4家。在获得出口罐头代号的21家国有企业中，除已租赁及承包经营的7家企业外，有5家还在正常生产，4家半停产，5家停产。

**【e. 软饮料制造业】** 1996年，广西有独立核算软饮料主生产企业205家，兼生产饮料企业约80家；其中，大型企业1家，中型企业5家；国有企业46家，集体企业3家；固体饮料生产企业32家，饮用水（含矿泉水）生产企业25家。年生产能力56万吨，从业人员1.4万人。1996年产量24.52万吨，比上年下降28.3%；其中碳酸饮料15.21万吨，饮用水（含矿泉水）2.80万吨，果菜汁饮料1.44万吨，固体饮料2.68万吨，冷冻饮品1.17万吨（其中冰淇淋0.5万吨），其他饮料1.22万吨。完成工业总产值8.44亿元，增长22.14%；利润－0.30亿元，减亏0.17亿元，亏损企业共45家。

行业中工业资产利税率最好水平，碳酸饮料为健力宝北海有限公司7.29%；饮用水为茶花山矿泉水有限公司25.43%；固体饮料为梧州冰泉实业股份有限公司11.41%。健力宝北海有限公司持续几年重组企业生产要素，实现经济增长方式的转变，在完成易拉罐全自动灌装线改造之后，1996年又优选进口设备和国内设备相配套，增加了1条自动化生产线，生产能力提高了70%。该厂还实施名牌战略，扩大名牌效应，共投入1 800万元资金，用于广告宣传和资助社会公益活动。该厂吸收文化素质高的职工，大中专文化程度的职工占41%，中高级技术职称的专业人员占20.8%，党团员占36%。全年实现工业产值3.2亿元，创税利0.38亿元，工业增加值率达35%，全员劳动生产率8.32万元/人。梧州冰泉实业股份有限公司是年产1.2万吨大豆蛋白固体饮料的大型企业，该厂强化产品质量管理，产品合格率保持在99.8%以上，并进一步优化产品结构，充实企业的科研队伍，加快蛋白凝胶类速食方便食品和低糖系列新产品的开发。该厂利用现代生物技术已开发出以大豆为主要原料具有特色风味的系列产品40多个，该厂的豆浆晶生产技术居全国领先水平。并进一步改进包装材质和装璜设计，增加了仿制的难度。该厂几经技术改造，引进的5条生产线在生产中发挥着巨大的作用。1996年工业增加值率22.8%，全员劳动生产率3.94万元/人，荣获广西“八五”期间企业技术进步先进企业称号。茶花山矿泉水有限公司是广西产量最大的矿泉水生产企业，也是广西最早获得绿色食品标志的企业。该公司生产用的关键设备水处理及臭氧设备系引进国外，与之配套的是国内的先进设备，灌装能力为每小时6 000瓶～8 000瓶。广西名牌产品茶花山牌矿泉水在市场上有极高的声誉，1996年该公司资产报酬率30.42%，销售利润率13.07%。桂林金元珠宝企业集团公司所属的中美合资朗臣饮料有限公司，拥有自动化程度较高、具有90年代国际先进水平的全裹式三片罐饮料生产线，每分钟生产600罐，目前年生产能力为果汁饮料4.5万吨。该公司投产2年来，产销量逐年上升。

广西软饮料行业由于低水平的重复建设，生产规模小，品牌混杂，产品销售不畅，行业设备利用率仅44%，其中碳酸饮料55.3%，饮用水18.7%，果菜汁饮料19%，全行业处于亏损的局面。

**【f. 饮料酒制造业】** 1996年，广西有独立核算的饮料酒制造业企业141家；其中大型企业4家，中型企业4家，“三资”企业4家，股份制企业3家；国有企业65家，集体企业42家。总生产能力40万吨，固定资产6.54亿元，其中国有资产4.09亿元，从业人员1.5万人。1996年产量(混合量)32.37万吨，较上年减少14.7%；其中白酒7.68万吨，啤酒23.3万吨，黄酒0.03万吨，果酒0.41万吨(其中葡萄酒0.12万吨)，露酒0.95万吨。工业总产值7.78亿元；利税总额1.45亿元，利润－0.44亿元，较上年增亏0.59亿元；亏损企业40家。在全部企业中，有白酒企业116家，啤酒企业6家，黄酒企业3家，葡萄酒企业5家，果露酒企业11家。轻工系统是饮料酒的主要生产部门，有生产企业60家，产量28.03万吨，其中啤酒22.9万吨，白酒3.98万吨，工业总产值6.03亿元，税利1.61亿元，利润－0.24亿元。

行业内各企业强化内部管理，对生产中存在的问题开展QC小组活动和进行局部技术改造，以节能降耗提高设备开工率求得好的经济效益。柳州啤酒总厂创啤酒消耗的最好水平：吨酒耗粮190.49公斤，万元产值耗标煤0.89吨，耗电680千瓦时，耗物资0.74万元，资金利税率27.55%。桂林漓泉股份有限公司创全员劳动生产率13.04万元/人的最好水平。白酒消耗最好水平为桂林三花股份有限公司的万元产值耗标煤1.61吨，耗电467千瓦时，耗物资0.48万元；全州湘山酒厂资金利税率46.11%，全员劳动生产率7.44万元/人。

已停产多年的原梧州市酿酒厂年产5千吨啤酒全套生产设备经租赁经营后重现生机；位于合浦县的年产2万吨啤酒的“三资”企业北海中策北京啤酒有限公司及年产2千吨的阳朔华达(深圳)啤酒饮料公司已正式投产，其产品逐渐被人们所认识和喜爱。南宁万力啤酒饮料总公司与泰国泰联酿造有限公司签约，共同投资建立中外合资企业，更名为南宁力泰啤酒有限公司，将啤酒生产规模从10万吨扩大到15万吨，同时新建1个10万吨的啤酒厂，投资总额12亿元，两个项目均已下达技术改造年度计划，正在紧张地实施之中。

由于广西饮料酒生产企业多数生产规模偏小，没有行之有效的营销策略，产品市场狭小，企业开工不足，亏损面及亏损额扩大，约有半数的县办酒厂处于停产半停产状态，有的酒厂已转产木薯酒精。

年内，浦北县酒厂生产的锦雉牌、神蚜牌神蚜酒在全国第一个被卫生部批准为(酒类)保健食品，并认定具有延缓衰老、免疫调节、抗疲劳、耐缺氧等功能。该厂已发展成为生产白酒、保健酒、饮料等产品的机械化程度较高的中型企业。

**【g. 调味品制造业】** 1996年，广西有独立核算的调味品制造业企业69家，其中大型企业2家，中型企业5家；国有企业24家，集体企业15家，“三资”企业3家，股份制企业1家。主要生产味精、酱油、醋、酱料、柠檬酸等产品。年生产能力，味精2.8万吨，柠檬酸1万吨，酱油5.5万吨。1996年共生产味精2.63万吨，比上年增加7.35%；酱油4.5万吨，减少28.2%；柠檬酸0.69万吨。实现工业总产值6.09亿元，比上年减少5.6%；利税－28.1万元，利润－1 539万元，比上年减亏1 371万元。在这些企业中，味精企业有4家，主产酱油企业26家，酱料企业13家，柠檬酸企业1家。广西几乎每个县市都有1家属于商业系统的综合性食品厂，兼产酱油、醋、酱料等产品。

年内，南宁味精厂继续完成年产3 000吨糖蜜味精的技术改造项目，当年投资1 480万元。该厂在生产中不断引进新技术新工艺，使技改项目的产酸率由年初的7.18%上升到年末的9.0%，糖酸转化率达52.1%，粗制收率87.4%，精制收率117.1%，居广西味精行业的首位，味精产量达1.15万吨。该厂始终坚持提高职工文化素质，不断完善质量管理体系，注重生产工艺技术的改进，在味精保质降耗及营销等方面都取得实效。吨味精消耗淀粉1.7吨，全年原材料、动力、燃料等共节约开支1 230万元。该厂的糖化取得率和发酵产酸率两项指标位于全国领先水平。年内，该厂全面开展贯彻ISO9000系列标准的工作。各味精厂继续抓好高浓度有机废水的综合治理工作，综合回收酵母、菌体蛋白、氨等成分已初见成效。

桂林腐乳厂实施了总投资1 241万元的国家专项技术改造项目，成功地采用腐乳直接发酵新工艺，取代传统的以生产坛装腐乳为主的旧工艺，生产周期由原来的6月～9个月缩短到40天～60天，产品仍保持原来的质量和风味，而生产能力提高了4倍，优级品率和劳动生产率显著上升，工人的劳动强度和产品综合能耗明显降低。该厂还对腐竹生产工艺进行了攻关，使腐竹的优级品率提高了6.7个百分点。该厂全年销售收入3 500万元，利税270万元，工业增加值率21.55%，劳动生产率1.03万元/人，优质产品产值率79.2%，万元产值耗标煤4.59吨，耗电120千瓦时，耗物资0.67万元。桂林酱料厂在提高产品质量上狠下功夫，着重解决传统产品辣椒酱生产前期处理工艺，采用大块分割和原汁腌制发酵，后期处理采用现代工艺，改进产品包装，提高了产品产量和档次，并着手开发辣椒酱系列产品，牛肉辣酱已经面市。该厂全年生产酱油5 026吨，辣椒酱2 692吨，麦芽糖918吨；产品销售收入3 031万元，税利260万元，全员劳动生产率4.09万元/人，万元产值耗标煤1.6吨，耗电122.6千瓦时，耗物资0.83万元，居全行业先进水平。

**【h. 乳制品制造业】** 1996年，广西有独立核算的乳制品制造业企业3家，比上年减少2家，均为轻工系统的国有企业；其中中型企业1家。固定资产净值2 095万元，年加工能力1.7万吨，实际产量8 279吨，其中液体乳5 678吨，乳制品260吨(其中奶粉73吨)。产量比上年增长60.8%，实现工业总产值1 956万元，税利321.8万元，利润116.8万元，扭转了亏损的局面。水牛奶业逐年发展，水牛奶产量402吨，占液体乳的7%。

行业中产量最大经济效益最好的是南宁市乳品厂。该厂注重培养和吸纳高素质的技术人员和管理人员，加强全面质量工作，产品合格率达99.5%以上。该厂利用原酸奶生产线略加改造，开发生产出果汁酸奶新产品。该厂还对现有锅炉配套设施进行改造，提高了锅炉的热效率，万元产值耗标煤降至0.91吨。1996年该厂完成工业总产值1 516万元，产品产销率102%，销售利税率11.23%，工业增加值率18%，资产利税率15.28%，全员劳动生产率2.34万元/人。全年共生产消毒奶3 966吨，奶粉73吨，强化AD奶446吨，含乳固体饮料450吨，含乳液体饮料887吨。

1996年，广西技术监督局对乳制品的监督抽查合格率为82.8%。

**【i. 方便食品生产】** 广西的方便食品生产是在80年代后期逐步发展起来的，主要由原来的儿童食品企业和小食品企业调整产品结构发展而来。1996年广西有方便食品生产企业19家，其中大型企业1家。年生产能力为：黑芝麻糊5万吨，快餐面(米粉)4万吨，冷冻主食品1万吨，其他方便食品1.8万吨。1996年产量8.35万吨，比上年增长15.5%，工业总产值9 376万元，税利－518万元，利润－1 073万元，亏损企业6家。

广西黑五类食品集团公司是集工、贸、技一体的多元化的大二型企业，主要产品为黑芝麻糊、黑八珍、“快点”黑色顶餐、血宝等系列产品。1996年该公司生产黑芝麻糊系列产品3.76万吨，销售税利率12.29%，资产税利率41.07%。该公司实施名牌战略，把引进和培养高素质的人才作为企业二次创业的起点，先后几次向全国招聘高级管理和技术人才，还加强职工岗位技能和专业知识的培训，共支出培训费100余万元，有效地保证了各生产工序的质量。继从美、德、日等国引进全自动食品生产线后，又从日本引进了包装机械，并进一步完善了企业销售、供应、财务等部门的计算机管理系统。列入国家“九五”重点建设项目的全国最大的黑色食品生产(出口)基地已进入全面实施阶段。其中年产6千吨的出口食品车间和投资2 700万元的快点顶餐食品车间已建成，黑色原料基地建设正在规划中。该公司正在移师南宁，以求得更大的发展空间。

**【j. 糖果制造业】** 1996年，广西有独立核算糖果生产企业35家，其中大型企业2家，中型企业2家，“三资”企业2家；固定资产净值3.5亿元，生产能力8万吨，另有一些兼生产糖果的综合性食品厂。1996年生产糖果2.48万吨，比上年减少45.6%；产值2.63亿元，税利1 115万元，利润－622万元。产量较大的企业集中在南宁、柳州、桂林、梧州4市。行业中属轻工系统的企业有12家，职工5 448人，资产总额6.29亿元，糖果生产能力5.5万吨，实际产量1.83万吨，工业总产值2.79亿元，税金1 905万元，利润－1 789万元。亏损企业9家，亏损额2 129万元。

年内，行业内资产重组和优化产品结构工作有所进展。桂林市糖果厂、桂林市蜜果厂和桂林味精总厂糖果分厂合并为博达食品总厂；另有一批糖果厂实施租赁和承包经营。生产国家级新产品金嗓子喉宝的柳州市糖果二厂积极筹措资金组织扩大生产经营，完善配套生产设备，提高产量，盘活资金存量并抓紧回笼货款，糖果的回款率达93%以上，金嗓子喉宝的回款率99%。该厂还全方位多层次造塑企业形象，提高了企业和产品的知名度，树立了良好的市场信誉。由于加强了质量成本管理，降低了成本138万元，万元产值耗标煤0.28吨，耗电129千瓦时，耗物资0.5万元，产品质量稳定提高率达100%，优质产品产值率67.07%。1996年实现工业总产值1.16亿元，产品销售收入1.06亿元，实现税利1 216万元，利润322.3万元，创该厂历史最好水平，居全国同行业之前。

柳州市糖果一厂、南宁市糖果食品厂、贵港市糖果食品厂等几家生产能力较大的糖果厂积极组织开发糖果新品种和部分转产其他种类的产品，未能取得好的经济效益，糖果行业的亏损局面还在加剧。

**【k. 制糖业】** 1996年，广西共有糖厂108家，其中"三资"企业8家，股份制企业3家，集体企业7家，其余都为国有企业。设计额定日处理甘蔗量23.6万吨，榨季投入生产共106家糖厂，全年共压榨甘蔗2 076.45万吨，生产食糖236.55万吨。按制糖期统计，1995年～1996年榨季共压榨甘蔗2 069.95万吨，产食糖233.02万吨，利用废糖蜜生产普通级食用酒精12万吨，共实现工业总产值63.58亿元，产品销售收入88.34亿元，销售税金8 964.78万元。由于受1995年计划外进口和非正式渠道进口糖的冲击，影响了食糖的销售，价格一度跌到低于广西的平均生产含税成本价，导致大部分糖厂亏损，全行业盈亏相抵净亏3.1亿元。由于食糖市场疲软，价格下滑，销售受阻，糖厂为了解决资金周转和兑付广大蔗农的蔗款，被迫低价出售食糖。国家为了保护糖厂和蔗农的利益，针对食糖季产年销的特点，于7月份拨出专款给有关商业银行，由广西区糖业供销公司组织进行食糖储备工作，以储备食糖作抵押向银行贷款，共收储食糖15万吨，有效地起到了稳定糖价的作用，缓解了糖厂的流动资金。到了9、10月间，食糖市场货源开始紧缺，价格上扬，储备糖开仓销售，调剂了市场余缺。

7月，由南宁制糖造纸厂、明阳糖厂、伶俐糖厂、蒲庙糖厂、东江糖厂和香山糖厂等6家糖厂组建成南宁统一糖业有限责任公司，成为广西第一个糖业联合大型国有企业，为探索制糖企业走集团化生产与管理的路子迈出了新的步伐。

年内，广西制糖企业列入自治区基本建设与技术改造扩建及综合利用项目共34项，计划固定资产投资9.03亿元，其中基本建设投资2.69亿元，用于新建巴马县糖厂和忻城县第二糖厂。技术改造扩建及综合利用投资6.34亿元，主要用于宁昭县海渊糖厂日榨甘蔗4 000吨，博庆食品有限公司、武宣县糖厂、柳兴实业开发总公司等扩建技改工程和综合利用项目，全年实际完成投资9.11亿元，这些项目已于1996年～1997年榨季全部竣工投产，新增日榨甘蔗能力1.9万吨。至此，广西共有日榨1 000吨以上的糖厂(含1 000吨)85家，占全部生产能力的95.2%，其中日榨4 000吨(含4 000吨)以上的糖厂20家。

制糖行业积极推行技术进步，充分发挥科学技术是第一生产力的作用，各糖厂从实际出发，因地制宜，积极采用国内外被证明是成熟的新技术新设备。广西博庆食品有限公司投资1.2亿元人民币，将日榨甘蔗能力由3 500吨扩大到5 000吨，引进了10多台(套)科技含量较高的新设备，有全自动控制的管道式蒸汽降温器，容积为150M³的丙糖膏立式助晶机和与其相配套的糖膏再热器、糖膏泵、全自动间歇式甲糖分蜜机和一批先进的化验分析仪器；广西昌菱化工公司推广使用板式加热器，用于清汁加热；扶南糖厂采用了无滤布真空吸滤机，等等。这些先进仪器和设备的应用，提高了制糖过程各种参数的正确性和可靠性，节约了能源，提高了糖份收回率，发挥了较好的作用。

制糖行业的质量管理工作继续向纵深发展，各糖厂的质量管理和质量保证体系逐渐加强。南宁制糖造纸厂在贯彻ISO9000系列标准的工作中，经过1年多时间的努力，建立了ISO9002质量保证体系，于12月份通过了西南评审中心的认证，获得了中国商检质量认证中心颁发的证书。年内，又有上思县糖厂、来宾县迁江糖厂被授予广西质量管理小组活动优秀企业称号，有20个小组被评为广西自治区优秀QC小组，32个小组被评为先进QC小组。

(顾培冀)

1996年度食品获奖名单

获广西区名牌产品奖名单

| | |
|---|---|
| 漓泉牌漓泉啤酒 | 桂林漓泉股份有限公司 |
| 冰泉牌大豆食品 | 梧州冰泉实业股份有限公司 |
| 荷花牌味精 | 南宁味精厂 |
| 桂花牌一级白砂糖 | 广西贵港(集团)股份有限公司 |

桂林牌桂林三花酒　桂林三花股份有限公司
花桥牌桂林腐乳　桂林腐乳厂
骏驰牌面粉　南宁面粉厂
锦雉牌、神蜉牌神蜉酒　广西浦北酒厂

获广西区优质产品奖名单

俊牌一级白砂糖　横县糖厂
云鸥牌一级白砂糖　南宁制糖造纸厂
桂吉牌一级白砂糖　钦州市平吉糖厂
壶城牌一级白砂糖　崇左东亚糖业有限公司
明阳牌一级白砂糖　明阳糖厂
木棉花牌一级白砂糖　东门糖厂
紫霞牌一级白砂糖　宁明县海渊糖厂
甜源牌一级白砂糖　忻城县糖厂
嘉圩牌一级白砂糖　隆安县南圩糖厂
桂花牌食用酒精　贵港(集团)股份有限公司
左江牌食用酒精　广西驮卢东亚糖业有限公司
俊牌食用酒精　横县糖厂
云鸥牌食用酒精　南宁制糖造纸厂
清泉牌食用酒精　平果县糖厂
金田牌乳泉井酒(酒精含量50%)　桂平市乳泉酒厂
乳泉井牌特曲酒(酒精含量39%)　桂平市乳泉酒厂
湘山牌湘山酒(酒精含量55%、38%)　全州县湘山酒厂
湘山牌全稻米酒(酒精含量28%)　全州县湘山酒厂
湘山牌桂青酒　全州县湘山酒厂
莲花山牌莲花山酒(酒精含量53%)　南丹县酒厂
石龙牌石龙酒(酒精含量35%)　百色地区石龙酒厂
海马牌禾花雀补酒　南宁市商业食品工业总公司
芳山牌黑糯米酒　德保酒厂
芳山牌原汁蛤蚧酒　德保酒厂
龙山牌、桂峰牌哈蚧酒(酒精含量37%)　梧州龙山动植物酒总厂
龙山牌、桂峰牌五龙二补酒　梧州龙山动植物酒总厂
龙山牌、桂峰牌毛鸡酒　梧州龙山动植物酒总厂
桂林牌12°桂林啤酒　桂林三花股份有限公司
麦穗牌纯正麦芽糖　桂林市酱料厂
花桥牌桂林牛肉辣酱　桂林市酱料厂
花桥牌桂林辣椒酱　桂林市酱料厂
蟠龙牌梧州辣椒酱　梧州市酱料厂
蟠龙牌生抽王　梧州市酱料厂
铁鸟牌生抽王　南宁市商业食品工业总公司
鱼峰山牌果酱夹心糖　柳州市糖果一厂
童乐牌保健奶　南宁市乳品厂
元宝牌99%晶体味精　柳州元宝味精股份有限公司
银安牌银安天然淡泉水　合浦银安天然饮料有限责任公司
亚华牌亚华高橙　桂林亚华饮料食品有限公司
荔江牌鲜果粒粒橙　广西荔浦罐头食品厂
万山牌甜酸荞头　防城港市供销食品厂
康得力牌特制一等粉　柳州市面粉实业总公司
黎雪牌特制一等粉　黎塘面粉厂
银鸥牌标准面粉　梧州面粉厂
银鸥牌特制一等粉　梧州面粉厂
红树林牌红树林面包粉　北海市专用面粉厂
月神牌特制一等粉　桂林面粉厂
飞鸥牌芝麻麦片　梧州飞鸿食品工业有限公司

**表1　广西区食品工业主要经济指标**

| 指标名称 | 单位 | 1996年 | 1995年 | 指标名称 | 单位 | 1996年 | 1995年 |
|---|---|---|---|---|---|---|---|
| 企业单位数 | 个 | 1 575 | 1 585 | 工业总产值(现行价) | 亿元 | 242.20 | 221.49 |
| 其中：亏损企业数 | 个 | 510 | 505 | | | | |
| 利润总额 | 亿元 | -4.15 | 6.37 | 工业销售产值(现行价) | 亿元 | 241.35 | 199.69 |
| 利税总额 | 亿元 | 1.92 | 26.79 | 工业增加值(现行价) | 亿元 | 68.06 | 57.14 |
| 工业总产值(1990年不变价) | 亿元 | 178.93 | 158.74 | | | | |

表2　　1996年广西区主要食品产量　　单位：吨

| 产品名称 | 全区产量 | 产品名称 | 全区产量 |
|---|---|---|---|
| 糖果 | 24 830 | 饮料酒 | 323 727 |
| 糕点 | 8 065 | 白酒 | 76 771 |
| 饼干 | 17 338 | 啤酒 | 233 037 |
| 方便主食品 | 83 541 | 黄酒 | 280 |
| 方便面 | 33 853 | 葡萄酒 | 1 202 |
| 乳制品 | 2 601 | 果酒 | 2 872 |
| 奶粉 | 73 | 露酒 | 9 565 |
| 罐头(万吨) | 24.46 | 软饮料 | 232 935 |
| 肉类罐头 | 2 078 | 碳酸饮料 | 152 136 |
| 水产罐头 | 7 222 | 天然矿泉水 | 27 956 |
| 水果罐头 | 138 179 | 果菜汁饮料 | 14 383 |
| 菠萝罐头 | 24 184 | 固体饮料 | 26 807 |
| 桔子罐头 | 113 995 | 麦乳精 | 5 074 |
| 蔬菜罐头 | 2 228 | 植物蛋白饮料 | 1 485 |
| 蘑菇罐头 | 7 250 | 乳酸菌饮料 | 315 |
| 味精 | 26 250 | 液体乳 | 5 678 |
| 柠檬酸 | 6 941 | 冷冻饮品 | 11 664 |
| 酵母 | 710 | 冰淇淋 | 5 007 |
| 酶制剂 | 307 | 淀粉(万吨) | 32.17 |
| 代乳品 | 826 | 卷烟(万箱) | 93.49 |
| 发酵酒精 | 202 201 | 食糖(万吨) | 237.51 |
| 粮食酒精 | 27 764 | | |

# 3.21 海南省

**【a. 概况】** 海南建省办大特区以来，全省食品工业企业从80家发展到295家。1996年海南省食品工业的产品质量、档次有了进一步的改善提高，食品工业的产业结构、产品结构和食品企业的组织结构得到了较充分的调整，出现了多家配有现代技术装备、具有较强经济实力的大型骨干企业和集团式企业，在技术素质及高新技术的应用方面，也有了较大的提高和进展，经济效益逐步提高。

据统计，1996年部份主要产品加工能力已达相当规模。如罐头能力50万吨，软饮料能力65万吨，天然果汁饮料能力35万吨，酒类(含食用酒精)6万吨。1996年食品工业总产值为35亿元，比上年增长30%；占当年全省工业总产值的23.02%。迅速崛起的海南食品工业，已成为具有相当规模，基础比较雄厚，门类比较齐全，产品日益丰富，产销两旺的重要产业。

海南省食品工业立足本地资源，开发了不少新产品，并形成了一批声誉较好的品牌。如：椰树天然椰子汁、天然矿泉水，金盘矿泉水，椰风三合一天然芒果汁，恒泰园之梦芒果汁，力神椰奶咖啡，五指山野生茶，神酒，红星糕点、香脆饼干等系列产品，都是具有地方特色的名、优、特新产品，深受消费者的喜爱。

**【b. 企业改革】** 随着企业改革的不断深入，海南省已经出现了一批著名的企业和企业集团。

海口椰树集团(海口罐头厂)自1986年起，经过10多年以分配制度为核心的企业改革，初步建立起面向市场的生产和经营体制，年产各类罐头、饮料突破20万吨，产值达13.5亿元，税利1.43亿元，连续5年居全国500家最大工业企业行列。椰树集团领导意识到企业改革仅仅停留在原有基础已经不够了。他们经过学习，借鉴国有企业改革成功范例，从本企业的实际出发，在经营思路上有新的突破。这就是把资本经营与生产经营相结合，按劳分配与按生产要素分配相结合，实现投资主体多样化，推行职工股份合作制和面向社会的规范化股份制，把部份所属企业推向社会，极大激发了他们参与企业管理的积极性和主动性。该公司投入2 500万元，从美国引进目前世界上最先进的生产线，成功开发了纯净水，生产能力达20万吨，其中天然矿泉水16万吨、纯净水4万吨，成为全国最大的饮料制造厂。

海南椰风有限公司是在1992年组建起来的一家乡镇企业。以发展民族饮料工业为主，以工扶贫，产业扶贫为企业宗旨，大力开发海南的热带物产资源和人力资源。为使椰风公司不断的发展壮大，该公司进行了产业结构和内部管理的调整，从家族管理模式向现代化科学管理转变，依靠海南独特的资源，开发高科技、高附加值的羊胎素扶贫工程，目前已投入资金3亿多元，预计1997年底将竣工投产。

海南恒泰芒果股份公司是从事芒果热带水果综合开发和高科技工农业综合开发为主的大型股份制企业。已获准公开发行A股3 500万股，从而使这家公司成为独具特色的热带水果综合加工为主体的公司。建成了热作产区5.3万公顷的芒果、西番莲资源基地，原浆年产能力达5万吨，芒果保鲜加工产达2.8万吨，“园之梦”系列饮料年产8万吨。形成了集鲜果、保鲜、原浆、饮料、营销5大环节一体的芒果、西番莲产业系列工程。

(何敦礼)

**【c. 制糖工业情况】** 海南省1996年度开工生产的机制糖厂30间，总的生产能力为3.55万吨/日，与上年持平；共榨甘蔗192.9万吨，生产食糖18.6万吨，榨蔗量、食糖产量分别比上年增长14.82%和11.44%，遏制了连续2年榨蔗量、食糖产量滑坡的势头。

全年制糖工业实现工业总产值(1990年不变价)55 428.6万元，比上年增长14.5%；销售收入69 750.9万元，增长22%；利税－8 395.14万元。当年全省制糖企业有利润的只有2户，比上年减少10户；盈利额325.79万元，比上年减少盈利630.21万元。有28户亏损，比上年增加10户，亏损额高达14 722.39万元，比上年增亏7 734.39万元；全省制糖行业盈亏相抵后净亏14 396.6万元，创海南制糖史上亏损户数最多，亏损额最大的纪录。造成经济效益差的主要原因：一是蔗源少，全年只有70天生产，要负担全年的费用开支，吨糖管理费负担重。二是甘蔗进价成本虽比上年平均降低约16.7元/吨，但食糖售价一跌再跌，由1995年11月份一级白砂糖4 200元/吨，一路下跌至1996年7月的3 500元/吨；8月中旬糖价开始回调，却仅存糖3万多吨；9月糖价回升至4 000～4 200元/吨，存糖已经售完，“两广”食糖进入海南市场糖价高达4 450元/吨；12月上旬新榨季开始，糖价回落至4 040元/吨，下旬再度下跌；全年度食糖平均销价比上年下降近600元/吨，加上酒精销价全年度处于跌势，平均销价比上年下降近800元/吨。三是制糖企业负债加重，仅以在工行开户的22户糖厂的统计，1996年银行流动资金贷款余额47 340万元，欠银行利息122万元，比上年增加付息4 642万元；同时，由于制糖业亏损严重，拖欠银行本息额度加大，1996/1997年榨季全省4家商业银行只同意支持15家糖厂流动资金，其余15家糖厂要靠高息筹借资金生产，从而加重了吨糖成本中的财务费用负担。四是销售渠道有待拓展，尚存在互相压价竞销的现象，销价不理想。

1996年，全省糖厂厂办甘蔗基地工作又有新的进展。3月6日，在昌江县召开糖厂办甘蔗基地现场会，全省产糖市(县)工业局长及25家糖厂厂长在会上交流了厂办基地的经验，实地参观了昌江糖厂甘蔗基地。会后屯昌糖厂筹资100多万元，征地66.67公顷，引进新台糖10号、16号，夏、秋种植甘蔗60公顷(实收46.67公顷)，冬季又与县内国营农场联姻种蔗，备耕667公顷，冬种已种下200公顷；利国糖厂秋种533.4公顷；省糖业公司在东方抱板租赁土地333.4公顷，冬种已种下甘蔗133公顷；文昌糖厂种下333.4公顷；全省各糖厂自办甘蔗基地发展至4 467公顷，增加1 667公顷。主要品种有新台糖1号、10号、16号，997和63/237。

省委、省政府重视制糖工业企业改革，8月12日，省委书记、省长阮崇武亲自主持召开糖业企业改革座谈会。并就全省制糖工业企业改革，糖厂办甘蔗基地，加大科技含量提高甘蔗单产，以及糖业协会的作用、职能等方面作了重要的指示。各糖厂积极探索，在企业改制方面，继春江糖厂改国有为职工出资民营，成立春江糖业有限责任公司之后，茶根糖厂也由职工出资30%成立茶根糖业有限责任公司；澄迈县则将江南、老城糖厂委托给澄迈县千秋有限责任公司(私人企业)经营，昌江县则对县属的昌江、大风糖厂实行经营目标责任风险抵押承包经营，白沙县将木棉糖厂转让给大连酒家经营。

根据阮省长关于糖业协会要发挥自律作用的指示精神，省糖业协会11月18日通过了《海南省糖厂榨季生产公约》并颁布实施。经1996/1997年榨季12月份的生产考验取得了明显的效果，统一了开榨时间，维护了糖厂榨季生产秩序，克服了连续3年糖厂榨季生产秩序混乱，乱哄抬蔗价抢蔗，糖厂榨榨停停的被动局面，1996年12月底止全省榨蔗混合产糖率比上榨季同期高0.78个百分点。省糖业协会还积极与各商业银行协调，12月份为15家糖厂解决了榨季生产流动资金1.35亿元。协会还为糖厂提供信息服务，全年共出刊《琼糖信息》22期、副刊快讯8期。1996年还首次以协会主持召开全省糖厂榨季生产工作会议、糖厂财务工作会议，增强了协会的凝聚力。

(林尤平)

# 3.22 四 川 省

【a. 概况】 1996年，省委、省政府把食品工业作为“九五”及2010年经济发展中要重点培育发展的六大支柱产业之一，并由省政府召开了全省食品工业工作会，推动了食品工业发展。1996年又是筹备成立重庆直辖市的一年。重庆直辖市包括原四川省的重庆市、万县市、涪陵市和黔江地区，其食品工业总量，约占原四川的大约30%。按行业统计，1996年，新四川全部食品工业总产值约500亿元，比上年增长17.1%，税利总额约60亿元，比上年增长15.4%。按国家统计口径，新四川乡及乡以上独立核算食品工业企业4 579户，占全省工业的14.45%；总产值321.36亿元(现价)，占全省工业的15.53%；工业增加值为103.34亿元，同比增长31.36%；职工35万人，劳动生产率6.49万元/人；年实现税利48.2亿元，扣除亏损3亿元，实为45.2亿元，占全省工业实现税利(146.62亿元)的30.83%；利润占全省的28.49%，人均年创税利1.29万元。与上年相比，企业数减少1 057个，减少18.75%；工业增加值增长31.36%；税利增长20.66%，由上年的37.46亿元增加到45.2亿元；亏损企业数减少379个，亏损面减少为26.6%，但亏损额增加2.97亿元，增亏64%；人均创税利大幅度提高，达12 923元，比上年的9 862元增加3 061元，增长31.04%；职工人数减少3万人，减少7.92%；劳动生产率由上年的58 549元提高到64 880元，增加6 331元，增长10.81%。

**表1　　1996年四川省食品工业主要经济指标**

| 指　标 | 单位 | 完成数 | 指　标 | 单位 | 完成数 |
|---|---|---|---|---|---|
| 企业数 | 个 | 4 579 | 工业增加值(生产法) | 亿元 | 103.34 |
| 全部职工人数 | 人 | 349 777 | 固定资产原价 | 亿元 | 173.37 |
| 亏损企业数 | 个 | 1 220 | 流动资产年平均余额 | 亿元 | 159.78 |
| 工业总产值(不变价) | 亿元 | 226.95 | 固定资产净值年平均余额 | 亿元 | 122.91 |
| 工业总产值(当年价) | 亿元 | 321.36 | 产品销售收入 | 亿元 | 302.84 |
| 利税总额 | 亿元 | 45.2 | 利润总额 | 亿元 | 5.88 |

注：本表统计范围为乡及乡以上独立核算企业，已扣除重庆、万县、涪陵、黔江。

**表2　　1996年四川省食品工业主要产品产量**　　单位：万吨

| 产品名称 | 数量 | 产品名称 | 数量 |
|---|---|---|---|
| 大米 | 232.54 | 加工盐 | 194.22 |
| 小麦粉 | 137.5 | 其中：精盐 | 192.53 |
| 食用植物油 | 26.49 | 蔬菜干制品 | 0.255 |
| 其中：精炼油 | 1.95 | 酱腌菜 | 2.03 |
| 鲜冻畜肉 | 37.81 | 食糖 | 8.44 |
| 鲜冻禽肉 | 2.45 | 糖果 | 2.94 |
| 畜肉制品 | 10.13 | 糕点 | 4.19 |
| 禽肉制品 | 0.29 | 饼干 | 1.19 |

续表

| 产品名称 | 数量 | 产品名称 | 数量 |
|---|---|---|---|
| 方便主食品 | 1.59 | 露酒 | 0.68 |
| 其中:方便面 | 0.84 | 软饮料 | 16.54 |
| 乳制品 | 0.52 | 其中:碳酸饮料 | 6.1 |
| 其中:奶粉 | 0.23 | 矿泉水 | 1.89 |
| 复合调料 | 3.73 | 果菜饮料 | 2.59 |
| 酱油 | 11.49 | 固体饮料 | 0.04 |
| 食醋 | 5.25 | 其他饮料 | 5.88 |
| 味精 | 0.66 | 冷冻饮品 | 1.86 |
| 酱 | 2.37 | 精制茶 | 3.51 |
| 发酵酒精 | 13.76 | 复烤烟叶 | 4.19 |
| 饮料酒 | 106.91 | 卷烟(万箱) | 125.06 |
| 其中:白酒 | 58.37 | 罐头 | 7.17 |
| 啤酒 | 47.3 | 其中:肉罐头 | 2.54 |
| 黄酒 | 0.18 | 蔬菜罐头 | 1.43 |
| 果酒 | 0.38 | 水果罐头 | 2.35 |

**【b. 1996年发展主要特点】** 1. 保持了速度、效益同步增长。乡及乡以上企业效益好于全部食品工业企业。全部食品工业企业速度增长17.1%,税利增长15.4%,接近同步;而乡及乡以上企业部份,总产值增长仅5.8%,税利总额则增长20.66%,成为税利的主要骨干。

2. 发展不平衡,效益靠烟、酒。乡及乡以上企业盈利部份税利总额48.2亿元,亏损部份亏损3亿元,合计45.2亿元。其中烟草加工业税利总额为22.48亿元,名酒税利总额20.96亿元,合计43.44亿元,分别占盈利各行业税利总额总和和全省盈亏相抵后税利总额的90%和96.1%。

**表3　　1996年四川省食品工业主要经济效益情况**

| 行业 | 企业数(个) | 亏损企业数(个) | 工业总产值(新规定) | | 工业增加值(生产法)(亿元) | 产品销售收入(亿元) | 利润总额(亿元) | 利税总额(亿元) |
|---|---|---|---|---|---|---|---|---|
| | | | 当年价(亿元) | 1990年不变价(亿元) | | | | |
| 合计 | 4 579 | 1 220 | 321.36 | 226.95 | 103.34 | 302.84 | 5.8797 | 45.2 |
| 1. 食品加工业 | 2 160 | 575 | 136.26 | 100.75 | 28.99 | 120.34 | −3.81 | −1.88 |
| 粮食及饲料加工业 | 1 096 | 281 | 81.03 | 44.28 | 12.67 | 55.27 | −0.46 | −0.0011 |
| 植物油加工业 | 518 | 96 | 18.39 | 11.62 | 3.46 | 12.82 | −0.55 | −0.47 |
| 制糖业 | 38 | 15 | 6.47 | 4.43 | 1.77 | 6.09 | −0.26 | 0.24 |
| 屠宰及肉类蛋类加工业 | 430 | 167 | 48.53 | 39.05 | 10.49 | 44.55 | −2.50 | −1.75 |
| 水产品加工业 | 4 | 2 | 0.33 | 0.27 | 0.08 | 0.33 | −0.002 | −0.0026 |
| 食用盐加工业 | 3 | 1 | 0.04 | 0.02 | 0.02 | 0.04 | −0.0009 | 0.0037 |
| 其他食品加工业 | 60 | 13 | 1.46 | 1.08 | 0.52 | 1.24 | −0.034 | 0.003 |
| 2. 食品制造业 | 681 | 243 | 21.32 | 16.15 | 6.11 | 18.61 | −1.53 | −0.43 |
| 糕点、糖果制造业 | 173 | 73 | 5.53 | 4.04 | 2.06 | 4.90 | −0.38 | −0.012 |
| 乳制品制造业 | 12 | 5 | 0.67 | 0.30 | 0.29 | 0.55 | −0.023 | 0.0057 |
| 罐头食品制造业 | 74 | 33 | 4.04 | 3.54 | 0.29 | 3.73 | −0.93 | −0.32 |
| 发酵制品业 | 28 | 11 | 1.55 | 1.32 | 0.41 | 1.29 | 0.054 | 0.11 |
| 调味品制造业 | 258 | 34 | 6.00 | 4.03 | 2.08 | 4.33 | −0.083 | 0.25 |

续表

| 行业 | 企业数(个) | 亏损企业数(个) | 工业总产值(新规定) 当年价(亿元) | 工业总产值(新规定) 1990年不变价(亿元) | 工业增加值(生产法)(亿元) | 产品销售收入(亿元) | 利润总额(亿元) | 利税总额(亿元) |
|---|---|---|---|---|---|---|---|---|
| 其他食品制造业 | 118 | 42 | 3.52 | 2.91 | 0.97 | 3.25 | -0.13 | 0.042 |
| 3. 饮料制造业 | 1 697 | 365 | 113.46 | 68.16 | 41.41 | 112.49 | 11.98 | 25.73 |
| 酒精及饮料酒制造业 | 1 279 | 256 | 101.89 | 58.96 | 37.61 | 103.56 | 12.26 | 25.74 |
| 软饮料制造业 | 137 | 48 | 5.65 | 4.22 | 2.03 | 3.93 | -0.14 | -0.044 |
| 制茶业 | 267 | 56 | 4.93 | 4.11 | 1.70 | 3.86 | -0.13 | 0.02 |
| 其他饮料制造业 | 14 | 5 | 0.99 | 0.88 | 0.07 | 1.14 | -0.009 | 0.009 |
| 4. 烟草加工业 | 19 | 4 | 40.79 | 33.86 | 23.86 | 42.1 | 1.15 | 22.48 |
| 烟叶复烤业 | 6 | 2 | 0.84 | 0.18 | 0.41 | 1.46 | 0.23 | 0.36 |
| 卷烟制造业 | 12 | 2 | 39.95 | 33.67 | 23.45 | 40.63 | 0.91 | 22.12 |
| 其他烟草加工业 | 1 | 0 | 0.01 | 0.009 | 0.004 | 0.012 | 0.0004 | 0.002 |
| 5. 采盐业 | 52 | 28 | 9.53 | 8.02 | 2.98 | 9.29 | -1.9 | -0.60 |
| 湖盐业 | 1 | 0 | 0.006 | 0.004 | 0.003 | 0.008 | 0.0001 | 0.001 |
| 井盐业 | 50 | 28 | 9.35 | 7.87 | 2.86 | 9.21 | -1.9 | -0.61 |
| 矿盐业 | 1 | 0 | 0.17 | 0.14 | 0.12 | 0.08 | 0.001 | 0.008 |

注:以上数据由省统计局提供。统计范围同表1。

3. 四川名酒优势进一步发挥。白酒是四川食品工业的拳头产品。1996年,白酒行业认真贯彻控制一般白酒,重点发展名酒的指导方针,效果显著。白酒总产量106万吨,比上年的130万吨减少18.4%。但五粮液、泸州老窖、剑南春、全兴、郎酒、沱牌曲酒等六大国家名酒则势头很好。六大名酒全年共生产系列酒30万吨,比上年增长30%;其中六大名酒总产量达3.6万吨,比上年增长24.6%。六大名酒厂总计销售收入达57亿元,比上年增长42.36%;实现税利总额达20.96亿元,比上年增长33.83%;实现利润12.14亿元,比上年增长33.1%。这六大名酒不仅是食品工业的主要支撑,同时也在全省财政收入中起举足轻重的作用。

4. 冷冻饮品和烘焙食品迅猛发展。冷冻饮品,特别是冰淇淋,以及面包、蛋糕、饼干、点心、方便面等烘焙食品,多年来是四川食品工业的薄弱环节。近年来,特别是1996年,在引进技术、装备,和外联合作推动下,迅猛发展,质量提高很快,已在食品市场占有相当份额。1996年冰淇淋总产量已达4万多吨,200家生产企业;烘焙食品已达2 000余家企业,6万多吨总产量。产品质量、档次正迅速提高,成为四川食品工业的一支生力军。

**【c. 中长期规划】** 省委、省政府明确把食品工业列为四川经济发展中要重点培育和发展的支柱产业之一。1996年11月,省政府食品工业工作会议原则通过了《四川食品工业"九五"计划和2010年规划》,并上报省人民政府。

"计划和规划"系统总结了"八五"期间四川食品工业发展情况,指出,"八五"期间是四川食品工业建国以来发展最快最好的时期,主要表现为10个方面。(1)高速稳定,工业总产值年均递增18.95%;(2)效益高于速度,税利总额年均递增35.97%;(3)产品产量稳定增长,最快的是啤酒,增长2倍多;(4)科技进步明显,累计科技成果1 500余项,55项获重大科技奖,高新技术应用开始起步;(5)质量、档次、包装显著提高。5年累计获国家质量奖22项,省部级优质产品1 300多项,省名牌产品29个,16户企业通过质量体系和产品质量认证;(6)发展了一批骨干企业,形成40户食品企业集团;(7)企业改革深化,8户企业被列入省现代企业制度试点单位,其中1户为国家100户现代企业制度改革试点单位之一;(8)乡镇食品工业异军突起,在各系统中,已占首位;(9)食品工业县建设取得可喜成绩,累计有54个县(市、区)先后被省政府命名为食品县;(10)配套环境有所改善,食品机械、包装、科研、教学相继发展。

"计划和规划"提出的主要奋斗目标(新四川,不含重庆直辖范围)是:工业总产值,2000年达到900亿元,2010年达到2 000亿元;税利总额,2000年达到103亿元,2010年达到240亿元。食品工业总产值与农业总产值的比,2000年达到0.8∶1,2010年达到1.3∶1。

"计划和规划"提出的发展重点是:肉类及水果蔬菜深度加工及综合利用;粮油深度加工及综合利用;名优白

酒、名优烟、啤酒、名优饮料；传统名特食品工业化；方便食品及旅游食品。并提出要重点推广12项新技术，即，生物工程技术、基础食品原料深加工新技术、速冻及真空冷冻升华干燥技术、新型保藏保鲜技术、优质蛋白提取技术、膨化及挤压技术、微波能原子能及微电子应用技术、冷冻浓缩技术、膜渗透及新型分离技术、高压灭菌及三氧灭菌技术、食品添加剂应用技术、中医中药理论开发食品新技术。

**【d. 食品工业工作会及省食协换届会】** 1996年11月14日至16日，四川省人民政府在成都召开了全省食品工业工作会暨省食品工业协会换届会。参加会议的有各市、地、州分管食品工业的副市长、副专员、副州长及食品工业办公室(食品协会)的负责人，省级有关综合部门、食品工业主管部门及相关单位的负责人，第四届省食品工业协会常务理事，重点食品企业的代表，共224人。省委副书记杨崇汇，省政府副省长李蒙，省人大主任杨析综，省政协副主席孔萨益多及原副省长、省食协会长马麟，原省政协副主席辛文，原省政府顾问管学思参加会议。中国食品工业协会会长王文哲专程从北京来川自始至终参加会议并讲话。会议由省政府秘书长张宗源主持，杨崇汇副书记、杨析综主任、李蒙副省长分别作了专题报告。杨副书记还召集各市、地、州政府负责人对加快发展四川食品工业和理顺行业管理问题作了专题研究。会议在总结“八五”工作，广泛交流经验的基础上，经充分讨论，原则通过了《关于加快四川食品工业发展的意见》、《关于四川食品工业“九五”计划和2010年发展规划的建议意见》、《关于继续深入开展创建食品工业先进县活动的意见》、《加强理顺行业管理方案的报告》。对今后发展思路基本形成共识，提出了实施“攻关、破格、三个一工程”初步设想方案。即：集中科技力量，攻克精深加工、提高产品质量和档次的科技难关；打破长期形成的食品工业企业小型分散、地产地销格局；采取有力措施，培育一批食品企业集团，创造一批名优品牌，开发一批具有地方特色的现代高科技生产的传统食品新产品。

会议期间同时召开了省食品工业协会换届会议。第四届会长马麟作了全省食品工业“八五”总结和第四届省食协理事会工作总结报告。经会议讨论，一致通过了马麟会长的报告。讨论了协会章程修改意见，选举产生了第五届理事会。第五届理事会由168名理事组成，其中常务理事58人。副省长李蒙任会长，省长助理柳斌杰、省经贸委副主任李德厚、成都市副市长何绍华及有关省级厅局负责人任副会长。省食协党组书记刘先谋任常务副会长。省人大主任杨析综、上届会长马麟、原省政协副主席辛文被聘为本届理事会名誉会长。

**【e. 结构调整】** 省政府提出的工业结构调整“8＋5”工程，食品工业被列入工程的9个重点项目(新四川8个，重庆市1个)1996年进展顺利。其中，蓝剑集团20万吨啤酒改造扩建工程，1996年已竣工投产。五粮液酒厂白酒勾兑包装中心已竣工。该中心占地3.5万平方米，建筑面积5.8万平方米，采用了10条先进流水线，年勾兑包装能力为8万吨，成为世界第一家大规模、高技术白酒勾兑包装中心。

作为“8＋5”工程的补充，又实施了“小巨人”计划。省政府川办发[1996]117号文件公布了第一批列入“小巨人”计划的重点企业名单共93户，其中食品工业企业5户。他们是：苍溪县猕猴桃食品饮料厂、米易糖业股份有限公司、绵阳丰谷酒业有限公司、甘孜州泸定贡嘎山矿泉水公司、四川华业超微粉体有限公司。

烟、白酒虽是食品工业当前的拳头，但是从国家的产业政策讲，又同时是受限产品，在结构调整中，四川食品工业积极采取有力措施，努力提高名优产品比例，收到显著效果。1996年白酒总量减少18.4%，国家名酒总量则增长24.6%。

在食品工业工作会期间，又进一步专题讨论了今后发展思路，提出“攻关、破格、三个一工程”构想，把着力调整产业结构、产品结构提到重要突出地位，大力发展基础原料工业和现代高科技产品，拟出30～35个骨干集团构思，为省政府提供制定产业政策的参考。

**【f. 科技进步】** 1996年继续贯彻省委、省政府科技兴川方针和科技“千亿工程”、“金桥工程”等科技工作重大决策，各级食品行业管理机关和食品工业主管部门，突出抓了有效的科技交流与科技培训工作，取得较好成效。科技咨询服务、科技开发、科技引进、科学研究、厂办科研都在原基础上正常进展。

8月14日至15日，省食品工业协会召开全省食品工业科技交流及科技成果发布会。到会128人，交流科技工作经验26个，发布科技成果350项，达成科技成果转让意向协议11项。副省长邹广严、原省政协副主席辛文到会并讲了话。

短训班是有针对性地解决一些技术性具体问题的一种有效办法，也是正规学校培训的重要补充，各地方、部分主管部门都针对需要开展了一些短训。仅省食品工业协会、省食品添加剂协会、省食品工业开发中心等单位，单独或联合举办的短训，1996年就有肉食方便食品、酿酒、饮料及冰淇淋、烘焙食品、新型利乐包装等专业性技术交流与培训7次。参加人数共1 716人次。不仅省内企业积极参加，还有5个兄弟省、区的少数企业也闻迅主动前来参加。除组织省内及国内专家外，还分别邀请了德国、美国、瑞典、澳大利亚、比利时等外国相关专业技术专家参加培训讲授、交流技术，受到企业欢迎。

**【g. 保健食品】** 四川有发展保健食品的传统及优势，已有300多家企业生产各类保健食品。为了规范保健食品生产，国家发布《保健食品管理办法》后，四川由省卫生厅牵头，认真组织了宣传、贯彻、实施。按《办法》规定要求，四川省各保健食品生产企业积极准备，年内已有30多家实力较强者落实办理申报保健食品“准生证”手续。经国家一、二批评审通过，获得“准生证”的四川产品有：成都通联药业有限公司的“维格尔”系列保健食品中的14个产品；德阳旌晶食品厂的“旌晶牌保健玉米粉”；蓬莱德普保健品有限公司生产的“普尔泰心血活力液”；江油东方波酒厂生产的“东方波保健酒”；米易情饴肾茶厂生产的“肾茶”。同时，对加药食品进行了全面清理整顿，由省卫生厅对全省加药食品进行了重新登记核准。全年已有20多个企业的60多种产品被省卫生厅核准重新登记。

**【h. 专业协会】** 随着专业化发展及行业管理的加强，四川在原有专业协会、学会基础上，根据事业发展需要，1996年10月22日，省民政厅[1996]民社字433号文批准登记成立了“四川省烘焙食品业协会”，挂靠四川省食品工业开发中心。理事会由31名理事组成，省食品工业协会常务副会长刘先谋出任首届会长，开发中心总经理胡谦任常务副会长。

**【i. 名酒风采】** 泸州老窖酒业股份有限公司最古老的生产设施——银沟头400年老窖被国务院例入全国重点文物保护单位。这是生产设施列为重点文物的全国首列。

宜宾五粮液酒厂的“五粮液”品牌，被国家资产评估事务所评估为中国60个最有价值的品牌之一，价值35.85亿元。

（四川省食品工业协会编辑组）

# 3.23 重　庆　市

【a. 重庆市简况】 重庆位于长江与嘉陵江交汇处，是具有三千年悠久历史的文化名城。城市因水而起，因商而兴。重庆古称"渝州"。1189年改名为重庆。明朝时成为中国西南地区的物资集散地。1891年被辟为对外通商口岸。1940年，定为"陪都"。中华人民共和国成立后，50年代初为中央直辖市。1997年3月14日，全国人民代表大会八届三次会议通过设立重庆直辖市的议案，使重庆成为中国第四个中央直辖市。从此，重庆进入一个新的发展时期。

重庆是中国行政辖区面积最大和总人口最多的城市，也是最具特殊性的直辖市。市域面积8.24万平方千米，辖43个区(市)县。1996年末总人口3 039万人，其中城镇人口560万人。举世瞩目的三峡水利枢纽工程库区主要在重庆，重庆移民占整个库区移民总量的85.5%。1996年全市国民生产总值1 179亿元。其中第一产业占23.8%，第二产业占41.9%，第三产业占34.3%，经济结构与全国经济结构近似。

"八五"期间，老重庆将食品工业列入工业经济中需要壮大和发展的六大支柱产业之一。"九五"期间，新重庆将食品工业列入全市经济中需要着力培养的四大新的支柱产业之一。在"九五"期间，食品工业将发挥一定的支撑作用，到下世纪初成为全市经济的主要支柱产业之一。

【b. 发展简史】 重庆市食品工业历史悠久。

1. 古代食品手工业。据考证，周秦时期，巴人善酿酒已具盛名，"巴乡清酒"被列为向周王朝交纳的贡品。秦汉之际，巴渝地区生产的辣味酱已远销番禺(今广州)。唐宋时期，合州(今合川市)生产的水南茶已与四川峨嵋的白芽茶、雅安的蒙顶茶齐名；昌州(今永川、大足、荣昌)一带的井盐已发展到130余处，最多年产盐达65万多千克。明清时期，长寿县开始用青菜头制作榨菜；各种手工作坊生产的糖果、糕点、黄酒、白酒、皮蛋、板鸭、白橙糖、桃片、米花糖、蜜枣、桔饼、榨菜、冬尖、盐蒜、酱油、麸醋、红糖、食盐等食品已享誉川内外。尤其是商周时期制作的糕点，经上千年的发展演变，到清末，已形成独具特色的甜肥、软糯、香酥、松脆的江州风味。重庆许多食品的生产虽然有悠久的历史，但由于长期的封建统治，发展十分缓慢。

2. 近代食品加工业。自清末五口通商起，随着外国资本的入侵、工业技术的传入、民族资本的出现，近代工业在中国兴起，近代食品加工业也随之兴起。1891年法商吉利洋行在重庆兴建了第一家肠衣厂；1905年江津冉隆泽等人集资创办了四川首家罐头厂——建馨工厂；1914年合川同德福斋铺生产的桃片荣获巴拿马国际博览会金奖；1925年天津人单松年在重庆创建了第一家机制面粉厂——新丰面粉厂；1928年甘绩镛与税西恒合资兴办了重庆第一家机制卷烟厂——大佛烟厂；1936年英商在重庆兴建了第一家饮料厂——重庆华美汽水厂。

抗日战争期间，重庆成为战时陪都，沿海大量工厂内迁。1937年上海冠生园股份有限公司迁渝组建重庆冠生园食品厂；1938年南洋兄弟烟草公司由武汉迁来重庆组建重庆南洋烟厂；1940年中国植物油厂在重庆创办第一家榨油厂——四川榨油厂；1946年上海天厨味精厂在渝设立上海天厨味精厂四川工厂；1944年国民政府经济部公布：重庆工厂达451家，其中食品就有17家。1945年重庆食品工业产值占全市工业总产值为5.3%，成为重庆工业中的重要行业之一。

抗日战争胜利后，国民政府还都南京，内战开始，重庆工业(含食品工业)开始萎缩。1949年重庆食品工业产值(1980年不变价，下同)仅有0.34亿元，占全市工业总产值的比重为11.18%，次于纺织工业居第二位；食品工业产值相当于农业总产值的3.46%。主要产品产量：香烟1.78万箱，食用植物油0.37万吨，红糖0.05万吨，饮料酒1.29万吨，味精20吨。但是，并未形成食品工业体系。

3. 现代食品工业。1949年11月重庆解放后，关系国计民生的食品工业受到党和政府的高度重视，从政策上、措施上给予鼓励发展。从三年恢复时期到第八个五年计划末期的46年间，重庆食品工业已经发展成为重庆工业经济中的五大支柱行业之一。(以下食品工业产值系乡及乡以上企业,工业产值、农业产值系同口径。)

“三年”恢复时期(1950 年~1952 年),政府采取以扶持促发展的政策,实施合同加工、定货、收购、贷款以及组织联营社等多项措施恢复和发展生产,医治战争创伤,以私营个体为主的食品加工业得到恢复和发展。同时新建了重庆茶厂、江津酒厂、新胜茶厂、油溪榨菜厂,成立了重庆市糖酒公司、粮食公司。1952 年,食品工业完成产值 7 423 万元,年均增长 30.32%,占全市工业总产值的比重由 1949 年的 11.18%上升为 13.18%;食品工业产值相当于农业总产值的 6.43%。

“一五”计划期间(1953 年~1957 年),根据重庆市“一五”计划的工业发展方向,在积极组织生产稳步增长和加强对手工业、资本主义工商业的社会主义改造的同时,有计划地进行了食品工业建设。开工兴建重庆肉联厂、南溪口肉联厂、重庆罐头厂、柏林酒厂、永川食品厂、江津糖果厂、荣昌虹桥食品厂、璧山糖果糕点厂、永川酿造厂、綦江酿造厂、永川肉联厂等一批食品工业企业,并成立了重庆市食品公司、蔬菜公司。1957 年,食品工业完成产值 3.02 亿元,年均增长 32.37%;占全市工业总产值的 18.15%,在全市工业行业中跃居第一位;食品工业产值相当于农业总产值的 21.00%。

“二五”计划期间(1958 年~1962 年),“一五”时期新建的一批企业相继投产,同时又开工兴建重庆啤酒厂、潼南罐头厂、重庆金星食品厂、重庆北碚酒厂、重庆缙云食品厂、重庆全心食品厂等一批食品工业企业,成立了重庆市水产公司、重庆市糖果糕点公司。1959 年对苏联贸易扩大,出口冻猪肉 9 468 吨,猪肉罐头 3 243 吨,水果罐头 535 吨,干蛋粉 523 吨以及柑桔 12 253 吨。“二五”计划期间,由于受到“大跃进”、自然灾害和苏联政府背信弃义撕毁合同等影响,生产建设遭到了严重挫折,特别是遭到自然灾害,农业大幅度减产,以农产品为原料的食品工业也大幅度下降。1962 年食品工业只完成产值 2.04 亿元,以年均 7.49%的速度递减;占全市工业总产值的 13.23%,在全市工业行业中退居第三位;食品工业产值相当于农业总产值的 22.36%。

三年调整期间(1963 年~1965 年),重庆工业积极贯彻党中央“调整、巩固、充实、提高”八字方针,着力调整轻重工业比例失调的关系,按照农、轻、重次序安排组织生产。因此,食品工业受到重视和扶持,投资改扩一批企业,扩大生产能力,开工兴建潼南县酒厂、重庆香精日化厂、白市驿植物油厂、白沙糖厂等企业,组建重庆市干菜果品公司。食品工业开始回升。1965 年,食品工业完成产值 2.63 亿元,年均增长 8.79%;占全市工业总产值的 10.22%,在全市工业行业中居第四位;食品工业产值相当于农业总产值的 18.69%。

“三五”、“四五”计划期间(1966 年~1975 年),由于 10 年“文化大革命”的干扰破坏,食品工业同全市工业一样,前期大幅度下降,后期才逐步回升。1966 年开工新建东泉食品厂,1970 年建成投产全国食品系统第一个山洞冷库、开工兴建江津肉联厂;但“三五”期间不少工程项目停建,多数企业处于停产半停产状态。因此 1970 年,食品工业只完成产值 1.98 亿元,以年均 5.52%的速度递减;占全市工业总产值的 6.30%,在全市工业行业中居第五位,食品工业产值相当于农业总产值的 13.68%。“四五”计划期间食品工业开始回升。此间新建的永川肉联厂、前进罐头食品厂,江津白沙、合川、长寿 3 家机制白糖厂以及重庆肉联厂 9 000 吨冷库大修改造工程,天厨味精厂年产 70 吨发酵味精工程先后竣工投产。1975 年,食品工业完成产值 3.44 亿元,达到历史最好水平,年均增长 11.64%;占全市工业总产值的 8.04%,在全市工业行业中仍居第五位;食品工业产值相当于农业总产值的 21.67%。

“五五”计划期间(1976 年~1980 年),1976 年 10 月粉碎“四人帮”的倒行逆施,结束了“文化大革命”的灾难。1978 年党的十一届三中全会之后,经过拨乱反正和改革开放,迅速扭转了工业生产停滞不前的局面。食品工业同全市工业经济一样,开始进入了一个高速发展的新时期。在此期间,新建了巴县二圣茶厂、重庆红旗罐头食品厂、綦江县粮油食品工业公司、重庆华蓥茶厂、铜梁罐头厂、巴县罐头厂、重庆香料厂等一批中小型企业。1980 年重庆饮料厂同四川省中药研究所共同研制成可乐型饮料——天府可乐。重庆罐头食品厂的梅林牌番茄酱罐头荣获国家优质产品银质奖。1980 年,食品工业完成产值 9.31 亿元,年均增长 22.03%;占全市工业产值的比重由 1975 年的 8.04%上升到 12.11%,在全市工业行业中仍居第五位;食品工业产值相当于农业总产值的 39.63%。

“六五”计划期间(1981 年~1985 年),重庆市食品工业坚持深化改革,扩大对外开放,积极调整产品结构和企业组织结构,抓紧技术改造和技术引进,生产持续稳定增长,产品质量不断提高,经济效益显著。这 5 年是食品工业快速发展时期,1985 年实现工业总产值 14.57 亿元,年均增长 9.38%;占全市工业总产值的 11.02%,在全市工业行业中居第五位;食品工业产值相当于农业总产值的 42.13%。

“七五”计划期间(1986 年~1990 年),在“改革、开放”方针指引下,食品工业实行多家经营、多种经济形式共同发展的政策,调动了各方面的积极性,使生产能力、装备水平、品种质量有了进一步扩大和提高。“七五”前三年，工业产值、经济效益、出口换汇及主要产品产量均保持“六五”时期的增长速度。由于投资调控不力，盲目布点、重复建设严重，产品结构调整力度不够，几多几少现象依然存在等诸多因素，出现“七五”后两年生产回落过猛、效益下滑过快的严重局面。因此，“七五”期间食品工业总体发展速度缓慢，1990年食品工业完成产值16.90亿元，年均只增长了3.01%；占全市工业总产值的7.72%，在全市工业行业中居第五位；食品工业产值相当于农业总产值的39.62%。

“八五”计划期间(1991年～1995年)，食品工业认真贯彻国民经济持续、稳定、协调发展的方针，深化企业改革，扩大对外开放，推进科技进步，调整产品结构，发展拳头产品，在总体规模、技术水平、产品档次、企业效益等方面有所发展和提高。作为全市工业经济中的六大支柱行业之一的食品工业虽被列入全市国民经济“八五”发展计划之中，但在实施过程中，指导思想偏移、工作措施乏力，因而造成食品工业仍然是全市工业行业中发展较慢的一个行业，未能发挥支柱产业的应有作用。1995年，全市乡及乡以上食品工业完成产值(1990年不变价)35.33亿元，年均仍然只增长2.06%；占全市工业总产值的6.08%，在全市工业行业仍居第五位；食品工业产值相当于农业总产值的31.35%。

1996年新重庆乡及乡以上食品工业完成产值(当年价)92.77亿元，占全市工业总产值10.80%；食品工业产值相当于农业总产值的34.18%。

**表1**　　**重庆市乡及乡以上食品工业企业产值**

| 年份 | 食品工业产值(万元) | 占全市工业(%) | 相当于农业产值(%) | 年份 | 食品工业产值(万元) | 占全市工业(%) | 相当于农业产值(%) | 年份 | 食品工业产值(万元) | 占全市工业(%) | 相当于农业产值(%) |
|---|---|---|---|---|---|---|---|---|---|---|---|
| 1949 | 3 354 | 11.18 | 3.46 | 1965 | 26 322 | 10.22 | 18.69 | 1981 | 119 500 | 14.76 | 46.36 |
| 1950 | 4 008 | 11.58 | 3.92 | 1966 | 25 065 | 8.34 | 17.43 | 1982 | 126 400 | 14.27 | 44.24 |
| 1951 | 4 991 | 9.92 | 4.58 | 1967 | 19 511 | 8.18 | 14.45 | 1983 | 127 011 | 12.79 | 41.56 |
| 1952 | 7 423 | 13.18 | 6.43 | 1968 | 13 726 | 10.82 | 10.82 | 1984 | 132 916 | 11.48 | 39.40 |
| 1953 | 12 417 | 16.00 | 10.06 | 1969 | 16 881 | 8.13 | 10.98 | 1985 | 145 664 | 11.02 | 42.13 |
| 1954 | 17 262 | 17.42 | 12.94 | 1970 | 19 836 | 6.30 | 13.68 | 1986 | 154 469 | 10.41 | 41.32 |
| 1955 | 19 092 | 17.08 | 14.20 | 1971 | 27 205 | 6.70 | 18.56 | 1987 | 164 896 | 9.73 | 43.11 |
| 1956 | 24 793 | 16.77 | 17.47 | 1972 | 28 559 | 7.51 | 19.13 | 1988 | 192 074 | 9.56 | 47.94 |
| 1957 | 30 171 | 18.15 | 21.00 | 1973 | 29 706 | 8.62 | 18.77 | 1989 | 175 194 | 8.38 | 42.49 |
| 1958 | 25 787 | 10.44 | 17.20 | 1974 | 29 815 | 9.51 | 18.54 | 1990 | 169 021 | 7.72 | 39.62 |
| 1959 | 34 588 | 10.05 | 30.09 | 1975 | 34 392 | 8.04 | 21.67 | 1991 | 339 899 | 9.32 | 33.59 |
| 1960 | 29 917 | 8.21 | 29.18 | 1976 | 33 479 | 9.09 | 22.31 | 1992 | 332 805 | 8.76 | 32.65 |
| 1961 | 23 231 | 11.76 | 34.26 | 1977 | 41 362 | 8.33 | 24.73 | 1993 | 304 500 | 6.74 | 28.64 |
| 1962 | 20 443 | 13.23 | 22.36 | 1978 | 50 654 | 8.15 | 26.60 | 1994 | 286 900 | 5.57 | 26.23 |
| 1963 | 17 973 | 10.85 | 16.19 | 1979 | 65 556 | 9.16 | 29.49 | 1995 | 353 300 | 6.08 | 31.35 |
| 1964 | 24 645 | 11.81 | 19.81 | 1980 | 93 059 | 12.11 | 39.63 | 1996 | 927 698 | 10.80 | 34.18 |

注：1.1990年以前(含1990年)按1980年不变价计算，1990年以后按1990年不变价计算，1996年为现价。2.工业产值、农业产值不含农村中村及村以下办工业产值。3.1995年以前系老重庆，1996年系新重庆。4.系市统计局数据。

**【c.概况】** 中华人民共和国成立以来，新老重庆的食品工业，经过46年的建设和发展，已形成一个门类齐全、品种较多、装备良好、具有一定规模的食品工业体系。

1.总体规模。截止1995年底，老重庆食品工业拥有全部独立核算工业企业898家，职工5.32万人，固定资产原值29.86亿元，年产值(1990年不变价)33.18亿元，年利税3.15亿元。1996年，新重庆食品工业拥有全部独立核算工业企业1 712家，职工12.80万人，固定资产原值51.22亿元，年产值(1990年不变价)61.45亿元，年利税8.83亿元。

2.重点行业。1995年以前的老重庆有4个大类行业(缺非金属矿采选业)、17个中类行业(缺采盐业、食用盐加工业、水产品加工业、烟叶复烤业和其他烟草加工业)、62个小类行业。具有一定规模的中类行业有粮食加工业、屠宰及肉类蛋类加工业、糕点糖果制造业、罐头食品制造业、调味品制造业、酒精及饮料酒制造业、软饮料制造业和卷烟制造业。1996年，新重庆已拥有5个大类行业、21个中类行业(增加了采盐业、食用盐加工业、烟叶复烤业、水产品加工业，但统计数据未含采盐业和食用盐加工业)、66个小类行业。

3. 主要产品产量。1995年老重庆食品工业主要产品产量：卷烟23.45万箱、食用植物油1.37万吨、食糖0.3万吨、饮料酒25.96万吨、乳制品4 159吨、味精3 400吨。1996年新重庆食品工业主要产品产量：卷烟90.95万箱、食用植物油5.02万吨、食糖0.73万吨、饮料酒44.69万吨、乳制品0.32万吨。

4. 出口换汇。1995年，老重庆食品工业主要出口产品实现交货值(1990年不变价，下同)18 551万元、换汇2 188万美元。新老重庆食品工业出口产品主要年份实现的交货值及交货量见表4。

**表2　　主要行业重要年份产值、利税情况**　　单位：亿元

| 行业 | 1980年 | | 1985年 | | 1990年 | | 1995年 | |
|---|---|---|---|---|---|---|---|---|
| | 产值 | 利税 | 产值 | 利税 | 产值 | 利税 | 产值 | 利税 |
| 总　计 | 20.19 | 2.00 | 32.52 | 4.00 | 43.85 | 5.00 | 53.26 | 6.01 |
| 食品加工业 | 12.00 | 0.64 | 16.81 | 0.90 | 23.24 | 0.24 | 24.56 | 0.33 |
| 粮食加工业 | 3.60 | 0.12 | 7.27 | 0.30 | 10.51 | 0.02 | 13.20 | 0.22 |
| 植物油加工业 | 0.40 | 0.01 | 0.49 | 0.02 | 0.55 | 0.20 | 0.60 | 0.02 |
| 制糖业 | 0.42 | 0.05 | 0.74 | 0.08 | 0.67 | －0.01 | 0.14 | 0.01 |
| 屠宰及肉类蛋类加工业 | 7.50 | 0.45 | 8.12 | 0.48 | 10.74 | 0 | 9.00 | 0.04 |
| 食品制造业 | 3.08 | 0.34 | 6.47 | 0.67 | 8.45 | 0.77 | 13.67 | 1.02 |
| 糕点、糖果制造业 | 1.20 | 0.10 | 2.61 | 0.22 | 2.40 | 0.16 | 3.07 | 0.16 |
| 乳制品制造业 | 0.14 | 0.02 | 0.39 | 0.04 | 0.72 | 0.10 | 1.72 | 0.15 |
| 罐头食品制造业 | 0.67 | 0.08 | 1.98 | 0.17 | 2.45 | 0.02 | 4.00 | 0.02 |
| 发酵制品业 | 0.21 | 0.04 | 0.41 | 0.09 | 0.55 | 0.15 | 0.90 | 0.18 |
| 调味品制造业 | 0.40 | 0.01 | 0.70 | 0.11 | 1.00 | 0.20 | 1.68 | 0.28 |
| 饮料制造业 | 3.38 | 0.45 | 5.55 | 0.88 | 6.89 | 1.37 | 10.32 | 2.02 |
| 酒精及饮料酒制造业 | 1.88 | 0.29 | 3.28 | 0.54 | 3.74 | 0.82 | 5.32 | 1.15 |
| 软饮料制造业 | 0.80 | 0.10 | 1.47 | 0.23 | 1.93 | 0.38 | 3.00 | 0.57 |
| 制茶业 | 0.34 | 0.04 | 0.56 | 0.06 | 0.74 | 0.06 | 1.00 | 0.07 |
| 烟草加工业 | 1.73 | 0.57 | 3.69 | 1.53 | 5.27 | 2.63 | 4.71 | 2.64 |
| 卷烟制造业 | 1.73 | 0.57 | 3.69 | 1.53 | 5.27 | 2.63 | 4.71 | 2.64 |

注：1. 产值按1990年不变价计算。2. 本表数据系市食品工业协会行业统计数。

**表3　　重庆市食品工业历年主要产品产量**

| 年份 | 卷烟(万箱) | 食用植物油(万吨) | 食糖(万吨) | 饮料酒(万吨) | 罐头(万吨) | 乳制品(吨) | 味精(吨) |
|---|---|---|---|---|---|---|---|
| 1949 | 1.78 | 0.37 | 0.05 | 1.29 | — | — | 20 |
| 1950 | 3.59 | 0.36 | 0.05 | — | 0.020 | — | 12 |
| 1951 | 3.07 | 0.36 | 0.06 | 0.39 | 0.015 | — | 16 |
| 1952 | 1.30 | 0.38 | 0.10 | 1.70 | 0.042 | — | 17 |
| 1953 | 2.06 | 0.45 | 0.13 | 0.50 | 0.038 | — | 27 |
| 1954 | 2.21 | 0.50 | 0.17 | 0.87 | 0.111 | — | 56 |
| 1955 | 2.20 | 0.67 | 0.19 | 0.93 | 0.014 | — | 55 |
| 1956 | 2.37 | 0.53 | 0.09 | 0.84 | 0.095 | — | 64 |
| 1957 | 2.85 | 0.64 | 0.14 | 2.85 | 0.176 | 5 | 79 |
| 1958 | 5.90 | 0.57 | 0.09 | 3.96 | 0.506 | 9 | 98 |
| 1959 | 4.92 | 0.69 | 0.16 | 3.51 | 0.578 | 44 | 121 |

续表

| 年份 | 卷烟<br>（万箱） | 食用植物油<br>（万吨） | 食糖<br>（万吨） | 饮料酒<br>（万吨） | 罐头<br>（万吨） | 乳制品<br>（吨） | 味精<br>（吨） |
|---|---|---|---|---|---|---|---|
| 1960 | 2.51 | 0.35 | 0.13 | 2.98 | 0.179 | 42 | 109 |
| 1961 | 1.60 | 0.26 | 0.12 | 0.91 | 0.068 | 21 | 34 |
| 1962 | 1.64 | 0.24 | 0.02 | 0.89 | 0.076 | 54 | 46 |
| 1963 | 2.89 | 0.32 | 0.03 | 1.89 | 0.105 | 84 | 62 |
| 1964 | 4.93 | 0.50 | 0.08 | 2.49 | 0.188 | 150 | 101 |
| 1965 | 4.77 | 0.55 | 0.34 | 2.25 | 0.237 | 160 | 126 |
| 1966 | 1.75 | 0.34 | 1.02 | 2.95 | 0.210 | 408 | 120 |
| 1967 | 3.75 | 0.47 | 0.67 | 2.67 | 0.135 | 349 | 90 |
| 1968 | 3.38 | 0.39 | 0.61 | 2.26 | 0.228 | 168 | 83 |
| 1969 | 4.71 | 0.30 | 0.73 | 2.35 | 0.234 | 2 | 110 |
| 1970 | 7.18 | 0.47 | 0.56 | 2.61 | 0.258 | 24 | 66 |
| 1971 | 9.72 | 0.44 | 0.36 | 3.02 | 0.429 | 85 | 88 |
| 1972 | 8.83 | 0.52 | 0.55 | 3.06 | 0.478 | 100 | 75 |
| 1973 | 9.31 | 0.47 | 1.10 | 3.12 | 0.487 | 109 | 91 |
| 1974 | 9.54 | 0.46 | 1.77 | 3.50 | 0.466 | 160 | 74 |
| 1975 | 11.51 | 0.42 | 1.44 | 3.73 | 0.695 | 188 | 100 |
| 1976 | 12.53 | 0.31 | 0.92 | 3.77 | 0.496 | 171 | 77 |
| 1977 | 14.48 | 0.50 | 0.85 | 3.90 | 0.879 | 184 | 151 |
| 1978 | 17.03 | 0.76 | 1.88 | 4.21 | 0.998 | 518 | 171 |
| 1979 | 20.53 | 1.12 | 2.68 | 5.30 | 1.53 | 501 | 509 |
| 1980 | 22.01 | 1.12 | 2.37 | 6.12 | 1.82 | 509 | 700 |
| 1981 | 23.46 | 1.57 | 1.91 | 8.82 | 2.04 | 756 | 713 |
| 1982 | 27.43 | 0.68 | 1.82 | 9.94 | 2.20 | 984 | 735 |
| 1983 | 29.01 | 1.97 | 1.53 | 13.27 | 2.85 | 916 | 751 |
| 1984 | 31.07 | 1.93 | 1.94 | 15.08 | 3.07 | 959 | 998 |
| 1985 | 34.00 | 1.19 | 2.13 | 15.85 | 4.59 | 980 | 1 176 |
| 1986 | 36.00 | 2.01 | 1.58 | 14.23 | 4.24 | 1 995 | 1 382 |
| 1987 | 36.70 | 2.01 | 1.46 | 16.37 | 3.47 | 1 365 | 1 492 |
| 1988 | 34.96 | 1.75 | 1.46 | 15.58 | 4.67 | 1 084 | 1 477 |
| 1989 | 28.35 | 1.69 | 1.10 | 14.89 | 4.51 | 3 690 | 1 641 |
| 1990 | 27.40 | 2.09 | 1.00 | 12.92 | 3.71 | 2 577 | 1 855 |
| 1991 | 26.00 | 2.06 | 0.97 | 14.38 | 4.53 | 1 658 | 2 005 |
| 1992 | 26.00 | 1.78 | 0.75 | 13.61 | 4.48 | 5 584 | 2 373 |
| 1993 | 26.00 | 1.56 | 0.49 | 21.90 | 3.79 | 3 181 | 2 400 |
| 1994 | 23.51 | 1.05 | 0.46 | 22.92 | 4.34 | 4 535 | 2 600 |
| 1995 | 23.45 | 1.37 | 0.31 | 25.96 | 3.05 | 4 159 | 3 400 |
| 1996 | 90.95 | 5.02 | 0.73 | 44.69 | 3.12 | 3 200 | |

注：1.1995年以前系老重庆，1996年系新重庆。2.系市统计局数据。

表 4　　重庆食品工业主要出口产品出口量与交货值

| 品　　名 | 单　位 | 1985 年 | 1990 年 | 1991 年 | 1992 年 | 1993 年 | 1994 年 | 1995 年 | 1996 年 |
|---|---|---|---|---|---|---|---|---|---|
| 豆　类 | 吨 | 459 | 6 645 | 8 470 | 1 680 | 1 206 | 5 671 | 1 801 | 696 |
| 冻猪肉 | 吨 | 1 395 | 3 357 | 5 547 | 1 722 | 746 | 2 658 | 2 249 | 2 013 |
| 柑桔橙 | 吨 | 5 812 | 1 089 | 28 | — | — | — | 600 | 769 |
| 蔬　菜 | 吨 | 1 409 | 3 871 | 4 323 | 5 916 | 4 839 | 5 651 | 6 266 | 5 321 |
| 罐　头 | 吨 | 9 427 | 11 240 | 14 001 | 13 531 | 15 924 | 10 555 | 9 988 | 5 983 |
| 茶　叶 | 吨 | 2 235 | 603 | 847 | 258 | 267 | 321 | 212 | 218 |
| 柠檬酸 | 吨 | 1 347 | 1 427 | 302 | 645 | 374 | 848 | 140 | 640 |
| 猪肠衣 | 桶 | 2 299 | 3 871 | 5 132 | 6 200 | 26 042 | 13 667 | 10 377 | 17 358 |
| 出口交货值(1990 年不变价) | 万元 | 12 168 | 21 649 | 23 662 | 13 426 | 14 273 | 16 946 | 18 551 | |

注：同表 3。

5. 名优产品。1995 年以前，老重庆食品工业有 243 种产品荣获市级以上名优产品各种奖牌 443 枚，其中国家金质奖 2 枚，国家银质奖 5 枚，部优奖 148 枚，省市优奖 276 枚，市名牌产品奖 9 枚。详见表 5。1996 年新重庆食品工业又有 11 种产品荣获重庆市地方名牌产品称号。详见表 6。

6. 主要原料。新老重庆既是一个工业大市，也是一个农业大市。因此，发展食品工业所需的主要原料极其丰富。主要年份食品工业主要原料产品产量请见表 7。

7. 主要指标。新老重庆全部独立核算食品工业企业主要财务指标和主要经济效益指标，请见表 8、表 9、表 10。

8. 行业管理。改革开放以前，在计划经济体制下，重庆食品工业企业分属于轻工、商业、供销、粮食、农牧、乡镇、烟草等 10 多个局、社、司系统，在接受主管部门条条管理的同时，还受到市、区(市)县、乡镇街道三级政府块块的制约。因此，管理十分分散，条块分割严重，缺乏统筹、规划、协调，发展受到制约。改革开放以来，在计划经济向市场经济转换、新旧体制并行的情况下，为加强行业管理，搞好行业服务，促进行业发展，经市政府批准，1984 年成立了重庆市食品工业协会，1985 年成立了重庆市人民政府食品工业办公室(正局级)，食协、食办两块牌子一套机构，行使归口管理全市食品工业的职能，探索食品工业行业管理新途径。市食协 1～4 届会长分别由分管工业的黄冶、李长春、秦昌典、陈元虎副市长担任，市食办历届副主任张昌礼、罗声永、徐平、王难予均兼任市食协的专职副会长。13 年来，市食协、市食办在行业管理试点中作了大量的工作，先后编制了重庆市食品工业“七五”发展计划、“八五”发展计划、“九五”计划和 2010 年发展规划，指导全行业持续、稳定、健康发展；进行重大战略研讨，1985 年完成《重庆市食品工业现状及发展前景》，1993 年完成《重返关贸总协定对重庆食品工业经济的影响及对策》，1995 年完成《重庆食品工业今后十五年(1996～2010 年)发展对策》，给政府、部门、企业领导决策提供了参考依据；开展了生产管理、质量管理、经营管理、基本建设、技术改造、科技攻关、成果推广、新产品开发、资料统计、信息传递、宣传报导等多种多样的咨询、服务。鉴于食品工业产品门类多、品种多，在改革不断深入的进程中，为做好行业管理的各项工作，又陆续组建了重庆市糖果糕点、酿造调味品、制糖、畜产品、食用菌、果品等专业协会。万县市、涪陵市、江津市、永川市、合川市、荣昌县、潼南县、铜梁县、长寿县等市县也相继成立食品工业办公室和食品工业协会，加强了市、县食品工业的行业管理。

(李容太　时艳玲)

表 5　　重庆市食品工业荣获国优部优产品名录(1979 年～1991 年)

| 商　标 | 品　　名 | 获奖年度及奖级 | | 企 业 名 称 |
|---|---|---|---|---|
| | | 国　优 | 部　优 | |
| 怡乐 | 内销分割肉 | | 1989 | 重庆市肉类联合加工厂 |
| 怡乐 | 广味香肠 | | 1988 | 重庆市肉类联合加工厂 |
| 华华 | 华华头曲(酒精含量 52%) | | 1988 | 重庆市酒类研究所实验酒厂 |
| 丹桂 | 宫廷月饼 | | 1985、1990 | 重庆市糖果糕点饮料公司江南食品厂 |

续表

| 商标 | 品名 | 获奖年度及奖级 | | 企业名称 |
| --- | --- | --- | --- | --- |
| | | 国优 | 部优 | |
| 蜜花 | 金钩广式月饼 | | 1985、1990 | 重庆市糖果糕点饮料公司全心食品厂 |
| 蜜花 | 花生糖 | | 1985、1989 | 重庆市糖果糕点饮料公司全心食品厂 |
| 蜜花 | 儿童补血酥心糖 | | 1985 | 重庆市糖果糕点饮料公司全心食品厂 |
| 菊花 | 花生粘 | | 1985、1989 | 重庆市糖果糕点饮料公司江北食品厂 |
| 菊花 | 冰糖麻饼 | | 1985、1989 | 重庆市糖果糕点饮料公司江北食品厂 |
| 新渝 | 猪油麻片 | | 1985、1989 | 重庆市糖果糕点饮料公司新渝食品厂 |
| 玉兰 | 裱花蛋糕 | | 1989 | 重庆市糖果糕点饮料公司兰香园食品厂 |
| 玉兰 | 蛋黄元 | | 1981、1987 | 重庆市糖果糕点饮料公司兰香园食品厂 |
| 玉兰 | 松花饼干 | | 1984、1989 | 重庆市糖果糕点饮料公司兰香园食品厂 |
| 玉兰 | 葱油小桃酥 | | 1986、1991 | 重庆市糖果糕点饮料公司兰香园食品厂 |
| 玉兰 | 西施醉月月饼 | | 1985、1990 | 重庆市糖果糕点饮料公司兰香园食品厂 |
| 玉兰 | 老婆饼 | | 1990 | 重庆市糖果糕点饮料公司兰香园食品厂 |
| 玉兰 | 萨其玛 | | 1988 | 重庆市糖果糕点饮料公司兰香园食品厂 |
| 山城 | 金钩豆瓣酱 | 1981、1988金 | 1981、1984、1988 | 重庆市酿造调味品总厂 |
| 山城 | 麻辣调味料 | | 1988 | 重庆市酿造调味品总厂 |
| 涂山 | 香油豆瓣酱 | | 1984、1988 | 重庆市酿造调味品总厂 |
| 大庆 | 大庆酱油 | | 1985、1989 | 重庆市酿造调味品总厂 |
| 山城 | 担担面调料 | | 1991 | 重庆市酿造调味品总厂 |
| 嘉陵 | 鱼香味调料 | | 1991 | 重庆市酿造调味品总厂 |
| 冠生 | 杏仁桃酥 | | 1986、1991 | 重庆市冠生园食品公司 |
| 冠生 | 豆沙蛋黄月饼 | | 1985、1990 | 重庆市冠生园食品公司 |
| 冠生 | 嫦娥醉月月饼 | | 1985、1990 | 重庆市冠生园食品公司 |
| 冠生 | 莲蓉蛋黄广式月饼 | | 1985 | 重庆市冠生园食品公司 |
| 双江 | 熊鸭子 | | 1987 | 重庆市江北区食品公司熊鸭子厂 |
| 双山 | 蝶式腊猪头 | | 1981、1984、1988 | 重庆市大渡口区食品公司 |
| 鹅岭 | 川味小块腊肉 | | 1988 | 重庆市市中区食品公司 |
| 九龙 | 九龙板鸭 | | 1984、1987 | 重庆市九龙坡区食品公司 |
| 玫瑰 | 油酥米花糖 | | 1985、1989 | 国营重庆江津糖果厂 |
| 迈进 | 江津酱油 | | 1985、1989 | 重庆江津酿造厂 |
| 几江 | 高梁白酒(酒精含量60%) | | 1988 | 国营四川省江津酒厂 |
| 阳城 | 阳城头曲(酒精含量60%) | | 1988 | 重庆市合川县酒厂 |
| 三江 | 合川桃片 | 1981、1988银 | 1988 | 合川县桃片厂 |
| 十里香 | 合川椒盐桃片 | 1981、1988银 | 1988 | 合川县桃片厂 |
| 合川 | 合川酱油 | | 1985、1989 | 重庆合川酿造厂 |
| 石松 | 高粱白酒(酒精含量60%) | | 1984、1988 | 重庆永川县酒厂 |
| 石松 | 高粱酒(酒精含量39%) | | 1988 | 重庆永川县酒厂 |
| 竹溪 | 竹溪大曲(酒精含量60%) | | 1988 | 重庆永川县酒厂 |
| 露华浓 | 露华浓曲酒(酒精含量39%) | | 1984、1986、1988 | 重庆永川露华浓曲酒厂 |
| 棠城 | 棠城大曲(酒精含量52%) | | 1988 | 重庆永川露华浓曲酒厂 |
| 永川 | 永川豆豉 | | 1981、1988 | 国营重庆市永川酿造厂 |
| 永川 | 北山酱油 | | 1985、1989 | 国营重庆市永川酿造厂 |
| 永川 | 香油豆瓣酱 | | 1984、1988 | 国营重庆市永川酿造厂 |

续表

| 商标 | 品名 | 获奖年度及奖级 | | 企业名称 |
|---|---|---|---|---|
| | | 国优 | 部优 | |
| 黄瓜山 | 全青豆粉 | | 1985、1989 | 重庆永川蔬菜水产公司 |
| 萱花 | 高粱饴 | | 1984、1989 | 重庆永川食品厂 |
| 萱花 | 花生酥片 | | 1985、1989 | 重庆永川食品厂 |
| 萱花 | 花生粘 | | 1985、1989 | 重庆永川食品厂 |
| 萱花 | 蛋白奶糖 | | 1988 | 重庆永川食品厂 |
| 萱花 | 酥心糖 | | 1988 | 重庆永川食品厂 |
| 渝北 | 渝北大曲(酒精含量55%) | | 1988 | 重庆渝北曲酒总厂 |
| 古杯 | 绿豆大曲(酒精含量50%) | | 1985、1989 | 重庆渝北曲酒总厂 |
| 静观 | 静观醋 | | 1984、1988 | 重庆渝北曲酒总厂 |
| 白市驿 | 板鸭 | | 1982、1984、1987 | 重庆白市驿板鸭厂 |
| 醒狮 | 多维广柑酒 | | 1985、1989 | 重庆青木关果酒厂 |
| 醒狮 | 蜂蜜红桔酒 | | 1985、1989 | 重庆青木关果酒厂 |
| 金角 | 五香牛肉干 | | 1988 | 重庆金星食品厂 |
| 綦江 | 綦江醋 | | 1988 | 重庆綦江酿造厂 |
| 綦江 | 鲜香豆瓣酱 | | 1988 | 重庆綦江酿造厂 |
| 天池 | 粉丝 | | 1985、1989 | 重庆璧山县蔬菜公司 |
| 迎祥 | 麻辣味调料 | | 1991 | 重庆璧山酿造厂 |
| 笛女 | 笛女大曲(酒精含量60%) | | 1984、1988 | 重庆大足笛女曲酒厂 |
| 宝顶 | 宝顶大曲(酒精含量52%) | | 1988 | 重庆大足笛女酒厂 |
| 莲童 | 冬瓜条 | | 1986、1991 | 重庆市宝顶食品厂 |
| 宝顶 | 宝顶冬尖 | | 1990 | 重庆大足裕盛通酿造厂 |
| 香国 | 香国大曲(酒精含量60%) | | 1984、1988 | 重庆荣昌海棠曲酒厂 |
| 梅林 | 番茄酱罐头70g | 1980银 | | 重庆罐头食品总厂 |
| 梅林 | 蚕豆罐头397g | | 1985 | 重庆罐头食品总厂 |
| 天府 | 天府可乐 | 1988金 | 1983 | 重庆饮料厂 |
| 重庆 | 12°淡色啤酒 | | 1990 | 重庆啤酒厂 |
| 冠生 | 红茶奶糖 | | 1987、1991 | 重庆冠生园食品工业公司 |
| 冠生 | 豆沙蛋黄月饼 | | 1989 | 重庆冠生园食品工业公司 |
| 蝶花 | 怪味胡豆 | | 1981、1985、1988 | 重庆缙云食品厂 |
| 蝶花 | 咖哩豆 | | 1988 | 重庆缙云食品厂 |
| 钓鱼城 | 白砂糖 | | 1986、1990 | 四川省合川糖厂 |
| 梅林 | 800g清水小竹笋罐头 | 1988金 | 1988 | 重庆合川食品罐头厂 |
| 小三峡 | 浓缩鲜桔汁 | | 1985 | 重庆缙云山饮料食品厂 |
| 小三峡 | 浓缩鲜广柑汁 | | 1987 | 重庆缙云山饮料食品厂 |
| 花蕾 | 食用薄膜 | | 1987 | 重庆食用薄膜厂 |
| 红雪 | 糖水桔子罐头 | | 1983 | 重庆红雪饮料工业公司饮料厂 |
| 红雪 | 红雪可乐 | | 1988 | 重庆红雪饮料工业公司饮料厂 |
| 双企 | 草莓冰雪粉 | | 1989 | 重庆乳品公司乳品一厂 |
| 双企 | 奶油雪糕粉 | | 1989 | 重庆乳品公司乳品一厂 |
| 梅溪 | 小包装榨菜 | | 1988 | 重庆江北干果公司方便食品厂 |
| 木洞 | 木洞桔饼 | | 1986、1990 | 重庆巴县食品厂 |
| 桃峰 | 特醋 | | 1988 | 重庆荣昌县峰高区供销社酱园厂 |

续表

| 商标 | 品名 | 获奖年度及奖级 | | 企业名称 |
|---|---|---|---|---|
| | | 国优 | 部优 | |
| 梅溪 | 一级坛装榨菜 | | 1981、1985、1988 | 重庆江北县干果公司梅溪榨菜厂 |
| 恒丰 | 一级酱油(瓶装) | | 1989 | 重庆江津县仁沱恒丰酱园厂 |
| 中茶 | 二号(三套样) | | 1985 | 重庆市茶土进出口公司 |
| 峨嵋 | 重庆沱茶 | 1983金、1985、1990银 | 1988 | 重庆茶厂 |
| 鸦山 | 红碎茶三套样碎二 | | 1988 | 重庆荣昌县安北茶厂 |
| 鸦山 | 一级茉莉花茶 | | 1988 | 重庆荣昌县安北茶厂 |
| 龙水 | 龙水大曲 | | 1986 | 重庆大足县沙桥曲酒厂 |
| 荷花 | 油酥米花糖 | | 1989 | 重庆市江津县米花糖厂 |
| 奖牌数合计(单位:枚) | | 国优:7 | 部优:148 | |

**表 6** **重庆市名牌产品名单**

| 年份 | 商标 | 产品 | 生产企业 |
|---|---|---|---|
| 1993 年 | 重庆 | 12°淡色啤酒 | 重庆啤酒(集团)有限责任公司 |
| | 山城 | 11°淡色啤酒 | 重庆啤酒(集团)有限责任公司 |
| | 玫瑰 | 油酥米花糖 | 国营重庆江津糖果厂 |
| | 山城 | 84 mm嘴烟 | 重庆卷烟厂 |
| 1994 年 | 永川 | 永川豆豉 | 重庆永川酿造厂 |
| | 佛手 | 天厨味精 80% | 重庆天厨味精厂 |
| | 三江 | 合川桃片 | 重庆合川市桃片厂 |
| 1995 年 | 梅林/星火 | 方听午餐肉系列 | 重庆罐头食品总厂 |
| | 三五 | 火锅底料 | 重庆三五火锅馆 |
| 1996 年 | 山城 | 烤烟型84 mm甲级滤嘴烟 | 重庆卷烟厂 |
| | 宏声 | 过滤嘴香烟 | 涪陵卷烟厂 |
| | 山城 | 10°淡色啤酒640 ml | 重庆啤酒(集团)有限责任公司 |
| | 重庆 | 11°淡色啤酒640 ml | 重庆啤酒(集团)有限责任公司 |
| | 玫瑰 | 油酥米花糖 | 国营重庆江津糖果厂 |
| | 石松 | 酒精含量 60%高粱白酒 | 永川市酒厂 |
| | 山城 | 黄花园酱油 | 重庆市酿造调味品公司 |
| | 几江 | 高粱白酒 | 国营重庆市江津酒厂 |
| | 乌江 | 方便榨菜系列 | 涪陵榨菜(集团)股份有限公司 |
| | 鱼泉 | 软包装榨菜系列 | 四川万县市外贸榨菜厂 |
| | 索特 | 精制盐 | 四川索特(集团)股份有限公司 |

注:1995 年以前系老重庆,1996 年系新重庆。

**表 7** **重庆市食品工业主要原料产品产量**

| 产品名称 | 单位 | 1985 年 | 1990 年 | 1991 年 | 1992 年 | 1993 年 | 1994 年 | 1995 年 | 1996 年 |
|---|---|---|---|---|---|---|---|---|---|
| 粮食 | 万吨 | 518.76 | 594.18 | 598.12 | 553.29 | 569.03 | 574.01 | 586.94 | 1 172.14 |
| 其中:小麦 | 万吨 | 65.78 | 66.68 | 70.74 | 72.90 | 73.30 | 70.01 | 71.01 | 143.85 |
| 水稻 | 万吨 | 283.08 | 339.72 | 326.97 | 317.84 | 304.26 | 316.14 | 324.86 | 542.64 |
| 油料 | 万吨 | 6.31 | 7.71 | 8.11 | 7.93 | 7.13 | 6.12 | 7.49 | 23.60 |
| 甘蔗 | 万吨 | 22.12 | 15.36 | 18.35 | 11.16 | 10.24 | 7.90 | 7.42 | 8.27 |

续表

| 产品名称 | 单位 | 1985年 | 1990年 | 1991年 | 1992年 | 1993年 | 1994年 | 1995年 | 1996年 |
|---|---|---|---|---|---|---|---|---|---|
| 茶叶 | 万吨 | 0.81 | 0.98 | 1.01 | 0.94 | 1.08 | 1.28 | 1.02 | 1.55 |
| 水果 | 万吨 | 13.10 | 18.68 | 15.30 | 18.49 | 25.74 | 23.16 | 24.27 | 56.62 |
| 其中:柑桔 | 万吨 | 11.49 | 16.30 | 12.56 | 16.14 | 22.41 | 19.56 | 20.34 | 43.30 |
| 出栏肥猪头数 | 万头 | 715.77 | 907.50 | 931.10 | 938.30 | 935.70 | 947.60 | 963.30 | 1 988.19 |
| 肉类总产量 | 万吨 | 44.36 | 65.62 | 68.29 | 67.89 | 69.13 | 74.55 | 76.75 | 159.49 |
| 其中:猪肉 | 万吨 | 41.30 | 61.29 | 63.59 | 62.68 | 63.18 | 67.26 | 68.35 | 138.56 |
| 牛奶 | 万吨 | 2.80 | 4.40 | 4.94 | 5.42 | 5.24 | 4.60 | 3.90 | 4.02 |
| 禽蛋 | 万吨 | 4.70 | 6.80 | 7.19 | 7.38 | 7.64 | 8.54 | 9.07 | 20.85 |
| 水产品 | 万吨 | 2.81 | 4.51 | 5.09 | 5.07 | 6.67 | 7.60 | 8.78 | 14.07 |
| 生猪年末头数 | 万头 | 777.40 | 843.60 | 844.00 | 819.50 | 809.90 | 818.10 | 798.90 | 1 804.35 |
| 大牲畜年末头数 | 万头 | 42.00 | 34.40 | 33.50 | 32.10 | 30.40 | 29.80 | 38.40 | 160.31 |

注:1.1995年以前系老重庆,1996年系新重庆。2.全部系市统计局数据。

**表8　重庆市全部独立核算食品工业企业主要经济指标**

| 指标名称 | 单位 | 1980年 | 1985年 | 1990年 | 1991年 | 1992年 | 1993年 | 1994年 | 1995年 | 1996年 |
|---|---|---|---|---|---|---|---|---|---|---|
| 企业单位数 | 个 | 1 521 | 1 532 | 1 280 | 1 279 | 1 114 | 730 | 785 | 958 | 1 718 |
| 其中:亏损企业数 | 个 | 246 | 246 | 354 | 321 | 270 | 262 | 214 | 270 | |
| 职工平均人数 | 万人 | 4.31 | 6.61 | 6.46 | 6.56 | 6.32 | 6.38 | 5.30 | 5.75 | 12.80 |
| 固定资产原值 | 亿元 | 1.64 | 4.01 | 8.88 | 9.77 | 10.99 | 11.44 | 18.19 | 25.63 | 51.22 |
| 固定资产净值 | 亿元 | 1.19 | 3.01 | 6.35 | 6.72 | 7.77 | 7.75 | 11.37 | 19.35 | 39.30 |
| 资金总额 | 亿元 | 2.67 | 6.38 | 18.21 | 20.71 | 23.53 | 23.49 | 28.48 | 40.11 | 82.14 |
| 流动资产平均余额 | 亿元 | 1.48 | 3.37 | 11.86 | 13.99 | 15.76 | 15.74 | 17.11 | 20.76 | 42.84 |
| 产品销售收入 | 亿元 | 6.04 | 12.45 | 21.74 | 23.82 | 25.67 | 27.36 | 27.35 | 38.02 | 74.03 |
| 利润总额 | 亿元 | 0.40 | 0.74 | −0.48 | −0.65 | −0.56 | −0.87 | −0.66 | −0.53 | −2.46 |
| 利税总额 | 亿元 | 1.36 | 2.86 | 3.35 | 3.15 | 2.86 | 2.72 | 3.99 | 3.39 | 8.83 |
| 工业总产值(当年价) | 亿元 | 6.84 | 13.23 | 22.25 | 24.27 | 26.03 | 25.19 | 28.64 | 41.80 | 77.13 |
| 工业总产值(1990年价) | 亿元 | 13.36 | 23.73 | 25.85 | 25.70 | 25.59 | 22.61 | 21.94 | 28.58 | 61.45 |
| 工业增加值 | 亿元 | 1.62 | 3.73 | 5.73 | 6.09 | 6.05 | 8.43 | 7.23 | 7.12 | 23.17 |
| 出口交货值(1990年价) | 亿元 | 0.78 | 1.22 | 2.16 | 2.37 | 1.34 | 1.43 | 1.70 | 1.86 | |
| 每百元固定资产原值实现的产值(当年价) | 元 | 417.07 | 329.93 | 250.11 | 248.41 | 236.85 | 220.19 | 157.45 | 163.09 | 150.58 |
| 每百元固定资产原值实现的利税 | 元 | 82.93 | 71.32 | 37.64 | 32.24 | 26.02 | 23.78 | 21.94 | 13.23 | 17.24 |
| 每百元资金实现的利税 | 元 | 50.94 | 44.83 | 18.38 | 15.21 | 12.15 | 11.58 | 14.01 | 8.45 | 10.75 |
| 每百元销售收入实现的利润 | 元 | 6.62 | 5.94 | −2.21 | −2.73 | −2.18 | −3.18 | −2.41 | −1.39 | −3.32 |
| 全员劳动生产率(增加值) | 元 | 3 759 | 5 646 | 8 871 | 9 284 | 9 573 | 13 213 | 13 642 | 12 383 | 18 102 |
| 全部流动资金周转天数 | 天 | 89 | 99 | 199 | 215 | 224 | 210 | 228 | 199 | 211 |
| 每百元工业产值(当年价)实现的利税 | 元 | 19.88 | 21.62 | 15.05 | 12.98 | 10.99 | 10.80 | 13.93 | 8.11 | 11.45 |

注:1.1995年以前系老重庆,1996年系新重庆。2.全部系市统计局数据。

表9　重庆市国有独立核算食品工业企业主要经济指标

| 指标名称 | 单位 | 食品工业合计 | | 在食品工业中 | | | | | | | |
|---|---|---|---|---|---|---|---|---|---|---|---|
| | | | | 食品加工业 | | 食品制造业 | | 饮料制造业 | | 烟草加工业 | |
| | | 1995年 | 1996年 | 1995年 | 1996年 | 1995年 | 1996年 | 1995年 | 1996年 | 1995年 | 1996年 |
| 企业单位数 | 个 | 164 | 332 | 64 | 142 | 49 | 86 | 50 | 94 | 1 | 10 |
| 职工平均人数 | 万人 | | 8.72 | | 3.34 | | 1.90 | | 2.47 | | 1.01 |
| 固定资产原值 | 亿元 | 19.75 | 36.09 | 6.70 | 10.73 | 4.48 | 6.87 | 5.80 | 8.24 | 2.79 | 10.25 |
| 固定资产净值 | 亿元 | 14.69 | 27.21 | 4.66 | 7.76 | 3.17 | 4.67 | 4.56 | 6.22 | 2.30 | 8.56 |
| 流动资金平均余额 | 亿元 | 14.77 | 29.91 | 4.81 | 7.89 | 2.78 | 3.36 | 3.72 | 6.21 | 3.45 | 12.45 |
| 资金总额 | 亿元 | 29.46 | 57.12 | 9.47 | 15.65 | 5.95 | 8.03 | 8.28 | 12.43 | 5.75 | 21.01 |
| 产品销售收入 | 亿元 | 25.72 | 48.67 | 9.33 | 15.12 | 5.87 | 4.56 | 5.39 | 8.39 | 5.14 | 20.60 |
| 利润总额 | 亿元 | −0.07 | −2.07 | −0.72 | −1.65 | −0.05 | −0.83 | −0.28 | 0 | −0.44 | 0.40 |
| 利税总额 | 亿元 | 3.40 | 8.29 | −0.53 | −1.36 | 0.20 | −0.63 | 1.10 | 1.19 | 2.63 | 9.10 |
| 工业总产值(当年价) | 亿元 | 27.34 | 49.18 | 10.44 | 15.08 | 5.07 | 4.75 | 6.32 | 8.61 | 5.51 | 20.74 |
| 工业总产值(1990年价) | 亿元 | 17.71 | 38.81 | 5.46 | 9.48 | 3.01 | 3.30 | 4.53 | 7.09 | 4.70 | 18.94 |
| 工业增加值(当年价) | 亿元 | 5.45 | 15.30 | 0.75 | 1.97 | 0.71 | 0.46 | 1.68 | 3.03 | 2.31 | 9.85 |
| 每百元固定资产原价实现的产值(当年价) | 元 | 138 | 136 | 156 | 141 | 113 | 70 | 109 | 104 | 198 | 202 |
| 每百元固定资产原价实现的利税 | 元 | 17 | 23 | −8 | −13 | 4 | −9 | 19 | 14 | 95 | 89 |
| 每百元资金实现的利税 | 元 | 16 | 15 | −6 | −9 | 4 | −8 | 14 | 10 | 50 | 43 |
| 每百元销售收入实现的利润 | 元 | −0.3 | −4 | −8 | −11 | −1 | −18 | 5 | 0 | 8 | 2 |
| 全员劳动生产率(增加值) | 元 | | 17 546 | | 5 886 | | 2 424 | | 12 226 | | 97 110 |
| 全部流动资金周转天数 | 天 | 210 | 224 | 188 | 190 | 173 | 268 | 253 | 270 | 245 | 221 |
| 每百元工业产值(当年价)实现的利税 | 元 | 12 | 17 | −5 | −9 | 4 | −13 | 17 | 14 | 48 | 44 |

注：1.1995年以前系老重庆，1996年系新重庆。2.全部系市统计局数据。

表 10　　重庆市全部独立核算食品工业主要经济指标

| 指标名称 | 单位 | 食品加工业 | | 食品制造业 | | | 饮料制造业 | | | 烟草加工业 | | |
|---|---|---|---|---|---|---|---|---|---|---|---|---|
| | | 1995 年 | 1996 年 | 1990 年 | 1995 年 | 1996 年 | 1990 年 | 1995 年 | 1996 年 | 1990 年 | 1995 年 | 1996 年 |
| 企业单位数 | 个 | 324 | 736 | 819 | 167 | 242 | 460 | 397 | 728 | 1 | 2 | 12 |
| 职工平均人数 | 万人 | 2.01 | 5.15 | 4.51 | 2.02 | 2.89 | 1.66 | 1.47 | 3.73 | 0.29 | 0.26 | 1.03 |
| 固定资产原值 | 亿元 | 8.10 | 15.30 | 5.21 | 5.88 | 12.76 | 2.61 | 8.74 | 12.88 | 1.05 | 2.91 | 10.27 |
| 固定资产净值 | 亿元 | 5.81 | 11.43 | 3.55 | 4.19 | 9.69 | 1.87 | 6.94 | 9.61 | 0.93 | 2.41 | 8.57 |
| 流动资金平均余额 | 亿元 | 6.64 | 12.15 | 5.69 | 4.46 | 9.45 | 2.94 | 6.19 | 8.71 | 3.22 | 3.47 | 12.53 |
| 资金总额 | 亿元 | 12.45 | 23.58 | 9.24 | 8.65 | 19.14 | 4.81 | 13.13 | 18.32 | 4.15 | 5.88 | 21.10 |
| 产品销售收入 | 亿元 | 16.21 | 28.19 | 12.90 | 8.42 | 11.45 | 3.92 | 8.26 | 13.69 | 4.91 | 5.15 | 20.70 |
| 利润总额 | 亿元 | −0.70 | −1.93 | −0.27 | −0.25 | −0.88 | −0.05 | −0.01 | −0.06 | −0.16 | 0.44 | 0.40 |
| 利税总额 | 亿元 | −0.42 | −1.40 | 0.14 | 0.09 | −0.43 | 0.58 | 1.09 | 1.57 | 2.63 | 2.64 | 9.10 |
| 工业总产值(当年价) | 亿元 | 18.23 | 29.24 | 13.36 | 8.24 | 12.00 | 3.91 | 9.80 | 15.04 | 4.99 | 5.53 | 20.85 |
| 工业总产值(1990 年不变价) | 亿元 | 11.09 | 20.19 | 14.19 | 5.65 | 9.70 | 6.38 | 7.13 | 12.50 | 5.27 | 4.71 | 19.06 |
| 工业增加值(当年价) | 亿元 | 1.61 | 6.10 | 1.63 | 1.12 | 2.31 | 1.19 | 2.07 | 4.89 | 2.91 | 2.32 | 9.86 |
| 出口交货值(1990 年不变价) | 亿元 | 0.49 | | 1.79 | 1.26 | | 0.37 | 0.05 | | | 0.05 | |
| 每百元固定资产原值实现的产值(当年价) | 元 | 225.06 | 191.11 | 256.43 | 140.14 | 94.04 | 149.81 | 112.13 | 116.77 | 475.24 | 190.03 | 203.02 |
| 每百元固定资产原值实现的利税 | 元 | −5.19 | −9.15 | 2.69 | 1.53 | −3.37 | 22.22 | 12.47 | 12.19 | 250.48 | 90.72 | 88.61 |
| 每百元资金实现的利税 | 元 | −3.37 | −5.94 | 1.52 | 1.04 | −2.25 | 12.06 | 8.30 | 8.57 | 63.37 | 44.90 | 43.13 |
| 每百元销售收入实现的利润 | 元 | −4.32 | −6.85 | −2.09 | −2.97 | −7.69 | −1.28 | −0.12 | −0.44 | −3.26 | 8.54 | 1.93 |
| 全员劳动生产率(增加值) | 元 | 8 010 | 11 845 | 3 614 | 5 545 | 7 993 | 7 169 | 14 082 | 13 110 | 100 345 | 89 231 | 95 728 |
| 全部流动资金周转天数 | 天 | 244 | 157 | 227 | 189 | 302 | 133 | 133 | 232 | 152 | 148 | 221 |
| 每百元工业产值(当年价)实现的利税 | 元 | −2.30 | −4.70 | 1.05 | 1.50 | −3.58 | 14.83 | 11.12 | 10.44 | 52.71 | 47.74 | 43.65 |

# 3.24 贵州省

**【a. 概况】** 1996年贵州省食品工业总的看，工业总产值、工业增加值、销售收入都比1995年有较大的增长。全省食品工业独立核算企业共1 153户，1996年实现工业产值1 027 385万元，比上年增长10.45%；工业增加值为448 123万元，增长23.95%；产品销售收入831 155万元，增长8.3%。

分行业统计，食品加工业1996年实现工业产值134 653万元，比上年下降7.54%；食品制造业实现工业产值18 810万元，比上年下降0.5%；饮料制造业实现工业产值176 634万元，比上年下降5.1%；烟草加工业实现工业产值697 288万元，比上年增长33.17%。

从分行业的情况看，食品工业产值的增长，主要是烟草加工业发展较快。

由于全省食品加工业、食品制造业、饮料加工业在1996年呈现负增长，而烟草加工业又发展较快，因此，食品工业行业结构上也发生了一些变化。按工业产值计算，食品加工业占13.10%，食品制造业占1.83%，饮料制造业占17.19%，烟草加工业占67.87%。

1996年食品工业占全省工业的比重，工业产值占21.76%，工业增加值占25.66%；食品工业产值和农业产值的比为0.387∶1。食品工业不仅在工业中，而且在全省的国民经济中都占有重要位置。

**【b. 政策与改革】** 1996年中共贵州省委、贵州省人民政府制定了《关于深化企业改革搞好国有大中型企业的决定》、《关于放开搞活国有小型企业的决定》。按照全省统一部署，食品工业在着眼于搞好整个国有经济，抓好大的，放活小的，对国有企业实施战略性改组。以资本为纽带，通过市场形成具有较强竞争力的跨地区、跨行业、跨所有制的企业集团。1996年贵州省组建了贵州驰宇烟草集团、贵州红跃集团、贵阳味莼园食品集团。同时，采取改组、联合、兼并、租赁、承包经营和股份合作制、出售等形式，加快了放开搞活国有小型食品企业的步伐。

1996年贵州省股份合作制、民营、乡镇食品工业企业发展较快，在企业规模、技术水平、产品质量和档次上，起点都有所提高。这些企业主要分布在食品加工业、食品制造业，对改变贵州食品工业的所有制结构和产品结构，促进农村经济发展，贫困地区脱贫致富，繁荣城乡市场，扩大就业有着积极意义，并对加快贵州食品工业的发展，越来越显示出生机活力。

**【c. 固定资产投资】** 1996年贵州省食品工业固定资产投资53 693万元，比上年的66 682万元减少19.48%。烟草加工业投资43 193万元，占总投资的80.44%；饮料加工业7 065万元，占13.16%；食品加工业和食品制造业3 435万元，占6.40%。从投资方向上看，主要在烟草加工业上，食品加工业和食品制造业投入金额和所占比例都很小，给这两个行业的发展带来很大的制约。

固定资产投资中，技术改造投资48 154万元，占89.68%，其中，烟草加工业39 292万元，占该行业固定资产投资的90.97%；饮料加工业6 682万元，占该行业固定资产投资的94.58%；食品加工业和食品制造业2 180万元，占两行业固定资产投资的63.46%。因此，1996年食品工业的投资主要是对现有企业进行改造。

**【d. 经济效益】** 1996年贵州省食品工业独立核算企业实现利税总额288 103万元，比1995年增长9.25%；利润总额由1995年盈亏相抵后4 363万元降为－8 227万元，这是贵州食品工业从未发生过的情况。

分行业看，食品加工业利税总额由1995年的－247万元降为1996年的－1 651万元，利润总额由1995年的－3 338万元降到1996年的－6 839万元；食品制造业1996年利税总额996万元，比上年增加542万元；利润总额－185万元，比上年减亏228万元；饮料制造业利税总额708万元，比上年减少44 732万元，利润总额由上年的10 673万元，降为－15 116万元；烟草加工业1996年利税总额288 050万元，比上年增长32.1%，利润总额由1995年－2 559万元增加到1996年的13 913万元。

贵州省食品工业的利税占全省工业利税的56.93%，是贵州财政收入的支柱产业。由于1996年全省白酒生产、销售大幅度的滑坡，仅饮料制造业1996年的利税总额就比上年减少 44 732 万元，而造成 1996 年全省食品工业出现亏损。

**【e. 行业管理】** 1996 年贵州省食品工业办公室、食品工业协会遵照围绕结构优化、规模经济、科技进步和科学管理，努力提高经济增长质量，使贵州食品工业的发展逐步步入良性循环的指导思想，在省政府、省经贸委的领导和中国食品工业协会的指导下，在调查研究的基础上，向省人民政府提出了《对我省“九五”期间食品工业发展和加强行业管理工作的建议》，对“九五”期间全省食品工业的发展方向、目标、重点和措施以及应抓好的几件工作提出了具体的意见和建议。这些意见和建议在《贵州省国民经济和社会发展“九五”计划和 2010 年远景目标纲要》中都得到体现。

省食品工业办公室和省食品工业协会编制了《贵州省食品工业技术改造项目“九五”计划》、《贵州省食品工业对外合作项目》，这对指导全省食品工业的发展，开展技术改造和引资将发挥积极作用。

**表 1　1996 年贵州省食品工业基本情况**

| 行　业 | 企业单位数（个） | 工业增加值（亿元） | 工业总产值（亿元） | 工业销售产值（亿元） | 1996 年比 1995 年增长（%） | |
|---|---|---|---|---|---|---|
| | | | | | 工业总产值 | 工业增加值 |
| 食品工业 | 1 514 | 54.25 | 133.72 | 122.22 | 10.0 | 15.52 |
| 食品加工业 | 672 | 5.41 | 16.56 | 16.55 | －4.1 | －6.2 |
| 食品制造业 | 254 | 0.91 | 2.17 | 1.93 | 18.3 | 27.3 |
| 饮料制造业 | 547 | 6.48 | 18.33 | 15.68 | 10.3 | 15.3 |
| 烟草加工业 | 41 | 41.45 | 96.66 | 88.06 | 12.6 | 18.9 |

注：本表统计范围为乡及乡以上食品工业企业。

1996 年，省食品办、省食协和贵州工业大学联合举办了 1 期食品工业企业领导干部培训班。20 名厂长、经理、书记进行了 50 天的现代企业管理方面知识的学习。结业时由省委组织部、省经贸委向学员颁发了企业领导干部岗位培训合格证。

（周介济　林小龙）

**表 2　1996 年贵州省食品工业经济效益情况**

| 行业 | 每百元固定资产实现利税（元） | 产值利税率（%） | 销售利税率（%） | 资金利税率（%） | 全员劳动生产率（元/人）（增加值） |
|---|---|---|---|---|---|
| 食品加工业 | －1.81 | －1.23 | －1.38 | －1.09 | 21 064 |
| 食品制造业 | 5.58 | 5.30 | 6.35 | 3.55 | 11 386 |
| 饮料制造业 | 0.41 | 0.40 | 0.78 | 0.24 | 17 167 |
| 烟草加工业 | 113.08 | 41.31 | 47.64 | 32.24 | 170 271 |

注：本表统计范围为全部独立核算工业企业。

**表 3　1996 年贵州省食品工业固定资产投资情况**　单位：万元

| 行业 | 基本建设投资 | | | 更新改造投资 | |
|---|---|---|---|---|---|
| | 总投资 | ＃国有单位 | 比上年增长（%） | 总投资 | 比上年增长（%） |
| 食品工业 | 5 539 | 5 290 | | 48 154 | |
| 食品加工业 | 680 | 540 | －13.0 | 2 154 | |
| 食品制造业 | 575 | 466 | 230.5 | 26 | |
| 饮料制造业 | 383 | 383 | －90.6 | 6 682 | －67.5 |
| 烟草加工业 | 3 901 | 3 901 | 74.8 | 39 292 | 14.2 |

**表 4—1　1996 年贵州省食品工业主要经济指标**　单位：万元

| 行业 | 企业单位数（个） | 亏损企业（个） | 工业总产值（现价） | 工业增加值 | 工业销售产值 | 产品销售收入 | 利润总额 | 亏损企业亏损总额 | 利税总额 | 全部职工年平均人数（人） |
|---|---|---|---|---|---|---|---|---|---|---|
| 食品工业 | 1 153 | 350 | 1 027 385 | 448 123 | 954 508 | 831 155 | －8 227 | 37 962 | 288 103 | 83 770 |
| 食品加工业 | 458 | 170 | 134 653 | 43 947 | 135 529 | 119 973 | －6 839 | 9 096 | －1 651 | 20 864 |
| 食品制造业 | 205 | 63 | 18 810 | 7 893 | 16 759 | 15 695 | －185 | 780 | 996 | 6 932 |
| 饮料制造业 | 464 | 113 | 176 634 | 62 433 | 151 118 | 90 859 | －15 116 | 21 888 | 708 | 36 367 |
| 烟草加工业 | 26 | 4 | 697 288 | 333 850 | 651 102 | 604 628 | 13 913 | 6 198 | 288 050 | 19 607 |

注：本表数据为全部独立核算食品工业企业。

表4—2　**1996年贵州省食品工业主要经济指标**　单位：万元

| 行　业 | 资产合计 | 负债合计 | 资本金合计 | 流动资产 | 固定资产净值年平均余额 | 所有者权益合计 | 固定资产原值 | 累计折旧 |
|---|---|---|---|---|---|---|---|---|
| 食品工业 | 1 565 191 | 1 283 192 | 316 705 | 982 017 | 389 353 | 281 999 | 535 518 | 103 635 |
| 食品加工业 | 171 282 | 120 190 | 51 220 | 81 810 | 69 583 | 51 092 | 91 282 | 17 342 |
| 食品制造业 | 32 350 | 19 665 | 10 669 | 14 466 | 13 617 | 12 685 | 17 834 | 3 701 |
| 饮料制造业 | 357 670 | 263 056 | 98 549 | 170 515 | 127 898 | 94 614 | 171 672 | 33 826 |
| 烟草加工业 | 1 003 889 | 880 281 | 156 267 | 715 226 | 178 255 | 123 608 | 254 730 | 48 766 |

表5　**贵州省食品工业出口情况**

| 指　标 | 1996年 | | 1995年 | | 1996年比1995年(±%) | |
|---|---|---|---|---|---|---|
| | 数量(吨) | 金额(万美元) | 数量(吨) | 金额(万美元) | 数　量 | 金　额 |
| 食　品 | | 3 612 | | 2 606 | | 38.6 |
| 饮料及烟草 | | 2 634 | | 1 949 | | 35.1 |
| 菜　油 | 7 000.00 | 437.50 | 10 800.00 | 894.24 | −35.2 | −51.1 |
| 烤　烟 | 8 677.00 | 1 599.14 | 7 257.00 | 1 008.32 | 19.6 | 58.6 |
| 白　酒 | 247.06 | 687.40 | 278.58 | 434.81 | −11.3 | 58.1 |

表6　**1996年贵州省食品工业主要产品产销情况**

| 产品名称 | 单位 | 生产量 | | 乡及乡以上企业销售量 | 1996年比1995年(±%) | |
|---|---|---|---|---|---|---|
| | | | 乡及乡以上企业 | | 生产量 | 销售量 |
| 小麦粉制品 | 吨 | 161 455 | 31 208 | 29 135 | −50.9 | −9.6 |
| 米制品 | 吨 | 58 390 | 7 246 | 7 329 | 159.4 | 140.2 |
| 糖 | 吨 | 12 726 | 2 906 | 2 907 | 1.4 | 39.7 |
| 食用植物油 | 万吨 | 13.9 | 5.7 | 5.1 | 27.5 | 18.6 |
| 乳制品 | 吨 | 2 866 | 1 704 | 1 709 | 21.0 | 149.8 |
| 豆制品 | 吨 | 15 168 | 2 880 | 2 488 | −77.9 | −12.2 |
| 饮料酒 | 万吨 | 42.3 | 16.8 | 16.5 | 25.9 | 13.0 |
| 其中：白酒 | 万吨 | 34.2 | 8.9 | 8.8 | 30.0 | 18.9 |
| 啤酒 | 万吨 | 7.6 | 7.6 | 7.5 | 5.6 | 7.1 |
| 精制茶 | 吨 | 5 522 | 4 650 | 4 725 | −50.3 | −50.5 |
| 复烤烟叶 | 万吨 | 30.6 | 30.6 | 24.9 | 31.9 | 9.7 |
| 卷烟 | 万箱 | 197.7 | 197.7 | 197.8 | −3.3 | −3.6 |

# 3.25 云 南 省

【a. 概况】 1996年是实施“九五”计划的第一年。在省委、省政府的关怀指导下,云南省食品工业立足于云南经济发展的总体规划,在继续大力发展现有产业的基础上,积极启动以生物资源开发利用为主的“18工程”,争取使食品工业成为云南省又一支柱产业。

截止1996年底,全省共有全部独立核算食品工业企业1 034家,全年职工平均人数135 871人;当年完成食品工业总产值219亿元(1990年不变价),销售收入430亿元,实现税利274亿元,固定资产净值年平均余额122亿元,分别比上年增长2.3%、8.9%、3.0%和37%。烟草加工业一直是云南省最大的支柱产业,扣除烟草外,食品工业总产值仅有47亿元,比上年减少4.1%,占全部食品工业总产值的21.46%;销售收入71亿元,比上年减少5.3%,占全部食品工业的16.57%;税利总额3.6亿元,比上年减少72.3%,占全部食品工业的1.31%;由此可见,云南省食品工业目前仍是“烟工业”。为扭转这种局面,全省1996年投资数亿元资金开发了果蔬饮料、螺旋藻保健功能食品等多个食品项目。为发挥地区优势,云南省还制定了全省甘蔗发展规划,扩大甘蔗种植及加工,1996年共投资56 253万元,新建糖厂2个,扩建技改糖厂8个,现全省甘蔗日处理能力已达14 250吨;年产蔗糖83.09万吨,位居全国第3位。1996年全省食品工业更新改造投资额达295 528万元,基本建设投资额达37 496万元;引进资金2 000多万美元,与外商合作项目18个;新技术新产业开发项目7个,共投资1 000多万元。全省食品工业战线广大干部职工解放思想,开拓进取,大力推动“两个转变”,依靠科技进步,综合利用和深度加工食物资源,发展传统食品的工业化生产,开发新产品,提高产品质量、档次,争创名牌,提高产品知名度及经济效益,使全省食品工业总体上保持了发展的势头。1996年全省共有6个食品取得了绿色食品称号;1个产品获得全国保健食品称号;10个产品获全省名牌推荐产品(烟除外);全省出口产品84种,创汇31 251万美元。在建立现代企业制度试点、组建企业集团和优化资本结构的企业组织结构的调整中,云南省食品工业组建了红塔集团、滇红茶叶股份有限公司、澜沧江啤酒集团、宜威供销社火腿集团等。

**表1　1996年云南省全部独立核算食品工业企业部分情况**　单位:万元

| 行业 | 企业单位数(个) | 全年职工年平均人数(人) | 流动资产年平均余额 | 固定资产净值年平均余额 | 资产总计 | 销售收入 | 利润 | 税收 | 所有者权益 | 资本金 |
|---|---|---|---|---|---|---|---|---|---|---|
| 食品加工业 | 360 | 53 818 | 326 341 | 305 540 | 720 105 | 504 748 | −474 | 31 358 | 237 733 | 174 461 |
| 食品制造业 | 308 | 18 473 | 41 683 | 46 503 | 99 319 | 75 793 | −4 935 | 4 307 | 36 500 | 33 186 |
| 饮料制造业 | 325 | 22 657 | 99 161 | 100 124 | 235 332 | 113 505 | −6 849 | 9 983 | 55 306 | 67 415 |
| 烟草加工业 | 29 | 34 921 | 2 124 918 | 742 181 | 4 562 216 | 3 583 612 | 820 182 | 1 885 442 | 2 363 687 | 359 216 |
| 采盐业 | 12 | 6 002 | 11 354 | 26 717 | 44 666 | 17 655 | −51 | 2 547 | 17 151 | 12 828 |
| 合计 | 1 034 | 135 871 | 2 603 456 | 1 221 064 | 5 661 637 | 4 295 313 | 807 874 | 1 933 638 | 2 710 376 | 64 7106 |

表2　1996年云南省食品工业工业总产值情况　单位：亿元

| 行业 | 工业总产值新规定 | | 工业增加值（生产法） | 工业销售产值（新规定） |
|---|---|---|---|---|
| | 当年价 | 1990年不变价 | | |
| 食品加工业 | 52.12 | 33.47 | 12.02 | 50.58 |
| 食品制造业 | 7.64 | 4.83 | 1.69 | 7.41 |
| 饮料制造业 | 10.65 | 7.63 | 3.26 | 10.33 |
| 烟草加工业 | 356.86 | 172.27 | 283.35 | 352.75 |
| 采盐业 | 1.76 | 1.15 | 0.95 | 1.78 |
| 合计 | 429.04 | 219.35 | 301.27 | 422.86 |

表3　1996年云南省食品工业固定资产投资情况　单位：万元

| 行业 | 基本建设投资 | 新增固定资产 | 更新改造投资 | 新增固定资产 |
|---|---|---|---|---|
| 食品加工业 | 13 439 | 3 156 | 59 377 | 46 842 |
| 食品制造业 | 2 859 | 1 306 | 980 | 159 |
| 饮料制造业 | 1 673 | 1 103 | 3 328 | 6 027 |
| 烟草加工业 | 19 309 | 15 073 | 230 400 | 178 439 |
| 采盐业 | 216 | 216 | 1 443 | 411 |
| 合计 | 37 496 | 20 854 | 295 528 | 231 878 |

表4　1996年云南省食品工业主要产品产销情况　单位：吨

| 名称 | 产量 | 销量 | 名称 | 产量 | 销量 |
|---|---|---|---|---|---|
| 原盐 | 440 270 | | 饮料酒（商品量） | 331 580 | 165 711 |
| 食用植物油 | 24 642 | 17 919 | 其中：白酒 | 205 059.62 | 46 168 |
| 糖 | 536 484 | 839 263 | 啤酒 | 109 666 | 106 983 |
| 糖果 | 13 125 | | 葡萄酒 | 52 | |
| 糕点 | 41 726 | | 软饮料 | 111 248 | 87 574 |
| 乳制品 | 6 717 | 6 157 | 其中：碳酸饮料 | 36 149 | 23 454 |
| 罐头 | 12 021 | 8 255 | 天然矿泉水 | 17 340 | |
| 味精 | 963 | | 果菜汁饮料 | 13 761 | |
| 柠檬酸 | 3 233 | | 食品添加剂 | 7 179 | |
| 精制茶 | 43 247 | 40 617 | 配合饲料 | 439 979 | 386 125 |
| 复烤烟叶 | 695 339 | 508 371 | 混合饲料 | 46 441 | 26 901 |
| 卷烟（箱） | 6 563 758 | | 饲料添加剂 | 28 961 | 18 551 |

**【b. 生产销售】** 1996年，云南省食品工业的主要产品复烤烟叶、原盐、饮料酒、无酒精饮料等产销量均有一定增长。全省卷烟、糖、茶产销率均超过90%，许多名、特、优产品还远销往英国、日本等数十个国家。当年全部独立核算食品工业企业销售收入达429.53亿元，工业销售产值为422.86亿元（新规定、当年价）。

**【c. 新产品新科技】** 1996年，由云南省经贸委下达的食品科技开发项目共投资1 445万元，包括核桃系列产品、肉制品系列、三七参普洱茶等7个项目，分述如下：

1. 云南省轻工科技食品厂总投资160万元，在现加工出口核桃仁基础上，综合利用，生产核桃系列产品。

2. 云南省玉溪市食品公司总投资100万元，开发猪肉松、香肠及火腿肉系列肉制品。

3. 云南省陆良蛋酶制剂厂投资210万元，在省内首家开发食品级液态糖化酶，年产1 000吨。

4. 文山糖厂投资120万元采用制糖压榨技术，微机管理榨糖工序，在原压榨机基础上，增加强制入辊器，提高抽出率。

5. 云南省富宁县食品工业公司投资96万元，利用丰富的野生番石榴资源生产果酒，每年可生产400吨果酒，有利于山区农民脱贫致富，预计会有较好的市场前景及经济效益。

6. 云南省勐海县茶叶有限责任公司投资309万元，以优良茶叶品种为主要原料添加云南著名特产“三七”等而配制的天然保健饮料茶——三七参普洱茶。该公司委托中国医科院药用植物研究所云南分所进行了深入的药理保健试验测定分析，证明该茶具有降血脂、降压、抗癌、防癌、减肥作用。投产后可年产150吨。

7. 云南省昌宁县柯街糖厂总投资450万元，采用国家科委成果管理办公室推广，国家环保局华南环科所再生资源工程公司“中和—浓缩—固化”的工艺技术路线，综合利用酒精废醪液，实现水闭路循环，浓缩固化物用以生产复肥及饲料。该项目的实施，可有效解决环境污染问题，年产干粉4 500吨。

**【d. 技术改造】** 1996年由云南省经济贸易委员会下达的食品工业企业技术改造项目共25项，总投资近5亿元。其中有12项是糖厂技改，占投资额的60%；其它项目分别是粮油加工、食用酒精、螺旋藻养殖、生产干粉豆制品及麦芽生产、植物蛋白饮料、茶叶精制、奶粉生产、冷饮生产等。

制糖业是云南省食品工业"烟、糖、茶"之一，全省1996年制糖业基本建设及更新改造共投资5.6亿元；其中基本建设完成投资13 378万元，新增固定资产5 057万元；更新改造完成42 875万元，新增固定资产30 140万元。

1996年是云南省啤酒业发展速度较快的一年，截止当年底，云南省拥有啤酒厂达13个，年产量达11万吨。当年完成技改共1 608万元，新增固定资产98万元。云南省最大的啤酒厂目前是澜沧江啤酒集团及大理啤酒厂，年生产能力分别达8万吨及3万吨。

云南省近年来面粉生产有了长足发展。省粮油系统所属昆明面粉厂、昆明稷丰粮油食品有限公司、保山永吉食品有限公司、曲靖百吉面粉有限公司，采用具有90年代国际先进水平的英国西蒙公司、瑞士布勒有限公司的专用面粉生产线设备技术，投资共超过1亿多元人民币，生产面粉专用粉系列产品，产品质量完全达到了国家技术标准，企业获得了较好的经济效益与社会效益，为提高人们生活质量做出了较大贡献。

**【e. 经济效益】** 1996年年云南省食品工业生产有所发展，烟草加工业继续保持优势，总体实现税利比上年有所增长。但由于受市场等因素的影响，全省独立核算食品工业企业(下同)亏损面扩大，亏损额增加，主要经济效益指标受到影响。

1. 食品工业企业盈亏状况。1996年末，全省独立核算食品工业企业1 034个，其中亏损企业437个，亏损面为42%；亏损企业比上年增加6个，亏损面增加3个百分点，亏损构成见表5。

表5　　食品工业企业亏损情况　　单位：个

| 行　　业 | 企业数 | 亏损数 | 亏损面% |
|---|---|---|---|
| 食品加工业 | 360 | 155 | 43.1 |
| 食品制造业 | 308 | 125 | 40.6 |
| 饮料制造业 | 325 | 145 | 44.6 |
| 烟草加工业 | 29 | 5 | 17.2 |
| 采　盐　业 | 12 | 7 | 58.3 |
| 合　　计 | 1 034 | 437 | 42.3 |

注：资料摘自'97云南统计年鉴。

2. 实现利税情况。1996年全省食品工业实现利税比上年增加8亿元，增长3%，其中烟草加工业实现利税比上年增加18亿元，增长7.1%，低于上年10%的增幅；非烟食品工业实现税利比上年减少10亿元，减少幅度达71.4%；同上年相比，全部食品工业利润总额减少17亿元，减幅为17.3%。以上说明，云南省食品工业若扣除烟草计算，实现税利和利润总额呈大幅度下降之势，经济效益仍呈滑坡状态。1996年食品工业利税构成情况见表6、表7。

表6　　食品工业利税构成情况　　单位：亿元

| 项　　目 | 1996年 | 1995年 | 1996年比1995年 绝对额(±) | % (±) |
|---|---|---|---|---|
| 食品工业利税合计 | 274 | 266 | 8 | 3.0 |
| 其中：烟草加工业 | 270 | 252 | 18 | 7.1 |
| 　　　非烟食品工业 | 4 | 14 | −10 | −71.4 |
| 利润总额 | 81 | 98 | −17 | −17.3 |

**1996年全省食品工业实现利税情况**

表7　　单位：万元

| 行　　业 | 实现税利 | 利润总额 |
|---|---|---|
| 食品加工业 | 30 884 | −474 |
| 食品制造业 | −628 | −4 935 |
| 饮料制造业 | 3 134 | −6 849 |
| 烟草加工业 | 2 705 624 | 820 182 |
| 采　盐　业 | 2 496 | −51 |
| 合　　计 | 2 741 511 | 807 874 |

注：同表5。

3. 主要经济效益指标。从表8可以看出，1996年全省食品工业总体经济效益状况基本良好，几个主要经济效益指标都好于全省的平均水平，处于一个较高的水平之上，这主要是烟草加工业继续保持优势，由其带动所致，但非烟食品工业各项经济效益指标明显低于全省平均水平。同上年相比，除全员劳动生产率人均增加4 670元，增长3%，资产负债率降低近7个百分点外，其他3个主要经济效益指标由于企业亏损增加而呈降低之势，尤其是非烟食品工业(含采盐业在内)当年全面亏损，各项主要经济效益指标数值明显下降，资产负债率上升，表明1996年全省非烟食品工业的经济效益不好，扭亏增盈和继续深化改革的工作还十分艰巨。

表 8　　云南省食品工业主要经济效益指标

| 指标名称 | 1996 年 | | | 1995 年 | | |
|---|---|---|---|---|---|---|
| | 合计 | 其中：非烟食品工业 | 全省平均 | 合计 | 其中：非烟食品工业 | 全省平均 |
| 全员劳动生产率(元/人) | 161 182 | 46 557 | 53 809 | 156 512 | 48 459 | 50 881 |
| 资产负债率(%) | 52.13 | 68.47 | 60.25 | 58.73 | 66.46 | 61.30 |
| 百元固定资产原价实现利税(元) | 148.1 | 5.20 | 36.35 | 183.1 | 22.07 | 40.79 |
| 成本费用利润率(%) | 39.52 | −1.66 | 12.80 | 50.73 | 10.83 | 17.24 |
| 每百元销售收入实现利润 | 18.81 | −1.73 | 9.69 | 24.92 | 9.74 | 13.05 |

**【f. 对外经济合作】** 1996 年，云南食品工业与外商合资项目共有 9 家，分别是合作生产经营食用调和油及番茄酱、酒及系列产品、纯净水、果脯、酱菜、罐头、保健饮料、糖果、食用淀粉、食用菌、果蔬制品、浓缩果汁、洋芋粉、魔芋粉、南瓜粉、食用菌、山野菜及调味品；合作经营注册资本 1 000 多万美元，涉及食品加工 11 类。

外商独资项目 9 家，注册资金达 500 多万美元，投资方向：野生菌类加工及核桃、瓜子类精加工，中西餐、快餐配套服务，冷饮制品，方便食品，糕点，清真肉类食品，膨化食品饮料，鲜啤酒，土豆片，保健食品等 14 个门类。

**【g. "18 工程"食品部分介绍】** "18 生物资源开发工程"是云南省政府为加速开发云南优势资源，加大经济结构调整力度，加快科技成果产业化而采取的一项战略措施。

"18"即指以食品工程为重点的 18 项生物资源开发工程，包括无公害蔬菜开发、食用菌产品开发、果类产品开发、软饮料系列产品开发、硬饮料产品开发、畜产品开发、传统农产品深加工产品开发等 18 项。云南省具有丰富的动植物资源和良好的地理环境，实施"18 工程"，选定一批市场潜力大、带动面广、产品科技含量和附加值高，具有良好效益的种植业、养殖业以及对生物资源进行深加工、精加工和外向型的骨干项目，形成优势产业群和创汇支柱，设想到 2000 年每个单项能达 5 亿元以上产值。进入"18 工程"的"三资"企业可享受多项优惠政策。食品项目简介如下：

1. 1809—无公害蔬菜开发。

云南省自然条件得天独厚，造就了各种生态环境，为四季常青的蔬菜生产提供了条件，元谋、元江冬早蔬菜产区还具有"天然温室"的美称。云南蔬菜品种资源十分丰富，全省种植的蔬菜品种有 30 多个科，60 多个属，140 个种及变种与变型，基本包括了全国各地生产的主要蔬菜品种。云南省蔬菜生产除种类多和产量大之外，还有 3 个明显特点：一是栽培品种丰富，尤其是一些特有品种很具特色；二是野生蔬菜品种多，民间常食用的约 100 多种；三是可食用的野生菌达 350 多种，其中珍贵品种有数十种。近年来，在省科委支持下，云南农科院植保所、园艺所、生物所、中国科学院昆明植物所、云南农大农学院植物系、省、市植保站等单位，开发了蔬菜无土栽培技术、露地无公害蔬菜栽培技术、蔬菜病虫综合防治技术、蔬菜农药残留及有毒物质检测技术、无公害生物农药及检测农药等一系列的研究开发工作，为云南省无公害蔬菜的发展奠定了良好的科学技术基础。

云南是国内五大商品生产基地之一。蔬菜产销量大，不仅能满足本省需求，还远销国内的华北、东北、西北等地区，出口香港、台湾、澳门地区及新加坡、斯里兰卡、日本、美国等国家，是云南省重要创汇农产品，产值居全省经济作物首位。

随着云南省商品经济、对外开放及旅游业的发展，全省蔬菜种植面积由 1985 年的 10.2 万公顷发展到 20 万公顷，2000 年预计将超过 21 万公顷。蔬菜产量由 1984 年的 290.6 万吨发展到 570 万吨，人均耗菜量由 86.25 公斤提高到 140 公斤，高于全国平均水平。各种鲜菜、脱水蔬菜、蔬菜罐头出口创汇达 2 000 万美元。目前，云南省已在嵩明等地建立了无公害蔬菜生产基地。香港、台湾、美国等地区和国家的企业也在云南省投资建立无公害蔬菜生产基地，大量生产出口蔬菜。云南省无公害蔬菜开发潜力很大，前景十分广阔。

2. 1810—食用菌产品开发。

目前，全世界食用菌种类约有 2 000 种，中国已知的食用菌种类大约有 858 种，云南省约有 600 余种，约占全世界食用菌种类的三分之一，占国内食用菌种类的 70% 以上。云南珍贵的食用菌就有数十种。如"蘑菇之王"松茸，"真菌女皇"竹荪，驰名世界，极为珍贵；具有滋补作用和药用效果的冬虫夏草，在日本被推为上品；在东南亚号称"植物性食物顶峰"的香菇；还有在国内外市场上很受欢迎的羊肚菌、干巴菌、鸡棕、鸡腿蘑、金耳、银耳、云耳（黑木耳）、美味牛肝菌、猴头、柳松茸、绣球菌、天麻、灵芝等珍稀菌类。

云南食用菌行业发展始于 70 年代末。1980 年，商业部在昆明筹建“昆明食用菌研究所”；相继，《中国食用菌杂志》、“中国食用菌情报中心站”、“昆明食用菌开发中心”在昆明创刊和成立，使云南食用菌的科研、生产得到迅速发展，云南野生食用菌资源得到普查和开发利用。随着城乡人民生活水平的不断提高，对食用菌的需求量越来越大，食用菌生产已发展成为云南省“菜蓝子工程”的重要组成部分。据不完全统计，近年来全省人工栽培的食用菌鲜品总产量已超过3万吨，总产值近1亿元，利润约1 000万元。

云南食用菌的发展前景十分广阔，食用菌产品开发具有5大优势：一是富集的野生食、药用菌资源优势；二是较强的科研、技术、产业基础优势；三是特有的立体环境优势；四是富足的农作物秸秆、阔叶杂木枝叶、木屑等栽培材料资源优势；五是与东南亚地区毗邻的区位贸易优势。

云南已把食用菌作为生态农业、创汇农业和“扶贫工程”的重要组成部分。“九五”末期云南食用菌年出口创汇可达1亿多美元。预计到2005年，出口食用菌创汇将达到2亿多美元。食用菌生产及深加工的发展，将促进云南机械、包装、食品、饲料、医药等相关工业的发展。

3.1811—果类产品开发。

云南素有“植物王国”之美称，植物资源十分丰富，形成了大量的果类树种和品种。水果、干果、杂果、野果等都蕴藏着巨大的开发优势。

水果主要有香蕉、苹果、梨、柑桔、葡萄、杨梅、枇杷、芒果、菠萝、番木瓜、西番莲等。

干果主要有核桃、板栗等。

杂果主要有山楂、果梅、木瓜、多依等多种栽培杂果，这些果品具有很高的食用和药用价值，是食品工业和医药工业的重要原料。

野果主要有余甘子、猕猴桃等。云南野果资源十分丰富，蕴藏量大，所含各种维生素和矿物质元素等生命活性物质远远高于同类栽培果树，是保健食品、保健药品、美容化妆品的重要原料，开发利用价值高、潜力大。

云南的果类树种在资源调查、良种引进与选育、基地建设、配套栽培技术和综合加工利用等方面，有一批研究成果和科学技术基础，有的居国内领先水平。如已开发出木瓜系列食品，余甘子等野果的加工利用已进入规模化生产；世界著名的澳洲坚果已开始大量种植。云南的热带、亚热带水果及其加工制品，除满足本省供应外，有部分销往省外。水果资源及产品的开发在引导山区农民脱贫致富奔小康中发挥了重要作用。现在已经开发生产了一系列具有云南特色的热带、亚热带果类产品，如西番莲汁、余甘子汁、芒果汁、酸角汁、松子奶、核桃奶，以及一些果脯产品。

省政府确定至2000年新造100.0万公顷经济林，从1997年开始省级财政每年拿出1 000万元搞经济林基地建设。果类产品资源开发的趋势是基地化、规模化、商品化，以形成新的大产业。

4.1812—软饮料系列产品开发。

生物资源丰富，品种繁多，是云南独有的优势资源之一。目前已知的高等植物有一万多种，其中约500多种属世界珍稀品种。不仅如此，云南还具有得天独厚的自然条件，纬度低、海拔高、日照时间长，特别适宜于各种植物的生长，加之地形的多样化，气候条件的立体化特点，使云南成为全国最大的果蔬生产基地之一，为云南省软饮料的生产开发创造了良好的条件。

几年来，云南省软饮料工业发展迅速，成效显著。不仅发展了多种碳酸饮料，改变了以往以桔汁型汽水为主的被动局面，而且还与省内外多家科研机构联合，从国内外引进先进技术和设备，开发了一大批质量稳定、市场销路较好、有一定知度的软饮料系列产品，如芒果汁、西番莲汁、橄榄汁、酸角汁、松仁露、核桃奶、优质矿泉水等。同时，建成了大批颇具规模、设备先进、技术力量雄厚的饮料企业，如天成、戴力尔、天润、宏达、佳美等。饮料包装也在原有单一玻璃包装的基础上发展了易拉罐、复合软包装、塑料瓶、无菌大包装、现调机散装等。至1994年底全省有软饮料生产厂家（包括中外合资企业）520多个。

云南小粒咖啡品质高，具有“香而不烈，浓而不苦，略带果味”的特点，享誉国内外，得到国际咖啡组织（ICO）专家及广大消费者的好评。目前，全省有宜植地资源2万多公顷，在省热作所、省农科院、云南农垦总公司等单位的带动下，咖啡丰产栽培、良种种植已取得很大进展。1994年，全省咖啡产量达2 000多吨，产值1 100多万元，创汇上百万美元。云南的咖啡业将成为云南的新兴产业之一。

5.1813—硬饮料产品开发。

硬饮料产品（饮用酒）可分为两大类，即发酵酒和蒸馏酒。发酵酒的酒度都很低，一般是4°至18°。生产所需各种原料，如糯米、大米、鲜葡萄、水果等，均系本省丰富的植物资源，有的还是独特的资源优势。此外，用黄酒或白酒作为基础酒，充分利用本省独特资源，配制成具有云南独特风格的露酒、营养滋补保健酒，在国内外已有一定市场，是具有良好发展前景的优势产品。

按工业总产值计算，云南的酿酒工业是食品工业中仅次于卷烟、制糖、粮油工业的第四大行业。云南硬饮料产品开发的重点是：(1)积极发展啤酒、葡萄酒、黄酒、果露酒等发酵酒。尤其是云南的紫米，是一种独特的天然资源，开发紫米黄酒，已成为一项独特的优势商品。(2)发展节粮型白酒，进一步压缩粮食白酒的生产，使节粮型白酒与粮食白酒的比例关系，从现在的25：75，改变为35：65。(3)积极开发市场需求量大的营养滋补保健酒。

6.1816—畜产品开发。

云南省拥有1 500多万公顷草山草地资源，占土地总面积的39.9%，其中可利用的有1 100多万公顷，在南方省区中名列第一。年产饲草586亿公斤，加秸杆年可供总饲草量为786亿公斤。省政府决定今后每年新建人工草场2万公顷，到2000年累计种草26.7万公顷，畜牧业的发展具有良好的饲料基础。

云南省畜牧业连续16年获得全面增产，1994年牲畜存栏数达3 827.67万头，出栏猪、牛、羊总数达1 425.74万头(只)，其中出栏肉猪1 234.86万头、菜牛57.72万头、肉羊133.16万只。肉类年总产达114.4万吨，自给有余，奶类产量为9.98万吨，猪、牛、羊皮713万张。羊毛总产量1 597吨。

云南省肉奶类食品加工历史悠久，具有民族特色的传统产品有宣威火腿、寻甸牛干巴、陆良板鸭、宜良烤鸭、邓川乳扇、路南乳饼等十多个品种。肉类食品共几十个品种，其中，德和牌云腿罐头年产量达300多吨，并被国家定为免检产品，畅销国内外市场，近几年还开发生产了云腿软罐头。软包装鸭肉系列已打入国际市场。全省年产奶制品6 000吨。邓川奶粉厂的蝶泉牌系列12个产品畅销国内外。

随着人民生活水平的不断提高，对肉奶制品的数量、品种、质量要求日益增加和提高。发达国家肉制品产量占肉产量的60%，品种多达400多种。云南畜产资源丰富，加强投资，改进设施，进行畜产品深加工，产品市场前景广阔。以牧业商品基地县为依托，通过企业带农户的畜牧业发展模式，还可使农民尽快脱贫致富。

云南在畜产食品方面可开发或扩大生产规模的项目有：云腿系列产品开发、鸭软包装系列食品、牛肉系列产品开发、奶粉及传统奶制品开发。以生物工程为基础，开发动物脏器系列产品。总的目标是，提高畜产品综合利用及深加工水平，开发高附加值产品，使畜产品加工业成为云南的一大优势产业。

7.1818—传统农产品深加工产品开发。

传统农产品基本特点一是量大，二是持续性和稳定性。云南除了主要粮食作物产品外，烟、糖、茶、胶是有特色的传统农产品。云烟的地位和价值是众所周知，糖、茶、胶在全国也是有影响的产业：甘蔗种植面积15万公顷，产糖87.7万吨；茶园面积16.4万公顷，产茶6万吨；橡胶种植面积13.3万公顷，产胶10万吨。

传统农产品的深加工不再是传统工艺基础上的传统加工，而是越来越多地依托高新技术开发系列产品。传统农产品的深加工有较大潜在价值，是提高农业经济效益的热点领域：云南对糖、茶、胶的深加工一直比较重视，有些产品颇具特色。制糖业的加工利用产品有蔗渣板、酵母片等，制茶业的加工利用产品有速溶茶、保健茶等，橡胶工业的加工利用产品有干胶片、橡胶籽油等。传统农产品深加工的发展趋势，一是产品系列化、多样化，二是产品高技术化，追求高附加值。从云南实际考虑，可开发的产品有：

(1)蔗糖系列产品开发：高纯度精糖，已有成熟工艺可提高产品附加值；糖蜜(蔗糖)酯化制备食品添加剂，用于食品医药和化妆品。

(2)大叶茶多酚开发：利用低级茶和碎茶生产大叶茶多酚，并以此为原料开发药品，保健品和食品，形成系列产品。开发的主要方向，一是以大叶茶多酚为原料研制新药，二是开发大叶茶多酚保健品和食品。

(3)淀粉资源深度开发：云南有淀粉植物180多种，如魔芋、芭蕉芋、木薯、木豆、橡子等。可用于发酵酿酒和生产医药、保健品专用淀粉。使用新工艺可将淀粉改性成环化糊精，用作食品包埋剂和增香剂。

**【h. 云南名牌】**　近几年来，云南省委、省政府积极实施重点培育以食品为重点的生物资源产业、建立四大支柱产业的发展战略，立足开发优势资源，巩固发展烟、糖、茶支柱产业地位，同时按“两个根本性转变”的要求，在抓好名、特、优、新食品的产销中，扎扎实实开展食品企业创名牌活动。1995年云南省人民政府办公厅、省委宣传部等部门组织了“创云南名牌、树云南形象”的系列宣传活动。1996年2月，云南省政府批准了省经贸委《云南省工业企业实施名牌战略暂行办法》，具体、全面地对名牌产品的条件、管理、申报、审定、奖励等方面提出了规范化要求，省政府成立了以省委副书记、副省长李嘉廷为组长的云南省实施名牌战略领导小组，并由各行业厅局专家、管理人员组成云南省名牌产品认定委员会，各地区、各行业成立了基层名牌推荐委员会，按照“高起点、高标准、严要求、少而精”的原则，坚持按“竞争性、效益性、先进性、客观性、统一性”的要求，从全省推荐的260个产品中确认了“红塔山”卷烟等78个产品为首批云南省名牌产品，其中食品名牌产品26个(含烟草行业16个)，占全省首批名牌产品的33.33%。首批云南名牌食品基本代表了全省食品工业的前沿水平，具有权威性、代表性、广泛性、先导性。

(邓小丽)

**云南省首批食品工业名牌产品名单**

| 品牌名称 | 生产企业 |
|---|---|
| 红塔山牌卷烟系列产品 | 玉溪红塔烟草(集团)有限责任公司 |
| 云烟牌卷烟系列产品 | 昆明卷烟厂 |
| 红梅牌卷烟系列产品 | 玉溪红塔烟草(集团)有限责任公司 |
| 阿诗玛牌卷烟系列产品 | |
| 石林牌卷烟系列产品 | 曲靖卷烟厂 |
| 红山茶牌卷烟系列产品 | 昆明卷烟厂 |
| 红河牌卷烟系列产品 | 红河卷烟厂 |
| 茶花牌卷烟系列产品 | 昆明卷烟厂 |
| 蝴蝶泉牌卷烟系列产品 | 楚雄卷烟厂 |
| 画苑牌卷烟系列产品 | 昭通卷烟厂 |
| 三塔牌卷烟系列产品 | 大理卷烟厂 |
| 吉庆牌卷烟系列产品 | 曲靖卷烟厂 |
| 小熊猫牌卷烟系列产品 | 会泽卷烟厂 |
| 桂花牌特制 84mm 卷烟系列产品 | 楚雄卷烟厂 |
| 龙泉牌卷烟系列产品 | 昭通卷烟厂 |
| 大重九牌卷烟系列产品 | 昆明卷烟厂 |
| 云兰牌白砂糖 | 云南省陇川糖厂 |
| 苍洱牌大理啤酒 | 大理啤酒厂 |
| 松鹤牌云南下关沱茶 | 云南省下关茶厂 |
| 蝶泉牌全脂甜奶粉 | 洱源县邓川奶粉厂 |
| 天使牌风味土豆片 | 昆明市联谊食品厂 |
| 大渡岗牌 CTC 红碎茶、龙山云毫一级 | 国营大渡岗厂 |
| 仙湖牌高级营养藕粉、旅游藕粉 | 云南省澄江县藕粉厂 |
| 德和牌云腿(大片) | 昆明德和罐头厂 |

# 3.26 陕　西　省

【a. 纪事】 3月7日～8日，陕西省食品工业协会三届三次理事会议在西安召开。会议的主要内容是：1. 讨论并通过了陕西省食品工业协会常务副会长赵志杰同志代表常务理事会所作的《转变观念，加快发展，“九五”再上新台阶》的工作报告。2. 调整了省食协部分理事、常务理事。这次会议共调整26人，其中副会长3人，常务理事14人，理事7人。原副省长、省食协会长刘春茂同志不再担任会长，现任副省长巩德顺同志担任会长，刘春茂同志为名誉会长。调整后的理事为：名誉会长4人，顾问3人，会长1人，副会长16人，常务理事24人，理事43人，共92人。3. 讨论并修改了《关于贯彻落实“1995～2000年陕西省食品工业发展规划”的实施意见》。4. 宝鸡、咸阳、安康等地食协介绍了如何抓好行业管理的经验。

5月10日～12日，在宝鸡市举办了由中食协主办，陕西省食协和宝鸡市人民政府承办的“'96中国中西部食品暨食品机械博览会”。10个省、市130多家企业的15大类172种产品参展，洽谈参观人数20 000余人，达成销售协议2 000余万元，直接销售额为800多万元。

5月28日～29日，在咸阳神果集团召开“发展陕西乳制品工业研讨会”，全省28家乳制企业近60人参加会议，会议主要内容为：1. 讨论修改《关于加快发展我省乳制品工业的意见》；2. 参观咸阳神果集团；3. 神果集团、银桥集团、陇县乳品厂等8家企业介绍了“抓住机遇，解决思想，稳定质量，开拓市场，不断提高规模效益”的经验；4. 省政府副秘书长黄广文同志作了《农业产业化与食品工业》的专题报告。

9月9日～10日，召开了陕西省8家重点乳品企业座谈会，会议讨论和磋商了组建“陕西省乳品工业企业集团”和成立“陕西省乳品工业协会”等事宜，有关文件已报省政府和有关部门协调和登记。

11月4日～6日，陕西省人民政府在宝鸡县召开了“陕西省食品工业重点县建设工作会议”，省政府各有关部门，各地、市、县主管工业生产的领导，重点企业的代表120余人参加了会议。陕西省副省长、省食协会长巩德顺，陕西省人民政府副秘书长张中鼎出席会议并作了重要讲话，会议讨论、修改了《陕西省食品工业重点县建设及加快发展的若干意见》，会议对荣获“陕西省食品工业重点县建设工作先进县”的三原县、宝鸡县、南郑县、城固县、武功县及对荣获“陕西省食品工业重点县建设工作先进企业”的宴友思食品集团、神果集团、银桥集团，以省政府名义授牌表彰。同时，食品工业产值过亿元的先进县在会上交流了经验。

12月22日～26日，由中国食协主办，陕西省食协承办的肉制品、乳制品和粮油制品产品质量检评活动在西安召开。经权威质检机构检测，国家级食品专家检评，陕西省共有116个产品获奖，其中保持国家银质奖产品质量水平的4个，保持全国食品行业名牌产品质量水平的78个，保持全国食品行业优秀产品质量水平的34个。在这些获奖产品中，肉制品13个，乳制品46个，粮油及其制品57个。

【b. 概况】 1996年，陕西省食品工业全部乡及乡以上企业1 622个，比上年减少118个。全部独立核算企业1 502个，比上年减少47个；其中亏损企业335个，减少56个；亏损面达22.30%；亏损企业数占全省工业同口径企业的12%。全部独立核算企业中，国有企业519个，比上年减少26个；亏损企业238个，增加3个，亏损面达45.86%。全部独立核算企业中职工总数110 362人，比上年增加622人。

当年，全部乡及乡以上食品工业企业工业总产值(不变价)756 282.7万元，比上年的707 024.8万元增长6.97%。按当年价格计算，工业总产值为1 019 301.3万元，比上年的866 931.4万元增长17.58%。全部乡及乡以上独立核算企业总产值(不变价)742 103.5万元，比上年的677 752.2万元增长9.50%。全部乡及乡以上企业总产值不变价7 851 142万元，比上年增长11.18%。食品工业占9.63%，比上年10.10%下降0.47个百分点。

1996年陕西省食品工业总产值其比重居陕西省工

业部门的第3位。

工业总产值按食品工业五大行业来看，采盐业1 920.7万元，比上年的2 392.4万元下降19.72%；占食品工业总产值的0.25%，下降0.09个百分点。食品加工业233 475万元，比上年的209 827.7万元增长11.27%；占食品工业总产值的30.87%，提高1.44个百分点。食品制造业110 000万元，比上年的109 171万元增长0.76%；占食品工业总产值的14.54%，下降25.89个百分点。饮料制造业108 220万元，比上年的90 415.1万元增长19.69%；占食品工业总产值的14.31%，提高1.63个百分点。烟草加工业302 667万元，比上年的301 268.6万元增长0.46%；占食品工业总产值的40.02%，下降2.59个百分点。

当年全省食品工业全部独立核算企业利税总额122 914.9万元，比上年的112 010.2万元增长9.74%；占全省工业利税482 145.9万元的25.49%，提高了4.03个百分点，居全省工业部门的首位。

从行业完成利税的情况看：采盐业415万元，比上年的657.9万元下降36.92%；食品加工业－14 462.1万元，比上年的－8 844.6万元亏损又增加了5 617.5万元；食品制造业4 382.4万元，比上年的4 015.4万元增长9.14%；饮料制造业12 882.3万元，比上年的11 709.8万元增长10.01%；烟草加工业120 070.8万元，比上年的104 471.7万元增长14.93%。

当年，全省食品工业固定资产投资总额35 178万元（不含采盐业），比上年的53 008万元下降33.64%。其中，基本建设投资12 306万元，比上年的12 639万元下降2.63%；更新改造投资22 872万元，比上年的40 369万元下降43.34%；食品工业固定资产投资额占全省工业固定资产投资额2 433 982万元的1.45%。

当年，全省食品工业出口创汇5 632.61万美元，比上年的3 690.04万美元增长52.64%；占全省工业出口创汇84 300万美元的6.68%。

**【c. 质量检评】** 1996年12月，中国食品工业协会组织了全国肉制品、乳制品和粮油及其制品等行业的产品质量检评活动，经权威质检机构检测，国家级食品专家检评，陕西省共有116个产品获奖。

保持国家银质奖产品质量水平的有（4个）：

| | |
|---|---|
| 三原美乐公司第一乳品厂 | 美乐牌全脂淡羊奶粉 |
| 三原县乳品厂 | 龙桥牌全脂甜羊奶粉 |
| 陕西宝塔乳业有限责任公司 | 宝塔牌全脂淡羊奶粉 |
| 富平奶粉厂 | 富华牌全脂淡奶粉 |

保持（达到）全国食品行业名牌产品质量水平的有（78个）：

| | |
|---|---|
| 陕西宴友思集团公司 | 宴友思牌三原熏鸡 |
| 陕西宴友思集团公司 | 宴友思牌五香猪蹄 |
| 陕西宴友思集团公司 | 宴友思牌琥珀猪肘 |
| 陕西宴友思集团公司 | 宴友思牌香思尾 |
| 中外合资西安银桥乳制品实业有限公司 | 秦俑牌全脂甜牛奶粉 |
| 中外合资西安银桥乳制品实业有限公司 | 秦俑牌神力奶粉 |
| 中外合资西安银桥乳制品实业有限公司 | 秦俑牌婴儿配方奶粉Ⅱ |
| 中外合资西安银桥乳制品实业有限公司 | 秦俑牌得康速溶奶茶 |
| 中外合资西安银桥乳制品实业有限公司 | 秦俑牌银桥豆奶粉 |
| 咸阳神果集团公司 | 哺成牌锌维全神果奶粉 |
| 咸阳神果集团公司 | 哺成牌神果盖力精奶粉 |
| 咸阳神果集团公司 | 哺成牌神果豆奶粉 |
| 西安市临潼乳品厂 | 骊山牌全脂甜牛奶粉 |
| 西安市临潼乳品厂 | 骊山牌低脂高钙牛奶粉 |
| 陇县乳品厂 | 关山牌全脂甜牛奶粉 |
| 三原美乐公司第一乳品厂 | 美乐牌全脂甜牛奶粉 |
| 陕西宝塔乳业有限责任公司 | 宝塔牌全脂甜羊奶粉 |
| 富平乳品厂 | 富华牌全脂甜牛奶粉 |
| 富平乳品厂 | 富华牌全脂甜羊奶粉 |
| 泾阳县云阳奶粉厂 | 秦川牌全脂甜牛奶粉 |
| 泾阳县云阳奶粉厂 | 秦川牌乳酸菌保健奶粉 |
| 西安市红星乳品厂 | 牧童牌全脂甜牛奶粉 |
| 西安市红旗乳品厂 | 钟楼牌全脂甜牛奶粉 |
| 西安市红旗乳品厂 | 钟楼牌乳酸饮料（利华特） |
| 西安市东方乳品厂 | 东方牌酸奶 |
| 宝鸡惠民乳品公司 | 钓鱼台牌全脂甜牛奶粉 |
| 陕西省大鹏新技术发展有限公司 | 鹏友牌富碘奶粉 |
| 陕西省大鹏新技术发展有限公司 | 鹏友牌富碘奶乐 |
| 兴平市乳品总厂 | 桂花牌全脂甜牛奶粉 |
| 合阳县乳品厂 | 兴隆牌全脂甜牛奶粉 |
| 西安市蓝田乳制品厂 | 公王牌全脂甜牛奶粉 |
| 千阳县乳品厂 | 飞天牌全脂甜羊奶粉 |
| 榆林乳品厂 | 榆星牌全脂甜牛奶粉 |
| 西安市玉山奶粉厂 | 玉山牌全脂甜牛奶粉 |
| 蒲城康泰乳业有限责任公司 | 天鹅牌婴儿配方Ⅱ乳粉 |
| 乾县乳品厂 | 乾陵牌全脂甜牛奶粉 |
| 宝鸡市柳林乳品厂 | 太白牌全脂甜牛奶粉 |
| 定边乳品实业有限公司 | 三边牌全脂甜牛奶粉 |

续表

| | |
|---|---|
| 泾阳县乳品厂 | 泾塔牌全脂甜牛奶粉 |
| 陕西省专用面粉厂 | 西瑞牌特一粉 |
| 陕西省专用面粉厂 | 西瑞牌特二粉 |
| 陕西省专用面粉厂 | 西瑞牌面条粉 |
| 陕西省专用面粉厂 | 西瑞牌饺子粉 |
| 陕西省专用面粉厂 | 西瑞牌雪花粉 |
| 陕西省专用面粉厂 | 西瑞牌冰花粉 |
| 西安市群众面粉厂 | 爱菊牌特一粉 |
| 西安市福豫面粉厂 | 福豫牌特一粉 |
| 西安市福豫面粉厂 | 福豫牌特二粉 |
| 西安市人民面粉厂 | 唐都牌特一粉 |
| 西安九龙食品工业有限公司 | 天厨牌中华拉面 |
| 西安九龙食品工业有限公司 | 天厨牌乌龙面 |
| 陕西省长安精粉厂 | 长京牌特一粉 |
| 陕西省长安精粉厂 | 长京牌特二粉 |
| 西安秦丰面粉公司 | 秦丰牌特二粉 |
| 汉阴县粮食加工厂 | 特二粉 |
| 白水县面粉厂 | 泉牌特二粉 |
| 陕西华星食品工业集团公司西荆面粉厂 | 华星牌特二粉 |
| 陕西西岐风味食品有限公司 | 西岐牌方便哨子面 |
| 西安太阳食品集团公司 | 太阳牌高蛋白营养米粉(助哺宝) |
| 华县面粉厂 | 特一粉 |
| 西安美佳乐食品有限公司 | 秦老大牌方便面 |
| 西安美佳乐食品有限公司 | 秦老大牌雪花粉挂面 |
| 西安美佳乐食品有限公司 | 秦老大牌长寿面 |
| 户县面粉厂 | 秦雪牌特一粉 |
| 澄城县面粉厂 | 太白雪特二粉 |
| 宝鸡市油脂饲料公司 | 陕宝牌一级菜籽油 |
| 宝鸡市油脂饲料公司 | 陕宝牌小磨香油 |
| 岐山县太子油厂 | 喜春牌精炼一级油 |
| 岐山县太子油厂 | 喜春牌二级菜籽油 |
| 汉阴县油脂化工厂 | 二级菜籽油 |
| 西安市油脂厂 | 秦龙牌高级烹调油 |
| 宝鸡岐山油脂厂 | 西岐牌一级菜籽油 |
| 三原香油公司 | 龙桥春牌小磨香油 |
| 三原兵马俑集团公司小磨香油厂 | 兵马俑牌小磨香油 |
| 西安市玉山奶粉厂 | 玉山牌精制荞麦合饹 |
| 西安市官厅挂面厂 | 秦俑牌磨竽挂面 |
| 西安市官厅挂面厂 | 秦俑牌磨芋棍棍面 |

保持(达到)全国食品行业优秀产品质量水平的有(34个)：

| | |
|---|---|
| 陕西宴友思集团公司 | 宴友思牌五香驴肉 |
| 陕西宴友思集团公司 | 宴友思牌熏全鸭 |
| 陕西宴友思集团公司 | 宴友思牌五香驼肉 |
| 陕西宴友思集团公司 | 宴友思牌五香四宝 |
| 陕西宴友思集团公司 | 宴友思牌香甜牛肉辣酱 |
| 陕西宴友思集团公司 | 宴友思牌八珍凤爪 |
| 陕西宴友思集团公司 | 宴友思牌心肝宝贝 |
| 西安市华山肉类食品厂 | 皇喜牌麻辣烤肉 |
| 西安市华山肉类食品厂 | 皇喜牌台湾风味香肠 |
| 咸阳神果集团公司 | 哺成牌神果奶棒 |
| 西安市东方乳品厂 | 东方牌强化消毒牛奶 |
| 西安康桥蛋乳制品厂 | 唐城牌全脂甜牛奶粉 |
| 岐山县乳品厂 | 周原牌全脂甜牛奶粉 |
| 兴平市乳品总厂 | 桂花牌果奶 |
| 大荔新关集团公司植物蛋白厂 | 实惠牌速溶豆乳粉 |
| 西安市福豫面粉厂 | 福豫牌馒头 |
| 陕西省长安精粉厂 | 长京牌标准粉 |
| 陕西西岐风味食品有限公司 | 西岐牌空心挂面 |
| 西安美佳乐食品有限公司 | 秦老大牌菠菜面 |
| 西安胡家庙粮库面粉厂 | 佳宜牌标准粉 |
| 韩城市挂面厂 | 八仙牌五香鸡蛋龙须挂面 |
| 华县面粉厂 | 标准粉 |
| 韩城市油脂加工厂 | 仙鹤牌挂面 |
| 合阳县面粉厂 | 合欢牌特一粉 |
| 大荔县面粉厂 | 众笑牌特一粉 |
| 宝鸡市西关粮油购销管理站食品开发部 | 秦鸡牌龙须面 |
| 宝鸡市西关粮油购销管理站食品开发部 | 秦鸡牌银丝寿面 |
| 韩城面粉厂 | 太史雪牌特一粉 |
| 蒲城白云面粉工业公司 | 特一粉 |
| 蒲城西荆油脂总厂 | 西荆牌一级菜籽油 |
| 渭南华锋油脂厂 | 华锋牌一级菜籽油 |
| 安康市石砖粮油贸易公司 | 富硒大米 |
| 武功县面粉厂 | 武雪牌特一粉 |
| 武功县面粉厂 | 武雪牌方便面专用粉 |

(郑子国)

**表1　陕西省食品工业主要经济指标**

| 指标名称 | 单位 | 1996年 |
|---|---|---|
| 企业单位数 | 个 | 1 502 |
| 其中:亏损企业数 | 个 | 335 |

续表

| 指 标 名 称 | 单位 | 1996 年 |
|---|---|---|
| 亏损企业亏损额 | 万元 | 40 578.0 |
| 利税总额 | 万元 | 122 914.9 |
| 利润总额 | 万元 | −27 254.0 |
| 流动资金平均余额 | 万元 | 572 753.5 |
| 固定资产净值平均余额 | 万元 | 433 926.5 |
| 工业总产值(1990 年不变价) | 万元 | 742 103.5 |
| 工业总产值(现行价) | 万元 | 999 403 |
| 工业销售产值(现行价) | 万元 | 949 341.1 |
| 工业增加值(生产法) | 万元 | 332 237.3 |
| 全部职工平均人数 | 人 | 110 362 |

注:1. 统计范围为乡以上独立核算企业。工业总产值按新规定计算。

2. 资料来源于省统计局。

**表 2　陕西省(区、市)食品工业主要产品产量**

| 产 品 名 称 | 单位 | 1996 年 |
|---|---|---|
| 糖 | 万吨 | 0.08 |
| 原盐 | 万吨 | 5.20 |
| 啤酒 | 万吨 | 18.06 |
| 白酒(商品量) | 万吨 | 3.97 |
| 无酒精饮料 | 万吨 | 4.01 |
| 其中:碳酸饮料 | 万吨 | 2.83 |
| 罐头 | 万吨 | 0.84 |
| 乳制品 | 万吨 | 2.92 |
| 其中:奶粉 | 万吨 | 2.40 |
| 卷烟 | 万箱 | 121.47 |
| 大米 | 万吨 | 10.03 |
| 精炼食用植物油 | 万吨 | 3.69 |
| 水产品加工 | 万吨 | 2.28 |
| 方便主食品 | 万吨 | 4.57 |
| 其中:方便面 | 万吨 | 4.46 |
| 酱油 | 万吨 | 2.59 |
| 食醋 | 万吨 | 3.23 |

注:1. 统计范围为乡及乡以上全部独立核算企业。

2. 资料来源于陕西省统计局。

(孟兰花)

# 3.27 甘　肃　省

**【a. 概况】** 甘肃省食品工业经过“六五”、“七五”、“八五”期间的建设与发展，已基本形成粮油加工、屠宰及肉类加工、制糖、糕点及糖果制造、饮料酒制造、淀粉及其制品、豆制品制造、软饮料制造、乳制品制造、罐头食品制造、烟草加工、调味品制造、食用盐加工及制茶业等门类基本齐全的食品工业体系。

1996年，全省有乡及乡以上食品工业企业1 262个，其中大中型企业19个；拥有固定资产原值39.57亿元，从业职工8.17万人；全年完成工业总产值37.34亿元，比上年增长8.26%，比全省工业7.05%的增长速度高1.21个百分点；食品工业产值占全省工业产值的8.42%，基本与上年持平。

**【b. 国有经济仍为主导】** 1996年，甘肃省食品工业保持了均速增长，不同经济类型的企业发展各有特点，全省食品工业的总体格局是，国有经济为主导，集体经济、“三资”经济为辅，其他各种经济成分并存发展。

1. 全省有乡及乡以上独立核算食品工业企业1 130个，职工人数81 716人。其中国有企业364个，占总数的32.21%，职工人数53 710人，占总数的65.73%；集体企业723个，占总数的63.98%，职工人数21 182人，占总数的25.92%；“三资”企业18个，占总数的1.59%，职工人数6 016人，占总数的7.36%；其他经济类型企业25个，占总数的2%，职工人数808人，占总数的0.99%。在1 130个企业中，大中型企业19个，占总数的1.68%；从业职工21 894人，占总数的26.79%。从企业数和职工人数情况看，国有企业数约占总数的三分之一，容纳了职工人数的一半以上；而其中的大中型国有企业，企业数不到总数的2%，却容纳了职工人数的四分之一强。

2. 1996年乡及乡以上独立核算食品工业企业完成工业总产值36.89亿元，比上年增长11.89%；与上年的增长速度10.08%相比，稍高。在总产值中，国有企业完成20.97亿元，占总数的56.84%，比上年下降12.09个百分点；集体企业完成10.03亿元，占总数的27.20%，比上年增加8.33个百分点；“三资”企业完成5.15亿元，占总数的13.96%，比上年增加2.76个百分点；其他经济成分完成0.73亿元，占2%，比上年增加1个百分点。总产值中，国有经济占一半以上的份额，但呈下降的趋势，集体经济、“三资”经济及其他经济成分份额逐年上升。按企业规模划分，大中型企业完成产值13.48亿元，占总数的36.54%。

**表1　1996年甘肃省食品工业主要经济指标**

| 指标名称 | 单位 | 合计 | 比上年增减（±%） |
|---|---|---|---|
| 企业单位数 | 个 | 1 130 | －0.18 |
| 其中：亏损企业 | 个 | 194 | －5.37 |
| 亏损企业亏损额 | 万元 | 24 764 | 87.05 |
| 利税总额 | 万元 | 52 970 | －7.29 |
| 利润总额 | 万元 | －8 770 | －426.26 |
| 流动资产年平均余额 | 万元 | 353 149 | 18.23 |
| 固定资产净值年平均余额 | 万元 | 269 817 | 33.00 |
| 工业总产值(不变价) | 万元 | 368 863 | 11.89 |
| 工业总产值(现行价) | 万元 | 524 699 | 3.15 |
| 工业增加值(生产法) | 万元 | 184 754 | 34.01 |
| 工业销售产值(现行价) | 万元 | 477 096 | 20.71 |
| 产品销售收入 | 万元 | 420 723 | 11.32 |
| 职工年均人数 | 人 | 81 716 | 12.94 |

注：本表统计范围为乡及乡以上独立核算企业。

3. 1996年乡及乡以上独立核算食品工业企业拥有固定资产原值39.57亿元，其中国有经济占78.87%，集体经济占11.40%，“三资”经济占8.88%，其他经济成分占0.85%。总计中，大中型企业拥有固定资产原值15.07亿元，占总数的38.08%。这表明，历年来，国有大中型企业固定资产投资相对较大，除此之外的经济成分固定资产投资相对要薄弱。

4. 1996年，乡及乡以上独立核算食品工业企业实现利税5.30亿元，较上年下降7.18%，利税总额呈负增长。在总额中，国有经济占67.86%，比上年下降10.07个百分点；集体经济占11.17%，比上年增长3.46个百分点；“三资”经济占20.76%，比上年增长5.69个百分点，其他经济成分占0.21%，基本与上年持平。总计中，大中型国有企业创利税43 716万元，占利税总额的82.53%。这说明，甘肃省食品工业国有企业，特别是大中型国有企业仍是创利税大户。“三资”经济完成利税自1995年首次超过集体经济以来，差距进一步拉大，成为排在国有经济之后的第二利税大户。

5.1996年，独立核算食品工业企业盈亏相抵后的利润总额为－8 770万元，年利润比上年减少11 458万元，全行业首次出现亏损。在利润总额中，国有经济实现利润为－15 054万元，年利润下降12 830万元；集体企业完成利润2 009万元，增加614万元；“三资”企业完成利润4 317万元，增加764万元；其他经济成分完成利润－42万元，减少6万元。

在利润总额中，大中型国有企业实现利润1 126万元，年利润减少920万元，资金利润率仅0.43%。

独立核算企业中亏损194个，亏损面为17.17%。在亏损企业中，国有企业亏损面达37.36%，其中大中型国有企业的亏损面高达42.11%，较上年增加14.19个百分点；集体企业亏损面为6.59%，下降4.27个百分点；“三资”企业亏损面为38.89%，下降5.55个百分点；其他经济成分企业亏损面为16%。

独立核算企业亏损总额达24 764万元。在亏损总额中，国有企业占90.42%，集体企业占5.45%，“三资”企业占3.4%，其他经济成分企业占0.73%。

从以上几项经济指标看，国有经济特别是大中型国有企业，虽然数量少，但从业职工人数、工业总产值、固定资产原值及利税总额所占份额大，仍是全省食品工业主力军，是利税大户，是财政税收的主要来源，是容纳劳动力的主渠道。同时，国有大中型企业也存在亏损面大，亏损额高，利润水平低下的突出问题。集体企业、“三资”企业迅猛发展，对于国有经济是一个有益的补充。

**表2　1996年甘肃省食品工业各种经济成分情况**

| 经济类型 | | 企业数（个） | 职工人数（人） | 总产值（万元） | 固定资产原值（万元） | 利税总额（万元） | 亏损面（%） | 亏损额（万元） |
|---|---|---|---|---|---|---|---|---|
| 合计 | | 1 130 | 81 716 | 368 863 | 395 678 | 52 970 | 17.17 | 24 764 |
| 国有经济（%） | | 32.21 | 65.73 | 56.84 | 78.87 | 67.86 | 37.36 | 90.42 |
| 集体经济（%） | | 63.98 | 25.92 | 27.20 | 11.40 | 11.17 | 6.59 | 5.45 |
| “三资”经济（%） | | 1.59 | 7.36 | 13.96 | 8.88 | 20.76 | 38.89 | 3.40 |
| 其他经济（%） | | 2 | 0.99 | 2 | 0.85 | 0.21 | 16 | 0.73 |
| 合计中 | 大中型企业（%） | 1.68 | 26.79 | 36.54 | 38.08 | 82.53 | 42.11 | 29.62 |
| | 小型企业（%） | 98.32 | 73.21 | 63.46 | 61.92 | 17.47 | 16.74 | 70.38 |

**【c. 主要产品生产与销售】** 1996年，甘肃省食品工业11种主要产品产量，除酒精、卷烟、乳制品受国家政策限制和市场竞争影响产量下降外，其他8种主要产品产量均有不同幅度增长。

罐头、食用植物油、碳酸饮料、白酒、无酒精饮料、啤酒、原盐、糖分别比上年增长了149.18%、138.77%、76.19%、52.82%、26.70%、18.33%、12.23%、10.62%；乳制品、酒精、卷烟分别比上年下降了47.84%、21.82%、13.04%。

1996年，全省罐头食品总产量达15 225吨，其中乡及乡以上企业产量仅5 529吨，乡以下村办及私营个体企业生产高达9 696吨，占总产的63.68%，比上年增加57.56个百分点。可以说，罐头食品产量大增增在乡以下生产这一块。从罐头食品的分类看，肉类罐头、水果罐头及禽类罐头产量增幅较大，分别是上年的6.68倍、4.31倍及1.90倍，而水产罐头、蔬菜罐头产量则分别比上年下降53.45%及87.48%。除上述罐头食品以外的其他罐头，产量由上年的9吨增加到5 686吨。

罐头食品产量大幅增长，销量却没有相应增长。在上年罐头食品产销率高达102.06%，市场销售看好的引导下，1996年产量大增，但产销率却仅为31.58%。特别是水果罐头及其他类罐头，在上年产销率分别达97%及355.55%的卖方市场引导下，1996年产量大幅增长，尤其是乡以下企业产量增幅是上年的9.43倍及5 670倍，这两类产品加工呈“一哄而上”之势，但产销率却仅有29.73%及0.21%，产品大量积压。肉禽类罐头，由于出口出省有限，而省内市场却因价格因素、消费能力制约，销量不随产量的大增而上扬，产销率始终在60%左右徘徊；蔬菜罐头虽然国际市场看好，但出口有限，而国内市场除价格因素外，与消费者四季皆可食鲜菜，无太大销售市场有关，1996年产销率仅为2.95%。

食用植物油的生产，近年来由于受进口油品的冲击，加之油品原料价格攀升，而销售价格却一直在低价位上徘徊，直接影响了企业的生产。1996年，由于国家控制了油品进口量，油品生产开始回升，全年食用植物油产量为16.42万吨，其中乡以下企业生产12.85万吨，占总产量的78.26%，产量比上年增长了179.35%。食用植物油产量的大幅增长，同样增在乡以下企业这一块。由于乡以下企业以其低成本、低价位参与市场竞争，对国有粮办工业产生了巨大冲击。全省粮办工业食用植物油销售虽好于上年，但库存仍达8 284吨。

饮料酒生产呈上升势头，增幅为27.34%。在饮料酒生产中，白酒生产占有举足轻重的地位，产量由上年的2.48万吨增加到3.79万吨，年增长率达52.82%。白酒产量大幅增加，与酒度降低有关，省内各大酒厂基本都有降度酒开发生产。白酒的销售情况未随产量的增大而好转，产销率仅为76.78%，仍有大量酒压库待销。

啤酒工业是近年来甘肃省食品工业中发展较快而又相对稳定的一个行业。1996年啤酒产量增长18.33%，产销率也达98.28%，呈现出产销两旺的势头。全省啤酒工业的快速稳定发展，与兰州黄河企业集团公司、武威啤酒厂这两大啤酒生产企业的发展有直接的关系。

随着黄酒市场的持续升温，省内黄酒生产也出现了飞速发展。1996年黄酒产量达到15 567吨，是上年的2.36倍。增产仍主要在乡以下企业这一块，全年生产8 384吨，是上年的27.97倍。产量高速增长，但产销率由上年的82.8%下降到41.03%，年末库存达1 003吨。

葡萄酒行业是目前十分看好的行业，低糖的干酒、半干酒成为目前市场消费的潮流；同时，葡萄酒产业的发展，也符合"粮食酒向果酒转变"的产业政策。甘肃具有发展优质葡萄酒的绝佳的资源优势，但1996年葡萄酒产量却由上年的1 650吨下降到254吨，下降幅度高达84.61%。究其原因，一是由于产品结构调整，高糖的普通型葡萄酒产量下降；二是与葡萄酒骨干企业的经营管理，特别是市场营销跟不上发展的需要有直接的关系。

发酵酒精行业是甘肃省食品工业中占全国同类产品比重较大的产品，占到近2%。酒精行业受国内市场相对饱和的影响，限产压库，1996年只生产酒精3.26万吨，比上年减少0.91万吨，产销率仅为80.98%，产品压库严重。

无酒精饮料制造业是甘肃食品工业近年来发展较快的一个行业。1996年总产量达2.23万吨，比上年增加0.47万吨，增长幅度比上年高12.41个百分点。其中，碳酸饮料、天然矿泉水增幅最为显著，产量分别达到1.48万吨及0.27万吨，年增幅达76.19%及50%。产量大增的原因主要是，近两年省内饮料生产企业，从产品质量上下功夫，努力开发地产饮料新品，抓住机遇，全方位地树立品牌优势，使地产饮料在省内饮料市场占得一定份额。以甘肃华陇饮料食品公司开发的"碧海"饮料、兰州乐赛特食品有限公司的"乐赛特"纯净水及甘肃金立有限公司的"金立"矿泉水等为代表的地产品牌饮料，是1996年夏季甘肃市场的俏销产品。同样，随着本地产品的市场好转，省内饮料生产又出现"遍地开花"，致使产销率仅为69.06%。

**表3　1996年甘肃省食品工业主要产品产量产销情况**

| 产品名称 | 单位 | 产量 | 比上年（±%） | 销量 | 产销率（%） |
|---|---|---|---|---|---|
| 糖 | 万吨 | 9.69 | 10.62 | 8.55 | 88.24 |
| 原盐 | 万吨 | 5.14 | 12.23 | 4.99 | 97.08 |
| 啤酒 | 万吨 | 15.69 | 18.33 | 15.42 | 98.28 |
| 白酒 | 万吨 | 3.79 | 52.82 | 2.91 | 76.78 |
| 无酒精饮料 | 万吨 | 2.23 | 26.70 | 1.54 | 69.06 |
| 其中：碳酸饮料 | 万吨 | 1.48 | 76.19 | 1.11 | 75.00 |
| 罐头 | 万吨 | 1.52 | 149.18 | 0.48 | 31.58 |
| 卷烟 | 万箱 | 25 | −13.04 | 25.33 | 101.30 |
| 酒精 | 万吨 | 3.26 | −21.82 | 2.64 | 80.98 |
| 食用植物油 | 万吨 | 16.42 | 138.66 | 3.15 | 19.18 |
| 乳制品 | 吨 | 2 586 | −47.84 | 1 989 | 76.91 |

原盐工业由于实行了食盐专营管理，打击了私盐、劣盐的采掘和销售，扭转了上年产量下降的局面，全年原盐产量为5.14万吨，比上年增长12.23%。在原盐中，湖盐的产量远远大于井盐，年产量为3.6万吨，占总数的70%以上。由于规范了市场，随着产量的增长，销量也同步增长，产销率达97.08%。

制糖业近年来受进口糖及走私糖的影响，产量一直徘徊不前。1996年，国家严格控制进口糖，同时加大了对走私糖的打击力度，糖的产量开始回升，全省食糖产量由上年的8.76万吨，增加到9.69万吨，增幅为10.62%。糖的生产虽好于上年，但产销率仍然偏低，仅为88.24%，仍有一定数量的食糖压库待销。

烟草加工业基于国家"限产压库促销"的政策，1996年压缩了总产量，扩大了优良品牌的产量，产品由原来的18个牌号35个规格，减少到12个牌号20个规格，初步改变了牌号杂、规格多、利税水平低的局面，全年产量虽下降了13.04%，实现利税却增长了7.03%。全年生产一类卷烟0.13万箱、四类卷烟15.46万箱，分别是上年的3.5倍及13.9倍；生产二类卷烟0.9万箱、三类卷烟8.51万箱，分别比上年下降89%及56.18%。在加大四类卷烟及一类卷烟的生产，压缩二类卷烟和三类卷烟的生产后，卷烟产销率高达 101.30%，表明产品结构调整顺应了市场的需求。

乳制品产量 1996 年较上年下降了 47.84%，是 11 种主要产品中下降幅度最大的。其中，奶粉产量下降了 28.11%。乳制品产量的大幅下降，不是市场萎缩，而是在日益激烈的市场竞争中，没有树立地产乳制品的优良品牌。广告宣传力度不够，此外，产品质量还有待提高。

值得一提的是，除以上 11 种主要产品外，酱腌菜、果酒、复烤烟叶及液体乳，1996 年产量分别比上年增长了 438.58%、165%、123.49%及 5.45%，销量也同步增加，产销率分别达 97.48%、99.37%、101.29%及 98.78%。

**【d. 产业结构调整】** 1996 年，全省食品工业按照国家产业政策和全省食品工业“九五”发展目标的要求，努力调整产品结构，促使产业结构向合理化方向调整，行业间不均衡的局面有所改善。全年食品加工业完成工业产值 14.40 亿元，比上年下降了 0.44%；食品制造业完成产值 7.48 亿元，增长 16.65%；饮料制造业完成 9.75 亿元，增长 39.67%；烟草加工业完成 5.47 亿元，下降 16.28%；采盐业完成 0.24 亿元，增长 137.15%。各大类占食品工业的比重分别为 38.57%、20.02%、26.11%、14.65%、0.65%，分别比上年下降 3.37 个百分点、上升 1.44 个百分点、上升 5.87 个百分点、下降 4.29 个百分点及上升 0.35 个百分点。在全省 40 个工业大类排序中，食品加工业、食品制造业、饮料制造业、烟草加工业分别列第 8 位、第 17 位、第 14 位及第 23 位。

**表 4　　按行业分的食品工业产值情况**

| 行业 | 产值(亿元) | 比上年(±%) | 占食品工业(%) |
|---|---|---|---|
| 食品工业合计 | 37.34 | 8.26 | 100.00 |
| 食品加工业 | 14.40 | －0.44 | 38.57 |
| 食品制造业 | 7.48 | 16.65 | 20.02 |
| 饮料制造业 | 9.75 | 39.67 | 26.11 |
| 烟草制造业 | 5.47 | 16.28 | 14.65 |
| 采 盐 业 | 0.24 | 137.15 | 0.65 |

产业结构虽然正逐步趋于合理，但嗜好性产品比重过大，仍是一个很大的问题。1996 年全省白酒及烟草加工业完成工业总产值总计 8.11 亿元，占全省食品工业总产值的 21.98%(虽然比 1993 年的 25.67%有所下降，但仍然偏大)，其中卷烟占 14.83%；而这项指标在一些国家要低得多：1977 年美国为 4.5%、印度为 10.8%，1978 年日本为 8.4%，1980 年苏联为 2.8%。从全省总体情况看，本省属缺粮大省，嗜好性食品产值过大，势必挤占耕地，耗费粮食。

除烟酒类食品产品外，占食品工业份额较大的产品行业还有，粮食及饲料加工业占 17.42%，其中磨粉业占 14.44%；制糖业占 8.24%；植物油加工业占 4.16%，这几大块与白酒及烟草加工业合计占食品工业的 51.8%。这说明，本省食品工业在很大程度上仍依赖于烟、酒生产及农副产品初加工。

相对而言，方便、快捷、营养、卫生的主副食品制造业比重偏轻。如乳制品制造业、调味品制造业、无酒精饮料制造业、糕点制造业、方便主食品业、糖果业，产值分别仅占食品工业的 1.53%、1.39%、1.73%、1.18%、0.59%、0.18%。这些行业的滞后发展，导致外地产品挤占省内大部分市场，而地产品市场份额很小。

**【e. 固定资产投资】** 1996 年，全省食品工业固定资产投资额为 25 253 万元(不含农村集体经济)。其中，基本建设为 8 317 万元，占 32.94%；更新改造为 16 463 万元，占 65.19%；其他为 473 万元，占 1.87%。

在固定资产投资额中，国有经济投资额 22 925 万元，较上年的 21 176 万元提高了 8.26%，投入有所增加。其中，基本建设在固定资产投资中的比例为 28.73%，较上年下降了 5.15 个百分点，而更新改造的比例为 71.18%，上升了 5.06 个百分点，说明固定资产投资倾向老企业的技术改造，趋向合理。国有经济投资额在固定资产投资总额中占 90.78%，仍为固定资产投资的主体。

按行业划分，1996 年固定资产投资额中，食品加工业 6 975 万元，占 30.42%；食品制造业 5 784 万元，占 25.23%，以上 2 个行业合计比例为 55.65%，较上年的 29.24%上升 26.41 个百分点。饮料制造业投资额为 8 981 万元，占 39.18%，较上年的 54.50%下降了 15.32 个百分点，这主要是由于白酒行业的投资得到了控制；烟草加工业投资额为 1 185 万元，占 5.17%，较上年的 16.26 下降了 11.09 个百分点，其投资也得到了控制。从投资额和所占比重的分析中可以看出，1996 年全省食品工业固定资产投资结构正在趋向合理，能供给群众一日三餐的食品加工业和食品制造业投资额有较大幅度提高，对白酒和卷烟等嗜好品的投资初步得到了遏制。

1996 年，甘肃省食品工业固定资产投资额中，更新改造所占比例加大。技术改造工作紧紧围绕结构调整，向“扶优扶强”倾斜，主要的项目有：为配合农业部将甘肃省列为啤酒大麦基地，发挥甘肃的资源优势，省农垦总公司总规模 15 万吨的 3 个麦芽项目；为促使武威凉州葡萄酒厂向产业化、规模化方向发展，引进的扩大 3 000 吨生产能力的全套国外先进设备；武威地区民勤县综合开发利用大板黑籽资源的年产 20 000 吨瓜籽深加工和综合利用生产线项目；为加快苹果资源的转化，天水市酒厂

2 000吨浓缩苹果汁技改项目及景泰县3 000吨浓缩苹果汁项目；为发展具有民族地区特色的食品工业，太子山清真食品厂技改项目等。这些项目既注意了发挥当地资源优势，又坚持了技术改造要"扶优扶强"的政策。

（楼志林）

表5　1996年甘肃省食品工业固定资产投资情况　单位：万元

| | 投资额 | 基本建设 | 更新改造 | 其他 |
|---|---|---|---|---|
| 国有经济 | 22 925 | 6 586 | 16 319 | 20 |
| 城镇集体经济 | 453 | 0 | 0 | 453 |
| 其他经济 | 1 875 | 1 731 | 144 | 0 |
| 合计 | 25 253 | 8 317 | 16 463 | 473 |

注：农村集体经济未列入。

表6　国有经济分行业固定资产投资情况　单位：万元

| 行业 | 投资额 | 基本建设 | 更新改造 | 其他 |
|---|---|---|---|---|
| 食品加工业 | 6 975 | 1 915 | 5 060 | 0 |
| 食品制造业 | 5 784 | 3 725 | 2 059 | 0 |
| 饮料制造业 | 8 981 | 686 | 8 275 | 20 |
| 烟草加工业 | 1 185 | 260 | 925 | 0 |
| 合计 | 22 925 | 6 586 | 16 319 | 20 |

注：表5、表6数据由省统计局提供。

**【f. 发展有地域特色的食品工业】**　1996年，甘肃省食品工业注意利用当地资源，开发特色产品，推动资源优势向产品优势的转化。其中有代表性的产品有：省中医学院与甘肃楚丰酒厂研制的中药保健黄酒系列，省生物所与张掖小河乡开发的猛士达酒，陇南地区研制的蛇胆明目酒，张掖地区山丹县研制的黄参保健酒，武威酒厂开发的沙樱桃保健饮料，陇南地区研制开发的核桃杏仁露蛋白饮料，白银市开发生产的果蔬浓缩汁，省脱水蔬菜公司的脱水蔬菜方便面，省甜菜研究所开发的复合燕麦营养粉等。

除了开发特色产品外，甘肃食品工业还十分注意依托资源优势和"龙头"企业，形成局部区域的特色产业，使资源优势不仅向产业化转移，而且向规模化发展。经过几年的建设，有的地方已初具规模。

1. 武威凉州葡萄酒厂及葡萄基地的建设。甘肃凉州葡萄酒厂建于1986年，是轻工业部1984年确定的全国10个干葡萄酒厂项目之一。该厂葡萄基地位于武威，是典型的中性至弱酸性沙质土壤，最适合酿酒葡萄的生长；水源来自祁连山融化的冰雪，清凉纯净；该地区日照长，昼夜温差大，与法国最佳的葡萄产区"波尔多、勃根第"十分相似。尤其是在葡萄成熟期，因天气干燥，这里从未出现过病虫害无需喷洒农药。该基地方圆25千米无企业、无污染，这里的葡萄是真正的"绿色食品"。这里栽培的葡萄品种主要有：解百纳系列、比诺系列、雷司令、贵人香、白玉霓、梅尔诺等世界名种，这些名种葡萄是酿制优质葡萄酒的最佳原料。因此，中外专家称武威葡萄产区为"中国的波尔多、勃根第"。

在资源优势的基础上，凉州葡萄酒厂引进先进的葡萄酒生产线，采用国际上先进的热浸提工艺，形成了年产1 000吨干、半干、甜等多种高档葡萄酒的生产能力。该厂生产的莫高牌干红、干白葡萄酒先后荣获省优、全国食品行业名牌产品、"绿色食品"、中国农业博览会银奖（因其规模小，由金奖改为银奖）和全国唯一获得世界葡萄酒权威机构法国勃朗日葡萄酒协会名誉会员等称号。近年来，产品在市场上一直处于供不应求的状态。

由于发展葡萄酒生产符合国家产业政策，产品市场前景又好，省有关部门在调研凉州葡萄酒厂及葡萄基地建设项目后，认为应把葡萄酒产业化项目作为全省农业产业化的重点，坚持高起点、高档次、大规模，走集团化经营的路子，以示范带动全省农业经济发展。因此，省上确立了葡萄酒产业发展目标，预计到2000年，将形成一个具备一定规模的葡萄酒酿造厂以及与之相配套的葡萄基地建设工程，届时，甘肃省葡萄酒将在国内葡萄酒生产领域占据一席之地。

2. 定西地区"洋芋工程"。位于甘肃中部的定西地区，是国家重点扶持的"三西"贫困区之一，自然条件十分恶劣，"天上雨水少、地下没有矿"，但是，种植洋芋却具有得天独厚的条件。定西洋芋产量较高，抗灾能力强，耐贮存，口感好，淀粉含量高，品质在全省乃至全国都属上乘。1996年，定西地区领导班子通过调研，认识到洋芋资源的开发利用，对于定西地区具有脱贫致富的重大意义。按农业产业化的要求，定西把"洋芋工程"列为振兴全地区经济的"四大工程"之一，作为地区的支柱产业，大力发展洋芋的种植、加工和销售。省委省政府十分支持定西地区的"洋芋工程"，提出全省的洋芋打定西牌的名牌战略思路。1996年是"洋芋工程"实施的第一年，全区种植面积达到10万公顷，农民人均半亩以上，总产达225万吨。种植业的扩大促进了加工业的发展，现在全区已有洋芋加工能力2万吨左右，其中淀粉加工能力1.5万吨（消化洋芋10万多吨）。考虑到加工能力尚不到总产量的5%，且已有淀粉加工企业基本为初级产品加工，精深加工不够。定西地区决定兴办龙头重点加工企业。目前已建成定西、临洮2个2 000吨洋芋淀粉厂和渭源1 000吨洋芋淀粉厂，1个8 000吨洋芋精淀粉厂也已开工兴建。预计"洋芋工程"建成后，全区淀粉加工能力可达10万吨，消化洋芋近70万吨，占总产量的20%以上。届时，资源优势将转化为规模效益。

3. 天水、张掖果品资源开发利用。陇东地区的天水以及河西地区的张掖，林果业资源比较丰富，且独具地方特色。驰名中外的天水"花牛"苹果及张掖的苹果梨有"果中之王"的美称。果品品质优良、营养价值高，产地集中。1996年天水地区苹果年产近20万吨，张掖地区苹果梨年产近10万吨，果品栽培已形成区域规模。利用天然的果蔬资源，在原料集中的产区建立原料半成品制造厂，在人口密集的中心城市建立天然果汁饮料灌装厂，并将二者有机的结合在一起，这是国外果汁工业发展的成功经验，也是发展规模化果汁工业的必由之路。基于这一认识，张掖地区正酝酿建设年产2 000吨苹果梨浓缩汁生产线，天水地区由甘肃福乐实业总公司投资兴建的年产4 000吨浓缩苹果汁生产线正在筹建中。这2个项目建成后，将在一定程度上缓解本省"卖果难"问题。

（柳晓霞）

**【g. 科技进步】** 1996年，甘肃省食品工业科技进步工作在3个方面取得了不同程度的进展。

1. 科研项目。主要有3项，分别是：

(1)固定化酵母细胞及载体生产技术。甘肃省新生代生物工程有限责任公司利用该技术建成年产150吨固定化酵母载体生产厂。本项目在酒精工业化生产应用成功后，目前主要向食醋生产企业推广，已有十几家采用，取得了约400万元经济效益。还有二十几家确认了项目推广意向。

(2)中药保健黄酒生产技术。本项目由甘肃省中医学院与楚丰酒厂联合完成。应用中药调理机体功能，将中药经先进的综合加工处理，与黄酒生产融为一体，不仅起到调理机体功能之效力，还能从黄酒中为机体补充一定的营养物质，从而达到营养保健作用。其产品分为女士养颜型、中青年强体型、老年健体型。本项目1996年4月通过甘肃省科委鉴定，属国内先进水平。

(3)小绿藻粉、片生产技术。小绿藻富含蛋白质，具有抗癌活性物质。能抑制癌细胞、抗氧化、抗感染、抗衰老、降压、解毒，是良好的营养保健品之一。本项目由甘肃庆阳地区西峰市贸工农基地公司完成。包括小绿藻的现代技术养殖，小绿藻的获取，加工制成粉、片型营养保健品。其养殖生产工艺成熟，已在开放池中大面积养殖。小绿藻获取率高，平均产量15～20g/m$^3$光照面。采用玻璃管道光合反应，喷雾、冷冻干燥制成成品，加工工艺先进。1996年9月通过省经贸委、省科委鉴定，研制技术属国内先进水平。

2. 新产品开发。主要有2项：

(1)系列蔬菜快餐面。该产品由甘肃省轻工科研所完成。其蔬菜添加工艺先进，品质精良，耐煮，口感滑润，包装精美，是居家解决快餐的良好面条制品。1996年3月通过省轻纺总会组织的省级新产品鉴定。

(2)猛士达酒。该产品由甘肃省生物研究所与张掖市小河乡联合完成。本产品是采用中药添加，大罐发酵酿制的保健酒，具有强身健体之功效。于1996年4月通过省级鉴定。

3. 科技管理。主要有2项：

甘肃省盛产大板黑瓜籽，近年来黑瓜籽加工企业数不断增加，产品质量、规格极不规范，给生产及质量管理带来很多不便。为了统一产品质量，提高产品档次，增强市场竞争能力，维护生产者、消费者合法权益，便于质量管理，省农副产品质量检测站依据近几年检测数据，制定了《甘肃省风味黑瓜籽地方标准》，省食协组织有关专家进行了审定，1996年10月由省技术监督局发布(DB62/T286—1996)，1997年6月1日实施。

甘肃省有生产黄酒的历史，且黄酒生产厂不断增加，多属小型企业，各执其企业标准组织生产，产品质量参差不齐，不便管理，也不利市场竞争。省轻工产品质量检测站依据近年黄酒检测数据，制定了《甘肃黄酒地方标准》省食协组织有关专家进行了审定，1996年5月15日由省技术监督局发布(DB62/T460—1996)，1996年7月1日实施。

（张昌祺）

**【h. 加强质量管理，实施名牌战略】** 从全省食品市场看，除白酒、啤酒、黄酒、冷冻饮品、袋装乳品、粮油初加工品、卷烟及部分价格适中、质量好的软饮料等地产食品占得一席之地外，花色糕点、易拉罐饮料、高档烟酒、高档糖果等附加值高的食品工业产品，基本被外地食品及"洋食品"占领。究其原因，一是本地食品质量较差、品种单一，无法与外来食品竞争；二是假、冒、伪、劣产品仍占据一定市场，假烟、假酒、假饮料、劣质肉制品、劣质盐、走私糖等仍在干扰市场。

为推进经济体制和经济增长方式的根本转变，加快全省经济的发展，甘肃省委、省政府把实施名牌战略作为调整全省经济结构、增强产品竞争能力的重要措施，提出了全省争创名牌产品的质量振兴计划，实施名牌战略已成为全省上下的一致共识。省经贸委、省技术监督局从1994年起，先后分3批组织评定了119个甘肃名牌产品，其中食品类产品23个，占名牌产品的19%。1996年获甘肃名牌产品称号的3个产品是：兰州黄河啤酒有限公司的兰乐牌黄河啤酒，镇原艾波瑞珂果品有限公司的采宝牌奶油杏肉，庆阳地区彭阳春酒厂的彭阳春特曲酒。

为配合创名牌及《质量振兴纲要》的宣贯活动，省食协组织省内有关企业，参加由中国食协组织的“国家质量体系内审员培训班”的培训工作，为食品企业大力推行并贯彻GB/T19000—ISO9000质量管理与质量保证体系系列标准提供了系统学习的机会，对加强企业管理，进一步提高产品质量起到积极的作用。

【i. 经济效益下降】 1996年，甘肃省食品工业从总体情况看，经济效益水平下降。全省1 130个乡及乡以上独立核算食品工业企业中，亏损企业194个，亏损面为17.17%。全年实现利税52 970万元，比上年下降7.29%，；盈利企业的利润总额为15 993万元，亏损企业的亏损总额为24 763万元，盈亏相抵后的利润总额由上年的2 688万元，下降为－8 770万元；每百元资金实现利税8.50元，实现利润－1.41元。全省食品工业首次出现全行业亏损。

全年独立核算食品工业产品销售率为90.90%，低于全国标准值6.58个百分点，表明有一定数量的产品压库；食品工业资金利税率为8.50%，比全国标准值低5.05个百分点，比上年低2.89个百分点；工业成本利润率为－2.74%（即每百元已销售产品的工厂成本不仅无利润，反而亏损2.74元），比全国标准值低11.15个百分点，比上年低3.71个百分点；工业增加值率为35.21%；流动资金周转次数为1.19次/年，比标准值少0.64次/年，比上年少0.08次/年；全员劳动生产率22 614元/人，虽高于6 205元/人的全国标准值，但1996年以上6项经济指标的工业经济效益综合指数仅为86.72，比上年的92.84低6.12个百分点。全省食品工业整体经济效益下降。

从分行业情况看，经济效益参差不齐。1996年，食品加工业、食品制造业、饮料制造业、烟草加工业及采盐业盈亏相抵后，分别实现利润－10 917万元、－3 370万元、4 402万元、1 180万元、－65万元。食品加工业、食品制造业、饮料制造业、烟草加工业及采盐业产值分别占全省食品工业的38.09%、20.15%、26.%、14.83%、0.66%，可以看出，食品加工业与食品制造业两项合计占到全省食品工业的58.24%，而两行业全面亏损，全省食品工业直接受影响，经济效益差；饮料制造业在年扭亏的基础上利润总额又有较大幅度提高，烟草加工业由于及时调整了产品结构利润下滑的态势有所遏制，利润总额呈均速增长；采盐业与上年相比，减亏较为明显。

1996年，全省乡及乡以上独立核算食品加工业企业573个，食品制造业368个，其中亏损企业分别为95个及64个，亏损面为16.58%及17.39%。实现利税，食品加工业由上年的3 359万元下滑到－5 906万元，食品制造业由上年的2 623万元下降到22万元；盈亏相抵后的利润，食品加工业在上年亏损287万元的基础上，增亏10 630万元，食品制造业在上年亏损515万元的基础上，增亏2 855万元；两行业每百元资金实现利税分别为－2.69元和0.03元，实现利润－4.97元及－4.99元。食品加工业及食品制造业在上年亏损的基础上，亏损进一步扩大。

饮料制造业在上年扭亏的基础上，利税总额又有较大提高。全年独立核算企业有166个，从业人员2 365人，全行业实现利税26 135万元，比上年增长26.48%；盈亏相抵后的利润总额为4 402万元，比上年增长65.68%，增幅较为显著。每百元资金实现利税12.49元、实现利润2.10元，均高于全省食品工业平均水平。饮料制造业中，酒精及饮料酒制造业的利润总额，相当于整个饮料制造业的129.03%，而白酒、啤酒制造业的利润总额，又相当于酒精及饮料酒制造业的125.23%。可以说，1996年全省饮料制造业的经济效益好，主要是由白酒和啤酒制造业带动的。

全省15个烟草加工企业实现利税32 631万元，比上年增长7.03%；盈亏相抵后实现利润1 180万元，比上年增长12.81%；每百元资金实现利税41.57元、实现利润1.50元。有亏损企业4个，亏损面26.67%，比上年减少6.66个百分点；亏损企业亏损总额为131万元，比上年减少428万元，全行业经济效益明显提高。

全省8个乡及乡以上独立核算采盐业企业，全年实现利税88万元，是上年的44倍；盈亏相抵后的利润由上年的亏损213万元，减亏为－65万元；每百元资金实现利税2.28元、实现利润－1.68元。虽然全行业仍然亏损，但减亏较为显著。

从经济类型看，国有经济利润水平不好，而集体经济、“三资”经济利润水平稳步增长，其他经济类型也趋好转。

1996年，全省364个独立核算国有食品工业企业共实现利税35 493万元，实现利润－15 054万元，分别比上年减少了8 514万元及增亏12 830万元；每百元资金实现利税7.37元、实现利润－3.09元。全省食品工业国有经济利润水平低下。

集体经济、“三资”经济分别完成利税5 916万元及10 999万元；实现利润2 009万元及4 317万元，分别比上年增加614万元及764万元；每百元资金实现利税8.98元、17.00元，实现利润3.05元、6.67元。利润水平远远高于国有经济及全行业平均水平。

其他经济类型完成利税12万元，实现利润虽为－42万元，但与上年比，减亏315万元。每百元资金实现利税

2.26元、实现利润－0.85元。

在利润总额中，大中型食品企业实现利润1 126万元，而小型食品企业则亏损9 896万元；全年亏损企业亏损总额为24 764万元，大中型企业占亏损总额的29.6%，小型企业占亏损总额的70%以上。

在国有大中型企业效益普遍下滑的情况下，集体企业、“三资”企业却异军突起，迅猛发展，这对于引进资金、技术，增加财政收入，扩大就业面是十分有利的，同时，对于搞活大中型国有企业具有一定的启示作用。

**【j. 企业改革取得可喜进展】** 1996年，甘肃食品工业中的一些中小企业，以“龙头”为主导进行联合兼并，形成集团或企业联盟，组织规模生产，降低损耗，减少成本，实现规模效益，在企业改革方面迈出了可喜的步伐。

兰州黄河企业集团公司的前身是1个村办小型啤酒厂，年设计能力仅1万吨。依靠灵活的经营机制和创出的“黄河”品牌，“黄啤”迅速赢得了市场，使企业具备了一定实力。1991年“黄啤”兼并了原镇原县啤酒厂，兼并经营5年，年产由1万吨扩大到2万吨，为地方上缴税金2 058万元。1996年黄河集团又兼并了面临倒闭的天水市啤酒厂，仅3个月便完成了技改扩建，生产能力由1.5万吨增加到4万吨。在“黄啤”的带动下，省内几家纸箱、玻璃瓶厂的经营也柳暗花明。目前，“黄啤”拥有总资产6.3亿元，年创利税1亿多元，是国家级大型乡镇企业集团，省级大型骨干企业、十大集团之一。如今，在西北地区“黄啤”的平均市场占有率达78%，并大量进入北京、四川、云南、广州等地。“黄啤”以强带弱、以大带小的成功的企业改革经验，被省内同仁誉为“黄河现象”。

甘肃农垦总公司为促使农垦啤酒工业在短期内上台阶，在1996年酝酿收购兰州啤酒厂的基础上，于近期组建了省(农垦)啤酒股份有限公司。

甘肃皇台实业(集团)有限责任公司是省内大中型国有企业建立现代企业制度的试点单位。按照“重组资产、改组集团、改制成员、创造公司”的思路，“皇台”以集团为核心，以产权为纽带，采取合资、控股、参股方式，设立母子公司制集团体系。首先公司以白酒酿造资产为基础，通过公开募集方式创建皇台酒业股份有限公司；其次，通过招商引资在综合开发区围绕饲料加工及养殖业创建有限责任公司，最后改组其他专用资产，从而完成皇台集团的企业改革。

目前，通过兼并、联合等途径已形成的较大的食品企业集团还有滨河集团、酒泉供销集团。

在大中型食品企业以产业化、规模化为发展方向进行多种形式的企业改革，走集团化道路的同时，小型食品企业也以更加多样、更加灵活的途径进行改制。

张掖市食品厂实施租赁经营，总厂与5个分厂签定了“分期抽资，租赁经营”的合同，工厂出现转机。濒临倒闭的平凉市柳湖春酒厂被私营企业主带资承包，经营1年，目前企业已重现活力。处于半停产状态的武威市食品厂被武威市煤炭公司兼并后，已启动生产。濒临破产的庆阳地区彭阳春酒厂，自1994年进行股份合作制经营以来，重质量，抓品牌，盘活了资金，扭亏为盈，目前该厂产品供不应求，呈现喜人景象。镇原县杏仁粉厂实行抵押承包、县食品厂依法破产后，企业已显出勃勃生机。

**【k. 流通领域进一步完善】** 为培育规范有序的市场竞争体系，1996年，甘肃省有关行业管理部门扎实有效的做了大量工作，取得一定成效。

为规范食品专业市场，工商部门在兰州先后筹建了兰州清真牛羊肉批发市场、兰州七里河粮油肉菜市场、兰州静安门粮油市场、兰州西湖小食品批发市场等。这些市场的建成，为规范市场竞争、引导居民消费，起到积极作用。

为维护正当竞争，保护消费者利益和身心健康，技术监督及其他行业管理部门，加大了打击假、冒、伪、劣食品生产经营的力度。1996年，在省技术监督局的安排下，兰州、天水、白银、金昌4地的技术监督部门对本地大中型商场和仓库储存的部分食品进行抽样检查，检查结果公开登报。对产品质量好的食品产品品牌及经营商场进行表扬，对属假、冒、伪、劣的食品及经营商场进行曝光，扶正抑邪，维护了企业的正常生产及商家的正当经营，打击了假、冒、伪、劣食品的无序流通。

为规范盐业市场，加强对《食盐专营管理办法》的贯彻执行，普及加碘盐的覆盖率，在省盐务管理部门的组织下，1996年，全省开展了一系列有声有色的宣传贯彻活动。甘肃省属严重缺碘地区，碘缺乏病病情列全国第四。兰州市有55%的新生儿处于缺碘状态，中小城镇、广大农村情况更为严重。针对这一现状，在5月5日“全国第三个防治碘缺乏病日”，全省各地开展了大规模的宣传活动，呼吁全民食用合格碘盐。随后根据省情，为实现2000年以前消灭碘缺乏病，加碘盐工程全面启动。工程分为5个分项，即在两个产区(高台县、漳县)和3个销区(兰州、天水、河西堡)布点，年加碘总能力达4万吨。省卫生、商业、工商、质量监督、盐务管理、政法等部门还加大力度开展了以碘盐为主的综合防治措施。省卫生厅任命了316名食品卫生碘盐监督员，开展经常性的监督检查，强化盐政管理，加大专营力度，严打私盐、无碘盐、劣质盐的倾销，净化了盐业市场。目前，全省居民碘盐覆盖率达91%。

为强化烟草专卖管理，省烟草管理部门在6月29日

《中华人民共和国烟草专卖法》颁布5周年纪念日，开展了声势浩大的全方位的宣贯活动，使《专卖法》深入人心，做到人人皆知。保护了企业的正常经营活动，打击了私烟和黑烟等违法经营活动，清理整顿了烟草流通市场。

为使老百姓吃上"放心肉"，省人民政府发布《关于进一步加强生猪等畜禽屠宰检疫管理办法》，省经贸委出台了《甘肃省生猪定点屠宰管理办法》。两个《办法》的出台，进一步加强了上市肉品检疫率，减少或杜绝了通过食肉而导致的人畜共患传染病的发生。目前，全省59个县市全部实现了"定点屠宰、集中检疫"的规范管理，市场检疫率达95%。

（柳晓霞）

# 3.28 青 海 省

**【a. 纪事】** 1.4月青海省食品工业办公室与省技术监督局、省轻纺总会以及有关行政主管部门联合组成检查组，对西宁、湟中、湟源、大通等地的20多家企业生产的10大类70余种预包装食品的标签进行了检查。对不合格的标签，要求限期整改。

2. 青海省食品工业协会第三届四次理事会于1996年7月4日举行。会议传达了中国食协三届四次理事会的精神，讨论安排了当年全省食品工业的工作计划；对省食协理事会进行了调整。

3. 由青海省食品工业协会完成的《五香、咖喱牛肉干》、《八宝盖碗茶》两个地方标准，9月通过审定，10月15日由省技术监督局发布，12月1日起在全省实施。

4.10月青海省食品工业协会开展了对全省方便食品和矿泉水两个行业企业状况的调研工作。并撰写了《我省方便食品的调研与建议》和《青海省矿泉水生产、市场状况及应采取的对策》两篇调研报告。

5. 青海青稞酒(集团)有限责任公司党委书记、董事长兼总经理郭起甲同志，1996年荣获"青海省十佳企业家"称号和中华全国总工会授予的"五一劳动奖章"。

6.7月20日，青海省青稞酒(集团)有限公司举办了以展示高原风采、弘扬民族文化为宗旨的"第二届青海青稞酒节"。来自山东、内蒙古、宁夏、四川、河南、甘肃及本省的250多个厂家出席。

**【b. 概况】** 1996年，青海省食品工业的全体干部和职工在省委、省政府的领导下，认真实施"改革开放，治穷致富，开发资源，振兴青海"的经济发展战略，齐心协力，克服了电力不足、资金短缺、原辅材料涨价等困难以及市场变化的影响，使全行业保持了稳定、低速发展。据统计，1996年青海省食品工业总产值为5.62亿元(1990年不变价)，占全省工业总产值的6.2%，与农业总产值的比为0.369∶1。

当年全省食品加工业工业总产值为2.54亿元，相当于上年的62.3%；食品制造业工业总产值为0.94亿元，相当于上年的110.59%；饮料制造业工业总产值为1.54亿元，相当于上年的116.67%；烟草加工业工业总产值为0.59亿元，相当于上年的109.26%。

从以上数据反映出的情况分析，1996年青海省食品工业中的食品制造业、饮料制造业、烟草加工业的生产稳步发展，工业总产值较1995年有不同程度的提高。而长期以来在食品工业中占主导地位的食品加工业的情况则不太乐观。青海省食品加工业中主要是以粮油加工和畜产品加工为主，由于多种不利因素，这两大行业1996年生产情况均不理想，企业开工不足，生产下滑，主要产品产量明显下降，导致食品加工业的总产值大幅度下降，由1995年的4.08亿元下降至2.54亿元。

**【c. 生产与销售】** 据有关资料统计，1996年青海省食品工业主要产品产量除白酒、卷烟以外均有不同程度的下降。

分析当年全省食品工业生产、销售情况，以下几种现象值得注意：1. 企业资金严重不足。青海省食品工业企业绝大部分是小型企业，规模小、底子薄、厂房老化、设备陈旧，企业自我更新和自我改造的能力差，资金的短缺使企业无法形成新的生产能力，还有一些企业由于流动资金的紧缺连买原料都很困难，根本无法维持正常生产。2. 技术装备水平低。从1995年工业普查资料看，全省食品工业大部分机器设备处于80年代初或70年代以前的水平。机器设备陈旧落后的现状给新产品的开发、产品质量的提高和企业的发展带来了困难。3. 产品档次低。初加工产品多，深加工的产品少；老产品多，新产品少；普通产品多，名优高档产品少，出口创汇产品更少，缺乏市场竞争力。4. 生产规模过小。青海省产品绝大部分生产规模小，名优产品的生产规模也无法和省外产品相比。5. 自然地理因素。青海地处边远，市场容量小，开辟市场难度大，交通不便，运输线长，信息闭塞，各项费用大。6. 存量资产利用率不高。如：全省冷库旺季时利用率只有30%，屠宰能力利用率只有58%，制粉工业利用率44.5%，食用植物油生产能力利用率15%，糖果糕点生产能力利用率28%。7. 技改资金严重不足。1996年全省食品工业技改资金计划投入总数为5 013万元，实际到位不足10%。产品结构不合理、经济效益差又急需进行技术改造的企业，金融等部门常常不能给予足够支持，使企业技改工作进展缓慢，导致新工艺、新技术的应用和新产品的开发都受到不同程度的影响。8. 竞争不平等。有些国有企业目前还承担着部分政府行为，有平抑物价、稳定市场的双重任务。如农、牧产品收购，要考虑农牧民利益，必要时实行保护价；产品销售时为了保市场、保稳定，又要实行限价。9. 企业营销意识跟不上市场形势发展的需要。10. 产品结构不合理。11. 包装装璜落后。12. 宣传力度不够。由于观念陈旧、资金困难等因素的影响，相当一部分食品企业对产品的宣传没有放到一个重要位置上来，产品缺乏宣传力度。

**【d. 经济效益】** 据统计，1996年青海省食品工业实现利税总额5 547万元，相当于上年的50.9%；利润呈负增长。利税大幅度下降的主要原因是：1. 企业亏损面加大。青海省食品工业在1995年就已出现了亏损面扩大的不利局面，由于多种因素所致，在1996年这一局面不但没有得到有效抑制，而且愈演愈烈；国有工业企业生产下降，经济效益明显滑坡，亏损额继续增加，亏损企业的数目不断增加，1996年亏损企业数由1995年的67个增加为75个，亏损面增加8.1个百分点，2. 大中型企业亏损额增加。1996年省内最大的粮食加工企业和最大的肉食品加工企业生产下滑，开工不足，经济效益下降，两大企业相继出现亏损。3. 省外产品对本省产品市场的冲击加大。如面粉，城市消费市场近50%被省外产品占据；饮料，沿海地区产品占有80%～90%的市场；乳制品，省外产品占有90%以上的市场；调味品省外产品占有70%的市场；糕点、饼干、糖果，沿海及国外产品占有90%的市场。

**【e. 明星企业和优秀企业家】** 青海青稞酒集团有限公司(原青海青稞酒厂)是青海省食品工业企业中的明星企业。该集团公司坚决贯彻党的十一届三中全会以来的路线、方针、政策，改革意识强烈，观念更新，转变经济增长方式；把改革、改组、改造有机结合起来，成绩突出；有效加强企业管理，敢于管理创新，品牌意识浓厚；重视精神文明建设，努力培育企业文化。该公司1996年完成工业总产值10 912万元，实现税利6 019万元，分别比1986年增长了19倍和17.6倍；青稞酒年产量16 468吨，销售量13 868吨，分别比1986年增长了5.5倍和13.3倍，全员劳动生产率68 932.54元，人均创利税38 507.85万元。10年累计完成工业总产值40 742万元，产酒量69 652吨，实现利税25 224万元，其中上缴税金20 500万元；固定资产总值达到14 069万元，比1986年增长了20倍，为国家创造了一笔巨大的财富。青海青稞酒有限公司的健康发展，不仅为本企业创造了良好的效益，也为全省食品工业的发展作出了很大贡献，起到了很好的带头作用。

郭起甲，青海青稞酒厂原厂长，现任青海青稞酒(集团)有限责任公司党委书记、董事长兼总经理。几年来先后荣获全国轻工业优秀企业家、全国食品工业优秀企业家称号，两次获得青海省优秀企业家称号，1993年被评为青海省优秀经营管理者，同年省政府授予"青海省优秀专业技术人才"称号，1996年被中华全国总工会授予"五一劳动奖章"，1996年被授予"青海省十佳企业家"称号。青海青稞酒厂在郭起甲十多年的苦心经营下，由一个濒临停产的县办小厂，发展成为国家大型企业，全国少数民族用品定点生产企业；1992年跨入"中国白酒制造业最佳经济效益百强之一"(第27位)和"中国白酒制造业最大市场占有份额百强之一"(第24位)的"双百强"企业行列。1995年又被批准为"全国旅游商品定点生产企业"、和"绿色食品定点生产企业"；连续6年进入青海省税利大户前列，连年受到省政府表彰。

为了适应市场竞争需要，郭起甲带领全厂果断进行产品结构调整，坚持"生产一代、开发一代、研制一代"的方针，根据不同地区消费者的需求，生产适合不同层次消费水平的适销对路产品。他们平均每年有3个新产品投放市场，产品由最初的1个系列5个品种发展到如今的3大系列30多个品种，新产品产值占工业总产值的30%以上，利税占利税总额的40%以上。他们还向发展前景广阔的保健饮料酒行业渗透，先后研制开发了具有高原特色的"鹿茸青稞酒"、"虫草青稞酒"等优质保健青稞酒和"青稞清酒"、"青稞黄酒"等优质饮料酒，使酿造青稞酒的历史进入了一个新阶段。新产品投放市场后深受消费者青睐，常年供不应求。他们还建成了青藏高原特有的鹿茸、冬虫夏草和枸杞等天然保健中药材供应基地，保证了生产需求，形成了规模经营优势。郭起甲领导的青海青稞酒(集团)有限责任公司，艰苦创业，迅速壮大，为青海饮料酒行业的发展开辟了一条蹊径。

**【f. 招商引资和对外经济技术合作】** 青海是长江、黄河的发源地，位于青藏高原的东北部，幅员辽阔，有着丰富的天然资源。近几年，作为中国西部开发的战略要地，以其独特的高原风光和丰富的资源为世人瞩目。为加快青海经济建设步伐，充分利用自然资源优势，加强兄弟省区以及国际间的经济、文化交流和合作，促进青海走向全国、走向世界，使外界更多地了解青海、认识青海，进一步扩大对外开放，青海省政府1996年8月15日至8月23日，在省会西宁举办了首届"江河源之夏"艺术节。

艺术节期间，除签订一些内外贸销售合同外，青海省贸易厅与天津保税区初步谈成了蜂产品的出口加工等横向联合项目。

1996年青海省还为进一步扩大对外开放，做了一些基础工作。1. 加大招商引资力度，积极组织企业参加省内外招商引资活动，先后组织企业参加了香港、厦门、郑州国际招商会和大连进出口商品交易会，均取得了较好成绩。进一步达到了宣传青海、扩大和提高青海地产商品的知名度，广交朋友，开拓国际国内市场的目的。促成了一批合资、合作贸易项目，如青海粮油综合厂的高级烹调油、第二条专用粉生产线的合作及青海第二面粉厂的变性淀粉项目均已有合作和投资的伙伴。2. 加强了招商引资的基础工作，充实完善了招商引资项目库的工作。省计委编制了“青海省国际经济技术合作项目简介”，其中青海省肉食品公司的牛羊肉制品加工、青海省第二面粉厂的马铃薯系列产品加工、湟源县对外贸易公司的蚕豆深加工等项目被列为省级重点推荐项目。

**【g. 行业管理与组织结构】** 1996年青海省食品工业协会在组织形式上没有发生变化，仍是两块牌子一套班子(青海省食品工业办公室、青海省食品工业协会)，隶属青海省经贸委领导。青海省食品工业办公室、青海省食品工业协会是青海省食品行业的管理组织，其宗旨和任务是负责对全省食品工业进行统筹、规划、协调、服务；宣传、贯彻、执行食品工业有关方针、政策，并提出发展规划的建议；研究全省食品工业发展方向和布局；参预和组织全省食品工业各行业的标准、规范、法规的制定；进行食品工业的学术讨论和技术交流，引进和推广新技术，加强对全省食品工业的宏观指导。根据工作业务需要，省食品工业协会下设一室二科(办公室、规划科、技术咨询科)。1996年由于人员变动，在青海省食品工业协会第三届四次理事会上对原理事会的部分理事、常务理事及副会长进行了调整。省经贸委主任关凤强任食品工业协会名誉会长，省经贸委副主任文登任青海省食品工业协会会长，彭锐锋同志任秘书长。

**【h. 新产品开发与技术改造】** 1996年青海省食品工业在本省财力非常困难的情况下，充分利用有限的资金，根据市场需求，合理利用本省资源，积极开发新产品。青海青稞酒(集团)有限责任公司开发研制出低度饮料保健酒新产品——青稞清酒，该产品投入生产后每年可创产值1 800万元、利润60万元、税金150万元。青海天然营养补剂厂开发的高效天然保健品——蜂巢蜜，是利用青海丰富的废蜂巢与一定比例的精炼蜜混合而成。此产品属西北首创，年产量为100吨，投产后每年可创产值680万元、利润167万元、税金60万元。西宁副食厂采用低盐固态法和堆积固态发酵新工艺生产宴席酱油、香醋，提高了原料全氮利用率，年产量为150吨，年产值可达100万元、利润5万元、税金5万元；青海虫草酒厂生产的藏红花、雪莲保健酒，是利用青海高原珍贵的可食植物红花、雪莲酿制而成，年生产5吨，可创产值95万元、利润10万元、税金25万元。

1996年青海省经贸委安排的几个食品工业技改项目，计划投资5 013万元，由于企业自身困难，自筹资金难以到位及其它一些因素的影响，项目均未如期进行。

**【i. 质量管理】** 为了深入贯彻江泽民总书记关于“树立质量活动观念，提高全民质量意识”的重要指示，进一步推动青海省质量振兴和经济的健康发展，1996年8月27日，全省开展了以“扶优治劣，深入打假，促进质量振兴”为主题的“'96青海质量行活动”。在这个活动中，全省各食品企业积极学习贯彻《产品质量法》，从加强企业管理做起，建章健制，为进一步提高企业产品质量而努力工作，均得到了良好的回报。省内粮油加工业在此次活动中表现尤为突出。他们从抓基础管理入手，建立健全质量管理体系，严格执行原辅材料消耗定额管理，依靠管理解决生产中存在的问题，依靠管理提高质量，增强实力，争创名优产品。1996年省直粮油加工企业中骨干企业的主要产品均获得质量信得过产品的荣誉称号。如青海粮油综合厂生产的丁香牌专用粉、丁香牌二级精炼油、丁香牌食醋，青海第一面粉厂生产的白牡丹牌面粉，青海第二面粉厂生产的金硕牌富养粉、金硕牌清真挂面等产品，质量不断提高，知名度日益提高，深受广大消费者青睐。青海省食品工业的其它一些名牌产品，如青海青稞酒厂生产的互助牌青稞酒系列产品、金塔酒厂生产的金塔牌系列酒、西宁副食厂生产的雪豹牌酱油、食醋等，也是消费者购物时的首选商品。这些生产名牌食品的企业，为了保护消费者的合法权益，为了自己的产品不受假冒伪劣产品的侵扰，在企业资金很困难的情况下，积极想办法挤出一部分资金，配合省、市工商管理部门和卫生防疫部门及各有关部门积极开展打击假冒伪劣产品的活动，收到了很好的成效。

在“'96青海质量行活动”中，青海省食品工业办公室(协会)会同省技术监督局、省轻纺总会以及有关行政主管部门联合组成检查组，对西宁、湟中、湟源、大通等地的20多家企业生产的10大类70余种预包装食品产品的标签进行了检查。对不合格的标签，要求生产企业限期整改。此次检查对《食品标签通用标准》的宣传、贯彻起到了积极的作用，并且对青海省的食品企业进一步贯彻执行《食品标签通用标准》起到了很好的推动作用。

(谷玉英)

表1　**1996年青海省食品工业主要经济指标**

| 指标名称 | 单位 | 1996年 | 1995年 |
|---|---|---|---|
| 企业单位数 | 个 | 187 | 209 |
| 其中：亏损企业数 | 个 | 75 | 67 |
| 亏损企业亏损额 | 万元 | 6 278 | |
| 利润总额 | 万元 | －4 662 | 544.9 |
| 利税总额 | 万元 | 5 547 | 10 889 |
| 流动资产年平均余额 | 万元 | 73 477 | 64 410 |
| 固定资产原值 | 万元 | 72 783 | 68 643 |
| 工业总产值(1990年不变价) | 万元 | 56 198 | 62 790 |
| 工业总产值(现行价) | 万元 | 79 921 | 111 396 |
| 工业销售产值(现行价) | 万元 | 86 276 | 113 375 |
| 工业增加值(生产法) | 万元 | 27 178 | 25 758 |
| 全部职工平均人数 | 人 | 11 943 | 14 144 |

注：以上统计数字均为乡及乡以上独立核算工业企业。

表2　**1996年青海省食品工业主要产品产量**

| 产品名称 | 单位 | 产量 | 产品名称 | 单位 | 产量 |
|---|---|---|---|---|---|
| 原盐 | 万吨 | 68.24 | 酱油 | 吨 | 5 821 |
| 小麦粉 | 万吨 | 15.44 | 罐头 | 吨 | 289 |
| 食用植物油 | 万吨 | 3.32 | 啤酒 | 吨 | 12 653 |
| 鲜、冻畜肉 | 吨 | 11 895 | 白酒 | 吨 | 19 103 |
| 糖果 | 吨 | 105 | 卷烟 | 箱 | 31 036 |
| 乳制品 | 吨 | 886 | 无酒精饮料 | 吨 | 1 801 |
| 其中：奶粉 | 吨 | 886 | 其中：碳酸饮料 | 吨 | 1 256 |
| | | | 天然矿泉水 | 吨 | 300 |

# 3.29 宁夏回族自治区

**【a. 概况】** 1996年宁夏回族自治区国民经济完成情况较好，全年完成国内生产总值194亿元，较上年增长10.5%，高于“九五”计划和年度计划确定增长9%的目标，是1989年以来发展速度最快的一年。其中第一产业增长18%，第二产业增长8.5%，第三产业增长9%。农业生产形势较好，粮食生产创历史最高水平，总产量257.9万吨，比上年增产55万吨；油料总产量7.9万吨，增产2.3万吨；畜牧、水产业也保持较快增长。食品工业克服由计划经济体制向市场经济体制转轨中的许多不适应状况，完成工业总产值142 657.3万元，尽管按可比口径计算只比上年增长2.91%，但从食品工业中的各行业发展比较分析可看出，主要是结构性调整所至。

在食品加工业中，由于农业大丰收，市场各类农副产品价格大幅下降，特别是碾米和磨粉业的产品，市场上的零售价低于国有粮店价格且更新鲜，故直接影响这两个行业产品产量下降30.30%和50.96%，实现工业产值分别下降56.59%和28.17%；同期罐头制造业生产由于原料减少而开工不足，产量下降23.52%，产值下降35.69%；发酵制品业产值下降14%，其中柠檬酸产量下降13.89%，产值下降13.43%；调味品制造业产值下降33.21%，除酱油、食醋类的产量有一定增长，其它类下降幅度都很大；在城乡奶牛养殖业发展持续较热的情况下，牛奶产量又增加了2.8万多吨，但由于主要品种淡奶粉的市场销售价格的降低和市场鲜奶消费的增长，乳制品制造业产品结构有所调整，产量下降，但产值增长了25.06%；软饮料制造业产值全面下降达19.17%，其中碳酸饮料产值下降34.44%，天然矿泉水、果菜汁饮料和制茶业也分别下降15.16%、9.27%和29.11%。上述行业产量、产值下滑，其直接影响表现为全区食品工业出现低速增长的现象。

食品工业各行业中发展较好的有：植物油加工业在农业油料生产丰收的推动下，产量增长55.43%，其中色拉油产量剧增，产值增长57.44%；甜菜糖产量增长7.72%，产值增长16.28%；具有地方特色的清真糕点、糖果制造业，产值增长13.61%；味精制造业产量、产值基本同步增长25%；在宁夏南部山区脱贫致富中起龙头骨干作用的粉丝、粉条、粉皮等豆制品加工业和淀粉及淀粉制品业，不断扩大生产能力，开发新品种，产量分别增长94.48%和10.94%，产值增长159.76%和5.36%。酒精及饮料酒制造业产值增长29.39%；其中啤酒制造业工业产值按可比口径计算增长3.23%，产量增长28.71%，工业销售产值增长近3倍；葡萄酒制造业开始走出低谷，产量增长2倍。烟草加工业的吴忠卷烟厂在基本上完成了基建和技术更新改造后，产品结构调整效果突出，生产增长了27.4%。如果不是这些行业发展较好，全区食品工业可能出现负增长，这也说明宁夏食品工业各行业间发展还很不平衡。

随着十四大以来社会主义市场经济体制改革的不断深化，宁夏食品工业的结构在地区经济社会发展以及资源特点和国家有关政策的直接影响下，也反映出了它本身的发展特点、方向和水平。即在经历了46年的建设后，基本上形成了以粮油加工、制糖业、屠宰及肉类加工业为主的食品加工业；发展潜力巨大，以乳制品制造业、淀粉及豆制品制造业、独具民族特色的“清真”糕点及糖果制造业、罐头食品制造业为主的食品制造业；以白酒、啤酒为主干，以最具资源优势的葡萄酒制造业为主导的饮料制造业以及卷烟制造业，这些，组成了宁夏食品工业的行业结构体系。宁夏食品工业固定资产在全区第二产业中的比重达到7.54%，流动资产为7.29%，都高于产值所占的7.25%的比重。但由于食品工业原料的特殊性，它需要大量季节性储备和占用较多的流动资产；而产品销售相对均衡，全区食品工业年初库存和年末库存分别占全区工业的13.41%和13.62%，生产价值和销售只占6.97%和6.61%，这些因素都影响到经济效益较低。

从固定资产利用效益的指标看，食品工业每百元固定资产创造的产值和增加值，食品加工业为98.91元、13.31元；食品制造业为78.15元、21.37元；饮料制造业较高，为138.92元、47.06元；卷烟制造业为102.33元和35.26元。加权平均后，全区食品工业的指标值分别为78.37元和21.12元，与全区工业的97.54元和31.20元比较，固定资产利用效益还较低。

从流动资产利用指标看，全区食品工业流动资产年周转次数平均为1.2次，周转天数为300天，较宁夏工业的1.18次和306天的平均数，效果还算是比较好的。其中食品加工业流动资产年周转次数为1.06次，周转天数为340天；食品制造业为1.29次、283天；卷烟制造业为1.22次、299天；而饮料制造业的1.47次、248天，效果最好。每百元流动资产实现的利税和利润，也是饮料制造业为最好，分别达到41元和16元，较宁夏工业平均水平9元和0.59元高出许多倍。烟草加工业除每百元流动资产实现利税24.61元高于全区工业平均水平以外，其每百元流动资产实现的利润，食品加工业、食品制造业每百元流动资产实现的利润、利税都远低于全区工业平均水平。每百元工业产值占用流动资产，全区食品工业平均为83.50元，较全区工业的83.02元略高；其中食品加工业87.28元、卷烟制造业98.12元，都高于平均水平，食品制造业和饮料制造业分别是76.84元和81.12元。结合上述几项指标总体分析，食品工业流动资产利用效益还不算好，主要原因是实现利税总水平太低。全区食品工业83个亏损企业，亏损面达34.30%；这些企业的亏损额占全区工业亏损总额的20.09%，是宁夏食品工业历史上所没有过的。仅制糖业的2个亏损企业亏损额就达7 130万元，占全区工业亏损总额的10.23%，形势十分严峻。

从总体上看，1996年宁夏食品工业仍处于低谷中，在全区第二产业中的位次还在继续后退。食品工业总产值占第二产业总产值的比重，按1990年不变价计算只有6.36%，按新规定的当年价格计算也仅有7.25%；按可比口径计算，与农业产值的比为35.53：100，发展潜能还没有从根本上得以释放。由于食品工业相对滞后，宁夏农业生产商品率还不高，以总产值计，平均只有47.16%。农业中的种植业商品率为46.34%，其中粮食作物48.54%，豆类作物49.69%，糖料95.81%，烟叶99.31%，水果80.03%，蔬菜65.82%。被宁夏南部山区农民称之为“救命蛋”的马铃薯，虽然使用价值和使用范围都很大，商品率却只有39.19%。食品工业作为农业生产的第二车间，是农业生产的延续，应有较大、更快的发展，方能适应农业生产的需要和社会发展的需求。

从另一方面看，宁夏食品工业在管理水平、产品开发、信息捕捉、营销策略等方面也有了不同程度的进步。在经营体制改革中，制糖业获得较大进展，原分属轻纺系统的平罗糖厂和青铜峡糖厂合并到农垦系统，实现了已议了3年的“停一开二”战略，减少了因原料不够，收购区域穿插，相互之间哄抬收购价，原料收购后来往交错运输增大成本，企业开工不足生产成本升高等问题，为全行业减亏打下了基础。啤酒制造业以银川啤酒厂的西夏牌啤酒为“龙头”，组建企业集团进展顺利。合并收购了破产的原中宁啤酒厂和停产8年的大武口冲浪啤酒厂，重新安置就业职工400多名。在省际对口扶贫协作中，宁夏西吉县淀粉总公司与福建省有关企业合作，优化资产结构，增量扩容加品种，也取得较好的效果。

**表1　　1996年宁夏食品工业总产值**　　单位：万元

| 行业名称 | 企业数（个） | 工业总产值 | | 工业销售产值 |
|---|---|---|---|---|
| | | 1990年不变价 | 当　年　价 | |
| 食品加工业 | 172 | 36 201.9 | 65 762.3 | 56 654.4 |
| 　粮食及饲料加工业 | 126 | 15 918.2 | 34 956.9 | 30 887.1 |
| 　　碾米业 | 21 | 1 375.0 | 3 245.6 | 2 923.7 |
| 　　磨粉业 | 70 | 8 205.9 | 21 964.0 | 18 548.7 |
| 　　面、米制品业 | 4 | 449.4 | 561.1 | 561.1 |
| 　植物油加工业 | 17 | 1 290.1 | 1 967.1 | 1 623.1 |
| 　制糖业 | 3 | 15 973.0 | 24 426.7 | 19 692.7 |
| 　屠宰及肉类蛋类加工业 | 11 | 1 956.7 | 2 616.7 | 2 746.6 |
| 　　屠宰业 | 3 | 1 060.8 | 1 467.1 | 1 491.8 |
| 　　肉制品加工业 | 8 | 859.9 | 1 149.6 | 1 254.8 |
| 　　其他食品加工业 | 15 | 1 063.9 | 1 794.9 | 1 704.9 |
| 食品制造业 | 109 | 32 480.2 | 47 846.7 | 41 828.4 |
| 　糕点、糖果制造业 | 28 | 3 070.3 | 5 907.7 | 5 969.1 |

续表

| 行业名称 | 企业数(个) | 工业总产值 | | 工业销售产值 |
|---|---|---|---|---|
| | | 1990年不变价 | 当年价 | |
| 糖果制造业 | 4 | 783.2 | 1 186.3 | 1 541.8 |
| 糕点制造业 | 19 | 1 804.2 | 4 142.5 | 3 713.3 |
| 饼干制造业 | 2 | 53.6 | 68.4 | 57.7 |
| 其他糕点、糖果制造业 | 1 | 426.0 | 501.0 | 647.0 |
| 乳制品制造业 | 17 | 15 244.1 | 21 051.2 | 19 655.1 |
| 罐头食品制造业 | 7 | 1 263.8 | 1 681.1 | 1 443.1 |
| 水果罐头制造业 | 3 | 90.8 | 114.2 | 97.8 |
| 蔬菜罐头制造业 | 4 | 1 173.8 | 1 566.9 | 1 345.3 |
| 发酵制品业 | 5 | 4 041.7 | 5 052.8 | 4 332.7 |
| 氨基酸制造业 | 1 | 833.1 | 948.4 | 529.2 |
| 柠檬酸制造业 | 2 | 2 265.9 | 3 025.7 | 2 912.1 |
| 酵母制造业 | 1 | 196.0 | 332.0 | 209.6 |
| 其他发酵制品业 | 1 | 746.7 | 746.7 | 681.8 |
| 调味品制造业 | 12 | 2 990.9 | 3 575.4 | 3 278.2 |
| 酱油、酱类制造业 | 4 | 871.2 | 1 139.5 | 1 056.6 |
| 食醋制造业 | 6 | 177.8 | 264.0 | 291.3 |
| 调味品制造业 | 2 | 1 941.9 | 2 171.9 | 1 930.3 |
| 其他食品制造业 | 40 | 5 869.4 | 10 518.5 | 7 150.2 |
| 豆制品制造业 | 2 | 738.0 | 892.4 | 862.5 |
| 淀粉与淀粉制品业 | 33 | 4 442.5 | 8 750.6 | 5 465.6 |
| 淀粉糖制造业 | 1 | 97.4 | 132.9 | 116.0 |
| 冷冻饮品制造业 | 2 | 11.5 | 13.3 | 13.3 |
| 其他类未包括的食品制造业 | 2 | 580.0 | 789.3 | 692.8 |
| 饮料制造业 | 24 | 10 392.1 | 20 324.5 | 17 844.2 |
| 酒精及饮料酒制造业 | 12 | 9 629.8 | 19 417.4 | 17 058.0 |
| 白酒制造业 | 7 | 4 374.4 | 13 209.3 | 11 365.2 |
| 啤酒制造业 | 3 | 3 306.7 | 4 063.7 | 3 726.5 |
| 葡萄酒制造业 | 1 | 124.8 | 224.5 | 171.4 |
| 果露酒制造业 | 1 | 1 823.9 | 1 919.9 | 1 794.9 |
| 软饮料制造业 | 8 | 484.1 | 605.5 | 559.5 |
| 碳酸饮料制造业 | 4 | 250.7 | 323.2 | 303.3 |
| 天然矿泉水制造业 | 1 | 71.4 | 87.5 | 61.4 |
| 果菜汁饮料制造业 | 2 | 137.0 | 165.0 | 165.0 |
| 固体饮料制造业 | 1 | 25.0 | 29.8 | 29.8 |
| 制茶业 | 2 | 39.2 | 55.1 | 42.7 |
| 其他饮料制造业 | 2 | 239.0 | 246.5 | 184.0 |
| 烟草加工业 | 2 | 8 784.8 | 8 723.8 | 7 388.5 |
| 烟叶复烤业 | 1 | 1 593.0 | 2 070.9 | 717.2 |
| 卷烟制造业 | 1 | 7 191.8 | 6 652.9 | 6 671.3 |

注：本表由宁夏食品工业办公室提供。产值均按新规定计算。

表2　　1996年宁夏食品工业主要产品产量　　单位:吨

| 产品名称 | 1995年生产量 | 1996年生产量 | 乡及乡以上企业产量 | 当年销售 |
|---|---|---|---|---|
| 大米 | 254 465 | 177 343 | 31 004 | 29 877 |
| 小麦粉 | 638 400 | 632 800 | 141 900 | 85 000 |
| 食用植物油 | 41 656 | 64 746 | 724 | 760 |
| 其中:精炼食用植物油 | 768 | 849 | 849 | 626 |
| 鲜、冻畜肉 | 4 358 | 2 680 | 596 | 924 |
| 畜肉制品 | 684 | 912 | 228 | — |
| 禽肉制品 | 136 | 332 | — | — |
| 加工盐 | 8 961 | 6 255 | 6 255 | 5 977 |
| 蔬菜干制品 | 2 398 | 1 288 | 849 | 701 |
| 速冻蔬菜 | 8 | 20 | 20 | 20 |
| 食糖 | 28 322 | 30 510 | 30 510 | 31 287 |
| 配合饲料 | 69 634 | 41 762 | 28 996 | 28 218 |
| 混合饲料 | 49 139 | 55 456 | 16 624 | 16 673 |
| 蛋白质饲料 | 5 270 | 1 346 | 1 346 | — |
| 饲料添加剂 | 343 | 802 | 793 | 651 |
| 糖果 | 1 460 | 1 247 | 837 | 18 |
| 糕点 | 4 328 | 3 390 | 2 752 | 185 |
| 饼干 | 975 | 978 | 438 | 31 |
| 方便主食品 | 1 263 | 711 | 430 | 383 |
| 其中:方便面 | 493 | 422 | 143 | 102 |
| 乳制品 | 22 040 | 17 417 | 15 803 | 14 261 |
| 其中:奶粉 | 11 186 | 10 769 | 10 313 | 1 173 |
| 罐头 | 3 431 | 2 624 | 2 624 | 1 855 |
| 其中:蔬菜罐头 | 3 276 | 2 587 | 2 587 | 1 267 |
| 味精 | 800 | 1 000 | 1 000 | — |
| 柠檬酸 | 3 901 | 3 359 | 3 359 | — |
| 淀粉 | 19 121 | 21 213 | 18 358 | 3 027 |
| 粉丝、粉条 | 9 001 | 17 505 | 898 | 270 |
| 发酵酒精(商品量) | 3 331 | 4 270 | 4 270 | 3 906 |
| 饮料酒(商品量) | 48 858 | 59 905 | 59 695 | 58 831 |
| 其中:白酒 | 8 663 | 8 060 | 7 850 | 7 144 |
| 啤酒 | 40 092 | 51 601 | 51 601 | 51 530 |
| 葡萄酒 | 74 | 222 | 222 | — |
| 软饮料 | 4 407 | 4 361 | 3 268 | 1 050 |
| 冷冻饮品 | 1 921 | 1 241 | 908 | 955 |
| 碳酸饮料 | 3 802 | 3 952 | 2 869 | 2 632 |
| 卷烟(箱) | 35 000 | 37 000 | 37 000 | — |

**【b. 固定资产投资】** 1996年宁夏食品工业积极推进产业结构调整,努力采用新技术、新工艺,增强检测手段,降低原材料和能源消耗,改善生产条件和环境,按照以内涵为主的原则扩大再生产。由于资金筹措较困难,全年实现总投资13 208万元,重点用在了青铜峡、银川面粉厂的基本建设、技术更新改造,制糖业、柠檬酸制造业、淀粉及淀粉制品业、啤酒制造业和卷烟制造业的技术更新改造上,这几个行业的投资占当年食品工业全部投资的86.79%。在投资总额中,基本建设投资额占29.98%,技术更新改造占55.81%,其它投资占14.21%。食品工业

占全区工业总投资565 637万元的2.34%。全区食品工业当年投资总额较上年减少4 161万元,下降11.22%;其中更新改造投资额减少4 851万元。

当年食品工业投资的主要项目情况是:青铜峡市面粉有限公司利用国际补偿贸易形式引进面粉加工生产线,设备总投资20 000多万元。1958年建厂的银川面粉厂投资47万元对原生产车间改造后,又投入技改资金910万元,引进日处理240吨小麦生产加工线,实现了产品更新换代上等级。柠檬酸制造业技改总投资1 330万元,主要是宁夏发酵厂承担"淀粉直接发酵柠檬酸"研究项目获得成功后,为了将年产柠檬酸能力从4 000吨提高到6 000吨而购置发酵后提取设备。该厂二期技改扩产总计划投资6 000万元。银川糖厂原来用废糖蜜生产酒精,1年只有5个月生产期,大部分时间设备处于闲置,现在投资718万元,新增加了日处理15吨玉米的酒精生产线,从而做到了可以长年不间断交替生产酒精。淀粉及淀粉制品业基建投资218万元,用于淀粉生产厂房等的建设,配套技改投资1 416万元引进淀粉生产加工设备,有效地扩大了淀粉生产能力,缓解了宁夏南部山区农民卖土豆难的问题,具有较好的社会效益和企业效益。啤酒制造业技改总投资542万元,其中258万元是银川啤酒厂引进1条每小时可灌装2吨的易拉罐啤酒生产线,填补了宁夏该类产品的空白。吴忠卷烟厂技改投资1 312万元,主要是制丝生产线的后续投入。

另外,1996年用于建设各种食品专业批发市场的总投资为3 165万元。其中有2 350万元的投资,用于在银川市东环路109国道旁建立了一座大型副食、蔬菜、果品综合批发交易市场。

**表3　　1996年宁夏食品工业固定资产投资情况**　　单位:万元

| 行业名称 | 总投资 | 基本建设 | 更新改造 | 其它投资 |
|---|---|---|---|---|
| 食品工业合计 | 13 208 | 3 960 | 7 371 | 1 877 |
| 食品加工业 | 6 110 | 3 622 | 2 488 | |
| 粮食及饲料加工业 | 5 196 | 3 462 | 1 770 | |
| 碾米业 | 300 | 300 | | |
| 磨粉业 | 4 180 | 3 072 | 1 108 | |
| 制糖业 | 718 | | 718 | |
| 肉类副产品加工业 | 196 | 196 | | |
| 食品制造业 | 3 438 | 338 | 2 970 | 130 |
| 乳制品制造业 | 220 | | 220 | |
| 柠檬酸制造业 | 1 330 | | 1 330 | |
| 其它食品制造业 | 1 764 | 218 | 1 416 | |
| 淀粉及淀粉制品业 | 1 634 | 218 | 1 416 | |
| 饮料制造业 | 601 | | 601 | |
| 啤酒制造业 | 542 | | 542 | |
| 烟草加工业 | 3 059 | | 1 312 | 1 747 |

**【c. 食品工业原料及市场消费】** 1996年宁夏农业又获历史上最大丰收,在粮食生产能力增长的同时,农业生产结构调整比较明显。首先宁夏肉类生产量达到13.09万吨,满足了消费量的增长需求,结束了过去生产量不能满足消费量的局面;奶类、蛋类、水产品类也初步实现供需平衡,人均水产品产量居西北地区首位,人均牛奶产量居全国前列。肉、蛋、奶、水产品的较快增长,对粮食生产、消费产生重要影响,粮食消费总量从生产制约进入了需求制约的新阶段。宁夏粮食加工业随着这种变化,增加免淘洗米、精制米、多种专用用粉的加工生产,在适应消费变化同时,努力引导市场消费,收到了较好的效果。

随着粮食短缺时代的结束,粮食消费开始从直接消费向间接消费过渡。在直接粮食消费基本完成粗杂粮替代的基础上,肉、蛋、奶、鱼及其加工品、副食等间接粮食需求已经成为粮食消费的主要趋向。在宁夏城镇，开始进入了加工食品替代原粮消费的时期，川区农村也进入了副食逐渐替代部分主食的时期。城镇居民口粮消费饱和，副食替代结构比重明显持续增大。例如，1996年宁夏山川城镇的稻、麦消费较前几年基本持平，而粮食总体消费则因玉米等饲料的增加而增加。山区薯类消费因食品加工业和食品制造业的发展，商品率升高；豆类、蔬菜和水果等种植业的商品率和粮食作物商品率都有较大提高。农、林、牧、渔业总产值商品率平均达到52.56%。这些情况表明，宁夏粮食消费的新变化，对食品工业的发展，对行业结构和产品结构的调整，提出了更高的要求。

**1996年食品工业主要原料产品产量**

**表4**　　单位：万吨

| 产品名称 | 产　　量 |
|---|---|
| 小　麦 | 86.34 |
| 稻　谷 | 54.20 |
| 大　麦 | 3.38 |
| 蚕　豆 | 0.85 |
| 豆　类 | 4.98 |
| 　其中：豌豆 | 3.65 |
| 大　豆 | 2.89 |
| 玉　米 | 83.00 |
| 马铃薯 | 14.76 |
| 油　料 | 7.92 |
| 甜　菜 | 46.50 |
| 烟　叶 | 0.22 |
| 蔬　菜 | 90.51 |
| 水　果 | 14.05 |
| 　其中：苹　果 | 10.91 |
| 　　梨 | 0.73 |
| 　　葡　萄 | 0.52 |
| 　　枣 | 0.14 |
| 　　其他水果 | 1.31 |
| 　　枸　杞 | 0.12 |
| 水产品 | 1.99 |
| 肉　类 | 13.09 |
| 　其中：猪　肉 | 6.61 |
| 　　牛　肉 | 2.41 |
| 　　羊　肉 | 1.95 |
| 　　禽　肉 | 1.92 |
| 牛　奶 | 16.87 |
| 蛋　类 | 4.66 |
| 蜂蜜(吨) | 322.0 |

**【d. 质量管理和名牌产品】** 1996年，自治区食品工业办公室同自治区技术监督局在乳制品、糕点、面粉、肉制品、制糖和酒类等行业的企业，开展检验室等级认证工作，严格地按照有关考评标准，由专家逐项打分考评。共有17个食品工业企业的检验室通过等级认证，其中有9个企业获得一级认证，6个企业获得二级认证，2个企业获得三级认证。

1996年，各有关部门将争创名牌产品工作做为发展经济中的一项重要任务来抓。食品工业把重点放在各行业的主导产品、重点产品以及具有一定高新技术含量的产品上，要求名牌产品必须具备技术含量高、附加值高、效益好并有一定生产规模、产品覆盖市场面广、消费者满意等条件，坚持高标准严要求，按照《宁夏回族自治区名牌产品管理办法》的具体规定，经过企业申报，各有关部门逐级评审，1995年度首次评定出了吴忠市清真食品厂生产的花果牌清真司考奇系列硬糖等10个自治区名牌产品，1996年度又评选出了5个宁夏名牌产品，由自治区人民政府命名并对外公布，它们分别是：宁夏味精厂的新月牌味精，吴忠夏进乳品有限公司的夏进牌100%纯牛奶，青铜峡市清真食品有限责任公司的新峡牌潮式、苏式月饼，宁夏永祥茶叶有限责任公司的永祥牌永祥八宝茶，宁夏西夏酿酒总厂的西夏牌西夏贡酒。

**【e. 经济效益】** 从总量上考察，1996年全区乡及乡以上独立核算食品工业固定资产13.68亿元，其中固定资产净值年平均余额11.09亿元，较上年度增加2.62亿元，增长30.92%；流动资产年平均余额9.19亿元，较上年增加2.62亿元，增长39.87%；资本金合计5.61亿元，较上年增加1.01亿元，增长了22.05%；实现销售产值11.02亿元，较上年增长8.91%；完成工业总产值12.84亿元，较上年减少2.66亿元，降低17.16%。实现利税减少了6 496万元，主要是亏损企业较上年增加10.67%，亏损总额达到1.3亿元，特别是食品加工业和食品制造业亏损总额分别为8 736万元和4 184万元，较上年亏损总额增加了10 201万元，尤其是其中的制糖业2个企业就亏损7 130万元，发酵制品业亏损1 815.5万元，罐头食品制造业亏损890.4万元和卷烟制造业亏损984.1万元，仅这几个行业中的9个亏损企业就亏损10 820万元，占全部亏损总额的77.3%，并直接影响到食品加工业和食品制造业实现的利税总额都为负数。如果不是银川广夏昊都酒业有限公司等2个白酒制造业实现利润2 118.7万元、实现利税5 448万元的话，全区食品工业经济效益将“全军覆没”。

从不同方面分析经济效益状况，能准确地看出经济效益高低好坏的主要症结所在。在物化劳动消耗方面，全区食品工业中间投入为10.39亿元,每万元中间投入创造的工业增加值平均为0.278万元,利税只有60元,投入产出效益不好,总体经济效益很差。工业增加值高于平均值的有:烟草加工业0.52万元,饮料制造业0.46万元,食品制造业0.36万元,而食品加工业仅为0.15万元。其中,发挥宁夏地方民族特色的"清真"糕点糖果制造业为0.56万元;充分利用宁夏农业豆类、马铃薯生产资源优势制造粉丝、粉条、粉皮等的豆制品制造业为0.67万元,淀粉制造业为0.49万元;还有软饮料制造业的0.68万元,制茶业的0.84万元和白酒制造业的0.43万元等。

在活化劳动消耗方面,宁夏食品工业当年应支付21 716名职工工资总额为8 385万元,与工业增加值相比,每万元工资总额提供工业增加值平均为3.445万元。高于平均水平的有:卷烟制造业7.20万元,食品制造业4.75万元,饮料制造业4.19万元,食品加工业平均只有1.94万元。其中清真糖果制造业为8.34万元,清真乳制品制造业为9.09万元,淀粉制造业为6.85万元,啤酒制造业为5.32万元,软饮料制造业为6.74万元,从每万元工资总额提供的利税看,全区食品工业平均为0.073万元。其中,烟草加工业为5.04万元,饮料制造业为4.068万元,而食品加工业和食品制造业的效益则很差,都远远低于平均水平,分别为-1.44万元和-0.51万元。

从物化劳动和活劳动消耗同宁夏工业平均水平相比,食品工业在物化劳动中每万元工业中间投入所产出的工业增加值同宁夏工业0.43万元相比,低了35.35%,而每万元工资总额(活劳动)提供的工业增加值同宁夏工业平均水平2.85万元相比则高20.88%,这也可看出宁夏食品工业中职工的平均工资水平还是较低,也可看出工业行业发展中的一些不平衡现象的存在。

从1996年宁夏食品工业资产总量投入方面看,资本金、流动资产年平均余额、固定资产、固定资产净值年平均余额都较上年有较大幅度增长,而资产报酬率(利润总额与资产总额相比)和资金利税率都因亏损企业的增多、亏损额的增大而降低,资产的增长除带动了销售产值的稳定增长外,并没有带来预期的经济效益,从而反映出还是一种低层次上的依靠投入增加产出的粗放型经济增长方式。

另外,宁夏食品工业企业数量不多,大中型企业的经济效益和经营好坏更显得举足轻重,1996年亏损企业亏损总额比上年就增加2.5倍,直接影响到实现利润为负增长,这也是宁夏食品工业历史上的第一次;食品工业亏损总额占到了宁夏工业的20.09%,资金利税率从上年的4.7%下降到1.09%。

从以上的分析可看出,宁夏食品工业工业化初期的发展特征还较明显,还处在依赖农业的阶段,而不是凭借自身发展优势变为主导农业生产的行业。从行业构成也可看出,亏损企业行业集中度较高,亏损严重的是依赖农业最强的制糖业及食品加工业和食品制造业,亏损面大、亏损金额高,这些行业投入产出水平也较低。深层分析,首先是行业(产品)结构不合理带来的效益下降,突出表现是初级产品比重大,深加工、高附加值产品少,产业结构趋同。这种不合理在很大程度上同决策分散化与市场发育不协调有关。制糖业在150公里的直线上连续布点3个生产能力相等的糖厂,机制糖生产能力达7.8万吨,然而年度实际生产只有3.05万吨,原料数量远不能适应生产能力需求,直接造成生产固定成本升高。吴忠市在方圆30公里内连续新增11个乳品加工厂,结果造成投资效率低下,形成的生产能力大量闲置,对经济效益直接产生不良影响。其次是劳动力成本的提高造成经济效益的下降。改革以来,劳动力成本提高的现象既有改革初期带有还帐性质,全社会普遍提高职工的工资水平,也有随着承包制的推行,由于缺乏一些必要的约束机制,造成职工工资的货币收入和非货币收入的增长超过劳动生产率的提高,以及企业负债增大,在负债经营中引起的效益下降。从行业情况看,亏损严重的绝大多数都是资产负债率最高的。如食品加工业的平均资产负债率为89.05%,其中亏损额最大的3个制糖业企业和7个肉制品加工业企业,企业数仅占行业内的8.26%,而其中的6个亏损企业的亏损额就占行业亏损总额83.44%,这2个行业的资产负债率也分别为99.29%和100.89%,大大高于资产负债率平均水平。食品制造业中的罐头食品制造业和发酵制品业的20个企业,资产负债率平均为102.29%和102.61%,比行业平均水平81.25%高21个百分点以上,其中6个亏损企业的亏损额占行业亏损总额的64.67%。饮料制造业和烟草加工业资产负债率平均为73.67%和75.61%。全区食品工业资产负债率平均比上年度又增加1.35个百分点,年利息支出达12 163.2万元,增加58.77%,沉重的债务包袱,直接引起经济效益的下降。

**【f. 名星企业及企业家】** 宁夏味精厂是宁夏回族自治区唯一生产味精的一家乡镇企业,始建于1976年。初时生产规模为50吨,职工37人,固定资产47万元。过去由于设备、工艺落后,曾八度被迫停产,效益几乎为零。党的"十四大"以来,该厂在屠少荣厂长的领导下,积极推行科技进步,不断进行技术改造,解决了发酵与味精提取等先后工序不配套之弊,实现了经济效益一年一大步,年年不断增长的好局面。特别是1994年，工厂所用的十多种主要原辅材料及电、煤平均涨价36.11%，其中主要原料甜菜糖蜜平均价由每吨285元上涨到466元，涨幅为63.5%，而味精价格一下子上不去时，屠少荣带领一班人认真分析种种不利因素，并将解决问题的重点放在了依靠科技进步，将涨价因素消化在企业内部上。他们从引进高产菌种，提高产酸率着手，当年发酵平均产酸率和转化率就分别提高1.54和11.72个百分点，仅此一项就增收90多万元。同时以强化管理，培养、引进技术人才来挖掘内部潜力，全方位推动科技进步，剩余的涨价因素也在企业内部全部消化，当年实现利税首次突破百万元大关。

1995年该厂又再次投资760万元开发出新月牌味精系列产品，研究出的《甜菜糖蜜发酵提取废液谷氨酸连续离子交换法回收新工艺》通过了自治区级鉴定，填补了一项科研空白。屠少荣厂长也先后荣获自治区科技进步奖、明星企业家奖、国家科委星火科技奖和星火计划实施10年先进工作者奖。在他的带领下，宁夏味精厂固定资产发展到1 300万元，职工500多人，味精年生产规模达到1 500吨，淀粉生产规模6 000吨，鲜味王400吨和商品谷氨酸1 000吨。1996年以销定产实际生产味精1 000吨，商品谷氨酸145吨，淀粉1 100吨，完成产值2 026万元，实现利税247万元，其中税后纯利润62万元。新月牌清真味精也被宁夏人民政府授予自治区名牌产品称号。

（吴 俊）

**表5　　1996年宁夏全部独立核算食品工业企业主要经济指标**　　单位：万元

| 项　目 | 食品加工业 | 食品制造业 | 饮料制造业 | 烟草加工业 |
|---|---|---|---|---|
| 企业数(个) | 121 | 101 | 18 | 2 |
| 其中：亏损企业数(个) | 39 | 38 | 4 | 1 |
| 工业总产值(现价) | 57 163 | 45 558 | 16 926 | 8 724 |
| 工业总产值(1990年不变价) | 32 700 | 30 932 | 7 586 | 8 785 |
| 工业增加值(生产法) | 7 695 | 12 455 | 5 734 | 3 006 |
| 工业销售产值 | 48 525 | 39 435 | 14 851 | 7 389 |
| 工业成品产、销、存 | | | | |
| 年初库存 | 13 983 | 6 996 | 1 282 | 271 |
| 生产价值 | 53 859 | 41 424 | 16 859 | 8 723 |
| 销售成品 | 47 032 | 38 951 | 14 905 | 7 375 |
| 年末库存 | 20 458 | 9 568 | 2 611 | 1 619 |
| 工业中间投入 | 50 779 | 34 824 | 12 532 | 5 752 |
| 本年应付工资总额 | 3 977 | 2 622 | 1 368 | 418 |
| 全部职工年平均人数(人) | 10 047 | 7 941 | 3 089 | 639 |
| 资本金合计 | 23 156 | 21 198 | 6 320 | 5 386 |
| 其中：国家资本金 | 19 665 | 16 736 | 3 509 | 5 386 |
| 资产总计 | 120 205 | 96 534 | 26 973 | 8 560 |
| 流动资产合计 | 49 891 | 35 006 | 13 731 | 6 040 |
| 流动资产年平均余额 | 45 450 | 30 403 | 10 051 | 8 525 |
| 固定资产合计 | 57 759 | 58 293 | 12 184 | 2 919 |
| 固定资产净值年平均余额 | 51 366 | 47 766 | 8 903 | — |
| 无形资产 | 103 | 495 | 361 | 17 880 |
| 负债总计 | 107 040 | 78 432 | 19 872 | 11 995 |
| 流动负债 | 68 983 | 44 400 | 15 100 | 1 524 |
| 长期负债 | 38 057 | 34 032 | 4 772 | 13 519 |
| 产品销售收入 | 48 149 | 37 505 | 16 963 | 7 450 |
| 其中：产品销售利润 | 1 673 | 2 740 | 4 366 | −928 |
| 利息支出 | 6 484 | 4 724 | 951 | 4 |
| 利润总额 | −8 131 | −3 395 | 2 132 | −833 |
| 亏损企业亏损总额 | 8 736 | 4 184 | 94 | 984 |
| 利税总额 | −5 734 | −1 326 | 5 566 | 2 107 |

注：产值部分按新规定计算。

表 6　　1996年宁夏村办食品工业企业主要经济指标　　单位：万元

| 名　称 | 企业数（个） | 工业总产值现价（新规定） | 年末全部从业人数（人） | 产品销售收入 | 产品销售税金及附加 | 利润总额 | 固定资产原价年末数 | 流动资金年末数 |
|---|---|---|---|---|---|---|---|---|
| 食品加工业 | 104 | 4 757 | 866 | 4 350 | 66 | 356 | 1 631 | 1 214 |
| 食品制造业 | 129 | 7 305 | 1 060 | 7 271 | 163 | 507 | 3 347 | 2 437 |
| 饮料制造业 | 3 | 105 | 27 | 116 | 2 | 9 | 107 | 28 |
| 合　计 | 236 | 12 167 | 1 953 | 11 737 | 231 | 872 | 5 085 | 3 679 |

# 3.30　新疆维吾尔自治区

**【a. 概况】** 1996年，新疆食品工业平稳增长。截至年底，全区乡及乡以上独立核算食品工业企业816个，职工78 751人，占全区工业职工总人数的9%；固定资产净值年均余额46.42亿元；完成工业总产值(不变价)41.02亿元，比上年增长4.94%；完成工业增加值18.28亿元，比上年增长32.33%。其中食品加工业完成产值24.94亿元，比上年增长7.29%，完成工业增加值9.92亿元，比上年增长31.86%；食品制造业完成工业产值5.94亿元，比上年增长6.97%，完成工业增加值2.44亿元，比上年增长35.9%；饮料制造业完成工业产值6.56亿元，比上年下降7.3%，完成工业增加值3.67亿元，比上年增长32.7%；烟草加工业完成工业产值3.58亿元，比上年增长11.32%，完成工业增加值2.26亿元，比上年增长25.2%。食品工业产销率为87.37%，比上年有所下降。国有食品工业企业增长速度低于食品工业平均水平，产销衔接好于平均水平。国有食品工业企业完成工业总产值32.8亿元，比上年增长4.7%；完成工业增加值13.62亿元，比上年增长17.4%；产销率为92.1%，高出食品工业平均水平4.7个百分点。

食品工业主要产品生产有增有减。从18种主要产品看，有9种产品产量增加，9种产品产量减少。其中大米、杂粮粉、精制盐、糖、味精增长幅度在20%以上，下降幅度在20%以上的有：混合饲料、乳制品、软饮料、冷冻饮品。

**【b. 科技进步与质量管理】** 新疆食品工业积极开发新产品，大力推广和应用新技术，实施名牌战略，培育和扶持名优特色产品，加强质量管理和争创名牌工作以及产、学、研之间的联系与合作。

1996年开发的新产品有：12°黑米啤酒、12°和18°金波营养酒、碘锌营养方糖、绵白糖、芒果汁饮料、无花果系列产品、菠萝和草莓汽泡酒、草莓饮料草莓酱、茶奶粉及杏仁奶粉等。其中碘锌营养奶粉、金可乐饮料和12°黑米啤酒新产品通过自治区级鉴定。

食品工业企业注重新技术开发与应用，积极改进生产工艺，提高产品质量。如新疆啤酒厂推行微机控制啤酒发酵工艺以及提高非生物在啤酒中的稳定性；新疆湖光糖厂将高效低污染循环流化床燃烧技术在锅炉中进行应用；新疆额敏糖厂和云南冶金设计院共同研制的“斜板污水沉淀池”系统，是首次在全国制糖行业中应用，该技术在原有设备基础上，经过技术改造，增加了沉淀池滤水面积，污水回收利用率很高，回收水的各项指标达到国家规定标准；新疆伊犁酿酒总厂制定“科技驱动”战略，坚持高标准、高起点，实施以“提高科技含量、扩大生产规模”为内容的高科技产业化技改工程，先后投资1 000万元建成西北最大的微机控制大曲架式发酵及制曲工程，又投资100万元引进美国电脑微机监控系统，严格了工艺规程。他们还与四川大学、四川教育学院、新疆化学研究所、自治区药物研究所等单位合作，不断开发新产品，先后进行了“固液结合酒”、“人工窖泥富集培养技术”和“黄水二次发酵”等课题研究，研制出“低度老窖”、“景天特曲葆春酒”。1996年改造了4条生产线，开发出新产品“营养伊力特”。

1996年全区食品工业有3项新技术应用项目通过自治区级鉴定验收，它们是：甜菜、番茄收购及结算微机网络系统，制糖生产微机监测系统，斜板污水沉淀池。后2项技术的推广应用，促进了科技成果在新疆制糖行业的转化应用。

新疆食品工业企业强化质量管理，实行质量目标管理，认真贯彻GB/T19000《质量管理和质量保证》，积极推广ISO9000国际质量认证体系，提高产品质量，产生积极效果。1996年新疆石河子八一制糖厂制糖车间化验室质量管理小组、新疆伊犁酿酒总厂三厂窖泥质量管理小组荣获中国轻工总会全国轻工业优秀质量管理小组称号。1996年食品工业有3个产品被评为自治区名牌产品，它们是：新疆昌吉面粉厂天山牌小麦粉、新疆石河子八一制糖厂绿洲牌白砂糖、新疆卷烟厂雪莲牌香烟。新疆湖光糖厂还通过了由中国方圆认证委员会西北工作站对其进行的质量认证现场考核；新疆伊犁酿酒总厂按照

ISO9002标准要求，进行总厂质量管理体系运作，并做好认证的准备工作。

1996年，新疆食品工业企业坚持走科技进步的道路，技术开发力度逐步加大。全区食品大中型工业企业37个，有技术开发机构13个，比上年增加4个；筹集技术开发费用1 530.8万元，是上年的近6倍；其中企业自筹1 434.8万元。开发项目合计42个，比上年少13个，企业技术开发人员439人，比上年增加近一半。从上可以看出，技术开发经费数额及技术开发人员增加很快，技术开发经费主要由企业自筹，资金投入更为集中，把有限的资金集中使用，可以降低技术开发成本，提高技术开发的成功率，表明企业自主技术开发意识强化，对技术开发越来越重视了。

**【c. 固定资产投资】** 1996年新疆食品工业完成固定投资51 535万元，比上年减少45.7%。其中基本建设投资35 016万元，比上年减少37.9%；技术更新改造投资16 522万元，比上年减少57.1%。基本建设投资占同期固定资产投资的64.2%，比重比上年提高。基本建设投资中，食品制造业下降幅度最大为83%，食品加工业最低为20.7%。基本建设施工项目96个，竣工项目48个，当年新增固定资产34 219万元。新增主要产品生产能力：食用植物油400吨/日，啤酒15 000吨/年，其它酒1 800吨/年。技术更新改造施工项目96个，竣工项目79个，当年新增固定资产18 825万元，新增主要产品生产能力：食用植物油319吨/日，啤酒5 000吨/年，其它酒8 400吨/年。总体上看，无论是固定资产投资额还是施工项目数均较上年下降或减少。

**【d. 经济效益】** 1996年新疆食品工业产品销售收入544 596万元，较上年增长5.1%；全员劳动生产率由16 810元/人提高到23 209元/人，工业增加值率由24%提高到30%。尽管食品工业生产销售平稳增长，但是经济效益出现明显滑坡，全行业由盈转亏，亏损面扩大，亏损额增加。亏损企业由上年的271个增加到289个，亏损面由31.7%扩大到35.4%，亏损额增加了1.5倍。流动资产周转率比上年降低0.05次，产值利税率由8%降低到0.5%。出现亏损的原因是多方面的，主要受到下列几个因素的影响：一是农副产品提价，企业成本费用增长较快，1996年产品销售成本及管理费用分别比上年增加15.6%和7.4%，高出销售收入增长9.7个和1.9个百分点；二是企业利息支出有增无减，资产负债率由78%增加到81%；三是随着市场制约因素加强，产品价格的提高受到影响，从而影响企业生产能力的发挥。1996年食品工业产成品库存金额达119 720万元，比上年增加23%，高出销售增长18个百分点。

**【e. 制糖业】** 制糖业是新疆食品工业的支柱产业，产值占全区食品工业总产值的四分之一。新疆也是国家重要的甜菜生产基地，日加工甜菜能力居全国第2位。1996年全区共有16家制糖企业，年生产能力47万吨，甜菜产量354.5万吨，比上年增长23%。由于甜菜产量的增加，食糖的产量也随着增加。1996年产糖36.5万吨，比上年增长20%；但是，经济效益不尽人意，全行业首次出现亏损。1995年全区16个制糖企业仅有3家亏损，而到1996年只有3家盈利。按可比口径计算，全区13家制糖企业完成工业总产值124 093万元，较上年增长了48.8%；产品销售收入113 738万元，比上年增长20.66%；实现利税—19 049万元，比上年下降3.23倍；总资产报酬率为3.8%，比上年下降2.56个百分点；流动资产周转次数为0.77次，比上年减缓0.25次。究其原因，主要是由于非法进口糖、走私糖凭借逃税低价的优势，侵占市场以及食糖购销体制方面存在的某些弊端，国产糖的市场受到严重冲击，造成食糖销售阻滞，价格暴跌的局面。制糖企业为及时支付菜农甜菜款以及维护企业的生产经营，不得不低价出售食糖回笼资金。

1996年1～7月全区15家制糖企业累计亏损1.8亿元，这一情况引起自治区党委、人民政府的高度重视，对此专门进行了研究，做出了“制糖企业在工闲期从事土地开发、进行甜菜生产”的决定。自治区经贸委还会同轻工厅、土地管理局、农业厅等厅局研究制定了制糖企业从事农业综合开发的各项优惠政策，年底还派出人员监督检查这项工作的开展情况，为糖厂摆脱困境，提高效益，尽快实现扭亏增盈打下良好的基础。

**【f. 酿酒业】** 1996年全行业完成工业总产值5.8亿元。生产白酒5.5万吨，实现工业总产值37 393万元，销售收入24 013万元，销售利润3 443万元，利税总额2 184万元；啤酒产量完成14.79万吨，实现工业产值16 730万元，销售收入24 991万元，销售利润3 272万元，利税总额3 441万元；葡萄酒生产8 000吨，工业产值达3 775万元。出口啤酒791吨、饮料酒1 147吨。

酿酒行业坚持以“高度酒向低度酒转变、蒸馏酒向发酵酒转变、粮食酒向果露酒转变、普通酒向名、优、特酒转变”的方针，沿着节粮、低耗、高质量、多品种的方向转变，促进了产品结构调整，形成了品种系列，企业规模效益日趋明显，大型骨干企业主控市场的价格和动态作用越来越大，在行业中的重要地位日益稳固。以产酒业为龙头，也带动了电厂、纸箱厂、制瓶厂、包装、印刷、运输、劳动服务公司等相关企业形成了一条产业链。这种以强带弱，以大带小，以主连辅的组合，增强了企业的实力，适应了市场的变化和需要，对地区整体经济的振兴和发展起到很好的推动和促进作用。

（汪元智）

**表1　新疆食品工业主要经济指标**

| 指标名称 | 单位 | 1996年 | 1995年 |
|---|---|---|---|
| 企业单位数 | 个 | 816 | 855 |
| 其中：亏损企业数 | 个 | 289 | 271 |
| 亏损企业亏损额 | 万元 | 57 844 | 22 627 |
| 利润总额 | 万元 | －42 105 | 904 |
| 利税总额 | 万元 | 3 012 | 47 886 |
| 流动资产年平均余额 | 万元 | 516 307 | 432 444 |
| 固定资产净值年平均余额 | 万元 | 464 174 | 349 486 |
| 工业总产值（1990年不变价） | 万元 | 410 167 | 390 876 |
| 工业总产值（现价） | 万元 | 618 495 | 583 509 |
| 工业销售产值（现价） | 万元 | 540 394 | — |
| 工业增加值 | 万元 | 182 771 | 138 113 |
| 职工平均人数 | 人 | 78 751 | 82 169 |

**表2　新疆食品工业主要产品产量**　单位：万吨

| 产品名称 | 1996年 | 1995年 |
|---|---|---|
| 大米 | 15.57 | 10.96 |
| 小麦粉 | 210.22 | 196.05 |
| 杂粮粉 | 1.33 | 1.00 |
| 食用植物油 | 37.54 | 34.41 |
| 精制盐 | 6.12 | 4.49 |
| 糖 | 36.34 | 30.18 |
| 配合饲料 | 21.27 | 24.64 |
| 混合饲料 | 20.22 | 33.89 |
| 糖果 | 0.68 | 0.76 |
| 乳制品 | 0.77 | 0.98 |
| 罐头 | 9.16 | 9.06 |
| 味精 | 0.38 | 0.31 |
| 酱油 | 2.08 | 2.03 |
| 发酵酒精 | 4.63 | 4.78 |
| 饮料酒 | 22.00 | 24.95 |
| 软饮料 | 2.69 | 3.51 |
| 冷冻饮品 | 0.83 | 1.13 |
| 卷烟（万箱） | 13.56 | 13.60 |

# 3.31 台 湾 省

**【a. 概况】** 台湾食品工业大体可分为食用油脂工业、面粉工业、屠宰业、乳品工业、罐头食品工业、冷冻食品工业、味精工业、饲料工业及制糖工业等9大类。1996年总产值约150亿美元，约占工业总产值的15%，占GDP的5.4%。食品工业近10年来发展很快，全年生产总值年增长率平均约为6.22%，尤以1990年以来增长迅速。目前，食品工业从业人员已超过12万人，存货超过27.78亿美元，固定资产也达122.44亿美元以上。

台湾食品工业属传统产业，技术状况参差不齐，有些行业已大量采用现代化技术手段，如屠宰业中已有60%的屠宰工厂采用电屠宰；而另一些行业还有待突破传统生产技术，如黄豆油、芝麻油、花生油的生产制作。总的来看，台湾食品工业有技术人员经验丰富，部分人员对新技术吸收能力较强的优点，缺点是规模有限，在国际市场上的竞争力受到影响，如味精工业所需的糖蜜原料的国际市场基本被日本商社所垄断，一定程度上限制了台湾味精工业的发展。此外，台湾食品工业的开发研究人员不足，某些技术性问题迟迟无法突破，如乳品业中还原乳混充鲜乳的鉴定技术至今尚未解决。

由于原料、劳动力、环保、市场竞争等问题的存在，台湾食品工业普遍存在产业外移的趋势，许多厂商纷纷到祖国大陆投资设厂。如罐头业中的一些厂商因新疆番茄质量甲于全球而在其产地设厂，饲料业、屠宰业及制糖业等食品工业也都已在祖国大陆形成一定规模的投资，台湾厂商在大陆投资生产的各种饮料、方便面更是畅销祖国大陆各地。

**【b. 食用油脂工业】** 黄豆油工业1996年产量为41万吨，销售量为41.7万吨。其他油脂的产量为，人造奶油类27万吨，米糠油4 000吨，芝麻油6 500吨。1996年依毛猪屠宰头数，合计可得猪油8.0万吨。外销冷藏、冷冻毛猪厂受日本SG条款限制，出口受限，屠宰头数减少，板油供应量减少，价格上扬。依1995年落花生产量推估，1996年花生油产量约为7 500吨。市面上常见的多是调和花生油，成本较低。

**【c. 面粉工业】** 台湾面粉厂1996年进口小麦情况为：澳大利亚6.7万吨，加拿大6.8万吨，美国83.4万吨，总计96.9万吨。1996年面粉生产量为70.89万吨，进口量为4 593吨，总销售量为70.02万吨。台湾面粉厂的产品，多数供食品加工业使用，其中面条及中式面食使用量约占面粉产量之49%，烘焙食品27%，方便面6%，饼干5%，面筋5%，饲料7%及其他1%。面粉工业的副产品嗒皮为配合饲料的原料。面粉制成的面制品多为内销，依内外销比，其中内销所占比例为：方便面92%，饼干98%，面包100%，冷冻调理面制食品90%，面筋100%，干面条97%。

**【d. 屠宰业】** 1996年，台湾地区屠宰业总产值为777.5亿元(新台币，下同)。养猪业为台湾地区主要畜牧事业，随着经济活动的扩展与政策的推动，养猪户已趋向的经济规模方式经营，饲养1 000头以上猪户到1996年底共计2 410户，占养猪户的9.5%，饲育头数占畜养头数60%以上。未来为提高生产效率与肉品品质等功能，大养猪户将加速成长。1996年毛猪屠宰量为1 431万头，较上年的1 380万头微增。其中供应外销共630万头，占44%；外销仍以日本市场为主。1995年日本政府为保护国内猪农于7月份起实施安全防卫措施(SG措施)，提高冷冻猪肉输日的进口关税，台湾毛猪价格也受影响，由6月份每100公斤6 786元最高价，逐月跌至12月份4 233元，跌幅达38%。牛的屠宰因岛内饲养成本无法对抗进口冷冻牛肉的低价竞争，屠宰业仅维持自然成长，价格则受到疯牛病的影响平均单价较1995年下跌9.4%。由于受到羊肉火锅、羊肉料理市场需求影响，1996年羊屠宰量增至20万头，未来在国外低价冷冻绵羊肉竞争下，屠宰量难有乐观前景。家禽屠宰中仍以鸡屠宰为最大宗，1996年屠宰量为25 279万只，其中电宰者共13 508万只，占53%，与1995年占35%相比增长18个百分点。为供应外销日本市场，鸭屠宰量近年每年平均增长3%，1996年因祖国大陆低价销日竞争，台湾地区屠宰量降为3 656万只，比上年减少16.5%，再加上养鸭造成水源污染等问题，未来鸭屠宰很难再有增长。进口冷冻火鸡肉一向为火鸡肉市场主要来源，1996年首度引进种火鸡，使火鸡屠宰业重现生机。

**【e. 乳品工业】** 由于岛内居民所得提高，高品质之食品如乳品成为最重要营养来源之一；再加上妇女就业人口的逐年增加，台湾地区乳品年消费量有逐年增加之趋势。1996年乳品总消费量(以生乳计算)177.3万吨，比上年增长4.52%；而乳品自给率为17.8%，比上年的18.7%下降0.7个百分点。进口品比重高达82.2%。台湾地区乳品人均年消费量，1994年为82.5公斤，1995年为80.6公斤，1996年为82.6公斤。其中台产生乳供应量由1995年的31.8万吨下降为1996年的31.6万吨。1996年鲜乳销售量21.1万吨，比上年减少3.4%，销售值也下降5.3%。1996年调味乳销售量12.1万吨，比上年增加15.7%，销售值仅增加13.8%；1996年发酵乳销售量8万吨，较上年减少4%，销售值减少6%；乳粉部分，1996年销售量比上年减少13.5%，销售值也减少13.4%；冰淇淋部分，1996年销售量比上年增加17.2%，销售值减少3.0%。乳牛饲养规模逐年扩大，1996年虽然养牛户由上年的996户减少为954户，但当年乳牛总头数达111 278头，比上年增加1 189头；平均每个酪农户饲养头数为116.6头，比上年每户平均增加6头。

**【f. 罐头食品工业】** 台湾罐头工业因岛内农业生产条件不佳，无法与东南亚及大陆地区的罐头业竞争，近年明显萎缩。1996年生产1 726万箱(每箱16～20公斤，各类罐头不等)，比上年下降11%。销售方面，1994年为2 085万箱107亿元，1995年为1 920万箱97亿元，1996年为1 815万箱102亿元，大致呈微降趋势。罐头产品主要品种有：竹笋、番茄、水产品、芦笋、洋菇等，竹笋罐头是大宗产品。就内销、外销观察，1994年内销占87%，外销占13%；1995年内销占91%，外销占9%；1996年内销占93%，外销占7%；显示罐头业已由过去的外销为主转变为内销为主，且内销比重愈来愈大。罐头业在外销巨幅萎缩情况下，转而发展中国式传统食品罐头，开拓内销市场获得成功，目前以此项罐头推展外销市场。

**【g. 冷冻食品工业】** 冷冻食品是台湾目前最具潜力的加工食品，1996年总产值772.57亿元，为食品加工业中除屠宰业以外产值次高的产业。产品种类主要有冷冻蔬菜果实，冷冻水产品，冷冻肉类，冷冻调理食品等。农产品冷冻素材是冷冻蔬菜果实的主要产品，以往利用台湾地区低廉的冷冻素材外销曾为外销市场主力产品。近年来东南亚及祖国大陆同类产品竞争，外销市场除冷冻毛豆外均已不如往日。1996年产量44 713吨，比上年降低37%。冷冻水产品1996年产量达135 154吨，销售量140 872吨，比上年增长27%及26%。冷冻猪肉是冷冻肉类的主要产品，台湾地区每年生产猪肉约有45%外销日本，因此日本猪肉市场变化直接影响冷冻肉类生产。日本政府实行SG措施，提高进口肉类关锐后，销日冷冻猪肉骤减，岛内市场又无法消化多余产品，1996年冷冻肉类产量493 478吨，比上年减少13%。至于冷冻禽肉、冷冻牛肉及冷冻羊肉等产品，近年来已呈现饱和现象，市场变动不大，未来将维持小幅自然成长。冷冻调理食品具保持加工食品原味及快速烹调特性，台湾地区产的冷冻调理鳗曾供应日本市场居重要地位，现加工厂纷纷移到祖国大陆，原来全盛期的24家加工厂只剩6家继续开工，产值自1994年后迅速衰退，目前外销量仅有385万元。内销冷冻调理食品是以饺子、包子、火锅料、汤圆与点心为主要产品，其产值约为60亿元。

**【h. 味精工业】** 台湾地区目前实际大量生产味精的企业只有味丹、味王及冠军3家，职工人数都在300人以上，不仅拥有大型发酵设备，更有优良的品质。3家中以东海发酵(味丹)的规模最大，月产万吨以上，味王及冠军二家月产总计1.36万吨。1996年台湾味精总产量为109 521吨，其中75%外销，25%内销。外销主要市场为香港、新加坡、非洲、日本、美国等国家和地区。近7年来台湾味精产量始终介于10万吨到12万吨之间。台湾岛内味精消费量近6年来逐年下降，内销市场也逐年萎缩。1996年台湾地区消费量降为28 260吨，自产味精内销量为24 326吨，进口味精数量也降至3 934吨。

**【i. 饲料工业】** 1996年台湾地区饲料产量661.5万吨，比上年增长1%，销售额为605亿元，增长18%。台湾饲料工厂1994年有340家。从资本额分布来看，10万元以下的厂家有51家，100万元到500万元之间的有75家，1亿元以上的有20家。饲料原料如玉米仁、米糠、嗒皮、黄豆粉、麦片及鱼粉等大部份自国外进口，其中黄豆、小麦岛内自给率均在1%以下，玉米自给率也仅6%左右，因此其价格易受进口地区谷物价格波动而变动，1996年售价除黄豆粉外都比上年高。由于台湾地区在未来3年内将削减养猪头数15%，并且不鼓励水产品外销，因此，饲料业的市场需求将受严重影响。

**【j. 制糖工业】** 台湾地区制糖工业可分为白糖业、红糖业和其他淀粉糖业，分别由台糖公司、民营糖厂及民营淀粉厂经营。台糖公司生产白糖所需的原料甘蔗，其供应来源分为自营农场与契约蔗田两种。近年来台糖公司种蔗面积近6万公顷，但有减少趋势。其中自营农场约3万公顷，另有3万公顷是契约面积，由台糖公司与蔗农签订契约耕作，含保证收购价格及分糖办法，保证收购价格为每吨24 878元。分糖办法中蔗农分提的糖仍由台糖公司收购,收购的糖如供内销则依内销特砂净价计价付款,如供外销则依实售价格计价付款,如外销价格低于保证收购价格时,差额由“台湾地区砂糖平准基金”提供补贴。1996年岛内白糖销售量为47.7万吨。近年来因台湾产糖量满足不了岛内需求,台糖公司自1991年起进口粗糖炼制成砂糖供应,1996年进口92 059吨。砂糖出口方面,是由美国给予优惠价格配额出口,1996年出口量为20 322吨,均由台糖公司以进口粗糖制炼成精制砂糖外销。

台湾地区红糖业同业公会有会员厂6家,目前在生产的只有3家:宝山糖业公司、新南糖厂公司和竹山制糖公司。岛内红糖产量最高时曾达年产3万吨,现已降至0.25万吨以下。从销售市场看,1992年以后已无外销,内销稳中有降,1996年降为1 000多吨。台湾高果糖浆自1984年生产以来,逐年大幅增长,1991年突破10万吨,尤其饮料业及凉冷储品使用最多。1996年产量为14万吨,比上年下降12.5%。销售方面以内销为主,出口量极低,主要原因是运输、包装成本过高,外销不具竞争力。

(朱　磊)

# 第 4 部分

# 企业及产品介绍

# 企业及产品介绍

## 中国贵州茅台酒厂集团

中国贵州茅台酒厂集团是以中国贵州茅台酒厂(集团)有限责任公司(原中国贵州茅台酒厂)为核心企业组建的大型企业集团。集团首批成员单位包括全资子公司2个:茅台酒厂进出口公司、茅台贸易(香港)有限公司;控股子公司3个:贵州茅台大厦、贵州茅台威士忌有限公司、深圳茅台大酒家;参股单位4个:贵州久远物业有限公司、珠海龙狮瓶盖有限公司、茅台酒厂技术开发公司、茅台酒厂附属酒厂。

中国贵州茅台酒厂(集团)有限责任公司位于黔北风景秀丽的赤水河畔茅台镇,总面积68万平方米,建筑面积40多万平方米,现有职工3 300多人,年生产茅台酒4 000多吨,拥有总资产15亿元,固定资产11亿元,年销售收入5亿多元,年创利税近3亿元,年出口创汇达1 000多万美元,是国家特大型企业,全国白酒行业唯一的国家一级企业,全国优秀企业(金马奖),是全国知名度最高的企业之一。

主导产品茅台酒是世界三大名酒之一,以酱香突出、幽雅细腻、酒体醇厚、回味悠长、空杯留香持久的完美风格而冠盖群芳。茅台酒源远流长。据史载,早在公元前135年,古属地茅台镇就酿出了使汉武帝“甘美之”的枸酱酒,盛名于世。唐宋以来,茅台酿酒业日益发达,逐步形成了赤水河酒文化圈,并影响到长江上游酿造业发展,对东西方酒文化都产生了巨大影响。元、明之际,茅台的酿造工艺已提高到一个新水平,酿制出了独具特色的“回沙”酒,清朝初年,茅台村出现了“家唯储酒卖,船只载盐多”的繁荣景象,获得了清代巨儒郑珍“酒冠黔人国”的赞誉。1915年茅台酒荣获巴拿马万国博览会金奖,从此名声鹊起、誉满全球。

1951年,在赎买和没收“成义”、“荣和”、“恒兴”三家私人烧房的基础上,地方国营茅台酒厂宣告成立。建厂四十多年,特别是十一届三中全会以来,企业发生了翻天覆地的变化。资产总值从10万元发展到15亿元,茅台酒产量从75吨发展到4 000吨,特别是1991至1995年的“八五”期间,企业高速发展,一年上一个台阶,累计实现工业总产值111 640万元,是前40年的2.6倍,是“七五”的3.4倍;利税93 028万元,是前40年的2.95倍,是“七五”的3.7倍;出口创汇达2 200万美元;固定资产93 626万元,是前40年的7.6倍,比“七五”增长8.8倍。

1996年是“九五”计划的第一年,企业领导集团把这一年作为具有高度战略意义的一年来抓。通过狠抓企业管理,实施名牌发展战略,建立现代化的营销体系,进行现代企业制度改革,使各项经济指标再创历史最好水平。实现工业总产值36 797万元,比上年增长10.5%;生产茅台酒4 365吨,比上年增长9.7%;销售茅台酒2 051吨,销售收入4.11亿元,比上年增长19.6%;销售贵州醇5 020吨,销售收入1.2亿元。实现利税28 700万元,比上年增长12.7%。为“九五”再创辉煌奠定了坚实的基础。同时,现代企业制度改革取得初步成果,1996年7月,贵州省人民政府正式批准茅台酒厂改制为国有独资公司,更名为中国贵州茅台酒厂集团、中国贵州茅台酒厂(集团)有限责任公司,标志着市场经济条件下企业现代化发展方向的公司制正式在茅台酒厂建立起来。

几十年来,茅台酒厂之所以能取得如此辉煌的业绩,其根本原因,是以“一切服从质量”的精神,实施名牌发展战略。国酒名牌是靠质量树立起来的。茅台酒厂自建厂之日起就一向把质量置于首位,并在实践中逐步完善和发展传统的生产工艺,确立了“以质求存,以人为本,继承创新”的方针,在职工中树立牢固的质量意识。不仅把茅台酒作为企业的财富,而且把它作为祖国的骄傲精心培植,使茅台酒荣获历届国家名酒评比之冠,并先后14次荣获国际金奖,在中国酒行业树立了国酒地位。1992年,在全国驰名商标排行榜上,茅台酒冠盖群芳,名列榜首,成为全国公认的国产名牌。为了确保高质量,使名牌长胜不衰,公司领导集体及时提出“在产量与质量发生矛盾的时候,产量服从质量;在经济效益与质量发生矛盾的时候,经济效益服从质量；在发展速度与质量发生矛盾的时候，发展速度也要服从质量”，进而形成了“一切服从质量”的思想，注重长期效益，不搞短期行为；不急功近利，在茅台酒健康发展的长远利益上去实施名牌发展战略。为了确保茅台酒质量的稳定，公司还下苦功夫贯彻GB/T19000-ISO9000质量标准，完善茅台酒生产的质量体系，使生产的各个环节均处于受控状态，按程序文件有效运行。1994年，一次性通过了长城（天津）质量保证中心的认证，确保了茅台酒质量管理与国际质量管理标准接轨，进一步促进了茅台酒质量的稳步提高，确保了企业的高效益。

公司创造辉煌业绩的主要原因，是以“争创全国优秀企业”的精神狠抓管理，实施企业管理升级战略。茅台酒是老牌名酒，是在三家私人作坊的基础上发展起来的，直到十一届三中全会前，管理水平依然很落后，公司党政领导清楚地意识到加强管理对于企业发展具有举足轻重的意义，因此在全公司内部开展了管理上等级，争创国家二级企业、一级企业、特大型企业和全国优秀企业等活动。在生产管理、现场管理、财务管理、基础管理、战略管理、质量管理、安全管理各方面进行了理顺，形成了有机的管理体系，促进了管理的现代化。短短几年时间，由国家二级企业上升为一级企业，1994年又荣获全国优秀企业（金马奖）称号。同时企业上升为国家特大型企业，成为全国白酒行业唯一的金马奖和特大型企业获得者。通过强化管理，促进了公司生产、经营各项工作的高质、高效，确保了企业持续、快速、健康的发展。

## 走质量效益型道路<br>创造美好灿烂明天

泸州老窖股份有限公司是全国著名的大型酿酒企业，公司占地60公顷，总资产近10亿元，员工3 000余人，公司拥有我国建造最早、连续发酵时间最长、保存最完整的酿酒窖池群——始建于明朝万历年间（约公元1573年）。该窖池群于1996年被国务院批准为“全国重点文物保护”单位。

公司主要生产和销售泸州老窖系列酒。主导系列产品泸州牌泸州老窖特曲（大曲）以其“醇香浓郁，饮后尤香，清洌甘爽，回味悠长”的独特风格享誉古今，驰名中外，被誉为“酒中泰斗”，是浓香型白酒的典型代表。目前，公司年产泸州老窖系列酒2万吨，达20个品种，50余种包装系列，具有400多年历史的“泸州老窖”继1915年在美国旧金山荣获巴拿马万国博览会金奖后，荣获重大国际金奖，蝉联历届“中国名酒”称号，其“泸州”牌注册商标是中国十大驰名商标之一。公司产品质量稳定提高，经济效益持续增长，名优酒比率逐年上升，实现利税从1992年的1亿多元增长到1996年的5.5亿元，在1996年深交所评定的“十佳上市公司”中名列前茅，公司综合实力和市场竞争力大大增强，产品知名度、美誉度进一步提高。近年来，公司先后荣获“全国质量效益型先进企业”、“中国企业最佳形象AAA级”、“全国经济效益最佳500强大型骨干企业”等荣誉称号，连续5年被评为“全国500家、四川省100家最佳经济效益型企业”。同时公司还获得国家经贸委“进出口经营权”。

这些成绩与荣誉的取得是公司长期坚持走质量效益型道路的结果。所谓质量效益型道路就是以质量作为求效益的最基本手段，把降低成本提高产品的技术含量和管理水平同增加效益统一起来的经营战略。

**一、积极转换机制，实现管理高效能**

1993年公司由原泸州老窖酒厂整体改组而成了现在的泸州老窖股份有限公司，公司借此良机，迅速理顺关系，调整内部机构，建立起了符合现代化企业生存发展的一系列方针、政策，公司面貌也日新月异。其中最为重要的一点，也是从长期的实践中深刻体会到的一点：质量好是泸州老窖大曲酒金牌不倒，享誉古今，畅销不衰的最根本的原因；“名酒名在质量上”。市场经济需要质量一流的产品，合理的品种结构，规格齐全的企业。同样，公司也注重品种结构的合理化，泸州老窖股份有限公司的经济效益主要取决于产品的质量档次，特曲酒（优等品）创利税是三曲酒（合格品）的百余倍，提高优质品比率是创效益的关键。因此公司打破以量取胜的外延发展格局，向以质量求效益的内涵发展道路转变，积极充分发挥老窖优势和技术优势，大幅度提高了优质品比率。限产保优，努力以质量取胜，创造了最佳经济效益。其中泸州老窖特曲酒因连续6年质监合格，而被四川省技术监督局指定为首批“免检产品”。

**二、扎实搞好管理基础工作，实现管理高效能**

泸州老窖股份有限公司是在过去36家手工作坊的基础上建立起来的传统酿酒企业，管理基础十分薄弱。要走质量效益型的道路，必须提高基础管理工作水平，走集约化道路，实现管理高效能。为此，公司做了以下几方面工作。

一是公司狠抓了计量工作，投入了大量资金，为科研开发、质量控制、生产经营配备了先进的计量手段，培养了一只精干的计量技术队伍，在全国首创了适合大型酿酒企业特点的“三级网络、矩阵管理”的计量管理模式，使这个传统酿酒企业彻底摆脱了“凭感官计量”、凭经验酿酒”的落后局面。计量管理连上三个台阶，在全国酿酒行业中首批成为国家计量一级企业，荣获国家计量先进单位称号。二是公司狠抓了标准化建设，开展了大规模的标准化试验，根据市场需求制订产品技术标准，建立了完善的技术标准体系；三是根据 TQC 的思想、理论和方法，以质量职能和职能责任为核心，建立了管理标准和工作标准体系，使企业的生产经营走上了标准化轨道。四是公司和四川联大联合开发了以计算机为手段的质量管理系统和计量管理系统，建立了从原料进厂、工序控制到产品出厂销售的计算机闭环管理网络，有效地保证了质量控制和质量追溯。五是大力进行技术改造、产品开发，努力发展经济协作，不断加强开发机构，充实开发人员，逐年增加开发投入，在酿酒行业首家研制成功“微机勾兑”、“微机控制立体制曲”、推出“原窖分层发酿”酿酒新工艺等多项重大科研技改成果；同时在完善产品品种，进行跨行业、跨地区经营中，也取得了可喜的成果。在资金运用中也取得了令人瞩目的成绩，近年来公司在大量增加技改投入，新建项目投产的情况下，资金周转率仍保持较高水平。

**三、建立严密高效的质量体系，实现全过程可靠的质量控制**

泸州老窖股份有限公司从 1979 年推行 TQC 以来，把 TQC 思想、理论、方法应用到传统的酿酒生产和管理中去，把传统酿酒质量控制与现代化管理方法相结合，按照 GB/T19000《质量管理和质量保证》系列标准，建立了完善的质量保证体系，于 1988 年通过了国家质量认证，并多次顺利地通过了国家质量认证复查。公司建立了工厂、车间、班组三级质量管理网，分配了质量职能，规定了职能责任，制订了质量管理制度，培养、建设起一支素质较高的质量管理队伍。通过大量的研究试验，掌握了泸州老窖大曲酒质量形成规律，明确了成品质量同原材料、半成品以及各道工序质量的相关关系，找出了各个环节影响质量的主要因素，第一次把泸州老窖大曲酒这一传统名牌产品的质量控制从凭经验控制转变为科学控制。在此基础上，广泛应用数理统计方法，研究成功泸州老窖大曲酒数学模型和微机辅助管理，在全国酿酒行业首家建成现代化酒质管理网络；企业建立了从原材料、半成品、成品及主要工序的质量检验网络，配备了相关的检验员和先进的检测仪器，做到层层质量把关，及时提供质量信息，特别在酒质检验上在全国率先采用标准酒样和统计检验方法，并成立了尝评组，定期对酒样进行尝评定级，长期有效地保证产品质量的稳定合格。

**四、积极开展群众性质量管理活动，树立起全员“质量效益观点”**

公司在向质量效益型发展过程中，进一步提出了以质量求效益的活动目标，动员全厂职工立足本职，提高质量，降低成本，争创效益。主要表现在以下几个方面：一是多年来连续开展了以降低工序不良品损失为内容的 QC 小组活动，在等外酒数量，包装不合格品比率等方面都有大幅度的下降；在节能降耗方面，公司也取得了明显的效果，单是改进蒸气灶一项 QC 成果，每年就可结支将近百万元；目前公司建立 QC 小组百余个，近年来取得市级以上优秀 QC 成果奖 30 余个。二是将质量效益作为一种企业文化来宣传，思想是行动的指导，经过对广大职工的宣传教育，使质量效益管念深入人心。三是公司坚持不懈地开展质量教育，从基础教育入手，发展到逐级深化教育和按专业特点分层教育，参加全国 TQC 电视讲座学习统考合格率已达参加人数的 96.9%，提前实现中国质协取证率要求，被评为四川省 TQC 电教先进单位。同时，公司注重消费者意见的收集、整理和分析，根据用户意见，不断改进和提高产品质量，满足用户要求，将这个“全员”，由开始的“全体员工”逐步扩大为“全体员工和广大用户的全员”，充分利用一切可利用的力量来提高自己的质量水平。

## 五粮液酒厂

五粮液酒厂位于金沙江和岷江交汇处、万里长江第一城——酒都宜宾，是酒类行业中现代化大型一档骨干企业。工厂占地 5 平方千米，现有职工 14 000 余人，年产商品酒 18 万吨，主要生产五粮液、五粮春、五粮神、五粮醇、五湖液、京酒、四海春、尖庄、安培纳斯威士忌等 4 大类、多品种多规格的系列酒类产品，1997 年创税利 11.5 亿元。主导产品五粮液远销欧洲、美洲、亚洲等 100 多个国家和地区，在中外消费者中享有很高的声誉。

五粮液酒是浓香型白酒的典型代表，它主要以高粱、糯米、大米、小麦和玉米五种粮食为酿造原料，通过一整套独特完整而严谨的工艺制成。在全国评酒会上，评酒专家认为五粮液具有“香气悠久、味醇厚、入口甘美、入喉净爽、各味谐调、恰到好处”的独特风格，是当今酒类产品中出类拔萃的珍品。自 1915 年获巴拿马万国博览会金奖以来，五粮液又相继在日本、德国、美国、英国等地举办的国际博览会上，获 33 枚金奖；四次蝉联中国“国家名酒”称号；四度荣获国家优质产品金质奖章；1991 年被评为首届中国“十大驰名商标”；1995 年在第十三届巴拿马国际食品博览会上再获金奖，创造了五粮液“八十年金牌不倒”的辉煌。

五粮液的形成经历了一个漫长的过程，从秦汉古僰道的“蒟酱”、唐时的“重碧酒”、宋朝的“荔枝绿”、“姚子雪曲”、明代的“杂粮酒”，直到1909年正式得名，3 000年的历史酿造出神州神酒的芬芳。据国家文物部门鉴定，五粮液酒厂现存城区车间最古老的一批窖池为明初遗物，距今已有600年的历史，用600年老窖酿造的“珍品五粮液”，受到中外消费者的喜爱。

近年来，五粮液酒厂陆续研制开发了五粮春、五粮神、五粮醇、五湖液、京酒、四海春、干一杯、火爆、川酒王、鹰王威士忌、亚洲伏特加等30多个新品牌，以满足不同地域、不同层次消费者的需求，产品投放市场后，赢得了广大消费者的普遍好评。

1984年，五粮液酒厂迈开了向现代化大型企业转化的步伐，走出了一条具有五粮液特色的质量效益和规模效益相结合的道路。1988年，工厂获得国家级产品质量认证合格证书和商业部颁发的“质量管理奖”；1990年，获“国家质量管理奖”；1994年，在全国同行业中首家通过了法国国际质量检验局BVQI国际质量认证；1995年，工厂被第五十届国际统计大会评为“中国酒业大王”。1994年、1995年、1996年、1997年工厂连续四年蝉联中国酿酒行业头把交椅；1995年、1996年、1997年五粮液连续获得全国市场产品竞争力调查全部项目即：消费者心目中的理想品牌、实际购买品牌、第二年购物首选品牌三个第一。1996年“五粮液”商标评估值为41.8亿元。

1995年，李鹏总理为五粮液挥毫题词：“神州琼浆五粮液”。五粮液人深深知道：优异的成绩只能代表昨天，我们前进的步伐将永远向前，不断铸造新的辉煌。

## 山东孔府宴酒厂

山东孔府宴酒厂（原山东鱼台酒厂）系大型合资企业，位于鲁西南风光旖旎的微山湖畔的鱼台县城。1975年5月在一个小型作坊的基础上建厂。当时仅有3万元家底。现已拥有资产4亿元，占地面积60多公顷。全厂共有职工2 800余人，其中各类专业技术人员250余人，具有年产优质酒3.5万吨的生产能力。1995年销售收入、经济效益跃居全国同行业前四位，山东省白酒行业第一位。提前两年实现跨入中国白酒行业“四小龙”的目标。

山东孔府宴酒厂连年被评为省级文明单位、重合同守信用企业、省明星企业、全国食品工业优秀企业、济宁市经济效益排头兵企业、全省和全国优秀政工企业、中国明星企业。中共中央政治局委员、国务院副总理、原山东省委书记姜春云题词赞誉为“鲁南明珠”。厂长江廷华被授予全国劳动模范称号。

山东孔府宴酒厂始终坚持“以人为本”抓管理的指导思想，把“人”的工作放在第一位，尤其重视人才的培养。近三年来，企业投资1 000余万元用于职工教育、培训、进修，并从大专院校聘请专家教授进行技术讲座，使职工技术水平不断提高。良好的企业效益、优厚的待遇吸引了五洲四海的人才，一些大专院校毕业生纷纷慕名而来。企业的竞争，归根结底是人才竞争，该厂尊重知识，尊重人才，从而促进了企业健康有序的发展。

为了扩大市场，该厂不断调整优化产品结构，增加新的规格和新的品种。近几年来，先后开发出中、低度孔府宴系列酒，并不断提高产品的档次品位和质量。同时还在孔府宴酒装潢上进行革新，1996年又推出孔府宴高档防伪精品，深受广大消费者欢迎。

山东孔府宴酒厂在抓质量方面一直坚持经常性的质量管理教育，在不断强化质量意识、名牌观念的同时，不断完善质量保证措施。注重技术改造，靠科技进步提高技术水平，提高产品的技术含量，克服了白酒生产单纯开发传统工艺的狭隘观念，树立了传统工艺和先进技术相结合的现代意识。为了改进生产工艺，该厂积极筹措资金，进行大规模的技术改造，厂区面积增加到60多公顷，1993年又设计建成两座单跨面积2万平方米的白酒发酵车间，为全国同行业中最大的白酒发酵车间。引进了先进的酒水处理设备。改造扩建了灌装车间，从洗瓶、灌装、压盖到封箱工序，达到了国内同行业先进水平。同时注重运用现代技术手段，选用了具有国际先进水平的检测设备，对产品内在质量的各项理化指标进行检测和控制。1995年又投资建成了微机检测监控中心。从原酒入库到理化检测、勾兑、验收、灌装达到了一体化自动控制，形成了一整套规范化的信息反馈、处理程序。从而使产品质量控制和提高有了可靠的技术保证。

随着生产规模的扩大，该厂优化质量管理队伍，全厂上下形成了严密的质量管理体系，在健全各项管理制度的基础上，将质量与工资紧密结合，为提高产品质量奠定了良好的基础。

山东孔府宴酒厂在抓质量、创名牌的同时，不断扩大产品的知名度，进一步拓宽产品销售市场。该厂对广告宣传精心筹划，独辟蹊径，及时抓住机遇，敢为天下先，“喝孔府宴酒，做天下文章”这一广告用语家喻户晓，人人皆知，受到社会各界好评。

山东孔府宴酒厂坚持以产业报国为宗旨，积极回报社会。长期以来，积极参加社会公益活动，捐资助学，为教育事业的发展做出了贡献，受到各级领导的肯定和社会各界的好评。

在经营中，该厂一贯坚持优质服务的原则，以“客户就是上帝”为宗旨，坚持“经营就是服务”、“消费者的利益高于一切”的方针，以诚待人，重合同守信用，尽最大可能满足消费者和商业客户的需要。牢固树立市场意识，受到消费者信赖。该厂在社会上还选聘了 30 余名业余监督人员，组成一支业余监督队伍，经常征求他们的意见，并通过他们及时征求消费者的意见。

几年来，孔府宴酒经国家有关部门检测，合格率一直保持 100%。孔府宴系列酒相继荣获国际金奖、最高金奖及省优、部优称号。1992 年通过消费者评选，孔府宴商标荣获山东省著名商标称号，1993 年孔府宴酒又获得最受消费者信赖的山东产品，1995 年获中国名牌称号，被中国消费者协会、国内贸易部、中国轻工总会等单位授予“畅销国产商品金桥奖”，1996 年被评为山东省质量免检产品。产品畅销全国各地并出口韩国、日本、美国以及香港、澳门等国家和地区。在国内国际市场树立了良好的品牌形象和良好的信誉。

## 洛阳春都集团股份有限公司

洛阳春都集团股份有限公司的前身是洛阳肉类联合加工厂，始建于 1958 年，当时职工不足 100 人，国家投资 200 万元。1995 年末，集团公司拥有职工 4 700余人，其中专业技术人员 1 205 名，占企业职工总数的 25.6%；占地面积 98.4 万平方米，建筑面积 35 万平方米；企业资产总值 16.33 亿元，净资产 8.59 亿元；拥有各种设备 2 680 余台(套)，其中日、德、荷等国外先进设备 200 余台(套)；有大型冷库 2 座，总冷藏能力 2.15 万吨；1995 年集团公司共实现工业总产值 21.31亿元，完成销售收入 22.05 亿元，税利总额 2.74 亿元。在全国 500 家最大工业企业中名列第 228 位，经济效益连续 3 年名列全国同行业第一。目前已成为全国最大的火腿肠生产基地和食品包装薄膜生产基地。在中国企业管理协会、企业家协会、《经济日报》等单位，1993 年、1994 年、1995 年组织的对全国产品市场竞争力调查结果中，“春都”火腿肠连续 3 年被评为全国消费者“心目中理想品牌”、“实际购买品牌”和“如购物首选品牌”3 项第一。公司先后荣获“全国质量效益型先进企业”、“全国明星企业”、“全国五一劳动奖状”等荣誉称号。总经理荣获全国优秀企业家、全国劳动模范、河南十大著名新闻人物等荣誉称号。

春都集团的发展历程，证明了依靠农业资源转换，走集约型发展道路，是我国食品工业企业唯一可选择的发展道路。我国 80%的人口在农村，其中有 60%以上的劳动力从事农业，如果没有加工能力巨大的企业，就不可能对农副产品进行深加工，农业经济的稳定增长也是不可能的。如果没有食品加工企业为居民消费提供品种多样的、数量巨大的食品消费，我国人民生活水平的提高就成了一句空话。规模巨大的农业资源和需求巨大的食品消费市场，也为食品加工企业提供了广阔的发展前景，为企业规模的成长提供了可能。

春都集团对这条道路的选择经历了由不自觉到自觉、由被动到主动、由朴素的感性认识到理性认识的过程。1984 年出现了卖猪难，由于当时的洛阳肉联厂库房暴满，又无加工能力，无法收购，致使气愤的农民围砸收购站，有些干部职工被谩骂殴打。没想到 1985 年又出现了买猪难问题，为保证市场供应，只好派干部下去打记号，设卡收购。买难卖难问题的出现，一个重要的原因就是加工能力不足。

1985 年 4 月，洛阳肉联厂从郑州国际食品机械展览会上买回了两台展品中的一台日产西式火腿肠灌装机，研制生产出了当时在国内尚属首创的猪肉火腿肠。在培育火腿肠市场的基础上，先是扩大引进了 2 台灌装机，7 台灌装机，20 台灌装机，后来几十台的引进，现已发展到拥有火腿肠灌装机 130 台，成为中国乃至世界最大的火腿肠生产企业。现在不仅河南全省的猪肉远远满足不了生产的需要，还要到四川、山东等省购买猪、牛肉原料。

生产规模扩大后，企业年需原料生猪 500 万头左右，优质肉牛 60 万头左右，肉鸡 4 500 万只……。基于确保企业生产所需原料供应及带动中西部贫困地区农村经济的战略考虑，从 1991 年开始，提出了以春都集团为龙头，把触角伸向国内外市场，龙尾摆向千家万户，采取“公司＋农户”方式，通过向养殖户提供饲料、良种、疫病防治、饲养管理及畜禽、林果产品收购加工等全过程服务，带动区域经济发展的“春都工程”。省市每年从扶贫开发款、支农资金、以工代赈资金、畜牧专项贷款中筹资4 500 万元，用于“春都工程”重点项目。目前已在洛阳市发展了或养鸡 500 只以上、或养猪 20 头以上、或养牛 5 头以上的养殖专业户 8 050 个。

春都集团未来的发展，将本着“围绕农业上工业”的轨道，继续坚持依靠农业资源转换，走集约型发展的道路，以农副产品深加工为主，与相关行业配套，综合发展食品工业、医药工业、特种包装材料工业、饮料工业、科学研究和商业贸易，并结合“春都工程”发展饲料工业和畜禽养殖加工业。到 2000 年，实现年销售收入 200 亿元，税利 30 亿元，年创汇 1 亿美元，将企业建成一个可与发展中国家同行业公司竞争的跨国企业集团，销售收入进入世界 500 强行列。

为将这一宏伟的蓝图变为壮丽的现实，春都集团正在组织实施被称为“二次创业”的“三个接轨”、“六大支柱产业”和“一个工程”的重大举措。

三个接轨即与国际资本市场接轨，与当代世界先进技术接轨，与国际市场接轨。春都联合5家外资企业在国外建立财务公司以猎取国际金融市场巨额游资的构想，不久即可变为现实。

六大支柱产业是：(1)火腿肠系列产品。鉴于春都火腿肠已占市场份额的50%以上，今后主要根据消费者需求，开发新品种，扩大市场占有率。(2)无特种包装保质3个月的熟肉制品产品。这种标志着中国肉制品二次革命的产品已于1996年与消费者见面。(3)以养命宝为代表的制药业。(4)特种包装材料业。以目前国内最大的春都集团PVDC食品包装膜生产基地为基础，包括易地扩建的生产低铝塑合成膜、多层共挤热收缩膜等产品，建设规模在国内甚至亚洲最大的食品包装材料企业。(5)快餐及速冻食品产业。目前，生产中西式富有民族特色高中档方便食品的全封闭自动化生产线已落户春都。(6)纯天然饮料。春都已在内黄、西峡、郑州收购了2个企业、参股了1个企业，并正在洛阳筹建易拉罐生产企业，争取5年内使饮料年产量达到100万吨。

为改变目前80%以上原料肉靠外省调入，洛阳市占不到3%的被动局面，“春都工程”将通过把一批大型养猪场和肉蛋种鸡场全部改成种猪、种鸡企业，而后采取春都为养殖户供雏鸡、仔猪，供应饲料、药品，企业给饲养者发工资，育成猪、鸡归公司所有的分配方式，使大批农户成为春都不穿工作服的原料生产工人，使传统无序的畜产品生产变成社会化大生产产业，以实现到2000年洛阳市全市农民户均1头牛，人均1头猪、10只鸡的“春都工程”目标，带动洛阳市15万户农民脱贫，使6 000户农民致富。

## 江苏双沟酒业集团有限公司

江苏双沟曲酒厂，位于淮河与洪泽湖交汇之处的千年酿酒古镇——泗洪县双沟镇，这里除了有历史留赠的宝贵遗产，丰富独特的酿酒技术外，还拥有得天独厚的物产资源和优质天然矿泉水资源。

江苏双沟曲酒厂始建于1985年，原名为江苏泗洪县双沟镇曲酒厂、江苏双沟酒厂曲酒分厂，1991年更名为江苏双沟曲酒厂。现有职工1 200人，占地面积30万平方米，建筑面积12万平方米，固定资产4 685万元，年生产能力1.28万吨，年产值超亿元，税利2 000万元。是一个以酿酒业为龙头，集饮料、矿泉水、食品加工、纸品、包装、商贸、宾馆服务为一体的集团化企业。

该厂生产的双苏牌大曲酒有三大系列，二十多个品种。主要知名品牌是双苏牌双苏王、双苏粮液、双苏醇等浓香型白酒。产品以优质高粱、大麦、小麦、豌豆为原料，以高温大曲为糖化发酵剂，采用传统混蒸发酵工艺，经老窖适温长期缓慢发酵，分甑蒸馏，分段截酒，分等入库，分级贮存。再配以含大量锶、偏硅酸等微量元素的优质矿泉水，经微机处理，科学勾兑而成。因此，产品具有清亮透明，窖香浓郁，绵甜甘洌，谐调爽净，回味悠长等特点。自1985年问世以来，产销量年年递增。多次荣获“中国名优酒”、“中国公认名牌”、“中国驰名精品”、“首届科技金窗奖”、“全国首届优质产品荐评会金奖”、“全国消费者信得过好产品”、“国际名酒特级金奖”等多项殊荣。党和国家领导人彭冲、陈慕华、王光英、程思远等，给予“双苏”酒很高赞誉，“双苏酒香飘天下”。全国人大副委员长卢嘉锡还亲自题写了厂名。酿酒泰斗秦含章品尝了“双苏”大曲后，连称：“好酒、好酒，浓香正宗”！并挥毫泼墨，写下了“四海琼浆荐选天，双苏美酒列榜先。三杯一日如常满，万困全年化浪烟”的诗句。

几年来，江苏双沟曲酒厂从企业自身发展壮大中体会到，产品质量要上新台阶，企业要创高效益，就必须实行科学管理，就必须运用高新技术。在管理实践中，该厂始终积极推行全面质量管理，一是狠抓了三个教育，即质量教育、专业教育和质量知识教育；二是坚持以超国内外同行先进标准的内控标准组织生产；三是建立了三个质量保证体系，即质量组织、质量标准管理、质量工序控制保证体系；四是开展QC小组活动，形成人人抓质量的好势头。严密的管理为高质量的产品提供了有力保证，所以，“双苏”大曲系列连年合格率一直保持100%，优质品率80%。在连续多次的外省市质量检测部门和卫生防疫部门的抽查检验中，合格率依然是100%。1992年，该厂投入50万元，和中国科学院以及首都的大专院校联合搞科研攻关，成功地完成并应用了大曲酒微机勾兑、调味系统，不仅大大提高了产品质量，还加快了新产品的开发进程。该项成果荣获了江苏省第四届新产品、新技术应用成果奖“金牛奖”。为不断提高产品的科技含量，该厂又投资300多万元，建成了3 000吨大容量地下贮酒库，引进4条自动化灌装流水线。为进一步拓展市场，该厂已申请ISO9000质量认证，正在向更高的目标迈进。

江苏双沟曲酒厂一贯坚持人才为本、科技兴厂，坚持对员工进行政治、业务素质方面培训。一方面，该厂通过代培、自培、招聘等方法为企业造就了酿酒专业的大、中专生22名，中、高级职称技术人员38名，又投资20多万元，添置了各种仪器设备，建立起科研中心；另一方面，配备现代化电教设备，聘请各地有专长的教师，在企业内部开办各种业务培训学校。厂长带头参加学习，参加考试。干部职工参训率达95%以上。经过培训，先后有400多人次员工分别获得了各类专业合格与结业证书。持证上岗率高达95%。与此同时，该厂还坚持每天一小时的政治、业务学习，雷打不动，并建立了严格的奖惩制度以保证学习制度的充分施行。实践证明，企业花钱培养了人才，提高了员工素质，人才与高素质员工又推动了企业发展。

为使企业稳定、持续发展，江苏双沟曲酒厂又开拓了一条“一业为主，多种经营”的新路子。在兼并了一个濒临倒闭的双沟第二纸箱厂后，又利用本地区优质矿泉水资源，创办了双沟矿泉水公司。接着又投资300多万元，建起了按星级标准设计的双沟宾馆。1995年，该厂又投入280万元，建造了新包装大楼。到目前为止，该厂先后成立了江苏双沟瑞米开发公司、饮料公司、商业公司、服务公司、双沟宾馆纸箱厂、包装厂等10个公司、4个工厂、5大车间、1个科研中心、1所宾馆，形成了以曲酒厂为龙头的集团化企业。

在江苏双沟曲酒厂滚动发展成集团化企业的过程中，还有一条秘诀就是以人为中心抓管理，全方位调动员工积极性。该厂在全市范围内第一个推行优化组合、内部经济责任承包制，继而又深化成产权制度改革，实行二级法人三级核算的管理。为从根本上解除职工的后顾之忧，该厂又在全市乡镇企业中率先制定了确保全厂干部职工享受养老保险金的规定。该厂的两次率先改革，极大地激发了全厂职工的生产积极性，为企业的再次创业打下了良好基础。

## 广州人民机器厂

广州东北郊，葱茏燕岭下，矗立着机械工业部生产机械的重点骨干企业——广州人民机器厂。

“曾经沧海难为水，除却巫山不是云”。十多年前，当广州人民机器厂从军工转民品生产时绝没想到，她的生存和发展竟与食品机械相联；更没想到，她今天竟成了生产方便面设备的全国同行业“大哥大”。目前，全国年产方便面设备200多套，该厂就占100多套；从1984年至1995年，该厂销售的方便面设备已突破1 000套大关，占全国总销量的一半，并出口到巴西、俄罗斯、厄瓜多尔、印尼、毛里求斯等10多个国家和地区，为国家节约和换回了大批外汇。人们惊讶该厂在市场经济大海中畅游的本领，称赞该厂的领导和员工是从计划经济体制到市场经济体制“转型期”的闯将，这实非过誉之词。

该厂原是一家生产高射机枪的军工厂。1982年，当他们从郊县的大山角迁回广州，开始转产民品时，茫茫商海，转产什么，一时摸不着头绪。他们尝试过上摩托车，又尝试过生产定时器，结果都因不黯市场行情而徒劳无功。“呛水”之后，他们并没气馁，在商海中继续摸索前行。80年代初，省内外一批批客人，纷纷到得改革开放风气之先的深圳特区和沙头角“中英街”参观，又成箱成箱地从那里扛回方便面。广州人机厂的经营者从这一现象中得到启发：既然方便面如此畅销，我们何不开发生产方便面的设备？思路决定出路。思路通，步步顺。在有关部门的支持下，他们对从国外引进的方便面生产设备先进技术进行消化、吸收、改造，凭着精良的设备和雄厚的技术力量，在很短时间内便成功地开发出国内第一条烘干型方便面生产线，产品果然畅销无阻，企业一举成名。初战告捷，他们又适时地联络和团结一批协作厂，扩大生产规模，使产品迅速占领国内市场，还出口到国外。1986年，该厂的方便面生产线被机械工业部指定为替代进口设备，从此奠定了广州人机厂方便面生产线在全国的“霸主”地位。

“军工生产，质量第一”。作为前身是军工企业的广州人机厂，在步入市场经济的10多年间，这一好传统一直继承下来并使之发扬光大。他们坚持教育，把质量意识灌输和渗透到每个员工和每个生产环节中去。他们建立和健全全厂质量保证体系，做到有目标、有措施、有标准、有制度、有组织、有检查、有实效、在生产和检验中做到严格接收，严格工艺，严格规程，严格管理，严格检查。10多年来，该厂600多家用户，无一因产品质量不好而投诉；也无一因产品不合格而退货。这些年河南临颖中原工贸公司陆续购进该厂方便面生产线30多条，至今条条转动正常。在确保产品质量的同时，该厂还不断收集世界先进技术信息，不断改进产品设计和工艺水平，又研制成功油炸型生产线，班产5万包、12万包、15万包袋装和碗装面生产线；方便面生产线从原来的机械调速改进为变频调速，1995年起又采用计算机控制，使整条生产线自动化程度更高。为此，该厂产品先后获“部优”、“优等品”称号，1996年被机械工业部选为向用户首批推荐的产品。企业的效益持续增长，1995年利润比上年增长50%。

今天，广州人民机器厂并没有满足这启始的一步所取得的成绩，中国的食品工业正在日新月异地突飞猛进，消费市场的需求也越来越高，广州人民机器厂仍将一如既往地转换变化，适应市场经济的风云变幻。他们的目标是：“九五”期间，投资8 000多万元进行易地改造，把企业建成年产食品机械580套、包装机械400套的全国重点生产基地，再创企业更加灿烂的辉煌。

## 四川泸州公爵酒厂

四川泸州公爵酒厂，又名四川泸州川江酒类公司，建于1985年4月，属纳溪县乡镇企业。该厂由3 000元起步，采取“借船出海”和“借鸡下蛋”的经营策略，经过10年的艰苦创业，逐步发展壮大，现已建成拥有占地37 800 $m^2$，建筑面积15 000 $m^2$，有3个基础酒生产厂和1个包装厂的生产浓香型白酒的酒厂。现有自有资金800万元，年产酒3 000吨，年总产值3 000万元，1995年上缴税收250余万元，实现利润250余万元；1994年、1995年连续2年评为泸州市酒类行业“销售大户”和“纳税大户”。

该厂有职工200余人，其中具有高级技术职称的2人，中级技术职称的3人，初级技术职称的6人，具有一定的技术力量和技术水平。

为发挥集团优势和名牌效应，推动生产的发展，1995年7月组建以公爵酒厂为龙头的“泸州公爵企业集团有限公司”，下属泸州公爵酒厂、泸州酒类有限公司、泸州新艺彩色印刷有限公司、泸州长永房地产开发有限公司4个企业，注册资金3 014万元。

该厂生产的公爵酒系列，运用祖国传统酿酒工艺技术，以泸州老窖特曲工艺作母体，改进用粮配方，除本地特有红高粱外，加进大米、糯米；改进曲药配方，除小麦外，加进大麦和豌豆；改进酿制工艺，分层蒸馏、分段摘酒；并参照世界名酒风味，精心勾兑而成。此酒酒体协调、风格突出、无色透明、窖香浓郁、入口微甜、醇和爽口、柔和纯正、低而不淡、尾尽味长、余味爽净，包装设计典雅、高档豪华、新颖别致、美观大方，赢得全国著名酒类专家的赞誉。

1995年9月在泸州召开的“泸州公爵酒品评指导会”，到会的国家技术监督局副局长李保国、中国食品和发酵工业科学研究所名誉所长秦含章教授、中国食品和发酵工业科学研究所教授级高级工程师熊子书等8位著名酒类专家一致认为：“公爵酒的开发不仅在瓶型包装上有特色，酒名也具有时代感，而且认真研究了中国浓香型各大名酒的特点，在工艺处理和配方上，独辟蹊径，形成了自已独特的风格，不愧是浓香型白酒自成体系的好酒。”

被誉为酒中泰斗的秦含章教授3次品尝公爵酒后均欣然题词。初尝公爵酒题词：“创一种新产品典型先例，集四家名酒厂风味精华”；再尝公爵酒题词：“降度二八困惑多，公爵名酒是陈酵，色香味体均调协，南北西东有赞歌”；三尝公爵酒题词：“科技兴邦宗旨亲，安定团结评香醇，市场经济成就大，决策百年亦遵循。”

已故酒类专家方心芳教授，生前贺公爵酒酿造成功题词：“名扬五洲四海，敢与洋酒争高低”。

该厂产品有：

酒精含量分别为28%、33%、38%、45%、52%的公爵牌公爵酒；酒精含量分别为38%、52%的公爵牌公爵王酒；酒精含量分别为38%、45%的公爵牌公爵醇。

公爵酒厂1991年获泸州市市委、市政府授予的乡镇企业工作先进单位；1992年获四川省和泸州市乡镇企业科技进步二等奖；1992年评为省级重合同守信用企业；1993年评为四川省食品卫生质量信得过产品；1994年获四川省省委、省政府授予的发展乡镇企业先进单位；1994年获四川省科委、省乡镇企业局授予科技先进企业称号。

该厂产品1991年获中华国产精品“羊年杯”优质金奖；1992年获商业部商业信息中心’92畅销名优新商品“奋进杯”奖；1993年获布加勒斯特国际博览会特别金奖；1993年评为“全国驰名白酒精品”；1994年获’94国际轻工、电器精品展览金奖；1994年认定为“中国名牌产品”；1995年获农业部第二届中国农业博览会金奖；1995年推荐为“’95四川省群众喜爱产品”。

## 四川省崇阳酒厂

四川省崇阳酒厂位于美丽的川西平原——崇州市境内。这里山清水秀，酿酒历史渊源流长，早在唐代就久负盛名，“姚林酒、家家有”的民谣闻名遐迩。唐代诗人陆游饮酒后留下了“逢春饮酒似甘醇，醉里千篇风雨速”的千古绝唱。一方水土养一方人，崇阳人就是在这种酒文化的熏陶中靠着纯朴勤劳聪明建成了今天的崇阳酒厂。

悠悠岁月，如今四川省崇阳酒厂已经走过了40多个年头。40余年来，崇阳人始终视“质量为生命，市场为源泉”。在生产过程中采用上等的高粱、小麦、玉米作原料，将传统工艺与现代科学技术相结合，老窖烤制，精心酿造，精心勾兑，形成了自已独特的风格和特色，酿制出了以崇阳牌崇阳大曲、蜀州春牌蜀州春特曲、蜀泉牌蜀泉酒3大品牌、3大香型为主的60多个品种的酒中珍品，使企业在强手如林的竞争中脱颖而出，独树一帜。3大系列产品均荣获中国优质酒、优质白酒精品称号，全国28个大中城市互认免检，中国食品工业协会监制等荣誉。其中蜀泉酒、蜀州春特曲酒以其酒质清澈、香气优雅、饮后尤香的特点深受国内国外消费者的称道，曾分别荣获美国洛杉矶国际金鹰金奖和比利时布鲁塞尔国际酒类饮料博览会优质奖。1994年6月和1996年9月，蜀泉牌四川高粱酒和蜀泉牌蜀泉酒分别在韩国和日本登录注册，并在日本横滨市成立了蜀泉JAPAN(日本)有限责任公司，专销蜀泉酒系列。蜀泉牌系列酒打入国际市场，无疑在崇阳酒厂的创业史上再次写下辉煌的一页。

面对成功崇阳人并没有满足，面对荣誉崇阳人还在不停地探索，他们不断地强化企业管理，健全质量管理体系，积极改进产品包装，完善售后服务，以质优价廉的高、中档次产品满足广大消费者的需要，在'96中国名牌产品认定暨明星企业评选活动中，该厂生产的蜀泉牌蜀泉酒（酒精含量38%、酒精含量52%）系列被评为"中国驰名白酒精品奖"，蜀泉牌四川高粱酒被评为中国名牌酒。

创一流的企业，生产一流质量的产品是崇阳人不懈的追求。如今的崇阳酒厂3大系列产品已行销到全国各大中城市，同时正以豪迈的步伐跨出国门，走向世界。

# LIST